omnibus

SOUS-MARINS
récits, romans

Paul Chack
Deux histoires de sous-marins français

Commandant L'Herminier
Casabianca

Commandant Heinz Schaeffer
U-977 — l'Odyssée d'un sous-marin allemand

Alistair Mac Lean
H.M.S. Ulysses

Amiral Lepotier
Sous la banquise

Robert Merle
Le jour ne se lève pas pour nous

Mark Joseph
Typhon

Textes réunis et présentés
par Dominique Le Brun

omnibus

Illustrations de François Le Guern

ISBN : 2-258-05625-X N° Éditeur : 244
Dépôt légal : décembre 2000

Sommaire

Présentation

par Dominique Le Brun

CINQ SIÈCLES DE GUERRE SOUS-MARINE

Ce n'est pas Jules Verne, ainsi qu'on le croit souvent, qui a inventé le sous-marin ! Et le premier *Nautilus* ne fut pas celui du capitaine Nemo, mais celui de Robert Fulton, qui navigua sous les eaux dès 1798 ! Lui-même, d'ailleurs, n'était pas le premier.

Au XVe siècle, déjà...

1472 : Un certain Roberto Valturio publie à Venise un traité consacré à l'art de la guerre, dans lequel il décrit un engin totalement étanche, doté de roues à aubes verticales. On peut imaginer qu'il était prévu pour naviguer sous l'eau.

1578 : William Bourne, mathématicien anglais, énonce le principe du ballast, système de réservoir que l'on peut remplir ou vider pour modifier le déplacement d'un bateau. En l'occurrence, il imagine une coque percée de trous et dotée d'une double paroi amovible : en éloignant ou en rapprochant cette dernière de la coque, on laisse entrer ou on chasse de l'eau, ce qui permet de plonger ou de faire surface. Il prévoit aussi un mât creux qui permet de respirer.

1624 : Cornelius Van Drebbel, physicien hollandais vivant à la cour de Jacques Ier, roi d'Angleterre, fait construire un énorme tonneau de bois, aux extrémités arrondies. Lesté par des ballasts, il peut s'enfoncer sous l'eau, tandis que douze rameurs le propulsent (les avirons traversent la coque au moyen de manchons étanches). Bien entendu, la question de l'air respirable ne manque pas de se poser, et la plongée se trouve ainsi interrompue au bout d'un temps relativement court. Il paraît cependant que Drebbel avait déjà songé à régénérer l'air vicié grâce à un produit chimique. Mais on n'en sait pas plus...

1689 : Le constructeur des galères royales françaises Jean-Baptiste Chabert dessine une sorte de poisson géant dont les ballasts sont une série d'outres en cuir. La propulsion est assurée par des avirons. Un appendice long et creux permet de respirer. Mais ce projet, proche de la réalisation de Van Drebbel, ne dépassa jamais le stade des plans.

1776 : la première attaque sous-marine

L'Américain David Bushnell, citoyen de la jeune Amérique en pleine guerre pour son indépendance, imagine le moyen d'envoyer

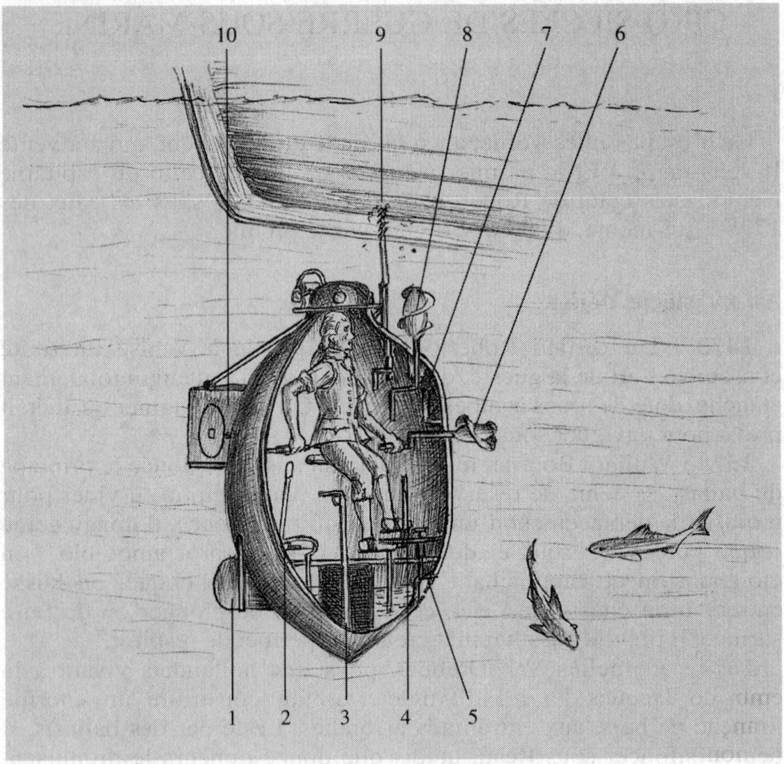

Le *Turtle* de David Bushnell

1 : *gouvernail*, 2 et 4 : *pompes pour chasser l'eau des ballasts*, 3 : *dispositif pour larguer le lest de sécurité*, 5 : *orifice de remplissage des ballasts*, 6 : *hélice de propulsion*, 7 : *baromètre à niveau d'eau permettant de déterminer la profondeur de plongée*, 8 : *hélice verticale pour les réglages de profondeur*, 9 : *vis servant à fixer une charge d'explosif sous le navire ennemi*, 10 : *charge d'explosif*.

par le fond les navires britanniques : profiter de ce qu'ils se trouvent au mouillage pour déposer sous leur coque une charge explosive. Il conçoit à cet effet une embarcation étanche dont la forme évoque celle de deux carapaces de tortue accolées, d'où son nom : le *Turtle*. Un système de ballast assure l'immersion, une première vis sans fin à manivelle le propulse, une seconde permet de monter et de descendre sans intervenir sur les ballasts (afin d'éviter les remous et bulles d'air qui trahiraient sa présence), un gouvernail le dirige, une vis montée sur le dessus du sous-marin, et actionnée par un vilebrequin, permet de fixer la bombe à retardement (mécanisme d'horlogerie) sur la carène du navire ennemi. Dans la nuit du 6 septembre 1776, le sergent Ezra Lee approche le vaisseau de Sa Majesté britannique *Eagle*, mouillé dans le port de New York. Il réussit bien à se glisser sous le navire sans être repéré, mais la force du courant de marée l'empêche de se maintenir sous la carène, et la vis à vilebrequin n'arrive pas à entamer la doublure en cuivre de sa coque. Notre homme n'a que deux mains pour propulser le *Turtle* à contre-courant, maintenir la barre dans l'axe, et percer la coque ennemie. Il abandonne donc, mais cet échec n'est que provisoire : quelques mois plus tard, dans un mouillage sans courant, le *Turtle* fait exploser un petit bâtiment dont la carène n'est pas doublée.

1798 : le premier *Nautilus* est lancé

Robert Fulton, américain lui aussi, développe l'idée de Bushnell. Son *Nautilus* emporte deux hommes, dont l'un est uniquement chargé de la propulsion : il actionne à pleins bras un volant-manivelle qui entraîne une hélice. Une ancre avec câblot monté sur un tambour situé à l'intérieur de l'habitacle permet d'immobiliser le sous-marin sur le fond. Une voile conçue à la manière d'un éventail facilite la navigation en semi-immersion. Comme le *Turtle*, le *Nautilus* remorque une charge explosive qui sera fixée à la carène du navire ennemi.

Avec son système d'immersion par ballast commandé par une pompe (manuelle), ce petit bâtiment de 6,50 m, construit en métal, préfigure parfaitement les sous-marins modernes. Et pourtant, cette embarcation géniale se voit refusée par tous, à commencer par les Français à qui il l'a proposée en premier lieu. En 1800, il fait plusieurs démonstrations de plongée : sur la Seine (à Paris et à Rouen), puis au Havre et à la Hougue. Un *Nautilus II* est même construit en 1801 : fonctionnant sur le principe initial, il présente en surface la silhouette d'un paisible petit cotre ! Il embarque par ailleurs une bouteille d'air comprimé qui permet à trois hommes d'équipage de passer plusieurs heures en plongée. Mieux, Fulton met au point une torpille, qu'il essaie avec succès devant les autorités maritimes de Brest. En vain...

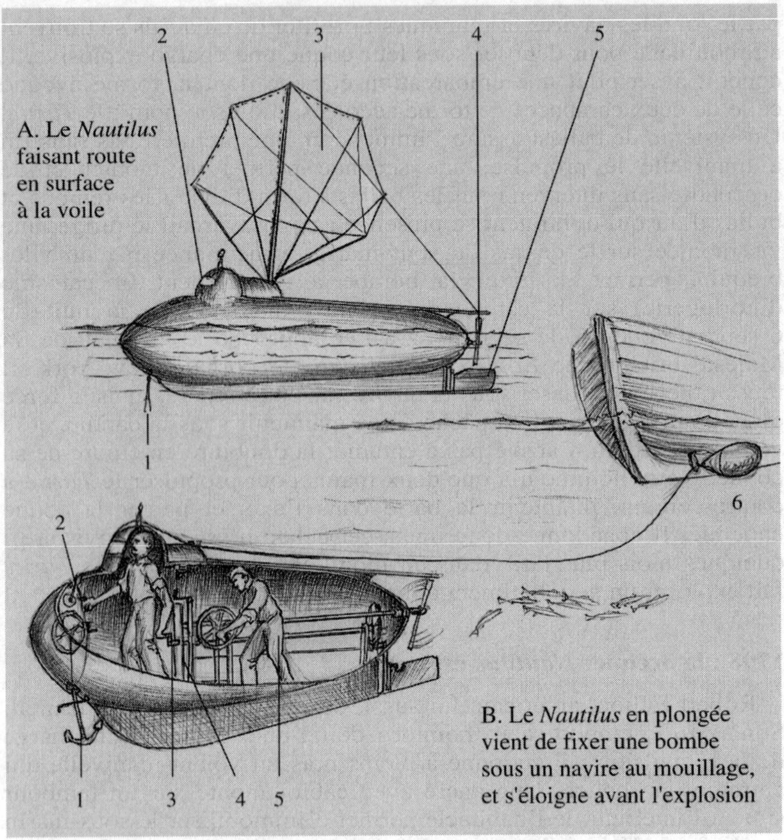

Le *Nautilus* de Robert Fulton

A. 1 : *ancre commandée depuis l'intérieur du sous-marin*, 2 : *hublot de pilotage*, 3 : *voile à structure d'éventail*, 4 : *hélice*, 5 : *gouvernail*.

B. 1 : *ancre prête à être larguée afin d'immobiliser le sous-marin sur le fond*, 2 : *commande du cordon-détonateur de la charge d'explosif*, 3 : *commande du gouvernail*, 4 : *corps de la pompe de ballast*, 5 : *propulsion à double manivelle*, 6 : *charge d'explosif*.

les militaires de Bonaparte ne saisissent pas l'intérêt de ce submersible.

En 1803, Fulton essaie à nouveau de séduire les Français en leur présentant un navire à vapeur (une plaque apposée sur le port Debilly, en amont du pont d'Iéna à Paris, rappelle qu'en ces lieux « le 21 thermidor de l'An XI l'Américain Robert Fulton présenta et fit naviguer un chariot d'eau mû par le feu »). Mais il n'y a toujours rien à faire. L'Américain propose alors ses inventions aux Britanniques (un comble...), lesquels ne s'y intéressent pas non plus.

En fait, il semble que, d'un côté comme de l'autre de la Manche, les militaires aient refusé cette unité de combat d'abord parce qu'elle n'était pas assez manœuvrante, mais aussi parce qu'ils la jugeaient par trop déloyale. Comme l'écrivait l'amiral Caffarelli, préfet maritime de Brest : « Cette manière de faire la guerre... porte avec elle une telle réprobation que les personnes qui l'auraient entreprise et y auraient échoué seraient perdues. » La question morale de la guerre sous-marine était posée. Son aspect légal le sera à son tour avec les deux conflits mondiaux du XXe siècle.

De la force des bras à la propulsion électrique

Peut-être les refus essuyés par Robert Fulton tenaient-ils aussi à sa propre personnalité ? Car son invention se trouva aussi refusée en Amérique. Et pourtant...

1864 : Le 17 février aux Etats-Unis, en pleine guerre de Sécession, les Sudistes coulent la corvette confédérée *Housatonic* dans le port de Charleston, grâce au sous-marin *Hunley.* Mis au point par un certain Horace Hunley, il était propulsé par une vis sans fin (comme le *Turtle*), mais animée par huit hommes agissant sur un système de vilebrequin. Et la pique servant à fixer une charge explosive contre le bâtiment ennemi était située à la proue de l'engin, qui utilisait sa vitesse pour « enfoncer le clou ».

1869 : Jules Verne publie *Vingt mille lieues sous les mers.* Il est amusant de situer le discours technique que tient le romancier par rapport aux réalisations concrètes de l'époque. Rappelons que ce *Nautilus*-là est propulsé à l'électricité !

1875 : John Holland, émigrant irlandais installé aux Etats-Unis, comprend que le problème fondamental du sous-marin est celui de sa propulsion sous l'eau. Il estime que la seule solution est le moteur électrique (qui existe depuis les années 1830), puisque fonctionnant sans oxygène ni rejet de gaz d'échappement. Dès les premiers essais, cette solution séduit.

1886-1888 : le sous-marin et le submersible

Les choses s'accélèrent : le sous-marin à propulsion électrique fait des émules. Un prototype est testé par les Britanniques Cambell et Ash ; l'espagnol *El Peral* est lancé à Cadix ; et en France, Henri Dupuy de Lôme conçoit le *Gymnote* aux séduisantes lignes pointues. Il est construit par Gustave Zédé qui en préside les essais. Avec ses cinq hommes d'équipage, il file sept nœuds en surface et cinq en plongée ! Gustave Zédé construit par la suite un nouveau submersible, le *Gustave-Zédé*, qui est armé de torpilles.

Ici apparaît d'ailleurs une distinction importante de conception entre ce qu'on appelle un submersible, et le sous-marin.

— Le submersible navigue habituellement en surface afin d'éviter les problèmes de réserves d'air respirable pour l'équipage, ne plongeant que pour les navigations clandestines ainsi que l'attaque.

— Le sous-marin est conçu pour naviguer l'essentiel de son temps en plongée.

Toutefois, dans les textes rassemblés ici, il arrive que le terme sous-marin soit à l'occasion employé pour désigner un submersible en plongée. Mais il ne s'agit alors que d'éviter une répétition de mots.

C'est aussi le moment de préciser que les moteurs électriques équipant les submersibles du début du siècle étaient alimentés par des batteries chargées à terre. Il n'était pas possible de recharger les accus en mer. L'autonomie du bâtiment restait donc très limitée et, en cas d'épuisement des ressources, sa perte semblait d'autant plus inéluctable que sa carène tenait mal la mer.

Au tournant du siècle, le progrès décisif

1899-1900 : Un progrès décisif est réalisé avec l'apparition du *Narval*, conçu et construit par le Français Maxime Laubeuf. A l'époque, il est appelé « torpilleur submersible », et en effet, la conception de sa carène lui donne un excellent comportement marin en surface. Il possède une double coque : la principale, épaisse, abrite l'équipage et peut résister à la pression de l'eau en profondeur ; elle possède des lignes de navire rapide. Une seconde coque plus légère lui est adjointe, de chaque côté : ce sont les ballasts qui donnent au bâtiment une flottabilité élevée quand ils sont vides, et entraînent le navire sous l'eau très rapidement dès qu'on les remplit d'eau. Une fois les ballasts pleins, la pression s'équilibre de part et d'autre de leurs parois, ce qui permet de les construire légers. Le Laubeuf possède deux machines : en surface, il fonctionne à la vapeur (chauffage au mazout) et en plongée, à l'électricité. Enfin, il emporte des torpilles automobiles, armes autrement redoutables que les charges d'explosifs qu'on accrochait sous la coque des navires attaqués.

Aux Etats-Unis à la même époque, John Holland arrive aux mêmes résultats, et l'US Navy lui commande plusieurs submersibles. Le *Plunger* de Holland, lancé en 1900, devient la référence outre-Atlantique, tandis qu'en France, le *Narval* séduit la Marine nationale. Ce dernier effectue d'ailleurs des essais dans des conditions particulièrement difficiles : après avoir tenu la mer quarante-huit heures durant au large du Finistère, il force le Goulet de Brest en plongée, et

Submersible du type Laubeuf (1900)

Noter les torpilles installées sur le pont, et les orifices de remplissage des ballasts (sous le kiosque).

lance quatre torpilles sur des cibles avant qu'on parvienne à le repérer. De là, il repart pour Cherbourg, demeurant alors en plongée pendant douze heures consécutives.

1900-1914 : Le principe du bâtiment de guerre submersible est posé ; arrive le temps des perfectionnements. Très vite, le moteur diesel s'impose pour la propulsion en surface. De sa puissance et de la qualité des accus dépendent leur temps de charge et l'autonomie du moteur électrique. L'armement se divise en deux : un canon en surface et les torpilles en plongée. Enfin, la mise au point du périscope, sans lequel le submersible en plongée est aveugle, fait de ce type de bâtiments un engin de guerre redoutable.

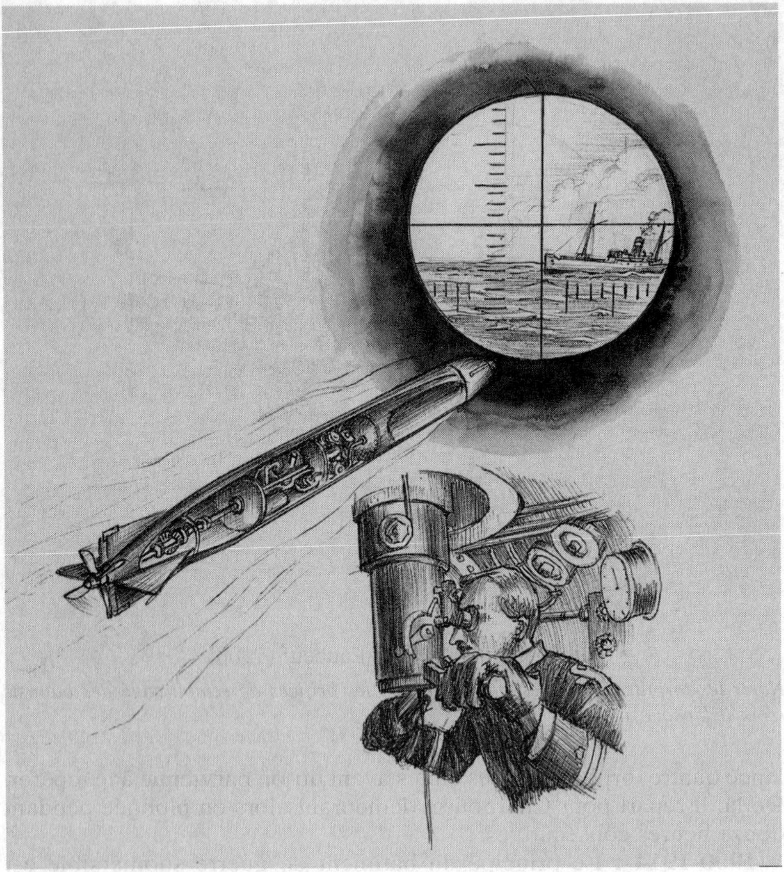

De l'observation à travers le périscope au lancer d'une torpille

A bord d'un submersible pendant la Première Guerre mondiale : le commandant vise le cargo à travers son périscope et ordonne le lancer de la torpille. Bientôt, il verra le sillage de cette dernière apparaître dans son œilleton. De l'arrière vers l'avant de la torpille, on voit : l'hélice et les engrenages du mécanisme de propulsion, le moteur à air comprimé, la charge explosive.

1914-1918 : la Première Guerre mondiale

Les marines des grandes puissances ont vite compris la nécessité stratégique de se doter de submersibles, mais à des degrés divers. Ainsi, en 1914, la Royal Navy britannique aligne 85 submersibles et la Marine nationale française 76, tandis que côté allemand, on ne compte encore que 28 Unterseeboote, les premiers des redoutables

U-Boote. Très vite, l'état-major allemand mesure à quel point la Grande-Bretagne est tributaire de son vaste empire pour son ravitaillement en matières premières et en nourriture ; ainsi que des Etats-Unis pour ce qui concerne les munitions et les armes. Le Kaiser décide donc d'établir un blocus : pas un cargo ne doit toucher les îles Britanniques ou la France. Et pour guetter puis couler un cargo sans défense, peut-on rêver mieux qu'un sous-marin immergé, inspectant l'horizon à travers son périscope ?

Conséquence : entre 1914 et 1918, l'Allemagne lance 343 U-Boote qui couleront 13 millions de tonnes de navires marchands. Grâce à ce blocus, l'Allemagne a été à deux doigts de gagner le conflit, malgré l'entrée en guerre des Etats-Unis. Il faut d'ailleurs savoir que la décision d'intervenir en Europe fut prise au terme d'une lente évolution de l'opinion publique américaine, qui devint de plus en plus hostile à l'Allemagne au fur et à mesure que se multipliaient les actes de barbarie maritime commis par les U-Boote.

On dit souvent que le torpillage du paquebot britannique *Lusitania* devant les côtes irlandaises (1198 victimes civiles, dont 128 Américains) a provoqué l'entrée en guerre des Etats-Unis. Ce n'est pas si simple : d'abord, il eut lieu en 1915. Il fallut donc deux ans aux Etats-Unis pour prendre une décision. Et on a appris en 1972, avec l'ouverture des archives de l'Amirauté britannique ainsi que de la compagnie Cunard, l'armateur du navire, que le *Lusitania* était en réalité un croiseur auxiliaire armé de 12 canons camouflés, et qu'il transportait — outre ses passagers qui n'en savaient rien — quelques tonnes de munitions de guerre. Les Allemands étaient au courant, et avant l'appareillage de New York pour sa traversée fatale, avaient fait passer divers avis dans la presse, prévenant que ce navire était susceptible d'être attaqué. Moins connu est le torpillage d'un autre paquebot, le *Sussex*, en 1915 aussi. Et on a un peu oublié tous ces navires marchands dont beaucoup battaient pavillon de pays neutres, mais qui furent coulés parce qu'ils transportaient des cargaisons à destination des pays alliés. En janvier 1917, l'Allemagne fit savoir qu'elle déclenchait une guerre sous-marine à outrance, et enverrait par le fond, sans avertissement, tout navire de commerce allié ou neutre. Le 6 avril 1917, les Etats-Unis déclaraient la guerre à l'Allemagne.

Le droit des « prises de guerre »

La menace officiellement proférée contre ses navires de commerce amena donc les Etats-Unis à déclarer la guerre à l'Allemagne. Qu'en était-il au juste du statut légal des navires de commerce en temps de guerre ? Ce dernier était régi par une réglementation internationale reconnue par toutes les puissances maritimes depuis le XVIe siècle, sous le nom de « droit de prise ». Pour résumer les choses : un

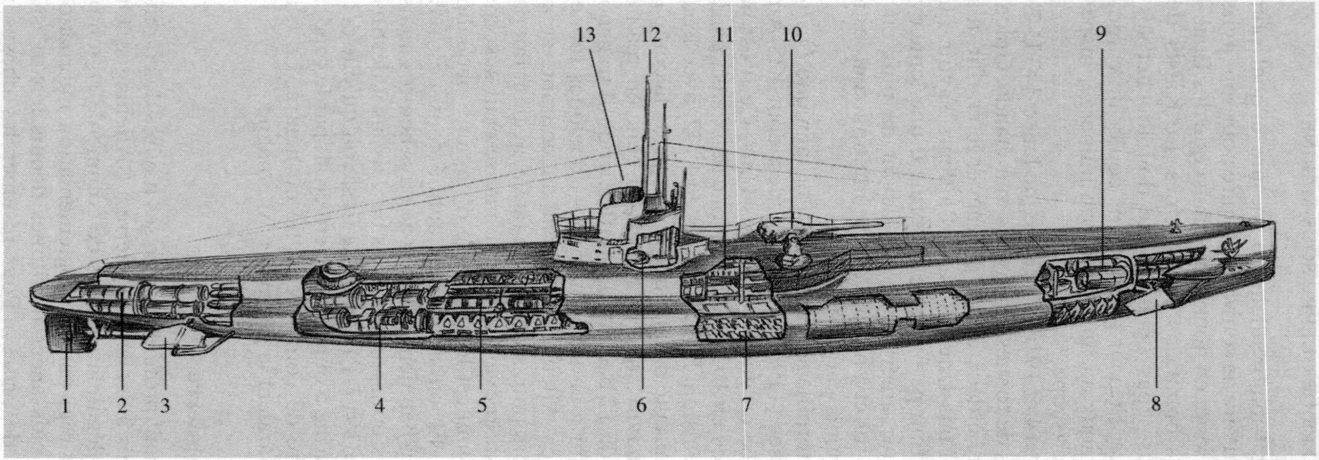

Première Guerre mondiale

U-35

1 : *gouvernail de direction*, 2 : *tubes lance-torpilles arrière*, 3 : *gouvernail de profondeur arrière*, 4 : *moteurs de propulsion diesel*, 5 : *moteurs de propulsion électrique*, 6 : *poste central*, 7 : *groupes d'accus*, 8 : *gouvernail de profondeur avant*, 9 : *tubes lance-torpilles avant*, 10 : *canon*, 11 : *logement des officiers*, 12 : *périscopes*, 13 : *baignoire*.

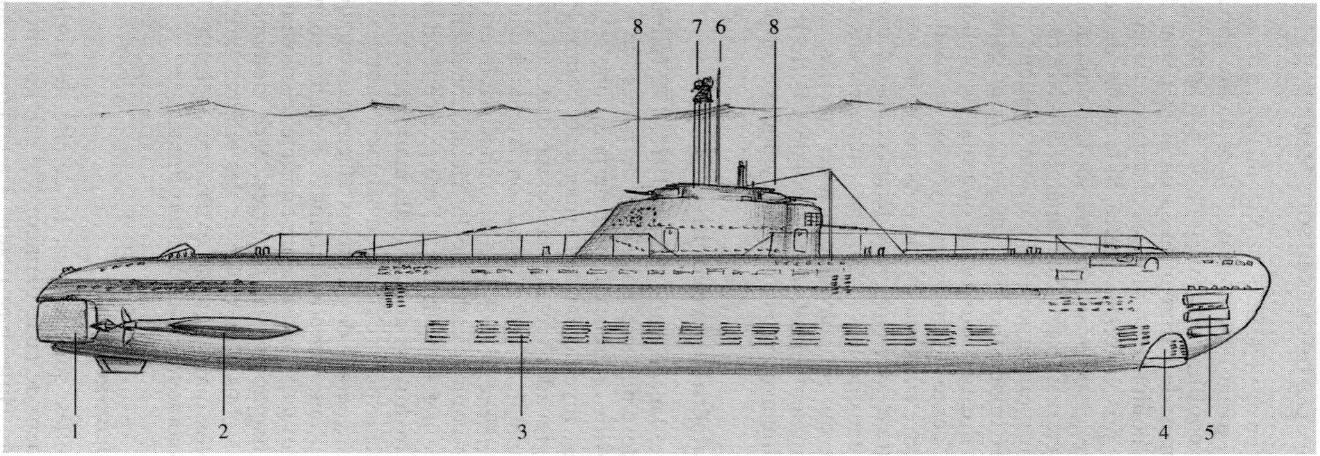

Seconde Guerre mondiale

U-Boot type XXI

1 : *gouvernail de direction*, 2 : *gouvernail de profondeur arrière*, 3 : *orifices de remplissage des ballasts*, 4 : *gouvernail de profondeur avant*, 5 : *tubes lance-torpilles*, 6 : *périscopes*, 7 : *schnorchel*, 8 : *canon*.

bâtiment de guerre est en droit de faire stopper un navire de commerce en tirant un obus sur l'avant de son étrave. Si ce navire appartient à un pays neutre dans le conflit, il doit être relâché. S'il appartient à une des nations belligérantes, le bâtiment et sa cargaison sont déclarés « prises de guerre », l'équipage comme les passagers devant dès lors être traités comme des prisonniers de guerre. Si le navire de guerre ne dispose pas d'un équipage de prise à mettre sur le navire arraisonné, il peut couler ce dernier, mais toute vie humaine doit être respectée.

Or, un sous-marin n'embarque déjà qu'un nombre minimum d'hommes d'équipage. Impossible de le dégarnir pour constituer un équipage de prise. Et il est encore moins question de prendre à son bord l'équipage d'un cargo qu'on va envoyer par le fond. Par son principe même, la guerre sous-marine ne peut pas respecter la règle internationale ! Ce qui ne semblait guère déranger les officiers sous-mariniers qui estimaient que leurs bâtiments submersibles faisaient exception à une règle qui ne pouvait concerner que les navires de surface. On verra comment, pendant la Seconde Guerre mondiale, l'affaire prendra des dimensions encore plus cyniques et atroces.

Le submersible, si vulnérable en définitive

Sur les 343 U-Boote lancés entre 1914 et 1918, 178 furent coulés par les Alliés. Plus de cinquante pour cent de pertes, ce n'est pas négligeable. Car les Alliés mirent très vite au point une stratégie de navigation en convois, inventèrent des armements contre les sous-marins (bombes et grenades), et se lancèrent dans la recherche d'instruments permettant de les détecter au son. Ajoutons que l'avion permettait aussi de repérer de très loin un submersible en surface. Dans les eaux claires comme celles de la Méditerranée, même un sous-marin en plongée n'échappait pas à l'œil exercé d'un observateur embarqué sur un hydravion de patrouille maritime.

Car à l'époque, le principal problème du bâtiment submersible était qu'il naviguait en plongée sur des moteurs électriques auxquels les accus ne donnaient qu'une autonomie limitée. Régulièrement, il lui fallait remonter à la surface afin de mettre en route les moteurs diesel dont les dynamos rechargeraient les batteries. A ce moment-là, il se trouvait à la merci des obus d'un navire et des bombes larguées par un avion. D'autant plus que sa coque extérieure — les ballasts — était fragile, et son armement anti-aérien fort limité.

1918-1939 : l'entre-deux-guerres

Le traité de Versailles qui consacra la défaite de l'Allemagne imposait le désarmement de cette dernière. On sait comment, après son arrivée au pouvoir, Hitler passa outre. La création d'une flotte sous-marine allemande se fit de manière tout à fait clandestine, pour ne pas dire rocambolesque. En effet, à l'armistice de 1918, l'industriel Gustav Krupp, qui avait eu pendant la guerre le quasi-monopole de l'armement allemand, se trouva dans une situation difficile. Il reconvertit donc ses activités dans des productions civiles : locomotives, véhicules, pièces mécaniques... Mais dans le même temps, il prit des intérêts dans des entreprises étrangères produisant des armements. C'est ainsi qu'en construisant aux Pays-Bas des submersibles destinés à divers pays étrangers, il conserva son savoir-faire et put développer ses recherches. Et quand Hitler réclama des sous-marins, ces derniers furent livrés à l'Allemagne en pièces détachées. De la sorte, à la déclaration de guerre en 1939, le IIIe Reich possédait une flotte de submersibles déjà déployée, prête à l'attaque.

Bien avant la guerre, la Grande-Bretagne avait senti le danger. C'est sans doute pourquoi, en 1936, elle avait invité l'Allemagne à signer un protocole renforçant la Convention de La Haye (dont les conférences de 1899 et 1907 avaient fixé ce qu'on appelle couramment « les lois de la guerre ») et concernant la guerre sous-marine. Aux termes de ce protocole accepté par toutes les marines du monde, non seulement les navires de surface, mais aussi les submersibles, ne pouvaient couler un navire de commerce « sans avoir auparavant mis en sécurité ses passagers, son équipage et les papiers de bord. De ce point de vue, les embarcations de sauvetage du navire ne sont pas considérées comme des lieux sûrs à moins que la sécurité des passagers et de l'équipage soit effectivement assurée, dans les conditions prévalantes de l'état de la mer et du temps, du fait de la proximité d'une côte ou de la présence d'un autre bâtiment de commerce susceptible de les prendre à son bord ». L'Allemagne, soucieuse d'endormir la méfiance de la Grande-Bretagne, signa.

1939 : les U-Boote attaquent sans prévenir

A la déclaration de guerre, le 3 septembre 1939, la France alignait 87 submersibles, l'Angleterre 58 et l'Allemagne 57. Quarante-neuf de ces U-Boote se trouvaient déjà positionnés, prêts à frapper, et ils ne perdirent pas un instant. Le jour même de l'entrée en guerre de la Grande-Bretagne, le U-30 torpilla le paquebot *Athenia* avec à son bord mille quatre cents passagers. Et ce, malgré le protocole de 1936. Le 17 septembre, le porte-avions britannique *Courageous* fut torpillé, emportant dans ses flancs cinq cent dix-huit marins. Et le 13 octobre suivant, c'est au cœur même de la base de Scapa Flow, (îles Orcades, au nord de la Grande-Bretagne) que le cuirassé *Royal Oak*, orgueil de la Navy, fut coulé par un U-Boot audacieux qui avait réussi à forcer les barrages, et à en ressortir intact. Bilan : huit cent trente-trois morts.

Ces premières attaques furent ressenties à la fois comme des catastrophes nationales et comme de graves revers militaires. La vérité est en fait que les Britanniques avaient sous-estimé la capacité des sous-marins à s'attaquer à des objectifs militaires : c'est d'ailleurs pourquoi la Royal Navy — première marine du monde — en possédait relativement peu. Ses bâtiments comptaient sur le radar pour détecter les submersibles en surface, sur l'ASDIC pour les localiser en plongée, et sur les grenades sous-marines pour les détruire.

L'ASDIC, terreur des sous-marins

Cet instrument de détection sous-marine a pris le nom de l'association de chercheurs britanniques et américains qui la mit au point au bout de vingt ans de recherches entamées dès 1917 : l'Allied Submarine Detection Investigation Committee. Le même instrument était désigné par les Américains sous l'appellation de SONAR : SOund NAvigation Ranging. Installé sous la coque d'un bâtiment de guerre — en général un destroyer équipé de rampes pour lancer des grenades sous-marines — l'ASDIC émet une onde ultrasonique qui vient toucher la coque du submersible, produisant alors un « ping » à la sonorité tout à fait caractéristique. Cette onde rebondit comme une balle contre un mur, et est réceptionnée par son émetteur, qui détermine immédiatement dans quelle direction le sous-marin se trouve, et à quelle distance. La portée des ASDIC de la Seconde Guerre mondiale était de 1 500 mètres.

Ayant localisé l'ennemi, le destroyer fonçait jusqu'à se trouver à la verticale de sa position estimée, et lâchait à l'eau des chapelets de grenades, charges explosives provoquant une onde de choc capable de disloquer le submersible. Pour se défendre, ce dernier ne pouvait que feinter, comme une souris poursuivie par un chat en terrain découvert. C'est-à-dire avec fort peu de chances.

La bataille de l'Atlantique : une guerre du renseignement

En 1940, l'Allemagne a gagné la première partie de la guerre. Le territoire libre des Alliés (façon de parler, puisque la seule armée encore structurée est l'armée britannique) se limite à la Grande-Bretagne. Et comme en 14-18, cette dernière ne tiendra que si elle reçoit de son empire et des Etats-Unis matières premières, vivres et armes. Les Anglais pensent tout d'abord que les navires qui font route vers l'Europe ne risquent rien s'ils sont organisés en convois protégés par des navires de guerre. C'est une grave erreur de jugement, car les « corps francs de Dönitz » comme on appelle les flottilles de U-Boote, ont mis au point une stratégie et des méthodes de combat redoutables.

Il faudra un certain temps à la Navy pour comprendre que l'état-major de la Kriegsmarine connaît avec précision les dates et heures

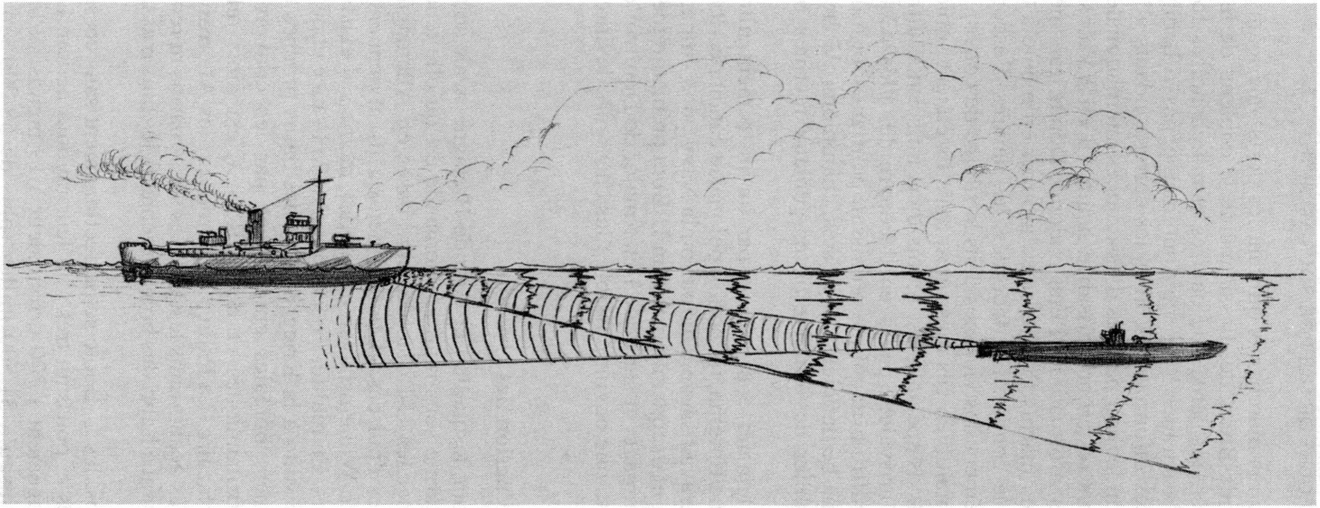

L'ASDIC pendant la Seconde guerre mondiale

Un escorteur de convoi type Flower (une coque de baleinier transformée) traque un U-Boot à l'ASDIC. L'instrument émet un train d'ondes qui rencontrent le submersible. L'onde réfléchie par le submersible est renvoyée à l'ASDIC dont l'opérateur peut déterminer dans quelle direction, à quelle profondeur et à quelle distance se trouve l'ennemi.

d'appareillage des navires marchands quittant les ports américains à destination de la Grande-Bretagne. Il sait même le contenu de leur cargaison. Tout simplement parce que navires et marchandises font l'objet de contrats d'assurance ! Ce ne sont même pas d'habiles espions qui relèvent ces informations, mais les correspondants allemands en Suisse de grandes compagnies d'assurances internationales. Tant que les Etats-Unis resteront puissance neutre, il en ira ainsi ! Disposant de toutes ces informations, l'état-major de Dönitz transmettait par radio à ses sous-marins l'ordre de se grouper en meute à tel endroit pour attendre le convoi. Et, débordés, les navires d'escorte anglais laissaient forcément des victimes dans le sillage du convoi...

L'Amirauté interceptait bien ces messages, mais ils étaient si bien codés que les plus grands spécialistes, réunis dans un service ultra-secret, le GC&CS, n'arrivaient pas à en découvrir les clés. Cette Ecole du code et du chiffre britannique réunissait pourtant sept mille hommes et femmes : mathématiciens, linguistes, champions d'échecs et de bridge, sans oublier des cruciverbistes géniaux recrutés par petites annonces.

Car le chiffrage allemand était assuré par un instrument ultra-sophistiqué : la machine Enigma, invention polonaise datant de 1939, que l'armée allemande avait saisie. Du jour où la Navy put s'emparer d'une machine à coder et décoder à bord d'un U-Boot prématurément abandonné par son équipage, et sans que l'état-major de Dönitz n'en sache rien, la contre-attaque devint possible : les chasseurs devinrent à leur tour gibier.

L'incroyable rayon d'action des U-Boote

Une des raisons pour lesquelles la Grande-Bretagne avait sous-estimé le danger de l'arme sous-marine allemande est qu'elle tenait pour possible de couper les U-Boote de leurs bases en Allemagne. Une fois leurs torpilles épuisées, il fallait bien qu'ils reviennent à leurs ports d'attache de Wilhemshaven et de Kiel, même s'il existait des navires ravitailleurs. En réalité, l'occupation de la France et de la Norvège offrit tout de suite à la Kriegsmarine des bases proches de l'Atlantique et des mers boréales empruntées par les convois à destination des îles Britanniques et de l'URSS. C'est ainsi qu'à Brest, Lorient, Saint-Nazaire, La Pallice et Bordeaux, les Allemands édifièrent des blockhaus géants dans lesquels les sous-marins revenus se ravitailler se trouvaient à l'abri des bombardements les plus massifs de la Royal Air Force.

Dans le même temps, les U-Boote se perfectionnaient sans cesse : de plus en plus rapides et poussant très loin leur rayon d'action. Les plus gros U-Boote jaugeaient 1 700 t, fonçaient à 19 nœuds, et leur autonomie atteignait jusqu'à 31 500 milles (plus de 58 000 km !).

Ainsi, des submersibles de grande croisière furent capables de sévir aux approches du continent américain et même dans les atterrages du Cap, aux approches de l'océan Indien ! Il exista par ailleurs de gros submersibles ravitailleurs, les « vaches à lait », qui apportaient aux combattants torpilles, carburant et vivres.

Bataille de l'Atlantique : les Alliés finissent par l'emporter

Ces submersibles ravitailleurs auraient pu coûter très cher aux Alliés. Mais, en fait, les dix qui furent mis en service furent coulés très rapidement. Car pendant toutes les opérations de transbordement, ils devaient se trouver en surface. Or, les Alliés disposaient d'avions de reconnaissance maritime à très grand rayon d'action. Si un submersible d'attaque pouvait plonger très vite en cas d'alerte, ce n'était pas du tout le cas des « vaches à lait ». Et en définitive, la maîtrise de l'air alliée était en train de mettre en évidence la faiblesse traditionnelle du submersible : l'obligation de rester en surface afin de charger ses batteries.

Une innovation technique résolut plus ou moins le problème : le schnorchel, qui permettait au sous-marin d'utiliser ses moteurs diesel en plongée. Mis au point en Hollande en 1939, ce grand tube long de 8 à 10 mètres pouvait être dressé au-dessus du sous-marin en plongée, exactement comme un périscope. Il abritait deux conduits : l'un pour l'aspiration d'air frais, et l'autre pour l'évacuation des gaz d'échappement.

Mais le schnorchel n'était qu'un pis-aller. Par mer calme, il laissait à la surface de l'eau un sillage encore plus visible que celui d'un périscope. Et par mer forte, sa prise d'air se trouvait régulièrement submergée. Cependant, c'est bel et bien le schnorchel qui permit au *U-977* de passer soixante-six jours en plongée lors de sa fuite vers l'Argentine, en 1945. Et après la guerre, tous les sous-marins à propulsion diesel-électrique en furent équipés.

L'interception des messages allemands (du moins pendant un certain temps, car les Allemands finirent par changer leurs codes), la maîtrise de l'espace aérien, la mise au point d'une efficace stratégie de défense des convois n'expliquent pas à elles seules la victoire alliée sur l'Atlantique, à la fin de 1943. Le vainqueur véritable fut la puissance industrielle américaine. Autrement dit : le rythme de production américain dépassa celui des pertes. Les U-Boote avaient coulé 23 351 000 tonnes de navires alliés (compter entre 5 000 et 10 000 tonnes pour un cargo), mais les chantiers navals américains en avaient lancé 42 485 000 !

Cela dit, les pertes furent énormes aussi du côté des sous-marins allemands : de manière très approximative, disons que sur 1 100 U-Boote construits, (mais 860 seulement participèrent à des combats, ce qui montre combien l'Allemagne finit par se trouver humainement exsangue), 630 furent coulés. Dans les rangs des sous-mariniers, on compta 28 000 morts et 5 000 prisonniers.

L'armistice et ses légendes

En juin 1945, 377 U-Boote s'étaient rendus dans les ports alliés qui leur avaient été indiqués. 221 d'entre eux choisirent cependant de se saborder, et les 156 autres furent remorqués à 30 milles au large de Malin Head (Irlande du Nord) et coulés. Leurs carcasses reposent aujourd'hui par cent mètres de fond, constituant un hallucinant cimetière sous-marin. Les Alliés se rendirent compte cependant que deux bâtiments manquaient à l'appel : les *U-530* et *U-977*. Cette disparition est à l'origine de la légende suivant laquelle Hitler ne s'était pas suicidé, mais avait pris la fuite, en compagnie de quelques proches, vers une base secrète où il préparait la revanche. On la situait volontiers vers la Terre de Feu ou la Patagonie, quand ce n'est pas l'Antarctique. La réalité est que les deux submersibles manquants avaient refusé l'armistice, et décidé (mais de manière non concertée) de se réfugier en Argentine où ils furent arraisonnés et remis aux Américains. Ces derniers ne manquèrent pas de se demander quelles étaient les raisons définitives de cette fuite. D'où la légende.

Nuremberg et autres procès : l'heure des règlements de comptes

Il est bien clair que la guerre menée contre les convois alliés n'avait pas respecté la Convention de La Haye telle qu'elle avait été précisée par le protocole de 1936. Certains officiers de U-Boote ainsi que Dönitz, leur chef suprême, furent donc poursuivis pour crimes de guerre.

Revenons à 1939, avec le torpillage du paquebot *Athenia*. Il semble que le commandant du U-Boot ait outrepassé les ordres de l'état-major nazi qui, gardant en mémoire l'entrée en guerre des Etats-Unis lors du précédent conflit, avait interdit de s'attaquer aux navires civils. Mais un an plus tard, le 2 septembre 1940, le paquebot *City of Benares*, chargé d'enfants que l'on voulait mettre en sécurité de l'autre côté de l'Atlantique, fut torpillé à son tour. Même s'ils disposaient d'une large latitude dans la façon de mener le combat, les équipages des sous-marins allemands étaient tenus d'une main de fer par leur chef vénéré le Grand Amiral Dönitz. La thèse du débordement reste donc assez difficile à admettre.

En revanche, un fait relativement peu connu doit être précisé. L'ordre formel donné par Dönitz à ses équipages en 1942, et qui constitua un chef d'accusation particulièrement accablant lors du procès de Nuremberg, est à replacer dans son contexte.

« Toute tentative de sauvetage des équipages des navires coulés est désormais interdite. Cette interdiction s'applique également au repêchage des hommes à la mer et à leur embarquement dans les canots de sauvetage. Au redressement des canots de sauvetage chavirés et à la fourniture de vivres et d'eau. De telles pratiques sont en contradiction avec le but premier de la guerre qui est la destruction des navires ennemis et de leurs équipages. »

Le mot « désormais » ramène au drame du *U-156* qui, en Atlantique Sud, récupéra les nombreux naufragés d'un transport qu'il venait de torpiller. Il signala par radio sa position aux Alliés, demandant à ce qu'un navire vienne récupérer ces hommes qui occupaient son pont et l'empêchaient de plonger. En réponse, et sciemment, l'US Air Force envoya un bombardier qui le coula, lui et ses passagers. Faut-il le souligner ? la cruauté ne fut pas que du côté nazi. Quand ils s'attaquaient aux navires marchands de l'Axe, les submersibles alliés ne respectaient pas non plus le protocole de 1936.

Mais, par exemple, c'est pour avoir sciemment assassiné à coups de mitrailleuse les naufragés du cargo *Peleus* accrochés à des radeaux que les officiers du *U-852* furent condamnés à mort et exécutés. En revanche, le Grand Amiral Dönitz, qui leur avait donné les ordres auxquels ils avaient obéi aveuglément, ne fut condamné qu'à dix ans de réclusion. Il était pourtant, de plus, le dauphin de Hitler. On peut imaginer que les Alliés pensaient avoir besoin de lui pour lutter contre le nouvel ennemi : le bloc soviétique. Car à l'époque où le procès des criminels de guerre nazis s'achevait, la guerre froide commençait.

Le sous-marin nucléaire, arme absolue

On ne saura jamais quel renversement du cours de la guerre auraient pu déclencher les armes nouvelles qui se mettaient au point en Allemagne dans les années 1943-44. Les plus connues en sont les redoutables missiles V1 et V2, ainsi que l'avion à réaction Messerschmitt. On connaît moins le moteur Walter, qui préfigurait rien moins que le principe des sous-marins à propulsion nucléaire de l'après-guerre.

La double motorisation des submersibles conduisait en effet à une impasse. Le schnorchell avait ses limites ; et surtout, si on voulait augmenter vitesse, autonomie et chargement en torpilles, le poids et le volume de l'ensemble du système propulsif (moteurs diesel, moteurs électriques plus leurs batteries) devaient être réduits. Il fallait inventer un moteur se dispensant d'air (afin de fonctionner en plongée) et consommant peu de carburant. Ce que la propulsion nucléaire autorise aujourd'hui ainsi qu'on va le voir, et dont l'ingénieur Walter approcha en imaginant un moteur unique fonctionnant au peroxyde d'oxygène.

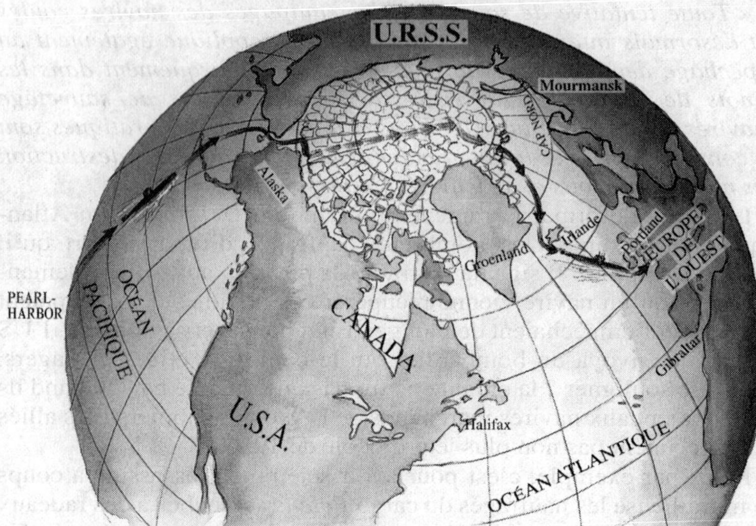

La croisière du sous-marin nucléaire américain *Nautilus*, en 1958

Cependant la fin de la guerre survint avant qu'un seul U-Boot fût doté d'un tel moteur.

Dans le même temps, aux Etats-Unis, la connaissance de l'énergie nucléaire, qui avait permis de concevoir les bombes lancées sur Hiroshima et Nagasaki, était appliquée à la propulsion des navires. Ainsi, le 21 janvier 1954, l'US Navy lançait le *Nautilus*, premier sous-marin à propulsion nucléaire. Quelques chiffres suffisent à faire prendre conscience de l'arme absolue que pouvait représenter ce mode de propulsion : le « cœur » atomique du moteur ne devait être changé que tous les 3 ou 4 ans, lorsque le sous-marin avait parcouru 200 000 milles nautiques (soit dix tours du monde), y compris en plongée. Quant aux performances, il fallut peu de temps avant qu'un sous-marin nucléaire atteigne les 40 nœuds (72 km/h).

La guerre froide et ses démonstrations de force

On peut affirmer que l'autonomie quasi illimitée du sous-marin nucléaire en plongée a modifié la géopolitique mondiale. Quand, en 1958, le *Nautilus* passa de la base de Pearl Harbor, dans le Pacifique, à Portland (Grande-Bretagne) en passant par le pôle Nord (c'est-à-dire en se glissant sous la banquise), il montra à l'URSS qu'en cas de conflit le monde occidental formait un ensemble cohérent que même les glaces de l'Arctique n'interrompaient plus. Quand, quelques mois plus tard, en 1958 et 1959, le *Skate*, appartenant lui aussi à l'US Navy, fit surface à plusieurs reprises dans les alentours du pôle Nord, démonstration était faite que les Etats-Unis pouvaient porter le feu contre l'URSS de tous les côtés. Et dès 1960, les sous-marins à propulsion américains furent armés de missiles à têtes nucléaires. Dans le même temps, la flotte sous-marine nucléaire soviétique se développait à grand rythme.

Le moment est venu de préciser qu'il existe deux façons de considérer le sous-marin nucléaire en tant qu'arme absolue : par rapport à la guerre traditionnelle et par rapport à la politique de dissuasion. C'est pourquoi il faut aussi établir une distinction entre les sous-marins à propulsion nucléaire d'attaque (les SNA), et les sous-marins nucléaires lanceurs d'engins (les SNLE). Les premiers sont armés de torpilles ou de missiles destinés à détruire navires ou objectifs terrestres. Ils sont destinés à faire la guerre « à l'ancienne », avec une furtivité presque absolue puisqu'ils peuvent demeurer en permanence sous l'eau.

Les sous-marins lanceurs de missiles à têtes nucléaires font peser une menace permanente sur l'adversaire. Pour prendre le cas de la France qui possédait une base de lancement de missiles sur le plateau d'Albion, en Haute-Provence, que se serait-il passé si l'adversaire, tirant le premier, avait détruit ce site ? Le sous-marin en revanche, toujours en déplacement sous l'eau et capable de lancer un missile à 4 000 milles (7 200 km) de distance de sa cible, constitue ainsi une arme de dissuasion imparable.

On pourrait en conclure que seul compte le SNLE. Mais pas du tout. Ce dernier type de sous-marin est forcément colossal, et ne peut donc fréquenter que les grands espaces abyssaux. Et le but de la dissuasion, de toutes les façons, reste bien d'empêcher un conflit définitif ! Les sous-marins d'attaque, plus petits, restent donc indispensables.

Il serait fastidieux de développer la course à l'armement disputée dès lors entre les puissances qui arment aujourd'hui des sous-marins dotés de l'arme atomique. Voici toutefois, concernant les deux puissances mondiales de l'époque, quelques chiffres relevés pour 1985 : les Etats-Unis possédaient 37 SNLE et 95 SNA, l'URSS 60 SNLE et une centaine de SNA. En 1988, c'est-à-dire deux ans après le traité de Washington, qui apparaissait comme un début de désarmement nucléaire, l'URSS possédait le plus gros sous-marin du monde : le *Taïfoun*, long de 180 m, emportant 20 missiles balistiques portant à 6 500 km. Les Etats-Unis armaient le plus rapide des sous-marins : l'*Alpha*, qui atteignait en plongée les 50 nœuds (93 km/h).Tandis que l'*Ohio* emportait 24 missiles menaçant des buts éloignés de 7 500 km. La Grande-Bretagne possédait 4 sous-marins lanceurs d'engins

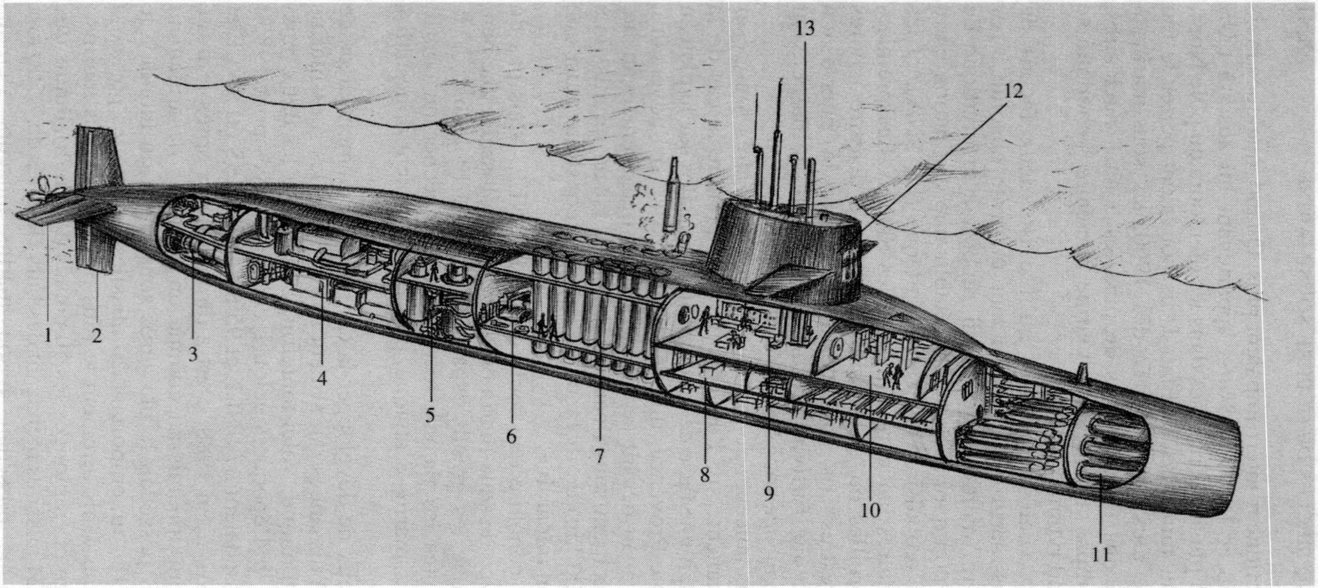

Sous-marin nucléaire lanceur d'engins type Le Redoutable

1 : *gouvernail de profondeur arrière*, 2 : *gouvernail de direction*, 3 : *groupe de propulsion*, 4 : *commandes du groupe de propulsion*, 5 : *réacteur nucléaire*, 6 : *commandes du lancement des missiles*, 7 : *tubes lance-missiles*, 8 : *logements de l'équipage et des officiers-mariniers*, 9 : *poste central de commandement*, 10 : *logements des officiers*, 11 : *tubes lance-torpilles*, 12 : *kiosque*, 13 : *périscopes*.

nucléaires et 13 sous-marins d'attaque, tandis qu'on comptait pour la France 4 lanceurs d'engins nucléaires et 16 sous-marins d'attaque.

Aujourd'hui, la Marine nationale française aligne :

— 4 SNLE du type Le Redoutable (retiré du service) : S 610 *Le Foudroyant*, S 613 *L'Indomptable*, S 614 *Le Tonnant*, S 615 *L'Inflexible*.

— 4 SNLE du type Le Triomphant : S 616 *Le Triomphant*, S 617 *Le Téméraire*, S 618 *Le Vigilant*.

— 6 SNA : S 601 *Rubis*, S 602 *Saphir*, S 603 *Casabianca*, S 604 *Emeraude*, S 605 *Améthyste*, S 606 *Perle*.

L'après-guerre froide : le danger est-il de retour ?

On peut dire que le traité signé à Washington en 1986 par Ronald Reagan et Mikhaïl Gorbatchev sur le démantèlement des missiles à courte et moyenne portée a consacré la vraie fin de la guerre froide. Puis l'ouverture du mur de Berlin en 1989 et la tenue de vraies élections libres dans les différents pays de l'Est (1990) ont marqué la fin de la tension et, peut-être, des risques de conflit entre les blocs communiste et occidental. Tandis qu'en 1991 la dislocation de l'URSS laissait la Russie dans un état de faiblesse que nul n'aurait envisagé quelques années auparavant.

Ce sont les premiers reportages sur les bases navales du nord de la Russie, montrant des dizaines de sous-marins nucléaires abandonnés à quai, certains même coulés, qui ont donné à l'Occident une image lisible de la puissance militaire qui s'était accumulée en URSS. Officiellement, ces bâtiments avaient été désarmés dans le cadre d'une politique de non-agression. En réalité, la Russie n'avait plus les moyens de les entretenir, ce qui posait un problème majeur : celui de la contamination radioactive de la mer. Etait-ce la certitude que tout conflit mondial se trouvait écarté qui allait rendre ces machines de mort effectivement dangereuses, par simple pollution ?

Peut-être, mais il y a plus grave. D'une part, les difficultés que la Russie éprouve à fonctionner en démocratie obligent à envisager comme encore possible l'émergence d'une politique du pire, menée par un chef d'Etat irresponsable. D'autre part, l'état de délabrement d'armes aussi sophistiquées que des sous-marins nucléaires laisse craindre que l'apocalypse se déclenche un jour, de manière accidentelle...

LES TEMPS DE PAIX : DESTINÉES ÉTRANGES ET MYSTÈRES

Nous n'évoquons ici que des événements survenus à des submersibles et sous-marins, en dehors de toute action militaire de guerre. Car entre les années 1900 qui virent le développement rapide des navires submersibles dans toutes les flottes, et l'an 2000 marqué par la perte du *Koursk*, on compte au moins une cinquantaine de sous-marins naufragés, soit un tous les deux ans en moyenne. Ce nombre est forcément un minimum, nombre de marines n'ayant jamais rendu publiques les fortunes de mer dont leurs bâtiments avaient été victimes. Autour de ces accidents, on croise le destin, on refuse d'admettre le hasard, on approche beaucoup de mystères. Et on se rend compte surtout que l'on a la mémoire très courte : le nombre d'accidents survenus ces dernières années à des sous-marins nucléaires a même de quoi faire peur.

Les voies du destin

Le 1er juin 1939, le submersible britannique *Thetis* fait naufrage, entraînant la perte de 99 hommes. Renfloué, il participe à la Seconde Guerre mondiale jusqu'en 1943, où il est envoyé par le fond.

Le *Surcouf*, fierté de la flotte française en 1939 — c'était le plus grand sous-marin du monde, capable même d'emporter un hydravion ! —, se trouve intact en 1942. Le 18 février, en mer des Caraïbes, il entre en collision avec un liberty-ship américain : 130 victimes pour cet accident « civil » en plein conflit mondial !

En 1945, le submersible allemand *U-977* refuse la reddition et cherche refuge en Argentine. Recherché par les Alliés, il est arraisonné le 17 août 1945 à Mar-del-Plata, par le croiseur argentin *General Belgrano*. Ce même *General Belgrano* sera le seul navire de guerre coulé par une attaque de sous-marin entre la Seconde Guerre mondiale et nos jours. Le 2 mai 1982, en pleine guerre des Malouines, le sous-marin britannique *Conqueror* le torpille, 830 de ses 1 042 officiers et hommes d'équipage étant sauvés.

Mystères et opérations secrètes

Le 25 janvier 1968, le submersible israélien *Dakar* disparaît quelque part dans l'est de la Méditerranée, avec ses 69 officiers et hommes d'équipage. Ce navire est l'ancien *Totem*, construit en Grande-Bretagne pendant la Seconde Guerre mondiale et complètement remis à neuf. Il fait naufrage en rejoignant Haïfa, son nouveau port d'attache. Survenue dans le contexte du conflit israélo-arabe, cette disparition alimente interrogations et fantasmes : le gouvernement israélien ayant proposé une récompense de 300 000 dollars pour toute information permettant de retrouver le *Dakar*, n'a-t-on pas été jusqu'à affirmer que le bâtiment avait été arraisonné par les Soviétiques, et que son équipage se trouvait dans un camp sibérien ?

Or, le 27 janvier de cette même année, le sous-marin français *Minerve* disparaît aussi, au large de Toulon (52 victimes). Les causes du naufrage n'ont jamais été élucidées, l'hypothèse la plus fréquemment retenue étant celle d'un abordage avec un navire de surface par très mauvais temps. On a aussi évoqué une avarie de barres de plongée, incident déjà survenu à d'autres sous-marins de ce type...

La coïncidence de dates entre les deux événements encouragea trois autres hypothèses. La première : les deux naufrages auraient pour cause commune une éruption volcanique sous-marine. Mais les activités sismiques enregistrées alors par les différents observatoires ne permettent pas d'accréditer cette thèse. La deuxième, sans aucun fondement, est que le *Dakar* comme la *Minerve* auraient été victimes d'une nouvelle arme secrète, vraisemblablement soviétique. La troisième hypothèse ne serait pas si folle quand on se souvient des « affaires » qui entourèrent les livraisons d'armes françaises à Israël à cette époque d'embargo officiel (les vedettes de Cherbourg...). Ainsi donc, la *Minerve* aurait pu transborder clandestinement des missiles à bord du *Dakar*, et un accident serait survenu pendant la dangereuse opération. Cependant, trente et un ans plus tard, le 28 mai 1999, l'épave du *Dakar* a été localisée par 2 900 m de fond, entre Chypre et la Crète. Or la *Minerve* repose au large de Toulon. Tandis que les premières images du *Dakar* laissent supposer que le submersible a été victime d'un abordage avec un bâtiment de surface.

S'étonne-t-on de ces romans d'espionnage, de ces scénarios pour films-catastrophe ? Et pourtant... Le 8 mars 1968, le *K-129*, submersible soviétique de type Gulf, c'est-à-dire à propulsion diesel-électrique mais lanceur d'engins nucléaires, fait naufrage dans le Pacifique, quelque part au large du Guam, par 5 000 m de fond. Les Américains le repèrent et, en 1974, il est renfloué lors de l'opération Clementine, financée par le milliardaire Howard Hughes qui y consacre 500 millions de dollars !

Accidents récents survenus à des sous-marins nucléaires

3 octobre 1986 : le *K-219* (type Yankee, URSS) est victime d'un incendie, abandonné par son équipage, et coule à 500 milles nautiques au nord des Bermudes.

7 avril 1989 : le *Komsomolets* (type Mike, URSS) est victime d'un incendie entre la Norvège et l'île aux Ours, et coule par 1 650 m de fond. Sur les 69 hommes d'équipage 42 disparaissent.

26 juin 1989 : nom inconnu pour un sous-marin de type Echo 2, incendié dans l'océan Arctique.

17 août 1993 : le *Rubis* (sous-marin nucléaire d'attaque, France) aborde un pétrolier qu'il n'avait pas repéré. Les dommages se limitent à 3 000 tonnes de pétrole brut perdus.

2 mars 1994 : l'*Améthyste* (sous-marin nucléaire d'attaque, France) touche le fond suite à une fausse manœuvre. Sa coque est sérieusement endommagée.

30 mars 1994 : l'*Emeraude* (sous-marin nucléaire d'attaque, France), est victime de ruptures de canalisation en plongée. Il rejoint la surface avec dix morts.

12 août 2000 : le *Koursk* (sous-marin nucléaire d'attaque, Russie) coule en mer de Barents avec ses 118 hommes d'équipage et officiers. Les deux hypothèses retenues sont celle de l'explosion d'une torpille à bord, et celle d'une erreur de tir commise par le croiseur *Pierre-le-Grand*, qui participait aux mêmes grandes manœuvres que le *Koursk*.

Paul Chack

DEUX HISTOIRES DE SOUS-MARINS FRANÇAIS

Extraits de *Ceux du Blocus* (1928)

Ceux du blocus *figure parmi les meilleurs titres de l'imposante collection de récits consacrés par Paul Chack à l'histoire de la marine française. Publiés à partir des années 30 et illustrés par le peintre de marine Léon Haffner, ils attirent aujourd'hui la convoitise des collectionneurs d'ouvrages maritimes. Les deux textes qui suivent,* Le sous-marin Curie *et* La Circé victorieuse, *sont extraits de* Ceux du blocus, *une série d'histoires (vraies) de sous-marins français se déroulant en mer Adriatique pendant la guerre 14-18, un conflit que Paul Chack vécut lui-même en tant qu'officier sous-marinier.*

Le sous-marin « Curie »

20 décembre 1914

1

Discipline

Amarré dans le port de Malte dans les derniers jours de novembre 1914, le *Courbet* se trouvait au repos pour une courte semaine, prêt à rejoindre les autres cuirassés de l'armée navale française de garde au canal d'Otrante, dans l'attente vaine d'une sortie de l'escadre autrichienne.

J'avais mon sac sur le *Courbet*. Un beau matin, je vis entrer dans ma cabine mon ami O'Byrne, lieutenant de vaisseau commandant le sous-marin *Curie*. Appelé sur le *Courbet* pour quelque communication de service, il venait me demander l'hospitalité en attendant la vedette qui devait le reconduire à son bord.

Cinq années durant, nous avions, O'Byrne et moi, navigué sur les mêmes bâtiments ou dans les mêmes escadres. Dès que nous étions libres ensemble, nous nous retrouvions à terre, le plus souvent au tennis. Agé de trente-cinq ans, O'Byrne était un géant tranquille, taillé sur un gabarit de Latin mêlé d'Irlandais. Des yeux de bonté et de franchise animaient sa face colorée, au front et aux pommettes puissantes, à la mâchoire de combat. Agile et vif malgré son aspect un peu lourd, le commandant du *Curie* était silencieux et réservé.

Très froidement, il m'annonça qu'il allait regagner son poste de combat dans l'Adriatique. Ce peu d'enthousiasme au moment de monter en ligne m'étonnant grandement de sa part, O'Byrne, sur mon insistance amicale, m'en donna l'explication.

Brûlant du désir de faire en Adriatique un métier plus actif que l'affût devant des ports ennemis d'où rien ne sortait jamais, nos commandants de sous-marins avaient obtenu du chef de l'armée navale d'être envoyés dans les rades autrichiennes. Le *Curie* dont les moteurs et les appareils venaient d'être remis en état, et dont le commandant comptait parmi les meilleurs, devait ouvrir la marche. Pendant le séjour qu'il venait de faire à Bizerte, O'Byrne s'était débrouillé pour installer, par les moyens du bord, un système de filières et de gardes destinées à protéger ses hélices et ses gouvernails contre l'accrochage par les filets ennemis.

— Hier soir, me dit O'Byrne, j'ai reçu l'ordre de supprimer tout cela.

— Qui t'a donné cet ordre-là ? demandai-je à mon ami.

— Le commandant des flottilles de sous-marins, simplement. Et on l'étonnerait beaucoup en lui disant qu'il a eu tort. Il est vrai qu'il n'a jamais mis les pieds sur un sous-marin.

— Je suppose, dis-je alors, qu'il ne va pas laisser partir le *Curie* tout nu.

— Certes non, répondit O'Byrne. On est en train d'installer à mon bord les défenses réglementaires. Mauvais système d'ailleurs : les gouvernails de plongée sont protégés tant qu'on les laisse au repos, mais, dès qu'on manœuvre la barre, un vide s'ouvre entre la fameuse garde réglementaire et le gouvernail, et le bateau a cinq chances sur dix de rester accroché. Je t'assure, ajouta O'Byrne, que ça a bardé cinq minutes avec le commandant supérieur. Il n'a rien voulu entendre, et j'ai failli écoper huit jours de zinc. Telle est mon histoire, mon vieux ; elle n'est pas d'un intérêt mondial.

— Je pense, répondis-je, que son importance est suffisante pour que tu soumettes le cas à l'amiral. Il est marin, lui, et comprendra vite. Après tout, c'est toi qui vas là-haut, avec ta peau et celle de tes hommes...

— Je n'en ferai rien, cher ami, affirma O'Byrne. Et voici pourquoi. Nous sommes en guerre et j'ai reçu un ordre. Ordre médiocre, j'en conviens, mais pas absolument mauvais. Les chances de réussir sont réduites, mais non tout à fait supprimées. En réclamant contre mon chef direct, je donnerais l'exemple de l'indiscipline. Et puis, n'oublie pas que, jusqu'à présent, seuls les sous-marins à vapeur ont travaillé dans l'Adriatique ; ceux qui ont des moteurs Diesel, comme le *Curie*, n'ont rien fait, malgré leurs qualités d'immersion rapide et leur grand rayon d'action en plongée. Nous avons déjà trop tardé à montrer de quoi nous sommes capables.

— Ne t'inquiète pas, répondis-je alors ; j'imagine que la guerre sera assez longue pour que les pétroliers aient le temps de faire leur force comme les charbonniers.

— D'accord, dit O'Byrne, mais mon bateau vient de passer six semaines à Bizerte. J'ai, de cette inaction, par-dessus la tête. En demandant à l'amiral d'examiner l'affaire, je retarderais encore la disponibilité du *Curie* et j'aurais l'air de me défiler à l'instant qu'il faut foncer et rentrer dedans... ou crever au travail.

A ce moment, l'hélice de la vedette fit entendre son gargouillement sous mon hublot. Nous nous séparâmes. Et je n'ai jamais revu mon ami.

2
En route vers Pola

Contre un adversaire qui s'obstine à se dérober, une seule tactique est saine : aller le chercher dans sa retraite. Consciente de son infériorité en face des quinze cuirassés, des six croiseurs cuirassés et des trente-quatre torpilleurs d'escadre de notre armée navale, la flotte autrichienne se cache. Estimant même que l'inviolable Cattaro n'est pas un abri assez sûr, elle s'est réfugiée à Pola, tout en haut de l'Adriatique, à trois cent vingt milles du canal d'Otrante.

Le 15 décembre 1914, l'amiral Boué de Lapeyrère, commandant en chef la 1re armée navale, désigne le *Curie* pour faire une opération de longue durée dans la Haute-Adriatique et à Pola. Le sous-marin ne devra pénétrer dans la place forte que s'il n'a trouvé aucune force navale autrichienne qu'il puisse attaquer dans le mouillage extérieur de Fasana.

Le *Curie* fait son plein de pétrole, embarque des vivres pour dix jours et se débarrasse d'une tonne de matériel dont il peut à la rigueur se passer pour vivre et pour combattre. Malgré quoi, lors de la pesée [1], O'Byrne constate que son bateau est lourd. Mauvaise affaire pour un sous-marin qui n'a que trop de tendances à gagner le fond sans y être invité... Le *Curie* est tout bonnement alourdi par les fameuses gardes réglementaires, massives, solides, dangereuses... Paix à la mémoire de celui qui les inventa et de ceux qui en imposèrent l'emploi...

Le jeudi 17 décembre, à cinq heures du matin, les croiseurs cuirassés *Jules-Michelet* et *Jules-Ferry* doublent l'île Fano et s'engagent dans l'Adriatique par temps calme et légère brume. Le *Jules-Michelet* remorque le *Curie*, afin de réduire la dépense de combustible du sous-marin et de ménager les forces de son équipage. Les croiseurs naviguent à égale distance de la côte italienne et de la côte dalmate, loin de tous regards indiscrets. A bord du *Curie*, les hommes sont dans la joie à l'idée d'attaquer enfin. Allongées dans leurs tubes-carcasses extérieurs, les torpilles sont prêtes.

Neuf fois déjà, notre armée navale tout entière est remontée vers le nord en quête de l'ennemi-fantôme ; neuf fois, elle a navigué dans un désert. Aujourd'hui, nos croiseurs bénissent ce vide comme ils bénissent la brume qui les cache. Aucun gêneur ne pourra révéler le secret de l'opération.

Or, voici qu'à deux heures du soir la brume s'atténue et un témoin surgit, fumée lointaine sur l'eau. Les croiseurs changent de route.

---

1. La note de la page 32 explique ce qu'est l'opération de la pesée.

Trop tard... L'autre les a sûrement vus. Le *Jules-Ferry*, lancé à vingt-deux nœuds, le rattrape. C'est le cargo italien *Reno*, allant de Brindisi à Spalato. L'Italie est encore neutre, et quelque Autrichien curieux pourrait bien s'être glissé parmi l'équipage du navire marchand. Heureusement, le droit international est fatras si compliqué qu'il est toujours possible de trouver une raison plus ou moins bonne de mettre à l'ombre un bâtiment pendant le temps voulu. Le *Jules-Ferry* envoie un équipage de prise à bord du *Reno*, afin de le conduire à Fano pour visite détaillée. Plus tard il sera temps de reconnaître son erreur, de relâcher le bateau avec mille excuses et de payer aux intéressés toutes les indemnités qu'ils réclameront. Ayant affaire à la France, ils n'y perdront rien et tout le monde sera content...

La courte journée d'hiver s'achève sans autre rencontre. Dans la nuit, nos bâtiments passent à mi-distance entre les îles Pianosa et Pelagosa. A quatre heures du matin, le 18, les croiseurs stoppent. Le moment est venu de larguer la remorque et de laisser faire le *Curie*, auquel les mégaphones crient dans l'ombre les souhaits de bonne chance. Quelques minutes plus tard les deux croiseurs cuirassés, cap au sud-est, s'évanouissent dans le noir. Le sous-marin reste seul.

Fraîche brise de nord-est, mer plate. Route au nord, le *Curie* navigue en surface au diesel. Sur l'étroite passerelle, O'Byrne garde ses jumelles de nuit braquées vers l'avant ; près de lui, un veilleur se charge de l'arrière. Tous ballasts pleins sauf ceux du centre, le sous-marin peut disparaître en moins d'une minute. O'Byrne s'approche d'abord de l'île Lissa pour rectifier son point et prendre ensuite la route directe vers le lieu d'attaque.

A midi paraît au loin dans l'est le profil de diadème de l'île Incoronata, à laquelle fait suite l'île Grossa, dont on distingue vaguement le Mont d'Or et la Vela-Straza qui la dominent. Un brouillard léger voile les monts Velebit, armature de la côte dalmate. Fixé maintenant sur sa position, O'Byrne incline sa route vers la gauche, se dirigeant ainsi sur la pointe sud de l'Istrie, encore invisible.

Bientôt la brume se referme sur les îles. Le *Curie* est le point central d'un horizon vide, dont les bords ouatés masquent le but qu'on atteindra ce soir vers dix heures, si tout va bien. A quelque 300 milles sur l'arrière, les cuirassés de France continuent leur éternel mouvement pendulaire entre le cap Santa-Maria-di-Leuca, bas du talon de la botte italienne, et l'île Fano qui jouxte Corfou. Dans deux jours, le *Jules-Michelet* reviendra au point de séparation de la nuit dernière pour offrir de nouveau la remorque au sous-marin.

A cinq heures du soir, la morne clarté d'hiver fait place à l'obscurité propice aux embûches. Le voisinage de l'Istrie apporte tous risques de rencontrer des torpilleurs en patrouille, feux masqués, silhouettes confuses lancées à 25 nœuds. Par cette nuit brumeuse et sans lune, on ne pourra les découvrir qu'au tout dernier moment. Par bonheur le sous-marin, très bas sur l'eau, est infiniment moins visible que les navires de surface. Et puis la surveillance autrichienne ne doit pas être bien fébrile ; nul ne se doute qu'un sous-marin français cingle vers le grand arsenal, aux abords duquel, jusqu'à ce jour, aucun périscope n'est venu jeter la panique. N'importe ! Veillons de tous nos yeux, de toutes nos oreilles.

Neuf heures du soir. La côte d'Istrie est proche. Dans le Nord on en devine la forme basse, plus sombre que le noir de la nuit. Moteurs Diesel stoppés, le *Curie* est en marche électrique, prêt à s'immerger en un clin d'œil. Sur l'avant, des ombres infiniment vagues défilent à toute vue, patrouilleurs autrichiens montant leur garde indolente dans l'attente du « rien de nouveau » coutumier.

— Navire sur l'arrière, murmure le veilleur de la passerelle.

O'Byrne se retourne. Surgi des ténèbres un torpilleur vient droit sur le *Curie*. Il est si près qu'on distingue la blancheur de sa vague d'étrave.

— Alerte ! Plongée rapide. Moteurs à toute vitesse.

Dans un claquement d'acier contre acier, O'Byrne a rabattu le panneau du kiosque. Des torrents d'eau mugissent en se ruant dans les ballasts du centre. Apiqué de dix degrés, le *Curie* s'enfonce. Accroché au périscope de nuit, le commandant voit grossir la forme menaçante d'un grand contre-torpilleur. Le voici par le travers, à cinquante mètres à peine... Bon Dieu, il diminue de vitesse... Aurait-il vu ? Brutalement, la mer coiffe l'objectif du périscope, O'Byrne est aveugle.

Quinze secondes plus tard, le sous-marin est descendu à vingt mètres. Ecoutons... Lentement, très lentement, tournent les hélices de l'ennemi... Peut-être a-t-il aperçu le remous d'écume qu'a fait le kiosque du *Curie* dans son immersion brutale... Pourtant, il n'a pas ouvert le feu... Ecoutons toujours... Ah, le voilà qui se remet en route. Les « flac ! flac ! » se font plus rapides.

O'Byrne respire. Et l'enseigne de vaisseau Chailley se frotte les mains. Pierre Chailley, second du *Curie*, est un garçon exubérant et démesuré, dont les yeux bleus pétillent de bonne humeur. Sûr de lui en toutes circonstances, Chailley est le plus délicieux des camarades et un boute-en-train toujours prêt.

— Si ce bougre-là nous avait vus, proclame-t-il en riant, il aurait prévenu tout le monde, et notre affaire serait dans le seau.

Une demi-heure de route à vingt mètres, puis le *Curie* fait surface à une vingtaine de milles du cap Promontore. Plus rien en vue. Le sous-marin se dirige vers Pola avec un moteur Diesel embrayé sur une hélice, tandis que l'autre moteur charge les accumulateurs électriques. Nouvelle plongée « en catastrophe » à trois heures du matin, pour éviter un grand contre-torpilleur à trois cheminées qui passe à frôler le sous-marin.

3

Reconnaissance en plongée

Voici l'aube tardive, triste et brouillée du 19 décembre. Le temps est couvert et, phénomène étrange, le ciel est plus clair dans l'Ouest, vers l'Italie, que dans l'Est, au-dessus de la côte istrienne. Du linceul nocturne elle émerge peu à peu, cette côte devant laquelle O'Byrne se présente pour la première fois. Il faut l'examiner aujourd'hui pour pouvoir attaquer demain.

Immergé à dix mètres, le *Curie* se faufile entre les champs de mines et les patrouilleurs. La carte déployée près de lui, le commandant scrute la mer et le rivage, s'interrompant pour rentrer le périscope chaque fois qu'un torpilleur ennemi s'approche. Chailley lit tout haut les *Instructions nautiques* au chapitre « Pola ». Durant les neuf heures de la blême lumière de décembre, il faut s'imprégner des moindres détails de l'entrée du port, fixer dans sa mémoire les points remarquables, vérifier l'existence et supputer la force des filets et des mines portés sur la carte secrète grossièrement dessinée, que notre service des renseignements a pu se procurer à prix d'or et dont la valeur peut être nulle. Tendant à fond toutes ses facultés, O'Byrne fait appel à tout le sens marin, à toute l'habileté manœuvrière que dix huit ans de service et deux ans de commandement du *Curie* lui ont donnés.

Arrivé devant Pola, le sous-marin navigue entre la côte et la plus grande des îles Brioni, dont l'archipel masque le canal de Fasana, mouillage extérieur de la flotte autrichienne.

Le travail s'annonce difficile. Le port de Pola est un cul-de-sac que bordent des collines hautes de vingt-cinq à trente mètres, toutes pareilles d'aspect et toutes couronnées de forts et de batteries : forts Grosso, Munide, San-Giorgio, Novidal, Michele, Max, Compare et Musil. Ces forts-là sont marqués sur la carte. Il y en a d'autres, il y a aussi peut-être des batteries de tubes lance-torpilles, il y a surtout un grand brise-lames en travers de l'entrée et qui laisse, entre son musoir Nord et la pointe Cristo, un passage large de 650 mètres, qu'on doit s'attendre à trouver barré et surveillé.

Vue au périscope, la masse d'îlots et de collines apparaît comme un paysage sans perspective, gris sur gris, plat comme la toile de fond d'un décor. A cinq milles de terre, le brise-lames ne se détache pas sur l'arrière-plan. Cela sent l'embûche. Pourtant, cette toile de fond, il faut la crever, aller voir ce qu'elle cache. Le *Curie* s'approche, coupant de temps en temps son exploration de la côte par un tour d'horizon hâtif, afin de ne pas être surpris par un navire lui arrivant dans le dos. En voici un qui vient du Nord, débouquant d'une des

passes qui mènent au canal de Fasana. C'est un cuirassé du t
Radetzky rentrant à Pola.

Regardez-le. Il s'approche... Sans défiance, il va défiler à port
des torpilles du *Curie*... Le coup est sûr, la proie magnifique, l
victoire facile et, dès ce soir, la descente triomphale du sous-marin
vers Otrante...

O'Byrne rentre son périscope et laisse passer le *Radetzky*.

Il n'admet que la victoire totale... Ou la mort.

Il veut garder toutes ses forces, les sept torpilles de son sous-marin, pour la minute bénie où devant lui se présenteront les grands dreadnoughts d'Autriche : *Viribus-Unitis, Tegetthof, Prinz-Eugen* et *Szent-Istvan*. Qui sait s'il ne va pas en trouver un dans le canal de Fasana où souvent les grands navires de bataille se rendent pour faire leurs exercices ?

Le *Curie* a le cap sur l'entrée, entre le musoir du brise-lames et la pointe Cristo. Il file tout juste deux nœuds, pour réduire le sillage que fait sur l'eau le périscope aux rares secondes où son extrémité émerge. Pendant une des éclipses de l'instrument O'Byrne s'adresse à son second :

— Pourquoi diable, vient-il s'enfermer à Pola, ce cuirassé ? Est-ce que notre présence aurait été signalée ?

— C'est peu probable, commandant, répond l'enseigne. Cette rentrée-là est ordonnée par le calendrier. La semaine de Noël commence demain. Grande bamboche en Autriche. Et, puisque la flotte de Son Excellence l'amiral Haus n'a pas la moindre envie de sortir de son trou, elle peut envoyer ses hommes en permission à l'assaut des ersatz-charcuteries.

— Si telle est la raison, dit alors le commandant, il y a bien des chances pour que tous les bateaux soient cadenassés à Pola.

Réflexion exacte et, à bien y songer, la date de l'envoi de notre sous-marin à l'attaque eût pu être mieux choisie...

— Dès lors, commandant, reprend Chailley, nous n'avons qu'à entrer tout de suite, en ligne de file derrière le *Radetzky*. Inutile de perdre notre temps dans le canal de Fasana, si nous devons le trouver vide.

— Non, répond O'Byrne, nous avons l'ordre de commencer par le mouillage extérieur. C'est là que j'attaquerai d'abord.

On approche de l'entrée, d'où débouchent soudain deux contre-torpilleurs qui passent à moins de 100 mètres du *Curie*. A bord du sous-marin, dans la clarté des fortes lampes électriques, que reflètent les parois d'émail blanc, les marins français, volontés aiguisées, sont debout, aux postes de combat. Silencieux, ils écoutent, cherchant à discerner les sons extérieurs suspects des bruits familiers du navire : ronflement très doux des moteurs de propulsion tournant au ralenti, susurrements spasmodiques du petit moteur qui lève ou abaisse le périscope et que manœuvre le quartier-maître électricien Salaun sur un signe du commandant, cliquetis des cardans des barres de plongée et de direction ; O'Byrne, qui seul à la vue sur le dehors, semble aussi calme qu'au cours des centaines de plongées d'exercice par quoi, depuis deux années, il a façonné le corps et l'âme de son bateau. A mi-voix, il donne ses ordres, et entre temps, renseigne l'équipage, car il estime que ses hommes, lesquels sont pour lui des aides et non des automates, doivent savoir ce qu'il a décidé et ce qu'il fait. Et l'on entend :

— En haut le périscope... Moteurs le plus doucement possible. Nous doublons le musoir de la jetée... Ah, voici les cuirassés. Les gros sont au fond de la rade... C'est un fouillis de mâtures. Impossible de voir s'ils y sont tous... Rentrez le périscope.

— Commandant, les torpilles sont prêtes, hasarde l'enseigne Chailley.

— Je le sais, mon ami, répond simplement O'Byrne.

Le jeune officier se mord les lèvres. S'il commandait le bâtiment, je ne sais trop s'il aurait, lui, la patience d'attendre... Le lieutenant de vaisseau reprend son monologue :

— En haut le périscope... La barre quinze à droite... Rentrez le périscope. Laissez venir sur tribord jusqu'au sud-est...

— En route au sud-est, déclare l'homme de barre.

— Bien. En haut le périscope... Attention ! Moteurs parés à manœuvrer. Il y a quelque chose devant nous au ras de l'eau... Un barrage... Une rangée de bouées reliées par un câble d'acier trois fois gros comme mon pouce... La barre toute à droite. Nous allons suivre la ligne des bouées et chercher la porte... La barre à zéro, gouvernez comme ça [1]. Rentrez le périscope.

Tranquillement, sortant pendant dix secondes toutes les deux ou trois minutes le périscope dont l'objectif affleure alors tout juste la surface, O'Byrne longe le barrage de tout près et constate que des filières d'acier verticales, partant du gros câble, descendent vers le fond, où elles doivent être fixées par des grappins ou sur une chaîne. Voici l'extrémité sud du barrage qui aboutit, sans brèche, aux enrochements du brise-lames. L'ouverture doit se trouver à l'autre bout de l'obstruction, dans le Nord, vers la pointe Cristo. Le *Curie* vire de bord et, suivant toujours la ligne des bouées, aperçoit dans le prolongement du barrage des chaloupes à vapeur qui travaillent. Sans doute referment-elles la porte qu'il a fallu ouvrir pour le cuirassé de tout à l'heure. Dans la même direction et un peu plus loin, des torpilleurs vont et viennent...

Midi. Le moment est venu de gagner le canal de Fasana, lequel est

1. « Gouverner comme ça » signifie gouverner au cap marqué par le compas au moment où la barre est mise à zéro.

pourri de mines, s'il faut en croire les indications de la carte secrète. Toujours inaperçu, le *Curie* se glisse hors de la rade de Pola et s'engage dans la passe qui sépare l'îlot San-Girolamo de la grande île Brioni que couronne le fort Tegetthof. Le canal de Fasana est en vue. Des vapeurs de servitude et de grosses chaloupes s'affairent du côté du champ de mines. Au mouillage des bâtiments de guerre, pas un cuirassé, pas un croiseur ; seul un gros remorqueur s'y prélasse à l'ancre. Rien à faire par ici, mais l'ordre est exécuté, et demain on retournera à Pola.

4

La veillée des armes

Quatre heures du soir. La nuit tombe. Le *Curie* fait surface et sort du canal de Fasana. Au large, des patrouilleurs, projecteurs allumés, circulent par escadrilles. Pendant de longues minutes, le sous-marin est encadré, à tribord, à bâbord et sur l'arrière, par trois ennemis qui l'accompagnent en tenant leurs faisceaux lumineux braqués sur lui. O'Byrne ne plonge pas pour si peu. Ces gens-là n'ont rien vu, puisqu'ils gardent leurs canons muselés et ne foncent pas sur le *Curie*.

Vers dix heures, à une vingtaine de milles dans l'ouest de Pola, le sous-marin stoppe, débraie ses hélices et laisse tomber, en guise d'ancre, une gueuse de fonte amarrée à un filin dont un matelot tient en main l'extrémité. Ainsi, le bateau est prêt à se mettre en route et à plonger instantanément à la moindre alerte. Ses diesels lancés à toute puissance et attelés aux moteurs de propulsion fonctionnant en dynamos, le *Curie* charge ses accumulateurs électriques à une intensité énorme, jamais atteinte jusque-là. C'est que demain, si on entre à Pola, la plongée sera longue...

Mais est-on bien paré pour le coup de souque ? Sur le pont, à minuit, O'Byrne réunit en conseil de guerre son second et le premier-maître patron pilote Chefnoury.

— On peut y aller, déclare l'enseigne, le matériel et les torpilles sont au point, le bateau fin prêt.

— Quant aux hommes, dit Chefnoury, ils sont aussi frais qu'au départ et ne craignent qu'une chose, c'est qu'on n'attaque pas tout de suite. Ils auraient trop de regrets si un autre bateau tentait le coup à la place du *Curie*.

— Très bien, répond O'Byrne, nous attaquerons au lever du jour.

Il a parlé haut et, par le panneau de descente, ses paroles ont résonné dans le poste central. De bout en bout du navire, la nouvelle attendue se propage : on va sauter sur le râble aux Autrichiens.

Chailley reste sur le pont pour assurer la veille. O'Byrne descend, s'allonge sur sa couchette et rumine son plan.

Douze heures plus tôt, en explorant le barrage, il a observé de loin le va-et-vient des torpilleurs ennemis vers l'extrémité Nord de la ligne des bouées, tout près de terre. Une brèche, ouverte aux patrouilleurs, doit donc exister dans l'obstruction. Pour pénétrer dans le port par cette ouverture il faudrait d'abord la trouver, mais les jours de décembre sont courts, et il est à craindre qu'une telle recherche ne donne le secret du chenal praticable que trop tard pour qu'on ait le temps d'attaquer ensuite. Or, l'amiral a ordonné au *Curie* de quitter la Haute-Adriatique le 20 décembre au soir.

Pour ne pas perdre de temps, il faudrait donc se lancer à l'aveuglette le long de la côte, à l'endroit présumé de l'ouverture. On risquerait alors de se crever sur un caillou, car une passe, bonne pour des torpilleurs dont le tirant d'eau ne dépasse guère quatre mètres, peut être mortelle pour le *Curie*, lequel, naviguant périscope haut pour garder la vue, encombre dix mètres en profondeur.

Reste la solution qui consiste à foncer à travers le barrage. Les filières d'acier verticales, aperçues hier, semblaient distantes l'une de l'autre d'environ trois mètres et n'avaient pas l'air bien raidies. Le *Curie* ayant 6,50 m de largeur « hors tout », il suffira de pousser dur, en priant Dieu d'empêcher les câbles d'acier de s'accrocher dans les saillies qui débordent la coque. Saillies nombreuses : trois paires de gouvernails de plongée horizontaux, une à l'avant, une au milieu et une à l'arrière, le gouvernail vertical de direction et les deux hélices... Le tout protégé, mal protégé, par les gardes.

Malgré tout, la manœuvre est possible, et O'Byrne décide de la tenter.

5

Le compas fou

20 décembre. L'aube approche. Les accumulateurs sont chargés à refus. Tournant à toute vitesse, les ventilateurs achèvent d'évacuer les gaz explosifs de la charge. Le sous-marin navigue émergé, et les hommes aimeraient demeurer en surface tant qu'il restera un lambeau d'obscurité pour les cacher. Mais O'Byrne est prudent ; il sait qu'en guerre sous-marine c'est celui qui plonge le plus tôt qui vit le plus vieux. D'ailleurs, voici un contre-torpilleur qui s'approche et force le *Curie* à s'immerger avec les gestes habituels de la plongée rapide. Le voici à douze mètres de profondeur ; le commandant donne la route à l'est.

Et, se fiant au compas, chacun à bord s'imagine que le bateau a le cap sur Pola.

Le jour se fait. Le ciel et la mer ont la couleur gris sale et l'aspect d'une très vieille tôle ondulée. La terre se dessine sur l'avant, O'Byrne remplace Chefnoury, qui avait pris le quart au périscope.

Mais quel est ce décor étrange ? Pola, cette nuit, a diminué de moitié, et les îles Brioni ont disparu... Droit sur l'avant, à l'endroit où devraient apparaître le grand arsenal, la capitale de l'Istrie et les forts, on voit une petite ville, une grande église, un phare isolé, tout un décor nouveau, inattendu...

— Chailley, ordonne le commandant, attrapez vite les *Instructions nautiques* et cherchez dans les parages de Pola une ville sous une église et, sur un rocher, un phare qui a l'air d'un cierge blanc coiffé d'un éteignoir vert.

L'enseigne feuillette le livre et O'Byrne ajoute :

— Il y a aussi une île avec deux tours dessus et un vieux château sur une montagne.

— Ça va, commandant, j'ai le tuyau, page 197. L'église Sainte-Euphémie domine complètement la ville de Rovigno ; les deux tours se trouvent sur l'île San-Andrea et le mont de la Torre s'orne, dit le bouquin, d'une ruine remarquable. Et votre phare, tour octogonale blanche avec coupole verte, se dresse sur le rocher San-Giovanni in Pelago, toujours devant Rovigno.

— Bon Dieu de bon Dieu ! s'exclame O'Byrne après un coup d'œil sur la carte, nous sommes à quinze milles trop au nord. Le compas a dû dérailler.

— Rien d'étonnant après la charge de cette nuit, commandant ; l'état magnétique du bateau est sûrement cul par-dessus tête, et l'aiguille aimantée ne sait plus de quel bord amurer. Nous n'avions aucun moyen de nous en apercevoir.

— Après cette affaire-là, souhaite O'Byrne, j'espère qu'on nous donnera le compas gyroscopique que je demande depuis deux ans...

6

Dans les rets

Toujours en plongée, car il fait grand jour, le *Curie* se faufile le long de la côte, entre celle-ci et les champs de mines autrichiens. La journée commence mal, car les quinze milles d'erreur signifient trois heures précieuses perdues...

Onze heures du matin. Le brise-lames de Pola est tout près. Dans le calme d'église qu'anime à peine le murmure d'orgue des moteurs, la voix d'O'Byrne éclate soudain :

— Nous entrons dans la rade. Le plus grand silence partout. Quoi qu'il arrive et quoi qu'on entende, que chacun reste à son poste.

Et voici, étendu en travers sur l'avant comme une grille de clôture, le barrage qu'il faut enfoncer comme une guêpe crève une toile d'araignée.

— 800 ampères aux moteurs. Immersion, 18 mètres. Rentrez le périscope et gouvernez bien droit.

Il n'est plus que d'attendre. Assis sur un pliant dans le poste central, O'Byrne caresse Radium, le chien du *Curie*.

Lancé à cinq nœuds, le sous-marin fonce sur l'obstacle. Par déplacements légers des gouvernails de plongée les trois hommes de barre maintiennent le bateau aveugle bien horizontal à la profondeur ordonnée.

Des minutes... lourdes...

— Voici les filières, murmure Chailley à l'oreille de son chef.

— Je les entends, mon ami.

Tous entendent. A tribord et à bâbord, quelque chose racle la coque à l'extérieur. Le grattement se produit à l'avant, puis se rapproche et augmente tandis que les filins d'acier verticaux du barrage frottent contre les gouvernails horizontaux du centre... Clac ! Clac ! Deux coups de fouet résonnent quand les filins, ayant dépassé ces gouvernails, s'appliquent de nouveau sur la carène. Puis le grincement gagne l'arrière, point délicat où sont les hélices et encore des gouvernails. Ecoutons... Encore des claquements secs... Plus rien... On est paré.

Le passage a duré trente secondes.

Tous les fronts ruissellent. La voix d'O'Byrne demeure très calme lorsqu'il ordonne :

— 100 ampères aux moteurs. En haut le périscope.

A l'allure de 100 ampères, le *Curie* marche à peine deux nœuds ; ainsi pourra-t-il, sous le nez de l'ennemi, sortir son périscope sans soulever une aigrette d'écume qui le trahirait. Tous attendent l'ordre de monter à dix mètres pour prendre la vue. Chailley note sur le journal de bord : « 11 h 32, franchi le barrage de Pola à 18 mètres ». Déjà les gens des lance-torpilles saisissent les manettes des freins, prêts à les desserrer. Du poste central, on perçoit à peine le bruit des moteurs qui tournent à l'arrière. Mais sans arrêt grincent les engrenages des gouvernails.

— Le bateau est rudement lourd, chuchote le barreur de plongée milieu.

De fait, le *Curie* s'enfonce ; le manomètre de profondeur marque 18,20 m. La vitesse est si faible que les gouvernails n'ont presque plus d'action, et l'homme est forcé de mettre sa barre 15 degrés « à monter » pour rattraper la graduation 18 mètres.

Et son obéissance scrupuleuse va causer la perte du *Curie*...

Soudain, choc brutal suivi d'un grincement étrange.

— Rentrez le périscope, ordonne le commandant.

Deux éclairs au poste central : les plombs fusibles du moteur du périscope ont sauté. L'appareil, faussé, ne descend plus.

— Remplissez les caisses d'assiette [1]. Stoppez les moteurs.

Quel que soit l'obstacle rencontré le sous-marin doit maintenant gagner le fond pour échapper à l'ennemi.

Sous le poids de l'eau qui gargouille en pénétrant dans les caisses, le bateau descend. 25 mètres... 30... 35... L'aiguille du grand manomètre tremblote un instant devant le chiffre 40, puis s'immobilise. Le *Curie* est assis sur le fond.

O'Byrne est grimpé dans le kiosque. A travers les hublots de verre épais qu'éclaire une lampe à réflecteur, il distingue, à bâbord, une filière d'acier raidie qui touche la coque. Tout à l'heure, lorsque le barreur a manœuvré, cette filière s'est glissée entre la garde et le gouvernail de plongée milieu, puis entre ce dernier et la tôle de carène. Et maintenant elle est bloquée contre l'axe horizontal de rotation du gouvernail. En battant en arrière, on arrivera peut-être à s'en dépêtrer. Le commandant redescend dans le poste central.

— Rien de grave, mes enfants. Il y a un deuxième barrage dont un câble s'est pris dans le gouvernail milieu. Nous allons nous dégager de là. Chailley, envoyez un homme dans le kiosque et faites les manœuvres d'eau nécessaires pour que le bateau remonte à 20 mètres et s'y tienne.

7

Cinq heures de bataille

— Moteur tribord en avant, moteur bâbord en arrière... Plus vite... A toute vitesse...

Le sous-marin pivote sur place et s'incline vers le fond... 10 degrés... 20... 25... Mauvais tabac !

— Stoppez partout, ordonne O'Byrne.

Une voix descend du kiosque :

— Commandant, la filière tient toujours.

Alors, une autre voix, celle du second maître Brachet, parle dans le tube acoustique des moteurs :

— Quelque chose vient de craquer à l'arrière. Le câble qu'on a mis en place à Malte pour protéger les hélices a dû consentir.

---

1. Outre les grands ballasts, toujours complètement remplis en plongée, les sous-marins possèdent trois caisses d'assiette avec tube de niveau gradué : une à l'avant, une au centre et une à l'arrière. En remplissant ou en vidant plus ou moins ces caisses, on combat la tendance que peut avoir le navire à monter ou à descendre, et on assure son équilibre longitudinal, autrement dit son assiette.

O'Byrne reste calme, et pourtant... Echangeant un long regard avec Chailley, il répond au second maître :

— Bien, mon ami, surveillez les ampèremètres des moteurs et prévenez-moi si l'intensité augmentait brusquement.

Si le câble garde est cassé, il risque fort de s'embobiner autour d'une hélice... ou des deux.

Midi. A présent commence, pour les vingt-six hommes du *Curie*, une lutte désespérée qui va durer cinq heures.

Comme une énorme baleine prise au piège, le sous-marin se débat pour tenter de rompre les rets. Il se lance à toute vitesse en arrière, puis à toute vitesse en avant. Le bourdonnement des grands moteurs électriques de propulsion atteint des notes suraiguës jamais entendues jusque-là. Ils tournent plus vite que lors des essais à outrance.

La filière tient toujours.

En inclinant le navire, on arrivera peut-être à faire céder l'amarre maudite. Sans stopper les moteurs, on transporte tous les poids mobiles du bord à l'extrême avant où, d'un seul élan, se précipite aussi tout l'équipage, lest humain de deux tonnes. Le *Curie* bascule...

La filière tient toujours.

Les hommes demeurent silencieux. Seul le halètement de leurs poitrines, où l'air commence de manquer, témoigne de la lutte qu'ils livrent contre la matière inerte et mauvaise qui retient prisonnier leur bateau.

On recommence d'apiquer le *Curie* en alourdissant cette fois l'arrière. L'inclinaison du navire dépasse 30 degrés. Avec ses cinquante-deux mètres de long, son étrave est presque à fleur d'eau tandis que ses hélices sont à 30 mètres de profondeur. Sous cet angle effrayant, l'épontillage des lourds accumulateurs craque dangereusement... Ainsi mâté, le sous-marin part encore à toute allure en arrière, au risque d'aller s'écraser sur le fond tout proche...

La filière tient toujours.

L'essoufflement des hommes tourne au râle. Dans leur bataille silencieuse contre un câble d'acier, ils ont brûlé plus d'oxygène que durant vingt heures d'une plongée ordinaire.

Des flammes jaillissent sur l'arrière, lancées par le moteur bâbord, dont l'intensité vient de sauter de 1 000 à 2 000 ampères. L'hélice est engagée. Dehors, autour de son arbre invisible, s'enroule un terrible écheveau qui va, d'une seconde à l'autre, la bloquer. Parcourus par le courant formidable, les câbles électriques commencent de brûler leurs isolants, qui répandent une fumée âcre. L'air, depuis longtemps vicié, s'empuantit. On lutte depuis bientôt trois heures.

A chaque élan du sous-marin, sa masse de 550 tonnes [1], lancée

1. Le *Curie* déplace 400 tonnes en surface et 550 en plongée. Le poids d'eau introduit dans les ballasts pour s'immerger est donc de 150 tonnes.

dans un sens ou dans l'autre, déplace, sans pouvoir le rompre, le barrage dont les bouées dansent sur l'eau, sans qu'aucune houle puisse expliquer leurs soubresauts. Et, si tranquilles, si négligents que soient les équipages autrichiens, quelques hommes finissent par apercevoir la sarabande des bouées. Un sous-marin est là... pris dans le filet... Mais que faire ? En 1914, on n'avait pas encore inventé les grenades sous-marines qui plus tard devaient exécuter tant d'Allemands.

Deux heures après midi. Revenons au *Curie*. Pour la dixième fois, il se cabre sur place comme un cheval au piquet. Là-haut, les bouées se trémoussent quand, soudain, le bateau s'étant incliné d'un angle trop grand, son étrave pointée vers le ciel crève la surface comme pour menacer toute l'escadre autrichienne, dont les canons ouvrent un feu désordonné sur l'apparition. L'étrave grise replonge sans que les obus l'aient atteinte.

A bord, les détonations ont retenti comme un tonnerre lointain. Le silence retombe. La tête alourdie par l'asphyxie qui vient, les hommes sont hagards et ruisselants. La condensation de leurs haleines sur la tôle froide de la coque retombe en pluie. L'air comprimé, qui vingt fois a vidé les ballasts, a créé une surpression telle que les oreilles souffrent et saignent. Pas une plainte, pas un mot...

Un coup de tonnerre ébranle la coque, comme si dix mille marteaux la frappaient à la fois. L'ennemi vient de déverser sur le *Curie* tout un fouillis de lourdes chaînes. A présent, quoi qu'il advienne, tout espoir est perdu de lancer les torpilles placées à l'extérieur de la coque. Du reste, la pression des plongées à 40 mètres les a déjà remplies d'eau...

A présent, tout homme qui se penche pour exécuter une manœuvre tombe endormi. L'acide carbonique a envahi les fonds. Le chien est mort...

Quatre heures du soir.

— Un dernier coup, mes garçons, pour la France, pour l'honneur du vieux *Curie*.

Dans un suprême effort, les moteurs sont lancés à tout casser. L'avant émerge de nouveau, salué par les salves ennemies.

8

La fin du « Curie »

— Commandant, les accumulateurs sont vides.

— Laissez alors descendre le bateau jusqu'au fond, répond O'Byrne à son second, et veuillez m'apporter les documents secrets.

L'enseigne revient aussitôt avec la liasse et une bougie pour brûler les papiers. Mais aucune flamme ne peut vivre dans l'atmosphère usée du sous-marin. Alors, une heure et demie durant, les deux officiers déchirent en parcelles impalpables les papiers, les codes secrets, le dictionnaire chiffré, pendant que les mécaniciens mettent en pièces, à coups de masse, les fanaux spéciaux de reconnaissance.

La nuit est venue ; les projecteurs de l'escadre autrichienne sont braqués sur le barrage, dont les bouées ne bougent plus. Le sous-marin serait-il en fuite ? Ou son commandant aurait-il décidé de mourir sur place, avec tous ses hommes, dans le cercueil intact et ligoté ?

Non. O'Byrne ne veut pas sacrifier son équipage inutilement, sans dommage pour l'ennemi.

Inutilement ? Certes. Car le grand arsenal d'Autriche pourra toujours, avec son outillage puissant, relever l'épave.

— Aux postes de manœuvre, commande O'Byrne. Capelez les ceintures de sauvetage et soyez parés à sauter à la mer dès qu'on aura fait surface. Soyez lestes, nous allons être poivrés.

Trois hommes n'ont pas de ceintures. Le commandant, le second et le pilote donnent les leurs, comme il se doit. L'équipage est sombre. O'Byrne continue :

— Chailley dirigera l'évacuation. Je resterai en bas avec Chefnoury pour ouvrir les drains si le bateau tarde à couler. On laissera les prises d'eau des ballasts ouvertes après la chasse.

— Les hommes sont à leurs postes, commandant ; les ceintures sont capelées.

— Attention ! Chassez partout.

Parmi le clapotis sifflant de l'eau que l'air expulse, le *Curie* s'arrache du fond et remonte. Mais son avant se cabre... Attention ! Même devant l'ennemi l'émersion doit être correcte, horizontale. De lui-même, le quartier-maître Calvez règle l'ouverture des vannes d'air comprimé pour redresser le navire.

O'Byrne lève les yeux vers le puits d'acier du kiosque. A mesure que monte le *Curie*, le cercle des hublots, couronne d'abord vaguement phosphorescente, devient éblouissant sous l'averse de lumière des projecteurs autrichiens.

Le *Curie* est en surface. Apparition étrange. Ses lignes géométriques ont disparu sous l'amas inextricable des filières de trois barrages accrochés dans ses convulsions. On jurerait qu'un gigantesque nid de serpents vient d'émerger.

Aussitôt accourus, les torpilleurs et les vedettes de l'escadre canonnent à plein débit. Le kiosque est criblé, l'écoutille des diesels défoncée.

— Ouvrez les panneaux. A la mer tout le monde.

Sans bousculade, les hommes montent. Saisis par l'air glacé, les premiers sont pris de syncopes et tombent à la mer en grappes. Ceux-là sont sauvés. Les derniers ont ouvert les purges des ballasts, afin que l'air cède de nouveau et pour toujours la place à l'eau dont le poids va faire couler le bâtiment. Ceux-ci sont reçus sur le pont par une grêle de mitraille. Le quartier-maître Menut, debout sur le kiosque, agite un fanal blanc qu'un obus lui arrache des mains. Le quartier-maître Lebon est mortellement frappé. Les seconds maîtres Demay et Le Rest, le quartier-maître Cassan sont blessés. Autour du bord, la mer se teinte de rouge.

Dans le poste central, un projectile éclate, renversant O'Byrne, qui se relève, indemne par miracle. Resté seul à bord avec le pilote, il ouvre les drains pour hâter la submersion, puis Chefnoury monte par le kiosque et O'Byrne par le panneau de l'avant.

Un obus a mis le feu à une charge de torpille qui brûle avec une immense flamme verte. Elle éclaire le commandant O'Byrne debout sur l'avant, comme enraciné à ce navire à qui, deux années durant, il a donné toutes les heures de sa vie, et que toute une escadre apeurée massacre sous ses pieds, à bout portant...

Le pont est au ras de l'eau, et l'officier est toujours là...

Il regarde l'enseigne Chailley qui s'éloigne du bord à la nage, tête nue, Chailley que nul ne reverra vivant, et dont le cadavre percé de balles sera retrouvé, trois jours plus tard, pris dans le barrage. Sur la nappe d'opale que tendent les projecteurs sur la mer, O'Byrne regarde aussi ses hommes. Saisis par l'eau glacée de décembre en sortant de la coque brûlante, ils s'éloignent avec peine vers le barrage, s'abritent derrière les bouées, se déhâlent vers le brise-lames.

— Courage, mes enfants, crie le commandant. Nagez vers la jetée. Méfiez-vous des remous. Méfiez-vous...

Un obus explosant sous ses pieds lui coupe la parole, le crible de vingt blessures : dans les jambes cinq éclats et dans le corps quatorze, dont l'un traverse un poumon et se loge sous l'omoplate. O'Byrne a chancelé, puis s'est remis debout, dans l'eau maintenant jusqu'à mi-jambes.

Mais, voyant son commandant rester à bord, le quartier-maître électricien Salaun est revenu. Blessé lui aussi par le projectile qui a atteint son chef, il se précipite sur O'Byrne et l'entraîne à la mer.

Le *Curie* disparaît. Les Autrichiens cessent le feu.

Recueillis par des embarcations, les survivants sont conduits sur le croiseur *Sankt-Georg* et sur le dreadnought amiral *Viribus-Unitis*. Pleins d'admiration, les officiers et les marins ennemis se pressent autour des gars prodigieux :

— Comment, demandent-ils, comment avez-vous pu rester deux jours devant Pola sans être vus et sans sauter sur les mines ?

Le lendemain, la populace, qui ne peut pardonner aux Français la panique que la canonnade de la veille a semée dans la ville, insultera les malheureux emmenés vers la prison de Grätz, où ils pourriront dix semaines avant d'être envoyés au camp de Deutsch-Gabel.

Après deux années de souffrances dans les hôpitaux autrichiens, le lieutenant de vaisseau O'Byrne, rapatrié comme grand blessé à la fin de 1916, est mort sitôt arrivé sur le sol de France.

Un sous-marin français porte aujourd'hui son nom. Un autre porte le nom de Pierre-Chailley.

Et c'est justice. Car ces hommes ont osé ce que jamais marin allemand n'osera.

Sous-marin contre sous-marin
La « Circé » victorieuse

1

Plus rien sur l'eau

Les peuples heureux, dit-on, n'ont pas d'histoire. Les sous-marins victorieux en combat singulier n'en ont guère. A eux s'appliquerait à la lettre le fameux *Veni, vidi, vici*, si le *vidi* n'était une rude affaire.

Rude affaire surtout pour les sous-marins français de 1914-1918, dont la myopie confinait à la cécité. Leurs périscopes, dont les qualités optiques n'excitaient l'admiration de personne, ne possédaient qu'un seul grossissement, voisin de l'unité. Cela pouvait suffire pour attaquer les navires de surface, souvent dénoncés de loin par leur fumée et dont la silhouette, même vue à grande distance, présentait un encombrement raisonnable. Mais, en Adriatique, les bateaux de surface ennemis s'étaient bien vite barricadés dans des rades dont la fermeture hermétique ne s'entrebâillait que la nuit, pour laisser furtivement sortir quelques torpilleurs, lesquels battaient l'estrade, pas trop loin de chez eux et à une allure de panique. Seuls prenaient la mer les sous-marins de Cattaro : Allemands et Autrichiens en route pour écumer la Méditerranée, ou à l'affût des patrouilleurs alliés de l'Adriatique. A partir de 1917, ces sous-marins furent la seule cible offerte à nos torpilles... Offerte parcimonieusement, malgré la demande intense... En effet, les ennemis prenaient toutes précautions pour ne se point laisser surprendre. Ils ne pouvaient quand même songer à couvrir en plongée, à vitesse de crabe malade, les 150 milles qui séparent Cattaro du canal d'Otrante. Il fallait bien naviguer en émersion, ou tout au moins en demi-plongée ou même, par très beau temps, en laissant tout juste hors de l'eau le kiosque de navigation, afin de pouvoir respirer et faire marcher les moteurs diesels. En tel équipage, les sous-marins ennemis étaient capables de disparaître en moins de dix secondes en cas d'alerte.

La cible réduite qu'est un kiosque émergeant seul est difficilement visible d'un peu loin, même à l'œil nu, Au périscope, il faut du calme plat et un éclairage de choix pour qu'on l'aperçoive à moins de 5 000 mètres. Avec le moindre clapotis, l'horizon se hérisse de mille petites crêtes qui brouillent tout, et le kiosque ennemi ne se peut discerner que si, par une heureuse chance, il défile à moins de 2 000 mètres de votre périscope.

On a maintes fois affirmé que le sous-marin est le plus dangereux ennemi du sous-marin. D'accord, mais encore faut-il que l'assaillant arrive au contact. Le seul moyen pratique eût été de faire guider les nôtres par des avions. Le chef de nos flottilles de l'Adriatique l'a demandé bien souvent. Sans aucun résultat...

Vous comprenez maintenant pourquoi les sous-marins alliés ont coulé si peu de leurs pareils ennemis dans l'Adriatique.

2

Le problème difficile

Prenez un instant la place de l'homme de quart au périscope d'un sous-marin en plongée. Dans les longues factions, ce n'est jamais le commandant, lequel doit garder ses yeux frais pour l'attaque. L'œil collé à l'oculaire, qui n'embrasse pas nettement beaucoup plus de 30 degrés, vous passez votre temps à danser, sur place, une valse lente en faisant tourner le gros tube de vision dont vos mains tiennent les manettes de pointage. Vous balayez ainsi, lentement et sans répit, les 360 degrés d'horizon, dont pas un seul ne doit rester inexploré. Vous ne soupçonnez guère qu'un sous-marin ennemi défile, kiosque dehors, à 3 000 mètres de vous. Comment vous en douteriez-vous ? Au foyer du périscope, cercle lumineux que coupe, selon son diamètre vertical, le fil du réticule qui matérialise l'axe optique, l'image du kiosque ennemi, lequel se présente le plus souvent en pointe, figure une ligne aussi mince que le fil lui-même et verticalement longue comme le quart environ de l'aiguille des secondes d'une montre de poignet. Dix fois votre périscope peut se trouver dirigé dessus sans que votre attention s'éveille. Un petit défaut d'une lentille, un minuscule débris d'algue collé sur l'objectif, un de vos cils adhérant à l'oculaire produiraient le même effet... Si vous êtes un fameux veilleur et si les dieux vous sont propices, au onzième passage, votre œil s'accrochera, peut-être, à la tache d'apparence négligeable. Alors, instinctivement, vous abaissez l'instrument pour tremper la lentille supérieure dans l'eau et la débarrasser du fétu qui vous intrigue. Il est toujours là... Vous tournez alors l'appareil de quelques degrés... La tache ne suit pas le mouvement... Vous repérez alors son gisement et vous prévenez :

— Quelque chose en vue sur l'eau dans telle direction.

Votre rôle de veilleur est fini. Le commandant a pris votre place à l'oculaire. Il a tout de suite reconnu un sous-marin et s'évertue à discerner la route qu'il suit, vrai tour de force car ce qu'il voit n'a ni longueur ni largeur... Trop souvent il constate que l'ennemi a été aperçu trop tard. Même en marchant à toute vitesse, il n'est plus possible de gagner sur lui afin de se placer à bonne portée pour lancer les torpilles.

La bonne portée, c'est 300 mètres. Si on tire de plus loin, l'adversaire, en voyant le sillage de l'engin, aura le temps de manœuvrer pour l'éviter d'un coup de barre. Si on lance de trop près, la torpille risque de passer sous le but [1].

Mais, aujourd'hui, le sort continue de vous favoriser. Vous gagnez du terrain. Il faut alors aider la chance en montrant le périscope le moins possible. Pendant la marche d'approche, il suffit de prendre la vue toutes les quatre ou cinq minutes pendant dix secondes chaque fois. Plus tard, vous pourrez regarder un peu plus souvent pour préparer votre tir. En attendant, priez le dieu des batailles d'empêcher les veilleurs ennemis de promener leurs jumelles dans votre direction pendant les dix secondes d'émersion de votre périscope, car ce maudit instrument soulève une double aigrette d'écume aussi gracieuse qu'indiscrète et d'autant plus visible que vous marchez plus vite pour rattraper votre proie.

Vous voici cependant à bonne distance sans que l'autre vous ait aperçu. Il vous faut maintenant manœuvrer votre sous-marin de manière à l'amener, au dernier moment, bien perpendiculaire à la route que suit l'ennemi et que vous estimez de votre mieux. On peut, en somme, comparer votre situation à celle d'un cul-de-jatte très myope qui essaierait de placer une bombe dans la portière latérale d'une voiture qui passe... Circonstances aggravantes : le cul-de-jatte ne peut ouvrir les yeux que de temps à autre, et la voiture qu'il vise, lâchée dans un champ immense, suit une direction qu'il connaît mal, avec une vitesse qu'il ne connaît pas mieux... Je livre ce problème à vos méditations.

Supposons-le résolu. Le cul-de-jatte est bien placé et va jeter sa bombe, je veux dire que le sous-marin est paré à lancer ses torpilles. Elles sont, hélas, armes frivoles et capricieuses auprès desquelles ont blanchi les cheveux du second du bord et des mécaniciens. Lorsqu'on les croit bien prêtes, lorsqu'aux lancements de réglage, elles ont marché à merveille, suivant une belle ligne droite tracée à bonne profondeur, vous les voyez parfois, en présence de l'ennemi, se mettre à tourner en rond comme un cyprin dans un aquarium sphérique, ou bien piquer vers le fond sans autre avis. Quelquefois même, elles sautent hors de l'eau, tels des marsouins en gaieté, comme pour dire

1. La torpille, une fois lancée, plonge d'abord assez profondément et ne rallie que progressivement le plan d'immersion pour lequel elle a été réglée et dans lequel elle doit ensuite se tenir jusqu'au moment où elle frappe la coque de l'ennemi.

à votre adversaire : « Gare dessous ! Nous voici ! Tournez vite les talons !... » Un jour néfaste, le *Faraday* rencontra dans l'Adriatique le fameux *U-35* qui naviguait en pleine surface, son équipage sur le pont. Le sous-marin français lança trois torpilles en gerbe. L'une d'elles passa devant l'*U-35* ; une autre passa dessous et la troisième, bondissant hors de l'eau, franchit le sous-marin allemand entre son canon et son kiosque, dispersant un groupe de matelots qui n'eurent que le temps de se garer du gros requin, subitement devenu poisson volant...

3

L'an 1917

Pendant l'année 1917, la Basse Adriatique a vu 367 entrées et sorties de sous-marins allemands et autrichiens. En 493 jours de veille, les sous-marins français, italiens et anglais en ont aperçu 26, attaqué 12 et coulé un seul, au mois de mai, dans les circonstances que je vais dire.

Dans les premiers mois de cette année, les succès ont été rares. Le 14 janvier, l'*Archimède* a réussi à torpiller et couler, devant le cap Planka, un transport militaire autrichien qui se croyait à l'abri en défilant à moins de 300 mètres de la côte. Mais, perte grave pour la marine française, un marin hors de pair, maître ès navigation sous-marine et le plus délicieux des camarades, le lieutenant de vaisseau du Paty de Clam, commandant l'*Archimède*, a été enlevé par une lame en ralliant Brindisi après son raid victorieux... Le 31 mars, la *Circé* a lancé une torpille de trop loin sur l'*U-35*. Le 2 avril, l'*Archimède* en a lancé sept sur l'*U-27*, qui les a évitées en manœuvrant. Le 27, le *Le Verrier* a essayé d'éperonner un sous-marin qui lui avait lancé une torpille de trop près et avait tordu son propre périscope en abordant le bateau français. Devant le cap Planka, le même *Le Verrier* a lancé deux torpilles le 19 mai sur un destroyer et une, le 21, sur un transport, le tout sans résultat.

Et voici venus les derniers jours du mois de mai. A Brindisi sont groupées, sous le haut commandement des Italiens, les flottilles alliées de la Basse Adriatique. Les sous-marins français disponibles à ce moment, *Le Verrier, Franklin, Circé* et *Aréthuse*, et les Italiens *H 1, H 2, F 9, S 1, Velella* et *W 3* guettent les sous-marins ennemis sur la route Cattaro-Raguse, aux abords de Lissa et plus souvent aux atterrages de Cattaro et de Valona. Pour n'être pas en reste, les sous-marins ennemis cherchent les nôtres et ont déjà, en 1915, coulé les italiens *Medusa* et *Nereide*.

4
La « Circé » en faction

Le sous-marin français *Circé*, commandé par le lieutenant de vaisseau de Cambourg, est parti de Brindisi le 23 mai pour occuper un secteur de veille dans le Sud de Cattaro.

La *Circé*, par ailleurs pareille aux nombreux sous-marins du type *Brumaire*, a quarante tonneaux de moins. Fatiguée par de loyaux services aux Dardanelles en 1915, elle est revenue à Toulon pour y être réparée. Là, son meilleur personnel a filé rejoindre les sous-marins de première ligne, et le bateau est peu à peu tombé au rang des bêtes à chagrin. C'est dans cet état que de Cambourg, encore enseigne de vaisseau, l'a trouvé lorsqu'il en a pris le commandement, en décembre 1916.

Second du *Fresnel* durant six ans et demi, puis commandant de l'*Argonaute* pendant six mois, de Cambourg est un sous-marinier à tous crins. Il sait à merveille repousser avec fracas les belles inventions avec quoi on encombre nos sous-marins, dont on fait des mécaniques admirables... pour le temps de paix. La poigne, la hardiesse, l'expérience, l'entrain de ce commandant et l'aide précieuse de son second, l'enseigne Reboul, ont bientôt remis d'aplomb la *Circé* et ses hommes. Mais les deux officiers n'ont pu rajeunir les tôles et les appareils, lesquels datent de treize ans... Dans toutes les flottes du monde, les sous-marins sont mis à la ferraille douze ans après leur naissance. Donc, en 1917, théoriquement la *Circé* est morte. Mais de Cambourg l'a ressuscitée.

La voici, au matin du 24 mai, en plongée à son poste. Déjà, l'Adriatique sent venir les premières caresses de l'été. La brume ténue d'une nuit admirable s'est dissipée. Au loin se dessinent les plans étagés des chaînes de la côte. Le périscope laisse deviner dans le nord-ouest les sommets qui montent la garde derrière Raguse : le rude Ilia, le Snieznica, dont la croupe arrondie est environnée de pitons aigus. Plus à droite, voici les massifs de granit qui donnent l'aspect des lacs suisses aux trois baies de Cattaro : le Radostak, l'Obostnik, le Vermac, et surtout le fameux Lovchen que la légende peuple des « vilas » bienveillantes et des affreux vampires que sont les voukodlak, le Lovchen presque inaccessible, sur le sommet duquel une poignée de marins français hissa, en septembre 1914, quatre pièces de 155 et quatre de 120 dont les obus arrosèrent le fort Vermac, le Taraboch et le port de Teodo, jusqu'au jour où le cuirassé autrichien *Zrinyi* dispersa, à coups de 305, la bande de braves. Radostak, Lovchen, noms répétés mille et mille fois pendant les randonnées de notre armée navale, pendant les raids de nos torpilleurs, pendant les centaines de plongées de nos sous-marins.

Le quartier-maître de quart au périscope n'a cure de ce paysage de beauté. Toute sa force est ramassée dans son regard, mais ses yeux ne doivent voir et ne voient que la mer, nappe de cristal que le sillage à peine perceptible du périscope ride seul aujourd'hui et à qui le soleil éblouissant donne l'éclat d'un miroir. Bientôt, l'astre prend de la force. A terre, au contact de tous les rochers surchauffés, l'air commence de bouillir, estompant, puis effaçant les hautes montagnes. Plus rien en vue... Les mains accrochées aux manettes, le veilleur tourne sans arrêt sur lui-même, entraînant l'instrument dont l'objectif cherche sur la mer, degré après degré, la silhouette que toujours on attend.

Naviguant à 8 mètres de profondeur, de manière à garder hors de l'eau les soixante centimètres de tube mince qui terminent en haut le gros tuyau du périscope, la *Circé*, cap au nord, est presque en plongée sur place. Elle file tout juste un demi-nœud, 900 mètres à l'heure, et le bateau est si minutieusement « pesé [1] » que, malgré cette vitesse infime, les gouvernails de plongée le maintiennent à l'immersion qu'a ordonnée le commandant. C'est qu'il faut faire des économies sordides d'électricité. L'antique batterie d'accumulateurs qui nourrit les moteurs de propulsion n'a plus qu'une capacité de 1 500 ampères-heure au lieu de 3 200... Malgré quoi il faut tenir la plongée tant que le soleil est au-dessus de l'horizon et garder une solide réserve de puissance pour appuyer la chasse à l'ennemi qui finira bien par venir.

Huit heures... Neuf heures... Rien ! Depuis qu'on a pris la plongée, huit veilleurs se sont succédé au périscope. On n'y peut tenir plus de trente minutes d'affilée, à cause de la fatigue du nerf optique et de la dure réverbération. Mais si un seul homme tient dans ses yeux le sort du navire, tous gardent les oreilles au guet. Même au cours des plus longues factions, le commandant exige un silence de tombeau. Dans la chaleur qui devient insupportable, dans l'atmosphère qui s'alourdit, bien des paupières battent...

10 h 15. Tac !... C'est comme le bruit sec d'un petit marteau qui aurait frappé un seul coup sur la coque d'acier. C'est tout simplement une explosion dont le choc est transmis par 50 ou 100 milles de mer incompressible. Là-bas, très loin, devant Brindisi peut-être, ou aux abords de Lissa, quelque mine a sauté sans doute, ou quelque avion a

1. La « pesée » du sous-marin se fait en eau calme. Le bateau étant stoppé, on remplit ses ballasts, puis on règle la quantité d'eau à introduire dans les caisses d'assiette pour que, à l'immersion de combat, le sous-marin soit en équilibre statique horizontal, c'est-à-dire sans inclinaison et, en même temps, en équilibre vertical c'est-à-dire sans aucune tendance à monter ou à descendre. D'un jour à l'autre, ces données de la pesée varient selon les poids embarqués ou débarqués et selon la densité de l'eau de mer.

lancé une bombe sur un périscope vrai ou faux. Assis sur un pliant dans le poste central, de Cambourg lève la tête et regarde le veilleur. Toujours rien...

Nu-tête, en tenue de travail : jersey sans manches qui fut bleu et blanc, pantalon de toile bleue maculé d'huile, espadrilles innommables, le second-maître électricien Duchesne, un ancien du bord, a pris le quart au périscope à 10 h 30. Subitement, à 10 h 36, il interrompt sa rotation sur place, s'immobilise et annonce :

— Fumée à cinq degrés par tribord.

5
L'attaque

— 400 ampères aux moteurs, commande de Cambourg en saisissant les manettes du périscope, tandis que le second-maître gagne son poste de combat à la barre de plongée arrière.

Cinq minutes s'écoulent...

— Je ne la vois pas, cette sacrée fumée, grommelle tout bas le lieutenant de vaisseau ; pourtant Duchesne n'a pas rêvé, c'est un veilleur solide.

La mer, lac de mercure éblouissant, paraît déserte. Pourtant, le soleil est presque plein sud, droit sur l'arrière. Il ne peut donc gêner la vue.

Cinq minutes encore...

— Ah ! la voilà, murmure de Cambourg.

Et, afin de mettre le cap sur l'ennemi, il ajoute plus haut :

— A droite la barre. Venez de cinq degrés sur tribord... Dressez maintenant. Gouvernez comme ça. Reboul, notez la route.

— Nord 26 Est, répond l'enseigne.

Le nuage léger et grisâtre, qui semblait l'aile d'une mouette à l'horizon, a encore disparu. Peu importe. Maintenant, la *Circé* navigue dans la bonne direction, et de Cambourg compte revoir tout à l'heure, droit sur l'avant, la fumée du torpilleur. Car c'est sûrement un torpilleur. Quel autre navire oserait se promener en plein jour dans ces parages ?

Telles sont les réflexions du commandant de la *Circé*. Dix minutes plus tard, une bouffée noire jaillit encore vers le ciel au-dessus d'un fuseau long et bas qu'on commence de distinguer vaguement. Il est temps de prendre l'immersion de combat.

— Descendez à 8,50 m et qu'on soit paré aux torpilles.

Bien horizontal, le sous-marin s'enfonce de cinquante centimètres. De Cambourg observe l'ennemi qui s'approche. Debout près de son chef et prévoyant l'interrogatoire habituel, Reboul feuillette le carnet de silhouettes de la flotte autrichienne.

— C'est un torpilleur, annonce le commandant. Deux cheminées très maigres et écartées l'une de l'autre ; un seul mât à mi-distance entre l'arrière et la seconde cheminée. Je ne vois pas la passerelle.

— Torpilleur côtier, répond l'enseigne, qui a trouvé le dessin correspondant au signalement. Cent tonnes de déplacement, numéro compris entre 13 et 17 ; deux canons de 37 millimètres et trois tubes lance-torpilles. En somme, vieux modèle de chez Yarrow, dix-huit ans d'âge. Il a filé 27 nœuds à sa naissance.

Soudain, de Cambourg vire un peu le périscope sur la gauche et s'immobilise, paupières plissées, plus attentif que jamais. Que voit-il donc ? Oh, bien peu de chose ! Tout juste un point noir qui semble une escarbille déposée sur l'objectif. Doucement, l'officier dépointe l'instrument... La tache minuscule ne suit pas le mouvement. Alors ?

— Un avion en l'air, murmure-t-il ; que la peste étouffe ce volatile idiot.

Et, prudemment, il abaisse le périscope. A l'immersion d'attaque de 8,50 m, il ne montrait hors de l'eau que dix centimètres d'un tube à peine aussi gros que le canon d'un fusil de chasse. C'est encore trop, en présence d'une patrouille volante. Oh, croyez bien que les sous-mariniers professent un mépris souverain pour les dragées aériennes, lesquelles tapent toujours à côté du but, mais, vraiment, si l'avion voyait la *Circé*, le torpilleur autrichien, prévenu, ferait demi-tour, et l'attaque serait manquée...

Les minutes précieuses s'écoulent... Pour apercevoir un sous-marin en plongée, il faudrait que l'avion passât dans les environs de sa verticale. Et le ciel est vaste...

— En attendant trop longtemps, je risque de manquer l'autre, remarque de Cambourg. Tant pis ! Je risque un œil.

Par coups de périscope brefs et furtifs, le commandant reprend la vue. Le ciel semble vide. Le torpilleur s'est rapproché. Plein de méfiance, il navigue en zigzag, oscillant d'environ 60 degrés autour d'une direction moyenne sud-ouest qui le conduit vers la *Circé*. Le sous-marin français change de route suivant les embardées de l'Autrichien, afin de se trouver bien placé à l'instant décisif.

— Maigre gibier, fait de Cambourg en abaissant le périscope pour la dixième fois.

— Il vaut bien quand même une ou deux torpilles, commandant, objecte l'enseigne Reboul. Les nôtres ont une envie folle de quitter leurs tubes. Et puis, faute de grives...

Les hommes, sûrement, partagent l'avis du second. Nul ne souffle mot, mais les faces souriantes et les yeux luisants semblent dire : « Grive ou merle, qu'on cogne dedans, bon Dieu ! On drogue depuis assez longtemps... »

Grincement du périscope qu'on hisse... Cri joyeux du commandant :

— Nom de nom ! La grive est là ! Il y a un sous-marin derrière le torpilleur.

— Coup double, commandant ? interroge Reboul.

— Pas moyen, mon vieux ; ils sont trop loin l'un de l'autre. Je laisse passer le torpilleur, et avec mille remerciements. Sans lui, jamais je n'aurais aperçu le poisson.

« 11 heures. Sous-marin en vue », note l'enseigne sur son carnet. Mais est-ce bien un sous-marin ? On voit tout juste, sur la mer, un point noir qui pourrait aussi bien être l'image de l'avion de tout à l'heure, si par hasard il avait amerri... Et de Cambourg grommelle : « Tonnerre de chien ! Quand nous collera-t-on sur l'œil autre chose que des périscopes en bois ? »

Trois minutes tombent dans le passé... Coup de périscope :

— Cré mâtin ! Le torpilleur fiche le camp.

En effet, l'Autrichien, le cap sur Cattaro, présente maintenant son arrière. A-t-il vu la *Circé* ? Ardemment, de Cambourg observe... Le torpilleur ne fait aucun signal d'alerte, et le sous-marin, dont la silhouette grandit, continue vers le sud-ouest... Ah ! Le voilà qui change de route... Il vient au sud, direction d'Otrante... Tout va bien. Le torpilleur était là pour piloter son compagnon à travers les champs de mines et pour le protéger contre l'attaque des sous-marins français, toujours à l'affût au large du grand port autrichien. A présent, escorteur et escorté se croient hors de danger... On va rire.

Le profil du sous-marin ennemi se précise. Il a bien 60 mètres de long. Sa coque émergée, très haute sur l'eau, s'achève à l'avant par une étrave à guibre comme celle des voiliers. Au centre, une partie plus basse porte le kiosque, le canon et un affût de mitrailleuse. Ce bateau-là a le toupet de naviguer en pleine surface, comme s'il était tout seul sur la mer jolie.

En trois secondes, de Cambourg a noté dans son cerveau l'image de l'ennemi. Voici les derniers instants de la marche d'approche, les minutes décisives durant lesquelles il faut, sans presque regarder et comme d'instinct, se poster pour lancer les torpilles. Les deux adversaires naviguent à contre-bord, la *Circé* cap au nord, l'autre cap au sud. Le Français doit décrire, à la seconde voulue, un quart de cercle qui l'amènera à 300 mètres de l'adversaire et le cap dessus, comme s'il voulait le couper en deux par le milieu. J'ai déjà dit les difficultés de la manœuvre. De Cambourg, lui, la trouve toute simple, malgré la mer d'huile où la plus discrète émersion du périscope laisse un remous qui n'en finit pas de s'effacer et qui se voit de loin...

En ces instants d'action intense, il semble que la personnalité de ce sous-marinier d'élite qu'est de Cambourg se dédouble. Automatiquement, instinctivement, il donne ses ordres à la barre et aux moteurs, calcule les éléments du tir, tandis que son « double » est chez l'adversaire. Même alors que le périscope est caché, l'officier continue de voir le sous-marin ennemi qui taille sa route dans la glorieuse lumière dorée, ignorant l'approche de la mort.

C'est bientôt le moment. Le commandant cale son périscope à l'angle de tir qu'il vient de calculer à l'aide des deux éléments qu'il connaît : direction de ses tubes et vitesse de ses torpilles, et des deux qu'il estime à vue : vitesse et route du but. D'un seul mouvement, comme s'il manœuvrait la bringuebale d'une pompe, il sort et rentre le périscope. L'ennemi est toujours sur l'avant, à un millier de mètres. Il est temps de se placer :

— La barre quinze à droite. Laissez venir jusqu'à l'est.

— En route à l'est, proclame l'homme de barre quelques instants après.

Deux minutes interminables s'écoulent ; maintenant, il faut marcher doucement pour réduire le sillage du périscope :

— 60 ampères des deux bords. On lancera les deux torpilles de l'avant en gerbe.

— Desserrez les freins des tubes 1 et 2, ordonne Reboul.

Le bourdonnement des moteurs tournant au ralenti n'est plus qu'un murmure très doux. Lentement, de Cambourg lève le périscope, dont l'objectif affleure tout juste la surface. L'ennemi, distant de 600 mètres environ, est maintenant à 45 degrés par bâbord et va bientôt défiler sur l'avant de la *Circé*. Il n'est que d'attendre. Le périscope ramassé, on peut remettre les moteurs en route :

— 200 ampères des deux bords.

De Cambourg n'a jamais été plus calme. Sa figure fine et bien modelée demeure impassible. Pourtant, une jubilation intense l'envahit, une fierté d'être, à soi seul, les yeux et l'instinct de l'énorme poisson lent et aveugle qui va exécuter un ennemi... A son dernier coup d'œil, de Cambourg a distingué, sur le kiosque de l'adversaire, la silhouette de l'officier de quart et celle d'un matelot. Sûr et certain, ces deux hommes-là regardent de toutes leurs forces... et ne voient rien... Le hasard leur a donné des postes de choix, car ils ont, eux, et eux seuls, quelques chances de s'en tirer. Les autres, tous ceux d'en bas, en cet instant bien tranquilles puisqu'ils n'ont même pas la responsabilité de la vigie, ceux des barres, ceux des moteurs électriques, ceux des diesels, ceux des ballasts, ceux des torpilles et ceux du canon, ceux de la mitrailleuse enfin et le deuxième officier de quart, et l'officier mécanicien, et le commandant, tous, vous dis-je, vont périr d'un seul coup, brûlés, noyés... comme périrent les passagers de la *Lusitania*. Qui pourrait dire combien de paquebots, partant en ce moment de Gibraltar, d'Alger ou de Marseille, en route sur Gênes, sur Salonique ou sur Port-Saïd, n'arriveront intacts que grâce à deux torpilles françaises qui vont supprimer un ennemi ? Au fait, de quelle race est-il, ce condamné à mort ? Allemand ou Autrichien ? Peu importe. On saura cela plus tard.

Il est tout près, et de Cambourg, qui veut fignoler sa manœuvre, brûle d'envie de le regarder sans cesse, mais, en fin d'attaque, la discrétion est de rigueur.

— Reboul, prévenez-moi dans deux minutes.

Il faut avoir des nerfs d'acier pour attendre cent vingt torturantes secondes avant de jeter le suprême regard. L'ordre qu'il vient de donner enlève au lieutenant de vaisseau tout moyen de tricher, sous peine de perdre la face devant tous ses hommes. L'enseigne suit des yeux l'aiguille du chronographe qui trotte allégrement et qui, dans un instant, comptera d'autres secondes, les secondes d'angoisse durant chacune desquelles les torpilles parcourront quinze mètres, le cap sur l'ennemi.

— Deux minutes, commandant.

Le périscope troue la surface, puis s'éclipse. Le sous-marin ennemi n'a plus que deux fois sa longueur à courir avant d'offrir sa coque au lancement mortel. Deux longueurs, deux fois soixante mètres. S'il marche 8 nœuds, trente secondes suffisent... Le périscope monte et descend à petits coups rapides comme ferait le piston d'une machine à vapeur. Mon Dieu, comme il paraît gros, ce sous-marin ! Sûrement, la *Circé* est trop près... Jamais ses torpilles n'auront le temps de prendre leur immersion. Rien à faire... Maintenant, de Cambourg garde en haut son périscope. L'image de l'ennemi approche du fil réticulaire de visée. Son étrave le coupe... Puis son canon... Puis son kiosque...

— Feu !

6

Un poids sur les reins

11 h 21. Les torpilles sont en route. A bord de la *Circé*, les respirations s'arrêtent, pendant que Reboul compte, tout haut, la chute lourde des secondes que bat le chronographe. Le second maître Cozic, chargé du réglage des torpilles, est plus blanc que le mouchoir avec lequel il éponge sa face ruisselante...

— ... Huit... Neuf... Dix...

Une détonation sèche éclate à la onzième seconde, tandis qu'une secousse fait trembler la *Circé* comme si son étrave butait sur un roc.

Onze secondes de parcours pour des torpilles qui filent 30 nœuds montrent qu'elles ont été lancées à quelque 160 mètres. Bon tir. Avidement, de Cambourg regarde. Un rideau de velours gris, broché de lourdes volutes noires, voile tout le champ du périscope.

— A vous, Reboul, dit le commandant, tâchez de voir quelque chose dans cette satanée fumée.

L'enseigne est à l'oculaire. Lentement, le nuage opaque décolle de l'eau et s'élève. Plus rien sur la mer. L'ennemi a coulé à pic... De Cambourg a repris son poste et va baisser le périscope.

Brutalement, le gros tube optique, arraché de ses mains par une force extraordinaire, s'affale à la vitesse d'un marteau-pilon, pendant qu'un coup de tonnerre ébranle la *Circé*, comme si les quatre torpilles qui lui restent sautaient toutes à la fois... Silence...

Or, écoutez les gars de la *Circé*, les hommes qu'a formés de Cambourg. Il n'a interrogé personne, et pourtant, moins de cinq secondes après la secousse, arrivent, de tous les points sensibles du navire, les avis qui doivent éclairer le chef :

— Aucune rentrée d'eau sur l'avant.

— Pas d'eau à l'arrière.

— Pas d'eau au centre.

L'avion — car c'est un avion sûrement — a manqué son coup. Sa bombe, d'un calibre imprévu et formidable, est tombée trop loin. Le commandant n'attend pas les suivantes.

— A 35 mètres. La barre à gauche toute, ordonne-t-il.

Par ce calme blanc et dans ces eaux diaphanes il faut à la fois gagner les grandes profondeurs et changer de route, car l'aviateur a dû repérer la direction qu'avait prise la *Circé*.

De Cambourg n'a pas besoin d'ajouter « plongée rapide », car on ne descend jamais à 35 mètres sans raison urgente, et la bombe a aiguisé les nageoires. Vivement, l'équipe de plongée manœuvre les trois barres pour piquer vers le fond, tandis que l'enseigne Reboul fait lancer à toute vitesse les moteurs de propulsion [1].

Mais voyons... Qu'y a-t-il ? Au lieu de s'incliner dans le sens de la plongée, voici que la *Circé* lève le nez comme si elle voulait absolument aller voir ce qui se passe en surface. Et, par un phénomène inexplicable, dans cette position d'ascension, elle se met à s'enfoncer très vite, beaucoup trop vite... A vrai dire, elle coule... Sur le grand manomètre de profondeur, l'aiguille galope. A tout prix, il faut arrêter ce mouvement.

— Les barres toutes à monter. 800 ampères aux moteurs, ordonne de Cambourg.

Mais la *Circé* n'obéit plus. Très calmes, les hommes rendent compte. C'est d'abord le quartier-maître timonier Cabie, qui est au gouvernail de direction :

— Commandant, la barre n'a plus d'action. Elle est toute à gauche, et le bateau reste collé cap à l'est...

---

1. L'action des gouvernails de plongée ou de direction est d'autant plus forte que le navire va plus vite.

Ecoutez maintenant le second maître Duchesne, chef de l'équipe de plongée :

— Nous descendons toujours, commandant. 25 mètres... 30... 35... N... I... V... E... A...

La graduation du manomètre s'arrête à 35 mètres, limite théorique de la profondeur que peut atteindre la *Circé* sans que sa coque s'écrase... Mais, sur le cadran, la série des chiffres se continue par des lettres qui forment les mots « Niveau d'eau de mer ». Tant qu'il y aura des lettres et tant que le bateau descendra, Duchesne continuera de prévenir son chef.

— Chassez les caisses d'assiette, ordonne de Cambourg.

Puis il ajoute :

— Ma foi je n'y comprends rien...

— Pas d'importance, commandant, fait l'enseigne Reboul ; la *Circé* peut claquer, les Boches l'ont payée tout à l'heure.

Le sous-marin s'enfonce toujours. Il doit être tout près de 50 mètres. Pourtant, voyons, si le principe d'Archimède n'a pas soudain fait faillite, la *Circé* doit remonter, puisqu'elle n'a pas de voie d'eau et qu'on vient de l'alléger de plus de mille litres en vidant les caisses d'assiette... A présent, le seul moyen de se tirer de là est de chasser tous les ballasts. On délesterait ainsi le navire de 150 tonnes. Les hommes attendent l'ordre... que de Cambourg ne donnera pas...

— Nous devons avoir un sacré poids sur les reins, dit-il simplement. Mais quoi ?... Nom de nom ! Est-ce qu'elle va se mâter debout à présent ?

D'une secousse, la *Circé* vient de se cabrer d'un angle encore plus grand, sa « pointe haut » atteint 25 degrés. Et, bon Dieu ! Qu'est-ce encore ?

Pendant cinq secondes résonne au-dessus des têtes un raclement formidable, comme si une varlope géante rabotait les tôles du pont... A l'instant où le bruit cesse, la *Circé* se redresse d'un coup de reins, et le second maître Duchesne proclame :

— Commandant, nous remontons rondement.

En vérité, la *Circé* monte comme ferait un ballon captif qui aurait cassé son câble. L'aiguille du manomètre tourne, maintenant dans le sens prévu, deux fois plus vite que la trotteuse d'une montre.

— Remplissez les caisses d'assiette, dit le commandant. Tâchez d'arrêter le bateau à 25 mètres.

L'eau afflue dans les caisses. Les trois barreurs de plongée s'affairent avec leurs volants de manœuvre. De Cambourg a décidément renoncé à comprendre. Quelle qu'en soit la raison, tout rentre dans la norme. La *Circé* s'installe sagement, bien droite, à la profondeur voulue. La plume de l'enregistreur d'immersion, qui a tracé tout à l'heure sur le cylindre de papier un V pointu et sinistre, se remet à dessiner une belle ligne horizontale à la graduation 25. Il est 11 h 26.

L'angoisse a duré juste trois minutes.

Et maintenant, en route sur Brindisi.

La *Circé* redescend à 30 mètres et met le cap au sud, à toute petite vitesse. A cette profondeur et avec cette allure, nul avion ne peut l'apercevoir et nul remous ne peut la déceler. Et ce n'est vraiment pas le moment de donner un coup de périscope, car il y a sûrement, aux abords des lieux de pêche, des gens très excités qui cherchent.

7

Sur les lieux de pêche

Deux torpilleurs autrichiens : le *16*, qui ce matin escortait le sous-marin torpillé, et le *89*, lequel, à deux milles plus loin, convoyait un autre sous-marin, ont vu de loin l'explosion et sont accourus à toute allure en appelant au secours. Arrivé premier, le *89* a ramassé l'officier de quart et le timonier de veille, blessés tous les deux, et seuls survivants du bateau anéanti.

« Défense d'approcher de Cattaro, défense d'en sortir. Un sous-marin ennemi vient de torpiller un navire à 23 milles dans le sud-ouest de la pointe d'Ostro. »

Ainsi clame la TSF autrichienne. Elle donne l'exact gisement de l'exécution que marque aussi, sur la splendeur de la mer lisse comme une soie tendue et scintillant sous l'averse d'or du midi éblouissant, une nappe grise et huileuse, frangée de toutes les teintes de l'arc-en-ciel. Elle s'étale sur l'eau à mesure que monte de l'abîme, profond de 800 mètres, le pétrole qui s'évade des flancs crevés du sous-marin écrasé sur le fond. Des tonnes et des tonnes de pétrole gagnent ainsi la surface, autant qu'il en fallait pour tenir une croisière de trente jours.

Le sous-marin éventré, l'autrichien *U-88*, ex-allemand *UC-24*, était un mouilleur de mines. Une seule torpille française l'a frappé ; l'autre est passée sur l'avant du but. L'explosion a fait sauter, dans une gerbe magnifique, les dix-huit mines de l'autrichien. La tache d'huile grisâtre est mêlée de traces noires et savonneuses, résidus de la déflagration.

Aucun débris ne surnage. Autour de la plaque visqueuse, les torpilleurs tournent en rond, cherchant à la fois des restes du camarade disparu et la trace du sous-marin qui l'a tué. Craignant, eux aussi, d'être torpillés, ils font, de temps à autre, de brusques crochets d'hirondelles chassant au crépuscule. Parfois, ils lancent des grenades sous-marines dans les sillons innocents que dessinent, sur la nappe de saphir lumineux, des courants qui s'entrefrôlent ou des sillages venus d'infiniment loin et qui, par ce calme, traînent pendant des heures leur agonie sur l'eau... Un troisième torpilleur, le *82*, se joint à la meute. Le convoi qu'il escortait s'est peureusement réfugié dans le port le plus proche, car la présence du sous-marin victorieux, signalée partout, a nettoyé la mer.

Jusqu'au soir, les trois torpilleurs explorent en vain. Dans l'air que la chaleur fait vibrer, quatre avions d'Autriche planent comme feraient des goélands attendant l'émersion de quelque sinistre épave. L'un d'eux lance des bombes sur un remous qu'un des torpilleurs a fait naître d'un coup de barre brutal...

A neuf heures du soir, la nuit tombée, les torpilleurs tournent toujours.

8

La « Circé » comprend

A 50 milles dans le sud, la *Circé* vient de faire surface. Sur le kiosque de navigation, Reboul prend le frais et fume une cigarette, la première depuis tant d'heures... Sur le pont, le second maître Cozic, qui vérifie à tâtons les appareils de lancement, appelle soudain :

— Lieutenant, venez voir les torpilles.

L'enseigne se précipite, bientôt rejoint par le commandant. Eclairés par une lampe de poche masquée par un veston, ils regardent. Le spectacle en vaut la peine.

Nul n'ignore que les torpilles ont la forme d'un cigare dont le bout renflé contient la charge explosive, tandis que la queue, plus effilée, renferme les moteurs et les régulateurs d'immersion et se termine par une sorte de cage où sont les hélices et les gouvernails. Entre ces deux parties, lesquelles sont en tôle d'acier d'épaisseur moyenne, s'étend le réservoir d'air comprimé, cylindre à fortes parois.

Or chacune des torpilles qui restent à bord de la *Circé* présente ce soir un aspect étrange. Seul le réservoir d'air est intact et lisse comme il convient. Le cône de charge et la queue sont creusés d'extraordinaires cannelures longitudinales profondes, qui convergent vers les extrémités. La tôle en est tuyautée comme un bonnet de paysanne...

— Ce n'est pas une bombe qui a fait ce travail-là, dit de Cambourg.

Il a raison. L'action d'une bombe ne saurait s'étendre à tous les points du navire et friper ainsi deux torpilles au centre et deux à l'arrière. En réalité, aucune bombe n'a été lancée. Alors ?

Alors, l'explosion simultanée de toutes les mines du sous-marin ennemi a été si violente qu'elle a chiffonné comme une étoffe les tôles des torpilles de la *Circé*, laquelle était pourtant à plus de cent mètres de la déflagration.

L'autrichien a littéralement éclaté comme un obus gigantesque, et un de ses éclats, lourde et énorme tôlerie, est venu atterrir sur le pont arrière de la *Circé* qui a, en définitive, reçu sur le dos un gros morceau de l'ennemi qu'elle venait de détruire. Et ce monstrueux débris l'eût mise elle-même en pièces, s'il n'eût perdu sa vitesse en traversant une centaine de mètres d'eau. Déséquilibré et alourdi par ce poids de plusieurs tonnes, le sous-marin français a été entraîné vers le fond pendant trois mortelles minutes. Et le raclement qui s'est fait entendre, à l'instant que la *Circé* s'est cabrée, était produit par l'effrayant projectile, lequel, suivant la pente du navire, a glissé sur le pont pour enfin l'abandonner.

A l'aube prochaine, lors de leur rentrée triomphale à Brindisi, les gens de la *Circé* verront les traces de ce glissement burinées en découpures profondes sur le pont. Ils comprendront alors que le sang-froid de leur chef les a sauvés.

Je m'explique. Lorsque de Cambourg a senti la *Circé* couler sous le poids incompréhensible, son instinct de sous-marinier lui a crié de vider tous ses ballasts pour remonter coûte que coûte. S'il avait obéi à son instinct, il aurait fait surface sous le feu des torpilleurs ennemis. La *Circé* serait coulée, ses hommes tués ou prisonniers...

Rappelez-vous. De Cambourg a simplement chassé ses caisses d'assiette. Puis il a attendu.

Eh bien, cette attente-là est plus admirable cent fois qu'une marche d'approche bien exécutée suivie d'un lancement réussi. Les circonstances du combat peuvent être favorables ou contraires : un vrai chef les prévoit et sait y faire face. Mais il faut avoir une âme et des nerfs d'acier pour vaincre l'incompréhensible, cette chose plus effrayante que la fortune adverse et plus déconcertante même que l'imprévu. Le 24 mai 1917, la victoire a vraiment couronné à la fois le plus habile et le plus digne.

Commandant L'Herminier

CASABIANCA

27 novembre 1942-13 septembre 1943

Ce livre a été rédigé par le commandant du Casabianca *lui-même, au lendemain de la Seconde Guerre mondiale, les missions audacieuses de son sous-marin ayant grandement contribué à l'épopée des Forces françaises navales libres (F.F.N.L.). En effet, cette unité transporta les armes destinées à l'insurrection de la Corse en 1943, débarqua des agents secrets sur les côtes de Provence, puis des commandos à Ajaccio... toutes missions on ne peut plus symboliques. C'est un récit sobre qui sonne pur et vrai, auquel les faits extraordinaires et la qualité humaine des personnages donnent les dimensions d'une grande aventure.*

L'épopée du Casabianca *possède encore un autre mérite : apporter un témoignage sur l'état d'esprit de la marine nationale française à l'époque du sabordage de la flotte à Toulon, en 1942. Rappelons les faits. A la suite du débarquement allié en Afrique du Nord, le 8 novembre 1942, l'armée allemande envahit ce qui était jusque-là la « zone libre », sous juridiction du gouvernement de Vichy. La majeure partie de la Flotte française était concentrée dans le port de Toulon, soit : 5 cuirassés, 7 croiseurs, 18 contre-torpilleurs, 15 torpilleurs, 20 sous-marins, 27 patrouilleurs et dragueurs, plus une trentaine de remorqueurs et autant de bateaux de servitude. Une véritable armada donc, qui faisait la convoitise des Alliés autant que des forces de l'Axe.*

Bien que par cette invasion, les Allemands aient trahi les clauses de l'armistice de 40, l'état-major de la flotte ne prit aucune mesure de protection, Hitler s'étant engagé à ne pas investir le port de Toulon. Et c'est bien ce qui se passa le 11 novembre, quand la Wehrmacht atteignit le littoral méditerranéen. En revanche, la marine et l'armée reçurent l'ordre de se préparer à repousser un éventuel débarquement allié ! Dans le même temps, l'amiral Darlan, admiré de tous les officiers de marine en tant que chef de guerre et dauphin de Pétain, était passé dans le camp allié. Les officiers de marine ne savaient donc plus où se trouvait leur devoir. Les uns s'enfermèrent dans une obéissance aveugle envers leurs supérieurs hiérarchiques, quels qu'ils soient, et acceptèrent donc de faire confiance aux engagements de Hitler. D'autres — quatre commandants de submersibles dont l'Herminier — préférèrent tenir leur navire prêt à appareiller. C'est ainsi que le 27 novembre 1942, ils échappèrent de justesse à l'intrusion de l'armée allemande dans le grand port de guerre. Pendant que 90 % de la flotte française s'enfonçait volontairement sous les flots...

« Officiers, officiers mariniers, quartiers-maîtres et marins du [1]*... vous reconnaîtrez dorénavant pour votre commandant le* [2]*... ici présent et vous lui obéirez en tout ce qu'il vous ordonnera pour le bien du Service et le succès des Armes de la France. »*

(Paroles d'intronisation du commandant)

1. Classe et nom du bâtiment.
2. Grade et nom du commandant.

PREMIÈRE PARTIE

L'évasion

1

Embarquement sur le « Casabianca »

Le 1er septembre 1941, le sous-marin de 1 500 tonnes *Sidi-Ferruch*, que je commandais depuis le 9 novembre 1940, était rentré de Dakar à Toulon pour effectuer un grand carénage, avant de repartir pour Madagascar. Tombé malade le 1er janvier 1942, j'entre en traitement à l'hôpital Sainte-Anne. Les réparations du *Sidi-Ferruch* étant très avancées en avril, le ministère, apprenant que je ne serais pas guéri à temps pour repartir avec le bateau, me désigne un successeur.

On m'avait promis, en compensation, que je prendrais le commandement d'un autre sous-marin sur le point d'achever sa refonte dès ma sortie de l'hôpital. Je ne m'en sentais pas moins sur le pavé et le moral était plutôt bas.

A cette triste époque, la seule chance que nous avions de naviguer était d'être désigné pour un des bâtiments que l'Axe nous avait autorisés à conserver armés dans nos colonies.

Un beau matin, au début d'avril, on frappe à la porte de ma chambre d'hôpital.

Deux « individus » entrent en coup de vent et, sans s'expliquer davantage, me disent : « Mes respects, commandant, vous êtes accepté par acclamations. »

Ils viennent m'apprendre ma désignation comme commandant de leur bateau. Ils sont devenus mes meilleurs amis comme second et ingénieur mécanicien du *Casabianca*. Il s'agit du lieutenant de vaisseau Henri Bellet et de l'ingénieur mécanicien Lucien Kerneur [1].

---

1. Le lieutenant de vaisseau Henri Bellet, officier en second, avait l'expérience du sous-marin en temps de guerre. Il avait été second d'un 600 tonnes qui avait opéré en mer du Nord avant l'armistice de 1940. Il était second du *Casabianca* depuis longtemps sous les ordres du commandant Sacaze et connaissait à fond son métier. Mon prédécesseur m'en avait fait les plus grands éloges. Il était mûr pour exercer un commandement. Son sens remarquable de l'organisation sera à la base de tous nos succès. Il me remplacera au commandement du *Casabianca* le 15 septembre 1943. Il mènera son bâtiment à des torpillages triomphaux et coulera tous les ennemis rencontrés. J'avais déjà connu l'ingénieur mécanicien Kerneur à Bizerte quand il était

Je les connais déjà suffisamment bien pour me réjouir de mettre mon sac à bord de leur navire.

Depuis l'entrée du *Casabianca* à l'arsenal, ils poursuivent avec une ardeur et une compétence hors de pair la remise en état du matériel pour qu'il soit « paré » dans les plus courts délais.

« Toujours prêts », n'a cessé d'être leur devise et le *Casabianca* doit toutes ses victoires à leur aptitude à la réaliser.

Après leur départ de ma chambre, la guérison apparente se produit en quelques jours. J'exulte et n'ai plus qu'une hâte, celle d'obtenir l'« exeat ».

La condition de l'accueil chaleureux du « vieux » étant assurée, les succès le sont du même coup.

Le 15 avril 1942, jour de ma prise de commandement, le *Casabianca* est au bassin Vauban Nord-Ouest où il achève ses travaux de coque avant la mise à flot.

Dans le bassin Sud-Ouest se trouve le *Dunkerque* que l'on répare.

L'officier en second a bien fait les choses, pour que la cérémonie rituelle, si simple et à la fois si significative et impressionnante de la prise de commandement, marque dans les esprits. Il a emprunté deux clairons au *Dunkerque* et rangé l'équipage au bord du bassin, en face du *Casabianca*.

Le complément d'équipage a été recruté et soigneusement trié sur le volet dès que le réarmement du bateau a été autorisé par les autorités des commissions d'armistice ; il est presque au complet le 15 avril 1942.

J'embarque au choix comme officier en troisième, adjudant de lancement de torpilles, l'enseigne de vaisseau de première classe déjà ancien J.-P. Chailley [1].

L'enseigne de vaisseau Georges Lasserre, qui doit être promu à deux galons en octobre, vient me demander d'embarquer comme officier en quatrième. Je l'engage sur sa bonne mine et à cause de son enthousiasme et du désir ardent qu'il exprime de « remettre ça » à la mer le plus tôt possible [2].

Les officiers mariniers sont tous des hommes d'élite. Quelques-uns

---

embarqué sur le sous-marin *Dauphin*, sous les ordres de mon regretté et vénéré camarade Habert qui l'estimait sans réserve. On lira dans les pages qui suivent le rôle émérite qu'il a joué sur le *Casabianca*.

1. Fils du héros légendaire du sous-marin *Curie*, mort à l'entrée du port de Pola au cours de la Première Guerre mondiale. Il passera lieutenant de vaisseau au choix après notre évasion et commandera brillamment, en 1944, le nouveau sous-marin *Curie* qui détiendra le record français des torpillages.

2. C'est un garçon sans crainte qui ne songe qu'au combat. Il sera servi selon ses désirs sur le *Casabianca* et au moment du débarquement d'août en Provence où il sera l'un des premiers à mettre le pied sur le sol du pays.

continuent leur embarquement sur le *Casabianca*, les nouveaux ont des références parfaites.

Les nouveaux matelots sont tous jeunes ; ils se sont engagés dans l'armée d'armistice ; ils viennent de terminer leur instruction dans les écoles de spécialité de la marine (mécaniciens, électriciens, torpilleurs, radios, canonniers, timoniers). Ce sont des garçons qui ont voulu échapper à l'occupation allemande et qui pensent pouvoir servir la France un jour, jusqu'à la limite de leurs forces, avant de retourner, libres, dans leurs foyers, et qui sont prêts, s'il le faut, au sacrifice suprême. Ils sont tout naturellement attirés vers le sous-marin, où leur instinct leur dit qu'ils pourront se donner complètement avec leur marque personnelle.

Mais aucun n'a encore reçu d'instruction spéciale sur le sous-marin.

Les vieilles équipes, composées de brevetés de l'Ecole de navigation sous-marine, n'existent plus. Il nous incombe d'en former de nouvelles, d'abord théoriquement, au mouillage, dans les conditions les plus voisines de la réalité ; ensuite, de saisir toutes les occasions de sortir en mer pour leur faire « mouiller l'habit » et apprécier comme il convient l'agrément d'être dans le giron de l'onde amère.

Je m'en remets avec confiance absolue aux qualités d'organisation et à la compétence de mon second, chef de tous les services, et au dévouement des officiers et des officiers mariniers du soin de les enseigner, de les former, puis de les encadrer au moment de l'action.

Jusqu'à la fin des travaux de réparations, nous ne pouvons que faire des exercices au mouillage, mais j'ai souvent constaté que la réalité est plus simple que la théorie. Lorsque l'esprit a fait un difficile effort d'imagination et envisagé toutes les solutions théoriques d'un problème au cours d'un exercice, vienne l'action, tout s'éclaire.

Tous les matelots dressent leur carnet de tuyautage, sous le contrôle des gradés, et apprennent à fond l'anatomie du bateau. Ils sont interrogés par leurs chefs de service, comme s'ils étaient à l'Ecole de navigation sous-marine, et leurs réponses servent de base à l'établissement de leurs notes semestrielles.

A ce « bachotage » intensif, rendu nécessaire par le peu de temps dont nous allons disposer avant de prendre la mer, s'ajoutent de fréquents exercices effectués au mouillage le long du quai, les remplissages des ballasts fermés. Toutes les manœuvres de prise de plongée et de sécurité sont répétées et commentées jusqu'à obtenir l'automatisme et l'intelligence approfondie de chaque geste.

Puis les avaries de combat sont étudiées à fond. Le passage des manœuvres à distance aux manœuvres de secours à bras de tous les appareils est l'objet de l'entraînement le plus poussé ; le temps nécessaire à ce passage est chronométré et réduit par le jeu de l'émulation.

Enfin, toutes les manœuvres étant devenues familières à l'équipage avec l'éclairage normal des lampes, elles sont reprises dans l'obscurité complète. Les servants de chaque poste ayant appris à mettre en œuvre, les yeux fermés, sans erreur, les organes et les circuits dont ils ont la responsabilité, la surprise ou l'affolement au combat, ou en cas d'incident, ne sont plus à redouter.

Cet assouplissement de l'équipage fait partie de la vie de tous les sous-marins. Cet entraînement ne doit jamais être abandonné, même lorsque les hommes sont devenus de vieux brisquards et que leur bateau a connu toutes les formes du combat ; pas plus qu'on ne saurait admettre que des jongleurs négligent leur exercice journalier.

Les jeunes du *Casa* deviennent vite de parfaits jongleurs au mouillage. Il leur faut, maintenant, acquérir le même brio à la mer, car les mouvements de plate-forme, les pointes et les bandes qui peuvent survenir au cours d'une plongée par gros temps ou en cas d'incident, surprennent au début et compliquent l'exécution des diverses manœuvres.

Les servants de pompes de mouvements d'eau entre l'intérieur du sous-marin et la mer, de turbines d'épuisement ou de chasse d'air, ont à apprendre à exécuter correctement et rapidement leurs manœuvres en tenant compte de la pression extérieure correspondant à l'immersion du sous-marin : cette pression n'a pu être réalisée au mouillage. Ces servants ont une grande part de responsabilité dans la tenue correcte du sous-marin en plongée, et la sécurité de celle-ci est souvent entre leurs mains. Seules de nombreuses plongées leur feront acquérir adresse et sang-froid.

Les servants des moteurs Diesel et des moteurs électriques n'acquièrent une expérience complète de leur rôle qu'au moment de la prise de plongée ou du retour en surface.

Les armes ne sont enfin proprement mises en œuvre qu'après de nombreux exercices de lancement de torpilles, de tir au canon et aux armes automatiques, à la mer.

Sorties d'essai

Au début de septembre 1942, le *Casabianca* en a terminé avec ses travaux de réparation et ses vérifications au mouillage.

Après une dernière réunion des chefs de service, des agents techniques, des chefs monteurs ou contremaîtres des chantiers de réparation, nous pouvons annoncer au commandant du groupe des sous-marins de relève que nous sommes prêts à faire nos essais de vérification au large.

Le service de liaison de la Troisième Région maritime auprès de la commission d'armistice germano-italienne, demande à celle-ci l'autorisation d'appareillage pour essais du *Casabianca*, dans les secteurs de plongée voisins de Toulon pour la plongée et dans la rade des Salins d'Hyères pour les essais de puissance des diesels, de tir au canon et aux armes automatiques.

La commission d'armistice accepte. Le *Casabianca* devra appareiller après le lever du jour, se faire reconnaître de temps en temps par les sémaphores pour qu'on sache qu'il n'a pas pris la poudre d'escampette et il devra rentrer au port avant la nuit. La confiance règne !

Cela ne nous frappe guère. Décidément ces « braves gens » sont des imbéciles ! Pourquoi voudraient-ils que nous pratiquions une évasion spectaculaire mais sans mérite, puisque aussi bien le départ du *Casabianca* est prévu dans un délai assez rapproché vers les colonies, où il remplacera un sous-marin de 1 500 tonnes qui doit rentrer à Toulon pour refonte.

Nous n'irions pas compromettre à la légère le jeu normal des relèves et priver la Marine de bâtiments bien réparés, qui échapperont chacun à son tour à l'emprise de l'ennemi, pendant que leurs futurs remplaçants seront remis en état.

Ces erreurs psychologiques de nos lourds oppresseurs sont plutôt réjouissantes.

Dès que l'autorisation de sortir nous est transmise, nous nous employons à faire passer le bâtiment de la situation dite de « relève » à celle du sous-marin prêt à prendre la mer.

Pour interdire toute velléité de fuite et toute possibilité de combattre à un sous-marin de relève, les règles suivantes lui avaient été imposées par les commissions d'armistices :

— Les trois périscopes étaient débarqués ;

— Le panneau du kiosque démonté ;

— Les clapets des silencieux des moteurs enlevés.

Il ne pouvait plus plonger avec ces trous dans la coque.

— La quantité de combustible qu'il avait le droit de conserver dans les soutes du bord était réduite à 15 m^3, de quoi faire les charges autonomes mensuelles de la batterie d'accumulateurs et vérifier le fonctionnement des moteurs Diesel ; cela ne lui donnait pas un rayon d'action suffisant pour rallier en surface un port d'Afrique du Nord ou un port allié.

— Les torpilles et munitions étaient stockées à terre.

— La culasse du canon de 100 mm. était démontée.

— Les mitrailleuses stockées à terre.

— L'émetteur de radio était débarqué.

Sans perdre de temps, nous remontons les périscopes, tous les panneaux, l'émetteur de radio, la culasse du canon et les mitrailleuses. Nous embarquons des munitions d'exercice.

Puisqu'un essai des diesels à toute puissance est prévu, nous embarquons du gas-oil. La citerne à gas-oil vient le long du bord et, tout naturellement, nous pensons à prendre le plus de tonnes possible du précieux liquide.

Des essais à toute puissance, ça consomme beaucoup !

Et puis, nous voulons profiter de l'occasion pour faire l'essai d'étanchéité de nos ballasts et de nos soutes extérieures à combustible.

On nous laisse faire avec d'aussi bonnes raisons.

Du coup, l'ingénieur mécanicien remplit soutes intérieures normales et extérieures : soit 85 m³.

De quoi faire un bon petit bout de chemin !... En tout cas, de traverser la Méditerranée, ou d'en sortir à toute puissance.

On nous spécifie que nous devrons rendre l'excédent dès le retour au port.

Bien sûr ! Bien sûr ! Et cependant, nous voici engagés allègrement sur la dangereuse pente de la tentation.

A vrai dire, si nous comptions bien faire des essais sérieux de moteurs Diesel, ils n'étaient pas l'objet de notre préoccupation principale.

Nous voulions, avant tout, plonger, pour vérifier les organes de prise de plongée, les fuites de la coque épaisse et des presse-étoupe, l'étanchéité de nos soutes extérieures à combustible, les fuites d'air comprimé à l'extérieur, la résistance de la coque à 80 mètres, le bon fonctionnement de nos pompes et turbines à cette immersion...

Nous voulions, avant tout, faire plonger notre équipage de jeunes et lui faire subir un entraînement intensif à la prise de plongée, au retour en surface et aux avaries de combat.

Nous voulions, encore une fois, leur faire « mouiller l'habit » et, pour parler très trivialement, leur faire les pieds. Ceci soit dit sans arrière-pensée de brimade, mais par pure nécessité, car nous ne savions pas si une autre occasion nous serait fournie, avant de partir de Toulon, de transformer nos savants théoriciens, dont nous admirions l'ardeur à apprendre et à comprendre les secrets de la navigation sous-marine, en véritables disciples de Jonas.

Donc, aussitôt parés, au début de septembre 1942, nous appareillons au petit jour pour ne pas perdre une minute précieuse de notre journée de sortie.

Les hommes sont certainement très curieux de savoir enfin comment « ça se passe » quand on rentre dans l'eau et ravis du baptême en perspective, mais en possession de tout leur calme.

Quant aux officiers et aux gradés qui savent, leur joie n'est pas moins grande de voir revivre leur bateau.

Les diesels sont lancés dès la sortie de la passe et nous commençons l'essai à demi, trois-quart, puis toute puissance.

Les moteurs de ce type de sous-marin, qui avaient eu des difficultés de mise au point pendant les essais des premiers bateaux de la série, ne nous donnaient plus aucune inquiétude. Pendant l'hiver 1939, le *Casabianca* avait fait plusieurs convois dans l'Atlantique par des tempêtes très dures, jamais les moteurs n'avaient donné de déboires, tout au moins dans leur partie mécanique ; les auxiliaires électriques (pompes à eau et à huile) n'étaient pas aussi robustes [1].

Tout se passe fort bien. Le palier avant du moteur électrique tribord chauffe assez fort et sa température monte à 90°. Ce n'est pas une nouveauté pour les habitués des sous-marins de 1 500 tonnes que nous étions, mais, *in petto*, nous entrevoyons la possibilité de réclamer un nouvel essai, c'est-à-dire une *nouvelle* sortie à la mer, de *nouvelles plongées* et un *complément d'entraînement* pour l'équipage.

Sur la base de vitesse des Salins-d'Hyères, nous faisons 20 nœuds 5. Le bateau s'ébroue avec volupté et nous oublions pour un moment notre triste condition de prisonniers au fond du port de sous-marins du Mourillon.

Nous faisons des tirs d'essai du canon et des mitrailleuses.

Aussitôt le top de fin d'essai des moteurs donné, nous nous dirigeons vers le secteur de plongée, situé dans la baie de Giens.

Nous prenons les précautions d'usage pour une première plongée après une refonte et avec un équipage de novices, en rappelant aux postes de combat. Les hommes ainsi répartis ont chacun leur poste et sont sous la surveillance des gradés dans chaque tranche ; il est très important que leurs premières manœuvres soient correctement exécutées et contrôlées.

Au coup de klaxon, le bateau rentre correctement dans le jus.

A 20 mètres, l'étanchéité est satisfaisante.

Nous décidons d'aller à 80 mètres ; toutes les fuites sont repérées à cette immersion, pour être reprises au mouillage. Nous n'avons pas trop à nous plaindre.

J'ai été sur des sous-marins qui étaient de vraies passoires à leur première plongée. Celui-ci est vraiment consciencieusement monté d'un bout à l'autre.

Je ne m'étonne pas de ce résultat, car mes officiers sont des sous-mariniers expérimentés. Les épreuves préliminaires au mouillage ont été très sérieusement faites par eux.

Je rends hommage aussi aux ouvriers de l'arsenal de Toulon pour leur travail consciencieux.

Dans cette période humiliante d'armistice, soyez sûrs que beaucoup de Français s'étaient repris et qu'ils n'avaient plus cette légèreté coupable montrée parfois dans les jours heureux.

---

1. Nous verrons par la suite qu'ils nous ont donné bien des ennuis en cours d'opération et qu'ils nous ont contraints, une fois, à rester stoppés en surface dans des parages sans cesse survolés par l'aviation et peuplés de sous-marins ennemis.

Cette première vérification générale du sous-marin étant faite, nous passons à la vraie danse.

Plongée. Surface. Un tiers de l'équipage à son poste, les deux autres au repos. Entraînement de chacun des trois tiers aux avaries de combat.

Avaries de barres, avaries de lumière, etc., etc.

Armez le canon ! De ce côté, il y aura beaucoup à faire pour gagner de précieuses secondes.

Le soir de cette première sortie vient trop vite.

Nous faisons surface en temps voulu pour rallier le port du Mourillon avant la nuit, conformément à nos ordres, bien décidés à obtenir une nouvelle sortie pour l'amélioration de la réfrigération du palier tribord.

Les Allemands acceptent.

En huit jours, on modifie le système de réfrigération d'huile du palier. On en profite pour achever quelques petits travaux et en obtenir de supplémentaires (c'est toujours ça de gagné).

Ce qu'il y a de plus clair, c'est que *pendant tout ce temps-là, nous pouvons appareiller à l'improviste*. C'est notre idée maîtresse : rester parés à toutes éventualités et, si possible, ne pas nous retrouver dans la situation de relève imposée par l'ennemi, avant notre départ définitif aux colonies.

Quelle satisfaction pour tout l'équipage, en arrivant à bord, à la mise à l'ouvrage du matin, de monter sur un bâtiment en état de prendre la mer !

Bien entendu, non seulement nous gardons notre précieux combustible, mais nous refaisons le plein des soutes extérieures, en prévision de la prochaine sortie.

Au lever du jour, nous voici de nouveau à la sortie de la rade. La brillante idée que le jeune ingénieur chargé des réparations du bâtiment avait eu de monter un réfrigérant d'aviation à grand rendement sur le circuit d'huile des paliers s'avère inapplicable ; quelques secondes après le lancement des diesels, les tubes en aluminium du réfrigérant crèvent, le palier tribord est inondé d'eau de mer.

Qu'à cela ne tienne, nous n'allons pas rentrer pour si peu ; nous vidangeons l'huile des paliers, la remplaçons par de l'huile propre et sortons sans réfrigérants d'huile.

Nous avons devant nous une longue journée que nous consacrons à l'assouplissement du personnel à la plongée.

Le soir, nous rentrons au port, avec l'espoir d'obtenir de la commission d'armistice une nouvelle autorisation de sortie, sous le prétexte d'une mise au point définitive des lignes d'arbre.

Nos jeunes sous-mariniers ont fait des progrès sensationnels ! Ils ont l'impression de ne plus rien ignorer des surprises qui peuvent se produire sous l'eau, ils ne sont pas peu fiers d'eux-mêmes et nous expliqueraient, pour un peu, de « sombres coups ». Le baptême a eu lieu ; le « lâcher » des aviateurs, la première fois qu'on les laisse se débrouiller seuls à bord d'un appareil, doit procurer un sentiment de confiance et de fierté analogue aux pilotes.

Mais nous savons aussi que c'est dans les premiers mois de l'obtention du permis de conduire que les nouveaux « chauffeurs » sont un danger public sur la route.

A bord d'un sous-marin, heureusement, l'encadrement du personnel par des officiers et des officiers-mariniers brevetés expérimentés met à l'abri des imprudences dues à une trop rapide confiance en soi. Nous aurons à consolider et à confirmer notre équipage dans les jours qui suivront le départ. Si nous faisons la guerre, l'expérience viendra vite.

Aussitôt rentrés, nous rendons compte et faisons demander à la commission d'armistice une nouvelle autorisation de sortie.

Hélas ! les Allemands refusent. Ils trouvent que les essais ont assez duré. Ils ne sont pas du tout désireux que nos équipages se perfectionnent ; il leur suffit de savoir que le bâtiment a fait de sérieuses vérifications et qu'il est en état de leur servir le jour où ils pourront mettre la main dessus...

Nous devons donc débarquer périscopes et panneaux et nous sommes de nouveau dans la position de relève. Il nous faudra quarante-huit heures pour tout remonter, embarquer nos munitions et torpilles, avant de reprendre la mer.

Nous nous gardons bien de rendre notre excédent de gas-oil. On a rarement vu une plus mauvaise foi et une plus mauvaise volonté que la nôtre ; comme nous n'avons pratiquement pas marché aux diesels à notre dernière sortie, notre approvisionnement de 85 m^3 est à peine entamé.

Chaque fois que la question du combustible nous est posée, nous prenons un air ahuri et pas au courant, et nous sommes prêts à mystifier les vérificateurs de la commission d'armistice s'ils se présentent.

Les officiers de cette commission ne sont pas des sous-mariniers ; c'est un jeu de les tromper, à l'aide des trucs les plus simples, comme d'obturer, par exemple, les tuyautages des robinets témoins des soutes de gas-oil avant leur visite, et de rétablir l'ordre dans les tuyautages après leur départ.

2

Les derniers jours avant le débarquement en Afrique du Nord

Notre départ pour Madagascar, où nous devions aller remplacer un des 1 500 tonnes stationnaires dans l'océan Indien et devenir le chef de six sous-marins, est reculé.

Nous effectuons quelques visites après les essais et découvrons une légère amorce de fêlure sur le cône d'embrayage tribord entre moteurs Diesel et électrique.

Rien de très inquiétant à notre avis ; nous n'avons pas du tout envie de changer le cône, car, pour ce faire, il faut dériver une brèche de la coque épaisse, les panneaux normaux n'étant pas assez larges pour le laisser passer.

A notre avis, l'amorce de fêlure minuscule à la périphérie du cône mâle existe depuis longtemps et n'a pas augmenté ; nous ne pensons pas qu'elle compromette la robustesse de l'embrayeur.

Il nous faut, cependant, subir la réparation à la suite d'une conférence technique qui l'exige.

C'est un désastre ! Dans combien de temps serons-nous prêts ?

La marche des événements en Russie semble indiquer qu'Hitler s'est lourdement trompé quand il a affirmé à ses généraux qu'il annihilerait l'Armée russe en une courte campagne.

Quoi qu'il arrive, nous souhaitons mettre le plus vite possible des milles entre nous et la souricière du port de Toulon.

Puisque la décision de changer le cône est prise, nous allons tout faire pour hâter les travaux.

Les mécaniciens en mettent un coup et commencent les démontages ; les constructions navales passent, sans perdre de temps, leur commande à l'industrie.

Les travaux sont menés à bonne allure, grâce à l'équipe des moteurs Sulzer, à laquelle je tiens à rendre un hommage tout particulier de reconnaissance, pour leur esprit de coopération parfaite avec nos mécaniciens.

L'ingénieur mécanicien Kerneur, grâce à sa compétence, à son emprise sur son personnel et grâce à l'ardeur et à l'entrain de l'équipe de mécaniciens des moteurs du *Casabianca*, nous permet d'être prêts à appareiller de nouveau vers la fin du mois d'octobre.

8 novembre 1942

Le 8 novembre, comme une bombe, éclate la nouvelle du débarquement anglo-américain en Afrique du Nord !

Grâce à Dieu, notre *Casa* sera vite prêt.

Nous savons tous que l'heure de l'action approche. Nous nous y sommes préparés de notre mieux.

Les hommes ont le regard chargé d'interrogation et d'espoir. Ils sont heureux d'être sur un bateau prêt au combat.

Je pense avec fierté qu'avec notre équipage, que nous avons pu déjà connaître et apprécier et avec lequel nous avons eu l'occasion de nous lier d'estime, d'affection et de confiance, il n'est rien d'impossible à tenter.

Pendant l'indisponibilité des derniers travaux, les officiers étaient allés, à tour de rôle, faire du camping au cap Brun avec chacun des trois tiers de l'équipage. Chaque tiers avait quitté le bord, dans des embarcations prêtées par le centre de sous-marins, remorquées par un vapeur, et était allé installer un campement au cap Brun pour plusieurs jours. J'avais constaté avec joie que les officiers et les officiers mariniers se mêlaient volontiers aux hommes pour partager leurs travaux et leurs distractions et encouragé les sorties en groupe que l'officier en second organisait avec un succès complet.

L'entente harmonieuse et les relations affectueuses qui régnaient à bord me réjouissaient profondément. Ayant personnellement besoin de la sympathie de mon entourage, j'ai toujours estimé l'indifférence impossible sur un bateau, où la promiscuité n'est supportable qu'avec la manifestation de l'estime, de l'amitié et les échanges du cœur.

Je ne crois pas à l'efficacité des « Brutus » et je pense que, lorsque la discipline et la fermeté sont respectées, conditions premières et indispensables de la vie en communauté, seuls les chefs humainement sensibles obtiennent de merveilleux résultats de leurs semblables sur lesquels ils peuvent entièrement compter aux heures difficiles.

Dès que la nouvelle du passage à Gibraltar de l'immense convoi allié est connue, des mesures de sécurité sont prises dans les formations.

Le régime « danger » est adopté. Les équipages sont maintenus sur les bateaux ou à l'intérieur des bases et des dépôts.

Le chef du Groupe des sous-marins de relève, au Mourillon, étant en permission, je garde ses fonctions jusqu'à son retour comme commandant le plus ancien.

Le 8 novembre, à minuit, je suis convoqué à ce titre à la Préfecture maritime et je m'y rends en hâte, à bicyclette.

Le grand corridor du premier étage est dans une demi-obscurité.

La porte d'un bureau en face de ceux du préfet maritime est ouverte et j'y distingue le préfet, son chef d'état-major et quelques officiers affairés autour de messages qui affluent sans arrêt.

Je tousse pour signaler ma présence et le préfet maritime me demande :

— Combien de sous-marins sont-ils prêts à appareiller ?

— Le *Marsouin* et le *Diamant* qui n'ont pas encore commencé leurs démontages et le *Casabianca* seront prêts dans les quarante-huit heures, le temps d'embarquer le matériel prélevé par ordre des commissions d'armistice et d'embarquer torpilles et munitions.

« Le *Glorieux*, la *Vénus* et l'*Iris* ont à peine commencé leurs démontages, ils peuvent être prêts dans quinze jours.

« Le *Redoutable* est sur le point de terminer sa refonte et sera prêt également dans une quinzaine de jours, si les ordres de hâter les travaux sont donnés.

— Bien, marchez comme ça, les Constructions navales recevront les ordres nécessaires.

Je pédale dans la nuit à toute vitesse pour prévenir les intéressés.

Bellet m'attend au centre du Mourillon. Il envoie l'ordre par planton à l'ingénieur des Constructions navales chargé de nos réparations de faire acheminer, à la première heure, les chalands d'embarquement du matériel le long du *Casabianca* et de les faire charger aussitôt dans l'arsenal.

Dès 6 heures du matin, le travail commence à bord.

Nous sommes prêts dans les délais prévus et demandons à effectuer des sorties d'exercices.

Tout est accordé. Les Allemands et les Italiens, pris de panique à l'idée de voir apparaître une armada alliée sur la côte sans avoir les moyens de s'opposer à un débarquement de leurs troupes, ont décidé d'autoriser les sous-marins à réarmer !

Le groupe *Strasbourg* est mis en situation d'appareiller, toutes chaudières allumées.

Les Allemands croient que ces « idiots de marins français », toujours jobards et baroudeurs, pourront être entraînés de leur côté dans la bagarre !

Ils ordonnent même à l'Armée française d'armistice de se porter sur les côtes de Provence pour défendre le territoire encadrant Toulon, de la côte du Camp à Saint-Raphaël.

Nous voyons affluer nos camarades de l'armée, bien équipés.

C'est un moment de grand enthousiasme. Marins et terriens sont réunis. On ne sait pas ce qui va se passer, mais la joie de sortir de l'inaction et de sentir notre force renaître est telle qu'un frémissement d'orgueil nous parcourt tous, le premier depuis la sinistre défaite !

La rade, dans les journées qui suivent, présente une animation fantastique.

Les bugalets de munitions circulent sans arrêt de la pyrotechnie vers les bâtiments.

Les citernes de mazout accostent les navires.

Les chalands de torpilles se croisent.

Un grand souffle patriotique balaye les doutes d'hier.

Comme nous ne sommes pas dans les secrets des grands personnages, notre rôle, sur le *Casabianca*, est simple. Il faut être prêt à combattre le plus vite possible et profiter des dispositions favorables des commissions d'armistice pour sortir chaque jour et forger un équipage à la hauteur des plus graves événements.

Nos réflexions, en effet, n'étaient pas toutes réjouissantes. Pour sauver l'honneur, nous pouvions avoir à faire face aux situations les plus délicates et les plus dangereuses.

Nous savions bien, à bord, que nous pouvions compter être obéis jusqu'au sacrifice complet, mais nous devions nous préparer au combat avec toutes les chances d'en sortir victorieux.

Nous appareillons donc tous les jours. Les consignes données par les Allemands sont plus restrictives qu'au mois de septembre.

Les sous-marins ne doivent pas quitter le secteur de plongée, très étroit, qui est situé à la sortie de la rade. Ils doivent faire surface toutes les heures et se manifester au sémaphore de Cépet (Croix des Signaux).

S'il en avait été besoin, cette marque de défiance de l'ennemi nous aurait donné des idées...

Et, cependant... J'ai bien souvent réfléchi à cette question : dois-je profiter d'une de ces sorties pour m'enfuir, lorsque le bâtiment et l'équipage seront parfaitement prêts à combattre ?

A la fin de la journée, à l'heure de faire surface et de rentrer dans la souricière, il était tentant de mettre cap au large. Personne ne nous aurait rattrapés.

Je pense que cette idée est venue à l'officier de quart et aux veilleurs dans la baignoire, aussi souvent qu'à moi-même.

Je n'ai jamais cru devoir le faire, d'abord par discipline et aussi parce que toute tentative individuelle de fuite aurait eu pour conséquence immédiate de faire rapporter l'autorisation de réarmement de la Flotte et aurait justifié une action de contrôle total de celle-ci, ruinant ainsi toute possibilité d'évasion des bateaux.

Il fallait attendre le moment propice, peut-être la minute où le masque serait levé par les Allemands eux-mêmes.

Les heures passées en exercices nous délivrent du souci de trop penser aux problèmes angoissants. Elles sont utilisées, du lever du jour à la tombée de la nuit, à la mise au point du *Casabianca*.

En huit jours, le bateau est parfaitement étanche. Aucune fuite d'air ni de gas-oil ne trahira notre présence sous l'eau.

L'équipage commence à être rompu à son métier. Il lui reste à acquérir l'expérience véritable du combat. Il lui reste aussi à acquérir l'expérience tout court de la mer ; celle-ci n'est jamais finie ; on apprend encore, sur l'eau, après des années de pratique ; c'est ce qui rend si merveilleux le métier de marin sur la mer « toujours recommencée », comme dit Valéry...

Les autres sous-marins, que l'arsenal a rapidement remontés, sont bientôt prêts à faire des essais à la mer et nous devons nous partager équitablement l'unique secteur de plongée autorisé.

Mais nous avons pris de l'avance et nous pouvons achever nos préparatifs de départ au mouillage, dans une relative tranquillité d'esprit.

Nous pensons alors à vérifier notre état magnétique, pour le cas où nous aurions à franchir un champ de mines.

En général, les sous-marins ont un très fort champ magnétique.

Le *Casabianca* a été refondu très complètement. Les masses métalliques nouvelles n'ont jamais subi de traitement. Les batteries d'accumulateurs ont été changées, ainsi que de nombreux câbles électriques armés.

Nous demandons qu'une mesure de notre champ soit effectuée et que le traitement de dégaussage nous soit appliqué si cela semble nécessaire.

Les deux opérations sont rapidement conduites dans la même journée. Nous allons mouiller le matin dans la fosse de 30 mètres du Lazaret. L'arsenal dresse notre courbe qui est très mauvaise. En fin d'après-midi, nous nous rendons entre deux appontements de Milhaud où le circuit de démagnétisation est installé et nous rentrons à la nuit nous amarrer dans le port du Mourillon, « vaccinés » contre les mines magnétiques dont nous passerions à plus de vingt mètres.

L'action approche

Quand nous rentrons d'exercice, le 19 novembre, nous apprenons l'ordre allemand de dispersion de l'Armée d'armistice, en des régions différentes de l'ex-zone libre.

L'Axe a su que l'A.-O.F. va, à son tour, passer aux Alliés [1]. « On ne peut plus faire confiance à ces chiens de Français. »

Les Allemands prennent la suite de l'Armée française pour la défense du continent Europe en Provence. Ils ont eu tout le temps d'amener leurs troupes.

Leurs avions ont occupé tous les aérodromes.

Ceux qui sont basés au Palyvestre, à Hyères, sont à cinq minutes de vol de la rade de Toulon. Ils ont leurs bombes à poste et des mines magnétiques pour en truffer sans délai les passes.

A bord du *Casabianca*, nous comprenons que l'heure d'événements graves approche.

---

1. Le 24, l'A.-O.F. se rallie à l'Afrique du Nord.

Les Allemands laissent, cependant, à la « brave » Marine française, le soin de défendre le camp retranché de Toulon.

Pour la circonstance, il a été réduit considérablement. Il est limité, à l'ouest, au fort de Six-Fours, au nord, par les monts Coudon et Faron, à l'est, par le méridien de La Valette. Mais la mise en place improvisée de bataillons de marins prélevés sur les bateaux n'assure qu'une défense toute théorique au port. Les hommes s'ignorent entre eux. Les chefs et les cadres ne sont pas préparés à leur nouveau rôle.

Les bâtiments du groupe *Strasbourg*, qui avaient conservé une chaudière allumée pour se tenir prêts à appareiller dans les trois heures, se voient obligés de mettre bas les feux pour économiser le mazout. Il leur faudra cinq heures pour pouvoir manœuvrer leurs machines.

En allant à terre, je rencontre mon bon ami, le commandant du *Vautour* [1], qui me commente, avec consternation, la nouvelle.

Maintenant, le coup va se jouer. Qui en douterait ?

Dès le 11 novembre, nous avions reçu l'ordre de préparer avec le plus grand soin le sabordement de nos bateaux ; vers le 19, les ordres dans ce sens sont renforcés ; les commandants reçoivent l'ordre d'annoncer à leurs équipages qu'il faut être paré à se saborder. Etait-ce bien utile, cette manifestation spectaculaire... puisque les équipes de sabordage étaient déjà constituées et entraînées ? Je sais bien que le commandement avait le souci, légitime, de préparer les esprits au pire et d'éviter au dernier moment la confusion qui aurait risqué de faire perdre inutilement des vies humaines, tout en compromettant l'efficacité des mesures de sabordage.

Sur certains bâtiments, les équipes s'indignent ; leurs officiers leur font comprendre que cette éventualité n'exclut pas l'idée de combattre, mais qu'elle doit être envisagée très sérieusement pour qu'en aucun cas leur bâtiment ne puisse tomber aux mains de l'ennemi en état d'être utilisé par lui.

Au Centre des sous-marins, nous recevons également cet ordre.

Je ne me sens pas de courage pour l'exécuter et, cependant, il faut obéir.

Je dis au second de rassembler tout le monde sur l'arrière.

Les voilà devant moi, silencieux et graves, mes chers compagnons !...

Je racle le fond de ma gorge et, très vite :

— Nous avons reçu l'ordre de prévoir le sabordage du bateau. Il faut s'y tenir prêt. Le bateau ne doit, en aucun cas, tomber aux mains de l'ennemi.

Les yeux sont troubles. Quoi ? Au moment où tout est prêt,

1. Capitaine de frégate Bienaymé, depuis capitaine de vaisseau.

après les griseries des sorties en mer ? Doute et révolte dans l'âme de chacun.

Ma voix s'enroue et je coupe court.

— Mais nous ne savons pas ce qui peut se produire... Rien n'est perdu... pour le combat.

Je m'en vais très vite et descends dans ma petite chambre. Je tire le rideau... Il faut se ressaisir.

Quelqu'un frappe.

— Entrez.

C'est le plus ancien des quartiers-maîtres de l'équipage, le quartier-maître torpilleur Henry.

— Commandant, nous avons confiance... L'équipage me prie de vous demander très respectueusement de combattre... Si c'est possible !...

— Oui... Bien sûr ! Dis à tes camarades de continuer à obéir et à nous suivre... Rien n'est perdu...

Je ne puis en dire davantage, mais c'est assez pour qu'Henry s'en retourne vers ses camarades et les rassure.

Maintenant, il faut réfléchir un peu.

Les ordres de sabordage se succèdent avec des variantes. Un jour, il faut tout faire sauter ; l'autre, on se contente de se couler sur place pour pouvoir récupérer le bateau... plus tard...

Ma décision est prise ; s'il faut disparaître, ce sera dans des conditions où l'ennemi ne pourra jamais nous utiliser.

Se couler dans le petit port du Mourillon, par 12 mètres d'eau, il n'y faut pas songer. L'ennemi aurait trop beau jeu pour nous renflouer.

Se faire sauter au milieu de la mare aux grenouilles ? à quel moment précis ? Les sous-marins sont accostés en paquet. Le premier qui saute peut avarier les voisins, tuer des gens et empêcher le sabordage.

Pour remédier au danger du sabordage en pagaille, un dispositif de feux, visibles de tous les postes d'amarrage, avait été installé devant les quais. Deux feux rouges, placés l'un sur l'autre, devaient être allumés dès la réception de l'ordre de sabordage. L'allumage des cordons de mise de feu des grenades devait s'opérer simultanément sur les sous-marins à l'extinction des feux.

Mais ce dispositif ingénieux, susceptible d'être détruit par un bombardement de surprise ou empêché d'être manœuvré par la surprise tout court, n'est pas entièrement sûr. Je ne vois qu'une solution radicale.

S'il faut en venir à cette extrémité, nous nous coulerons par 600 mètres d'eau, hors de la rade, après en avoir forcé la sortie [1].

1. Je fais part de cette décision au commandant Bienaymé, au cours d'une rencontre à terre ; il a noté sur le moment notre conversation.

Et voilà l'idée qui nous sauvera le 27.

Au carré du centre, le soir, je fais part à quelques-uns de mes camarades commandants de mon point de vue. Certains partagent mon avis et prendront leurs dispositions en conséquence.

Sur le *Casabianca*, nous étudions le problème de près.

D'abord, il faut amarrer le bateau cap vers la sortie pour faciliter la manœuvre d'appareillage.

Tout le monde couchera à bord pour ne pas perdre de précieuses secondes.

Si nous sommes serrés de près par l'ennemi, il faut éviter que les hommes de la manœuvre des aussières ne soient fauchés par la mitraillade venant du quai ou des avions.

Les amarres seront fixées sur les crocs de remorque, que l'on peut larguer de l'intérieur de la coque épaisse, sans risquer personne sur le pont.

Tous les après-midi, avant la nuit, le compas gyroscopique sera lancé. Nous aurons ainsi le cap.

Le factionnaire de nuit se tiendra dans la baignoire. Au moindre remue-ménage sur les quais, au moindre signal anormal, il donnera l'alerte au klaxon.

L'alerte au klaxon, réservée, selon les consignes invariables, à donner l'ordre de plongée, signifiera pour cette fois : « Aux postes d'appareillage, et en vitesse. »

Envisageons maintenant les obstacles à franchir avant de gagner le large.

Le premier est une panne légère qui ferme le petit port du Mourillon ; elle est supposée devoir interdire à des vedettes rapides ennemies, qui se seraient glissées dans la grand-rade, de nous lancer des torpilles. C'est vraiment enfantin, car la rade est bien fermée, comme nous allons le voir.

J'essaie, à plusieurs reprises, d'obtenir que cette passe soit maintenue ouverte pour faciliter notre sortie. J'avais également demandé que les sous-marins parés soient autorisés à passer la nuit en grand-rade, une aussière passée en double sur un coffre, pour pouvoir rapidement larguer.

Mais ces deux solutions ne sont pas retenues.

Bah ! la panne n'est pas solide. Les commandants complices décident que le premier paré foncera dedans et la brisera, au risque de s'y empêtrer les hélices.

Le second obstacle est d'importance. C'est un filet contre sous-marins, mouillé avant les premières jetées de la sortie de la rade (jetée nord et jetée de la Vieille) qu'il barre complètement. Il ne faut pas songer à le briser, même avec un 1 500 tonnes lancé à toute vitesse.

Ce filet comporte une porte, fermée tous les soirs. Un remorqueur de service est constamment prêt à l'ouvrir, sur ordre de la Préfecture maritime.

Le premier sous-marin dégagé du Mourillon ira, par la douceur ou par la force, persuader le patron du remorqueur d'ouvrir.

Le troisième obstacle est à l'extérieur, tendu entre la grande jetée de gauche et celle de Saint-Mandrier ; c'est une estacade robuste destinée à empêcher les vedettes ennemies de pénétrer en grand-rade. Elle est constituée de radeaux et de cadres qui ont un certain pied dans l'eau.

A l'endroit où cette estacade est tendue, il n'y a pas encore beaucoup de fond. Elle peut être ouverte, sur ordres, par un remorqueur de service.

Nous passerons dessous, si elle ne s'ouvre pas.

A partir du 19, donc, tout le monde rallie le *Casabianca* pour la nuit. Quelques gradés sont autorisés, par égard pour leur âge et parce que le confort du poste des maîtres est par trop inexistant, à coucher dans le pavillon des officiers mariniers de la base, à 100 mètres du quai du *Casabianca*. Dès l'alerte, ils doivent bondir à bord.

Nous dînons tous à bord et c'est, ma foi, très agréable. Cela augmente encore, si possible, la cohésion de l'équipe.

Nous avons, sans nous l'avouer clairement à nous-mêmes, franchi une nouvelle étape. Maintenant, nous entrevoyons le départ, car s'il ne s'était agi que de se couler au large, nous n'aurions pas conservé à bord tout l'équipage, mais seulement les quelques hommes nécessaires à l'appareillage, pour assurer leur sauvetage à la dernière minute, au moment de la disparition du bateau, en les embarquant dans le youyou.

Toutes ces précautions sont prises individuellement à l'échelon du bateau, en secret ; l'heure approche des décisions rapides et individuelles.

3
L'évasion

Chaque soir, après une longue causerie, nous nous étendons sur nos couchettes, sans trouver tout de suite le sommeil. Puis nous tombons comme des brutes dans de mauvais rêves.

Les factionnaires se succèdent, là-haut, dans la baignoire.

Le 27 novembre, à 5 heures du matin, le mécanicien Heichette passe la suite au quartier-maître torpilleur Lionnais et lui dit :

— Ce n'est pas encore pour cette nuit.

Il est à peine descendu que Lionnais appuie sur le klaxon :

« Alerte ! » Les mitrailleuses crépitent dans l'arsenal du Mourillon, du côté de la porte Bazeilles, à deux blocs des quais.

L'équipage du *Casabianca* bondit aux postes d'appareillage.

Sur la passerelle, on m'explique que les Allemands sont là.

Les officiers sont sur le pont et vérifient que tout y est clair.

Les Allemands progressent prudemment, mais vite, puisque, déjà, le bâtiment des officiers mariniers, à 100 mètres de nous, et celui des officiers, à 30 mètres, sont cernés. Le matelot que j'envoie chercher les premiers-maîtres autorisés à coucher à la base ne revient pas ; il est fait prisonnier en même temps qu'eux.

Le chef du groupe des sous-marins de relève est sur le quai et nous avertit de nous tenir prêts. Puis il dit :

— Je vais aux nouvelles.

Il est fait prisonnier.

Maintenant, c'est une affaire de minutes, et même de secondes.

Je ne sais si l'ordre de sabordage est encore passé, et, d'ailleurs, il n'est plus question d'ordres. Les feux rouges installés par le centre des sous-marins, dont l'extinction doit déclencher le sabordage, n'ont jamais été allumés, car tout le monde est fait prisonnier très rapidement. Le commandement est dépassé par les événements. L'action se déroule vite ; il faut avoir de bons réflexes.

L'ennemi est là et nous tire dessus. C'est la seule chose certaine, et l'ennemi, Dieu soit loué, est l'Allemand.

La surprise n'est pas réussie complètement à son profit, car nous avons depuis plusieurs jours pris toutes nos dispositions en prévision de l'événement qui se produit.

Sans perdre de temps, j'ordonne donc :

— Larguez partout.

Les aussières claquent et coulent le long du bord sans risquer de nous gêner, car elles ont été lestées par des gueuses et reposent sur le fond.

La veille, l'officier en second a fait glisser un vieux chaland entre nous et l'appontement pour éviter que nous ne raclions nos ballasts sur les piles ou que nous ne tordions notre hélice tribord.

Je commande :

— En avant quatre, pour prendre une bonne vitesse et briser la panne de l'entrée qui est à une centaine de mètres de notre étrave.

Le chaland craque et nous commençons à glisser en avant.

Au même instant, la *Vénus*, sous-marin de 600 tonnes, qui est accosté de l'autre côté de l'appontement, met en avant. Il prend plus tôt sa vitesse, parce que moins lourd, et son commandant me crie :

— Commandant, je suis en avant, laissez-moi passer.

Je stoppe aussitôt pour respecter notre convention de laisser le premier lancé couper le filet.

Nous suivons à 50 centimètres sur son arrière et nous défilons le long de ses ballasts bâbord, car il s'est pris la barre de plongée tribord arrière dans un fil d'acier du barrage.

Je suis convaincu que les deux jetées qui ferment le port du Mourillon sont occupées par les Allemands et que nous allons recevoir une dégelée de pruneaux antitanks, qui vont traverser la coque mince et la coque épaisse et rendre la plongée ultérieure impossible. Nous défilons à une quinzaine de mètres des extrémités de ces jetées et nous allons être ratissés sur la passerelle.

Bellet a la même pensée que moi et distribue des casques aux officiers et aux trois hommes de veille et d'armement des mitrailleuses.

Mais il faut veiller à la manœuvre et cela tient l'esprit éloigné des préoccupations personnelles. Il ne se passe rien. Ces imbéciles n'ont pas occupé les jetées ! C'est inouï, car la jetée nord n'est même pas dans l'enceinte de l'arsenal. Les promeneurs vont s'y dérouiller les jambes et les amoureux s'y retrouver...

Nous nous évitons, le cap vers la sortie de la grand-rade, et nous proposons la remorque à la *Vénus*. Mais elle a réussi à rompre son fil à la patte en manœuvrant brutalement en avant et en arrière et à se dégager très habilement.

Courons donc au gros filet anti-sous-marins de la sortie, pour faire ouvrir la porte, à nous-mêmes et aux petits camarades qui pourraient nous suivre.

A 12 nœuds, nous traversons la rade.

Les bateaux de surface semblent morts. Une vingtaine d'avions survolent le plan d'eau, feux clairs, comme s'il s'agissait d'un exercice.

Les projecteurs de la D.C.A. s'allument et éclairent un appareil.

Personne ne tire.

L'alerte n'a sûrement pas été donnée dans l'arsenal ouest et les gens sont trompés par l'allumage normal des feux des avions.

Mais en voici qui se détachent et éteignent leurs feux de navigation.

Ils lancent des chenilles éclairantes.

Le plan d'eau, déjà éclairé par la lune qui est assez pleine, devient brillant comme de l'argent.

Nous devons nous détacher parfaitement sur ce miroir.

En effet, voici un zinc qui se présente en direction des Sablettes et pique sur nous.

Nous sommes arrivés à la hauteur du remorqueur de service de la porte du filet et lui ordonnons d'ouvrir.

Le patron du remorqueur réplique qu'il n'a pas « d'ordres supérieurs ».

Bellet bondit, avec son revolver, sur l'avant du *Casabianca*, pendant que je manœuvre pour amener l'étrave au contact du platbord du remorqueur.

Il va, en sautant à l'abordage, convaincre ce brave homme, qui ne connaît que la consigne, que les « ordres rapprochés » ont quelque valeur !...

Mais c'est inutile. L'avion a fini son piqué et lance une bombe qui tombe entre notre arrière et le torpilleur *Mars*, amarré, bas les feux, à la jetée du lazaret.

La gerbe éclate sous les yeux médusés du patron du remorqueur, qui comprend enfin que nous ne faisons pas de fantaisie en voulant sortir et manœuvre pour ouvrir le filet.

Dans sa hâte, il prend son hélice dans un bout et la porte s'entrouvre à peine.

Nous nous faufilons en raclant la bouée.

Les projecteurs se sont éteints à peine allumés. Les postes de D.C.A. ont dû être capturés par surprise, car maintenant que le doute est levé pour tous par le bombardement des avions allemands, ils n'ouvrent pas le feu.

Ça va chauffer. Il ne faut plus rester en surface et, cependant, il n'y a pas beaucoup de fond de part et d'autre de l'axe de la sortie et il faut tourner en grand sur la gauche pour franchir la dernière passe, celle de l'estacade des vedettes.

Trois avions descendent rapidement sur nous. Trois parachutes blancs se déploient et tombent. Ce sont les mines magnétiques qui pleuvent pour interdire la sortie.

Les gerbes jaillissent tout près par bâbord avant.

Tant pis ! En avant six (vitesse maximum) ; coup de klaxon de plongée.

Les purges d'air sifflent et le *Casabianca* s'enfonce.

Je gouverne sur l'extrémité de la jetée de droite pour m'écarter le plus possible de l'axe de la sortie, où les mines tombent plus denses.

En m'affalant dans le kiosque, j'aperçois le bout de la jetée, droit devant, et, en fermant le panneau, j'ordonne :

— A gauche cinq. Quinze mètres, Assiette zéro.

Un tout petit angle de barre pour éviter de rentrer dans le décor, sans venir trop sur la gauche au-dessus des mines ; 15 mètres d'immersion, car les fonds sont faibles près de la jetée de Saint-Mandrier et ne commencent à augmenter qu'après le franchissement des jetées extérieures dans l'axe de la sortie.

J'ai mis à la vitesse maximum dans l'espoir de franchir le point de chute des mines avant qu'elles ne soient offensives.

Nous n'avons pas tapé dans la jetée... Je ramène donc la barre à zéro et fais gouverner parallèlement au chenal de sortie jusqu'à avoir plus d'eau sous la quille ; après nous contournons au plus près le cap Cépet, à la sonde.

Nous sommes en partie récompensés par cette manœuvre.

Les mines sautent dans le sillage, sur l'arrière, au lieu de nous mettre knock-out » par le travers du kiosque.

La longue poutre du *Casabianca* est secouée violemment.

Le compas gyroscopique décroche et son gong d'alarme sinistre résonne. Les fiches de la T.S.F. jaillissent hors de leurs trous.

Des tuyautages de combustible fuient et le liquide noir s'écoule dans la cale. Pourvu que les soutes extérieures ne fuient pas ! Nous serions trahis par le sillage de gas-oil et irrémédiablement coulés par les poursuivants.

Par chance, le sondeur ultrasonore n'a subi aucun mal et nous pouvons suivre le fond qui augmente et gagner, à l'estime, le large.

De nombreuses bombes nous secouent et nous accompagnent.

Pendant notre traversée de la rade, nous avions vu le *Vénus* et le *Marsouin* suivre, puis deux autres sous-marins qui étaient l'*Iris* et le *Glorieux*.

Le *Glorieux* et le *Marsouin* ont du mal à quitter le Mourillon, car ils sont reliés à la terre par les gros câbles de charge, par l'usine de l'arsenal de leur batterie d'accumulateurs et parce que leur étrave n'est pas dirigée vers la sortie. En battant en arrière, le commandant du *Glorieux* tire au revolver sur l'appontement pour forcer l'ennemi à s'aplatir, pendant qu'il manœuvre vers la sortie du petit port de Mourillon.

Les uns après les autres, les sous-marins sont canardés par l'aviation.

Au moment où le *Marsouin* franchit les dernières jetées, une bombe tombe juste sur le phare de celle de gauche. Le phare saute en l'air. Des éclats de pierre touchent le *Marsouin*.

Bref, nos sous-marins l'ont échappé belle et sont poursuivis pendant quelque temps à l'extérieur et grenadés.

Mais les profondeurs propices nous sauvent bientôt.

Sur le *Casabianca* se passe un incident tragi-comique.

Après avoir franchi la jetée de droite (à la toucher, je n'ose fixer un chiffre en mètres), je veux aller voir au périscope si je puis contrôler notre position par les silhouettes familières de la Colle Noire et de Cépet probablement visibles, grâce à la lune et aux chenilles éclairantes.

Je hisse le périscope arrière. Je ne vois rien. Je le ramène dans l'eau pour bien nettoyer la plaque de tête. Mais ce réflexe de sous-marinier n'arrange rien. Tout reste noir.

Alors, je comprends. Le timonier chargé de l'entretien des périscopes a parfaitement saisi, lui aussi, la situation.

Il est tout pâle ; non pas à cause du danger, mais parce qu'il a peur de recevoir un savon de première grandeur, sinon un bon coup de pied quelque part, faute d'espace.

Il faut savoir que, au mouillage, par précaution, l'on place sur les têtes des périscopes des manchons en bronze, pour éviter que les glaces de tête ne soient rayées par les gens qui travaillent sur la passerelle. (L'extrémité supérieure des périscopes, quand ceux-ci sont descendus à bloc, dépasse de quelques centimètres la partie supérieure du massif guide.)

Il a, tout simplement, oublié de les enlever au départ !

Dans un tel cas, il est impossible de se mettre en colère, c'est trop fort !

Nous essayons sans succès de faire « décapeler » les manchons en augmentant la vitesse.

Vers 6 heures, après plusieurs émersions sur les barres de plongée, l'officier en quatrième, Lasserre, bondit là-haut et réussit à nous rendre la vue.

Le registre chronologique de la sortie porte les heures suivantes :

5 h 10 : alerte au klaxon ; ennemi sur les quais ; mitraillade ;

5 h 10 : dépassé la *Vénus* prise dans un élément de la panne ;

5 h 25 : devant le filet anti-sous-marin ; le patron du remorqueur refuse d'ouvrir ; bombe ; le remorqueur commence à ouvrir la porte ;

5 h 30 : barrage incomplètement ouvert ; franchi le barrage ; trois avions mouillent des mines par parachute à 100 mètres par bâbord avant ; plongé ;

5 h 37 : route au 100 ; explosion de mines ; diverses avaries intérieures.

On voit que le temps a été bien employé !...

Pas un homme de l'équipage n'a manifesté la moindre nervosité pendant toute la sortie.

Le souffle de la première bombe a, cependant, été ressenti violemment à l'intérieur où l'air a été pompé par le panneau du sas et par celui du kiosque.

En seize ans de métier, je n'ai jamais vu une prise de plongée plus remarquable. L'assiette du bateau est demeurée parfaitement horizontale comme l'exigeait le peu de profondeur de la rade. Quelques degrés d'assiette négative nous eussent fait percuter durement le fond.

Le jour se lève vers 7 heures ; nous naviguons à quarante mètres d'immersion, route au sud, et revenons prendre la vue périodiquement et écouter aux vacations les émissions d'ondes très longues sur nos cadres sous-marins.

A 8 heures, nous revenons en route au nord.

Notre joie d'être sortis de notre prison serait sans mélange si nous n'entendions, sinistrement répercutées et transmises par l'eau, les effroyables explosions de la Flotte qui n'a pas eu le temps matériel d'allumer ses chaudières pour appareiller et qui doit se saborder.

Nous imaginons qu'elle est bombardée par les Allemands. Sur Toulon, un immense nuage de fumée noire s'élève.

Le feu a été mis aux réserves de combustibles.

Nous les plaignons, nos pauvres camarades. Nous savons qu'ils n'ont pas peur de mourir, mais nous savons aussi qu'ils voudraient combattre, comme nous, l'ennemi enfin retrouvé. Combattre comme des soldats et non pas assister et prendre part au massacre de leurs unités. Un marin aime son bateau plus que tout au monde. C'est sa maison. Il matérialise, à ses yeux, la Patrie.

Matelots et officiers partagent, en ce matin tragique, la même souffrance indicible de l'âme et le pays tout entier pleurera comme eux la disparition d'une flotte qui n'avait pas failli à son devoir pendant les mois du début de la guerre et qui, aujourd'hui qu'il est trop tard pour s'enfuir, sauve l'honneur au prix du plus dur des sacrifices.

« Que signifie donc cette route au nord que nous faisons maintenant ? pense l'équipage du *Casabianca*. L'Afrique est au sud ! »

J'espère recevoir d'une autorité libre de ses décisions l'ordre de reprendre le combat, car les yeux de tous les Français sont maintenant dessillés.

D'autre part, nous avons voulu reprendre la lutte. Où serions-nous mieux, en ce matin, que devant Toulon pour combattre l'ennemi tout proche ?

Je m'en explique à mon second et ami, Henri Bellet. Nous resterons pendant vingt-quatre heures devant Toulon pour attaquer l'ennemi germano-italien, s'il se présente, pour aider les rescapés français, s'il y en a.

Chacun respecte la pensée du « Vieux », qui se sentirait bien seul sans le soutien affectueux et sans la confiance de ses gens.

A la nuit, nous faisons surface, croisons au large entre le cap Sicié et l'île du Levant.

A 2 heures, le 28 novembre, rien ne s'est passé et les ordres ne sont pas venus...

Nous faisons enfin route au sud, vers la reprise du combat. Car nous voulons tous, dans les mois qui vont suivre, donner son sens entier à notre évasion. Nous voulons mettre les bouchées doubles pour rattraper le temps perdu... Tous, du dernier breveté au commandant.

Nous rendons grâce à la Providence... « Aide-toi, le Ciel t'aidera », dit-on... Nous avons fait ce qu'il fallait pour nous attirer la protection divine, mais nous savons bien que, sans elle, nous n'aurions pu réussir à gagner le large et à nous retrouver libres.

L'attaque du port, le 27 novembre, par des S.S. ignorants des choses de la mer, nous a beaucoup facilité la manœuvre. Si le port avait été bloqué par les marins allemands acheminés vers Marseille depuis quarante-huit heures en vue de l'armement de nos bateaux, que l'ennemi croyait pouvoir facilement capturer par surprise, nous n'aurions, sans doute, pu nous échapper.

Il convient, à la guerre comme dans la vie courante, de rester modeste et de savoir reconnaître la part du hasard ou de la chance dans le succès.

4

Navigation vers Alger

A 2 h 50, le 29 novembre, nous apercevons le phare Del Ayre, sur les îles Baléares. C'est incroyable qu'en temps de guerre il y ait encore des phares allumés à leur puissance normale dans les zones d'opération. Tous les belligérants s'y recalent pour aller se porter des coups mortels ! Les neutres prennent ainsi une part indirecte à la lutte.

Nous réunissons un petit conseil de guerre au carré pour décider du port où nous allons nous mettre à la disposition des Alliés.

Les journaux que nous avons lus à Toulon, avant le départ, étaient pleins de fausses nouvelles. Inspirés par les Allemands, ils avaient claironné que les ports d'Alger et d'Oran n'étaient plus que ruines fumantes après avoir été bombardés par l'aviation allemande.

Nous décidons, tout d'abord, de nous rendre à Mostaganem, d'où nous pourrons demander des ordres et où nous pourrons nous ravitailler.

Au cours de la nuit, nous essayons de transmettre, par radio, la nouvelle de notre évasion et d'indiquer l'heure et l'endroit de notre arrivée en Afrique du Nord. Le poste émetteur, que nous avions remonté en hâte avant le départ, grille ; il n'est plus possible de prendre contact avec les Alliés.

Il va donc falloir nous présenter sur la côte d'Afrique sans aucun moyen de nous faire reconnaître. Nous ignorons, bien entendu, les signaux de reconnaissance. Or, nous savons bien que le sous-marin est l'ennemi « numéro un » des immenses convois alliés et que les avions, les chasseurs et escorteurs, ont pour consigne de couler tout sous-marin repéré douteux.

Nous faudra-t-il, après avoir échappé de justesse à l'ennemi, finir notre carrière sous les grenadages amis ?

La situation est angoissante et nous avons hâte d'en sortir.

Nous décidons de rallier le port le plus proche où nous trouverons sûrement des autorités.

Malgré les renseignements pessimistes des journaux, nous faisons route, à grande vitesse, sur Alger.

Dans la nuit, nous interceptons un message du *Marsouin* qui s'annonce pour le 30, dans la soirée, à Alger.

C'est ennuyeux, car nous nous présenterons devant ce port au petit jour, le 30. Il risque d'y avoir du grabuge.

Comme la lune est pleine et le ciel clair, nous craignons d'être aperçus même la nuit, si nous sommes en surface.

Nous plongeons donc à 2 heures du matin, le 30, de façon à nous trouver à une quinzaine de milles au nord du cap Matifou, situé à l'est de la baie d'Alger, au lever du jour, à 7 heures du matin.

Nous ferons surface et chercherons à faire des signaux en clair, par projecteur, aux bâtiments en surveillance au nord de la baie.

Nous essaierons de faire comprendre, par notre attitude indiscrète, que nos intentions sont pures. Nous hisserons la hune télescopique de vigie, qui monte à huit mètres au-dessus de la flottaison, et nous y frapperons notre plus grand pavillon national.

Les marins ont une bonne vue, nous espérons qu'il n'y aura pas de méprise et qu'un bâtiment allié viendra nous arraisonner et nous convoyer jusqu'au port.

Nous n'ignorons pas, cependant, les risques que nous allons courir, surtout de la part de l'aviation. Il n'y a rien d'autre à faire, car l'idée de forcer le blocus paraît une folie quand ce blocus est tenu par des bâtiments alliés munis d'appareils de détection en plongée des sous-marins aussi efficaces que l'« Asdic » ou les hydrophones.

Nous réglons la vitesse pour réaliser notre plan.

A 2 heures, la nuit est parfaitement claire. Nous plongeons. Nous faisons une estime aussi soignée que possible, mais nous savons qu'elle sera erronée, car, quelques jours avant notre évasion, il nous a fallu, pour des raisons techniques trop longues à expliquer ici, passer au bassin pour changer nos hélices. Nous n'avons pas eu la possibilité de faire ensuite des mesures précises de vitesse, sur les bases des Salins d'Hyères. Nous ignorons donc notre vitesse exacte sur l'eau en fonction du nombre de tours des lignes d'arbres.

« A Dieu vat ! »

En approchant, nous mettons en fonction notre détecteur d'ondes ultrasonores, pour veiller les émissions « Asdic » des chasseurs de sous-marins alliés.

A 7 heures, au lever du jour, nous quittons l'immersion profonde de quarante mètres pour aller explorer l'horizon.

Horreur ! Nous avons marché plus vite que l'estime et le phare de Matifou apparaît très proche. Des émissions « Asdic » sont perçues par notre écouteur. En faisant un tour d'horizon, je vois une demi-douzaine de chasseurs anglais qui tournent lentement vers Matifou et Caxine, les points est et ouest de l'entrée de la baie d'Alger : c'est le rideau de protection sous-marine de l'armada mouillée sur rade extérieure.

Nous sommes en plein milieu de la ronde. Dès qu'une des corvettes anglaises aura notre contact, nous serons chassés, grenadés et envoyés par le fond ! Si près du but...

A 7 h 15, je n'arrive pas à me décider à faire surface.

Du poste central, les minutes me sont impitoyablement annoncées.

— On est paré à faire surface, me répète le porte-voix.

J'explique à Bellet la situation et lui demande d'être prêt à hisser la hune de vigie, à faire bondir sur le pont, dès le retour en surface, deux hommes qui agiteront un pavillon français, sur l'avant du canon.

Il va falloir faire vite.

Nous descendons à quarante mètres, prêts à « chasser partout » aux ballasts avec violence et à faire surface avec une forte pointe positive, à monter en ballon pour dégager complètement les superstructures et permettre à nos amis de reconnaître aussitôt la silhouette caractéristique d'un sous-marin de 1 500 tonnes français.

A 7 h 18, nous crevons la surface. La corvette anglaise la plus rapprochée réagit aussitôt, met à toute vitesse le cap sur nous et nous adresse les lettres de reconnaissance du jour.

Mais nous ignorons la réponse !

La corvette arme son canon avant, le charge et s'apprête à tirer.

Notre gros projecteur est enfin monté dans la baignoire et nous signalons fiévreusement : « *Casabianca, Casabianca*. French submarine. »

Les Anglais sont à 300 mètres, ils aperçoivent les deux hommes sur notre avant, qui tendent le pavillon.

Ils craignent toujours une ruse et tournent autour de nous, prêts à tirer.

La conversation suivante s'engage par signaux lumineux :

« — Pourquoi ne répondez-vous pas aux lettres de reconnaissance ?

« — Je les ignore.

« — Que fait votre officier de liaison britannique ?

« — Je n'en ai pas.

« — Pourquoi ?

« — Nous arrivons de Toulon. »

Alors, seulement, le commandant anglais lance sa casquette en l'air en signe de joie.

L'équipage anglais pousse des hurrahs.

« *Please follow me into the harbour.* » (« S'il vous plaît, suivez-moi au port. »)

La ronde anglaise reprend sa faction et nous suivons notre arraisonneur, le cœur enfin plein d'allégresse.

Notre arrivée est signalée aux autorités d'Alger par notre convoyeur.

Le projecteur de l'Amirauté française nous indique notre poste d'amarrage.

Vite, la tenue est rectifiée sur le *Casabianca*.

Bellet a fait changer les deux plus costauds en tenue de sortie, prêts à m'accompagner à terre, armés jusqu'aux dents. Nous ne savons pas, en effet, comment les choses se présentent sur les quais.

Je demande à mon maître d'hôtel de m'apporter ma « belle casquette » ; il ne la trouve pas.

Je suis furieux, mais la lumière se fait tout à coup dans mon esprit. Au départ de Toulon, Bellet nous a fait mettre nos casques. Ma « belle casquette » et les bérets des marins, qui étaient sur la passerelle, sont donc restés à l'extérieur sur la baignoire et... quand nous avons plongé sous les bombes, nos couvre-chefs ont surnagé !

J'espère qu'ils n'ont pas été repêchés par les Allemands, car les rubans des bonnets portaient le nom du bateau. Il n'en faudrait pas plus pour que nous soyons portés disparus et que nos familles nous pleurent !

Mais la radio ne tardera plus maintenant à dissiper leur inquiétude. La B.B.C. ne manquera pas de nous réserver un petit couplet bien senti dans son communiqué...

En approchant de l'entrée du port, nous apercevons les équipages des bateaux à la bande pour nous saluer. Sur l'extrémité de la jetée nord sont alignés des marins en tenue de sortie, baïonnette au canon ; plusieurs clairons sont parés à sonner. Des officiers, dont un amiral, sont au garde-à-vous.

Quand nous franchissons la passe, les clairons sonnent : « Garde à vous », les hommes présentent les armes, tous saluent et sont figés.

Nous nous raidissons sous l'émotion et manœuvrons pour nous amarrer à la jetée nord, le long des petits radeaux, l'étrave au quai, l'arrière amarré sur un coffre.

Puis les phrases rituelles sont prononcées : « Terminé pour les moteurs », « Terminé pour la barre », « Prendre la tenue de repos et faire rompre des postes de combat aussitôt paré. »

Nous sommes le 30 septembre 1942, à 9 h 45 du matin, au poste n° 9 d'amarrage de la jetée nord d'Alger.

Nous y voilà enfin ! Les hommes s'affairent à l'intérieur pour faire prendre au *Casabianca* la « tenue de repos » pour le mouillage, avant d'ouvrir les panneaux de pont. On rectifie l'amarrage.

Bellet et moi arpentons le pont avant avec émotion et fierté, pendant que Chailley et Lasserre achèvent l'amarrage avec les équipes du pont.

Le vice-amiral commandant la Marine à Alger monte à bord et nous serre affectueusement la main :

— Mes compliments. Puis-je voir l'équipage ?

— Amiral, ils manœuvrent pour prendre la tenue de repos ; les panneaux sont encore fermés.

— Ça ne fait rien, je descendrai par le kiosque. Je veux les complimenter tout de suite. Je trouverai le chemin. Continuez votre travail.

L'amiral descend par le panneau du kiosque.

En bas, les hommes tournent les volants, disposent les organes pour le mouillage.

L'un d'eux voit apparaître un bas de pantalon impeccable et s'étonne. Puis trois étoiles descendent.

Un amiral saute sur le parquet du poste central, lui tend la main et lui dit :

— Mes compliments, mon petit. Alors, tu es content d'être ici ?

Le matelot est intimidé, hésite et répond :

— Dame, amiral, je suis content d'être *à bord !*

« Ici » n'a pas, apparemment, évoqué en lui l'idée qu'il est à Alger, qu'il est enfin du « bon côté ». Cela n'évoque pas « d'idées stratégiques » en lui.

Comme ses camarades, il voulait se battre sur son bateau, contre l'ennemi.

Les dernières heures ont été si riches en actes et en émotions, il a eu si peu de temps pour réfléchir au point d'aboutissement de la grande aventure, que l'idée de « lieu » lui indiffère encore. Il était prêt à se battre partout où l'on se battrait — sans préférence.

Il est content d'*être à bord !*

Le mot est lâché : c'est le mot digne d'un marin.

C'est celui que nous prononçons tous dans nos cœurs. Sur le *Casabianca*, comme sur chaque bâtiment.

Ce matelot est le fidèle interprète de toute la Marine.

5

Convocation chez le haut-commissaire

A peine l'amarrage terminé, le commandant doit se tenir prêt à se présenter aux autorités.

On m'avertit que, vers 10 h 30, je serai kidnappé et introduit au Palais d'Eté, et conduit à l'amiral Darlan.

Je remets à plus tard la douche tant attendue pour aller rendre compte au commandant en chef et lui présenter les vœux ardents de l'équipage d'entrer dans l'action au plus tôt.

Le maître d'hôtel me fait une casquette de fortune avec une de ses propres coiffes bleues, la monture d'une de celles de l'officier en troisième et un vieux tour de galon qui m'appartient.

A 11 heures, je me présente au contre-amiral, chef du cabinet du haut-commissaire, et suis mis en présence de l'amiral de la Flotte.

Il me charge de féliciter chaleureusement l'équipage de sa part et me demande de lui raconter les événements survenus en France depuis le débarquement anglo-saxon en Afrique du Nord. Il me pose des questions sur la Flotte et sur notre sortie.

Je le mets au courant de la manière favorable dont la reprise de la lutte contre l'Axe a été accueillie par les Français et lui expose les événements qui se sont produits du 8 au 27, à Toulon.

Je lui explique la soudaineté de l'attaque allemande et comment la sortie de la rade a été minée par l'aviation ennemie, dès 5 h 25, le 27.

Il me demande :

— Pourquoi les bâtiments n'ont-ils pas pris la mer à mon appel du début ?

Je lui réponds que beaucoup de bâtiments n'avaient pas la possibilité d'armer leurs postes de réception de façon continue et que son appel n'a pas dû être communiqué, par les chefs de groupes, aux unités. C'est ainsi que, sur le *Casabianca*, nous n'avons jamais connu cet appel, probablement parce que nous étions en plongée d'exercice quand il a été émis.

Depuis le 19 novembre, d'autre part, l'autorisation allemande de compléter les approvisionnements de combustible sur les bateaux avait été rapportée, obligeant ceux-ci à se mettre dans la situation « à six heures d'appareillage », c'est-à-dire de mettre bas les feux. Les bâtiments de surface à turbines ne pouvaient plus compter sortir par surprise.

Je lui dis comment, de notre propre initiative, nous nous sommes tenus prêts à toute éventualité, sur le *Casabianca*, en particulier à forcer les passes à la moindre alerte et au reçu de l'ordre de sabordage.

Je lui fais un récit succinct de notre évasion.

Enfin, au nom de l'équipage tout entier, je sollicite la faveur de participer, au plus tôt, à toute opération réputée dangereuse ou délicate, comme une récompense sur laquelle il compte.

Dans le rapport de mission, relatif à notre sortie de Toulon, dans le chapitre « M », qui traite du personnel, nous écrivons :

« En ces jours difficiles, l'attitude de tous a été celle que j'attendais. Disciplinés et fanatiques, avides d'en découdre, l'état-major et l'équipage constituent un bloc parfaitement soudé, digne d'une mission périlleuse.

« L'inaction ou la patrouille anodine me paraissent de nature à décevoir sévèrement le personnel qui ne demande qu'à participer, de façon effective, à toute opération réputée dangereuse. »

Des membres de la presse assistent à cet entretien.

Je suis congédié avec l'assurance que nous ne chômerons pas, puisque notre bateau est prêt à combattre.

Une voiture me reconduit à bord, où l'on m'attend avec une grande impatience. Je mets l'équipe au courant de l'entrevue.

Les visites aux autorités, à l'arrivée dans un port, sont la rançon du métier de commandant ; pendant ce temps, l'officier en second a la tâche importante d'organiser la vie à terre de l'équipage, d'orienter le problème des réparations. Il est la maîtresse de maison, dont on ne saurait trop souligner le mérite ; il doit penser à tout ce qui concerne le matériel et le personnel, aidé par les chefs de service.

L'intrus que nous sommes cherche à se caser à terre.

Il y a assez de temps que nous sommes entassés à bord ; un peu de confort est nécessaire pour détendre le personnel et le remettre en forme pour une nouvelle opération. Mais le problème du logement à terre de l'équipage reste mal résolu, car l'îlot de l'Amirauté est surpeuplé.

En fouinant sur les quais, des officiers mariniers entrent en rapport avec le gérant du Rowing-Club d'Alger, M. Paysan ; bientôt, ses locaux deviennent une succursale du *Casabianca*. Grâce à sa parfaite complaisance et à sa grande générosité, M. Paysan réussit à améliorer nos séjours à Alger, et je suis heureux de lui redire ici toute notre reconnaissance.

Nous cherchons à compléter notre effectif et, en particulier, à remplacer les premiers maîtres laissés derrière nous à Toulon.

Peu à peu, nous pouvons trouver, parmi les brevetés des sous-marins sabordés à Oran ou à Casablanca, quelques sujets d'élite qui deviennent rapidement nos bons compagnons et s'intègrent à l'indissoluble bloc de l'équipage que nos récentes aventures ont façonné et forgé.

Bellet, Kerneur, les officiers et les « maîtres chargés » vont prospecter dans le port les moyens de remettre rapidement le bateau en état de reprendre la mer.

Je n'ai point à me faire de souci de ce côté !

Nous n'avons plus qu'à attendre des ordres.

Le premier déjeuner au mouillage, dans cette Afrique du Nord qui a repris le combat et où nous serons au premier rang des combattants, est joyeux. Pourtant, nous sommes graves, car, pour la première fois, notre pensée tout entière peut aller vers les nôtres ; jusqu'à présent, nous n'avons laissé parler en nos cœurs que le sentiment du devoir envers la Patrie.

DEUXIÈME PARTIE

La lutte

1

Première mission en Corse

Depuis ma visite d'arrivée au haut-commissaire, nous attendons avec impatience les ordres. Ils ne tardent pas.

Les trois bureaux de renseignements alliés sont, en effet, en quête d'un bâtiment qui pourrait travailler à maintenir la liaison avec la France, déposer et reprendre des agents sur les côtes occupées, débarquer des petits postes de radio pour les émissions clandestines de la Résistance et, éventuellement, du matériel d'armement pour les organisations de combat.

Avant notre arrivée, le haut-commissaire ne disposait d'aucun moyen de les satisfaire. Puisque le *Casabianca* est si pressé de repartir et que son commandant a rendu compte que son bâtiment est apte à toute mission depuis sa refonte très complète à l'arsenal de Toulon, il tombe à pic !

Comme tout commandant de sous-marin, j'aurais voulu appareiller pour des missions d'attaque du trafic ennemi ; mais l'appoint du *Casabianca*, dans ce sens, est faible ; la Huitième Flottille britannique de sous-marins, basée sur Alger, est composée de nombreux sous-marins tout neufs, entre lesquels le travail de patrouille en Méditerranée occidentale est déjà réparti.

D'autre part, on m'a laissé entendre que le blocus des ports est plutôt l'affaire des sous-marins de faible tonnage, très manœuvrants, dont les états-majors et les équipages sont rompus à la guerre, tandis que nous sommes restés inactifs pendant longtemps...

On nous dit qu'on nous emploiera, cependant, dans des zones relativement tranquilles où nous pourrons nous entraîner et faire nos preuves.

Bien que ce raisonnement soit en partie justifié, nous avons la conviction que nos hommes, après les expériences de l'évasion qui ont illustré les séances d'entraînement très poussé des jours qui ont précédé notre départ de Toulon, seront à la hauteur de tous les coups durs.

Quant à l'état-major du *Casabianca*, plus âgé et formé depuis plus longtemps au métier de sous-marinier que beaucoup de nos très jeunes collègues, il n'a réellement pas besoin de recommencer le B A ba. Nos gradés non plus.

Disons, pour faire justice de la méfiance qu'inspirait le gros tonnage du bateau, que, si le *Casabianca* n'est pas aussi manœuvrant qu'un petit sous-marin, il a cet avantage incalculable de posséder des tubes lance-torpilles orientables qui tournent très rapidement. En fin d'attaque, les rattrapages de pointage des tubes lance-torpilles orientables, en cas d'évolution à la dernière minute de l'ennemi, sont très souples et plus rapidement exécutés qu'un changement de cap sur les sous-marins à tubes fixes, les plus manœuvrants. Un sous-marin de 1 500 tonnes n'est vraiment en état d'infériorité que dans le cas d'une attaque par tubes fixes d'étrave. Encore peut-il gyrodévier ses torpilles.

Aussi bien, puisque s'offre à nous la perspective d'entreprendre des missions secrètes très délicates en zone occupée par l'ennemi, d'une grande importance pour la conduite de la guerre, sommes-nous prêts à nous lancer avec enthousiasme dans cette passionnante aventure.

Je suis convoqué, le 4 décembre, au Palais d'Eté, par le chef de cabinet du haut-commissaire. Il me demande en souriant :

— Vous en voulez toujours ?... Quand serez-vous prêts à partir ?

— Aussitôt rapatrié à bord en auto, répondis-je, en attendant avec impatience des précisions.

— Vous allez vous mettre en rapport avec les services secrets alliés. Il faut établir, d'urgence, la liaison avec la Corse. Allez rue Charas voir le chef de notre Deuxième Bureau, il vous mettra en relation avec les Américains de l'O.S.S. (Office of Strategic Services) et les Anglais de l'Intelligence Service. Vous prendrez toutes dispositions que vous jugerez bonnes pour réussir.

Ça, c'est un genre de programme qui satisferait les plus exigeants dans le domaine de l'initiative. La mission est, par surcroît, passionnante, comme on va le voir.

Je me précipite au Deuxième Bureau où je reçois l'accueil le plus chaleureux de ses chefs qui ne cesseront de nous témoigner la plus entière confiance et la plus grande sollicitude [1].

Un attaché au consulat américain, M. Brown, est au rendez-vous.

Il me conduit au chef de l'O.S.S., le colonel Eddy, chez lequel nous trouvons le lieutenant-colonel Kiswick, de l'I.S.

---

1. Général Ronin, général Rivet, colonel de Villeneuve, commandants Paillolle, Clippet.

La mission est ainsi définie :

Un groupe d'agents de renseignements doit être débarqué en Corse le plus tôt possible pour établir la liaison entre Alger et l'île. De composition purement française, il sera aidé, pour le matériel, par nos Alliés ; M. Brown, attaché au consulat américain, réputé pour ses performances de nageur, se joindra à l'équipe française de renseignements pour l'assister, si nécessaire, au moment du débarquement.

Cette équipe comprendra :

— le chef de bataillon de Saule, chef de mission ;

— l'adjudant-chef Griffi ;

— l'instituteur Préciosi ;

— le radio Griffi.

Elle emportera le matériel suivant :

— un poste spécial émetteur-récepteur à quartz anglais, du type valise B 7, capable de fonctionner pendant quinze jours en autonomie, pour la transmission des renseignements ;

— des mitraillettes ;

— des vivres.

Mes nouveaux patrons et moi convenons de nous retrouver le lendemain pour régler les détails de l'opération et faire les dernières démarches auprès des autorités installées à l'hôtel Saint-Georges.

Le plus grand secret m'est demandé.

Je rentre à bord si joyeux que j'essaie, en vain, pendant le court trajet en auto, de prendre un air indifférent. Pour certains, dont je suis malheureusement, c'est bien difficile.

L'équipage m'a vu partir en voiture ; rien ne peut empêcher son imagination de travailler.

Je monte bravement à bord avec l'air le plus inoffensif possible.

Un autre que moi doit être mis au courant ; c'est la maîtresse de maison du bord. J'appelle l'officier en second dans ma chambre. Tous deux, assis sur ma couchette, le rideau tiré, nous faisons des plans.

Bellet est ravi qu'on fasse si vite appel à nous et va s'occuper, sans délai, du logement de nos passagers et du matériel.

Quand nous quittons ma chambre pour monter faire quelques pas sur le pont, nous retrouvons le reste de l'état-major qui se garde de nous poser des questions, mais qui rit sous cape de nos airs empruntés. Il ne fait pas de doute pour eux qu'il y a quelque chose dans l'air !

Les jours qui suivent sont employés à des démarches sans fin. Il en sera toujours ainsi avant chaque départ. C'est la partie sans aucun doute la plus désagréable de la mission.

Enfin, le départ est fixé au 10 décembre, à 19 h 30.

Pour que le secret soit bien gardé, nos passagers ont été logés à l'extérieur d'Alger depuis quelques jours et seront conduits directement et discrètement à bord, une heure avant le départ.

Cette première mission vers la Corse est entreprise sans aucun renseignement sur l'ennemi, puisque nous n'avons pas de liaison avec les Patriotes.

Au Deuxième Bureau, on m'a dit :

— Choisissez votre point de débarquement et votre route. Nous nous en remettons complètement à vous.

Notre expérience des coups de main n'est pas bien grande, bien que nous ayons fait quelques exercices analogues en temps de paix.

Une chose est flagrante : les moyens de mise à terre d'hommes ou de matériel d'un sous-marin ne sont pas du tout suffisants pour obtenir un grand rendement et sont tout à fait mal adaptés à un échouage à la plage.

La « drôme », c'est-à-dire les embarcations et leur gréement, est peu importante sur un sous-marin.

Elle se compose d'un youyou et d'une plate.

Le youyou est une embarcation qui a une quille assez profonde et peut contenir neuf hommes, au plus. C'est une embarcation très marine qui tient bien la mer, mais n'est pas commode pour l'accostage d'une plage à cause de son tirant d'eau. Elle pèse lourd, et sa mise à l'eau est difficile à effectuer rapidement et sans bruit.

La plate est un baquet peu robuste, difficile à gouverner, qui contient à peine quatre hommes. Elle n'est pas marine du tout.

En 1938, comme commandant du *Morse*, j'avais fait un coup de main d'exercice avec les camarades de l'armée dans le golfe de Hammamet, à l'est de la Tunisie. Les frères de l'armée en avaient été quittes pour un bain fort désagréable en arrivant sur la plage où le youyou avait chaviré dans les rouleaux.

Mais le temps manque ; l'opération ne peut souffrir aucun délai.

Nous ferons pour le mieux avec nos moyens, bien décidés à obtenir des Alliés, pour les sorties suivantes, deux bons doris à fond plat et des embarcations pneumatiques dites « rubbers ».

A 6 heures du soir, le 10 décembre, les agents se présentent à bord et sont casés, tant bien que mal.

Nous apprenons que, malgré les nombreuses démarches faites ces derniers jours, le commandant naval de la base d'Alger n'a pas été prévenu à temps de notre départ.

Les consignes de restriction de bombardement de l'aviation à notre endroit n'ont pu être données aux avions alliés. Nos routes successives n'ont pas été communiquées assez tôt.

La sortie pour ce soir est impossible.

C'est vraiment enrageant. Il faudra qu'un peu de temps s'écoule encore avant que les différents services alliés aient une marche parfaitement harmonieuse ; cela n'a rien d'étonnant, d'ailleurs.

Mais le secret ?

Nous décidons de conserver à bord tout le monde jusqu'au lendemain soir. Cela n'est pas très réjouissant, mais nécessaire. Chacun le prend avec bonne humeur.

Le 11, à 19 h 30, nous appareillons. Un escorteur britannique nous convoie jusqu'à 10 milles au nord du cap Caxine. Puis nous continuons, en route au nord, jusqu'à 70 milles de terre, trajet sur lequel l'aviation alliée doit nous laisser en paix.

Les avions amis connaissent notre itinéraire. Ils ne bombarderont pas, en principe, dans une zone rectangulaire de 10 milles de large et 12 milles de long autour de notre position estimée.

Mais cela est un peu théorique ; si un convoi subit des pertes dans notre voisinage, nous savons que nous sommes bons pour faire les frais d'une contre-attaque de son escorte.

La consigne générale est donc : « Méfiez-vous de tous, vous restez l'ennemi numéro un, car il est bien difficile de repérer la nationalité d'un sous-marin aperçu d'avion. »

Nous avons reçu, cependant, des lance-fusées et des fusées de reconnaissance et possédons le code des couleurs pour chaque jour. De nombreuses méprises se sont produites malgré l'usage de ces moyens. Il ne faut pas trop s'y fier.

Afin d'éviter au maximum les incidents, la navigation, depuis le crépuscule du matin jusqu'à la nuit, est faite en plongée.

De nuit, nous faisons route en surface pour recharger les batteries et faire du chemin, prêts à attaquer en surface ou à donner l'alerte de plongée en cas de rencontre.

Ce sont les ordres permanents de navigation des sous-marins en Méditerranée.

Avant de continuer la relation de notre première mission, je crois utile d'exposer dans son entier le problème des missions spéciales de débarquement par sous-marin sur une côte ennemie et la manière dont nous l'avons résolu.

Précisons que ces missions sont effectuées dans une mer étroite, la Méditerranée occidentale, sans cesse survolée par l'aviation.

Qu'elles s'accomplissent sur des côtes sévèrement occupées et surveillées par l'ennemi, depuis le 11 novembre 1942.

Que nos sous-marins ne possèdent pas de radar à cette époque, cherchent les plages à tâtons par un black-out rigoureux. Qu'ils ne sont pas construits pour transporter un personnel et un matériel importants.

Nous admettrons que le sous-marin est doté, comme nous le serons effectivement après quelques missions, d'embarcations adaptées au transport des agents et du matériel entre le bord et la terre. Qu'il possède des postes de phonie pour la liaison avec les équipes qui l'attendent sur la côte.

Nous n'aurons plus, au cours de chaque nouveau récit de mission, qu'à nous rapporter à cet exposé ou à noter les moyens qui nous font défaut ou les raisons qui nous contraignent à dévier de nos principes ; à exposer les perfectionnements apportés à la méthode par l'expérience ou l'opportunité.

Nous supposerons, par moments, qu'une opération est effectivement en cours, pour donner plus de vie au texte.

Ce genre d'opérations comporte *deux phases :*

— *la première* est celle du forcement du blocus établi au large des côtes ennemies, partie proprement maritime ;

— *la deuxième* est celle du débarquement proprement dit, partie amphibie.

Nous allons étudier d'abord en détail le déroulement des deux phases d'une opération de débarquement en un point de la côte fixé, avant le départ d'Alger, en accord avec le Comité d'accueil de la Résistance.

Première phase : Forcement du blocus

Elle commence au moment où le sous-marin atteint la zone de surveillance de la côte ennemie, à 15 ou 20 milles au large.

Cette surveillance est effectuée par des patrouilleurs de surface, des bateaux-pièges redoutablement armés de grenades et de canons automatiques, d'Asdic et d'hydrophones, des vedettes rapides écouteuses et grenadeuses.

De jour, les avions de surveillance se joignent aux patrouilles et scrutent la mer. La Méditerranée est une mer particulièrement transparente, quand elle est calme et lorsque le soleil est haut : un sous-marin peut y être repéré jusqu'à 40 mètres de profondeur ; davantage même s'il marche vite et crée un sillage important.

Sur la côte, des stations de radar fouillent l'espace et repèrent les objets les plus petits jusqu'à portée géographique. Les passes ou l'entrée des golfes sont parfois barrées en surface par des faisceaux de rayons infrarouges.

Près de la côte, à environ 3 milles, la surveillance est renforcée par la veille optique des guetteurs à terre munis de puissantes jumelles panoramiques. Le périscope d'un sous-marin est aperçu à coup sûr dans cette zone, par calme plat et éclairage favorable, s'il est sorti pour une longue observation. Si la veille optique est continue et se recoupe bien, on peut poser en principe que toute observation au périscope est très indiscrète à moins de 3 milles de la terre.

Au voisinage de certains ports, des microphones sont mouillés sur le fond et reliés à des postes d'écoute à terre pour déceler les bruits d'hélices.

Il existe aussi, le long des côtes, des obstacles fixes comme les champs de mines à orin, ou de mines magnétiques, pour interdire l'accès de certaines zones.

Des filets barrent l'entrée des ports.

Le franchissement discret des moyens de découverte et d'arrêt de l'ennemi que nous venons d'énumérer est ce que nous appelons le *forcement du blocus*. Il nous amène à pied-d'œuvre pour effectuer le débarquement.

Etablissons la tactique qui nous assure la plus grande discrétion, tout en nous faisant pénétrer le plus avant dans le dispositif ennemi.

Réglons notre vitesse et notre route de traversée pour atteindre, vers 1 heure du matin, le jour de l'opération, un point situé entre 15 et 20 milles de terre, à l'entrée de la zone surveillée, en face du point de débarquement. Nous essaierons d'y arriver en surface, avec des groupes d'air comprimé et une batterie d'accumulateurs pleins, en vue d'un long séjour en plongée.

A ce point, nous plongeons et faisons route droit sur la terre ou perpendiculairement aux lignes de sonde portées sur la carte.

Marchons à petite vitesse pour ne pas être repérés par les hydrophones et descendons à 40 mètres de profondeur pour être bien tranquilles, jusqu'au lever du jour. L'appareil détecteur des ondes Asdic et les hydrophones du bord sont mis en fonction pour repérer les ennemis de surface et nous permettre de manœuvrer pour passer hors de leur portée.

Remontons prudemment à l'immersion périscopique, au petit jour, pour essayer de fixer notre position par des relèvements des points remarquables de la côte.

Ne restons jamais longtemps à cette immersion pour échapper à la surveillance aérienne.

Après plusieurs observations, nous savons enfin où nous sommes. C'est une opération très longue, car il est souvent très difficile de repérer les amers dans un périscope dont le champ visuel est assez étroit [1].

Dans certaines régions, l'identification des amers, des caps, des montagnes, est extrêmement délicate.

En Corse, par exemple, nombreux sont les caps qui se ressemblent vus du large ; l'arrière-pays montagneux est insondable. L'abondance de tours génoises et d'îlots débordant la terre crée de fréquentes confusions.

Armons-nous de patience, continuons de nous rapprocher de terre pour lever l'incertitude de la position. A petite vitesse, grâce au sondeur, nous ne courons pas grand risque d'échouage.

Lorsque plusieurs positions sont portées sur la carte, la route du

1. Environ 6° au grossissement 6, 40° au grossissement normal 1,1.

sous-marin sur le fond et la dérive nous sont connues ainsi que le courant.

Dès que nous entrons dans la zone de surveillance optique (3 milles par excellente visibilité et calme plat), il ne faut plus montrer notre périscope.

Continuons à faire route, à l'estime et à la sonde, à immersion profonde et allons nous poser sur le fond, le plus près possible de la plage de débarquement.

Le choix de l'immersion à laquelle nous allons naviguer est déterminé par l'examen attentif de la carte.

Aveugles, nous ne disposons que du sondeur ultrasonore qui nous donne la sonde à la verticale du sous-marin.

Nous n'avons pas d'Asdic pour explorer horizontalement la mer et découvrir les aiguilles rocheuses dont certains parages sont hérissés. Il n'est pas prudent de se glisser au milieu de dangers abrupts et isolés.

Mais, en règle générale, ces pitons sont plus rares aux profondeurs voisines de 60 mètres. La carte, image du relief sous-marin, montre clairement les lignes de sondes au-delà desquelles le fond est sain. Nous choisissons comme immersion de sécurité une immersion égale ou supérieure à celle de ces lignes de sondes et naturellement inférieure à la profondeur maximum de plongée du sous-marin [1].

Le sondeur ultrasonore donne de bonnes indications du fond quand celui-ci est inférieur à 400 mètres. Les sondes sont suivies de façon continue et permettent, dans les régions où l'hydrographie a été soigneusement établie, en les faisant cadrer avec celles de la carte, de dégrossir avec assez d'exactitude le chemin parcouru et d'aller se poser sur le fond sans risque et sans heurt.

Cette dernière partie de la progression est, cependant, très éprouvante pour les nerfs, car à la toute petite vitesse à laquelle nous marchons, la moindre erreur sur la force et la direction du courant affecte considérablement l'estime, c'est-à-dire l'heure du contact avec le fond.

En quelques mots, la méthode se résume ainsi : atterrissage vers 1 heure du matin à la limite extérieure de la zone de surveillance rapprochée ; traversée discrète de celle-ci pour aller se poser sur un fond sain en face du point de débarquement et cesser toute manifestation jusqu'au moment de l'action.

Quand le sous-marin est rendu sur le fond, le forcement du blocus est accompli.

La première phase de l'opération est terminée.

Nous stoppons tous les appareils bruyants et nous nous enveloppons de silence.

---

1. De 80 mètres pour le *Casabianca* ; de 250 à 300 mètres pour les sous-marins récents.

Nous attendons patiemment la nuit avant d'entreprendre le débarquement proprement dit en économisant notre précieuse électricité.

Quand le bateau est stoppé sur le fond, les hommes sont envoyés « à se coucher » dans les postes pour se reposer en perspective d'une nuit fatigante et aussi pour faire une économie d'air respirable : car un homme qui se repose dépense beaucoup moins d'oxygène qu'un homme qui travaille ou s'agite.

Deuxième phase : Débarquement proprement dit

Etudions maintenant dans le détail les scènes successives du débarquement.

I. — *Préparatifs sur le fond.*

Dans l'atmosphère tranquille du sous-marin posé sur le fond, nous avons tout le loisir d'étudier et de préparer l'opération du débarquement, de répéter le rôle respectif des agents et du sous-marin.

Dans la journée, les agents sont réunis au carré pour une dernière conférence. Les conventions d'identification, les moyens de reconnaissance entre agents et comité d'accueil sont rappelés avec exactitude.

La carte est étudiée en détail. Le point d'accostage de la côte et ses environs sont soigneusement étudiés, les cheminements vers l'intérieur sont repérés par les agents secrets pour qu'ils ne s'égarent pas dans la nuit, après leur mise à terre, dans le cas où les Patriotes ne se présenteraient pas au rendez-vous. Il est essentiel, dans ce cas, que nos hommes réussissent à s'infiltrer assez loin dans le pays pour avoir franchi, avant le jour, la zone côtière et qu'ils parviennent à atteindre un refuge, une voie ferrée ou une ligne d'autocar, à la faveur de la nuit sombre.

La plupart du temps, les agents transportent un poste clandestin, quelquefois du matériel assez lourd. Les postes dont ils sont munis en 1943 sont des postes-valises du type B 7 fort pesants. Quand le chemin à parcourir la nuit du débarquement est long et difficile, il est préférable qu'ils déposent le matériel dans une cachette bien repérée, le plus tôt possible après leur arrivée à terre ; ils viendront le reprendre les jours suivants avec l'aide de camarades de la Résistance.

Avant de faire surface, le commando de reconnaissance[1] de la

1. Nos toutes premières expériences de débarquement avaient été entreprises en hâte, car il n'y avait pas de temps à perdre pour réaliser les liaisons clandestines entre la Corse, la Provence et Alger.

Nous nous présentions à la plage de débarquement sans reconnaissance préalable faite par les Patriotes.

Nous déposions nos agents par un youyou mal adapté à l'échouage et nous nous lancions dans l'aventure sans avoir pu proprement tâter le terrain.

Dès que nous avons obtenu deux doris maniables et faciles à échouer à terre, nous avons dressé une équipe de marins du bord à faire la reconnaissance, l'exploration du plage est également instruit de son rôle. On lui décrit le point de débarquement, les objectifs à explorer aussitôt arrivé à terre et les chemins à garder pour assurer la sécurité de la plage pendant l'opération.

Les hommes du commando sont mis au courant des mots de passe ou des signaux de reconnaissance à échanger avec l'équipe d'accueil de la Résistance.

Le poste de phonie qu'ils emportent à terre pour garder la liaison avec le bord est vérifié. Les consignes particulières sont répétées.

S'il s'agit d'opérer un débarquement d'armes ou de matériel, les équipes de manutention du matériel de l'intérieur du sous-marin vers les embarcations en caoutchouc, reçoivent les dernières recommandations ainsi que les hommes qui doivent accompagner les embarcations à terre. Une équipe de déchargement et de dissimulation du matériel à terre est organisée pour suppléer le Comité d'accueil de la Résistance, en cas d'absence de celui-ci.

II. — *Retour en surface.*

Quand tous les acteurs sont bien endoctrinés, il ne reste plus qu'à attendre, en économisant ses forces, le moment de l'action. L'heure du coucher de la lune est l'heure initiale de l'opération.

Dix minutes avant de remonter à l'air libre, l'équipage est rappelé aux postes de manœuvre.

Il y a plus de vingt heures que nous sommes en plongée. Les respirations sont sifflantes et les efforts pénibles. L'air est de plomb, pauvre en oxygène. Le sous-marin est en surpression, car il est à peu près impossible de réaliser l'étanchéité parfaite des réseaux d'air comprimé, de leurs sectionnements, des têtes de bouteilles d'air et parce que les caisses de réglage et d'assiette ont été purgées à l'intérieur du bord pour les remplir et alourdir le sous-marin pour l'ancrer sur le fond sitôt qu'il s'y est posé.

---

lieu de débarquement et à en assurer la sûreté pendant tout le temps que nous y séjournions.

Nos débarquements d'armes, de plus en plus importants, nous obligeaient à passer des nuits entières sur le rivage et à prendre toutes les précautions pour éviter une surprise de l'ennemi en cours de travail.

Huit hommes furent choisis et spécialement entraînés aux opérations de commando, à Alger, avant le départ.

Ils apprirent toutes les ruses de leurs camarades de l'armée.

Ils furent munis de tout un matériel spécial, de sandales silencieuses et anti-dérapantes, d'armes maniables, etc. Ils apprirent à maîtriser sans bruit une sentinelle et à la trucider proprement ou à s'en débarrasser sans éveiller l'attention de l'ennemi.

Leur barda était important mais bien conçu pour ne pas les gêner dans leurs mouvements.

J'ai noté, comme très intéressantes, des boules de verre phosphorescentes qu'ils pouvaient dissimuler dans le creux de la main et se montrer les uns aux autres pour se reconnaître ou ne pas se perdre. La lueur de ces boules n'était visible qu'à quelques mètres seulement.

Au large, hors de portée d'écoute de l'ennemi, la surpression est, sur ordre, absorbée périodiquement par les compresseurs d'air du bord. Mais ces moteurs sont bruyants et ne peuvent plus être mis en marche dès que le sous-marin pénètre dans la zone de surveillance où il y va de sa sécurité d'être le plus silencieux possible.

D'ailleurs, quand le sous-marin est posé sur le fond, une autre raison interdit de démarrer les compresseurs. Les phases de ces appareils sont, en effet, refroidies par un circuit de circulation d'eau de mer dont la prise d'eau est située au fond de la cale des auxiliaires, au milieu du bateau, près de la quille. Les circuits seraient rapidement engorgés par le sable ou la vase du fond.

Le moyen le plus commode pour se débarrasser de cette surpression consiste à ouvrir les robinets de porte-voix entre kiosque et passerelle dès qu'on est revenu en surface et à équilibrer l'intérieur du sous-marin à l'atmosphère ; il faut ouvrir doucement pour ménager le nez et les oreilles de l'équipage.

Je connais des cas de surdité contractée sur des bateaux où l'on méprise un peu trop la précaution d'équilibrer lentement l'intérieur à l'extérieur, quand la surpression est forte, avant d'ouvrir le panneau du kiosque ; c'est une grave erreur lorsqu'on n'y est pas contraint (pour déclencher le tir rapide du canon par exemple), car la finesse d'oreille est plus nécessaire sur un sous-marin que sur tout autre navire. La sécurité sous l'eau est affaire d'auscultation permanente...

Lorsque tout le monde est à son poste et que plusieurs tours d'horizon très soigneux ont été faits avec les hydrophones pour s'assurer qu'il n'y a pas de bâtiment de surface en marche dans les environs immédiats, le sous-marin se prépare à retourner en surface.

Il faut, tout d'abord, alléger le bateau du poids de l'eau qui a été introduit dans les caisses d'assiette ou de réglage pour ancrer solidement le bâtiment sur le fond. Parfois, pour vaincre une forte adhérence au fond, il est nécessaire de peser le bateau léger de plusieurs tonnes.

Le retour en surface peut se faire de deux façons.

La première, et la plus prudente, consiste à appareiller du fond en manœuvrant avec précaution les moteurs électriques. Le sous-marin remonte ainsi doucement à l'immersion périscopique et se rapproche de la côte en sondant. Un tour d'horizon au périscope est fait pour vérifier qu'aucun projecteur ne balaye la mer dans les environs.

Puis, les moteurs sont stoppés, une faible quantité d'eau est chassée aux ballasts centraux (en ouvrant doucement leur chasse d'air comprimé pour éviter le bruit produit par le sifflement de l'air dans les tuyautages et la tôlerie), pour ne faire sortir de l'eau que le kiosque et réduire la silhouette du sous-marin au minimum.

Les porte-voix, kiosque-passerelle, sont ouverts ; quand le baromètre n'indique plus qu'une surpression de 5 mm ou lorsque le bruit d'écoulement de l'air indique qu'on approche de l'équilibre, le panneau est ouvert, le commandant et de bons veilleurs de nuit montent sur la passerelle [1].

Cette manière de procéder fait courir au sous-marin le risque d'être repéré par les hydrophones ennemis à la mise en marche des moteurs. Il arrive, en effet, que l'on soit obligé de manœuvrer les moteurs à bonne allure pour décoller du fond.

La deuxième méthode pour revenir en surface consiste à chasser doucement aux ballasts centraux et à remonter directement du fond sur place.

Cette manœuvre est indiquée lorsqu'on a de bonnes raisons de penser que le plan d'eau est désert, qu'il n'y a pas de projecteur dans les environs immédiats ou lorsque le sous-marin est posé tout près de la côte.

Dans les deux cas, la quantité d'eau chassée aux centraux est réglée de façon à amener le pont-passerelle au ras de la mer, kiosque hors de l'eau.

Le spectacle qui s'offre aux hommes qui grimpent dans la baignoire est toujours hallucinant sur les côtes accores [2] de la Méditerranée. La terre est tout proche. Elle se dresse comme un mur indéchiffrable devant l'étrave. La minute est grave. On cherche à repérer le sombre paysage, à reconnaître une crête, un détail, ou le croissant plus clair de la plage du rendez-vous. Les jumelles fouillent la nuit et l'on s'assure qu'on est bien seul.

III. — *Tactique d'approche de la terre.*

Dans l'hypothèse où nous avons pris rendez-vous avec un comité d'accueil, nous remontons en surface quelques minutes avant l'heure où celui-ci doit émettre par phonie la phrase conventionnelle d'identification ou signaler par lampe-torche la lettre de reconnaissance.

L'attente des signaux amis est très anxieuse ; parfois les Patriotes sont en retard ; souvent ils ne viennent pas, tenus à distance du point de rendez-vous par un réseau de surveillance ennemi trop serré...

On ne peut s'empêcher de penser à leur capture...

Il faut quand même agir ; ne renonçons au débarquement qu'après être convaincus de la présence de l'ennemi.

Nous adoptons la tactique de nous approcher silencieusement, sans faire de sillage, à toute petite vitesse, *le plus près possible de terre.*

Nous posons en principe que notre silhouette réduite à celle du kiosque est très peu visible pour les guetteurs ennemis à terre, certainement pas à plus de 500 mètres.

1. Dès le rappel aux postes de manœuvre, les lampes du kiosque sont éteintes pour accoutumer les veilleurs à l'obscurité, les lampes rouges restent seules allumées dans le poste central.

2. Où le fond augmente très rapidement.

Mais que, si nous restons trop détachés de la terre, nous courons les plus grands risques d'être découverts par un poste de radar ou par un projecteur lumineux.

Nous avons tout intérêt à essayer de nous confondre le plus possible avec la côte, à nous glisser avec précaution au milieu des rochers, à pénétrer dans l'angle mort de la falaise ou de la corniche.

Pendant cette lente progression imperceptible, nous tâtons en quelque sorte la surveillance ennemie.

Si nos correspondants à terre se font connaître pendant cette manœuvre, tout est pour le mieux et nous avons gagné du temps.

Mais si l'ennemi se trouve installé au point de débarquement, nous comptons bien l'apprendre par lui-même, assez tôt pour nous dérober ; nous comptons, en effet, que l'adversaire se trahira quand il nous aura aperçus, en nous tirant dessus ou en donnant l'alerte de façon visible et bruyante.

La guerre des nerfs est engagée, il faut la gagner ; c'est rudement angoissant !

Voici quarante minutes que nous avons commencé notre manège en surface et qu'aucune réaction ne s'est produite. Nous pensons fermement, maintenant, qu'il n'y a personne devant nous : ni amis ni ennemis.

IV. — *Débarquement des agents.*

Nous voici arrivés aussi près de la côte que les fonds le permettent. Le moment est venu de débarquer nos agents et nos armes. Auparavant, nous allons faire l'exploration du coin.

Nous appelons sur la passerelle le commando de reconnaissance. Les huit hommes descendent sur le pont avant et, avec d'infinies précautions, extraient les deux doris des superstructures. Ils ferment les nables, feutrent de chiffons et de luzin les avirons et les tolets et mettent sans bruit les embarcations à l'eau sur l'avant du canon. Ils embarquent avec un poste de phonie et poussent sans bruit du bord vers la terre.

Par notre petit poste de phonie monté sur la passerelle, nous conservons le contact avec les doris et les dirigeons vers le point d'accostage.

Nous suivons nos embarcations aux jumelles.

De la baignoire, il nous est plus facile qu'aux armements des doris de repérer la bonne direction et de les empêcher de s'égarer ou de dériver dans la nuit.

Le chef du commando nous prévient dès son arrivée à terre. Il bondit silencieusement avec ses hommes sur la plage et commence une exploration minutieuse et prudente des environs. Il établit des guetteurs aux sentiers d'accès.

Dès qu'il a acquis la conviction que la place est bonne, il signale :

— Plage claire, on peut débarquer les agents.

Un des doris est rappelé à bord pour transporter les agents qui se trouvent prêts à embarquer sur le pont, avec leurs bagages.

Si le commando découvre l'ennemi, il se retire en silence vers ses doris et rallie en prévenant le sous-marin.

Si la rencontre a lieu, il se replie vers le sous-marin couvert par les armes automatiques de celui-ci.

Comme le sous-marin n'est pas loin, le commando a beaucoup de chances de le rallier et d'être escamoté au nez de l'ennemi, frustré d'une intéressante capture.

V. — *Débarquement du matériel.*

Au cours de leur reconnaissance, les hommes du commando ont repéré les cachettes idoines pour la dissimulation du matériel. Ils rendent compte :

— Plage claire, vous pouvez commencer le débarquement du matériel.

Le sous-marin devient alors le siège d'une fièvre silencieuse.

Les canots pneumatiques sont montés sur la passerelle et gonflés aux prises d'air comprimé que nous avons fait installer à l'extérieur, sur le pont, par l'arsenal d'Alger.

Les rubbers sont mis à l'eau de part et d'autre du pont sur l'avant du canon. Ils sont constitués en trains de cinq pour être pris en remorque par les doris, après avoir été chargés de matériel.

A l'intérieur du sous-marin, les hommes des chaînes d'acheminement du matériel jusqu'aux panneaux du sas et du kiosque sont mis à leurs postes. Les chaînes sont prolongées à l'extérieur par d'autres chaînes jusqu'aux rubbers.

Le travail de forçat commence. Des alvéoles et recoins où sont arrimés les colis, ceux-ci sont passés à la main jusqu'aux pneumatiques. La manipulation en est acrobatique. Les hommes, le torse ruisselant, arc-boutés sur des parquets luisants, sur des barreaux d'échelle, sur la baignoire, font circuler les lourdes charges.

Ils savent que le moindre bruit, le moindre heurt métallique, sera répercuté aux oreilles de l'ennemi et que la mitraille, voire la canonnade, sera déclenchée contre le sous-marin immobilisé. Une simple maladresse peut causer la fin du bateau.

Les caisses et paquets sont chargés à raison de 400 kilos par pneumatique. Dès que le premier train de rubbers est chargé, un doris le remorque à terre. Le commando et une équipe embarquée sur le train de matériel échouent et déchargent les rubbers ; une chaîne s'organise à terre vers les cachettes en prenant soin de laisser le moins de traces possible, par exemple en utilisant les cheminements rocailleux et en évitant le sable.

Le va-et-vient des trains de doris est réglé par la phonie, le sous-marin et l'équipe de terre se préviennent des arrivées et des départs.

Ainsi, tout l'équipage est au travail. Je ne sais qui admirer davantage des hommes qui travaillent à terre à la barbe de l'ennemi ou des êtres suants, aux muscles bandés, qui font circuler en souplesse les colis à l'intérieur du sous-marin. Si le danger n'était si proche, j'inclinerais à envier les hommes à terre, qui respirent l'air de la nuit et se dégourdissent à leur aise.

Toute la nuit, le trafic de « contrebandier » continue. Mais il faut l'arrêter assez tôt pour que tout le monde rallie le bord, après avoir effacé les traces dénonciatrices, et que les pneumatiques soient dégonflés, rentrés à l'intérieur, les doris fixés à leur poste de mer avant le jour, afin que le sous-marin puisse se retirer et plonger.

VI. — Quand tout le matériel embarqué à Alger ne peut être débarqué et dissimulé en une nuit, nous recommençons le travail, la ou les nuits suivantes.

Pour ne pas perdre le bénéfice de l'exploration de la plage, si le coin s'avère à l'écart de la surveillance ennemie, nous laissons à terre deux hommes avec un poste de phonie.

Ils se dissimulent pendant la journée, observent les mouvements de l'ennemi, prennent contact, éventuellement, avec la Résistance, et se tiennent prêts, à l'heure fixée la nuit suivante, à émettre la phrase conventionnelle, à entrer en liaison avec le sous-marin et lui confirmer que l'opération peut être reprise. En cas d'arrivée de l'ennemi, un autre rendez-vous leur a été donné, où le sous-marin s'efforcera de venir les reprendre.

Le sous-marin, de son côté, dès que tout le monde est rentré à bord, que tout est arrimé, s'écarte de la côte ; il plonge avant le jour et va se reposer sur le fond pour la journée ; il fait surface à la nuit, quelques minutes avant l'heure prévue pour l'émission, par les guetteurs laissés à terre, du signal convenu ; il s'approche de la côte en répétant les manœuvres de la veille [1].

VII. — Nous n'avons pas hésité à risquer le sous-marin en approchant très près de terre, plutôt que d'expédier de bonne heure les doris et le commando. Celui-ci s'apercevrait trop tard de la présence de l'ennemi à son contact et risquerait la capture. Si l'ennemi, comme nous l'espérons, tire sur le sous-marin qui s'approche, le « gros

1. Nous verrons, au cours des récits suivants, que le sous-marin *Casabianca* effectuera les 1er et 2 juillet, 2 et 3 août 1943, exactement toutes les opérations et manœuvres indiquées dans cet exposé de principe, et que son équipage battra le record des débarquements d'armes, sans aucun secours de l'extérieur, compte tenu du tonnage de son bâtiment. Il aura droit à l'admiration des chefs alliés de la Méditerranée et à leurs plus hauts éloges.

poisson » coriace s'en tirera avec des égratignures en battant en arrière et en plongeant ; il ira tenter sa chance ailleurs.

VIII. — Dès que le sous-marin a terminé son débarquement, il gagne le large, signale par radio, via Gibraltar, aux Services secrets d'Alger, les emplacements exacts des cachettes où il a dissimulé le matériel. Alger fait prévenir par sa radio clandestine le chef du réseau intéressé de prendre livraison du matériel débarqué à son intention.

Etudions maintenant le cas d'une opération de débarquement sans lien avec la Résistance, sans indications sur le dispositif ennemi.

Pour résoudre ce problème, il nous faut faire appel à des notions de bon sens, parfois à des lapalissades.

Le choix de la zone de débarquement est imposé par deux soucis :

— le premier, réduire les chances de rencontrer l'ennemi à la prise de contact avec la terre ;

— le deuxième, procurer aux agents débarqués un arrière-pays propice à leur infiltration profonde pendant les courtes heures de la nuit, — aux équipes de dissimulation du matériel, un terrain désert et accidenté qui les mette à l'abri d'une surprise en cours de travail et leur offre de sûres cachettes pour leur matériel de « contrebande »

Il nous faut, pour un instant, passer du côté de l'ennemi, pour deviner son dispositif de défense et en trouver les points faibles.

Certains points de la côte sont très vulnérables aux attaques du large ; par exemple, les grandes plages dont l'accès est facile, où l'hydrographie est régulière, et qui justifieraient un débarquement amphibie de grande importance.

Les ouvrages d'art, les voies ferrées, les points stratégiques, doivent être plus particulièrement défendus contre les opérations de commandos ou contre des bombardements aériens.

Les blockhaus, les nids de mitrailleuses, toutes sortes de défenses seront disposés aux environs des points vulnérables.

L'ennemi profitera évidemment des installations qu'il a trouvées à son arrivée.

Il disposera sa veille, et particulièrement sa veille optique, sur les caps avancés, de façon à couvrir toute la mer et à constituer un réseau impénétrable en surface.

Les obstructions de toutes sortes, dont les champs de mines marines et terrestres, seront multipliées sur les plages largement ouvertes.

D'autres coins de la côte, par contre, sont protégés contre une invasion par des obstacles naturels. Le relief tourmenté d'un socle sous-marin semé d'aiguilles est une défense qui peut paraître très efficace et justifier l'absence d'autres obstructions [1].

---

1. Notons qu'en de tels parages, il est presque impossible de mouiller des champs de mines sous-marines.

Il nous est, d'autre part, permis d'espérer que le cordon de troupes ne sera pas continu sur toute la côte, que la défense sera réalisée par des nids de résistance, complétés par des rondes fréquentes sur les plages de faible étendue.

Ainsi donc, un examen de la carte nous offre le choix des points du littoral où nous pouvons tenter de nous infiltrer.

Le sous-marin est merveilleusement apte à réussir cette tentative.

Il force d'abord le blocus, comme nous l'avons longuement exposé plus haut.

Il se joue de la surveillance et peut pénétrer très profondément dans les baies de la côte, ayant, au moment de se poser sur le fond, largement dépassé la ligne qui joint les postes de veille établis sur les promontoires.

La navigation en plongée dans des parages accidentés est indiscutablement acrobatique, mais le sous-marin est, de tous les engins qui fréquentent la mer, le plus souple à manœuvrer. Un vaste plateau n'est pas nécessaire pour l'y poser.

A la nuit faite, le sous-marin viendra en surface et ira tâter l'ennemi. Il finira bien par trouver le défaut de la cuirasse, qui est là où l'ennemi ne peut raisonnablement l'attendre.

Il n'est pas nécessaire d'insister pour que le lecteur saisisse le caractère aventureux des opérations menées en plein cœur de l'occupation ennemie.

Les récits d'évasion ont toujours captivé les esprits.

Nous allons, au contraire, introduire nos espions dans la place, faire passer à nos amis le matériel qui leur permettra de se révolter victorieusement, à l'heure favorable.

Pendant tout le temps que dure notre incursion chez l'ennemi, la situation peut devenir tragique à chaque seconde.

Une patrouille vient-elle à surprendre nos « contrebandiers » en plein travail, elle doit être anéantie sans bruit, car tout le fruit de nos efforts en dépend. Nous aurions bonne mine, en rentrant au port africain, s'il nous fallait rendre compte que les armes qu'on nous a confiées sont allées grossir le stock de l'adversaire et que nos hommes sont faits prisonniers !

Nous aurions, d'ailleurs, bien de la chance de pouvoir rentrer à notre base, car si le groupe à terre peut se trouver dominé par des forces supérieures, le sous-marin, de son côté, risque fort d'être coincé, avant de gagner le large et de pouvoir plonger, par les vedettes rapides ou les bâtiments anti-sous-marins ou les avions qui croisent à proximité et qui viendront le traquer, aussitôt lancés à ses trousses.

Une opération de débarquement est une œuvre de longue haleine qui réclame de ses exécutants une prudence, une patience et une préparation sans défaut.

Pour nous autres, sous-mariniers, qui avons mesuré exactement le courage des agents que nous avons lancés dans l'aventure, nous nous sommes pliés avec la plus grande joie aux exigences qu'impose le souci de diminuer leurs risques, même lorsqu'il nous a occasionné des fatigues ou des dangers supplémentaires.

Quand vous nous quittez, amis de circonstance, qui nous êtes devenus chers pour avoir partagé quelques-unes des heures de notre vie intense et passionnante, nous vous suivons avec émotion par la pensée ; notre admiration et nos vœux les plus ardents de réussite vous accompagnent dans votre périlleuse aventure...

Revenons maintenant à notre expédition du 11 décembre 1942.

Nous franchissons les passes d'Alger à 19 h 40 et plongeons aussitôt pour vérifier et rectifier notre pesée. C'est l'affaire de cinq minutes pour l'officier en second.

Aussitôt parés, nous faisons surface et lançons les moteurs Diesel.

Après avoir quitté le chenal de sécurité de sortie, nous faisons route, en passant par diverses positions signalées au capitaine de vaisseau commandant la Huitième Flottille de sous-marins britanniques, vers la Corse, vers le lieu choisi pour débarquer notre mission.

Nous adoptons ce lieu après un examen approfondi de la carte de Corse, pour réaliser une des conditions que nous jugeons essentielles : pénétrer le plus avant possible à l'intérieur de la surveillance optique ennemie, pour nous poser sur le fond.

La côte ouest nous paraît favorable, et particulièrement la région très découpée entre le cap Rosso et le cap Cargèse.

Il semble logique pour l'ennemi de s'établir en garnison à Cargèse et à Piana (près du cap Rosso), et d'organiser une veille sur ces deux caps.

La baie de Chioni, la deuxième vers le nord après Cargèse, est profonde, les fonds pour s'y poser sont assez commodes et rapidement croissants. Tout au fond, une petite plage sans grande importance paraît favorable à la mise à terre de nos agents.

Une route n'en passe pas trop loin, sans la border tout à fait.

Cette fois-ci, nous ne sommes ni attendus ni annoncés. Il faut donc procurer à nos agents une progression facile vers l'intérieur du pays, à proximité d'un village où ils tenteront de se faire des amis.

Le village de Revenda peut être atteint en deux ou trois heures de marche de la plage de Chioni. Les conditions les plus favorables semblent être réunies.

Nous décidons de nous présenter vers minuit à 15 milles à l'ouest du cap Rosso, au sud de la baie de Porto, d'y plonger et d'aller reconnaître le paysage au jour. Le cap Rosso est débordé par une petite île ; il est surmonté par une tour génoise. Il n'y aura pas de difficulté pour se placer, pensons-nous.

Nous naviguons selon les consignes pour la Méditerranée, en plongée de jour à 2 nœuds, pour ménager la batterie d'accus, en surface de nuit, à 11 nœuds 5. Rien ne nous presse, puisque nous sommes seuls dans l'aventure.

Les recommandations habituelles pour suivre avec précision la navigation sont données à l'officier de quart. Il nous faut nous méfier de notre compas gyroscopique, qui a reçu de sérieux chocs au cours de notre évasion de Toulon, à la suite des explosions de mines magnétiques dans notre sillage.

Tout se passe bien la première nuit de la traversée.

Il nous arrive, cependant, une aventure très désagréable au cours de la première journée en plongée. Nous déjeunons tranquillement au carré, vers midi, un peu plus serrés que d'habitude, car nous avons quatre passagers. Tout à coup, une odeur de brûlé nous inquiète, qui n'a rien à voir avec le fumet... des conserves ! Il y a quelque chose qui roussit tout près, et ce n'est pas du caoutchouc. Sous le carré, il y a une maille, dite « maille vide », qui devait servir de logement à l'appareil d'air conditionné que nous n'avons pas eu le temps d'embarquer à Toulon. Cet espace a naturellement été utilisé pour loger les armes que nous transportons. On y accède par un panneau de parquet au milieu de la coursive, sur lequel le pliant d'un des convives est posé.

Une légère fumée en sort. On dégage le pliant et on ouvre le panneau, d'où un âcre nuage de fumée se dégage. Il y a le feu dans le compartiment, au milieu des munitions ! Rapidement, le courant est coupé dans la tranche, les caisses sont remontées dans la coursive. Dès qu'on peut descendre, on trouve l'origine de cet incendie. La boîte électrique de jonction qui avait été montée pour alimenter le moteur du réfrigérant d'air a eu un court-circuit. Nous supprimons son alimentation électrique et tout est rapidement remis en ordre. La fumée se dissipe dans tout le bord et est en partie absorbée par les boîtes à soude.

Nous ne pouvons faire surface en plein jour et restons à 50 mètres d'immersion.

Dame ! un sous-marin n'est pas une soute à munitions !

Chaque après-midi, à 14 heures, nous faisons tous les exercices d'avaries de combat, de marche arrière, qui nous viennent à l'esprit. Le métier entre chaque fois un peu plus dans la peau de l'équipage.

Le 13 décembre, la nuit est sombre ; nous sommes en train de dîner au carré et la gaieté règne comme d'habitude. Nos agents sont devenus des familiers. On ne parle pas de l'avenir proche : puisque tout a été discuté, gardons notre insouciance jusqu'au moment de l'action.

Tout à coup, le klaxon retentit, le bateau plonge.

L'officier de quart fait prévenir qu'il a vu les échappements lumineux des moteurs de trois avions volant à 400 mètres d'altitude et se dirigeant sur nous.

Curieux ! Nous ne devrions pas déjà entrer dans la zone de surveillance côtière...

Au bout de cinq minutes, aucune réaction ne s'est produite. Les avions sont sûrement loin, maintenant.

Nous faisons surface et scrutons le ciel. Rien à signaler. Les diesels sont remis en route.

Trois quarts d'heure plus tard, trois couronnes de feu se distinguent des étoiles. Nos amis reviennent, et nous allons faire un autre tour d'une heure dans les profondeurs.

Cette fois-ci, quand nous faisons surface, nous ne sommes plus dérangés de la nuit par l'ennemi.

La présence des avions, à l'endroit où notre estime nous place vers 20 heures, n'est pas normale, et nous veillons plus attentivement encore.

La veille en surface est assurée par l'officier de quart et trois veilleurs : un à tribord, un à bâbord, un derrière.

Toutes les cinq minutes, le compte rendu : « Rien à tribord ; rien à bâbord ; rien derrière », est chanté de façon monotone.

Je fume une cigarette dans l'abri et tiens compagnie à l'officier de quart.

Nous nous sentons contents d'être repartis en guerre et échangeons des propos optimistes sur l'avenir.

Le veilleur de tribord, vers 22 heures, annonce :

— La terre, droit devant.

C'est incompréhensible ! Nous ne devrions rien apercevoir encore, car notre route nous fait passer loin de la Sardaigne et du sud de la Corse.

La terre est pourtant haute sur l'eau. Nous venons en grand sur la gauche, pour en diverger et sortir rapidement de la zone patrouillée.

Nous faisons toutes sortes de suppositions, dont la plus vraisemblable est que le compas a « déraillé » et que nous sommes beaucoup plus à droite de notre route que nous ne le pensons. Nous avons dû longer l'île d'Asinara, au nord-ouest de la Sardaigne.

Faute de pouvoir nous repérer avec précision, nous adoptons une position probable, faisons une nouvelle route et réglons la vitesse pour atteindre le point de plongée, à 15 milles dans l'ouest du cap Rosso, à 1 heure du matin, le 14 décembre.

Nous plongeons alors à 40 mètres, route à 2 nœuds, à l'est, cap sur la terre, et nous restons à cette immersion jusqu'au jour ; cela nous donne, à l'officier en second et à moi, quelques bonnes heures pour nous étendre et dormir.

La veille est prise à l'écoute, le sondeur mis en marche tous les quarts d'heure.

Vers 7 h 30, l'officier de quart me fait prévenir. Nous reprenons la vue. La Corse est devant nous.

Les premiers plans sont rouges, et les montagnes, derrière, bleues.

Un examen minutieux, au grossissement 6, nous fait apercevoir une pointe droit devant, surmontée d'une tour. Nous pensons être bien placés en latitude ; mais un relèvement ne suffit pas pour fixer la position. Nous prenons les gisements de nombreux points remarquables et portons les relèvements sur la carte. Ça ne colle pas du tout !

Pendant une heure, nous essayons, en vain, de déchiffrer le paysage.

Nous sommes encore trop loin et nous ne pouvons reconnaître pour certains les amers.

Inutile de nous énerver. Rapprochons-nous et retournons à une immersion où les avions ne nous déceleront pas.

Je redescends dans ma chambre et donne comme consigne de me prévenir dès que le sondeur indiquera des fonds de 100 mètres. Alors, nous irons discrètement jeter un coup d'œil au périscope. La ligne des fonds de 100 mètres court environ à deux milles au large de la côte et suit son contour, sauf en face des caps, où elle est plus rapprochée des cailloux.

A l'ouest de la Corse, les fonds augmentent très rapidement. Le sondeur Langevin-Florisson à ondes ultrasonores, dont nous sommes munis, est un appareil délicat et capricieux ; il marche pourtant bien d'habitude sur le *Casa*. Les sondes sont indiquées par le crochet d'un spot lumineux mobile qui se déplace devant les graduations en mètres d'un arc de cercle horizontal. Le crochet n'est pas toujours très net. L'appareil ne donne pas d'indications valables au-delà de 400 mètres de fond, il a de nombreux ratés, et l'on ne sait pas toujours si l'absence de crochet signifie qu'on a plus de 400 mètres d'eau sous la quille ou si le sondeur est en avarie momentanée.

J'aurais dû davantage m'en méfier, mais, désirant passer complètement inaperçu de la veille optique ennemie, pour placer nos agents dans des conditions parfaites de secret au débarquement, je juge condamnables les manifestations périscopiques trop fréquentes et trop longues et décide de m'en remettre au sondeur, qui ne nous a pas encore donné de mécomptes.

Patience encore et toujours : attendons, à 40 mètres d'immersion, les fonds de 100 mètres, pour aller jeter un coup d'œil.

Par malheur, le sondeur ne justifie pas aujourd'hui tant de confiance.

Le premier crochet aperçu indique 50 mètres. Diable ! nous devons être tout près. On me l'annonce du poste central et, de ma chambre, j'ordonne : « 16 mètres », et monte dans le kiosque en vitesse.

Le sondeur marche bien maintenant et indique une remontée brutale du fond.

Quand le périscope perce la surface, j'aperçois, droit devant, tout près, une paroi rouge : « A gauche toute ! »

La roche paraît si proche, que je pense avoir regardé au grossissement 6 du périscope, et je manœuvre la manette de grossissement sur l'autre position ; cette fois, je recule instinctivement l'œil de l'oculaire, avec l'impression que je vais me fracasser le crâne sur l'obstacle. On distingue le grain de la pierre !... La manette était bien placée sur le grossissement 1 ; nous étions tout près de la terre !...

Mais le *Casabianca* vient sur la gauche à temps et nous défilons à toucher une île. La Providence a réparé mon erreur.

Cette fois, nous allons savoir où nous sommes !

Un tour d'horizon nous montre que nous tournons dans la baie de Focolara. Le cap Gargalo nous surplombe. Le sémaphore de Cavalo est nettement visible dans le nord.

L'îlot que nous avons failli caramboler est l'îlot Gargalo.

Nous sommes à 12 milles au nord du cap Rosso, sur lequel nous voulions atterrir, et à 14 milles de notre baie de Chioni.

Je me garderais de passer sous silence cette erreur d'estime. Les camarades qui ont « briqué » la Méditerranée, en plongée, à toute petite vitesse de jour et à la meilleure vitesse possible, en surface, de nuit, ne s'en étonneront pas outre mesure. Un compas fantaisiste n'améliore pas la précision de la navigation, et pourtant le problème qui se présente à nous est d'arriver à 100 mètres près de la plage choisie !

Quand nous sommes bien certains de notre position, nous faisons route vers la baie de Chioni. Pour y arriver avant la nuit, nous augmentons la vitesse et, par conséquent, la dépense d'électricité. C'est un grave souci.

Nous ne comptons pas terminer notre débarquement en une nuit, car la lune ne se couche qu'à minuit ; c'est trop tard pour mener à bien notre opération pendant les heures qui nous restent avant le jour.

Nos agents n'auront pas le temps, pendant cette courte nuit, de prendre contact avec les habitants et d'organiser une caravane de mulets pour venir chercher le matériel que nous devons débarquer. Nous ferons l'opération en deux nuits.

Nous devrons donc séjourner plus de quarante-huit heures sur place avant de pouvoir recharger notre batterie.

Avant la tombée du jour, qui vient vite en décembre, nous reconnaissons Cargèse et Omignia.

Puis la nuit estompe tout. Nous tournons, cap vers la terre, sur une dernière visée périscopique d'une tour, et nous augmentons l'immersion. Le sondeur est consulté toutes les trente secondes.

70 mètres, 60 mètres, 55 mètres.

— Stoppez ! Laissez aller sur le fond en pointe moins deux degrés.

Par 44 mètres d'eau, nous nous posons très délicatement ; seuls les pendules d'assiette oscillent légèrement, et le sous-marin s'immobilise selon la pente du fond de la baie. Ouf ! Il n'y a rien eu de bien sensationnel pendant cette traversée, à part l'incendie et l'atterrissage spectaculaire, mais cela a été long et... c'est la première fois que nous jouons le petit jeu.

L'officier en second alourdit le *Casabianca* de cinq tonnes, pour l'ancrer solidement, et fait ouvrir les purges des ballasts.

La mer a été belle pendant toute la journée. Pourvu qu'elle demeure ainsi ! Mais il ne faut jamais trop compter sur la continuité du temps en Méditerranée, où les coups de vent sont, la plupart du temps, soudains et imprévisibles.

Tout le monde va dîner, sauf les factionnaires du poste central, puis l'on s'étend sur sa couchette pour prendre du repos, en attendant l'heure H du débarquement, fixée à 0 h 30.

Nous étudions une dernière fois le problème de la mise à terre et de la progression à terre, avec les agents.

Il est décidé que, cette nuit, le commandant de S... [1], ses trois assistants et M. B... [2] seront mis à terre dans le youyou par un armement de deux hommes du *Casabianca :* Lionnais, le quartier-maître qui a donné l'alerte à Toulon (à tout seigneur...), et Vigot, timonier.

Les agents s'efforceront d'atteindre le village proche et d'y gagner des amitiés ; ils organiseront une caravane pour venir à la plage la nuit suivante, à partir de 1 h 30.

M. B... et le radio Griffi resteront aux abords de la plage, en surveillance, pendant la journée. Ils observeront les mouvements de l'ennemi, mais se cacheront soigneusement de tous. Ils nous feront des signaux convenus par lampe-torche à 1 h 30, la nuit suivante, et nous diront si la mission a réussi à prendre contact et si nous pouvons terminer l'opération.

A minuit 30, le 14 décembre 1942, l'équipage est rappelé aux postes de combat.

La pesée est rectifiée. Nous appareillons doucement du fond, après avoir écouté sur tout l'horizon et nous être assuré qu'il n'y a pas de bâtiment à moteur en surface.

A 0 h 30, nous sommes à 800 mètres du fond de la baie ; deux caps se silhouettent derrière nous. Ça a l'air d'être le bon endroit.

---

1. Commandant de Saule.
2. M. Brown.

L'armement du youyou monte sur le pont, les agents sur la baignoire.

Tribord est mis en avant lentement et nous nous rapprochons. La mer n'est plus absolument calme, mais cela ne semble pas briser à la plage que nous devinons dans les jumelles de nuit.

Avec l'accoutumance à l'obscurité, le relief de la baie nous paraît de plus en plus net et nous nous rendons compte que nous sommes profondément engagés dans les terres. C'est une sensation à la fois angoissante et rassurante ; il serait bien facile de nous bloquer du large, mais, ayant pénétré aussi profondément dans le dispositif ennemi, il nous semble que nous avons forcé l'accès de l'île et que nous ne risquons plus rien.

Cependant, le point de débarquement est là, en face. Tout y est silencieux. La propulsion électrique, à petite vitesse, ne fait aucun bruit. Malgré l'air confiné à l'intérieur du sous-marin, après vingt-quatre heures de plongée, nous n'osons mettre en route les ventilateurs d'air frais et d'air vicié qui sont bruyants sur ce type de bateau. Nous glissons lentement et la falaise, droit devant, monte de plus en plus.

A 300 mètres, au jugé, nous stoppons et, quand l'erre est presque cassée, le youyou, avec d'infinies précautions, est mis à l'eau. L'embarcation, pleine d'eau, est lourde à extraire des superstructures. Elle se vide par le nable spécial, ouvert dans le fond, que l'on ferme avant de faire glisser le youyou le long du bord.

Le gabier a fourré les tolets avec du luzin, pour éviter les bruits métalliques de la nage. Les avirons sont entourés de chiffons par-dessus leur cuir et l'on pourra souquer sans le moindre bruit.

Les agents embarquent avec leur poste-valise clandestin. Le youyou pousse et se dirige vers le côté droit de la plage, sur un repère de la falaise qu'on lui a désigné de la passerelle. Mais, au ras de l'eau, dans cette obscurité d'encre, l'armement est bien mal placé pour suivre un repère quelconque de cette côte dont l'arrière-pays grimpe en pente abrupte. Nous n'avons pas encore de poste de phonie et nous ne pouvons le guider, mais notre méthode, qui consiste à approcher le plus possible le sous-marin de la plage, lui épargne un long chemin et les erreurs qui en découleraient.

Pour le sous-marin, l'attente commence, très anxieuse.

Le problème de l'accostage à la plage, comme nous l'avons dit plus haut, est très délicat avec un youyou. L'état suffisamment calme de la mer devrait lui permettre de rester perpendiculaire à la plage, mais nos amis sont sûrs de prendre un bon bain de pied.

A la jumelle, nous les suivons et tout paraît normal.

Enfin, vers 3 heures, le youyou rallie et nous annonce que tout s'est bien passé, malgré un léger ressac près de terre.

Il est sorti de l'eau et arrimé à son poste. A 3 h 53, la manœuvre est terminée, le sous-marin peut replonger.

Décidément, cette embarcation est trop peu maniable pour le genre de coup de main que nous avons à faire. Il nous faudra obtenir une drôme adéquate en rentrant à Alger : doris et canots pneumatiques. Mais, cette fois-ci, il a fallu partir sans délai et il nous a été impossible d'obtenir des Alliés le matériel nécessaire.

L'armement du youyou nous a rassurés sur la prise de contact avec la terre et nous n'avons qu'à espérer que les agents pourront progresser vers l'intérieur, sans être vus, dans les quelques heures de nuit qu'il leur reste.

Le jour du mois n'est pas favorable, car la lune se couche tard ; mais, parce qu'il était urgent d'établir la première liaison avec l'île, il ne nous a pas été permis de choisir les nuits sans lune pour entreprendre cette première opération.

Nous n'avons plus rien à faire en surface, puisque, depuis trois heures, aucune manifestation d'alerte ne s'est produite.

Regagnons le fond de la baie. Après une manœuvre aussi précise que possible, nous plongeons et sommes posés sur le fond à 4 h 13, un peu plus près de la plage, par 40 mètres d'immersion.

Tout le monde se repose, pour attendre la nuit prochaine l'heure H, retardée de trois quarts d'heure par la lune.

Nous faisons surface à 1 h 20.

Mais le vent d'ouest s'est levé ; il y a du clapot et nous avons du matériel lourd à débarquer.

La plate est mise à l'eau, avec difficulté. Elle se fracasse le long du bord et coule à 1 h 50.

Le youyou, plus robuste et marin, peut être mis à l'eau et chargé. Nous sommes inquiets. Lasserre ira conduire l'embarcation à terre et jugera des possibilités de débarquement en approchant de la plage.

Mais le ciel s'est couvert, on n'y voit goutte. Le youyou n'est plus perceptible aux jumelles. Une longue attente commence, cependant que la mer se creuse et que le sous-marin dérive à la côte.

Que faire ? Nous apercevons quelques éclats de lampe-torche, sans pouvoir les interpréter.

Les Italiens auraient-ils repéré des traces pendant le jour ?

B... et les agents se sont-ils fait prendre ?

Questions sans réponses qui pèsent plus lourd de minute en minute.

Nous attendons encore un peu, bien que notre batterie soit assez à plat : il n'y a plus que 14° dans les accus.

Puis il faudra repartir et recharger à la mer, à forte intensité, pour plonger avant le jour dans des conditions acceptables de sécurité.

Soudain, vers 3 h 45, nous apercevons, par bâbord, un sillage phosphorescent. C'est B... qui rentre à la nage. On le hisse sur le pont, nu comme un ver ; il nous débite d'un trait qu'il faut appareiller sans délai, que la mission a été bien accueillie la première nuit par les Patriotes, mais que le youyou a été dépalé vers des enrochements cette nuit-ci, à droite de la plage, qu'il s'y est brisé et que nos trois hommes ont pu miraculeusement regagner la terre et se sont joints, conformément aux ordres qu'ils avaient reçus avant de quitter le bord, à la mission de Saule, car ils ne sont pas assez bons nageurs pour rallier le bord dans le gros clapot...

Il ajoute que la route de Cargèse à Piana est patrouillée par des groupes de side-cars italiens et qu'un détachement d'environ 1 500 ennemis est stationné dans la baie voisine, au sud.

Je décide de rallier Alger sans plus tarder, car :

a) Le récit de B... nous apprend que la partie principale de la mission est réussie ; que nos trois hommes se sont joints à l'équipe de Saule et sont en sûreté ;

b) La présence d'un détachement important ennemi, si près de notre point de débarquement, fera peut-être découvrir nos traces dans la journée et la plage sera surveillée ;

c) Nous sommes dépourvus de moyens de contact avec nos gens pour convenir d'un nouveau point où les reprendre ;

d) La batterie sera bientôt à plat ;

e) La mer force toujours et rien ne permet d'escompter une amélioration du temps.

Nous quittons donc les lieux et décidons de faire une reconnaissance de la côte jusqu'à Calvi dans la journée et d'observer le trafic ennemi, avant de rentrer à Alger.

Le 16 décembre, à 19 h 30, nous faisons route sur Alger sans avoir remarqué d'activité importante sur la côte nord-ouest dans la journée. La mer est assez grosse.

Nous ne regrettons, en quittant les eaux de Corse, que nos camarades Lasserre, Lionnais et Vigot, qui vont vraisemblablement se nourrir abondamment de farine de châtaigne avant que nous puissions les récupérer, car ils n'ont pas de cartes d'alimentation, ni de faux papiers d'identité !

Quant au matériel coulé avec le youyou, il sera probablement récupérable en partie par les Patriotes, quand la mer sera calme.

La mission de renseignements et son poste radio sont dans l'île. Nous attendrons, avec impatience, ses premières manifestations, à Alger.

La liaison est en bonne voie !

Nous nous amarrons, à midi, au poste 9 à Alger, le 19 décembre.

Les autorités nous félicitent chaleureusement [1], car du 8 novembre

---

1. Lorsque nous rentrions à Alger après avoir réussi la mise à terre du personnel et du matériel, et que nos chefs nous complimentaient chaleureusement, nous avions coutume de répondre : « Attendons que la première émission clandestine des postes que nous avons mis à terre soit reçue et que les Patriotes nous disent que le matériel a été récupéré par eux. Prévenez-nous sans retard quand vous aurez de bonnes nouvelles, et nous célébrerons alors la victoire dignement ; notre mission aura, *seulement alors*, été une complète réussite. »

jusqu'au 31, avant notre arrivée à Alger, rien n'avait pu être tenté vers la Corse.

Deux semaines après notre départ mouvementé de Toulon, nos agents ont pris pied dans l'île. Selon toute vraisemblance, nous les entendrons bientôt parler et les premiers renseignements militaires sur l'île seront entre les mains des Alliés.

Le *Casabianca* est rentré dans la lutte « sans désemparer ». Nos vœux sont comblés : en moins d'un mois, nous avons fait reparaître dignement le pavillon français en Méditerranée occidentale. Notre ambition reste, plus que jamais, de le rendre présent, par des actions répétées, sur le chemin de la libération de la France.

Cette première expérience est riche d'enseignements.

En premier lieu, il faut adapter la drôme à nos missions de débarquement. Il nous faut des moyens de mise à terre maniables et nombreux : deux doris et une dizaine d'embarcations pneumatiques, pour faire des opérations à grand rendement.

Il nous faut des appareils de phonie pour conserver la liaison avec l'équipe de débarquement, pour diriger du bord les embarcations vers la plage, pour connaître tout de suite la situation à terre après le débarquement, y conserver la direction générale des opérations et donner, en temps utile, l'ordre de repli sur le bord.

Il nous est apparu, d'autre part, pendant la navigation entre Alger et la Corse, que deux officiers de quart sont nécessaires sur la passerelle : l'un pour assurer la précision de la navigation, l'autre pour :

— manœuvrer,
— lancer une ou plusieurs torpilles,
— plonger.

Nous avons été constamment gênés, pour la veille en surface, par les montants et les isolateurs d'antenne basse et par le pavois de passerelle. Nous faisons rabattre horizontalement ces montants pour que l'antenne basse ne soit plus dans le champ de la veille et nous faisons installer des bancs surélevés pour les veilleurs.

Au cours de nos exercices d'avaries de combat en plongée, nous avons eu beaucoup de peine à contrôler la situation dans l'obscurité totale. Nous faisons installer une liaison par haut-parleur entre le kiosque, le poste central et les compartiments.

A partir d'une certaine puissance des diesels, les échappements crachent des étincelles indiscrètes. L'échappement dans l'air est bruyant et risque de nous trahir près des côtes.

L'ingénieur mécanicien et l'officier en second étudient un dispositif, réalisable par les moyens de l'arsenal d'Alger, pour pallier ces inconvénients.

Nous avons été bridés par l'heure tardive du coucher de la lune et nous choisirons dorénavant, pour nos missions, des nuits autour de la nouvelle lune.

Après ce premier succès, nous sommes très désireux d'étendre notre activité dans le domaine de la liaison avec les Patriotes et du ravitaillement des organisations de combat.

Bien que la disposition intérieure d'un sous-marin de combat ne soit pas du tout adaptée au métier de cargo, l'officier en second a étudié à fond le problème de l'arrimage du matériel et de la pesée.

Nous entrevoyons la possibilité d'effectuer des transports d'armes importants, à condition qu'elles soient empaquetées de façon à en faciliter le logement et la manutention et, puisque nous avons trouvé, dans les chefs des services secrets, de bons employeurs enthousiasmés par notre première réussite, nous ne craignons plus l'inaction au port.

Mais, pour rester en contact avec les trois deuxièmes bureaux, il nous faut rester sur place à Alger. C'est en effet là que le matériel nous sera délivré ; c'est là que les messages clandestins parviennent de France et qu'on peut monter, dans le secret, toutes les opérations, recueillir les renseignements de la dernière minute pour le départ.

Nous faisons tout notre possible pour éviter d'être expédiés à Oran, base organisée de sous-marins, où ce serait pour nous l'enterrement de première classe. Il n'y a, pour le moment, qu'un sous-marin français en Méditerranée, évitons la cascade de la voie hiérarchique pour travailler efficacement et conserver une initiative, gage de succès, puisque aussi bien, à Alger, nous sommes placés sous l'autorité directe du haut-commissaire [1].

Bien que le séjour à Alger signifie pour l'équipage un manque total de confort, les hommes sont enchantés de rester prêts à repartir vite en opérations.

Le lendemain de notre arrivée au port, B. se précipite sur le *Casabianca* et nous annonce la bonne nouvelle, tant attendue : le commandant de S. est entré en contact, par radio, avec Alger.

Le poste émetteur de la mission, dénommé PEARL HARBOR, commence la série de ses précieuses émissions. La valise B 7 continuera pendant huit mois ses émissions avant d'être saisie par l'ennemi. Nos agents ont fait vite et, nous, qui les avons vus pendant la traversée et au moment du débarquement, nous n'en sommes pas surpris.

Bravo pour eux !

Avant de s'embarquer dans le youyou qui le conduisait à l'aventure dans la nuit, le commandant de Saule, qui souffrait d'une jambe, m'avait confié son désir de se rendre, le plus rapidement possible,

---

1. Le général Giraud nous gardera, lui aussi, jusqu'à la libération de la Corse, sous son autorité directe.

dans la région de Corte où il avait des accointances. Il comptait s'y trouver dans les trois jours.

Il m'avait remercié pour tout l'équipage du peu que nous avions pu faire pour le confort de son équipe et m'avait fait cadeau, en gage d'amitié, d'une canne en bois d'amourette à pommeau d'ivoire et à virole d'or, disant :

— J'ai une canne plus robuste et moins spectaculaire qui conviendra mieux à m'aider à marcher dans le maquis.

L'histoire de sa prise de contact avec les Patriotes, après la mise à terre de la mission, est digne d'être contée.

Le curé de Cargèse m'a raconté en 1947, au cours d'une visite en Corse, comment l'équipe du commandant de S. avait pris contact avec les habitants.

Voici ce que j'en ai retenu :

Dans la matinée du 15 décembre 1942, le curé rallie à dos d'âne, venant de Cargèse, le petit village de Revenda. Il y va célébrer l'office à l'occasion de la fête de sainte Lucie.

Il est abordé sur la route par un groupe de trois hommes qui engagent la conversation.

— Bonjour, monsieur le curé, nous sommes bien aises de vous rencontrer, car vous êtes certainement un bon Corse.

— Je suis un bon Français. Que voulez-vous ?

— Nous nous confions à vous : nous venons d'Alger pour travailler à la libération de la Corse et nous avons besoin de votre aide. Vous pourriez nous faire connaître des Patriotes qui nous aideraient à aller prendre du matériel à la plage où nous avons abordé hier soir.

Le curé se méfie à juste titre. Il y a tant d'agents provocateurs.

Il engage les trois hommes à le rejoindre à Revenda, où l'on prendra une décision après les cérémonies.

L'ascension est dure, tout spécialement pour de S. qui traîne la jambe et qui a fait une mauvaise chute au débarquement. Mais nos agents sont récompensés de leur peine par le spectacle pittoresque de la fête de sainte Lucie, célébrée dans le village perché sur la montagne. Ils sont rassurés aussi par l'aspect rude et recueilli de la population.

Pendant la messe, D. met ostensiblement une forte somme dans le plateau de quête. Il est le centre de la curiosité générale.

Après l'office, le curé invite nos hommes à passer à la sacristie, où il a convoqué quelques anciens.

Il expose la requête du commandant de S. et demande à ses ouailles ce qu'elles comptent faire.

— Et vous, monsieur le curé, que ferez-vous ?

— Je marche, répond celui-ci.

— Eh bien ! nous aussi, dans ce cas !

Et nos agents ont reçu la plus parfaite hospitalité dans le village, ainsi qu'une aide précieuse.

Les habitants de Revenda ont su taire ce premier débarquement des émissaires d'Afrique du Nord. Ils les ont introduits dans l'île.

Je considère comme un devoir d'évoquer l'héroïsme du radio Griffi, qui a fait partie de l'équipe PEARL HARBOR du commandant de Saule.

Griffi, pendant huit mois, émet deux cent quatre-vingt-six messages ; il est obligé de fuir plusieurs fois, mais échappe à la poursuite de la Gestapo.

Un jour, il est surpris en plein travail, au mois d'août, près d'Ajaccio. Il a le temps d'achever son émission avant d'être pris.

Il n'avoue rien malgré les tortures.

Son procès se déroule devant le conseil de guerre italien.

Il est naturellement accusé de trahison, car les Italiens prétendent que les Corses sont maintenant sujets italiens.

Mais le président du tribunal, profondément bouleversé par l'attitude patriotique de Griffi, le félicite de son courage et lui avoue qu'il est au regret que des lois en vigueur l'obligent à le faire fusiller.

Griffi n'a cessé de répondre avec mépris aux questions qu'on lui a posées. Il n'a jamais cédé, et quand le tribunal lui laissa la parole en dernier, il scanda fièrement cette phrase :

— J'ai à dire que je regrette, si près de la libération, d'avoir été pris et de ne plus pouvoir vous faire de mal.

Il énumère les renseignements qu'il a passés et qui ont permis aux Alliés de remporter des succès comme le torpillage du *Francesco-Crispi*, paquebot italien, au large de Bastia.

On l'emmène au poteau d'exécution.

Pas un de ses traits ne trahit son angoisse devant la mort. Il a confiance. Il sait que la France va gagner ; il meurt, fier d'avoir contribué si brillamment au succès de nos armes.

Avant de mourir, il fait savoir au commandant de Saule qu'il le remercie de toutes ses bontés et au *Casabianca* qu'il lui est reconnaissant de son accueil et de la réussite de sa mise à terre.

Cher Griffi, que n'aurions-nous fait pour des braves comme vous !

Avant d'en terminer avec notre première mission, il me reste à raconter par quel miraculeux hasard nous avons évité de rencontrer l'ennemi au débarquement.

Nous avions tourné, pour nous rapprocher de terre sur le relèvement d'une tour que je croyais être située sur la pointe d'Orchino, au nord de la baie de Chioni. Il faisait déjà nuit et on n'y voyait presque plus dans le périscope. Après la giration du bateau, je ne pouvais plus rien distinguer sur le disque obscur.

Nous avions tourné trop court et, au lieu de nous trouver sur la bissectrice de la baie de Chioni, nous étions au nord de celle-ci.

La plage sur laquelle nous avons effectué notre débarquement appartient à une petite crique dont je n'ai pas trouvé le nom sur la carte. En septembre 1947, au cours d'un voyage en Corse, j'ai appris que les pêcheurs l'appellent : crique de Topitti.

B., à son retour à bord, m'avait bien dit que l'arrière-pays différait de celui que nous lui avions indiqué.

Lasserre me fit plus tard une semblable remarque.

Cette erreur a sauvé la mission, car, si nous avions fait tête dans le fond de la baie de Chioni, notre youyou serait tombé au beau milieu d'un groupe de 1 500 Italiens qui s'y trouvaient campés.

2

Premier séjour de repos à Alger
La famille du « Casabianca » resserre ses liens

Au retour de notre première expédition, le 19 décembre 1942, l'équipage a le loisir de s'appesantir sur les événements qui ont bouleversé son existence depuis l'évasion de Toulon.

Il s'est écoulé à peine trois semaines depuis qu'il a quitté son pays et repris le combat, conformément à son désir exprimé à Toulon par la bouche du plus ancien des quartiers-maîtres.

Les démarches du quartier-maître torpilleur Henry, dont j'ai parlé plus haut, m'avaient profondément ému. Elle était la preuve que ses camarades avaient compris le langage que nous leur avions tenu quand nous les engagions à se comporter comme les membres d'une famille unie par un grand esprit de solidarité, une totale confiance et une profonde affection, avant même le déroulement tragique de notre évasion et les péripéties de notre lutte.

Ils ont pu se rendre compte qu'ils recevraient toujours auprès de leurs officiers un accueil compréhensif et bienveillant, qu'ils pourraient, sans crainte, nous confier leur détresse et leurs désirs et que nous répondrions à leur confiance de notre mieux.

Ils n'avaient rien de caché pour nous et nous pouvions en retour compter sur l'exécution aveugle de nos décisions, dans une discipline sans arrière-pensée.

En vérité, quelle joie plus parfaite un chef peut-il éprouver que celle de voir se réaliser la communion généreuse et sans restriction de ses compagnons de tous les jours, dans la promiscuité totale de la vie à bord ?

Sur quel bâtiment, mieux que sur un sous-marin, cette cohésion des esprits et des cœurs peut-elle exister ?

— L'équipage d'un sous-marin a une vie commune ;
— court des risques communs ;
— partage une gloire commune ;
— et, si l'heure sonne, trouve une mort commune.

En ces jours de repos relatif, il était bien permis à chacun, selon ses tendances, de faire un retour en arrière.

Les plus anciens étaient mariés et pères de famille. Les plus jeunes étaient liés à leurs parents ou à leurs amis.

Tous avaient fait passer au premier rang le devoir envers la Patrie, sans marchandage, pendant les jours qui avaient précédé notre évasion.

Leur pensée, pendant la trêve du séjour au mouillage, pouvait retourner tout entière vers les êtres chers quittés sans un dernier au revoir. Que d'anxiété à leur sujet ! Quel serait leur sort ?

La préoccupation dominante de leur esprit était de savoir comment le courrier pourrait être acheminé ; comment la délégation de solde pourrait être versée à leur famille.

Pour le courrier, les cartes formulaires étaient analogues à celles employées pour la correspondance entre zones occupée et ex-libre ; mais les occasions d'acheminement par voie neutre (la seule possible) étaient rares ; les nouvelles étaient vieilles de plusieurs mois — lorsqu'elles passaient. Le Vatican réussit à augmenter de façon appréciable le passage de la correspondance en éditant des formulaires spéciaux qu'il se chargeait d'expédier dans les différents pays belligérants.

Pour la délégation, le service de l'Intendance maritime fit des merveilles. Bien que les commandants des sous-marins évadés de Toulon aient été condamnés à mort et les membres de leurs équipages à des peines de travaux forcés pour « désertion à l'extérieur en temps de guerre », les familles n'en supportèrent pas de conséquences financières.

Il serait juste qu'une personne autorisée écrivît un livre sur l'admirable dévouement de nos commissaires de la marine, de nos fourriers et de nos services sociaux pendant l'Occupation.

A l'approche de la nuit de Noël, la famille du *Casabianca* se resserre d'instinct.

Nous projetons de passer la soirée du réveillon entre nous et d'organiser un souper suivi d'une petite soirée récréative.

M. B., qui s'est lié avec tout le monde à bord et nous rend souvent visite, nous propose du ravitaillement.

Nous lui demandons de nous fournir un mouton. Il se met en campagne.

Un soir, en rentrant à bord, je vois sur le pont un mouton vivant amarré au canon !

Kerneur fait une tournée en auto dans le pays et nous rapporte des victuailles de toute sorte.

Bellet prend langue avec des pêcheurs et nous obtient des langoustes.

M. Paysan nous offre l'hospitalité au Rowing-Club et nous procure les vins.

Chailley engage la troupe du Casino pour la soirée. Spontanément le *Casabianca* invite les camarades du *Marsouin* à se joindre à lui.

Dans la nuit du 24 décembre, les sous-mariniers, réunis autour des états-majors du *Casabianca* et du *Marsouin*, célèbrent dans une ambiance fraternelle et joyeuse, malgré l'exil qu'ils espèrent passager, la nuit du réveillon.

Cette soirée de fraternisation affectueuse nous lie encore davantage. Nous mesurons le prix de notre parfaite entente loin des nôtres et de notre sol.

Nous ne serons jamais plus des étrangers et nous pourrons compter en toutes circonstances les uns sur les autres.

3

Mission du 1er au 10 février 1943

Depuis notre retour à Alger, le 19 décembre, le temps n'a pas été perdu. Les modifications des supports d'antenne basse, l'aménagement de la baignoire pour la veille, l'installation des haut-parleurs ont été réalisés avec le concours de l'industrie locale.

Nous avons adopté un youyou et emprunté une plate pour remplacer la drôme perdue. Nous n'avons pu, en effet, obtenir de doris des Alliés qui n'en disposent pas pour l'instant.

Une petite opération discrète (c'est une manie !) nous a permis de faire main basse sur le plus joli youyou que j'aie jamais vu. Il paraissait s'ennuyer tout seul au fond du petit port de l'îlot de l'Amirauté et nous avions un sérieux emploi à lui donner. Nous avons également réussi à trouver cinq canots pneumatiques chez les Américains. Le colonel Eddy était d'ailleurs disposé à nous en accorder davantage quand il en aurait d'autres. Sa confiance totale nous a été précieuse, car nous préparions une expédition très importante.

Le contact existe déjà entre les patriotes de Provence et l'Algérie par l'intermédiaire de Londres. Il est urgent de doubler la liaison avec la France par des émissions directes vers l'Algérie, en débarquant des postes et des agents d'Alger sur la côte de Provence.

Il faut aussi étoffer les moyens de la mission de S... en Corse et recommencer à approvisionner en armes et minutions les organisations de combat de l'île.

Nous convainquons facilement les services secrets que notre « gros bateau » se prête à des missions à grand rendement et que nous pouvons effectuer en une sortie la visite de la Provence et celle de la Corse.

Mais nous demandons d'attendre la nouvelle lune pour effectuer nos débarquements, de façon à profiter de longues nuits de travail sur les plages.

Nous fixons le prochain départ au 31 janvier 1943, à 19 heures.

La mission dont on nous charge comporte trois parties :

Première partie.

Débarquement en Corse de deux agents de renseignements :

— un adjudant-chef : Bozzi ;

— un radio-opérateur : Chopitel ; qui emportent :

— 2 postes d'émission et de réception ondes courtes (valise B7) ;

— quelques accumulateurs et un convertisseur de charge ;

— un complément d'équipement destiné aux agents débarqués au cours de notre précédente mission du 14 décembre 1942.

La mission des agents est la suivante :

— se mettre aux ordres du commandant de S.

Bien qu'il serait, en principe, préférable, pour des raisons de sécurité évidentes, de faire travailler cette nouvelle équipe indépendamment de celle du commandant de S., il est apparu utile de la faire bénéficier de l'expérience déjà acquise par cette dernière, pour accélérer son installation dans l'île et son exploitation.

Aussi, un rendez-vous a-t-il été pris avec le groupe de S., en baie d'Arone (près du cap Rosso).

Deuxième partie.

Nous tenterons le débarquement en Corse de mitraillettes Sten et de munitions, en un point qui nous sera fixé, selon les instructions du commandant de S., par l'enseigne de vaisseau Lasserre, que nous devons rencontrer au premier rendez-vous et récupérer, ainsi que Lionnais et Vigot.

On nous promet une aide substantielle pour la manutention et la livraison du matériel qui sera réparti aussitôt entre les équipes de sabotage ou les organisations de combat.

Nous insistons pour que le nombre de mitraillettes et de munitions, primitivement fixé à 300 et 100 000 par l'Intelligence Service, soit porté à 1 000 et 250 000.

Troisième partie.

L'opération principale est le débarquement, sur les côtes de Provence, d'une mission de renseignements composée ainsi :

— le capitaine de cavalerie Caillot, officier radio ;

— le lieutenant Guillaume, du Service de Contre-espionnage français ;

— M. Brown, attaché au consulat américain d'Alger.

L'opération secondaire est l'embarquement éventuel d'une dizaine d'officiers français désireux de rallier l'Afrique du Nord.

Cette fois-ci, nous avons pris par radio deux rendez-vous, l'un en Corse, l'autre en Provence.

Les dates ont été fixées, en principe, mais il nous faut en attendre la confirmation de la dernière heure.

Les derniers jours avant le départ sont caractérisés par l'affairement habituel dans les bureaux.

Le matériel, empaqueté par les Anglais, selon les conseils de l'officier en second, est embarqué secrètement, la nuit.

Je fais la navette entre les Q.G. secrets et le bord pour prendre connaissance des derniers messages de Corse et de Provence et pour régler les dispositions d'appareillage avec les autorités locales du port (ouverture des filets protecteurs, convoyage par escorteur à la sortie, restriction de bombardement).

En principe, au retour d'opération, il avait été décidé que le *Casabianca* rallierait la base de sous-marins d'Oran.

Mais nous avons fait annuler cette décision qui, si elle était favorable au repos de l'équipage, était nuisible à la préparation des prochaines missions. A Alger, nous sommes à pied-d'œuvre pour monter nos expéditions.

Kerneur, dès notre arrivée à Alger, retrouve des camarades, ingénieurs des Arts et Métiers, du 28e Train de l'armée et obtient qu'une voiture automobile soit affectée au *Casabianca* dès son retour au port. Nos démarches, notre ravitaillement en sont grandement facilités. En ce qui me concerne, je n'aurais jamais pu me rendre à pied aux différentes convocations, car ma jambe gauche refusait déjà tout service au bout de quelques centaines de mètres.

Nous établissons notre programme, comme la logique le commande, en commençant par les opérations de Corse, puis en terminant par celles de Provence.

Il nous reste à recevoir l'accord définitif des Patriotes sur les dates, avant le départ.

Tout est prêt sur le *Casabianca* pour partir le 31, mais les postes clandestins restent muets dans la journée.

Le 1er février, enfin, la Corse nous donne rendez-vous dans la nuit du 5 au 6 février.

Les correspondants de la métropole nous fixent un rendez-vous à Cros-de-Cagnes, à l'embouchure du Var, dans la nuit du 4 au 5.

Nous changeons donc notre programme : nous irons sur les côtes de Provence d'abord, puis en Corse, sur le chemin du retour.

Navigation vers Cros-de-Cagnes

Nous quittons Alger à 18 h 30 et réglons notre marche pour nous présenter à 15 milles au sud du cap d'Antibes, le 4 février, à 1 heure du matin, et entreprendre la progression type exposée plus haut.

Notre dernière expérience nous a appris à nous méfier du compas. Il est vérifié toutes les dix minutes. Nous multiplions les observations astronomiques au sextant ; sur un sous-marin elles ne sont pas faciles à faire en temps de guerre, dans une région constamment survolée par l'aviation.

A tout instant, le klaxon peut retentir ; dans les trente à quarante secondes qui suivent, le bateau doit être à quinze mètres sous l'eau : c'est sa sécurité. Il ne s'agit point, pour autant, d'abandonner un matériel aussi précieux et difficile à renouveler qu'un sextant et un compteur, sur la passerelle ; ce souci d'économie ne saurait justifier, cependant, aucun retard à la prise de plongée.

L'observateur et son aide doivent s'entraîner à faire vite pour rentrer leurs instruments ; cela diminue la sérénité de l'observateur et influe, bien entendu, sur la précision des résultats obtenus.

Il se trouve dans la situation du navigateur de surface qui doit attraper les astres au passage entre deux nuages, avant que le ciel ne soit couvert, et se contenter, au besoin, d'une observation fugitive pour faire son point.

Cela exige beaucoup d'entraînement.

L'officier, en quatrième, titulaire du poste de navigation, doit devenir un as du sextant.

Nous avons obtenu d'embarquer un lieutenant de vaisseau, sous-marinier expérimenté ; pour la mission Lasserre a été remplacé par un enseigne disponible à Alger.

La manœuvre du sous-marin et la navigation sont ainsi assurées dans de bonnes conditions.

Je demande et obtiens, pour cette mission, l'embarquement du lieutenant de vaisseau Cornec, avide de se battre et bien malheureux dans son poste à terre. C'est un sous-marinier expérimenté qui connaît parfaitement les 1 500 tonnes. Notre nouveau compagnon ne contribue pas peu à faire régner l'entrain dans notre état-major. Il complète admirablement l'équipe remarquable des officiers du *Casabianca* qui assurent la suppléance du commandant sur la passerelle. Ils sont trois : Bellet, Cornec, Chailley.

Je demande à l'ingénieur mécanicien Kerneur de faire le métier d'officier de quart sur la passerelle pour que fassent le quart à trois : Kerneur, l'enseigne de vaisseau Gohers, remplaçant Lasserre (qui mange des châtaignes en Corse), et le premier maître patron Barbotin. Malgré sa lourde tâche de chef du service « machines », il a bien voulu accepter. Kerneur est un marin qui n'a rien à envier à ses camarades du pont et je lui confie le bateau avec une totale sérénité. C'est pour lui un surcroît de fatigue, mais c'est la guerre, et il n'hésite pas à se l'imposer.

La traversée de la Méditerranée se passe sans incident.

Dans la nuit du 3 au 4 février, nous apercevons, à près de 50 milles, des projecteurs antiaériens, dans les environs de Toulon et des îles d'Hyères.

Du côté de La Garoupe [1], nous apercevons un projecteur marin. On veille bien sur la côte. Les rapports des commandants de sous-marins anglais, qui ont patrouillé sur la Côte d'Azur, en ont signalé plusieurs et tout porte à croire qu'un réseau radar sérieux est établi dans la région.

Nous relevons les pinceaux lumineux et dégrossissons notre position qui nous place en retard de l'estime.

Il ne faut pas s'attarder en surface, cependant, pour que l'ennemi ne repère notre route et ne devine nos intentions.

Nous nous approchons en surface jusqu'à la portée géographique et nous nous apprêtons à plonger.

A 1 h 50, tout le monde est descendu. Au moment d'appuyer sur la commande du klaxon, le poste central prévient, par porte-voix, que notre radio reçoit un message qui nous est adressé [2].

— Qu'on le prenne et qu'on accuse réception. Nous irons le déchiffrer au calme, à 40 mètres.

Voici le texte du message déchiffré :

« Sous-marin *Casabianca* de Captain (S) [3], 8e Flottille de sous-marins britanniques. Stop. Billaud signale reconnaissance défavorable pour No 1 sans précision pour partie principale ou secondaire. Stop. Henri. Stop. Accusez réception 01-00-4. »

Par convention prise avant le départ, no 1 signifie : mission côtes

---

1. Phare du cap d'Antibes.

2. Ce message, reçu quelques secondes avant la plongée du matin, nous a sauvés de justesse de l'embuscade de Cros-de-Cagnes.

Il nous a été retransmis par Gibraltar. La liaison avec Alger et les sous-marins en opérations secrètes est sûre, mais trop longue. Nous essaierons d'en réaliser une plus directe la prochaine fois. Au fait, pourquoi n'emporterions-nous pas à bord une petite valise B 7 avec les quartz adéquats ? Nous pourrions intercepter les conversations entre Alger et les Patriotes d'une part et nous entretenir nous-mêmes avec Alger, voire avec les Patriotes, pendant la traversée.

Notre conception du problème de la liaison ne sera, malheureusement, jamais tout à fait réalisée.

3. Titre d'un capitaine de vaisseau anglais commandant une flottille de sous-marins.

de Provence ; partie principale : débarquement des agents et du matériel ; partie secondaire : embarquement des volontaires pour l'Afrique.

Billaud est le pseudonyme de l'agent de France.

Henri authentifie le message comme émanant des autorités d'Alger [1].

La région de Cros-de-Cagnes est donc « brûlée ».

Le message ne nous éclaire pas beaucoup sur la conduite à tenir ; l'initiative nous est entièrement laissée ; aucun rendez-vous ne nous est fixé ; aucun point de débarquement ne nous est conseillé.

Nous ne pouvons plus songer qu'à essayer d'exécuter la partie principale : débarquer nos agents en un point que nous allons choisir.

L'embarquement des volontaires est impossible, puisque nous ne pouvons leur faire savoir le lieu d'accostage.

Nous réunissons les trois agents au carré et nous étudions les cartes.

Les principes posés plus haut nous guident.

Il nous faut trouver un point de la côte où la surveillance soit faible et d'où la progression vers l'intérieur offre le plus de chances aux agents de passer inaperçus et de dissimuler éventuellement le matériel, pas trop éloigné, cependant, des centres de Résistance.

Nous renonçons, après examen, à la côte de l'Estérel, bordée de trop près par la route et présentant de nombreux points stratégiques.

Plus à l'ouest, une région paraît vraiment très favorable : c'est celle qui se trouve entre Saint-Tropez et les îles d'Hyères. Elle est endentée, a de nombreux caps avancés, la route et le chemin de fer coupent à l'intérieur des terres. Le relief et la végétation sont propices à la dissimulation du matériel lourd, à proximité de la côte, en attendant qu'on puisse venir le reprendre, dès que le contact sera établi avec la Résistance, à Draguignan ou à Marseille, que les agents pourront rallier facilement par le car ou le train après leur progression de la nuit.

Le cap Camarat a des installations importantes permanentes (phare et sémaphore), le cap Lardier est un poste de surveillance avancé tout indiqué ; nul doute que l'ennemi n'y soit établi.

Ce serait logique, car, de ces promontoires, les vues se recoupent admirablement pour surveiller la mer sur une large étendue.

Entre ces deux caps, la pointe Taillat est assez avancée dans la mer. Elle est reliée à la terre par une mince langue de terre ; elle se silhouettera la nuit, comme une île, ce qui facilitera son identification.

---

1. Idée du vice-amiral Leclerc commandant l'Amirauté à Alger ; par convention, ce nom change chaque jour.

Les Patriotes qui ont travaillé avec les sous-marins se rappelleront certainement toute une série de phrases conventionnelles qu'ils échangeaient avec Alger, comme : « Les trois tasses de thé... », « L'abricotier... », etc. Alger nous retransmettait les accords intervenus.

Il est possible que la veille ne soit pas très étoffée sur cette pointe intermédiaire.

Quant au littoral, nous pensons qu'il est patrouillé régulièrement par des éléments prélevés sur les unités stationnées au voisinage, que quelques petits postes sont installés en certains points, mais qu'il n'y a pas un cordon continu de veilleurs.

Que diable ! Les Allemands ne sont pas aussi nombreux que les grains de sable de la mer !

C'est décidé, nous allons tâter la côte dans l'est ou dans l'ouest de Taillat, en nous faisant tout petits, et pénétrer au fond d'une des deux baies où nous serons complètement à l'abri des projecteurs de l'île du Levant et des postes de radar.

Nous faisons route à l'ouest. Nous n'arriverons pas avant la nuit. Notre batterie sera bien vide encore cette fois-ci au moment du débarquement. Il faudra faire vite, mais nous avons tant de confiance en notre fameuse baraka que nous ne doutons pas de réussir.

Le temps force dans la journée et le bateau tient mal l'immersion périscopique. Les visées au périscope sont très difficiles ; mais nous verrons bien les îles d'Hyères et nous pourrons, de là, nous diriger vers la terre.

Au coucher du soleil, le vent tombe et le calme plat s'établit qui nous force à naviguer plus profond pour éviter la surveillance aérienne.

A 18 heures, naviguant à l'immersion de 30 mètres, à 2 nœuds, nous touchons le fond ! Le *Casabianca* s'ébroue un peu, mais l'indécision sur la position est levée sans avoir besoin de prendre la vue, car, à la latitude où nous sommes, il n'y a qu'un seul haut-fond porté sur la carte ; celui qui est à 400 mètres de la Tourelle de l'Esquillade. Nous avons été dépalés vers l'ouest par un courant assez fort, renforcé par le vent d'est qui a soufflé toute la journée.

En Méditerranée occidentale, un faible courant régulier tourne au large des côtes dans le sens contraire des aiguilles d'une montre. Il rentre par le sud du détroit de Gibraltar, suit, vers l'est, l'Afrique du Nord et se rebrousse sur la Sicile, la Sardaigne et la Corse ; il sort par le nord du détroit, après avoir suivi les côtes nord de la Méditerranée.

Mais ce courant est modifié et même souvent changé de sens par les coups de vent violents qui s'abattent soudainement sur la mer.

Aujourd'hui, nous avons été entraînés vers l'ouest plus vite que nous ne l'estimions. Sous l'eau, on est mauvais juge de la force du vent et les sous-mariniers y sont souvent pris. Les îles d'Hyères sont un panier percé au travers duquel la mer court et filtre parfois avec violence.

N'allons pas nous montrer dans le faisceau du projecteur installé sur la pointe du Titan, à si petite distance.

Nous venons sur la droite, de l'ouest (cap au 270) jusqu'au cap 30, vers notre point de débarquement, en remontant à 20 mètres, pour nous dégager de l'Esquillade.

La densité de la batterie baisse vite. Allons-nous renoncer ? Le calme rétabli est trop tentant et nous ne pouvons perdre trop de temps, car nous sommes tenus par le rendez-vous en Corse, dans la nuit du 5 au 6.

Dès que nous sommes suffisamment éloignés du Titan, à 20 heures, nous chassons doucement aux ballasts et émergeons le moins possible, pour diminuer notre silhouette ; mais assez pour rester manœuvrant en surface. Cela nous fera gagner du temps et économisera nos ampères.

Nous défilons devant Lardier. Camarat se détache à l'horizon, Taillat est confondue avec l'arrière-pays.

Le sondeur marche bien et cela suffit pour éviter les hauts-fonds nombreux près de terre ; mais nous ne connaissons pas notre position avec précision. Il faudra bien, cependant, se rapprocher de terre dans une région où le fond est terriblement semé de têtes de roches et où l'hydrographie est peu précise...

A 21 heures, nous venons en grand sur la gauche, cap dans l'axe de la baie de Bon-Porté.

Qu'allons-nous trouver ? Même et toujours angoissante question !

Les youyoutiers et les agents montent sur la passerelle, ils sont décidés, mais justement émus.

Les fonds diminuent, il n'y a plus beaucoup d'eau sous la quille.

Nous stoppons à environ 300 mètres de la terre.

Les étoiles brillent. Il y en a qui jouent dans les arbres, à moins que ce ne soient des lumières mal masquées de l'ennemi !...

Le youyou est mis à l'eau avec les précautions habituelles. Le quartier-maître Asso et le matelot Cardot conduiront les agents à terre.

Les agents et le matériel embarquent.

Nous n'avons plus que 11° de densité dans les accus !

Il ne faut pas compter pouvoir plonger si l'ennemi se présente. Nous nous échapperons à toute vitesse en surface, s'il le faut à 20 nœuds.

A 21 h 15, le youyou pousse du bord. Nos yeux sont accoutumés à l'obscurité et nous apercevons, par tribord, à 150 mètres, une masse noire, plate, dont la silhouette est, à s'y méprendre, celle d'une grosse embarcation ennemie de débarquement.

Malheur ! Trop tard ! Il faut continuer, en espérant qu'elle passera sans nous voir.

Sur le pont avant, les hommes orientent doucement le canon vers l'ennemi supposé. Les respirations sont presque suspendues.

Dans le youyou, les hommes, qui nagent sans bruit, suivent la direction du canon et voient... Saisissement ! Les agents tâtent leurs armes.

Les cœurs battent. Font-ils du bruit ? Ce serait le seul, à cette minute.

Mais l'embarcation ne bouge pas et nous reprenons confiance.

Cornec, installé dans le poste central, peut lire la carte et à notre question, par porte-voix, répond qu'il y a un gros rocher détaché de terre entre Taillat et Camarat appelé Roche Escudelier.

Ça doit être ça. Nous savons enfin avec précision où nous sommes : à 300 mètres de terre et à une centaine de mètres d'Escudelier [1].

Nous voici donc revenus sur la côte de France ! La quille touche, par moments, le sol de notre Patrie.

Partis le 27 novembre 1942 de Toulon pour échapper à la destruction et pour combattre l'ennemi, nous voici déjà à pied d'œuvre pour rompre le mur de l'Occupation. La brèche que nous pratiquons aujourd'hui est importante, elle prépare le retour de nos troupes qui, d'un élan irrésistible vers le nord, chasseront l'odieux oppresseur.

Nous voici tout près des nôtres ! Personne, à bord, n'échappe à l'émotion de penser aux êtres chers qui dorment pas bien loin de la plage où nous sommes. Nous pourrions aller les délivrer de leur angoisse, si nous n'avions choisi d'accomplir notre devoir de Français et d'hommes.

Mais il nous faudra repartir et les premiers milles parcourus vers le sud seront cadencés par la voix puissante des diesels, d'abord poignante et puis rassurante, car elle nous promet le retour définitif.

Ce soir du 4 février 1943, il fait calme plat, le youyou accoste sans difficulté les rochers. En dix-sept minutes, record de rapidité de toutes nos opérations clandestines, il rallie le bord, après avoir déposé les agents à pied sec.

---

1. Ce nom deviendra fameux et la roche sera un précieux repère pour les missions successives de sous-marins qui seront renouvelées jusqu'au mois de juillet 1943. La région sera brûlée en décembre 1943 par l'abus qu'on en aura fait ; à cette date, le *Casabianca*, sous le commandement de Bellet, doit s'y rendre une fois de plus, mais la Résistance reste muette. L'opération est décommandée. On apprendra, plus tard, que l'ennemi a découvert cette remarquable porte d'infiltration ouverte par le *Casabianca*, le 4 février 1943, et qu'un sous-marin allemand vient s'établir en faction chaque nuit, paré à envoyer par le fond, en le torpillant, le prochain client venu d'Alger. Un groupe de Français s'est, en effet, fait démasquer dernièrement, en effectuant la reconnaissance des lieux.

Les agents que nous avons débarqués près d'Escudelier nous apprendront à leur retour que nous avons travaillé à 300 mètres des Boches. Le silence de nos mouvements a été parfait. La silhouette du kiosque n'a pas été vue dans la nuit noire. J'ai vérifié depuis, sur des cartes de renseignements alliées, que nous avons déposé nos agents à 300 mètres d'un blockhaus et à 200 mètres d'un nid de mitrailleuses.

Que nous n'ayons pas été remarqués à si faible distance peut s'expliquer ainsi : la Roche Escudelier a une silhouette exactement semblable à celle d'un sous-marin en surface ; cela a dû plusieurs fois émouvoir les veilleurs, puis les blaser.

Une des lumières qui semblait filtrer à travers les arbres, dans le nord-est, était bien celle d'une ferme au « black-out » mal réalisé. Elle m'avait paru, d'ailleurs, étrangement fixe, au milieu des étoiles qui se levaient derrière les pins.

L'endroit est bon. Mais la nature rocheuse de ce point d'accostage exige le calme le plus absolu. Le moindre ressac interdit l'accostage. Nous en ferons l'expérience à plusieurs reprises...

Il nous faut maintenant partir au plus tôt. Jamais la batterie n'a été si basse. Nous nous éloignons quand même électriquement à toute petite vitesse, car le lancement de nos diesels ferait un vacarme qui donnerait l'alerte sur toute la côte ; nos agents ne sont pas loin encore et seraient infailliblement découverts par une battue.

Quant à nous, nous aurions sur le dos l'aviation du Palyvestre dans les cinq minutes. Les patrouilleurs marins nous coinceraient et nous ne pouvons plus songer à plonger faute d'électricité.

Nous aurons tout juste assez de « jus » pour « accrocher » électriquement nos gros moteurs Diesel au lancement [1], quand nous aurons débordé Camarat et cet affreux et menaçant projecteur du Titan qui n'a cessé de balayer la mer pendant que nous étions stoppés à l'abri de la pointe Taillat.

A 22 h 30, encore trop près de terre pour notre goût, nous apercevons un petit feu blanc par bâbord arrière. Il s'éteint et nous distinguons une silhouette de patrouilleur pas bien loin.

Il nous faut semer ce gêneur et lancer les diesels pour nous écarter à grande vitesse de lui.

Nous n'avions pas encore pu faire souder sur les échappements les pare-étincelles dessinés par Kerneur et nous faisons un feu d'artifice au ras de l'eau qui doit bien étonner les gens sur la passerelle de l'allemand. Sa taille n'est pas bien grosse et nous espérons qu'il ne pourra pas nous rattraper. La bonne vitesse du *Casabianca* nous tire d'embarras.

La puissance des moteurs nous permet, en une courte nuit, de recharger à bloc la batterie, avant de commencer la nouvelle opération qui se présente à nous : le débarquement en baie d'Arone, en Corse, la nuit prochaine, et probablement un séjour prolongé en plongée.

Nous avons réussi ce soir, il faut recommencer demain.

Le *Casabianca* mérite bien le surnom que je lui ai donné : P.L.M.

Vous savez bien !... Le Paris-Lyon-Méditerranée qui s'arrête à quelques stations, débarque des gens, en rembarque, doit arriver à l'heure, si la Compagnie ne veut pas que les passagers réclament le remboursement de leurs places !

Il nous reste, avant le terminus d'Alger, deux escales à faire dans l'Ile de Beauté.

---

1. Les gros moteurs Diesel du *Casabianca* ne peuvent être lancés sans l'aide des moteurs électriques.

Après avoir semé le patrouilleur, nous réglons les moteurs à 11 nœuds 5 pour nous présenter en temps voulu à notre prochain rendez-vous.

Nous faisons route directe sur le cap Rosso pour recommencer notre petit jeu de contrebandier. Que la fortune continue de nous sourire !

A 5 heures du matin, un patrouilleur ennemi nous force à plonger.

A 6 h 10, nous atterrissons sur Rosso.

A 14 h 5, nous avons fini notre progression en plongée et reposons calmement en baie d'Arone, par 45 mètres de fond, où nous attendons la nouvelle heure H, que nous avons fixée à 20 h 30, pour le retour en surface et le débarquement de l'équipe de renseignements et de son matériel.

La respiration égale des dormeurs indique une conscience bien tranquille. Le repos est bienvenu après trente-six heures de tension d'esprit.

Nous faisons surface, en chassant doucement aux ballasts, à 20 h 30, le 5 février 1943, et nous nous rapprochons silencieusement de la plage, un moteur électrique en avant doucement.

La bande de sable se détache au bas de la falaise. La nuit est obscure, le temps calme, la mer légèrement houleuse.

L'heure du rendez-vous est passée. Mais nous n'apercevons point de signaux à terre.

Qu'est-il arrivé ? Le coin est-il « brûlé » comme celui de Cros-de-Cagnes ?

A 400 mètres de terre, nous stoppons et mettons le youyou à l'eau. Asso et Cardot prennent les avirons, les agents embarquent avec leurs postes clandestins.

A 21 h 10, après quarante minutes d'attente en surface, nous nous décidons à faire pousser notre embarcation. Elle se repliera sur nous à la moindre alerte.

Nous gagnons encore vers la terre et nous nous évitons cap vers le large pour rendre battantes nos mitrailleuses situées sur l'arrière de la baignoire et pouvoir couvrir la retraite du youyou, en cas de présence de l'ennemi.

L'embarcation, suivie aux jumelles, paraît aborder sans difficulté à la plage toute proche.

Nous attendons en vain son retour pendant près de deux heures.

Aucune alerte n'est donnée. Que se passe-t-il donc ?

A 23 heures, nous envoyons la plate en reconnaissance sous la direction du premier maître timonier Barbotin, avec l'instruction de longer la plage en bordure sur une centaine de mètres, sans s'y échouer s'il constate les moindres rouleaux et sans s'attarder plus d'une demi-heure.

Le maître Barbotin revient et nous apprend que des rouleaux invisibles du bord rendent le débarquement difficile.

Il a aperçu le youyou. Le personnel l'a abandonné. La plage est déserte. Les fargues du youyou sont à peine visibles : il est ensablé et sera bientôt complètement enfoui [1].

Nous ne recevons aucun signal par lampe-torche et nous devons bien conclure que les quatre hommes se sont enfoncés dans l'intérieur avec le matériel, sans avoir rencontré au débarquement l'équipe du commandant de S... Asso et Cardot portent à cinq le nombre de nos hommes laissés en Corse qu'il nous faudra récupérer à la première occasion.

Puisque l'alerte n'a pas été donnée à terre, nos gens n'ont point rencontré l'ennemi et nous espérons qu'ils pourront, comme leurs prédécesseurs l'ont fait le 15 décembre dernier, gagner la complicité de quelques Patriotes.

Nous n'excluons pas l'hypothèse de leur rencontre ultérieure avec le groupe Lasserre, qui a pu être retardé par des difficultés imprévues, mais ne manquera pas de rechercher discrètement notre petite équipe dans la journée du 6.

De toute façon, nous viendrons nous représenter au même point de la plage la nuit prochaine, dans l'espoir de récupérer nos cinq manquants et de débarquer nos armes, si la mer se calme tout à fait.

Pour cette nuit, Lasserre et nos matelots peuvent aussi bien que nous-mêmes juger de l'impossibilité d'une tentative d'accostage à la plage.

Nous n'avons pas l'intention de continuer à peupler la Corse avec l'équipage du *Casabianca* et d'accroître les difficultés de la mission de S... par la présence d'autres marins démunis de faux papiers et de cartes d'alimentation.

Nous nous écartons donc pour plonger et regagner notre poste d'attente sur le fond, priant pour que le calme plat s'établisse pendant les vingt heures qui nous séparent de la nuit suivante.

La journée du 6 en plongée est très pénible. La condensation est abondante sur les parois et des gouttes d'eau dégoulinent sur les dormeurs. L'atmosphère est poisseuse et glaciale. Le froid humide nous pénètre jusqu'aux os.

Vous avez beau chercher à vous garantir de la pluie artificielle qui tombe lentement des génératrices supérieures du cylindre de la coque épaisse, de grosses gouttes espacées et rares vous réveillent en glissant dans le cou, en tombant dans l'œil ou l'oreille. C'est un supplice chinois d'un nouveau genre.

A 20 h 30, le 6 février, nous faisons surface par un calme plat.

---

1. Asso et Cardot l'ont démoli de leur mieux.

Toujours pas de signaux. Le rendez-vous semble définitivement manqué.

Qu'importe ! La mer est trop belle pour que nous n'essayions pas d'en profiter pour débarquer armes et munitions et les dissimuler dans le maquis par nos seuls moyens.

Mais nous allons effectuer une reconnaissance assez étendue des environs de la plage avant de nous lancer dans un travail de plusieurs heures, et nous assurer que l'ennemi astucieux ne nous a pas tendu un guet-apens.

La plate, remorquant un canot pneumatique, conduit une équipe de huit hommes à terre, sous les ordres du premier maître timonier. Ils ont l'ordre d'explorer les chemins d'accès à la plage, méthodiquement et prudemment, sans trop s'éloigner les uns des autres, pour pouvoir se replier en ordre sur les embarcations s'ils découvrent des traces de l'ennemi, rallier le bord sans faire de bruit, et pour être en force en cas d'engagement avec une patrouille adverse.

Le *Casabianca* s'est rapproché le plus près possible de la plage, et sa quille touche le fond par moments.

Au bout d'une longue heure, la plate rallie le bord, laissant six hommes en surveillance et le rubber à la plage, pour venir nous annoncer que les environs sont déserts.

Au cours de la reconnaissance, Barbotin a découvert un emplacement idéal pour dissimuler le matériel ; on pourra le désigner par des repères précis aux Patriotes de l'île, par radio d'Alger.

Une maison de berger en ruine est en bordure d'une haie touffue et longue où les caisses de munitions et les paquets d'armes seront parfaitement abrités.

Les quatre derniers canots pneumatiques sont gonflés rapidement et chargés le long du bord, pendant que la plate va chercher le cinquième, resté sur la plage.

Grâce à l'entrain endiablé de l'équipage, 450 mitraillettes et 60 000 cartouches sont transbordées dans les cinq canots pneumatiques en vingt minutes.

La plate remorque le train des cinq rubbers vers la plage.

Dix hommes sont mis aux ordres du premier maître pour le convoyage et le camouflage du matériel à terre.

Le chef de l'expédition reçoit les recommandations de faire vite, de faire observer le plus grand silence, de veiller les chemins d'accès à la plage, d'effacer le mieux possible les traces de son passage, mais surtout de surveiller les conditions atmosphériques et de ne pas hésiter à interrompre le travail si le temps force.

Vers 1 heure du matin, le vent du sud-ouest se lève. Le *Casabianca* commence à dériver vers la plage. Il faut manœuvrer constamment les moteurs électriques pour le tenir vent arrière.

Nos hommes, à terre, absorbés par leur travail, ne notent malheureusement pas le changement.

Nous nous inquiétons de ne pas voir rallier les embarcations, sans pouvoir donner d'ordres à la plage, car nous n'avons pas encore d'appareils de phonie pour communiquer avec la terre. Malgré tous nos efforts, nous n'avons pu en obtenir des services alliés, qui n'en avaient pas de disponibles.

Si cela continue, nous allons au drame.

Force nous est de patienter, mais, à force de manœuvrer les moteurs électriques, la batterie va s'épuiser. Or, j'ai choisi d'attendre encore un jour en baie d'Arone, pour laisser une chance aux Patriotes et à nos cinq hommes de rallier la nuit prochaine.

Je me décide à mouiller, bien que nous soyons sur une côte occupée par l'ennemi. Nous dévirons doucement, sans bruit, la chaîne, et nous tenons sur l'étalingure, de façon à pouvoir appareiller sans délai en cas de surprise, en ouvrant le croc d'étalingure et en abandonnant toute la ligne de mouillage sur le fond.

Le ciel est entièrement couvert et la nuit est impénétrable.

Les heures se succèdent et notre anxiété croît.

La plate risque de se disjoindre à la plage, si l'on n'y veille. Quant aux canots pneumatiques, il est hors de question de pouvoir les ramener à bord en pagayant contre le vent qui continue de forcer.

Notre attente devient intolérable.

Nous relevons la chaîne, pour être parés à secourir nos poussins, et nous nous rapprochons du point de débarquement.

Pendant ce temps, la plate a été très éprouvée par le ressac.

Vers 5 heures, nous apercevons enfin les pneumatiques en dérive, luttant sans pouvoir gagner contre le vent.

Il faut aller les chercher, au risque de toucher le fond.

Nous les accostons de justesse, mais nous avons dû nous rapprocher tellement de terre, que la quille et le safran du gouvernail talonnent brutalement.

Grâce au ciel, nous pouvons récupérer tout notre monde.

Nous chassons un peu aux ballasts, malgré le risque d'être aperçus, pour nous éloigner rondement de la terre. La plate, très éprouvée par la mer, coule et doit être abandonnée.

Nous avons encore perdu nos deux embarcations !... J'espère que, cette fois, les doris commandés en Angleterre seront arrivés à Alger et qu'on se décidera à nous donner la drôme que nous avons réclamée avec insistance.

Le jour ne va pas tarder à poindre. Les pneumatiques sont dégonflés, roulés en hâte et rentrés à l'intérieur.

Tout à coup, nous apercevons des éclats lumineux. Est-ce enfin Lasserre ?... Ou bien est-ce une patrouille ennemie ?

Nous sommes convaincus que ce sont les nôtres. En tout cas, nous ne pouvons plus rien tenter ce matin, car la nuit s'achève ; le vent ne nous permettrait d'ailleurs pas d'entreprendre un embarquement à la plage.

Nous plongeons et allons de nouveau attendre sur le fond, dans l'espoir d'une accalmie. Mais quand nous faisons surface, à 18 h 45, le 7, une forte houle nous fait renoncer à poursuivre une opération devenue impraticable.

Nous faisons route par grosse mer vers Alger.

La partie maritime de cette mission double est un succès. La liaison avec la Provence est en bonne voie. Le renfort de la mission de renseignements a été débarqué en Corse. Des armes et des munitions sont cachées sur la côte.

La perte des embarcations nous laisserait indifférents si nous étions certains d'en retrouver en rentrant ! C'est tout de même bizarre de faire la guerre à la merci d'un youyou. Mais il en sera encore quelque temps ainsi, jusqu'à ce que les Alliés aient construit et approvisionné le matériel formidable dont l'abondance sera l'une des causes du succès.

Le *Casabianca* rentré, le résultat final de l'opération dépend des agents. Ceux que nous avons déposés sur la côte de Provence ont à prendre contact avec la Résistance, mais comme ils n'ont pu rencontrer de guide à la plage, ils devront user de la plus grande circonspection. Avant de nous quitter, ils nous ont laissé entendre qu'on n'aurait pas de nouvelles d'eux avant la fin du mois.

Nous attendons avec impatience les premiers messages de Provence et de Corse, avant de nous réjouir du succès de notre triple mission.

La Corse nous rassure bientôt en nous apprenant que les agents ont rencontré Lasserre. Par suite d'une confusion que nul n'explique, ils ont dit à celui-ci que nous avions l'intention de débarquer nos armes en un point différent de celui de leur mise à terre.

Lasserre est quand même revenu, d'instinct, à la baie d'Arone, et c'étaient bien des éclats de sa lampe-torche que nous avions aperçus à la fin de la nuit du 6. Il a été bien inspiré : son équipe a découvert nos traces ; ils ont pu récupérer le matériel.

Les agents des postes SYDNEY et MEXICO, que nous avons débarqués près de la Roche Escudelier, ont fait diligence : quelques jours après notre retour au port, ils entrent en communication avec Alger ! Ils nous précisent, avec exactitude, le point où nous les avons débarqués, et où ils désirent vivement être repris dans un mois. C'est donc un bon coin !

La liaison directe avec la Métropole est réalisée ; elle fonctionnera, par ce canal, jusqu'au débarquement d'août 1944.

Nous avons réussi, cette fois encore, bien que livrés à nos seuls moyens.

Les enseignements qui se dégagent de nos opérations sont :

a) Qu'il ne faut pas compter avec trop de certitude rencontrer un groupe d'accueil, dont les déplacements en zone très surveillée par l'ennemi sont difficiles. Le sous-marin arrivera souvent avec de l'avance au rendez-vous. Il est nécessaire de prévoir une marge de plusieurs jours pour un débarquement en un point donné, si l'on veut conserver des chances d'une rencontre.

b) La drôme que nous avons déjà réclamée doit comporter, impérativement, deux embarcations en bois, robustes, maniables et adaptées à l'accostage des plages : donc, des doris.

Ces embarcations, qui serviront à la reconnaissance rapide autour du point de débarquement, remorqueront ensuite les pneumatiques chargés et constitués en trains de cinq entre le bord et la terre.

Pour travailler sans perdre de temps à la plage, il faut pouvoir organiser plusieurs trains de pneumatiques ; l'un se chargera le long du bord, pendant que l'autre sera remorqué et déchargé à terre ; les doris feront le va-et-vient. Le nombre de quinze canots pneumatiques paraît suffisant.

c) Nous avons laissé des traces trop visibles en baie d'Arone, parce que le transport a été fait sur le sable ; il faudra, la prochaine fois, accoster un endroit rocheux de la plage.

d) Comme la navigation est interdite, après la tombée de la nuit, par les occupants, nous ne pouvons compter sur l'aide d'une embarcation de pêcheurs pour décharger le matériel à l'abri. Nous avons appris, à nos dépens, que le débarquement n'est possible que par très beau temps. Il faut donc avoir le temps et la patience de séjourner plusieurs jours en face du point de débarquement, profiter d'une accalmie et se tenir prêt à interrompre le débarquement dès que le vent se lève.

e) Notre doctrine sur la liaison radio est maintenant claire, et nous insistons pour la réaliser.

La liaison par Gibraltar, ondes longues, est sûre, mais trop différée.

Il faut la doubler par un poste ondes courtes à quartz délivré au sous-marin, qui lui permette d'entrer en liaison directe avec Alger à des vacations prévues.

Il est très souhaitable que le groupe d'accueil emporte au rendez-vous une valise B7 qui lui permette, le jour de l'opération, avant la plongée du matin, de nous confirmer que tout va bien ou de nous indiquer un nouveau point d'accostage.

Il est indispensable que le sous-marin dispose de deux appareils de phonie, pour conserver le contact, au moment du débarquement proprement dit, avec l'équipe de reconnaissance du bord ; que le groupe d'accueil des Patriotes en ait un troisième, pour entrer en contact avec le sous-marin au moment du débarquement.

Les signaux lumineux par lampe-torche sont difficiles à interpréter et sont beaucoup trop indiscrets ; ils risquent d'être aperçus par les patrouilleurs au large de la zone de débarquement.

f) Nous avons pu constater, cette fois-ci, que la surveillance le long des côtes a été renforcée.

Nous avons repéré plusieurs projecteurs et avons établi une feuille de renseignements, en fixant leurs positions approximatives.

A notre avis, ces projecteurs font partie d'une installation défensive pour alerter le cabotage ennemi. Ils peuvent servir à éclairer les plages en cas de débarquement.

Mais l'ennemi est singulièrement imprudent de les allumer si fréquemment, car les sous-marins alliés les utilisent pour atterrir, et le résultat recherché par le « black-out » des phares est en partie annulé.

Au retour au mouillage à Alger, après cette deuxième opération, l'équipage doit se mettre aussitôt et sérieusement au travail.

L'absence de bâtiment-atelier qui puisse prendre en charge les réparations et servir de base de repos aux hommes se fait durement sentir. Nous devons presque tout faire par nous-mêmes. A l'arrivée, l'équipage est lâché à terre pour aller se dérouiller les jambes, mais, à minuit, les services qui ont du travail de remise en état à entreprendre rallient le bord. Il nous faut nous préparer à repartir le plus vite possible. On travaille la nuit. Nous avons recours à l'industrie locale, avec laquelle nous sommes mis en rapport par l'agent technique de la marine Coat, pour effectuer les travaux dont l'importance dépasse nos moyens. Nous trouvons heureusement, en la personne de notre ami Coat, un auxiliaire remarquablement actif, compréhensif et particulièrement bien disposé envers le brave *Casa*. Nous lui en avons gardé une grande reconnaissance [1].

Les pompes à eau et à huile du moteur bâbord sont en avarie. Ces auxiliaires des diesels sont le point faible du bateau, comme on pourra s'en rendre compte à plusieurs reprises dans ce récit. Ces pompes ont pourtant été réparées à Toulon, mais tant que l'on n'aura pas changé leur emplacement, elles continueront à nous donner des ennuis, à moins qu'elles ne soient munies de moteurs à l'isolement électrique spécialement étudié. Ces moteurs sont à fond de cale, dans un véritable bain de vapeur d'huile. Les isolements des inducteurs ne résistent pas longtemps à l'attaque de ces vapeurs. La solution complètement satisfaisante avait été trouvée pour les sous-marins

---

1. Les contrôleurs des Constructions navales auprès de l'industrie civile s'ingénient à faire hâter nos réparations et prennent leurs responsabilités administratives. Merci à tous !

de 1 800 tonnes comme le *Roland-Morillot*[1]. Tous les auxiliaires importants étaient réunis dans un compartiment séparé, à l'abri des vapeurs nuisibles.

Le mauvais temps que nous avons rencontré a provoqué des déversements d'acide des accumulateurs dans la cale. Les électriciens se livrent au jeu de casse-tête chinois de déplacer plusieurs éléments pour les laver à l'eau douce, les essuyer et en remonter les isolements électriques. Pour donner une idée du travail que cela représente, il faut savoir que la batterie est divisée en deux groupes de 160 éléments enfermés dans deux compartiments étanches. Au milieu de ces compartiments, se trouve une coursive, juste assez large pour faire circuler sur des rails un chariot sur lequel est placé un élément. Chacun des accumulateurs pèse environ 630 kilogrammes, a 1,14 m de haut, 0,70 m de long et 0,60 m de large. Quand il faut déplacer un bac éloigné de la coursive, il faut bien calculer son affaire, et cela conduit souvent à la manipulation d'une dizaine d'entre eux. Nous sommes loin des accus d'automobile !

Sur un sous-marin de 1 500 tonnes, comme le *Casa*, la batterie représente un poids de 200 tonnes et vaut plusieurs millions de francs.

Malgré les graves inconvénients de notre isolement à Alger, nous désirons tous y rester, d'un commun accord, car nous sommes sûrs de ne pas être oubliés et d'être employés activement à la lutte. Je ne puis, sans une admiration profonde, penser aux hommes de mon équipage. Le travail qu'on leur demande après une fatigante opération est épuisant. Ils savent que leurs collègues alliés, en rentrant de patrouille, jouissent d'un repos complet ; qu'ils trouvent sur la mère-gigogne, *H.M.S. Maidstone*, tout le confort ; qu'ils sont expédiés à la montagne ou dans des camps de repos et ne réembarquent qu'avant le départ, après avoir récupéré leurs forces.

D'une manière générale, les sous-marins sont exploités suivant cette règle par tous les belligérants : un tiers est en patrouille ou en mission ; un tiers en réparation ; un tiers au repos. Des équipes spéciales remettent les installations en état au retour d'opération, et, tous les six mois, une refonte complète du bateau est entreprise dans un grand port ; l'équipage repart en pleine forme physique sur un bâtiment en état.

Ceux du *Casabianca* restent livrés à eux-mêmes pendant des mois ; leur bateau fait son travail de guerre tout seul du côté français, en Méditerranée occidentale, jusqu'en mai 1943. La fierté qu'ils éprouvent à être constamment sur la brèche suffit à soutenir leur énergie. L'évasion de leur bateau de Toulon n'a pas été seulement un coup heureux et une bonne inspiration ; elle permet à leur unité de

1. Sabordé en juin 1940, à Cherbourg.

travailler plus qu'aucune autre au redressement allié dans la guerre : leur ambition est satisfaite.

Notre position morale est maintenant solide. Les Services secrets nous sont gagnés et ne nous laissent pas chômer. A l'avance, leurs chefs sont prêts à accepter toutes nos demandes d'assistance ; mais celles-ci ne sont pas toujours satisfaites, car le matériel manque encore. Les doris ne sont pas arrivés, les postes radio ondes courtes et les postes de phonie sont rares. Nous continuerons d'être bien handicapés au cours de nos prochaines missions, faute de pouvoir entrer en contact par phonie avec la plage de débarquement.

Grâce à son tonnage, sa vitesse et sa maniabilité en plongée, le *Casabianca* s'est montré un outil excellent pour le genre de missions qu'on lui a confiées.

Dans cette mer Méditerranée pleine de caprices, il faut qu'un bateau ait une forte réserve de puissance pour rattraper au cours d'une nuit calme le temps que les tempêtes locales lui font perdre. On part d'Alger par calme plat, mais il arrive qu'à la latitude des Baléares, un vent violent fasse lever une mer rageuse et hachée qui oblige à prendre la cape et à ralentir, sous peine de tout casser. Lorsque les 50 ou 60 milles sur lesquels la tempête sévit sont franchis, il faut pousser les moteurs pour arriver à l'heure au rendez-vous. D'autres fois, la tempête est rencontrée dès le départ, puis tout se calme le lendemain. Il faut en profiter pour prendre de l'avance, car on n'est jamais sûr de ne pas trouver, à 60 milles de la côte, une mer démontée.

Il est impossible de prévoir, à quatre heures près, le régime du vent et de la mer sur ce « lac » que d'aucuns imaginent si tranquille.

Naviguer dans ces eaux fait penser à ces parcours en auto sur des routes alternativement unies comme un billard, puis défoncées.

Cela nous a conduits à brutaliser un peu nos moteurs. Kerneur et son équipe travaillent avec acharnement à les maintenir en état. Ils font des prodiges, au détriment de leur repos. Dès l'arrivée au port, les palans Verlinde sont crochés, et les culasses, les pistons, les bielles, les paliers sont visités et rectifiés.

Aussitôt amarrés à l'Amirauté, tandis que je me prépare à aller à terre pour rendre compte de la mission, le second réunit au carré les officiers et les officiers mariniers, pour fixer le programme des réparations. Pas une minute n'est perdue, pour être paré à repartir dans les huit jours.

Malgré leur fatigue, je n'ai jamais vu un seul de nos hommes renâcler à l'ouvrage. Bien au contraire, après une semaine de séjour au port, on sentait chez eux une certaine impatience à repartir.

Et pourtant, les opérations en Méditerranée sont très pénibles, car on doit toujours rester en plongée de jour, pour éviter d'être bombardé par l'aviation.

D'un bout à l'autre de la mission, on est privé de la lumière du jour. Une heure seulement avant l'arrivée en baie d'Alger, les hommes sont enfin autorisés à monter sur le pont.

A l'un de nos premiers retours, je remarquai leur teint jaune et leurs figures où les rides marquaient des sillons blancs, et, par esprit de taquinerie, je dis à l'un d'entre eux :

— Mon vieux, tu as une sale... tête ! T'es-tu regardé dans une glace ?

Il me répondit gentiment :

— Vous êtes-vous regardé vous-même, commandant ?

Nous étions tous jaunes comme des citrons !

Les garçons de 20 ans avaient l'air d'en avoir 40...

Le *Casabianca* ne possédait pas, comme les sous-marins modernes, un éclairage spécial ayant la qualité de la lumière solaire si nécessaire à notre peau, à entendre les Belles, amateurs de bain de soleil sur les plages à la mode...

Nous avons suffisamment insisté sur la manière brutale avec laquelle nous avons dû souvent traiter le matériel.

Pour continuer à entreprendre nos opérations, il nous a fallu aussi commettre ce qu'en temps de paix on aurait condamné comme « imprudences impardonnables ».

Nous avons exposé un peu plus haut dans quelles conditions le *Casabianca* avait durement talonné de l'arrière en allant repêcher ses pneumatiques dans la baie d'Arone.

Au cours de la traversée de retour, nous n'avions pas remarqué de changement appréciable dans la manière de gouverner du bateau à la suite de ces chocs.

Nous rentrons dans le port d'Alger, pour aller nous amarrer, comme d'habitude, cap au nord, à la jetée de l'Amirauté. La manœuvre consiste à tourner sur la droite de 60°, du cap au 300 au cap au nord, en mettant progressivement la barre de direction à droite toute et le moteur tribord en arrière.

Les sous-marins de 1 500 tonnes manœuvrent remarquablement bien en surface, grâce à la finesse de leur infrastructure et à la grande dimension du safran du gouvernail.

Or, cette fois-ci, le 10 février, je note que la barre de direction n'a pas son effet normal. En fait, la barre mise « toute à droite », le bateau refuse d'obéir rondement. Pour nous accoster, il faut manœuvrer les moteurs : tribord en arrière à bonne puissance et bâbord en avant ; la durée de la manœuvre est interminable.

Aussitôt amarré, un des mécaniciens revêt le costume de scaphandre, pour aller examiner l'arrière du *Casabianca*.

Il remonte et nous apprend que le safran [1] du gouvernail de direction est rebroussé sur bâbord et que la partie inférieure arrière du cadre est

1. Plan du gouvernail.

pliée sur une hauteur de près d'un mètre. Tout s'explique. Il faut passer au bassin pour réparer.

Cela ne prendra pas longtemps, si l'on peut nous échouer rapidement.

Nous en profiterons également pour débarquer notre compas gyroscopique, dont la marche, depuis la sortie de Toulon, est de plus en plus capricieuse, et en embarquer un autre.

Je me rends donc à l'Amirauté, pour demander qu'on nous prenne en main sans retard.

Mais il n'y a pas de compas de rechange à Alger !

Quant à ma prétention d'obtenir un passage au bassin, elle excite un rire général. Ce n'est un secret pour personne que le problème des bassins et des docks flottants est le plus grave de ceux qui se posent en Méditerranée. Il y en a très peu. Les torpillages dans les convois ont été si nombreux, que le programme de passage en radoub des bâtiments avariés est fixé pour des mois, et qu'il n'est pas possible de pouvoir nous glisser entre deux bateaux pour nous réparer.

Je rentre à bord assez furieux, mais décidé à ne pas interrompre notre activité. J'explique la situation à mes officiers. Ils sont tous d'accord : il faut continuer notre service.

Pour le compas, tant pis ! Malgré ses caprices, le ciel de la Méditerranée n'est jamais couvert d'un bout à l'autre du parcours Afrique-France. Le soleil et les astres nous guideront, sans compter notre bonne étoile !

Quant à la barre ? Tant pis également ! Nous saurons que le bâtiment gouverne mal sur la droite. L'homme de barre corrigera le « zéro » de façon à rester au cap ordonné ; l'officier de quart manœuvrera en conséquence. Si la partie inférieure casse gentiment sans causer d'avarie, nous continuerons avec un safran réduit.

Silence donc ! Ne parlons plus de nos petits ennuis surtout, de crainte d'être mis au rancart !

Nous attendrons le mois de mai, au cours duquel un petit carénage du *Casabianca* est prévu à Oran, pour remettre tout en ordre.

Cette attitude serait impardonnable en temps de paix, certes, mais, à la guerre, il y a tant de risques à courir du fait de l'ennemi, que nous n'hésitons pas à admettre certains de ceux qui viennent du matériel.

Comme les sous-marins de 600 tonnes et les bâtiments de surface ne peuvent entrer en action avant le mois de juin, quand ils auront été remis en état, nous n'acceptons pas l'idée que le pavillon français soit retranché du combat en Méditerranée occidentale jusqu'à leur arrivée. Nous n'acceptons pas non plus de laisser tomber nos bons « employeurs » des Services secrets, ni d'interrompre le ravitaillement en armes de nos compatriotes corses.

Le débarquement de munitions en baie d'Arone a eu un prolongement comique à terre.

Lasserre et son équipe étaient arrivés à point, à l'aube du 7 février, pour prendre livraison de nos armes aussitôt après notre départ, en se guidant sur les traces fraîches que nous n'avions pu effacer parfaitement.

Le lendemain, une patrouille italienne repère à son tour nos empreintes sur le sable, mais trop tard. Le matériel avait déjà été transporté vers l'intérieur.

Le lieutenant, chef de patrouille, entre dans la maison de berger près de laquelle étaient dissimulées nos armes, pour y faire la sieste.

Il y a, dans la pièce, un bat-flanc. Une caisse s'y trouve abandonnée ; capitonnée par sa cape roulée en traversin, elle lui offre un oreiller moelleux. Après de doux rêves, il se réveille et rassemble son monde pour rejoindre son cantonnement.

Mais, avant de partir, un sergent examine la caisse de plus près et lit les inscriptions qui y sont peintes ; à sa stupéfaction, il reconnaît qu'elles sont anglaises.

Il en avertit son chef, qui fait ouvrir la caisse. Elle est bourrée de balles de mitrailleuses anglaises.

Ces traces sur la plage ? Ce sont, sans aucun doute possible, celles d'un débarquement clandestin allié. Quoi faire ?

Après avoir bien réfléchi, ils décident qu'il vaut mieux passer sous silence cette découverte.

On pourrait leur reprocher de n'avoir pas fait de sérieuses recherches. Il est trop tard, maintenant, et ils se soucient fort peu d'être détachés à la garde du lieu.

Les hommes de la patrouille ont bavardé, leurs propos sont parvenus à la connaissance des Corses et nous les avons appris, un mois plus tard, par nos cinq manquants récupérés dans l'anse de Favone.

4

Mission du 2 au 17 mars 1943

Le *Casabianca*, par les soins de l'équipage et de l'industrie locale, est rapidement prêt à reprendre la mer, puisque nous avons renoncé à réparer la barre de direction et à changer le compas.

Les Services secrets d'Alger s'emploient à organiser de nouveaux échanges avec les Résistances provençale et corse.

Sur les côtes de Provence, l'endroit[1] où nous avons réussi notre dernier débarquement est jugé excellent par la Résistance.

---

1. Près de la Roche Escudelier.

En Corse, on semble désireux de changer de secteur. Le groupe de renseignements du commandant de S... et les Patriotes ont fait la reconnaissance d'une petite crique, l'anse de Canelle, sur la côte est, à une quarantaine de milles au bord de la baie de Porto-Vecchio. La surveillance ennemie n'y est pas très active. Les Corses en arrêtent le choix pour un débarquement d'agents, d'armes, le rembarquement des cinq hommes du *Casabianca* et de deux des agents mis à terre au cours de la première mission (14 décembre 1942), qui sont brûlés et deviennent une lourde charge pour le commandant de S...

Si, du point de vue des gens à terre, la région de Canelle présente de grands avantages, sur le plan maritime elle est très mal choisie. La côte, basse et presque rectiligne, bordée par le chemin de fer et la route, n'a aucun des caractères que nous avons fixés dans nos principes.

L'anse de Canelle est sans doute très facile à identifier quand on suit en se promenant le bord de la mer ; vue à travers un périscope à plusieurs milles de distance, elle ne se distingue absolument pas du reste du paysage. Nous aurons les plus grandes difficultés à la repérer de jour et à nous y engager de nuit. La fantaisie de notre compas, qui varie sans prévenir de 0° à 40°, ne nous simplifiera pas la tâche.

Fidèles à notre souci de faciliter le plus possible le travail à terre des agents, nous acceptons quand même le lieu de rendez-vous qu'ils nous proposent.

Nous fixons la date des opérations autour de celle de la nouvelle lune de mars. Forts de nos expériences, nous demandons que les agents nous attendent pendant trois jours s'il le faut au rendez-vous, pour tenir compte d'un retard éventuel dû au mauvais temps.

Le point adopté en Provence, près de la Roche Escudelier, est dénommé point X. Nous nous y présenterons dans la nuit du 4 au 5 mars, et les deux nuits suivantes au besoin.

L'anse de Canelle est appelée point Y ; nous y serons dans la nuit du 7 au 8 mars, ou les deux nuits suivantes.

Cette fois, l'accord est bien réalisé entre Alger et la Résistance. Nous ne pourrons pas manquer de rencontrer nos amis si la côte est libre.

Nous quittons Alger le 2 mars, à 18 h 30, après avoir reçu la confirmation de nos correspondants de Provence et de Corse qu'ils seront au rendez-vous aux dates fixées.

Les agents que nous devons déposer en Provence nous ont été désignés par le Deuxième Bureau français. Je les ai rencontrés dans le bureau du colonel de Villeneuve. Ce sont trois officiers français.

Le premier est capitaine d'infanterie, le second est capitaine d'artillerie. Ils sont spécialisés dans les missions de renseignements. Le troisième officier s'est offert comme volontaire, pour échapper à la vie monotone de garnison.

Ces camarades nous sont très sympathiques dès l'abord et ont vite fait d'être des nôtres. Ils embarquent discrètement, avant l'appareillage, comme d'habitude.

Ils feront du renseignement en France et se joindront à des groupes de la Résistance.

Les agents destinés à la Corse sont d'un genre bien différent.

Ils doivent y renforcer les Organisations de Combat.

Ils nous sont présentés avec un luxe de précautions indispensable, la veille du départ, sur une vedette rapide anglaise qui nous accoste tout naturellement pour une visite d'amitié.

L'état-major du *Casabianca* va y prendre « un pot » sans éveiller de soupçons.

Et nous remontons tranquillement à bord.

Les agents rallieront le *Casabianca* le lendemain, avant l'heure de l'appareillage.

Comme les fois précédentes, à l'exception du commandant chef de mission et d'un opérateur radio, ils sont corses.

Nous avions conservé à bord, depuis la mission du mois de février, le matériel d'armement que nous n'avions pas eu le temps de débarquer.

Nous comptons mettre à profit notre séjour dans l'anse de Canelle pour l'y dissimuler aux environs immédiats.

Canelle est, en effet, un endroit assez au sud de la Corse, et c'est la première fois que nous accostons l'est de l'île.

Les sept hommes que nous devons reprendre à cet endroit nous seront d'un précieux concours à l'arrivée des rubbers à la côte.

Ayant exploré et surveillé la région en nous attendant, ils auront probablement repéré des cachettes sûres pour y entreposer les munitions en attendant que les Organisations de combat, prévenues par les soins du commandant de S..., puissent venir les récupérer et les répartir dans les villages voisins.

Toutes les démarches auprès des autorités sont faites pour la sortie d'Alger : ouverture du filet, rendez-vous avec le convoyeur à la sortie, demande de restriction de bombardement sur notre route.

Nous quittons donc la rade d'Alger le 2 mars, par une soirée radieuse. Aussitôt les filets franchis, nous effectuons la plongée de vérification rituelle. Cinq minutes après, la pesée du bateau rectifiée, nous faisons surface et lançons les moteurs, en route vers une nouvelle aventure.

Le compas gyroscopique nous donne de sérieuses inquiétudes. Mais le ciel est magnifique et permet de contrôler aisément la variation. Au bout d'une heure ou deux, le gyro retrouve, pour un temps, « la boule », c'est-à-dire le nord.

L'escorteur nous a depuis longtemps quittés en nous souhaitant « bonne chance ».

Les hauteurs d'Alger se sont estompées. Le massif du Djurdjura, qui représente la silhouette d'une femme couchée, s'est fondu dans le ciel.

La voûte céleste est d'un noir violet. Les étoiles sont éclatantes et leur sillage trace de longues avenues sur une mer repassée au fer.

Ah ! si cela pouvait continuer ! Nous n'en conservons nul espoir : nous sommes trop familiarisés avec notre « lac » pour lui accorder de l'esprit de suite.

Et nous marchons rondement à 16 nœuds pendant les deux premières nuits, par calme plat, pour prendre prudemment un peu d'avance et atterrir de bonne heure, le jour du débarquement, en face du point X, forcer le blocus et nous laisser aller sur le fond, en baie de Bon-Porté, où nous pourrons nous reposer en attendant l'heure de l'action.

Dans la nuit du 4 au 5 mars, le vent d'est se lève, avec son cortège de grains de pluie. La mer force dur. Nous devons ralentir la vitesse jusqu'à 9 nœuds et, malgré cela, la passerelle est sans cesse capelée par les lames. Cette passerelle mérite bien le nom de baignoire que lui donnent les sous-mariniers...

Nous ne voulons pas marcher plus vite, de peur de fracasser le youyou qui, cette fois encore, est notre embarcation de reconnaissance et de remorquage. Il est arrimé sur un berceau sous le pont-passerelle, à l'avant du canon, insuffisamment défendu contre les chocs de la mer par des panneaux de pont à claire-voie et les murailles verticales des superstructures largement ajourées pour faciliter la circulation et l'écoulement de l'eau à la plongée et au retour en surface.

Quoique trempés jusqu'aux os, les officiers de quart et les hommes de veille scrutent minutieusement et sans trêve le ciel et la mer.

Nos pensées sont moroses ; le vent d'est est le plus défavorable que nous puissions rencontrer pour opérer au point X. Il faudra attendre qu'il tombe tout à fait pour tenter un débarquement à la grève rocheuse près de la roche Escudelier, qui est exposée en plein est. Malheureusement, ce maudit vent s'établit parfois pour plusieurs jours sur la côte de Provence.

Mistral et vent d'est sont les deux plaies de la région et causent chaque année des drames maritimes.

Nous continuons à faire route vers la pointe Taillat, où nous prendrons une décision. Si la tempête ne cesse pas, nous irons nous poser sur le fond en baie de Cavalaire, que le cap Lardier met à l'abri du vent d'est, et nous irons périodiquement reprendre la vue pour veiller les accalmies.

Nous plongerons, comme de coutume, vers 1 heure du matin, à 15 milles du Titan, pour forcer le blocus.

Dans la nuit du 4 au 5 mars, le gros mauvais temps rend le séjour en surface très pénible. La mer poisseuse et froide gifle les veilleurs, engoncés dans plusieurs couches de laine, raides dans leurs suroîts.

Enfin, l'heure de la plongée approche !... Je monte sur la passerelle, où j'aspire goulûment les dernières bouffées de tabac de la journée, en essayant d'éviter les « baleines » qui embarquent dans la baignoire ; et Bellet, qui a fait la suppléance du commandement toute la nuit selon son habitude, regagne le poste central.

Puisque nous avons tout notre temps, nous allons nous efforcer de ne pas tout chambarder en plongeant, et surtout de ne pas faire déverser l'acide des bacs d'accumulateurs, afin de conserver de bons isolements électriques et de n'avoir point de soucis inutiles de matériel pendant les longues heures qui vont précéder le débarquement.

Un sous-marin, à la prise de plongée pendant le remplissage des ballasts, passe en effet par une faible stabilité oblique et peut se coucher dangereusement à la lame.

Nous prenons, juste avant de plonger, la route la plus favorable pour nous enfoncer aussi droit et vite que possible et nous soustraire à la danse échevelée de la surface [1].

Aujourd'hui, nous venons tranquillement cap à l'ouest, nous stoppons les diesels et je descends dans le kiosque avant de donner l'alerte au klaxon. Les moteurs électriques sont débrayés des diesels et mis à bonne vitesse, pour donner aux barres de plongée une bonne action d'enfoncement. Les ouvertures des diesels air frais et air vicié sont fermées. Seul le panneau du kiosque à la passerelle reste ouvert, ainsi que les porte-voix.

On me demande, du poste central, si je vais fermer le panneau du kiosque avant l'alerte. Je trouve la précaution vraiment inutile, et puis je me ravise ; heureusement, car je ne puis réussir, aujourd'hui, à le fermer complètement : il reste entrebâillé d'un centimètre.

Que s'est-il passé ? La mer, très violente, a balayé les superstructures de la baignoire ; elle a réussi à déplacer comme fétu de paille et à coincer sur le caoutchouc entre panneau et coque un gros bout de ferraille. Nous l'enlevons et fermons.

Pendant le dernier séjour à Alger, des ouvriers chalumistes ont

1. Pour tout sous-marinier averti, la meilleure route pour plonger, par grosse mer courte, est celle qui fait prendre la mer de l'arrière.

Le sous-marin a, en effet, les reins écrasés par les paquets de mer qui l'aident à disparaître sous l'eau et, pour échapper à la succion en surface qu'exerce la houle à faible immersion, il suffit d'augmenter la vitesse et d'alourdir le bateau franchement pour regagner rapidement la profondeur de 40 ou 50 mètres, où le milieu est en général calme et où la pesée est aisément rectifiée.

Pour faire surface, au contraire, il faut prendre la mer debout avec une bonne flottabilité des ballasts avant.

Faire surface mer de l'arrière avec une faible flottabilité pendant la vidange des ballasts est une dangereuse folie.

découpé des cornières, pour modifier les bancs de veille de la passerelle et l'emplacement des mises de feu mécaniques à distance de la passerelle des tubes lance-torpilles.

Malgré des rondes consciencieuses faites avant le départ, ces morceaux de métal ont échappé à notre examen et se sont logés dans des recoins inatteignables des superstructures.

Il en va souvent ainsi sur les bateaux quand ils sortent d'armement et de réparation. Ce n'est qu'au bout d'un certain temps, quand le bateau s'est bien ébroué à la mer, après une croisière d'endurance, par exemple (que les Américains appellent joliment *shake down cruise*), qu'on est à l'abri de semblables accidents ; et les sous-mariniers pécheraient par impéritie s'ils ne prenaient pas, au cours de leurs premières sorties, d'intelligentes précautions ! Il n'y a que les gens qui ne se doutent de rien qui ne doutent de rien...

Notre prudence nous a bien servis. Nous avons évité une forte douche, particulièrement désastreuse dans le kiosque et le poste central, encombrés d'appareils électriques.

Les précautions que nous avons prises aujourd'hui sont exceptionnelles. Il n'y a qu'une seule et unique manière de plonger.

Chaque fois qu'il plonge, un sous-marin cherche à le faire dans le temps minimum prévu à la construction.

Que le lecteur non initié à la navigation sous-marine me permette une digression au sujet de la prise de plongée d'un sous-marin.

Il n'y a qu'une méthode pour disparaître de la surface.

Toute dérogation non justifiée est interdite ; toute fantaisie risquerait un jour d'être fatale au bâtiment.

La prise de plongée n'est pas une manœuvre difficile, mais elle doit être effectuée par des gestes réflexes et rapides.

Dans bien des circonstances, le moindre retard à disparaître sous l'eau serait fatal au sous-marin. En cas de rencontre d'un avion, par exemple.

Nous allons succinctement exposer la méthode française de plongée en deux temps.

Premier temps. — Dans le cas le plus général, le sous-marin est en surface, moteurs Diesel en marche.

L'officier de quart et les veilleurs, servants des armes automatiques, sont seuls sur la passerelle. Le panneau entre passerelle et kiosque est ouvert.

Les porte-voix entre la passerelle et l'intérieur sont ouverts.

La manche d'aspiration d'air des diesels et les deux échappements de ces moteurs sont ouverts.

La manche d'aspiration d'air frais de ventilation intérieure, la manche d'évacuation d'air vicié de l'intérieur sont ouvertes.

Quand l'officier de quart décide de plonger, il appuie sur le klaxon d'alerte.

— Les mécaniciens stoppent les moteurs Diesel, les débrayent des moteurs électriques, ferment la manche « Air Diesel » et les clapets de silencieux ;

— Les électriciens, dès que les diesels sont débrayés, lancent les moteurs électriques à une vitesse fixée d'avance ;

— Les servants des manches « Air frais », « Air vicié », les ferment ;

— Le servant des purges des ballasts, au poste central, ouvre les purges de tous les ballasts, sauf celles des deux ballasts centraux ;

— Le personnel de la passerelle, pendant ce temps, s'affale dans le kiosque, ferme le panneau et les porte-voix.

Le chef du poste central a sous les yeux un tableau de lampes-témoins qui affichent la situation de toutes les ouvertures de panneaux et de purges des ballasts.

Deuxième temps. — Dès que l'officier de quart est descendu dans le kiosque et que panneau et porte-voix sont fermés, il ordonne au chef du poste central de prendre l'immersion indiquée par les circonstances.

Le chef du poste central, au reçu de cet ordre, fait ouvrir les purges des ballasts centraux et donne aux hommes de barre de plongée les indications pour regagner l'immersion ordonnée par le kiosque.

Ainsi donc, le coup de klaxon déclenche toutes les manœuvres, sauf celle d'ouverture des centraux.

Dès que l'alerte a retenti, le sous-marin commence à s'enfoncer.

L'ouverture des centraux est déclenchée lorsque l'officier descendu dans le kiosque donne l'ordre d'immersion. Les barres de plongée sont manœuvrées pour regagner le plan d'immersion.

Cette méthode en deux temps donne toutes les garanties de sécurité, puisque le bâtiment ne plonge qu'après l'ordre d'immersion donné par l'officier de quart, c'est-à-dire lorsque tout le monde est descendu, que les ouvertures du kiosque ont été fermées par les hommes de quart et que le chef du poste central a vérifié que les lampes-témoins indiquent la fermeture de toutes les ouvertures extérieures et l'ouverture de toutes les purges des ballasts.

Il est important de noter qu'un seul ordre verbal est donné, par l'officier de quart, au cours de la prise de plongée : « Immersion, tant de mètres. »

L'alerte est donnée au klaxon ; le scénario bien connu de tous se déroule sans commentaires pour que le sous-marin aille sans retard (de l'ordre de 20 à 40 secondes pour être à 12 mètres) chercher l'abri des profondeurs.

L'expression de « plongée en catastrophe », souvent employée dans les livres, n'a donc aucun sens et rend les sous-mariniers aussi furieux que les aviateurs quand on leur parle de « virage sur l'aile » !

Si la plongée est, la plupart du temps, une corvée par beau temps, c'est une bénédiction quand il fait mauvais. Les hommes de la passerelle, transis de froid, dont les yeux et les paupières rougis par le vent et l'eau salée piquent douloureusement, attendent le moment de regagner la paix des profondeurs avec impatience.

A l'intérieur, les dormeurs, secoués par les roulis, très durs en surface sur les sous-marins, aspirent aussi au calme qui règne à quarante mètres sous l'eau.

Il est difficile de faire comprendre aux gens de surface et aux terriens l'impression de sécurité que l'on éprouve enfermé dans la coque épaisse. Parfois, quand la tempête fait rage dehors et que les fenêtres sont bien closes, cette sensation d'abri tiède et tutélaire de leur chambre fait éprouver aux terriens une égoïste sensation de bien-être. Ils pensent avec pitié aux pauvres clochards exposés aux intempéries, et se félicitent de leur confort. Mais le bruit du vent dans la toiture et son sifflement dans les persiennes viennent encore troubler leur quiétude.

Dans le cylindre de la coque épaisse d'un sous-marin en plongée profonde, rien ne rappelle plus le désordre extérieur. Les murs conventionnellement verticaux des maisons sont remplacés par les parois circulaires qui bordent votre tranquillité. En suivant des yeux la courbe des murailles, dans un calme propice au douillet recueillement, j'ai compris cette phrase de Claudel dans *la Connaissance de l'Est* (sans aucun rapport, d'ailleurs, avec la navigation) : « Il était tout entier à l'intérieur de l'anneau. »

Le projecteur allemand installé sur la pointe du Titan nous a, encore une fois, permis de dégrossir notre position avant de plonger. Maintenant, nous continuons notre route, à 2 nœuds, vers la côte.

Kerneur prend le quart, pendant que les autres officiers se reposent dans le calme qui règne à 40 mètres d'immersion. Plus de vent, plus de lames qui grimpent à l'assaut du frêle abri de la passerelle ! Avant de fermer les yeux, nous jetons un regard reconnaissant sur les côtes de notre baleine. La coque cylindrique nous enveloppe, toute blanche, et garantit notre sommeil.

Après le lever du jour, nous retournons à l'immersion périscopique, pour reconnaître la terre, nous placer sur la carte et observer le temps.

Le temps a « beausi », mais pas encore suffisamment pour que le débarquement au point X puisse être tenté, si le vent ne cesse tout à fait.

Nous irons donc nous poser tranquillement sur le fond de la baie de Cavalaire, pour attendre le retour du calme.

Comme nous n'avons aucun renseignement sur les champs de mines, nous ne dépasserons pas la ligne des fonds de 50 mètres, au-delà de laquelle il y a moins de risques de rencontrer des mines magnétiques.

A 15 h 10, nous sommes posés par 49 mètres de profondeur sur du beau sable et tout le monde gagne sa couchette, car la nuit menace d'être rude.

L'officier de quart, l'officier marinier de quart et les factionnaires du poste central veillent sur notre repos.

Vers 17 heures, le chef de quart libère à l'intérieur du sous-marin un peu d'oxygène des bouteilles, pour éveiller tout le monde dans une douce euphorie ; cet apéritif d'un nouveau genre nous donne de l'appétit pour un dîner rapide. Nous avons coutume de l'offrir avant les repas au cours de nos longues plongées.

Nous appareillons du fond à 18 h 15, pour nous rapprocher de la surface. Le bâtiment n'est pas secoué à 16 mètres ; cela nous indique que la mer s'est bien calmée.

Il fait encore jour et je ne veux pas donner un coup de périscope si près de la côte. Le sondeur marche bien ; nous nous contenterons de ses indications pour contourner le cap Lardier et nous rendre, discrètement, en face de notre point de rendez-vous.

Je sais bien que la région où nous naviguons a un relief sous-marin très accidenté, que l'hydrographie, près de terre, dans ce coin, est sujette à caution. Les sondes portées sur la carte sont rares et anciennes. La lecture de la carte nous montre pourtant une chose remarquable : les lignes de sonde, au-delà de 50 mètres, sont assez régulières. Les têtes de roches nombreuses, marquées çà et là d'une croix, n'existent qu'à l'intérieur de la ligne des fonds de 40 mètres. Nous naviguerons donc à l'extérieur de la limite des fonds de 50 mètres, à toute petite vitesse.

J'avoue que ce genre de navigation est particulièrement impressionnant, mais encore une fois je ne veux, sous aucun prétexte, déceler notre présence en sortant le périscope, à un demi-mille des postes d'observation optique de la côte.

Nous marchons comme un crabe. Le courant sous-marin est notable et nous rabat sur la terre. Nous dépassons les hauts-fonds du cap Lardier avec 70° de dérive et trouvons enfin, au sondeur, la fosse profonde qui se trouve au large de la baie de Bon-Porté.

Encore un peu de patience et nous pourrons venir en grand sur la gauche, pour nous enfoncer dans cette baie. Alors, la nuit sera suffisamment noire pour sortir le kiosque en surface et essayer de prendre le contact avec l'équipe qui nous attend à terre.

Cette fois encore, nous n'avons pas de poste de phonie. La liaison sera donc à sens unique, par lampe-torche, de la terre vers le sous-marin.

Les Patriotes devront s'armer de patience jusqu'au moment où notre youyou arrivera à la plage et échangera avec eux le mot de reconnaissance.

Il est insensé que nous en soyons encore réduits à ce procédé antique et indiscret qui nous fait courir les plus graves dangers [1], quand les compagnies d'infanterie, sur le front, sont toutes dotées de « walkie-talkie » et correspondent, le plus facilement du monde, entre elles, par phonie, à une distance moyenne de 5 kilomètres. Il nous faudra pourtant attendre encore longtemps le matériel venu d'Angleterre.

Vers 20 h 30, nous sommes en surface. Nous reconnaissons la pointe Taillat et une hauteur dans la direction du point de rendez-vous. La houle persiste, mais le vent est tombé.

Nous nous rapprochons, tribord en avant, lentement, jusqu'à 600 mètres de terre.

La mer brise sur les rochers ; le débarquement est impossible pour le moment. Aucun signal n'est aperçu.

Nous nous éloignons donc et plongeons pour attendre le calme, qui a des chances d'être plat dans quatre heures, si le vent reste nui.

A 20 h 43, nous reposons sur le fond.

Le 6 mars, à 0 h 50, nous chassons légèrement aux ballasts centraux. Pas de vent. Légère houle d'est. Nous revenons près de terre. Nous apercevons des signaux que nous ne pouvons interpréter.

Le ressac à la côte est visible du bord ; il frange les rochers d'écume. Pour la deuxième fois, il nous faut renoncer au débarquement, nous éloigner, plonger et attendre la nuit suivante.

Nous nous posons sans difficulté sur le fond. Le *Casabianca* semble bien stable, mais, au moment de faire rompre le personnel du poste de combat, le bateau se met à glisser en arrière en pointe positive ; c'est très dangereux pour la barre de direction et les hélices. Nous appareillons sans attendre pour chercher un fond meilleur, car ici nous sommes en équilibre sur une crête sous-marine. L'impression est pénible.

Vingt minutes plus tard, à 1 h 30, le 6 mars, le bateau est bien ancré sur un plateau sous-marin, par 51 mètres d'immersion.

Après un interminable séjour en plongée, nous remontons en surface à 20 h 20 et rallions à petite vitesse la Roche Escudelier.

1. Le lecteur peut comprendre notre anxiété dans l'attente des signaux émis par la terre. Quand nous les apercevons, nous ne pouvons affirmer qu'ils n'émanent pas de l'ennemi si celui-ci s'est rendu maître des Patriotes et a découvert les signaux de reconnaissance. Quant aux Patriotes, ils savent que leurs signaux lumineux risquent d'alerter un patrouilleur ennemi croisant au large ; ils peuvent craindre, jusqu'à la dernière minute, d'avoir trahi leur présence.

A 20 h 50, nous apercevons des signaux de terre, sans pouvoir les déchiffrer, car la lampe-torche n'est pas braquée vers nous.

Nos amis sont sûrement là, et nous mettons le youyou à l'eau. Les embarcations pneumatiques sont préparées sur le pont avant.

Le youyou pousse du bord, pour reconnaître la plage.

Une rafale d'est passe et le vent se lève rapidement.

Le youyou revient de justesse ; pendant que nous essayons de hisser l'embarcation à bord, nous ne pouvons manœuvrer ; nous dérivons sur la terre, en travers au vent.

La Roche Escudelier est blanche d'écume.

Notre situation est extrêmement désagréable. Bellet, Chailley, l'équipe du pont avant font des efforts désespérés pour maîtriser l'embarcation, qui fait des bonds désordonnés le long du bord. Nous dérivons toujours et le ressac s'accentue. Nous sommes presque dans les rouleaux, et je crains d'aller chavirer à la plage. La Roche Escudelier est entre nous et l'horizon ! Il faut dégager en arrière sans plus attendre, en espérant que l'avant ne viendra pas raguer le fond violemment.

Au cours de cette manœuvre, le youyou se fracasse le long du bord ; nous l'abandonnons quand nous sommes suffisamment écartés de la plage, et faisons route à l'est dans la tempête, bien aises de nous en tirer à si bon compte.

De terre, nos amis ont suivi nos péripéties à une centaine de mètres (ils nous le raconteront plus tard), sans qu'il nous soit possible de convenir avec eux d'un autre rendez-vous, car il nous est, bien entendu, interdit d'émettre des signaux lumineux vers l'ennemi.

C'est miracle que les veilleurs ennemis ne nous aient pas aperçus. La tempête a dû leur faire rentrer la tête.

Le vent d'est souffle à plus de 100 kilomètres à l'heure. Il est établi pour plusieurs jours et je renonce à poursuivre l'opération au point X pour l'instant, car nous sommes déjà en retard pour arriver à l'heure au rendez-vous du point Y, à l'est de la Corse.

Nous reviendrons plus tard, en prévenant les Patriotes du jour et de l'heure de l'opération, par l'intermédiaire d'Alger, dès que nous pourrons émettre un signal radio sans imprudence.

Nous nous « paumoyons » péniblement vers le phare de la Giraglia, au nord du cap Corse, avec l'espoir de retrouver le calme pour réussir la deuxième partie de notre mission dans l'anse de Canelle.

Pourtant, la tempête continue de forcer. La baignoire est attaquée par des lames courtes et mauvaises. Les crêtes blanches s'écrasent sur nous et balayent, en grondant, le pont. Le canon, qui n'a pu être verrouillé dans la position horizontale en baie de Bon-Porté, se mate à 70° sous les chocs répétés de la mer. Le brin d'antenne bâbord casse. Nous réussissons, non sans peine, à le saisir, pour qu'il n'aille pas se prendre dans l'hélice bâbord.

Dans la nuit du 8 au 9, la situation empire, au point que nous devons stopper les moteurs Diesel, qui ne peuvent ralentir davantage, et marcher à 3 nœuds électriquement, avec la ligne d'arbre tribord. Nous débrayons l'hélice bâbord et rechargerons la batterie avec le moteur Diesel bâbord en charge autonome, pour compenser la dépense d'électricité de la propulsion.

Les roulis très durs ont fait déverser l'acide des accumulateurs ; l'atmosphère est chargée de chlore.

Le jour point enfin, le 9 mars, et nous allons chercher le calme sous l'eau. Nous n'avons pas la moindre idée de notre position ; l'horizon est d'encre. Si la mer ne nous avait pas retardés, nous aurions déjà traversé l'Italie sur des roulettes... et serions dans l'Adriatique !

Les grosses lames cassent notre erre presque complètement. Je n'ai aucune idée de notre vitesse sur le fond.

L'estime est pratiquement impossible à faire. Nous aurions dû trouver à la sonde, depuis longtemps, le plateau qui est au nord du cap Corse ; à moins que le sondeur ne soit en avarie.

Vers 15 h 30, il indique, tout à coup, des sondes qui correspondent à peu près à celles du plateau, et nous venons sur la droite, route au sud.

Mais le calque de nos sondes ne suffit pas à lever le doute sur notre position ; il devient urgent d'apercevoir la terre avant la nuit, qui va tomber bientôt ; sinon, nous serons obligés de tourner en rond dans l'inconnu, pour ne pas risquer d'aller donner dans les champs de mines de la côte italienne.

Le manque de confiance en notre compas pèse lourdement sur notre esprit, bien qu'il ait semblé se tenir sagement depuis trois jours et que son timbre d'alarme n'ait pas retenti.

Dans le doute complet, je me suis fié à notre chance providentielle, à ce que le chef de cabinet du haut-commissaire en Afrique du Nord, lors de notre première mission, appelait, comme les Arabes, la « baraka » du *Casabianca*.

L'événement heureux se produit d'ailleurs à 16 h 30, juste assez tôt pour nous permettre de nous repérer avant la nuit. Le rideau se lève, une nappe de rayons obliques filtre à travers les nuages, en une gerbe d'or magnifique, et, sur le noir d'encre de l'horizon, éclaire d'une lumière crue et blanche, par le travers tribord, le fût cylindrique du phare de la Giraglia, à 3 milles 5, dans l'ouest.

Après cette navigation d'aveugles, nous avons « embouqué » en plein le canal entre le cap Corse et l'île de Capraya, séparés par une distance d'une dizaine de milles seulement ! Nous sommes en retard de quarante-huit heures et nous avons tourné vers le sud juste au bon moment !

Nous faisons surface à la nuit, en divergeant de la côte corse pour que nos diesels bruyants ne soient pas entendus.

A la latitude de Bastia, un puissant projecteur s'allume dans notre direction ; nous obliquons vers l'île d'Elbe. Le projecteur balaye la mer, sans s'attarder sur nous.

Nous reprenons la route au sud, à 12 milles de la côte. A 2 heures, nous venons à l'ouest et allons nous poser, pour attendre les quelques heures qui nous séparent du lever du jour, sur un bon fond de sable, à 55 mètres d'immersion.

Nous appareillons aux moteurs pour remonter à l'immersion périscopique, vers 6 heures du matin.

La mer est calme. Au lever du soleil, les massifs montagneux de l'Ile de Beauté se profilent sur un ciel pur. Le spectacle est féerique ; le rouge violent des arêtes sort de l'écrin violet, ocre et vert sombre du maquis et des arbres. Les tons sont si vifs et tranchés, qu'on dirait une peinture au couteau où l'artiste n'aurait pas ménagé la pâte.

Porto-Vecchio s'ouvre vers le sud, mais, en face, la ligne de côte est désespérément rectiligne.

Nous savions bien que nous aurions du mal à identifier les points de la côte, et avions travaillé à fond les Instructions nautiques. En marge de la carte, nous avions inscrit tous les renseignements que cette bible du navigateur fournit abondamment dans un langage châtié, poétique et précis ; mais le paysage reste indéchiffrable. Nous nous rapprochons jusqu'à un demi-mille de terre et scrutons les premiers plans, sans arriver à faire « coller » les relèvements. Il y a décidément trop de tours génoises, trop de maisons semblables, trop de viaducs de chemins de fer pareils. Un mille de côte est identique au suivant. Comment trouver la crique de Canelle dans cette uniforme beauté ?

Je me décide à « briquer la mer » alternativement route au nord et au sud, parallèlement à la côte et à faible distance, malgré nos principes, pour chercher à identifier les amers.

La ligne de chemin de fer suit la côte et passe sur de nombreux viaducs à deux ou trois arches. Juste à la hauteur de Canelle, se trouve un viaduc à trois arches. Mais il est difficile à repérer.

Nous attendons que la lumière céleste, celle de l'esprit, nous éclaire, lorsque, tout à coup, venant de Porto-Vecchio, le « déraillard » (pardon ! le train) Porto-Vecchio-Bastia se signale par un panache de blanche fumée !

Cette apparition incongrue dans la luxuriante végétation nous rattache à l'humanité transpirante et cahotante d'une façon saisissante, et je me sens secoué d'hilarité en pensant aux voyageurs et au contrôleur qui évoquent une scène courtelinesque.

Tout en grignotant leurs provisions et en s'en racontant « de bien bonnes », les braves gens d'en face ne se doutent certainement pas qu'ils sont avidement observés par un gros poisson, au fort grossissement de son périscope.

Le panache de fumée progresse dans la nature. Le convoi franchit les ponts. Nous comptons les arches, et voici qu'il passe sur le viaduc à trois piles de Canelle !

Au-dessus, trois routes se raccordent ; nous sommes enfin fixés et faisons route, sans plus nous attarder, vers le rendez-vous. Le temps de venir à l'ouest, les sondes diminuent rapidement. Nous stoppons et atterrissons sur des galets, par un fond de 18 mètres. Jamais nous n'avons été posés si peu profond, et je ne suis pas rassuré ; nous sommes secoués sur le fond, mais je n'ose pas repartir en arrière, si près de la surface. La nuit tombe, heureusement, encore assez tôt ; nous allons attendre, en souhaitant que l'activité aérienne soit concentrée plus au sud, à Porto-Vecchio et aux Bouches de Bonifacio.

Nous avons trois jours de retard, mais nous ne doutons pas que nos gaillards auront attendu cette fois-ci, car dans tous les messages ils prient instamment que nous venions les reprendre. La vie n'est pas drôle pour eux, malgré l'exceptionnelle générosité des Corses. Mais l'île est pauvre en ravitaillement, pillée par 80 000 Italiens et quelques milliers d'Allemands.

Preciosi et l'adjudant Griffi, les agents débarqués par nous le 15 décembre 1942, qui sont traqués, ne manqueront sûrement pas non plus le rendez-vous.

A 19 h 50, nous sortons le kiosque de l'eau et nous nous rapprochons de terre.

La brise d'est n'a pas entièrement disparu. Nous ressentons vivement la perte de notre youyou. Les pneumatiques sont mis à l'eau, puis rehissés, pour regagner une position au vent du point de débarquement, très vaguement indiqué par quelques rochers.

A 20 h 50, nous apercevons les signaux de Lasserre.

A 21 h 50, nous mouillons, en dévirant la chaîne au guindeau pour ne pas être drossés à la côte et économiser notre électricité.

Cette fois-ci, l'officier en second lui-même pousse, comme chef du commando, à 21 h 54, avec les rubbers, pour juger de la possibilité de l'accostage, qui semble bien problématique.

Arrivé près de terre, il renonce à s'échouer, et il a toutes les peines du monde à remonter dans le vent.

Nous appareillons pour aller le reprendre, vers le côté sud de l'anse de Canelle.

Les pagayeurs ont dû souquer très dur et les hommes sont trempés par les embruns.

Lasserre nous signale par lampe-torche que les rouleaux sont trop forts pour débarquer, et nous donne rendez-vous à l'ouverture de l'anse de Favone, à 3 milles au sud, où ils ont pu obtenir le concours d'une embarcation de pêche.

A 23 h 20, nous faisons route sur un petit feu clignotant. C'est notre pêcheur.

Il nous accoste et nous mouillons de nouveau.

Nos cinq camarades du *Casa* rembarquent, ainsi que Preciosi et Griffi.

Les deux agents des Organisations de combat descendent dans la barque de pêche.

Le radio Griffi a pris passage dans cette embarcation pour nous apporter quelques renseignements de la part du commandant de S., mais il doit repartir à terre, où son rôle n'est pas terminé.

Puisque, pour la première et sans doute la dernière fois de nos opérations, nous avons à notre disposition un bon moyen de transport de munitions, une embarcation de pêche solide, nous allons en profiter, et nous commençons à monter des colis sur le pont ; mais le vent se lève de nouveau et le pêcheur proteste qu'il va démolir sa barcasse. Nous voulons le filer sur l'arrière, sur une remorque, et faire un va-et-vient avec les rubbers pour embarquer le matériel, mais il ne marche pas dans la combinaison et s'éloigne.

Arrivés à terre, les agents des Organisations de combat rencontrent le commandant de S... et s'en séparent.

Le radio Griffi et le commandant de S... regagnent leur zone de travail.

Les environs de Canelle et de Favone sont libres d'occupants sédentaires. La route est patrouillée de temps en temps.

C'est justement parce que, sur une trentaine de kilomètres, la surveillance est pratiquement très faible, que cette région avait été choisie pour l'opération.

Nous aurions donc pu y débarquer aisément une grande quantité de munitions si la persistance inaccoutumée du vent d'est ne nous avait pas considérablement gênés et si nous n'avions pas perdu notre youyou dans la tempête, en baie de Bon-Porté.

Quant à nos lascars, leur joie d'avoir rallié leur *Casabianca* est touchante.

Ils ont eu la vie dure ; mais ils ont été très utiles à la mission PEARL HARBOR et nous donnent des renseignements précieux, notamment sur le trafic Bastia-Italie, que nous nous proposons d'attaquer avant de repartir vers le point X, en Provence.

Pour ce qui est du *Casabianca*, la mission Y est parfaitement réussie ; nous n'avons plus qu'à repartir et aller patrouiller pendant un jour au large de Bastia, le 11 mars, à 0 h 17.

La région resserrée entre la Corse, les îles d'Elbe, de Pianosa et de Monte-Cristo, est malsaine pour nous en surface ; à plusieurs reprises, nous sommes signalés par des fusées lancées de l'île de Monte-Cristo.

On est têtu, ou on ne l'est pas ! Nous décidons, bien que la phase de la lune devienne défavorable, de retourner au point X.

Dès que la prudence le permet, nous demandons par radio à Alger de prévenir le groupe de Provence que nous nous représenterons pour débarquer et rembarquer les agents, dans la nuit du 13 au 14, après le coucher de la lune, dernière limite.

En attendant, allons essayer de nous amuser un peu avec le trafic de Bastia. Lasserre nous a dit que deux bateaux italiens desservent régulièrement le port nord-est de la Corse ; ce sont le petit paquebot *Francesco-Crispi* et le cargo de 10 000 tonnes *Tagliamento*.

Dans la journée du 11 mars, nous patrouillons sur l'axe Bastia-île d'Elbe.

Nous notons une forte surveillance aérienne et lui échappons plusieurs fois par la plongée profonde. Il y a aussi un gros trafic aérien, mais les avions de transport volent à raser la mer et ne sont pas dangereux pour nous.

La mer est sans une ride. Les attaques seront difficiles et les coups de périscope ne devront pas dépasser deux à trois secondes, afin d'échapper aux veilleurs de passerelle des bâtiments ennemis.

A 13 h 37, j'aperçois, par tribord, se détachant sur l'île d'Elbe, un gros cargo. Il est escorté par un chalutier grenadeur qui se tient sur son arrière tribord, à 500 mètres. C'est une excellente position pour courir sur notre périscope et contre-attaquer, en nous lâchant des grenades sous-marines ou en cherchant à nous aborder.

Nous rappelons aux postes de combat.

Je reconnais le *Tagliamento* à son unique cheminée et précipite l'attaque par tubes d'étrave ; nous allons tenter de passer sur l'avant de l'escorteur.

L'inclinaison de l'ennemi est de 15° droite. Il ne peut nous échapper si ses zigzags ne le sauvent au dernier moment.

Nous viendrons à contre-bord pour lancer par tubes orientables à la circulaire 40°, en défilant si près de l'escorteur qu'il ne pourra nous aborder. C'est un chalutier qui n'a pas de mortier ; nous ne craignons donc pas un grenadage à courte distance.

Nous donnons des coups de périscope rares et brefs.

A 13 h 45, passé sur l'avant de l'escorteur ; identifié avec précision la route de l'ennemi. Notre route converge avec celle du *Tagliamento*, dont nous allons passer à 450 mètres.

S'il ne change pas de route, il est à nous ; tout le monde est radieux. Dans le poste central, Bellet a compris à mon regard que la fin approche.

Malgré le calme plat, nous n'avons pas été vus. Quatre torpilles sont prêtes et la gerbe est disposée. Il n'y a plus qu'à attendre.

Le but marche entre 8 et 10 nœuds. L'angle de visée est calculé et placé.

A 13 h 48 :

— Paré à lancer. Attention !

Coup de périscope.

Malédiction ! Le cargo et son escorteur ont fait un zigzag de 30° sur la droite !

Nous serons trop près. Les torpilles passeront dessous, ou, si elles frappent, nous allons encaisser très dur, du fait de leur explosion.

Tant pis !

— Lancez !

Je me cramponne. Rien ne se produit après le départ de la gerbe. Les torpilles n'ont pas dû avoir le temps de prendre leur immersion ; elles passent dessous [1].

J'aurais dû évidemment m'abstenir, mais ça me brûlait et j'étais plein d'« instinct criminel », en cette première occasion.

Nous nous dérobons, à toute allure, sur la gauche après le lancement.

L'escorteur se rue sur nous et nous lâche deux grenades qui nous ratent.

Là-haut, ils en sont quittes pour la peur. Mais quelle peur ! En reprenant la vue, je vois nos deux bateaux crachant de la fumée et faisant route à toute vitesse vers Bastia, qu'ils atteignent bientôt.

Quelle guigne !

Bah ! Nous n'y sommes pour rien, et tout a merveilleusement marché dans la direction de lancement.

Nous n'avons pas été vus, puisque la réaction de grenadage a suivi le lancement. De cela, nous pouvons être légitimement satisfaits.

Après cette manifestation spectaculaire, l'alerte est certainement donnée dans tout le secteur ; le trafic est arrêté ; nous allons avoir tout le monde sur le dos.

Pourtant, avant de repartir pour le point X, nous voudrions bien nous venger un peu.

Lasserre et Vigot nous font saliver en nous apprenant qu'à quatre kilomètres au sud de Bastia, près du cimetière, il y a un important dépôt d'essence ennemi.

Nous irons le détruire au canon, au petit jour, demain, avant de rallier la Roche Escudelier. Nous voulons insulter l'ennemi.

Dans l'après-midi du 11, patrouille vaine. Aperçu de nombreuses vedettes anti-sous-marines et des schooners grenadeurs qui nous cherchent avec leurs hydrophones.

Après avoir rechargé notre batterie à grand débit en quelques heures de nuit, nous plongeons de bonne heure et nous nous présentons devant Bastia vers 5 heures du matin.

Au jour, nous repérons le cimetière et rappelons aux postes de combat artillerie.

---

1. Dans des circonstances analogues, le sous-marin américain *Sturgeon* touche l'ennemi et reste à moitié groggy pendant des heures.

Du côté de Bastia, de nombreux bateaux grenadeurs nous cherchent. Il faudra faire vite pour faire surface et tirer, puis nous échapper en plongée. Le dépôt d'essence est protégé par une batterie italienne de quatre canons de 75 millimètres ; ils n'auront pas le temps de régler leur tir sur nous, si nous pouvons les surprendre.

Les munitions sont sorties de la soute et rangées dans le poste central, pour assurer le ravitaillement rapide du canon.

A 5 h 45, nous sommes à bonne portée. On est paré à faire surface.

Au moment précis où je vais ordonner : « Surface. Armez le canon. Commencez le feu aussitôt paré », deux grenades sous-marines éclatent pas très loin et nous secouent.

Nous sommes repérés. Nous allons à 40 mètres. Le petit jeu du chat et de la souris commence entre le sous-marin et le chasseur.

Nous suivons parfaitement le gisement de l'hélice du bâtiment grenadeur dans notre écouteur G16.

Il se rapproche. Il est au gisement constant, nous passe dessus et nous envoie une nouvelle dégelée de grenades. Il nous arrose plusieurs fois, sans nous créer d'avaries.

Ce n'est qu'à 8 h 50 que nous finissons par semer nos poursuivants, après trois heures d'émotions bien désagréables.

Ainsi, comme nous le pensions, tout le monde est alerté. L'ennemi a rappelé aux postes de combat dans toute la région, ordre dont la traduction dans sa langue est : « Panica generale » !

Il est grand temps de quitter les lieux pour retourner au point X, faire une dernière tentative de mise à terre de nos agents et d'embarquement des Patriotes.

Le 12 mars, à 18 h 54, nous faisons surface au nord du cap Corse et faisons route vers le phare du Titan, sur lequel nous atterrissons à 1 h 20, le 13 mars. Nous plongeons, cap sur la baie de Bon-Porté.

La navigation à la sonde dans ce coin, nous l'avons répété, n'est pas très facile.

« Et pourquoi avez-vous choisi cette région dont l'hydrographie est si mal connue ? », demanderez-vous. C'est précisément pour cela. Personne n'imaginera qu'un sous-marin risquera de s'y aventurer, et la surveillance ennemie y sera moins attentive. Nous l'avons déjà vérifié quatre fois depuis le 4 février.

Qu'importe la difficulté de la navigation ! Ne vaut-il pas mieux affronter, à un nœud, les cailloux, que le cordon de surveillance ennemie ou ses champs de mines ? Les rochers n'ont pas de mitrailleuses, mais les Allemands en ont et savent s'en servir...

Ce matin, nous sommes en retard, et le temps paraît long. J'avoue que mes nerfs sont mis à rude épreuve. Nous devrions être posés depuis 8 heures du matin, et le sondeur n'indique toujours pas de fond à 9 heures.

Mais, que diable ! nous rencontrerons bien la terre. Seulement, si vous examinez la carte, il y a de quoi s'inquiéter, car notre retard à trouver le fond peut s'expliquer si nous avons été déportés à l'est par le courant : nous pourrions pénétrer dans le golfe de Saint-Tropez.

Mais je refuse de l'admettre.

Vers 10 heures, le sondeur indique 350 mètres, puis plus rien. Les fonds s'affichent de nouveau et remontent à pic : 180 mètres, 100 mètres, 60 mètres.

— Stoppez.

Et la récompense vient enfin : à 11 h 7, nous reposons par 48 mètres de fond ; sûrs, d'une certitude qui pourrait faire sourire, que nous sommes en face du point X.

En tout cas, je vous affirme que je dors sans aucun souci et sans aucune appréhension tout l'après-midi, après cette matinée qui m'a semblé si longue, en attendant de prendre contact avec le sol de la Provence. Je suis sûr d'être en face du point X. Cela ne s'explique pas : c'est la grâce du commandement que tous les marins connaissent et qui joue de temps en temps.

La lune a crû, depuis notre dernier passage en baie de Bon-Porté. La nuit noire sera courte. Nous réussirons notre mission si la mer est tout à fait calme, si les Patriotes se manifestent sans retard et si le transbordement est rapide. Nos trois agents officiers se rendent compte qu'ils n'auront pas beaucoup de temps pour se mettre à l'abri avant le jour, mais acceptent de tenter l'aventure. Ils comptent fermement rencontrer un groupe d'accueil qui les orientera vers un abri proche. Nous n'en sommes pas aussi convaincus.

A 1 heure du matin, nous faisons surface, silhouette réduite à celle du kiosque, et nous nous approchons le plus près possible de terre, à deux cents mètres.

La mer n'est pas parfaitement calme, mais nous mettons quand même les pneumatiques à l'eau et faisons embarquer la mission. C'est la première fois que je vois la houle d'est persister aussi longtemps, et nous n'en augurons rien de bon.

L'armement des pneumatiques reçoit des consignes sévères. Ces frêles embarcations ne doivent, à aucun prix, s'aventurer dans les rouleaux. Elles ont l'ordre de longer le littoral, pour chercher un point d'accostage facile et calme. Mais le ressac est très fort partout et, d'un commun accord, les agents et nos hommes renoncent à aller s'écraser sur les rochers et font demi-tour vers nous.

Le *Casabianca* avance vers la terre, le plus près possible, pour suivre ses embarcations et les recueillir.

La quille talonne à 2 h 40 et nous dégageons en arrière, après avoir repris nos gens et hissé les pneumatiques.

Nous n'avons aperçu aucun signal. Seule, une lumière fixe est visible, dans le nord-est, inquiétante.

Il est 3 heures du matin, la nuit sera bientôt finie. Il est trop tard pour aller chercher un coin abrité du vent d'est et y déposer nos agents. D'ailleurs, deux d'entre eux me précisent que, s'ils ne rencontrent pas de guide à terre, ils ne sauront comment contacter la Résistance.

Le troisième, M. Jean (c'est son pseudonyme), voudrait débarquer en se laissant rouler à la plage. Il s'arrangerait pour faire disparaître son pneumatique compromettant, du point d'accostage, mais il ne sait malheureusement pas se débrouiller en embarcation.

Nous sommes pratiquement en plongée depuis vingt-sept heures.

Nous n'avons pas ventilé l'intérieur du bord en surface, de peur d'alerter l'ennemi par le bruit de la mise en marche de nos ventilateurs, si près de lui. L'atmosphère devient lourde et nous ne pouvons retourner encore pendant vingt-quatre heures sur le fond dans ces conditions, car nos bouteilles d'oxygène avant et arrière sont presque vides, après les nombreuses heures de plongée que nous nous sommes offertes depuis le départ d'Alger, le 2 mars.

La lune ne se couchera que vers 2 heures, le 15 mars, et, par conséquent, nous n'aurons pas le temps nécessaire pour effectuer un débarquement discret demain avant le jour.

Il faut renoncer à poursuivre nos tentatives.

Nous avons tenté, par quatre fois, l'opération, sans hésiter à courir des risques graves pour le bateau, car nous voulions la réussir. Mais il y a une limite qu'il ne faut pas dépasser et que j'estime atteinte.

Nous reviendrons plus tard, à la prochaine nouvelle lune.

Nous nous éloignons, à regret, vers le sud, pour pouvoir ventiler à régime accéléré, avant la plongée du jour.

C'est d'autant plus vexant, que nous venons de faire effectivement quatre présentations comportant les mêmes difficultés et les mêmes risques que si nous avions réussi quatre missions. La Méditerranée n'a pas voulu nous permettre de franchir deux cents mètres d'eau...

Le projecteur du Titan nous éclaire, mais continue de balayer la mer sans nous voir. Il fait sans doute sa petite exploration régulière avant l'aube... à moins que nous ne soyons repérés par radar.

Le 14 mars, à 3 h 25, nous plongeons, route au sud, sans avoir pu recharger la batterie, pour une longue et glaciale journée, jusqu'à la nuit prochaine.

Le retour monotone vers Alger commence. Il est marqué par une nouvelle avarie des auxiliaires électriques des diesels, qui nous force à demeurer stoppés en surface l'avant-dernière nuit avant l'arrivée.

Grâce à un travail acharné, les mécaniciens réparent avant le jour. Ce matériel continuera d'être notre cauchemar.

En rentrant de cette longue opération, au cours de laquelle nous n'avons cessé d'être à la merci du vent, nous songeons, avec amertume, que le programme aurait pu être complètement rempli si nous avions disposé de deux doris solides et maniables et de moyens de transmissions phoniques. Nous constatons, une fois de plus, que les pneumatiques ne peuvent être utilisés seuls dès que souffle la moindre brise, et nous souhaitons qu'enfin l'on nous munisse d'une drôme appropriée aux débarquements sur une plage. Car nous possédons, maintenant, une réelle expérience des coups de main à terre.

Le *Casabianca* s'est avéré, une fois encore, un outil remarquable pour les opérations de Deuxième Bureau.

Nous rêvons d'augmenter le rendement de nos débarquements et sommes bien décidés à entreprendre de gros coups pour armer, le plus vite possible, les Patriotes corses.

Nous envisageons également la possibilité de faire des coups de main de sabotage avec de forts commandos. Cette idée fera du chemin dans nos esprits et sera exploitée bientôt.

Mais, depuis notre départ de Toulon, nous avons « tiré » sans ménagement sur le matériel ; un petit carénage s'impose. Nous l'entreprendrons à Oran, et le *Casabianca* va disparaître de la scène pour une très courte période.

En arrivant à Alger, nous sommes chaudement félicités pour le succès en Corse et pour notre obstination sur les côtes de Provence, digne d'une meilleure chance. Les embarcations que nous réclamons une fois de plus nous sont promises pour notre retour de carénage, ainsi que les postes de phonie.

Le *Casabianca* a acquis la confiance des autorités, et l'amiral de la Flotte, sir Andrew Cunningham, commandant en chef des Flottes de la Méditerranée, admiré et aimé de tous les marins, songe à nous spécialiser complètement dans les missions secrètes. Nous voudrions bien pourtant faire un peu notre métier d'attaque, tout en continuant notre passionnant et dangereux travail avec la Résistance. Il est convenu qu'on nous utilisera pour de courtes patrouilles à l'aller ou au retour de nos missions.

5

Petit carénage à Oran

Pendant le séjour à Oran, nous voyons arriver avec joie les camarades des sous-marins de 600 tonnes. Enfin, nous allons commencer à compter en Méditerranée.

Les Constructions navales nous prennent en main activement dès notre arrivée à Oran.

Les pare-étincelles dessinés par Kerneur et soudés sur les échappements par l'industrie locale d'Alger, ont été oxydés par la mer. Ils sont remplacés, et nous nous contentons de cette solution, parce que l'installation d'un échappement sous l'eau rencontre trop de difficultés sur un 1 500 tonnes et que ce serait trop long à réaliser.

Les 600 tonnes, au contraire, peuvent profiter de notre expérience, et leurs échappements sont transformés.

Bellet et Kerneur, sceptiques lorsqu'ils pensent à nos chances d'obtenir des doris, imaginent de faire réaliser une embarcation métallique facile à échouer sur une plage et à l'épreuve des coups durs. Ils gagnent à leur projet l'ingénieur mécanicien du Centre des sous-marins d'Oran, le charmant et très compétent Brouillard, et celui-ci se charge de nous faire construire l'engin par son atelier, sur les plans établis par Kerneur.

C'est ainsi qu'est né le « Cuirassé », que nous verrons plus tard en pleine action.

Le Cuirassé, ainsi surnommé par l'équipage, est un flotteur entièrement métallique, également pointu des deux bouts. Les extrémités constituent deux caissons étanches qui le rendent insubmersible.

Les bordés en tôle sont obliques, puisqu'ils relient la section à hauteur des avirons à celle du fond, dont la surface est environ deux tiers plus petite, mais non galbés, car l'atelier de la base des sous-marins n'a pas de presse à emboutir les tôles. Ils sont ridés par des tubes creux remplaçant les fargues et les couples habituels, pour donner une grande rigidité à l'ensemble. On utilise le matériel qu'on peut trouver : des tubes de chaudières !

Le fond, de forme oblongue, est complètement plat.

L'ensemble veut rappeler, évidemment, un doris, mais « mastoc ».

Toutes les intentions étaient pures, et je ne veux surtout pas blaguer nos constructeurs bénévoles, qui ont fait des prodiges pour réaliser ce curieux baquet par les moyens du bord.

Nous procédons un jour, sans grand espoir, au lancement de ce nouveau bâtiment de la Flotte.

Il flotte ! C'est une belle fête !

Un poste d'amarrage est choisi sur le pont arrière du *Casa* pour y fixer solidement notre « annexe ». Mais pour hisser cette arche pesante, il faut de nombreux bras, et à chaque effort la tôle se détend en faisant un bruit de tonnerre, auprès duquel un tam-tam de mille nègres frappant sur des bidons vides n'est rien. Ça sera discret, en face de l'ennemi !

Nous avons du moins la certitude que les chocs de la mer et les échouages violents n'entameront pas notre Cuirassé. Pour s'en servir et naviguer, c'est une autre affaire, car il ne veut pas marcher droit.

Donnart, le gabier, essaye en vain de persuasion et de grands coups d'avirons pour le maintenir à un cap fixe.

Pourtant, n'en médisons pas trop, car il nous rendra les plus grands services pendant les nuits du 1er au 2 août et du 2 au 3 août...

Nous passons enfin sur le grand dock flottant d'Oran, que les Américains ont vite renfloué après le sabordage de novembre 1942.

Il y a, à Oran, un petit dock flottant pour petits bâtiments : portant jusqu'au tonnage de torpilleur. Un grand dock pour gros cargos. C'est la lutte au couteau pour y passer ; il faudrait, pour un peu, aller se faire torpiller au cap Canastel, au cap Tenès ou aux îles Habibas, parages très fréquentés par les sous-marins de l'Axe, pour obtenir d'y monter.

Toutes les prises d'eau, les remplissages, les barres, les tubes lance-torpilles, etc., sont vérifiés et remis en état. Le service des mécaniciens, dit de l'extérieur, a un rude travail. A la fin de la journée, les descentes et ascensions dans les ballasts vous laissent plus épuisés que de longues courses en montagne.

Les microphones d'écoute sous-marine, après des aventures burlesques (qui, n'en doutez pas, ne sont pas imputables au bord !), sont changés.

Au moment du relevage du dock, nous éprouvons une forte sensation, à mesure que l'eau baisse, en examinant le safran de la barre de direction.

Il est rebroussé sur une surface plus grande encore que nous ne l'imaginions d'après le rapport de notre scaphandrier, après le rapide examen d'Alger. Le cadre arrière est cassé très haut, mais cela a tenu, malgré de durs coups de tabac. Nous sommes ravis d'avoir continué nos opérations quand même, et rions sans vergogne de notre « culot » qui nous a permis de ne pas manquer un jour d'activité.

L'angle inférieur arrière est reconstruit avec un arrondi, de façon à rendre le safran moins vulnérable à l'avenir.

Tout est bien qui finit bien.

En février 1947, je dînais avec le général Giraud dans un restaurant parisien ; je lui racontai nos aventures de compas et de gouvernail ; je lui expliquai comment l'équipage du *Casabianca* avait été ravi de notre décision de continuer la lutte malgré nos avaries.

— Mon cher ami, c'est grâce à des fous comme ceux du *Casabianca* que nous avons gagné, me répondit-il.

Il le disait avec tout son cœur et avec une sincère émotion. L'appréciation de ce grand soldat, coutumier d'exploits héroïques, est pour nous un précieux titre de gloire.

Je suis tellement fier de mes quatre-vingt-cinq compagnons, que le lecteur m'excusera d'être comme ces parents qui se rengorgent en parlant de leur progéniture... comme on n'en a jamais vu. Mais ne commencez-vous pas à penser que je n'ai pas tout à fait tort ?

Nous étions des fous éclairés, d'ailleurs. Il faut parfois en mettre un sacré coup pour être de tous les combats, même avec des moyens très diminués, et ne pas rester en arrière du front.

Il faut connaître à fond toutes les ressources de son métier. Il faut être optimiste et passionné d'action.

Il faut faire face aux difficultés avec bonne humeur !

« Un saint triste est un triste saint », dit-on.

Un marin triste n'est pas un marin du tout. Il ferait mieux de ne pas se lancer sur la mer où les aventures commencent, et de rester à pleurnicher sur le malheur des temps... qui l'ont vu naître.

Pendant les travaux de carénage, nous débarquons la batterie d'accumulateurs, pour faire lessiver les plaques.

Bellet avait eu l'idée de modifier l'accorage réglementaire des bacs sur le corniérage des compartiments.

Il m'avait soumis son plan, et je l'avais approuvé.

Entre les cales et les coins de porcelaine ou de bakélite utilisés comme accoreurs des bacs, il s'agissait d'interposer des pièces de caoutchouc, pour introduire un peu d'élasticité dans le bloc de la batterie.

Cette légère élasticité permettrait d'absorber les chocs terribles au grenadage, et éviterait probablement que les bacs ne soient brisés, comme cela était déjà arrivé sur quelques sous-marins.

Nous remontons la batterie suivant ce principe.

Il fera ses preuves au cours d'un grenadage à bout portant que subira le *Casabianca* à la fin du mois de décembre 1943, sous le commandement de Bellet.

Pendant notre séjour à Oran, les sous-marins de 600 tonnes achèvent leur mise au point avant d'aller participer aux patrouilles de la Huitième Flottille de sous-marins britanniques. Le capitaine de vaisseau anglais commandant cette flottille, le Captain Fawkes R.N., vient d'Alger, nous rendre visite. C'est lui, en effet, qui réglera nos patrouilles, et il veut prendre contact avec nous, se mettre au courant de notre situation matérielle et nous donner quelques conseils et éclaircissements sur le métier qui nous attend. Nous allons augmenter le nombre de ses poussins.

Jusqu'à présent, le *Casabianca* a agi sous les ordres directs des trois services secrets alliés, auxquels le commandant en chef civil et militaire français le prêtait.

Mais le Captain Fawkes a été mis au courant, de façon précise, de nos missions par les copies de nos rapports d'opérations.

Il nous réserve une précieuse et charmante surprise.

La coutume, dans les flottilles anglaises, veut que le chef, Captain (S), décerne à ses sous-marins qui ont obtenu des succès un pavillon noir à tête de mort, le fameux « Jolly-Roger » des pirates d'autrefois, indiquant leur genre de victoire. Voici la forme et la signification des plus courants :

— pour tout bâtiment de guerre coulé à la torpille : une bande rouge horizontale ; si le bâtiment a été touché sans être coulé, la bande rouge est marquée d'un disque blanc qui indique l'impact ;

— pour tout bâtiment de commerce coulé à la torpille : une bande horizontale blanche ; un disque noir indique l'impact si le bâtiment n'a pas été coulé ;

— un bâtiment coulé au canon est signalé par deux canons entre-croisés ; une étoile rouge est cousue entre les deux volées pour un bâtiment de guerre, une étoile blanche pour un bâtiment de commerce ;

— les missions secrètes réussies sont marquées par une dague blanche.

Le Captain Fawkes a fait confectionner pour le *Casabianca* un Jolly-Roger avec trois dagues, pour mentionner nos trois sorties victorieuses, et nous le remet solennellement de la part de la Huitième Flottille.

Ce geste élégant nous flatte énormément et nous rêvons de mériter d'autres signes au cours de nos prochaines missions.

Cette mode du Jolly-Roger a été lancée par un des captains (S) anglais et a été adoptée par toutes les flottilles.

Cette façon de créer l'émulation entre les bateaux est hautement psychologique.

Au retour de croisière et pendant vingt-quatre heures, le sous-marin victorieux arbore son Jolly-Roger, ce qui met au courant la flottille tout entière de ses victoires.

Le précédent du *Casabianca* sera désormais la règle sur les sous-marins français.

Nos Alliés américains ont une autre formule : ils peignent, à l'extérieur du pavois de leurs baignoire des signes conventionnels, comme le font les aviateurs sur leur carlingue.

Les réparations se terminent enfin sur le *Casabianca*. La Huitième Flottille britannique nous détache un officier de liaison, un quartier-maître radio et un quartier-maître timonier. L'officier anglais est chargé des documents secrets et codes britanniques ; il sert à bord d'officier du chiffre, aidé par ses camarades français de l'état-major du sous-marin.

Nous n'avons eu qu'à nous louer des services de nos collègues, et je veux spécialement mentionner :

— le sub-lieutenant de réserve Stainton R.N.V.R.,
— le quartier-maître radio Huntingford,
— le quartier-maître timonier Beatty,
— le quartier-maître Lemeunier (embarqué après mon départ du bord).

En quelques jours, ils sont devenus de véritables membres de l'équipage, attachés sentimentalement à leur bateau au même degré que les Français.

Sur leur béret anglais, les deux quartiers-maîtres portaient le ruban français.

Je suis toujours en correspondance avec deux d'entre eux et tenu au courant des événements survenus dans leurs familles. Ils sont démobilisés en Angleterre depuis la cessation des hostilités.

Nous les avons considérés et estimés comme des nôtres. Ils ont fourni un bel exemple de la fraternité alliée dans la lutte contre l'ennemi commun.

Avant de repartir pour Alger, nous exécutons quelques exercices combinés avec les vedettes rapides « Asdic » anglaises et les destroyers américains, dans le sanctuaire [1] réservé à cet effet, au nord de la baie d'Oran. Les bateaux de surface s'entraînent à la recherche du sous-marin et au grenadage ; nous lançons des torpilles d'exercice.

Bientôt, on nous réclame à Alger, pour continuer le ravitaillement en armes et en munitions des Patriotes corses. Le moment approche, en effet, où le soulèvement libérateur devra être déclenché.

6

Nos torpilles en Afrique ; caractère des attaques en Méditerranée après la chute de Tunis

Nous avons embarqué précipitamment à Toulon notre armement de torpilles ; ce sont des torpilles d'un lot ancien, réputées pour leur marche capricieuse en immersion ; aux lancements de vérification annuelle, on a constaté souvent que leur immersion était presque toujours trop forte pour un réglage donné ; elles n'ont pas été lancées en vérification depuis fort longtemps ; mais elles ont été lancées, par différents sous-marins, en baie des Salins-d'Hyères avant leur départ en relève aux colonies, pour expérimenter le principe des gerbes [2]

1. Zone d'exercice pour sous-marins, connue des bâtiments alliés, où ils ne doivent pas grenader.
2. Lancement de plusieurs torpilles.

Bonneau, sans contrôle de leur vitesse et de leur immersion. Or, les torpilles de combat de ce modèle ont des moteurs très poussés ; il est recommandé d'en réduire le nombre de lancements au minimum ; les lancements réglementaires annuels de vérification avaient été, peu de temps avant la guerre, remplacés par des lancements tous les deux ans, dans ce but. Elles nous donneront des déboires, lors de notre patrouille du mois de juin 1943.

Le règlement français fixe immuablement l'immersion des torpilles de combat à trois mètres. Il n'est pas adapté aux conditions de la guerre contre les petites unités italiennes, qui sont caractérisées par un très faible tirant d'eau, ou contre les cargos « lèges [1] ».

Avant de débarquer du *Casabianca*, j'ai fait fixer l'immersion de réglage à 2,50 m. Cette immersion a été même réduite, par la suite, à 2,20 m, comme sur les torpilles anglaises, par mon successeur.

La base de Casablanca possède un stock de torpilles de remplacement provenant de lots plus récents. Leur marche est plus régulière. Mais leur nombre est assez limité, et l'industrie de l'Afrique du Nord ne peut pas en construire.

Nos torpilles ont un diamètre de 550 mm, celles des Anglais et des Américains, un diamètre de 533 mm, de sorte que nous ne pouvons pas utiliser ces dernières dans nos tubes, même avec des réducteurs de calibre, car le dispositif réducteur de bulles d'air au lancement ne fonctionnerait plus et cela ferait courir des risques inacceptables à nos sous-marins, qui seraient décelés, au moment du lancement, par les énormes bulles de la chasse des torpilles.

Nos torpilles ne sont pas munies, comme les torpilles étrangères, de percuteurs magnétiques ni de dispositifs acoustiques qui les font exploser à proximité des coques et se diriger vers les hélices bruyantes.

Elles possèdent un percuteur mécanique à quatre branches qui ne fonctionne qu'au contact direct de la coque. C'est pour nos sous-marins un très gros handicap, qui ne les a pas empêchés, cependant, d'avoir de beaux succès.

Depuis la défaite des Germano-Italiens en Tunisie, il n'y a plus de convois ennemis traversant la Méditerranée. Nos commandants doivent aller s'attaquer au cabotage, très peu important, qui ne se risque que très près des côtes et qui est fortement escorté par des vedettes grenadeuses à « Asdic » et hydrophones et des avions. La zone côtière est en outre patrouillée par des chasseurs et des bateaux-pièges puissamment armés de quatre-vingt-dix grenades, de onze armes automatiques, et munis d'« Asdic » et d'hydrophones.

1. Qui naviguent à vide.

Bellet, sur le *Casabianca*, a accompli des acrobaties pour trouver des victimes près des côtes ; il les a envoyées par le fond, avec une audace et une habileté remarquables.

Les réactions de l'ennemi deviennent de plus en plus redoutables. Nos sous-marins sont poursuivis pendant des heures. J'espère que leurs récits paraîtront un jour. Le *Prothée*, sous-marin de 1 500 tonnes, a été coulé devant Toulon, en décembre 1943, et perdu corps et biens. Deux de nos sous-marins actuels portent le nom de deux braves de son équipage : le commandant Millé et l'ingénieur mécanicien Laubie.

Le *Casabianca*, terriblement sonné après un lancement réussi sur un gros cargo fortement escorté, n'échappe à la destruction que grâce au sang-froid et à l'entraînement parfait de son équipage.

L'*Aréthuse* et l'*Orphée* sont grenadés sévèrement pendant des heures après des torpillages réussis sur la côte de Provence.

Départ en patrouille

Assister au départ en patrouille d'un sous-marin a quelque chose de très émouvant quand on connaît les dangers qu'il va affronter.

La coque sombre glisse, basse sur l'eau, hors du port ; dès la sortie, le sous-marin plonge, pour vérifier sa pesée, puis il fait route vers l'aventure. Jusqu'à son retour au port, les hommes ne verront plus la lumière du jour, sauf quelques-uns pour de courtes attaques de surprise au canon.

Pendant le jour, le sous-marin navigue en plongée à petite vitesse, pour économiser son électricité. La Méditerranée est une mer trop étroite et les avions qui la survolent sont trop nombreux pour qu'il puisse se permettre de rester en surface.

A la nuit faite, il remonte à l'air libre, lance ses diesels et fait du chemin en rechargeant sa batterie et ses groupes d'air comprimé.

Un tiers de l'équipage est de quart ; trois ou quatre hommes ont le privilège de respirer sur la baignoire pendant la nuit et... de s'y faire tremper jusqu'aux os quand la mer est mauvaise, les autres sont à leur poste devant les appareils moteurs et les organes de plongée. Les deux autres tiers reposent lourdement sur leurs couchettes, lisent, jouent aux cartes ou mangent, font de l'esprit...

Par les longues journées d'été, en fin de plongée, on a l'impression d'être enfermé dans une chape de plomb. Les moindres efforts sont épuisants. La respiration est sifflante et chacun l'économise. L'air est si pauvre en oxygène, qu'une allumette ne prend pas feu [1].

1. L'anecdote suivante donnera une idée de la pauvreté en oxygène de l'atmosphère d'un sous-marin après une longue plongée.

Nous nous étions procuré un moteur hors-bord pour faciter nos débarquements à la côte par mauvais temps.

Le maître mécanicien Tagland en était chargé et l'essayait dans le compartiment des diesels avant de remonter en surface.

En surface, par nuit très claire et temps calme, d'une seconde à l'autre le klaxon d'alerte peut retentir ; trente secondes plus tard, le sous-marin est à douze mètres.

L'ennemi est en vue.

— Aux postes de combat.

D'un bond, chacun rallie son poste, le cerveau lucide. Les réflexes sont déclenchés par le hurlement du klaxon.

Puis les ordres familiers à chacun de l'attaque se succèdent. Le moment du lancement arrive.

— Lancez !

Les torpilles partent, et c'est la joie intense des explosions victorieuses quand l'ennemi est touché.

Puis commence la sarabande des grenadages. Les traits se durcissent pour cacher l'angoisse. Chacun sait réagir en cas d'avarie et se tient prêt à exécuter les ordres, étrangement calme.

Il faut des nerfs d'acier pour résister à cette vie contre nature que l'on mène sous l'eau incompressible qui transmet impitoyablement tous les chocs.

La confiance réfléchie en eux-mêmes et en leur bateau de ces hommes parfaitement entraînés explique qu'ils continuent leur métier et qu'ils le préfèrent à tout autre.

Mais lorsque, du quai, un sous-marinier voit partir ses camarades, il ne peut manquer d'être remué par un sentiment de profonde émotion, en attendant son tour.

Une fois, malgré tous les essais, le moteur refuse de démarrer. Il est démonté, visité, sans qu'on trouve rien d'anormal dans les organes mécaniques.

Après le retour en surface, Tagland transporte le hors-bord sous le panneau du sas qu'on avait ouvert et par lequel l'air frais s'engouffrait. Au premier essai, le moteur démarre parfaitement.

En plongée, il n'y avait plus assez d'oxygène dans le sous-marin pour produire l'allumage de l'essence.

Il arrive souvent qu'on ne puisse allumer une allumette après une longue station sous l'eau.

Il ne faut donc pas s'étonner que la respiration soit parfois pénible dans un sous-marin.

Un soir, après une longue journée d'été passée sous l'eau et une plongée matinale, une heure avant de faire surface, je me suis senti particulièrement incommodé. Je suis allé m'étendre sur ma couchette, pensant que j'éprouvais un malaise passager. Mais lorsque je suis remonté dans le kiosque (qui est le coin le plus mal ventilé sur nos sous-marins) avant le retour en surface, j'ai été rassuré (si je puis dire) sur mon état physique personnel en entendant les respirations sifflantes des matelots bien plus jeunes que moi. Nous étions tous très oppressés.

Hélas ! le résultat de nos trop nombreuses heures passées sous l'eau pendant la guerre a été terrible pour plusieurs d'entre nous, notamment pour les jeunes. Une dizaine d'anciens du *Casabianca* soignent encore des affections pulmonaires graves contractées au cours de nos longues navigations sous l'eau.

Deux histoires de patrouille qui auraient dû mal finir

Le lundi 13 juin 1943 est un beau lundi de Pentecôte, mais sur le *Casabianca*, comme sur tous les sous-marins à la mer, les dimanches et fêtes ne se distinguent en rien des autres jours de la semaine.

On n'est pas superstitieux à bord, et le 13 est noté sur le journal de navigation sans attirer l'attention ni les réflexions de personne, pas même de celui qui l'écrit en tête de la nouvelle page crasseuse du brouillon du journal, à 0 heure.

Nous plongeons de bonne heure, avant 4 heures, dans le canal de Corse, entre le cap Corse et l'île de Capraya, route au sud, pour rallier la latitude de Bastia.

Il fait un calme plat, il n'y a pas une ride sur l'eau.

A midi, nous apercevons une vedette rapide qui patrouille devant le port. Nous passons hors de portée de son « Asdic » et à petite vitesse, pour éviter d'être repérés.

A 13 heures, nous apercevons un bâtiment droit devant, que nous chassons. C'est un schooner anti-sous-marins, analogue à celui qui nous a grenadés précédemment près de Bastia. Ce n'est pas un gibier pour nous, mais les deux bâtiments chasseurs de sous-marins que nous venons de rencontrer ont peut-être été expédiés à la mer pour protéger la rentrée de quelque intéressant transport.

En faisant un tour d'horizon, nous découvrons, en effet, un cargo escorté par deux vedettes qui se rend de l'île d'Elbe à Bastia. Nous sommes assez loin au sud de sa route, et nous nous retournons rondement vers lui pour prendre la route de chasse et attaquer par tubes d'étrave.

Cette manœuvre nous fait passer à mille mètres environ du schooner « Asdic » ; nous n'avons pas d'autre solution, si nous voulons arriver en position d'attaque. Espérons qu'il ne nous repérera pas.

La mer est toujours absolument plate ; cela nous force à refréner notre envie d'aller contrôler sa situation au périscope tant que nous n'aurons pas fini notre évolution à grande vitesse ; le sillage du tube optique déchirant le voile uni de la mer ne saurait manquer d'être repéré par les veilleurs ennemis.

Nous estimons que le cargo est à 6 000 mètres et passera loin de nous, à moins qu'il ne fasse un zigzag vers la gauche qui le rapproche de nos tubes.

Une gerbe de quatre torpilles, par tubes avant, est préparée, et nous fonçons en avant, en regagnant l'immersion discrète de 30 mètres. Par cette mer d'huile, il est peu probable que notre lancement passe inaperçu. Les quatre sillages seront repérés de loin et l'ennemi aura probablement le temps d'évoluer pour les éviter.

Le schooner, qui nous suit sans nous avoir encore découverts, va nous sonner durement. Les vedettes d'escorte qui évoluent sur l'avant de notre but se mêleront à la fête. Mais toutes ces raisons ne sauraient nous arrêter.

Nous conservons peu d'espoir que le but abatte vers nous, car les dernières observations au périscope nous font apprécier sa route au 235. Selon toute vraisemblance, il va, au contraire, venir sur la droite, route au 250, dans la direction de l'entrée du port de Bastia, dont il ne se trouve plus qu'à deux milles environ.

Arrivés à la route de chasse, nous diminuons de vitesse et regagnons l'immersion périscopique de 16,50 m pour pouvoir examiner le but.

A 13 h 38, un coup de périscope confirme l'abattée du cargo sur la droite. Il fait maintenant route au 260 ! Nous remettons les moteurs en avant toute, mais nous serons loin quand même au moment du lancement : environ à 3 000 mètres.

Le graphique nous donne une vitesse de 8 nœuds pour le but. L'angle de visée est calculé et affiché sur la circulaire du périscope.

A 13 h 41, diminué de vitesse avant de donner les derniers coups de périscope. L'inclinaison de l'ennemi est de 40° gauche. Le moment approche.

— Attention ! Tubes 1, 2, 3, 4.

Le poste avant affiche : « Tubes 1, 2, 3, 4, parés. »

13 h 45 :

— Lancez !

Les graduations du micromètre couvertes par la mâture ennemie indiquent une distance de 2 600 mètres.

Je garde encore la vue pendant quelques secondes.

Un bouillonnement sort de notre étrave. Les torpilles sont parties et deux d'entre elles bondissent hors de l'eau. Nous n'éviterons pas le grenadage. Tous les yeux ennemis doivent être dirigés sur le point de départ des torpilles. Le but doit tourner en grand sur la droite pour les éviter, et nous n'aurons pas longtemps à attendre une sévère correction de son escorte.

Nous regagnons la profondeur de 40 mètres, pour rester manœuvrants en cas d'avarie ; nous entendons passer en grondant un bolide au-dessus de nos têtes.

Il n'est point besoin d'hydrophones. Tous à bord entendent le bruit des hélices, rageur, qui nous coupe la respiration.

Une de nos torpilles a eu son gyroscope coincé et tourne en rond. Elle nous aurait torpillés si nous n'étions descendus à 40 mètres !

Le cercle qu'elle décrit sur l'eau est une précieuse indication pour les grenadeurs ennemis qui chargent vers nous.

Le radio-écouteur entend leurs hélices qui barattent la mer à toute vitesse.

A 13 h 49, huit grenades explosent à faible distance et nous secouent violemment.

A 13 h 53, deux grenades très proches nous martèlent.

Nous essayons, en vain, d'échapper à nos poursuivants qui, heureusement, ne font pas d'émissions « Asdic ». Ils nous poursuivent avec leurs hydrophones, et nous marchons le plus silencieusement possible, pour dérouter leurs écouteurs.

Nous reprenons la vue, avec la plus extrême prudence, pendant les trêves de grenadage. Les vedettes sont toujours là, tout près, naviguant en râteau à notre recherche.

Avec régularité, les attaques et les explosions se succèdent.

Pendant ces heures denses, l'équipage reste d'un calme parfait. Les hommes, dans les postes, inscrivent le nombre d'explosions, ce qui donne lieu à des paris.

L'homme de barre, le quartier-maître gabier Donnart, un des trois vétérans du *Casabianca* avec Le Goff et Darchen, qui a connu semblables réjouissances en Norvège en 1940, marque flegmatiquement à la craie, sur la coque, les coups.

Nos amis anglais, les hommes de liaison, définitivement intégrés à la communauté, montrent la même confiance.

Au milieu de l'après-midi, un substantiel casse-croûte est fort goûté de tous et diminue la tension des esprits. Kerneur, qui n'oublie pas l'équipe du kiosque, me fait passer de plantureux sandwiches et de bons « coups de rouge », en proposant, avec le meilleur naturel :

— Un petit casse-croûte, commandant ?

Enfin, à 21 h 15, après environ neuf heures d'anxiété, les cinq dernières grenades nous ébranlent !

La nuit va venir. Nous allons faire surface, car il nous faut recharger la batterie, en perspective des attaques du lendemain. Nous nous battrons en surface, s'il le faut, contre nos poursuivants acharnés.

A 22 h 45, nous faisons surface.

Il n'y a plus rien en vue.

Nos poursuivants ont épuisé leurs grenades.

Nous n'avons éprouvé aucun dégât important. Le youyou est écrasé. Quelques panneaux de pont sont enfoncés, et des cornières de superstructures tordues.

J'ai eu l'occasion, pendant cette guerre, de subir des bombardements aériens et des combats de grosse artillerie, précis et justes, sur le *Montcalm*. On voit les coups tomber tout près, mais on en rend et on peut manœuvrer pour dérégler le tir ennemi.

Sous l'eau, rien de tel. L'approche du grenadage est appréciée à l'oreille. Le tonnerre succède au silence, sans qu'il soit possible de préjuger la justesse de la prochaine attaque, ni de manœuvrer efficacement la plupart du temps pour s'y soustraire.

Nous venons de passer un charmant jour férié.

Le secteur devant Bastia n'a plus d'intérêt les jours qui suivent l'attaque du 13, car l'ennemi, alerté, interrompt tout trafic.

Nous nous transportons, le 17, devant La Spezia, où nous trouvons la mer vide.

Le 18 juin, nous changeons de lieu de pêche et nous arrivons, au petit jour, devant Gênes.

En nous approchant de la digue extérieure, nous apercevons de nombreux bâtiments au mouillage dans le port : des cargos, des paquebots, un cuirassé, des croiseurs et torpilleurs, dont nous espérons la sortie.

Poussés par la curiosité, nous nous approchons jusqu'à un millier de mètres de la jetée sud. Au grossissement 6, on sépare les blocs de maisons de la ville.

Personne, dans le port, ne se doute de notre présence, et nous tournons lentement, en quête d'une proie.

De nombreux avions nous forcent à plonger à 40 mètres ; le temps s'écoule, monotone. Deux chalutiers dragueurs et un remorqueur font un quadrille, non concerté, avec nous, sans nous repérer.

La nuit approche et nous savons que nous serons très probablement rappelés à Alger, pour entreprendre un gros débarquement d'armes en Corse.

Nous nous résignons donc à nous écarter, pour faire surface après le crépuscule, recharger la batterie et veiller les messages d'Alger, retransmis par Gibraltar. Nous n'avons rien reçu pendant la journée en plongée de la station de Rugby, que nous sommes allés écouter, sur ondes très longues, à 12 mètres d'immersion. Mais la réception sous-marine sur cadres du *Casabianca* est défectueuse depuis la dernière séance de grenadage, et nous comptons recevoir des ordres passés sur ondes courtes, pendant la nuit.

Nous captons un long message, adressé à tous sous-marins à la mer, puis l'ordre de rappel d'Alger particularisé au *Casabianca*, dans lequel le Captain (S), Huitième Flottille, nous prescrit de quitter notre patrouille et nous fixe le chemin de retour. Comme cela avait été prévu, nous interrompons la patrouille pour regagner Alger.

Le long message est déchiffré. Il signale un nouveau champ de mines, posé par l'ennemi sur ses côtes. Nous en portons soigneusement les coordonnées sur la carte, et nous nous apercevons, avec une terreur rétrospective, que nous venons de passer toute la journée à tourner en rond en plein milieu de la zone minée !

Cette fois encore, notre heure n'avait pas sonné !

7
Mission de débarquement en Corse du 28 juin au 10 juillet 1943

Rappelés de patrouille le 18 juin, nous arrivons à Alger le 23.

Je suis immédiatement convoqué par les services secrets. Nous devons repartir, aussitôt prêts, pour une importante mission en Corse.

Le temps approche, en effet, où l'on va passer à l'action et chasser l'occupant de l'île.

Il faut armer, le plus tôt possible, les Patriotes, en vue de leur soulèvement.

Ils ont déjà les quelques armes déposées par le *Casabianca* au cours de ses précédentes opérations, mais il faut intensifier la contrebande. Le chef des Organisations de combat en Corse, Césari (commandant Colonna d'Istria), voudrait pouvoir armer 15 000 hommes.

En attendant que le parachutage par avion soit organisé, le *Casabianca*, grâce à son expérience et à son tonnage, aura vite fait d'armer les Patriotes.

Tel est l'avis flatteur des autorités alliées, et nous allons leur montrer qu'elles sous-estiment encore nos possibilités.

Cette fois-ci, nous avons obtenu une drôme importante : deux doris et dix pneumatiques.

Nous touchons deux postes de phonie. Le Service secret britannique nous apporte tout son concours pour l'empaquetage du matériel.

Nous avons de très bons amis dans le Service d'arrimage anglais, qui groupent les armes en colis maniables, conformément aux précisions données par Bellet. Seules les caisses de munitions des mitrailleuses sont encore trop lourdes : elles pèsent cinquante kilos. Nous partirons dès que le travail d'embarquement et d'arrimage sera terminé.

En fait de repos au retour de la patrouille, nos hommes vont mettre les bouchées doubles. Ils sont ravis !

Bellet a dépisté et dégagé tous les recoins du bord et annonce que nous pourrons loger treize tonnes d'armes et munitions ! Nous sommes pris pour des vantards, mais notre meilleure réponse est rapidement donnée : en deux heures, de nuit, tout le matériel est embarqué, sous les yeux admiratifs de deux officiers anglais qui prendront passage avec nous pour l'opération.

La fixation des doris et le logement des dix pneumatiques sont étudiés et réalisés par le bord.

Les deux postes de phonie sont essayés le long de la jetée par nos radios.

La nuit qui précède notre départ, l'organisation de la manipulation et du chargement des pneumatiques est mise au point. Des essais de transbordement sont faits au port, le long du *Casabianca* ; la répétition du gonflage et du chargement des pneumatiques est chronométrée. Pour une mise à terre aussi considérable de matériel, nous ne voulons rien laisser au hasard, car nous envisageons le cas où nous ne rencontrerions aucune aide à la plage de débarquement.

L'entrain de l'équipage est digne d'admiration [1].

L'échange de messages, entre la Corse et Alger, permet de s'entendre sur un point de débarquement. En principe, nous devons y rencontrer un groupe d'accueil, si les Patriotes de la région ont pu être alertés à temps.

L'endroit choisi est la plage de Saleccia, à l'ouest de la pointe Curza et du golfe de Saint-Florent, en bordure du désert des Agriates, où le maquis est propice à la dissimulation d'un stock important de matériel. La plage sera, en principe, explorée à l'avance par le groupe d'accueil.

Nous sommes parés le 27, dans la nuit, et fixons l'appareillage à 19 heures, le 28. Le Deuxième Bureau avertit la Corse que nous serons au rendez-vous dans la nuit du 1er au 2 juillet.

Avant le départ, je fais un dernier tour rue Charas, pour m'assurer qu'il n'y a rien de changé, et je rentre à bord une heure avant le départ.

Césari est sur le pont, ainsi que le Lieutenant-Commander Richard et le Skipper Lieutenant John Newton, spécialiste des commandos.

Nous dînons en vitesse. A 19 heures, nous larguons partout, sortons du port, plongeons, rectifions la pesée, faisons surface, suivons l'escorteur traditionnel jusqu'à sept milles du port, puis nous réglons les diesels à 17 nœuds vers le point de rendez-vous.

Nous discutons l'opération. R... a une enveloppe cachetée qui contient ses ordres ; j'en ai une semblable, que nous ne devons ouvrir qu'après l'appareillage.

Je lis les ordres anglais. La mission est définie ainsi : un débarquement anglais, sous la responsabilité d'officiers anglais, est décidé à

---

1. Vers le mois de février 1947, j'ai eu la chance de réunir à dîner, à Paris, le Lieutenant-Commander Richard R.N.V.R., qui nous a accompagnés lors de la mission que j'expose ici, et des amis. R... racontait à ses voisins de table l'embarquement à Alger à peu près de la façon suivante. J'ai saisi d'une oreille ravie et avec une grande fierté la conversation :

« ... et ce qu'il y avait de plus admirable, c'était de voir les marins du *Casabianca* vider nos camions de munitions en dix fois moins de temps qu'il n'en avait fallu pour les remplir. Les colis et caisses étaient passés à la chaîne, embarqués à bord par des planches étroites qui pliaient sous le poids ; le matériel disparaissait à l'intérieur du sous-marin, comme escamoté. Tout se passait en silence, sauf qu'ils s'exhortaient, de temps en temps, en termes vifs, à faire plus vite... »

tel endroit. Le moyen employé est le sous-marin français *Casabianca*, sous les ordres du commandant l'H...

Cela n'a guère d'importance, mais je précise simplement à notre passager que la situation n'est pas tout à fait telle à mes yeux, mais la suivante : un débarquement français de matériel fourni par les Anglais et accompagné par deux officiers anglais de liaison sera effectué à tel point, sous la responsabilité entière du commandant du sous-marin *Casabianca*.

Les choses vont ainsi dans la Marine. Le commandant est maître, après Dieu, à son bord. D'autre part, je tiens à ce que la reconnaissance de la plage, avec les risques qu'elle comporte, soit faite par des membres de mon équipage. Nous nous servirons utilement, après la prise de contact avec la côte, de l'expérience de nos hôtes, qui désirent vivement joindre leurs efforts aux nôtres.

M. Césari se présente à moi sous son nom véritable. Nous sommes vite d'accord sur tous les points.

Le chef des Organisations de combat est un homme énergique et très sympathique. Il a été expédié en Corse par les autorités d'Alger, pour organiser les Forces de l'Intérieur, pour former militairement ses troupes et exercer l'unité de commandement dans toute l'île. Il doit, en particulier, tenir ses hommes parfaitement en main, pour éviter les actions dispersées et prématurées. Il est responsable de la répartition des armes dans l'île et de leur délivrance, au moment opportun, aux Patriotes.

Il est aidé dans sa tâche par des hommes de tout premier caractère, qui forment les cadres de la future armée de Patriotes. Le moment venu, la perfection de leur organisation et la discipline qu'ils ont su obtenir de tous feront du soulèvement du 9 septembre 1943 un modèle du genre.

Je promets à Césari qu'il sera débarqué avec toute la discrétion désirable, si possible au lieu prévu pour le débarquement des armes. Il est accompagné de l'agent radio Bertrand [1].

La traversée vers la pointe Curza est marquée par de fréquents décrochages du compas gyroscopique et par un incendie en surface des munitions logées dans le compartiment des diesels.

Le compas nous donne bien des soucis. Le second maître électricien Floch, qui remplit à bord le rôle du premier maître et du maître qui manquent à l'effectif et que nous n'avons encore pu remplacer depuis notre arrivée à Alger, se bat, manches retroussées, avec cet instrument. La boîte du tore est vivement maîtrisée par lui avant de chavirer ; avec ses longs tournevis, il ressemble à un toréador plantant

1. Bertrand, un des pseudonymes de Luc Le Fustec, nous rendit de précieux services ; il se servit, en particulier, du poste de phonie pour les reconnaissances au moment de notre nouvelle présentation la nuit suivante.

ses banderilles dans le cou d'un taureau enragé ! Ce n'est pas une petite affaire de domestiquer, en appliquant les règles du théorème de Résal (lois du gyroscope), le tore de 20 kilogrammes qui tourne à 8 000 tours-minute !

Dès que l'affreux timbre du compas, dont nous avons déjà évoqué le sinistre son, retentit, notre Floch, la chevelure hirsute, se rue sur la bête, s'arrachant à un sommeil qui n'est jamais tranquille. Nous lui devons beaucoup de reconnaissance et d'admiration. Si nous avions été juges, nous l'aurions promu premier maître d'office. Mais sa modestie s'accommode de son grade, et son sens de l'initiative lui fait supporter avec égalité d'humeur les responsabilités de « maître chargé » du Service électricité.

L'incendie se produit de nuit, vers 22 heures. La marche à 17 nœuds entraîne un échauffement considérable des diesels, dont les pompes à eau de circulation, très délicates comme nous le savons, ne peuvent tourner à un régime correspondant à la charge des cylindres.

Or, pour embarquer notre grosse quantité de munitions, nous avons été amenés à utiliser tout espace disponible, même celui du compartiment des moteurs.

Nous y avons logé, notamment, des engins fumigènes qui paraissaient moins dangereux dans leurs boîtes soudées.

Tout à coup, une fumée opaque se répand à l'arrière du compartiment.

— Le feu aux diesels, annonce-t-on.

L'évacuation du matériel ne traîne pas. Une chaîne s'est établie en un éclair et les munitions sont passées au poste central et dans la coursive avant.

Le feu est contrôlé en un temps record.

L'alerte a été chaude. Les conséquences matérielles sont nulles, grâce aux réflexes rapides des hommes. Mais cette fumée a eu un effet désastreux sur tout l'équipage.

Aucun de nous n'a eu d'appétit pendant cette sortie. Au retour, nous avons dû débarquer un second maître électricien qui avait un taux d'urée considérable.

Des expériences faites par un pharmacien de la Marine à Alger sur des cobayes ont démontré que la fumée des fumigènes provoque cette urée.

Le 1er juillet, à 4 heures du matin, nous plongeons avant le jour et contournons la côte nord-ouest de la Corse pour venir, devant la plage de Saleccia, attendre, sur le fond, l'heure du débarquement.

A 13 heures, nous sommes sur le fond, à 1 mille 3 dans le 305 de la pointe Curza.

A 22 h 55, nous faisons surface, pour observer les signaux du comité de réception qui doit nous signaler discrètement par lampe-torche, à 23 heures, la lettre de reconnaissance. Nous avons bien deux postes de phonie à bord, mais l'équipe de terre n'en a pas encore.

Un message d'Alger, reçu en mer, s'est borné à nous dire qu'on était sans nouvelles des Patriotes.

Nous n'apercevons aucun signal de terre et nous nous décidons à tenter quand même l'opération par nos propres moyens.

Nous nous rapprochons de terre en silence, selon la tactique habituelle.

Césari nous a appris que le milieu de la plage est marécageux. Nous faisons route vers la partie ouest qui est rocheuse.

Nous redoublons de précautions en l'absence de manifestations amies.

Comme nous avons nos deux doris et deux postes de phonie, à 23 h 40 un premier groupe de reconnaissance est expédié à la plage dans un des doris. Le premier maître patron le commande : un radio, porteur d'un des postes de phonie, embarque avec lui.

Le deuxième doris pousse derrière le premier avec un complément de matelots du bord, qui porte l'effectif de reconnaissance du premier maître Barbotin à huit. Trois Anglais embarquent également dans ce doris pour aider au choix des cachettes.

Un radio, sur la passerelle du *Casabianca*, grée le deuxième poste de phonie et nous entrons en contact avec le premier doris.

Quelle heureuse nouveauté !

Nous guidons, du *Casabianca*, avec la plus grande facilité, nos embarcations, qui nous renseignent de façon continue sur leur progression.

A 23 h 58, Barbotin nous signale son arrivée à la plage.

A 0 heure, le 2 juillet, nous nous sommes rapprochés de terre jusqu'à nous échouer. La mer est parfaitement calme et nous restons échoués sur toute la longueur de la quille, perpendiculairement au rivage ; nous préparons les pneumatiques.

A 0 h 30, Barbotin signale que les environs paraissent clairs et qu'il a trouvé une splendide cachette capable de dissimuler une grande quantité de matériel.

Nous gonflons et mettons à l'eau, à tribord, six canots pneumatiques constitués en train et le chargement s'effectue en silence, à raison de 400 kilogrammes par pneumatique ; nous donnons l'ordre à l'un des doris de venir le prendre en remorque.

A 1 h 10, le train d'embarcations quitte le bord, à la remorque, sous la conduite du patron et de huit hommes. Césari embarque et est ravi, malgré une douloureuse otite, dont il a terriblement souffert en plongée.

Il se mettra à la recherche des Patriotes du voisinage et organisera une caravane pour prendre livraison des armes le plus tôt possible.

Il est convenu avec Césari qu'il restera dans les environs pendant la journée, pour surveiller l'activité ennemie et qu'il conservera le poste de phonie débarqué à terre pour entrer en contact avec nous, la nuit prochaine, à 23 heures.

Nous ne pourrons, en effet, débarquer nos treize tonnes en une seule nuit et nous achèverons l'opération la ou les nuits suivantes, si nécessaire. Pendant le jour, nous retournerons nous poser sur le fond.

Dès que le premier train d'embarcations a commencé son déchargement à terre, nous chargeons le deuxième train le long du bord.

Les doris et leurs pneumatiques font la navette à une allure endiablée.

A partir de 3 heures, nous donnons ordre au personnel à terre et aux embarcations de rallier le bord, car il faut tout ramasser et arrimer avant le jour, pour plonger.

A 3 h 45, tout est en ordre ; nous plongeons.

A 4 heures, le *Casabianca* est posé sur le fond.

Nous avons réussi, en cette première courte nuit d'été, à transporter et à camoufler par nos seuls moyens huit tonnes d'armes et de munitions.

Nous avons détaché 20 hommes hors du bord pour accélérer la manœuvre.

Qu'ajouterais-je de plus pour célébrer l'ardeur de nos hommes ?

Nos amis anglais sont enthousiasmés.

Il nous reste à mettre à terre cinq tonnes de matériel. Ce sera un jeu le lendemain, si les Italiens ne sont pas alertés entre-temps.

A 22 h 55, le 2 juillet, nous faisons surface.

A 23 h 5, le contact par phonie est établi avec Césari, qui nous débite la phrase conventionnelle imaginée la veille.

Il nous dit qu'il a trouvé un autre coin, à l'est de la plage, qui conviendrait tout à fait au camouflage du matériel. Cela éviterait de mettre tous les œufs dans le même panier.

Nous nous dirigeons donc vers le côté est de la plage, cap sur une crête remarquable, et nous nous échouons carrément pour ne pas dériver pendant que nous travaillons.

A 0 h 10, le 3 juillet, le premier train quitte le bord. Nous demandons à Césari de faire quelques éclats brefs, avec sa lampe-torche, pour guider le doris, car la nuit est très sombre.

A 0 h 20, le doris est à la plage et la danse commence. Cela prend une allure de partie de plaisir... et pourtant la catastrophe est toujours possible. Tant que les Patriotes n'auront pas pris possession des armes, nous craignons de travailler pour l'ennemi en lui fournissant gratuitement un bel armement.

Le lecteur ne doit jamais perdre de vue cette éventualité de la surprise par l'ennemi, en cours de travail, qui, de gens très malins, peut nous transformer en stupides maladroits. Pour ma part, je n'ai cessé d'y songer au cours de nos nombreuses entreprises ; sans doute, nos chefs, comprenant le côté délicat de nos missions, auraient-ils été plus indulgents que nous-mêmes, si nous avions été pris en flagrant délit, car nous aurions jugé, pour notre part, notre maladresse criminelle.

La nuit est très obscure : à 1 h 20, nous ne voyons pas paraître, rentrant de terre, un des trains de pneumatiques vides, que la plage nous a pourtant signalé en route vers nous.

Nous nous décidons à émettre de courts éclats de lampe vers le large, et ce n'est qu'à 2 h 30 que nos gens nous rallient après avoir erré dans la baie et nous avoir causé une cruelle anxiété et un grand embarras.

A 3 h 15, tout le monde est rentré. J'ai laissé à dessein le poste de phonie à Césari en vue d'une prochaine opération. Nous en demanderons un autre aux Services secrets d'Alger.

A 3 h 35, nous sommes de nouveau sur le fond où les hommes jouissent d'un légitime repos, avant d'effectuer une courte patrouille à l'ouvert du golfe de Saint-Laurent et dans le canal de Corse.

Pendant les deux nuits passées en surface, nous repérons deux puissants projecteurs qui balayent la mer à intervalles réguliers.

Le pinceau de l'un est très visible au-dessus des hauteurs du cap Corse et est situé à l'est, non loin de Bastia.

Le pinceau du second illumine notre ciel au-dessus de la pointe Curza. Il est situé non loin de nous, à Saint-Florent ; mais grâce à notre proximité de la côte, nous sommes masqués par la pointe Curza elle-même.

Nous rentrons le 10 juillet de cette expédition, avec la joie qu'on imagine. Nous sommes attendus à la jetée par les trois représentants enthousiastes des Services secrets alliés, qui nous passent déjà une commande pour la prochaine nouvelle lune. La radio clandestine corse a annoncé, avec satisfaction, que tout le matériel avait pu être récupéré.

Ce beau succès est dû : tout d'abord, au calme de la mer ; ensuite, aux moyens de débarquement importants mis à notre disposition ; enfin, au cran et à l'entrain endiablé de l'équipage.

Celui-ci a effectué un véritable travail de forçat sans une minute de défaillance. Sa fatigue est cependant extrême. Parti le 8 juin en patrouille, le *Casabianca* rentre le 23 à Alger où les hommes embarquent treize tonnes de munitions et effectuent des réparations urgentes sans pouvoir se reposer. Le *Casabianca* repart le 28 juin. Tout le monde est indisposé par le dégagement gazeux des fumigènes pendant la traversée. Les munitions sont dissimulées à terre les 2 et 3 juillet, après vingt-cinq jours de navigation ou de travaux harassants.

Il n'y a pas encore un an que le *Casabianca* a brûlé la politesse aux

Allemands. Le sous-marin « fantôme », comme ils le dénomment, leur a déjà joué plus d'un tour.

Nous sommes plus déterminés que jamais à poursuivre notre bon travail. Pourvoyeurs infatigables en armes et munitions des Patriotes corses, nous sommes aussi pour eux les messagers fidèles d'espoir qui visitent régulièrement leurs plages et leur prouvent qu'ils ne sont pas oubliés.

Employés depuis plusieurs mois à une même entreprise, notre expérience a pu être progressivement complétée et les résultats améliorés.

Il ne nous manque que le radar et des moyens de liaison directe avec les Patriotes, en cours de voyage, pour que nous puissions suivre une méthode approchant la perfection.

A chaque retour au port, les bâtiments fournissent à leur chef direct un rapport d'opérations, rédigé selon un plan et un cadre type.

Je reproduis ici, comme exemple, un chapitre du rapport établi à la suite du débarquement à la pointe Curza. Le lecteur y trouvera quelques observations de nature à l'éclairer sur nos conditions d'existence et sur nos préoccupations du moment.

(Extrait du Rapport d'opération n° 21 du 10 juillet 1943 — Groupe des sous-marins *Algérie* — Sous-marin *Casabianca* — Chapitre : *Personnel*.)

A. — *Valeur du point de vue de la discipline et de l'aptitude du personnel :*

I. — Le personnel du *Casabianca* est, à quelques exceptions près, le même que celui qui était présent à bord lors de l'évasion de Toulon, le 27 novembre.

A l'arrivée à Alger, le 30 novembre 1942, l'effectif a été complété. Il est resté, à deux ou trois exceptions près, le même jusqu'à maintenant.

II. — Dès son arrivée en Afrique du Nord, le bâtiment est entré en activité de guerre et n'a plus cessé d'entreprendre des opérations dangereuses.

J'ai été l'interprète de mon équipage, dans mon rapport de mission à notre arrivée à Alger, en sollicitant l'honneur de participer à toute opération réputée dangereuse.

Après les jours d'angoisse qui ont précédé notre évasion de Toulon et après la réussite de celle-ci, nous souhaitions tous, d'un cœur ardent, rentrer au plus tôt dans la lutte. L'âme collective du bâtiment était fortement et naturellement trempée par les épreuves et les risques subis en commun.

III. — La valeur du bâtiment a été reconnue par deux citations à l'ordre de l'Armée, accordées par l'amiral de la Flotte Darlan, haut-commissaire en Afrique française, après les premières opérations proprement dites de guerre, le 17 décembre 1942.

A la suite de ces distributions collectives, j'ai fait, selon les ordres du haut-commissaire, des propositions individuelles de récompenses pour tout l'équipage ayant participé aux deux missions, objet des citations.

75 % de mon équipage ont vu sanctionner cette belle conduite. J'ai eu le cruel regret d'en devoir éliminer 25 % de la liste de récompense [1].

IV. — Le bâtiment, prêt au matériel, malgré un départ précipité de l'arsenal de Toulon, grâce au travail acharné de tous, a pu continuer sans presque désemparer à mener la plus remarquable activité au cours de missions réussies, dont l'importance pour la continuation de la guerre est connue et justement appréciée par tous les Alliés.

V. — La récapitulation des missions effectuées par le *Casabianca* depuis la reprise de la lutte est la suivante :

1° *Du* 27 *novembre* 1942 *au* 30 *novembre* 1942. — Evasion de Toulon, sous le feu de l'ennemi ;

2° *Du* 11 *décembre* 1942 *au* 19 *décembre* 1942. — Mission spéciale sur une côte occupée par l'ennemi ;

3° *Du* 1er *février* 1943 *au* 10 *février* 1943. — Deux missions spéciales, sur des côtes occupées par l'ennemi ;

4° *Du* 2 *mars* 1943 *au* 17 *mars* 1943. — Deux missions spéciales, sur des côtes occupées par l'ennemi ; une courte patrouille ;

5° *Du* 8 *juin* 1943 *au* 23 *juin* 1943. — Patrouille en secteur ;

6° *Du* 28 *juin* 1943 *au* 10 *juillet* 1943. — Une mission spéciale, sur une côte occupée par l'ennemi et une patrouille d'attaque en secteur.

VI. — Au cours des débarquements de matériel, l'équipage a fait preuve d'une habileté, d'un entrain et d'un courage chaque fois cités en exemple.

Sous les grenades et les bombes lancées par l'ennemi (50 grenades ou bombes), le personnel ne s'est jamais départi du plus grand sang-froid et d'un calme souriant.

A la date du 10 juillet 1943 et depuis le 27 novembre 1942, les heures passées en plongée se montent à un millier.

J'ai voulu récapituler ici les services exceptionnels rendus en temps de guerre par mes officiers et mon équipage pour justifier une demande de récompenses individuelles pour l'état-major et le personnel, que je formule en annexe à mon sixième rapport de mission et pour rendre compte à l'autorité supérieure de la confiance absolue qu'elle peut avoir dans la valeur, le courage et l'habileté de l'équipage

1. Nous avons pu, par la suite, reprendre l'affaire et récompenser tout le monde selon la stricte justice.

du *Casabianca*, et j'ai voulu aussi rendre un hommage personnel à l'héroïsme de mes compagnons.

PERSONNEL — INTENDANCE — SANTÉ

Le *Casabianca* a effectué 27 jours de croisière, interrompue par 5 jours de mouillage consacrés à la préparation hâtive du bâtiment en vue de la mission suivante.

Il s'agit, en effet, d'une activité qui s'étend du 8 juin au 10 juillet 1943. Cette longue période a été fertile en enseignements, que j'expose ci-dessous :

1. — Situation sanitaire de l'équipage à son retour de croisière. Améliorations à apporter.

Bien constitué d'éléments sains et robustes, ayant déjà fait leurs preuves, l'équipage du *Casabianca* se ressent d'une longue croisière effectuée à la période la plus défavorable de l'année (nuits courtes et minimum de dix-huit heures de plongée par jour).

En pareil cas, l'amaigrissement et l'anémie sont inévitables, les plaies bénignes ne guérissent pas, l'état général de l'individu est déficient.

Tout effort en plongée amène un essoufflement rapide. En surface, l'inhalation brutale d'air frais, après une plongée de longue durée, peut entraîner des troubles (étourdissements provoqués par un choc, etc.).

Il est hors de doute que nos sous-marins n'ont pas été prévus pour des plongées aussi prolongées :

— la ventilation est insuffisante ;

— la quantité de vivres frais embarqués n'excède pas deux jours et demi (la moindre croisière en Méditerranée dure douze jours) ;

— l'habitabilité des postes des officiers mariniers et équipage est un problème relégué à l'arrière-plan ;

— la capacité des bouteilles d'oxygène est trop réduite.

Dans la mesure de nos moyens, nous avons essayé de remédier au premier inconvénient (modification de l'installation frigorifique, remplacement du moteur actuel par un moteur plus robuste).

Nous demandons également la transformation du tableau d'oxygène milieu consacré aux Davis[1] et dont l'emploi est plus que problématique en tableau de distribution dans les circuits d'air vicié.

Ces modifications ne constituent, évidemment, qu'une première approximation, mais il est indispensable de tenir compte, dès l'arrivée au mouillage et sans délai, des suggestions des commandants de sous-marins.

L'expérience de la guerre qu'ils acquièrent ne saurait être perdue.

---

1. Appareil de sauvetage individuel à oxygène permettant de sortir d'un sous-marin coulé par fond inférieur à 40 mètres.

II. — A sa rentrée de patrouille.

Si le sous-marin n'est pas indispensable, le matériel doit être remis en état et au point.

Dans le cas d'un bâtiment parfaitement en état, comme le *Casabianca*, j'estime que le travail à bord consécutif à une croisière de quinze jours, est de l'ordre d'une semaine, au cours de laquelle l'équipage doit travailler sans désemparer.

Il faut, en effet :

1° Opérer un nettoyage minutieux de toutes les cales, qui sont encombrées de détritus ;

2° Nettoyer les tubes lance-torpilles ayant fonctionné ;

3° Embarquer les torpilles correspondantes ;

4° Reprendre les isolements des batteries et des circuits électriques (inévitablement très faibles) ;

5° Faire une visite sommaire de tous les moteurs électriques ;

6° Faire une visite des carters des moteurs Diesel ;

7° Faire le plein d'huile et de pétrole.

Cet exposé très succinct ne tient pas compte des avaries inévitables.

Il est évident qu'un équipage de sous-marin, déjà fatigué par la croisière précédente, n'y peut suffire.

Il est évident qu'un tel bâtiment doit trouver, à son arrivée au mouillage, des équipes de réparation fraîches qui empoignent littéralement le matériel, sous la direction du bord, pendant que l'équipage se repose et se prépare physiquement à la future opération.

Ces équipes ne sauraient être confondues avec l'équipage supplémentaire, d'ailleurs fort réduit, qui est amené à remplacer au pied levé le personnel de croisière déficient.

L'organisation d'une base sous-marine, en temps de guerre, doit être rapidement modifiée. Elle doit prévoir à l'arrivée au mouillage des équipes de réparation fraîches pour tout bâtiment de croisière, trois équipes parfaitement encadrées et comprenant :

1° 10 mécaniciens ;

2° 10 électriciens ;

3° 5 torpilleurs ;

4° 5 hommes de pont.

La sécurité de nos sous-marins à la mer et la santé de nos équipages sont à ce prix.

8

Rencontre avec l'ennemi à la plage
Débarquement record de 20 tonnes d'armes et de munitions

Nous nous préparons, une fois de plus, à la demande des Patriotes et des Services secrets, à mettre à terre, en Corse, un complément massif d'armement.

Une opération record se monte. Le vieux *Casa*, instrument d'attaque et non de transport, désire frapper, cependant, un grand coup.

Bellet fait des calculs, inspecte d'un œil pénétrant l'intérieur de la coque épaisse. On dirait qu'il veut la rendre extensible.

Chacun furète. La capacité d'une cuvette et d'un verre à dents fait travailler les imaginations. Que de place perdue, finit-on par penser injustement ! Car c'est déjà un tour de force d'avoir pu loger dans la coque épaisse les propres organes du sous-marin. On se demande même comment l'équipage peut y trouver son cubage vital.

Et, cependant, en répartissant du matériel de l'avant à l'arrière, en utilisant les moindres recoins, nous arriverons à transporter le chiffre énorme de 20 tonnes de colis d'armes. La constitution et la forme de ces colis sont étudiées avec soin pour qu'ils puissent être casés dans les alvéoles libres et y être soigneusement arrimés.

Nous demandons que le poids de ces colis soit ramené à 35 kilogrammes pour qu'un homme puisse les manier sans trop de peine.

Cette fois-ci, personne ne doute de nos chiffres. Nos chefs croient tout possible quand il s'agit du *Casabianca*.

Avant de rien embarquer, les chefs de service entreprennent les travaux de remise en état de leur matériel. Après, il sera trop tard pour rien déplacer.

Encore une fois, l'équipage coltine et case, avec une ardeur inlassable, l'effarant stock de matériel.

L'officier en second règle son chargement pour n'introduire aucun déséquilibre insurmontable dans la pesée du bateau et le fait arrimer avec soin. Ce serait une catastrophe si les lourdes caisses glissaient à la prise de plongée...

Nous sommes prêts à appareiller le 27 juillet, à 19 heures.

Au cours de notre dernière mission, Césari s'était ouvert à moi de la nécessité de débarquer du matériel plus au sud. La région nord de la Corse est déjà bien pourvue en armes. Le problème de la répartition dans l'île de celles-ci, à travers le filet dense de la surveillance italo-allemande, n'est pas simple.

Césari nous fait demander, par radio, de travailler cette fois dans le fond du golfe de Porto.

Cela ne nous plaît guère d'aller nous enfoncer dans un golfe de six milles de profondeur.

Il ne ferait pas bon y être bloqués par des bâtiments « Asdic ».

Nous décidons, cependant, de satisfaire nos bons clients corses et de prendre pour nous les risques.

Un examen logique des plages de la baie nous pousse à choisir les petites plages où, normalement, l'ennemi ne devrait pas disposer de défenses importantes.

Nous envisageons, en premier lieu, de débarquer dans la petite crique de Gradella, que nous dénommons le point A. Pour le cas où la reconnaissance des Patriotes y découvrirait l'ennemi, nous choisissons, dans l'ordre de leur intérêt stratégique, trois autres petites plages, sur le pourtour de la baie, que nous baptisons B, C et D.

La radio d'Alger fait connaître nos décisions aux Corses, qui sont d'accord.

Le Lieutenant Commander Holsworth, du Service secret anglais, fait procéder à des reconnaissances aériennes à haute altitude. L'examen minutieux des clichés nous indique assez vaguement quelques emplacements de batteries ennemies.

L'anse de Gradella paraît saine.

Rendez-vous y est pris, à 23 h 30, le 30 juillet, avec les Patriotes, et nous partons pour exécuter notre plus gros coup.

Le Captain Gobins, John Newton et deux de leurs hommes prennent passage pour nous aider.

Comme la dernière fois, après l'appareillage, il est bien entendu que le commandant du *Casabianca* est le chef de l'expédition.

Le compas recommence ses galipettes, mais est chaque fois remis à la raison, non sans peine.

Nous choisissons d'atterrir sur le cap Gargalo, le 30 juillet, vers 4 heures du matin, et à 15 milles à l'ouest, puis de rallier à l'estime, en plongée profonde, en suivant l'axe de la baie de Porto, un point de stationnement sur le fond, très rapproché de la plage de Gradella. Les fonds augmentent très vite en face des plages A, B, C et D ; ce qui nous permettra d'approcher très près et de réduire le trajet des canots pneumatiques.

La nuit du 29 au 30 juillet est belle. A 1 heure, pris d'une insomnie, je monte dans la baignoire et suis saisi par une violente odeur de maquis. Une imperceptible brise vient de terre et nous embaume du parfum des myrtes et des lentisques. L'odeur est si violente, le contraste est si fort en sortant de l'étuve intérieure, que j'ai l'impression d'être dans un champ.

Les hommes de quart ont noté l'odeur, mais ils s'y sont habitués.

Je ne peux me défendre de l'idée que nous sommes bien près de terre, très en avance sur notre estime, et fais stopper les moteurs.

La nuit est chargée d'humidité et l'on n'aperçoit rien dans les jumelles.

Mais le cap Gargalo est pour nous de mauvaise mémoire et je décide de faire route alternativement nord et sud, en attendant de plonger avant l'aube ; nous nous placerons au périscope sitôt qu'il fera clair.

Effectivement, au jour, nous reconnaissons que nous sommes tout près de Gargalo.

C'est un atterrissage au nez, bien connu des marins ; nous avons bien fait de stopper.

Nous faisons route à 2 nœuds, à 50 mètres d'immersion, vers le milieu de la baie de Porto, en sondant.

Nous continuons à l'estime et nous nous posons sur le fond à 14 h 30, en face du point de débarquement.

Repos général jusqu'à 22 h 40.

Nous faisons surface à 22 h 50 et nous montons sur la passerelle, après avoir équilibré l'atmosphère de l'intérieur par les porte-voix.

Le spectacle est hallucinant. La falaise se dresse à 400 mètres devant nous.

Le cap Cenino, le fond du golfe, la côte sud, par l'illusion du raccourcissement des distances la nuit, semblent nous étreindre.

Le Dr Maretti [1], embarqué pour étudier nos conditions de vie à bord et pour me faire suivre un traitement d'injection de novocaïne dans les ganglions lombaires, est, comme nous, très impressionné.

Il faudra faire vite dans ce coin. La route en corniche surplombe à quelque distance l'anse de Gradella ; nous espérons demeurer invisibles très près de terre, dans l'angle mort de la falaise.

Les étoiles luisent. Dans l'obscurité, les petites plages qui nous environnent se détachent comme des ongles immaculés sur la symphonie noire et violette du ciel, de la terre et de la mer.

Dans l'axe de l'anse, à 200 mètres du bord de l'eau, nous distinguons une maison de berger. C'est curieux ! Au lieu d'être en ruine, comme elles le sont presque toutes, elle paraît avoir un toit. Les Italiens auraient-ils installé un petit poste dans ce coin ?

Les hommes du commando de reconnaissance reçoivent la consigne d'encercler discrètement et rapidement le bâtiment et de se tenir prêts à se replier vers la plage et le *Casa*, en cas de trop forte opposition de l'ennemi.

Nous n'apercevons aucun signal de nos amis et ressentons un malaise étrange.

Nous avançons prudemment et, soudain, Moretti me montre du doigt un bateau qui décolle du cap de gauche.

Nous continuons à avancer doucement. Douze hommes sont sur l'avant du *Casabianca* avec Bellet et Chailley pour mettre les doris à l'eau et commencer à préparer les pneumatiques.

Moretti me montre une deuxième barcasse à bâbord ; alors, je comprends que ce sont des rochers que notre marche en avant anime d'un mouvement relatif.

Rassuré sur le moment, je continue cependant d'être inquiet. Mais

1. Il mérite une mention toute spéciale. Se trouvant en service à terre, à l'hôpital Maillot, d'Alger, il a envie d'éprouver les sensations fortes de la guerre. Il prend une permission et me demande de bien vouloir le prendre à bord à notre prochain départ ! D'habitude, on va au bord de la mer, n'est-ce pas ?

il faut se surmonter. Nous devons battre cette fois-ci le record du matériel débarqué par un sous-marin de 1 500 tonnes.

Pour faciliter le travail des doris, comme la pente de la plage est forte, je m'engage très avant au milieu des rochers, jusqu'à ce que l'étrave touche le fond, à 100 mètres du sable.

Les doris glissent à l'eau sans bruit et poussent vers la terre. Ils ne sont pas à plus de dix mètres du bord quand éclate, avec un fracas répercuté par les falaises, une fusillade nourrie venant de tous les points de l'horizon ; les balles de mitrailleuses claquent. Nous sommes encadrés, les gerbes jaillissent de tous côtés, longues et courtes. Les balles sifflent.

Les doris se replient, les hommes du commando montent lestement à bord et amarrent leurs embarcations en tournant un bout sur l'étrave.

Avec un calme parfait, les hommes refluent vers la baignoire et rentrent dans la coque épaisse par les panneaux du kiosque et du sas.

Par miracle, personne n'est blessé !

Je bats en arrière 4, pour disparaître rapidement dans la nuit, et dis à Bellet de se tenir prêt à plonger en arrière et de purger le plus possible les ballasts.

Le feu continue. A peine pendus à la surface, nous évoluons vers le sud pour nous dégager des rochers de Gradella.

Le tir se dérègle un peu, quoique j'aie entendu un drôle de bruit pas loin...

Nous filons dans la nuit, vers la sortie du golfe, encore à 6 milles du point où nous sommes.

Les doris ont cassé leurs amarres et les Italiens ont l'air de s'acharner sur eux.

Nous ne plongeons pas, car nous voulons sauver nos canots pneumatiques restés amarrés sur le pont avant.

Après nous être suffisamment écartés, nous réduisons la vitesse et quelques hommes bondissent hors du kiosque pour rentrer nos rubbers.

L'alerte est maintenant donnée sur la côte. Nous sortons du golfe rondement, mais nous ne renonçons pas à débarquer notre chargement en un coin éloigné plus paisible.

Dès que possible, les diesels sont lancés et réglés à 17 nœuds.

Le sort en est jeté, nous allons retourner à Curza. Nous avons su que de nombreux Patriotes ont été arrêtés ces temps derniers, mais nous espérons que le coin des Agriates n'est pas brûlé. Nous serons prudents comme des Sioux.

Le 31 juillet, à 15 h 25, nous sommes sur le fond devant la partie ouest de la plage de Saleccia, au même endroit qu'il y a un mois.

A 23 h 35, nous faisons surface. La mer est absolument plate. Si ça dure, nous pourrons travailler avec les pneumatiques seuls.

Notre expérience de la veille nous rend plus circonspects que jamais.

Bellet se propose spontanément pour aller faire la reconnaissance avec le commando, car la chaude réception de la veille augmente la tension nerveuse de chacun.

Il part en rubber avec un appareil de phonie et reste en contact avec nous.

Après une très minutieuse exploration des environs de la plage, il nous prévient que tout paraît clair. Il a retrouvé la cachette utilisée par nous il y a un mois, vidée par les Patriotes de tout le matériel que nous y avions déposé.

Nous chargeons les pneumatiques le long du bord, mais, hélas ! nos doris sont restés en baie de Porto.

C'est le moment d'essayer le Cuirassé. Sa mise à l'eau fait, malgré toutes nos précautions, un ou deux « bangs » affreux.

L'idée est d'aller le mouiller tout près de terre et de faire un va-et-vient des rubbers entre le bord et lui.

Ça ne marche pas, car nous n'arrivons pas à l'ancrer assez fortement sur le sable. Il vient à l'appel du *Casa* quand nous embraquons le va-et-vient.

Finalement, nous l'utilisons pour remorquer les rubbers. Comme un bateau ivre, le Cuirassé zigzague vers la plage et déhale les trains de caoutchouc.

Malgré la lenteur de remorquage du Cuirassé, les hommes font des prodiges : douze tonnes sont cachées la première nuit. Vingt-cinq hommes ont travaillé hors du bord.

A 4 heures, tous ont rallié. Nous replongeons pour attendre la nuit suivante.

Le Captain G. et son adjoint restent à terre pour assurer la surveillance de la plage et nous accueillir la nuit prochaine, comme l'avait fait Césari le mois dernier.

Le 1er août, à 22 h 35, nous voici de nouveau en surface. Le contact est pris avec G. et nous recommençons à débarquer le matériel à un deuxième endroit : celui que nous avions choisi en juillet, à l'est de Saleccia.

Trente hommes quittent le bord pour le travail à terre ; trente hommes transbordent le matériel dans les pneumatiques ; vingt-cinq hommes restent sur le *Casa* pour coltiner les colis et assurer les manœuvres de plongée, en cas de surprise venant de la mer.

Le complément de munitions à vingt tonnes est dissimulé avant le jour et nous allons nous reposer de toutes ces émotions dans le sein de la mer.

A la nuit, nous remontons en surface et nous nous écartons discrètement de la côte aux moteurs électriques jusqu'à une distance de 12 milles, avant de lancer les diesels. Nous rédigeons alors un message pour Césari, en lui indiquant que le matériel a été dissimulé aux emplacements choisis les 1er et 2 juillet, emplacements qu'il connaît aussi bien que nous.

Nous suivons l'itinéraire de retour prévu par le Captain S., dans lequel est inscrite une courte patrouille, et nous rentrons à Alger où nous nous amarrons le 10 août, à 8 h 30.

Nous recevons un accueil triomphal, car les Services secrets ont déjà appris par radio que le matériel a été récupéré, presque en entier, par les hommes de Césari. Ce dernier avait, par une intuition remarquable, en effet, déclenché une battue à la pointe Curza, bien avant de recevoir notre message, pris possession de l'énorme quantité de matériel que nous y avions déposé et commencé le dangereux travail de sa répartition dans les différents villages corses.

Les Italiens n'ont découvert le pot aux roses de la plage de Saleccia qu'en faisant avouer sous la torture un pauvre malheureux. C'était trop tard ; ils n'ont trouvé que d'insignifiants vestiges de notre passage.

Nous apprenons la raison pour laquelle nous n'avons pas rencontré les Patriotes dans l'anse de Gradella. Quelques éclaireurs partis en reconnaissance de la petite plage rencontrèrent sur la route une patrouille de motocyclistes italiens. De la route, on voyait assez bien le plan d'eau entre les rochers, et les Italiens distinguèrent la silhouette du kiosque du *Casabianca* qui glissait lentement sur l'eau. Les Patriotes nous aperçurent aussi et décidèrent de régler leur affaire aux motocyclistes. Mais la bagarre alerta le groupe ennemi qui était installé à la plage et cantonné dans la maison de berger ; celui-ci nous reçut à coups de mitrailleuses...

Les Patriotes ne purent nous avertir à temps du guet-apens, ni nous donner rendez-vous à un autre point tout à fait désert qu'ils avaient exploré, à 7 kilomètres plus à l'ouest.

Si les Corses avaient pu être mis en possession de l'appareil de phonie laissé en juillet à Césari, tout se serait très bien passé. Nous possédons maintenant de solides arguments pour réclamer que la Résistance soit dotée de postes de phonie. Je suis bien décidé à laisser à terre, à l'avenir, chaque fois que nous rencontrerons des amis, un de nos propres postes, comme nous l'avons fait au débarquement précédent, quitte à en réclamer un autre pour nos propres besoins.

Sur le chemin du retour, vers 7 heures du matin, le 7 août, nous zigzaguons en surface dans la baie d'Alger.

Bellet et moi sommes descendus sur le pont avant et respirons avec plaisir l'air vierge du matin. Nous nous félicitons d'être sortis de l'aventure de l'anse de Gradella sans blessés. C'est sur l'avant du canon, où nous sommes en ce moment, que se trouvait le groupe d'hommes qui préparaient les pneumatiques, pendant que nous nous approchions de la plage de Gradella, quand la fusillade a éclaté.

Tout à coup, Bellet examine attentivement le pavois de la passerelle et me dit :

— Tenez, commandant, regardez le trou à bâbord, à mi-hauteur de la baignoire !

En regardant bien, nous reconnaissons que ce trou a été fait par une balle de mitrailleuse lourde. C'est une « évidence », comme on dit dans les romans policiers anglais, de notre rencontre avec l'ennemi.

En arrivant au port, nous entreprenons les réparations, mais nous défendons bien qu'on nous change la plaque traversée par la balle ennemie.

Nous faisons tout simplement encadrer le trou par un « fer à cheval », symbole de chance. Je crois bien que la passerelle du *Casa* est la seule de toutes celles des sous-marins de la guerre qui possède une telle décoration.

Nous mettons à profit cette expérience pour réclamer avec plus de force que jamais que les pavois des passerelles de sous-marins soient revêtus d'un blindage contre les projectiles d'armes automatiques.

9

Expérience de mise à terre d'un fort commando en baie de Sidi-Ferruch

Il serait fastidieux de répéter ici nos conclusions sur les enseignements de notre dernière mission. Elles ne font que renforcer celles des opérations précédentes.

Mis en goût par nos dernières prouesses, nous nous attachons à convaincre les autorités que les moyens de transfert des armes et munitions du sous-marin vers la terre doivent être encore perfectionnés et augmentés.

Il nous paraît possible de faire étudier, au lieu de canots pneumatiques, des chalands pneumatiques de plus grande capacité que l'on pourrait facilement mettre à l'eau.

Il nous semble extrêmement souhaitable de faire étudier un moteur hors-bord, très silencieux, pour effectuer des remorquages importants de trains de matériel. Si le vent souffle de terre, par exemple, le remorquage à l'aviron peut devenir impossible, dépassant les forces humaines.

Dans un tel cas, la plage n'est pas forcément inabordable partout.

Il se peut qu'en certains points du littoral, le commando de reconnaissance trouve de l'abri. Si le parcours du sous-marin à la plage est long, la nécessité d'un moteur devient évidente.

D'autre part, si le vent souffle de terre, il y a des chances pour qu'un moteur réellement silencieux ne soit pas entendu par l'ennemi.

Sans attendre une solution définitive de ce problème du moteur silencieux, nous nous procurons un hors-bord ordinaire et Kerneur fait réaliser par ses mécaniciens un silencieux si efficace que, lors d'exercices que nous effectuons en rade d'Alger, les bateaux voisins, amarrés à moins de 50 mètres de nous, n'entendent pas l'embarcation munie du moteur transformé pousser du *Casa* et y revenir [1].

Notre ambition ne s'arrête plus, d'ailleurs, à débarquer du matériel. Nous songeons aussi à faire des coups de main de va-et-vient avec d'importants commandos.

Au carré des officiers, nous ruminons de vastes projets, car nous savons que nul bâtiment n'est mieux désigné qu'un sous-marin pour éclairer et préparer, dans le secret, le débarquement d'une puissante force d'invasion.

En tout cas, le sous-marin est une merveilleuse sentinelle avancée pour le chef d'une opération amphibie et peut lui servir, au cours de l'action, à établir des contacts avec la Résistance. Le sous-marin restera un lien radio précieux entre les Partisans à terre et l'attaquant.

Le débarquement en Sicile, où des sous-marins ont préparé et jalonné l'invasion, nous a donné à penser et nous songeons au Grand Débarquement en France.

— Je connais les gens du bataillon de choc, basé à Staouéli, me dit Bellet, on pourrait travailler avec eux.

— Au poil ! Téléphonez, nous allons monter quelque chose.

Le commandant Gambiez et quelques-uns de ses officiers sont invités à bord pour « discuter le coup devant un pot ».

— Voulez-vous jouer avec nous, mon commandant ?

L'enthousiasme de nos hôtes est spontané. Ils acceptent, ravis. Ils ont tout fait, sauf travaillé avec un sous-marin...

Nous décidons, d'abord, d'étudier le problème du logement à bord d'un fort commando.

Pour savoir combien nous pouvons prendre d'hommes du bataillon de choc à notre bord, le mieux est de faire un essai de « tassement » du personnel au mouillage.

Bellet, suivant ses calculs, fait confectionner des petits bancs et les case dans tous les coins, de l'avant à l'arrière.

1. Les mécaniciens se sont bien amusés avec cette embarcation à l'insu de tous. Ils faisaient leur petit entraînement particulier dans le port d'Alger...

Une nuit, l'hélice touche un espar entre deux eaux et le moteur, mal fixé sur le tableau arrière de l'embarcation, coule à pic. Les hardis contrebandiers ont passé leur nuit à le repêcher avec un scaphandre. Mais nos lascars, habitués aux coups de main discrets, n'ont été remarqués par personne. Je l'ai appris cinq ans plus tard !

Nous prenons rendez-vous pour une nuit prochaine, afin que l'essai reste très discret. Le bataillon de choc transportera, à la nuit, dans des camions, une compagnie avec armes et bagages pour quarante-huit heures de baroud. Nous obtiendrons qu'on les laisse passer à la grille de l'Amirauté sous le prétexte d'un exercice de routine sur la jetée nord ; ils se rangeront non loin du *Casabianca* et nous procéderons à la mise en place des « sardines ».

Nous laisserons les tentes sur le pont pour éviter que sur les bâtiments et les quais, alentour, l'attention ne soit attirée par l'embarquement de nos guerriers.

Si l'expérience nous confirme qu'il est possible de transporter de gros commandos, l'ennemi ne doit pas s'en douter, et nous savons bien que certains flâneurs sur l'esplanade qui surplombe le port observent et rapportent à qui de droit toutes les manœuvres insolites.

Les hommes du bataillon de choc arrivent à 9 heures du soir. Dissimulé derrière une portière de tente, je les vois passer à la file indienne devant le canon et disparaître par le panneau du milieu. Je voudrais me rappeler les réflexions impayables des soldats qui s'enfoncent, à refus, dans la coque épaisse...

L'obscurité contribue à donner à cet essai l'apparence d'une opération réelle. Avec des jurons étouffés, les hommes se cognent sur tous les obstacles qu'ils apprennent à connaître, au détriment de leur crâne, de leurs tibias, de leurs coudes, de leurs côtes...

Deux tiers de l'équipage ont été conservés à bord pour que nous ayons une idée exacte de la foule que nous pouvons emmagasiner. Un de ceux-ci occupe ses postes de plongée ; l'autre est étendu sur les couchettes supérieures des postes d'équipage pour réduire l'encombrement.

Avec deux tiers d'équipage, nous pouvons naviguer longtemps, bien que le service par bordée soit dur.

Le tiers que nous laissons à terre est furieusement jaloux de ne pas prendre part à la fête, et je le comprends bien. Qu'il nous excuse de cette amputation, nécessaire pour faire un peu de place.

Les soldats sont empilés, assis sur les couchettes inférieures des postes ou sur les petits bancs disposés sur toute la longueur du bateau, leur matériel de combat entre les pattes.

Nous parvenons ainsi à empiler 106 officiers, gradés et hommes.

Les deux nuits suivantes, nous recommençons l'expérience avec deux autres groupes de 106 hommes du bataillon.

Les hommes du *Casa* qui ont été mis de quart à leurs postes de plongée réussissent à trouver l'aisance de leurs mouvements.

Rien ne s'oppose donc à faire naviguer notre « cheval de Troie » bourré de guerriers.

Il ne nous manque que d'exécuter un exercice réel à la mer.

Nous avons réussi à dénicher, grâce au bataillon de choc, de grands flotteurs pour le débarquement à la plage. Ils sont arrimés solidement sur le pont.

Le 27 août, nous demandons liberté de manœuvre pour faire des exercices en baie de Sidi-Ferruch. L'ouverture des filets est accordée, un sanctuaire d'environ cinq milles de côtes nous est octroyé, en face de la plage de Sidi-Ferruch.

Nous établissons un programme aussi voisin que possible de la réalité.

Nous plongerons, comme d'habitude, pour forcer le blocus.

Nous irons déjeuner sur le fond, en face de la plage de débarquement. Nous ferons surface et nous approcherons de la terre, effectuerons la reconnaissance de la plage et nous transborderons tout notre monde à terre, pendant que le reste du bataillon de choc fera le « plastron » pour figurer l'ennemi.

Aussitôt la première journée débarquée, 106 de leurs camarades rallieront le *Casa* sur leurs chalands, se tasseront à bord et nous recommencerons tout le « sketch ».

S'il nous reste du temps, une troisième expérience sera faite.

Le premier groupe embarque à la jetée d'Alger, à 19 heures. Nous sortons de la baie, effectuons la plongée de vérification et gagnons le « sanctuaire » en face de Sidi-Ferruch. La mer est calme, les estomacs aussi, ce qui est une bénédiction pour présenter sous un jour « attrayant » notre petit jeu à nos hôtes.

Vers 1 heure du matin, le carrousel est terminé pour les premiers. Les seconds, venant de terre, accostent et prennent la place, encore toute chaude, de leurs camarades.

Pendant l'opération de débarquement et de rembarquement, nous mouillons un pied d'ancre pour être tranquilles.

Dès que le dernier homme du bataillon de choc a disparu par le panneau du kiosque, je fais virer la chaîne pour appareiller. L'ancre est dérapée, mise à poste, et nous évoluons vers le large pour plonger.

Je demande par porte-voix, au poste central, si tout le monde est rentré ; il est difficile de s'y reconnaître au milieu des nouveaux visages si nombreux.

Enfin, le compte-rendu arrive : « Tout le monde est en bas. »

J'appuie sur le klaxon, l'air des purges sort en sifflant, nous commençons à plonger. Je descends dans le kiosque, ferme le panneau et j'attends un bon moment avant d'ordonner une immersion, ce qui fera ouvrir les deux ballasts centraux et disparaître le bateau sous l'eau.

On ne saurait être trop prudent quand on fait un premier exercice avec des gens qui ne sont pas familiarisés avec le métier.

A travers la coque épaisse, nous entendons des hurlements. Puis un talon rageur frappe le panneau.

Malgré moi, j'ai une irrésistible envie de rire, en pensant au légitime affolement des gens oubliés là-haut, dans la nuit, et qui voient le bateau s'enfoncer sous eux !

Avec la pagaille inévitable de l'embarquement, je craignais d'avoir laissé quelqu'un sur le pont et je m'attendais à une aventure de ce genre.

Tous les sous-mariniers font des récits, plus pittoresques les uns que les autres, de passagers oubliés sur le pont en pleine sieste, à la prise de plongée.

Nous ouvrons le panneau et le patron et le gibier descendent, l'œil noir de reproche.

Après l'embarquement de tout notre « monde », ils avaient fait une ronde soigneuse du pont pour s'assurer que personne n'était resté à la traîne et s'étaient eux-mêmes trop attardés.

Cette anecdote n'a qu'une place contestable dans ce récit, mais elle amusera les profanes. C'est une histoire typiquement sous-marinière, comme il y a des histoires marseillaises. Dans la circonstance, nos héros ne risquaient rien, car j'étais bien décidé à attendre plusieurs minutes sur les ballasts centraux que tout se soit tassé avant de donner un ordre d'immersion.

A 4 heures du matin, l'exercice complet est terminé avec le deuxième groupe de 106 hommes du bataillon de choc.

Il est trop tard pour une nouvelle répétition.

Nous rallions notre poste 9 à la jetée de l'Amirauté. La nouvelle lune approche, nous repartirons certainement en mission sous peu.

Notre joie d'avoir travaillé avec le bataillon de choc est parmi les plus complètes de celles éprouvées depuis le départ de Toulon.

Nous nous sommes assuré des amis que rien n'arrêtera si l'occasion se présente de travailler ensemble. Nous avons franchi un grand pas en avant, dans l'utilisation de notre sous-marin.

Cela va nous servir bientôt.

Notre bateau n'est certes fait ni pour les transports de munitions que nous avons effectués au mépris des règles les plus élémentaires de la sécurité, ni pour les transports de troupes, mais nous savons bien que, dans l'avenir, les marines entreprenantes et riches ajouteront, à la collection innombrable de leurs engins de débarquement, le sous-marin spécialement aménagé pour des missions analogues à celles que nous avons faites, sur une grande échelle.

10

Mission au cap de Feno

Les succès remportés par les Anglo-Saxons en Sicile font augurer d'une invasion de l'Italie sous peu. On parle beaucoup d'armistice avec ce pays.

Les problèmes de la Sardaigne et de la Corse ne sauraient tarder à se poser. Les autorités françaises d'Alger sont désireuses d'être renseignées avec précision sur la situation de l'île et le Deuxième Bureau monte une opération double : ramener de Corse, vers Alger, un membre important de la Résistance qui puisse exposer en détail la situation ; déposer dans l'île une nouvelle équipe de renseignements avec des postes clandestins supplémentaires, pour remplacer la mission PEARL HARBOR que l'ennemi a fini par anéantir. Le voyage, vers la Corse, sera mis à profit pour approvisionner les Patriotes en armes antitanks, dont ils peuvent avoir besoin depuis que les Allemands ont débarqué des tanks Tiger dans l'île.

Les Patriotes corses fixent le point de rendez-vous et assurent qu'ils s'y trouveront à la date de notre arrivée, après avoir fait une reconnaissance sérieuse des environs. La rencontre aura lieu dans la nuit du 4 au 5 septembre. L'appareil de phonie que j'avais laissé en juillet dans l'île ne pourra malheureusement être transporté sur les lieux en temps voulu. Les signaux lumineux seront encore employés par le comité d'accueil pour nous faire connaître sa présence.

Après une dernière consultation des télégrammes reçus de Corse, le lieu de l'opération est fixé sur la côte nord du cap de Feno, à 14 kilomètres dans le nord-ouest d'Ajaccio.

La mission principale, à laquelle tout doit être subordonné, est de ramener à Alger M. Luc (M. Giovoni, député de Corse), second de la Résistance en Corse.

Si les circonstances s'y prêtent, nous mettrons à terre une mission de renseignements de deux membres (le lieutenant Giannesini et un radio) porteurs d'un poste émetteur-récepteur polonais tout nouveau, très maniable. C'est un gros progrès technique réalisé sur la valise B 7.

Nous profiterons de la présence d'un comité d'accueil pour lui remettre cinq tonnes d'armes antitanks.

En aucun cas, le souci de réussir les deux missions de service de renseignements et le débarquement d'armes ne doit compromettre le succès de la mission principale. C'est M. Luc que l'on veut, avant tout, voir arriver sain et sauf à Alger.

Nous quittons Alger le 2 septembre, en fin d'après-midi.

Dans la journée du 3 septembre, Alger confirme que les Patriotes sont prévenus et qu'on essaiera de nous transmettre leur accord définitif sur la date.

Le 4 septembre, à 4 heures, il nous faut plonger à 15 milles du cap de Feno, sans avoir reçu de nouveau message.

Le cap de Feno est une falaise à pic, couronnée par l'inévitable tour génoise. Les îles Sanguinaires, bien détachées de terre, sont un repère précieux qui nous permet de fixer notre position avec certitude.

Le fond remonte brusquement sur le flanc nord du cap. Celui-ci est à l'ouvert des tempêtes d'ouest et la mer y est souvent très mauvaise. De nombreuses roches sont semées à courte distance de la côte.

Nous nous posons, à 11 h 30, par 60 mètres de fond, à 0 mille 6 de Pietra.

Pendant la journée, nous talonnons assez rudement, malgré l'immersion profonde à laquelle nous sommes. Le temps est sûrement devenu très mauvais et la houle, qui se rebrousse sur le relief en forte pente du fond, nous prend dans ses remous.

La lune va vers son premier quartier. Nous attendons l'heure de son coucher pour remonter, d'autant plus prudemment que, dans la journée, nous avons entendu plusieurs bruits d'hélices de vedettes au-dessus de nous.

A 0 heure, le 5, nous faisons surface sans grand espoir, car les soubresauts du bateau n'ont fait que croître pendant la journée. Nous ne pouvons rester dans cette situation et nous allons affronter la tempête au large en rechargeant nos batteries.

A 0 h 10, dans l'impossibilité de rien tenter au lieu du rendez-vous, nous faisons route au nord-ouest.

A 0 h 25, un message d'Alger nous apprend que les Patriotes ont vingt-quatre heures de retard. Cela fait notre affaire.

Un projecteur puissant s'allume au nord, du côté de Cargèse.

Le vent diminue bientôt et nous faisons demi-tour, vers 2 h 30, pour retourner sur le fond où nous passons une journée tranquille. Des bruits d'hélices sont cependant de nouveau entendus. La surveillance dans ce coin semble importante.

A 23 h 15, nous sommes en surface et, un quart d'heure plus tard, en nous rapprochant de terre, nous apercevons et déchiffrons les signaux de reconnaissance du groupe d'accueil.

Nous distinguons également des lumières à mi-pente, sous la tour génoise.

Il faut suivre, plus que jamais, notre méthode d'approche. A 300 mètres de terre, nous serons dans l'angle mort de la falaise, hors de vue des crêtes.

Nous faisons pousser du bord une embarcation en toile à l'aviron[1] (qui a remplacé les doris perdus dans la baie de Porto), remorquant un canot pneumatique avec le commando de reconnaissance et l'équipe de renseignements. Le commando emporte un de nos appareils de phonie.

Dès son arrivée à terre, il nous signale que le contact est pris avec les Patriotes et que le débarquement à munitions est praticable.

Nous chargeons nos pneumatiques et les expédions à terre.

Je m'assure par phonie que Luc est arrivé et lui demande de rallier le bord aussitôt.

---

1. Type Berthon.

Un projecteur éblouissant s'allume dans le golfe de Lava, à 1 500 mètres dans l'est. Il balaye lentement la mer, éclaire l'îlot de Pietra Piombata, vient vers nous, fait briller des têtes de roches, s'arrête sur nous... puis continue sur sa gauche, éclaire la terre qui s'éteint.

Nous avons des sueurs froides... A terre, où nos hommes et les Patriotes nous croient repérés et, à bord, où nous pouvons voir nos figures éclairées comme en plein jour.

Mais l'ennemi prend, apparemment, le kiosque pour un des nombreux rochers au milieu desquels nous sommes heureusement confondus.

A 0 h 47, Luc monte à bord ; la descente de la falaise a été très dure : ses vêtements et ses mains sont déchirés. Nous nous entretenons longuement de la situation. Il pense que le soulèvement est proche.

Il nous renseigne sur la région où nous sommes et notamment sur les défenses du golfe de Lava et du cap de Feno.

Un petit poste italien se trouve tout près de la tour. Il est relié par téléphone à ses chefs, mais les Patriotes lui ont joué un bon tour. Le câble téléphonique a été dénudé et une pierre humide déposée sur le fil. Les communications seront incompréhensibles. Les Patriotes, toujours pleins d'humour et de correction, remettront le câble en état avant de quitter les lieux et nos adversaires n'y comprendront jamais rien !

Le va-et-vient s'organise avec la terre. Nous pouvons, cette fois-ci, remettre notre précieuse cargaison de la main à la main ; il n'y a pas de temps perdu et le travail avance vite.

Il y a un léger courant le long de la terre, nous talonnons, puis sommes lentement entraînés au large.

Fatigué (et comme tout va bien), je descends un instant de la passerelle et y laisse l'officier de quart, pour aller prendre un verre de cognac au carré. Lorsque je remonte, nous sommes environ à 800 mètres de terre.

Cela est si contraire à nos principes, que je mets aussitôt les moteurs électriques rondement en avant pour aller échouer le *Casabianca* à l'ouest de la petite plage, très inquiet qu'il ne soit plus confondu avec les rochers et qu'il se profile sur l'horizon. A peine sommes-nous échoués, le projecteur de Lava se rallume. Il fait son exploration de la mer. De terre, nos marins sont repris par la crainte qu'on nous voie. Eux, qui connaissent bien leur bateau, distinguent parfaitement le kiosque éclairé pendant quelques secondes.

Mais, une fois encore, le pinceau lumineux passe, dédaigneux...

Le débarquement est vite terminé ; nos embarcations et notre personnel rentrent en hâte.

A 3 h 40, nous nous éloignons et, à 4 heures, nous plongeons, en route vers Alger.

Luc est bien heureux de pouvoir aller dormir dans un hamac !

Depuis des mois, il se cache et ne s'endort jamais tranquille. Il n'est jamais sûr de ne pas se réveiller entre deux carabiniers !

Notre modeste hospitalité le comble d'aise et il nous raconte la vie que Césari et ses amis mènent dans le maquis, leurs efforts pour éditer le journal clandestin *Le Patriote* avec des moyens de fortune. Mais tous sont prêts pour le Grand Jour qui approche. Luc est enchanté de venir prendre contact avec les autorités d'Alger ; cependant, il redoute de manquer le grand soulèvement des Patriotes.

Le 8 septembre, à 8 heures du matin, nous sommes amarrés à Alger.

L'armistice a été signé entre le maréchal Badoglio et les Anglo-Saxons.

Nous avons failli, deux jours avant leur reddition, être démolis par les Italiens pendant cette opération. Le projecteur de Lava servait, en effet, à éclairer une batterie de quatre canons de 75, qui aurait eu beau jeu de nous toucher mortellement à 2 000 mètres, si les servants du projecteur ne nous avaient pas pris pour un inoffensif rocher de la côte.

La méthode qui consiste à s'avancer près de terre, au milieu des récifs, a du bon, n'est-ce pas ?

Le 11 septembre 1947, invité à la mairie d'Ajaccio à l'occasion des fêtes anniversaires du soulèvement de 1943, je rencontre plusieurs des Corses qui ont participé à la récupération des armes débarquées par le *Casabianca*.

L'un d'entre eux demande la parole et nous allons, grâce à lui, assister à une de nos opérations vue de terre : celle du cap de Feno. Il faisait partie du groupe d'accueil et s'exprime à peu près ainsi :

— Le rendez-vous est pour 23 heures. Nous sommes arrivés sur la petite plage quelques instants plus tôt et nous cherchons dans la nuit la silhouette du *Casabianca*. Vous savez ce qu'est l'attente ? A force de désirer voir quelque chose bouger sur la mer, nous finissons par nous imaginer que les rochers nombreux qui bordent la côte avancent. Mais, en prenant des repères, on voit bien que c'est une illusion.

« A 23 heures, rien encore.

« Tout à coup, bien plus près que les cailloux, à toucher, semble-t-il, nous voyons glisser un cylindre noir, un kiosque, peut-être ? Mais ce ne peut être possible à l'intérieur des roches ! Et pourtant, nous devons nous rendre à l'évidence quand nous voyons se détacher, puis arriver sur nous, deux embarcations venant du sous-marin.

« Les pêcheurs eux-mêmes ont peine à le croire quand je le leur raconte.

Oui, le *Casabianca* a raclé de sa quille de nombreux points de la Corse. J'avoue que notre ami a réussi à me donner la chair de poule avec son histoire...

11

Débarquement à Ajaccio des premiers soldats de la Libération

Les nouvelles du débarquement anglo-américain de Salerne ne sont pas fameuses.

Comment les Italiens de Corse vont-ils réagir et, surtout, les Allemands qui sont dans le sud-ouest de l'île et que leurs troupes de Sardaigne commencent à rallier, en traversant le détroit de Bonifacio ?

L'aérodrome de Ghisonaccia, qui n'est qu'à un quart d'heure de vol d'Ajaccio, dans l'est, est plein d'avions allemands.

Le 9 septembre, les Patriotes corses se soulèvent. Les armes que nous leur avons apportées sont sorties des cachettes, distribuées et complétées par celles des parachutages par avion qui viennent d'être entrepris à cadence accélérée.

Les Corses ont le contrôle d'Ajaccio, où le général italien Magli [1] demeure inerte. Ils réclament, par radio, en clair, des secours rapides contre les 45 000 Allemands maintenant rassemblés dans le sud de l'île et dont les tanks ne sont qu'à 40 kilomètres d'Ajaccio.

Les autorités françaises sont décidées à expédier, sans attendre, des troupes en Corse. Elles s'efforcent d'obtenir des Alliés les transports nécessaires.

Mais ça va plutôt mal à Salerne. Toute l'Armada du débarquement se tient, dans le golfe, prête à reprendre le Corps expéditionnaire anglo-américain si les Allemands réussissent à le rejeter à la mer.

L'aviation alliée, tout entière, est engagée dans la bataille.

A Alger, pas un bâtiment français de surface, de guerre ou de commerce, n'est sur rade.

Le 11 septembre, l'amiral Lemonnier, chef d'état-major général de la Marine, réunit dans son bureau de l'Amirauté les représentants des autorités alliées présents à Alger.

Je suis convoqué à assister à cette conférence, sans doute parce que nous sommes devenus des « pratiques » de l'Ile de Beauté sur le *Casabianca*.

Nous subodorons, cependant, quelque important rôle à jouer bientôt. A bord, officiers et hommes sont impatients et pleins d'espoir.

La réunion a lieu au début de l'après-midi.

Les Américains et les Anglais, navrés, répondent à la demande de l'amiral :

1. Commandant les troupes italiennes d'occupation en Corse ; PC à Corte.

— Nous sommes désolés, mais nous n'avons pas un bateau, pas un avion à vous prêter. Tous nos moyens sont en baie de Salerne.

Et d'ailleurs, l'opération de Corse ne semble-t-elle pas un peu folle à certains ? Un peu hors de saison ?

Pour nous autres, il n'en va pas de même. La Corse est le premier département français que l'on peut libérer avec le renfort de quelques régiments... à condition de faire vite pour les y conduire.

Les bâtiments de guerre français stationnés en Atlantique sont attendus incessamment à Alger, après avoir subi une sérieuse remise en état dans les arsenaux américains, ou à Casablanca, mais ils risquent d'arriver trop tard, bien que l'amiral les ait rappelés d'urgence.

Les croiseurs légers, le *Fantasque* et le *Terrible*, sont aux ordres de la Force alliée qui flanque le nord du débarquement à Salerne, à laquelle ils rendent de précieux services.

L'amiral Lemonnier demande à l'amiral sir Andrew Cunningham de les lui rendre pour la circonstance. L'amiral anglais, quoique légèrement sceptique sur l'issue de l'opération de Corse, accepte généreusement.

Ils sont rappelés à Alger avec ordre de faire route à grande vitesse. Ils entasseront à bord les hommes du bataillon de choc et tenteront de les jeter à terre à Ajaccio, dans la nuit du 12 au 13 septembre.

Je suis assis au dernier rang de la brillante assistance et l'amiral me regarde. Il pense que le *Casabianca* est un bien petit bateau, sans doute, mais rien n'est à négliger ; nous pourrions conduire quelques techniciens de la guerre pour encadrer et instruire les soldats, presque improvisés, que sont les Patriotes. Malgré leur magnifique et légendaire courage, ils apprécieraient certainement quelques conseils.

Tout cela traverse son esprit en quelques secondes et il me demande :

— Combien pourriez-vous transporter d'hommes du bataillon de choc en Corse, sans délai, l'Herminier ?

Voilà le grand jour !...

— 100, amiral, avec quarante-huit heures de matériel de combat.

Tous se retournent et pensent : « Ce pauvre garçon est fou, fatigué, sans doute » ; car ils connaissent notre activité des derniers mois.

Le Captain (S) dit même, sans malice, à l'amiral :

— Votre commandant exagère un peu, amiral. C'est impossible sur un sous-marin de ce tonnage.

Je sais pourtant qu'il a confiance en nous, mais il croit de son devoir de ramener tout le monde à plus de bon sens et il n'aurait pas tort s'il ne s'agissait du *Casabianca*, qui vient de faire les expériences étonnantes du 27 août.

Le nom de notre cher bateau carillonne quelques secondes dans mon cerveau et dans mon cœur.

Heureux rescapé de Toulon, qui a vécu pendant dix mois dans la fièvre de l'action pour rendre possible, par étapes, la libération de la Corse, au prix d'une fatigue surhumaine des hommes, et qui va peut-être rentrer le premier dans un de nos ports et aider à le rendre définitivement à sa population et à la France !...

Qu'importent les doutes inscrits sur les visages ! Je représente les 85 marins de mon bateau et suis leur porte-parole. 85 grands « bougres » dont je ne revendique que l'honneur de faire partie, comme une simple unité, sans plus de mérite que le plus jeune. C'est la force qu'ils m'ont insufflée et dont je leur suis profondément reconnaissant qui me donne de l'autorité en cette minute.

— Allez ! ajoute l'amiral, qui croit en nous. Quand pouvez-vous partir ?

Je pense aux prodigieux gars du bataillon de choc et réponds :

— Dans deux heures et demie, amiral.

Or, le bataillon de choc est cantonné à 18 kilomètres d'Alger, à Staouéli ! Mais il sait bondir et il attend en se rongeant d'impatience, déçu de ne la point voir venir encore, l'heure H, à toute minute.

Sur le *Casabianca*, c'est l'enthousiasme (ils ont deviné une grande aventure), sauf pour le tiers que nous devons laisser derrière nous avec beaucoup de regret et de peine.

Bellet téléphone au commandant Gambiez.

— Allô, pouvez-vous nous envoyer, sans délai, 106 hommes, avec leur barda pour quarante-huit heures de combat ? C'est pour un exercice dans le genre de celui du 27 août. Aujourd'hui, c'est un concours de vitesse.

— Vous aurez votre monde dans une heure et demie, le long du bord.

Ils débarquent bientôt de leurs camions. Mon regard va de leur groupe, étalé sur le quai, au *Casa :* je puis à peine croire que tout ce carré va entrer dans ce cylindre.

Mais les voilà qui disparaissent par les trois panneaux de pont. La place est nette en un clin d'œil !

Sur le plan d'eau, prêt à appareiller : un engin noir, aux superstructures basses, à peine perceptible de la ville, a conservé sa silhouette troublante et mystérieuse.

Je vais rendre compte à l'Amirauté que nous sommes parés. Le chef d'état-major général, pris d'un doute très court, m'engage à rendre quelques hommes pour dégager un peu l'intérieur du sous-marin. Ils embarqueront, avec le reste du bataillon de choc, sur le *Fantasque* et le *Terrible*, qu'on attend d'une minute à l'autre et que leur vitesse fera rallier Ajaccio avant nous.

Mais je réponds :

— Qui sait, amiral ? D'ailleurs, il ne faut pas mettre tous ses œufs dans le même panier. Notre manière n'est pas celle des croiseurs.

Nous nous engageons à débarquer nos hommes sains et saufs... Quelque part en Corse... Dans le golfe de Lava, en principe... Pour une fois, les colis que nous mettrons à terre auront des jambes... et ils savent se battre !

Il ne m'est plus fait d'objection.

Quelques minutes plus tard, les deux chefs de l'état-major général, l'amiral Lemonnier et l'amiral Auboyneau, sont sur le quai et nous souhaitent « bonne chance », je gage, avec une certaine émotion admirative.

Le *Casabianca* glisse vers la sortie. Les camarades de la Huitième Flottille guettent aux jumelles, du pont du *Maidstone*, le « furieux ».

A la sortie des filets, le klaxon expédie toute cette humanité vers les profondeurs.

Cinq minutes plus tard, Bellet a rectifié la pesée après une légère correction d'allégement sur ses prévisions ; ça prouve qu'ils sont bien nourris, au bataillon ! Le *Casabianca* sort luisant de l'eau. Les diesels crachent, sur « Alger la Blanche », deux nuages de fumée noire au démarrage.

— Les voyageurs pour Ajaccio, en voiture ! Il est permis de stationner dans les couloirs !...

Dès que nous lâchons l'escorteur, nous réglons les moteurs Diesel à 15 nœuds pour débarquer notre troupe, comme il a été prévu avant le départ, en baie de Lava, dans la nuit du 13 au 14. Une courte marche de 14 kilomètres mènera alors la compagnie du bataillon de choc que nous transportons à la rencontre du reste du bataillon qui devra, en principe, être débarqué à Ajaccio depuis la veille par les croiseurs légers.

Depuis la capitulation de l'Italie, les sévères consignes de la Méditerranée sont rapportées. Les sous-marins peuvent rester en surface de jour, car le nombre d'avions de l'Axe a fortement diminué au-dessus de la mer ; le centre de gravité de la lutte aérienne s'est transporté vers les champs de bataille d'Italie.

De toute façon, d'ailleurs, je serais resté en surface pour ne pas perdre de temps, car le menu peuple embarqué à bord n'est pas désireux de prolonger son séjour dans ce qui lui semble être le métro aux heures d'affluence.

Un métro bien mystérieux et inquiétant, d'ailleurs, pour nos amis du bataillon de choc. Ce sont des hommes qui ont, pourtant, fait reculer les limites de la crainte. Il est peu d'expériences dangereuses qu'ils n'aient tentées et réussies. Mais, dame ! le sous-marin, malgré Jules Verne, n'est pas devenu familier à nos contemporains. Je comprends, pour ma part, qu'on se sente mal à son aise quand on ne connaît pas les règles du jeu et qu'on sait qu'on sera inutile et impuissant au moment du danger.

Aussitôt après la mise en route des diesels, je fais un tour dans le bord. Il faut enjamber des membres nus, luisants de transpiration. J'apprends alors que trois passagers « clandestins »[1], qui n'ont pas voulu manquer la fête, portent le nombre de nos hôtes à 109 et le nombre total des habitants du bord à 170 !... C'est incontestablement un tour de force pour un sous-marin de 1 500 tonnes[2].

Nos guerriers ont pris leur parti de l'inconfort ; ils en ont vu d'autre ; mais ce qui les chagrine, c'est de penser que leurs copains mettront les premiers pied à terre sur le sol français, après avoir navigué comme des yachtmen milliardaires, en respirant l'air pur du large sur les croiseurs légers.

Nous cherchons à les réconforter en leur citant la fable du lièvre et de la tortue :

« Rien ne sert de courir, il faut partir à point. »

Les croiseurs légers ne sont pas encore arrivés à Alger de Salerne et, s'ils sont retardés de quelques heures, rien ne dit que nous n'arriverons pas les premiers. Car, en étudiant la carte de plus près, je fais régler la vitesse à 17 nœuds et mettre le cap directement sur l'entrée de la baie d'Ajaccio, ce qui nous permettra d'arriver dans la nuit du 12 au 13 dans le port, si les croiseurs légers sont effectivement

---

1. Au nombre des trois passagers clandestins se trouvait l'aspirant Michelin du bataillon de choc, âgé d'une vingtaine d'années.

Gravement malade, il était en observation à l'hôpital d'Alger, où il se rongeait littéralement à l'idée que l'heure de l'action approchait et qu'il risquait de manquer le départ de son bataillon pour le débarquement en France.

Il avait fait promettre à ses camarades de l'avertir si son unité partait en opération.

Son intention était de sauter le mur de l'hôpital et de se glisser dans la troupe à son embarquement.

Bien que le coup de téléphone donné au commandant Gambiez, après la conférence à l'Amirauté, n'ait mentionné qu'un exercice d'embarquement sur le *Casabianca*, quelques officiers du bataillon avaient deviné que nous partions en opération de guerre.

Michelin fut prévenu et s'arrangea pour quitter l'hôpital et se faufiler à bord.

Il m'a tout raconté après que nous ayons pris la mer.

Il a été tué dès les premiers jours, en Corse, abattu à bout portant dans une embuscade allemande près de Porto-Vecchio.

J'ai eu l'occasion de parler assez longuement avec lui sur la passerelle, où je l'avais autorisé à monter avec quelques officiers, après la nuit faite.

Il m'a frappé par son enthousiasme et par la simplicité de son ardent courage, quand il évoquait la lutte à laquelle il s'était préparé depuis des mois et qu'il allait enfin mener. Sa douce figure et ses yeux lumineux faisaient pressentir, malgré soi, son martyre proche, la mort en pleine jeunesse d'un être d'élite trop délicat pour vivre dans un monde parfois sordide.

2. Bien que nos puissants ventilateurs d'air frais et d'air vicié fussent largement calculés et permissent à 170 hommes de pouvoir respirer à leur aise, en surface, à l'intérieur du *Casabianca*, Bellet avait réussi à embarquer des petits ventilateurs à coquille dont on se sert pour ventiler les soutes sur les bateaux. On pouvait les brancher sur les prises de courant du bord et brasser l'air dans les compartiments.

Même lorsque l'air est chaud, un courant d'air fait éprouver une grande impression de confort, en séchant la transpiration.

retardés. Nous ne doutons pas, dans ce cas, de recevoir l'ordre de tenter d'entrer à Ajaccio et de débarquer dans le port notre contingent pour réconforter la population de la ville et prendre les premières mesures de sécurité contre le retour des Allemands, en attendant l'arrivée d'autres renforts.

Nous espérons qu'une patrouille aérienne ennemie ne viendra pas nous contraindre à plonger et à perdre un temps précieux, bien que nous allions longer la Sardaigne où l'aviation allemande occupe encore les aérodromes.

Cela redonne de l'espoir à nos passagers.

Nous sommes suspendus à la radio. Le poste est à quelques mètres du carré où les officiers du bataillon de choc sont entassés sur le divan, à bâbord.

A 11 h 34, le 13, nous recevons le message suivant :

« Le *Fantasque* et le *Terrible* ont quitté Alger à une vitesse supérieure à 30 nœuds... Si le *Fantasque* désire communiquer avec le *Casabianca*, il le fera par l'intermédiaire d'Alger, en utilisant le code britannique pour bâtiment de surface... »

Nous apprendrons que ce message était anticipé, mais, pour l'instant, nous avons l'air de perdre la course.

Allons nous mettre à table, ou plutôt faire un pique-nique, car chacun de nous tient son assiette sur ses genoux.

A 13 h 16, le radio sort de son antre en brandissant un nouvel imprimé violet. La tension est grande ; nous débarrassons la table et sortons les codes secrets. Le message violet, adressé au *Casabianca*, dit :

« La dixième division *Fantasque* et *Terrible* est retardée. Essayez de débarquer à Ajaccio. Un pilote vous attendra à partir de 23 heures, le 12, à mi-distance entre les îles Sanguinaires et le cap Muro. Le pilote émettra la lettre de reconnaissance "P" et vous répondrez "F". »

Comme un éclair, la nouvelle a passé de l'avant à l'arrière, phénomène de transmission spontanée.

Ainsi en a décidé le Destin ! Un grand cri de joie parcourt le bateau. Nos passagers ont retrouvé tout leur optimisme. L'équipage est encore plus déchaîné, car il attend cette minute depuis des mois.

Ainsi, la voilà réalisée, notre ambition ! Nous allons recevoir la récompense de notre travail. Nous allons accoster, les premiers, dans un port français, après avoir été les premiers à quitter Toulon, pour participer à l'expulsion de l'ennemi de notre territoire !

Bernard, le maître d'hôtel, découvre les dernières bouteilles.

Nous sommes 170 à bord et je m'étonne que la pression de nos artères, multipliée par ce chiffre, ne fasse pas éclater la coque épaisse !

Les moteurs tournent rond, quoiqu'ils chauffent fort. Kerneur et le maître Tagland, « grand caïd des moteurs », les surveillent de près ;

mais les diesels ne renâclent pas devant l'effort décisif. La mécanique ne nous lâche pas. Les chevaux-vapeur sentent l'écurie France [1].

Pendant la journée, la température intérieure est pénible ; je ne puis, cependant, autoriser personne à monter dans la baignoire. Les veilleurs scrutent le ciel. Nous attendons la nuit avec impatience.

L'obscurité tombe enfin, mais la lune est brillante.

J'ai pitié des gens d'en bas et les autorise à monter, quatre par quatre, pendant un quart d'heure, respirer l'air frais, prêts à s'affaler en bas à l'alerte.

Vers 23 heures, Chailley, avec ses yeux de chat, aperçoit les Sanguinaires. Nous venons vers la droite, à la rencontre du bateau-pilote qui doit attendre le *Fantasque* et le *Terrible* sur l'axe de la baie d'Ajaccio. Nous le découvrons bientôt et les lettres de reconnaissance sont échangées. De près, dans les jumelles, nous reconnaissons, avec stupéfaction, le pavillon de la Marine royale italienne à la corne arrière de la goélette du pilote. Il est vrai que l'armistice date de quelques jours et que nos ex-ennemis continuent d'assurer le service.

Par mégaphone, nous prions le pilote de monter à bord, mais il ne veut pas : un sous-marin, c'est un sale truc. Il nous explique qu'il faut le suivre, dans ses eaux.

Ma foi ! je ne vais pas perdre de temps à parlementer. Suivons-le. Nous surveillerons la sonde pour nous assurer qu'il ne nous conduit pas traîtreusement sur les champs de mines magnétiques, inoffensives pour son bateau en bois, et dont les abords du port sont truffés.

D'ailleurs, nous suivons l'axe de la baie, route au 45, où les fonds sont très élevés et où nous ne risquons pas beaucoup de rencontrer de mines. Au diable, le pilote !

La baie d'Ajaccio est une des plus belles du monde ; elle est profonde et encadrée de hautes et musculeuses montagnes qui s'arrachent de la mer.

Cette nuit, des feux brillent sur toutes les crêtes et le décor est féerique. Les Patriotes ont sans doute allumé des feux de la Saint-

1. Et pourtant, depuis le départ de Toulon, le 27 novembre 1942, nous n'avons guère ménagé nos diesels. Pour arriver à l'heure aux plages de débarquement et charger à bloc la batterie d'accus et les groupes d'air comprimé avec les longs séjours en plongée dans les eaux occupées par l'ennemi, nous avons souvent marché aux trois quarts de la puissance de la puissance maximum.

Kerneur me faisait quelquefois remarquer en souriant :

— Cette fois-ci, c'est encore du 16 nœuds, commandant ?

— Eh oui ! disais-je.

— Enfin, la camelote est bonne, rassurait-il.

Certes, à part les auxiliaires électriques qui ont empoisonné l'existence des mécaniciens et des électriciens, nos moteurs sont excellents.

Mais il faut, par-dessus tout, proclamer que, sans la valeur exceptionnelle de l'équipe chargée de la conduite des diesels, jamais le matériel n'aurait résisté au traitement très dur que nous étions obligés de lui faire subir.

Jean, ou bien les Allemands ont-ils incendié le maquis ? La lune d'or pâle ajoute à l'aspect grandiose du décor.

Nous apercevons bientôt la balise qui est à 200 mètres environ de l'entrée et nous stoppons.

Une barque s'approche, un pilote corse d'Ajaccio monte à bord. Il m'indique qu'il faut accoster au quai de la République, dans le nord de la première darse. Je manœuvre pour avoir tribord à quai, en venant sur la gauche.

Tout à coup, une fusillade nourrie éclate. Je bats en « arrière toute ». Mais le pilote me rassure :

— La place et le quai sont noirs de monde. Tout Ajaccio vous attend et ce sont les Patriotes qui font la fantasia, qui tirent en l'air en signe de joie !

— C'est comme ça qu'on gaspille les munitions que nous avons eu tant de mal à mettre à terre ? dis-je.

— Ce soir, il faut les excuser, commandant.

Je les excuse bien volontiers, mais ils nous ont fait bien peur !

Nous repartons en avant. Nous distinguons la foule. C'est un moment de grande émotion patriotique.

— A gauche 25. Stoppez. Bâbord en arrière 4...

Nous nous rangeons à quai, cependant que des poitrines du peuple d'Ajaccio monte une clameur que nous n'oublierons jamais :

— Vive la France !... Vive le *Casabianca !...* Vive de Gaulle !...

La nuit cache, fort à propos, les larmes de joie.

Notre arrivée cause, peut-être, une légère déception à tout le monde, car les croiseurs légers étaient attendus avec d'importants renforts.

Mais le capitaine du port fait apporter une large coupée que nous disposons sur l'avant du canon.

Alors les gendarmes, sur notre ordre, font reculer la foule et une sorte de miracle se produit.

Des trois panneaux de pont, qui s'ouvrent avec un claquement, sortent trois files interminables de soldats ! Ils prennent possession de la place et s'arrangent si bien à s'égailler qu'ils ont l'air d'être dix fois plus nombreux. J'en suis moi-même bluffé et me demande si, par un phénomène supranaturel, on n'en a pas rajouté pendant la traversée !

L'effet produit sur la population est sensationnel.

Nous avons rivalisé avec le cheval de Troie.

Mais il ne faut pas perdre de temps. Le capitaine Manjot réquisitionne des camions italiens ; 40 hommes sont dirigés sur le camp d'aviation de Campo del Oro, qui se trouve à 4 kilomètres dans l'est du port, pour y renforcer la défense organisée par les Patriotes et interdire le retour des tanks allemands vers la ville ; le reste est commis à la garde des bâtiments officiels d'Ajaccio.

Manjot se rend directement au quartier-général du général italien X... et lui annonce superbement et brutalement :

— Je prends la suite.

X... ergote : il voudrait traiter avec des représentants interalliés, car l'armistice n'est pas signé avec le gouvernement provisoire français.

— Je m'en f..., répond le capitaine, pressé.

Ce qui coupe court à la discussion.

A vrai dire, les Italiens craignent la vengeance de la population qu'ils ont odieusement opprimée.

Les 80 000 Italiens basés dans l'île attendent avec impatience qu'un gros détachement allié débarque, auquel ils remettront avec « plaisir » leurs armes, en se plaçant sous sa protection.

Manjot dit au général que les renforts arrivent en masse et cela réjouit notre homme.

Aussitôt après avoir mis nos « troupes » à terre, nous manœuvrons pour nous amarrer à l'arrière à quai, l'avant sur un coffre, les aussières passées en double pour pouvoir filer, comme à Toulon, en cas de bombardement ou de trahison des Chemises noires, car nous avons décidé de rester au port quelques heures encore pour recueillir les derniers renseignements sur la situation et les faire connaître à Alger.

A 1 h 27, le 13 septembre, s'achève en apothéose, au quai de la République d'Ajaccio, sur la première terre française atteinte par nos soldats, la première partie de l'odyssée du *Casabianca*, le « Libérateur ».

Les nuits suivantes, croiseurs, torpilleurs, sous-marins pourront débarquer, à quai, au cours de raids audacieux et ininterrompus, les troupes de la Libération de notre premier département !

Vers 2 heures du matin, le lieutenant Giannesini, du Service de renseignements, que nous avons débarqué quelques jours plus tôt, le 6 septembre, au cap de Feno, monte à bord et nous apporte de nombreux renseignements militaires, obtenus de l'état-major italien.

Nous composons, pour Alger, un long message que nous transmettons par notre radio, en trois parties chiffrées. La dernière partie est finie d'être chiffrée et transmise à 10 h 8, le 13 septembre.

Les troupes allemandes semblent être dans l'impossibilité de s'échapper par Bastia, si nous coupons sans retard leur seule route de fuite, par l'est de la Corse.

Vers 7 heures, le 13, Manjot et Giannesini confèrent de nouveau avec nous.

Au cours de la nuit, je rencontre dans les bureaux de la Compagnie Freycinet, près du quai, quelques représentants des Patriotes, qui me font un tableau clair de la situation générale.

Nous prolongeons notre séjour au port le plus longtemps possible, où nous sommes, pour le commandement, l'informateur diligent, grâce à notre poste de radio et à nos codes.

Les arrangements pour l'accostage des croiseurs légers, attendus vers minuit le 14, sont pris, et nous décidons de nous porter à leur rencontre, pour les piloter vers le port et leur éviter le retard que le pilote nous a occasionné la nuit dernière.

Je ne veux pas rester toute la journée dans le port, au-dessus duquel nous risquons de voir surgir l'aviation allemande de Ghisonaccia, qui a déjà bombardé l'aérodrome de Campo del Oro dans la journée du 12. La D.C.A. est pratiquement inexistante autour d'Ajaccio et je ne voudrais pas avoir les ballasts « en pointillé ».

A 10 h 30, nous appareillons donc, pour plonger dans l'axe de la baie d'Ajaccio jusqu'à la nuit et recharger nos accus en attendant, en surface, le *Fantasque* et le *Terrible.*

A 21 heures, nous remontons en surface. Nous faisons des routes diverses autour du point où le pilote doit attendre les croiseurs légers.

A 21 h 30, nous recevons d'Alger le message suivant :

« Faites votre possible pour essayer de joindre le *Fantasque* et le *Terrible* aux environs d'Ajaccio. Vous rallierez Alger quand les croiseurs légers seront repartis d'Ajaccio... »

Nous avons eu la même idée ! En comptant l'initiative que nous avions prise le 12 de faire route sur Ajaccio à 17 nœuds, c'est la deuxième fois que l'exécution a précédé l'ordre !

Quelques heures tranquilles, en plongée, nous ont permis de réparer, malgré une chaleur accablante, le manque de sommeil depuis Alger.

L'urgence d'agir en Corse nous préoccupe et nous expédions, à 23 heures, ce message :

« Nous considérons que la situation politique et militaire en Corse exige l'envoi urgent d'un représentant du gouvernement pour prendre en main les affaires civiles et militaires. Les Patriotes et l'état-major italien attendent l'arrivée de troupes françaises. Ces troupes sont indispensables :

« 1° pour assurer la coopération ou la reddition sans condition des troupes italiennes :

« 2° pour attaquer les Allemands groupés sur des positions défensives dans le sud.

« Les Corses ne manqueraient pas d'éprouver une cruelle déception si l'arrivée des premières unités françaises n'était pas suivie par une action énergique en vue de libérer leur territoire. »

Il ne faut pas oublier qu'il y a dans l'île 80 000 Italiens, dont quelques Chemises noires encore fanatiques, et 45 000 Allemands.

Pour les guerriers réguliers de Mussolini, on peut assurer que :

— 50 % ne veulent se battre sous aucun prétexte ;

— 30 % sont indifférents, sauf à l'idée de rentrer chez eux ;

— 20 % veulent bien se battre contre les Allemands à nos côtés, à condition de nous voir arriver en nombre.

L'heure du rendez-vous avec les croiseurs légers approche.

A 23 h 45, un veilleur nous signale un sillage. La mer est un peu phosphorescente et nous distinguons une longue traînée lumineuse sur l'eau. En cherchant bien, nous apercevons dans son prolongement les deux élégantes silhouettes du *Fantasque* et du *Terrible*.

Nous signalons, par fanal discret, la lettre de reconnaissance « P » au chef de file.

Nous recevons la réponse « F ». Le *Fantasque* et le *Terrible*, stoppés, courent encore sur leur erre, et je leur signale : « E. V. 12 », ce qui, traduit en clair, signifie. « Suivez-moi par la contremarche, à la vitesse de 12 nœuds. »

Le pilote italien en est pour ses frais.

Pendant que nous faisons route vers le port, nous donnons quelques brefs renseignements au chef de division, le capitaine de vaisseau Perzo (depuis contre-amiral), commandant le *Fantasque*, en lui précisant les dispositions prises pour les recevoir, en lui confirmant que tout est calme dans le port et que les deux bateaux trouveront des pilotes d'amarrage à l'entrée.

A 200 mètres par le travers de la balise, nous signalons : « T », c'est-à-dire : « Stoppez. »

Notre rôle est terminé. Nous laissons les croiseurs légers s'amarrer à quai et allons prendre un coffre au milieu de la darse.

Nous appelons une embarcation de pêche corse et je me rends sur le *Fantasque*, pour demander au chef de division liberté de manœuvre, dès que possible. Puis sur le *Terrible*, pour embrasser son commandant, mon bon ami Pierre Lancelot.

A leur entrée dans le port, les croiseurs légers sont accueillis par des salves de joie des Patriotes, comme nous la veille, et pensent également, avant d'être rassurés par leurs pilotes, que c'est la bagarre.

Une activité prodigieuse règne sur le pont des croiseurs légers. Le bataillon de choc est débarqué en vitesse. Les marins poussent le matériel à quai sur des glissières. Les armements antiaériens sont à leur poste.

Avant 2 heures du matin, l'énorme quantité d'approvisionnement qu'ils ont entassée sur leurs ponts à Alger pour la Corse, est transbordée à terre.

Nous recevons liberté de manœuvre et sortons aussitôt du port, pour gagner le plus de milles possible dans l'obscurité et sortir de la zone de surveillance aérienne ennemie avant le jour. Ça nous économisera de longues heures en plongée.

Nous sommes à peine sortis des jetées, que deux traits lumineux nous dépassent. Les coques des croiseurs légers disparaissent vite dans la nuit.

Nous rentrons tranquillement à 11 nœuds 5 vers Alger, car une pompe à eau nous inquiète.

Pourtant, sans le savoir, nous sommes attendus avec impatience par nos chefs, désireux de prendre connaissance des derniers renseignements sur l'évolution de la situation en Corse ; car les croiseurs légers, au cours de leur débarquement éclair, n'ont pu prendre langue avec la terre. J'ai pu, au contraire, m'y rendre, et les derniers « tuyaux » m'ont été donnés par les Patriotes le 14, vers 2 heures du matin.

Nous rencontrons une méchante mer au sud des Baléares, et les derniers embruns sont embarqués dans la baignoire au moment de pénétrer entre les jetées d'Alger, à l'abri.

A notre arrivée, le chef d'état-major général nous attend sur le quai dans sa voiture et me fait dire d'aller le trouver aussitôt.

Je suis dans une tenue de mer d'une repoussante saleté ; mon uniforme de mer est trempé à tordre. Souffrant de la jambe et du pied gauche, je porte des pantoufles éculées. Pas rasé, une mèche dans l'œil, ma casquette cabossée sur le crâne, j'ai une allure de bandit et suis honteux de me présenter ainsi à l'amiral. Mais, ancien sous-marinier lui-même, il me fait grâce de mes excuses et me dit :

— Je vous emmène au Palais d'Eté, où le général Giraud vous attend.

— Dans cette tenue, amiral ?

— Il en a vu bien d'autres et est pressé de vous entendre. Montez.

Mon postérieur humide laisse une sombre trace sur le joli siège gris-perle de la voiture !

En arrivant au Palais d'Eté, je voudrais bien me cacher. La garde des spahis, impeccables, à la grande grille, me fait honte !

Mais le général m'accueille avec le sourire, content de voir un homme du « front » :

— Asseyez-vous et racontez comment ça marche.

Encore une belle chaise qui conservera mes empreintes...

Alors, oubliant toute gêne, je raconte que l'affaire de Corse est « cuite ». C'est le succès rapide si l'on ne perd plus une seconde pour y transporter quelques régiments supplémentaires.

Les Allemands pourraient être coincés dans le sud. Les premiers engagements nous ont montré qu'ils sont traqués.

Les Patriotes ont démoli des convois qui cherchaient à remonter vers le nord. Ils ont fait des prisonniers, qui ont perdu leur belle assurance. Ils veulent bien se rendre à des Français, ce qui est un hommage pour les nôtres, mais sous aucun prétexte à des Italiens.

La prise de l'aérodrome de Ghisonaccia et la coupure de la retraite allemande par l'est réglerait la question de leur reddition en masse.

Oui, mais nous n'avons pas assez de bateaux !

Qu'importe le nombre ! Si un sous-marin peut prendre 109 hommes à son bord, un croiseur léger peut en tasser 1 000, un torpilleur 500.

Le temps est beau, la traversée est courte. Il faut se hâter de déverser des combattants dans l'île. C'est une affaire de quatre à cinq régiments ! Le coup d'audace a réussi jusqu'ici ; encore un petit effort, et le morceau est emporté.

Je m'emporte moi-même, et le commandant en chef, qui est tout convaincu, est ravi.

L'amiral Lemonnier prend l'audacieuse décision d'utiliser sans retard les faibles moyens dont il dispose, pour continuer l'envoi de renforts.

Les ordres énergiques des chefs sont exécutés avec fougue par les bateaux de guerre français qui arrivent chaque jour de Casablanca et sont mis en piste.

Les Patriotes se déchaînent.

Les soldats montrent un magnifique enthousiasme.

Croiseurs, croiseurs légers, torpilleurs, sous-marins font une ronde endiablée entre l'Afrique et la Corse.

La victoire est bientôt complète. Victoire purement française, sans aucune aide extérieure, sans massacre de la population ni démolitions au débarquement, grâce au soulèvement des Patriotes, armés en dix mois par le nouveau « cheval de Troie », le *Casabianca*, qui a surgi quai de la République, le 13 septembre, à 1 heure du matin, pour le lever de rideau du dernier acte de l'Oppression, premier acte de la Libération effective de la France.

La Corse est libérée le 4 octobre 1943, lorsque Bastia tombe entre nos mains.

Les conséquences en seront incalculables pour le débarquement sur le continent.

Chefs, Patriotes, soldats, aviateurs et marins peuvent être fiers d'eux-mêmes.

Français ! nous pouvons être fiers de notre France !

L'amiral de la Flotte A. B. Cunningham, dans son rapport transmis à l'Amirauté britannique, le 12 octobre 1943, juge de la manière la plus complète et la plus élogieuse le rôle joué par le *Casabianca* dans l'opération de Corse et son initiative de rester à Ajaccio jusqu'au 14 septembre, après le débarquement des 109 hommes du bataillon de choc. Il écrit :

« En plus du beau travail effectué par le *Casabianca* au cours d'opérations préliminaires spéciales en Corse, il a été d'un grand secours en cette occasion d'avoir le *Casabianca* à la fois comme liaison navale radio entre Alger et Ajaccio pour fournir des renseignements sur la situation et pour faire prendre les mesures pour la réception des forces de surface. »

Commandant Heinz Schaeffer

U-977

L'odyssée d'un sous-marin allemand

Unterseeboote 977
1950
Traduction de Gilberte Marchegay

En 1948, un commandant de U-Boot prend la plume et raconte sa guerre, afin de se justifier au moment où on le soupçonne d'avoir fait évader d'Allemagne Hitler et ses proches, puis de les avoir déposés dans une base secrète. Ainsi un homme ordinaire raconte-t-il, sans le moindre état d'âme, comment sa passion pour la mer l'a amené à faire partie des « loups » de l'amiral Dönitz, chef de la flotte sous-marine allemande et dauphin de Hitler. Heinz Schaeffer ne prend pas le moindre recul par rapport à la guerre dont il a réchappé. Ainsi qu'il le signale au détour d'une phrase, « il ne s'est jamais intéressé à la politique ». Et il ne se pose non plus aucune question sur les actes qu'il a commis : le récit de sa nuit de Noël 1942 est tout à fait édifiant. C'est pourquoi l'histoire du U-977 constitue une illustration parfaite de la guerre sous-marine, vue du côté allemand.

1
Résurrection du passé

L'après-guerre étend ses brumes grises plus particulièrement chargées de mélancolie en Allemagne, pays de la défaite. Le militaire de carrière, l'ancien combattant, jeune encore, subissent particulièrement les effets de ce climat déprimant. Leurs plus belles années, ils les ont vécues sous l'uniforme. Rejetés dans le monde des civils, mais sans autre ressource, sans autre préparation que leur courage, il leur faut affronter la lutte pour la vie.

Ainsi que des millions d'autres Allemands de mon âge épargnés par la tourmente, je détestais cette chasse quotidienne aux moyens d'existence. J'avais renoncé tout simplement à faire le moindre effort. J'aurais voulu porter des œillères comme les chevaux de trait afin de m'éviter la vue de l'océan d'amertume que le destin me condamnait à traverser. Mais, partout, les ruines, partout, la misère ! Il s'agit non seulement de gagner son pain, mais de préserver sa propre personnalité.

C'est ainsi que je me retrouve un jour, moi le Berlinois pur sang, à Dusseldorf. Cette ville, jadis si joyeuse, si vivante, est devenue méconnaissable. Aujourd'hui, je décide d'y aller faire un tour. Je ne vois qu'individus hâves, misérablement vêtus. Partout des squelettes de maisons, les uniformes peu familiers des troupes d'occupation. J'erre dans cette bonne vieille Königsstrasse et je pense que si nous avons dû déjà nous habituer à bien des choses, il nous faudra encore en souffrir beaucoup d'autres. Soudain, mon ouïe enregistre un chiffre, une formule brève que j'évoquerai encore à l'heure de ma mort. Car ce chiffre me replace tout simplement à mon poste de combat.

Quelque part, non loin de moi, quelqu'un crie d'une voix haletante : 977 — 977 — 977 ! Le sous-marin que je commandais portait le numéro *U-977* et l'on devine ce que ce chiffre représentait pour moi. Voici que je l'entends à nouveau après de longs mois, de trop longs mois de captivité à l'étranger, puis dans ma propre patrie. A peine puis-je discerner si ce nombre frappe vraiment mes oreilles ou bien si mon imagination se plaît à me leurrer. J'écoute attentivement mais je n'entends plus que le claquement des semelles de bois, et leur piétinement las sur le sol. Non ! Je me suis trompé... j'ai seulement cru entendre : 977... Le flot humain m'entraîne et je m'éloigne hâtivement.

Je passe devant un kiosque de journaux. Brandissant un journal, un vieillard misérablement vêtu hurle d'une voix éraillée : « Hitler vivant ! Hitler vivant ! » Quelles nouvelles sensationnelles ne va-t-on pas inventer afin de venir en aide à « la presse officielle » ! Du sein de quelle rédaction ivre a-t-on été tirer celle-là ? Mais mon regard prêt à se détourner rencontre la manchette du journal. Je lis : « *U-977*... Hitler vivant ! » Et, plus bas, en petits caractères : « Il s'est enfui en Argentine à bord de l'*U-977*. » Je reste planté au milieu de la Königsstrasse, comme si je venais d'y prendre racine et je suis saisi d'un tel fou rire que les petites filles qui sortent de l'école, les passants me contemplent, inquiets et font un détour pour m'éviter. Ils pensent sûrement : « En voilà encore un auquel la faim fait perdre la tête ! »

Pourtant, mon estomac est relativement bien garni. Quant à mon cerveau, il n'y règne vraiment aucun désordre. Je me contente de rire de ce canard, car j'en sais plus long sur le dernier voyage de l'*U-977* que tous les journalistes de l'univers. Voyons donc ce que raconte cette gazette ! Je mets le cap sur un café où, face à un pot de bière fade, je savoure à loisir cette information-massue ! C'est une dépêche d'une agence argentine annonçant que, dans la capitale du pays, un certain Ladislas Szabo vient de faire paraître, avec force détails à l'appui, un ouvrage qui porte ce titre : *Hitler vivant*. A l'en croire, le sous-marin *U-530*, commandé par mon camarade Wehrmut, ainsi que le *U-977*, mon propre navire, seules unités subsistant encore de la flotte allemande et qui ont fait leur apparition au large de l'Argentine longtemps après la capitulation, avaient fait partie d'un « convoi fantôme » à bord duquel Hitler et quelques autres grosses légumes du troisième Reich auraient fui, d'abord en Argentine, puis dans l'Antarctique.

Le journal publiait même l'itinéraire du voyage effectué par le « convoi fantôme » et indiquait le lieu où les deux submersibles l'avaient quitté. Les deux commandants de ces unités se portent garants, assurait la gazette, de la véracité de nos dires.

Comme on pense, je n'ai pas le plaisir de connaître Ladislas Szabo et je sais que Wehrmut n'a pas davantage rencontré ce fantaisiste. D'où ce plumitif peut-il tenir ses renseignements ? Quant à moi, ils me font bien rire, du moins ceux qui émanent de l'agence argentine. Sans doute, la lecture du livre serait infiniment plus captivante, mais l'Argentine est loin !

Pourtant, venue de là-bas, cette information a pour moi un côté moins plaisant, car, depuis le 17 août 1945, on me poursuit de cette affirmation : « C'est vous, Schaeffer, qui avez emmené Hitler en Argentine ! » Que j'eusse affaire aux envoyés extraordinaires d'une

aux yeux. Je suis obligé moi-même de me dominer afin de rester ferme jusqu'à la dernière minute. Je serre une dernière fois la main de Moses, le benjamin de l'équipage. « Quant à toi, mon gars, je suis sans inquiétude en ce qui te concerne : tu sauras te débrouiller ! Bonne chance, Moses ! »

Il s'agit maintenant de prendre congé de notre fidèle compagnon de lutte, le *U-977*. Au-dessus des eaux scintillantes de Mar del Plata retentit une dernière fois un commandement en allemand :

— Garde-à-vous ! Présentez armes ! Saluons notre camarade d'acier, le fidèle, l'indestructible *U-977* ! Hourra ! Hourra ! Hourra !

Les officiers argentins assistent avec un recueillement tout militaire à cette brève cérémonie d'adieu, puis ils nous prient, mes officiers et moi, de monter à bord de leur vedette qui se dirige vers un croiseur, mouillé non loin de là. J'ai pris avec moi toutes les archives du navire : le livre de bord, les cartes marines, les tables de calculs astronomiques, et je me réjouis de ne les avoir pas détruits, car ils nous rendront encore de grands services ! Déjà, pendant le bref voyage entre notre sous-marin et le bâtiment du chef des sous-marins argentins, j'ai le pressentiment du soupçon que fera naître notre arrivée à Mar del Plata. En effet, on me demande à brûle-pourpoint : « Capitaine, avez-vous eu à bord Hitler, Eva Braun et Bormann ? Avez-vous coulé le vapeur brésilien *Bahia* ? »

Lorsque j'oppose une dénégation ferme à ces questions, les Argentins sourient. Mes officiers regardent la vieille serviette noire que je porte sous le bras : c'est la sauvegarde de notre innocence.

Sur le pont du croiseur *Belgrano*, les équipages des sous-marins sont alignés. Une sonnerie de clairon retentit. Nous gravissons la passerelle. Je me présente ainsi que mes camarades à l'officier de quart. Il nous accompagne tandis que nous passons devant le front de l'équipage en uniforme blanc, et, bien que j'ignore encore qu'au même moment, dans d'autres pays, d'autres ports et même dans ma patric, des marins, des soldats allemands sont humiliés et traités d'une manière déshonorante, j'éprouve une vive reconnaissance pour cette attitude chevaleresque.

Je suis invité à me rendre au carré des officiers afin de faire mon rapport en m'appuyant sur les documents et les cartes marines que je porte avec moi. Le chef de la flottille tient à connaître les raisons qui m'ont empêché de saborder mon navire au voisinage des côtes. A quoi je puis répondre qu'agissant de la sorte, nous aurions détruit tout espoir de jamais faire connaître la vérité sur notre voyage.

Une seule phrase du commandant argentin suffit pour nous démontrer à quel point il est nécessaire pour nous de faire toute la lumière sur cette affaire : « Capitaine, on soupçonne votre navire d'avoir coulé, il y a quelques jours, le vapeur brésilien *Bahia*. On a des raisons de penser que vous aviez à bord Adolf Hitler, Eva Braun et

Martin Bormann, et que vous les avez débarqués quelque part dans le sud de notre continent. Vos explications seraient les bienvenues. »

Sans m'émouvoir, je déploie sur la table mes cartes marines et entreprends d'expliquer notre itinéraire depuis le 9 mai.

— Si cette carte est exacte, vous étiez donc, le jour où le *Bahia* a coulé, à quelque 50 milles du point du naufrage. Nous examinerons vos documents.

Là-dessus, on nous informe officiellement que nous sommes prisonniers de guerre, puis on me sépare de mes camarades, on m'accompagne jusqu'à une vaste cabine, où je trouve sur la table une bouteille de whisky écossais. Devant la porte, deux sentinelles montent la garde.

Après de longs, longs mois, voici que je me retrouve, pour la première fois, seul avec mes souvenirs et le poids de mes responsabilités.

Comment en suis-je venu à faire irruption ainsi dans un port argentin après être resté soixante-six jours en plongée ? Pourquoi la guerre s'est-elle terminée pour nous près de cent jours après la capitulation de la Wehrmacht ? Pourquoi suis-je entré avec un submersible intact et tous mes documents, dans un port qui, depuis le mois de mars de la même année, comptait parmi les ports ennemis ? Comment en a-t-on été amené à croire que Hitler s'est trouvé à notre bord ?

Au cours de cette nuit passée sur le croiseur *Belgrano*, je fis mon examen de conscience. Sans en omettre une page, je relus mes cahiers de guerre. Je remontai jusqu'à mon enfance et c'est ainsi que se déroula pour moi le film d'une existence déjà fertile en aventures...

2

Des voiles blanches aux loups gris

J'ai devant les yeux l'image de Berlin, la grande ville où je suis né, où j'ai grandi. Sa vie trépidante, ses larges artères où gronde une circulation intense, ses masses humaines dont le travail et l'esprit ont donné à la capitale allemande son caractère.

Mais Berlin est avant tout pour moi cette miroitante ceinture que forment ses cours d'eau, ses canaux, le poli scintillant de ses lacs qui, de loin, nous invitent et dont les anses paisibles bordées de roseaux retiennent le promeneur.

Les grands pins du Brandebourg qui se reflètent dans ces eaux me reviennent à la mémoire...

Je me revois, mioche de cinq ans. « Quand je serai grand, je deviendrai capitaine », déclarais-je à ma mère lorsque, debout contre mon lit, elle entreprenait de me faire la leçon parce que j'étais tombé à l'eau, une fois de plus. D'ailleurs, pour moi-même, cela n'avait plus aucune importance, car j'étais devenu un vrai raton nageur.

Je vivais en contact étroit avec l'élément liquide. J'apprenais à ramer avec assiduité. Mais mon attention se trouva bientôt accaparée par autre chose. C'est d'un regard chargé d'envie que nous suivions, mes camarades et moi, les évolutions des bateaux à voile qui semblent se déplacer comme magiquement et sans aucun effort. L'idée nous vint alors de transformer le bateau de mon « paternel », dont la destination première avait été la pêche à la ligne. Le moment semblait propice, mon père étant parti pour la chasse, cependant que ma mère était accaparée par la cuisson des confitures.

Le travail avança rapidement. Chacun de nous se débrouilla pour se procurer un drap de lit. Un aviron fit le mât. Des cordons à étendre le linge, fixés à de gros clous d'acier, servirent d'étais.

Le premier essai de navigation à voile fut satisfaisant. Poussés par une brise légère, nous descendîmes le fleuve pendant plusieurs heures, mais lorsqu'il s'agit de remonter contre le vent, cela n'alla plus : virer sans gouvernail n'est pas facile !

Mais n'avions-nous pas souvent vu des bateaux de transport munis de planches chargées d'empêcher qu'ils ne dérivent ? Ainsi donc, à l'ouvrage : il y avait du bois dans le jardin et nous pûmes nous procurer quantité de clous. Heureusement, mon père était au loin et ne pouvait voir ce que nous faisions de son bateau. Après que les planches eurent été placées, son bateau ressemblait à un cercueil.

Il fallut reconnaître que l'eau pénétrait en bien des points. La jeunesse se montre souvent inventive mais en même temps inconsciemment destructrice ! Ce fut notre cas. Nous fîmes couler du brai fondu à l'intérieur de notre navire lesté par nous de lourds moellons. Le travail semblait réussi. Et en avant, le second essai !

Hélas ! le premier grain nous fit chavirer et notre « fier voilier » disparut dans les eaux jusqu'à l'extrémité de son mât. Des pêcheurs ramenèrent l'épave à la rive.

— Continue et ce ne sera sans doute pas le dernier bateau que tu feras sombrer ! gronda mon père, qui m'administra une raclée et me mit en pénitence.

Se doutait-il combien ses paroles s'avéreraient justes dans l'avenir ?

Des années passèrent. Le mioche devint un adolescent. A présent, j'étais membre de la section junior d'un club de navigation à voile fort considéré.

« Le junior Schaeffer devra se présenter au Comité de Direction », annonça-t-on un dimanche du printemps 1934. Le cœur battant, je pénétrai dans la salle des séances où, derrière une vaste table recouverte d'un tapis gris, siégeait notre président, un conseiller commercial des plus respectés. « Te plairait-il de t'engager sur la goélette *Sonnenwende* en qualité de matelot ? » Mes yeux rayonnaient de joie, car c'était une distinction que d'être ainsi sollicité par le possesseur d'un grand yacht à voiles. Je n'ignorais pas, il est vrai, que j'aurais fort à faire, mais il s'agissait avant tout d'apprendre quelque chose afin de pouvoir subir, le plus tôt possible, l'examen de navigation à voile et d'être à même de prendre sa part de responsabilité sur un bateau désigné pour les régates. « Certainement ! » répondis-je à notre président. Je signai le rôle du club qui ressemblait à s'y méprendre à un rôle de la marine marchande. Je savais que, dans le cas où l'on ne remplissait pas de manière satisfaisante les conditions requises, on était rejeté de l'association. Je voulais éviter cette honte à tout prix.

A partir de ce jour, j'attendis chaque samedi, dès sept heures du matin, l'arrivée de mon patron afin d'exécuter, en qualité de matelot — naturellement non rétribué —, les tâches que l'on attendait de moi. Avec mes treize ans, j'étais le plus jeune de tous les adolescents engagés. La yole nettoyée, j'avais pris soin de me mettre en costume blanc impeccable. Mon chef arriva, accompagné de toute sa famille et de nombreux amis. La yole ne contenait que trois personnes en plus de moi-même. Le yacht était mouillé à quelque cent mètres du quai. Il fallut faire le va-et-vient quatre fois de suite. Au dernier voyage, je me sentais épuisé.

— Nous ne perdrons pas de temps, Heinz, me dit-on alors. Dispose les voiles, dans une demi-heure nous appareillons !

Je préparai tout — tandis que les autres prenaient un vermouth. Pendant que je dépliais les voiles, un filin dépassa et Heinz dut grimper au mât. Celui-ci mesurait vingt mètres de haut... perspective faite pour inspirer le vertige que celle de travailler à une telle hauteur ! Mais, avant tout, il ne fallait montrer aucune crainte.

On descendit le fleuve par une brise assez fraîche. Je ne sais ce que j'aurais donné pour pouvoir diriger ce glorieux navire. C'était une goélette à deux mâts, de seize tonnes. Mais va-t'en voir ! Ma tâche consistait à nettoyer la cale et le compartiment du gouvernail, toujours pleins d'eau et de saletés. Bientôt, je pris l'aspect d'un nègre, mais à quoi bon se plaindre ? Il s'agissait de tenir ! « La pratique est le meilleur de tous les maîtres », assurait mon capitaine.

Plus tard, il me fut permis de manœuvrer la grand-voile au cours des compétitions et enfin je tins parfois moi-même le gouvernail...

J'annonçai à mon père le résultat de mon examen : j'étais reconnu apte à diriger des yachts de toutes tailles à l'intérieur des eaux territoriales allemandes. En fait, à quatorze ans, j'étais trop jeune pour qu'on me le permît, mais mon capitaine obtint en ma faveur une dispense spéciale.

C'est à compter de ce jour que ma vie de marin commença. Mon père m'avait offert une yole de course qui mesurait près de 7 mètres de long et 1,30 m de large ; c'était un parfait coursier de régate. Chacune de mes minutes de liberté lui était consacrée. J'avais appris toutes sortes de tours de main en regardant manœuvrer les meilleurs coureurs de régates du club. A chaque force du vent correspondait une longueur d'écoute et le mât aussi devait être maintenu par des étais en une inclinaison particulière. Chaque centimètre importait.

Ma première course ! Le poli parfait de la quille joue un grand rôle, aussi chaque concurrent avait-il dans ce but une recette jalousement gardée. Moi de même, comme on pense. D'abord, je broyais du graphite avec du liège, puis on y ajoutait de la cire et l'on polissait la coque comme un miroir, enfin la perfection était atteinte par un dernier badigeonnage d'huile mélangée à du jaune d'œuf.

Le coup de feu du départ avait retenti. En dépit d'un fort vent, nous avions hissé toute la toile afin d'utiliser au mieux le passage dans les zones plus calmes proches des rives. Déjà, nous avions embarqué la valeur de plusieurs seaux d'eau. Hans, mon second, travaillait vraiment comme un héros. D'une main, il écopait, de l'autre, il manœuvrait le foc ; en même temps, il se penchait d'un côté afin de faire contrepoids. Trois concurrents avaient déjà chaviré. Le plus dur serait de parcourir une certaine distance vent arrière. En ce cas, par temps calme, on hissait une voile spéciale, le foc-ballon, à l'avant du bateau, ce qui multipliait par trois environ la surface de toile. Jusqu'à présent, nul ne l'avait hissé. Mais comme j'étais encore loin en arrière, je n'avais qu'un seul moyen d'améliorer ma position, c'était de prendre ce risque.

Nous nous mîmes à avancer avec la rapidité d'une flèche. En fait, il y avait près de 30 m^2 de voilure sur un bateau construit pour en porter 10 ! Et puis, ce vent... Nous faisions partie du groupe de tête. Mais nous tanguions très fort et notre bateau ne maintenait son allure qu'avec peine. Nos adversaires voulurent en faire autant. Le résultat ne se fit pas attendre : deux bateaux chavirèrent et un troisième eut son foc-ballon déchiré et emporté par le vent. Nous pûmes nous maintenir en tête. Au bout de six heures, on nous décerna le troisième prix.

En 1938, mon père me donna la possibilité de faire un séjour prolongé aux Etats-Unis. La traversée fut pour moi un gros événement. Quant aux impressions que fit sur moi ce grand pays étranger, elles furent des plus fortes. Je suivais les cours d'une « High School » de Cleveland, ce qui me permettait de perfectionner mon anglais.

Au retour, la question de ma carrière se posa. Qu'allais-je faire ? Pendant quelque temps, ma famille se plut à l'idée que je deviendrais forestier. J'avais, en effet, un goût très vif pour la nature, les forêts, le gibier, la chasse. Pourtant, la vie sur l'eau me tentait plus que tout au monde.

Pour un jeune gars, la considération attachée au métier d'officier de marine avait quelque chose d'éblouissant. Dans notre club, nous avions souvent l'occasion de rencontrer des officiers de la marine de guerre et nous pouvions les voir manœuvrer à loisir. Comme ils m'en imposaient ! Voilà des gens qui comptaient ! Des gens qui savaient quelque chose, qui vivaient, qui se battaient contre le vent, contre les éléments, qui connaissaient l'univers !

Je songeais peu à la possibilité d'une guerre ; il ne me venait pas à l'esprit que le sang pût couler un jour. Un adolescent se préoccupe-t-il de tels problèmes ? Si les événements en venaient là, je ferais simplement mon devoir.

La politique ne m'intéressa jamais. Le milieu dans lequel je vivais échappait à l'idéologie du national-socialisme. Je n'appartenais pas aux Jeunesses hitlériennes. Au cours de l'une de mes dernières années d'études, j'avais bien, il est vrai, travaillé à la campagne en tant qu'ouvrier bénévole. Cela m'avait paru très agréable et le maire du village me décerna un certificat officiel. Mais j'évitais de faire partie d'aucune association, hormis mon club nautique.

Je n'ignorais pas que l'on est soumis, comme officier, à une discipline rigoureuse. Mais il s'agissait là d'une communauté où les devoirs étaient nettement définis, et les droits et les responsabilités solidement étayés par la tradition et les lois de l'honneur.

J'obtins de mon père la permission de me présenter aux examens d'aspirant qui devaient être passés avant le « certificat de maturité », au cours de la dernière année d'études. Le jour de l'examen approchait. Nous étions à la fin de 1938. Une grande surexcitation régnait parmi nous. Saurions-nous faire face à toutes les exigences ? La Marine ne pouvait accueillir qu'une fraction de tous ceux qui se présentaient. En ferait-on partie ?

L'épreuve eut lieu à Kiel. Des spécialistes nous scrutèrent consciencieusement. Après un examen médical et un nombre incalculable de réponses qu'il nous fallut donner, on nous soumit à des épreuves singulières. On nous fit asseoir dans un énorme coffre. Sur une grande table, des lampes s'allumaient soudain à intervalles réguliers, il s'agissait de les éteindre en manœuvrant certains leviers. Le moment venu, elles s'éteignaient d'elles-mêmes et l'on perdait un point. Lorsque deux lampes de couleur s'éclairaient en même temps, on devait faire tourner un volant à droite ou à gauche. Il y avait sous le siège deux sirènes et un sifflet qu'un mouvement des pieds déclenchait. Nous y perdions tous nos moyens.

Une certaine machine « électrisante » nous impressionnait particulièrement. Ayant entendu dire que le blanc d'œuf est un bon isolant, nous avions préparé nos mains en vue de cette épreuve, mais je dus reconnaître que le résultat s'avéra nul. Nous saisissions les pôles des deux mains. Une fois soumis au courant, il était impossible de détacher ses paumes. On cherchait à avoir par là une preuve de notre résistance à la « torture ». Certains criaient et c'était assurément fâcheux ; d'autres serraient les dents et prenaient une expression d'énergie désespérée. Pendant ce temps, un appareil de prises cinématographiques enregistrait chez chacun les diverses phases de l'épreuve.

L'examen se termina enfin. J'étais reçu.

Nous étions au début de l'année 1939. Mon séjour aux U.S.A., malgré les horizons qu'il m'avait ouverts, ne compensait pas ce qui me manquait d'autre part en fait de connaissances concrètes. Mon examen de maturité en fut retardé de quelques mois. Je devais m'y présenter à l'automne 1939.

Sur ces entrefaites, la guerre avait éclaté. La campagne de Pologne eut une fin rapide. Mais quelle serait la suite ? Et qu'est-ce qui m'attendait, moi qui allais faire mon service dans la marine ? Il était évident que la marine jouerait un rôle décisif dans la lutte contre l'Angleterre. Mais les problèmes de stratégie navale n'étaient pas de mon ressort : il me fallait d'abord apprendre mon métier.

Vers la fin de l'année, je rejoignis Stralsund. Dans le train, je retrouvai nombre de mes camarades de la « crew » 1939 B. Ce mot anglais qui, en fait, signifie équipage, désigne aussi traditionnellement, dans la marine de guerre, les élèves de la même promotion. Il signifie un lien étroit, puissant, plus puissant même que celui qui relie les membres des classes d'anciens étudiants.

Stralsund ! Nous étions au voisinage immédiat de notre futur champ d'action. Quelques sous-officiers nous attendaient à la gare et nous conduisirent à Dänholm, île consacrée à l'enseignement des choses maritimes. Il faisait 40° en dessous de zéro. Malgré le froid, nous fûmes bientôt réchauffés, car on se mit à une allure de marche accélérée. Un pont-levis, qui fut retiré après que nous l'eûmes franchi, marqua notre séparation d'avec le monde. Passant entre deux corps de garde, nous pénétrâmes dans la caserne proprement dite. Les sentinelles nous considéraient avec une grimace railleuse. Elles savaient que notre gaieté s'éteindrait lorsque la fameuse discipline qui régnait à Dänholm sous la forme la plus intentionnellement pénible nous aurait été imposée. C'étaient des élèves officiers qui, ayant manqué leur examen et ne voulant pas renoncer, avaient le plaisir de recommencer leur instruction.

Nous devions passer trois mois à Dänholm. Ce stage me fut pénible, je dois l'avouer, mais je me garderai de qualifier de tragique cette époque où nous fûmes cependant incroyablement malmenés.

En général, huit hommes font une chambrée et seize hommes

forment une escouade. Quatre escouades font une section et quatre à cinq sections une compagnie.

Le réveil avait lieu à six heures. Quelques modulations préliminaires précédaient le coup de sifflet. Ce fut l'harmonie la plus rebutante de tout mon temps de service. On entend de très loin ce crissement étouffé et l'on prend petit à petit conscience que dans quelques minutes on n'aura plus, de tout le jour, une seconde de tranquillité.

A sept heures, nous étions en rangs. Notre instructeur s'était présenté sous le nom de « Beaucoup ». « Je m'appelle Beaucoup parce que je réclame beaucoup ! Couchez-vous ! Debout ! Je vous ferai courir, moi ! »

Les premières journées furent relativement paisibles. On nous distribua un uniforme gris, deux uniformes bleus, des combinaisons de treillis pour l'exercice, enfin un fusil et un masque à gaz qui nous réservaient des joies toutes particulières.

Après que nous eûmes prononcé notre serment, l'entraînement commença pour de bon. A deux heures d'exercices succédait une heure de cours. Le but réel de ces cours était de déceler notre caractère, de nous amener à nous révéler, de découvrir ceux qui se montreraient rebelles aux punitions afin de les écarter, comme inaptes. Cette éducation se basait sur le principe que seul celui qui sait bien obéir saura bien commander.

A six heures du soir tout était terminé et nous dînions, les officiers répartis parmi nous afin de maintenir le contact avec eux, même pendant les instants de liberté. Ensuite, nous avions deux heures dont nous pouvions disposer à notre guise. Après un consciencieux récurage au faubert, le sifflet fatidique annonçait le coucher, suivi de l'ordre de « regagner le hamac ». On avait un quart d'heure, puis la lumière devait être éteinte : « Silence à bord, feux éteints ! » Mais il ne nous arrivait jamais de goûter de dix heures à six heures une nuit sans tourments. Au milieu de la nuit, on assistait souvent à ce spectacle : les occupants des chambres, debout devant les armoires ouvertes, attendant le supérieur. Le chef de chambrée hurlait : « Fixe ! » à plein gosier.

Le préposé Muller, responsable de la chambrée 12, présente à l'inspection la chambrée et les armoires.

— Bonsoir, la chambrée 12 !

— Bonsoir, Monsieur le Quartier-Maître[1] !

— Vous dormiez déjà, n'est-ce pas ? Allons, les armoires ! Remuez-vous ! Vos ongles, Schulze ! Sans doute, avez-vous l'intention d'assister à un enterrement ? Autrement je ne vois pas l'utilité de vos ongles endeuillés ! Dix flexions des genoux ! Ne pourriez-vous

1. En allemand, on fait toujours précéder le grade du mot Monsieur (Herr).

les compter plus haut ? Dix de plus ! Meier, comment entendez-vous une armoire en ordre ? Vingt flexions ! Qu'est-ce que c'est que cette femelle accrochée dans votre armoire ? Hé là, c'est à vous que je parle, à vous ! D'ailleurs, comment se fait-il que vous vous trouviez ici ? Il n'y a pas de place, dans cette caserne, pour les camarades à longue tignasse ! C'est l'image d'un soldat modèle que vous devriez suspendre dans votre armoire !

Nous avions beaucoup entendu parler par nos prédécesseurs de la « Vallée de la Mort ». A chaque sortie d'instruction nous risquions de connaître les charmes de cette fameuse vallée. Elle représentait le maximum des efforts que l'on exigeait de nous. Nous savions que la moindre bêtise nous vaudrait une promenade dans cet aimable séjour.

Et cela nous arriva vraiment. Le quartier-maître avait donné l'ordre que ma colonne eût à se rassembler sur le champ d'exercices, en tenue de campagne.

— Arme sur l'épaule droite ! Pas accéléré, en avant, marche !

Nous obéissions aux ordres donnés, faisant demi-tour à droite ou à gauche, tandis que les supérieurs marchaient sans hâte. Nous étions en route pour la « Vallée de la Mort ». Celle-ci s'étendait entre deux hauteurs. Ceux qui ne pouvaient gravir la seconde colline restaient à l'arrière. La sanction était grave : ne remplissant pas les conditions physiques exigées chez un officier, ils étaient éliminés. Aussi, chacun s'efforçait-il de rassembler toutes ses forces physiques. Certains pensèrent au suicide. Ceux-là considéraient le renvoi comme une honte qui leur interdirait de faire figure honorable dans la vie civile.

Arrivés à la « Vallée de la Mort », on vous criait : « Montez ! En avant ! Descendez ! Remontez ! » Et ainsi pendant une heure, toujours le fusil à la main, le lourd sac au dos.

Beaucoup trébuchaient, glissaient, mais ils se retenaient tant bien que mal et poursuivaient leur ascension et cela continuait ainsi sans trêve : descente, montée, descente, montée... Nous étions tous cramoisis, certains déjà bleus. Maintenant, je ne pourrai plus, pensait chacun, une fois encore et je meurs ! Mais on *pouvait encore* !

« Gaz ! » C'était l'ordre de mettre le masque. Rien assurément ne pouvait être pire que ce harnachement. Telle une lame d'acier, la voix de l'officier commandant la colonne pénétrait le silence de mort : « Voulez-vous avancer, oui ou non ? En avant ! Remontez ! » Un des garçons n'avait plus la force de suivre ; bientôt c'en était un autre ; ils marchaient comme des mourants, les camarades les remorquaient. Enfin, l'ordre libérateur venait : « Sur la route... Formation de marche ! Pas cadencé ! Chantez ! » Et l'on regagnait la caserne. L'heure qui suivait, heureusement, nous n'avions qu'à écouter un cours...

Nous redoutions aussi les exercices en tenue « polaire ». Il s'agissait de se charger de tous les vêtements dont on disposait : trois combinaisons de nuit, la tenue de campagne, deux uniformes bleus, un gris, le manteau, bonnet de laine, gants, casque, sac au dos et autres accessoires. On préparait d'avance une pièce que l'on surchauffait. Notre colonne s'y entassait et l'on commençait. Il s'agissait de « pomper » vingt fois, c'est-à-dire se coucher à plat ventre, se soulever sur les bras tendus, puis se recoucher et ainsi de suite. Le corps brûlant, on se croyait près d'éclater. Une seule consolation, cette certitude : tout passe.

En effet, ces trois mois d'instruction intensive s'écoulèrent rapidement. Nous nous exercions au lancement de la grenade, au tir au fusil et à la mitrailleuse. Je reçus la distinction des bons tireurs sous forme du traditionnel « chevron des tireurs ». J'avais eu l'occasion de m'exercer dans notre propriété et en chassant avec mon père que cette distinction emplit d'orgueil, car il l'avait également reçue lors de son service militaire.

En fait, tout ceci n'avait pas grand-chose à voir avec l'enseignement des choses de la mer proprement dit. Ce qui pourtant rappelait à notre souvenir que nous serions matelots, c'était la tenue bleue que nous revêtions pour nos sorties et qui portait à la connaissance de chacun que nous étions élèves de marine. Le ruban de nos coiffures portait de grands caractères dorés : 7 S. St. A. [1] qui exerçaient sur les sous-officiers des armées de terre et de l'air l'effet de la banderille rouge sur le taureau. C'était une raison de plus de nous provoquer, car, au bout d'un an, nous devenions régulièrement *enseignes*, par conséquent, inattaquables de la part de tout militaire d'un grade inférieur. Aussi, c'était à qui courrait au bureau de la section pour signaler le scandale d'un salut non réglementaire, ou quelque autre vétille. Aussi n'étions-nous pas même tranquilles en dehors de la caserne...

Les manœuvres finales et la parade qui les suivait étaient toute une affaire. On nous distribuait des cartouches, des grenades fumigènes et autres munitions. Nous assaillions des tranchées et de petits fortins sans cesser de mener grand tapage.

Je reçus l'ordre de me présenter devant le commandant de compagnie.

— Vous êtes assez mal noté, me déclara-t-il, mais vous êtes un bon tireur et, somme toute, en ce moment, c'est l'essentiel. Nous allons vous envoyer à l'essai, dans un commando d'entraînement. J'espère que vous vous améliorerez !

— Oui, mon capitaine.

Le premier écueil était franchi !

Nous rejoignîmes le port de guerre de Kiel où les aspirants furent répartis sur trois navires : *Gorch Fock, Albert Leo Schlageter* et *Horst*

1. Siebente Schiffsstammabteilung.

Wessel. Ces navires ressemblaient à des cygnes blancs. Ils luisaient au loin amarrés à leurs bouées. Spectacle admirable ! Chacun jaugeait environ mille tonnes. Ils répondaient absolument à l'image que l'on se faisait des anciens voiliers qui, si souvent, avaient été le sujet de mes lectures. J'étais bien assuré de me montrer brillant dans cette partie de mes études de marin : n'avais-je pas consacré ma jeunesse aux bateaux à voiles ?

Des canots nous transportèrent à bord. Je fus envoyé sur le *Gorch Fock*. Aussitôt, les sous-officiers nous départagèrent en deux bordées, et nous désignèrent nos hamacs et nos armoires personnelles. Paroles du commandant (apparition décharnée au visage pâle), dès la première inspection : « Vous avez l'honneur de faire vos premiers pas de marins sur ce fier navire. Ne croyez pas que d'avoir reçu les premiers éléments d'une instruction maritime sur l'île Dänholm ait fait de vous des marins capables de naviguer : tout vous manque encore de ce qui fait un bon officier de marine. Que la technique devienne de plus en plus compliquée, que les navires soient de plus en plus vastes, il n'en est pas moins évident qu'ils seront toujours dirigés par des marins et non par des techniciens. Celui qui peut, sur mer, soutenir le combat contre l'ouragan et les vagues prouve par là qu'il est un vrai gars. Vous traverserez, ici, à bord, de rudes moments, mais plus tard, vous aimerez à vous rappeler le *Gorch Fock* auquel vous devrez vos connaissances fondamentales. Montrez-vous dignes de l'homme dont ce vaisseau porte le nom et qui, au cours de la bataille du Skagerrak, fit à notre nation le sacrifice de sa vie. Des temps difficiles nous attendent et seuls ceux qui se consacrent corps et âme à leur devoir auront la force d'exécuter ce qui sera exigé d'eux. Celui qui domine les mers est maître du monde. Toutes les grandes guerres de l'histoire furent transportées sur mer et décidées sur mer. Portez fièrement vos uniformes bleus et faites-leur honneur ! »

Chacun des supérieurs ayant fait son discours, il s'agit ensuite de ranger les placards. Mais qu'ils nous paraissaient exigus ! Hauts de cinquante centimètres, larges et profonds d'autant, il semblait impossible d'y mettre tout ce que nous possédions. Mais enfin, on y réussissait : il fallait seulement savoir s'y prendre. Quant au hamac, c'était aussi une affaire peu facile. J'y couchais pour la première fois et me trouvais incapable de remuer ni bras ni jambes, car j'ignorais ces petites lattes de bois qui servent à écarter les mailles des hamacs aux extrémités et que les vieux loups de mer introduisent entre les cordelettes afin d'éviter qu'elles se resserrent. Mais j'appris bientôt ce secret et je me sentis fort à mon aise dans ce nouveau lit bien que je ne dusse jamais devenir un fanatique du hamac !

A six heures du matin, le signal du réveil retentissait. Rapidement, les hamacs étaient serrés, car, dix minutes plus tard, tout le monde devait être sur le pont en tenue d'exercice pour l'inspection. Des sous-officiers vérifiaient le travail accompli qui, en soi, était tout un art. Matelas, draps, couvertures étaient soigneusement pliés. Le hamac lui-même, fait de toile à voile, forme un boudin. En cas de besoin, il doit pouvoir servir de bouée de sauvetage ; il faut donc le « préparer » comme il convient afin que l'eau ne puisse le pénétrer.

Le mois de mars 1940 fut très froid. Sortant d'une atmosphère chaude, nous nous mettions en rang sur le pont éventé dans l'attente du commandement libérateur : « Les hamacs au bastingage ! » Des cuvettes alignées à l'air libre avaient été emplies d'eau, une heure avant notre réveil. Pour nous y laver, il fallait d'abord briser avec son crâne la couche de glace qui s'y était formée. Le vent hurlait dans les haubans et la mâture, nous rappelant à chaque instant que nous nous trouvions sur un voilier. Plus tard, nous fûmes autorisés à nous raser dans la salle aux ablutions, mais malheur à celui qui osait y pénétrer dans les premiers temps vêtu d'un unique caleçon ; il était obligé, en manière de punition, d'escalader chacun des trois mâts, montant d'un côté pour redescendre de l'autre.

Cela, évidemment, sans gants, car il était interdit de grimper dans les mâtures avec des gants. On avait ainsi le toucher plus sensible, ce qui réduisait les chances de chutes. Les enfléchures d'acier étaient autant de chemins de glace et en haut le vent hurlait. On se sentait d'ailleurs transformé en glaçon lorsque l'on venait annoncer que l'ordre donné avait été exécuté.

Nous apprenions les gestes essentiels que connaît tout marin, c'est-à-dire faire des nœuds, des épissures, manœuvrer un canot, le maniement du compas, la navigation côtière et, avant tout, le travail dans les mâtures, larguer et carguer les voiles. Lorsque nous nous trouvions pour la première fois au pied de ces mâts immenses, les yeux levés vers leur extrémité, nous n'étions guère à notre aise. Ils mesuraient de 40 à 45 mètres de hauteur ; lorsqu'on se tenait en bas, au pied, ils semblaient encore bien plus vertigineux ; jusqu'à la première vergue, il était possible de monter à plusieurs des deux côtés, puis nous ne pouvions plus être que trois, puis deux et enfin un seul. Chaque fois, il y avait une difficulté à vaincre, car les premières vergues se rattachent au mât et les secondes à une plate-forme surplombante. Chaque jour, des heures sont consacrées à cet exercice. Celui qui ne peut y réussir a la possibilité de s'y exercer seul pendant ses brefs instants de liberté. On finit par acquérir une telle habitude que l'on monte et descend comme un éclair, sans même regarder où l'on pose les mains. C'est un spectacle d'une singulière beauté lorsque cette manœuvre est accomplie en uniforme blanc de parade et que les matelots montent aux trois mâts dans un même élan et larguent leurs voiles en même temps.

Un voilier-école éveille, par lui-même, une jouissance esthétique. Sa propreté est un modèle à tous égards. Toutes les parties métalliques, astiquées avec soin, reluisent et brillent comme de l'or. Le pont, récuré plusieurs fois par semaine avec du grès et de l'eau, est aussi impeccable que devraient l'être les tables des salles à manger. Pour les nettoyages, on use d'effarantes quantités de savon et les couches de peinture forment parfois une épaisseur de plusieurs centimètres.

Il y avait un moteur de secours pour l'éclairage du navire ainsi qu'un autre pour la propulsion, auxiliaire. On larguait et carguait les voiles à la main. On levait l'ancre ou on la mouillait et même, par calme plat, nous faisions déplacer le navire dans le port par la seule force de nos muscles. Un canot mis à l'eau, les hommes y descendaient ; on disposait à l'arrière une ancre pesant une tonne et l'on tirait environ cent mètres dans la direction de la nouvelle position. Là, on mouillait l'ancre. L'ancre par laquelle le bateau était retenu était remontée au cabestan. Cela durait le plus souvent un quart d'heure et se passait avec l'accompagnement d'un accordéon.

Lorsque la première ancre avait été remontée, le bateau était ramené avec le cabestan à l'aplomb de la seconde ancre. Les équipes se relevaient et les vainqueurs de la compétition bénéficiaient d'une faveur, telle que distribution de rhum ou permission.

Trois fois par semaine, nous avions permission d'aller à terre. Ceux qui bénéficiaient de cette faveur étaient conduits à terre à l'aviron par la bordée de service. On bourrait les permissionnaires jalousés dans une chaloupe remorquée par le canot à rames. Ce canot faisait le va-et-vient en une heure. Le quartier-maître battait la mesure avec un rondin de chêne, tout en jurant sans trêve, car il convient que le ton soit rude à bord des voiliers !

Tous les soirs, avant le coucher, nous étions rassemblés sur le pont supérieur et nous entonnions en chœur des vieilles chansons de matelots. Les officiers chantaient avec nous. Malgré une discipline sévère, nous formions une communauté étroite : c'est une des particularités de la marine que cette union basée sur la camaraderie sans qu'elle entraîne un relâchement de la discipline.

Il fallut, une fois, faire un travail sous l'eau, le gouvernail ayant une avarie. Je me présentai comme volontaire et je descendis coiffé d'un casque de plongeur. Malgré une bonne rasade de rhum chaud, j'eus deux jours de suite une forte fièvre. Notre infirmerie ne pouvait contenir que peu de malades et tous les lits étaient occupés. Bon nombre de marins en herbe s'éraflaient les tibias en montant aux mâts et ces plaies guérissent très lentement. Si l'inflammation s'y met et qu'elles suppurent, il faut des soins prolongés. Je crus, au début, que l'on me transporterait à terre dans un hôpital. Ceci m'eût été pénible, car j'aurais quitté mes camarades bien à contrecœur. Mais j'eus de la chance : une des cabines d'officiers était inoccupée et l'on me permit de m'y installer.

J'y restai huit jours. Je n'avais plus à procéder en plein air à ma toilette ni à présenter mon hamac alors que le torse nu, j'essuyais les rigueurs du vent et du gel. J'avais mon lavabo particulier avec eau courante chaude et froide et, par-dessus le marché, je disposais d'une sonnette pour appeler le maître d'hôtel. Je m'en serais servi volontiers pour me faire apporter un cocktail. Dieu merci, je ne m'y risquai point !

Mais le plus beau était lorsqu'on venait frapper à ma porte. La plupart du temps c'étaient des timoniers qui cherchaient un gradé. Selon l'habitude militaire, ils ne se montraient que si on leur répondait : « Entrez ! » Mais si je disais : « Qu'y a-t-il ? » ils exprimaient succinctement l'objet de leur visite. D'abord, je disais : « Entrez ! » Ils claquaient les talons ainsi qu'il convient devant un supérieur et commençaient à expliquer leur requête, le doigt sur la couture du pantalon. Mais, inévitablement, ils finissaient par me reconnaître. Je recevais alors une terrible dégelée de jurons, et il ne leur restait qu'à courir plus loin à la recherche de leur supérieur : impossible de me punir pour mon impertinence. Point de génuflexions ni de pompage puisque j'étais porté malade. Certains me criaient : « Attends un peu et tu verras ! »

Vers la fin de notre séjour sur le *Gorch Fock*, nous prenions le titre de « cadet ». Je fus promu à cet honneur. Comme cadet, nous portions fièrement une étoile sur la manche, entourée d'une torsade dorée. Nous étions devenus quelque chose !

Ce fut au début de mai 1940 que j'arrivai à bord du cuirassé *Schlesien*, en mer Baltique. Le pont n'était pas aussi beau que celui du voilier. Beaucoup de cancrelats partageaient les dortoirs avec nous. Pas un marin au monde qui ne connaisse ces insectes. La lutte contre eux est sans espoir. Il s'agit de s'habituer à leur compagnie. Ce fut seulement sur les sous-marins que, plus tard, nous fûmes délivrés de leur présence, comme de celle des mouches.

Je vivais dans la casemate n° 4. D'épaisses cloisons blindées empêchaient de voir quoi que ce fût. Par contre, on avait la société constante d'un canon de 150. Le *Schlesien* avait été mis en service avant la dernière guerre mondiale. Il possédait quatre pièces de 280, deux tourelles, et il était à présent démodé. Mais pour cette raison, précisément, il semblait tout indiqué comme navire d'instruction. On nous y fit profiter de la possibilité de tout faire manœuvrer par nous-mêmes. Mon poste de combat se trouvait dans la soute à munitions de la tourelle « Anton », sur la plage arrière. Parfois, on était pris de l'envie de s'endormir derrière les énormes gargousses et douilles qui y étaient amoncelées. Si l'on nous y prenait, il se trouvait sur place bien des moyens de dissiper notre somnolence. Les pesantes gargousses étaient déposées à bras d'homme dans les monte-charges, puis élevées électriquement jusqu'aux pièces. Pour les saisir, on utilisait une pince spéciale maniée par quatre hommes. Il s'agissait d'ouvrir l'œil, car il arrivait assez souvent que des gargousses mal prises s'échappassent. Malheur à celui qui en recevait une sur le pied !

Notre situation, comparée à celle de nos camarades de service aux pièces de 150, était bien meilleure. Nous n'avions nul besoin de travailler plus rapidement que ne l'exigaient l'arrivée des munitions et le travail de l'équipe qui se trouvait au-dessus de nous dans la tourelle. Car les gargousses, une fois arrivées en haut, étaient chargées, puis retirées et redescendues. Cela durait toujours un certain temps. Il en allait autrement pour les pièces de 150. En bas, on chargeait de gargousses un monte-charge spécial construit à cet effet et elles ressortaient en haut à l'autre extrémité. Il était donc possible d'y travailler assez rapidement, et si d'aventure un des gars prenait un certain rythme de chargement, les autres étaient forcés de le soutenir.

En manière de punition, on employait souvent le pavillon « Luzie ». Ainsi désignait-on le changement successif de plusieurs tenues et cela, dans le temps le plus court. « Luzie » était un pavillon bleu-blanc-bleu. Lorsqu'on se déshabillait, il y avait aussi un passage de couleurs du bleu au blanc, puis à nouveau au bleu, etc. Cela pouvait durer des heures. Du costume de nuit au sac bouclé du matelot, il y a la possibilité de multiples combinaisons. Bientôt, on est baigné de sueur et il arrive qu'une vareuse se déchire. On a alors une occupation pour toute la nuit, car le lendemain, tout doit se retrouver dans un ordre impeccable, sinon il y a matière à trouver pour le fautif quelque autre occupation aussi réjouissante. La source en est inépuisable et un profane ne saurait se faire une idée exacte de leur diversité. Tel, par exemple, le hissage des chaloupes. Les vieilles chaloupes des vaisseaux de ligne sont singulièrement grandes et lourdes. Les garants en sont longs, épais. C'est un sport sérieux que leur maniement. Souvent, nous revenions de ces expéditions les mains couvertes d'ampoules.

Nous sillonnions la mer Baltique sur le *Schlesien*, et l'on avait soin de nous tenir en haleine. La théorie succédait aux leçons pratiques. Il y avait des exercices de tir. D'abord des tirs à blanc, puis des tirs à charges réduites sur des cibles assez éloignées, puis enfin sérieusement avec des munitions soigneusement choisies.

Les grands navires sont de vrais mondes et il est étonnant d'y constater avec quelle exactitude tous leurs rouages fonctionnent. Aussi faut-il près d'un an pour que l'équipage d'un navire de guerre soit parfaitement exercé et prêt à combattre. Que l'on songe, par exemple, que le *Bismarck* avait un équipage de deux mille cinq cents hommes.

Nous nous trouvions comme dans un immense malaxeur dans lequel nous n'avions de repos ni jour ni nuit. Or il nous fallait aussi tenir à jour notre « livre de bord » dans lequel tous les détails du service étaient consignés, que ce fût une manœuvre navale, des tirs d'artillerie ou autre chose. Après la sonnerie du couvre-feu, il fallait donc nous mettre à notre rédaction. Mais comment nous débrouiller ? Il était interdit de s'éclairer avec des lampes de poche et des rondes contrôlaient sans cesse la bonne exécution des ordres. Il ne nous restait qu'à trouver un expédient. La salle de bains se trouvait constamment occupée ; pour beaucoup, le fin fond de la cale offrait la seule possibilité de s'isoler. Peut-être les officiers étaient-ils au courant. N'avaient-ils pas été, jadis, cadets comme nous ?

Tandis que nous poursuivions notre instruction sur le *Schlesien*, de grands événements se déroulaient dans le monde. Jusqu'alors, la guerre n'avait que médiocrement influé sur l'éducation des jeunes espoirs de notre marine. Pendant la campagne de Pologne, le navire des cadets, le *Schleswig-Holstein*, avait seulement bombardé la presqu'île de Hela. En avril 1940, tandis que nous étions à bord du *Gorch Fock*, l'expédition de Norvège avait donné encore un moment d'émotion, sans changer pour autant le cours de notre instruction. Mais, le 10 mai, commença l'avance vers l'Ouest. Dans un élan extraordinaire, elle amena les troupes allemandes plus loin que la Meuse et l'Escaut. Dunkerque devint le symbole de la fuite de l'Angleterre. Paris tomba. Des troupes allemandes parurent sur la côte Atlantique.

Beaucoup de mes camarades craignaient déjà de n'être pas assez rapidement instruits pour « en être » lorsque la guerre se terminerait victorieusement. Hélas ! combien peu devaient rester en vie lorsque la guerre se termina sur la défaite ! Le corps des officiers de marine lui paya un lourd tribut.

Un beau jour, on nous distribua des fusils, des grenades à main et un équipement de campagne. Le lendemain, nous devions être transbordés, sans doute comme troupe de débarquement contre l'Angleterre. Les bruits se succédaient. Au bout de trois jours, comme aucun départ n'avait eu lieu, il nous fallut déposer nos harnachements, que l'on nous rendit d'ailleurs le lendemain. Que se passait-il ? Quels plans méditait le haut commandement ? Impossible de deviner ce que préparait contre l'adversaire anglais le chef suprême de la Wehrmacht.

Quelques-uns de mes camarades et moi-même reçûmes enfin un ordre nous affectant à la 16e flottille de patrouilleurs. Mais celle-ci ne devait être organisée que dans le sud-ouest de la France. Il fallut d'abord nous rendre aux bouches de la Weser dans un camp de rassemblement où fut organisé un commando de plus grande importance. On nous fit monter au nombre de cent environ dans des autobus. D'abord, nous traversâmes des régions de notre pays, puis ce furent la Belgique et la France où se trouvait le lieu de notre destination. C'était peu après la signature de l'armistice. Nous passions par des régions où l'on s'était battu. Des cadavres d'animaux s'étalaient partout ; il y avait des chars éventrés, des maisons incendiées ; nous rencontrions des colonnes de prisonniers, des foules de civils qui, pris de terreur panique, avaient fui devant l'invasion de l'armée allemande, que l'on avait décrite comme une horde barbare. A présent, ils regagnaient leurs foyers. Ces visions se gravèrent dans nos jeunes esprits tandis que nous courions les routes campagnardes. Je songeais aux paroles de mon père, qui prétendait qu'il ne pouvait y avoir de plus grande calamité ni de plus grande folie que la guerre. Il avait été au front de 1914 à 1918.

Sans autre aventure, nous arrivâmes enfin à La Rochelle. Les équipages de nos flottilles étaient composés pour la plupart de pêcheurs qui avaient revêtu l'uniforme après une courte instruction militaire. Ils se trouvaient parfaitement à leur place sur des chalutiers convertis en bateaux de guerre.

Nous reçûmes l'ordre de transformer un vieux cargo fluvial de 1 500 tonnes, datant de 1898, en croiseur auxiliaire, bien que, tout proche de celui-ci, se trouvât un cargo du dernier modèle.

Beaucoup d'officiers étaient des réservistes et, Dieu merci, ils ignoraient tout des méthodes employées pour dresser des cadets ! Il est bien plus aisé de perdre la discipline militaire que de l'acquérir. Bientôt, nous fûmes agrémentés de moustaches, de favoris ; nous avions transformé nos bérets, élargi nos pantalons et pris l'habitude de fixer notre glorieuse étoile, insigne des cadets, au moyen de « pressions », car il n'était pas utile que l'on connût partout notre qualité d'« aspirant ». Les supérieurs circulaient souvent en civil ; pour nous, cette licence demeurait interdite.

Le travail sur le futur croiseur faisait de rapides progrès dans le chantier de La Palice. Parlant français couramment, je fus nommé interprète du port. J'avais souvent l'occasion d'accompagner le commandant de la flottille et prenais part à mainte discussion avec les Français. Cependant, nous ne cessions de célébrer des victoires. Personne ne prenait plus la guerre au sérieux. Selon l'opinion générale, la paix était pour le lendemain.

Nous avions mission d'accompagner les navires marchands allant des côtes de Gascogne jusqu'en Allemagne. En chemin, nous mouillions des mines. Les attaques des chasseurs anglais étaient rares.

J'embarquai sur une corvette de 250 tonnes, pourvue d'une pièce d'artillerie et de vingt hommes d'équipage. La plupart du temps, nous étions postés aux entrées des ports du golfe de Gascogne et il nous fallait essuyer de rudes grains. Les premiers jours, je souffris affreusement du mal de mer et je n'ai pas perdu le souvenir d'un certain exercice de tir. Je dus demander un instant de répit pour courir au bastingage. Mes camarades en éprouvèrent une joie maligne. Comme je revenais, encore pâle, l'un d'eux me conseilla une bonne rasade de rhum. Le résultat fut malheureux : j'avais l'impression que mon estomac allait se retourner. Pourtant, au bout de quinze jours, j'étais aussi rebelle au mal de mer que les autres et le suis resté.

Le ton qui régnait était rude. Les matelots logeaient tous ensemble. Le chef de poste était un ex-sous-officier, bon enfant mais sujet à des colères furieuses et qui était fort comme un ours. Une fois qu'un homme avait osé lui résister, il lui envoya une motte de beurre à la tête.

Un sous-marin italien fut torpillé sous nos yeux. Nous avions reçu mission de l'accompagner jusqu'à Bordeaux. Nos grenades sous-marines furent mouillées au hasard. Nos patrouilleurs n'étaient pas équipés de manière à tenir en respect les adversaires sous-marins. La défense contre les sous-marins ne s'improvise pas. Nous ne vîmes que rarement des combats d'avions. En ce temps-là, la Luftwaffe avait le contrôle du golfe de Gascogne.

Au cours de mes voyages, j'appris à connaître une grande partie des côtes françaises, belges, hollandaises. Partout, on y voyait des préparatifs en vue de l'invasion de l'Angleterre. Tout matériel naval capable d'être mis à l'eau était utilisé. On adaptait des moteurs à des chalands faits pour la navigation fluviale et, pour en accroître la rapidité en cas de besoin, on y montait un ou deux moteurs d'avion. A d'autres, on avait coupé l'avant afin d'y établir une sorte de pont-levis pour permettre le débarquement des passagers sur les plages. Nous avions aussi à bord des fusils et des grenades à main afin d'être prêts à toute éventualité.

A nouveau, on crut à l'approche d'un instant décisif. Grande surexcitation dans la flottille. Tous les bateaux reçurent des plis cachetés qui devraient être ouverts au mot : *Seelöwe* (otarie). On pouvait parier qu'ils contenaient l'ordre de se diriger sur l'Angleterre ainsi que l'itinéraire à suivre et le point de débarquement. Des jours passèrent. Nous attendîmes en vain, car cette entreprise fut abandonnée. Le haut commandement avait-il des plans plus sérieux ?

Notre formation s'était distinguée. Nous reçûmes en récompense l'insigne des patrouilleurs et celle des dragueurs de mines.

Notre bateau avait besoin d'une remise en état générale. Il fut envoyé dans un chantier de réparation à Rotterdam. Quant à nous, cadets, il nous fallait être tous rassemblés en quelques jours à l'école navale de Flensburg.

La tête haute, portant fièrement sur la poitrine la première distinction méritée au feu, nous franchîmes le portail de l'école. L'aspect en était imposant. Bâtie sur une hauteur, un immense escalier dévalait toute la pente jusqu'au port peuplé d'innombrables yachts, canots, vedettes à moteur, retenus par de longues amarres. L'examen passé, on recevait le brevet d'officier de marine et si, par la suite, l'on prenait la précaution de ne point faire trop de sottises, on était assuré de mettre des galons sur ses manches.

Toute la promotion se retrouva au grand complet. Nos camarades provenaient de tous les fronts : mer du Nord, Norvège, Méditerranée. L'amiral exprima son mécontentement dès la première inspection. Nous avions l'air par trop « sauvages », prétendait-il. Quelques-uns, parmi nous, portaient une barbe imposante, d'autres se contentaient de la moustache. Aucun de nous ne rappelait le souvenir des anciens cadets éduqués sur les voiliers et les cuirassés. Il s'agissait donc de se soumettre aux usages de l'école navale.

Nous étions quatre par chambre à coucher, à quoi s'ajoutait un fumoir meublé de chêne sombre vermoulu. Les couloirs immenses s'ornaient de pancartes portant des avertissements, des images de navires et des vieux pavillons aux couleurs passées. Non sans impertinence, nous prétendions que ces couloirs « puaient » la tradition.

Les aspirants bien notés dans les commandos du front recevaient de l'avancement. Brusquement, on montait en grade, on était salué par les hommes et l'on revêtait un uniforme d'officier dépourvu de galons, mais agrémenté d'un poignard. Les filles nous regardaient d'un tout autre œil. Nous portions le linge « par devant », contrairement aux matelots qui ont leur col « dans le dos ». Mais, en fait, nous n'étions que des « demi-enseignes », car il nous manquait encore la dragonne, signe distinctif des officiers ayant passé l'examen décisif. Mais qui donc, à terre, savait cela ?

Au bout de quinze mois, nous reçûmes notre première permission. Nous étions rayonnants. Je m'en fus à Berlin chez mes parents. Les uniformes de marin étant rares dans la capitale, je me prenais pour un personnage. Les membres des armées de terre et de l'air nous donnaient presque toujours le titre de lieutenant parce que nous portions une sorte de petite épaulette. Par contre, il arrivait que dans les hôtels, on nous prît pour le portier et dans les chemins de fer pour l'inspecteur ! Un jour, dans le métro, une dame m'interpella : « Monsieur le contrôleur, pouvez-vous me dire quelle direction il me faut prendre pour arriver au Wannsee ? » Un peu plus loin, un capitaine de vaisseau faisait les cent pas. « Excusez-moi, madame, je suis nouveau dans cette station et ne puis vous renseigner, mais voyez donc ce monsieur là-bas qui a quatre galons dorés : il saura sûrement vous renseigner ! »

Mais il s'agissait de travailler ferme. On exigeait beaucoup de nous. Heureusement que nous avions surmonté des difficultés bien plus délicates lors de nos études, telles que le calcul différentiel et intégral. D'ailleurs, pour nos supérieurs, les connaissances pratiques comptaient avant tout. Nous fîmes des randonnées à la voile, en canot à moteur, des exercices d'accostage et plusieurs voyages sur de grands vapeurs de 1 000 tonnes. On nous imposait relativement peu d'exercices militaires. On nous enseigna d'une manière très générale le lancement des torpilles et le tir avec de grosses pièces. Il semble peu indiqué, en effet, étant donné la diversité des types de navires et des armes nouvelles, d'enseigner tous les détails de leur maniement. Ce serait d'ailleurs impossible, car il faudrait étendre la période d'enseignement sur des dizaines d'années et à la fin de ces études on aurait sans doute oublié le début !

Les examens passés, on nous autorisa enfin à arborer la dragonne tant désirée. Puis, il y eut un bal d'adieu et ce fut le retour au front.

Deux de mes camarades furent affectés avec moi sur un sous-marin. C'était au début de mai 1941. Le Reich n'était pas en guerre avec l'Union Soviétique ; il n'y avait pas encore d'hostilités avec les Etats-Unis. La lutte avec l'Angleterre semblait s'imposer plus que jamais. L'arme la plus efficace en ce cas serait sans aucun doute l'arme sous-marine. Le programme de construction navale qui avait été mis en œuvre en 1939, dès la déclaration de guerre de l'Angleterre, devait donner des résultats. Car, au début des hostilités, il avait été impossible de lutter contre la plus grande force navale de l'univers alors qu'on ne pouvait lui opposer qu'un nombre infime d'unités : vingt sous-marins au plus.

Ce fut avec une émotion inconnue de nous jusqu'alors que nous allâmes prendre notre service. J'avais conservé le souvenir de mainte lecture relatant les événements de la dernière guerre et les déclarations des hommes d'Etat alliés qui avaient avoué combien l'Angleterre s'était trouvée proche de l'abîme du fait de l'arme sous-marine allemande. Entre 1914 et 1918, nos sous-marins avaient coulé plus de 18 millions de tonnes de navires de commerce ; cela, sans parler des nombreux bateaux de guerre torpillés. Les noms de Weddingen et d'autres glorieux commandants de sous-marins, tels qu'Arnaud de la Perrière et Spiegel, dont j'avais lu les souvenirs, me revenaient à la mémoire. Il me semblait alors que la vie dans un sous-marin avait quelque chose de sinistre et de mystérieux.

Il m'était donc donné de prendre part à la lutte dans la même arme ! Le chemin sur lequel je m'étais engagé, attiré par la magie des voiles blanches, devait me mener aux « loups gris ».

De ceux-ci, les succès avaient impressionné l'univers. Les journaux étaient pleins de leurs exploits et les communiqués de la radio annonçaient des chiffres sans cesse croissants de navires coulés. Mais nous savions que maint sous-marin envoyé à l'attaque de l'ennemi n'était pas revenu. Ainsi en avait-il été du *U-47*, commandé par le capitaine de corvette Prien, du *U-100* : capitaine de corvette Schepke et du *U-101* : capitaine de corvette Kretschmer. De ces trois hommes, seul le dernier avait eu la vie sauve, mais il était prisonnier.

3
La morsure du loup

Notre navire nous attendait à Dantzig. Nous ne pouvions espérer y monter aussitôt, car, en dehors de l'équipage, nul n'avait le droit de pénétrer dans un sous-marin, pas même des officiers de marine appartenant à d'autres unités. Toute précaution était prise pour que l'ennemi ne pût découvrir les particularités de l'arme qui représentait pour lui un danger si redoutable.

Après de longues recherches, nous découvrîmes notre bâtiment. Il était peint en gris. C'est à peine si on le distinguait du môle contre lequel il était amarré. Deux sentinelles veillaient. Leur tenue n'avait rien de militaire, ainsi qu'on l'entend selon l'esprit de caserne. Lorsque nous leur demandâmes si le commandant était à bord, ils nous répondirent qu'il venait de s'absenter pour ne revenir sans doute que le lendemain. On appareillerait à cinq heures du matin. Nos tentatives pour leur faire admettre que nous devions prendre notre service à bord et qu'il nous fallait au moins y déposer nos bagages furent inutiles. Rien à faire ! L'autorisation du commandant était indispensable.

Nous ne perdîmes pas courage, et nous pûmes mettre enfin la main sur l'officier de service, qui nous donna l'autorisation nécessaire. Les sous-officiers nous regardèrent embarquer d'un air ironique. Ils étaient nos égaux en grade mais cela ne signifiait pas grand-chose pour nous qui n'avions jamais vu de submersible de notre vie et qui avions tout à apprendre.

« Garde-à-vous ! » L'équipage rectifia la position ; nous aperçûmes une casquette blanche : c'était le signe distinctif du commandant, traditionnel sur les submersibles. Il s'adressa à nous en ces termes :

— Vous représentez à ce bord ni plus ni moins que des zéros. Le plus jeune des matelots en sait plus que vous. Il est un membre utile de notre communauté. Vous, par contre, n'êtes que des poids morts, d'inutiles consommateurs d'air respirable. Ne perdez pas de vue cette évidence. Votre devoir sera donc de vous mettre au courant du service et de vous acclimater le plus rapidement possible. Dans trois semaines, nous serons dans la zone d'opération. Ne croyez pas que je vous y emmènerai si je m'aperçois que vous ne remplissez pas les conditions exigées. N'oubliez jamais l'honneur qui vous est accordé de servir dans l'arme la plus glorieuse, la plus décisive du Reich !

On nous remit deux « sacs des submersibles » ; ainsi désigne-t-on habituellement sur les sous-marins les combinaisons de treillis vert ; une veste de cuir, des souliers de bord, deux pull-overs, six combinaisons de dessous et six paires de chaussettes. A part le linge, c'était là tout ce que nous avions le droit de posséder à bord. Il nous fallut donc expédier tout le reste à la maison, excepté un uniforme bleu et quelques petits objets qui devaient être déposés à la base, non loin de la zone où nous devions opérer en dernier lieu.

Nous nous trouvions donc dans le domaine magique de cette arme moderne, mystérieuse et redoutée. Il nous fallait nous mouvoir dans l'espace le plus réduit et nous retrouver parmi les installations les plus diverses et les plus complexes. Il s'agissait de nous mettre au courant. Chaque tuyauterie avait son utilité particulière ; il fallait savoir d'où elle provenait, où elle se dirigeait et quel était son rôle. On nous fit ramper sous les plaques d'acier du parquet, nettoyer les cales, enfin exécuter tous les travaux les plus malpropres que l'on puisse imaginer. Le fier uniforme d'enseigne fut bientôt oublié. Nul ne portait les signes distinctifs de son grade. Alors, à quoi bon de si longues études ? Il s'agissait de repartir de zéro. L'un de nous dormait avec l'équipage, le second avec les sous-officiers et le troisième avec les quartiers-maîtres. Puis on changeait. A tour de rôle, nous prenions notre repas au carré des officiers.

Notre navire était du type courant VII-c, déplaçant 500 tonnes en surface. Le type plus petit (250 tonnes) était moins indiqué pour le front de l'Atlantique. Comparé à celui de 900 tonnes, le nôtre avait l'avantage de plonger plus rapidement, bien qu'il eût un plus petit rayon d'action ; il était aussi plus manœuvrant. D'ailleurs, son système de défense le rendait difficile à atteindre. L'équipage comptait quarante-deux hommes.

La coque interne du sous-marin, dont l'extérieur ressemble à un cigare, réunit les organes essentiels du navire. Les moteurs et les batteries d'accumulateurs y sont rassemblés. Cet ensemble est plus lourd que l'eau. La capacité de flotter lui est rendue par l'enveloppe extérieure. Ainsi, son volume s'accroît sans que son poids augmente dans les mêmes proportions. L'espace compris entre les deux coques, et qui en surface est plein d'air, donne à l'ensemble son équilibre hydrostatique, si bien qu'un septième du cigare sort de l'eau. Dans certains des compartiments interstitiels, on loge également le carburant. Pour plonger, on fait pénétrer dans les réservoirs extérieurs ou *ballasts* une certaine quantité d'eau qui alourdit le bâtiment. Si celui-ci était immobile, il coulerait au fond, car la possibilité de flotter entre deux eaux, comme les vaisseaux fantômes de jadis, n'existe pratiquement pas. La vitesse imprimée au submersible par ses moteurs permet de le maintenir à l'immersion voulue. Par le moyen des barres de plongée et de leurs ailerons latéraux, on utilise le courant créé par la vitesse et la pression qu'il exerce sur eux pour faire varier cette immersion.

Mais quelle est la disposition des compartiments intérieurs ? Si vous le voulez, faisons-en le tour en partant de l'avant, où se trouve le compartiment des torpilles ou poste d'équipage. Si l'on se souvient du surnom de « Lords » donné chez nous aux matelots de carrière, il n'est pas irrationnel de commencer par la chambre des pairs ! Evidemment, elle est quelque peu exiguë ; dans ce réduit pointent les extrémités des quatre tubes lance-torpilles de l'avant. Chacun de ces tubes contient habituellement un engin. Quatre autres torpilles se trouvent sous les tôles du parquet de ce compartiment et deux autres au-dessus de celui-ci, protégées par des panneaux de bois. Les hommes de l'équipage dorment sur des couchettes qui peuvent être rabattues sur la coque. Il y a toujours au moins deux couchettes superposées. Trois « Lords » ont deux couchettes à leur disposition. Les autres membres de l'équipage se partagent les douze couchettes du compartiment des torpilles. Il y a les torpilleurs et les radios, ainsi que le personnel technique ou « mécaniciens ». Ceux-ci ont une couchette pour deux.

Cette répartition, basée sur les heures de quart et de service, fonctionne sans difficulté. Un certain nombre de matelots doit être de garde sans discontinuer. Si l'un se lève, un autre se couche à sa place pour dormir.

Mais il ne faut pas croire que ceux qui se reposent peuvent dormir jusqu'à l'heure de leur service. Tout le monde est debout aux heures des repas, pour lesquels on installe une table tandis que les couchettes supérieures sont relevées afin que l'on puisse s'asseoir sur les inférieures. De même, le repos se trouve interrompu quotidiennement par les vérifications effectuées sur les torpilles : c'est le « réglage ». Leurs organes mécaniques doivent être examinés. Alors, les couchettes gênent et il faut les rabattre.

Enfin, l'équipage veille à la propreté du navire, où il y a presque autant de gradés que d'hommes.

Quitté le compartiment des torpilles, on pénètre dans la pièce réservée au maître de manœuvre et aux deux gradés mécaniciens. A gauche, se trouve une installation de ventilation et, de l'autre côté, un W.-C. Puis vient le poste des deux officiers de quart et de l'officier ingénieur. Ensuite, ce sont : d'un côté, la chambre du commandant qui n'est, en fait, qu'un recoin séparé par un épais rideau. Le commandant doit naturellement se trouver au centre de tout ce qui se passe. Aussi, en face de lui, il y a le compartiment de la radio, puis un réduit contenant les importantes installations de la navigation en plongée, d'acoustique, etc. Tout près du poste occupé par le commandant sont placés les principaux appareils de précision, puis l'on pénètre dans le compartiment appelé « poste central ». C'est en ce lieu bien nommé que se tiennent, durant la navigation en plongée, le commandant et l'ingénieur-mécanicien ; c'est de là que partent les commandements. Tous les appareils nécessaires à la navigation sous-marine s'y trouvent rassemblés, tels que barres de plongée, chasses, etc. C'est de là aussi que l'on accède au kiosque. Le poste central situé au milieu du navire peut être isolé aussi bien de l'avant que de l'arrière du submersible. Les cloisons qui le protègent tiendraient encore à 100 mètres de profondeur, tandis que les cloisons séparant les autres compartiments ne sont prévues que pour supporter la pression correspondant à 20 mètres.

Vient ensuite le poste des sous-officiers qui compte huit couchettes occupées à tour de rôle. Derrière, à droite, il y a la cambuse, puis c'est le compartiment des diesels et celui des moteurs électriques, avec le tube lance-torpille arrière et sa torpille de remplacement logée sous le parquet. La pièce réservée aux sous-officiers est située de manière fort peu commode, car quiconque a affaire dans la cambuse ou dans les compartiments des moteurs — ce qui est constant — doit y passer.

A l'époque, c'est-à-dire en 1941, des unités nouvelles reçurent un équipage composé moitié de matelots éprouvés, moitié de nouvelles recrues. Ainsi, chez nous, un homme sur deux portait l'insigne particulier aux sous-mariniers et la croix de fer de 2e classe. Notre commandant avait à son actif une longue série de croisières. C'était un grand garçon blond au visage anguleux et énergique. Il s'exprimait en termes brefs.

L'entraînement de six mois dans la mer Baltique, auquel était tenu tout sous-marin nouvellement lancé, était presque terminé pour notre navire lorsque nous fûmes nommés à son bord à Dantzig en qualité d'enseignes. Il avait dû subir toutes sortes d'épreuves nouvelles ainsi qu'il était habituel dans certaines formations spécialisées. Par exemple, au cours de manœuvres de plongée, on arrêtait le fonctionnement de certains moteurs et la lumière était coupée selon les indications données par les ingénieurs du génie maritime. Il arrivait souvent que l'on dût accomplir diverses manœuvres en pleine obscurité, car on avait vu, en opération, la lumière s'éteindre en certains cas. Lorsque le nouveau sous-marin avait satisfait aux tests, il était désigné pour faire partie de la flottille d'instruction. Notre navire venait de subir heureusement toutes ces épreuves. C'était bon signe pour le commandant. Il n'y avait plus que l'épreuve finale à passer, l'examen « tactique » auquel on attachait la plus grande importance. Il durait quinze jours et représentait une rude épreuve pour le navire comme pour l'équipage. Plus tard, lorsque j'y pris part comme officier-surveillant, la flottille soumise à l'examen perdit deux bateaux sur douze et trois autres regagnèrent leur base avec de graves avaries.

Ces manœuvres tactiques de grand style s'étendaient sur toute une partie de la Baltique. Les navires devaient prendre une position initiale, puis cela se passait exactement comme sur le front de l'Atlantique : un convoi composé de nombreux bateaux et fortement protégé naviguait en zigzags. Cinquante avions pour le moins étaient chargés de sa surveillance ; ils contrôlaient de vastes étendues et signalaient tout sous-marin décelé dans les parages.

Cela ne se passait point comme au temps de notre flottille d'entraînement : on ne lançait pas des « torpilles d'exercice », qui ne se différenciaient des torpilles réelles de 200 kilos d'explosifs que parce que leur réglage était tel qu'elles passaient dessous le but. On transmettait simplement au bateau-cible les angles des lancements (éléments de visée), afin que l'on pût marquer les coups au but et juger de l'entraînement de l'équipage du submersible en observation. Le bateau-cible indiquait les coups au but par une lampe allumée et signalait les points où il aurait été touché. De jour, des colonnes de fumée s'élevaient là où les torpilles auraient frappé. Notre examen eut une issue favorable. On nous envoya donc à Kiel afin de nous préparer pour le front.

La flottille en armement portait le numéro 5. Contre le quai, dix sous-marins se trouvaient amarrés. Tous semblables, gris, étroits et infiniment allongés. Ils mesuraient 70 mètres environ. Leurs équipages étaient jeunes, ardents, fiers de leur arme, assurés de vaincre. Je retrouvai beaucoup de mes camarades de l'Ecole navale, car chacun des sous-marins comptait deux à trois enseignes. Les jeunes promotions d'officiers devaient faire leur apprentissage dans la zone des combats. Cette méthode comportait des risques. Outre les maladresses dues à leur inexpérience, elle pouvait provoquer des pertes de vies humaines. Mais nulle école n'eût pu remplacer l'expérience du large.

Des files de camions apportaient des vivres. On comptait sur huit semaines de mer, mais nous aurions pu sans difficultés nous rationner pour tenir quatre mois. Il s'agissait de disposer ces vivres dans le navire afin que la charge fût équilibrée ainsi qu'il convenait pour la navigation en plongée. Ensuite, il fallait veiller que ces charges ne se déplaçassent point pendant la plongée où le sous-marin prenait parfois une inclinaison longitudinale de 60 degrés. Enfin, les provisions ne devaient pas entraver le service des machines ni les déplacements de l'équipage. Tout cela demande beaucoup d'expérience et d'adresse. Par la suite, tous les sous-marins reçurent un plan précis pour leurs arrimages. Les jambons et les saucissons secs étaient placés entre les tubes lance-torpilles et dans le poste central. La viande fraîche (pour une consommation de trois semaines) dans le frigorifique et le pain frais (pour un laps de temps presque aussi long) était suspendu dans des filets à l'avant et dans le compartiment des moteurs. Les vivres frais épuisés, on se nourrissait de conserves.

Pour l'embarquement des torpilles, notre sous-marin fut amené contre un môle. On commença par charger à l'avant par un panneau spécial, puis à l'arrière. Pour finir, on plaça deux torpilles dans deux caissons étanches installés sur le pont et capables de supporter toutes les pressions. Si, plus tard, on voulait les mettre à l'intérieur, le sous-marin devait faire surface.

Enfin, ce fut le tour des munitions : des cartouches de 88 mm et de 20 mm ainsi qu'une quantité respectable de munitions pour les mitrailleuses, canons, etc. Sur le pont supérieur se trouvaient un canon d'un type spécial ainsi qu'une pièce antiaérienne automatique. Une mitrailleuse pouvait être montée dans le kiosque en quelques secondes.

L'équipement se trouvait au complet. Les bouteilles d'oxygène étaient chargées, on changea les filtres pour purifier l'air. Nous avions envoyé notre dernier courrier à nos familles et, dans la grisaille de l'aube suivante, nous devions nous mettre en route. Reviendrait-on ? C'était là, sans doute, la pensée secrète de chacun. Reverrait-on ceux qui vous étaient chers, femme ou fiancée, enfants, parents ? Naturellement, si l'on en revient, ces idées semblent stupides ! Le commandant a l'air de connaître son affaire : ce n'est pas la première fois qu'il part au combat ! Pourquoi, d'ailleurs, cela tournerait-il de travers dès le premier voyage ? Et puis, c'est la guerre, la lutte pour le pays. D'ailleurs, ne pouvons-nous nous fier à nos propres capacités ? Aide-toi, le Ciel t'aidera !

Notre équipage revêtu de gris se trouva figé en un maintien qui évoquait la rigidité de l'acier pour l'ultime inspection passée par le commandant de la flottille.

— Camarades, dit-il en s'adressant à nous, ayez conscience de servir notre cher pays au moyen de la plus glorieuse, de la plus efficace des armes ! En avant, sus à l'ennemi ; coulez ! Telle est notre devise.

La côte allemande s'estompa loin derrière nous. Le commandant avait décidé de passer entre l'Islande et les Féroë pour atteindre l'Atlantique. Déjà, lors de la Première Guerre, ç'avait été un des grands problèmes de la guerre sous-marine que d'envoyer les submersibles des ports allemands jusqu'à l'Atlantique. A part les côtes de France, nous n'avions aucun port proche où faire escale. La Manche, du fait de son étroitesse, est relativement facile à surveiller et l'on peut y interdire la navigation sous-marine au moyen de mines ou de filets. Même, lorsque l'étendue de mer est plus vaste, il y a toujours l'inévitable voyage par le nord en contournant les îles Britanniques sous la menace constante de l'adversaire. Des navires ayant à bord de nouveaux membres de leur équipage subirent une rude épreuve peu de jours après leur départ. Il fallut forcer les barrages ennemis. Lors des premières opérations, l'inexpérience des nouveaux venus nous valut des pertes relativement élevées. Par-dessus le marché, beaucoup de ces jeunes furent atteints du mal de mer. On ne saurait se reposer sur un individu qui a le mal de mer, que ce soit comme veilleur ou dans les manœuvres de plongée.

Me voici de veille dans le secteur arrière, exactement comme un simple matelot. Le commandant nous a bien dit que nous ne sommes à son bord que des zéros, mais il semble qu'il nous accorde tout de même un peu de considération, car on ne confie pas à un zéro la surveillance d'un secteur de 90 degrés. A l'avant, se tiennent l'officier de quart, un quartier-maître et deux matelots placés derrière eux. Là aussi, il y a un enseigne. Chacun d'eux ayant mission d'inspecter son secteur à l'aide de jumelles ou à l'œil nu et cela durant quatre heures d'affilée, sans un toit sous lequel s'abriter.

Quatre jours en mer. Rien en vue : pas un avion, pas un bateau, pas une mine dérivante. Les deux diesels faisaient entendre un martèlement uniforme. Ce long corps d'acier clos formait une caisse de résonance particulièrement remarquable. A cela venait s'ajouter une sorte de grognement porcin particulièrement pénible, qui émanait des deux manches de ventilation qui aboutissaient tout près de nous contre le kiosque. Nous maintenions une allure de 14 à 15 nœuds. Le long navire fendait la mer comme une dague, soulevant à l'avant une vague écumeuse. Opiniâtre, inflexible, il poursuivait son chemin. La houle ne parvenait pas à le faire tanguer.

Un veilleur bondit jusqu'au panneau. S'appuyant des mains et des pieds sur l'échelle, il glisse d'un trait dans les profondeurs. Arrivé en bas, si l'on ne fait aussitôt un saut de côté, on reçoit le suivant sur la tête. Celui-ci est chaussé de lourds brodequins de matelot. Il en est peu parmi nous qui n'aient éprouvé ce contact. Les exercices d'entraînement duraient cinq secondes jusqu'à la fermeture du panneau. Par conséquent, une seconde deux dixièmes pour chaque homme, ce n'est rien qu'une épreuve de courage. Avant tout, bondir à l'intérieur : d'une manière ou d'une autre, on arrivera bien en bas. D'ailleurs, il y a quelqu'un debout dans le poste central, prêt à vous venir en aide. Il nous arrache aussitôt de l'échelle, peu importe comment on tombe !

Au bruit des klaxons d'alerte, les diesels stoppent. On travaille fiévreusement dans le compartiment des moteurs où l'on ferme les conduites d'arrivée d'air et d'échappement. Les deux hélices sont embrayées sur les moteurs électriques. Chacun connaît le volant qu'il doit manœuvrer. On a répété cet exercice un nombre incroyable de fois. Surtout, ne rien omettre ! La plongée serait impossible ! Les lampes rouges dénoncent l'oubli du moindre détail. Chaque seconde est précieuse. En bas, nul ne sait ce qui se passe. Est-ce un destroyer, un avion ? On ne sonne pas l'alarme pour plaisanter. Pourquoi ne donne-t-on pas encore l'ordre de plonger ?

Clac ! Le panneau s'est refermé. « Plongez ! » crie l'officier de quart. Il s'est suspendu au volant du panneau du kiosque afin de contribuer par son poids à le refermer plus promptement. Ses jambes se balancent dans le vide. Il est en bas le dernier. « Ouvrez les purges ! » ordonne l'ingénieur-mécanicien. Il a la responsabilité de ne faire ouvrir les évacuations d'air des ballasts que lorsque le navire est entièrement paré pour la plongée. Il a devant lui son tableau de lampes-témoins. Si les lampes de toutes les sections sont allumées, on peut lire sur un grand quadrant : « Plongée : cinq, quatre, trois, deux centraux » ; ce sont les ballasts qui sont désignés par ces numéros, celui du centre porte le numéro cinq. Ils sont situés par paires à bâbord et tribord. Il règne une atmosphère tendue. Pas un mot inutile. Les hommes bondissent comme des chats sur les commandes des purges en répétant : « Cinq, quatre, trois, deux centraux ! » l'un après l'autre. Ces paroles se fondent ensemble. Il s'agit de faire étalage de ce que l'on a appris : voici assez longtemps qu'on le rabâche ! Une fausse manœuvre peut être fatale.

Tout marche à souhait. Les lampes-témoins des purges s'allument ensemble, annonçant qu'elles sont ouvertes. L'eau bruit dans les réservoirs. Le bâtiment s'incline longitudinalement de dix degrés, de vingt. « Un ! » ordonne l'ingénieur en chef. Le réservoir arrière est ouvert en dernier. On le laisse fermé jusqu'au dernier moment afin d'accélérer l'inclinaison du submersible.

Les moteurs électriques marchent à toute vitesse. On n'entend qu'un léger bourdonnement. Le navire est secoué, il vibre. « Purges ouvertes », annonce l'ingénieur au commandant. 10 mètres, 15 mètres, le navire descend rapidement. 20 mètres.

L'officier de quart fait son rapport au commandant : un avion Sunderland dans le secteur bâbord avant. Le ciel est à demi couvert. Piqué dans un banc de nuages. Distance 4 000 mètres. Ne volait pas vers nous. Peut-être n'a-t-il pas vu notre bâtiment et, s'il l'a vu, il lui faut décrire un virage pour attaquer, ce qui lui fera perdre du temps. Nous aurons atteint 50 mètres avant que ne tombent les premières bombes. Cependant l'ingénieur-mécanicien a commandé : « Chassez ! » Aussitôt, l'air comprimé pénètre en sifflant dans les caisses de plongée rapide qui, lors de la navigation en surface, sont constamment pleines d'eau. Leur poids annule ce qu'on appelle l'attirance de la surface et hâte la plongée. Mais avec ces 5 tonnes d'eau (capacité des caisses), le navire est trop lourd à présent. Il s'agit de les évacuer après la disparition du submersible en dessous de la surface. L'air est comprimé à 205 kilos ! En quelques secondes, l'eau s'échappe en grondant. « Caisses vides, fermez ! » Vivement, deux matelots tournent le volant des soupapes. Les caisses sont donc emplies d'air. La pression y est trop élevée ; le quartier-maître du poste central les purge automatiquement. Par contre, la pression atmosphérique s'élève à l'intérieur du navire. Nos oreilles bourdonnent.

L'ingénieur-mécanicien au commandant : « 40 mètres. Le navire descend rapidement. 35 degrés de pointe. »

Le commandant à l'ingénieur-mécanicien : « Descendez à cent mètres. » Soixante mètres, soixante... Soudain, une explosion. Rien de comparable à l'éclatement de projectiles d'artillerie à terre. C'est une explosion sourde ; bruissements, craquements. L'eau transmet bien les sons : le navire fait penser à un tambour dans lequel nous serions enfermés.

Nul ne dit mot ni ne bouge. Chacun est à son poste qu'il ne doit pas quitter sous peine de rompre l'équilibre du navire. Le sous-marin frémit. D'autres grenades sous-marines suivront-elles ? Rapports : avant indemne, arrière indemne, centre indemne. Aucune avarie. Les détonations se sont produites au loin. Elles n'avaient même pas la violence des grenades marines d'exercice que l'on envoyait à une distance de 50 mètres à 100 mètres.

Le sous-marin est « balancé ». Il faut achever d'évacuer l'air des ballasts, car il serait gênant durant la navigation en plongée. A de plus grandes profondeurs, il se comprime et le bateau devient plus lourd. A de moyennes profondeurs, c'est le contraire et de plus, des poches d'air se formeraient à l'avant ou à l'arrière, comme dans une balance hydraulique, et déséquilibreraient le navire. « Le navire est balancé, fermez les purges ! »

A présent, nous nous sentons plus à notre aise. Nous savons que, s'il le fallait, on pourrait envoyer de l'air dans les ballasts sans que celui-ci s'échappât à la surface et que la remontée du sous-marin fût compromise. Malheur au navire que des bombes ont endommagé à tel point que ses purges demeurent bloquées ouvertes ! On peut le considérer comme perdu.

L'espace de cinq minutes, rien. Les moteurs tournent à vitesse réduite. On pourrait tenir ainsi pendant deux jours sans être obligé de faire surface. Nous n'avons pas reçu l'ordre de naviguer en plongée, en nous cachant, mais celui d'attaquer et de détruire.

Le commandant manifeste une certaine satisfaction au sujet de ces premières grenades : il faut avoir appris à les connaître pour prendre la guerre au sérieux. Rien de pire pour un nouvel équipage que les premières semaines à bord sans essuyer d'attaque ! Les hommes deviennent indifférents et trop sûrs d'eux. Nous restons une heure en plongée.

Le commandant : « Montez à l'immersion périscopique. »

L'officier de quart à l'ingénieur : « Immersion périscopique. Les deux moteurs à vitesse moyenne. »

L'ingénieur à l'homme aux gouvernails de plongée : « Barres de plongée à monter ! Chassez 50 litres ! »

La pression de l'eau diminue avec la remontée. Le navire se détend, s'allège et il faut reprendre du lest. L'ingénieur connaît les quantités exactes. Elles dépendent de la teneur en sel de l'eau et d'autres facteurs. En ce moment, le commandant est dans le poste central ; il fera un tour d'horizon avec le périscope. 100 mètres, le navire s'élève ; avec 10 degrés de pointe, nous remontons à peu près d'un mètre à la seconde. Nous ne sommes pas pressés, l'essentiel est que le bateau se stabilise, qu'il soit bien équilibré sans aucune tendance à s'enfoncer — et cela à 20 mètres en dessous de la surface — afin de conserver ensuite une position stable à 14 mètres, immersion périscopique. Le périscope lui-même ne doit sortir qu'à peine de la surface. Les moteurs marchent lentement afin que les hélices ne causent aucun bouillonnement et que le périscope ne soulève pas d'intumescence.

L'équipage se prépare. Ceux qui seront de quart sur le pont sont prêts et nettoient leurs jumelles. 50 mètres, le navire monte. 20 mètres, le navire est stabilisé. Pendant quelques minutes, l'ingénieur fait à nouveau descendre le navire. C'est nécessaire, car quelques-uns des matelots ont dû changer de poste en vue de la manœuvre qui nous fera faire surface. Ils pèsent chacun plus de 60 kilos : étant donné la longueur du navire, et selon le principe du levier, cela a une répercussion sur son équilibre. Chaque litre est compté, un mécanicien fait fonctionner les soupapes. Auprès de lui, placées l'une à côté de l'autre, se trouvent les nombreuses commandes de soupapes. Il est vrai que des couleurs distinguent bien bâbord de tribord, mais les volants servent tantôt au remplissage, tantôt à la vidange. Selon la répartition des masses d'eau, on vidange la caisse avant bâbord et l'on remplit la caisse arrière, ou le contraire. Les ordres se succèdent rapidement. Une seule erreur, et ses conséquences pourraient être funestes !

C'est alors qu'il s'agit d'avoir les nerfs solides, ou plutôt pas de nerfs ! Le sous-marinier devient un robot, il s'identifie à son navire tandis que celui-ci devient un être doué de vie : métamorphoses et mystères d'une époque vouée à la technique ! Le sous-marin craque et gémit à des profondeurs dépassant 200 mètres ; il s'ébroue comme un chien lorsqu'il réapparaît à la surface. Par gros temps, il soupire absolument comme notre veilleur. A cent mètres en dessous de la surface, il est calme, satisfait et s'en va son chemin presque silencieusement.

A vingt mètres, le commandant monte dans le kiosque et s'assied devant le périscope. Les jambes écartées, on s'installe sur un petit siège de cuir. Les pieds reposent sur deux pédales qui, lorsqu'on les appuie, font tourner l'appareil à gauche ou à droite. La rapidité de cette manœuvre dépend de plus ou moins de pression exercée sur l'une ou l'autre pédale. La main droite fait manœuvrer un prisme pivotant avec lequel on peut voir à 70 degrés en l'air, c'est-à-dire le ciel, ou 15 degrés en bas, c'est-à-dire l'eau. Si la force électrique venait à manquer, cette installation pourrait se manœuvrer à la main. La main gauche manie le levier faisant monter ou descendre le périscope. On s'adapte ainsi à la hauteur des vagues ou à de légères plongées du navire. Le périscope ne doit s'élever que très peu au-dessus de l'eau. Il y a aussi une manette permettant de passer aux grossissements 1,5 ou 6, ainsi que divers dispositifs en cas d'éblouissement par le soleil. En outre, on peut y fixer une caméra-contax ou un appareil de prises de vues. Toute l'installation peut se chauffer, afin d'éviter que les verres ne s'embuent. Malgré la montée ou l'abaissement du périscope, on demeure assis à la même hauteur. Chaque manœuvre s'accomplit dans le silence. Comme on pense, il y a un réticule dans le champ du périscope, une échelle graduée, une réplique du compas gyroscopique. On voit également, selon que l'on regarde vers le haut ou vers le bas, différents cercles gradués qui permettent de lancer. Les chiffres en sont, selon leur signification, rouges, verts, jaunes, noirs ou blancs. La mise de feu des tubes lance-torpilles est placée à portée de la main.

Près du tube du périscope se trouve l'appareil principal qui exécute les calculs. Lors de cette dernière guerre, il était unique au monde et dut être, lors de la capitulation, fort et justement admiré. Ce n'est pas à proprement parler une machine à calculer avec des engrenages, mais un véritable conjugateur avec des cames représentant différentes courbes. Elle est reliée mécaniquement au fût du périscope. Aussi est-il possible de lancer sur cinq cibles à la fois dans un même convoi et cela en quelques secondes, sans modifier les données initiales. Les grands succès remportés par nos sous-marins dans les combats de l'Atlantique furent dus en grande partie à cet appareil.

Le commandant a fait un tour d'horizon avec son périscope. Le ciel semble ne recéler aucune menace. Il donne l'ordre de faire surface. On insuffle de l'air comprimé dans les ballasts. Lorsque l'ingénieur-mécanicien annonce : « Le panneau du kiosque est hors de l'eau ! » le commandant ouvre le panneau dont on a déjà fait fonctionner le mécanisme. Autant que possible, il convient que règne à l'intérieur du navire une pression atmosphérique normale. Si elle est trop forte, il se peut (et cela est souvent arrivé) que le commandant soit projeté à l'extérieur et blessé. Au contraire, si la pression est trop basse, le panneau est difficile à ouvrir et lorsqu'il fonctionne enfin, l'eau pénètre à l'intérieur. Le sel brûle les yeux et, ainsi arrosées, les jumelles marines que l'on porte en sautoir ne peuvent plus servir. Mais, lorsqu'on vient de faire surface, les premiers instants sont souvent décisifs. L'ennemi est parfois tout proche. Un tour d'horizon minutieux a souvent sauvé la vie à plus d'un sous-marin.

Le commandant et, derrière lui, l'officier de quart ont sauté sur le pont. Ils parcourent d'un regard scrutateur l'étendue des eaux, les cieux.

Entre-temps, le navire a continué de remonter. Les moteurs électriques marchent encore à plein régime. Plus le navire est rapide, plus le temps de plongée est bref. Les ballasts ont été mis en vidange dès l'ordre de faire surface. Le commandant décide alors seulement de les vider complètement. A l'aide des gaz d'échappement des diesels, on évacue l'eau qui reste encore. On stoppe les moteurs électriques. L'avantage réside dans l'économie d'air comprimé et aussi dans une meilleure conservation des ballasts, assurée par les gaz d'échappement chargés de corps gras.

Les veilleurs montent sur le pont. Le navire est bien équilibré pour la navigation en surface. Il avance au rythme monotone de ses moteurs.

Souvent, il nous fallut plonger et des bombes suivirent. Mais elles ne purent nous atteindre. Plusieurs fois, nous vîmes des mines dérivantes. Une fois, au cours d'une plongée, nous perçûmes un étrange ronronnement contre la coque. Lorsque nous fîmes surface, un crin de mine était accroché en travers du kiosque ; il était très rouillé, aussi la chance avait-elle permis que la mine se détachât.

Le « jardin des roses » : les sous-mariniers désignaient ainsi, ironiquement, les eaux infestées de mines. « Dans le jardin des roses, j'irai t'attendre... » Ainsi débutait une chanson d'amour du Moyen Age, apprise jadis à l'école. A présent, notre commère la mort la murmurait à nos oreilles et ses roses, hérissées de terribles épines, étaient des explosifs naviguant à fleur d'eau.

Une autre fois, nous aperçûmes un chalutier. Dans notre sous-marin, presque tout le monde voulait le couler. Il naviguait dans l'espace interdit. Mais notre commandant s'y opposa : il était trop petit, cela ne valait pas la peine de gaspiller une torpille. D'ailleurs, on risquait d'alerter le système de défense ennemi, ce qui n'est jamais à conseiller, au voisinage des côtes : en quelques heures, des groupes de chasseurs de sous-marins escortés d'avions pouvaient surgir. Ça ne vaut pas un bateau de pêche ! Après tout, un sous-marin est un bibelot de 4 millions de marks.

Nous doublâmes ainsi les côtes d'Irlande. Nous avions atteint le secteur que le haut commandement de la guerre sous-marine nous avait désigné comme champ d'action. Avec nous, d'autres unités devaient former une sorte de réseau aux maillons plus ou moins espacés. Le service de renseignements allemand a joué un grand rôle en ce qui concerne ces sortes de formations. Ce n'était pas pur hasard, lorsque des sous-marins se trouvaient exactement sur le chemin de certains navires.

« Une mâture par tribord avant ! » L'homme de veille a consciencieusement inspecté l'horizon. C'est à peine si, avec de fortes jumelles, on distingue la pointe de ce mât. Le commandant monte sur le pont. Il l'aperçoit aussitôt. Ses yeux sont plus exercés que les nôtres. C'est un fait étrange mais évident : l'expérience « fait voir », ainsi que l'habitude de scruter les lointains. Les « nouveaux » se refusent à l'admettre. Pourtant, au cours de leur premier voyage, il est rare qu'ils réussissent mieux que les « vieux ». Je devais aussi en convenir.

Le commandant répond à l'officier de quart qu'il va poursuivre le navire en vue. « A gauche toute, les deux moteurs en avant, vitesse moyenne ! »

Afin de réduire la consommation de carburant, un seul diesel à la fois marchait au ralenti. On changeait de moteur toutes les quatre heures, afin de les faire travailler également. Ainsi étaient-ils toujours chauds et prêts à donner toute leur puissance. Entre-temps, les vannes d'échappement des gaz étaient fermées. C'est là un facteur important, car, sans cette précaution, l'eau pénétrerait au moment de la plongée. Nous marchions à une vitesse de six nœuds ; en quelques secondes, nous avons pris une allure de douze nœuds. Le sous-marin évolue jusqu'à ce que le mât se trouve exactement sur notre avant. « Comme ça ! » lance le commandant au barreur.

On fixe une lunette particulièrement puissante sur un support de la passerelle ; elle sert pour les attaques en surface et, comme le périscope, elle est reliée au conjugateur mécanique. Lorsqu'il y a plongée précipitée, on peut laisser sans crainte à l'extérieur cette lunette d'un genre spécial. Elle supporte une profondeur de 200 mètres. Le commandant se tient devant elle. Le mât du navire est sur le réticule ; il diminue et se déplace à gauche. Ah ! sa destination serait donc l'Amérique du Nord ? Espérons que ce n'est point un Américain, car ceux-là sont neutres ! Mais il est en zone interdite. Les bateaux neutres sont tenus de suivre une route déterminée, et puis il ne leur est pas permis de naviguer en zigzags. « On saura bientôt ce qu'il en est ! » murmure le commandant. « Les deux moteurs en avant demie ! » 14 nœuds. Les turbosoufflantes sont mises en action. Des pompes de renfort chassent de l'air dans les ballasts ; l'avant se cabre ; une écume blanche jaillit des deux côtés. A présent, on ne distingue plus que l'extrême pointe du mât. « A droite toute ! » Nous marchons perpendiculairement à notre route primitive. L'extrémité du mât disparaît. « 20 degrés à droite ! » Lentement, le mât réapparaît, se précise, grandit. « Les deux moteurs, en avant à grande vitesse ! » 16 nœuds. « 10 degrés plus à gauche ! » A présent le bout du mât ne varie plus de hauteur : nous avons le même cap que le navire, mais il semble plus rapide que nous. « Diablement rapide, ce rafiot ! Espérons tout de même que nous l'aurons ! »

Nous sommes encore sur son arrière et, pour attaquer, nous devons nous placer sur son avant. Lorsque l'on n'est que d'un nœud plus rapide que l'adversaire, il faut, pour le distancer, bien des heures, parfois des jours ! Avec cela, il est à souhaiter que l'adversaire ne s'écarte pas trop de sa route et que des avions ne s'avisent pas d'intervenir ! Il faut avoir la chance avec soi pour torpiller un navire rapide lorsque, au moment de sa découverte, on se trouve sur son arrière ! « Les deux moteurs, en avant toute ! » Presque 17 nœuds. Les machines chauffent. Les mécaniciens travaillent admirablement. La hauteur du mât ne varie plus. Ainsi, le navire marche à 17 nœuds. Diablement vite ! « Les deux moteurs en avant, à vitesse extrême ! » Il y a encore trois vitesses de pointe, puis la ressource de l'adjonction des moteurs électriques. Mais on ne s'en sert qu'en cas d'urgence. Nous devons réussir avec cet effort de vitesse. Heureusement que nous n'avons pas à marcher contre le vent, autrement les lames viendraient se briser contre le kiosque et gêner la visibilité. Actuellement, ce ne sont que des embruns. Les hélices font 360 tours-minute. Une traînée d'écume subsiste derrière nous, l'eau gargouille contre nos flancs : belle vision qui fait l'effroi des navires marchands.

Depuis deux heures déjà, nous marchons à toute vitesse ; si le carburant ne nous obligeait à respecter certaines limites, nous pourrions marcher ainsi pendant des semaines. Les moteurs tiendraient. Ce sont des moteurs M.A.N. Chaque navire est tenu, avant d'aller au front, de faire huit heures à grande vitesse. Il arrive rarement que cette épreuve révèle des faiblesses dans le fonctionnement des machines. Dans le poste central, chacun est actif, tendu. Toutes les cinq minutes, le commandant donne la position du navire poursuivi et la distance qui nous sépare de lui. Chacun de ses « tops » est noté. L'adversaire est rapide, il décrit de chaque côté des zigzags de 20 degrés au plus, mais nous avons atteint son allure moyenne. Nous nous écartons, l'extrémité du mât disparaît. Nous naviguons en dehors de sa vue. Toutes les heures, nous piquons vers lui afin de nous assurer qu'il est toujours présent. Ça marche : on dirait un de nos exercices dans la Baltique ! A 14 milles marins, l'extrémité du mât est visible. Nous observons une distance de 16 milles.

Nous sommes tous surexcités. L'aurons-nous ? Enfin, une diversion dans notre vie monotone ! Quarts, sommeil, régler les torpilles, manger, nettoyer, et à nouveau quart, etc. L'officier torpilleur passe encore une fois en revue les torpilles. Les diesels ronflent puissamment. Ces huit cylindres sont plus hauts qu'un homme. Les cadrans de contrôle sont surveillés attentivement. La température de l'eau de circulation, celle des gaz d'échappement ne doit pas trop s'élever. Les signalisations rouges ne doivent pas être dépassées. Tout fonctionne encore normalement : il n'y a que quatre heures que nous marchons à pleine puissance.

Cinq heures de l'après-midi. Le commandant peste. Nous ne gagnons sur le navire que très peu. Il faut absolument attaquer cette nuit. Il serait inutile de courir ainsi un jour de plus. A cette allure, nous consommons beaucoup plus qu'au régime normal. Demain, à cinq heures du matin, il faudra avoir lancé, car il fera jour et, dans le cas où nous n'aurions pas lancé, il nous faudrait plonger et nous éloigner de 14 milles en arrière afin de faire surface sans avoir été vus, puis répéter la manœuvre d'aujourd'hui. De 14 milles à l'arrière jusqu'à 15 milles à l'avant, cela fait 29, 35 avec le détour ! Ainsi, il faudrait au moins 35 heures pour effectuer une attaque idéale. Or le jour n'a que 24 heures : il faudra donc attaquer cette nuit !

Tous les officiers de quart sont sur le pont, ainsi que les meilleurs veilleurs. Ceux-là ne seront plus relevés, même s'il faut naviguer ainsi pendant des jours. Ils ne mangent plus qu'un certain chocolat appelé « chocolat de sous-marin », afin que leur estomac n'ait pas trop à travailler : leur fatigue en serait augmentée. Rien que du chocolat, du café. Il s'agit d'ouvrir l'œil. Lorsque l'on serre de près un navire, il y a danger que tout le monde s'y intéresse et que les autres postes de vigies en soient négligés. On ne monte jamais sur le pont qu'une seule tasse de café à la fois. Ce n'est pas le moment de prendre du bon temps ! On ne doit pas distraire de sa garde plus d'un marin à la fois. On évite de parler. D'ailleurs, il n'y a rien à dire. Il s'agit de veiller, avec ou sans les jumelles collées aux yeux, mais il faut ouvrir l'œil !

Voici le crépuscule. Dans vingt minutes, il fera nuit. Pour maintenir le contact pendant la nuit, nous allons nous rapprocher de trois milles. Mais, comme l'obscurité vient plus vite que nous ne pouvons diminuer l'espace qui nous sépare du navire, il faut nous hâter dans la direction (selon nos calculs) prise par le vapeur poursuivi. Espérons qu'il ne s'écartera pas sensiblement de sa route, ainsi qu'en décident souvent certains capitaines avisés. En ce cas, le navire serait perdu pour nous. Il est difficile de retrouver quoi que ce soit en pleine nuit. L'Atlantique est grand : ce serait vouloir découvrir une aiguille dans une meule de foin.

Il est huit heures. La lune perce le plafond de nuages. Elle semble faire la grimace, se cache puis reparaît. Il fait de plus en plus clair. C'est un désavantage pour nous, mais, en revanche, les conditions de visibilité sont bonnes. Il nous est possible de distinguer une ombre à quatre milles de là. Pourtant, ce n'est guère le moment d'attaquer. Nous ne pouvons nous approcher à moins de 5 000 mètres. L'ennemi distinguerait la crête d'écume blanche et le sillage que nous laissons derrière nous. L'eau est très phosphorescente. Souvent, il semble que des étincelles criblent l'atmosphère. Peut-être que plus tard le ciel se couvrira à nouveau, cachant la lune. Mais, pour le moment, elle nous est nécessaire pour nous aider à retrouver le navire.

Un mât devant ! Le commandant l'a vu en premier. Comme une traînée de poudre, la nouvelle court dans le sous-marin. Tous les yeux s'éclairent. « Une sacrée chance... » dit le commandant au premier officier de quart, qui est aussi officier torpilleur. Direction : droit devant ! Distance : 4 milles. Le cadran marque 10 heures. Il nous faudrait neuf heures pour attaquer après avoir décrit la courbe classique et pris la position de lancement enseignée à l'Ecole navale. Mais, vers cinq heures, l'aube point déjà ; il faut donc que les torpilles soient sorties avant l'aube de leurs tubes.

A nouveau, nous avons laissé filer le navire ; on présume seulement sa position. Mais évitons surtout qu'il nous voie. « Vitesse trois ! » L'ingénieur-mécanicien est dans le compartiment des moteurs. Beaucoup de cadrans montrent déjà le signal rouge. La vitesse maximum est atteinte. De l'écume blanche vole sans cesse au-dessus du kiosque. Les hommes de veille, sur le pont, sont trempés jusqu'aux os. Nul ne songe à enfiler un suroît. Les soufflantes et les compresseurs hurlent à faire frissonner. Toutes les cinq minutes, on envoie de l'air comprimé dans les ballasts. Il faut que le sous-marin sorte de l'eau le plus possible. On augmente sa rapidité de cette manière, bien que ce ne soit que de quelques fractions, mais elle augmente. On ressent une sorte de fièvre, comme à la chasse. Chasse étrange, on ne songe pas au danger, bien qu'il soit probable que deux bonnes pièces d'artillerie se trouvent sur la poupe de l'adversaire, sans parler des canons à tir rapide, des mitrailleuses dont sont pourvus les bateaux sans escorte. Une bombe nous atteindrait que nous ne pourrions plus plonger et c'en serait fait de nous : rien de plus fragile qu'un navire comme le nôtre. Une balle de mitrailleuse dans une soute à gazoil et nous serions perdus. Une large traînée d'huile s'étirerait sur tout le parcours de notre navigation en plongée ; l'ennemi nous poursuivrait sans peine et nous tomberions fatalement en son pouvoir.

Quatre heures du matin. Au lieu que l'obscurité se soit épaissie, il fait plus clair. On distingue nettement la ligne de l'horizon. Mauvais pour nous. Si la veille du vapeur est bonne, elle nous verra. Le commandant à l'officier en second : « A cinq heures précises, nous lançons ! C'est notre dernière chance. Il fera bientôt jour. A 4 500 mètres... salve triple ! »

Encore un quart d'heure. L'équipage est aux postes de combat. Chacun est occupé. Deux hommes servent le conjugateur, l'un dans le kiosque, l'autre dans le poste central. Le chef-torpilleur et son aide sont aux tubes lance-torpilles avant, un autre torpilleur est au tube arrière. Les portes des tubes sont encore closes. Dans cette situation, elles épousent la forme extérieure du navire. On ne les ouvre qu'au dernier moment afin de raccourcir le plus possible le temps du ralentissement de l'allure du navire qui a lieu lors de leur ouverture, car elles opposent, ouvertes, une résistance à l'avancement. Il faut nous rapprocher davantage encore. Lancer de l'arrière n'offre que peu de chances de réussite.

Le commandant dirige le sous-marin qu'il devra placer dans la meilleure position de tir en évitant de présenter le flanc. De face, nous sommes — sauf l'éventail d'écume qui nous précède — assez peu visibles. Vue de côté, notre silhouette prend de vastes proportions. Nous mesurons 70 mètres. Il faut donc beaucoup d'expérience et d'adresse pour réussir à mettre le navire dans la position la plus avantageuse.

Le commandant se penche en avant, les jumelles collent littéralement à ses yeux. Sa casquette blanche est enfoncée jusqu'aux yeux, boucles et barbe blondes dissimulent son visage. Il est possédé de la fièvre du combat. Ses ordres sont brefs, précis.

L'officier torpilleur, devant le tableau des commandes : « Tubes 1 à 5 prêts à lancer en surface ! » Les tubes sont immergés et les portes ouvertes au volant. L'ingénieur calcule la quantité d'eau qu'il faudra ôter ou ajouter au navire après le départ de la torpille afin de lui conserver le poids convenable. Tous les tubes sont préparés. Peut-être aura-t-on à les utiliser tous. Par le porte-voix, ces paroles nous parviennent de la chambre des torpilles : « Tubes 1 à 4 prêts à lancer en surface. » Et du poste arrière : « Tube 5 prêt à lancer en surface. » L'officier torpilleur : « Salve triple par tubes 1, 3, 4. » Position : visée en surface. Le pont : feu ! On peut lancer de divers points du navire, de l'avant, de l'arrière, du poste central, du kiosque, du pont. Les ordres parviennent au poste central. Les manettes sont tournées. Dans le kiosque, les lampes de contrôle à l'éclat mat montrent au sous-officier placé devant le conjugateur l'accomplissement exact des ordres. Il l'annonce à l'officier torpilleur et celui-là au commandant.

Nous marchons encore parallèlement à l'adversaire, un peu sur son avant. On fixe la lunette sur la colonne tournante. La ligne de visée bien au milieu. L'officier torpilleur devant le conjugateur : « Ennemi : inclinaison gauche 90, allure 16 nœuds, distance 7 000 mètres, vitesse des torpilles 30, immersion 7. » Les torpilles fileront à une profondeur de 7 mètres en dessous de la surface des eaux. Elles devront passer sous le navire ennemi, si possible à deux mètres en dessous de la quille. Une mise de feu magnétique les fera exploser. Le navire sera soulevé, puis retombera en se brisant en deux.

Sur les données qu'on lui fournit, le conjugateur fournit aussitôt toutes les solutions cherchées, telles que : angle de visée, etc. Durant la Première Guerre mondiale, on était obligé de viser avec tout le navire : après avoir quitté les tubes, les torpilles guidées par leurs gyroscopes suivaient invariablement la direction donnée au départ. Il est difficile de lancer ainsi, surtout lorsqu'on veut éviter des destroyers ou d'autres navires accompagnant un convoi. Souvent, on n'arrive pas même à lancer, car il n'est pas toujours possible de se présenter du côté dont la silhouette est la plus réduite, par conséquent la moins visible.

Au cours de cette guerre, nos nouvelles torpilles pouvaient décrire un arc de 90 degrés. Les derniers modèles allaient même jusqu'à 180.

Ainsi, les possibilités d'attaque devenaient plus nombreuses. Le sous-marin, lorsqu'il lance, n'est plus tenu à respecter un certain cap. Le conjugateur, branché sur les installations de torpilles, permet cette simplification.

L'officier torpilleur demande des directives à ceux qui servent le conjugateur.

On met le contact. Le conjugateur est mis en relation avec le compas gyroscopique et la ligne de visée. On entend un bourdonnement qui décèle le fonctionnement de nombreux engrenages. Deux lampes rouges s'allument. Le calcul n'est pas encore terminé et les solutions données ne sont pas définitives. Mais il ne faudra pour cela que quelques secondes. Les lampes s'éteignent. Le sous-officier annonce le résultat à l'officier torpilleur. Dès à présent, les embardées de notre navire seront sans importance. Il suffit que la cible soit tenue dans la croix de la ligne de visée pour que le réglage tienne compte des modifications de cap.

Une nouvelle lampe s'allume. Le conjugateur est branché aussi sur les tubes ; les éléments de lancement qui varient sans cesse sont automatiquement communiqués aux torpilles, calculés et mis au point par les mécanismes. Dès lors, on peut lancer, quelque position que l'on ait, tant que l'angle de 90 degrés n'est pas dépassé. Les « anguilles » sauront trouver leur but. Lorsqu'elles atteindront l'ennemi, la distance qui les séparera sera d'environ une longueur de navire, à moins que l'on ait prévu une autre solution.

Le commandant à l'homme de la barre : « A droite 10 ! »

Nous évoluons pour prendre notre route d'attaque à 6 000 mètres de l'objectif. On distingue nettement l'adversaire : pétrolier de la marine britannique, 18 000 tonnes. Beau bâtiment. Nous nous enfonçons un peu. Il faut que la crête d'écume qui jaillit à l'avant du sous-marin devienne moins visible. Nous n'avançons plus qu'à une vitesse de 12 nœuds. Distance 5 000 mètres. Le sous-officier torpilleur qui se trouve devant le tableau des commandes annonce tous les changements des chiffres à l'officier torpilleur. Le commandant les entend en même temps.

Le commandant à l'officier torpilleur : « Lancez à 4 500 mètres ! Visez le mât avant ! Le moment est venu. »

Le commandant à l'officier torpilleur : « Vitesse de rotation : rouge trois. » C'est la vitesse de rotation du sous-marin lorsque le gouvernail est mis à gauche toute.

L'envoi de nouvelles torpilles, la détermination du moment précis où l'on évoluera par la commande du conjugateur permettent au navire de tourner avant l'explosion des torpilles. De la sorte, on réalise une économie de temps et l'on peut lancer d'assez près.

L'officier torpilleur : « Rouge trois ! Paré à lancer en surface. »

Le commandant à l'homme de la barre : « A gauche toute ! »

« Tubes un, trois et quatre parés à lancer en surface. »

Le commandant à l'officier torpilleur : « Attention pour le lancement ! »

L'officier torpilleur : « Prêt ! »

Tandis que le sous-marin évolue, le conjugateur fonctionne si rapidement qu'à chaque instant, des coordonnées sont fournies et que la mise au point des torpilles doit être corrigée. Le sous-officier au tableau des commandes les annonce accompagnées du mot « exécuté ». Si le navire sortait du secteur de tir, une plaque s'éclairerait portant les mots « Hors de portée » et il conviendrait qu'il fasse part de la situation par le mot convenu, car les torpilles ne pourraient toucher leur but.

L'officier torpilleur est debout devant le U Z O ou colonne de visée. La ligne passe sur le mât avant du navire ennemi. « Feu ! » et il pousse le bouton de mise de feu. « Feu ! » répète le sous-officier. Par le porte-voix, le torpilleur adjoint l'entend dans la chambre des torpilles. Il a les mains sur chacun des déclenchements de deux tubes lance-torpilles et un pied posé sur un troisième. Si le mécanisme automatique ne fonctionnait pas, il n'aurait qu'à appuyer. Cela n'arrive jamais, mais on ne saurait prendre trop de précautions.

Le sous-marin sursaute à trois reprises. On perçoit trois sifflements assourdis, brefs ; c'est l'air comprimé par lequel les torpilles sont poussées en avant. En aucun cas on ne doit laisser celles-ci sortir en même temps des tubes, car elles pourraient s'aborder. L'intervalle séparant leurs sorties est d'une seconde deux dixièmes. En même temps que l'ordre : « Feu ! » l'ingénieur-mécanicien laisse pénétrer et répartit une certaine quantité d'eau. L'équilibre, le poids du sous-marin ne doivent absolument pas varier, il faut que le navire reste capable de faire une plongée d'alerte !

Le commandant : « Vitesse extrême. En avant toute ! »

Il nous faut nous éloigner toujours en surface. L'adversaire est surveillé avec une grande attention. Un éclair. Notre distance du navire est maintenant de 6 000 mètres. Des explosions par l'arrière à 300 mètres environ.

Alerte ! le veilleur du pont saute par le panneau.

« Plonger, 10, 20 mètres... » 50 mètres ! Les coups sont éloignés, un navire sans escorte n'est pas un danger pour un sous-marin naviguant en plongée.

« Tenir à l'immersion périscopique ! »

Les moteurs tournent au ralenti. Quelques milles marins s'ajoutent encore à ceux qui nous séparaient de l'objectif. Il est impossible que l'on puisse voir le tube du périscope si l'on s'en sert convenablement à cette distance et dans l'obscurité : c'est à peine s'il est aussi large qu'un couteau de taille moyenne. D'ailleurs, il y a un dispositif spécial pour éviter les remous à la surface. La traînée d'écume qui se forme se confond avec les crêtes des vagues.

A nouveau, le vapeur est dans la visée. Il semble qu'il vire de bord et vienne en arrière à toute vapeur. Le commandant regarde la montre qu'il porte à son poignet. Elle est spécialement prévue pour les sous-mariniers et possède de nombreuses aiguilles pour l'estimation de la vitesse et certaines données. Encore 15 secondes et les torpilles seront au but... L'atteindront-elles ?

Les détonations qui grondent semblent déjà annoncer le succès. Boum ! Hourra ! nous avons touché !

Le commandant est seul à regarder dans le périscope. D'un geste, il met en service l'installation microphonique du navire et le voici qui parle ; dans tous les compartiments, on l'entend fort bien.

« Coup au but à l'arrière ! La poupe paraît touchée ! »

La mise de feu magnétique semble avoir bien fonctionné.

Avant notre plongée rapide, les radios ont intercepté sur l'onde de 600 mètres des messages de détresse : « German submarine », suivis de la position.

« Very good, pense l'officier navigateur. Aujourd'hui, je n'ai plus besoin de faire le point. Vraiment trop aimables, messieurs les Anglais. Il connaît enfin sa position définitive, le gars ! »

Le bateau a stoppé et lâché des torrents de vapeur. Il semble que la commande du gouvernail soit touchée. Nous nous préparons à attaquer de nouveau. A présent, c'est facile.

Nous approchons jusqu'à 1 000 mètres. L'ennemi aperçoit le périscope. Avec toutes les mitrailleuses qu'il a à son bord ainsi que toutes les pièces à tir rapide dont il dispose, il nous prend sous son feu. La tête du périscope est en danger. Le commandant ne monte le périscope que l'espace d'une seconde. Pour attaquer de l'autre côté, nous plongeons à 20 mètres. L'homme au poste d'écoute : « Maintenant, le voilà exactement au-dessus de nous... » Et il prétend avoir entendu l'équipage manifester à notre égard les sentiments les plus hostiles !

Durant l'attaque en plongée, le commandant conduit lui-même le sous-marin, vise et lance. L'officier torpilleur contrôle uniquement les données nécessaires à l'établissement des calculs.

Cette fois-ci, il faut envoyer la torpille enfermée dans le tube arrière. Il est relativement rare que l'occasion se présente de l'utiliser.

Le commandant, tout juste avant de lancer, a sorti son périscope, afin de saisir l'adversaire dans la mire. Le conjugateur est automatique. Eloignement 400 mètres. Feu ! Le coup part, le périscope est rentré.

L'explosion doit avoir lieu au bout de 25 secondes. Tout juste avant, le commandant sort encore le périscope. Une caméra spéciale y est fixée. Au moment de la détonation, une dernière photographie sera prise.

L'explosion est formidable. Cette fois-ci, nous étions bien plus proches que tout à l'heure. Sous l'eau, ce vacarme est sinistre.

Le pétrolier se brise par le milieu. Chaque membre de l'équipage a la permission de jeter un regard dans le périscope. Le puissant navire s'enfonce dans les flots. Vision poignante. Le démon de la destruction, qui, dès l'instant où éclata la guerre, a imposé sa loi, est ici à l'œuvre.

Des canots de sauvetage, des radeaux ont été mis à l'eau. L'équipage sera sauvé ! Nous ne pourrions recueillir quelqu'un sans nous mettre nous-mêmes en péril. Nous manquons de place.

L'adversaire a bien organisé son service de sauvetage. Les marins du pétrolier seront recueillis par un navire de guerre.

Nous nous permettons une petite « détente », si l'on peut dire. Nous descendons à 50 mètres pour écouter tranquillement des disques. Les airs familiers de notre pays se font entendre. On distribue une ration de cognac.

Nous allons gagner une autre zone d'opération, notre victime ayant eu le temps d'envoyer un message radio : assurément, aucun bateau marchand ne passera dans ces parages avant longtemps ! Par contre, nous aurions bientôt la visite de groupes de chasseurs de sous-marins et de l'aviation côtière.

Nos réserves de carburant avaient baissé de moitié. En pareil cas, le haut commandement laissait le commandant libre de quitter sa croisière si bon lui semblait.

Les semaines suivantes, nous pûmes porter à notre compte de nouveaux succès. Depuis longtemps déjà, nous ne vivions plus que de conserves, d'éternelles conserves... Nous souffrions tous de la « maladie du fer-blanc », expression qui, dans le jargon des équipages de sous-marins, désigne le dégoût de vivre confinés dans notre étroite « boîte de conserve ».

Toujours les mêmes visages, les mêmes uniformes, la même routine du service. Il n'existe aucune possibilité de s'isoler. On connaît par cœur les gestes typiques, les actions caractéristiques de ses camarades. D'avance, on sait comment chacun réagira, ce qu'il fera en s'habillant, en mangeant et on voudrait parfois s'élancer hors de sa propre peau pour échapper à la vision d'un geste répété pour la énième fois par quelque camarade. La nourriture a toujours une saveur de « sous-marin », c'est-à-dire de gazoil et un peu aussi de moisi. A l'intérieur du navire, les compartiments sont humides. Vêtements de cuir, chaussures, moisissent et verdissent en l'espace de quinze jours, si on ne prend la précaution de les porter.

Nous avons reçu l'ordre de nous diriger sur Lorient. A la hauteur de la Gascogne, nous naviguons en plongée pendant tout le jour et la nuit en surface.

Tous les visages sont rayonnants. Chacun espère trouver, en arrivant, beaucoup de courrier. Enfin, on va pouvoir écrire aux siens qui ignorent si l'on est encore en vie : le commandement n'annonce qu'au bout de six mois la disparition d'un marin.

On nous envoie une escorte d'avions. Des Messerschmitt nous encerclent. A présent, il ne peut plus rien nous arriver, à moins que l'on ne heurte une mine. Mais, dans ces eaux infestées, un dragueur spécial nous précède. S'il y avait quelque explosif à la dérive, il serait le premier à le rencontrer. Le dragueur ne peut pas sombrer, car il est empli de liège et de barriques vides. Quel sentiment délicieux que de jouir à nouveau d'une sécurité relative !

Nous pénétrons dans l'écluse. Le tube du périscope porte des banderoles blanches qui annoncent le tonnage des unités ennemies envoyées au fond. Si nous avions coulé un navire de guerre, nous aurions hissé de petits pavillons rouges.

Nous avons mis des vêtements propres, tout gris. Le navire est gris, nous sommes en gris. Sur le quai, voici de nombreux officiers de la base navale ; une musique militaire se fait entendre et — pouvons-nous en croire nos yeux ? — des jeunes filles, des jeunes filles bien vivantes ! Elles sont chargées du service de la correspondance. Naturellement, à la vue d'un tel accueil, le cœur nous saute dans la poitrine.

Je devais aller à l'avant, pour la manœuvre d'accostage. Très impatient, je me mis à courir. Mais, dès les premiers pas, je tombai en m'écrasant le nez. Habitué que j'étais à un éternel roulis, j'avais acquis le pas balancé du matelot et je ne savais plus me déplacer sur un plancher immobile.

Le soir du jour qui suivit notre arrivée, il y eut fête à bord. Tous les membres de l'équipage, le commandant compris, prirent part aux réjouissances ainsi que le plus jeune matelot, notre « *Moses* ». Ce soir-là, on oublia tout ce qui avait trait au service, on chanta, but et rit ensemble. On pouvait même boire jusqu'à plus soif sans que personne y vît grand mal.

Le chef de la flotte sous-marine, l'amiral Dönitz, vint nous passer en revue. Deux équipages furent appelés à le saluer. C'était la première fois que je voyais de près l'homme dont la volonté, les travaux avaient fait de notre arme un instrument redouté. Son énergie, sa dureté qui exigeaient la docilité, le dévouement absolu du marin, étaient connues. Cette fois-ci encore, ses paroles n'exprimèrent point des considérations critiques, mais la confiance, la décision :

— Matelots de l'arme sous-marine allemande ! Vous avez fait vos preuves dès votre premier voyage. Si, pour le moment, il ne nous est possible d'envoyer au combat qu'un nombre très restreint de navires, vous pouvez du moins être assurés que leur nombre augmentera et que nous suivrons de près la production de l'ennemi. Nous le couperons de ses bases de ravitaillement. La marche des événements à venir dépend de vous en grande partie. Déjà, le chiffre de tonnage coulé outrepasse les possibilités de l'adversaire en ce qui concerne la construction de nouveaux bateaux. C'est à qui agira le plus rapidement : à nous d'atteindre l'instant où aucun bateau ennemi ne parcourra plus les mers.

L'amiral remit la croix de fer de première classe à notre commandant et à quelques autres vieux sous-mariniers éprouvés. D'autres reçurent la croix de fer de seconde classe.

Un tiers de l'équipage put s'en aller en congé. Le reste avait à assurer le service habituel et, tous les deux jours, on était de garde : plaisir un peu amer si l'on se souvient que, au cours de notre expédition, nous n'avions cessé d'être de service.

Une maison de repos pour sous-mariniers était, à Lorient, le lieu d'attraction. Ce bel édifice à l'élégante façade comprenait une piscine. On pouvait y jouer au ping-pong et au billard, voir des films et danser. A moins de lui préférer les boîtes de nuit, c'était un des rares endroits où l'on se distrayait.

4

A l'attaque d'un convoi

Nous passâmes à Lorient les semaines qui nous séparaient de notre prochaine sortie. La guerre était entrée dans une nouvelle phase. La campagne de l'Est se poursuivait. Un sentiment indéfinissable s'était emparé de nous : la nouvelle direction prise par la guerre apporterait-elle une solution rapide, définitive ? Quoi qu'il en fût, l'Angleterre devait en éprouver du soulagement. Avec les soldats de Rommel en Afrique du Nord, nous, de la Kriegsmarine, et en particulier de l'arme sous-marine, étions les seuls contre lesquels se concentraient les forces de l'Angleterre et de l'Amérique.

Nous avions peint sur notre kiosque un grand V. Peu importait dans quelle intention la propagande du Haut Commandement s'était emparée de ce signe, pour nous, il signifiait la victoire : *Veni, vidi, vici*.

Notre destination : le centre de l'Atlantique. Quant à nous, les enseignes, nous étions à ce point habitués à la routine de la vie sous-marine que déjà les explications nous étaient moins nécessaires. Naturellement, il nous manquait encore beaucoup de connaissances. D'ailleurs, un sous-marinier ne cesse d'apprendre...

Nous venions de passer le 15e degré de longitude ouest et nous avions annoncé par sans-fil notre position au Haut Commandement. Après ce message, les sous-marins cessaient généralement de se servir de leur T.S.F. Ce méridien représentait une sorte de frontière idéale, ce qui signifiait aussi que, à partir de ce point, notre solde était augmentée de la prime de combat.

Pendant des jours, nous avançâmes à la même allure, occupés aux petits détails d'un service qui ne comportait aucun changement. Nous aspirions à une diversion. Enfin, un message « urgent ». Le radio le présente au commandant. Ce sont des indications au sujet d'un convoi.

La distance qui nous en sépare est encore considérable mais il avance vers nous, à moins qu'il ne modifie complètement sa route. Nous marchons à vitesse moyenne vers le point d'intersection de nos itinéraires.

Au bout de deux jours, il devrait être en vue. Mais, pas le moindre panache de fumée à l'horizon. C'était sans doute un convoi important, car le Haut Commandement envoya un avion éclaireur pour nous appuyer. Nous étions éloignés de plus de trois mille kilomètres de l'aérodrome le plus proche. Un sous-marin est petit : pour un avion, il est difficile à découvrir. Nous trouverait-il ? Il devrait être au-dessus de nous dans cinq heures. Le radio essaye d'établir le contact. Ce n'est pas une petite affaire, car les postes émetteurs des avions sont assez faibles. Mais il est urgent de lui signaler notre position exacte et, si possible, de lui envoyer des signaux. Cela marche à souhait. Voici l'avion en vue : un B V 138, conçu par Blohm et Voss pour les missions spéciales. La construction particulière de ce type le rend aussitôt reconnaissable. Nous transmettons par signaux lumineux la position supposée du convoi. Le B V s'éloigne.

Deux heures s'écoulent ; nous continuons d'avancer sans nouvelles directives. Nous évitons de nous servir de notre T.S.F. dont notre commandant fait peu de cas, bien que ses messages ne puissent être entendus par les navires au-delà de 20 milles marins. Cependant, on connaît des cas où l'on put capter jusqu'en Amérique du Nord des émissions parties d'Europe. Notre B V 138 revient. Ses signaux lumineux nous renseignent : « Convoi carré X, direction Est, vitesse 8 nœuds, environ cinquante bateaux convoyés par destroyers. »

« De la besogne de premier ordre ! » conclut notre commandant. En avant ! Les moteurs ne sont jamais ménagés lorsqu'il s'agit d'approcher du but. La veille est à son poste. Le sous-officier torpilleur s'affaire à l'avant.

L'avion vole devant nous. Il connaît la direction exacte. A trois heures de l'après-midi, le premier panache de fumée est en vue, à peine perceptible dans les jumelles. Nous avançons toujours. Encore un panache de fumée, puis un autre, mais, en dépit de ces légers indices, il faut reconnaître que tous ces navires font fort peu de fumée. Les premiers mâts. Ils sont de plus en plus nombreux. « Une vraie forêt ! dit quelqu'un sur le pont. Nous aurons fort à faire pour l'abattre ! » — « Pas de commentaires et ouvrez l'œil ! » répond le commandant sans éloigner les jumelles de ses yeux.

Le B V 138 prend congé en nous souhaitant bonne chance, puis il disparaît à nos yeux.

L'officier de quart se tourne vers l'ingénieur qui est également monté sur le pont afin de s'orienter : « Les aviateurs ont la vie bonne : tous les soirs au coin du feu ! Je vais demander une mutation ! »

Nous émettons un message bref de vingt lettres qui donne la situation du convoi, sa direction, son allure, le nombre de ses navires et celui des bâtiments de guerre qui le convoient, la situation météorologique et notre réserve de carburant afin que le Haut Commandement se fasse une opinion de nos possibilités d'attaque. Deux fois dans l'heure, des messages complémentaires suivent. Nous sommes le premier navire en contact avec l'ennemi. Il s'agit d'abord de rassembler autour de nous des sous-marins se trouvant dans les parages en évitant d'attaquer tout de suite : c'est le principe de la fameuse tactique des meutes : ce qui ne veut pas dire que l'on doive opérer en coordination complète. Une fois au rendez-vous, chaque sous-marin agit indépendamment des autres. Ainsi fut-il possible, au cours de batailles navales dans l'Atlantique qui durèrent des jours, de détruire entièrement des convois de cinquante bateaux et plus.

La nuit nous est propice : sans lune, obscure. Nous voici en plein dans le convoi. Le conjugateur est mis en action. Des volants sont tournés ouvrant les portes des tubes lance-torpilles et il ne faudra plus qu'appuyer légèrement d'un doigt sur la mise de feu. Mais d'autres sous-marins manquent encore. D'après certains messages, on estime qu'à l'aube, il y en aura six avec nous. C'est un convoi important : cinquante navires transportant du matériel destiné à l'Angleterre.

— Envoyez des messages par radio ! ordonne le commandant.

Nous nous regardons, ébahis : quelle audace ! Se trouver au beau milieu d'un convoi ennemi et oser faire du tapage ! Si par hasard notre longueur d'onde est découverte, nous sommes trahis. Mais on ne peut s'en tirer autrement : il nous faut d'autres sous-marins sur les lieux.

Le radio-télégraphiste au commandant : « Le U X a intercepté le convoi. » Puis, aussitôt après, il annonce un autre sous-marin.

Nous voici trois en tout. Notre commandant se décide à l'attaque. De nouveaux messages à l'adresse d'autres submersibles ne s'imposent plus. Les flammes aiguës des explosions seront visibles de loin.

Nous avons l'intention de couler quatre navires à la fois et nous avons choisi les plus grands. C'est d'abord le plus éloigné que nous viserons, puis les autres. Si possible, il faut que les détonations se suivent de près afin de ne point donner à aucun des navires le temps de se dérober. Nous gratifions le plus vaste des navires de deux torpilles ; les autres d'une seulement. L'espace qui nous sépare du bateau le plus proche de nous est restreint, peut-être 600 mètres.

Feu ! Le sous-marin sursaute cinq fois de suite.

Dans 40 secondes environ, les torpilles auront atteint leur but. Nous attendons impatiemment. Ces secondes sont longues et les « anguilles » ne semblent pas encore arrivées à destination. Une erreur aurait-elle été commise ?

Une flamme aiguë, puis des explosions se suivent. Le son se propage plus rapidement dans l'eau que dans l'air. Encore une explosion sur le même bateau. Il se brise et, instantanément, va au fond. Il y aura peu de survivants. Deux autres détonations se suivant de près, encore deux bateaux touchés. Une torpille manque son but. Quant aux autres sous-marins, ils semblent n'avoir pas encore lancé.

Dans le convoi qui, quelques instants plus tôt, poursuivait si paisiblement sa route, une intense activité s'éveille. Des feux rouges et verts brillent soudain. Ce sont sans doute des signaux indiquant un changement d'itinéraire. L'Anglais connaît son métier. Les manœuvres en convoi et surtout dans l'obscurité, tous feux éteints, sont extrêmement compliquées. Mais aucune collision n'a lieu. C'est dommage, nous aurions moins de travail.

Les destroyers tourniquent autour de nos victimes. Des projecteurs envoient des faisceaux de rayons. On jette des grenades : nous ne sommes pas encore repérés.

Notre navire est toujours au centre du convoi. Sans doute ne soupçonne-t-on pas notre présence en ce point. D'ailleurs, quelle audace d'avoir choisi ce lieu d'action !

— Rechargez ! ordonne le commandant.

Au lieu de nous esquiver ou de plonger, nous nous sommes encore rapprochés. Si près d'eux, ils ne nous verront pas, estime le commandant. Il a raison : en mer, on distingue surtout les navires lorsqu'ils se silhouettent sur l'horizon. Si la distance est par trop réduite, il est difficile de voir un sous-marin du haut d'un pont de vapeur. La tache sombre qu'il fait à la surface des flots se distingue mal des grosses lames.

Les portes fermant à l'arrière les tubes lance-torpilles sont ouvertes. Les torpilles y glissent les unes après les autres. L'équipage ruisselle de sueur. Il y va de la vie ou de la mort. Nous ignorons toute espèce de ménagement à l'égard de l'ennemi. S'il nous découvrait maintenant, nous serions perdus sans espoir.

Trente-cinq minutes plus tard les préparatifs de la prochaine attaque sont terminés. L'officier torpilleur au commandant : « Les tubes 1 à 4 prêts à lancer en surface. »

De violentes détonations. Des navires sautent. D'autres laissent fuser des tourbillons de vapeur et stoppent. Des projecteurs fouillent les eaux. D'épaisses colonnes de fumée montent vers le ciel. Par places, du mazout brûle sur les eaux. Des S.O.S. se répètent sur la bande des 600 mètres. D'autres sous-marins se sont joints à nous. Toujours de nouvelles explosions. « Espérons qu'un coup perdu ne sera pas pour nous ! dit le second officier de quart. Il ne nous manquerait plus que d'être envoyé au fond par les nôtres ! Le danger est grand pour nous qui nous tenons à l'intérieur du convoi. »

Celui-ci se disperse. C'est mauvais pour nous, car nous ne pourrons plus viser qu'un seul objectif à la fois. Finie la destruction simultanée de plusieurs navires ! D'ailleurs, l'attaque se complique par le fait que les navires indemnes sont sur leurs gardes. Quelques-uns marchent en décrivant des zigzags, d'autres de vastes cercles.

— Un 8 000 tonnes dans notre visée. Deux torpilles ! Distance 400 mètres. Feu !

— A droite toute ! Une nouvelle victime ! Feu !

Presque en même temps que retentit le second commandement, le premier vapeur visé saute en l'air. Coup au but. Il sombre, par l'arrière.

Des ombres à l'avant ! Nous essayons de nous esquiver. Mais l'ombre est plus rapide que nous. Elle grandit progressivement. Un navire de guerre ! Alerte !

Nous sommes repérés ! Tandis que nous bondissons à l'intérieur, d'autres détonations retentissent. Nous ne sommes plus que des robots. Toutes les manœuvres s'accomplissent automatiquement.

Notre commandement nous avait mis en garde contre les petites vedettes rapides qui sont amarrées sur les navires du convoi et que l'on met à l'eau en cas d'attaque de nuit par sous-marin. Leur avantage réside dans leur taille réduite, leur rapidité et leur important armement à tir rapide. Ces petits esquifs ne se voient que lorsqu'ils sont très proches de vous, et encore !

« Plongez à cent mètres ! » Avec 40 degrés de pointe à la vitesse limite, nous fonçons dans l'abîme. Notre ingénieur-mécanicien aurait-il des ancêtres parmi les poissons ? C'est un maître de la navigation sous-marine. Exactement à la profondeur désignée, il redresse le navire, le stabilise, ordonne de fermer les purges et annonce que tout est paré.

Le commandant : « Bon ! Nous avons eu une sacrée veine ! Ces cochons-là inventent toujours de nouveaux tours ! C'est ce qu'il faut, autrement la guerre deviendrait insipide. Enfin, la prochaine fois, nous saurons à quoi nous en tenir. Bravo pour la veille ! »

Les premières grenades sous-marines éclatent. Mais elles sont éloignées. Nous sommes encore trop proches du convoi et les destroyers, à cause des nombreux bruits qui s'entrecroisent ne réussissent pas à nous situer exactement. Ça changera bientôt.

Le commandant : « Allure silencieuse ! »

Les moteurs électriques ronronnent si doucement qu'on les entend à peine. Les ordres sont murmurés. Les machines auxiliaires ont été stoppées. Les matelots ont mis des chaussons de feutre. Dès qu'un homme n'a pas une fonction quelconque à remplir, il va s'étendre.

On consomme ainsi moins d'air respirable ; nul ne sait combien de temps il faudra nous contenter de notre réserve d'air. On consomme sensiblement moins d'air respirable lorsqu'on est couché et lorsqu'on se tait.

Le convoi s'éloigne. On ne perçoit plus que faiblement le battement de ses hélices. Par contre, trois destroyers s'acharnent à nos trousses. Le bruissement sur notre coque de leurs appareils de détection est connu de la plupart d'entre nous : ils crissent, on dirait que l'on passe les ongles sur les dents d'un peigne. Un autre appareil fait songer à des pois secs que l'on secouerait dans une boîte de fer-blanc. Le troisième de ces instruments rappelle le grincement dans un virage d'un vieux tramway mal huilé. On a aussi l'impression, parfois, qu'une balle de plomb s'abat sur le blindage de notre navire. Tout cela fait grande impression. Je songe à l'histoire que l'on conte de cet homme qui partit dans le vaste monde pour savoir ce que c'était que d'avoir peur. Dommage qu'il ne soit pas des nôtres !

Les destroyers nous ont encerclés. Les détonations des grenades sous-marines — en général, trois à la fois — se rapprochent de plus en plus. Mon poste de combat se trouve dans le compartiment arrière devant le porte-voix. A chaque série de grenades sous-marines, je dois dire si tout est encore « intact ». Le porte-voix se trouve entre le tube lance-torpilles et la coque. On n'arrive pas à l'atteindre tout à fait. Je me tiens à demi penché en avant, appuyé sur une main. Toutes les articulations me font mal. Un des tubes qui, d'habitude, est en service, ne peut être utilisé pour le moment : nous faisons silence !

Le danger devient sérieux. Notre submersible descend encore de vingt mètres. Les lumières s'éteignent. Automatiquement, l'éclairage de secours se met à fonctionner. Les visages sont graves. Chacun sait que ce n'est plus une plaisanterie. L'ennemi nous a découverts à l'aide de ses appareils de détection dont le bruissement s'intensifie. Les grenades tombent, de plus en plus proches. Même, s'il était permis de parler, nul n'en éprouverait l'envie. L'équipe des dépanneurs électriciens parcourt le navire afin de réparer les avaries. Entre-temps, on a branché la lumière sur le second réseau électrique.

Plusieurs heures s'écoulent de la sorte. Des grenades. Lumières éteintes. Equipe de dépannage. Les écouteurs captent les destroyers dans leurs appareils et annoncent sans cesse leur position au commandant. Lorsqu'ils se rapprochent, celui-ci va s'installer lui-même dans le réduit de la radio d'où il donne ses ordres. Chaque fois qu'un destroyer se trouve au-dessus de nous et que des grenades sous-marines sont lâchées, nous décrivons un crochet. Il faut un certain instinct pour savoir quelle direction il convient de prendre. C'est aussi une question de chance. Le commandant connaît son métier. Il est impassible. Tout le monde essaie de l'imiter mais, assurément, personne ne se sent parfaitement à son aise ! Moi pas plus qu'un autre.

Nous avons compté 68 grenades. Les explosions sont brutales. On en perd l'équilibre. Le sous-marin est frappé d'un énorme coup de marteau : baromètres, jauges, tout se brise, les lampes éclatent. Les moteurs se sont arrêtés. Quand donc disions-nous que tout était « en état » ? Mais, Dieu merci, aucun suintement d'eau ; seules, les fermetures de sécurité automatiques ont cédé.

Le mal est réparé. Enfin, voici un peu plus de clarté. Nous respirons par des tuyaux de caoutchouc l'air qui passe à travers des filtres de potasse. Chaque cartouche pèse environ un kilo. C'est, à la longue, un poids qui compte lorsqu'on est obligé de rester debout. Elle doit absorber par combinaison l'oxyde de carbone qui s'accumule dans l'atmosphère. La quantité limite supportée par l'homme est de quatre pour cent ; au-delà, il y a danger de mort : on se sent fatigué, puis on s'endort pour ne plus s'éveiller.

Je crois que je vais m'effondrer là, devant mon porte-voix. Le conduit de caoutchouc de mon masque dégage une odeur insupportable. L'atmosphère s'échauffe, devient sèche. C'est à peine si l'on peut toucher les cartouches de potasse. La combinaison chimique dégage de la chaleur. On ne peut pas aller chercher de l'eau potable. Chacun est tenu de rester à son poste. C'est la *vraie guerre* et non pas celle des actualités filmées. De la sueur perle sur les visages.

Nous envoyons un « bold », notre dernier espoir. Bien des sous-marins lui doivent leur salut. Le « bold » nous tirera également de ce mauvais pas ! Les substances chimiques qui le composent déploient une sorte d'écran protecteur, de rideau dans l'eau qui produit dans les appareils des destroyers une sorte d'écho semblable à celui causé par un sous-marin. Nous présentons donc, intentionnellement, notre flanc afin de nous faire repérer de la formation de chasse qui nous poursuit, puis, aussitôt, nous changeons de cap, présentant la poupe, et nous nous éloignons. Cependant, le « bold » demeure au même endroit et attire sur lui le feu du groupe lancé à notre poursuite.

Il semble que l'ennemi soit tombé dans le piège : les détonations deviennent plus faibles. Nous respirons. Les destroyers s'éloignent ; il leur faut rejoindre le convoi, car il attend leur protection pour la nuit suivante.

Nous continuons à naviguer en plongée pendant une heure encore, puis on fait surface. Allure maximum. On recharge les accumulateurs. C'est l'essentiel. S'ils sont à plat, nous ne pouvons plus plonger et nous sommes perdus.

Les tubes sont rechargés. Nous voilà à nouveau prêts au combat, un peu fatigués seulement. Je songe aux principes que l'on m'inculquait au temps de mon instruction sur l'île Dänholm : un soldat n'est jamais fatigué ! Si vous ne pouvez plus tenir les yeux ouverts, introduisez-y des bouts d'allumettes ! Au lieu d'allumettes, nous absorbons des pastilles de caféine et de pervitine. Ce n'est pas précisément recommandé pour la santé mais elles permettent de ne pas dormir pendant plusieurs jours.

Aujourd'hui, nous ne pourrons plus rattraper le convoi. Nous envoyons au commandement un message annonçant notre succès : « Quatre navires coulés, 25 000 tonnes. » — Réponse de l'amiral : « Non pas 25 000 tonnes, mais 35 000. Félicitations. Continuez. »

Le service (Berichtserstatterdienst, service de renseignements) travaille à la perfection. Il a trouvé la clef des messages radio de l'ennemi qui nous intéressent. Cent mille tonnes ont déjà été coulées. Espérons qu'il reste encore quelque chose pour la nuit prochaine. La poursuite à coups de grenades est déjà oubliée et puis nous nous imaginons que les destroyers auront épuisé toutes leurs grenades.

Mais nous ne pouvons plus poursuivre notre convoi. Le carburant s'épuise. Demi-tour. — Plus tard, nous apprenons par un message son anéantissement presque total.

Un mât en vue ! Un nouveau bâtiment. Sa direction nous permet, malgré notre pénurie de carburant, de tenter une attaque.

La nuit vient. Nous avançons vers notre proie. Un destroyer marche droit sur nous. Nous voyons un feu rouge. Nous changeons de route. Impossible que le destroyer nous ait vus. Autrement, il tirerait. Alerte ! Pas de grenades : était-ce un hasard ? Surface ! En avant ! Une fois encore le destroyer fonce droit sur nous. Encore ce sacré feu rouge. Il nous suit. Alerte ! Et ce manège se répète trois fois de suite. Nous sommes refoulés.

Puis, l'alarme est donnée à cause de deux avions Sunderland. Nous les avons aperçus avec du retard à une distance médiocre. Jusqu'à présent, nous n'avons pas engagé de combat avec des avions, bien qu'une pièce antiaérienne entièrement automatique de 20 mm se trouve sur la partie arrière du kiosque. Une réserve de munitions est toujours prête. Le commandant veut fermer le panneau. Il est coincé. Lors de notre dernière poursuite, un des ressorts s'est brisé. Un Sunderland vole vers nous. Prenant une décision rapide, le commandant bondit dans le kiosque, s'élance vers le canon et tire, à une distance de 1 000 mètres environ. L'avion vire, faute grave, car il présente le flanc à une distance assez courte et cela sans pouvoir lui-même user de ses armes. Il s'abat dans l'eau. L'autre appareil attaque. Le commandant tire. Le moteur est en flammes, l'avion culbute.

Cependant, l'ingénieur-mécanicien travaille fiévreusement à la réparation du panneau du kiosque. Nous pourrons plonger. Tout l'équipage félicite le commandant. Sans sa présence d'esprit et sa prompte riposte, nous étions voués à la mort. Ce furent les premiers avions abattus par un sous-marin. Le commandant fut décoré pour ce fait d'armes.

Cette fois, nous mîmes le cap sur Brest. La base navale y était plus importante qu'à Lorient. Nous fûmes logés dans l'ancienne Ecole navale française qui se dresse, majestueuse, sur une hauteur. Dans les rochers, plus bas, on aménagea les premiers abris pour sous-marins : d'immenses docks et des chantiers souterrains bétonnés. Les attaques aériennes se multipliaient et l'on ne voulait en aucun cas retarder la mise en service des navires par des réparations prolongées. On travaillait d'une manière insensée : des camions de sable et de ciment formaient sur la route des colonnes ininterrompues. Les ouvriers habitaient des cités toutes neuves. Un chef-d'œuvre d'organisation.

On n'avait pas encore décidé du sort des enseignes. Serions-nous envoyés en Allemagne pour y subir l'enseignement des officiers de quart ou prendrions-nous part à d'autres croisières dans le but d'apprendre notre métier ? Il fallait espérer que non ! Nous désirions recevoir enfin un poste comportant des responsabilités. La seule certitude, c'était que nous n'aurions pas de permission : les seuls de tout l'équipage à être traités de la sorte. C'était vexant après un tel voyage ! On nous envoya, par contre, dans une maison de repos pour sous-mariniers. Elle était assurément fort belle avec une plage blanche et tout ce qu'on peut désirer. Mais que nous importait ? Nous voulions revoir nos parents !

Après chaque sortie, les commandants des navires de guerre devaient faire une visite personnelle à l'amiral en chef de la flotte sous-marine. Le commandement avait ainsi des contacts directs avec les navires du front. Chaque commandant était invité à exprimer son opinion, à proposer des perfectionnements. C'est en mer que l'on accumule les expériences décisives et non autour d'un tapis vert. Ce système évite une correspondance inutile.

Notre commandant revint assez peu satisfait de sa visite. Il avait expliqué l'incident du feu rouge et croyait n'avoir point été bien compris. L'amiral Dönitz ne parut accorder aucune signification particulière au fait que nous avions été plusieurs fois refoulés sans être attaqués. Quelles étaient ses raisons pour cela, nous l'ignorâmes...

5

Changement de décor

Février 1942. Hourra ! on envoie les enseignes en Allemagne pour leur faire achever leur instruction ! Et, par-dessus le marché, on nous accorde huit jours de permission !

Je me rendis à Berlin. Ma mère pleura de joie. Elle était assurément fort inquiète de me savoir à bord d'un sous-marin mais peut-être aussi, pour cette raison, était-elle fière. La campagne de l'Est faisait de grands progrès. A quelques exceptions près, tout le monde en Allemagne était convaincu de la victoire. En ce qui concernait l'arme sous-marine, sa tactique, son développement, les idées les plus fantaisistes avaient cours. Mais comment le public eût-il pu être mieux informé ?

Nos plus grands succès étaient dus aux attaques de nuit en surface. Nous étions presque invisibles et avec cela bien plus rapides et souples que lorsque nous naviguions en plongée. Si l'ennemi parvenait à mettre au point des appareils destinés à nous déceler, alors nos moyens d'action seraient considérablement réduits. Le « radar » allait marquer le début d'une régression fatale de notre activité et la possibilité, grâce aux rayons infra-rouges, de rendre visible tout objet, même dans l'obscurité, accrut de beaucoup nos pertes par rapport à celles de l'année précédente.

Nous nous retrouvions, une fois de plus, sur les bancs de l'école. L'instruction allait durer six mois. Beaucoup de nos camarades manquaient hélas ! à l'appel. Nous apprenions à connaître les nouvelles torpilles et la tactique qui s'y rattachait. Des exercices pratiques de tir renforçaient nos connaissances. Nous prîmes notre brevet d'officier-radio et nous eûmes à nous exercer aux différents codes secrets et aux divers signaux. La fin des études était couronnée par un passage à l'Ecole de navigation sous-marine : une semaine de navigation dans la Baltique et une semaine de cours théoriques. Manœuvres d'accostage, navigation en plongée, attaques et reconnaissances. Chaque élève qui, comme débutant, s'en va faire un tour d'inspection générale dans le poste central est effaré à la vue des innombrables volants et des conduites. Même les ingénieurs spécialistes d'autres types de bateaux de guerre pâlissent souvent à la vue de cet enchevêtrement !

La fin des études consistait en un cours d'artillerie. Les petits bateaux-écoles étaient pourvus à leur avant d'un canon de 88 ou de 105. C'était de tous les cours le préféré et nous nous en réjouissions fort. Les examens passés, je fus nommé sur un sous-marin d'un type qui m'était familier, le VII C. Il était de construction nouvelle et commençait son entraînement sur la Baltique. Au bout d'un mois, le commandant m'annonça avec des félicitations : « Vous avez été choisi comme officier en second par un de mes camarades. Cette nomination a été acceptée par le commandement de la flotte sous-marine. Demain, vous retournez à Dantzig pour prendre votre poste sur le nouveau bâtiment. Bonne chance ! »

Cela me semblait incroyable, car j'avais conscience de n'avoir pas fait preuve d'un excès de zèle au cours de mon instruction. J'étais de tous mes camarades le premier à me trouver dans cette situation élevée. Des officiers bien plus âgés que moi naviguaient encore en qualité de second ou de troisième officier de quart !

Mon navire se dressait bien haut au-dessus de l'eau, ce qui signifiait qu'il lui manquait encore des installations dans ses compartiments.

L'équipage se rassembla peu à peu. Chaque jour, nous nous promenions à l'intérieur de notre nouveau-né. « Seul, celui qui connaît bien son navire saura diriger ce chef-d'œuvre technique », assurait le commandant de la flottille.

L'équipage produisait une excellente impression. Il était composé pour la moitié d'hommes qui avaient déjà pris part à des opérations en haute mer.

Nombreux exercices, examen par les services des chantiers, manœuvres de tir et de lancement de torpilles, au cours d'innombrables sorties de jour et de nuit (il nous arrivait souvent de charger trois fois les tubes lance-torpilles dans la même journée), manœuvres de plongée, etc. C'est fièrement que nous arborions au kiosque l'insigne indiquant que nous avions passé l'examen avec succès. Cependant, avant d'être désignés pour la haute mer, il fallait encore subir — dernière étape — l'examen tactique.

Il consistait en ceci. Un convoi protégé par des avions et des destroyers traversait la mer Baltique. Luxe énorme de la part du commandement de la flotte sous-marine. Mais peut-être ce luxe revenait-il tout de même moins cher que la perte des sous-marins mal entraînés. Le principe de l'amiral Dönitz : « Seule, la pratique est un enseignement. Trop de théorie, c'est une perte de temps ! Foncez ! Faites vos preuves ! »

Nuit noire, on ne distingue pas la ligne de l'horizon. Les nuages, la surface de la mer se confondent en un noir grisâtre opaque. Exercices de tir. Excellents résultats.

Message radio urgent : « Stop ! Suspendre les exercices. Mettre en service les émetteurs sur ondes courtes. U X abordé et coulé. Tenter d'entrer en contact par le repérage au son. Rechercher les survivants. Mettre à l'eau des canots de sauvetage. Commencer immédiatement les recherches. Le commandant de la flottille. »

Les fusées éclairantes suspendues à de petits parachutes illuminèrent la nuit. Les projecteurs de plus de dix sous-marins, destroyers et navires convoyeurs croisent leurs faisceaux de clarté. La vie de cinquante hommes est en jeu.

On repêche le commandant, un officier et deux matelots. Ils déclarent que leur sous-marin naviguant en surface a été abordé par un navire en plongée et qu'il a coulé aussitôt. Les cinq rescapés se trouvant sur le pont ont pu se jeter à l'eau.

Notre radio annonce au commandant qu'il est en communication avec le sous-marin envoyé au fond. On perçoit des coups répétés contre la coque. Nous le faisons savoir au vaisseau amiral. Le navire sombré est repéré et, aussitôt, tous les navires présents forment un cercle au-dessus de lui. Il se trouve par 105 mètres de fond. Les martèlements contre la coque disent que tout l'équipage a pu se sauver dans les deux compartiments de l'arrière et que l'avant a pu être isolé.

105 mètres ! Nous savons que des équipages enfermés dans leurs navires ont pu s'évader, mais seulement par des profondeurs bien moindres. Je connais le cas d'un navire ayant sombré par 60 mètres de fond, dont trois hommes, seuls de tout l'équipage, purent se sauver. L'organisme humain ne supporte pas la pression de l'eau ni la rapide dépression de la remontée. Une grue envoyée de Kiel mettrait au moins un jour à nous atteindre. L'arrivée d'un détachement de scaphandriers aussi, de même le soulèvement du navire par-dessous prendrait également un temps précieux, trop long en tout cas : l'air contenu dans les deux compartiments arrière ne peut suffire que pour quatorze heures à l'équipage qui se trouve au fond.

Le commandant en chef décide de donner l'ordre d'évacuer. Les moteurs du sous-marin envoyé au fond ne fonctionnent plus. Les systèmes pour la purification de l'atmosphère sont hors de service. Pourquoi faire souffrir nos camarades inutilement ? Ou bien ils peuvent sortir, ou ils ne le peuvent pas. Chacun d'eux est muni d'un scaphandre autonome. Sur le navire amiral se trouve une chambre de décompression qui permet aux hommes remontés à la surface trop rapidement de retrouver lentement leur équilibre de pression.

Par ultrasons, on fait savoir aux naufragés : « Ouvrez les panneaux — Evacuez — Surface éclairée par des fusées — Bonne chance — Le commandant de la flottille. »

« Panneaux ouverts — Sortons », traduit celui qui est à l'écoute des coups frappés faiblement contre la coque du sous-marin englouti. Combien il est plus facile pour des aviateurs de sortir de leur appareil ! La comparaison s'impose. Evidemment, sauter en parachute n'est pas un amusement, mais aucun problème physique ni biologique ne se pose en ce cas-là, alors qu'il est forcément présent pour le sous-marinier que la mort guette, même lorsque son navire se trouve échoué à une faible profondeur. Pas de veine, pensons-nous. Nous pourrions être à leur place... L'officier en second est un de mes bons amis — marié depuis six semaines.

Par l'hydrophone, nous entendons nettement le bruissement de l'eau qui pénètre dans le compartiment du navire sombré. Les camarades calculent la différence de pression. On ne pourrait ouvrir le sas de sortie sans la connaître. Sur chaque centimètre carré, l'eau exerce une pression d'un kilo par dix mètres de profondeur. Par conséquent, pour cent mètres on compte dix kilos. Le panneau du sas a un diamètre d'environ 70 centimètres. Cela fait plus de 38 tonnes pour l'ensemble du panneau.

Des fusées illuminent les ténèbres. Des centaines d'yeux surveillent avec des jumelles la surface des eaux. Il s'agit de la vie de nos camarades. Combien d'entre nous en ont sur le navire coulé ! Rien.

Pas une bulle d'air, pas le moindre indice. Nous attendons en vain durant quatre heures. On ne capte plus aucun martèlement sur la coque. Peut-être les hommes de l'équipage ayant perdu connaissance n'ont-ils pu ouvrir le panneau de sortie du sas, ou encore celui qui devait passer le premier s'est-il coincé dans l'ouverture avec son harnachement de sauvetage, fermant ainsi toute issue à ses camarades ?

Six heures ont passé. On reprend la manœuvre. C'est fini.

6

Tempête et combat une veille de Noël

Les premières bombes étaient tombées. L'avion jaillit inopinément des nuages et c'est à grand-peine que nous parvînmes à nous échapper. Puis, une détonation retentit à une trentaine de mètres. Nous avions eu de la chance, une fois de plus. Les hommes de veille étaient des as.

Depuis quatre semaines, le vent soufflait de tous les points cardinaux. Tempête, pluie, brouillard se succédaient. Le thermomètre se maintenait à quelques degrés au-dessus de zéro. Avec cela, pas d'abri sur le pont ouvert à tous les vents, seulement de froides parois d'acier. Impossible de se réchauffer en marchant, car on était attaché. Une courroie de cuir de dix centimètres, renforcée de fils d'acier, nous enserrait les côtes. On citait des cas où, par gros temps, les hommes de quart avaient été emportés par une lame.

La force de la mer qui déferle est énorme. Le navire ressemble à une flèche et s'élève à peine au-dessus de la surface balayée par les vagues. A l'avant se tiennent l'officier de quart et un homme. Ceux-ci préviennent les deux veilleurs postés à l'arrière qu'une lame va déferler. En ce cas, on se tapit en cherchant quelque chose à quoi se cramponner. Puis, cela arrive ; c'est inexprimable. On a le nez, les yeux, la bouche pleins d'eau. Les yeux brûlent. Tout est d'un vert glauque. L'eau se déverse par tonnes. Les vêtements imperméables, le pantalon et la veste de caoutchouc protègent fort peu. Partout pénètre, ruisselle l'eau glacée. On a les mains raides, mais il faut tenir les jumelles. On passe la moitié du temps à scruter les flots. Rien ne doit échapper à celui qui veille. Chacun a le désir d'être le premier à avoir aperçu un mât, un avion.

Ce sont les dernières minutes avant la relève du quart qui s'écoulent le plus lentement. Une demi-heure encore... puis, dans un quart d'heure, le premier homme sera là. Mais il ne vient toujours pas.

Tant que celui qui quitte le service n'est pas arrivé en bas, celui qui le remplace n'a pas le droit de monter. Il ne doit jamais y avoir sur ce pont qu'un seul homme en plus de l'équipe de veille normale :

autrement, en cas d'alerte, la plongée serait retardée. En outre, le changement simultané des postes de veille occasionnerait une distraction dangereuse.

Une fois relevé, on descend complètement gelé dans l'intérieur froid, humide, du navire. Les parois sont ruisselantes. Combien on aimerait pouvoir mettre le chauffage en marche ! Mais c'est défendu, car il faut économiser le courant. On claque des dents. C'est la guerre ! Les prochains combats nous réchaufferont. Le klaxon d'alerte constitue le moyen de chauffage le plus puissant que je connaisse !

Un cognac ne ferait pas de mal. Mais c'est également interdit, car l'alcool affaiblit les réflexes. Chaque seconde est précieuse. En une seconde, nous pouvons avancer de neuf mètres sous l'eau, et il est de première importance pour nous que la grenade tombe dix mètres derrière nous plutôt que sur notre arrière ! C'est avec la rapidité de l'éclair que le personnel doit agir. Un bon sous-marinier se reconnaît à la rapidité de ses réflexes, et aussi à la maîtrise de ses nerfs. Il finit par obéir à un instinct né de l'entraînement qui lui permet de faire face aux dangers les plus extrêmes.

Nous avons les doigts raidis par l'onglée. Un camarade vous aide à arracher de votre corps les vêtements qui y adhèrent. On change de linge, mais il ne s'agit pas de mettre du linge frais, car nous en possédons juste assez pour en bourrer notre casier individuel. Il faut donc, à cet instant-là, choisir entre deux solutions : ou bien se sécher ou mettre du linge encore humide du quart précédent. Les vêtements ne sèchent pas en huit heures ; comment le pourraient-ils dans une atmosphère saturée d'humidité ? Et puis, il ne s'agit pas de les suspendre n'importe où, ils pourraient se coincer dans les appareils de plongée ! Naturellement, les bottes de caoutchouc sont pleines d'eau salée et collent aux pieds. On ne porte des chaussures bien sèches que lorsqu'il y a du soleil. Une croûte de sel recouvre nos vêtements gris comme une couche de givre blanc.

On tâte les vêtements gluants qu'on va mettre, car il faut se rhabiller aussitôt. Si quelque incident éclatait, il faudrait être prêt. A chaque instant, on doit s'attendre à une alerte.

On mange un morceau. Du pain dont on aura d'abord coupé les parties moisies, mais en prenant soin de les recueillir, car on en trempera la soupe. On pourrait se dispenser de cette économie, mais il se peut toujours qu'un événement inattendu retarde le retour au port. Un sous-marin dont les moteurs avaient été arrachés de leurs socles par des grenades sous-marines ne revint au port qu'au bout de quatre mois de navigation à la voile. L'équipage avait mâché jusqu'au cuir des chaussures. Alors, mieux vaut encore manger, par prévoyance, de la soupe au pain moisi !

Un peu de beurre rance sur du pain, du saucisson, une gorgée de thé chaud, puis on s'étend sur sa couchette, tout habillé, sauf la veste et les souliers. Les couvertures réchauffent un peu, bien qu'humides. Elles répandent une odeur de mazout. Surtout, il faut se garder d'effleurer de son dos la paroi de la coque. On dirait de la glace. Je n'ai pas de rhumatismes, mais encore trois voyages et je serai servi. Pourquoi se tourmenter à ce sujet ? Il y a plus grave que cela ! La guerre est entrée dans une phase critique. Stalingrad, El Alamein et les débarquements américains en Afrique du Nord ont amené un revirement tragique.

Relève de quart. Il faut remettre ses vêtements de pluie. La tempête de nord-ouest n'a pas tourné. Grains... Se vêtir chaudement ! nous prévient-on charitablement. Encore vingt minutes et le quart, le fameux quart recommence.

Voici trop longtemps que la tempête sévit ! Ouragans et pluie. Par certains jours particulièrement mauvais, nous prenons le quart à deux seulement, revêtus de nos scaphandres. Nous avons fermé derrière nous le panneau du kiosque. L'eau pourrait pénétrer dans le sous-marin. Nous sommes reliés au monde intérieur par un tube acoustique. Mais n'allez pas croire qu'un scaphandre soit imperméable ! Il l'est si on veut, mais au col, où se trouve la fermeture, l'eau pénètre... et comme il est bien étanche, l'eau s'y accumule et n'en ressort plus. Elle monte peu à peu le long des jambes. J'en ai déjà jusqu'au nombril, mon camarade en a plus haut encore. Nous perçons une ouverture sur le cou-de-pied : un petit soulagement. Nous sommes aigris, nous maudissons la guerre, l'humanité, les inventeurs des sous-marins, nous-mêmes, tout.

Le vent souffle sans trêve avec la même puissance. Veille de Noël 1942. Le même jour, en 1940, il n'y avait peut-être qu'un seul de nos sous-marins dans l'Atlantique ; en 1941, il y en avait vingt et maintenant beaucoup plus. Mais quelles victoires fantastiques remportaient naguère ces quelques unités ! Et combien de navires arrivons-nous à couler à présent ? Si peu que c'en est effarant. Pourquoi ?

La réponse s'appelle : le radar. Afin de nous en préserver, nous avons inventé une antenne spéciale dans un cadre carré qui, monté sur un mât en bois, domine le pont à toucher le kiosque. Par le moyen d'un gros câble revêtu de caoutchouc, la communication est assurée avec le récepteur dans la chambre d'écoute. Nous appelons l'ensemble Fu-M-B. Grâce à cette installation, nous pouvons savoir si l'adversaire cherche à nous découvrir en se servant des ondes. Cette nouvelle possibilité technique est devenue pour nous un immense péril.

En quelques mots, voici ce dont il s'agit : Un émetteur envoie des ondes ultra-courtes. Lorsqu'elles rencontrent un corps solide, elles sont réfléchies comme une lumière sur un miroir ou comme le son qui frappe un mur. Les ondes ainsi renvoyées sont captées par un récepteur spécial et l'on détermine la distance en notant le temps écoulé. Quant à la direction, elle peut s'obtenir par l'orientation de l'antenne émettrice.

Un fait certain, c'est que l'adversaire se borna à développer un principe déjà connu et employé du côté allemand mais qu'il sut perfectionner et développer afin de munir ses unités anti-sous-marines d'appareils radar particulièrement pratiques.

Les destroyers et les avions chasseurs de sous-marins ne dépendent plus du regard plus ou moins perçant de leurs guetteurs ; ils ont désormais la possibilité de nous découvrir par n'importe quel temps — qu'il pleuve, que le brouillard règne, qu'il fasse nuit — du moment que nous naviguons en surface. Nos moyens d'attaque diminuent ; nos pertes augmentent.

Peut-être notre commandement a-t-il sous-estimé les possibilités du radar. Heureusement que l'on avait réussi, à la dernière minute, après les premiers revers, à établir un appareil avertisseur tel que le Fu-M-B, qui, du moins, nous prévenait de la présence de l'ennemi lancé à notre recherche. Il est vrai que notre avertisseur de fortune était encore bien primitif ; le cadre d'antenne mesurant 40 à 50 centimètres devait être rentré à bras dans l'intérieur du navire à chaque alerte pour éviter qu'il ne soit détruit, mais plus encore afin que le câble de transmission n'empêche pas la fermeture du kiosque.

Ce soir, c'est Noël. Le service continue comme toujours. Peut-être, cette nuit, naviguerons-nous quelques heures en plongée pour écouter des disques ? Il y aura un menu spécial. Comme dessert, des fraises à la crème. Les mécaniciens ont secrètement fabriqué un arbre de Noël. Les branches, les aiguilles sont faites de papier peint et de bois. De l'ouate collée donne l'illusion de la neige. De petites ampoules électriques de lampes de poche entourées de cornets blancs ressemblent à de vraies bougies ! Le matin comme le soir, je suis de quart de 8 à 12 heures. Le matin, c'est le quart de l'aube, le plus dangereux. Lorsque la lumière change, on distingue difficilement les objets et jamais les avions. Avant le jour, il arrive que des navires qu'on ne pouvait distinguer surgissent tout près. Si ce sont des cargos, ils nous voient également et tentent de nous distancer. Si ce sont des navires de guerre, c'est pour nous plus que dangereux.

Veille de nuit... Là-bas, à la maison, les bougies brûlent peut-être sur l'arbre de Noël. Fête de famille : les cadeaux, le père Noël... Les souvenirs radieux de l'enfance se raniment. Je les repousse résolument ; rien ne doit distraire mon attention...

Obscurité. Sans trêve, les lames passent au-dessus du kiosque. Nous sommes trempés jusqu'aux os. Encore deux heures jusqu'à la relève. Nous avons déposé nos jumelles à l'intérieur du kiosque. Constamment noyées, elles sont inutilisables. Si, par aventure, quelque chose de suspect paraissait à l'horizon, elles seraient aussitôt en main, bien nettoyées.

Quelque chose a bougé sur l'avant. On dirait une ombre. Mais il y a beaucoup d'ombres. Chaque lame en forme une ! Mon compagnon regarde dans la même direction. Ma jumelle ! je me retourne pour la saisir. « Ombre à l'avant ! crie mon camarade. Elle grandit rapidement ! » A présent, on reconnaît ses lignes dans la lentille de la jumelle : ce sont celles, typiques, des destroyers américains.

Alerte ! Nos sangles d'acier sont tranchées rapidement. Hop ! à l'intérieur ! C'est devenu pour nous une manœuvre automatique. Alerte ! Attendre qu'une grenade tombe. Espérons que cette fois encore nous aurons de la chance. Pourquoi pas ? Si souvent ça a bien tourné ! Je lance, dans le panneau, le cadre Fu-M-B. Tant pis s'il se brise ! Heureusement pour nous, la houle est forte et, assurément, le tir du destroyer, si celui-ci nous a vus, manquera de précision.

« Aux postes de plongée ! » Je suis encore en haut. Nous avons pris cette mauvaise habitude. Régulièrement, on ne doit donner l'ordre de plongée que lorsque le panneau est fermé. Mais chaque seconde est si précieuse ! L'eau bruit dans les ballasts, le navire pique de l'avant. Le destroyer était à un mille lorsque je l'ai repéré avant de descendre. Je m'accroche en haut du kiosque, le panneau ne ferme pas. Déjà, l'eau pénètre en torrent. Le sel brûle les yeux. Je recherche la cause de cet accident. « Fermez les purges ! Chassez ! le panneau est bloqué ! » Un tourbillon de pensées m'envahit. Est-ce que vraiment ce serait aujourd'hui « notre heure » ? Pourquoi n'entend-on aucune explosion ? Nous allons être éperonnés ! Ce n'est pas par hasard que le destroyer fonce sur nous. Il a dû nous découvrir au radar. Après tout, on n'est pas éternel ! Adieu, mes amis...

Voilà que le panneau joue. L'air comprimé siffle dans le ballast. Je suis debout sur le pont, à côté du commandant. Nous n'échangeons pas une parole. Fiévreusement, nous recherchons la cause de ce coincement du panneau. Le destroyer est par notre travers. Quelqu'un fume sur le pont. La distance est ridiculement réduite. Le câble du Fu-M-B s'était enroulé et pend encore au mât.

Il semble bien que, sur le bateau de guerre ennemi, on célèbre Noël. Noël ! Nous décidons de ne pas plonger. Pourquoi le ferions-nous puisque l'adversaire somnole ? Il eût pu décider de notre destin. C'est nous qui décidons du sien. Nous faisons demi-tour en vue de l'attaque en surface. « Tube 1 paré ! » « Feu ! » Nous lançons contre le vent, ce qui est fort peu propice, car la houle forme des vagues aussi hautes qu'une maison. Le coup peut manquer si le destroyer se trouve sur une montagne liquide tandis que notre submersible roule dans le creux qui s'ouvre sous sa coque. La différence de hauteur est trop grande pour que la mise de feu magnétique fonctionne. D'ailleurs, la torpille peut, elle aussi, être déportée par une lame.

Nuit sinistre. De noires bourrasques de pluie fouettent le bastingage. De grosses lames viennent se briser sur nous. Souvent, notre ennemi disparaît lorsque d'énormes vagues le dérobent à notre vue. Le vent hurle dans les superstructures, autour des canons, dans les antennes.

Nous attendons impatiemment. Le temps qu'il faut à la torpille pour atteindre son but est écoulé depuis longtemps ; c'est manqué. Nouvelle attaque : « Tube 2 paré ! » « Feu ! » Nous attendons à nouveau, les nerfs tendus. La distance du tir n'est que de quatre cents mètres. Vraiment, nous ne pouvons nous approcher davantage de notre cible ! La limite de sécurité est de trois cents mètres. Autrement, les remous causés par la détonation nous mettraient nous-mêmes en danger. Nous serions perdus si le navire attaqué était chargé de matières inflammables. Un tel accident a dû arriver à maint sous-marin.

Des gerbes d'éclairs rouges, bleus, jaunes, verts... une gigantesque colonne liquide s'élève, puis s'effondre. L'ombre s'est évanouie. Pas un seul canot de sauvetage, pas une bouée, nul vestige. Volatilisé. Inutile de chercher les rescapés. Telle fut notre nuit de Noël 1942.

Et l'on continue. Pendant un certain temps, nous restons dans l'espace d'océan qui nous est assigné, sans que rien de neuf se produise. Notre combustible s'épuise peu à peu. Alors que déjà nous nous réjouissons à la pensée de regagner le port et que nous nous imaginons la vie que nous mènerons à la base, voilà que les choses tournent autrement. Le radio annonce qu'il vient de capter un message spécial. Il le passe à l'officier-radio qui est le second officier de quart, car le radio lui-même n'a pas le code pour déchiffrer. Il existe en effet trois sortes de messages radio : le normal, celui des officiers, enfin le message réservé au commandant. En général, les messages normaux sont passés à la machine à décoder et consignés au clair dans le livre des radios. Toutes les deux heures, ils sont soumis à la signature du commandant. S'il arrive un message de la seconde catégorie, il est intitulé : message officier, et le texte qui suit, bien qu'il soit livré à la machine à décoder, demeure incompréhensible. Il faut qu'il soit mis au point d'une manière particulière par un système connu seulement du commandant et de l'officier-radio. Si le message porte en tête le mot : « Commandant », il est porté aussitôt à celui-ci. Le commandant le déchiffre par le moyen d'une grille connue cette fois de lui seul. Le message d'aujourd'hui donne la position d'un important convoi et, en plus des indications telles que parcours, vitesse, etc., il porte la remarque : « Importants pétroliers », et se termine par le mot : « Attaquer ! »

La tempête n'a pas diminué de violence. Nos vêtements de caoutchouc sont presque entièrement en loques, car ils n'ont pas résisté aux continuelles alertes, aux sauts dans le kiosque, etc.

Les officiers discutent de la situation avec le commandant. Il reste très peu de combustible, tout juste assez pour regagner la base ; nous ne pouvons plus rechercher ce convoi. Un message sur ondes courtes porte la situation à la connaissance du Haut Commandement. Vingt minutes plus tard, nous recevons la réponse : « Attaquez, coulez, je n'abandonne jamais un sous-marin. Dönitz. »

Sacrée tête de bois ! Il va sans doute nous envoyer un « ravitailleur », un de ces bateaux-citernes pour sous-marin et nous sommes encore en mer pour huit semaines ! Et ce temps de cochon ! Ça n'a pas l'air de vouloir s'arranger. Nous crèverons tous de la goutte : inutile de nous envoyer des grenades ! Belle saloperie ! Tels sont les commentaires qui accueillent le message reçu en dernier lieu. L'amiral Dönitz n'ignore pas que nous nous laissons souvent aller à des réflexions très acerbes !

J'étais de quart. Le commandant monte sur le pont, donne le cap et m'explique de quoi il s'agit.

Pour atteindre le convoi, il nous faut marcher vent debout. C'est plus que déplaisant. Pauvres veilleurs sur le pont ! « Allez lentement en surface, essayez autant que possible de tirer le meilleur parti du submersible. Vous savez bien... » me dit le commandant. Il redescend afin de se reposer en prévision des heures de lutte qui vont venir. Pour le moment, il n'y a plus rien à faire en haut qu'à laisser passer les lames par-dessus sa tête et pester contre cette guerre maudite.

Les deux diesels marchent à vitesse moyenne. Le kiosque est fermé, le navire se trouvant souvent submergé. Je prie l'ingénieur-mécanicien de monter sur le pont et lui propose d'accélérer d'un cran notre allure. En ce cas, il faudra qu'il reste dans le poste central aux barres de plongée, afin de chasser en cas d'*enfoncement* et pour faire manœuvrer les gouvernails de plongée. En tous les cas, il faudra stopper les machines.

L'enfoncement signifie ceci : le sous-marin est soulevé par les hautes lames et se trouve soudain sur une montagne, puis, bientôt, dans un creux. Lorsqu'il descend d'une montagne liquide, il a une assez grande pointe. Si la prochaine vague passe exactement là où se trouve l'avant, le navire ne peut corriger assez vite son angle d'inclinaison pour remonter la pente en gardant son cap. L'océan roule par-dessus nous, puis le navire descend dans les profondeurs. Sa forme élancée favorise cette descente. Grâce à son allure accélérée, tout se passe rapidement. En un tournemain, on peut descendre à cinquante mètres. L'eau se déverse par tonnes dans le navire, empruntant les deux manches d'arrivée d'air aux diesels et, dans ces conditions, le navire devient trop lourd pour reparaître à la surface. Un sous-marin s'est ainsi perdu corps et biens. L'officier de quart ne peut donner aucun ordre, étant lui-même sous l'eau. Il faut donc qu'un officier de quart supplémentaire se tienne prêt dans le navire lui-même afin d'intervenir en cas de besoin.

« Les deux machines, vitesse moyenne, en avant ! » Le convoi est encore loin. Les compresseurs sont mis en service. Les hurlements de la tempête couvrent leur vacarme. Attention ! une lame ! Le veilleur du pont se recroqueville. Le navire frémit. La mer fonce contre le kiosque et roule au-delà. Tout est vert. Nous avons retenu notre respiration, ayant l'habitude. Nos têtes émergent. Nous respirons à pleins poumons. Derrière nous, un veilleur m'annonce que son camarade, ayant été précipité contre le fût de la longue-vue, s'est déboîté l'épaule. Il n'était pas attaché assez solidement. Un homme le remplace et... cela continue.

Attention, une lame ! Avec un grondement puissant, elle se brise sur nous. La coloration verte de l'eau s'assombrit de plus en plus. J'étouffe... mes oreilles sifflent... De l'eau s'engouffre dans ma bouche que je referme aussitôt. Enfin, ma tête sort de l'eau, puis ma poitrine et mes jambes. Les machines ont stoppé. De l'air comprimé siffle encore dans les ballasts ; les hommes, en bas, ont bien travaillé !

Le panneau s'ouvre et l'ingénieur passe une tête ironique par l'écoutille. « Je viens voir si vous êtes encore tous là ! Nous étions à 32 mètres... Je ferai un rapport proposant que l'on vous munisse de scaphandres. Il est entré six tonnes d'eau à l'intérieur, on va chasser ! » Avec 32 mètres, nous avons atteint notre record. On descend encore, assez souvent entre 15 et 20 mètres, mais au-delà !

Nous recevons des signaux envoyés par des sous-marins qui ont déjà atteint le convoi. A présent, nous l'avons en vue. L'attaque habituelle est préparée. J'ai un des plus grands vapeurs dans ma visée et j'appuie sur la mise de feu. Une flamme vive, suivie d'une détonation assourdissante. Nous sommes projetés en désordre sur le pont.

Rapidement, je place ma ligne de visée sur les deux cibles les plus proches. « Feu !... » C'est une question de secondes...

Tirs d'artillerie sur tous les navires ennemis, qu'est-ce que cela signifie ?

« Etrange, remarque le commandant. Espérons que ce ne sont pas nos camarades qu'ils ont pris sous leur feu. »

Et, brusquement, c'est la clarté du jour. La raison de ces détonations est précise maintenant. Une multitude de fusées éclairantes à parachute voguent dans le ciel, illuminant la mer. Deux vapeurs brûlent. Encore de fortes détonations ; des torpilles envoyées par des sous-marins accourus ont atteint d'autres navires.

Alerte ! On nous a vus. Rien d'étonnant à cela, alors que nous étions si proches, et sous cet éclairage fantastique. Une mitrailleuse lourde nous tire dessus. Des projectiles fusent en rayons lumineux rouges, bleus, verts, jaunes, qui rasent le kiosque et trouent les tôles du pont. Nous sommes tombés à plat ventre et allons culbuter dans le kiosque. Dieu merci, l'adversaire tire toujours un peu trop haut. Cela nous sauve. Nous aurions pu être mis en pièces.

Nous plongeons rapidement. Nous avons l'air de nègres. Un bateau de munitions avait explosé alors que nous nous trouvions à une distance de 500 mètres !

Des grenades sous-marines. Ça n'est plus grand-chose en ce qui nous concerne. Cette fois-ci, six heures de plongée seulement. Nouveau message : « Faites surface ! Poursuivez le convoi ! »

Non. Avec la meilleure volonté, c'est impossible. Il ne reste que quatre tonnes de gazoil. Si le ravitailleur n'arrive pas bientôt, il nous faudra marcher à la voile.

« Mât sur l'avant ! » On dirait un grand navire. Mais nous avons les mains liées. Encore quelques heures de marche et nos réserves seront épuisées. L'ennemi a eu de la chance. Cependant, nous envoyons un message-radio, peut-être un autre sous-marin atteindra-t-il le convoi ?

A vitesse réduite, pour économiser notre combustible, nous mettons le cap sur notre base...

7

Ravitaillement sous l'eau

Depuis toujours, le ravitaillement des sous-marins dans la zone de combat jouait un rôle décisif aux yeux du Haut Commandement de la Kriegsmarine. Si les voyages et les retours jusqu'aux zones d'opérations sont longs, le nombre des unités en ligne en est diminué d'autant ! Le type normal de nos sous-marins avait un rayon d'action d'environ 7 000 milles marins. Pour atteindre — en partant des ports allemands de la Baltique — le centre de l'Atlantique Nord, il faut compter 2 000 milles pour aller, autant pour le retour, c'est-à-dire 4 000 en tout. Il ne reste donc plus que 3 000 milles pour les déplacements ayant pour seul objet le combat. Ajoutons à cela que l'on ne peut naviguer en ligne droite, étant donné que les barrages de mines et autres défenses obligent à des détours.

D'autre part, il semblait inutile d'envoyer les submersibles opérer dans les eaux baignant l'Angleterre, car ces régions étaient bien plus aisément contrôlables par les escadrilles de Stukas. Enfin, il était utile d'envoyer des unités de combat par le centre de l'Atlantique jusqu'en des régions plus éloignées encore, la mer des Caraïbes ou l'Atlantique Sud par exemple, afin de dissocier la défense ennemie, ce qui a toujours été un des principaux objets du commandement de la guerre sur mer. Seule, la réalisation présentait des difficultés en ce qui concernait les distances à parcourir. Il y a, par exemple, de Hambourg jusqu'à La Nouvelle-Orléans, 5 000 milles marins et jusqu'à Rio de Janeiro 5 500.

Par conséquent, le type normal des sous-marins de combat ne répondait pas aux exigences nouvelles de la guerre sous-marine, quoique des plus faciles à construire en série et présentant des qualités militaires exceptionnelles. Même les bases navales françaises telles que Bordeaux, Saint-Nazaire, Lorient, Brest, ne raccourcissaient guère les distances, bien que leur valeur fût pour nous inappréciable, car les ports allemands, comme toute la Baltique, se bloquaient aisément, que ce fût à l'aide de champs de mines, de filets ou autres obstructions. La Première Guerre mondiale rendit ce fait évident, car, entre 1914 et 1918, les tentatives de certaines unités pour atteindre les eaux libres de l'Atlantique se soldèrent par des pertes sensibles. On peut affirmer avec certitude que l'on ne saurait mener des côtes européennes une guerre victorieuse, si l'on n'a, à sa disposition, des bases sur l'Atlantique.

Lorsqu'on est obligé de combattre dans les régions les plus éloignées, l'idée s'impose d'elle-même d'y ravitailler sur place les unités en croisière. Au début de la guerre, nous nous servions pour cela de bateaux de commerce camouflés. Mais, dès 1940, les pertes en navires de cette sorte furent si lourdes que l'on cessa de les utiliser.

On trouva une autre solution au problème : le submersible ravitailleur. Ces sortes de navires, d'un déplacement de 2 000 tonnes environ, étaient construits pour le ravitaillement complet en vivres et gazoil de dix sous-marins normaux. Ils pouvaient également transporter des torpilles. Dans de vastes chambres froides, ils avaient des réserves de viande fraîche, de légumes, de fruits, ils comprenaient même une boulangerie. Extérieurement, ces bâtiments avaient, à quelques détails près, le même aspect que les sous-marins de combat ; un homme n'étant pas du métier pouvait à peine les distinguer de ceux-ci. Il y en avait dix en construction et quelques-uns en service dès 1942.

Les « vaches à lait », ainsi qu'on les appelait, augmentaient de beaucoup la puissance de combat des sous-marins ; autrement dit, elles accrurent le nombre des navires en ligne. Elles permirent de conserver le type de combat VII, aux qualités offensives remarquables, dont la construction en série était en cours. La mise en chantiers de sous-marins à grand rayon d'action ne fut jamais décidée, à cause des difficultés de construction et du temps qu'elle aurait exigé. C'est pourquoi il n'y eut jamais d'attaque massive de sous-marins dans l'Atlantique Sud, par exemple.

Imaginons le Haut Commandement de la flotte envoyant dix sous-marins sur les côtes de l'Amérique centrale. Ils peuvent rester, au plus, trois mois en mer. Deux mois sont perdus pour l'aller et le retour. Il ne reste donc plus qu'un mois pour les opérations. Si, par exemple, dix sous-marins ont reçu l'ordre de rester trois mois dans les eaux dont je viens de parler, il en faudrait envoyer au moins trente pour que leur présence y soit constante. Par contre, dix navires ravitaillés par un pourvoyeur pourront demeurer dans ces parages trois et même quatre mois. On peut donc dire qu'un ravitailleur pour dix navires multiplie plus que par trois le temps qu'ils peuvent consacrer aux opérations. Il leur est également possible d'atteindre des régions plus lointaines encore.

Afin de ne point laisser s'établir une idée fausse, qu'il soit dit, une fois encore, que lorsque plusieurs submersibles se trouvaient ensemble dans une certaine zone de l'océan, chacun opérait en principe indépendamment des autres. L'expression « tactique des meutes » est, la plupart du temps, mal interprétée. Ainsi que je l'ai déjà dit, c'est surtout dans l'aide que l'on se donne mutuellement, dans la recherche des convois, que consiste cette collaboration qui ne signifie nullement une subordination à une direction commune. Le commandant de sous-marin recevait ses ordres, sans exception, du commandant en chef de la Kriegsmarine, c'est-à-dire de l'amiral Dönitz. Celui-ci se bornait à donner des positions et, de la situation dominante où il était placé, à répartir ses forces. En dehors de cela, les commandants jouissaient toujours de la liberté de changer de place lorsque, pour des raisons tactiques, comme défense, changement de route de convois, etc., ils le jugeaient nécessaire. La position de commandant de sous-marins était, sans aucun doute, l'une des moins dépendantes au cours de cette dernière guerre ; elle était peut-être même plus libre que celle d'un général en chef.

Que signifie donc, pour l'adversaire, la présence de submersibles ennemis dans une zone lointaine ? En ce cas, l'adversaire est forcé de retirer des destroyers et des escadrilles d'avions chasseurs de sous-marins de la barrière de sécurité nord-Atlantique, si importante pour lui. Il lui faut former des convois, ce qui ralentit considérablement la rapidité des transports. Les ports ne peuvent expédier en même temps qu'un nombre limité de navires. Une partie des navires est forcée d'attendre que môles, quais, grues soient libres, de même que chaque bateau chargé doit attendre que tous les autres faisant partie du convoi le soient également. Pendant le voyage, il convient, évidemment, que le navire le plus rapide mesure son allure sur le plus lent. Lorsque les navires du convoi atteignent leur destination, les mêmes complications se répètent, comme au départ : on ne peut les décharger tous à la fois. Un temps précieux se perd.

En plus, le convoi doit suivre une route en zigzag, ce qui allonge son parcours. Tout ceci, pour la seule raison que quelques sous-marins hantent des espaces qui jadis étaient sûrs. Sans parler de l'affaiblissement causé ainsi à la défense nord-Atlantique, sur le front secondaire immédiat des zones de combat européennes, ni du rapetissement des zones navigables ennemies grâce à nos attaques victorieuses.

Nous pouvions nous livrer à ces considérations tandis que nous attendions la venue de notre « vache à lait ». Enfin, nous réussissons à établir un contact avec elle. Il est grand temps : il ne nous reste plus qu'une tonne de combustible. La tempête a un peu faibli, mais le pont supérieur est toujours balayé. Depuis nombre de jours, il nous est impossible de faire le point d'après la position des astres, le ciel ne cesse d'être caché par les nuages, les bourrasques de pluie sont continuelles. Espérons que nous finirons par trouver notre pourvoyeur ! L'Atlantique est grand et nous sommes bien peu de chose : c'est à peine si l'on distingue notre navire sur le fond mouvant des flots. Nous nous décidons à envoyer des signaux en morse.

Deux fois l'heure, nous lançons quelques brefs signaux morses. Nos moteurs sont arrêtés. Enfin, la délivrance : nous distinguons le pourvoyeur se profilant sur la ligne d'horizon. Quel sentiment réconfortant ! C'est un peu du pays. Un autre sous-marin. Un compagnon partageant la même destinée...

Mais la tempête rend tout ravitaillement impossible. On ne peut pas se risquer sur le pont supérieur. Les lames emporteraient tout casse-cou qui oserait s'y aventurer. Notre situation est critique. Si l'ennemi nous surprenait, nous serions perdus.

Nous attendons tout un jour. En vain ! Nous ne parvenons qu'avec peine à garder le contact avec le navire ravitailleur. La nuit est noire ; les vagues sont hautes comme des montagnes. Les ombres se confondent. D'ailleurs, il ne faut pas rester trop près l'un de l'autre, car nous risquerions d'entrer en collision. Heures d'extrême anxiété !

Enfin, le jour paraît. Le vent semble mollir, mais les lames balayent toujours le pont supérieur. Tant pis ! il s'agit d'en prendre son parti. L'ingénieur-mécanicien et quelques hommes du personnel des machines s'en vont à l'avant, puis à l'arrière du navire. Il s'agit d'ouvrir la conduite qui recevra le gazoil et de préparer la fixation du tuyau de caoutchouc qui l'amènera. Malgré le froid qui règne, les hommes sont en caleçon de bain. Des courroies enserrent leurs côtes. Maintes fois, l'un d'eux, lancé par-dessus bord, se trouve suspendu par ses courroies ; ses camarades le remontent non sans peine. C'est du sport !

Nous marchons parallèlement au pourvoyeur, éloignés l'un de l'autre d'environ 80 mètres. Un câble d'attache nous est lancé au moyen d'un pistolet spécial. Il est suivi du tuyau de caoutchouc et d'une remorque. Nous respirons, soulagés. Le combustible n'a plus qu'à se déverser dans nos soutes. Nous recevons ainsi 20 tonnes de gazoil, en même temps que des sacs imperméables emplis de pommes de terre, de pain, de légumes et autres vivres. Tout marche à ravir, bien que ce soit la première fois que nous tentions cette expérience.

Un autre submersible annonce sa venue et demande à être ravitaillé. Pour des raisons de sécurité et aussi afin de faire un essai pratique, nous plongeons. D'abord, le pourvoyeur, puis nous-mêmes, la conduite de gazoil nous reliant toujours l'un à l'autre. Les deux navires avancent, l'un précédant l'autre. Nous descendons à 50 mètres. Cela dure trois heures. Quelle aventure fantastique : nous faisons notre plein de gazoil tandis que nous nous trouvons en plongée ! Pour la première fois dans l'histoire !

L'appareil acoustique sous-marin permet de rester en communication avec l'autre navire. Nous donnons des signaux qui indiquent notre route, notre allure, etc. Nos soutes sont pleines. Surface !

Enfin, nous couronnons cette journée mémorable par un repas composé de homards et de quelques autres douceurs. Il y a longtemps que nous ne vivons plus que de conserves.

Mille mercis ! Et voici nos deux moteurs qui se mettent à grande vitesse : en avant ! Eloignons-nous rapidement, car il ne faut pas que l'ennemi découvre notre pourvoyeur ! Sa perte porterait un rude coup à notre guerre sous-marine ! Evidemment, le prolongement de la durée des campagnes que permet son activité n'a rien qui réjouisse les équipages. On regagnerait volontiers le port, après trois mois de mer !

8

Dans l'enfer de Gibraltar

Fumée en vue ! Allure maximum ! Elle disparaît. Plongée ! Bruits d'hélice dans la même direction. Surface. Voici une heure que ça dure. Nous plongeons à nouveau afin de nous mettre à l'écoute. Direction exactement opposée. Mystère ! La visibilité est bonne, il n'est pas possible que le bateau ait passé de l'autre côté aussi rapidement. A présent, nous voyons très nettement le panache de fumée : c'est une baleine qui rejette l'air qu'elle a absorbé. Nous en avons longtemps plaisanté notre veilleur.

Brouillard. Encore des battements d'hélice ; nous prenons la direction. Rien en vue. On entend mieux en profondeur. Nous sommes à 50 mètres.

Le matelot à l'écoute : 80 tours. Deuxième bruissement, à peu près dans la même direction. Engin rapide qui s'éloigne. Troisième bruissement : sans doute un diesel...

Ah ! le matelot arrache les écouteurs de ses oreilles avec une exclamation de douleur.

Nous avons tous perçu nettement une détonation, naturellement avec moins d'acuité que le matelot devant son amplificateur.

Le matelot a remis ses écouteurs : on n'entend plus que les diesels... cela s'affaiblit.

Déveine, un autre nous a précédés ; premiers bruissements : un vapeur ; deuxième : une torpille ; troisième : un sous-marin.

Nous avons souvent de semblables incidents au cours de nos randonnées en mer. Cependant, nous nous réjouissons fort de les échanger contre le plaisir de sentir à nouveau la terre ferme sous nos semelles.

Saint-Nazaire. Pour le première fois, notre sous-marin se trouve amarré dans un abri pour sous-marins. C'est un chef-d'œuvre de technique : douze boxes, dont chacun contient deux submersibles et qui sont séparés les uns des autres par des parois de béton mesurant plusieurs mètres d'épaisseur.

D'énormes panneaux d'acier blindé qui peuvent être abaissés ferment le tout. Des docks, des ateliers de réparation sont ainsi admirablement abrités : la carapace de béton mesure six mètres d'épaisseur. Quelle est la bombe capable de la défoncer ? Les quelques-unes qui tombèrent sur le dessus y laissèrent à peine des traces. Les travaux sont poursuivis sans la moindre gêne, même pendant les attaques aériennes les plus violentes. Par conséquent, rien n'entrave plus la rapidité des réparations effectuées sur les sous-marins.

A cet égard, les chiffres sont impressionnants : 500 000 mètres cubes de béton armé et 125 millions de marks ! Beaucoup d'abris semblables furent simultanément construits sur les côtes françaises, à Lorient notamment.

En permission ! Près de moi, dans le wagon du train, se trouve le chef de notre flottille. Il parle du développement de notre arme. Déjà, les boxes ne suffisent plus dans les abris. Nous ne savons pas où mettre les prochains sous-marins qui regagneront le port. On projette l'extension de l'énorme construction faite de blindages et de béton. Dès maintenant, les plans des boxes pour neuf nouveaux submersibles sont prêts. Heureusement, car tous les deux jours, il en sort un nouveau du chantier. Dernièrement, il y en avait plus de trois cents dans l'Atlantique. C'est un résultat appréciable ! Les succès remportés au cours des derniers mois furent les plus importants depuis le début de la guerre.

A Berlin, je goûte à nouveau la joie de me retrouver dans le cercle de famille.

Les événements prennent une tournure de plus en plus fâcheuse. Les bombardements aériens des Anglo-Américains se multiplient. Bien que la propagande ne soit pas à court d'arguments adroits pour en minimiser les effets moraux et que l'opinion publique demeure en général singulièrement confiante, des inquiétudes agitent certains cercles plus restreints. Je suis forcé de penser au potentiel industriel américain. N'avais-je pas eu, en 1938, l'occasion de visiter les usines Ford, à Detroit ? Cinq mille autos par jour !

Le problème le plus important semble être désormais le verrouillage de la route des transports américains. Y parviendrons-nous grâce à notre puissance sous-marine ?

Quant à nous, marins du front, nous ne savions que répondre à cette question. Comment l'aurions-nous pu ? Nous ignorions les possibilités de l'industrie allemande, de même que nous ne savions pas jusqu'à quel point s'étaient développés les nouveaux types de sous-marins, ni combien il y en avait prêts à entrer en action. Nous ne pouvions juger que d'une chose dont nous ne faisions d'ailleurs pas mystère : il ne fallait pas poursuivre la guerre sous-marine telle qu'on l'avait menée jusqu'à présent. L'adversaire nous opposait une défense de plus en plus énergique, efficace, et nos pertes avaient considérablement augmenté. Le radar adapté aux avions devait s'avérer de plus en plus comme le grand atout dont disposait l'ennemi.

Le nouveau slogan de l'amiral Dönitz : « Ne pas se laisser intimider par les avions, couler ! »

L'aviation allemande était à tel point retenue sur les nombreux fronts qu'elle ne pouvait plus assurer la sécurité du golfe de Gascogne, ce domaine si sûr que nous traversions en toute quiétude lors de chacune de nos croisières. Certains espaces marins au-dessus desquels, deux ans auparavant, on apercevait rarement un avion ennemi, étaient contrôlés par celui-ci. C'est à peine si l'on naviguait deux heures en surface sans être forcés de plonger.

Notre sous-marin reçut une mitrailleuse Vierling antiaérienne, qui fut placée sur un socle à l'arrière du kiosque. Quatre mitrailleuses des derniers modèles devaient compléter notre armement.

Afin d'éprouver les possibilités de défense des sous-marins contre les avions ennemis, on arma d'une manière particulière deux navires de défense antiaérienne. Ils furent munis d'un blindage sur le kiosque, de quantité de pièces légères antiaériennes et de mitrailleuses lourdes. On avait l'intention de laisser les avions ennemis attaquer ce sous-marin comme s'il s'agissait d'un sous-marin normal, ensuite on les abattrait par surprise. Le succès semblait assuré ; d'ailleurs, notre commandement comptait ôter ainsi à l'ennemi le goût des attaques...

Les choses devaient tourner autrement.

Un des navires ainsi équipés se trouvait dans le golfe de Gascogne. Deux avions y furent signalés. Le combat commença. Mais il s'avéra bientôt que les avions étaient armés de canons de gros calibre, tandis que notre navire n'avait que des pièces de 20. Les avions se tenaient à une distance qui les mettait hors de l'atteinte des pièces des sous-marins et ils tirèrent en toute sécurité sur le personnel assemblé sur le pont du sous-marin. Il était trop tard pour plonger. Quatorze hommes tués dont deux officiers. Le commandant grièvement blessé. Il n'y avait pas d'autre issue : plonger tout de même ! Le navire bénéficia d'une chance inespérée, il réussit à atteindre son port d'attache.

Cependant, l'amiral Dönitz ne changea pas d'opinion en ce qui nous concernait. D'ailleurs, comment eût-il pu, du jour au lendemain, adopter une autre tactique ? Celle-ci, opposée à la précédente, eût supposé l'existence de nouveaux types de submersibles. L'amiral recherchait sans cesse de nouveaux moyens de repousser les attaques aériennes. Il était dur envers lui-même, dur envers ses subordonnés. Ses deux fils sont tombés comme officiers de sous-marins. Il n'a pas songé à les retirer du front lorsque les temps critiques furent venus.

Remis en état, nous nous trouvions en mission dans l'Atlantique. Deux attaques durent être interrompues, les deux vapeurs attaqués étant des neutres. Longtemps, rien en vue. Nous nous dirigeons vers l'entrée de Gibraltar. « On passera », nous déclara le commandant.

Un merveilleux jour de printemps ! Pas un nuage au ciel. On distingue nettement les rochers de la citadelle britannique qui commande la Méditerranée. Les colonnes d'Hercule, le Djebel Tarik : ceux-là aussi avaient joué un rôle décisif dans cette guerre ! C'était sous leur protection qu'avaient pu se rassembler les flottes d'invasion ennemies permettant les débarquements en Afrique du Nord. La Méditerranée restait ouverte à l'adversaire. En Tunisie se déroulait le dernier acte de l'expédition africaine et l'invasion de l'Italie se préparait.

Panaches de fumée, mâts à l'horizon... Nous nous réjouissons : enfin, une diversion après tant d'heures monotones. Nous nous rapprochons.

Avion ! Nous plongeons. Nous aurait-il vus ? Si oui, les groupes de chasse arriveront dans une heure. Le temps est favorable pour eux, mauvais pour nous. La mer est par trop semblable à un miroir. Les appareils de détection pourront travailler sans difficultés.

L'homme à l'écoute : « Battements d'hélice ! Engin rapide, sans doute un destroyer. Ils cherchent à l'Asdic. Ils avancent droit sur nous. »

Les appareils anglais de détection sous-marine s'appellent Asdic, abréviation de : *Anti-Submarine detector indicator committee*.

Le commandant : « Allure silencieuse ! Descendez à 150 mètres ! »

Nous sommes déjà prêts, ayant mis nos chaussons de feutre, éteint les lampes superflues afin d'économiser le courant. On ne sait jamais combien de temps cela peut durer.

Le groupe de chasse anti-sous-marine avance en formation triangulaire. Nous nous trouvons exactement au centre et la danse commence. L'adversaire travaille à la perfection, les grenades encadrent notre navire. Jamais encore une première série ne fut si bien placée. Chaque fois, six explosions d'un coup. Chez nous, tout s'effondre. Des instruments de précision sont pulvérisés. Le plancher est jonché de débris. Çà et là des tuyaux crèvent soudain. De l'eau ruisselle à l'intérieur. Le travail se poursuit sans trêve. Nous descendons à 200 mètres. Il faut reconnaître que les destroyers ne font pas d'économies d'explosifs. Sans doute, espérons-nous, leur réserve sera-t-elle bientôt épuisée. Cela dure trois heures sans la moindre interruption. Un destroyer va attaquer : les deux autres lui donnent notre position. Ainsi, à tour de rôle.

L'homme à l'écoute : « Nouveaux bruits d'hélice ! Destroyers ! » Mais seuls les hommes qui ont leur poste de combat proche de la chambre d'écoute ont entendu. Pourquoi inquiéteraient-ils le reste de l'équipage ? La situation est suffisamment grave comme cela. La sueur ruisselle des fronts. Les visages sont pâles. Nous savons à quoi pense chacun de nous. Le gouvernail de plongée est manœuvré à la main, il s'agit de ménager notre courant. Six destroyers. Trois d'entre eux marchent en direction de Gibraltar. De nouveaux arrivent. Notre situation est désespérée. Ils n'épuiseront donc jamais leurs réserves de grenades ! Ils observent une relève régulière et en amènent de nouveaux. Le temps se prête admirablement à la chasse au sous-marin. Pourquoi une tempête ne se lève-t-elle pas, comme lorsque nous faisons route ?

Seize heures. Nous avons renoncé à compter les grenades sous-marines. Personne n'a dormi. Tous les yeux sont entourés de larges cernes. Beaucoup d'ampoules électriques ont éclaté. Nous ne les changeons plus. L'éclairage de secours permet seulement de deviner les installations intérieures. L'obscurité augmente la peur. Mais nul ne la trahit.

Nous « en avons vu d'autres », mais ça, c'est l'enfer. Souvent, nous avons poussé jusqu'à 250 mètres. Les parois d'acier entre les couples se sont déformées. Elles peuvent céder à chaque instant. Nous sommes calmes ; cela irait vite et puis, tout le monde n'est pas gratifié d'un cercueil aussi coûteux ! remarque sèchement une voix. Quatre millions de marks !

Si seulement on pouvait se défendre ! Si l'on pouvait voir quelque chose et lancer nos torpilles ! Cette attente est insupportable. Nous ne pouvons même plus nous livrer à des manœuvres d'esquive. Notre courant s'épuise. Les bouteilles d'air comprimé sont presque vides. L'atmosphère semble chargée de plomb. Notre respiration est de plus en plus rapide. L'oxygène se raréfie. Encore vingt heures et il nous faudra faire surface. On connaît la suite : le sous-marin fait surface et les navires de guerre ennemis le prennent sous le feu de toutes les pièces dont ils disposent. L'équipage saute par-dessus bord. Les tirs continuent. Il s'agit d'user les nerfs de l'équipage du sous-marin afin qu'il oublie de saborder son navire. Le but cherché est la capture d'un sous-marin allemand !

Attention, grenades ! Chaque fois, on les annonce lorsqu'on pense qu'elles sont lâchées. Alors, chacun se retient solidement et se prépare à être rudement secoué. Cette fois-ci, elles ont explosé tout contre le navire. Dans le poste central, le vacarme est assourdissant. Des débris d'acier sont projetés en tous sens. D'autres tuyaux se rompent. Malgré soi, on pose une main sur son scaphandre de secours. Le quartier-maître du poste central a déjà une main sur la soupape qui déclenche l'envoi de l'air, afin de donner l'air comprimé nécessaire à la remontée vers la surface. Mais il attend l'ordre du commandant. De lui-même, il n'oserait agir. D'ailleurs, comment celui qui n'est qu'un des rouages d'une section pourrait-il avoir une vue d'ensemble de la situation ? Espérons que le commandement prendra la décision la plus heureuse !

Toujours des explosions. Le pilote annonce la destruction du compas gyroscopique. Le gyro principal a sauté hors de son logement. Avec ses 10 000 tours à la minute, il a roulé dans le compartiment, heureusement il n'a atteint aucun de nous.

Le commandant discute avec les officiers de la meilleure détermination à prendre. La situation est jugée désespérée. Il faut essayer de sortir et saborder le navire. La lune se lèvera à deux heures du matin. Jusque-là, il fera sombre. Pendant ce temps, il s'agit de faire surface ; peut-être que, nous trouvant en surface, nous réussirons à rompre l'encerclement ?

On prépare le nécessaire pour faire sauter le sous-marin. On pose des fusées à retardement qui sont mises aux cônes des torpilles et en des endroits essentiels du navire. En aucun cas, le submersible ne doit tomber en mains ennemies !

Nous détachons scaphandres et radeaux de sauvetage. Chacun a le sien. C'est une embarcation qui se gonfle d'air et qui est prévue pour un seul homme. Le commandant et le personnel du pont mettent des lunettes rouges : il faut que les yeux s'habituent à l'obscurité afin que, dès que l'on sera en surface, on puisse disposer de toute sa capacité visuelle. En fait, ce n'est guère nécessaire : dans le navire, il n'y a quasiment pas d'éclairage.

Plusieurs « bolds » seront envoyés. Nous préparons maintenant des ballons auxquels sont fixés comme des cheveux de métal. Lorsque nous serons en surface, on les enverra et ils vogueront à faible hauteur au-dessus des eaux. Les fils de métal forment un corps qui produit dans le radar un écho trompeur. Le pendant, par conséquent, du « bold » dans l'eau qui doit brouiller les appareils détecteurs.

Le sous-marin monte. Cent mètres. Bruits d'Asdic qui s'amplifient. Au diable ! Les destroyers nous tiennent toujours dans leurs appareils. Explosions. Les grenades sont placées sous le sous-marin. Nous volons à cinquante mètres. Les remous ascendants causés par les éclatements nous poussent vers la surface.

L'homme à l'écoute : « Destroyer, tout près. Six différents bruits d'hélices ! »

— Surface, vitesse maximum ! Foncez !

C'est à peine si les accumulateurs donnent le nombre de tours normal. Ils sont épuisés.

Des munitions sont prêtes pour notre artillerie antiaérienne. De grosses charges comprenant chaque fois 40 coups. Cinq canons peuvent fonctionner en même temps. Quatre fois 1 600 coups, c'est-à-dire 6 400 coups par minute.

Les bandes ne se rompent pas comme celles des mitrailleuses de campagne. Elles s'étendent du kiosque jusque dans le poste central et on peut alimenter sans interruption. Le sous-marin troue la surface des eaux. Les grenades explosent toujours ; les « bolds » remplissent donc leur office. Le panneau du kiosque est arraché. Nous sommes presque projetés dehors. La compression a beaucoup augmenté à l'intérieur du navire. On n'a pas le temps de faire une décompression. Chaque seconde nous est précieuse. Le commandant surveille le secteur bâbord, moi celui de tribord. Dieu merci, la nuit est obscure, le ciel couvert. Nous distinguons trois destroyers. L'un d'eux se trouve à une distance de 500 mètres, au maximum. Il envoie précisément des grenades sous-marines.

Nos deux diesels se mettent en marche. Tout de suite, plein régime ! Pas le temps de les laisser se réchauffer. Les génératrices marchent en même temps, il faut que les batteries se rechargent le plus rapidement possible. Deux compresseurs emplissent les bouteilles d'air comprimé. Les installations de ventilateurs renouvellent l'atmosphère intérieure ; d'ailleurs, toutes les portes sont ouvertes, afin que la force aspirante des diesels accélère l'apport d'air frais.

Cet air pur nous brûle les poumons. Nous avons de la peine à nous tenir sur nos jambes. Nous sommes tout près de l'évanouissement. Les canons, les mitrailleuses sont pointés sur un destroyer tout proche. Il faudrait que celui-ci ne nous découvre pas. D'ailleurs, c'est également préférable en ce qui le concerne. L'officier torpilleur calcule déjà les éléments de tir. Cinq tubes sont prêts à lancer de nouvelles torpilles qui peuvent évoluer en cercle et en zigzag. Mais nous renonçons à toute initiative personnelle. Nous ne pourrions nous éloigner sans dommages, parce que nous sommes à bout de deux ressources de première importance : le courant électrique et l'air comprimé.

La distance entre nous et les unités ennemies augmente. Les ballons emplis de gaz s'élèvent et s'en vont dans la direction du vent. Nous en avons déjà lâché dix. L'adversaire, qui travaille avec son radar, va être surpris du nombre des sous-marins hypothétiques dont il décèle la présence. D'ailleurs, là où des « bolds » sont immergés, il décèle également la présence de sous-marins en plongée.

Les destroyers sont hors de vue. Une demi-heure s'est écoulée. On entend sans cesse des explosions de grenades sous-marines. Déjà, nous risquons quelques plaisanteries.

Des projecteurs illuminent la nuit. Le radio annonce la recherche active des radars. Les navires ennemis doivent être déroutés par les « nombreux sous-marins » détectés par leurs appareils. A présent, ils sont aux prises avec tous les échos renvoyés par les chevelures métalliques, puis il y a ceux que renvoient leurs propres camarades. Ils se trouvent donc dans l'impossibilité de s'élancer à toute vitesse dans une certaine direction. Il s'agit, au contraire, d'aller lentement et d'éclairer d'abord tout objet contre lequel on va se heurter.

Une heure est déjà passée. L'air est renouvelé à l'intérieur de notre navire et nous pourrions plonger à nouveau pour seize heures. Deux heures de plus et nous serions prêts à l'action. Seule, notre fatigue nous pèse et nous n'avons plus le goût d'en « voir » davantage !

Plonger ! Cette fois, en toute tranquillité, sans alerte. Aller à 100 mètres ! Dételer, dormir, réparer les dommages. Replacer le compas et puis nous éloigner de Gibraltar. Cette aventure nous suffit, bien que nous y soyons allés de notre plein gré. Je songe au vieux dicton : « Quand l'âne s'en va sur la glace, il y périt. » Nous avons failli connaître ce dénouement.

9
Le radar, ennemi nº 1

On ne saurait parler de la guerre sous-marine sans insister sur la question du radar. Son apparition marqua un tournant décisif de la lutte dans l'Atlantique, alors que sur tous les fronts nous traversions une phase critique. En dépit d'une lutte héroïque, malgré l'ardeur des équipages prêts à tous les sacrifices, l'arme sous-marine perdit du jour au lendemain son pouvoir d'action puissant, décisif. Les constructions en séries des types de combat dont les qualités offensives avaient été démontrées au cours de la première partie de la guerre, atteignaient leur plein rendement lorsque le déploiement de la défense ennemie détruisit leur efficacité.

Expliquons-nous mieux. Le mot sous-marin évoque pour le profane une idée facilement inexacte. On devrait plutôt dire « navire plongeur », car, jusqu'à la fin de 1943, il naviguait presque toujours en surface. D'ailleurs, sa structure extérieure révélait déjà qu'il était construit pour la navigation « sur l'eau ». L'œil humain ne pouvait le distinguer que dans certains cas et, s'il y parvenait, cela était dû à l'inattention de son propre équipage ou à un concours de circonstances rares. La nuit, on distinguait à peine le sous-marin et, le jour, il avait plus de chances de découvrir lui-même navires et avions qu'il ne pouvait être découvert, et cela grâce à ses proportions réduites. Il lui était donc permis de disparaître en dessous de la surface, puis d'attaquer ou de refaire surface au bout d'un certain temps afin de poursuivre son itinéraire. Avec son temps de plongée d'une durée de deux jours environ, il était capable de sillonner les espaces marins les plus sévèrement gardés ou d'y séjourner, car, quoi qu'il pût arriver, il lui restait toujours la nuit pour recharger sans danger ses accumulateurs et ventiler ses compartiments intérieurs. Pour ce faire, il lui fallait à peu près de deux à quatre heures.

Du fait de son invisibilité, il lui était possible d'anéantir les plus grosses unités de guerre. Sa valeur sur le plan du combat en surface était par contre médiocre ; cela à cause de sa grande vulnérabilité. Une vedette rapide, armée de canons et pourvue du tube lance-torpilles, lui eût été de beaucoup supérieure. Il ne faut pas oublier qu'un sous-marin est fait pour « plonger » et que, par conséquent, il possède très peu de « capacité d'encaissement ». Un navire de surface de 500 tonnes peut embarquer 500 tonnes d'eau avant de couler. Un sous-marin de la même grandeur ne peut en laisser pénétrer plus du cinquième. A cela s'ajoutent, pour les navires de surface, l'avantage de pouvoir déceler aussitôt les parties avariées de la coque et la possibilité de réparer aussitôt l'avarie. Par contre, sur un sous-marin, il est difficile de situer ou d'atteindre la moindre voie d'eau. Ses nombreuses installations, machines, accumulateurs et autres appareils barrent le chemin aux investigations lorsque l'eau pénètre et s'amasse à l'intérieur du navire. L'emplacement exact de l'avarie demeure inconnu. D'autre part, un navire de surface peut isoler complètement certaines parties du navire et il demeure capable de flotter. Dans un sous-marin, la chose est possible ; cependant, lorsqu'un des compartiments s'emplit complètement, il coule. La plupart des fonds sont trop profonds pour permettre de sortir du navire. D'autre part, la construction d'un sous-marin revient beaucoup plus cher que celle des bateaux de guerre de même taille.

Un appareil de défense comme le radar prive le sous-marin de son plus grand avantage : l'invisibilité. Au cours de ses attaques nocturnes, le facteur principal de ses victoires, la surprise, est supprimé et le sous-marin voit ses possibilités considérablement diminuées.

L'adversaire n'avait pas tardé à découvrir, au cours de la première phase de la guerre, que l'on approchait le plus facilement les sous-marins aux environs de leur base et non point dans les espaces de la haute mer où leur découverte était pure question de chance et où l'on ne pouvait appeler des renforts parvenant assez rapidement. A l'entrée de leur base navale, les sous-marins étaient tenus de faire surface à deux reprises : pour en sortir et pour y rentrer. Ces ports étaient connus ; les navires étaient obligés de se grouper devant leurs entrées.

Mais, au cours des premières années de guerre, l'ennemi ne réussit pas à nous décimer. D'ailleurs, l'espoir de détruire les chantiers de réparations et les bases des sous-marins fut anéanti par le fait que des abris sous-marins furent construits, qui défiaient les plus forts bombardements.

Le radar amena le renversement de la situation. Ce ne fut pas sans raison que l'on prodigua les honneurs, en Angleterre, aux savants qui avaient su mettre en pratique l'invention.

Du côté allemand, le principe du repérage par les ondes avait été également employé dès le début des hostilités. Nos navires de guerre étaient pourvus d'installations analogues, mais très lourdes et qui pesaient jusqu'à vingt tonnes. Dans la défense antiaérienne, l'appareil « Wurzburg » joua bientôt un rôle. Cependant, l'adversaire avait sur nous une avance considérable : il avait mis au point des appareils plus petits et plus efficaces, et qui — avantage capital — pouvaient être installés sur des avions.

Vers la fin de la guerre, le radar a la taille d'un poste de radio moyen. Il est muni d'un émetteur et d'un récepteur. L'antenne émettrice est également réceptrice. Elle est placée au point le plus élevé du navire. En quelques fractions de seconde, elle passe de l'action émettrice à l'action réceptrice. Sa rotation est constante. Sur un écran lumineux analogue à ceux des appareils de télévision, les objets deviennent visibles sous forme de points lumineux. La direction vers laquelle ils se déplacent peut se déduire d'après leur marche. Une légère traînée les suit, laissant comme une sorte de trace vague sur leur passage. La distance est calculée d'après une certaine échelle de mensuration. De la sorte, le radar, par quelque temps qu'il fasse, décèle autour de lui tous les navires, ainsi que leur direction, leur éloignement exacts. Il est donc possible de viser les navires de guerre par les nuits les plus voilées de brouillard.

Comment se présentait alors la guerre sous-marine ? Les seuls passages entre l'Angleterre et l'Islande pour les nouveaux types sortis des chantiers et les submersibles ayant leurs bases en Norvège et en France sont surveillés intensivement par des escadrilles d'avions et des bâtiments de chasse anti-sous-marins. Quant aux passages dans les mers étroites, ils ne comptent guère, étant donné la largeur médiocre et le peu de profondeur de ceux-ci. Il s'agit, pour l'adversaire, de découvrir les submersibles en surface, car ils ne peuvent, comme on le sait, les déceler au radar lorsqu'ils sont en plongée et, d'autre part, le rayon d'action des appareils de détection par le son est très réduit et soumis à mainte variation.

L'action détectrice de l'adversaire se concentre donc sur les trois heures de surface auxquelles les sous-marins sont soumis journellement afin de recharger leurs batteries. Rappelons-nous qu'un avion muni du radar peut découvrir un sous-marin en surface à une distance de 150 kilomètres, c'est-à-dire que l'avion surveille un espace mesurant 300 kilomètres de diamètre, tandis qu'un navire de guerre ne peut déceler des navires ennemis à une distance dépassant 35 kilomètres. Ainsi, pour l'avion, l'avantage qui permet de nous découvrir est-il acquis d'avance.

Si nous choisissons la nuit pour prendre le temps de recharger nos accumulateurs, il se passe ceci : un avion nous découvre. A cause de la déviation des ondes du radar, il lui est difficile de préciser notre direction. Il se place alors à l'avant ou à l'arrière de notre submersible, afin de pouvoir l'attaquer dans le sens de sa longueur. Nous ne nous apercevons de rien, les avions étant à peine visibles dans l'obscurité et parce que le bruit de nos propres moteurs domine celui de l'avion ennemi. A 1 000 mètres d'altitude, le pilote de l'avion allume un projecteur placé sous ses ailes ; ce projecteur éclaire vers l'avant sous un certain angle. L'avion attend quelques secondes, jusqu'à ce que son faisceau lumineux touche notre arrière, et lâche ses bombes, généralement de quatre à six. Elles vont au but à la hauteur d'attaque des avions qui n'est que de 50 mètres environ. Le sous-marin n'a pas le temps de mettre en action sa défense antiaérienne ; d'ailleurs, les hommes aux pièces sont éblouis, surpris et sont pris sous le feu de l'avion. Le sous-marin est perdu. En pareil cas, il est rare qu'un seul homme échappe à la mort.

Contrairement à la tactique en honneur jusqu'à présent, il semble préférable de faire surface pendant le jour. Lorsque le ciel est sans nuages, on ne peut être attaqué par surprise si les guetteurs sont vigilants. S'il y a une couche de nuages, on est logé à la même enseigne que la nuit, à la seule différence que la hauteur de vol des avions est soumise à celle des nuées et qu'ils courent le danger d'être abattus au moment où ils viendront à découvert. En aucun cas, on ne peut éviter d'être vu, même si l'on a la possibilité particulièrement heureuse de pouvoir plonger. Le point de la plongée est aussitôt signalé aux défenses côtières, aux avions se trouvant dans les environs et aux navires. En quelques heures, toute l'étendue marine est cernée. Cependant, dans la plupart des cas, le sous-marin n'a pas pu terminer le chargement de ses batteries et se trouve peut-être dans l'obligation où, devant naviguer un jour encore à une allure de trois nœuds, il doit changer de position d'heure en heure. Les possibilités exprimées en milles marins sont à peu près celles-ci : 24 fois 3 = 72 milles marins ou 130 kilomètres. Dans un cercle fermé ayant ce rayon d'action, il lui faut, telle une baleine, remonter bientôt à la surface. La plupart du temps, l'avion lance en plus sur le lieu de la plongée une bouée émettrice qui, à intervalles réguliers, envoie des signaux d'orientation aux forces navales qui se hâtent vers le point signalé. Si le sous-marin fait surface à nouveau, il est encore plus rapidement découvert. Le temps pour charger les batteries se raccourcit. Il doit plonger.

L'étreinte se resserre. Finalement, le submersible est obligé de rester en surface et devient, de ce fait, une proie facile. Nous perdîmes de cette manière de nombreux navires. Ceux qui sortaient atteignaient rarement l'Atlantique.

Comme « sauveur » du côté allemand, nous eûmes le Fu-M-B. On le désignait aussi souvent comme l'anti-radar. Cet appareil protégeait contre la menace des radars en ce sens qu'il décelait la « recherche » de ces appareils avant même que le radar ait pu désigner une victime. Ainsi, le sous-marin profite de la possibilité qui lui est donnée de plonger avant que sa présence ne soit signalée.

Comparons maintenant l'émetteur de radar à la voix humaine et son récepteur à l'oreille. Il est évident que la réception directe est meilleure que celle de l'écho. Autre exemple : si un homme crie face à un mur, avec sa bouche il est émetteur et avec ses oreilles, récepteur. On peut pratiquement le comparer à un radar complet. Il perçoit les ondes sonores réfléchies. Maintenant, supposons qu'une autre personne assise contre le mur (elle correspond au Fu-M-B) est parfaitement silencieuse. Cette personne entendra le son avec plus de netteté que l'autre n'en percevra l'écho. Supposons que le mur s'éloigne de plus en plus de celui qui crie, viendra l'instant où aucun écho ne pourra plus être entendu ; par contre, la personne qui joue le rôle d'un Fu-M-B percevra encore clairement le son de la voix de celui qui crie.

Ainsi, le sous-marin pourvu de ce nouvel appareil peut plonger avant d'être découvert. Il semble donc retrouver son utilité initiale puisqu'il échappe à temps à la vue des chasseurs, mais il y a ceci : le sous-marin est sous l'eau et, dans ce domaine, il ne dispose que d'une fraction de ses possibilités en comparaison de celles qu'il a en surface. Si le sous-marin doit fuir, puis se cacher, il ne répond plus à sa destination : c'est un chasseur chassé !

Le Fu-M-B est sans doute plus simple et moins cher que le radar puisqu'il n'est que récepteur, mais ce n'est, malgré ses avantages, qu'une protection de fortune. Pour le sous-marin, considéré en tant qu'arme offensive, la découverte d'un appareil purement défensif ne pouvait être une solution. Les difficultés qu'avait à surmonter le Haut Commandement de la guerre sous-marine restaient les mêmes.

Les radars et anti-radars continuèrent à se perfectionner. Les alliés construisirent un appareil récepteur pour les émissions particulières du Fu-M-B et débranchèrent leur radar. Et, tandis que nous nous croyions en sécurité, nous donnions en fait, avec nos émissions de Fu-M-B, des signaux qui nous promettaient une mort certaine. En un mois de l'année 1945, il se peut que quatre-vingts sous-marins aient été victimes de cette erreur.

Notre Haut Commandement devint perplexe. L'amiral Dönitz supprima les nouvelles sorties de submersibles ; à ceux qui se trouvaient en mer, il interdit de se servir désormais de Fu-M-B. Mais l'adversaire était sur nos traces. Il avait pris conscience de sa force et travaillé au radar avec un élan renouvelé. Le passage à travers le golfe de Gascogne devint l'équivalent d'un commando suicide.

Cet ordre nous fut donné également, mais nous eûmes de la chance. Nos guetteurs étaient merveilleux. Même la nuit, ils découvraient des avions si bien que nous plongions à temps ou bien nous pouvions encore installer notre défense antiaérienne. Nous rejoignîmes sains et saufs notre base.

10

Attaque aérienne

Octobre 1943. — Me voici revenu à Berlin pour huit jours. Dans la nuit même de mon arrivée, les sirènes mugissent soudain. Alerte ! Pour la première fois, au cours de la guerre, j'ai l'occasion de me servir de mon masque à gaz, non pas contre les gaz de guerre, mais pour me préserver de la fumée. Une bombe incendiaire tombe au rez-de-chaussée de notre demeure ; on parvient à l'éteindre. Portes et fenêtres ont été soufflées. Personne pour faire les réparations. Nous exécutons nous-mêmes ce travail. Fameux repos !

Revenu à la base navale. Mais, en fait, il y avait interdiction de sortir. L'amiral Dönitz vint inspecter notre flottille. Il parla de l'action de l'arme sous-marine et de nos épreuves. Si nous ne pouvons plus envoyer de submersibles en mer, expliqua-t-il, l'adversaire ne sera plus obligé de convoyer ses navires de transport. Or, nous savons que, par la seule présence de nos sous-marins, nous occupons deux millions de nos adversaires dans les ports comme sur les navires de guerre. A cela s'ajoute pour eux la perte de temps entraînée par les convois, etc. Il faut donc que, *malgré tout*, nos sous-marins sortent afin d'occuper et de contenir l'ennemi, même s'ils ne coulent plus aucun navire. Leur seule présence sera déjà un succès ! — Convaincus par la force de cet argument, nous n'avions plus qu'un vœu : celui que le destin nous épargne l'épreuve de « contenir » l'ennemi ! Nous eûmes la guigne : le sort nous désigna. Puis de la chance : la diphtérie !

Trois jours après avoir quitté la flottille, plusieurs cas sérieux de cette maladie se déclarèrent à bord. Nous fîmes demi-tour. Je respirais, soulagé. Les boxes dans les abris des sous-marins étaient vides. Il n'y avait que trois mois qu'on avait décidé d'en construire de nouveaux. Comme la situation avait changé !

Nous passâmes d'agréables vacances à La Baule, proche de notre base. Nous étions en quarantaine. Nous habitions une maison au bord de la mer où nous pouvions prendre des bains de soleil et faire du sport. On envoya un autre submersible au lieu du nôtre, il ne revint pas, comme presque tous les navires en ce temps-là. On le savait et nous en avions pris notre parti. Nous allions accompagner, sans exception, chaque sous-marin qui prenait la mer ; cela jusqu'à la dernière écluse où nous demeurions les yeux attachés au navire jusqu'au moment où il disparaissait. On ne célébrait plus aucune fête d'adieu. Nous buvions silencieusement un verre de champagne, puis nous nous serrions la main.

Puis, un jour, on nous déclara officiellement guéris. Notre heure avait sonné. Mission spéciale. Il s'agissait d'atteindre Freetown en longeant la côte africaine. Le kiosque du submersible est reconstruit en escalier. Au pied se trouve une mitrailleuse quadruple et sur la plate-forme supérieure deux affûts doubles de canons de 20 mm entièrement automatiques. Les vieilles mitrailleuses ont été échangées contre de nouveaux modèles. Des plaques de blindage renforcent le kiosque ; elles ont pour objet de donner plus de confiance aux équipages lors des attaques aériennes. Elles protègent du feu des mitrailleuses mais... les avions ont aussi des canons. L'équipage est plus nombreux, ainsi qu'il convient puisque la défense antiaérienne comprend beaucoup plus de pièces. Enfin, nous allons avoir un médecin.

Notre défense aérienne étant renforcée, on avait ajouté à notre klaxon d'alerte une sirène qui annonçait les attaques aériennes.

Les deux commutateurs commandant ces signaux se trouvaient placés côte à côte et il s'agissait de ne pas se tromper, car une erreur eût pu être fatale. L'officier de quart donnait l'ordre d'alerte.

Quand annonçait-on l'alerte qui devait motiver aussitôt la plongée et quand l'alerte aérienne ? Il s'agissait de savoir si l'avion avait été aperçu à temps, c'est-à-dire généralement à une distance de 4 000 mètres. Naturellement, en l'occurrence, le type de l'avion et sa rapidité jouaient un grand rôle.

Lorsque c'était le cas (éloignement 4 000 mètres), on échappait aux risques d'un combat par une plongée immédiate : il y avait donc alerte de plongée. Mais s'il arrivait que l'on signalât l'avion à une courte distance, ç'eût été se condamner à mort que de plonger. Le pilote de l'avion eût pu jeter ses bombes sur l'arrière du submersible qui paraît encore hors de l'eau pendant la prise de plongée ; ces bombes eussent atteint sûrement leur but, étant lancées d'une faible hauteur, et cela sans qu'une défense antiaérienne fît dévier l'avion. On ne pouvait considérer le submersible en sécurité relative que lorsqu'il avait atteint une profondeur de 50 mètres avant que l'avion ennemi ne se trouvât au-dessus du point de plongée. Cela signifie pratiquement que, en cas de découverte tardive de l'avion ennemi, on doit donner l'alerte aérienne qui déclenche aussitôt la mise en action de la défense antiaérienne.

L'amiral Dönitz voulait pouvoir assurer la liaison jusqu'au moment où l'on aurait mis au point un Fu-M-B ne renvoyant pas les ondes, d'abord, grâce à une puissante défense antiaérienne, ensuite par le système d'une formation massive de plusieurs submersibles pour la traversée du golfe de Gascogne. Cette entreprise était basée sur ce principe : puisque deux avions ont déjà de la peine à attaquer un sous-marin, trois sous-marins seront donc de taille à se défendre sans péril contre six avions, d'autant plus que six avions ont rarement l'occasion d'attaquer ensemble. Conclusion : un groupe de sous-marins peut donc atteindre avec plus de sécurité les eaux libres de l'Atlantique que ne le pourrait un submersible naviguant seul.

Malheureusement, dans ce raisonnement on laissait de côté un facteur important que nous devions découvrir.

Notre heure sonna. On but le champagne des adieux et, sans tambour ni trompette, on mit le cap au sud-ouest.

Peu avant notre sortie, nous vîmes arriver nos deux futurs compagnons qui venaient de différentes bases navales. Nous allions donc former avec eux le fameux « groupe d'essai ». Le commandant de l'un de ces deux navires était le plus ancien des trois commandants, ce qui lui donnait le droit de donner de bons conseils et... d'en espérer l'exécution, car, somme toute, un sous-marin fait ce que bon lui semble. D'ailleurs, il ne s'agissait que de quelques jours de marche en groupe.

Nous avions décidé de hisser un pavillon jaune à la vue d'un avion lorsque son éloignement permettrait encore la plongée immédiate. Dans le cas où le temps manquerait, un pavillon rouge signifierait : avion ! rester en surface, accepter le combat défensif !

Des exercices de tir avaient lieu chaque jour sur les navires en partance. Vision imposante. Les armes automatiques à tir accéléré étaient remarquables. Chacun des submersibles comptait huit tubes lance-torpilles et de nombreuses mitrailleuses lourdes. Après 2 000 mètres, les fusées à retardement fonctionnaient avec fracas.

Avion ! C'est nous qui, les premiers, l'avons aperçu. Distance 10 000 mètres ; ainsi, nous avons le temps nécessaire pour disparaître. Nous hissons le pavillon jaune. Mais les autres submersibles ne le voient pas. L'avion se rapproche : un Sunderland. Nous hissons le pavillon rouge et envoyons un coup de feu en direction de l'avion. Mais comme les autres navires se livrent précisément à des exercices de tir, ils ne le remarquent pas. Heureusement, le Sunderland nous attaque en premier. Nous ouvrons le feu à 4 000 mètres. Les nuées grises des explosions lui barrent le chemin ; il fait demi-tour, cela vaut mieux pour lui.

A présent, il décrit de vastes cercles autour de nos trois navires. Distance, plus de trois mille mètres, c'est-à-dire hors de portée du tir précis de nos pièces. Mais nous ne pouvons plus plonger, nous savons ce qui arriverait si nous nous y décidions.

Au bout de dix minutes à peine, on annonce la venue d'un second avion : un Liberator qui tente une attaque sur le navire du plus ancien des commandants. Il est repoussé. Les avions solitaires ne peuvent rien contre nous pour le moment, nous sommes trop forts. Ils évoluent donc autour de nous à distance respectueuse. Mais nous nous imaginons la suite : dans quelques instants, d'autres avions seront là car la côte anglaise est proche. Il s'y joindra sans doute un groupe de « chasseurs de sous-marins ». Ceux-ci se rapprocheront jusqu'à une distance de 5 000 mètres et, avec leurs canons de 150 ils couleront nos trois unités. Peut-être quelques avions prendront-ils part à la curée afin de rendre l'affaire plus intéressante. Mais ce ne sera guère utile, les destroyers auront la tâche facile grâce à leurs armes infiniment plus puissantes. Sale affaire !

Les deux avions évoluent autour de nous. Nous nous appliquons à leur présenter notre arrière où nous disposons de notre plus grande puissance de tir. Nous tournons donc beaucoup et marchons à pleine puissance afin d'être plus agiles. Aussi nous sommes-nous écartés les uns des autres. Demeurés en groupe, deux des navires pourraient sans doute plonger sans danger si le troisième couvrait leur retraite de son feu. Mais ce dernier serait perdu.

Le plus ancien des commandants envoie des signaux : Plonger si l'occasion s'en présente. A peine avons-nous répondu : « Compris » que son navire plonge déjà. « Malin, pensons-nous, si seulement cela réussit ! »

Et je vois le Sunderland attaquer le sous-marin qui plonge. Hauteur de vol, 10 mètres environ. Nous tirons. L'avion veut s'esquiver et monte. Les bombes éclatent avant d'avoir atteint le but. Nous sommes trop loin. Certainement, le Sunderland descendra encore. L'arrière du sous-marin du plus ancien des commandants est encore entièrement hors de l'eau. L'avion se trouve juste au-dessus. Il lâche quatre bombes. Quatre coups au but, quatre colonnes liquides. Elles retombent ensemble, la mer s'aplanit au-dessus d'un navire qui sombre. Pas un seul des hommes de l'équipage n'a pu se sauver.

Mais c'est à notre tour de tenter cette manœuvre. Maintenant ou jamais. Alerte ! Nous bondissons dans le kiosque. Le commandant jette dehors un dernier regard. Le Liberator attaque ! D'un saut, nous voici à nouveau en haut et l'équipage de service aux pièces s'élance vers les canons. 3 000 mètres, feu à volonté ! L'adversaire se détourne encore une fois.

Afin de réussir à l'atteindre, il eût fallu le laisser s'approcher jusqu'à 2 000 mètres. Mais nous ne pouvions nous le permettre. Car, une fois à portée de nos pièces, l'avion n'aurait pu agir autrement que de persévérer dans l'attaque en irritant notre défense par des tirs ou même en l'annihilant afin de pouvoir ensuite lancer ses bombes en toute quiétude. Faire demi-tour sous le feu équivaut presque, pour un avion, à se laisser abattre parce qu'en cet instant il ne peut se servir de ses armes et que, de plus, il présente son flanc en plein. Même si nous réussissions à descendre l'avion qui va attaquer avant qu'il n'ait lancé ses bombes, le danger demeurait qu'il s'abatte sur notre sous-marin et ne soit victorieux dans son anéantissement même.

Et cependant, il semblait qu'il ne restât rien d'autre à tenter. Car, avec la tactique employée jusqu'à ce jour, nous perdions du temps. Le bref intervalle entre la retraite de l'avion et sa nouvelle attaque ne nous eût jamais suffi pour plonger.

Une idée nous vint alors. Les hommes se trouvant sur le kiosque disparaissent à l'intérieur du navire. Un seul homme reste en haut et se cache derrière les blindages protégeant la « quadruple ». Et tout se passe comme nous l'espérions : le pilote de l'avion a remarqué le repli de l'équipage à l'intérieur du sous-marin et se prépare à l'attaque. Notre meilleur tireur est à l'affût. Le commandant regarde par le panneau. Il a échangé sa casquette blanche contre un casque d'acier. A présent, l'avion avance sur nous à 2 000 mètres. Feu à volonté ! Touché aux ailes. Il fait demi-tour.

Il devrait décrire une nouvelle courbe d'attaque. Un bon moment s'écoule. Paré à plonger ! Nous nous enfonçons dans les profondeurs. Je suis sur l'échelle du kiosque. Instant poignant. On songe à bien des choses, comme toujours ! Mais le temps s'écoule lentement et les manomètres mesurant la profondeur semblent à peine bouger. D'abord, 30 mètres, puis 40 — un éclatement. J'ai l'impression de recevoir un coup de fouet sur les mains. De tous les compartiments, nous parvient l'annonce que tout est indemne. Dieu merci, il n'est rien arrivé ! Nos pensées tournent autour de notre camarade de combat qui se trouve encore en surface. Nous sommes convaincus qu'il est perdu.

Disons-le tout de suite, le sous-marin en question fut coulé. En captivité, je rencontrai son commandant qui m'apprit ce qui s'était passé. Vingt minutes après notre plongée, il y avait seize avions au-dessus des lieux. Trois destroyers apparurent. Ils ouvrirent le feu avec leur artillerie et les avions attaquèrent en quatre groupes de trois, fonçant à la fois de divers points de l'horizon. Le combat ne dura pas longtemps. Coups au but des pièces d'artillerie, des bombes, matelots abattus par groupes sur le pont. Le sous-marin sombra. Cinq hommes de l'équipage furent sauvés. Tout cela était prévu d'avance et ce fut hélas ! le sort de beaucoup d'autres navires.

L'erreur de calcul commise à l'occasion de ce groupement de trois sous-marins résidait dans la supposition que des avions ennemis avaient pour mission de nous attaquer dans les eaux du golfe de Gascogne. Mais ils n'en avaient même pas besoin. Ils empêchaient uniquement nos navires de plonger et obligeaient les sous-marins à demeurer en surface. Bref, l'avion pouvait recevoir du renfort grâce à des escadrilles aériennes en patrouille ou à des bateaux de guerre. Plus tard, il y eut même des escadrilles stationnées en Angleterre qui opéraient sur presque tous les points du golfe de Gascogne.

Par la suite, on reconnut de notre côté l'utilité de munir les sous-marins de pièces antiaériennes plus lourdes ayant une portée de 5 000 mètres. Ainsi, les sous-marins purent aussitôt repousser les avions en vue à la distance nécessaire pour leur permettre de plonger avant la venue des renforts et disparaître sous l'eau.

La radio anglaise qui déjà avait annoncé la fin de notre navire annonça à nouveau qu'il venait d'être coulé. Heureusement qu'aucun de nos parent n'eut l'occasion de l'entendre. Le poste de propagande ennemie « Calais » qui, à certaines heures, donnait des émissions en français et en allemand, était peut-être écouté par nos familles bien que ce fût interdit.

Après quelques jours de voyage, tantôt en surface, tantôt en plongée, nous laissâmes derrière nous la région marine la plus périlleuse.

11

Dans l'attente des armes nouvelles

Lorsque après un raid dans l'Atlantique Sud, je regagnai notre flottille, mes camarades me félicitèrent. J'ignorais pourquoi. « Tu es désigné pour suivre les cours de commandement. » Notre commandant et l'ingénieur-mécanicien quittèrent également le bord pour faire des cours à terre. Et ce qui devait arriver s'accomplit : notre navire qui, si souvent, avait essuyé le feu ennemi, prit la mer, et ne revint pas...

Le commandant en chef de la flottille donna une fête d'adieu. Nous avions le plus vieux sous-marin de la base. Mais combien nos rangs s'étaient-ils éclaircis ! D'innombrables photos de sous-mariniers tombés au combat couvraient les murs du mess. On ne dissimulait pas ces pertes : nous étions fiers de nos camarades. Ils n'ont connu aucune déchéance et n'ont pas faibli, ils ont accompli leur devoir en silence. Ayant écrit leurs dernières volontés, ils s'en allaient combattre l'ennemi.

A Neustadt, dans le Holstein, je me soumis à l'entraînement de l'appareil F (Führungsgerat : appareil d'attaque) qui avait l'avantage d'économiser les coûteux exercices sur les vapeurs, les navires convoyeurs, etc. Ainsi, l'entraînement se faisait plus rapidement.

L'« élève-commandant » pénétrait dans le kiosque construit exactement comme un véritable kiosque de sous-marin. Compas gyroscopique, gouvernail, conjugateur, etc., se trouvaient à leur place exacte. Regardant par le périscope, il apercevait la mer et ses vagues, même le lever du soleil... Aux premiers exercices, un vapeur apparaissait, puis suivait un convoi empanaché de fumée et différentes lames d'étrave correspondant à la vitesse du navire. L'élève-commandant se trouvant devant le tube du périscope donnait ses ordres : « Les deux moteurs en avant ! A gauche toute ! » Le kiosque monté sur une armature qui se déplaçait, tournait, raccourcissait ou augmentait la distance au but : en un mot, tout se passait comme dans la réalité. Même les bruits habituels étaient fidèlement reproduits. On évaluait la distance, on plaçait les chiffres correspondants dans le conjugateur, puis on prenait sa position d'attaque et l'on lançait. Lorsqu'on appuyait sur la mise de feu, l'installation stoppait et les fautes commises étaient nettement visibles. Un entraînement vraiment remarquable. L'installation F était sans doute, en ce temps-là, unique au monde.

Puis, ce fut — à Dantzig — un stage d'enseignement pratique. Là, il s'agissait de montrer ce que l'on savait : attaques de jour et de nuit au cours desquelles on dormait peu... D'innombrables torpilles jaillissaient des tubes.

Lorsque nous avions subi notre examen final, il nous était permis d'exprimer un vœu et de choisir entre trois propositions : remplacer un commandant sur le front, être commandant-instructeur à l'école des sous-mariniers ou accepter de prendre la direction d'un navire neuf dans un chantier de notre choix. En ce cas, évidemment, la situation du chantier par rapport à notre propre foyer jouait un grand rôle.

En ce qui concernait le front, on pouvait dire qu'il représentait le commandement rêvé dans le cas où l'on nourrissait des projets de suicide. Par contre, en restant à terre, on pouvait consolider ses connaissances et attendre jusqu'à ce que d'autres types fussent sortis. Le grand amiral Dönitz en parlait beaucoup ; il était d'ailleurs visible que l'on retirait de l'Atlantique les commandants de sous-marins les plus expérimentés afin de les conserver en vue des nouveaux types qui allaient entrer en service.

Je déclarai désirer m'occuper d'un navire en construction dans les chantiers Blohm et Voss, à Hambourg. Mais les choses se passèrent autrement. Le Haut Commandement avait ses projets en ce qui me concernait et il me nomma à Pillau, à la 21e flottille de sous-marins. Elle comprenait environ 36 navires et servait surtout à l'entraînement et à l'instruction des futurs équipages de sous-marins.

Le *U-148* type II me fut désigné. Son déplacement était de 300 tonnes. Il appartenait à la dernière série de construction des petits navires de cette sorte. Leur rayon d'action réduit et leur vitesse également médiocre les faisaient considérer comme incapables de servir désormais sur le front. Les opérations sur les côtes anglaises étaient devenues à peu près impossibles à cause du radar employé par l'ennemi. On eût été aussitôt repéré par les ondes et on eût attiré sur soi une défense meurtrière.

En général, le type II est construit de la même manière que les sous-marins plus importants. Il est seulement plus petit et l'on y est encore plus à l'étroit. L'équipage, y compris le commandant, loge et vit dans le compartiment avant. Le service est plus fatigant, l'équipage étant réduit, ce qui ne veut pas dire que les devoirs soient moins nombreux. Officiers et matelots ont six heures de service et six heures de liberté si tant est qu'on puisse parler de liberté, car les torpilles doivent être « balancées » et le service intérieur assuré pendant ce temps. Comme commandant, on n'échappe pas un instant aux regards de l'équipage. Les hommes vous voient changer de linge et sont témoins de toutes les faiblesses humaines. Ils savent combien de temps l'on consacre au sommeil, si l'on ronfle, si l'on se lave souvent. Ils vous connaissent mieux que leur propre frère ! On est camarade tout en devant rester « supérieur » ; il ne faut pas qu'il y ait la moindre contradiction dans vos actes. Il s'agit que les ordres soient exécutés immédiatement. Les qualités de chef chez un commandant sont mises particulièrement à l'épreuve dans ces petits sous-marins.

Du fait de ma situation de commandant, je devins le supérieur responsable de tout ce qui se passait à bord. Cela signifiait pour moi un important changement. Comme officier en second, mes devoirs étaient d'un ordre tout différent. Désormais, je dus imposer des punitions, prendre des décisions. Je n'avais plus d'excuse en cas d'erreur comme du temps où j'étais un officier en second dont on peut dire : Il est jeune, il apprendra ! C'en était fini d'« être jeune », malgré les vingt-trois ans que je comptais en 1943. C'était ou l'un ou l'autre : on se montrait à la hauteur de sa tâche et l'on vous confiait l'un de ces fameux types de sous-marins tant vantés, ou bien on vous envoyait au diable.

Il était particulièrement difficile pour moi de satisfaire le Haut Commandement en préparant deux conférences par semaine. Si l'on avait à parler pendant une heure, il s'agissait de se préparer longtemps d'avance et d'absorber de gros volumes, et l'on disposait de fort peu de temps. Il n'y avait pas d'issue. La nuit n'est pas seulement faite pour dormir. Lorsque les conférences traitaient de questions purement militaires, il n'était pas possible de dissimuler une éventuelle médiocrité par de belles paroles et des discours de propagande. Mais, d'autre part, il fallait parer à toute poussée de démoralisation. Que la guerre fût sur le point d'être perdue ou non, qu'une solution d'ordre politique restât encore dans le domaine des possibilités, nous ne pouvions vraiment en juger. Il s'agissait de se montrer obéissant envers les supérieurs, de maintenir la discipline parmi les hommes, d'étouffer les rébellions par tous les moyens. Il ne faut pas détruire le courage des soldats, autrement ils ne seraient plus des soldats et comment pourrait-on exiger d'eux l'accomplissement des devoirs militaires ? Il fallait m'attendre à avoir un de mes élèves sous mes ordres à bord de mon nouveau navire. Qu'aurais-je fait avec un équipage qui ignore pourquoi il se bat ? Qui donc pouvait scruter les grands événements mondiaux ? Est-ce que l'individu moyen n'est pas un petit rouage dans le grand mécanisme de l'Etat et dans la politique mondiale ? Est-ce que des soldats, même s'ils luttent en vain et pour des idéaux qui ne sont point ceux de tous, n'ont pas toujours été justifiés par l'histoire ? Songeons à toutes les guerres du passé, de celles de Sparte à celles de Napoléon !

De nombreux sous-mariniers subissaient une instruction accélérée. En dehors de notre flottille, il en existait une autre du même genre à Gotenhafen. Le programme d'instruction était remarquable. Nous faisions une distinction entre l'instruction pratique et l'instruction théorique. La théorie était enseignée à terre, dans des classes spéciales, car nous formions également des matelots, des sous-officiers, des maîtres principaux et des officiers des unités de tous genres en vue de la navigation sous-marine. Les équipages permanents sur les navires-écoles étaient réduits au minimum. Les élèves qui, d'une semaine à l'autre, montaient à bord, avaient, au poste qu'ils devaient occuper plus tard, à subir la surveillance du personnel permanent sous les yeux duquel ils manœuvraient les diverses installations. Ce n'est que lorsqu'on a soi-même manœuvré les machines et donné les ordres qui conviennent que l'on finit par posséder tous les secrets du sous-marin au mécanisme si compliqué. Nous devions compléter nos connaissances au cours de l'instruction d'au moins six mois dans la Baltique, qui est de rigueur pour les navires nouveaux avant qu'ils n'entrent en service actif. Enfin nous ne possédions vraiment notre métier qu'après avoir effectué quelques croisières au front — à condition d'en revenir !...

Pour nous, les instructeurs, ces sorties avec des « nouveaux » n'étaient pas une partie de plaisir et la responsabilité de ces vies humaines à nous confiées était lourde. Par exemple, au cours de mon activité d'enseignement qui ne comprit aucun engagement avec l'ennemi, nous perdîmes quatre submersibles à l'occasion de manœuvres d'exercices dans la Baltique, bien que ces navires ne dussent plonger que deux heures au plus, dans un espace restreint désigné d'avance, après avoir signalé leur plongée par radio et qu'il fût convenu que, dans le cas où l'annonce de leur remontée en surface ne suivrait pas, des postes de recherches entreraient aussitôt en activité. Sans parler d'autres avaries qui survenaient par le fait de quelques fausses manœuvres. Je suis aujourd'hui encore fier de mon équipage : jamais il n'y eut aucune avarie, même légère.

Nous étions devenus une équipe, une âme. Je connaissais chacun par son nom ainsi que sa situation de famille. Selon moi, ceci était d'importance capitale. Le supérieur qui, psychologiquement, agit avec adresse, sait aussi quand il lui faut tenir les guides plus tendues. Ainsi, tous les trois mois à peu près, je faisais comprendre à mon équipage que je savais employer un ton plus sévère et y accorder le service. Alors, les jours qui suivaient, c'étaient de terribles grognements : j'étais vraiment un « dur », un enragé, prétendait-on. Mais après une réunion où régnait la plus cordiale camaraderie — nous organisions périodiquement des fêtes —, tout était « encaissé » et, jusqu'au plus jeune des matelots, chacun était convaincu de la nécessité de ce resserrement de la discipline. Trois mois se passèrent encore parfaitement. Ce n'est qu'à toute extrémité que j'inflige des punitions officielles.

Mon commandant de flottille avait déjà reçu la croix de chevalier (*Ritterkreuz*) pour avoir coulé un porte-avion ; c'était un chef remarquable. Il avait gagné notre confiance par sa simplicité dépourvue de toute forfanterie. Il ne nous cacha pas la gravité de la situation ; seule, la mise en service des armes nouvelles à l'action décisive pouvait parer aux pertes occasionnées par la guerre.

On parlait beaucoup de ces armes nouvelles dont on poussait la réalisation dans tous les domaines. On aurait dû s'y prendre dès le début de la guerre et cela avec bien plus d'ardeur. Les succès rapides des débuts avaient donné de la situation un tableau bien trop optimiste. Songeons qu'après la défaite française, les industries de guerre allemandes avaient été en partie ramenées au rythme de la production du temps de paix ! Lorsque la guerre entra dans une phase critique, le problème consista à découvrir à temps des moyens de lutte nouveaux, décisifs, et cela en quantité suffisante. Alors commença une course avec le temps. Les sources productives allemandes étaient ravagées par les attaques aériennes des alliés. Les retards funestes, les déficiences étaient de plus en plus nombreux.

Cependant, l'espoir d'un revirement heureux demeurait tenace, dans le peuple et parmi les troupes. Il ne faut pas en chercher les raisons autre part que dans les qualités guerrières propres au peuple allemand. A cela s'ajoutait l'habileté de la propagande dans la présentation du thème des « armes nouvelles ».

Dans les brochures et les journaux qui n'étaient accessibles qu'à un cercle restreint, on exposait de façon particulièrement objective ce problème qui nous passionnait tous : comment gagner la guerre ? Quelles sont les possibilités dont nous disposons ? De bons articles exposaient les principes d'une nouvelle technique en fait d'armement. Des articles de journaux et de revues étrangers photocopiés amenaient à la conclusion selon laquelle on avait déjà mis à l'épreuve certaines de ces armes. Il s'agissait de grands engins téléguidés extrêmement rapides, d'avions nouveaux dont la forme et la propulsion n'avaient plus rien de commun avec les anciens modèles. Enfin, la reproduction de certains articles parus du côté ennemi selon lesquels il fallait s'attendre à une surprise de la part des Allemands faisait le reste. Ces journaux avaient d'autant plus d'attrait qu'ils étaient réservés à un petit nombre de lecteurs. Psychologiquement, le fait de se trouver dans une situation privilégiée qui vous permet d'être au courant d'un secret fait naître en vous un sentiment de satisfaction tout particulier. On ne peut se tenir d'en laisser paraître quelque chose au commun des mortels. Ainsi parvenaient par bribes, des plus hautes positions jusqu'à la masse, certaines rumeurs au sujet de ces armes à l'action décisive. Lorsque la conversation en venait à des considérations sur notre situation désespérée, il y avait toujours quelqu'un pour glisser cette note encourageante : sans doute, n'avait-on pas entendu parler... etc. L'espoir engendre souvent la pensée. Bien des esprits découragés se remettaient à espérer : nous gagnerons la guerre avec nos armes nouvelles ! Malheur à celui qui osait alors exprimer des considérations pessimistes : c'était un imbécile qui ignorait les immenses progrès de la technique des armements !

L'amiral Dönitz venait nous voir tous les trois mois afin de donner ses directives pour les programmes d'enseignement. Il nous faisait des discours réconfortants qui se terminaient presque toujours par ces mots : Nous poursuivrons la guerre jusqu'à la victoire finale ! Après l'inspection officielle, il restait souvent jusqu'au lendemain dans notre flottille de sous-marins et passait la soirée dans l'entourage du commandant de notre navire-école. Souvent, je me trouvais assis auprès de lui et toujours il exerçait sur moi une impression d'énergie, de confiance, car il semblait convaincu de la victoire finale. Il s'exprimait en termes brefs. Il prévenait les remarques critiques en insistant sur la mise en service des nouveaux types de sous-marins qui seraient capables d'actions fabuleuses. Dès avril 1944, deux de ces types seraient lancés journellement, ce qui ferait soixante sous-marins par mois et sept cent vingt par an. Il affirmait aussi que s'il était incapable de juger présentement de la guerre maritime, nul autre ne l'était. Il se trouvait sans cesse auprès d'Hitler et l'opinion du Grand Quartier Général trahissait une confiance absolue et cela avec raison. La Luftwaffe allait être pourvue de nouveaux types d'avions et l'heureux revirement attendu s'accomplirait dans un avenir proche. Pour le moment, il fallait tenir. A nous, commandants de bateaux-écoles, il nous promit les premiers sous-marins nouveaux, car nous possédions la plus grande pratique du maniement de ces navires du fait de notre activité d'officiers-instructeurs, et d'ailleurs, nous étions parmi les quelques survivants des commandants de première ligne.

S'il nous avait volontairement fait nommer à l'arrière, c'était en vue de nous confier ces nouveaux types. Naturellement, cette promesse nous réjouit. Ses visites nous donnaient un élan nouveau et malgré le tragique de la situation actuelle, nous regardions avec confiance vers l'avenir. Il était notre chef, il avait mené la guerre sous-marine avec le plus grand succès jusqu'à la fin de 1942. D'ailleurs, contrairement à d'autres grands chefs, il n'avait pas retiré ses proches des premières lignes à l'heure du danger.

En ce qui concerne les nouveautés en fait d'armement, nous nous contenterons de parler de l'arme sous-marine.

Le sous-marin commun comprend quatre moteurs : deux diesels et deux moteurs électriques. On navigue en surface à l'aide des deux diesels et en plongée avec les machines électriques. Il est évident que cette organisation n'est point l'*idéal* puisqu'il n'y a jamais que la moitié des forces du sous-marin qui soient en action tandis que le reste n'est que lest mort. A cela, ajoutons les formidables accumulateurs dont la masse encombre presque la moitié de l'espace intérieur du navire. Les plaques de plomb sont plus lourdes que le reste de la machinerie. S'il était possible de trouver un moteur unique pour la navigation en surface aussi bien que pour celle en plongée, le rendement du sous-marin serait augmenté considérablement. Avant tout, cela permettrait une grande rapidité en surface. Nous avons vu que la guerre sous-marine n'avait pas la même signification lorsque l'on était forcé à de longues navigations en plongée, les opérations décisives se déroulant en surface. La raison en est la rapidité médiocre obtenue en plongée qui n'atteignait pas même neuf nœuds, et encore, lorsqu'on adoptait cette allure, le courant s'épuisait en l'espace d'une à deux heures. Par contre, en surface, on pouvait naviguer durant des semaines à une allure de 18 nœuds, c'est-à-dire plus de 30 kilomètres-heure, et le navire était plus manœuvrant.

Le constructeur Walter avait découvert la solution idéale du moteur unique : elle consistait en une turbine alimentée par un carburant spécial. Avec un poids et un volume relativement médiocres, le rendement de ce nouveau type était bien supérieur à toutes les propulsions marines connues jusqu'à ce jour. Mais l'essentiel et le remarquable de l'invention résidait en ceci : c'est que ce moteur Walter n'était plus dépendant de l'adduction d'air mais tirait du super-oxyde d'hydrogène [1] l'oxygène nécessaire à la combustion et on pouvait l'emporter dans des soutes. Cette nouvelle propulsion signifiait la réalisation du rêve de tous les sous-mariniers depuis qu'il existe des sous-marins. On pouvait vraiment parler d'une révolution dans ce domaine. Quelques-uns comparaient cette nouveauté à l'invention des avions à réaction qui révolutionna l'aviation. Il est

1. Perhydrol.

oiseux de s'étendre sur le revirement que ces nouveautés auraient pu provoquer quant à l'issue de la guerre. En effet, les batailles gagnées par les alliés à l'Ouest sont dues pour beaucoup à l'affaiblissement de nos forces sur mer. L'amiral Dönitz fit non seulement allusion à la nouvelle arme mais encore il nous révéla certaines particularités dont l'existence se confirma.

En 1943, le commandement de la guerre sous-marine décida de réunir tous les spécialistes en matière de sous-marins. Ils se retrouvèrent dans une station thermale de l'Erzgebirge avec la mission de construire un nouveau type muni du propulseur Walter. En un temps record, le projet se trouva mis au point. Il s'agissait d'un sous-marin deux fois plus grand que le type courant de 600 tonnes. Il s'en distinguait avant tout par la distribution de l'espace intérieur en deux parties superposées ayant un diamètre inférieur à celui des sous-marins précédents[1]. Ainsi, on obtenait beaucoup plus de stabilité et l'on pouvait séparer le compartiment des machines de celui de l'équipage ce qui, avec la nouvelle propulsion, semblait nécessaire étant donné les émanations de gaz nocifs. Le submersible devait être construit pour atteindre une profondeur de 300 mètres, c'est-à-dire que, se basant sur la conscience du travail allemand et la marge de sécurité assurée, on pouvait présumer qu'il serait capable de descendre bien plus bas. Notre ancien type de sous-marin de combat était prévu, par exemple, pour des plongées de 100 mètres. Cependant, à la fin de la guerre, nous n'hésitions pas à le faire descendre jusqu'à 300 mètres. Un navire atteignit même la profondeur de 350 mètres.

Il apparut en définitive que le moteur Walter ne convenait qu'à un navire beaucoup plus petit. L'agrandir eût présenté des difficultés. On trouva une solution intermédiaire : on renonça au moteur Walter mais la coque conserva la nouvelle disposition en huit. Dans le corps inférieur se trouvaient les accumulateurs ; dans le supérieur, on avait logé l'habituelle organisation des machines, seulement les moteurs électriques avaient un rendement bien supérieur aux anciens. A part cela, ce nouveau type était muni de *Schnorchel*.

Ce mot, que la presse internationale a souvent orthographié Schnörkel, est une expression du bas-allemand qui signifie « nez ». Déjà, en 1940, les Hollandais avaient muni leurs sous-marins d'un tube d'aération semblable. Mais ils ne s'en servaient que pour l'aération de leurs navires tandis que du côté allemand, le Schnorchel du nouveau genre permettait le fonctionnement en plongée des moteurs à combustion interne. On pouvait donc recharger les batteries en plongée à l'aide des diesels. Ainsi, le sous-marin devenait capable de rester sous l'eau jusqu'à épuisement de son combustible. Des

1. Coque en 8.

possibilités d'opérations que le radar avait totalement supprimées pouvaient de nouveau être envisagées.

Le Schnorchel peut être hissé hydrauliquement ou se monter à la manière d'un périscope. Il est en relation avec les manches d'échappement des diesels et d'alimentation en air. Si le navire descend par trop ou qu'il est balayé par une lame à la surface, le tube se referme automatiquement avant l'intrusion de l'eau, ceci au moyen d'une installation de flotteur ou encore par un dispositif électrique.

Le sous-marin, construit sur ces données nouvelles et équipé avec le Schnorchel, fut connu sous la désignation de Type XXI. Il était d'une forme effilée particulièrement propre à la navigation en plongée. Les hélices étaient sur les flancs et dirigées vers le bas, si bien que le centre de poussée, lors de la navigation en plongée, se trouvait placé à l'endroit le plus souhaitable du navire. La vitesse en plongée s'élevait à plus de 18 nœuds et pouvait être maintenue longtemps. Il comprenait à l'avant six tubes lance-torpilles. En plus des torpilles dont ceux-ci étaient chargés, il y en avait douze dans des soutes. Grâce à cette disposition, on pouvait recharger les tubes en trois minutes d'abord, puis huit minutes après la seconde fois, si bien que toutes les torpilles, c'est-à-dire dix-huit, étaient lancées en l'espace de quinze minutes. La possibilité d'atteindre un but sans l'aide du périscope, à 50 mètres de profondeur, représentait également une nouveauté. Les solutions nécessaires étaient fournies en quelques minutes par un nouvel appareil qui dirigeait bien plus exactement les lancements que les estimations faites jadis.

Les torpilles, employées depuis quelque temps par les anciens sous-marins, conféraient à ce nouveau type une puissance de combat unique. Lors du déclenchement des hostilités, nous avions en service deux sortes de torpilles : l'une avec propulsion électrique, l'autre propulsée par air comprimé. La torpille électrique présentait l'avantage, avec une vitesse de 30 nœuds, de frayer son chemin sans laisser derrière elle une traînée de bulles. Par contre, l'autre, à cause de ses échappements d'air et de gaz, laissait un sillage d'écume sur son passage. Dans certaines conditions, l'adversaire pouvait le voir et l'éviter. Comparativement aux torpilles électriques, l'avantage des torpilles munies de la machine à pistons était leur plus grande vitesse et leur rayon d'action plus étendu. Elles couvraient à une vitesse de 30 nœuds une distance de 20 000 mètres, à une vitesse de 40 nœuds 10 000 mètres, à une vitesse de 44 nœuds 6 000 mètres. Par contre, la torpille électrique ne parcourait que 6 000 mètres au plus. J'ai déjà signalé la possibilité de faire dévier la trajectoire des torpilles : d'abord, il s'agissait d'une déviation de 90 degrés, puis dans les modèles projetés, elle atteignait 180 degrés. Le sous-marin avait ainsi la possibilité de lancer vers l'arrière avec ses tubes avant. Le tube arrière devenait superflu ; on pouvait donc donner au navire une forme qui le rendait plus rapide. Jusqu'alors, la possibilité de manquer le but était grande, car souvent, du fait de la défense ennemie, il s'agissait de tirer à la hâte. Les calculs de la visée reposaient sur l'estime, ce qui laissait la porte ouverte à bien des erreurs. La torpille qui était passée auprès d'un vapeur sans le toucher était perdue et coulait dès qu'elle était à bout de course.

Par contre, des possibilités toutes nouvelles s'offraient, grâce à nos nouvelles torpilles. Elles menaçaient l'objet visé tant que leur moyen de propulsion n'était pas épuisé. Elles pouvaient décrire des courbes calculées à l'avance.

Expliquons à l'aide d'un exemple ce mécanisme compliqué. Un navire ennemi est visé : distance 1 000 mètres, vitesse 12 nœuds, route au sud. En réalité, il se peut que la distance ne soit pas exactement de 1 000 mètres, mais qu'elle se situe entre 800 et 1 200 mètres. Dans cette zone, notre torpille devrait donc se déplacer en avançant d'abord, puis en revenant, si elle doit toucher son but après l'avoir manqué une première fois. Il y a deux trajectoires à sa disposition, une grande et une petite. En tout cas, si la torpille ne touche pas aussitôt, elle poursuit sa route sur une certaine étendue au-delà de la distance prévue, puis elle se retourne, croise la route de l'ennemi et accomplit la seconde giration à distance convenable du premier point où elle n'a pas pu toucher. Si une nouvelle disposition ne survenait pas, tout ceci ne servirait à rien. Car la torpille resterait en arrière du navire attaqué puisque celui-ci se déplace. On règle le parcours de la torpille selon la route de l'ennemi et on lui donne une vitesse dépassant celle de l'adversaire. Alors la torpille ne reste pas derrière le vapeur, mais croise perpendiculairement sa route. Les chances de toucher sont au plus haut lorsque la torpille s'en va au but à angle droit.

On réglera l'allure de la torpille au-dessus de celle estimée de l'adversaire. Car si les vitesses de la torpille et du bateau attaqué étaient égales et que la torpille passait par exemple pour la première fois à vingt mètres en arrière de la poupe, elle passerait encore à chaque détour qu'elle accomplirait en coupant la route du navire à vingt mètres en arrière. Par contre, si l'on donne à la torpille une autre vitesse de progression, disons celle de 14 nœuds pour une vitesse estimée de 12 nœuds qui serait celle du navire, on peut répondre du succès. La torpille qui a passé en arrière la première fois peut, au cours de ses trajectoires ultérieures, avancer sur son parcours et atteindre le navire dans l'un des croisements qu'elle effectuera avec sa route.

Si l'estimation est très peu sûre, on lance deux torpilles. La première avec une vitesse supérieure de deux nœuds, la seconde avec une vitesse légèrement inférieure. Théoriquement, avec ce système, on ne peut manquer le but. On peut désormais opposer aux bateaux de guerre chasseurs de sous-marins une barrière de torpilles. Les perspectives de s'en tirer sont médiocres en ce qui concerne l'adversaire. De même lorsqu'il s'agit d'une embuscade à l'entrée d'un port, il est enfin possible d'atteindre l'ennemi. Celui-ci ne se doute de rien jusqu'au moment où il est victime des torpilles. Autant que possible, il faut que ces torpilles naviguent à une profondeur excédant de deux mètres le tirant d'eau du navire. Elles ne laissent aucune trace sur leur passage. La « grande ondulation » est surtout utilisée dans l'attaque des convois. Si un sous-marin tire dans un convoi avec de telles torpilles, il faut qu'un signal d'alarme soit donné d'abord afin que les sous-marins se trouvant dans le voisinage évitent par une plongée rapide d'être atteints par ces engins.

Cependant, la torpille la plus redoutée de l'ennemi est la torpille acoustique. Elle se différencie des torpilles électriques normales par une installation acoustique commandant le gouvernail, installation extrêmement compliquée et qui compte bien seize lampes amplificatrices. On peut lancer sans même voir le but, sans en connaître l'éloignement, etc. Après être sortie de son tube, cette torpille décrit un cercle en se propulsant par ses propres moyens. Quant au sous-marin qui vient de s'en délester, il s'enfonce prudemment à une grande profondeur afin de n'être point victime de l'engin qu'il vient d'envoyer. Si la torpille perçoit des bruits d'hélices, elle prend automatiquement la direction des sons et court vers l'arrière du vapeur, où elle atteint le gouvernail, les machines, enfin les organes vitaux. Si elle arrive exactement par-derrière, il se peut que le courant de l'hélice la fasse dévier et qu'elle manque le but. En ce cas, elle recommence son cercle de recherche et finit toujours par toucher le navire. Cette installation acoustique est tellement sensible que la torpille décèle jusqu'à la présence de navires stoppés sur lesquels sont en action des machines auxiliaires telles que ventilateurs, pompes, etc. Grâce à elles, en un mois de l'année 1944, on coula 80 destroyers ou escorteurs ennemis. A tel point que les navires chasseurs de sous-marins, dans le temps de la mise en service de cette torpille magique, n'attaquaient plus nos bateaux. Ils eussent été perdus d'avance. Par la suite, les Alliés réussirent à détourner en certains cas la torpille acoustique au moyen de bouées munies de bruiteurs qu'ils traînaient à leur suite. Cependant, cette défense nuisait au fonctionnement de leurs propres appareils détecteurs de sous-marins et facilitait notre fuite. On remarquait d'ailleurs cette bouée avant de lancer et au lieu d'une torpille acoustique, on envoyait une torpille à trajectoire ondulée.

Il y avait également à l'étude une torpille à réaction qui devait atteindre le but avec une vitesse et une sûreté accrues qui compensaient les erreurs d'estime possible par le peu de temps qu'elle mettait à atteindre son but.

Pour juger des possibilités des nouveaux types de sous-marins, il faut savoir que des navires spécialisés dans la chasse aux sous-marins ne pouvaient utiliser, vers la fin de la guerre, leurs appareils de détection sous-marine qu'à une allure n'excédant pas 13 nœuds. Au-delà de cette vitesse, les remous amenaient de grandes perturbations dans leur fonctionnement, ce qui rendait leur utilité illusoire.

Dans le but de faire des essais, notre Type XXI fit une sortie dans la Baltique, où il simula l'attaque d'un convoi bien défendu comprenant dix destroyers. Il attaqua par bâbord et lança à une distance de 400 mètres six torpilles à trajectoires ondulées. Grâce à sa grande rapidité en plongée, il put sans peine prendre la meilleure position de lancement, résultat : 6 coups au but. Le groupe de chasse le rechercha à la distance estimée de son lancement. Mais il avait déjà changé de lieu d'action et lançait du côté opposé. Les destroyers se séparèrent, suspectant la présence de deux navires. Aussitôt, il plongea sous le reste du convoi, coupant court à toute riposte, car les grenades sous-marines eussent été un danger pour les bateaux convoyeurs eux-mêmes. Le sous-marin lança de sa nouvelle position des torpilles « ondulantes » en travers de la route du convoi, descendit profondément et s'échappa à la vitesse maximum de 18 nœuds.

En général, on compta plus de coups au but qu'il n'y avait de navires cibles. Beaucoup de torpilles avaient touché grâce à leurs ondulations.

En même temps que le Type XXI, on poussait la mise au point du Type XXIII, petit sous-marin de 200 tonnes qui devait être mis en action dans les eaux de la Grande-Bretagne. Il présentait, avec un nombre moindre de torpilles, les mêmes particularités que le Type XXI.

On mit peu après à l'étude le Type XXIV. Il possédait un déplacement en surface de 800 tonnes, était capable en plongée d'une vitesse de 36 nœuds, c'est-à-dire, en chiffres ronds, 65 kilomètres-heure. Il comprenait dix tubes lance-torpilles d'étrave.

La construction du sous-marin de poche connu sous le nom de « castor », que montaient deux hommes seulement, était considérée comme excellente. Mais la destruction des bases que nous avions sur la côte française lui ôta la possibilité d'être mis en service. Sa taille réduite, son rayon d'action limité lui interdisaient les longs parcours ; le 6 juin 1944, il n'était pas terminé. Nous, sous-mariniers, le considérions comme un moyen de combat pour petits engagements, de même que les vedettes explosives et les torpilles montées par un homme qui les guide et s'en échappe avant le torpillage à l'aide d'un canot de sauvetage en caoutchouc.

Les nouveaux types, à part un petit nombre du Type XXIII, c'est-à-dire le sous-marin de 200 tonnes, ne purent être mis en service à temps. Quelques-uns seulement opéraient tout à proximité des côtes anglaises, aux entrées des ports. Pratiquement les chasseurs de sous-marins ne réussissaient pas à les atteindre. La petite tête de Schnorchel qui, la nuit, ne s'élevait au-dessus de la surface que pendant quelques heures, n'était presque jamais détectée par le radar et cela, même lorsque la distance était courte, car il disparaissait dans les creux des vagues. D'ailleurs, il était pourvu d'une masse caoutchoutée qui absorbait fortement les ondes émises par le radar. Une antenne Fu-M-B adaptée au Schnorchel mettait en garde le sous-marin à une grande distance de l'ennemi lorsqu'un avion détecteur ou un navire de guerre se rapprochait de lui. Avec sa grande rapidité, ce nouveau sous-marin était également capable d'atteindre et d'attaquer des navires se trouvant sur son arrière. Dans le cas où la première torpille manquerait, ce qui arrivait rarement du fait de la petite distance à laquelle il pouvait lancer grâce à sa rapidité, il avait la possibilité de rejoindre à nouveau le navire ennemi et de lancer une nouvelle torpille.

A la fin des hostilités, on comptait dans les chantiers allemands 208 sous-marins appartenant à ces différents types. Ils ne furent pas terminés. 120 d'entre eux appartenaient au Type XXI, le navire de 1 200 tonnes. Bien que le grand amiral Dönitz eût annoncé leur mise en service dès avril 1944, il n'y en avait, à quelques jours de la capitulation, que deux qui fussent prêts à être lancés. Les attaques aériennes des Alliés désorganisaient les industries qui devaient les équiper. Les moteurs, les accumulateurs, les tubes lance-torpilles manquaient, ainsi que, pratiquement, toutes les parties vitales de ces navires.

12

Dernière heure — ordre de prendre la mer

Pour Noël 1944, je reçus mon nouveau navire. Je me séparai à regret de mon ancien équipage. J'étais désormais commandant de l'*U-977* ; c'était un sous-marin de combat normal modernisé grâce à l'adjonction du Schnorchel. Les nouveaux types dans lesquels on avait mis tant d'espoir ne se trouvaient pas encore prêts à servir. Le fardeau qui pesait sur les forces allemandes devenait écrasant : la machine de guerre cédait pour avoir été trop poussée.

L'assaut conjugué de l'Est et de l'Ouest ne pouvait plus être soutenu par le seul courage de la Wehrmacht. En janvier 1945 eut lieu l'enfoncement du front oriental. Il fallut évacuer notre base de Pillau et la reporter à Wesermünde. Nous commençâmes la retraite, accompagnés des navires de ravitaillement. Quelle amertume de quitter cette Prusse-Orientale qui nous était devenue chère !

La guerre était perdue, on ne pouvait conserver de doute à cet égard. Car la seule possibilité d'un revirement consistait en une offre des forces de l'Ouest de lutter avec les Allemands contre le communisme. Le Haut Commandement semblait se cramponner à cet espoir, comme un noyé à un fétu de paille. Mais il n'y avait aucun indice que les Anglo-Américains prendraient cette initiative.

Mes sentiments profonds se cabraient contre une continuation inutile de la guerre et se révoltaient au spectacle de civils incapables et lâches qui envoyaient au front des enfants et des vieillards, cependant que leurs actes démentaient leurs paroles. Quant à moi, j'étais un soldat et je ne voulais pas me muer en meurtrier. Il allait de soi que j'avais le devoir de ne point abandonner mes hommes mais d'aller avec eux jusqu'à la fin de la lutte.

Le chef de notre flottille me donna le commandement du groupe de sécurité d'un convoi formé lors du repli de notre base. Il était composé de quatre sous-marins armés de nombreuses pièces anti-aériennes. Nous atteignîmes sans encombre Swinemünde.

La Baltique était en partie gelée ; aussi étions-nous munis d'un brise-glace protecteur, pièce d'acier qui s'adapte à l'avant et qui empêche la déformation de la coque des sous-marins et surtout des portes des tubes lance-torpilles. Au bout de peu de temps, notre brise-glace s'était replié à force d'être heurté par de gros bourrelets de glace et menaçait de ne pouvoir plus remplir son office. Je refusai de poursuivre le voyage dans ces conditions. J'eus gain de cause et le navire fut amené au chantier de Swinemünde. Mais le hasard voulut qu'on ne put remettre aussitôt la pièce endommagée et qu'il fallut un certain temps pour y parvenir.

Ma flottille s'était déjà installée à Wesermünde. L'entraînement des nouveaux sous-mariniers s'y poursuivait. Cela semblait absurde, car beaucoup des équipages rentrés étaient envoyés sur le front terrestre, leurs bateaux ayant été bien souvent coulés dans les ports par les bombardements aériens.

L'*U-977* fut désigné pour combattre en haute mer. Je reçus l'ordre de faire exécuter au plus vite les travaux de révision nécessaires à Hambourg, chez Blohm et Voss.

Au début d'avril 1945, tout était prêt... enfin, prêt pour des gens qui n'étaient pas tenus d'affronter l'ennemi avec ce navire ! Pour moi, il n'était prêt, à aucun égard, pour être mis en action sur le front. Je proposai le changement des batteries qui n'avaient plus que 70 % de leur puissance, le renouvellement de certaines pièces qui étaient en service depuis plus d'un an et qui, d'un instant à l'autre, se mettraient à jouer. Enfin, je demandai un blindage contre avions pour le kiosque, le changement de mes appareils radio, et un temps minimum pour l'entraînement de l'équipage, car nous emmenions des matelots dépourvus d'expérience.

Selon celle que j'avais acquise moi-même, un sous-marin était un excellent engin de combat dans la seule mesure où il était en parfait état à tous égards. Contrevenir à cette règle aurait signifié pour moi le sacrifice de l'équipage, sans que celui-ci pût rapporter au pays le moindre avantage.

Pourtant, on me répondit : « Refusé pour cause de pénurie de matériel. » Et l'on me donna l'ordre d'aller m'équiper à Kiel. Il n'y avait qu'à obéir. J'espérais que l'amiral comprendrait la situation de mon navire. Il fallait lui exposer clairement ma pensée. Je le devais à mon équipage.

Quelques heures après mon arrivée à Kiel, je montais à son bord au moment même où avait lieu une conférence politique. Le conférencier exposa, en dehors de toute logique, l'opinion selon laquelle la victoire finale était certaine. L'amiral semblait visiblement impressionné. Il commenta ensuite cette conférence sur un ton qui semblait prouver une confiance sincère.

Après la conférence, je demandai à lui parler. Aimablement, il me pria de passer dans son bureau. Là, je lui dis tout ce que j'avais sur le cœur.

« Mon cher Schaeffer, vous savez que nous nous battrons jusqu'à la victoire finale : quel qu'en soit le prix, nous vaincrons ! Vous êtes un vieux sous-marinier, je le vois aux nombreuses décorations que vous portez : qui donc prendra la mer, si ce n'est vous ? Vous avez l'expérience nécessaire. »

Il persista dans sa décision d'expédier mon navire en opération bien qu'il ne fût pas en état d'être envoyé au combat. Je gardai le silence...

Je revins à Berlin pour quelques jours, afin de faire mes adieux à ma mère. La guerre tirait à sa fin. Déjà, on préparait la défense de Hambourg. Il semblait que le destin du peuple allemand le vouât à l'anéantissement.

Mon voyage dura vingt-quatre heures. A intervalles presque réguliers, il y avait une alerte. Nous nous tapissions sous les wagons du train et nous attendions l'instant où l'on pouvait repartir. Près de moi se trouvait assis un officier de la Waffen SS. Sans trêve, celui-ci nous entretenait de nouvelles armes à l'action décisive. Je lui donnais la réplique, car ces nouveautés en construction m'étaient suffisamment connues, mais les attaques aériennes... Sans doute ne pouvais-je en juger comme lui, car il travaillait auprès du commandement SS et se trouvait journellement dans les chantiers de recherches. Mon voisin m'invita finalement à aller le voir afin que je puisse, de mes yeux, contempler des créations extraordinaires. J'acceptai.

Le jour même de mon arrivée, je me rendis à l'endroit indiqué. Je dus attendre à l'entrée, puis ma nouvelle connaissance vint me chercher, me présenta au directeur de l'organisation et la démonstration commença. Il régnait en ce lieu une atmosphère de confiance exaltée telle que je n'en avais point connu même après la campagne de France. Des photographies me montrèrent les engins les plus étranges. L'un d'eux s'appelait « Le Rayon de la mort ». J'aurais pu le voir en action, de mes propres yeux, dès le lendemain. Mais c'était impossible. Je n'avais pas assez de temps.

Avant tout, je désirais m'entendre avec ma mère. Déjà, on pouvait prévoir que les Russes marcheraient sur la capitale du Reich et que celle-ci serait le théâtre de la dernière bataille. Berlin allait se transformer en forteresse. Je vis des tramways renversés, des barricades s'élevant partout. Mon intention était d'épargner à ma mère les combats qui auraient lieu à Berlin en la décidant à quitter notre demeure. Mais elle me répondit qu'elle ne quitterait pas Berlin, quoi qu'il pût arriver ; elle ne voulait dépendre de personne et, d'ailleurs, elle viendrait bien à bout des Russes...

Je retournai à mon poste. Chaque jour, Kiel recevait une grêle de bombes. Bientôt, le port fut enveloppé d'une sorte de brouillard et, plusieurs fois par jour, il me fallait conduire mon navire dans quelque baie abritée. On se serait cru sur le front. Au-dessus du pont, les projectiles passaient en sifflant. Nos machines devaient marcher lentement. On ne pouvait rien voir, le port était encombré de bateaux. Il fallait attendre, avec l'espoir que tout se passerait bien. Le ronronnement des moteurs d'avion ne cessait pas. On ne voyait plus d'escadrilles de chasseurs allemands.

Deux jours avant de prendre la mer, notre sous-marin est entièrement équipé. Vers midi, les sirènes d'alarme se mettent à hurler. Nous nous éloignons. Le navire de l'un de mes camarades nous suit. Nous marchons en formation serrée dans les eaux de Kiel. Nous sommes au centre des jets de bombes. Des avions de chasse américains passent au ras de nos têtes. Impossible de se défendre. A cent mètres de moi, deux bombes atteignent le *New-York*, navire de passagers sur lequel, jadis, je partis pour l'Amérique du Nord. Il brûle comme une torche. De temps à autre, une réserve de munitions éclate, envoyant en l'air une gerbe de projectiles. Effroyable feu d'artifice. Détonations à l'arrière de mon navire. Vitesse maximum, en avant ! D'ailleurs, peu importe que l'on marche à vive allure ou lentement, mais cela calme les nerfs de donner un commandement. Détonations sur mon arrière. Le navire de mon camarade est touché : en quelques secondes, il disparaît. Peu de rescapés.

J'apprends que mon ancien commandant, auprès duquel j'eus le poste d'officier en second, se trouve en séjour à Kiel. Je crois me souvenir de son adresse, et je m'en vais lui rendre visite. Mais je me perds et cherche en vain sa demeure. Il est dix heures du soir et je me décide à tirer la sonnette d'une maison voisine et à demander si l'on y connaît celui que je cherche.

Une domestique m'ouvre. Avant que j'aie fini de m'expliquer, une voix féminine furieuse s'élève : « C'est incroyable que l'on ose vous déranger à cette heure ! C'est encore un de ces marins ! » Et j'entends quelqu'un dégringoler l'escalier en grommelant. Déjà, j'ai pris mon parti de me voir jeter à la porte par quelque vieille sorcière, mais c'est un délicieux visage de jeune fille aux cheveux blonds et bouclés, aux yeux bleus étincelants, qui paraît. Vraiment, je ne m'y attendais pas. J'ai dû rougir. Je prie cette charmante personne de me pardonner cette incursion tardive et je lui en explique le motif. Sans doute, ai-je su alors me montrer infiniment plus aimable qu'un instant plus tôt. Nous entrâmes en conversation. Enfin, lorsqu'il se fut avéré que le commandant recherché était inconnu, la jeune fille, qui comptait peut-être dix-sept ans, me proposa de consulter l'annuaire de téléphone, où je découvris le nom de mon ancien chef.

Quelques jours plus tard, on mit le cap sur la Norvège, où nous devions recevoir un complément de gazoil, puis le navire fit deux jours d'exercices avec le Schnorchel nouvellement installé.

Nous formions un groupe de trois sous-marins, dont un était du nouveau Type XXI. C'était le premier que l'on envoyait au front. Après deux jours de navigation, je pénétrai dans un avant-port danois. C'était, il est vrai, peu indiqué, mais il ne fallait pas prendre la chose trop au tragique ! Au Danemark, on pouvait encore bien manger une dernière fois et se rendre au centre d'accueil allemand. Plus on pourrait emporter de vivres, mieux cela serait ! Le commissaire, une bonne âme, n'était pas mesquin ; il ne ressemblait pas à certain inspecteur-intendant de Pillau qui, au lieu d'agir selon la raison, n'en faisait qu'à sa tête et réussit à conserver pour l'ennemi de grandes réserves de vivres. Nous ne pouvions lui faire comprendre nos besoins qu'en employant presque la force ! Cette fois, les barils de beurre, les jambons, les œufs, enfin tout ce que l'on peut imaginer, fut introduit à bord par mes matelots. L'ingénieur-mécanicien émettait déjà des réserves quant au poids du navire qui risquait de manœuvrer difficilement. Cependant, en calculant bien, on trouva encore des possibilités de contenance insoupçonnées. Un camion fit encore un voyage. Mon équipage était satisfait : cette fois, nous serions bien pourvus.

Le commandant du sous-marin appartenant au Type XXI parlait beaucoup des qualités remarquables de son nouveau navire. J'en étais jaloux, naturellement, car c'était une splendeur ! Le voyage des côtes danoises jusqu'à celles de Norvège, notre nouvelle destination, devait, selon les ordres reçus, s'effectuer en plongée. Sous l'eau, le Type XXI avait une vitesse de plus de 8 nœuds, tandis que mon navire n'en avait que 3. Sa vitesse extrême dans cette situation atteignait près de 18 nœuds, et le mien 9, pour une durée de deux heures seulement. Malgré cela, je lui proposai un pari : le dernier qui atteindrait la côte norvégienne offrirait à l'autre une caisse de champagne.

Le voyage jusqu'en Norvège était considéré comme extrêmement périlleux, ce secteur étant des plus surveillés par les Anglais. On savait que presque tous les navires qui se rendaient des côtes allemandes au front devaient traverser ces parages et, pratiquement, ils y passaient tous, car les bases navales françaises étaient déjà retombées aux mains de l'ennemi. Ce secteur très restreint pouvait facilement être bloqué.

Plus de la moitié de nos navires furent perdus dès leur première traversée, surtout parce que, lors des attaques aériennes, ils n'osaient plonger de peur de rencontrer des mines que les Anglais avaient mouillées en grande quantité.

A peine notre escorte nous a-t-elle quittés que déjà des avions ennemis sont détectés dans l'appareil anti-radar. Nous en comptons douze. Ils approchent à toute vitesse. Peu de fond. Des mines. Vrombissements. Nous sommes encerclés. Il semble que l'on veuille d'abord nous situer pour attaquer après l'arrivée des renforts. Nous nous attendons à être atteints d'un moment à l'autre par les roquettes que les avions lancent sous leurs ailes. Ce sont des engins si perfectionnés qu'ils n'explosent pas lorsqu'ils heurtent l'eau, mais y pénètrent profondément. Elles présentent l'avantage de pouvoir être lancées sur des sous-marins naviguant en plongée. La puissance de pénétration de ces engins est égale à celle de l'obus anti-tanks. Elles pénètrent d'un côté du navire et en ressortent de l'autre. Leur diamètre (qui mesure à peu près 8 centimètres) laisse un trou béant et le sous-marin atteint est perdu. La sûreté du tir est infiniment supérieure, comparée à celle des bombes.

Je ne connais que trop les attaques aériennes en pleine nuit ! Les fusées éclairantes éblouissent les hommes aux pièces et il est impossible de distinguer les avions puisqu'ils se tiennent au-delà des sources de clarté. On n'entend qu'un bourdonnement trop connu et angoissant. Des balles traçantes sifflent à nos oreilles, puis ce sont les détonations de bombes. Avec cela, un agréable sentiment : se savoir sans défense !

En surface, nous serions perdus sans espoir. Malgré le danger des mines, je donne le signal de plongée. Tout marche bien.

Chaque fois que nous élevons notre Fu-M-B hors de l'eau, il annonce des avions dans le voisinage. Sans doute connaissent-ils notre itinéraire et ils nous poursuivent. Il faut attendre jusqu'à l'aube pour nos premiers essais de Schnorchel. Pour mon ingénieur-mécanicien et beaucoup de membres de l'équipage, c'est là quelque chose de neuf. C'est pourquoi j'avais demandé pour mon navire, à mes supérieurs, une courte séance d'entraînement dans la Baltique.

Dans le sous-marin, le moral n'est pas mauvais : nous sommes sortis du gâchis. Si, par malchance, notre *U-977* avait été détruit par une de ces attaques aériennes journalières, chacun de nous eût reçu une affectation sur le front terrestre, assez peu satisfaisante sans doute. Quant à moi, je suis le maître à bord et j'ai tout l'équipage derrière moi.

Nous avons franchi la région minée la plus dangereuse. Paisiblement, nous naviguons maintenant à une profondeur de 50 mètres. Le moment approche où il faudra recharger les accumulateurs — opération facile avec notre Schnorchel. Inutile, désormais, de faire surface pour ce travail ; les diesels peuvent travailler sous l'eau.

Le Schnorchel s'élève « hydrauliquement ». Nous montons à vingt mètres. Un regard circulaire sur l'appareil de détection des radars me permet de m'assurer qu'aucun navire ni avion ne se trouve dans les parages ; parfois, ils font des recherches en évitant de se servir du radar. Alors, 14 mètres, à l'immersion périscopique. Rien en vue. Les moteurs marchent ; l'un charge les batteries, l'autre est branché sur l'hélice. Le compteur indique 6 nœuds. L'air nous parvient par le Schnorchel ; malgré cela, la pression augmente sensiblement à l'intérieur du navire. L'ingénieur-mécanicien manœuvre mal. Tantôt, le Schnorchel s'élève par trop au-dessus de la surface, tantôt, il s'enfonce en dessous. De cette manière, évidemment, cela ne marche pas bien. Lorsque le Schnorchel plonge, la soupape se ferme et l'air nécessaire aux diesels est pris sur l'air que renferme le compartiment. Le fût du Schnorchel remonte. La différence de pression se révèle par un mugissement. Nouvelle plongée, suivie d'une montée, et cela continue sans trêve. Les tympans font mal. Ce sport au Schnorchel manque de charme. Je perds patience et me fâche. Naturellement, je ne puis faire aucun reproche à l'ingénieur-mécanicien : il navigue au Schnorchel pour la première fois. S'il se trouve un avion en l'air, il ne renoncera pas à l'attaque, car il se dira : « Ceux-là, en bas, ont encore besoin d'apprendre leur affaire ! »

On pourrait nous comparer à un onduleux serpent de mer : montée, descente, montée, descente. Nous voici à 30 mètres. Les diesels peuvent aspirer l'air intérieur dans l'espace d'une minute exactement, puis on en arrive aussitôt à avoir les yeux exorbités et à sentir que nos tympans vont se déchirer. La limite est atteinte, 400 millibars de pression ! Les gaz d'échappement ne peuvent plus être évacués, la colonne liquide au-dessus de l'échappement est trop haute. Ils se répandent dans le bord, noirs, corrosifs. Stopper ! Trop tard. Des nuées de fumée roulent à travers le sous-marin. Le personnel du compartiment des machines s'enfuit presque. Les hommes sont aveuglés ; de grosses larmes s'échappent de leurs yeux. Quelques-uns ont mis leur combinaison de sauvetage. Tout l'intérieur du sous-marin est noir. Avec la meilleure volonté, on ne peut rien distinguer.

« Surface ! » Je suis monté dans le kiosque sous le panneau. Les fumées noires me suivent. Espérons que les hommes ne perdront pas connaissance avant que l'échappement fonctionne de nouveau ! Avant tout, Dieu veuille que, là-haut, il n'y ait point d'avions ! Il ne faut pas penser à se défendre dans une telle situation. Nous sommes, à la lettre, enveloppés de brouillard. On entend des sifflements dans les ballasts. Le sous-marin s'élève rapidement. J'ai déjà desserré le volant du panneau. Il n'y a pas de danger, la pression de l'eau empêche qu'il ne s'ouvre tout seul. Nous avons atteint la surface. Décompression. Il faut ouvrir une soupape afin qu'à l'intérieur du sous-marin s'établisse la pression atmosphérique, autrement le panneau ne s'ouvrira pas. La décompression doit s'effectuer lentement mais mes matelots n'ont, et je les comprends, qu'une idée : de l'air pur ! Je suis comme eux. Panneau ouvert. Sortir. Voici qui est fait, mais j'entends des cris : beaucoup se couvrent les oreilles de leurs paumes. Les tympans traversés de cruelles douleurs, la décompression s'est faite sans transition. Avec l'officier de quart, je poursuis mes investigations à l'horizon. Rien en vue. Nous respirons, soulagés. Pour la première fois, je ne fume pas après avoir fait surface — et cela veut beaucoup dire.

On ventile l'intérieur du sous-marin. Je marcherai au Schnorchel aussi rarement que possible : je n'ai aucune envie d'être détruit par les gaz, comme un rat. L'ordre du Haut Commandement était le suivant : naviguer en plongée jusqu'aux côtes de Norvège, marcher au Schnorchel. Région extrêmement dangereuse. Difficile à suivre si, auparavant, on n'a pu s'entraîner ainsi qu'il est convenu, parce que le Haut Commandement estimait que la Baltique, comme champ d'exercices, était devenue peu sûre ! Un entraînement de deux jours, avec le Schnorchel, nous sera enfin permis en Norvège.

La visibilité est excellente. Ciel pur, soleil radieux. Il serait donc difficile de nous surprendre. J'estime que naviguer en surface serait la façon la plus sûre et la plus rapide d'accomplir notre voyage. C'est d'ailleurs la seule possibilité que j'aie de gagner mon pari. Maintenant, je marche à 18 nœuds et le sous-marin du Type XXI ne marche qu'à 9 !

Pendant longtemps, tout va bien. Rien à signaler. Puis, on annonce deux avions ; ils marchent en formation serrée, sont très éloignés et ne nous verront pas. Ils font des recherches sans radar ; autrement, nous aurions décelé leur présence, grâce à l'anti-radar. D'ailleurs, je suis convaincu qu'ils n'effectuent leurs investigations qu'afin d'obéir aux ordres qu'ils ont reçus. Ils travaillent sans ardeur, car voici longtemps qu'un sous-marin n'a hanté ces parages en naviguant en surface. Quant à la navigation au Schnorchel, elle se fait habituellement de nuit. Les équipages des avions ne l'ignorent pas, ainsi pourquoi se fatiguer les yeux inutilement ? Si, par aventure, ils se rapprochaient davantage, il serait toujours temps de plonger avant qu'ils puissent nous attaquer avec succès. Ils passent à une distance de 6 000 mètres.

Nous atteignons la base de Christiansund, le 26 avril 1945. J'ai gagné mon champagne, car les deux autres sous-marins n'arriveront qu'un jour plus tard.

Le grand amiral Dönitz lance une proclamation dans laquelle il déclare qu'une capitulation ne saurait être envisagée.

L'effondrement de nos forces s'accomplit avec l'implacabilité de la destinée. La nouvelle de la mort de Hitler sur le front de Berlin nous parvient alors. Le grand amiral Dönitz prend le commandement de toutes les forces de la Wehrmacht ; il devient Chef d'Etat. On prétend qu'il poursuivra la lutte en Norvège.

Notre ingénieur-mécanicien a appris, entre-temps, la manière de naviguer convenablement avec le Schnorchel. Nous sommes prêts à reprendre la mer. Evidemment, les joints des diesels commencent à fuir. Nous nous gardons de le faire savoir, car nous tenons à rejoindre le front. Pour nous, c'est un devoir net et précis, qui ne nous soumet pas à des ordres contradictoires au sein d'une situation chaotique.

Nuit tiède du printemps nordique. Avec mes hommes, je campe sur une montagne, à la belle étoile. Une brassée de bois flambe, dont les flammes s'élancent rougeoyantes vers le ciel. Les astres scintillent ; la mer miroite. Des rocs sombres confèrent à ce paysage cyclopéen un caractère d'exaltation contenue.

Nous sommes assis en cercle. L'équipage compte quarante-huit membres. Les conversations expriment les inquiétudes qu'éprouve chacun pour la patrie et pour les siens. Les quarts s'emplissent de bon vin, mais nos pensées demeurent graves. Le père de mon ingénieur-mécanicien est tombé au combat ces jours-ci. Au cours de la Première Guerre, il avait déjà perdu un bras. En service dans le Volkssturm, il dut enfin faire le sacrifice de sa vie. Le Reich, jadis si orgueilleux, est vaincu, occupé par les troupes ennemies.

Le feu s'éteint. Notre dernière réunion cordiale à terre va prendre fin. Le lendemain, nous embarquons.

2 mai. L'instant du départ était venu. Une fois encore, le chef de notre flottille essaya de ranimer le courage des hommes dans son message d'adieu : « Luttons jusqu'au dernier homme. Nous ne capitulerons jamais ! »

La côte norvégienne s'estompait derrière nous. La nuit, nous marchions au Schnorchel. J'avais reçu cet ordre : « S'arrêter devant Southampton, si possible pénétrer dans le port. »

Quelques jours après notre départ, le périscope principal eut une avarie. Grave question, car, pour la navigation au Schnorchel, il fallait absolument avoir l'usage du périscope. Ainsi, nous marchions à l'aveuglette, sans voir si les moteurs fumaient, si des groupes de chasseurs se trouvaient dans les parages. En pareil cas, le second périscope ne servait à rien, étant trop court et destiné, d'ailleurs, aux attaques nocturnes. Il avait une optique particulière et permettait de voir à 90 degrés en l'air.

Je ne voulais à aucun prix regagner un port. Sans désemparer, nous poursuivîmes notre marche vers le sud. La dépense nerveuse à laquelle nous étions soumis pendant la navigation au Schnorchel était extrême, car rien n'est pire que de marcher sans voir ce qui se passe à la surface. A cela s'ajoutait que, selon l'époque de l'année, les nuits nordiques devenaient fort courtes et bien plus claires. Naturellement, nous profitions des heures d'obscurité plus intense pour recharger les batteries, mais le Schnorchel laissait derrière lui une traînée de bulles ; s'il se mettait, en plus, à envoyer de la fumée, nous étions davantage encore promis à une prompte découverte. Par-dessus le marché, lorsqu'on navigue en plongée avec les diesels, le bruit est tel que l'on ne peut se servir de ses propres appareils d'écoute. On perd ainsi la seule possibilité de se rendre compte si les navires n'approchent pas. Les bâtiments qui hantaient ces parages étaient presque tous des navires de guerre et la surveillance la plus intense y était exercée. Les sous-marins qui voulaient atteindre l'Atlantique devaient donc franchir ces barrages. Et naturellement, il était plus aisé de nous détecter dans ces eaux qu'en plein océan.

Nous sommes dans la souricière ! Sans trêve, nous entendons dans l'anti-radar le grondement typique bien connu. Il enfle, puis décroît. De même, la lampe avertisseuse luit sans cesse d'un éclat verdâtre, tantôt pâle, puis plus intense, puis à nouveau elle pâlit. Si l'adversaire fait des recherches, une antenne tourne en rond et chaque fois que le rayon du radar frappe directement l'appareil récepteur, les indications données par notre appareil sont plus intenses. Un observateur expérimenté peut, en certains cas, déceler si on est ignoré ou connu de l'adversaire. Il est sage de s'éloigner de l'ennemi qui se rapproche en descendant à de plus grandes profondeurs et de rentrer le Schnorchel. Au début, nous n'y manquons point ; cependant, on n'échappe pas au danger qui résulte des accumulateurs insuffisamment chargés. Au raccourcissement du temps de charge s'ajoute un autre inconvénient : cette manœuvre se solde par une dépense de courant. Les trois heures nécessaires pour recharger les accumulateurs passent au nombre de six et cela au grand jour et sans rien voir. On est comme sur des charbons ardents ; on s'attend, à chaque instant, à des chutes de bombes et cela chaque jour, sans clarté, sans voir le soleil. Défense de fumer. Aucune diversion.

Cinq jours que cela dure ! La propagande anglaise accorde depuis longtemps déjà 40 jours de vie à tout sous-marin allemand et cela, avec raison, nous ne l'ignorons pas, 40 jours au plus. Nous en avons déjà huit derrière nous, encore 32, mais il n'est pas dit que cela durera aussi longtemps ! Peut-être est-ce pour aujourd'hui, peut-être pour demain ? C'est une question de chance.

Pendant la marche au Schnorchel, un message radio *officier* nous est parvenu. Le second officier de quart me le passe. Qu'est-ce que cela ? Il contient une sorte de « vue d'ensemble » de la lutte soutenue par les sous-marins et il est à peu près conçu en ces termes : « Sous-mariniers ! Vous vous êtes battus courageusement pendant cinq ans dans toutes les mers du monde. Vous pouvez considérer avec fierté toutes vos actions. Votre effort est incomparable et unique. Vous entrez, dès aujourd'hui, dans l'histoire. Mais si durs qu'aient été vos combats, la plus rude épreuve vous attend : il nous faut capituler et vous aurez désormais à exécuter les ordres des Alliés. » La signature de ce message demeura ignorée pour nous, car, à l'instant même où elle allait être captée, l'antenne du Schnorchel s'enfonça dans l'eau.

Qui donc avait envoyé ce message ? Etait-ce l'œuvre de l'amiral Dönitz ? Ceci semblait peu probable, étant donné son attitude précédente. Peut-être était-ce une ruse de l'ennemi qui avait réussi à s'emparer d'un poste émetteur et de ses tables de chiffres ? Je discute de la situation avec mes officiers. Je tiens pour impossible que Dönitz, comme Chef d'Etat, ait consenti à la capitulation sans conditions. « Nous ne nous rendrons jamais, nous lutterons jusqu'au dernier ! » avait-il dit. On pouvait admettre que les Alliés, avec leurs forces écrasantes, avaient brisé toute résistance au cours de ces derniers jours, mais je considérais comme impossible que le Haut Commandement ait consenti à une capitulation totale.

Je me retire dans mon poste de commandement. Je dois prendre une résolution et, dans cette intention, je veux me recueillir dans la solitude. Des heures passent. Les décisions les plus diverses tourbillonnent dans mon cerveau...

Le lendemain, nous captons un nouveau radio. Une fois de plus, je discute de la situation avec mes officiers. Mon opinion est que nous ne pouvons accepter de directives de l'adversaire tant que nous n'aurons pas la preuve que notre Haut Commandement est d'accord. D'après les derniers ordres reçus, une telle éventualité paraît peu probable. Je refuse donc de suivre ces invites et je considère que je puis agir selon mon propre jugement. Encore un radio, donnant l'ordre de faire surface immédiatement, de donner sa position, puis détruire les armes et hisser des pavillons bleus ou blancs. Signé : Commission alliée. Ma patience est à bout. Je donne l'ordre de couper le contact du poste puisqu'il ne peut plus nous transmettre la pensée véritable du Haut Commandement et qu'il ne sert plus qu'à l'ennemi, qui connaît jusqu'à notre longueur d'ondes.

Je me suis arrêté à un plan que je veux soumettre à mon équipage. Celui-ci n'a pas encore été mis au courant des événements. Je m'adresse à lui à peu près en ces termes :

— Camarades ! Le plus dur moment pour nous, en même temps que l'heure la plus triste de l'histoire allemande, a sonné : la perte de la Seconde Guerre mondiale. Nous ne savons que trop ce qui attend le peuple allemand. La propagande ennemie ne s'est pas gênée pour nous le faire savoir. Je songe au plan Morgenthau qui prévoit la transformation de notre pays en une lande déserte, au plan selon lequel tous les mâles allemands seront stérilisés. La pierre fondamentale d'une politique gonflée de la haine est déjà posée. Des femmes, des jeunes filles allemandes sont actuellement livrées sans protection aux violences des troupes d'occupation ; des hommes sont traînés vers l'esclavage. En vain, le Haut Commandement allemand et même l'amiral Dönitz ont supplié qu'on épargnât ces horreurs au peuple allemand et cela en considération de l'avenir européen. On a tout refusé. Cette haine est immense et il ne semble pas, comme on l'a prétendu d'abord, que le national-socialisme en soit seul l'objet ; elle s'adresse à tout le peuple allemand. Car le gouvernement national-socialiste a pris fin avec la mort d'Hitler. Nous sommes livrés sans défense à l'arbitraire. Il dépend donc de nous d'agir selon notre propre jugement : saborder notre sous-marin, entrer dans un port, ce qui, durant la guerre, fut considéré comme honorable...

« Parmi nous, il y a un quartier-maître qui connaît l'Argentine et qui est resté en relation avec des amis habitant ce pays, si bien qu'il peut fournir quelques renseignements sur cette république sud-américaine à laquelle un grand avenir est promis. Moi aussi, j'y ai des relations et des amis. Je sais que c'est un des Etats les plus évolués de l'Amérique du Sud, pourvu de richesses naturelles, comprenant d'énormes espaces dont les nombreuses possibilités offertes dans tous les domaines donnaient à chaque individu une chance de réussir.

« Camarades, l'adversaire exige que nous nous livrions à lui. Il s'appuie pour cela sur le fait que notre commandement a capitulé. Il semble invraisemblable que le grand amiral Dönitz ait consenti à une capitulation totale. Il se peut que la dernière résistance ait été brisée par l'adversaire, qui dispose d'une force cent fois supérieure à la nôtre, et que la guerre soit réellement terminée. Mais, pour nous, il n'est pas question d'obéir aux commandements de l'ennemi sans être éclairés plus que nous ne le sommes. J'estime que nous devons poursuivre notre route sans nous permettre d'action offensive. Je n'attaquerai ni ne coulerai plus aucun bâtiment ; je n'exercerai aucune représaille sur des innocents. Il est vain de continuer la guerre pour son propre compte. Notre destination sera l'Argentine. Nous sommes pourvus à bord de réserves de vivres considérables qui nous épargneront l'épreuve de manger le maigre pain de la captivité.

« Ce que j'expose là, et qui est ma conviction profonde, est si grave en ce qui concerne la destinée de chacun, que ce n'est pas en tant que commandant que je propose à mes hommes de l'exécuter. Je laisse chacun libre de décider de son sort. Réfléchissez, décidez. J'espère que vous supporterez ces nouvelles avec une dignité toute militaire.

Un vote eut lieu. Naturellement, on en discuta fort auparavant. Il y avait des groupes d'opinions. Rien ne pressait ; il était préférable de prendre des résolutions sans hâte.

Selon le principe démocratique : le nombre décide, j'aurais pu accéder à la volonté de la majorité sans plus d'hésitation. Mais je voulais en tout cas satisfaire au vœu des hommes mariés de l'équipage. Dans le poste des sous-officiers, nous tînmes conseil. Les différentes solutions furent passées en revue. La livraison officielle de notre sous-marin eût entraîné l'internement dans un camp anglais de prisonniers de guerre ; or on ne sait jamais quand des prisonniers de guerre seront libérés. Il est vrai que des conventions internationales assurent que, la guerre terminée, ils seront aussitôt rapatriés, mais que signifient actuellement les conventions internationales ?

Je proposai aux intéressés de l'équipage un débarquement sur les côtes norvégiennes. Là, ils se trouveraient près de notre pays et réussiraient peut-être à l'atteindre. Cela dépendrait de leur capacité personnelle pour se débrouiller. Ils furent d'accord.

Direction Norvège. La manœuvre devait avoir lieu à la hauteur de Bergen. A l'idée que quelques-uns allaient nous quitter, nous étions bien tristes. Il est toujours dur de se séparer de ses camarades. Longtemps, nous avions formé une communauté, une grande famille : « Pris avec, pendu avec », dit-on dans notre arme, où ce dicton prenait une signification réelle. Il est rare qu'un équipage abandonne son sous-marin, si ce n'est lorsque celui-ci se trouve si gravement atteint qu'il va sombrer.

Même nourriture, mêmes veilles. Lorsqu'il pleuvait ou ventait, l'officier de quart était tout aussi trempé et gelait autant que le plus jeune des matelots. Au cours des combats, les supérieurs se trouvaient sur le pont et lorsque le sous-marin plongeait, ils descendaient les derniers à l'intérieur après être restés le plus longtemps exposés aux balles. C'étaient là les principales raisons de notre profonde solidarité. Mais on se tromperait en s'imaginant que, pour ces raisons, la discipline se relâchait. Tout au contraire. Nous avions des matelots disciplinés. Chaque matin, j'étais salué militairement et l'on me faisait un rapport dans chacun des compartiments où je pénétrais.

Notre plan enfin arrêté était le suivant : longer la côte dans l'obscurité et effectuer le débarquement de nos camarades à l'aide de canots pneumatiques. Ceux-ci avaient l'intention de regagner l'Allemagne sur un vapeur ou tout autre bâtiment. Ils emporteraient des vivres pour un mois ; nous n'en manquions pas.

10 mai. Nuit obscure. Nous nous rapprochons de la côte. Nous étions depuis huit jours en plongée et, sous l'eau, il était impossible de faire le point. Les stations de radios spéciales et d'électro-sons destinées à guider les sous-marins ne fonctionnaient plus. Nous ne pouvions savoir exactement où nous étions. Il eût été facile, évidemment, de se rendre dans un port, car celui-ci est habituellement

environné de feux qui permettent de s'orienter aisément. Mais cette idée ne nous retint pas ; nous aurions été faits prisonniers aussitôt. Il fallait donc atteindre quelque point non surveillé. La navigation le long d'une côte inconnue, et surtout celle de Norvège, présente des dangers du fait des prolongements rocheux sous la surface de l'eau. Des cartes spéciales sont nécessaires. Nous n'en possédions pas. Il fallait courir ce risque.

Les sous-officiers se préparèrent. Ils mirent les objets les plus importants dans des sacs imperméables et préparèrent leur évasion. Ils se munirent de cartes à grande échelle.

Peut-être était-ce la dernière fois de leur vie que nos camarades faisaient surface dans un sous-marin. Nous nous trouvions à quelques milles de la côte. Dans la nuit obscure, un léger brouillard rendait l'orientation plus difficile encore. Deux grands bateaux de caoutchouc furent gonflés d'air. Chaque homme avait son canot individuel attaché aux épaules. Les sacs se trouvaient prêts sur le pont supérieur. Minuit. Bientôt, l'aube se lèverait. Heureusement que l'on n'avait pas encore atteint le cœur de l'été, car la clarté du jour n'eût presque pas cessé. Il fallait agir vite et pourtant nous étions obligés de marcher lentement, car il y avait par trop de récifs en bordure de la côte. Encore aucun danger, la sonde automatique annonçait plus de 100 mètres. Distance : cinq milles marins. A présent, trois, deux. Le sous-marin se rapprochait de la côte. L'eau devenait de plus en plus calme. Pourtant, nous étions trop éloignés encore. Impossible de débarquer nos camarades à une grande distance de la côte. Le vent soufflait de la terre. Ils ne pouvaient que difficilement couvrir un tel espace en luttant contre le courant et les vagues dans leurs bateaux pneumatiques. Ceux-ci pouvaient dériver vers le large et leur situation eût été désespérée, en tout cas en ce qui concernait leur retour au pays sans être découverts.

La sonde n'annonçait plus que quelques mètres : 10 — 8 — 5. Les annonces changeaient sans cesse. Le sous-marin marchait sur ses moteurs électriques. L'un allait de l'avant et tournait au régime le plus lent ; l'autre était prêt à faire « machine arrière » à plein régime. Cela réussirait-il ? Nul ne pouvait s'attendre à rencontrer en ce lieu un sous-marin allemand.

Le sous-marin penche très légèrement de côté. Nous avons quelque peu touché le fond. Qu'importe ! il nous faut nous rapprocher davantage, car il est impossible que nous débarquions déjà nos hommes. Encore deux kilomètres. Le sous-marin avance à une allure d'un nœud, nous ne pourrions naviguer plus lentement. Les moteurs électriques nous permettent cette allure réduite ; les diesels marcheraient à six nœuds pour le moins.

Soudain, l'avant se cabre, sans heurt ni bruit. La sonde annonce encore cinq mètres sous la quille. En arrière toute ! Trop tard : l'avant est soulevé hors de l'eau jusqu'au-dessus des gouvernails de plongée. Forte pointe, trente degrés peut-être. Voici déjà cinq minutes que les machines travaillent à tirer le sous-marin en arrière, mais celui-ci ne bouge pas. Nous tentons d'aller de l'avant, dans l'autre sens. Aucun succès. La situation semble désespérée !

Je propose à nos seize camarades de quitter le sous-marin avant que l'on ne nous découvre. Il semble bien que nous soyons perdus. Au lever du jour, on nous verra. Devons-nous faire sauter notre sous-marin ou le livrer ? On pouvait se permettre de telles réflexions, l'obscurité régnant encore.

Dernière poignée de main. Beaucoup de ceux qui nous quittent ont les joues couvertes de larmes. De braves gars. Pour ceux qui restent, l'heure des adieux sonnera également. Tôt ou tard. Chacun aura à lutter pour son existence et cela ne sera pas facile.

Les canots sont mis à la mer. L'un d'eux se retourne ; nous sommes par trop inclinés sur le flanc. Deux hommes tombent à la mer. On les repêche. Ils n'ont pas le temps de se changer, l'aube paraît déjà. Les hommes s'éloignent. De part et d'autre, nous faisons des gestes d'adieu. Peut-être leur sort est-il à présent préférable au nôtre : immobilisés sur un rocher !

L'ingénieur-mécanicien travaille avec l'ardeur du désespoir. On chasse dans les ballasts. Les machines marchent à plein régime. L'eau projetée par l'hélice bouillonne à l'arrière. En vain. Le sous-marin demeure immobile. Notre situation est de plus en plus critique. Dans une demi-heure, il fera clair et nous serons pris ! Navire de guerre ! Et en route pour la captivité ! Finie la liberté !

Dernier espoir. Nos bouteilles d'air comprimé sont pleines, les manomètres annoncent 205 kilos. Peut-être le sous-marin se soulèvera-t-il lorsque la soupape s'ouvrira et que l'air se détendra dans les ballasts pour s'échapper ensuite en dessous du navire ? Les ballasts sont ouverts dans le fond et fermés en haut. Espérons que le navire sera remis à flot ! Impossible d'évacuer notre combustible : nous avons choisi un but de voyage très lointain ! Air comprimé dans tous les ballasts. Sifflements. Les moteurs hurlent. Vitesse maximum trois fois. Les signes témoins rouges sur les plaques de contrôle ne m'intéressent plus. Sur le pont, on sent nettement l'énormité de l'effort. Le sous-marin vibre. Barre à droite toute ! A gauche ! Hurrah ! le sous-marin bouge, il recule. L'avant s'abaisse. La rive se précise de plus en plus. Nous virons de bord. L'officier navigateur a nettement indiqué l'itinéraire à suivre. Notre avance, d'abord lente, est de plus en plus rapide. Il fait clair. Les machines marchent déjà à « grande vitesse ». Nous distinguons encore faiblement nos camarades. A présent, ils nous envoient des signaux à l'aide d'une lampe morse. Ils peuvent se le permettre. On ne pourrait apercevoir ce clignotement de la côte, car ils lui tournent le dos. « Bon voyage ! Si l'on nous prend, nous dirons que nous avons sauté sur une mine. Seuls rescapés. » Ils disparaissent à nos yeux.

Des éclairs de tirs d'artillerie sur la côte. Des batteries tirent sur nous. Alerte !

Vraiment, cette réduction de l'équipage ne nuit pas au travail des hommes. Ce sont tous de jeunes matelots. Mais ils connaissent leur métier.

Pour nous, les eaux sont encore peu profondes, 100 mètres. Nous allons nous poser au fond. Nous avons du temps devant nous ! Libres comme jadis nos aïeux ! disait Guillaume Tell. C'est vrai pour nous, à présent. Nous avons l'impression d'habiter un petit royaume. Nous écoutons des disques. Les mécaniciens s'installent dans le carré des sous-officiers ; chacun jouit d'un peu plus de place. L'équipage au complet, on était tout de même trop à l'étroit !

13
Soixante-six jours sous l'eau

Le moral est bon. Sans aucun doute, le premier pas s'est effectué heureusement. Nous avons eu raison de toutes les difficultés. Ceux qui m'entourent ont choisi librement de me suivre. Le résultat du vote est consigné dans le livre de bord.

La pensée de poursuivre notre existence à bord « sur le plan civil » est repoussée. « Vous restez pour nous le commandant ; nous voulons conserver l'ancienne organisation », déclarent les officiers. Les hommes sont dans les mêmes sentiments. Je conserve donc mes pouvoirs, la confiance de mes camarades les confirme. Je m'en réjouis et je mets un point d'honneur à ne pas les décevoir.

L'instant de répit que nous nous sommes accordé est passé. Le voyage projeté va être entrepris, des côtes de Norvège jusqu'en Argentine !

Nous nous sommes réorganisés. Tout est prêt pour la continuation de notre course. La quantité d'eau nécessaire est chassée afin que le sous-marin décolle du fond. Les deux moteurs marchent à régime réduit. Rien ne se passe. Mystère. Les manomètres mesurant la profondeur ne bougent pas. Deux moteurs régime réduit, en avant ! Toujours rien. Plein régime ! Rien. Nous sommes-nous engagés sous quelque rocher ? Lentement, le navire s'élève. Avait-il l'intention de se moquer de nous, ou bien étions-nous ivres ?

Itinéraire : faire le tour de l'Angleterre. Il s'agissait de montrer la plus extrême prudence. L'Anglais surveille sans doute sévèrement toute sortie. Aucun des dirigeants du Troisième Reich ne doit lui échapper. L'ennemi connaît le courage et l'audace avec lesquels nous luttons. Nous connaissions l'enjeu de cette lutte : le destin de l'Europe. Il est prouvé que, longtemps après la fin des hostilités, les alentours de l'Angleterre étaient surveillés par des groupes de chasse en aussi grand nombre qu'en temps de guerre.

Une semaine s'est écoulée. Toujours la même vision, la même tension intérieure, la même incertitude. Ce n'est plus un combat sous l'égide de l'armée de mer, c'est la lutte pour notre liberté personnelle, pour la réalisation de notre plan. Le jour, nous naviguons à 50 mètres. La nuit, à immersion de Schnorchel afin de recharger les batteries. C'est une épreuve pour les nerfs, car nous sommes privés de périscope. Il est vrai qu'il y a une antenne Fu-M-B sur la tête du Schnorchel, mais cet appareil avertisseur est-il vraiment du dernier modèle et capte-t-il toutes les longueurs d'ondes ? En ces derniers mois de guerre, les attaques aériennes ont par trop entravé notre production de matériel. Peut-être aussi les Alliés travaillent-ils avec de nouveaux appareils ? En ce qui concerne la marche au Schnorchel, le périscope est, en principe, nécessaire. Nécessaire pour autant que l'œil humain se laisse remplacer par la machine. Situation périlleuse que crée dans les régions nordiques ce jour presque permanent de la saison d'été. Nous ne pouvons plus contrôler les machines d'après la fumée qu'elles dégagent. Dans l'obscurité, ce serait un inconvénient négligeable : il serait difficile de distinguer une fumée ; mais, de jour, on la voit à des milles de distance. Nous avons nous-mêmes découvert, de cette manière, beaucoup des navires que nous détruisîmes. Nous ne pouvons nous rendre compte de l'approche de navires ou d'avions qui font des recherches sans l'aide du radar. Un bateau de guerre n'a qu'à lancer un lasso, fait d'un filin d'acier, autour de notre manche d'aération, et nous serions « pris », sans espoir de nous libérer ! aveugle cherchant à tâtons son chemin dans une région infestée de fauves. Une unique consolation au sein de sa misère : il peut encore entendre. Espérons que nous entendrons rugir les fauves !

Il n'est pas rare que des avions en chasse ou des bâtiments de guerre soient détectés par les radios : de faibles bruits d'abord, puis les indices se précisent ; ce sont des cris, presque des mugissements qu'émettent les appareils. Alerte ! Instantanément, les diesels sont stoppés ; le Schnorchel est rentré. Nous descendons plus profondément. On n'entend rien dans l'appareil d'écoute. Nul bruit d'hélice. Ce devait être un avion ; sans doute était-il au-dessus de nous, autrement son vrombissement n'eût pas été entendu dans tout le sous-marin et la lampe témoin n'eût pas ressemblé à un phare ! Pourtant, aucune chute de bombes. Peut-être est-ce pour la prochaine fois ?

Impossible de marcher autrement. Il faut encore naviguer au Schnorchel deux heures de plus pour recharger les batteries. Lorsque nous serons découverts, nous serons aussitôt cernés, on ferait Dieu sait quoi pour nous « prendre » ! Peut-être montons-nous le dernier sous-marin allemand ? Ou bien soupçonnerait-on à notre bord la présence d'une personnalité que l'on recherche ? Nous serions perdus. Une partie importante de l'équipage nous manque. Les officiers spécialisés après de longues études sont indispensables ; ils composent l'épine dorsale de tout navire de guerre.

La tête du Schnorchel reparaît au-dessus de la surface. Nous portons — chose que nous n'avons jamais faite — nos combinaisons de sauvetage autour de la ceinture. Dans le cas où une bombe nous atteindrait, envoyant le sous-marin au fond, nous espérons pouvoir au moins en sortir. Inquiétant, cette navigation d'aveugle ! Mais nous n'avons pas d'autre moyen d'atteindre notre but. Il s'agit de gagner du temps, de mettre de l'espace entre nous et les régions dangereuses. Il nous faudra encore bien des semaines avant d'atteindre une zone sûre.

Récemment, j'ai permis de fumer dans le compartiment des machines pendant la navigation au Schnorchel. A ce moment-là, le navire est très aéré, si bien que nul gaz d'échappement ne peut représenter un danger. Les moteurs à combustion interne sont bien mis en action par des explosions. Lorsqu'on ouvre les soupapes se trouvant sur les côtés des cylindres (ce qui arrive souvent) pour contrôler la pression de combustion ou pour constater un éventuel dégagement de fumée, à chaque explosion, une flamme de plusieurs centimètres en sort. Alors, pourquoi nous interdire de fumer ? C'est le seul plaisir que nous goûtions encore au sein de cette inquiétude constante. Deux des hommes sont obligés de rester par roulement dans la partie arrière du sous-marin, où la présence de plusieurs risquerait de rompre l'équilibre et notre ingénieur-mécanicien aurait de la peine à maintenir le navire à l'immersion voulue. Les manomètres de profondeur annoncent presque constamment 14 mètres.

Voici dix-huit jours que cela dure presque sans changement. L'équipage s'énerve peu à peu. La plupart des hommes ont les yeux cernés. Les visages commencent à pâlir et prennent une teinte verdâtre. La clarté du jour nous manque. Pas de soleil, pas d'air pur. Il fait froid et humide. Les murs se couvrent de moisissure. On ne peut jeter par-dessus bord les détritus de cuisine, puisque nous sommes constamment en plongée. Ils s'amoncellent. L'odeur est écœurante. Et puis, il y a les mouches, les asticots...

Malgré le débarquement de nos compagnons, notre navire est toujours bien exigu. L'ex-carré des sous-officiers ne mesure que 3,60 m de long, 2,20 m de large et 2 m de hauteur. Douze personnes s'y tiennent. Le savon s'épuise ; le linge ne peut être blanchi qu'à l'eau salée. Il n'arrive pas à sécher. Les casiers individuels sont trop petits. Un homme revient de sa veille fatigué et a envie de dormir ; d'autres jouent aux cartes, il faut qu'ils se dérangent pour lui. Et ainsi sans trêve, de nuit comme de jour. D'ailleurs, nous ne faisons plus de différence entre la nuit et le jour. Une clarté artificielle nous baigne. Nul ne peut se déplacer vers l'avant ou l'arrière du sous-marin sans demander d'abord si c'est possible : l'équilibre pourrait en être rompu.

Le regard ne peut se délasser au loin. Nous sommes coupés de la nature vivante comme nous le sommes de la civilisation. Aucun délassement moral ; rien qui pourrait nous réjouir, nous élever. Toujours cette puanteur !

Dans cette situation de reclus, on voudrait avoir plus d'air, crier, se fâcher, envoyer des coups en tous sens. Mais c'est interdit. Où cela nous mènerait-il ? Mieux vaut se dominer. Mais combien de temps encore ? Après tout, nous ne sommes que des humains. La vie semble de plus en plus insupportable.

L'heure de la navigation à immersion du Schnorchel est revenue. Pendant ce temps, les diesels marchent. Qu'est-ce que cela ? Une machine est stoppée. L'ingénieur-mécanicien ignore encore ce qui se passe. On l'apprend bientôt : les joints principaux ont commencé à jouer et chauffent. Ça nous manquait ! Sans spécialiste ni périscope, sans obscurité protectrice et, par-dessus le marché, dans ces eaux sévèrement surveillées ! Avec une seule machine, il nous faut cinq heures de charge. « C'est fatal, pensais-je, nous finirons par être pris ! »

Vraiment, notre jeune équipage travaille à la perfection. En deux jours, l'avarie est réparée. Mais la malchance semble s'attacher à nous. Le second diesel s'arrête à son tour. Mêmes réparations. Surtout, conservons notre bonne humeur, faisons contre mauvaise fortune bon cœur, avec le temps nous acquerrons l'habitude des réparations de ce genre... Prédiction qui se réalisa, en effet. A compter de ce jour, il ne se passa point vingt-quatre heures sans quelque accroc. La révision générale tellement nécessaire n'avait pas eu lieu : alors, nous le payions.

Il semblait bien que la défense ennemie était sur nos traces. A peine la tête du Schnorchel s'était-elle immergée que déjà des signes révélateurs de l'approche d'une escadrille d'avions ou d'un navire de guerre étaient perceptibles.

Pour éviter les surprises, il n'y avait qu'un moyen : arrêter les machines à de courts intervalles et descendre à l'immersion d'écoute. Il fallait que cette manœuvre fût accomplie avec la rapidité de l'éclair. La raison en était que l'adversaire avait connaissance de notre appareil avertisseur anti-radar et qu'il ne devait point compter pouvoir nous surprendre s'il nous cherchait exclusivement avec le radar. Pour cette raison, les groupes de chasse anti-sous-marins étaient également munis d'appareils d'écoute, car les moteurs à combustion interne, sous l'eau, s'entendent à une grande distance. Si, par aventure, rien n'était en vue dans la direction des bruits entendus, le bateau de guerre pouvait en conclure avec certitude que ces bruits provenaient d'un sous-marin. Si donc le sous-marin arrêtait ses machines, il y avait du côté de l'adversaire la supposition toute naturelle que le sous-marin était à l'écoute. Là-dessus, le bateau de guerre stoppait ses machines au plus vite. Il s'agissait donc pour nous de le devancer aussi rapidement que possible afin que l'adversaire n'eût pas le temps de dissimuler sa présence par l'arrêt de ses propres machines.

Au début du voyage, nous jouions aux cartes entre officiers, durant la navigation au Schnorchel. De temps à autre, l'un de nous se levait, s'en allait dans le compartiment des machines et y fumait une cigarette. Puis cela arriva plus souvent. Nous nous dominions extérieurement et chacun feignait une tranquillité sereine. Naturellement, nous nous attendions, comme tous à bord, à entendre brusquement des détonations de grenades. Sentiment pénible que la menace de servir de pâture aux poissons après la fin de la guerre ! Chaque jour, la situation devenait plus critique. Souvent, il nous fallait marcher au Schnorchel pendant huit heures d'affilée, car depuis longtemps déjà on ne pouvait plus faire donner à fond les moteurs. L'équipage en prenait pourtant soin comme d'une porcelaine fragile. Tiendraient-ils jusqu'au bout ? Parfois, l'un d'eux s'arrêtait, puis c'était l'autre. Nous entendions souvent dans le lointain l'explosion de grenades sous-marines ou celle de mines dérivantes. Peut-être pourchassait-on d'autres sous-marins ?

Six semaines interminables. Aucune diversion. Toujours la présence des mêmes visages. Les nerfs sont mis à la plus rude épreuve. Avaries et saleté ont pris le dessus. Il n'y a plus qu'une solution : rejeter les ordures par un des tubes lance-torpilles. J'avais le projet de mettre une des torpilles à l'intérieur du sous-marin, d'introduire les détritus dans le tube vide et de chasser le tout à l'aide de l'air comprimé.

Les opinions les plus diverses furent exprimées à ce sujet, trahissant pour la première fois les différents avis. C'était inévitable. Le premier officier de quart estimait que l'on devait chasser la torpille plutôt que de la mettre à l'intérieur, cela afin de s'épargner la peine de la « traîner ». Le mieux serait d'ailleurs, affirmait-il, d'expulser toutes les autres torpilles, car nous ne pouvions plus les utiliser. Il en résulterait plus de place à l'intérieur. En soi, cette idée semblait séduisante. Mais j'avais conscience de l'importance extrême de la présence effective de nos torpilles à notre bord, témoignant ainsi qu'elles n'avaient pas été employées. Sans doute, l'explication que nous aurions donnée de la raison qui avait déterminé l'expulsion des torpilles eût rencontré une grande incrédulité. Après en être venu à une petite explication avec mon ingénieur-mécanicien qui refusait de comprendre mes raisons, je donnais l'ordre d'agir ainsi que j'en avais décidé. Ce fut la première fois, depuis le début de notre voyage, que je dus me servir énergiquement de mes pouvoirs de commandant. Mais combien, par la suite, je me félicitai de n'avoir point cédé !

Notre navigation en plongée semblait ne devoir jamais finir : cinquantième jour ! Nous nous trouvions entre l'Angleterre et Gibraltar. Souvent, je songeais à mon impressionnante aventure dans les eaux de cette forteresse alors que j'étais officier de quart. La température montait. L'été se faisait sentir. La moisissure prenait le dessus : lorsque nous ne frottions pas les parois intérieures, elles verdissaient au bout de quelques jours. Les vêtements collaient au corps. Il n'y avait que de l'eau salée pour se laver. Le contact permanent du sel sur la peau occasionnait des démangeaisons. Beaucoup d'entre nous avaient des éruptions, d'autres des furoncles. Mais il fallait tenir au moins jusqu'à la hauteur de Gibraltar, ensuite nous naviguerions la nuit, en surface. Combien nous nous en réjouissions ! Revoir au moins les étoiles ! Comment s'imaginer encore les cieux ?

Un des hommes du personnel des machines eut la main très enflée. Une énorme grosseur s'était formée exactement sur le poignet. Je nourrissais les plus vives inquiétudes quant à son état. En l'espace de quelques jours, le bras malade est gonflé et mou jusqu'à l'omoplate : signes évidents de la formation d'un liquide séreux à l'intérieur. Impossible de l'en tirer sans risquer une opération. Nous n'avions pas de médecin. Les sous-marins munis du Schnorchel ne s'exposant pratiquement plus à combattre avec des avions, on se passait donc de médecin. Le malade était assis dans le carré des officiers, le visage pâle et jaunâtre, les yeux bordés d'un large cerne ; de plus, il portait une longue barbe hirsute. Nous ne nous rasions plus. Ce n'est pas l'habitude chez les sous-mariniers ; d'ailleurs, la peau est ainsi mieux protégée du froid, de l'humidité et du contact du gazoil.

Nous marchons à 80 mètres. Un soleil éblouissant doit régner à la surface de la mer, du moins nous nous l'imaginons. Les instruments de l'opération sont prêts. Je cherche une bouteille de schnaps : le meilleur moyen d'étourdir un homme. On insensibilise au froid le champ opératoire, puis on incise. Des flots de pus s'écoulent, à croire que la source en est intarissable. Pus et liquide séreux. Il faut changer le pansement toutes les heures. Mais nous avons réussi : au bout de quelques jours, le mal est vaincu. Un pavé m'est ôté du cœur. J'avais déjà songé à pénétrer dans le premier port ou bien à confier le malade à quelque bateau de passagers. Sans doute aurions-nous été forcés de renoncer à notre lointaine destination.

Chaque fois que je me retrouvais seul dans ma cabine, certaines pensées m'assaillaient et me rongeaient. Avais-je bien agi ? J'étais responsable de l'existence de trente et un individus. Bien que chacun d'eux se fût engagé dans l'aventure de son propre gré, il fallait se souvenir que la plupart étaient mineurs. Contre toute attente, le voyage se révélait plus difficile qu'au début. De temps à autre, certaines réflexions exprimées à voix basse me parvenaient, telles que : « Il fallait faire demi-tour, ceux que nous avons débarqués sont certainement rentrés chez eux, tandis que nous souffrons ces misères, cette aventure ! Peut-être ne reverrons-nous jamais plus la lumière du soleil ? » Il y en eut même un qui se présenta pour me proposer d'entrer dans un port espagnol. Il n'en pouvait plus. Je maintiendrai la résolution que j'ai prise. « Notre but est l'Argentine ! » répondis-je.

Il faut en arriver à prendre des mesures disciplinaires, car la discipline se relâche. On tient des conciliabules à voix basse qui cessent dès que je parais. Suspect. Les nerfs de l'équipage sont « à plat ». Journellement, les mêmes soucis. Schnorchel. Alerte ! Ajuster des joints qui ne tiennent plus ; les revêtements ne valent plus rien, on a déjà enfoncé des clous entre les plaques d'acier. Souvent, le navire est envahi par la fumée ; en ce cas, les poumons font mal, les yeux vous brûlent. Chaque vague ferme le clapet du tube d'aération, ce qui occasionne une forte dépression à l'intérieur. Puis, le clapet rouvert, l'air frais jaillit à l'intérieur. La pression change constamment et rien n'épuise autant le corps humain. Les détritus amassés obligent à ce que l'on sorte d'autres torpilles de leurs tubes et qu'on les y recharge. Ai-je tort de refuser de nous débarrasser de ces « objets » ?

Le personnel des machines, constamment baigné de sueur, d'huile, souffre particulièrement des mauvaises conditions d'hygiène qui nous sont imposées. Il n'y a presque plus de savon.

On m'annonce qu'un matelot a dérobé du chocolat. C'est une grave affaire à bord d'un sous-marin. Les vivres se trouvent entreposés partout, impossible d'enfermer quoi que ce soit. Si chacun se sert à sa convenance, le responsable du ravitaillement ne saura bientôt plus ce dont il dispose. C'est un danger pour le navire, sans oublier que l'on vole ainsi ses camarades. Les sous-mariniers attachent une importance particulière à cette question. De tels cas sont extrêmement rares.

J'ai l'intention de sévir énergiquement. L'équipage connaît trop ma façon de penser à cet égard. Je ne me suis jamais montré mesquin, mais je serai sans pitié pour de telles fautes. Sans discuter le cas, je décide une inspection générale avant le dîner. L'heure est venue. Le plus ancien des officiers vient m'annoncer : « L'équipage est à vos ordres, commandant ! » Je me coiffe de ma casquette blanche. Elle repose depuis longtemps dans mon casier. Je passe mon uniforme bleu portant mes décorations et je vais trouver mes hommes.

Comme je pénètre dans la salle, le mot *Achtung !* [1] retentit et tout le monde se lève.

— Camarades ! Vous savez aussi bien que moi pourquoi j'ai voulu

1. Garde-à-vous.

vous réunir. Rien n'est plus éloigné de mes sentiments que le désir de vous prêcher la morale ou même la prétention de vous éduquer. Vous êtes tous, sans exception, assez âgés pour savoir ce qui est juste et ce qui ne l'est pas. Nous avons appartenu à la plus glorieuse des formations militaires, à la célèbre Wehrmacht. En des temps d'épreuves extrêmes, nous avons su nous battre de telle manière que le souvenir en restera dans l'histoire. Ce ne fut pas sans raison que l'on nous nomma « les loups gris » — et maintenant... allez-vous vous relâcher ? Je n'ai que trop compris ce qui se passe. Vous avez perdu le goût de vivre. Vous donnez l'impression d'être des vaincus : vous avez renoncé à lutter pour votre liberté parce que, pour le moment, la vie vous semble insupportable, parce que vous ne voyez plus le soleil et qu'il vous faut vivre « à la cave », parce que l'avenir repose sur l'incertitude.

« Bien souvent, j'entends des conversations selon lesquelles on aurait dû faire ceci ou cela ; ou doute que nous ayons assez de combustible pour atteindre l'Amérique du Sud ; les vivres s'épuisent ; les santés sont en danger. Croyez-vous que je sois idiot, que j'ignore ce qui est en jeu et que je n'ai pas réfléchi à ces questions décisives pour nous ? Pourquoi donc alors avoir choisi librement d'accomplir ce voyage en vous confiant à ma direction ? Camarades, il est trop tard, je ne songe plus à vous céder : je désire que vous exécutiez mes commandements sans réserves. Je ne reculerai devant aucune mesure pour vous y amener, décidé à imposer ma volonté jusqu'au bout. Vous savez que j'ai l'intention de vous donner la liberté. J'ignore autant que vous si cette entreprise sera couronnée de succès ; par contre, je sais que cela ira « de travers » si votre comportement est aussi relâché qu'en ces derniers jours. Si, dans notre équipage, certains éléments se mettent déjà à voler leurs camarades, il est à présumer que nous en arriverons bientôt aux violences et aux coups meurtriers. Peut-être même à une mutinerie. Nous serons alors noyés comme des rats, nous imposant nous-mêmes le destin que l'adversaire voulait nous assurer : honorable fin pour des sous-mariniers !

« En ce qui concerne l'homme qui, au sein de notre communauté, a commis une faute grave, je vous laisse libres d'agir selon votre conscience.

Je quittai la salle sur ces mots. *Achtung !* L'équipage, comme jadis, est figé au garde-à-vous, la tête haute.

Le voleur de chocolat reçut une « raclée ». On ne lui adressa pas la parole pendant quelques jours, ce qui était une rude punition dans ce sous-marin étroit tandis qu'on naviguait au Schnorchel et que l'on désirait tant échanger quelques mots réconfortants dans cette atmosphère pesante.

Maintenant, mon équipage est comme métamorphosé, sa tenue est plus militaire que jamais. On se croirait dans une compagnie de recrues. « Oui, mon commandant. » Huit jours plus tard, nous organisons une réunion amicale qui nous rassemble tous en camarades. Ces derniers jours, je m'étais astreint à beaucoup de réserve. Bientôt, nous sommes redevenus les mêmes qu'au jour du « vote » : un cœur, une âme. Nul ne parle « d'erreur commise, ni d'Espagne »... L'équipage s'éveille à une vie neuve. Même le « coupable » vient me faire ses excuses...

Cependant, cet élan moral ne peut, à la longue, supprimer les réalités de notre vie physique.

Soixante jours sous l'eau. Nous commençons à moisir nous-mêmes ! Toute coloration a disparu de nos visages. Les yeux ont perdu leur éclat. D'obscurs colliers de barbe encadrent des faces étroites et blêmes. Nous avons perdu l'appétit. Les quintes de toux se multiplient. Nous nous parlons à peine, n'ayant plus de force ni de volonté. Souvent, lorsque l'épreuve devenait par trop insupportable, nous avons vidé les bouteilles d'oxygène. Le contenu de celles-ci s'épuise. Les parties du sous-marin qui sont faites de bois commencent à pourrir. La condensation ruisselle des parois. La plupart des hommes restent couchés aux heures de repos et fixent le vide, l'air abruti. Les parois sont noircies par la fumée. Bientôt, les diesels laissent échapper journellement des nuages de fumée : c'est inévitable lorsque la pression de l'eau est trop forte sur les échappements. Les machines n'étaient plus neuves et ces dernières semaines elles se sont beaucoup usées. Toujours cette haute pression. Au démarrage, on ne pouvait les faire marcher à vitesse réduite, il fallait aussitôt les mettre à plein régime : cela exigeait d'elles un effort trop grand. Par-ci par-là, des installations électriques s'effondrent. Le personnel des machines doit « en mettre un coup ». Heureusement, le mécanicien-chef, spécialiste des installations électriques, est resté à bord. Soixante jours en plongée ! deux mois entiers sous l'eau ! Un record !...

Enfin, le jour approche où je crois possible de faire surface. Nous avons atteint une région où, selon ma conviction, nous pouvons nous risquer à reparaître au grand jour. Les visages s'éclairent. Les conversations renaissent.

Aujourd'hui, nous sommes sous l'eau depuis soixante-six jours exactement. On fera surface cette nuit ! Tout le monde se sent électrisé par cette perspective : l'enfer va prendre fin ! On goûte d'avance en pensée ces délices : respirer à nouveau l'air pur, sentir le vent vous frôler le visage, voir les vagues de la mer, lever les yeux vers les étoiles. Une manœuvre brève et les chaînes infernales se briseront pour nous.

Les préparatifs commencent. Nous calculons comme chaque jour de notre navigation en plongée l'instant où la nuit s'établira. Tous les hommes sont debout. C'est à qui montera sur le pont mais il n'est pas sage que nous y soyons tous : nous ne sommes pas assez éloignés de la périlleuse région de Gibraltar.

Le sous-marin monte. Je suis debout sur l'échelle devant le panneau. Comme jadis, je tiens dans les mains le volant entièrement rouillé que je vais tourner. L'homme à l'appareil d'écoute a interrogé toutes les directions : rien ne semble hanter les environs. Nous montons à 20 mètres.

Surface ! Je lance le mot libérateur qui doit résonner aux oreilles de l'équipage comme une formule magique. Nous nous sentons renaître. La vie nous a repris ! L'air pénètre bruyamment dans les ballasts ; dans le kiosque, le cadran indiquant les profondeurs d'immersion a pris vie lui aussi ; nous atteignons la surface comme dans un ascenseur.

L'ingénieur-mécanicien : « Panneau du kiosque libre, décompression. »

J'ouvre le panneau et me voici sur le pont. Derrière moi, le premier officier de quart. Un tour d'horizon investigateur : aucun navire en vue. Enfin on peut respirer l'air pur à volonté.

14

Sous la Croix du Sud

Au-dessus de moi s'étend l'infinité des cieux où scintillent les étoiles semblables à des diamants. Autour de mon *U-977*, l'immensité de l'océan. La lune déverse une clarté sereine. Recueilli, je participe à la puissance totale du cosmos. Je respire profondément ; un vrai baume, cet air chargé d'ozone, cet air pur de la mer, après tant de jours d'une atmosphère empuantie d'émanations huileuses !

La veille est montée sur le pont. Les hommes au repos se sont assemblés dans le poste central ; ils regardent en l'air ; ils ne sont que quelques-uns à apercevoir les étoiles par l'ouverture du panneau. « Un homme pour le pont ! » telle est la phrase consacrée par laquelle on demande, à bord d'un sous-marin, s'il est permis de monter. A présent, elle ne cesse de retentir. Un homme monte, puis ce sera un autre... En fait, il ne doit y avoir sur le pont que deux hommes en plus des hommes de veille, mais cette fois-ci il est vraiment difficile de dire non. Bientôt, ils seront presque tous réunis en haut. Seuls, un radio et le personnel de service aux diesels sont tenus de rester en bas. On ne doit pas abandonner l'appareil avertisseur anti-radar. Peut-être, même dans ces parages, l'adversaire est-il à notre recherche.

Bientôt, nous apercevons les astres jusqu'alors inconnus de nous : ceux qui luisent dans le ciel du Sud. Quelques-uns, déjà, sont visibles. Je les désigne aux camarades.

Comme nous sommes heureux ! On rit, on plaisante. « Oui, il fait bon vivre comme cela ! déclare Moses, personne ne me fera retourner dans ce cercueil pire que les machines de torture du Moyen Age ! » — « Alors, reste dehors, nous te déposerons dans un canot pneumatique ! » lui répond-on.

La nuit passe rapidement. Personne ne songe à dormir. Nous jouissons de la vie. Nous considérons tout comme une grâce qui nous fut accordée : les vagues, la traînée d'écume blanche de notre sillage, les dauphins qui nous convoient. On ne peut exprimer cela par des mots. La sombre aventure s'efface, la vie est un plaisir.

Nous avions l'intention de plonger avant la venue du jour. Non, ce sera après le lever du soleil seulement ; il nous faut aussi l'admirer. Du sein de la mer, le disque de feu monte, d'un rouge sanglant. Ciel sans nuages. Nous sommes tous empoignés par ce spectacle. On se tait. Je considère ces visages amaigris, ridés, aux barbes hirsutes ; les yeux semblent enfoncés dans des cavernes ; la peau est grise, jaunâtre et luisante ; les lèvres ont perdu toute coloration. Combien ces jeunes et frais visages se sont transformés ! On dirait des masques mortuaires. Ils paraissent plus vieux de bien des années. L'officier de quart a des cheveux blancs.

Le jour est venu. Paisiblement nous descendons vers les profondeurs. Nous inversons l'ordre du service. La nuit devient le jour et celui-ci la nuit. On dormira pendant la navigation en plongée et le rythme de service du jour régnera pendant la navigation en surface. Cet arrangement n'influence en aucune façon la marche du service à l'intérieur du sous-marin ; on ne s'en aperçoit même pas puisque la même clarté règne constamment. Et puis, les montres indiquent aussi le chiffre 12 à minuit ! C'est alors que nous prenons notre principal repos. Ainsi, nous nous levons désormais le soir et nous nous couchons au matin. De cette manière, nous sommes dispos lorsqu'on fait surface et nous pouvons jouir des beautés de la nature. La navigation nocturne se poursuit, accompagnée des précautions habituelles. On démonte les pièces antiaériennes avec soin pour les nettoyer. Elles ont résisté étonnamment à leur longue immersion. A présent, elles sont chargées : à chaque canon, des rubans de balles sont suspendus. Les hommes de veille sont aussi nombreux que jadis ; l'appareil avertisseur anti-radar fonctionne. Si un avion ou un navire nous attaquait, il trouverait à qui parler. Nous ne nous livrerons pas sans combat. Cependant, nous n'agirons que dans l'intention de nous défendre.

Jusqu'à ce jour, le succès de notre entreprise dépendait de l'énergie, de la volonté d'un seul, responsable pour tous. En tant que commandant, dans l'intérêt et la sécurité de chacun, je ne devais pas souffrir le moindre désaccord. Ma casquette blanche — que je porte, conscient des devoirs qu'elle m'impose — devait marquer mon intention de faire prévaloir mes décisions jusqu'au bout. Je suis reconnaissant au destin d'avoir pu, comme commandant d'un bateau-école, apprendre à mener les hommes. Deux ans plus tôt, je n'aurais pas été à la hauteur de ma tâche. Je me promis de veiller sévèrement désormais à l'exécution exacte de mes commandements, de même que je me proposai d'étouffer aussitôt toute tentative de noyauter l'équipage ou de saper la discipline.

La partie la plus difficile et la plus désagréable du voyage semblait passée. Il ne s'agissait plus que de poursuivre sa route sans être découvert.

Notre gazoil s'était épuisé jusqu'à ne représenter plus que 40 tonnes. C'était une des raisons qui avaient donné des doutes à quelques-uns des matelots quant à la possibilité d'atteindre notre destination. Ils avaient fait le calcul du chemin parcouru, du combustible consommé pour cela et comparé ces chiffres à ceux de la distance qui nous restait à couvrir avec les 40 tonnes de gazoil. La comparaison des premiers chiffres frappait d'effroi. On avait consommé 40 tonnes pour 1 800 milles parcourus, or il nous en restait 40 encore pour le reste du chemin, soit 5 500 milles ! Nos soutes avaient bien une capacité de 120 tonnes, mais en ces temps d'invasion, on n'avait pu nous en donner que 80. Les réserves allemandes étaient à bout. Les usines de carburants synthétiques, les voies de ravitaillement étaient anéanties. Le peu que notre ingénieur-mécanicien réussit à obtenir en plus se trouva bientôt épuisé.

Après mûres réflexions accompagnées de calculs, je parvins à cette conclusion : nous ne plongerions plus qu'en cas désespérés, ce qui assurerait une grande économie. Plus de navigation au Schnorchel ! Je donnais l'ordre de naviguer en surface pendant dix heures, à l'aide d'un diesel au régime de soixante tours d'hélice ; les quatorze heures qui restaient, nous marcherions avec un moteur électrique. Nous ne pouvions nous permettre de penser aux avaries possibles du fait d'une allure aussi réduite. Je situais notre arrivée vers la mi-août, époque où je comptais avoir encore 5 tonnes dans mes soutes. Si le gazoil ne devait pas suffire, nous coudrions des voiles pour utiliser le courant et les vents propices de cette partie de l'Atlantique Sud. Au pire, nous accosterions au Brésil.

Nous rencontrons de nombreux bateaux. Ils ont leurs feux de position allumés ; pour eux, la guerre est finie. Une nuit, nous sommes dépassés par un transatlantique. Une musique de danse assourdie vient jusqu'à nous. On voit des passagers marcher sur le pont-promenade. Nous jetons des regards nostalgiques vers le « géant » qui ressemble à une montagne lumineuse et qui, comme si de rien n'était, poursuit majestueusement sa route. Il reste visible pour nous pendant une heure. Le « loup gris », tant redouté jadis, s'est métamorphosé en toutou inoffensif. Il s'agit de ménager le gazoil, nous nous laissons distancer.

Notre avertisseur anti-radar fonctionne toujours. Défense de fumer la nuit sur le pont. Ce sont là peut-être des précautions exagérées mais elles me semblent une garantie nécessaire. Ceux qui, la nuit, désirent fumer peuvent se livrer à ce plaisir dans le kiosque, assis près du périscope. Naviguant en surface, nous pouvons capter les émissions de la radio, écouter de la musique, apprendre des nouvelles, enfin, nous faire à nouveau une idée de la situation ! Il est évident qu'elle est dramatique, désespérante... Il nous est possible de reconstituer les phases de la capitulation.

Un revirement, tel que le démembrement de la coalition des vainqueurs, n'a pas eu lieu. Sur l'Allemagne, la défaite pèse de tout son poids. D'importantes conclusions en résultent pour moi. Je suis responsable du bien-être, de la destinée de mon équipage. Une fois de plus, seul en face de moi-même, il me faut prendre une décision. Mais l'heure n'est pas venue des décisions irrévocables...

Les conversations des hommes tournent presque exclusivement autour de leurs inquiétudes au sujet de leurs familles. La plupart d'entre eux, au moment de notre départ, n'avaient plus de nouvelles des leurs. Une torturante incertitude emplit leurs cœurs. Qu'est-il arrivé au moment de l'occupation ? Qu'est-il arrivé à ceux qui ont fui et qui se sont heurtés à des conditions de vie misérables ? Pas de lits, pas de couvertures, pères et frères disparus, morts ou mutilés. Nul ne peut espérer le moindre secours. Chacun a trop à batailler pour sa propre conservation et n'a nul désir de songer aux autres. La lutte pour un morceau de pain, pour des épluchures de pommes de terre, a commencé. Vieillards et enfants ont faim. La venue au monde d'enfants mort-nés est à l'ordre du jour.

Ma mère aussi est restée à Berlin pendant la bataille. Comment en aura-t-elle supporté l'horreur ? Elle refusait de s'en aller. Beaucoup ont agi comme elle. Courageuses femmes allemandes !

Notre sous-marin avait, intérieurement, un aspect ravagé. Les parties en acier couvertes de rouille, les parois verdies. Je donnai l'ordre à l'officier en second de tout remettre en état. Il fallait repeindre, débarrasser les munitions de la rouille et les graisser.

Malheureusement, l'officier en second ne comprenait pas bien mes sentiments. Il estimait que, quoi qu'il arrivât, notre navire était destiné à être sabordé en vue des côtes argentines. Les travaux de réfection semblaient donc parfaitement inutiles. Cependant, je lui imposai la stricte observance de mes ordres. Les matelots se montrèrent, sans exception, prêts à obéir et l'aspect de notre navire s'améliora à vue d'œil. Les grandes bandes de balles pour les mitrailleuses automatiques de 20 mm à tir rapide furent démontées, nettoyées, remontées et placées dans les supports qui leur étaient destinés. Comme un matelot, dans l'intention de rendre son travail plus aisé, laissait tomber imprudemment les cartouches sur le pont, je lui fis remarquer qu'il nous exposait au danger d'une explosion et lui ordonnai d'agir en cette circonstance ainsi qu'il était enseigné à l'Ecole navale. Une fois de plus, l'officier en second se permit des réflexions déplacées, croyant que je ne les entendrais pas. Lorsque je le fis venir dans ma cabine, il me déclara que je n'étais pas en droit de lui donner des conseils puisque je n'étais plus son supérieur.

La mesure était comble. Nul n'était empêché d'exprimer poliment devant moi des critiques, des inquiétudes. Mais le comportement de cet officier menaçait de semer la mésentente au sein de l'équipage. Je n'étais plus soutenu par un gouvernement ni couvert par des supérieurs, aussi devais-je d'autant plus réagir énergiquement. L'officier en second portait d'ailleurs la faute d'avoir détruit notre périscope, ce qui eût pu nous coûter cher au cours de la navigation au Schnorchel. Lors d'une alerte, il avait oublié de le rentrer ; aussi en dessous de 100 mètres, les filins d'acier avaient cédé sous la pression de l'eau, le périscope s'était effondré bruyamment et les lentilles intérieures s'étaient décollées.

Je considérais ces incidents et sa conduite personnelle comme suffisants pour me décider à prendre une mesure qui en soi m'était fort désagréable. En présence de tout l'équipage, je destituai l'officier en second. J'interdis de discuter avec lui des questions ayant trait à notre voyage et de recevoir des ordres de sa part. Le premier lieutenant prit sa place.

Nous approchons des îles du Cap Vert. Il fait encore sombre ; nous nous attendons, d'un instant à l'autre, à voir surgir leurs montagnes hérissées de rocs. Voici longtemps que nous n'avons aperçu la terre. Nos regards percent les ténèbres. Une ombre en vue, une autre. La distance ne diminue que lentement. L'aube s'annonce déjà. Nous ne plongeons pas. Assurément, nul guetteur ne hante ces îles. Le soleil paraît. Les rocs massifs dont les contours précis dominent les flots forment un paysage enchanteur. Déjà, nous distinguons sur leurs pentes des taches de verdure, des champs. Des bateaux de pêche aux voiles multicolores donnent une touche vive à ce paysage romantique.

Nous descendons à l'immersion périscopique de nuit. Le second périscope qui nous reste est très court, il est vrai, mais ici, nul ne remarquera le remous de nos hélices qui battent l'eau tout juste en dessous de la surface. Nous longeons les îles à une distance de 1 000 mètres au plus. Chacun aura le droit de les apercevoir par le périscope. Ils sont tous enthousiasmés. Nous distinguons nettement des hommes travaillant dehors. Vraiment, il faudrait pouvoir relâcher ici quelques jours. Les Alliés ne soupçonneront pas la présence d'un sous-marin parmi ces îles.

Dans les Instructions nautiques, je lis que quelques-unes d'entre elles sont inhabitées. Nous nous exaltons à l'idée d'aborder. Déjà, nous mettons le cap sur l'île Branca.

Surface ! nous nous sentons en sécurité. L'équipage est sur le pont. Mer lisse comme un miroir. Le roc luit, radieux, entouré de flots bleus. Ses rives sont ourlées d'écume blanche. Une multitude de dauphins joue autour de nous. Parfois, on a l'impression que ces animaux vont bondir par-dessus notre avant. Avec quel sentiment de reconnaissance nous suivons leurs ébats du regard ! Nous nous approchons de la côte. A part quelques huttes, le périscope ne nous révèle rien qui témoigne de la présence de créatures humaines. Ces huttes abandonnées, ces trous dans les rochers n'offrent assurément qu'un refuge passager aux pêcheurs, les jours de tempête. Actuellement, ceux-ci se trouvent sans doute sur les plus grandes des îles. Prudemment, à l'aide d'un seul moteur électrique, nous nous rapprochons. Dans l'eau claire comme du cristal, on distingue chaque rocher, chaque élévation de fond. Nous ne sommes plus séparés de la côte que par une faible distance. Cependant, le ressac est si brutal qu'il faut se décider à jeter l'ancre. Nous tenterons plus tard de débarquer dans l'île, à l'aide de canots de caoutchouc.

Les îles du Cap Vert sont situées dans ce que l'on nomme la « ceinture des requins ». Cependant, les premières hésitations à se baigner sont bientôt surmontées, car la présence d'une si nombreuse société de dauphins nous donne toute sécurité.

Notre tentative d'aborder dans des canots pneumatiques échoue à cause du ressac. Nous nous contentons de jouir du paysage en nous félicitant de vivre au sein de cette belle contrée.

Nous prenons beaucoup de plaisir à pagayer en tous sens dans nos canots de caoutchouc jaune. Quelques hommes essaient de nager à la poursuite des dauphins ou encore de sauter sur leur échine du pont de notre sous-marin, mais aucun ne parvient à toucher un dauphin ou même à l'approcher. Ce sont des animaux par trop alertes.

La nuit est chaude. Nous avons organisé une fête et nous essayons d'oublier un instant la désolation de la défaite. Il y avait longtemps que nous n'avions chanté ensemble ; nous sommes gais comme jadis et heureux de pouvoir encore savourer la liberté. Nous nous imaginons l'existence de nos camarades derrière les barbelés tandis qu'ils absorbent leur maigre pitance. Quoi de plus merveilleux au monde que la liberté ?

Le bain matinal a été pris, l'ancre est levée, un diesel fait entendre son martèlement monotone. Direction sud, droit au but. La dernière île est passée. La mer s'étend, paisible, immobile. Le soleil brûle dans le ciel. Tous les hommes sans exception sont étendus sur le pont, occupés à brunir leurs corps pâlis. Que c'est bon ! Les rougeurs et les cloques disparaissent en quelques jours. Les visages hâves, ravinés, s'arrondissent, prennent une expression plus satisfaite. La mauvaise humeur cède. Ceux qui s'étaient fâchés se raccommodent et plaisantent ensemble. Une manche en caoutchouc fixée sur le pont est sans cesse en service et permet de se rafraîchir par cette forte chaleur.

On devrait pouvoir se baigner dans l'Océan ! Tel est le vœu de chacun. Un aquaplane serait le bienvenu. Se laisser tirer derrière le sous-marin : fameuse idée ! On s'emploie aussitôt à la réaliser. Il y a du bois en suffisance et des cordages aussi. Le jour même, un aquaplane est mis à la mer. Seulement, nous ne pouvons le remorquer à l'arrière mais sur le flanc du sous-marin où le danger de le faire prendre dans les hélices est moindre. On attache la corde à l'étrave, puis le plus hardi saute sur la planche vacillante. Une seconde corde lui servira de guide ; alors debout, couché, à genoux, il peut décrire des courbes. Il vole au-dessus de l'eau, bondit par-dessus les petites vagues qui se soulèvent mollement. Quel jeu enchanteur !

C'est vraiment un plaisir des dieux. A peine fait-il jour que le premier coureur est déjà monté sur son char et les autres de le regarder bouche bée. Naturellement, on avale beaucoup d'eau salée, car nous sommes encore novices dans ce sport que la plupart ne connaissent que pour l'avoir vu pratiquer dans les films d'actualités au cinéma. Même par temps moins clément, l'équipage ne peut renoncer à son occupation préférée. Plusieurs d'entre nous s'ouvrent les jambes en heurtant la coque du sous-marin encroûtée de coquillages. Nul n'en est refroidi. Ils sont revenus à la vie. Des gars magnifiques !

C'est à peine si quelqu'un consent à dormir dans le navire. L'air est étouffant, la chaleur accablante. Sur des hamacs, des matelas, les hommes campent en plein air. Nous prenons sur le pont jusqu'à nos repas. Il est préférable que nul ne puisse nous voir. Un bâtiment de guerre orné de hamacs, de velums, entre les canons ! Nous tirons sur les bouteilles vides, nous fabriquons des harpons. De temps à autre, des grenades à main sont lancées dans la mer dans le but d'augmenter notre menu avec les animaux aquatiques que l'explosion chasse à la surface. Les poissons volants sont particulièrement savoureux ; nous admirons de petites méduses qui déploient des membranes diaphanes et irisées pour se laisser pousser paresseusement par le vent. Un sous-marinier a l'avantage sur les autres marins de rester en contact étroit avec la mer et ses habitants. Ses possibilités d'observation sont tout autres. Il apprend à connaître la faune marine et les multiples manifestations de vie que renferment les océans. Pourtant, jamais encore la richesse de la mer ne m'était apparue aussi grande.

Lorsque nous apercevons un bateau, nous faisons un petit crochet qui nous met hors de sa vue. Mais pourquoi ces précautions ? Nous allons nous déguiser ! Aussitôt dit, aussitôt fait. Déjà, la toile à voile est taillée en bandes tendues de telle manière que notre sous-marin aura, de loin, la silhouette d'un cargo. Chacun a une idée. Nous aurons même une cheminée : on confectionne un tuyau avec du fer-blanc, puis l'on met des chiffons huileux au fond dans un récipient. Un tuyau d'air comprimé qu'on y accouple assure une meilleure combustion. Dès lors, nous n'évitons plus aucun bateau. Nous simulons parfaitement la réalité : épais tourbillons de fumée, gerbes d'étincelles s'échappent vers les cieux si besoin est.

Un cri ! C'est l'homme sur l'aquaplane. Un gigantesque poisson nage à ses côtés. Serait-ce un requin ? Je n'ai encore jamais vu d'animal aussi énorme. Heureusement, ce n'est qu'une baleine. Pâle et haletant, notre conducteur de char est étendu sur ses planches. Le monstre marin lui a fait grand-peur. Par contre, la baleine ne manifeste aucune émotion et décrit trois grands cercles autour du sous-marin. Elle restera plusieurs heures dans notre sillage. De temps à autre, nous lui jetons une sardine à l'huile. Il s'agit d'en faire notre amie. « Après tout, remarque Moses, elle serait capable de nous remorquer. »

Nous nous rapprochons de l'équateur. Le soleil déverse du haut du ciel des torrents de feu. Pas un souffle de vent. Nous nous trouvons dans la région de ces eaux dormantes que les navigateurs de la marine à voile redoutaient tant jadis. De vastes chapeaux faits de nos mains nous protègent la tête et la nuque des rigueurs de la journée ; chacun a su se confectionner un modèle original. Mon casque a un diamètre extravagant.

Nous passerons la ligne demain. Chacun de nous va se déguiser en divinité marine. Je choisis le personnage de Neptune.

La fête bat son plein. Vrombissement d'avion ! Vite, on met en action le Fu-M-B. Serions-nous découverts ? Les veilleurs n'ont guère observé l'horizon pendant le « baptême », préférant s'amuser du spectacle des misères endurées par les camarades qui n'ont jamais encore passé la ligne. On ne voit rien. Mais il y a ce ronflement continu. Faut-il plonger ?

Les pièces de défense antiaérienne ont chacune leur servant. Thétis, fille de Neptune, est assise devant le canon de 37, deux Tritons ont chacun une mitrailleuse. La « suite » des divinités marines est prête à exécuter les manœuvres de plongée dans le cas où elle en recevrait l'ordre. Spectacle comique dans une situation qui paraît tragique : les matelots de l'arme sous-marine jadis tant redoutée revêtus d'oripeaux fantaisistes ! Mais ils n'en sont pas moins décidés à faire payer chèrement leurs vies, en cas d'attaque. Peut-être était-ce un avion de transport ?

Des jours ont passé. L'ex-premier officier de quart s'est aperçu de la disparition de son revolver. Le cas est sérieux. Lorsqu'un homme vole une arme, c'est assurément parce qu'il a une idée à mettre à exécution. Le soupçon tombe sur un radio. Il est peu apprécié de la plupart de ses camarades, car il évite volontiers les travaux en commun. On met les compartiments sens dessus dessous. En vain. Je discute de la question avec ceux des hommes en lesquels j'ai la plus grande confiance. Ils découvriront le malfaiteur. On ne fait plus allusion à cet incident au cours des conversations.

Six jours plus tard, je reçois ce rapport : « Revolver retrouvé caché dans l'appareil d'émission. Coupable : Matelot radio-télégraphiste. »

Je le fais comparaître devant moi. Il avoue.

Inspection dans le compartiment arrière. Encore une « raclée ». On rase le crâne du délinquant. Pendant quinze jours, il lui sera interdit de monter sur le pont. On l'installe à l'arrière, contre le tube lance-torpilles ; il est mis au pain et à l'eau. Naturellement, personne ne lui adresse la parole. Le voleur d'une arme à feu mérite une surveillance sévère. Il y est soumis jusqu'à la fin du voyage.

Inlassablement, notre petit bâtiment s'en va son chemin. Jamais le bouillonnement de l'eau battue par l'hélice ni le jaillissement de la crête d'écume à l'avant ne cessent. Nous sommes grillés comme des moricauds. Nous laissons pendre nos jambes dans l'eau. Le jour se passe à boire, manger, fumer. Il ne reste plus guère de travail. Les compartiments de notre brave *U-977* brillent d'un éclat neuf. La rouille a disparu ; le soleil des tropiques a séché les boiseries. La bataille engagée contre la moisissure est gagnée. Voici longtemps que nous ne nous livrons plus à de laborieuses lessives : on attache le linge à blanchir au bout d'une corde qu'on laisse traîner dans l'eau derrière la poupe pendant une heure. L'eau de mer, le courant rapide lessivent mieux que la meilleure machine à laver. L'inventeur de ce système se voit félicité de tous.

La radio annonce : « *U-530* est arrivé à Mar del Plata. » Nous écoutons anxieusement chaque nouveau communiqué. Qu'arrivera-t-il à l'équipage ? Le livrera-t-on ou restera-t-il en Argentine ? Enrageant de ne pas savoir l'espagnol, car il serait singulièrement plus intéressant de prendre des nouvelles à leur source, au lieu d'écouter les émissions censurées des autres nations !

Maintenant, le temps passe rapidement. Nous distinguons dans le ciel les reflets des lumières de Rio de Janeiro. Nous allons de plus en plus au sud. Déjà, l'atmosphère se rafraîchit. Les zones tropicales sont passées. Comme nous étions primitivement destinés à combattre dans l'Atlantique Nord, nous n'avons pas de cartes de l'hémisphère sud. Nous naviguons d'après nos calculs et nous traçons nous-mêmes des cartes d'ensemble. Nous trouvons les longitudes et latitudes d'importantes villes côtières dans nos manuels qui, heureusement, ont été emportés. Nous évitons de nous approcher de la côte brésilienne, bien connue pour le danger qu'offrent les bancs de rochers qui la prolongent au fond de la mer. Pourquoi encourir un risque pour un raccourcissement d'itinéraire de quelques heures seulement ?

« L'*U-530* a été livré aux Américains avec tout son équipage... » Ainsi, ses hommes durent accepter la captivité. Voici une nouvelle significative. L'espoir de conserver notre liberté en éprouve un rude coup. Il me faut prendre en considération certaines situations auxquelles je n'avais pas pu songer précédemment...

Que devons-nous faire ? Serait-il préférable de se rendre au Brésil ou en Uruguay ? Ou bien vaut-il mieux détruire notre sous-marin en vue de la côte argentine, après quoi chacun s'en tirerait à la grâce de Dieu ? Cette solution serait assez séduisante et, après ce qui est arrivé au sous-marin qui nous a précédés, il semble bien que ce soit le parti à prendre, si l'on ne veut pas aller faire un tour derrière les barbelés. Le plus grand nombre d'entre nous se prononce pour un débarquement. Les hommes cousent des sacs et rassemblent le nécessaire. Certains emportent même des outils dans l'intention d'offrir leurs services comme mécaniciens réparateurs. D'autres, hantés par le souvenir d'anciennes lectures ou celui de certains films de cow-boys, et qui se font de l'Amérique du Sud une idée par trop romantique, ont des projets invraisemblables. Ce sont peut-être des rêveries aussi extravagantes qui furent à la base de ce vol du revolver.

Jusqu'à présent, je me suis toujours montré d'accord avec l'opinion exprimée par l'équipage. Je ne considère pas ma situation au poste de commandant comme une dictature faisant fi des intérêts de la majorité. Je prends soin de rester en dehors de toutes les conversations et ne me prononce ni pour ni contre ; à dire vrai, j'avoue que mon opinion n'est pas encore solidement établie. Il faut prendre une décision lourde de conséquences. Je veux la peser longuement. Une erreur peut avoir des suites graves pour l'avenir de chacun de nous, car on ne plaisante pas avec les tribunaux de guerre du clan ennemi.

Une grande majorité se prononce pour le sabordage de notre sous-marin et pour la continuation de notre roman d'aventures. C'est tentant.

Mon nouveau second est le plus âgé de tous et j'estime qu'il est l'homme qu'il me faut pour discuter de problèmes aussi importants. Nous avons chaque jour des conversations. La nuit, je lui tiens compagnie pendant son quart. Une décision devient urgente. Les hommes veulent savoir ce qui les attend. Je tâche de gagner du temps. En aucun cas, l'équipage ne doit se scinder en deux parties. Encore quelques jours, puis il faudra agir.

Au cours de mes entretiens avec le premier officier, mon opinion profonde se confirme. Les conséquences possibles d'un sabordage semblent trop graves. Cela peut tourner mal. Pas de sabordage, telle est la première conclusion que je retire de mes réflexions.

Mon plan est de me rendre à Mar del Plata. Il n'est pas question de Buenos-Ayres, du fait que nous manquons de cartes marines et, même si nous en possédions, nous ne pourrions, sans pilote, nous aventurer dans le fleuve aux profondeurs sans cesse variables, et cela sur une étendue de 100 milles marins, avant d'atteindre la capitale située à l'intérieur des terres.

D'après nos calculs, nous devons avoir en vue, dans deux jours, le phare de Mar del Plata. Certains hommes espèrent encore pouvoir saborder le sous-marin. Les derniers bagages sont rassemblés par ceux qui nourrissent cette intention.

Je fais annoncer une réunion. L'équipage attend mes paroles.

Maintenant, ma décision va être prise ! Je ne puis l'éviter. Pourrais-je exécuter mon plan ? Mon discours aux hommes jouera un rôle déterminant. Je dois réussir. Telles sont mes pensées.

— Matelots sous-mariniers ! Je suis fier de vous ! N'avons-nous pas mené à bien une action que nul ne répétera de si tôt ? Trois mois et demi se sont écoulés depuis que nous avons pris ensemble cette lourde résolution. Nous l'avons non seulement prise, mais encore nous l'avons menée à bonne fin. Nous savons tous que ce ne fut pas facile, car tous les sous-officiers spécialisés, sauf deux, nous manquaient, ces hommes qui, dans un mécanisme aussi compliqué qu'un sous-marin, semblent nécessaires, surtout lorsqu'il s'agit d'un aussi long voyage. Pourtant, nous y sommes parvenus. Notre navire se trouve dans le meilleur état possible. Le périscope à part, il n'existe rien à bord dont on ne puisse se servir. Je désire exprimer ici mon remerciement au personnel des machines. Il a conservé sans exception une tenue irréprochable et, malgré la dure épreuve que constituait la navigation au Schnorchel. Dans la fournaise du soleil tropical, il a su aussi faire son devoir. De même le personnel du pont a su, par un travail incessant de peinture et de nettoyage, faire de notre sous-marin ce qu'il doit être : un bijou.

« Nous voici arrivés à la fin de notre entreprise. Il s'agit de prendre une dernière décision. Je refuse de le faire sans vous demander, une fois de plus, votre accord. Nous pouvons choisir entre deux possibilités : saborder le navire et gagner la côte sans être signalés, ou bien nous rendre à Mar del Plata. Je vais essayer de vous exposer les avantages et les inconvénients de ces deux solutions, tels qu'ils m'apparaissent.

« Le sabordage ne présente en lui-même aucune difficulté. Que se passerait-il en ce cas ? Nous pagaierons avec nos canots pneumatiques jusqu'à la côte où de nouvelles difficultés nous attendent. Il y aura alors une phase critique dont nous ne pouvons deviner les suites.

« Il faudra détruire nos canots afin d'éviter que l'on ne nous recherche dès le premier jour. Ceux-ci ne brûlent que difficilement et avec lenteur, puisqu'ils sont en caoutchouc — d'ailleurs, les flammes peuvent être visibles de loin. Aurons-nous le temps de les enterrer ? Mettons que nous y réussissions. Nous nous sommes dit au revoir et bonne chance et nous voilà nous éparpillant en trente-deux directions, car paraître en groupe ne semble guère à conseiller. En ce qui me concerne, mon affaire serait peut-être passable, car je connais dans la capitale du pays des amis de ma famille et je suis mieux équipé que vous.

« Quant à vous, qu'en serait-il ? Vous seriez réduits à tenter votre chance, revêtus de votre uniforme de marin, sans argent, sans aucune connaissance de la langue en usage dans ces régions. J'ai sur vous un avantage du fait que je puis m'exprimer en anglais et en français. Bientôt, l'un de vous tombera aux mains de la police ; la région de notre débarquement sera cernée et fouillée avec soin. Les Alliés mettront nos personnes à prix. La presse et la radio nous désigneront sans trêve aux recherches. On soupçonnera, parmi nous, Dieu sait quel personnage. On nous tiendra pour coupables de la disparition de tous les bateaux depuis l'armistice, car, fera remarquer la propagande, si nous avions eu la conscience tranquille, nous serions entrés dans un port. Croyez-vous pouvoir vous cacher longtemps ? Quand bien même quelqu'un d'entre vous y parviendrait, son signalement se trouverait affiché dans tous les postes de police et, d'autre part, il n'est pas possible de rebâtir une vie normale sur un faux nom ni de s'y sentir à l'aise. Considérez, camarades, ce dont vous chargeriez vos épaules avec le sabordage de l'*U-977* et quels lourds inconvénients pourraient en résulter. Notre entreprise aurait une triste fin. Car, dans le cas où nous serions pris, nous ne pourrions prouver, en aucune manière, la conduite réservée qui fut la nôtre depuis la fin de la guerre. Le matériel intact qui nous sert de preuve à cet égard reposerait au fond de la mer.

« Par contre, si nous choisissions d'entrer dans un port, nous n'avons rien à craindre, puisqu'on ne peut rien nous reprocher. Si la malchance veut qu'on nous livre, il nous restera du moins la satisfaction d'avoir vécu plus de trois mois d'indépendance. Qui d'entre nous consentirait à n'avoir pas vécu l'aventure de notre voyage malgré sa rudesse ? Il restera pour la plupart l'événement marquant de leur existence. Nous n'y aurons rien perdu, car il eût fallu, sans aucun doute, passer en captivité les derniers mois et, ce, dans des conditions misérables.

« A mon avis, camarades, il n'y a qu'une solution acceptable : entrer dans un port ! Réfléchissez bien ! Sachez que je ne veux pas vous forcer à quoi que ce soit. Cependant, si vous prenez une décision contraire à celle que je préconise, sachez que votre résolution impliquerait ceci : l'un d'entre vous, ayant la majorité derrière lui, organisera mon arrestation et, pour le reste, se chargera de toute responsabilité en tant que capitaine. Il prendra donc ma place, car il est clair que je ne saurais m'opposer à la volonté de trente et un hommes !

« Je désire apprendre dans une heure, par le premier officier de quart, le résultat de vos délibérations.

La majorité de l'équipage décida dans mon sens. Je recommandai encore particulièrement qu'on prît garde de ne détruire aucun appareil du bord ni aucun document.

17 août 1945. Le jour est venu. Soleil radieux. La côte argentine est visible avec les jumelles. Le phare est en vue. L'équipage est sur le pont au complet. Personne n'a pu débarquer secrètement cette nuit : la distance de la côte était encore trop grande. Mon officier en second, qui fait ses derniers quarts, et moi-même ne quittons pas du regard les cadrans des machines indiquant leur vitesse afin de nous assurer que l'allure indiquée est maintenue. Il s'agit d'être sur ses gardes. Quelques-uns des hommes nourrissent encore le désir de disparaître dès notre arrivée qui doit avoir lieu la nuit. Ceci nuirait à la réalisation de notre plan. Comment prouver qu'il n'y eut pas, en plus des membres de l'équipage, des personnalités allemandes recherchées ayant débarqué secrètement ?

Un albatros nous accompagne. Il vole autour du sous-marin, se pose sur l'eau, et nous laisse passer tout près de lui, peut-être à cinquante centimètres. Avec cela, il considère le kiosque de ses petits yeux vifs, comme s'il pensait : « Vous avez une drôle de figure avec vos barbes, d'où venez-vous donc ? » On ouvre une boîte de sardines à l'huile et chaque fois que l'oiseau passe non loin de nous dans la courbe de son vol, on lui lance une sardine. Il semble satisfait, car il continue son jeu un long moment et disparaît à tire-d'aile seulement après que nous avons tenté de l'attirer à bord.

Avant la zone des « trois milles au-delà des côtes », nous envoyons un message : « German submarine. »

Nous avons stoppé. Quelques barques de pêche nous environnent, leurs occupants nous dévisagent avec curiosité ; nos longues barbes semblent les impressionner beaucoup.

Bientôt arrive le dragueur de mines argentin Py 10, accompagné de deux sous-marins. On nous fait savoir en anglais qu'un commando montera à notre bord. On met à la mer un canot à moteur qui amène les militaires annoncés. Cette manœuvre s'accomplit rapidement. Le commando, composé d'un officier, de sous-officiers et d'hommes, fait bonne impression. Leurs uniformes blancs sont impeccables ; leur tenue est celle de vrais soldats.

Sur le pont supérieur, je fais un rapport à l'officier argentin, puis je l'accompagne dans le kiosque. Ses subordonnés se répartissent dans notre submersible. L'officier m'annonce qu'il a reçu l'ordre d'amener le sous-marin allemand jusque dans le port. Il a mission, répète-t-il avec insistance, de s'opposer au sabordage ou à la détérioration du sous-marin. Je lui réponds que telles ne sont pas nos intentions.

Je lui propose de conduire moi-même le sous-marin dans le port, mon équipage ne comprenant que l'allemand et d'autre part, ses installations compliquées ne sauraient être maniées par un personnel non spécialisé. On fait confiance à ma parole d'honneur d'officier allemand. Je commande pour la dernière fois mon *U-977*.

15

Vous avez caché Hitler !

Les premières clartés grises de l'aube effacent la nuit derrière le hublot de la cabine du croiseur *Belgrano*, lorsqu'un appel de clairon annonçant un changement de quart sur le pont me ramène à la réalité !

Non, je ne glisse pas sur les flots des lacs allemands à bord d'un élégant yacht à voile. Je ne suis plus cet adolescent hardi qui s'en fut parmi les « loups gris ». Je ne suis plus le commandant de l'*U-977*, mais un prisonnier de guerre de la flotte argentine, et me voici à bord de ce vieux croiseur, enfermé dans une cabine d'officier. Devant ma porte, des sentinelles ont mission de me surveiller. Quelque part, à bord, dans des cabines analogues, se trouvent mes camarades qui, comme moi, entrevoient cette journée avec anxiété.

Mes pensées vont aux hommes de mon équipage, ces gars superbes qui, jusqu'à la veille, ont rempli leur mission avec un tel cran, qui ont supporté stoïquement l'effroyable tension nerveuse de cette traversée au Schnorchel de soixante-six jours ! Où les a-t-on internés ? Qu'est-ce qui nous attend tous ?

Un matelot à la tignasse noire, en uniforme blanc, entre et dépose devant moi un appétissant petit déjeuner. Il m'examine avec de grands yeux, comme s'il voyait un animal extraordinaire. Sans doute, ma barbe de fleuve fait-elle impression ! Il a dû entendre dire Dieu sait quoi au sujet des mystérieux « submarinos » allemands.

L'aspect du petit déjeuner me met en appétit, l'impression de fatigue ressentie au réveil cède bientôt au café parfumé. C'est le moment de retrouver mon équilibre physique et intellectuel, car on frappe à ma porte et deux officiers se présentent afin de me conduire à nouveau auprès du commandant de la base qui reprendra l'interrogatoire interrompu hier. L'un des officiers parle anglais. Je lui demande des nouvelles de mon équipage et j'apprends qu'il est bien installé et nourri.

En haut, au mess, je suis reçu aussi aimablement que je le fus la veille. Le nouvel interrogatoire commence aussitôt ; il tourne autour de trois questions d'importance première : le naufrage du vapeur brésilien *Bahia* ; notre arrivée tardive après la capitulation sur tous les fronts ; la question de savoir si nous avons eu à notre bord quelque personnalité politique. Il faut, en plus, répondre à de nombreuses questions d'importance secondaire. Mais, comme je réponds à toutes avec clarté et assurance et que je m'appuie sans cesse sur mes documents de bord, je vois peu à peu s'effacer sur les visages des Argentins le pli d'incrédulité que le récit de notre aventure extraordinaire y avait imprimé. Le commandant de la base navale m'explique que les documents que je lui remis hier, lors de la reddition de mon sous-marin, seront examinés et traduits. L'existence de ces documents assurerait une mise au point définitive des questions restées obscures. Le sous-marin *U-530* arrivé avant nous et avant le désastre du *Bahia*, n'avait pu montrer un seul document de bord. Mais il était parti avant la mort d'Hitler, ce qui le mettait à l'abri de toute investigation. Je fais remarquer qu'il ne manque pas une seule torpille à bord de l'*U-977* et que, par-dessus le marché, tous les documents se rapportant à notre navigation existent, ce qui devrait suffire à écarter de nous tout soupçon. Chaque homme de l'*U-977* était bien convaincu qu'une action offensive postérieure à la victoire alliée serait folie et entraînerait pour nous de lourdes conséquences.

Le commandant de la flottille désire encore apprendre de moi pourquoi, pour nous rendre, nous sommes allés jusqu'en Argentine. Il m'est aisé de dire les raisons de ce choix : « Le butin technique de la guerre (entre autres les sous-marins de la nation vaincue) devait tomber aux mains des forces qui dirigent le bloc vainqueur. Les Soviets auraient donc pris connaissance des meilleures découvertes appliquées sur nos nouveaux types. » De plus, nous n'avions eu que tardivement connaissance de l'ordre de capituler donné par l'amiral Dönitz et nous ne pouvions que trouver avantage à nous en remettre à une nation telle que la République Argentine, qui s'était comportée si chevaleresquement à l'occasion de l'affaire du *Graf Spee*. D'autre part, j'avais, dis-je, songé à l'avenir de mon équipage. Dans aucun pays ennemi, il ne pourrait compter sur un traitement plus humain qu'ici, parce qu'il n'y avait jamais eu de haine entre l'Argentine et notre pays, mais qu'il avait régné, au contraire, une atmosphère courtoise dans nos rapports, bien que nous fussions adversaires. « Enfin, commandant, repris-je, il y avait aussi chez moi une pensée secrète d'une extrême importance et qui joua un grand rôle dans ma décision : j'avais espéré qu'au cours de nos trois mois de voyage jusqu'à ces côtes riantes, un revirement profond aurait lieu dans la haute politique, lequel entraînerait des changements d'importance mondiale. Malheureusement, j'ai espéré en vain... »

Mes paroles impressionnèrent visiblement l'Argentin, mais il demeura silencieux.

Je ne m'étendrai pas sur ce qui se passa les jours et les semaines suivants. Les autorités argentines se convainquirent de l'exactitude de mes dires. Cependant, alors même que ces interrogatoires, ces investigations avaient lieu, le journal *El-Dia*, de Montevideo, commença une campagne, dont l'objet était de persuader le public qu'Hitler se trouvait à bord de mon sous-marin, qui passa le long des côtes de la Patagonie, puis s'en fut dans l'Antarctique. On imagine l'impression que fit cette nouvelle dans le monde entier après qu'on n'eut pu trouver dans les ruines de la Chancellerie la moindre trace du corps de celui qui avait été le maître du Troisième Reich. Le thème lancé de Montevideo fut partout repris. Des communiqués sensationnels inondèrent la presse du monde entier. Pendant ce temps, je me trouvais en captivité et forcé de garder le silence. Je ne savais ce qui de tout ceci m'irritait le plus : ce battage éhonté ou bien ces communiqués où s'exprimaient les vues les plus courtes et les moins généreuses quant à la manière dont avait été vaincue la fière et puissante défense allemande.

Un jour, j'eus une surprise : je fus présenté à un groupe d'officiers anglo-américains, membres d'une commission d'enquête qui avait été envoyée en Argentine dans le but d'éclaircir le cas mystérieux de l'*U-977*. Ces messieurs se montrèrent fort entêtés : « Vous avez caché Hitler ! Parlez ! Où est-il ? »

Comme je ne pus rien leur répondre que ce que j'avais déjà dit aux Argentins, ils s'impatientèrent, car, dans le vaste monde, le long voyage entrepris par mon sous-marin remplissait encore les premières pages des journaux. Aucun journal ne sut reconnaître l'intérêt de ce voyage au long cours en plongée effectué par l'*U-977*, premier voyage de l'histoire de la marine accompli dans ces conditions. Tous les communiqués, informations, reportages, histoires faites d'un ramassis de mensonges tournaient toujours autour du même sujet : « Heinz Schaeffer, celui qui cacha Hitler. » Mais Heinz Schaeffer s'en tenait à la vérité et opposait ses déclarations à ces messieurs qui avaient la prétention de découvrir Hitler, mort depuis longtemps. Afin de mieux me « tenir », ils me firent transporter aux U.S.A. Mon équipage et le brave *U-977* suivirent.

J'échouai à Washington dans un camp destiné aux prisonniers de guerre de « premier rang ». De hautes personnalités militaires allemandes s'y trouvaient captives. Pendant des semaines, les Américains me jetèrent au visage cette phrase ressassée à satiété : « Vous avez caché Hitler ! » Pendant des semaines, j'essayai de démontrer l'inutilité de toutes ces recherches. Je pouvais aussi peu donner des preuves concluantes qu'on ne pouvait, d'autre part, rien démontrer qui infirmât ce que je disais.

La question se résolut d'elle-même. Mais il n'en fut pas de même en ce qui concernait le *Bahia*. Cette affaire prit une tournure de plus en plus accablante, car ni nos documents maritimes ni nos dix torpilles ne furent retenus comme arguments suffisants pour nous en délivrer. On nous dit que nous avions peut-être à bord, comme une partie des autres sous-marins allemands, des torpilles au nombre de quatorze. D'ailleurs, on considérait comme possible que notre livre de bord eût été « truqué ». Des indices précis nous disculpèrent enfin. En même temps que l'annonce du naufrage du *Bahia*, le ministère de la Marine brésilienne avait donné des indications détaillées concernant les conditions météorologiques qui régnaient à ce moment-là au point exact de la catastrophe. On les compara avec les rapports météorologiques inscrits le même jour sur le livre de bord de l'*U-977* ; or... elles ne concordaient absolument pas, parce que nous nous trouvions en un autre point de l'Océan. On ne pouvait « truquer » les indications météorologiques ; d'ailleurs, personne ne s'aventura à le dire. L'affaire se trouva donc réglée.

Avant cela, il y eut un incident digne du cinéma à sensation. Otto Wehrmut, le commandant de l'*U-530*, qui avait également accosté à Mar del Plata, fut brusquement confronté avec moi, c'est-à-dire que l'on nous enferma dans une pièce dans le but de nous soumettre à une observation sévère et décisive. Nous ne nous connaissions pas jusqu'alors, mais nous comprîmes aussitôt ce que signifiait cette mise en scène. On comptait que, dans la « joie du revoir », nous dévoilerions devant les microphones posés secrètement dans tous les coins de la pièce la véritable histoire du convoi fantôme. On dut être fort déçu de n'apprendre que la vérité au sujet des deux voyages parfaitement indépendants de nos sous-marins.

Après des mois de captivité, je reçus d'un bon ami anglais une page découpée dans un journal brésilien. Elle était accompagnée d'une photographie dont la contemplation eut sur moi un effet étrange et poignant. C'était une gerbe d'eau causée par une explosion en mer. J'avais vu, au cours de la guerre, d'innombrables gerbes d'eau analogues à celle-ci, au temps où les « loups gris » « mordaient à l'ouvrage ». Je savais que, précisément, ces « fontaines » avaient inquiété les chefs alliés au plus haut degré en ce temps où les communiqués spéciaux de la radio allemande annonçaient les succès immenses de l'arme sous-marine allemande. Mais, en dessous de la photographie du journal qui, ce matin-là, se trouvait posé devant moi, il y avait ces mots : « La fin de l'*U-977*. » Le texte qui l'accompagnait expliquait que mon brave sous-marin avait été torpillé sur l'ordre du Département de la Guerre. Je lui fis mes adieux, tout en éprouvant à son égard des sentiments divers, car, de même qu'il nous avait transportés sûrement à travers l'Atlantique grâce à son Schnorchel, il eût pu aussi bien devenir notre cercueil d'acier reposant au fond de la mer. Nous avions eu le désir de confier notre sous-marin à la marine argentine sans songer aux arrangements internationaux qui pouvaient survenir par la suite.

On comprend aisément que tout ce qui avait trait à notre arme était, pour les Alliés, du plus haut intérêt. Leurs spécialistes reconnurent le danger qu'eussent pu représenter pour eux nos plus récentes inventions. Le Dr Vannevar Bush, qui dirigeait les recherches en vue du perfectionnement des armes américaines, s'exprima en ces mots, au sujet de nos nouveaux types de sous-marins : « S'ils avaient été mis en service à temps, ils auraient agi si puissamment sur le balancier des événements que tout le cours de la guerre eût pu en être changé. »

Lors de l'occupation de la Prusse orientale, la plus grande partie des sous-marins en construction tomba aux mains des Russes dans les chantiers de Dantzig, Stettin et Königsberg. D'autre part, il est probable que les Soviets sont parvenus à s'approprier la turbine Walter prévue pour les sous-marins de grande taille. Les forces occidentales n'en découvrirent que quelques vestiges qui furent plus tard envoyés à Londres.

Je ne me permettrai aucune considération au sujet de la situation créée par la construction de nombreux sous-marins du côté russe (on parle de 1 000 unités), grâce aux connaissances ainsi acquises. Nous trouvons la mesure exacte des inquiétudes américaines à cet égard dans une autre déclaration faite par l'expert américain, le Dr Bush : « Si nous entrions bientôt en guerre avec un ennemi puissant industriellement et techniquement et que cet ennemi fût à même de lancer des constructions modernes efficaces, il nous faudrait recommencer la destruction de l'arme sous-marine dans les conditions les plus défavorables. »

Si paradoxal que cela paraisse, c'est au radar que le sous-marin doit de s'être à ce point renouvelé jusqu'à devenir une arme d'importance première. Il reste jusqu'à présent le seul moyen de combat pouvant échapper aux recherches. On peut atteindre tout avion, tous les engins à longue portée, aussi est-il possible d'agir contre eux. Par contre, le sous-marin moderne est capable de traverser en plongée les océans et, en certains cas, d'attaquer à l'aide d'armes atomiques les centres de production et les ports ennemis. Il semble douteux qu'il soit possible actuellement de mettre au point des appareils détecteurs à grand rayon d'action. Les différences de teneur en sel des eaux, les courants, les variations de température seront toujours cause d'une grande imprécision dans la réfraction des ondes électro-acoustiques émises ou réfléchies. La meilleure méthode dans ce domaine semble résider plutôt dans l'opposition aux grands sous-marins de petits submersibles munis de torpilles acoustiques, tel notre type roitelet. Mais sera-ce la solution ?

La menace que représentent les nouvelles constructions de sous-marins est avouée par la mise en chantier de grands navires de combat dont l'énorme dépense ne semble plus justifiée en aucune manière. Pour un type comme le *Bismark* ou le *Missouri*, il faut l'équivalent de dépense qu'occasionnerait l'organisation d'une ville de 100 000 habitants. Les nouvelles possibilités offensives du sous-marin semblent repousser dans le passé ces énormes unités de guerre.

L'Allemagne qui sut réunir le plus de connaissances dans le domaine de la guerre sous-marine et mettre au point des nouveautés pleines d'avenir dut payer un lourd tribut pour ce trésor de découvertes qui, aujourd'hui, est à la disposition d'autres nations. Les pertes de l'arme sous-marine allemande furent considérables : sur un chiffre rond de 720 unités mises en ligne, 640 environ furent coulées. D'après les renseignements donnés par le vice-amiral Assmann dans la revue *Foreign Affairs*, sur 40 000 sous-mariniers, 30 000 disparurent. Ces chiffres décourageront-ils celui qui tentera de conquérir la suprématie navale à l'aide de sous-marins entièrement nouveaux ?

Lorsque mon affaire se trouva éclaircie à Washington (où l'on me traita plus convenablement qu'ailleurs), je fus renvoyé en Allemagne par bateau. Mon équipage était déjà rapatrié. Le voyage se passa sans incident remarquable, mais le navire ne put accoster dans aucun port allemand, dont tous les quais se trouvaient bloqués par les bateaux alliés. Notre bateau s'en fut donc directement à Anvers, où l'on nous débarqua.

Pour des raisons « techniques », je passai de la captivité américaine à la captivité britannique. Les Anglais tentèrent encore leur chance avec « l'homme qui avait caché Hitler ». Ils me soumirent à de nouveaux interrogatoires et agirent comme s'ils estimaient que leurs cousins nord-américains s'étaient montrés « par trop légers » dans l'affaire me concernant. Pourtant, je ne pus rien leur apprendre de nouveau. Mais ils semblaient visiblement possédés par la légende de l'*U-977*, à tel point qu'après maint interrogatoire inutile, je ne fus pas envoyé dans un camp de prisonniers normal, mais dans un camp réservé aux « cas graves », où je fus presque traité comme une des têtes du régime déchu.

Un jour enfin, ayant peu à peu réussi à *tout* expliquer, je me trouvai comme civil, dans la rue, redevenu un homme libre... autant qu'on peut l'être dans un pays occupé ! A présent, il s'agissait de « naviguer au Schnorchel » dans le tourbillon de l'après-guerre, à travers une mer de ruines, de misères, de douleurs et d'abaissements, aussi adroitement que lorsque nous courions les océans en direction de l'Argentine.

Et voici que, comme je l'ai déjà dit, je me voyais de nouveau assailli dans ces rues de Dusseldorf par le thème de l'*U-977*, puisque, selon toute apparence, le señor Szabo de Buenos-Ayres en savait plus long que tous les Alliés et que toutes les commissions d'enquête associées. Dans le premier instant, son exposé n'avait éveillé en moi que de l'amusement, d'autant plus que les agences de presse citaient les passages marquants de son livre avec un grand déploiement de publicité. Quoi qu'il en fût, ils éveillèrent en moi le désir de lire le livre du journaliste buenos-ayrien. Ce fut seulement bien plus tard que mon vœu se trouva satisfait, lorsque des amis argentins me procurèrent cet ouvrage.

Je l'ouvris avec curiosité et je butai aussitôt sur ce titre prometteur :

« Nouveau Berchtesgaden en Argentine », et sur une dédicace au poète britannique G.K. Chesterton. Suivait un avant-propos prosaïque d'un certain Clemente Cimorra assurant que les arguments de Szabo sont « vraiment impressionnants, car on sait maintenant que l'aigle noir d'Hitler déploie ses ailes au-dessus des 14 millions de kilomètres carrés de neiges immaculées du continent antarctique... » Puis une lettre ouverte de Ladislas Szabo à MM. George Marshall, Wiacheslaw Molotov, Ernest Bevin et Georges Bidault, dans laquelle l'auteur explique aux quatre grands que, le 16 juillet 1945, il a publié, dans le journal de Buenos-Ayres *Critica*, un rapport sur la fuite d'Hitler, ainsi que des indications précises concernant le lieu de sa retraite. Les faits étaient venus par la suite confirmer ses dires dans les moindres détails. Szabo conclut en conjurant les quatre grandes puissances de rechercher aussitôt le dictateur allemand et de s'emparer de sa personne. Il y a là une œuvre de conscience à accomplir qui aura pour but d'éviter le retour du nazisme. La lettre est datée de mars 1947, c'est-à-dire d'une époque où l'enquête me concernant, ainsi que mon compagnon d'arme Wehrmut, était déjà close. Malgré cela, le premier chapitre du livre de Szabo est intitulé « El enigma de los submarinos ». Il relate la remise de l'*U-530* à Mar del Plata. Szabo émet au sujet de cet événement des hypothèses qui, assurément, font pâlir de jalousie Edgar Wallace au fond de sa tombe.

Le second chapitre est consacré à mon sous-marin, l'*U-977*. Maintenant, ce livre commence à m'intéresser. Mais les arguments d'un homme qui n'est pas mieux renseigné sur les sous-marins qu'un Esquimau ne le peut être sur l'Afrique centrale sont si peu marquants qu'on ne saurait les produire séparément. Pourtant, retenons quelques « preuves à l'appui » données dans cet ouvrage. On y explique, par exemple, comme très suspect le fait qu'à bord des deux sous-marins on ait trouvé de grandes quantités de cigarettes, alors que, comme chacun sait, il est défendu de fumer à bord. Le lecteur de ce livre comprendra sans peine ce qu'il en est : l'*U-530* et l'*U-977* ayant navigué en plongée fort longtemps, bien plus longtemps qu'il n'était prévu, il était naturel que, lors de leur arrivée, il y eût encore de nombreuses réserves de cigarettes à leur bord.

Tout aussi fausses sont ses allégations au sujet du nombre des hommes composant les équipages. Szabo affirme que les sous-marins allemands de cette catégorie comptaient au plus seize à dix-huit hommes. Il était donc d'autant plus suspect que nous soyons arrivés en Argentine avec trente-deux hommes à bord. Les autres arguments du livre sont de même valeur ! Par exemple, à la page 109, Szabo dit que je ne pouvais me servir de mon appareil de radio, pour expliquer plus loin, à la page 111, que j'avais appris l'arrivée de Wehrmut à Mar del Plata par un communiqué de la radio. Alors que, dans la première partie de l'ouvrage, les choses sont expliquées de telle sorte que l'on s'imagine Hitler installé à mon bord ou à celui de Wehrmut, l'aventure prend brusquement un tour nouveau : il est question d'un convoi-fantôme dont auraient fait partie les deux sous-marins, sans que nous eussions même deviné, nous les commandants, ce qui se passait en réalité.

Puis voici toute une collection de documents : photos de Hitler, d'Eva Braun, d'une jeune fille encadrée par deux garçons ressemblant à Hitler ; photos de nos sous-marins, d'hommes portant des masques pour l'Arctique ; photos des ruines de la Chancellerie, des commandos américains dans le « bunker » du Führer ; extraits de journaux adroitement glissés dans le texte, descriptions pleines d'erreurs ayant trait à notre voyage. On trouve jusqu'à des souvenirs pris aux archives de la guerre : expédition du porte-avions allemand *Schwabenland* dans l'Antarctique. Une atmosphère de « brouillard artificiel » est ainsi créée, qui permet à Szabo d'atteindre au sublime : en 1938, assure-t-il, le *Schwabenland* reçut mission de l'amiral Dönitz de procéder à l'établissement du « nouveau Berchtesgaden ». Hitler s'y était donc réfugié, accompagné de sa femme, de ses enfants, enfin de toute sa cour, tandis que l'*U-530* et l'*U-977* protégeaient son convoi-fantôme, mais ils avaient dévié de leur route dans l'Atlantique Sud et enfin s'étaient décidés à débarquer en Argentine.

Une journaliste d'un journal de Buenos-Ayres est même parvenue à dépasser M. Szabo : elle eut le bonheur d'interviewer Hitler en Patagonie, en 1948. Mais elle aussi, avec son grimoire, n'a réussi qu'à atteindre à des effets humoristiques.

La lecture de cet ouvrage me fit passer une après-midi fort divertissante. Toutes les affirmations de Szabo ne pouvaient émouvoir un vieux marin comme moi : je constatais simplement qu'une telle absurdité pouvait être imprimée et lue dans un monde civilisé. Il ne me serait pas difficile de démentir, ligne par ligne, ce journaliste spéculant sur les goûts morbides d'un monde qui a perdu la tête, mais il ne faut pas donner à de tels écrits plus d'importance qu'ils n'en ont. Je ne m'inquiète des racontars de M. Szabo que pour la seule raison qu'ils ont eu dans la presse du monde entier une diffusion énorme et aussi parce qu'ils contribuèrent à épaissir le mystère enveloppant le dernier voyage de l'*U-977*. Ceci mérite un éclaircissement.

En Allemagne, je pus constater qu'il existait encore à l'égard d'Hitler certains élans de mysticisme mêlés à un sentiment d'attente. Beaucoup de personnes niaient simplement sa mort et espéraient secrètement son retour. C'était là le côté très grave de la légende enveloppant le voyage de l'*U-977*. Les histoires à sensation du *Dia* de Montevideo et de M. Szabo de Buenos-Ayres ont pu provoquer en Allemagne un mysticisme dangereux, un espoir vain. Rien ne saurait être plus néfaste au relèvement allemand et à l'avenir de l'Europe que ces mystères, ces imprécisions. Dieu ne consentira à nous aider que lorsque nous voudrons nous aider *nous-mêmes*, sans attendre que des ombres viennent à notre secours. Cette pensée joua un rôle décisif dans la résolution que je pris de dire la vérité au sujet du voyage de l'*U-977*, dussé-je être considéré, moi l'obscur commandant de sous-marin, comme assez peu qualifié pour écrire un livre ayant pour objet l'*histoire d'un sous-marin*.

Une autre raison importante me décida à faire imprimer ces pages. Il y a quelques mois, la presse internationale annonçait qu'à l'aide d'un appareil Schnorchel, un sous-marin des U.S.A. « Pikell » avait battu un record extraordinaire en accomplissant un voyage en plongée de vingt et un jours. Si l'on peut, à cette occasion, parler de « record », il n'est pas permis de négliger l'odyssée de l'*U-977*, car c'est à l'équipage de ce bâtiment que revient l'honneur d'avoir accompli un des premiers voyages au long cours en plongée de l'histoire maritime. Je dois à mes hommes de le porter à la connaissance de tous, afin que ce long acte de courage ne demeure point ignoré, comme mainte action remarquable accomplie par des Allemands au cours de la phase finale de la Seconde Guerre mondiale.

D'ailleurs, je ne vois pas pourquoi tous les livres de guerre devraient être écrits avec une intention préméditée de tout faire voir sous un jour héroïque. Les aventures de guerre des hommes qui firent simplement leur devoir ont également droit à notre intérêt. Car les postes élevés ne sont pas forcément à la mesure exacte de l'héroïsme de ceux qui en sont revêtus.

Il me semblait aussi d'importance première de déclarer publiquement que certaines des nations victorieuses évitèrent, après la défaite, de se comporter envers le soldat allemand d'une manière rien moins que chevaleresque. Le jour de notre arrivée à Mar del Plata, on ne nous considéra pas comme des criminels de guerre, mais simplement comme des patriotes qui avaient fait leur devoir. L'*U-977* arriva par hasard à Mar del Plata le 17 août, jour de la fête du héros national argentin, le général San Martin. Les officiers de la marine argentine me firent remarquer cette coïncidence et furent quelque peu étonnés de notre ignorance au sujet du grand fondateur de leur Etat sud-américain. Ils nous expliquèrent alors que le grand capitaine des Andes, qui avait toujours traité le vaincu avec une noble grandeur, leur avait légué une tradition que le plus modeste des fils de la république de la Pampa avait à cœur de maintenir. Ils me déclarèrent qu'ils seraient fiers si, plus tard, nous pouvions dire qu'ils avaient agi de même à notre égard. Le certificat de générosité laissé par les matelots du *Graf Spee* et celui des équipages de deux sous-marins allemands témoigneront à jamais qu'en Argentine, même à l'heure du triomphe qui ôta aux autres nations toute retenue, l'esprit chevaleresque continuait d'agir et s'opposait à ce que s'élévât entre deux peuples une barrière de haine.

Personnellement, dès mon premier contact avec les Argentins, je compris qu'au sein d'un monde vulgaire et brutal, il ferait bon vivre dans leur pays, car rien n'est plus sensible au vaincu que la considération témoignée au courage malheureux.

Je m'y suis retiré. A l'abri de son drapeau, j'ai trouvé le repos nécessaire à la composition de cet ouvrage. Sous ses cieux étoilés se sont ranimés les souvenirs de la glorieuse arme sous-marine allemande, des rudes combats, et du voyage en plongée de soixante-six jours de l'*U-977*. Ici aussi, loin du pays de mes pères, je conserve en moi le legs immense que me laissa la Seconde Guerre mondiale : ma confiance dans le peuple allemand.

Alistair Mac Lean

H.M.S. ULYSSES

A Gisela

H.M.S. Ulysses
1956
Traduction d'Hélène Claireau

Note de l'auteur

Je désire exprimer ma reconnaissance à l'égard de mon frère aîné, Ian L. Mac Lean, capitaine au long cours, pour l'aide technique considérable et les conseils sur les questions maritimes qu'il m'a donnés pour la préparation de ce livre.

Afin d'éviter toute confusion possible, il faut nettement affirmer qu'il n'existe aucun rapport entre l'*Ulysses* de ce livre et le destroyer de la classe Ulster, maintenant converti en frégate, qui est entré en service au début de 1944, environ douze mois après les événements décrits dans ce livre.

Il n'y a pas non plus le moindre rapport entre aucun des navires mentionnés dans cet ouvrage comme étant à Scapa Flow ou participant au convoi et aucun navire de la Marine du même nom ayant servi ou servant dans la Royal Navy.

A. M.

Il arrive que les romans soient plus « vrais » que les récits authentiques. Et c'est bien le cas avec ce chef-d'œuvre d'Alistair Mac Lean, à qui on doit aussi Les Canons de Navarone. *Le* Ulysses *n'est pas un sous-marin, mais un croiseur léger de la Royal Navy, chargé d'accompagner les convois de cargos entre l'Islande et l'URSS. De sous-marins, Mac Lean ne nous en donne pas un seul à voir. En revanche, nous assistons en direct au naufrage de plusieurs cargos touchés par les torpilles allemandes. Navires marchands et bâtiments de guerre agonisent sous nos yeux, nous voyons leurs équipages perdre la raison devant autant d'horreur accumulée. Si on veut mesurer toute l'atrocité de la guerre sous-marine, il est indispensable de se placer aussi du côté des victimes. C'est pourquoi ce roman figure ici.*

1

Prélude : dimanche après-midi

Lentement, délibérément, Starr écrasa le bout de sa cigarette. Ce geste, curieusement, pensa le capitaine de vaisseau Vallery, traduisait une décision irrévocable. Il savait ce qui allait suivre, et, rien qu'un instant, la vive amertume de la défaite traversa la douleur sourde qui ne quittait jamais son front ces temps-ci. Mais ce ne fut que durant un instant, il était trop fatigué, en réalité, beaucoup trop fatigué pour se soucier de quoi que ce fût.

« Je suis désolé, messieurs, sincèrement désolé, dit Starr avec un pâle sourire. Pas à cause des ordres, je vous assure — la décision de l'Amirauté, j'en suis personnellement convaincu, est la seule convenable et justifiable vu les circonstances. Mais je regrette votre... euh... incapacité à comprendre notre point de vue. »

Il s'arrêta, tendit son étui à cigarettes en platine aux quatre hommes assis autour de la table dans la chambre du contre-amiral. En réponse aux quatre hochements de tête muets, le sourire voltigea de nouveau sur ses lèvres. Il choisit une cigarette et remit l'étui dans la poche de poitrine de son veston croisé gris. Puis, il se renversa dans son fauteuil, le sourire complètement disparu. Il n'était pas difficile d'imaginer, sous la manche du tissu à rayures, la large bande et les galons dorés, attributs habituels du vice-amiral Vincent Starr, directeur adjoint des opérations navales.

« Quand j'ai pris l'avion pour le nord, à Londres, ce matin, continua-t-il d'un ton égal, j'étais ennuyé. J'étais très ennuyé. Je suis... eh bien, je suis un homme assez occupé. Le Premier Lord de la mer, à mon avis, perdait mon temps aussi bien que le sien. A mon retour, je ferai amende honorable. Sir Humphrey avait raison. C'est généralement le cas... »

Sa voix se perdit en un murmure, et la roulette de ferrocérium de son briquet grinça dans le silence tendu. Il se pencha sur la table et poursuivit doucement :

« Soyons parfaitement francs, messieurs. Je m'attendais — tout à fait légitimement — à votre soutien et à votre pleine coopération pour régler cette désagréable affaire avec rapidité. Affaire désagréable ? » Il sourit, mi-figue, mi-raisin. « Mâcher ses mots ne servirait à rien. Mutinerie, messieurs, est le terme généralement accepté pour désigner ce qui est, je n'ai guère besoin de vous le rappeler, un crime capital.

Et néanmoins, qu'est-ce que je trouve ? » Son regard fit lentement le tour de la table. « Des officiers de la Marine de Sa Majesté, y compris un amiral, sympathisant — s'ils ne l'excusent pas tout simplement — avec une mutinerie d'équipage ! »

« Il exagère, songea Vallery. Il nous provoque. » Les paroles, le ton étaient une question, un défi demandant une réponse.

Il n'y eut pas de réponse. Les quatre hommes semblaient apathiques, indifférents. Quatre hommes, chacun d'eux un individu, chacun d'eux ancré dans sa personnalité, et pourtant, en ce moment, si étrangement pareils, avec leurs visages lourds, immobiles, profondément ridés, et leurs yeux si calmes, si las, et tellement vieux.

« Vous n'êtes pas convaincus, messieurs ? reprit-il doucement. Vous trouvez les mots que j'ai choisis un peu... euh... désagréables ? » Il se renversa en arrière. « Hum... mutinerie. » — Il savoura lentement ce mot, serra les lèvres et parcourut de nouveau la table des yeux. « Non, cela ne rend pas un son bien plaisant, n'est-ce pas, messieurs ? Vous avez un autre terme à me proposer, peut-être ? »

Il secoua la tête, se pencha et lissa sous ses doigts une note de timonerie. Puis il lut tout haut :

« Revenu du raid sur les Lofoten... 15 h 45 — franchi les barrages ; 16 h 10 — terminé pour les machines ; 16 h 30 — chalands de ravitaillement le long du bord, groupe mixte matelots-mécaniciens affecté au déchargement des fûts de lubrifiant ; 16 h 50 — signalé au commandant que les mécaniciens refusaient d'obéir. Premier maître Hartley, puis, successivement, ingénieur en chef Hendry, lieutenant de vaisseau (M) Grierson et capitaine de frégate (M) Turner ; meneurs apparemment mécaniciens Riley et Petersen ; 17 h 05 — refusé d'obéir au commandant ; 17 h 15 — capitaine d'armes et maître de quart assaillis dans l'accomplissement de leur service. » Il leva les yeux. « Quel service ? Essayer d'arrêter les meneurs ? »

Vallery inclina la tête en silence.

« 17 h 15 — Les matelots ont cessé le travail, apparemment par sympathie ; pas d'invitation à la violence ; 17 h 25 — avertis des conséquences par commandant ; reçoivent l'ordre de reprendre le travail ; ils désobéissent ; 17 h 30 — signal au commandant en chef sur le *Cumberland* pour demander assistance. »

Starr releva de nouveau la tête et jeta un regard froid sur Vallery.

« Pourquoi, au fait, ce signal à l'amiral ? Assurément, vos propres Marines...

— Mes ordres, interrompit brutalement Tyndall. Opposer nos propres Marines à des hommes avec lesquels ils naviguent depuis deux ans et demi ? Inadmissible ! Il n'y a pas d'inimitié entre l'équipage et les Marines sur ce navire-ci, amiral : ils ont subi trop d'épreuves ensemble... D'ailleurs, ajouta-t-il sèchement, il est tout à fait possible que nos Marines eussent refusé. Et n'oubliez pas que si nous les avions utilisés et que s'ils avaient dompté cette... euh... mutinerie, l'*Ulysses* aurait été fini en tant que navire de combat. »

Starr le regarda sans ciller, puis baissa de nouveau les yeux sur le rapport.

« 18 h 30 — Un groupe de Marines du *Cumberland* monte à bord. Pas de résistance opposée à leur montée ; ils tentent d'arrêter six, huit meneurs soupçonnés ; forte résistance des mécaniciens et matelots ; dur combat sur la plage arrière, dans le réfectoire des chauffeurs et dans le poste des mécaniciens jusqu'à dix-neuf heures ; pas d'armes à feu utilisées mais 2 morts, 6 blessés graves, 35 à 40 petites blessures. » Starr cessa de lire et froissa le papier d'un geste presque furieux. « Vous savez, messieurs, je crois que vous marquez un point, après tout, dit-il avec une lourde ironie. Mutinerie n'est guère le terme qui convient. Cinquante morts et blessés ; bataille rangée serait plus approprié. »

Ni les paroles, ni le ton mordant, ni la voix cinglante ne provoquèrent la moindre réaction. Les quatre hommes demeurèrent assis sans expression, immobiles, inattentifs, suprêmement indifférents.

Le visage de l'amiral Starr se durcit.

« Je crains que vous n'ayez pas mis les choses tout à fait au point, messieurs. Vous êtes ici depuis longtemps, et l'isolement déforme la perspective. Dois-je rappeler à des officiers supérieurs qu'en temps de guerre, les sentiments personnels, les épreuves et les souffrances n'ont aucune importance ? La Marine, le pays comptent avant tout, seuls et tout le temps. » Il frappa doucement sur la table avec une insistance sensible quoique contenue. « Bon Dieu, messieurs, fit-il entre ses dents, l'avenir du monde est en jeu... et vous, égoïstement, inexcusablement absorbés par vos petites affaires, vous avez la colossale effronterie de le compromettre ! »

Le capitaine de frégate Turner eut un sourire sardonique. « Un joli discours, Vincent, mon garçon, vraiment très joli... bien que rappelant un peu le mélodrame victorien : les dents serrées ont été un jeu de scène nettement excessif. Dommage qu'il ne se soit pas présenté au Parlement... il serait un atout formidable sur n'importe quel banc ministériel. Je suppose le vieux gars trop honnête pour ça, au fond », pensa-t-il avec une vague surprise.

« Les meneurs seront arrêtés et punis... sévèrement punis, fit la voix, dure et coupante maintenant. En attendant, la 14e escadre de porte-avions sera au rendez-vous, dans le détroit du Danemark, comme convenu, à dix heures trente mercredi au lieu de mardi... Nous avons télégraphié à Halifax pour retarder l'appareillage. Vous prendrez la mer à six heures demain. » Il regarda le contre-amiral Tyndall. « Vous en aviserez, s'il vous plaît, immédiatement tous les navires sous vos ordres, amiral. »

Tyndall — connu dans toute la flotte sous le nom de Giles le

Fermier — ne dit rien. Son visage coloré, d'habitude si gai et souriant, était sévère et figé ; sous ses lourdes paupières, son regard troublé fixait le commandant Vallery et il se demandait quel infernal supplice cet homme bon et sensible endurait à cet instant. Mais le visage hâve de fatigue de Vallery ne l'éclaira pas : sa maigreur ascétique ne révélait absolument rien. Tyndall réprima un juron.

« Je ne crois pas qu'il y ait autre chose à dire, messieurs, continua Starr. Je ne prétendrai pas que vous ayez à entreprendre un voyage facile — vous savez vous-mêmes ce qui est arrivé aux trois derniers convois les plus importants, PQ 17, FR 71 et 74. Je crains que nous n'ayons pas encore trouvé la riposte aux torpilles acoustiques et aux bombes planantes. En outre, nos sources de renseignements à Brême et à Kiel nous apprennent — et de récents désastres dans l'Atlantique le confirment — que la nouvelle politique des sous-marins est de s'attaquer d'abord aux navires d'escorte... Peut-être le temps vous sauvera-t-il. »

« Vindicatif vieux démon, songea Tyndall sans passion. Continue, le diable t'emporte... amuse-toi. »

« Au risque de paraître plutôt victorien et mélodramatique... » Starr attendit impatiemment que Turner étouffât sa brusque quinte de toux « nous pouvons dire que l'*Ulysses* reçoit l'occasion de se... euh... racheter. » Il repoussa son fauteuil. « Après cela, messieurs, la Méditerranée. Mais d'abord, que le FR 77 atteigne Mourmansk malgré les attaques et les tempêtes ! » Sa voix se brisa sur ce dernier mot et se fit stridente, la colère grondant à travers le mince vernis de suavité. « Il faut que l'*Ulysses* comprenne que la Marine ne tolérera jamais la désobéissance aux ordres, le manquement au devoir, la révolte et la sédition organisées !

— Sottises ! »

Starr sursauta, et les articulations de ses doigts blanchirent sur les bras du fauteuil. Son regard fit rapidement le tour de la table et s'arrêta sur le médecin en chef de deuxième classe Brooks, sur ses yeux d'un bleu exceptionnellement vif, si étrangement hostiles maintenant sous cette magnifique crinière blanche.

Tyndall aussi remarqua ces yeux coléreux : il vit s'empourprer le visage de Brooks et gémit en son for intérieur. Il ne connaissait que trop bien ces symptômes ; le vieux Socrate était sur le point de sonner de sa trompette irlandaise. Tyndall allait parler, mais un geste impératif de Starr l'en empêcha.

« Qu'avez-vous dit, docteur ? demanda l'amiral d'une voix douce et dénuée d'expression.

— Sottises ! répéta Brooks distinctement. Voilà ce que j'ai dit. Soyons parfaitement francs, dites-vous, eh bien, amiral, je suis franc. « Manquement au devoir, révolte et sédition organisées », ça ne tient pas debout ! Mais je suppose qu'il vous faut donner un nom aux faits, de préférence un nom qui se rapporte au domaine de votre expérience personnelle. Mais Dieu seul sait par quelle étrange association d'idées et quel tour de passe-passe mental vous assimilez ce qui s'est produit à bord de l'*Ulysses* avec le seul code de conduite qui vous soit familier. » Brooks s'arrêta une seconde et, dans le silence, on entendit le sifflet d'un maître de manœuvre, un bateau qui passait, sans doute. « Dites-moi, amiral, reprit-il calmement, devons-nous expulser les démons de la folie par le fouet — une étrange vieille coutume médiévale — ou peut-être par la noyade... Vous vous rappelez les cochons gadaréniens ? Ou croyez-vous qu'un ou deux mois de cellule soit le meilleur remède pour la tuberculose ?

— De quoi diantre parlez-vous, Brooks ? demanda Starr avec irritation. Cochons de gadaréniens, tuberculose... où voulez-vous en venir ? Allez, expliquez-vous. » Il tambourina impatiemment sur la table, les sourcils haut levés sur son front plissé. « J'espère, Brooks, poursuivit-il d'une voix soyeuse, que vous êtes en mesure de justifier cette... insolence.

— Je suis tout à fait sûr que le docteur Brooks n'avait nullement l'intention d'être insolent, amiral, dit le commandant Vallery. Il exprime simplement...

— Je vous en prie, Vallery, coupa Starr, je crois être parfaitement capable d'en juger par moi-même. » Il eut un sourire très pincé. « Eh bien, continuez, Brooks. »

Le médecin-chef Brooks le regarda tranquillement, d'un air songeur.

« Me justifier ? fit-il avec un sourire las. Non, amiral, je ne crois pas pouvoir le faire. » La légère inflexion du ton et ce qu'elle sous-entendait n'échappèrent pas à Starr. Il rougit un peu. « Mais je vais essayer de m'expliquer, continua Brooks. Cela pourrait faire du bien. »

Il resta silencieux quelques secondes, les coudes sur la table, passant sa main à travers son épaisse chevelure argentée, d'un geste qui lui était habituel ; puis, levant brusquement les yeux :

« Quand avez-vous servi à la mer pour la dernière fois, amiral ? demanda-t-il.

— A la mer pour la dernière fois ? Où diable est le rapport avec vous, Brooks... ou avec le sujet que nous discutons ? fit-il d'un ton dur.

— Cela a un rapport très important, répliqua Brooks. Voulez-vous, s'il vous plaît, répondre à ma question, amiral ?

— Je crois que vous savez parfaitement, Brooks, répondit Starr calmement, que je suis à Londres, au quartier général des opérations navales, depuis le début de la guerre. Que sous-entendez-vous, docteur ?

— Rien. Votre rectitude de conduite et votre courage sont hors de doute. Nous le savons tous. Je cherchais uniquement à établir un fait. Je suis médecin de la Marine, amiral. Il y a maintenant trente ans que je le suis. Peut-être ne suis-je pas un très bon médecin ; il est possible que je ne me tienne pas autant que je le devrais au courant des plus récentes découvertes, mais je crois pouvoir prétendre à très bien connaître la nature humaine, la façon dont fonctionne l'esprit, l'action merveilleusement compliquée qu'exercent l'un sur l'autre l'esprit et le corps. Vous avez dit textuellement : « L'isolement déforme la perspective. » « Isolement » implique le retranchement, le détachement du monde, et votre insinuation est partiellement juste. Mais, il existe plus d'un monde, amiral, et c'est là le point capital. Les mers nordiques, l'Arctique, la route dans la nuit vers la Russie constituent un monde à part, complètement distinct du vôtre. C'est un monde dont il n'est pas possible que vous ayez l'idée. Vous êtes, en effet, complètement isolé de *notre* monde. »

Starr grommela sans qu'on pût savoir si c'était de colère ou de dérision, puis s'éclaircit la voix pour parler, mais Brooks reprit hâtivement :

« Les conditions qui le caractérisent sont sans précédent ni analogue dans l'histoire de la guerre. Les convois russes, amiral, sont une chose entièrement nouvelle et absolument unique dans la vie de l'humanité. »

Il s'arrêta soudain et regarda à travers l'épaisse vitre du hublot la neige à demi fondue qui tombait obliquement sur l'eau grise et les collines brunes du mouillage de Scapa. Personne ne parla. Le médecin-chef n'avait pas encore fini ; il faut du temps à un homme fatigué pour rassembler ses idées.

« L'humanité peut naturellement s'adapter à des conditions nouvelles, et elle le fait, dit Brooks d'une voix basse, presque comme s'il se parlait à lui-même. Biologiquement et physiquement les hommes y ont été obligés au long des siècles afin de survivre. Mais cela exige du temps, messieurs, beaucoup de temps. Vous ne pouvez comprimer en deux années les changements naturels de vingt siècles : ni l'esprit ni le corps ne sauraient le supporter. On peut l'essayer, évidemment, et la malléabilité et la résistance de l'homme sont telles, qu'il parvient à le tolérer... pour des périodes extrêmement brèves. Mais la limite de la capacité d'adaptation est vite atteinte. Poussez les hommes au-delà de cette limite, et n'importe quoi peut arriver. Je dis à dessein « n'importe quoi » parce que nous ne savons pas encore quelle forme prendra l'effondrement — mais il s'en produit toujours un. Il peut être physique, mental, spirituel, je n'en sais rien. Mais je sais, amiral, que l'équipage de l'*Ulysses* a été poussé jusqu'à la limite, et nettement au-delà.

— Très intéressant, docteur, dit Starr sèchement, d'un accent sceptique. Très intéressant et instructif. Malheureusement, votre théorie — car ce n'est qu'une théorie — est tout à fait insoutenable.

— Cela, amiral, dit Brooks en le regardant fixement, n'est pas même une affaire d'opinion.

— Sottise ! répliqua Starr, le visage dur de colère. C'est une question de fait. Vos prémisses sont complètement fausses. Ce vaste abîme que vous prétendez se creuser entre les convois allant en Russie et les opérations navales normales n'existe simplement pas. Pouvez-vous désigner un seul facteur présent dans ces eaux nordiques et qui ne se rencontre pas ailleurs dans le monde ? Le pouvez-vous, docteur Brooks ?

— Non, amiral, dit Brooks sans rien perdre de son calme. Mais je peux vous signaler un fait fréquemment négligé, à savoir que les différences de degré et d'association peuvent être beaucoup plus grandes et produire des effets d'une beaucoup plus grande portée que les différences de nature. Laissez-moi vous expliquer ce que je veux dire. La peur est susceptible de détruire un homme. Avouons-le, la peur est une chose naturelle. On l'éprouve sur tous les théâtres de la guerre, mais nulle part avec autant d'intensité et de continuité que dans les convois arctiques. L'attente du danger, la tension peuvent briser un homme... n'importe quel homme. Je l'ai constaté trop souvent, beaucoup, beaucoup trop souvent. Et lorsqu'on est tendu jusqu'au point de craquer, parfois dix-sept jours d'affilée, quand chaque jour on est constamment averti de ce qui peut vous arriver par la vue de navires sombrant, de corps brisés se noyant... eh bien, nous sommes des hommes et non des machines, et quelque chose flanche forcément. L'amiral ne saurait ignorer qu'après nos deux derniers voyages nous avons envoyé dix-neuf officiers et hommes dans des établissements hospitaliers — des établissements hospitaliers pour maladies mentales. »

Brooks était debout, maintenant, ses larges et robustes doigts à plat sur la surface polie de la table, ses yeux transperçant ceux de Starr.

« La faim réduit la vitalité d'un homme, amiral. Elle sape sa force, ralentit ses réactions, détruit sa volonté de combattre, voire sa volonté de survivre. Vous êtes surpris, amiral ? Vous pensez que souffrir de la faim est impossible sur les navires bien approvisionnés d'aujourd'hui ? Mais ce n'est pas impossible. C'est inévitable. Vous nous envoyez sans cesse en Russie quand la saison d'y aller est passée, quand les nuits sont à peine plus longues que les jours, quand vingt heures sur vingt-quatre sont occupées aux postes de veille ou de combat, et vous vous attendez à ce que nous nous nourrissions bien ! Comment diable le pourrions-nous quand les cuisiniers passent presque tout leur temps dans les soutes, dans les tourelles ou dans les équipes de sécurité ? Seuls le boulanger et le boucher en sont exemptés, de sorte que nous vivons de sandwiches de bœuf en conserve ; pendant des semaines de suite, rien que des sandwiches de corned-beef ! »

Le médecin-chef Brooks cracha presque de dégoût.

« Brave vieux Socrate, pensa Turner avec satisfaction ; donne-lui-en pour son grade. » Tyndall aussi approuvait de la tête. Seul Vallery était mal à l'aise, non à cause de ce que disait Brooks, mais parce que c'était Brooks qui le disait. C'était Vallery le commandant, et les charbons ardents ne s'amassaient pas sur la tête qu'il fallait.

« La peur, l'incertitude, la faim, dit Brooks d'une voix très basse, sont ce qui brise un homme, ce qui le détruit aussi sûrement que le feu, l'acier ou la peste. Ce sont elles les tueuses. Mais elles ne sont que les séides, que les piqueurs, pourrait-on dire, des Trois Cavaliers de l'*Apocalypse* : le froid, le manque de sommeil et l'épuisement.

« Savez-vous ce que c'est qu'une nuit de février entre Jan Mayen et l'île aux Ours, amiral ? Bien sûr, vous ne le savez pas. Savez-vous ce que c'est qu'une température de 40° au-dessous de zéro dans l'Arctique... et qu'il ne gèle toujours pas ? Savez-vous ce qu'est un vent qui hurle en soufflant des glaces du Pôle et du Groenland par 30° au-dessous de zéro et traverse comme la lame d'un scalpel les vêtements les plus épais, quand il y a 500 tonnes de glace sur le pont, où cinq minutes d'exposition directe à l'air signifient la gelure, où, lorsque l'étrave s'écrase dans un creux, l'embrun qui vous frappe est de glace solide, où même la pile d'un torche électrique s'éteint, tant le froid est intense ? Connaissez-vous cela, amiral, le connaissez-vous ? »

Brooks lui jeta ces mots en les martelant et continua :

« Et savez-vous ce que c'est que de vivre des jours d'affilée sans sommeil, des semaines en ne dormant que deux ou trois heures sur vingt-quatre ? Connaissez-vous cette sensation, amiral ? Ce sentiment que chacun des nerfs, chacune des cellules de votre corps sont tendus au point de se briser, au point de vous amener au bord de la folie ? Le connaissez-vous, amiral ? C'est le supplice le plus raffiné du monde, et on vendrait ses amis, sa famille, ses espoirs d'immortalité pour le privilège de pouvoir fermer les yeux et se laisser aller. Et puis, il y a la fatigue, amiral, la fatigue désespérée qui ne vous quitte jamais. C'est en partie l'effet débilitant du froid, en partie le manque de sommeil, en partie le résultat d'un mauvais temps continuel. Vous savez bien comme il peut être épuisant de s'arc-bouter, même durant quelques heures, sur un pont qui roule et qui tangue ; nos gars l'ont fait pendant des mois ; les tempêtes sont quotidiennes au cours de la traversée de l'Arctique. Je peux vous montrer une douzaine, deux douzaines de vieillards dont pas un n'a plus de vingt ans. »

Brooks repoussa sa chaise et se mit à arpenter nerveusement la chambre. Tyndall et Turner se regardèrent, puis jetèrent un coup d'œil sur Vallery qui, la tête et les épaules courbées, fixait, sans les voir, ses mains croisées sur la table. Pour le moment, Starr aurait pu ne pas exister.

« C'est un cercle vicieux, meurtrier poursuivit rapidement Brooks, appuyé maintenant à la cloison, les mains profondément enfoncées dans ses poches, les yeux aveuglément dirigés sur le hublot embué. Moins on dort, plus on est fatigué ; plus on est fatigué, plus on est sensible au froid. Et ainsi de suite. Et puis, tout le temps, il y a la faim et cette terrible tension. Tous ces facteurs réagissent les uns sur les autres ; chacun d'eux conspire avec les autres pour vous briser physiquement et mentalement et faire de vous une proie offerte à la maladie. Oui, amiral, la maladie. »

Il regarda Starr avec un sourire, un sourire sans gaieté.

« Entassez des hommes comme des harengs dans une caque, privez-les de leur dernière once de résistance, enfermez-les dans les entreponts pendant des jours de suite, et qu'est-ce que vous obtenez ? La tuberculose. C'est inévitable. » Il haussa les épaules. « Bien sûr, je n'ai, jusqu'ici, isolé que quelques cas, mais je *sais* que la tuberculose pulmonaire active est mûre parmi l'équipage. Il y a des mois que j'ai prévu cet affaiblissement des organismes. J'en ai averti le médecin-général de la Flotte plusieurs fois. J'ai écrit à deux reprises à l'Amirauté. On m'a témoigné de la sympathie et c'est tout. Pénurie de navires, pénurie d'hommes...

« Ce sont les cent derniers jours qui les ont achevés, ces cent jours ajoutés aux mois précédents. Cent jours d'un enfer sanglant, et pas une heure de détente à terre. Deux séjours dans des ports seulement, pour embarquer des munitions : tout le mazout et les vivres sont pris à des transports, à la mer. Et chaque journée, une éternité de froid, de faim, de danger et de souffrance. Au nom de Dieu ! s'écria Brooks, nous ne sommes pas des machines ! »

Il s'éloigna du mur et s'avança vers Starr, les mains toujours au fond de ses poches.

« Il m'est pénible de le dire devant le commandant, mais tous les officiers du bord — sauf lui-même — savent que les hommes se seraient, depuis longtemps, mutinés comme vous dites, sans leur profonde loyauté envers lui, un dévouement allant presque jusque l'idolâtrie ; je n'ai, dans ma longue expérience, jamais rien vu de pareil, amiral. »

Tyndall et Turner murmurèrent leur approbation. Vallery demeura toujours immobile.

« Mais, il y a une limite même à cela ; elle a forcément été atteinte. Et vous parlez de punir, d'emprisonner ces hommes ? Bon Dieu du ciel ! vous pourriez aussi bien pendre un homme parce qu'il a la lèpre ou l'envoyer aux travaux forcés pour avoir des ulcères ! s'écria Brooks en secouant la tête avec désespoir. Notre équipage est aussi innocent ; ces hommes n'ont pu faire autrement ; ils ne sont plus capables de distinguer le bien du mal, de raisonner avec clarté. Ils ont simplement besoin d'un repos, de paix, de quelques jours d'une bienheureuse tranquillité. Ils donneraient tout au monde pour ce répit ; ils ne sont pas en état de songer à autre chose. Ne pouvez-vous le comprendre, amiral ? Ne le pouvez-vous pas ? »

Pendant peut-être trente secondes, il y eut un silence complet, absolu, dans la chambre de l'amiral. Le gémissement aigu du vent, le bruissement de la grêle semblèrent anormalement forts. Puis, Starr se leva, ramassa ses gants, et Vallery, levant la tête pour la première fois, comprit que Brooks avait échoué.

« Faites accoster ma vedette, Vallery. Immédiatement, je vous prie, dit Starr avec détachement, sans la moindre émotion. Complétez votre approvisionnement en mazout, en munitions et en vivres le plus tôt possible. Amiral Tyndall, je vous souhaite à vous et à votre escadre, une heureuse traversée. Quant à vous, docteur Brooks, je comprends parfaitement ce qui ressort de votre argument — du moins, en ce qui vous concerne. » Un sourire froid se dessina sur ses lèvres. « Vous êtes, de toute évidence, surmené, et vous avez grand besoin d'une détente. Votre remplaçant sera à bord avant minuit. Si vous voulez m'accompagner, commandant... »

Il se tourna vers la porte, et il avait fait deux pas, quand la voix de Vallery l'arrêta net, un pied en l'air.

« Un moment, amiral, s'il vous plaît. »

Starr se retourna. Le commandant Vallery n'avait pas fait un mouvement pour se lever. Il restait assis immobile, souriant. C'était un sourire composé de déférence, de compréhension et d'une curieuse inflexibilité. Starr en éprouva un vague malaise.

« Le médecin-chef Brooks, dit Vallery avec précision, est un officier tout à fait exceptionnel. Il est d'une valeur inestimable, virtuellement irremplaçable, et l'*Ulysses* a le plus grand besoin de lui. Je désire le conserver à bord.

— J'ai pris ma décision, commandant, répliqua sèchement Starr, et elle est irrévocable. Je crois que vous connaissez les pouvoirs dont l'Amirauté m'a investi pour cette enquête.

— Parfaitement, amiral, dit Vallery, tout à fait calme. Je répète néanmoins que nous ne pouvons nous permettre de perdre un officier de la valeur de Brooks. »

Les mots, le ton étaient polis, respectueux ; mais il n'y avait pas à se tromper sur leur signification. Brooks s'avança, avec une expression désolée, mais avant qu'il pût parler, Turner intervint doucement, courtoisement :

« Je suppose que je n'ai pas été invité à cette conférence uniquement à titre décoratif. » Il se renversa contre le dossier de sa chaise et, les yeux fixés d'un air songeur sur le hublot : « Je sens qu'il est temps que je dise quelque chose. Je souscris sans réserve à chacune des paroles prononcées par ce vieux Brooks ; à chacune d'elles, sans exception. »

Les lèvres blanches, Starr regarda Tyndall et demanda :

« Et vous, amiral ? »

Tyndall leva des yeux railleurs, toute la tension, toute l'inquiétude disparues de son visage. Il ressemblait plus que jamais à un gros fermier de l'Ouest. Mi-figue, mi-raisin, il supposait que sa carrière était en jeu. « C'est drôle, se dit-il, combien une carrière peut soudain perdre toute importance. »

« En tant que commandant de l'escadre, son efficacité maximale est ma seule préoccupation. Certaines gens sont réellement irremplaçables. Le commandant Vallery estime que Brooks est dans ce cas. Je suis d'accord avec lui.

— Je vois, messieurs, je vois, dit Starr avec difficulté tandis que s'empourpraient ses pommettes. Le convoi est parti de Halifax et j'ai les mains liées. Mais vous commettez une erreur, messieurs, en braquant des revolvers sur l'Amirauté. Nous avons de bonnes mémoires, à Whitehall. Nous discuterons longuement cette affaire à votre retour. Au revoir, messieurs, au revoir. »

Frissonnant dans le froid qui l'enveloppait soudain, Brooks descendit lourdement l'échelle menant au pont supérieur et se dirigea vers l'avant ; au-delà de la cuisine, il entra à l'infirmerie. Johnson, l'infirmier en chef, sortit la tête de son officine.

« Comment vont nos malades, Johnson ? demanda Brooks. Ils résistent courageusement ? »

Johnson parcourut d'un regard morose les huit lits et leurs occupants.

« Ce sont de rudes veinards, docteur. La moitié d'entre eux se portent joliment mieux que moi. Regardez le chauffeur Riley, là, celui qui a un doigt brisé et cette grosse pile de *Reader's Digest*. Il lit tous les articles médicaux et réclame à grands cris des sulfamides, de la pénicilline et tous les antibiotiques les plus nouveaux. Il ne sait pas prononcer la plupart de leurs noms et croit qu'il va mourir.

— Une grave perte, murmura Brooks en secouant la tête. Je ne sais pas quels mérites lui attribue le commandant Dodson... Quelles sont les dernières nouvelles de l'hôpital ? »

Le visage de Johnson se vida de toute expression.

« Ils avaient tout juste le souffle, il y a cinq minutes, capitaine, dit-il. Le matelot Ralston est mort à trois heures. »

Brooks hocha lourdement la tête. Avoir envoyé ce garçon épuisé à l'hôpital n'avait été qu'un geste, de toute façon. Pendant un instant, seulement, il se sentit vaincu. On l'appelait « le vieux Socrate », et il commençait à sentir son âge, ces jours-ci... un peu plus que son âge, même. Peut-être qu'une bonne nuit de sommeil le remettrait d'aplomb, mais il en doutait. Il soupira.

« Vous n'êtes pas trop optimiste au sujet de tout cela, n'est-ce pas, Johnson ?

— Dix-huit, capitaine. Exactement dix-huit, dit Johnson d'une voix basse et navrée. Je viens de parler avec Burgess, c'est celui du premier lit. Il dit que Ralston sortait de la salle de bains, une serviette sur son bras, quand une foule d'hommes est passée en courant ; alors, un satané grand singe de Marine lui a flanqué un coup sur la tête avec son fusil. Il n'a jamais su ce qui l'avait frappé et il n'a jamais su pourquoi.

— Et c'est ça qu'ils appellent... euh... propos séditieux, Johnson, dit-il avec un léger sourire.

— Pardon, docteur. Je suppose que je ne devrais pas... c'est simplement que je...

— Ne vous tourmentez pas, Johnson. C'est de ma faute. On ne peut empêcher les gens de penser. Seulement ne pensez pas tout haut. C'est nuisible à la discipline... Je crois que votre ami Riley a besoin de vous. Vous feriez mieux de lui donner un dictionnaire. »

Il se retourna et passa dans la salle d'opérations. La tête noire de Johnny Nicholls était seule visible derrière le fauteuil du dentiste. Le médecin de première classe se leva immédiatement, une poignée de fiches sanitaires dans sa main gauche.

« Bonjour, docteur. Prenez un siège. »

Brooks grimaça un sourire.

« C'est une excellente chose, Nicholls, une chose vraiment agréable qu'un jeune officier de marine sachant quelle est sa place. Merci, merci. »

Il grimpa sur le fauteuil et s'y laissa tomber avec un gémissement tout en arrangeant l'appuie-nuque.

« Si vous vouliez ajuster le bout de pied, mon garçon... Comme ça... Ah ! merci. » Il s'étendit voluptueusement, les yeux fermés, la tête renversée sur l'appuie-nuque, et gémit de nouveau. « Je suis vieux, Johnny, mon garçon, un vieux dont la carrière est finie.

— Jamais de la vie, docteur, répliqua vivement Nicholls. Ce n'est qu'un léger malaise. Si vous consentiez à ce que je vous conseille un tonique approprié... »

Il se tourna vers un placard, y prit deux verres à dents et une bouteille cannelée, vert foncé, marquée « poison ». Il remplit les verres et en tendit un à Brooks en disant :

« Mon ordonnance personnelle. A votre santé, docteur ! »

Brooks regarda le liquide ambré, puis Nicholls.

« Ce sont des pratiques païennes qu'on vous a enseignées dans ces facultés écossaises, mon garçon... Des types admirables, certains de ces vieux païens. Qu'est-ce que c'est, cette fois, Johnny ?

— Un truc de première classe, répondit Nicholls avec un large sourire. Produit de l'île de Coll.

— Je ne savais pas qu'il y avait des distilleries là-haut, dit le vieux médecin avec un regard soupçonneux.

— Il n'y en a pas. J'ai simplement dit que c'était fabriqué à Coll... Comment les choses se sont-elles passées là-haut ?

— Epouvantablement. Sa Seigneurie a menacé de nous pendre tous à une fusée de vergue. Elle s'est prise d'une antipathie spéciale pour moi... a dit que je devais être instantanément débarqué à coups de pied. Et c'était bien son intention.

— Vous ! s'écria Nicholls en écarquillant ses yeux bruns cernés, aux paupières rougies d'insomnie. Vous plaisantez, naturellement.

— Pas du tout. Mais tout est arrangé... je ne m'en vais pas. Le vieux Giles, le pacha et Turner, ces idiots fous, ont virtuellement dit à Starr que si je partais, on ferait mieux de se mettre à la recherche d'un autre amiral, d'un autre commandant et d'un autre second. Ils n'auraient évidemment pas dû le faire, mais le vieux Vincent en a été secoué jusqu'aux moelles. Il est parti fort en colère, en marmottant des menaces voilées... pas très voilées, d'ailleurs, à tout prendre.

— Maudit vieil imbécile ! dit Nicholls avec chaleur.

— Il ne l'est pas vraiment, Johnny. En fait, c'est un individu brillant. On ne devient pas directeur des opérations navales pour rien. Giles affirme qu'il est un stratège et un tacticien de premier ordre, et il n'est pas, au fond, aussi méchant que nous sommes enclins à le croire. Il est chargé de résoudre un problème insoluble : les ressources dont il dispose sont limitées, et une demi-douzaine d'autres théâtres d'opérations ont un terrible besoin de navires et d'hommes. Il lui est impossible de satisfaire à la moitié de ce qu'on lui demande ; il opère, la plupart du temps, avec des moyens à peine suffisants. N'empêche que c'est un bougre inhumain, impersonnel, qui ne comprend pas les hommes.

— Et la conclusion de toute la parlote ?

— De nouveau Mourmansk. On appareille à six heures demain.

— Quoi ? De nouveau ? Cette troupe de morts ambulants ? fit Nicholls, incrédule. Mais ce n'est pas possible, docteur ! Ils n'en sont absolument pas capables !

— Ils le feront quand même, mon garçon. L'*Ulysses* doit... euh... se racheter. » Brooks rouvrit les yeux. « Dieu, cette seule pensée me glace d'horreur. S'il vous reste un peu de ce poison, mon petit. »

Nicholls remit la bouteille vide dans le placard et, désignant d'un pouce irrité le massif cuirassé nettement visible à travers le hublot, mouillé à trois ou quatre encablures :

« Pourquoi toujours nous ? C'est toujours nous. Pourquoi n'y envoient-ils pas de temps en temps cette inutile caserne flottante ? Elle tourne au bout de sa chaîne des mois de suite.

— C'est précisément la question, fit Brooks solennellement. D'après le Petit Kapok, le poids formidable de boîtes vides de lait condensé et de harengs à la sauce tomate accumulées sur le fond de l'océan l'empêche absolument d'appareiller. »

Nicholls sembla ne pas l'avoir entendu.

« Des semaines, des mois de suite, ils envoient l'*Ulysses* en Russie. Ils remplacent les porte-avions, ils donnent du repos aux destroyers... mais jamais à l'*Ulysses*. Pas de relâche pour lui. Jamais, pas une seule fois. Mais le *Duke of Cumberland*, tout ce qu'il sait faire est d'envoyer ses grandes brutes de Marines à notre bord pour massacrer des malades, des infirmes, des hommes qui en ont plus fait en une semaine que...

— Du calme, du calme, mon garçon, gronda le médecin-chef. Vous ne pouvez appeler un massacre trois morts et les quelques héros blessés couchés à côté. Les Marines n'ont fait que leur métier. Quant au *Cumberland*... eh bien, il faut s'y résigner. Nous sommes le seul navire de la flotte métropolitaine équipé pour la conduite des porte-avions. »

Nicholls vida son verre et regarda son supérieur d'un air chagrin.

« Il y a des moments, dit-il, où j'aime positivement les Allemands.

— Vous devriez un jour vous concerter avec Johnson, conseilla Brooks. Le vieux Starr vous ferait tous deux mettre aux fers pour avoir répandu l'alarme... Tiens ! tiens ! » Il se redressa dans son fauteuil et se pencha en avant. « Regardez le vieux *Cumberland*, Johnny ! Des mètres et des mètres de lessive qui sèchent sur le pont, et des matelots qui courent — qui courent vraiment — vers le gaillard d'avant. Des signes d'activité, à ne pas s'y tromper. Par Dieu ! c'est inusité et fort surprenant ! Qu'en concluez-vous ?

— Ils ont probablement appris qu'ils vont en permission, grommela Nicholls. Rien d'autre ne pourrait faire se remuer aussi vite ces gars-là. Et qui sommes-nous pour leur refuser la juste récompense de leurs peines ? Après une période de service dans les eaux nordiques si longue, si ardue, si dangereuse... »

Le premier coup d'un bugle strident noya le reste de la phrase. Instinctivement, leurs yeux se tournèrent vers le haut-parleur crépitant et bourdonnant, puis ils s'entre-regardèrent avec incrédulité. Et aussitôt ils furent debout, tendus, attentifs : l'urgence de l'appel aux postes de combat qui arrête les battements du cœur ne s'atténue jamais.

« Oh ! mon Dieu, non ! gémit Brooks. Oh ! non, non. Pas de nouveau ! Pas à Scapa Flow !

— Oh ! Dieu, non ! Pas de nouveau... *pas à Scapa Flow !* »

Ces mêmes mots étaient dans les esprits, les cœurs, sur les lèvres des 727 hommes épuisés, amers, mourant de sommeil, par cette froide soirée d'hiver, à Scapa Flow. Ils ne pouvaient avoir d'autre pensée quand le cri du bugle arrêta net tout travail sur les ponts et en dessous, dans les compartiments des machines et les chaufferies, parmi les bugalets et les citernes de combustibles, dans les cuisines et les bureaux. Et, les hommes libres de quart ne pouvaient avoir d'autre pensée, avec un désespoir encore plus poignant, tandis que ce bruit strident déchirait les délices de l'oubli et les ramenait, la mort dans l'âme, l'esprit confus, trébuchants, à la dureté de fer de la réalité.

Ce fut, d'une façon étrangement vague, un moment décisif. C'était le moment décisif. C'était le moment qui aurait pu supprimer pour toujours l'*Ulysses* en tant que navire de combat. C'était le moment que des hommes aigris, épuisés, détendus dans la sécurité relative d'un mouillage entouré de terre, auraient pu choisir pour opposer l'inévitable résistance à l'autorité, à cette muette, indifférente et impitoyable contrainte qui, sûrement, les tuait. Si jamais il y eut un tel moment, c'était celui-ci.

Ce moment vint... et il passa. Ce ne fut guère qu'une ombre qui traversa fugitivement les esprits des hommes, puis disparut, perdue dans le martèlement des pieds gagnant les postes de combat. Peut-être la raison en était-elle l'instinct de conservation. Mais c'était peu probable ; il y avait longtemps que l'*Ulysses* ne s'en souciait plus. Peut-être n'était-ce que la discipline, ou la loyauté envers le commandant, ou ce que les psychologues nomment des réflexes conditionnés : on entend un grincement de freins, et immédiatement, on fait un saut pour sauver sa vie. Ou bien, cela pouvait être encore autre chose.

Quelle qu'en fût la raison, tout l'équipage — sauf la bordée de veille — fut rassemblé en deux minutes. Unanimes à ne pas croire que cela pût leur arriver à Scapa Flow, les hommes allèrent à leurs postes en silence ou en vociférant, suivant leur caractère. Ils y allèrent à contrecœur, maussades et irrités. Mais ils y allèrent.

Le contre-amiral Tyndall y alla aussi. Il ne fut pas l'un de ceux qui y allèrent en silence. Il monta à la passerelle en jurant, se fraya passage à travers la porte de bâbord et grimpa dans son fauteuil haut perché, dans le coin avant de la passerelle de navigation. Il jeta un regard sur Vallery.

« Qu'est-ce qui se passe, au nom du Ciel, commandant ? demanda-t-il sèchement. Tout me semble singulièrement paisible.

— Je ne le sais pas encore, amiral, dit Vallery en parcourant le mouillage d'un regard inquiet. Le commandement en chef nous a envoyé le signal d'alerte avec l'ordre d'appareiller immédiatement. »

Vallery secoua la tête.

« Appareiller ! Mais pourquoi ? »

Tyndall gémit et déclara :

« Ce n'est qu'une conspiration pour priver de vieux hommes comme moi de leur sommeil de l'après-midi.

— Probablement une petite trouvaille de Starr pour nous secouer un peu, grommela Turner.

— Non, répliqua Tyndall avec certitude. Il ne le tenterait pas... il ne l'oserait pas. D'ailleurs, à l'en croire, il n'est pas vindicatif. »

Le silence tomba, un silence rompu seulement par le crépitement de la grêle et le léger cognement inquiétant de l'Asdic. Vallery souleva brusquement ses jumelles.

« Bon Dieu, amiral, regardez-moi ça ! Le *Cumberland* a filé sa chaîne. »

On n'en pouvait douter. Une manille avait été enlevée, et l'étrave du grand navire tournait lentement tandis qu'il mettait en route.

« Qu'est-ce que diable... »

Tyndall s'interrompit et examina le ciel. Pas un avion, pas un parachutiste en vue, pas un contact au radar ni à l'Asdic, pas le moindre signe de la grande flotte allemande forçant les barrages.

« Il nous fait un signal, commandant ! » fit la voix de Bentley, le chef de timonerie. Il s'arrêta, puis continua lentement : « Gagnez immédiatement notre mouillage. Amarrez-vous au coffre nord.

— Demandez-leur de confirmer », ordonna brièvement Vallery.

Il prit le téléphone de la plage avant des mains d'un matelot.

« Ici le commandant, Dodson. Comment est la chaîne ? A pic ? Bon. »

Il se retourna vers l'officier de quart :

« Les deux bords en avant lente : A droite 10. »

Il regarda interrogativement Tyndall.

« Ne me demandez rien, grommela celui-ci. C'est peut-être le plus récent des jeux de salon... un genre de quatre-coins, vous savez... Mais, attendez une minute ! Regardez ! Le *Cumberland* ! Ses pièces de 130 sont à l'inclinaison minimum. »

Les yeux des deux hommes se croisèrent.

« Non, ce n'est pas possible ! Bon Dieu, croyez-vous que ?... »

Le haut-parleur de l'Asdic, de la cabine située immédiatement à l'arrière de la passerelle, lui fournit sa réponse. La voix du chef opérateur, Chrysler, était nette et sans hâte :

« Asdic-passerelle. Asdic-passerelle. Echo, Rouge 30. Je répète, Rouge 30. Bruit s'accroît. Terminé ! »

L'incrédulité du commandant bondit et mourut à la même seconde.

« Alertez poste central artillerie ! Rouge 30. Tous les canons aériens à l'angle négatif maximum. But sous-marin, torpilleur, qu'on soit paré à lancer les grenades.

— Ce n'est pas possible, amiral... ce n'est simplement pas possible ! dit-il en se tournant vers Tyndall. Un sous-marin... à Scapa Flow. Impossible !

— Prien ne pensait pas cela, grommela Tyndall.

— Prien ?

— Le Kapitän-Leutnant Prien, le type qui a coulé le *Royal Oak*.

— Cela ne pourrait pas se reproduire. Les nouvelles obstructions...

— Pourraient faire obstacle à un sous-marin normal », acheva Tyndall, puis il ajouta en un murmure : « Vous vous rappelez ce qu'on nous a dit le mois dernier au sujet de nos sous-marins nains armés par deux hommes : les « chariots » ? Ceux qu'on doit envoyer en Norvège par des bateaux de pêche norvégiens opérant des Shetlands ? Il se pourrait que les Allemands aient eu la même idée.

— Possible », convint Vallery, et avec un mouvement de la tête sardonique : « Regardez-moi le *Cumberland* filer droit sur le barrage. » Il s'arrêta un instant, les yeux songeurs, puis les reportant sur Tyndall : « Est-ce que vous aimez ça ?

— Aimer quoi, commandant ?

— Jouer au jeu de massacre comme à la foire. On ne peut se permettre de perdre un bâtiment de ligne de je ne sais combien de millions de livres. Alors le vieux *Cumberland* file en pleine mer, vers la sécurité, tandis que nous le remplaçons à son mouillage. Vous pouvez parier que le Service de renseignements allemand en connaît l'emplacement à deux centimètres près. Ces sous-marins nains portent des cônes de choc détachables, et s'ils doivent en accrocher un quelque part, ce sera sur notre coque. »

Tyndall le regarda. Son visage était dépourvu d'expression. Les annonces de l'Asdic étaient continuelles, indiquant des gisements par bâbord et des distances décroissantes.

« Bien sûr, bien sûr, murmura l'amiral. Nous sommes la tête de Turc, j'en ai mal au cœur ! » Sa bouche se tordit en un rire sans gaieté. « Moi ? Cela comble la mesure pour l'équipage. Ce dernier voyage infernal, la mutinerie, les Marines du *Cumberland* à notre bord, rappeler aux postes de combat au port... et maintenant ceci ! Risquer nos vies pour ce... ce... »

Il s'arrêta en bredouillant, jura de colère, puis reprit tranquillement : « Qu'allez-vous dire aux hommes, commandant ? Bon Dieu ! Je me sens enclin à me mutiner moi-même... »

Il s'arrêta brusquement en regardant au-delà de l'épaule de Vallery. Le commandant se retourna :

« Eh bien, Marshall ?

— Excusez-moi, commandant. Cet... euh... écho. » Il désigna, du pouce, la cabine de l'Asdic. « Un sous-marin... peut-être un très petit ? fit-il avec un accent d'outre-Atlantique très prononcé.

— Assez probable, Marshall. Pourquoi ?

— C'est justement ce que nous avons pensé, Ralston et moi. » Il eut un large sourire. « Nous avons une idée pour lui faire son affaire. »

Vallery jeta un coup d'œil sur la grêle battante, donna des ordres à la barre et aux machines, puis se retourna vers l'officier torpilleur. Il toussa fortement, douloureusement, tout en désignant la carte du mouillage.

« Si vous songez à faire sauter notre arrière en lançant des grenades dans ces eaux peu profondes...

— Non, commandant. Je doute d'ailleurs que nous puissions les régler pour une immersion aussi faible. Mon idée — celle de Ralston, plus exactement — est de sortir la pétrolette avec quelques charges explosives de 25 livres, des fusées à dix-huit secondes et des détonateurs chimiques. Ces engins-là ne produisent pas de grands dégâts, je le sais, mais un sous-marin nain n'a probablement pas une coque très épaisse. Et si son équipage est à califourchon sur l'engin... eh bien, il n'ira pas loin... »

Vallery sourit.

« Pas mal du tout. Marshall. Je crois que vous avez trouvé la solution. Qu'en pensez-vous, amiral ?

— Cela vaut la peine d'essayer, en tout cas, dit Tyndall. Ça vaut mieux que de rester là comme une poule qui couve.

— Allez-y, alors. Torpilleur », dit Vallery, et avec un regard taquin : « Qui sont vos spécialistes en explosifs ?

— Je pensais emmener Ralston...

— Je m'en doutais. Vous n'emmènerez personne, mon petit gars, dit Vallery fermement. Je ne peux me permettre de perdre mon officier torpilleur. »

Marshall eut l'air peiné, et haussa les épaules avec résignation.

« Le second maître armurier et Ralston : il est le plus ancien des gradés torpilleurs. Des hommes capables, tous les deux.

— Bien. Bentley, désignez un homme pour les accompagner dans le canot. Nous leur signalerons d'ici les relèvements de l'Asdic. Qu'il emporte une lampe à signaux... » Il baissa la voix : « Marshall ?

— Commandant ?

— Le jeune frère de Ralston est mort à l'hôpital tantôt. »

Il regarda le premier maître torpilleur, grand homme blond, grave, vêtu d'une combinaison bleue fanée sous son duffel-coat.

« Le sait-il déjà ? »

L'officier torpilleur regarda fixement Vallery, puis, porta lentement les yeux sur l'officier marinier et jura abondamment et violemment.

« Marshall ! » fit Vallery d'un ton impératif.

Mais Marshall l'ignora, son visage semblable à un masque, également insensible à la réprimande du ton du commandant et à la morsure de la grêle.

« Non, commandant, finit-il par dire, il ne le sait pas. Mais il a reçu des nouvelles ce matin. Croydon a été bombardé la semaine dernière. Sa mère et ses trois sœurs y habitent... y habitaient. C'était une mine terrestre... il ne reste rien. »

Il fit brusquement demi-tour et quitta la passerelle.

Quinze minutes plus tard, tout était fini. La baleinière de tribord et la vedette de bâbord furent mises à l'eau tandis que l'*Ulysses* gagnait le point de mouillage. La baleinière, avec une bouée d'orin à bord, se dirigea vers le coffre pendant que la vedette prenait la tangente.

A 300 mètres du navire, conformément aux instructions envoyées de la passerelle, Ralston tira une pince de sa salopette et sertit la fusée chimique. Le second maître armurier regardait fixement son chronographe. A la douzième seconde, la charge passa par-dessus bord. Trois autres la suivirent, dans des positions différentes, tandis que la vedette décrivait un cercle étroit. Les trois premières explosions soulevèrent l'arrière et secouèrent violemment l'embarcation sur toute sa longueur, et ce fut tout. Mais, à la quatrième, une grosse bulle d'air monta à la surface, suivie d'un long flot de bulles visqueuses. Quand le bouillonnement se calma, une mince couche de mazout se répandit sur 100 mètres carrés de mer...

Des hommes, ayant quitté leurs postes de combat, regardaient avec des visages impassibles la vedette revenir vers l'*Ulysses* et l'accrochèrent juste à temps ; il y avait une importante rentrée d'eau à l'étambot : le servo-moteur était fortement avarié.

Le *Cumberland* n'était qu'une tache de fumée au-delà d'un cap lointain.

Sa casquette à la main, Ralston s'assit en face du commandant. Vallery le regarda longtemps en silence. Il se demandait que dire, quelle serait la meilleure façon de le faire. Cette tâche lui était odieuse.

La guerre aussi était odieuse à Richard Vallery. Il l'avait toujours détestée, et il avait maudit le jour où elle l'avait arraché à sa confortable retraite. Du moins « arraché » était le terme dont il se servait, et seul Tyndall savait qu'il avait volontairement offert ses services à l'Amirauté le 1er septembre 1939 et qu'ils avaient été acceptés avec joie.

Mais il haïssait la guerre. Non parce qu'elle contrecarrait sa passion pour la musique et la littérature, domaines où il faisait figure d'autorité, pas même parce qu'elle offensait perpétuellement son esthétisme, son sentiment du bien et des convenances. Il la haïssait parce qu'il était profondément religieux, parce qu'il s'affligeait de voir les hommes semblables aux bêtes sauvages de la jungle primitive, parce qu'il considérait la croix de la vie déjà suffisamment pesante sans l'affliction gratuite du supplice mental et physique de la guerre, et surtout parce qu'il tenait la guerre pour la folie sauvage et insensée qu'elle est, pour une démence qui ne règle rien, ne prouve rien... sauf la vieille vérité selon laquelle Dieu est du côté des plus nombreux.

Mais certains devoirs lui incombaient, et Vallery avait jugé que cette guerre devait être la sienne à lui aussi. Alors, il avait repris du service et il avait vieilli au fur et à mesure que passaient les affreuses années ; il était devenu plus vieux et plus frêle, et plus bienveillant, tolérant et compréhensif. Parmi les capitaines de vaisseau, voire parmi les marins, il était unique. Unique dans sa charité, unique dans son humilité, et que la pensée ne lui en vînt jamais à l'esprit était la mesure de sa grandeur.

Il soupira. Tout ce qui le tourmentait à cet instant était ce qu'il devrait dire à Ralston. Mais ce fut Ralston qui parla le premier.

« Ne vous en faites pas, commandant, dit-il d'une voix égale, monotone, le visage très tranquille. Je le sais. L'officier torpilleur me l'a dit. »

Vallery s'éclaircit la voix.

« Les paroles sont inutiles, Ralston. Tout à fait inutiles. Votre jeune frère... et votre famille, chez vous. Tous disparus. J'en suis désolé, terriblement désolé. » Il leva les yeux sur l'impassible visage et sourit tristement. « Ou peut-être croyez-vous que je ne fais que prononcer des mots, une formule dénuée de sens, quelque chose de conventionnel. »

Soudain, Ralston eut un bref et surprenant sourire.

« Non, commandant, je ne crois pas cela. Je suis capable d'apprécier votre sentiment. Vous comprenez, mon père... eh bien, il est commandant lui aussi. Il me dit éprouver la même chose que vous.

— Votre père, Ralston ? fit Vallery avec étonnement.

— Oui, commandant. » Vallery aurait juré voir dans les yeux bleus si calmes, si flegmatiques, qui lui faisaient face, passer une lueur d'amusement. « Dans la marine marchande ; il commande un pétrolier de 16 000 tonnes. »

Vallery ne dit rien. Ralston continua doucement :

« Et quant à Billy, commandant... mon jeune frère. C'est... c'est simplement l'une de ces choses qui arrivent. Ce n'est la faute de personne en dehors de moi... J'ai demandé à l'avoir à bord, ici. C'est sur moi que doit retomber le blâme, commandant... rien que sur moi. »

Ses maigres mains brunes tortillaient, écrasaient le bord de sa casquette. « Combien souffrira-t-il davantage quand le choc de ce double coup s'atténuera, se demanda Vallery, quand ce pauvre gosse recommencera à penser normalement ? »

« Ecoutez, mon garçon, je crois que vous avez besoin de quelques jours de repos, le temps de réfléchir à la situation. » « Dieu, se dit Vallery, quelle chose inappropriée et inutile à dire ! » « Le bureau est en train de préparer votre feuille de route. Vous aurez quinze jours de permission à partir de ce soir.

— Pour où me fait-on ma feuille de route, commandant ? Croydon ?

— Naturellement. Pour quel autre... »

Vallery s'arrêta net ; l'énormité de sa gaffe venait de le frapper.

« Pardonnez-moi, mon petit. Quelle maudite bêtise j'ai dite là !

— Ne me renvoyez pas, commandant, supplia Ralston avec calme. Je sais que je peux avoir l'air de vouloir me faire plaindre, mais la vérité est que je n'ai aucun endroit où aller. Ma place est ici, sur l'*Ulysses*. J'y suis occupé tout le temps, soit à travailler, soit à dormir... je ne suis pas obligé de parler des choses... je peux remplir des tâches... »

On sentait que sa maîtrise de soi n'était qu'une mince couche de vernis, tendue, friable, avec son silencieux désespoir juste en dessous.

« Je peux avoir l'occasion d'aider à leur rendre la pareille, poursuivit Ralston avec hâte. Comme d'amorcer ces fusées aujourd'hui... cela... eh bien... cela m'a paru être un privilège. C'était plus que ça... c'était... oh ! je ne sais pas... je ne peux pas trouver les mots, commandant. »

Vallery comprenait. Il se sentait triste, fatigué, sans défense. Que pouvait-il offrir à ce garçon à la place de cette haine, de cette très humaine flamme de vengeance qui le consumait ? Rien, il le savait, rien que Ralston ne mépriserait pas avec dérision. Ce n'était pas le moment des pieuses banalités. Il soupira de nouveau, plus lourdement, cette fois.

« Bien sûr, vous resterez ici, Ralston. Descendez au bureau militaire et dites-leur de déchirer votre permission. Si je peux vous être d'une aide quelconque, n'importe quand...

— Je comprends, commandant. Merci beaucoup. Bonne nuit, commandant.

— Bonne nuit, mon petit. »

La porte se referma doucement sur lui.

2

Lundi matin

« Fermez toutes les portes étanches et tous les panneaux. Aux postes d'appareillage. » Impersonnelle, inexorable, la voix métallique du haut-parleur atteignit tous les coins les plus éloignés du navire.

Et de chaque coin du navire, des hommes vinrent en réponse à cet appel. Ils avaient froid, frissonnaient involontairement sous le glacial vent du nord, juraient fortement tandis que la neige qui tombait en gros flocons pénétrait sous les cols et les manchettes et que leurs mains engourdies restaient collées à des cordes et à du métal gelés. Ils étaient fatigués, car le réapprovisionnement en mazout, en vivres et en munitions s'était prolongé fort avant dans le quart de minuit à quatre heures, et rares étaient ceux qui avaient dormi plus de trois heures.

Et ils étaient en outre irrités et hostiles. Ils obéissaient aux ordres, évidemment, avec l'efficacité machinale d'un équipage très bien entraîné ; mais leur obéissance était maussade, leur consentement plein de rancune, et l'insolence n'était jamais loin. Pourtant les officiers et les gradés les maniaient avec des gants de velours : Vallery le leur avait recommandé avec insistance.

Assez illogiquement, le pire de leur mécontentement n'était pas dû à la prudente retraite du *Cumberland*. La raison en avait été l'avis radiodiffusé comme de coutume la veille au soir : « Le bureau du vaguemestre sera fermé à vingt heures ce soir. » Le courrier ! Ceux qui ne travaillaient pas sans arrêt vingt-quatre heures de suite dormaient comme des morts sans avoir ni le courage ni même la volonté de penser à écrire. Le quartier-maître Doyle, le doyen du poste d'équipage « B », vénérable porteur de trois chevrons de bonne conduite qu'il définissait modestement par « treize années de crimes non découverts », avait résumé la situation en disant : « Si ma vieille bourgeoise était Hélène de Troie et Jane Russell combinées — et tous ceux d'entre vous, les potes, qui ont vu la photo de la vieille chérie savent que cette idée seule est diffamatoire à l'égard de ces deux dames — je ne lui enverrais pas même une carte postale. Faut une limite quelque part. Moi je vais roupiller. »

Sur quoi, il avait tiré son hamac du bastingage, l'avait suspendu avec une précision militaire sous un refoulement d'air chaud — la doyenneté comporte ses privilèges — et, deux minutes plus tard, il dormait. Tout le reste de la bordée de bâbord fit de même : le sac du vaguemestre était allé à terre presque vide...

A six heures, exactement à la minute, l'*Ulysses* fila le corps mort et avança lentement vers le barrage. Dans le demi-jour gris, sous les nuages bas couleur de plomb, il glissa à travers la rade comme un fantôme sans substance, souvent plus qu'à demi caché sous de brusques et lourdes rafales de neige.

Même durant les intervalles de clarté relative, il était difficile de le situer. Il manquait de solidité, de corps, de contours définis. Il avait un curieux air d'impermanence, de volatilité. Une illusion, naturellement, mais une illusion qui s'accordait bien avec l'objet légendaire que l'*Ulysses* était déjà devenu au cours de sa brève existence. Il était connu et chéri des matelots de la marine marchande, des hommes qui naviguaient sur les eaux glaciales et terribles du Nord, de Saint John à Arkhangelsk, des Shetlands à Jan Mayen, du Groenland jusqu'aux lointains rivages du Spitzberg, isolés à l'extrémité du monde. Là où il y avait du danger, là où il y avait la mort, on pouvait chercher et trouver l'*Ulysses* surgissant comme un spectre du brouillard, ou apparaissant miraculeusement, quand la lugubre lueur d'une aube arctique n'apportait que la menace et parfois presque la certitude de ne jamais revoir la prochaine aurore.

Un vaisseau fantôme, une quasi-légende. L'*Ulysses* était aussi un navire jeune, mais il avait vieilli en convoyant les cargos vers la Russie et en patrouillant l'Arctique. Il était là depuis le début et n'avait pas connu d'autre vie. Au commencement, il avait opéré seul, escortant des navires isolés ou par groupes de deux ou trois. Plus tard, on lui avait adjoint des corvettes et des frégates, et maintenant, il ne se déplaçait jamais sans son escadre, le 14e groupe de porte-avions d'escorte.

Mais l'*Ulysses* n'avait jamais réellement navigué seul. La mort avait été et était toujours sa constante compagne. Il posait le doigt sur un pétrolier et aussitôt se déchaînait l'enfer d'une détonation d'essence à haut degré d'octane ; s'il s'agissait d'un cargo, il sombrait avec sa cargaison de matériel de guerre, brisé par une torpille allemande ; si c'était un destroyer, il fendait les profondeurs d'un gris noir de la mer de Barents, ayant pour bourreaux ses machines emballées ; si c'était un sous-marin et qu'il émergeât brusquement à la surface, c'était pour être détruit à coups de canon ou être envoyé doucement par le fond tandis que l'équipage espérait que l'écrasement de la coque lui épargnerait le lent supplice de la mort par suffocation dans sa tombe de fer sur le lit de l'océan et qu'une fin instantanée lui serait miséricordieusement accordée. Là où allait l'*Ulysses* allait aussi la mort. Mais la mort l'épargnait ; il avait de la chance. Un vaisseau fantôme favorisé par le sort et ayant l'Arctique pour séjour.

Illusion, naturellement, cet aspect spectral, mais illusion calculée. L'*Ulysses* était destiné spécifiquement à une seule tâche, à un seul océan, et les camoufleurs avaient effectué un travail merveilleux. Le camouflage spécial à l'Arctique, ses rayures diagonales grises, blanches et de divers bleus délavés, se fondaient imperceptiblement dans les teintes grises et blanches, dans la froide et sinistre désolation des mers nordiques. Et ce camouflage n'était que l'aspect extérieur, superficiel de son adaptation au nord.

Techniquement, l'*Ulysses* était un croiseur léger. Il était le seul de son espèce, un spécimen de 5 500 tonnes du fameux type *Dido*, précurseur de la classe *Black Prince*. Long de 153 mètres, large seulement de 15,25 m, avec une étrave en dévers, un arrière carré et une longue plage avant s'étendant bien sur l'arrière de la passerelle, sur une distance de plus de 60 mètres, il paraissait et était un navire de guerre élancé, rapide, solide, dangereux et endurant.

« Repérer, attaquer, détruire. » Telles sont les fonctions classiques d'un navire de la Flotte en temps de guerre, et l'*Ulysses* était superbement équipé pour les remplir avec le maximum de rapidité et d'efficacité.

Le repérage, par exemple. L'élément humain était naturellement indispensable, et Vallery avait beaucoup trop d'expérience et de science du combat pour sous-estimer la valeur de l'incessante attention des veilleurs et des timoniers. L'œil humain n'est pas sujet aux pannes et aux anicroches des appareils mécaniques. Les renseignements radiodiffusés avaient également leur place, et l'Asdic était évidemment la seule défense contre les sous-marins. Mais la plus grande faculté de repérage de l'*Ulysses* résidait ailleurs. Il était le premier navire du monde possédant un équipement radar complet. Nuit et jour, les antennes au sommet des deux mâts balayaient incessamment sur 360° le lointain horizon, le scrutant, le scrutant inlassablement. En dessous, dans les huit postes de radar et dans les salles de direction de la chasse, des yeux exercés, sensibles à la plus légère anomalie, ne quittaient jamais les écrans lumineux. L'efficacité et la portée du radar étaient toutes deux fantastiques. Les fabricants avaient cru être optimistes en attribuant à leur équipement une portée effective de 60 à 75 kilomètres. Lors des premiers essais de l'*Ulysses*, après l'installation du radar, il avait repéré un Condor, ultérieurement détruit par un Bleinheim, à une distance de 129 kilomètres.

Attaquer venait ensuite. Quelquefois l'ennemi s'approchait de vous ; le plus souvent, il fallait courir après. Et alors, une seule chose importait : la vitesse.

L'*Ulysses* était formidablement rapide. De quadruples hélices, actionnées par quatre grandes turbines munies de réducteurs de vitesse, deux à l'avant, deux dans le compartiment des machines arrière produisaient un nombre de chevaux-vapeur incroyable que bien des cuirassés, nullement déclassés, ne pouvaient égaler. Officiellement il filait 33 nœuds et demi. Au large d'Aran, lors de ses essais à toute puissance, l'avant soulevé hors de l'eau, l'arrière enfoncé comme celui d'un hydroplane, chacun de ses rivets vibrant, et avec une eau torturée dont le bouillonnement blanc s'élevait de trois mètres au-dessus du tableau arrière, il avait couvert le mille mesuré à la vitesse incroyable de 39 nœuds 20, — l'équivalent nautique de 72 km/h.

Et le « Gommeux », le mécanicien en chef Dodson, avait souri d'une manière entendue et dit qu'on n'avait pas tout vu et qu'il fallait attendre que l'*Abdiel* ou le *Manxman* s'amènent et qu'il leur montrerait quelque chose. Mais comme ces fameux mouilleurs de mines étaient généralement réputés capables de 44 nœuds, le carré s'était contenté de murmurer : « Jalousie professionnelle », et l'avait ignoré. Secrètement, les officiers étaient aussi fiers des puissantes machines que Dodson lui-même.

Repérer, attaquer... et détruire. La destruction était le but, la fin. Avoir l'ennemi en vue et le détruire. Pour cela aussi, l'*Ulysses* était bien équipé. Il avait quatre tourelles doubles, deux à l'avant, deux à l'arrière, des 131 mm à tir rapide et mixtes, également efficaces contre les cibles marines et contre les avions. Ils étaient dirigés par le télépointeur le plus important à l'avant, juste au-dessus et en arrière de la passerelle, l'auxiliaire à l'arrière. De ces postes de direction de tir, tous les renseignements essentiels : gisement, vitesse du vent, dérive, distance, vitesse de l'*Ulysses*, vitesse de l'ennemi, routes respectives, étaient transmis aux gigantesques calculateurs électroniques du poste central de conduite de tir, cœur guerrier du navire, situé, chose assez curieuse, dans les entrailles mêmes de l'*Ulysses*, bien en dessous de la ligne de flottaison, et, de là, automatiquement, aux tourelles, sous la forme de deux simples éléments : angles de pointage en direction et en hauteur. Les tourelles pouvaient naturellement aussi tirer en autonomie.

Elles constituaient l'artillerie principale. Les autres canons étaient simplement des armes contre les avions, les batteries de multiples pom-poms ou canons-mitrailleurs tirant des obus de deux livres en une succession rapide, pas particulièrement justes, mais produisant un écran suffisant pour décourager un pilote ennemi ; et des groupes isolés d'Œrlikon jumelés, armes d'une haute précision, à forte vitesse initiale, redoutables et mortelles entre des mains exercées.

Enfin, l'*Ulysses* portait des grenades sous-marines et des torpilles — 36 grenades seulement, chiffre négligeable comparé à ce que portaient beaucoup de corvettes et de destroyers, et le nombre maximum qu'on pouvait en lancer d'un seul coup était six. Mais chacune contenait 225 kilos mortels d'amatol, et l'*Ulysses* avait détruit deux sous-marins allemands l'hiver précédent. Les torpilles de 533 mm, chacune avec son cône de choc de 375 kilos de trinitrotoluène, reposaient, lisses et menaçantes, dans leurs tubes triples, sur le pont principal, un bloc de chaque côté de la cheminée arrière. Celles-ci n'avaient pas encore vu le feu.

Tel était donc l'*Ulysses*. La machine de combat parfaite, complète, l'ultime réussite de l'homme, jusque-là, pour unir la science et la barbarie en un instrument de destruction. La machine de combat parfaite, mais seulement tant qu'elle était servie par un équipage parfaitement intégré et fonctionnant à la perfection. Un navire — n'importe lequel — ne peut jamais être meilleur que son équipage. Et l'équipage de l'*Ulysses* était en train de se détériorer, de se disloquer : le couvercle du volcan était fermé, mais ses grondements ne cessaient jamais. Les premiers signes de nouveaux troubles se manifestèrent moins de trois heures après qu'on eut quitté le port. Comme toujours, les dragueurs de mines balayaient le chenal devant eux, mais, comme toujours, Vallery ne laissait rien au hasard. C'était l'une des raisons pour lesquelles lui et l'*Ulysses* avaient survécu jusqu'alors. A 6 h 20, il fila ses paravanes — ces engins en forme de torpilles, qui étaient remorqués des deux côtés de l'étrave par des câbles spéciaux. En théorie, les orins reliant les mines à leurs crapauds, au fond de la mer, étaient écartés du navire, poussés vers les paravanes et tranchés par des cisailles : les mines remontaient alors en surface où, au moyen d'armes légères, on les faisait exploser ou couler.

A 9 heures, Vallery donna l'ordre de rentrer les paravanes. L'*Ulysses* ralentit. Le capitaine de corvette Carrington, officier adjoint, gagna la plage avant pour surveiller les opérations ; les matelots, les mécaniciens de treuils et les « midships » responsables de chaque bord se rendirent à leurs postes respectifs.

Rapidement, les tangons furent libérés de leurs supports, juste en arrière des feux de navigation brassés au-dehors et gréés de leurs câbles. Immédiatement, les treuils de trois tonnes du pont « B » exercèrent une traction douce, puissante, et les paravanes sortirent de l'eau.

Ce fut alors que cela se passa. Ce fut de la faute du matelot Ferry. Et, par simple malchance, le treuil de tribord était suspect, fonctionnant sur un circuit au disjoncteur défectueux ; également, pure malchance si Ralston manœuvrait le treuil, un Ralston taciturne, aigri, auquel, en ce moment, rien n'importait, et, moins que tout, ce qu'il disait et faisait. Carslake fut responsable de ce qui s'ensuivit.

La présence de l'enseigne de vaisseau de deuxième classe Carslake, monté sur les radeaux Carley, dirigeant la manœuvre du câble de bâbord, représentait le point culminant d'une série d'erreurs. Une erreur de la part de son père, le contre-amiral en retraite, qui avait pris son fils pour un homme de son propre calibre, l'avait arraché à Cambridge en 1939 et pratiquement forcé à entrer dans la Marine ; une faiblesse de la part de son premier commandant, un capitaine de corvette qui avait connu son père et l'avait recommandé pour passer officier ; une rare erreur de jugement de la part de la commission d'examen du *King Alfred* qui lui avait accordé le brevet d'officier ; et une défaillance de mémoire temporaire de la part du commandant en second qui lui avait assigné cette tâche en dépit de l'incompétence et de l'incapacité bien connue de Carslake à manier les hommes.

Il avait le visage d'un cheval de course trop racé, long, maigre, étroit, avec des yeux saillants d'un bleu pâle et des dents supérieures protubérantes. Sous ses cheveux blonds clairsemés, ses sourcils formaient comme un perpétuel point d'interrogation ; sous le long nez pointu, le pli hautain de la lèvre supérieure semblait le complément parfait des sourcils. Son langage était une choquante caricature de l'anglais du Roi : ses voyelles brèves étaient longues, ses voyelles longues interminables ; sa grammaire était fréquemment exécrable. Il en voulait à la Marine, il s'irritait du long retard de sa promotion au grade de lieutenant de vaisseau ; il s'irritait de la manière dont les hommes lui en voulaient. Bref, l'enseigne Carslake était la quintessence du pire sous-produit du système des vieilles écoles anglaises, dites publiques. Vaniteux, hautain, grossier, ignorant, il était un parfait imbécile.

Maintenant, il se rendait ridicule. S'efforçant de conserver son équilibre sur les radeaux, les pieds dramatiquement écartés, il criait des ordres incessants et inutiles à ses hommes. Le premier maître Hartley gémissait tout haut mais, autrement, gardait le silence dans l'intérêt de la discipline. Mais le matelot Ferry ne se sentait pas obligé à une telle retenue.

« Ecoute Sa Seigneurie, murmura-t-il à Ralston. Tout pour que le vieux l'entende. » Il désigna d'un mouvement de la tête Vallery penché par-dessus la passerelle, six mètres au-dessus de la tête de Carslake. « Croit qu'il l'impressionne, ce crétin !

— Pense pas à Carslake et garde les yeux sur ce câble, conseilla Ralston. Et enlève ces satanés grands gants. Un de ces jours...

— Oui, oui, je sais, railla Ferry. Le câble va les attraper et m'enrouler autour du tambour. » Il amena adroitement l'aussière. « T'en fais pas, mon pote, ça ne m'arrivera jamais. »

Mais cela arriva, juste à cet instant. Ralston, observant attentivement le paravane oscillant, jeta un coup d'œil rapide vers l'intérieur. Il vit le câble éraillé arriver à quelques centimètres de Ferry, s'accrocher rageusement à la main gantée et avant que Ferry eût eu le temps de pousser un cri, l'entraîner vers le tambour qui tournait.

La réaction de Ralston fut immédiate. Le frein à pied n'était qu'à quinze centimètres de distance... mais c'était trop loin. Furieusement il tourna en sens inverse le volant de commande, à fond, en une seconde. Au moment même où s'éleva le cri de douleur de Ferry dont l'avant-bras s'écrasait contre le bord du tambour, une explosion sourde se produisit, et des nuages d'une âcre fumée s'échappèrent du treuil tandis qu'un moteur électrique d'une valeur de 500 livres sterling se consumait en un éclair fulgurant.

Immédiatement, le câble recommença à se dérouler, avec une accélération momentanée due au poids du paravane. Ferry fut emporté. A six mètres du treuil, le câble passait par une galoche, accrochée sur le pont ; si Ferry avait de la chance, il pourrait ne perdre que la main.

Il en était à moins d'un mètre quand le pied de Ralston appuya sur le frein de toute sa force. Le tambour sembla pousser un cri, s'arrêta en tremblant, le paravane tomba à la mer, et le câble, allégé maintenant, se balança nonchalamment au rythme du roulis du navire.

Carslake dégringola du Carley, son visage pâle contracté de colère et, se précipitant sur Ralston :

« Satané imbécile ! fit-il, furieux. Vous nous avez perdu ce paravane ! Par Dieu, vous feriez mieux de vous expliquer ! Qui diable vous a donné l'ordre de faire quoi que ce soit ? »

La bouche de Ralston se serra, mais il parvint à dire assez poliment :

« Je le regrette, lieutenant. Je n'ai pas pu l'éviter ; il fallait que ce soit fait. Le bras de Ferry...

— Au diable le bras de Ferry ! répliqua Carslake en criant presque de rage. C'est moi qui commande ici... et qui donne les ordres. Regardez ! Regardez ! » Et il désigna le câble qui se balançait.

« Votre œuvre, Ralston, maudit idiot ! Il est perdu, le comprenez-vous, perdu ? »

Ralston tourna les yeux vers la mer en affectant une grande surprise.

« Eh bien, ma foi, c'est vrai, dit-il d'un ton provocant, les yeux inexpressifs, et tapotant le treuil : n'oubliez pas que ça aussi, c'est fichu, et que ça coûte rudement plus qu'un paravane.

— Je ne tolérerai pas votre impertinence, hurla Carslake, la voix tremblante de fureur. Ce dont vous avez besoin est qu'on vous enseigne la discipline, et par Dieu, je veillerai à ce qu'on vous donne une leçon, insolent jeune salaud ! »

Ralston rougit violemment, fit un pas rapide en avant, le poing fermé, puis se détendit en sentant les fortes mains du premier maître Hartley lui saisir le bras. Mais le mal était fait, à présent, et il fallait porter l'affaire devant le commandant.

Vallery écouta calmement, patiemment, le récit de Carslake outragé. Il se sentait pourtant loin d'être patient. « Dieu sait, se dit-il, que j'ai déjà plus que ma part de soucis. » Mais son masque professionnellement impassible ne révélait rien de ses sentiments.

« Est-ce vrai, Ralston ? demanda-t-il doucement quand Carslake eut fini sa tirade. Vous avez désobéi aux ordres et insulté le lieutenant ?

— Non, commandant, répondit Ralston avec une lassitude égale à celle de Vallery. Je n'ai pas désobéi aux ordres... je n'en avais pas reçu ; le premier maître Hartley le sait. » Il indiqua d'un geste la silhouette trapue, immobile, qui les avait accompagnés sur la passerelle. « Je ne l'ai pas insulté. Je ne veux pas avoir l'air d'un avocat, mais je ne manque pas de témoins capables de certifier que l'enseigne de vaisseau Carslake m'a insulté en jurant plusieurs fois. Et que si je l'ai insulté — il sourit légèrement — c'était en état de légitime défense.

— Ce n'est pas le moment de plaisanter, Ralston », dit Vallery d'un ton froid. L'attitude du jeune garçon le déconcertait. Il comprenait son amertume, la fragilité de sa maîtrise de lui-même, mais non son ironie moqueuse. « Il se trouve, continua-t-il, que j'ai vu tout l'incident. Votre promptitude, votre présence d'esprit ont sauvé le bras de ce matelot, peut-être même sa vie... et, par comparaison, la perte d'un paravane et l'avarie d'un treuil ne sont rien. » Carslake blêmit devant le reproche que ces mots impliquaient. « Je vous en suis reconnaissant et je vous en remercie. Quant au reste, vous comparaîtrez demain matin devant le second pour faute contre la discipline. Vous pouvez disposer, Ralston. »

Ralston serra les lèvres, regarda Vallery un long moment puis salua brusquement et quitta la passerelle.

Carslake se retourna avec un regard suppliant :

« Commandant... »

Il s'arrêta à la vue de la main levée de Vallery.

« Pas maintenant, Carslake. Nous en discuterons plus tard. »

Il ne tenta pas de dissimuler l'antipathie dans son intonation. « Vous pouvez disposer. Hartley, j'ai un mot à vous dire. »

Hartley s'avança. Agé de quarante-quatre ans, le premier maître Hartley représentait ce que la Royal Navy peut offrir de meilleur. Très résistant, très bon et très compétent, il jouissait de l'admiration de tous, depuis la déférence craintive du plus jeune matelot de troisième classe jusqu'au valeureux respect du commandant lui-même. Ils naviguaient ensemble depuis le début.

« Eh bien, racontez-moi ça. Entre nous.

— Rien de grave, en réalité, commandant, dit Hartley avec un haussement d'épaules. Ralston a très bien agi. L'enseigne de vaisseau Carlslake a perdu la tête. Peut-être Ralston a-t-il été un peu impertinent, mais il a été provoqué. Ce n'est qu'un gosse, mais c'est un professionnel... et il ne lui plaît pas d'être bousculé par des amateurs. » Hartley s'arrêta et regarda le ciel. « Surtout des amateurs maladroits. »

Vallery escamota un sourire.

« Ceci doit-il être interprété comme... euh... une critique ?

— Je suppose que oui, commandant. Cette affaire cause pas mal de mécontentement parmi les hommes. Faut-il que je ?...

— Merci, maître. Calmez-les le plus possible. »

Quand Hartley fut parti, Vallery se tourna vers Tyndall :

« Eh bien, vous avez entendu, amiral ? Encore un indice de l'état d'esprit général.

— Un indice ? fit Tyndall avec aigreur. Il y en a des centaines... Avez-vous découvert qui était derrière ma porte la nuit dernière ? »

Pendant le quart de minuit à quatre heures, Tyndall avait entendu un bruit inusité, comme un grattement contre la porte séparant le carré de sa chambre de veille ; dans sa hâte d'aller voir ce que c'était, il avait renversé une chaise, et quelques secondes plus tard il avait entendu des pas courant dans la coursive ; mais lorsqu'il avait ouvert la porte, la coursive était vide. Il n'y avait rien vu d'autre à part une lime, sur le pont, sous le râtelier des revolvers d'ordonnance 445 s. ; la chaîne bloquant les armes était presque sciée.

« Pas la moindre idée, fit Vallery, le visage lourd d'inquiétude. C'est ennuyeux, vraiment très ennuyeux. »

Un coup de vent glacial fit frémir Tyndall. Il eut un sourire de travers.

« De véritables histoires de brigands, n'est-ce pas ? la passerelle envahie par des hommes aux masques noirs, armés de pistolets et de sabres d'abordage...

— Non, non, pas cela, dit Vallery en secouant la tête avec impatience. Vous le savez bien, amiral. Du défi peut-être... mais pas plus.

Le fait est qu'un Marine est de faction nuit et jour devant le tableau des clefs, juste au tournant de cette coursive. Il l'a forcément vu. Il nie...

— La crise en est arrivée à ce point ? » Tyndall siffla doucement. « Une journée à marquer d'un trait noir, commandant. Qu'en dit notre batailleur, le jeune capitaine des Marines ?

— Foster ? Il en ridiculise l'idée... et s'arrache de tourment les bouts de sa moustache. Et Evans, son sergent-chef, est aussi inquiet que lui.

— Moi également ! » dit Tyndall en foudroyant l'espace du regard. L'officier de quart qui se trouvait par hasard directement dans sa ligne de vision remua avec malaise. « Je me demande ce qu'en pense maintenant le vieux Socrate ? Il a beau n'être qu'un toubib, c'est la tête la plus sage de notre bord... Eh bien, quand on parle du loup !... »

La porte venait de s'ouvrir et une épaisse silhouette à l'air malheureux, vêtue d'un duffel-coat et coiffée d'un bonnet russe en peau de castor qui lui prêtaient l'aspect d'un vieil ours gris surpris par une tempête, s'avança en traînant les pieds sur le caillebotis de la passerelle.

Le médecin s'arrêta devant l'écran Kent — un panneau circulaire en verre inséré dans la paroi, qui tournait à grande vitesse et permettait de voir clairement au-dehors malgré la pluie, la grêle ou la neige. Pendant une demi-minute, il regarda au travers, et ce qu'il vit ne lui plut évidemment pas. Il renifla bruyamment et s'en détourna en se battant les flancs des bras pour lutter contre le froid.

« Ah ! un officier de quart sur la passerelle des croiseurs de Sa Majesté ! Quel honneur ! » Il remonta ses épaules et eut l'air plus malheureux que jamais. « Ce n'est pas la place d'un homme civilisé comme moi. Mais vous savez ce que c'est, messieurs... L'appel de clairon du devoir... »

Tyndall rit.

« Accordez-lui beaucoup de temps, commandant. Ces médecins sont lents à démarrer, vous savez... »

Soudain sérieux, Brooks l'interrompit :

« De nouveaux ennuis, commandant. Je ne pouvais vous en parler par téléphone. Je ne sais pas quelle en est l'importance.

— Des ennuis ? » Vallery toussa violemment et cracha dans son mouchoir. « Je vous demande pardon, s'excusa-t-il. Des ennuis ? Il n'y a rien d'autre, mon vieux. Nous venons d'en avoir nous aussi.

— Ce présomptueux, jeune imbécile de Carlslake ? Oh ! je suis au courant. J'ai des informateurs partout. Ce gars-là est une sacrée menace... Mais voici mon histoire : le jeune Nicholls a travaillé tard hier soir à une analyse, dans l'officine. Il y est resté deux à trois heures. Les lumières étaient éteintes dans l'infirmerie et les malades ignoraient sa présence ou l'avaient oubliée. Il a entendu le chauffeur

Riley — un vrai fauteur de troubles, ce Riley — et les autres élaborer le plan d'une grève sur le tas, porte fermée dans la chaufferie, quand ils reprendraient leur service. Une grève sur le tas dans une chaufferie ! c'est fantastique ! En tout cas, Nicholls a fait semblant de n'avoir rien entendu.

— Comment ? s'écria Vallery avec colère. Nicholls s'est tu et ne me l'a pas rapporté ? Vous dites que c'est arrivé hier soir ? Pourquoi n'en ai-je pas été informé immédiatement ? Envoyez-moi Nicholls... Non, je vais l'appeler moi-même », ajouta-t-il en étendant le bras vers le téléphone :

Brooks l'arrêta d'un geste de sa main gantée.

« Je ne ferais pas cela, à votre place, commandant. Nicholls est un garçon intelligent, très intelligent. Il savait que si les hommes apprenaient qu'il les avait surpris, ils comprendraient qu'il avait pour devoir de vous avertir. Et alors, vous auriez été forcé d'agir... et une provocation ouverte aux troubles est la dernière chose dont vous ayez envie. Vous l'avez dit vous-même, hier soir, au carré. »

Vallery hésita.

« Oui, oui, évidemment, je l'ai dit... mais, eh bien, docteur, ceci est différent. Ce pourrait être le foyer d'où se répandrait l'idée de...

— Je vous ai dit, interrompit Brooks doucement, que Johnny Nicholls est un garçon très intelligent. Il a placé à l'extérieur de la porte de l'infirmerie une affiche sur laquelle est écrit en énormes lettres rouges : « Eloignez-vous. Risque de contagion de fièvre scarlatine. » C'est tordant de les voir. Tout le monde évite l'infirmerie comme la peste. Aucun moyen de communiquer avec leurs copains du poste des chauffeurs. »

Tyndall eut un gros rire, et même Vallery sourit légèrement.

« Cela paraît une excellente idée ; quand même j'aurais dû être prévenu hier soir.

— Pourquoi vous réveiller au milieu de la nuit pour qu'on vous parle du moindre petit incident ? répliqua Brooks d'une voix brusque. C'est peut-être pur égoïsme de ma part, mais quand les choses vont mal, vous portez tout ce navire sur votre dos... et comme nous dépendons tous de vous, nous ne pouvons nous permettre de ne pas vous conserver aussi bien portant que possible. Vous êtes d'accord, amiral ?

— D'accord, ô Socrate ! dit Tyndall en hochant la tête avec solennité. C'est une manière très compliquée de dire que vous souhaitez que le commandant ait une bonne nuit de sommeil. Mais nous sommes d'accord.

— Eh bien, c'est tout, messieurs, dit Brooks en souriant aimablement. Nous nous reverrons tous au conseil de guerre... j'espère. »

Il désigna d'un geste la neige dont les flocons s'épaississaient.

« La Méditerranée ne sera-t-elle pas merveilleuse ? » Il soupira et continua avec son accent irlandais : « Malte au printemps. La plage de Sliema — avec les maisons blanches par-derrière — où nous avons pique-niqué il y a cent ans. Les douces brises, mes garçons chéris, les brises *chaudes*, le ciel bleu et du chianti sous un parasol rayé...

— Assez ! rugit Tyndall. Allez-vous-en de cette passerelle, Brooks, sans quoi je...

— Je suis déjà parti, dit Brooks. Une grève sur le tas dans la chaufferie ! Ah ! La première chose qui vous arrivera sera de voir une bande de suffragettes mâles s'accrocher au garde-fou. »

La porte se referma derrière lui. Vallery tourna vers l'amiral un visage grave :

« Il semble que vous ayez eu raison de voir des signes de mauvais augure par centaines.

— Peut-être, grommela Tyndall. L'ennui est qu'en ce moment, les hommes n'ont rien d'autre à faire que ruminer leurs rancœurs, s'aigrir et tout maudire. Plus tard, cela s'arrangera... peut-être.

— Vous voulez dire quand nous serons... euh... plus occupés ?

— Quand on lutte pour sa vie, pour conserver le navire à flot... eh bien, on n'a pas beaucoup de temps pour comploter et méditer sur les injustices du sort. L'instinct de conservation est toujours la première loi de la nature... Vous parlerez aux hommes ce soir, commandant.

— L'allocution radiodiffusée habituelle, oui. Quand nous serons tous aux postes de combat, à la nuit tombante. Faites en sorte qu'ils soient tous réveillés, dit Vallery avec un léger sourire.

— Bon. N'y allez pas de main morte. Donnez-leur beaucoup de sujets de réflexion... si j'en juge par les sous-entendus de Vincent Starr, nous n'en manquerons pas, au cours de ce voyage. Cela les occupera. »

Vallery rit. Le rire transforma son maigre et sensible visage. Il paraissait sincèrement amusé.

Tyndall leva interrogativement un sourcil. Vallery lui sourit :

« Simplement une pensée qui me traversait l'esprit, amiral. Comme l'aurait dit Spencer Faggot, les choses sont dans un bel état... Il est bien mauvais, cet état, quand seul l'ennemi peut nous tirer d'affaire. »

3

Lundi après-midi

Toute la journée, le vent souffla sans arrêt du nord-nord-ouest. Un vent fort et qui forcissait. Un vent froid, plein de petits couteaux, qui apportait la neige, la glace et l'étrange odeur morte engendrée par les calottes glaciaires oubliées situées au-delà de la banquise. Ce vent ne soufflait pas par rafales, par bouffées ; c'était un vent régulier, établi, et il sévit par tribord avant, de l'aube au crépuscule. Lentement, sournoisement, il creusait la mer. Des hommes comme Carrington, qui connaissaient, de même que Vallery et Hartley, toutes les mers et tous les ports du monde, la regardaient et ne disaient rien.

Le mercure descendait lentement, et la neige demeurait là où elle tombait. Les tripodes et les vergues ressemblaient à de grands arbres de Noël étincelants, festonnés de haubans et de drisses laineux. Sur le mât principal, une tache brune apparaissait de temps en temps, laissée par une spirale de fumée de la cheminée arrière, sentie plutôt que vue : elle disparaissait au bout d'un instant. La neige s'amoncelait sur le pont. Elle adoucissait les chaînes de mouillage sur la plage avant, les transformait en de duveteuses cordes d'ouate et s'entassait, haute, contre le brise-lame, devant la tourelle « A ». Elle s'empilait contre les tourelles et les superstructures, se glissait silencieusement à l'intérieur de la passerelle et en détrempait le plancher. Elle obstruait les grands yeux du télémètre, du télépointeur, se faufilait, invisible, dans les coursives, elle s'infiltrait sans bruit dans les panneaux. Elle découvrait la plus petite fente du métal et du bois et faisait des postes d'équipage des endroits humides, gluants et inconfortables. Elle défiait la gravité, grimpait sans effort dans les jambes de pantalons, sous les jupes des manteaux et des cirés, remontait dans les capuchons des duffel-coats et rendait les hommes profondément malheureux. Un monde malheureux, un monde mouillé, mais toujours et surtout un monde blanc de douceur, de beauté et de sons étrangement amortis. Toute la journée, elle tomba, cette neige, régulièrement, avec persistance, et l'*Ulysses* glissa silencieusement à travers la houle, vaisseau fantôme dans un monde spectral.

Mais pas seul dans son monde. Car il ne l'était jamais, à cette époque. Il avait la compagnie rassurante, bienvenue, de la 14e escadre de porte-avions d'escorte, unité résistante, expérimentée et aguerrie, presque aussi légendaire maintenant que la fabuleuse Force 8 qui avait récemment été transférée dans le Sud pour protéger les convois de Malte, autre trajet équivalant à un suicide.

Comme l'*Ulysses*, l'escadre navigua toute la journée en direction du nord-nord-ouest. Il n'y eut pas évolutions, pas de modifications systématiques du cap. Tyndall abhorrait les zigzags et les employait rarement, sauf en convois, et alors seulement dans des eaux où des sous-marins avaient été signalés. Il croyait — de même que nombre de commandants — que le zigzag était une plus grande source virtuelle de dangers que l'ennemi. Il avait vu le *Curaçao*, croiseur de 4 200 tonnes, qui naviguait en zigzag, sombrer dans les profondeurs grises de l'Atlantique pour avoir coupé la route de la puissante *Queen Mary.* Il n'en parlait jamais, mais il en conservait le souvenir.

L'*Ulysses* occupait son poste habituel, celui que dictait son rôle de vaisseau-amiral de l'escadre, aussi près que possible du centre des treize navires.

Le croiseur *Stirling* le précédait directement. Vieux croiseur du type *Cardiff*, c'était un navire solide, sur lequel on pouvait compter, plus âgé de beaucoup d'années et plus lent de beaucoup de nœuds que l'*Ulysses*, armé en conséquence de cinq canons de 153 mm, mais guère construit pour affronter les tempêtes de l'Antarctique : par grosse mer, son humidité était proverbiale. Son rôle principal était la défense de l'escadre ; son rôle secondaire de prendre la direction de l'escadre au cas où le vaisseau-amiral serait endommagé ou envoyé par le fond.

Les porte-avions — *Defender, Invader, Wrestler* et *Blue Ranger* — étaient déployés à tribord et à bâbord, le *Defender* légèrement sur l'arrière et le *Wrestler* légèrement sur l'avant de l'*Ulysses*, les autres légèrement sur l'arrière. Il semblait de rigueur pour ces porte-avions d'escorte d'avoir des noms se terminant par « er », et le fait que la Marine comportait déjà un *Wrestler* (Lutteur), destroyer de la Force 8, et un *Defender* (Défenseur), qui avait sombré quelque temps auparavant au large de Tobrouk, était allégrement ignoré.

Ces navires-là n'étaient pas les géants de 35 000 tonnes de la flotte véritable — tels que l'*Indefatigable* et l'*Illustrious* — mais des porte-avions auxiliaires de 15 à 20 000 tonnes irrespectueusement surnommés « bananiers ». C'étaient des navires marchands de construction américaine transformés ; ils avaient été armés à Pascagoula, Mississippi, et avaient traversé l'Atlantique avec des équipages mixtes américano-britanniques.

Ils étaient capables de filer dix-huit nœuds, vitesse relativement grande pour un navire à hélice unique — le *Wrestler* en avait deux — mais certains d'entre eux étaient munis de non moins de quatre Diesel Busch-Sulzer pour leur unique arbre moteur. Leurs ponts d'envol péniblement rectangulaires, longs de 135 mètres, étaient construits au-dessus de la plage avant — la vue portait librement à l'avant de la passerelle sous le pont d'envol — et servaient à environ 30 avions de chasse — Gruman, Seafire ou, le plus souvent, Corsair — ou à 20 bombardiers légers. C'étaient d'étranges bâtiments, maladroits, disgracieux et singulièrement peu militaires ; mais au cours des mois, ils avaient accompli un travail magnifique, fournissant une protection contre les attaques aériennes ou repérant et détruisant des navires et des sous-marins ennemis ; le nombre de leurs destructions au-dessus et au-dessous de l'eau était impressionnant et fréquemment mis en doute par l'Amirauté.

L'écran de destroyers n'était pas calculé non plus pour inspirer confiance aux stratèges de Whitehall. C'était un bizarre méli-mélo, et le terme « destroyer » n'était que de pure courtoisie.

L'un, le *Nairn*, était une frégate de la classe *River* de 1 500 tonnes ;

un autre, l'*Eager*, un dragueur de mines de la Flotte, et un troisième, le *Gannet*, connu sous le sobriquet de *Huntley et Palmer*, était une corvette Kingfisher, assez âgée et très fatiguée, censément bornée aux missions côtières. L'origine de son surnom n'avait rien de mystérieux ; un coup d'œil sur sa silhouette se détachant sur le soleil couchant suffisait à l'expliquer. Sans doute son dessinateur avait-il travaillé sur les indications de l'Amirauté ; même en tenant compte de cela, il n'avait pas donné le meilleur de son talent.

Le *Vectra* et le *Viking* étaient des destroyers « V » et « W » à deux hélices, modifiés, d'une classe maintenant surannée, manquant de vitesse et de puissance de feu, mais solides et endurants. Le *Baliol* était un petit destroyer ancien de la classe *Hunt* qui n'était pas à sa place dans les vastes eaux du Nord. Le *Portpatrick*, squelettique navire à quatre cheminées, était l'un des cinquante destroyers de la Première Guerre mondiale acquis aux Etats-Unis au moyen du prêt-bail. Personne n'osait même deviner son âge. Excitant la curiosité n'importe quand, il devenait le point de mire de toute la Flotte et l'objet d'un intense intérêt dès que le temps devenait mauvais. Le bruit courait que deux de ses frères avaient chaviré dans l'Atlantique pendant une tempête ; la nature humaine étant ce qu'elle est, tout le monde voulait être à la meilleure place pour voir se confirmer ce bruit, chaque fois que le temps s'aggravait suffisamment. Ce qu'en pensait l'équipage du *Portpatrick* est difficile à dire.

Ces sept navires d'escorte, estompés et adoucis par la neige, gardèrent toute cette journée leurs postes de protection — la frégate et les dragueurs de mines à l'avant, les destroyers sur les flancs, et la corvette à l'arrière. Le huitième escorteur, un destroyer moderne, rapide, de la classe « S », sous le commandement du capitaine de frégate Orr, chef de l'escorte, rôdait incessamment autour de l'escadre. Tous les commandants enviaient à Orr la tâche que Tyndall lui avait assignée pour se défendre contre ses quémanderies continuelles. Mais personne ne lui en voulait de son privilège : le *Sirrus* avait un flair surnaturel, une attirance presque magnétique pour les sous-marins en embuscade.

Dans la chaleur du carré de l'*Ulysses* — longue pièce incongrûment confortable qui longeait sur 16 mètres le côté bâbord sous la plage avant — Johnny Nicholls regardait l'agitation du ciel gris et blanc. « Même la douce neige, songea-t-il, qui cache un millier de péchés, ne peut faire grand-chose pour ces étranges bâtiments, si anguleux, si disgracieux, si évidemment surannés. »

Il se disait qu'il aurait dû s'irriter contre les lords de l'Amirauté, avec leurs limousines, leurs fauteuils, leurs collations de onze heures, leurs grandes cartes murales piquées de jolis petits drapeaux, qui envoyaient cette canaille d'escadre affronter les meutes de sous-marins les plus redoutables, pendant qu'ils restaient voluptueusement chez eux. Mais il écarta cette pensée à peine née : il la savait grotesquement injuste. L'Amirauté leur aurait donné une douzaine de destroyers flambant neufs si elle les avait possédés. La situation, il le savait, était tragique, et les exigences de l'Atlantique et de la Méditerranée avaient la priorité.

Il supposait aussi qu'il aurait dû considérer avec ironie et cynisme ces vieux navires usés. Chose étrange, il en était incapable. Il savait ce qu'ils pouvaient faire, ce qu'ils avaient fait. S'ils lui inspiraient quelque chose, c'était un sentiment très proche de l'admiration, voire de la fierté. Nicholls remua avec malaise et se détourna du hublot. Son regard tomba sur la forme somnolente de Kapok, à plat dos dans un fauteuil, une énorme paire de bottes d'aviateur fourrées perchées au-dessus du radiateur électrique.

« Le Petit Kapok, l'enseigne, l'Honorable Andrew Carpenter, officier de navigation de l'*Ulysses* et son meilleur ami, était celui qui pouvait se sentir fier », se dit Nicholls. Le plus superbe extraverti que Nicholls eût jamais connu, Kapok était également à l'aise n'importe où — sur une piste de danse, dans le cockpit d'un yacht de course à Cowes, à une garden-party, sur un court de tennis ou au volant de sa grande Bugatti rouge, le pare-brise baissé et les bouts d'une écharpe de six mètres flottant derrière lui. Mais les apparences n'auraient pu être plus trompeuses. Car pour Kapok, la Royal Navy était toute sa vie, et il ne vivait que pour elle. Derrière cette façade futile, il y avait outre une intelligence hors ligne, quelque chose de profondément romantique, un amour presque élizabéthain pour la mer et les navires qu'il cherchait, avec succès croyait-il, à dissimuler à tous ses collègues officiers. Il était cependant si évident que personne ne trouvait nécessaire d'y faire allusion.

« C'était une curieuse amitié que la leur », songea Nicholls. L'attraction des contraires si jamais elle s'était manifestée. Sa réserve et son quant-à-soi étaient à l'extrême opposé de l'exubérance de Carpenter, et il détestait cordialement toutes les choses navales que son ami admirait et idolâtrait presque. Peut-être à cause du sentiment trop développé de l'individualité et de l'indépendance, tourment de tant d'Ecossais des Hautes-Terres, Nicholls souffrait fortement, comme d'une insulte constante à son intelligence, des mille et une piqûres d'épingle de la discipline, de l'autorité et de la stupidité bureaucratique de la Marine. Même trois ans plus tôt, lorsque la guerre l'avait arraché aux salles d'un grand hôpital de Glasgow, sa première année d'internat à peine achevée, il avait soupçonné qu'il n'y aurait guère de compatibilité entre lui-même et la Marine. Et il ne s'était pas trompé. Mais en dépit de cette antipathie — ou peut-être à cause d'elle et de la malédiction d'une conscience calviniste — Nicholls était devenu un officier de premier ordre. Il ressentait néanmoins toujours un vague trouble à découvrir en lui-même une sorte de fierté à l'égard des navires de son escadre.

Il soupira. Le haut-parleur, dans le coin du carré, venait d'émettre un crépitement. Une amère expérience lui avait enseigné qu'un communiqué radiodiffusé présageait rarement quelque chose de bon.

« Entendez-vous, là ? Entendez-vous, là ? » fit la voix métallique, impersonnelle. — Kapok continuait à dormir dans un splendide oubli. « Le commandant s'adressera à l'équipage à 17 h 30 ce soir. Je répète. Le commandant s'adressera à l'équipage à 17 h 30 ce soir. Terminé. »

Nicholls heurta Kapok du bout de son pied.

« Levez-vous, Vasco. C'est le moment si vous avez envie d'une tasse de thé avant de monter là-haut pour naviguer. »

Carpenter bougea, ouvrit un œil aux paupières rouges. Nicholls lui adressa un sourire d'encouragement et reprit :

« D'ailleurs, le temps est délicieux maintenant : la mer devient grosse, la température s'abaisse et il souffle un jeune blizzard. Exactement ce pourquoi vous êtes né, Andy, mon gars ! »

Kapok se réveilla en gémissant, se remit sur son séant et resta courbé en avant, ses cheveux raides d'un blond de lin lui retombant sur les mains.

« Qu'est-ce qui se passe maintenant ? » fit-il d'une voix geignarde encore ensommeillée. Puis, il sourit. « Savez-vous où j'étais, Johnny ? demanda-t-il. Sur la Tamise, à l'Oie Grise, juste en amont de Henley. C'était à la fin de l'été, il faisait chaud et tout était très silencieux. Elle était habillée tout en vert...

— Indigestion, coupa Nicholls. Trop de bonne chère... Il est quatre heures trente et le pacha parlera dans une heure. On peut nous faire prendre nos postes de combat du crépuscule à tout moment... nous ferions mieux de manger. »

Carpenter secoua tristement la tête.

« Cet homme n'a pas d'âme, pas de nobles sentiments. »

Il se leva et s'étira. Comme toujours, il était vêtu d'une combinaison en une seule pièce d'un lourd kapok matelassé, les fibres de soie renfermant les graines de l'arbre à coton soyeux japonais et malais ; il y avait un grand « J » doré brodé sur la poche de poitrine de droite ; personne ne savait ce qu'il représentait. Il regarda par le hublot et frissonna.

« Je me demande quel sujet il traitera ce soir, dit-il.

— Pas la moindre idée. Je suis curieux de voir quels seront son attitude, son ton, comment il traitera la situation dont le moins qu'on puisse en dire est qu'elle est... euh... plutôt délicate. »

Nicholls sourit sans que son sourire atteignît ses yeux.

« Sans mentionner le fait que l'équipage ignore qu'il repart pour Mourmansk... quoique les hommes doivent bien s'en douter. »

Kapok hocha la tête d'un air absent.

« Je ne pense pas que le pacha essaiera de se défiler... je veux dire sur les hasards du voyage — ni de s'excuser... vous savez : faire retomber le blâme sur ceux qui le méritent.

— Jamais, dit Nicholls avec décision. Ce n'est tout bonnement pas dans sa nature. Il ne s'excuse... ni ne s'épargne jamais. »

Il regarda longtemps le radiateur, puis leva calmement les yeux sur Kapok en disant :

« Le pacha est un homme très malade, Andy, vraiment très malade.

— Quoi ? s'écria Kapok sincèrement surpris. Bon Dieu, vous plaisantez ! Ce n'est pas possible.

— Je ne plaisante pas », dit Nicholls d'une voix très basse.

Winthrop, l'aumônier, un très jeune homme intense et enthousiaste, avec un goût démesuré pour la vie et des convictions inébranlables sur tous les sujets sous le soleil, était dans le coin le plus éloigné du carré. Son entrain était momentanément en suspens : il était plongé dans le sommeil de l'épuisement. Nicholls l'aimait bien, mais préférait n'en pas être entendu, car il bavarderait. Nicholls avait souvent pensé que Winthrop n'aurait pas réussi à être un bon prêtre catholique : il n'aurait pas été capable de garder le secret de la confession.

« Le vieux Socrate dit qu'il est très gravement atteint... et qu'il le sait. Le pacha lui a téléphoné de venir dans sa chambre hier soir. Tout était couvert de sang et il toussait et crachait ses poumons. Crise aiguë d'hémoptysie. Brooks le soupçonnait depuis longtemps, mais le commandant ne lui permettait jamais de l'examiner. Brooks dit que quelques jours de plus d'une crise pareille le tueront. »

Nicholls s'arrêta, jeta un rapide coup d'œil sur Winthrop.

« Je parle trop, dit-il brusquement. Je deviens pareil à ce vieux pasteur. Je n'aurais pas dû vous le dire, je suppose... violation du secret professionnel et ainsi de suite. Tout ceci est strictement entre nous, Andy.

— Bien sûr, bien sûr... » Il y eut une longue pause. « Ce que vous voulez dire, Johnny, est... qu'il est mourant ?

— Exactement. Venez, Andy... allons bouffer. »

Vingt minutes plus tard, Nicholls descendit à l'infirmerie. Le jour commençait à tomber et l'*Ulysses* tanguait fortement. Brooks était dans le cabinet de consultation.

« Bonsoir, docteur. On va rappeler aux postes de combat du soir d'une minute à l'autre, maintenant. Vous voulez bien que je reste à l'infirmerie cette nuit ? »

Brooks le regarda d'un air songeur.

« Le règlement, chantonna-t-il, dit que le poste de combat du médecin adjoint est à l'arrière, dans le poste des mécaniciens. Loin de moi l'idée...

— Je vous en prie.

— Pourquoi ? Vous avez le cafard, vous êtes paresseux ou simplement fatigué ? »

L'expression de Brooks privait sa question de tout caractère offensant.

« Non. Curieux. Je voudrais observer les réactions du chauffeur Riley et de ses... euh... complices au discours du pacha. Cela pourrait être très instructif.

— Sherlock Nicholls, hein ? Entendu, Johnny. Téléphonez à l'officier de sécurité, à l'arrière. Dites-lui que vous êtes retenu ici... une opération importante... tout ce que vous voudrez. Notre crédule public est si facile à duper. Une honte. »

Nicholls rit et tendit la main vers le téléphone.

Quand le bugle retentit pour les postes de combat du soir, Nicholls était assis dans le cabinet, les lumières éteintes, les rideaux presque fermés. Il pouvait voir tous les coins de l'infirmerie brillamment éclairée. Cinq des hommes dormaient. Deux autres, Petersen, le gigantesque chauffeur au lent parler, mi-Norvégien, mi-Ecossais, et Burgess, le petit Londonien brun, étaient assis dans leurs lits, parlant à voix basse, les yeux tournés vers le malade couché entre eux, un homme d'une lourde structure, au teint basané : le chauffeur Riley tenait sa cour.

Alfred O'Hara Riley avait, à un âge très tendre, choisi la carrière du crime et, malgré les innombrables vicissitudes qui l'accablèrent dans la suite, il était resté fidèle à sa décision avec une constance inébranlable ; appliquée à n'importe quelle autre activité, sa force de volonté aurait été digne de louange et peut-être profitable. Mais Riley n'avait connu ni la louange ni le profit.

Tout homme est ce qu'en font son milieu et son hérédité. Riley n'infirmait pas cette règle, et Nicholls, qui avait quelques renseignements sur son éducation, pensait que la vie n'avait jamais offert au grand chauffeur le moindre avantage. Né d'une mère buveuse et illettrée dans un taudis de Liverpool surpeuplé, répugnant, et où sévissait la fièvre, il avait, dès le début été un paria ; en outre, son corps velu, simiesque, le prognathisme de sa lourde mâchoire, sa bouche de travers, son nez aux larges narines, les yeux noirs, rusés, qui louchaient sous l'espace insignifiant qui séparait ses cheveux de ses sourcils et reflétait si exactement la capacité mentale qu'il contenait, constituaient un ensemble admirablement adapté à ce que serait sa vocation. Nicholls le regarda avec désapprobation mais sans le condamner ; un instant, il entrevit la tragédie de l'inévitable.

Riley n'était jamais un criminel très heureux dans ses entreprises ; son intelligence dépassait à peine celle de l'idiot. Il s'en rendait vaguement compte et s'était rigoureusement abstenu des formes les plus subtiles du crime. Le vol — de préférence le vol accompagné de violence — était son métier. Il avait été en prison à six reprises, la dernière fois pendant deux ans.

Son admission dans la Marine était un mystère qui déconcertait aussi bien Riley lui-même que les autorités responsables de sa présence à bord de l'*Ulysses*. Il avait accepté ce dernier malheur avec sérénité et avait traversé les bâtiments « G » et « H » de la caserne de la Royal Navy à Portsmouth, comme un vent violent traverse un champ de blé, laissant derrière lui une traînée de valises éventrées et de portefeuilles vides. Il avait été appréhendé sans difficulté, avait fait soixante jours de cellule, puis avait été affecté à l'*Ulysses* en qualité de chauffeur.

Sa carrière criminelle à bord de l'*Ulysses* avait été brève et pénible. Sa première tentative de vol avait été la dernière : le maladroit et incroyablement stupide pillage d'un coffre dans le poste des sergents des Marines. Il avait été pris en flagrant délit par le sergent-chef Evans et le sergent Mac Intosh. Ils avaient préféré ne pas le dénoncer et il avait passé les trois jours suivants à l'infirmerie. Il prétendit avoir fait un faux pas sur une échelle et être tombé sur le plancher de la chaufferie d'une hauteur de six mètres. Mais tout le monde connaissait les faits véritables, et Turner avait conseillé son renvoi du bord. A l'étonnement général, notamment à celui de Riley lui-même, le chef mécanicien, avait insisté pour qu'on lui donne une dernière chance, et Riley avait bénéficié d'un sursis.

Depuis lors, soit depuis quatre mois, il s'était borné à susciter des troubles. Illogiquement, mais cela se comprenait, sa brève rencontre avec les Marines avait balayé son apathique tolérance envers la Marine en général ; une haine sourde la remplaçait. Comme agitateur, il avait mieux réussi que comme criminel. Il disposait, il est vrai, d'un champ d'opération fertile ; mais il fallait aussi rendre honneur — si c'est le mot convenable — à son adresse, à son habileté et à sa ruse de bête, à son emprise sur ses camarades. Sa voix rauque, intense, son sérieux, ses yeux profondément enchâssés prêtaient à Riley un étrange pouvoir transcendant — un pouvoir qu'il avait utilisé au maximum quelques jours auparavant lorsqu'il avait déclenché la mutinerie qui avait provoqué la mort du chauffeur Ralston, et celle du Marine, mystérieusement tué par une fracture du cou. Sans aucun doute possible, Riley était l'auteur de leurs morts ; également sans aucun doute, on ne pourrait jamais le prouver. Nicholls se demanda quelle nouvelle diablerie couvait derrière ces sourcils bas et froncés ; il se demandait aussi comment il était possible que ce même Riley eût continuellement des ennuis du fait qu'il apportait à bord de l'*Ulysses* et soignait avec amour tous les chatons égarés et tous les oiseaux aux ailes brisées qu'il trouvait.

Le haut-parleur crépita, l'arracha à ses pensées et fit taire les murmures de l'infirmerie. Et non seulement là, mais dans tout le navire, dans les tourelles et les soutes, les compartiments des machines et les chaufferies, sur le pont, en dessous et partout, toutes les conversations cessèrent. Puis, on n'entendit que le vent, le bruit régulier de l'étrave s'écrasant entre les vagues grossissantes, le rugissement assourdi des grands ventilateurs de la chaufferie et le bourdonnement de 100 moteurs électriques. Une lourde tension pesait sur le navire, sur 730 officiers et hommes d'équipage, une tension presque tangible.

« C'est le commandant qui parle. Bonsoir. » La voix était calme, bien timbrée, sans le moindre signe d'effort ou de fatigue. « Comme vous le savez tous, j'ai coutume au début de chaque voyage, de vous informer aussi tôt que possible de ce qui vous attend. Je pense que vous avez le droit de le savoir et que c'est mon devoir. Ce n'est pas toujours un devoir agréable — ce ne l'a jamais été ces derniers mois. Mais cette fois, je suis presque content. » Il s'arrêta et reprit lentement, d'un ton mesuré : « C'est notre dernière opération en tant qu'unité de la Home Fleet. D'ici un mois, si Dieu le veut, nous serons dans la Méditerranée. »

« Bravo, songea Nicholls. Adoucissez la pilule, ne ménagez pas le sucre. »

Mais le commandant avait d'autres idées :

« Parlons d'abord de notre tâche immédiate. Comme avant, c'est un mélange : de nouveau Mourmansk. Nous avons rendez-vous à dix heures trente, mercredi, au nord de l'Islande, avec un convoi de Halifax. Il comporte 18 navires, grands et rapides, filant tous 15 nœuds et davantage. Notre troisième convoi rapide vers la Russie — RF 77, pour le cas où vous voudriez en parler à vos petits-enfants, ajouta-t-il sèchement. Ces navires transportent des tanks, des avions, de l'essence d'aviation et du mazout... rien d'autre. Je ne tenterai pas de minimiser les dangers. Vous savez combien la situation de la Russie est désespérée aujourd'hui, combien elle a besoin de ces armes et de ce combustible. Vous pouvez être certains que les Allemands le savent aussi et que leurs agents de renseignements ont déjà connaissance de la nature de ce convoi et de la date de son départ. »

Il s'arrêta net et on entendit à travers tout le navire le bruit de sa toux violente, étouffée dans un mouchoir. Il continua lentement :

« Il y a suffisamment de chasseurs et d'essence dans ce convoi pour modifier complètement le caractère de la guerre russe. Les Nazis ne reculeront devant rien — je répète « rien » — pour empêcher ce convoi d'atteindre la Russie. Je n'ai jamais essayé de vous tromper. Je ne le ferai pas maintenant. Les présages ne sont pas bons. En notre faveur, nous avons d'abord notre vitesse, et deuxièmement — je l'espère — l'élément de surprise. Nous essaierons de gagner directement le cap Nord.

« Contre nous, il y a quatre facteurs importants. Vous avez dû tous remarquer l'aggravation du temps. Nous allons, je le crains, rencontrer des conditions de temps anormales — anormales même pour l'Arctique. Il est possible — je répète « possible » — qu'elles empêchent les attaques des sous-marins ; d'autre part, elles peuvent occasionner la perte de quelques-unes des plus petites unités de notre escorte — nous n'avons pas le temps de nous détourner de notre route pour éviter le mauvais temps. Le FR 77 marchera en ligne droite... Et cela signifie presque sûrement que les porte-avions ne pourront permettre l'envol des chasseurs de protection. »

« Bon Dieu, se demanda Nicholls, le pacha a-t-il perdu la raison ? Il va démolir ce qui reste de moral. Si toutefois il en reste... »

« Deuxièmement, poursuivit la voix calme, inexorable, nous n'emmenons pas de navires de sauvetage [1] dans ce convoi. Nous n'aurons pas le temps de nous arrêter. D'ailleurs, vous savez tous ce qui est arrivé au *Stockport* et au *Zafaaran*. Vous êtes plus en sécurité sur votre propre bateau.

« Troisièmement, deux, peut-être trois, meutes de sous-marins sont, à notre connaissance, postées le long du 70e parallèle, et nos agents de la Norvège septentrionale signalent un fort rassemblement de bombardiers allemands de tous les types dans leur zone.

« Enfin, nous avons des raisons de croire que le *Tirpitz* se prépare à prendre la mer. »

Il s'arrêta de nouveau, interminablement, sembla-t-il. On eût dit qu'il savait quel choc terrible occasionneraient ces mots et qu'il voulait leur laisser le temps d'être enregistrés...

« Les Allemands peuvent risquer d'exposer le *Tirpitz* pour arrêter le convoi. L'Amirauté l'espère. Pendant la dernière partie du voyage, des unités capitales de la Home Fleet, y compris peut-être les porte-avions *Victorious* et *Furious* et trois croiseurs, suivront une route parallèle à douze heures d'intervalle. Ils attendent l'occasion depuis longtemps, nous sommes l'appât qui amorce le piège...

« Il est possible que les choses marchent mal. Les plans les mieux ourdis... ou le piège peut se refermer trop tard. Il faut quand même que ce convoi passe. Si les porte-avions ne peuvent lancer leurs appareils, ce sera à l'*Ulysses* de couvrir la retraite du FR 77. Vous comprendrez ce que cela signifie. J'espère que tout ceci est parfaitement clair. »

On entendit une nouvelle longue crise de toux que suivit une nouvelle longue pause, et lorsqu'il recommença de parler, ce fut d'un tout autre ton. Très bas, il dit :

1. Les navires de sauvetage ayant uniquement pour fonction ce qu'indique leur nom faisaient partie de nombre des premiers convois. Le *Zafaaran* fut perdu dans l'un des pires convois de la guerre. Le *Stockport* fut torpillé. Il fut coulé avec tout son équipage et tous les survivants qu'il avait recueillis d'autres navires coulés.

« Je sais ce que je vous demande. Je sais combien vous êtes fatigués, combien désespérés, combien vous avez tous la mort dans l'âme. Je sais — personne ne le sait mieux — ce que vous avez subi, à quel point vous avez besoin d'un repos, et à quel point vous le méritez. Vous l'aurez. Tout l'équipage partira en permission de Portsmouth pendant dix jours, le 18, puis le bateau ira se remettre en état à Alexandrie. » Il prononça ces mots d'un ton banal comme s'ils n'avaient pour lui aucune importance. « Mais, avant cela, eh bien, je sais qu'il semble cruel, inhumain — cela doit vous le paraître — de vous demander de recommencer à subir, peut-être pires encore, les souffrances que vous avez supportées. Mais je n'y peux rien... personne n'y peut rien. »

Chacune de ces phrases était maintenant ponctuée de longs silences ; ses paroles étaient difficiles à saisir, si basses et si lointaines.

« Personne n'a le droit de vous demander de le faire, moi moins que tout autre... moins que tout autre. Je sais que vous le ferez. Je sais que vous ne me décevrez pas. Je sais que vous mènerez l'*Ulysses* à bon port. Bonne chance. Bonne chance, et que Dieu vous garde. Bonne nuit. »

Les haut-parleurs se turent, mais le silence se prolongea. Personne ne parla ni ne bougea. Les yeux eux-mêmes demeurèrent immobiles. Ceux qui avaient été fixés sur les haut-parleurs continuèrent à les regarder sans les voir ; d'autres fixaient leurs mains ou les bouts rougeoyants de cigarettes interdites, indifférents à l'âcre fumée qui piquait leurs yeux épuisés. On eût dit que chacun souhaitait, contrairement à son ordinaire, être seul, afin de se sonder lui-même, de suivre sa propre pensée, sachant qu'il ne serait plus seul si son regard rencontrait celui d'un autre. Il en résultait un étrange, un surnaturel silence, une compréhension muette, si rare parmi les hommes ; en un tel instant, le voile se soulève, puis retombe si vite que l'homme ne se rappelle plus jamais ce qu'il a vu ; il se souvient d'avoir aperçu quelque chose et senti que rien ne sera désormais tout à fait pareil. Très rares, trop rares sont de semblables moments : un coucher de soleil d'une beauté surpassée, un fragment d'une grande symphonie, le terrible silence qui tombe sur les énormes arènes de Madrid et de Barcelone quand l'épée du plus illustre des matadors atteint inévitablement son but. Et les Espagnols ont trouvé un nom pour ce silence-là : « Le moment de vérité. »

La pendule de l'infirmerie faisait entendre son tic-tac, anormalement fort ; une minute passa, peut-être deux. Comme s'il n'avait pas respiré depuis un siècle, Nicholls soupira, ferma doucement la porte à glissière derrière les rideaux et alluma la lumière. Il porta son regard sur Brooks, puis le détourna.

« Eh bien, Johnny ? »

Le ton était doux, presque railleur.

« Je ne sais pas, capitaine, je ne sais pas du tout. Au début, j'ai pensé qu'il allait... eh bien, bousiller son affaire. Vous comprenez, leur coller une frousse bleue. Et, bon Dieu... c'est exactement ce qu'il a fait. Il ne les a guère ménagés en leur parlant des tempêtes, du *Tirpitz*, des meutes de sous-marins... et pourtant...

— Et pourtant ? fit Brooks, moqueur. C'est précisément cela. Trop d'intelligence... voilà le défaut des jeunes médecins d'aujourd'hui. Je vous ai observé, assis là comme une espèce de psychiatre, vous appliquant à analyser l'effet probable du discours sur les combattants blessés sans lui donner la chance d'en produire un sur vous-même... »

Il s'arrêta une seconde et continua calmement :

« C'est un discours admirablement composé... Non, ce mot ne lui convient pas : il n'avait rien de prémédité. Mais ne comprenez-vous pas ? Le tableau le plus sombre qu'on puisse peindre : il n'a pas caché que c'était une manière compliquée de se suicider ; il n'a pas doré la pilule, pas fait de promesses ; la mention d'Alexandrie n'a été ajoutée qu'après coup, comme par hasard. Il les a d'abord exaltés, puis déçus. Pas d'encouragements, pas d'espoir, pas d'émotion... et cependant, l'émotion a été formidable... D'où provenait-elle, Johnny ?

— Je ne sais pas », répondit Nicholls, troublé. Il leva brusquement la tête, puis sourit légèrement. « Peut-être l'émotion n'a-t-elle *pas* été produite... écoutez. »

Sans bruit, il rouvrit la porte coulissante et éteignit la lumière. La voix rauque, basse et intense de Riley prononça :

« ... rien qu'un satané boniment. Alexandrie ? la Méditerranée ? Jamais de la vie, camarades. Vous ne la verrez jamais. Vous ne reverrez même plus jamais Scapa ! Le commandant Richard Vallery, décoré du D.S.O., savez-vous ce qu'il veut, ce vieux salaud ? Une barre de plus sur son ruban. Peut-être même la Victoria Cross. Eh bien, au nom du Christ, il ne l'aura pas ! Pas à mes dépens ! Pas si je peux... eh bien, l'empêcher. Je sais que vous ne me décevrez pas », imita-t-il en prenant une voix de tête. « Vieux pleurnichard ! »

Il se tut un instant, puis reprit rapidement :

« Le *Tirpitz* ! Dieu Tout-Puissant ! Le *Tirpitz* ! C'est nous qui allons l'arrêter, ce sacré bateau-joujou ! Un appât, qu'il dit, un appât ! » Il éleva la voix : « Je vous l'assure, les copains, on se fout de nous ! Directement au cap Nord ! On nous livre aux fauves, et ce vieux salaud par-dessus...

— Tais-toi ! » fit la voix de Petersen, basse et furieuse. Il étendit la main, et, dans le cabinet de consultation, Brooks et Nicholls frémirent en entendant craquer les os du poignet de Riley sous la pression de la main du géant. « Je me suis souvent demandé ce que tu vaux, Riley, continua lentement Petersen. Maintenant, je le sais. Tu me rends malade. »

Il rejeta la main de Riley et se détourna. Riley frotta son poignet endolori et, s'adressant à Burgess :

« Au nom de Dieu, qu'est-ce qu'il a ? Que diable... »

Il s'interrompit brusquement sous le regard de Burgess qui le dévisagea, longtemps, puis qui, lentement, délibérément, s'allongea dans son lit, tira les couvertures jusqu'à son cou, et tourna le dos à Riley.

Brooks se leva, ferma la porte et ralluma la lumière.

« Acte Ier, scène I. Rideau. Lumières ! murmura-t-il. Vous comprenez ce que je veux dire, Johnny ?

— Oui, docteur, répondit Nicholls. Du moins, je le crois.

— Notez que cela ne durera pas. En tout cas, pas avec cette intensité. Mais peut-être cela nous permettra-t-il d'atteindre Mourmansk. On ne sait jamais.

— Je l'espère. Merci pour le spectacle, dit Nicholls en décrochant son duffel-coat. Eh bien, je pense que je ferais mieux de gagner mon poste, à l'arrière.

— Allez-y, alors. Et puis, Johnny...

— Docteur ?

— Cette affiche mettant en garde contre la scarlatine. En passant, vous pourriez la flanquer à la mer. Je crois que nous n'en aurons plus besoin. »

Nicholls grimaça un sourire et referma doucement la porte derrière lui.

4

Lundi soir

Les postes de combat de nuit furent conservés pendant leur heure interminable. Ce soir, comme cent autres soirs, ce n'était qu'une exaspérante vexation de plus, une précaution sans objet, qui ne se justifiait pas en elle-même et moins encore dans sa méticuleuse perfection. Du moins, il le semblait. Car bien que les attaques ennemies à l'aube fussent habituelles, au crépuscule, elles étaient presque inconnues. Il n'en était que rarement ainsi pour les autres navires ; mais l'*Ulysses* avait de la chance. Tout le monde le savait. Même Vallery le savait, mais il savait aussi pourquoi. La vigilance était le premier article de sa profession de foi de marin.

Peu après l'allocution du commandant, le radar avait annoncé un contact proche. Que ce fût un avion ennemi était certain : le commandant Westcliffe, le plus ancien des officiers aviateurs, avait devant lui, dans la salle de la direction de la chasse, une carte murale montrant les routes opérationnelles de tous les avions du Coastal Command et des transporteurs, et l'on était dans une zone sûre. Personne n'accorda d'attention à cette annonce, sauf Tyndall qui donna l'ordre de modifier le cap de 45°. C'était là une mesure aussi routinière que la prise des postes de combat elle-même. C'était leur vieil ami Charlie qui venait de nouveau leur présenter ses hommages.

« Charlie » — généralement un Condor Focke-Wulf à quatre moteurs — était une institution pour les convois de Russie. Il était devenu, pour les marins se rendant à Mourmansk, ce que l'albatros avait été au siècle précédent pour les marins naviguant à la voile : un oiseau de mauvais augure, à demi craint mais accepté presque amicalement et qu'on ne détruisait pas — quoique pour une raison différente en ce qui concernait Charlie. Au début, avant l'apparition des navires munis d'un chasseur et des porte-avions d'escorte, Charlie passait fréquemment toute la journée, du lever du jour à la nuit, à tourner en rond au-dessus d'un convoi et à envoyer par radio à sa base sa position à une pointe d'épingle près.

Les signaux entre navires britanniques et avions de reconnaissance allemands n'étaient pas inusités, et des histoires apocryphes circulaient en grand nombre à ce sujet. Un échange de plaisanteries sur le temps était presque de rigueur. A plusieurs reprises, Charlie avait supplié qu'on lui indiquât sa position et on lui avait fourni des relèvements de longitude et de latitude extrêmement détaillés qui le plaçaient généralement quelque part dans le Pacifique Sud ; et naturellement, une douzaine de navires se prétendaient les auteurs de l'histoire selon laquelle le commodore du convoi avait envoyé le signal : « Je vous en prie, tournez dans l'autre sens ; vous me donnez mal au cœur » ; Charlie y avait poliment répondu et évolué en sens inverse.

Depuis quelque temps, cependant, l'amabilité avait fait défaut et Charlie, devenu circonspect, avec le passage des mois et l'apparition des chasseurs amenés par porte-avions, se montrait rarement, sauf au crépuscule. Il faisait d'habitude une seule fois le tour du convoi, à une distance prudente, puis disparaissait dans l'obscurité.

Ce soir-là, il ne dérogea pas à cette règle. Les hommes n'aperçurent le Condor que par brefs instants, à travers la neige qui tombait à gros flocons, et ils le perdirent ensuite de vue dans la nuit. Charlie informerait sa base de la force, de la nature et du cap de l'escadre, mais Tyndall n'avait que peu d'espoir de tromper le Service de renseignements allemand quant à leur route. Une escadre, près du 62e parallèle, juste à l'est des Féroë, et se dirigeant au nord-nord-ouest, ne pouvait abuser les Allemands étant donné surtout qu'ils étaient presque certainement informés du départ du convoi de Halifax. Deux et deux font par trop évidemment quatre.

On ne tenta pas de faire voler les Seafire, seuls avions ayant des chances de rattraper le Condor avant sa disparition dans les ténèbres.

Retrouver le porte-avions dans une obscurité presque totale était difficile même au moyen de la radio ; atterrir la nuit était extrêmement dangereux, et chercher à se poser, dans la neige et le noir, sur un pont tanguant et roulant était impossible et suicidaire. La moindre erreur de calcul et de jugement causait non seulement la perte d'un avion mais celle d'un pilote. Un Seafire tombant à la mer, avec son fuselage élancé, en forme de torpille, et le poids formidable du grand Merlin Rolls-Royce à l'avant, constituait littéralement un piège mortel. Quand il y tombait, il s'enfonçait jusqu'au fond.

Ayant repris sa route, l'*Ulysses* s'avançait aveuglément dans la tempête qui se préparait. Les hommes quittèrent leurs postes de combat et reprirent leurs postes de veille normaux, par quarts de quatre heures, à tour de rôle. On pourrait croire qu'un homme est capable de supporter ce service de douze heures sur vingt-quatre. Et en effet, il le pourrait, si c'était tout. Mais l'équipage passait en outre trois heures par jour, tous les deux matins, aux postes de combat — le quart de la matinée — et, quand ils n'étaient pas de quart, Dieu seul savait combien d'heures aux postes de combat. De plus, tous les repas — lorsqu'il y en avait — étaient pris en dehors des heures de service. Si l'on dormait au total trois à quatre heures par jour, c'était exceptionnel : quarante-huit heures sans sommeil était une chose considérée comme allant de soi.

Degré par degré, par fractions menaçantes, le mercure et le baromètre enregistreur descendaient mortellement. Les vagues devenaient plus hautes, leurs creux plus profonds, leurs pentes plus escarpées, et le vent qui vous glaçait jusqu'aux os fouettait la neige en un rideau aveuglant. Une mauvaise nuit, une nuit sans sommeil, aussi bien sur le pont qu'en dessous, qu'on soit de quart ou non.

Sur la passerelle, le commandant adjoint, le Petit Kapok, l'officier marinier chargé des projecteurs, les veilleurs et les timoniers scrutaient misérablement la nuit blanche et se demandaient ce que ce serait que d'avoir de nouveau chaud. Complètement emmitouflés dans leurs chandails, leurs vestes, leurs manteaux, leurs duffel-coats, leurs cirés, leurs écharpes, leurs passe-montagne, leurs casques, une étroite fente seulement ménagée pour leurs yeux dans leurs cocons laineux, ils n'en frissonnaient pas moins. Ils avaient beau envelopper de leurs bras les tuyaux de vapeur qui entouraient la passerelle et y poser leurs pieds, ils gelaient. Les servants des pom-poms se pelotonnaient à l'abri de leurs pièces, tapaient des pieds, balançaient les bras et juraient incessamment. Et les canonniers solitaires des Œrlikon, chacun dans son poste isolé, s'appuyaient contre les radiateurs encastrés « obscurs » et luttaient contre leur plus insidieux ennemi : le sommeil.

Ceux de la bordée de tribord, dans les postes d'en dessous, n'étaient guère plus heureux. Il n'y avait pas de couchette pour les hommes de l'*Ulysses*, seulement des hamacs, et on ne les accrochait jamais sauf au port. De bonnes et suffisantes raisons justifiaient cette habitude. Le niveau de l'hygiène est élevé sur les navires de guerre comparé à celui du foyer civil moyen : un matelot n'oserait jamais grimper dans son hamac tout habillé, et aucun homme ayant son bon sens n'aurait songé à se déshabiller dans les convois vers la Russie. Et puis, pour un homme épuisé, la perspective du travail exigé pour dérouler et suspendre son hamac était épouvantable. Et les quelques secondes de plus nécessaires pour descendre d'un hamac en cas d'urgence pouvaient représenter la marge entre la vie et la mort, tandis que la seule présence d'un hamac tendu était un danger pour tous du fait qu'il empêchait les mouvements rapides. Enfin, par une nuit comme celle-ci, une nuit de forte houle, rien n'est plus inconfortable qu'un hamac accroché parallèlement à l'axe du navire.

Alors, les hommes dormaient où ils le pouvaient, tout habillés, gardant même leur duffel-coat et leurs gants. Sur des tables ou en dessous, sur des bancs larges de 22 centimètres, sur le sol, dans les bastingages, n'importe où. L'endroit le plus prisé était les chaudes plaques d'acier de la coursive longeant la cuisine, étrange et spectral tunnel que n'éclairait la nuit qu'une lumière rouge. Ce dortoir était d'autant plus apprécié que seule une cloison de toile le séparait du pont supérieur, distant d'à peine trois mètres. La peur d'être pris au piège sous les ponts dans un navire en train de sombrer ne quittait jamais la pensée des hommes.

Même dans les entreponts, il faisait un froid glacial. Le chauffage à air chaud ne fonctionnait efficacement que dans les postes d'équipage « B » et « C » et, même là, la température dépassait à peine zéro. Les plafonds laissaient constamment filtrer des gouttes d'eau, et la condensation, sur les cloisons, envoyait des milliers de petits ruisselets sur le sol de corticine. L'atmosphère était humide, renfermée et terriblement froide, terrain idéal pour engendrer la tuberculose que craignait tellement le médecin-major Brooks. De telles conditions, alliées à la constante agitation du navire et aux brusques et énervantes vibrations qui se produisaient chaque fois que l'étrave s'écrasait dans les creux, rendaient le sommeil presque impossible, ou, au mieux, coupé de sursauts et de malaise.

La plupart des hommes dormaient — ou essayaient de dormir — la tête appuyée sur une ceinture de sauvetage gonflée ; une fois pliée en deux et attachée avec de la ficelle, c'était un oreiller très tolérable. Ces ceintures de sauvetage servaient uniquement à cet usage malgré les ordres stipulant explicitement qu'on devait toujours les porter aux postes de combat et lorsqu'on naviguait dans des eaux où la présence de l'ennemi était connue. Ces ordres étaient complètement ignorés, notamment par les officiers de compagnie ayant pour devoir de les faire observer. Les volumineux vêtements portés sous ces latitudes renfermaient suffisamment d'air pour maintenir un homme à flot pendant au moins trois minutes. S'il n'était pas repêché au bout de ce temps, il était mort de toute façon. C'était l'état de choc qui tuait, choc effroyable pour un corps à 37° soudain plongé dans un liquide plus froid de quelque 40° — car, dans l'Arctique, la température de la mer descend souvent plus bas que le point de congélation. Ce qui est pire encore, c'est le vent au-dessous de zéro qui transperce comme un millier de stylets les vêtements saturés d'eau d'un homme plongé dans la mer avec un brusque changement de température qui arrête les battements du cœur. Mais c'était une mort rapide, une mort miséricordieuse, disaient les hommes.

A minuit moins dix, accompagné de Marshall, Turner, plein d'entrain même à cette heure tardive et par cet affreux temps, gagna la passerelle ; il prit un moment pour s'habituer à l'obscurité, puis, ayant distingué le commandant adjoint, il lui tapa fortement sur l'épaule.

« Eh bien, factionnaire, comment est la nuit ? demanda-t-il gaiement. Vivifiante, oui, très nettement. Situation complètement en dehors de notre autorité, je suppose ? Où sont tous nos poulets, par cette délicieuse soirée ? »

Il scruta la neige des yeux, regarda l'horizon un bref instant, puis y renonça.

« Tous allés en enfer, sans doute.

— Ça ne va pas trop mal », dit, avec un large sourire, Carrington, officier de réserve, ex-capitaine de la Marine marchande en qui Vallery avait une entière confiance.

Le commandant adjoint Carrington était normalement taciturne, grave et ne souriait guère. Mais un lien spécial existait entre lui et Turner, le lien professionnel du respect que deux marins exceptionnels ont l'un pour l'autre.

« Nous voyons de temps en temps les porte-avions. En tout cas, Bowden et ses gars en connaissent l'emplacement à un centimètre près. Du moins, c'est ce qu'ils disent.

— Vous feriez mieux de ne pas laisser le vieux Bowden vous entendre dire ça, conseilla Marshall. Il croit que le radar est le seul progrès que l'humanité ait fait depuis que le premier homme a cessé de grimper aux arbres. »

Il ne put réprimer un frisson et tourna le dos au vent.

« Je voudrais bien être à sa place, ajouta-t-il. C'est pire ici que l'hiver dans l'Alberta !

— Quelle sottise ! rugit le second. Vous êtes décadents, vous autres jeunes gens. Cette vie-ci est la seule pour un être humain qui se respecte. » Il renifla l'air glacé comme s'il l'appréciait et, se tournant vers Carrington : « Qui est de quart avec vous cette nuit ? »

Une silhouette sombre se détacha dans l'abri et s'approcha.

« Ah ! vous voilà. Eh bien, ma parole, si ce n'est pas notre navigateur, l'Honorable Carpenter, perdu comme d'habitude et habillé à ravir dans son élégante combinaison. Savez-vous, pilote, que vous avez l'air, ainsi affublé, d'un mélange de scaphandrier et de la réclame des pneus Michelin ?

— Ah ! moquez-vous-en pendant que vous le pouvez, commandant, dit le Petit Kapok en tapotant affectueusement sa poitrine matelassée. Attendez que nous soyons tous ensemble dans l'eau, tous les autres entraînés vers le fond ou mourant de congélation, tandis que moi, flottant bien au sec, je fumerai peut-être la cigarette...

— Assez. Filez. Le cap, Carrington ?

— 320, commandant ; 15 nœuds.

— Et le commandant ?

— Dans l'abri », répondit Carrington en désignant d'un mouvement de la tête le tambour en grosses plaques d'acier à l'extrémité arrière de la passerelle. Il supportait la hune de télépointage, les câbles électriques qui montaient dans un puits central. Il y avait là une couchette — une banquette spartiate nue — pour le commandant. « J'espère qu'il dort, ajouta-t-il, mais j'en doute fort. Il a donné l'ordre qu'on l'éveille à minuit.

— Pourquoi ? demanda Turner.

— Oh ! je n'en sais rien. Par routine, je suppose. Il veut voir comment vont les choses.

— Annulez cet ordre, dit Turner brièvement. Le commandant doit apprendre à obéir aux ordres comme tout le monde, spécialement aux ordres du docteur. J'en prends la responsabilité. Bonne nuit. »

La porte se ferma et Marshall se tourna avec incertitude vers le second.

« Le commandant... Oh ! je sais que ce n'est pas mon affaire... mais... » Il hésita. « Eh bien, comment va-t-il ? »

Turner jeta un rapide coup d'œil alentour et dit d'une voix exceptionnellement basse :

« Si Brooks pouvait en faire à sa tête, le pacha serait à l'hôpital. » Il s'arrêta un instant, puis ajouta : « Et même en ce cas, il pourrait être trop tard. »

Marshall ne dit rien. Il fit quelques pas avec nervosité, puis, alla à l'arrière au poste de commande du projecteur de bâbord.

Pendant cinq minutes, un bruit de voix intermittent parvint au second. Au retour de Marshall, il le regarda interrogativement.

« C'est Ralston, capitaine, expliqua l'officier torpilleur. S'il devait parler à quelqu'un, je savais que ce serait à moi.

— Et le fait-il ?

— Oui... mais seulement de ce dont il a envie de parler. Quant au reste, rien à en espérer. On croirait presque voir accrochée à son cou une pancarte portant : « Privé. N'entrez pas. » Très poli, très aimable et absolument inapprochable. Je ne sais que faire à son sujet.

— Laissez-le tranquille, dit Turner. Il n'y a rien que personne puisse faire pour lui. Mon Dieu, que la vie a donc été ignoblement cruelle pour ce garçon ! »

Le silence retomba. La neige s'allégeait maintenant, mais le vent continuait à hurler de plus en plus fort à travers les mâts et le gréement, se fondant en une sauvage et horrible harmonie avec le battement harcelant de l'Asdic. Deux bruits étranges, mystérieux, élémentaires et de mauvais augure qui exaspéraient les nerfs et éveillaient des craintes ataviques, vieilles de milliers de siècles, enfouies depuis longtemps sous la marche en avant de la civilisation. Orchestre abominable qu'au cours des années les hommes finissaient par détester d'une haine mortelle.

Minuit et demi arriva, puis une heure, puis une heure et demie. La pensée de Turner lui représenta tendrement le café et le cacao. « Café ou cacao ? Du cacao, décida-t-il, un breuvage fumant, fortifiant, épais de chocolat et de sucre. » Il se tourna vers Chrysler, le planton de la passerelle, jeune frère de l'opérateur de l'Asdic.

« Poste radio-passerelle. Poste radio-passerelle », fit le haut-parleur au-dessus de la cabine de l'Asdic d'une voix hâtive, insistante. Turner bondit sur la manette du récepteur et aboya qu'il avait entendu.

« Signal du *Sirrus*. Echos par bâbord avant, 300, forts, se rapprochant. Je répète : échos par bâbord avant, forts, se rapprochant.

— Echos ? Avez-vous dit « échos » ?

— Echos, capitaine. Je répète : échos. »

Pendant qu'il parlait, la main de Turner s'abattit sur la phosphorescence du commutateur de l'urgence des postes de combat.

De tous les bruits de la terre, aucun ne reste probablement dans la mémoire d'un homme jusqu'à la fin de ses jours comme celui qui appelle d'urgence aux postes de combat. Aucun autre ne lui ressemble, même de loin. Il n'a rien de noble, de martial ou d'excitant. C'est simplement un sifflement proche de la limite supérieure de l'audiofréquence, alternatif, perçant, atonique, imprégné d'une urgence désespérée et du sentiment du danger : comme un couteau, il pénètre dans le cerveau le plus engourdi par le sommeil, et, quels que soient le degré d'épuisement d'un homme, sa faiblesse ou la profondeur de l'oubli dans lequel il était plongé, ce sifflement le met debout en quelques secondes, son pouls déjà accéléré, pour affronter le plus récent inconnu, l'adrénaline déjà lâchée dans le cours de son sang.

En moins de deux minutes, l'*Ulysses* était aux postes de combat. Le capitaine de frégate avait gagné la hune de télépointage à l'arrière. Vallery et Tyndall étaient sur la passerelle.

Le *Sirrus*, à deux milles de distance par bâbord, garda le contact pendant une demi-heure. Le *Viking* fut détaché pour l'aider, et, sous le pont de l'*Ulysses*, on entendit nettement, à des intervalles irréguliers, le son métallique des grenades sous-marines. Finalement, le *Sirrus* annonça : « Pas de succès : contact perdu ; espère que vous n'avez pas été dérangés. » Tyndall ordonna le rappel des deux destroyers et le bugle annonça la fin de l'alerte.

De retour sur la passerelle, le commandant en second envoya chercher son cacao. Chrysler partit pour la cuisine d'équipage de l'avant — le commandant ne voulait pas du liquide aqueux destiné au mess des officiers — et revint avec un broc fumant et une série de lourdes tasses, leurs anses enfilées sur un fil de fer recourbé. Turner observa avec approbation la répugnance avec laquelle l'épais et visqueux liquide coulait du bec du broc, et il hocha la tête de satisfaction après y avoir goûté. Il se lécha les lèvres et soupira avec bien-être.

« Excellent, jeune Chrysler, excellent ! Vous en avez le don. Torpilleur, ayez l'œil sur le navire. Il faut que j'aille voir où nous sommes. »

Il se retira dans la chambre des cartes, à bâbord, juste à l'arrière de la passerelle de navigation, et ferma la porte obscurcissante. Détendu dans son fauteuil, il posa sa tasse sur la table des cartes, ses pieds à côté d'elle, et aspira profondément la première bouffée de fumée de cigarette. Puis, il se releva en jurant : le haut-parleur de la T.S.F. crépitait de nouveau.

Cette fois, c'était le *Portpatrick*. Pour plus d'une raison, ses communications étaient toujours traitées avec pas mal de réserve, mais maintenant, il se montrait spécialement positif. Le commandant Turner n'avait pas le choix : il déclencha de nouveau le signal de prise d'urgence des postes de combat.

Vingt minutes plus tard, la fin de l'alerte résonna, mais le capitaine de frégate ne devait pas boire de cacao cette nuit-là. Trois fois encore pendant les heures d'obscurité, tout l'équipage dut gagner les postes de combat, et, après la dernière fin d'alerte, quelques minutes s'écoulèrent avant que le bugle ordonnât les postes de l'aube.

Ce ne fut pas une aube à proprement parler. Il y eut un vague, imperceptible éclaircissement du ciel, une sombre et froide grisaille, tandis que les hommes retournaient en se traînant avec lassitude à leurs postes de combat. Telle était donc la guerre dans les mers nordiques. Pas de mort et de glorieux héroïsme, pas de rugissants canons et d'Œrlikon crachant, pas d'exaltation de l'esprit, pas de superbe défi de l'ennemi : simplement des hommes épuisés, manquant de sommeil, transis de froid dans leurs manteaux détrempés, gris et tirés de fatigue, trébuchant de faiblesse, de faim, de privation de repos, et chargés des souvenirs, des tensions, de l'épuisement accumulés de cent autres interminables nuits pareilles.

Vallery, comme toujours, était sur la passerelle. Courtois, bienveillant et attentif à son ordinaire, il avait l'air cadavérique. Son visage était hagard, couleur de papier mâché, ses yeux injectés profondément enfoncés dans leurs orbites creuses, ses lèvres exsangues. La grave hémorragie de la nuit précédente et la nuit sans sommeil qu'il venait de passer avaient terriblement entamé son peu de force.

Dans le demi-jour, l'escadre devint graduellement visible. Miraculeusement, la plupart de ses unités avaient conservé leur poste. La frégate et les dragueurs étaient ensemble et très en avant de l'escadre — pendant la nuit, ils avaient répugné, chose très compréhensible, à se laisser marcher sur la queue par un lourd croiseur ou porte-avions. Tyndall s'en rendit compte et ne dit rien. L'*Invader* avait perdu son poste durant la nuit et se trouvait loin en dehors du rideau d'escorte, par bâbord. Il reçut un signal très irrité et reprit sa place, tirebouchonnant violemment sur la mer hachée.

La fin de l'alerte sonna à huit heures. A 8 h 10, la bordée de bâbord était en bas, en train de préparer du thé, de se laver, de faire la queue devant la cuisine pour recevoir les plateaux du petit déjeuner, quand une explosion assourdie secoua l'*Ulysses*. Serviettes, savon, tasses, assiettes et plateaux s'envolèrent en tous sens ou furent laissés en plan ; pleins d'aigreur et blasphémant, les hommes prirent le chemin de leurs postes de combat avant même que la main de Vallery eût déclenché le sifflet d'appel.

A moins de 700 mètres de distance, l'*Invader* décrivait avec violence un demi-cercle, son pont d'envol incliné tout de travers. Il neigeait fort, de nouveau, maintenant, mais pas assez fort pour cacher les grosses bouffées de fumée noire huileuse qui s'échappaient à l'avant de la passerelle de l'*Invader*. Sous les yeux de l'équipage de l'*Ulysses*, il s'immobilisa, s'enfonçant dangereusement dans les creux des énormes lames.

« Les imbéciles ! les fous ! » fit Tyndall avec une irritation déraisonnable. Même à Vallery, il ne voulait avouer combien lui pesait le poids du commandement, l'effort qui faisait jaillir une irascibilité devenue presque chronique. « Voilà ce qui arrive, Vallery, lorsqu'un navire ne sait pas tenir son poste ! Et c'est autant ma faute que la leur... j'aurais dû envoyer un destroyer pour l'escorter pendant qu'il ralliait. » Il regarda à travers ses jumelles et se tourna vers Vallery : « Faites, je vous prie, le signal "Prière signaler ampleur des dommages"... Ce satané sous-marin doit le traquer depuis la première lueur du jour, attendant la première occasion favorable. »

Vallery ne dit rien. Il savait ce que devait éprouver Tyndall en voyant l'un de ses navires gravement endommagé et peut-être sur le point de couler. L'*Invader* était toujours anormalement incliné, et la fumée montait maintenant en une colonne régulière. On ne voyait aucune flamme.

« Vous allez vous rendre compte par vous-même, amiral ? demanda Vallery.

— Oui, je crois que cela vaudra mieux. Donnez l'ordre à l'escadre de continuer sa route, même vitesse, même route. Signalez au *Baliol* et au *Nairn* de se tenir près de l'*Invader*. »

Vallery, les yeux fixés sur les pavillons qui voletaient à la vergue eut conscience d'une présence derrière lui. Il se retourna à demi.

« Ce n'est pas un sous-marin, prononça Kapok, très sûr de lui. Il ne peut pas avoir été torpillé. »

Tyndall l'entendit, se retourna dans son fauteuil et foudroya du regard le malheureux officier de navigation.

« Que diable en savez-vous, monsieur ? »

Quand l'amiral s'adressait à ses subordonnés en leur disant « monsieur », il était temps de se débiner. Kapok rougit jusqu'à la racine de ses cheveux blonds, mais ne lâcha pas pied.

« Eh bien, amiral, premièrement, le *Sirrus* couvre le flanc bâbord de l'*Invader* quoique bien sur l'avant, depuis votre signal de rappel. Il surveille cette zone depuis quelque temps. Je suis sûr que le commandant Orr aurait repéré le sous-marin. Et puis, la mer est beaucoup trop mauvaise pour qu'un sous-marin puisse tenir l'immersion périscopique, moins encore pour exécuter un lancement. Et s'il l'avait fait, il n'aurait pas lancé une seule torpille mais... plus probablement six, et, dans cet azimut, le reste de l'escadre devait former derrière l'*Invader* presque un mur compact. Mais aucun autre bâtiment n'a été touché... J'ai fait trois ans dans le métier, amiral.

— Moi, j'en ai fait dix, grommela Tyndall. C'est pure conjecture, pilote, simple supposition.

— Non, amiral, persista Carpenter. Nullement. Je ne pourrais le jurer. » Il avait ses jumelles devant ses yeux. « Mais je suis presque sûr que l'*Invader* est en marche arrière. Ce ne peut être que parce que son étrave a été endommagée ou arrachée, sous la ligne de flottaison. Ce doit avoir été une mine ; probablement acoustique.

— Ah ! naturellement, naturellement, fit Tyndall, très aigre, mouillée par 1 800 mètres de fond, sans doute ?

— Une mine *flottante*, amiral, dit Kapok patiemment. Ou une vieille torpille acoustique, les torpilles allemandes lâchées ne coulent pas toujours. Mais c'est probablement une mine.

— Je suppose que vous allez ensuite me dire quelle est sa marque et quand elle a été mouillée », dit Tyndall.

Mais il était impressionné malgré lui. Et l'*Invader* coulait effectivement, quoique lentement et pas assez vite pour pouvoir gouverner. Il continuait à être soulevé et englouti, impuissant, entre les hautes vagues.

Une lampe Aldis répondit au feu qui clignotait sur l'*Invader*. Bentley arracha une feuille d'un bloc de signaux et la tendit à Vallery.

« — *Invader* à amiral, lut le commandant. Coque gravement avariée, à bâbord avant, très profondément. Soupçonne mine flottante. Examine étendue du dommage. Enverrai rapport bientôt. »

Tyndall prit le signal et le lut lentement, puis il regarda derrière lui et sourit légèrement.

« Vous aviez tout à fait raison, mon garçon, semble-t-il. Acceptez les excuses d'un vieux bourru. »

Carpenter fit entendre un murmure indistinct et se détourna, rouge brique de confusion. Tyndall adressa un petit sourire au commandant, puis devint pensif.

« Je crois que nous ferions mieux de lui parler personnellement, Vallery. Il s'appelle Barlow, n'est-ce pas ? Faites un signal. »

Ils descendirent deux ponts plus bas à la salle de direction de la chasse. Westcliffe laissa son fauteuil à l'amiral.

« Commandant Barlow ? dit Tyndall dans le radiotéléphone.

— C'est moi, répondit une voix provenant du haut-parleur placé au-dessus de la tête de l'amiral.

— Ici l'amiral. Comment cela va-t-il ?

— Nous nous arrangerons, amiral. Je crains que nous n'ayons perdu la plus grande partie de notre étrave. Plusieurs blessés. Des incendies de mazout, mais ils sont maîtrisés. Les portes étanches tiennent toutes. Les mécaniciens et les équipes de sécurité accorent les cloisons.

— Pouvez-vous faire route, commandant ?

— Ce serait possible mais risqué.

— Croyez-vous pouvoir regagner la base ?

— Avec ce vent et cette houle par l'arrière, oui. Cela prendra quand même trois à quatre jours.

— Allez-y, alors, dit Tyndall d'une voix dure. Vous ne nous êtes bon à rien sans étrave ! Sacrée déveine, commandant Barlow. Mes condoléances. Ah ! et puis, je vous donne le *Baliol* et le *Nairn* comme escorteurs et je commande par radio un remorqueur de haute mer... à toutes fins utiles.

— Merci, amiral. Nous vous sommes reconnaissants. Une dernière chose : la permission de vider les soutes à mazout pour l'escadre à bâbord. Nous avons embarqué beaucoup d'eau et ne pouvons la vider toute... la seule façon de nous redresser.

— Oui, je m'y attendais, dit Tyndall avec un soupir. Il n'y a pas moyen de faire autrement et, par ce temps, nous ne pouvons vous prendre ce mazout. Bonne chance, commandant. Au revoir.

— Merci beaucoup, amiral. Au revoir. »

Vingt minutes plus tard, l'*Ulysses* avait repris son poste dans l'escadre. Peu après, on vit l'*Invader* qui donnait moins de bande à présent, évoluer lentement vers le sud-est, le petit destroyer de la classe *Hunt* et la frégate, l'un à sa droite, l'autre à sa gauche, roulant terriblement tandis qu'ils faisaient demi-tour avec lui. Dix minutes plus tard, les veilleurs de l'*Ulysses* les avaient perdus de vue, dans une rafale de neige. Trois de partis et onze restés ; mais c'étaient les onze qui se sentaient maintenant étrangement seuls.

5

Mardi

L'*Invader* et ses ennuis furent bientôt oubliés. Bien trop vite, la 14e escadre de porte-avions eut de quoi, plus que de quoi, se tourmenter à son propre sujet. Elle avait ses propres ennuis à surmonter, son propre ennemi à affronter — un ennemi beaucoup plus élémentaire et beaucoup plus mortel que n'importe quelle mine ou sous-marin.

Tyndall s'arc-bouta plus fermement contre le roulis et le tangage et regarda Vallery en songeant, pour la dixième fois ce matin, que le commandant avait l'air désespérément malade.

« Qu'en pensez-vous, commandant ? La perspective n'est pas tout à fait rassurante, n'est-ce pas ?

— Nous n'échapperons pas à la tempête, amiral. Elle s'amasse contre nous. Carrington a navigué six ans dans les Antilles ; il a subi une douzaine d'ouragans et reconnaît qu'il a vu le baromètre plus bas, mais qu'il n'en a jamais vu qui continuait à tomber aussi rapidement après être parvenu si bas, tout au moins sous ces latitudes. Et ce n'est qu'un lever de rideau. »

C'était une sous-estimation, car, pour un lever de rideau, le spectacle était magnifique. Le vent soufflait assez régulièrement, un vent de force 9 sur l'échelle de Beaufort, et la neige ne tombait plus. Un arrêt temporaire seulement, tous le savaient : loin, au nord-ouest, le ciel était d'une couleur singulièrement livide. C'était un violet terne dont la clarté ne s'accentuait et ne diminuait pas, légèrement lumineux et vaguement menaçant dans son uniformité et sa permanence. Même pour des hommes qui avaient vu tout ce que peuvent offrir les cieux arctiques, depuis une obscurité de four, l'été, à midi, jusqu'aux splendeurs des aurores boréales et du merveilleux ciel bleu pâle souriant si souvent sur la calme et laiteuse blancheur des eaux qui lèchent le bord de la banquise, ceci était une chose tout à fait inconnue.

Mais l'amiral avait fait allusion à la mer. Elle était devenue, durant toute la matinée, inexorablement de plus en plus creuse. A présent, à midi, elle ressemblait à une gravure du XVIIIe siècle représentant une barque dans une tempête : des vagues serrées d'un gris verdâtre, droites, régulières et s'avançant uniformément, chacune décorativement coiffée d'un blanc bonnet d'écume. Seulement, çà et là, il y avait 150 mètres de crête à crête, et l'escadre, qui fonçait au travers presque directement, était terriblement malmenée.

Pour les petits navires qui enfouissaient déjà leur étrave toutes les quinze secondes dans un tourbillon crémeux d'eau écumante, c'était suffisamment pénible, mais un autre ennemi insidieux, plus dangereux, était à l'œuvre : le froid. La température était depuis longtemps descendue au-dessous du point de congélation et elle continuait à descendre, approchant de – 18°.

Le froid était intense : il se formait de la glace dans les chambres et dans les postes ; les circuits de circulation d'eau douce étaient gelés ; le métal se contractait ; les panneaux d'écoutille se faussaient, les gonds des portes s'immobilisaient congelés ; l'huile des appareils de commande des projecteurs se figeait et les rendait inutiles. Assurer le quart, surtout sur la passerelle, était une torture : le premier choc de ce vent glacial déchirait les poumons et laissait l'homme haletant ; s'il avait oublié de mettre ses gants — d'abord les gants de soie, puis les mitaines de laine, ensuite les gantelets de peau de mouton — et qu'il touchât une barre d'appui, ses mains pelaient, la peau brûlée comme par un métal chauffé à blanc ; sur la passerelle, s'il ne pensait pas à se baisser quand l'étrave s'écrasait dans le creux d'une lame, les embruns, instantanément solidifiés en de coupants éclats de glace, lui transperçaient les joues et le front jusqu'à l'os ; les mains gelaient, la moelle même des os s'engourdissait, un frisson mortel montait des pieds aux mollets, aux cuisses, tandis que le nez et le menton devenaient blancs de gelure et exigeaient des soins immédiats : et alors le pire de tout, la fin du quart, le retour sous le pont, le supplice atroce, déchirant, du rétablissement de la circulation. Mais les paroles sont, pour décrire tout cela, totalement impuissantes, pâles ombres de la réalité. Certaines choses dépassent la connaissance et l'expérience de la majeure partie de l'humanité et appartiennent à un monde que l'imagination ignore.

Et pourtant, toutes ces souffrances étaient relativement insignifiantes : incommodités personnelles à traiter par un haussement d'épaules. Le véritable danger était celui que constituait la glace.

Il y en avait déjà plus de 300 tonnes sur les ponts de l'*Ulysses* et il s'en formait davantage à chaque minute. Elle recouvrait d'une épaisse couche lisse le pont principal, la plage d'avant, les plates-formes d'artillerie et les passerelles ; elle pendait en longs glaçons dentelés des hiloires, des tourelles et des rambardes ; elle triplait le diamètre de chaque fil métallique, drisse ou étai ; elle transformait les sveltes mâts en arbres monstrueux, disgracieux, invraisemblables. Elle était partout, menace mortelle, dangereuse en grande partie à cause de sa surface glissante, problème beaucoup plus facilement résolu sur un navire marchand qui dispose de mâchefer et de cendres provenant de ses chaudières, que sur un cuirassé moderne qui brûle du mazout. Sur l'*Ulysses*, on répandait du sel et du sable et on ne désespérait pas.

Mais ce que la glace présentait de plus redoutable était son poids. Un navire, peut, en termes techniques, être soit très stable soit très volage. S'il est stable, il a un centre de gravité situé bas, il roule facilement mais se remet rapidement d'aplomb et est extrêmement bien équilibré et sûr. S'il est volage, avec un centre de gravité haut, il roule difficilement mais se remet d'aplomb plus difficilement encore et manque de stabilité et de sûreté. Et si un navire volage a des tonnes de glace empilées sur ses ponts, son centre de gravité s'élève et peut atteindre une hauteur fatale.

Les porte-avions et les destroyers de l'escorte, surtout le *Portpatrick* étaient vulnérables, terriblement vulnérables. Les porte-avions, déjà rendus instables par la hauteur et le poids de leurs ponts d'envol renforcés, offraient une énorme surface lisse à la neige qui tombait, condition idéale pour la formation de la glace. Au début, il avait été possible de maintenir les ponts d'envol relativement libres de neige : des équipes les avaient incessamment balayés avec des jets de vapeur et y avaient semé du sel. Mais le temps était devenu si mauvais qu'envoyer un homme sur ce pont tanguant et oscillant, à la surface vitreuse et infiniment traîtresse, aurait été l'envoyer à la mort. Le *Wrestler* et le *Blue Ranger* avaient des systèmes de chauffage modifiés sous les ponts d'envol — modifiés, parce que, contrairement aux navires britanniques, ces porte-avions américains avaient des ponts d'envol planchéiés ; dans des conditions météorologiques semblables, ils étaient d'une insuffisance désespérante.

Sur les destroyers, c'était encore pire. Ils devaient lutter non seulement contre la glace de la neige entassée mais contre celle de la mer elle-même. Avec la régularité d'un mouvement d'horlogerie, de gigantesques nuages d'embruns se répandaient sur les plages avant des destroyers tandis que l'étrave s'écrasait violemment dans le creux et sur la pente de la prochaine vague : l'embrun se congelait même avant de toucher le pont, s'amoncelant en glace solide, par endroits épaisse de plus de 30 centimètres, depuis l'étrave jusqu'au-delà du brise-lame. Le formidable poids de la glace poussait les petits navires vers le fond par leur tête, plus profondément à chaque plongeon, et chaque fois, ils remontaient plus lentement, plus difficilement, plus laborieusement des profondeurs. Comme les commandants des porte-avions, ceux des destroyers ne pouvaient que regarder la mer, de leur passerelle, impuissants, espérant quand même.

Deux heures passèrent, deux heures pendant lesquelles la température descendit jusqu'à – 20°, hésita, puis s'abaissa encore tandis que le baromètre la suivait avec des sursauts désordonnés. Chose curieuse, étrange, il ne neigeait toujours plus ; le ciel livide était, vers le nord-ouest, aussi loin que jamais, et, vers le sud et l'est, il s'était complètement dégagé. L'escadre présentait maintenant un tableau fantastique : de petits bateaux-jouets en sucre glacé, d'un blanc éblouissant, luisant et étincelant sous le pâle soleil d'hiver, ballottés follement à travers les vallées de plus en plus longues et profondes, grises et vertes, de la froide mer de Norvège, en direction de ce lointain horizon, irréel, violacé, l'horizon d'un autre monde. C'était un spectacle d'une incroyable beauté.

Le contre-amiral Tyndall ne le trouvait nullement beau. Lui qui affirmait volontiers ne jamais se tourmenter était à présent sérieusement inquiet. Il se montrait bourru envers ceux de la passerelle, bourru jusqu'à l'impolitesse, et l'ancienne amabilité de Giles le Fermier d'il y a deux mois avait presque disparu. Incessamment, son regard parcourait la flotte ; constamment, inconfortablement, il se retournait dans son fauteuil. Finalement, il en descendit, franchit la porte et entra dans l'abri du commandant.

Vallery n'y avait pas allumé de lumière, et une demi-obscurité y régnait. Il était étendu sur son banc, deux couvertures jetées sur lui. Dans le demi-jour, son visage paraissait semblable à celui d'un cadavre. Sa main droite serrait un mouchoir roulé en boule taché de sang qu'il ne tenta pas de cacher. Avec un pénible effort et avant que Turner pût l'en empêcher, il avait soulevé ses jambes du banc et poussé une chaise vers Tyndall. Celui-ci retint sa protestation et s'assit avec gratitude.

« Je crois que votre rideau est sur le point de se lever, Dick... Qui diable m'a inspiré de devenir chef d'escadre ? »

Vallery lui sourit avec sympathie.

« Je ne vous envie pas spécialement, amiral. Qu'allez-vous faire maintenant ?

— Que feriez-vous à ma place ? » dit Tyndall tristement.

Vallery eut un rire qui, pendant un instant, métamorphosa son visage, le rendant presque enfantin, puis le rire fit place à une quinte d'une toux dure et sèche. La tache rouge s'étendit sur son mouchoir. Il leva les yeux et sourit.

« La punition d'avoir ri en me moquant d'un officier général. Ce que je ferais ? Je mettrais à la cape, amiral. Mieux encore, je prendrais la queue entre mes jambes pour me sauver.

— Vous n'avez jamais été un menteur bien convaincant, Dick », dit Tyndall en secouant la tête.

Les deux hommes gardèrent un moment le silence, puis Vallery demanda :

« Quelle distance à couvrir exactement, amiral ?

— Le jeune Carpenter l'estime à environ 170 milles.

— Cent soixante-dix, dit Vallery, sa montre à la main. Vingt heures à marcher... par ce temps. Il *faut* que nous y parvenions. »

Tyndall inclina lourdement la tête.

« Il y a 18 navires ici — 19 en comptant le dragueur de Hvalfiord — sans parler de la tension artérielle du vieux Starr... »

Il s'arrêta tandis qu'on frappait à la porte et qu'une tête s'y montrait.

« Deux signaux, commandant.

— Lisez-les-moi, voulez-vous, Bentley ?

— Le premier est du *Portpatrick* : « Tôles défoncées à l'étrave ; faisons beaucoup d'eau ; les pompes la franchissent ; crains d'autres avaries ; que dois-je faire ? »

Tyndall proféra un juron. Vallery demanda calmement :

« Et l'autre ?

— Du *Gannet*, commandant : « Sommes en perdition. »

— Oui, oui. Et le reste du message ?

— Simplement ça, commandant : « Sommes en perdition. »

— Ah ! l'un de ces personnages avares de leurs mots ! grommela Tyndall. Attendez une minute, voulez-vous, chef ? »

Il se rassit, sa main passa sur son menton râpeux, il regarda ses pieds et força son esprit fatigué à réfléchir.

Vallery murmura quelque chose à voix basse et Tyndall leva sur lui des yeux aux sourcils arqués.

« Une mer démontée, amiral. Peut-être les porte-avions... »

Tyndall se tapa sur le genou.

« Deux têtes avec la même pensée, dit-il. Bentley, faites deux signaux. L'un à tous les escorteurs : dites-leur de prendre position sur l'arrière — tout près — des porte-avions. Un autre aux porte-avions. Qu'ils passent des manches à mazout par le sabord de charge, une à bâbord, et une à tribord. Débit... euh... combien diriez-vous, commandant ?

— Cent litres à la minute, amiral ?

— C'est cela, 100 litres. Compris, chef ? Envoyez-les immédiatement. Et puis, dites au navigateur d'apporter sa carte ici. »

Bentley se retira et Tyndall se tourna vers Vallery :

« Il faudra nous ravitailler en mazout plus tard, et nous ne pouvons pas le faire ici. Il semble que ce soit la seule possibilité de nous abriter de ce côté-ci de Mourmansk... Et si les prochaines vingt-quatre heures doivent être aussi mauvaises que le prévoit Carrington, je doute que certains des petits navires puissent y survivre de toute façon... Ah ! vous voilà, pilote. Voyons où nous sommes. Comment est le vent, à propos ?

— Force 10, amiral. »

S'arc-boutant pour ne pas être renversé par les folles embardées de l'*Ulysses*, Kapok étala la carte sur la couchette du commandant.

« Il tourne légèrement.

— Nord-ouest, diriez-vous, pilote ? Excellent, dit Tyndall en se frottant les mains. Et notre position, mon garçon ?

— 12°40’ ouest ; 66°15’ nord », dit Kapok avec précision.

Il ne prit même pas la peine de consulter la carte. Turner leva les sourcils mais ne fit aucun commentaire.

« Route ?

— 310, amiral.

— S’il était nécessaire de chercher un abri pour mazouter...

— Route au 290, amiral. Je l’ai marqué au crayon... là. Approximativement quatre heures et demie de marche.

— Comment diable !... éclata Tyndall. Qui vous a dit de... de..., bégaya-t-il avant de se taire de colère.

— J’ai fait le calcul il y a cinq minutes, amiral. Cela m’a semblé inévitable. Le 290 nous conduirait à quelques milles à l’abri de la péninsule des Langanes. Il y aurait beaucoup d’endroits abrités, par là, dit Carpenter avec gravité, sans sourire.

— Ça lui a semblé inévitable ! rugit Tyndall. Vous l’entendez, commandant Vallery ? Inévitable ! Et je viens seulement d’en avoir l’idée ! De tous les... Sortez d’ici ! Allez-vous en avec votre satané déguisement d’opéra-comique ! »

Kapok ne dit rien. Avec un air d’innocence offensée, il ramassa ses cartes et partit. A la porte, la voix de Tyndall l’arrêta.

« Pilote !

— Amiral ? »

Les yeux de Kapok fixaient un point au-dessus de la tête de Tyndall.

« Dès que les escorteurs auront pris leur poste, dites à Bentley de leur signaler le nouveau cap.

— Oui, amiral. Certainement. »

Il hésita et Tyndall eut un gloussement de rire.

« Très bien, très bien, dit-il avec résignation. Je le répéterai : je ne suis qu’un vieux bourru encroûté... et fermez cette maudite porte ! Nous gelons ici. »

Le vent se levait plus rapidement maintenant, et de longs rubans blancs commençaient à rayer l’eau. Les creux des lames s’approfondissaient, leurs pentes s’escarpaient davantage, leurs crêtes étaient arrachées ou aplaties par le vent. Graduellement mais perceptiblement, maintenant, le gémissement du gréement devenait plus aigu. De temps en temps, de gros blocs de glace, détachés par la vibration croissante, tombaient des mâts et des étais et se brisaient sur le pont.

L’effet des longues traînées de mazout répandues derrière les porte-avions fut presque miraculeux. Les destroyers, curieusement tachetés d’huile, à présent, plongeaient toujours de l’arrière, mais la viscosité du combustible empêchait les paquets de mer et les embruns de déferler à bord. Tyndall, à juste titre, était plus que content de lui-même.

Vers quatre heures et demie de l’après-midi, l’abri encore à 15 bons milles de distance, la satisfaction avait complètement disparu. Un véritable coup de vent soufflait, et Tyndall avait été obligé d'ordonner de réduire la vitesse.

Du niveau du pont, les vagues étaient maintenant plus qu'impressionnantes. Elles étaient gigantesques, effrayantes. Avec Kapok, qui n'était plus de quart. Nicholls se tenait sur le pont principal, sous la baleinière de tribord, abrités du vent par la tengue avant. Nicholls se cramponnait à un bossoir pour se maintenir d'aplomb et bondissait de temps en temps en arrière pour éviter un déluge d'embruns ; il regardait le *Defender*, avec le *Vectra* et le *Viking* sur l'arrière, faisant des embardées grotesques sous ce serein ciel bleu. Il avait quelque chose de presque méchant, quelque chose qui vous donnait littéralement froid dans le dos, ce contraste macabre entre le ciel bleu et le déchaînement furieux des énormes lames.

« On ne m'a jamais parlé de rien de pareil à l'Ecole de médecine, dit finalement Nicholls. Mon Dieu, Andy, avez-vous jamais vu chose semblable ?

— Oui, juste une fois. Nous avons été pris dans un typhon au large des Nicobar. Je ne crois pas que c'était aussi terrible que ceci. Et le corvettard dit que ce n'est que petite bière en comparaison de ce qu'il y aura ce soir... et il s'y connaît. Dieu ! ce que j'aimerais être de retour à Henley ! »

Nicholls le regarda avec curiosité.

« Je ne peux dire que je connaisse bien le commandant adjoint. Ce n'est pas quelqu'un de très facile à approcher, n'est-ce pas ? Mais tout le monde — le vieux Giles, le commandant, le second, vous-même —, tous en parlent en retenant leur souffle. Qu'est-ce qu'il a de tellement spécial ? Notez que je le respecte — comme tout le monde, d'ailleurs — mais, quand même, ce n'est pas un surhomme.

— La mer commence à se casser, murmura Kapok. Remarquez comment il y a par moments une vague moitié aussi grosse que les autres ? Toutes les sept vagues, disent les vieux matelots. Non, Johnny, ce n'est pas un surhomme ; il est simplement le plus grand marin que vous verrez jamais. Il a deux brevets de capitaine : voile et vapeur. Il doublait le cap Horn sur des trois-mâts finlandais quand nous étions encore des bébés. Le frégaton pourrait vous en raconter sur lui de quoi remplir un livre. »

Il s'arrêta, puis reprit doucement :

« Il est en réalité l'un des rares grands marins d'aujourd'hui. Le vieux Turner Barbenoire n'est pas empoté lui non plus, mais il dira sans se faire prier qu'il n'arrive pas à la cheville de Jimmy... Je n'ai pas le culte des héros, Johnny ; vous le savez. Mais on peut dire de Carrington ce qu'on disait de Shackleton : quand il ne reste rien et que tout espoir est perdu, agenouillez-vous et priez-le. Croyez-moi, Johnny, je suis rudement content qu'il soit ici. »

Nicholls ne dit rien. La surprise le rendait muet. Pour Kapok, l'irrévérence était une religion, y déroger, une seconde nature : le sérieux était un crime, et tout ce qui ressemblait à de l'adulation était proche du blasphème. Nicholls se demanda quel genre d'homme était Carrington.

Le froid était cruel. Le vent arrachait aux crêtes des vagues de grosses gouttes d'eau et poussait à la vitesse d'une balle de fusil l'écume atomisée contre l'épave et les flancs. Il était impossible de respirer sans lui tourner le dos et s'envelopper le nez et la bouche de plusieurs couches de laine. Leurs visages bleu et blanc, tremblant violemment de froid, ni l'un ni l'autre ne suggéra, n'eut même la pensée de descendre sous le pont. Ils étaient hypnotisés, fascinés par les formidables lames, les hautes vagues, longues de 300, de 600 mètres, en pente douce dans le sens du vent, à pic et terrifiantes de l'autre, soulevées par une brise de 60 nœuds et par quelque puissante force située loin au nord-ouest. Dans leurs creux gigantesques, un clocher d'église aurait été perdu pour toujours.

Les deux hommes se retournèrent en entendant derrière eux le bruit de la contre-porte. Une silhouette en duffel-coat, jurant abondamment, lutta pour refermer le lourd battant en dépit des soubresauts de l'*Ulysses* et réussit enfin à remettre les taquets en place. C'était le quartier-maître Doyle, et quoique sa barbe cachât les trois quarts de ce qu'on pouvait voir de son visage, il avait cependant l'air profondément dégoûté de la vie.

Carpenter lui adressa un large sourire. Lui et Doyle avaient servi ensemble en Chine. Doyle était quelqu'un de très privilégié.

« Eh bien, eh bien, le Vieux Marin en personne ! Comment cela va-t-il en bas, Doyle ?

— Fichtrement mal, capitaine ! dit-il d'une voix aussi lugubre que son visage. Froid comme la charité et tout en pagaïe : les tasses, les assiettes, tout en morceaux. La moitié de l'équipage... »

Il s'arrêta brusquement, ses yeux s'agrandissant lentement de stupéfaction, fixés sur la mer, entre Nicholls et Carpenter.

« Eh bien, qu'a-t-elle, la moitié de l'équipage ?... Qu'est-ce qu'il y a, Doyle ?

— Dieu Tout-puissant ! s'écria Doyle, lentement, avec stupéfaction, presque comme s'il priait, oh ! Dieu Tout-Puissant ! »

Les deux officiers se retournèrent vivement. Le *Defender* grimpait — les 150 mètres de sa coque grimpaient littéralement — la pente sous le vent d'une vague dont l'immensité sidérait, défiait complètement la compréhension immédiate. Avant que les trois hommes eussent pu s'en rendre compte, le *Defender* atteignit la crête, hésita, souleva son arrière jusqu'à ce que l'hélice et le gouvernail fussent entièrement hors de l'eau, puis s'écrasa et s'enfonça, s'enfonça, s'enfonça...

Même à la distance de deux encablures, dans ce vent violent, le fracas de l'étrave s'abattant dans le creux fut semblable à un coup de tonnerre. Une éternité s'écoula, et le *Defender* paraissait continuer à s'enfoncer, complètement englouti, à présent, jusqu'à l'îlot de la passerelle, dans une blancheur écumeuse. Plus tard, personne ne put dire combien de temps il resta ainsi dans les profondeurs de l'Arctique ; puis, lentement, douloureusement, incroyablement, de grandes rivières coulant en cascades de ses bossoirs, il émergea de nouveau pour présenter à des yeux franchement incrédules un spectacle absolument sans précédent nulle part, à n'importe quel moment. La poussée vers le haut, formidable, instantanée, de milliers de tonnes d'eau avait arraché le pont d'envol de ses membrures et l'avait recourbé en forme d'un grand « U », presque jusqu'à la passerelle. Il y avait de quoi laisser les hommes muets de stupéfaction, doutant de leur raison. Seul Kapok se montra magnifiquement à la hauteur de la circonstance :

« Ma parole ! murmura-t-il songeur, voilà qui sort vraiment de l'ordinaire ! »

Une autre vague pareille, un autre choc aussi écrasant et c'eût été la fin du *Defender*. Les plus beaux, les plus solides et puissants navires ne sont faits que de feuilles de métal incroyablement minces, et le métal, tordu et torturé comme était celui du *Defender*, n'aurait jamais pu résister à une seconde épreuve pareille.

Mais il n'y eut plus de vagues de cette dimension. Celle-ci avait été un caprice de la mer, l'une de ses inexplicables et monstrueuses contorsions qui se sont produites, grâce à Dieu, peu fréquemment, depuis des temps immémoriaux, sur tous les océans de la terre, chaque fois que la Nature a voulu montrer à une humanité irrespectueuse, trop intrépide, combien elle est en réalité chétive et pitoyablement impuissante... Il n'y eut plus de vagues semblables, et, vers cinq heures, quoiqu'elle fût encore à 8 ou 10 milles de la terre, l'escadre avait gagné un abri relatif, derrière l'extrémité de la péninsule de Langanes.

De temps en temps, le commandant du *Defender* qui paraissait s'amuser énormément envoyait des messages rassurants à l'amiral. Il embarquait pas mal d'eau, mais il se débrouillait bien ; merci. Il trouvait cette nouvelle forme de pont d'envol très élégante et fort en progrès sur l'ancienne ; les ponts d'envol plats témoignent d'un manque d'imagination ; l'amiral ne partageait-il pas cet avis ? Ce type vertical fournit une excellente protection contre le vent et ferait une splendide voile si le vent soufflait dans le bon sens. Son dernier message disant qu'il serait assez difficile de faire s'envoler des avions de son bord finit par mettre Tyndall en colère et il lui répondit par un signal si furieux que les communications cessèrent brusquement.

Peu avant six heures, l'escadre mit à la cape sous l'abri de Langanes à moins de deux milles de la côte. Langanes est une terre basse et le vent, qui continuait à se renforcer, soufflait par-dessus et jusqu'à la baie d'au-delà, sans un obstacle ; mais la mer, comparée à son état d'une heure auparavant, était miséricordieusement calme bien que les navires roulassent encore fortement. Immédiatement, les croiseurs et les escorteurs — sauf le *Portpatrick* et le *Gannet* — accostèrent les porte-avions et prirent les manches de mazout à bord. A contrecœur et après beaucoup d'hésitation, Tyndall avait décidé que le *Portpatrick* et le *Gannet* étaient suspects et représentaient un danger possible : ils allaient raccompagner à Scapa le porte-avions endommagé.

Un épuisement presque physique, presque tangible pesait sur les postes d'équipage et sur le carré de l'*Ulysses*. On prévoyait une autre nuit sans sommeil, vingt-quatre heures de plus sans paix ni repos. L'esprit las et confus, les hommes entendirent la radio leur annoncer que le *Defender*, le *Portpatrick* et le *Gannet* retourneraient à Scapa quand la tempête s'apaiserait. Six de moins, à présent ; il n'en restait que huit ; la moitié des porte-avions disparus. Rien d'étonnant si les hommes avaient la mort dans l'âme, s'ils se sentaient comme abandonnés et, selon l'expression de Riley, livrés aux fauves.

Mais ils manifestaient remarquablement peu d'amertume, un déroutant manque de rancune, peut-être simplement du fait d'une acceptation passive. Brooks se rendait compte de cette absence de sentiment, de réaction, et il ne se l'expliquait pas. « Peut-être, se dit-il, était-ce le nadir, cette dernière extrémité où l'esprit des hommes malades cesse de fonctionner, le dernier ralentissement de tous les phénomènes vitaux, mentaux et physiques. Peut-être était-ce simplement l'apathie finale. » Son intelligence lui disait que c'était raisonnable voire inévitable... Et cependant, une intuition fugitive, une pénétration éphémère, lui imposaient vaguement la conscience de quelque chose de tout différent ; mais son esprit était trop fatigué pour le saisir.

Quelle que fût cette chose, ce n'était pas l'apathie. Durant un bref moment, ce soir-là, une furieuse colère parcourut le navire comme une flamme, suivie d'une rancune contre l'injustice qui l'avait provoquée. Vallery lui-même reconnaissait que cette colère était justifiée ; mais il avait eu la main forcée.

Cela s'était passé assez simplement. Pendant les vérifications habituelles du soir, on s'était aperçu que les feux de combat de la vergue inférieure ne fonctionnaient pas. On soupçonna aussitôt la glace d'en être la cause.

La vergue inférieure, ce soir-là d'une blancheur éblouissante, lourdement enveloppée de neige et de glace, parallèle au pont, longue de 18 mètres vertigineux, était à 24 mètres au-dessus de la flottaison. Les feux de combat étaient suspendus sous les fusées : pour y travailler, un homme devait soit s'asseoir sur la vergue — position des plus inconfortables vu que la lourde antenne d'acier de la T. S. F. était boulonnée à sa partie supérieure — soit sur une chaise de calfat suspendue à la vergue. C'était en tout temps une tâche difficile ; ce soir, il fallait l'accomplir à une vitesse maxima parce que la réparation interromprait la transmission par radio — il fallait, en effet, condamner et confier à l'officier de quart le disjoncteur d'acier de 3 000 volts qui coupait les circuits électriques ; ce travail très précis, très minutieux, devait être effectué dans cette température de – 20°, sur cette vergue glissante, lisse comme du verre, tandis que l'*Ulysses* roulait régulièrement de 15° de chaque bord : cette besogne était plus que difficile, elle était extrêmement dangereuse.

Marshall ne se sentit pas le droit d'en charger le gradé électricien de service, cet officier marinier étant un réserviste d'âge moyen, beaucoup trop lourd et, depuis longtemps trop vieux pour grimper. Il demanda des volontaires. Il était inévitable qu'il choisît Ralston, car Ralston était le genre d'homme à se proposer.

La tâche exigea une demi-heure : vingt minutes pour grimper sur le mât, atteindre le bout de la vergue, ajuster la chaise de calfat et la sauvegarde, et dix minutes pour la réparation elle-même. Longtemps avant qu'il eût fini, 100, 200 hommes épuisés, se privant de sommeil et de souper, étaient montés sur le pont, s'y étaient blottis les uns contre les autres dans le vent glacial et regardaient, fascinés.

Oscillant sur un grand arc, Ralston se détachait sur le ciel en train de s'assombrir, le vent tirant méchamment sur son duffel-coat et son capuchon. Deux fois, le vent et les vagues se combinant le placèrent, toujours sur sa chaise, parallèlement à la vergue, le forçant à entourer celle-ci de ses deux bras et à s'y accrocher pour sauver sa vie. La seconde fois, il sembla s'être heurté le visage contre l'antenne, car, après, il tint sa tête pendant quelques secondes, comme s'il avait été étourdi. Ce fut alors qu'il perdit ses gantelets — il devait les avoir posés sur ses genoux pendant qu'il procédait à quelque opération délicate —, ils tombèrent à la mer.

Quelques minutes plus tard, pendant que Vallery et Turner examinaient, au milieu du navire, les avaries que la vedette avait subies à Scapa Flow, une silhouette trapue sortit par la contre-porte de l'arrière et courut en trébuchant vers la tengue avant. En voyant le commandant et l'amiral, l'homme s'arrêta ; c'était Hastings, le capitaine d'armes.

« Qu'est-ce qu'il y a, Hastings ? demanda sèchement Vallery qui dissimulait difficilement son antipathie pour le capitaine d'armes, à cause de sa dureté et de sa sévérité injustifiée.

— Des ennuis sur la passerelle, commandant », répondit Hastings, hors d'haleine.

Vallery aurait juré voir un éclair de satisfaction dans ses yeux.

« Je ne sais pas exactement ce que c'est... je n'ai guère entendu que le vent dans le téléphone... Je crois que vous feriez mieux de venir, commandant. »

Ils ne trouvèrent sur la passerelle qu'Etherton, l'officier canonnier, tenant encore d'une main le téléphone, l'air inquiet, malheureux ; Ralston, ses mains pendant mollement à ses côtés, les paumes écorchées et déchirées, le visage effrayant à voir, le menton de la pâleur mortelle de la gelure, le front masqué par du sang gelé ; et étendu dans un coin, l'enseigne Carslake, gémissant de souffrance, le blanc de ses yeux seul visible, tâtonnant stupidement sa bouche écrasée et les vides sanguinolents de sa gencive supérieure.

« Bon Dieu ! s'exclama Vallery. Bon Dieu du ciel ! »

La main sur la porte, il essaya de saisir la signification de ce qu'il voyait. Puis, il ferma la bouche et se tourna vers l'officier canonnier.

« Que diable s'est-il passé ici, Etherton ? demanda-t-il. Qu'est-ce que c'est que tout cela ? Carslake a-t-il...

— Ralston l'a frappé, interrompit Etherton.

— Ne soyez pas aussi stupide, canonnier ! grommela Turner.

— Exactement, dit Vallery avec impatience. Nous sommes capables de le voir. Pourquoi ?

— Un planton de la T.S.F. est monté pour demander qu'on ferme le disjoncteur. Carslake l'a laissé faire, il y a dix minutes, je crois.

— Vous croyez ! Où étiez-vous, Etherton, et pourquoi l'avez-vous permis ? Vous savez très bien... »

Vallery s'arrêta net, se rappelant la présence de Ralston et du capitaine d'armes.

Etherton murmura quelques mots imperceptibles dans la tempête.

« Qu'avez-vous dit, Etherton ? demanda Vallery en se penchant vers lui.

— J'étais en bas, commandant, dit Etherton, les yeux sur le pont. Rien... rien que pour un moment.

— Je vois. Vous étiez en bas », dit Vallery d'une voix égale et basse, mais ses yeux avaient une expression qui ne promettait rien de bon pour Etherton. Il se tourna vers Turner : « Est-il grièvement blessé, capitaine ?

— Il survivra », dit Turner d'un ton bref.

Il avait fait se relever Carslake qui continuait à gémir et à couvrir sa bouche de sa main.

Pour la première fois, le commandant sembla remarquer Ralston. Il le regarda quelques secondes — une éternité sur cette passerelle que fouettait le vent — puis, menaçant, trente ans de commandement derrière ces mots, il fit :

« Eh bien ? »

Le visage de Ralston était glacé, dénué d'expression. Ses yeux ne quittaient pas Carslake.

« Oui, commandant, dit-il. Je l'ai fait. Je l'ai frappé, ce traître, ce meurtrier salaud !

— Ralston ! » fit le capitaine d'armes d'une voix cinglante.

Soudain, les épaules de Ralston s'affaissèrent. Avec effort, il détourna son regard de Carslake et porta sur Vallery ses yeux las.

« Je suis désolé. J'ai oublié. Il a un galon sur son bras... seuls les matelots sont des salauds... » Vallery tressaillit devant cette amertume. « Mais il...

— Frottez votre menton, voyons ! interrompit vivement Turner. Vous avez de la gelure. »

Lentement, machinalement, Ralston obéit. Il se servit du dos de sa main. Vallery frémit de nouveau en voyant la paume à vif, mutilée, la peau et la chair pendant en lambeaux... Le supplice de la descente de la vergue, les mains nues...

« Il a essayé de m'assassiner, commandant. C'était délibéré, dit Ralston avec lassitude.

— Vous rendez-vous compte de ce que vous dites ? » demanda Vallery d'une voix aussi glaciale que le vent qui balayait Langanes.

Mais il ressentait le premier léger frisson de la peur.

« Il a essayé de m'assassiner, commandant, répéta Ralston. Il a fermé le disjoncteur cinq minutes avant que je quitte la vergue. La radio a dû commencer à transmettre dès que j'ai atteint le mât en descendant.

— Sottise, Ralston, comment osez-vous...

— Il a raison, commandant, intervint Etherton d'une voix désolée, tout en raccrochant soigneusement le récepteur. Je viens de le vérifier. »

La peur s'empara profondément de l'esprit de Vallery. Presque désespérément, il dit :

« N'importe qui peut commettre une erreur. L'ignorance peut être coupable, mais...

— L'ignorance ! »

La fatigue sembla disparue, comme si Ralston ne l'avait jamais éprouvée. Il avança rapidement de deux pas.

« L'ignorance ! Je lui ai remis ce disjoncteur, commandant, quand je suis venu sur la passerelle. J'ai demandé l'officier de quart et il a dit que c'était lui. Je ne savais pas que l'officier canonnier était de service, commandant. Lorsque je lui ai dit que le disjoncteur ne devait être rendu qu'à moi, il a dit : “Je n'admets pas votre satanée insolence, Ralston. Je connais mon métier ; occupez-vous seulement du vôtre. Contentez-vous de monter là-haut et d'accomplir votre besogne héroïque.” Il *savait*, commandant. »

Carslake s'arracha du bras de Turner qui le soutenait, se retourna vers le commandant, avec des yeux suppliants et fixes, grimaçant de tout son visage.

« C'est un mensonge, commandant ! un ignoble mensonge ! Je n'ai jamais dit... »

Ses paroles devinrent brusquement un cri étouffé tandis que le poing de Ralston s'abattait cruellement, terriblement, sur la bouche déjà déchirée. Carslake trébucha comme un homme ivre à travers la porte de bâbord, pénétra dans la chambre des cartes et s'effondra sur le plancher, pelotonné sur lui-même, blanc et immobile. Turner et le capitaine d'armes bondirent en avant pour retenir Ralston, mais il ne tenta aucun mouvement.

En dehors du hurlement du vent, la passerelle sembla étrangement silencieuse. Lorsque Vallery parla, ce fut d'une voix totalement dénuée d'expression.

« Turner, vous pourriez téléphoner pour demander deux Marines. Faites descendre Carslake à sa chambre et priez Brooks de s'occuper de lui. Capitaine d'armes ?

— Commandant ?

— Emmenez ce matelot à l'infirmerie ; laissez-le recevoir les soins nécessaires. Ensuite, mettez-le en cellule. Avec un factionnaire. Compris ?

— Je comprends », dit Hastings avec une évidente satisfaction.

Vallery, Turner et l'officier canonnier demeurèrent silencieux tandis que s'éloignaient Ralston et le capitaine d'armes et qu'en silence deux robustes Marines emportaient Carslake toujours évanoui. Vallery allait les suivre mais s'arrêta en entendant derrière lui la voix d'Etherton.

« Commandant ?

— Je vous verrai plus tard, Etherton, dit Vallery sans même se retourner.

— Non, commandant, je vous en prie. C'est important. »

Quelque chose dans le ton d'Etherton retint le commandant. Il se retourna impatiemment.

« Je ne cherche pas à m'excuser, commandant. Il n'y a pas lieu de le faire, dit Etherton, les yeux fixés sur Vallery. Je me trouvais à la porte de l'Asdic quand Ralston a remis le disjoncteur à Carslake ; j'ai entendu chacun des mots qu'ils ont échangés. »

Le visage de Vallery se figea ; il jeta un regard sur Turner et vit que lui aussi attendait avec émotion.

« Et la version de Ralston de cette conversation ? demanda Vallery avec une dureté involontaire.

— Parfaitement exacte, dit Etherton très bas. Dans tous ses détails. Ralston a dit l'exacte vérité. »

Vallery ferma les yeux un instant et quitta lentement, lourdement la passerelle. Il ne protesta pas en sentant sous son bras la main de Turner l'aider à descendre l'échelle. Le vieux Socrate lui avait dit cent fois qu'il portait le navire sur les épaules. Il en sentait le poids, en ce moment, l'écrasant fardeau de chacun de ses grammes.

Vallery dînait avec Tyndall dans la chambre de veille de l'amiral quand le message arriva. Plongé dans ses pensées, il regardait l'assiette pleine à laquelle il n'avait pas touché tandis que Tyndall défroissait le signal.

L'amiral s'éclaircit la voix.

« Suivons notre route. A l'heure. Mer modérée, vent fraîchissant. Vous attends rendez-vous comme prévu. Commodore 77. »

« Bon Dieu ! Des vagues modérées, un vent frais ! Pensez-vous qu'il soit sur le même maudit océan que nous ? »

Vallery sourit légèrement.

« C'est ainsi, amiral.

— C'est ainsi », répéta Tyndall.

Puis, se tournant vers le planton :

« Faites un signal : "Vous allez rencontrer une sévère tempête. Rendez-vous inchangé. Vous pourrez être retardé. Resterai au rendez-vous jusqu'à votre arrivée." C'est suffisamment clair, commandant ?

— Ça devrait l'être, amiral. Et le silence à la radio ?

— Oh ! oui. Ajoutez : "Silence à la radio. Amiral 14e escadre porte-avions d'escorte." Faites-le partir tout de suite, n'est-ce pas ? Puis, dites à la T. S. F. de se taire elle-même. »

La porte se referma doucement. Tyndall se versa du café et regarda Vallery.

« Ce garçon vous préoccupe toujours, Dick ? »

Vallery eut un sourire réservé et alluma une cigarette. Aussitôt, une toux rauque le secoua.

« Pardon, amiral », s'excusa-t-il.

Il y eut un silence, puis il leva des yeux railleurs et demanda tristement :

« Quelle est la folle ambition qui m'a poussé à devenir commandant de croiseur ? »

Tyndall sourit.

« Je ne vous envie pas... Il me semble avoir déjà entendu cette conversation... Qu'allez-vous faire au sujet de Ralston, Dick ?

— Que feriez-vous à ma place ?

— Je le maintiendrais en cellule jusqu'à notre retour de Russie. Au pain et à l'eau, aux fers, si vous voulez.

— Vous n'avez jamais été un très bon menteur, John, dit Vallery en souriant.

— Touché ! » fit Tyndall avec un rire chaleureux. Il était secrètement content, car les infractions de Richard Vallery à l'étiquette qu'il s'imposait étaient rares. « C'est un crime horrible, nous le savons tous, que de flanquer une pile à l'un des officiers de Sa Majesté, mais si la déclaration d'Etherton est véridique, mon seul regret est que

Ralston n'ait pas fourni à Brooks un travail vraiment important à effectuer pour la réfection du visage de ce jeune salaud.

— Elle est bien véridique, je le crains, dit Vallery. Il n'en demeure pas moins que la discipline — oh ! comme le vieux Starr en serait ravi ! — m'oblige à punir la victime d'une tentative de meurtre... »

Une nouvelle crise de toux l'interrompit et Tyndall détourna les yeux, espérant que son visage ne trahissait pas sa peine : peine, colère et pitié de voir Vallery — si parfait et si doux, le plus chevaleresque gentilhomme et le meilleur ami qu'il eût jamais connu — tousser à fendre l'âme, mourant visiblement debout à cause de l'inhumanité d'un supérieur bien au chaud à Londres, à 3 200 kilomètres de là...

« Une victime, reprit enfin Vallery, qui a déjà perdu sa mère, son frère et trois sœurs... Je crois qu'il a un père, en mer, quelque part.

— Et Carslake ?

— Je le verrai demain. Je voudrais que vous y soyez, amiral. Je lui dirai qu'il restera officier sur ce navire jusqu'à notre retour à Scapa et, qu'alors, il devra démissionner... Je ne crois pas qu'il tienne à comparaître devant un conseil de guerre, même en qualité de témoin.

— Pas s'il a toute sa raison, ce dont je doute », dit Tyndall. Puis, frappé d'une pensée subite : « Le croyez-vous sain d'esprit ?

— Carslake... » Vallery hésita. « Oui, je pense qu'il l'est... du moins qu'il l'était. Brooks n'en est pas aussi sûr... Il lui trouve quelque chose de bizarre, et dans ces conditions anormales, de petites provocations sont grossies hors de toute proportion... Non que Carslake soit enclin à considérer la double atteinte portée à son orgueil et à sa personne comme une petite provocation », ajouta-t-il avec un bref sourire.

Tyndall approuva de la tête.

« Il a besoin d'être surveillé... Oh ! le diable m'emporte ! Si seulement ce bateau voulait rester tranquille ! La moitié de mon café est renversée sur la nappe... Le jeune Spicer — il regarda vers l'office — sera furieux. Il a beau n'avoir que dix-neuf ans, c'est un véritable tyran... Je croyais que nous serions ici dans des eaux abritées, Dick ?

— Elles le sont comparées à ce qui nous attend. Ecoutez ! »

Il pencha la tête vers le vent qui hurlait au-dehors.

« Voyons ce que l'homme de la météorologie peut nous en dire. »

Il prit le récepteur du téléphone et demanda le poste des émetteurs. Après une brève conversation, il raccrocha.

« Il dit que l'anémomètre devient fou. Le vent atteint 80 nœuds, toujours du nord-ouest. La température se maintient à – 23° ! Le baromètre est presque stable à 695.

— Quoi ? s'écria Tyndall.

— 695. C'est ce qu'ils disent. C'est impossible, mais ils le disent. » Il consulta son bracelet-montre. « Quarante-cinq minutes, amiral... C'est une façon très compliquée de se suicider. »

Ils gardèrent le silence durant une minute, puis Tyndall répondit à la question qu'ils se posaient tous deux :

« Il faut nous mettre en route, Dick. Nous le devons. Et, à propos, notre exalté jeune chef des escorteurs, le vaillant Orr, désire nous accompagner avec le *Sirrus*... Nous le lui permettrons pendant un moment. Il a des choses à apprendre, ce jeune homme. »

A 20 h 20, tous les navires avaient fait leur plein de mazout. A la cape, ils avaient eu beaucoup de difficulté à conserver leur position sous ce grand vent ; mais ils étaient infiniment moins en danger qu'en pleine mer. Ils reçurent l'ordre de se mettre en route quand le temps s'améliorerait, le *Defender* et ses escorteurs pour Scapa, et l'escadre pour une position à 100 milles à l'est-nord-est du rendez-vous. La radio devait observer un silence absolu.

A 20 h 30, l'*Ulysses* et le *Sirrus* se mirent en route vers l'est. Derrière eux, des lumières clignotantes leur souhaitèrent bonne chance. Tyndall maudit éloquemment l'escadre de violer ainsi le règlement qui ordonnait l'obscurité, puis, se rendant compte que personne au monde en dehors d'eux ne pouvait voir les signaux, il y fit répondre poliment.

A 20 h 45, deux milles encore avant la pointe de Langanes, le *Sirrus* s'enfonçait désespérément dans de gigantesques vagues, embarquant des masses d'eau sur toute la plage avant et le pont principal, ayant l'air, dans les ténèbres, bien moins d'un destroyer que d'un sous-marin faisant la tortue.

A 20 h 50, à une vitesse réduite, on le vit s'avancer près du peu d'abri que la terre procurait à cet endroit. En même temps, son Aldis de 15 centimètres fit le signal : « Portes blindées enfoncées : tourelle "A" coincée ; ventilateurs de la chaufferie de bâbord noyés. » Et, sur la passerelle du *Sirrus*, le commandant Orr jura de chagrin en recevant le dernier message de l'*Ulysses* : « Leçon sans paroles n° 1. Rejoignez escadre immédiatement. Vous ne pouvez aller jouer avec les grands garçons. » Mais il refoula son désappointement : « Aperçu. Attendez seulement que je sois grand. » Il fit faire demi-tour au *Sirrus* avec une folle rapidité et regagna son abri avec gratitude. A bord du vaisseau-amiral, il fut perdu de vue presque aussitôt.

A 21 heures, l'*Ulysses* s'engagea dans le détroit de Danemark.

6

Nuit de mardi

Ce fut la pire tempête de la guerre. Sans aucun doute, si les journaux de bord avaient été conservés, l'Amirauté aurait pu constater que cette tempête avait été la plus formidable des convulsions de la nature depuis qu'on avait commencé à les enregistrer. Ceux qui, à bord de l'*Ulysses*, cette nuit-là, se souvenaient de leurs innombrables aventures dans tous les coins du globe, ne pouvaient se rappeler rien de semblable, rien qui pût lui être comparé, même de loin.

A dix heures, toutes les portes et panneaux d'écoutilles fermés, avec toute circulation sur le pont supérieur interdite, avec toutes les équipes retirées des tourelles et des soutes et tous les veilleurs normaux supprimés pour la première fois depuis l'entrée en armement de l'*Ulysses*, le taciturne Carrington lui-même avouait que les ouragans de la mer des Caraïbes des automnes de 1934 et 1937 — quand il avait manqué d'espace et s'était trouvé forcé de mettre à la cape dans le dangereux demi-cercle de droite de ces deux cyclones meurtriers — n'avaient pas été pires que cette tempête. Mais les deux navires qui les avaient subis — un cargo de 3 000 tonnes et un pétrolier démodé qui amenait de l'asphalte de New York — n'étaient pas de la même classe que l'*Ulysses*. Il ne doutait pas de sa capacité de survivre. Mais ce que le commandant adjoint ignorait, ce que personne ne pouvait deviner, était que cette tempête hurlante n'était qu'un début. Telle une inepte et effroyable bête d'un autre et ancien monde, le monstre polaire, accroupi sur son seuil, attendait. A vingt-deux heures trente, l'*Ulysses* franchit le cercle Arctique et le monstre frappa.

Il frappa avec une férocité sauvage, avec une violence épouvantable qui écrasa les esprits et les corps, les réduisant à une inconscience stupéfiée. Ses griffes étaient de bruyantes rapières de glace qui balafraient le visage d'un homme et le laissaient rouge de sang jaillissant ; ses dents étaient ce vent de 20° ou plus au-dessous de zéro, filant plus de 120 nœuds, qui déchirait et traversait le papier de soie des vêtements arctiques et atteignait jusqu'à l'os ; sa voix était l'orchestre du démon, le rugissement d'un grand vent mêlé aux cris aigus du gréement torturé, un requiem pour Satan ; son poids était la puissance terrible du vent d'ouragan qui clouait un homme contre une cloison, impuissant, luttant pour respirer, ou qui le renversait et l'envoyait s'effondrer dans quelque coin éloigné, les membres brisés, évanoui. Privé de proie au cours de son trajet de 500 milles à travers les solitudes glacées de la calotte glaciaire du Groenland, il incitait la mer cruelle à former avec lui une alliance homicide et se précipitait, avec une énergie de Titan, hurlant de voracité, sur la coquille de noix qu'était l'*Ulysses*.

L'*Ulysses* aurait dû mourir alors. Aucune chose construite par l'homme n'aurait pu espérer survivre. Il aurait dû périr sous la pression, ou se transformer en tortue, ou avoir le dos brisé, ou être désintégré sous les coups de marteau-pilon que lui assenaient le vent et la mer. Mais il ne fit rien de tout cela.

Dieu seul sait comment l'*Ulysses* survécut à la fureur insensée de cette première attaque. Le grand vent l'atteignit par l'avant, le fit violemment abattre de 46°, le coucha sur le flanc tandis qu'il s'écroulait — littéralement — dans le creux profond de douze mètres d'une lame gigantesque. Il s'y écrasa avec un choc formidable qui disjoignit chaque tôle, chaque rivet de la coque, œuvre de la Clyde. La vibration dura une éternité pendant que le métal luttait pour se réajuster, que l'acier se comprimait et se détendait bien au-delà des charges de rupture. Miraculeusement, il tint bon, mais ses forces s'épuisaient. Alors qu'il gisait fortement incliné sur tribord, la lisse dans l'eau, une grande muraille d'eau accourant de 800 mètres, plus haute que le sommet du mât, se précipitait en rugissant sur le navire impuissant.

Le « Gommeux » sauva la situation. Egalement surnommé « Persil », le capitaine de frégate mécanicien Dodson, comme toujours vêtu d'une combinaison d'une blancheur immaculée, était à son poste de commande dans le compartiment des machines lors de ce formidable choc. Il ne possédait pas le moyen d'apprendre ce qui était arrivé ; il ne pouvait savoir que le navire n'était plus maître de sa manœuvre, que personne, sur le pont, ne s'était encore remis de cette effroyable commotion ; il ne savait pas que le maître de timonerie avait été projeté, inconscient, dans un coin de l'abri de navigation, que son second maître, presque un enfant, était trop frappé de panique pour se jeter sur la roue du gouvernail qui tournoyait follement. Mais il savait que l'*Ulysses* donnait fortement de la bande, était presque complètement couché sur le flanc, et il en soupçonnait la cause.

Ses appels à la passerelle par le porte-voix demeurèrent sans réponse. Il regarda le registre de bâbord, hurla : « Ralentissez ! » à l'oreille de l'officier américain de quart et bondit vers le volant de tribord.

Quinze secondes après, c'eût été trop tard. En fait, l'hélice de tribord, en s'accélérant, fit pivoter le navire juste assez pour prendre cette rugissante montagne d'eau par l'étrave, pour enfoncer son arrière au niveau des chantiers des grenades, jusqu'à ce que 12 mètres de quille fussent à l'air, au-dessus de l'abîme. Quand il s'y replongea, la même vibration fit frissonner toute la coque. La plage avant disparut profondément en dessous de la surface, la mer recouvrant et dépassant le can supérieur de la tourelle « A ». Mais il releva de nouveau le nez. Immédiatement, le « Gommeux » signala à son subordonné d'augmenter le nombre de tours à bâbord et diminua celui de la machine tribord.

Sous les ponts, tout était dans un indicible désordre. Dans les postes d'équipage, des coffres d'acier, par vingtaines, s'étaient détachés et avaient été projetés dans une douzaine de directions différentes ; leurs serrures avaient sauté et leur contenu s'était répandu partout. Des hamacs avaient été précipités de leurs casiers, de la vaisselle brisée parsemait les ponts ; les tables étaient démolies, les escabeaux cassés ; des livres, des papiers, des théières, des bouilloires et de la vaisselle s'éparpillaient en une profusion démente. Et au milieu de ces épaves, de ce fouillis mouvant, glissant, des centaines d'hommes effrayés et épuisés criaient, blasphémaient, s'efforçaient de se remettre debout, ou s'agenouillaient, s'asseyaient ou restaient étendus, immobiles.

Les docteurs Brooks et Nicholls, avec un aumônier inspiré, infatigable, valant un troisième médecin, travaillèrent jusqu'à l'extrême limite de leurs forces. Le vétéran des quartiers-maîtres, Johnson, était, chose bizarre, presque inutile ; il souffrait d'un violent mal de mer et semblait avoir perdu tout courage ; personne ne savait pourquoi ; il en avait sans doute supporté plus qu'il ne le pouvait.

On amenait des hommes à l'infirmerie par dizaines, par vingtaines ; leur défilé s'y poursuivit toute la nuit pendant que l'*Ulysses* luttait pour sa vie. Le peu de place dont on disposait fut bientôt encombré à tel point qu'on dut transformer le carré en hôpital. Contusions, coupures, luxations, commotions cérébrales, fractures... les médecins épuisés eurent de tout à soigner cette nuit-là. Les blessures graves étaient heureusement rares, et au bout de trois heures, il n'y avait que trois hommes au lit à l'infirmerie, comprenant le quartier-maître Ferry, son bras déjà mutilé écrasé en deux endroits ; malgré ses véhémentes protestations, Riley et ses complices en mutinerie avaient été flanqués dehors sans cérémonie pour faire place aux hommes les plus grièvement blessés.

Vers 23 h 30, Nicholls fut appelé auprès de Kapok. Trébuchant, tombant et titubant dans le navire tournoyant, il finit par trouver l'officier de navigation dans sa chambre. Il avait l'air très malheureux. Nicholls le regarda attentivement, vit la profonde, vilaine entaille de son front et la cheville enflée qui sortait de son costume de Martien. Assez amoché, mais guère en danger de mort comme son expression misérable, tourmentée, aurait pu donner à le croire. Nicholls sourit intérieurement et dit, sans bonté :

« Eh bien, Horatio, de quoi êtes-vous censé souffrir ? Vous avez bu de nouveau ? »

L'Honorable Carpenter gémit pitoyablement :

« C'est mon dos, Johnny. » Il se mit à plat ventre et marmotta : « Jetez-y un coup d'œil, voulez-vous ? »

L'expression de Nicholls changea. Il s'approcha, puis s'arrêta net.

« Comment diable le puis-je ? dit-il avec irritation, quand vous portez ce sacré vêtement de sauvetage ?

— C'est de lui que je parle, dit Kapok avec anxiété. J'ai été projeté contre le poste de commande des projecteurs, tout en poignées et en protubérances coupantes. Est-il déchiré ? lacéré, coupé d'une manière quelconque ? Est-ce que les coutures...

— Eh bien, au nom de Dieu ! Entendez-vous me dire que... »

Nicholls se laissa choir, incrédule, sur un coffre.

Kapok le regarda avec espoir.

« Cela signifie-t-il qu'il est indemne ?

— Bien sûr ! Si c'est d'un tailleur que vous avez besoin, pourquoi diantre...

— Assez ! fit Kapok en s'asseyant vivement au bord de sa couchette et levant une main réprobatrice. Il y a du travail pour vous, toubib... » Il toucha son front sanguinolent. « Recousez-moi ça sans perdre de temps. Un homme de mon calibre est d'une urgente nécessité sur la passerelle... Je suis le seul, sur ce navire, qui ait la moindre idée de l'endroit où nous sommes. »

Nicholls, tout en dépliant un torchon, sourit et demanda :

« Et où sommes-nous ?

— Je ne le sais pas, répondit l'autre franchement. Et c'est pourquoi il est urgent de me recoudre... Mais je sais où j'étais ! De retour à Henley. Vous ai-je jamais raconté ?... »

L'*Ulysses* ne mourut pas. A mainte et mainte reprise, cette nuit-là, à la cape, avec le vent par tribord avant, tandis que son étrave s'écrasait dans et sous l'escarpement d'un creux, il paraissait ne plus jamais pouvoir se dégager de l'énorme pression de l'eau. Mais chaque fois, il y réussit, frissonnant, tremblant de son fantastique effort. Un millier de fois, avant l'aube, des officiers et des hommes bénirent le génie du chantier naval de la Clyde qui l'avait construit ; un millier de fois, ils maudirent l'aveugle méchanceté de l'effroyable tempête qui mettait l'*Ulysses* à la torture.

Peut-être « aveugle » n'était-il pas le mot qui convenait. La tempête exerçait sa haine sauvage avec une ruse presque humaine. Peu après le premier assaut, le vent avait rapidement tourné, avec une vitesse incroyable, et, défiant toutes les lois, il soufflait de nouveau presque du nord. L'*Ulysses* se trouvait au vent d'une côte, forcé de continuer à heurter des lames gigantesques.

Gigantesques... et aussi rusées... Frôlant l'*Ulysses* en rugissant, une lame énorme se retournait soudain et s'écrasait sur le pont, réduisant une embarcation en miettes. En moins d'une heure, la vedette de l'amiral, la vedette du bord et deux baleinières avaient disparu, leurs débris emportés dans le chaudron bouillonnant. Les radeaux furent arrachés par les brusques coups de marteau de ces mêmes vagues sournoises, balayés et anéantis à tout jamais ; quatre des flotteurs en balsa subirent le même sort.

Mais l'attaque la plus artificieuse fut celle que subit la plage arrière. Au point culminant de la tempête, une série de fortes explosions, à la cadence d'une par seconde, manqua soulever l'arrière hors de l'eau. La panique se répandit comme une traînée de poudre dans les postes de cette région ; presque toutes les ampoules électriques sur l'arrière du compartiment des machines éclatèrent ou s'éteignirent. Dans l'obscurité des postes s'élevèrent les cris : « Torpillés ! » « Minés ! » « Nous sombrons ! » Galvanisés, les hommes épuisés, blessés, même ceux — plus de la moitié — que prostrait le mal de mer, coururent frénétiquement vers les portes et les écoutilles, mais ils les trouvèrent solidement coincées par la glace. Çà et là, les lampes des piles automatiques s'étaient allumées lorsque le courant avait manqué ; leurs petites pointes d'épingles lumineuses éclairèrent des groupes isolés de visages blêmes, grimaçants, aux yeux cernés. La situation était mûre pour le désastre quand une voix dure, moqueuse domina le tumulte. C'était celle de Ralston qui, sur l'ordre du commandant, avait été libéré avant neuf heures : les cellules étaient situées près de l'étrave et les conditions y étaient impossibles par grosse mer ; malgré cela, Hastings ne lui avait rendu la liberté que de la plus mauvaise grâce.

« Ce sont nos propres grenades sous-marines ! M'entendez-vous, bandes d'idiots... ce sont nos propres grenades sous-marines qui sautent ! »

Moins les paroles elles-mêmes que la mordante ironie du ton mirent brusquement fin à la panique.

« Je vous dis que ce sont nos propres grenades qui ont dû être balayées par-dessus bord ! »

Il avait raison. Une vague capricieuse en avait arraché tout un chantier laissé par inadvertance à la place où on l'avait mis pour les lancer contre le sous-marin nain de Scapa, et elles avaient éclaté presque directement sous le navire. Le dommage semblait ne pas être important.

Au poste « A », tout à l'avant, les conditions étaient encore pires. Il y avait davantage de débris sur les ponts et beaucoup plus d'hommes atteints du mal de mer — non de ce malaise un peu ridicule qui verdit les visages des passagers sur les vapeurs faisant le service de la Manche — mais de convulsions déchirantes, de vomissements sombres et lourds de sang, car il y avait des heures interminables que l'étrave se dressait, s'enfonçait, se redressait, plongeait de nouveau, de 9, de 12, de 15 mètres à chaque fois. Mais un facteur encore plus sinistre était à l'œuvre qui rendait rapidement le poste intenable.

A l'extrémité avant de la plate-forme du cabestan qui jouxtait le poste d'équipage, se trouvait le compartiment des accumulateurs. On y emmagasinait ou l'on y chargeait des centaines d'accus différents, depuis les lourdes boîtes de plomb et d'acide pesant plus de 50 kilos jusqu'aux minuscules cellules de nickel et de cadmium destinées à l'éclairage de secours. On y conservait aussi des jarres en terre cuite contenant de l'acide dilué et de grandes bonbonnes en verre d'acide sulfurique non dilué. Ces dernières étaient toujours solidement fixées aux cloisons : par gros temps, les grands accumulateurs étaient sanglés.

Personne ne sut ce qui s'était passé. Il semblait probable, voire certain, que l'acide renversé d'accumulateurs par les formidables coups de tangage avait rongé les saisines. Les accumulateurs s'étaient fracassés les uns les autres ; ils avaient brisé les jarres et les bonbonnes jusqu'à ce que tout le plancher — heureusement fait d'un matériau résistant aux acides — fût inondé de 12 à 15 centimètres d'acide sulfurique.

Un jeune torpilleur, effectuant une ronde réglementaire, avait ouvert la porte et aperçu cette mer d'acide. Effrayé et se rappelant vaguement que la soude caustique, dont une quantité était emmagasinée juste devant la porte, neutralisait l'acide sulfurique, il en avait vidé un carton de 20 kilos dans le compartiment : il était maintenant à l'infirmerie, devenu aveugle. Les vapeurs d'acide saturaient la plate-forme du cabestan, rendant son accès impossible sans un appareil respiratoire spécial, et elles s'infiltraient lentement, insidieusement, dans le poste d'équipage ; plus mortels encore, des centaines de litres d'eau salée provenant des tôles de pont disjointes et des porte-voix brisés, refluaient autour de la plate-forme ; déjà l'air s'infectait des premières traces de gaz chlorhydrique. Sur le pont situé immédiatement au-dessus, Hartley et deux matelots, attachés par des filins, avaient fait une tentative brève, courageuse et désespérée, pour boucher les trous ; tous les trois, presque évanouis sous les coups des grandes vagues qui frappaient la plage avant, en furent arrachés au bout d'une minute.

Pour les hommes, c'était, sous les ponts, l'inconfort, le danger et d'affreux malaises physiques ; pour la poignée d'officiers et de matelots, sur la passerelle, c'était un pur enfer. Mais non l'enfer tel que nous l'imaginons actuellement, selon une conception strictement orientale et biblique ; c'était l'enfer de nos ancêtres nordiques, les Vikings, les Danois, les Jutes de Beowulf et des eaux hantées par des monstres, l'enfer du froid éternel.

Il est vrai que la température n'était que de 23° au-dessous de zéro et que des hommes ont pu vivre et même travailler en plein air à des températures beaucoup plus basses. Ce qui n'est pas aussi connu et ce dont on se rend à peine compte est que lorsque le point de congélation a été atteint, chaque mille par heure de vent équivaut en froid, pour le corps humain, à une chute d'un degré de la température. Pas une seule, mais plusieurs fois, cette nuit-là, avant de s'être démoli à force de tourner, l'anémomètre avait enregistré des rafales de plus de 200 kilomètres à l'heure, des rafales qui aplatissaient les vagues, brisaient les étais et arrachaient presque les cheminées. Pendant des minutes d'affilée, le vent criant et hurlant s'était maintenu à 150 kilomètres par heure et davantage, ce qui équivalait pour les êtres paralysés sur la passerelle à une température plus basse que 50° en dessous de zéro.

Cinq minutes de suite sur la passerelle était tout ce qu'un homme pouvait supporter ; il devait ensuite se retirer dans l'abri du commandant. D'ailleurs, équiper d'hommes la passerelle n'était qu'un geste : il était impossible de regarder dans ce terrible vent : le froid aurait brûlé les globes oculaires et aurait aveuglé ; la glace les aurait énucléés. Il était même impossible d'y voir à travers le pare-brise Kent. Il continuait à tourner à grande vitesse, mais inutilement : le vent chargé de glace avait étoilé et égrisé la plaque de verre au point de la rendre complètement opaque.

La nuit n'était pas sombre ; on pouvait voir au-dessus, à l'avant et à l'arrière du navire. Au-dessus, on apercevait par instants des bouts de ciel bleu foncé et des poignées d'étoiles, obscurcis à peine entrevus par les nuages déchiquetés que chassait le vent. A l'avant et à l'arrière, la mer était d'un noir d'encre brodé de blanc bouillonnant. Disparus les rangs serrés des vagues d'hiver, disparus aussi leurs décoratifs bonnets blancs : il n'y avait maintenant que de massives montagnes d'eau, brisées et confuses, s'abattant tantôt d'un côté tantôt de l'autre, mais toujours penchées vers le sud. Certaines de ces chaînes d'eau mouvantes — qu'on ne pouvait qualifier de vagues que par euphémisme — étaient petites, insignifiantes — de la taille d'une maison de banlieue ; d'autres contenaient un million de tonnes d'eau, étaient hautes de 20 à 25 mètres, se détachant sur l'horizon d'une façon terrifiante, assez grosses pour engloutir une cathédrale... Comme le fit observer Kapok, la meilleure chose à faire au sujet de ces vagues était de regarder de l'autre côté. Le plus souvent, elles passaient sans autre mal que de plonger l'*Ulysses* dans les profondeurs ; rarement, elles se recourbaient à leur sommet, se brisaient sur la passerelle et trempaient le malheureux officier de quart. Il fallait alors qu'il s'en aille immédiatement sous peine d'être littéralement congelé en un bloc de glace solide en moins d'une minute.

Jusque-là, ils avaient survécu, bien au-delà de ce que quiconque espérait. Mais comme on ne pouvait y voir devant soi, on se tourmentait sans cesse de ce qui viendrait ensuite. La prochaine vague serait-elle normale — c'est-à-dire normale pour cette tempête — ou serait-ce une masse d'eau si meurtrière qu'elle les enverrait par le fond pour toujours ? L'inquiétude ne s'allégeait jamais, une inquiétude aggravée par le fait que lorsque l'*Ulysses* se cabrait puis s'écrasait dans un creux, il le faisait sans bruit, invisiblement. On ne jugeait de l'intensité que par le mouvement et la vibration : la cacophonie satanique de ce vent hurlant dans les superstructures et le gréement noyait le bruit de la mer et les autres.

Vers deux heures du matin — juste après l'explosion des grenades sous-marines — quelques-uns des officiers supérieurs avaient organisé leur mutinerie particulière. Le commandant, qui s'était laissé persuader de descendre moins d'une heure auparavant, épuisé et tremblant de froid, avait été réveillé par l'explosion et était remonté sur la passerelle. Il trouva son chemin barré par le commandant en second et par le capitaine de frégate Westcliffe qui le portèrent silencieusement mais fermement dans l'abri. Turner ferma la porte et alluma la lumière. Vallery fut plus interloqué que fâché.

« Qu'est-ce... qu'est-ce que cela signifie ? demanda-t-il.

— Mutinerie ! répondit gaiement Turner dont le visage lacéré par les éclats de glace était couvert de sang, mutinerie en haute mer est le terme technique, je crois. Est-ce exact, amiral ?

— Parfaitement », répondit l'amiral.

Vallery se retourna, surpris : Tyndall était étendu de tout son long sur la couchette.

« Notez que je n'ai pas d'autorité sur un commandant à son propre bord ; mais je ne vois absolument rien. »

Il se renversa en arrière, les yeux soigneusement fermés, simulant l'épuisement. Seul Tyndall savait qu'il ne le feignait pas.

Vallery ne dit rien. Debout, se cramponnant à une barre d'appui, le visage gris et hagard, il avait les yeux rouges et lourds de sommeil. En le regardant, Turner sentit comme un coup de couteau au cœur. Lorsqu'il parla, ce fut d'une voix basse, grave, tellement inusitée qu'elle attira et retint l'attention de Vallery.

« Commandant, ce n'est pas une nuit pour un commandant de bateau. Sauf celui qui provient de la mer elle-même, le danger doit simplement être considéré comme inexistant. Vous êtes d'accord ? »

Vallery inclina la tête en silence.

« C'est une nuit pour un marin, commandant. Avec tout le respect que je vous dois, je pense qu'aucun de nous n'est de la classe de Carrington... il appartient à une autre race d'hommes.

— Vous êtes gentil de vous inclure, Turner, murmura Vallery ; mais ce n'est pas du tout nécessaire.

— Le commandant adjoint restera sur la passerelle toute la nuit, de même que Westcliffe et que moi.

— Moi aussi, grommela Tyndall. Mais je vais dormir. »

Il avait l'air presque aussi défait et fatigué que Vallery.

Turner sourit.

« Merci, amiral. Eh bien, commandant, je crains que nous ne

soyons un peu trop nombreux ici, cette nuit... Nous nous verrons après le petit déjeuner.

— Mais...

— Nous ne voulons pas de mais..., murmura Westcliffe.

— Je vous en prie, insista Turner. Vous nous rendrez service. »

Vallery le regarda.

« En tant que commandant de l'*Ulysses*. » Sa voix s'éteignit. « Je ne sais que dire.

— Moi je le sais, dit Turner brusquement, la main sur le coude de Vallery. Allons en bas.

— Vous croyez que je ne saurais descendre tout seul ? dit Vallery avec un léger sourire.

— Je vous en crois capable, mais je ne veux pas courir de risques. Venez, commandant.

— C'est bon, c'est bon. » Il soupira avec lassitude. « N'importe quoi pour avoir la paix... et une nuit de sommeil ! »

A contrecœur, avec un grand effort, le médecin Nicholls s'arracha aux profondeurs embrumées du sommeil de l'épuisement. Lentement, avec répugnance, il ouvrit les yeux. L'*Ulysses*, constata-t-il, roulait et plongeait toujours autant. Kapok, le front entouré de bandes, le reste de sa figure taché de sang, se penchait sur lui. Il paraissait d'une gaieté dégoûtante.

« Ecoutez, écoutez l'alouette, et caetera, fit-il en souriant d'une oreille à l'autre. Et comment allons-nous ce matin ? » demanda-t-il en imitant le médecin classique dont il tenait la profession en médiocre estime.

Nicholls fixa sur lui des yeux ensommeillés.

« Qu'est-ce qu'il y a, Andy ? Quelque chose qui cloche ?

— Avec MM. Carrington et Carpenter pour diriger le navire, rien ne pourrait clocher, dit Kapok d'un ton hautain. Vous voulez monter voir Carrington à l'œuvre ? Il va faire demi-tour avec le bateau. Par ce petit temps, cela doit valoir d'être vu !

— Quoi ? Le diable vous emporte ! M'avez-vous réveillé rien que pour...

— Frère, quand ce navire tournera, vous vous réveillerez de toute façon... probablement sur le pont avec des vertèbres cassées. Mais il se trouve que Jimmy a besoin de votre assistance. Du moins il a besoin d'une de ces lourdes plaques de verre cylindré dont je sais que vous en avez un grand nombre dans l'officine. Seulement, elle est fermée à clef... j'ai essayé de l'ouvrir.

— Mais que voulez-vous faire avec du verre cylindré...

— Venez voir par vous-même... »

C'était l'aube, maintenant, une aube terrible et furieuse, l'épilogue approprié d'un cauchemar. D'étranges bandes d'une brumeuse vapeur blanche passaient en flottant, à peine au niveau du sommet des mâts, mais au-dessus, le ciel était clair. Les vagues, toujours gigantesques, étaient plus courtes, à présent, beaucoup plus courtes, et encore plus escarpées ; l'*Ulysses* avait tellement réduit sa vitesse qu'il avait à peine assez d'erre pour tenir son cap, et même ainsi, il était sévèrement malmené. Le vent ne soufflait plus qu'à 50 nœuds à l'heure ; néanmoins, il brûla comme du feu les poumons de Nicholls lorsqu'il sortit du pont-abri, aveuglé par la glace et le froid. Hâtivement, il s'enveloppa tout le visage dans ses écharpes et grimpa sur la passerelle à tâtons. Kapok le suivit avec la plaque de verre. Tandis qu'ils gravissaient l'échelle, ils entendirent les haut-parleurs bégayer un message inintelligible.

Turner et Carrington étaient seuls sur la passerelle crépusculaire, emmitouflés comme des momies. Même leurs yeux n'étaient pas visibles : ils portaient des lunettes d'alpinistes.

« Bonjour, Nicholls, dit le commandant adjoint d'une voix forte. C'est bien Nicholls, n'est-ce pas ? » Il enleva ses lunettes le dos tourné au vent et les jeta avec dégoût. « Je ne vois rien à travers ces satanés machins... Ah ! Turner, il a le verre. »

Nicholls s'accroupit sous le vent à l'avant de l'abri de navigation. Dans un coin, le plancher était jonché de lunettes, de protège-vue, de masques à gaz. Il les désigna d'un mouvement de la tête.

« Qu'est-ce que c'est que ça... une vente de soldes ?

— Nous faisons demi-tour, docteur, répondit Carrington avec son calme et sa précision ordinaires sans le moindre signe de fatigue. Mais il nous faut voir où nous allons, et, comme le dit le commandant, tous ces satanés machins ne servent à rien ; ils se couvrent de buée dès qu'on les met... il fait trop froid. Si vous voulez bien le tenir comme ça... et si vous vouliez l'essuyer, Andy ? »

Nicholls regarda les énormes vagues et frissonna.

« Excusez mon ignorance, mais pourquoi devons-nous virer de bord ?

— Parce que bientôt ce ne sera plus possible », répondit brièvement Carrington. Puis il rit. « Cela va faire de moi l'homme le plus impopulaire du navire. Nous venons de lancer un avertissement dans le bord. Vous êtes prêt, commandant ?

— Paré, attention, machines ; paré à la barre. Prêt, commandant. »

Pendant trente, quarante-cinq secondes, toute une minute, Carrington regarda sans ciller à travers la plaque de verre. Les mains de Nicholls se gelaient. Le Petit Kapok essuyait consciencieusement la plaque. Puis :

« Bâbord en avant toute !

— Bâbord en avant toute !

— A droite 30 !

— A droite 30 ! »

La vague suivante, passant en dessous, redressa simplement l'*Ulysses*. Et alors, Nicholls comprit enfin. Incroyablement, parce qu'il était impossible d'y voir si loin devant soi, Carrington avait su que deux systèmes de vagues opposés devaient forcément s'entrecroiser pour constituer une zone relativement calme ; personne ne savait ni ne saurait jamais, pas même Carrington lui-même, comment il l'avait pressenti. Pendant quinze, vingt secondes, la mer fut une masse blanche bouillonnante de vagues hachées violemment agitées — du type qu'on trouve généralement, à une échelle réduite, dans les courants de marée et sur les hauts-fonds — et l'*Ulysses* les traversa avec gratitude en tournant. Puis, une autre grande vague, atteignant presque la hauteur de la passerelle, le frappa dans le dernier quart de cercle. Elle frappa l'*Ulysses* sur toute sa longueur — pour la première fois de cette nuit — avec une force formidable, le renversant sur le flanc, les rambardes du côté sous le vent disparurent. Nicholls fut projeté contre la cloison vitrée de la passerelle qui se brisa. Il aurait juré avoir entendu rire Carrington.

A quatre pattes, il regagna le milieu de l'abri.

Et l'énorme vague n'était pas encore passée. Elle dominait de haut le creux dans lequel l'*Ulysses*, maintenant incliné de plus de 40°, avait été si dédaigneusement lancé, et elle cherchait, dans un silence mortel et avec une férocité presque animale, à l'enfoncer dans les profondeurs. L'inclinomètre marqua successivement 45°, 50°, 53° et y resta une éternité tandis que les hommes, s'arc-boutant des mains sur le pont, l'esprit engourdi, se rendaient à peine compte de l'inévitable. C'était la fin. L'*Ulysses* ne pourrait jamais se redresser.

Les minutes de toute une vie s'écoulèrent, lent supplice. Nicholls et Carpenter échangèrent des regards sans expression. A cet angle invraisemblable, la passerelle était à l'abri du vent. La voix calme de Carrington s'entendait avec une netteté stupéfiante. Sur le ton de la conversation, il dit :

« Il irait jusqu'à 65° qu'il se redresserait quand même. Soyez attentifs, messieurs. Cela va être intéressant. »

Comme il se taisait, l'*Ulysses* frémit, puis imperceptiblement, puis lentement, puis avec une effrayante rapidité, se releva, décrivit un arc de 90° degrés et revint à sa première position. Une fois de plus, Nicholls se trouva dans le coin de la passerelle. Mais le virement de bord était presque achevé.

Kapok, souriant de soulagement, se releva et tapa sur l'épaule de Carrington.

« Ne regardez pas maintenant, commandant, mais nous avons perdu notre mât arrière. »

C'était une légère exagération, mais les quatre mètres du sommet qui avaient supporté l'antenne du radar arrière avaient certainement disparu. Ce cruel double coup de fouet, avec le poids de la glace, avait été trop fort.

« Les deux bords en avant lente ! Zéro la barre !

— Les deux bords en avant lente ! Zéro la barre !

— Gouvernez comme ça ! »

L'*Ulysses* avait tourné.

Kapok regarda Nicholls, désigna le commandant adjoint et dit :

« Vous voyez ce que je veux dire, Johnny ?

— Oui, répondit Nicholls, très sérieux, je vois ce que vous voulez dire. » Puis, souriant tout à coup : « La prochaine fois que vous m'affirmerez quelque chose, je vous croirai sur parole, si cela vous est égal. Ces démonstrations sont fichtrement trop éprouvantes. »

Avec la mer de l'arrière, l'*Ulysses* était étonnamment stable. Il avait aussi le vent en poupe maintenant, et la passerelle se trouvait abritée comme par magie. La brume s'était dissipée. Au loin, au sud-est, un éblouissant soleil blanc montait, à l'horizon, dans un ciel sans nuages. La longue nuit était terminée.

Une heure plus tard, le vent tombé à 30 nœuds, le radar annonça des contacts à l'ouest. Au bout d'une autre heure, le vent presque calmé et une forte houle subsistant seule, des panaches de fumée s'élevèrent à l'horizon. A 10 h 30, en position, à l'heure, l'*Ulysses* fit sa jonction avec le convoi de Halifax.

7

Nuit du mercredi

Le convoi s'approchait, venant de l'ouest, à une vitesse régulière, roulant fortement à travers la houle battue, flotte magnifique, riche proie pour l'ennemi : 18 navires dans cette armada, 15 grands cargos modernes, 3 pétroliers de 16 000 tonnes, portant une cargaison plus précieuse, infiniment plus qu'aucune de celles des galions de jadis chargés de l'or et de l'argent du Pérou. Des chars, des avions et du mazout — qu'étaient, en comparaison, l'or, les joyaux, les soieries et les épices les plus rares ? 10 millions, 20 millions de livres... la valeur totale de ce convoi était difficile à estimer : en tout cas, sa valeur réelle ne pouvait être mesurée en termes de monnaie.

A bord des navires marchands, les équipages garnissaient les lisses tandis que l'*Ulysses* s'avançait, et ces hommes remerciaient leur Créateur de ne pas avoir essuyé cette grande tempête. Car, vu de l'extérieur, l'*Ulysses* offrait une étrange spectacle : un mât brisé, dépouillé de ses radeaux, les palans de ses embarcations raidis au-dessus de chantiers vides, il étincelait comme du cristal dans la lumière du matin. Le grand vent avait emporté toute la neige ; il avait frotté et poli la glace qui, transparente, était devenue lisse comme du satin ; mais de chaque côté de l'étrave et devant la passerelle, il y avait d'énormes taches cramoisies, là où l'ouragan de cette nuit avait décapé la coque, enlevé le camouflage et les couches de peinture inférieures et laissé le minium à découvert.

L'escorte américaine était peu nombreuse : un croiseur lourd avec un hydravion pour le réglage du tir, deux destroyers et deux simili-frégates du type côtier. Peu nombreuse mais suffisante : on n'avait pas besoin de porte-avions d'escorte — (bien que les convois de l'Atlantique en comportassent souvent) parce que la Luftwaffe ne pouvait opérer aussi loin à l'ouest et que les meutes de sous-marins s'étaient transportées, ces derniers mois, au nord et à l'est de l'Islande : ils étaient là, non seulement plus près de leur base mais pouvaient plus facilement barrer les routes convergentes vers Mourmansk.

Ils naviguèrent de compagnie, cap à l'est-nord-est, les navires de guerre américains, les cargos et l'*Ulysses*, jusqu'à ce que, tard dans l'après-midi, la silhouette carrée d'un porte-avions d'escorte parût à l'horizon. Une demi-heure plus tard, les escorteurs américains ralentirent, culèrent et firent demi-tour en clignotant des messages d'adieu et de bons vœux. A bord de l'*Ulysses*, les hommes les virent partir avec des sentiments mélangés. Ils savaient que ces navires étaient obligés de regagner l'Amérique où déjà un autre convoi se rassemblait à l'embouchure du Saint-Laurent. Ils n'éprouvaient pas l'envie, l'amertume auxquelles on aurait pu s'attendre — et qui avaient, en effet, été générales quelques semaines auparavant parmi ces hommes épuisés, condamnés à subir le pire de la guerre. Ils faisaient preuve, au contraire, d'une acceptation indifférente de leur sort, d'une bravade presque cynique, fréquemment d'un étrange, indéfinissable orgueil qui se cachait sous des plaisanteries et une grogne continuelle.

La 14e escadre de porte-avions — ou ce qui en restait — n'était maintenant plus qu'à deux milles de distance. Tyndall, en atteignant la passerelle, jura abondamment en constatant qu'un porte-avions et un dragueur de mines manquaient. Un signal irrité fut envoyé au commandant Jeffries, du *Stirling*, demandant pourquoi les ordres n'avaient pas été exécutés et où se trouvaient les navires manquants.

Une lampe Aldis répondit. Tyndall demeura sévère et silencieux pendant que Bentley le lui lisait. Le servo-moteur du *Wrestler* était tombé en panne pendant la nuit. Même derrière Langanes, le temps avait été très mauvais et il avait empiré vers minuit quand le vent avait tourné au nord. Le *Wrestler*, même avec deux hélices, avait perdu presque toute possibilité de gouverner, et, avec une visibilité nulle, dans son effort pour maintenir sa position, il était allé trop loin et s'était échoué sur le banc de Vejle. Il s'était échoué à marée haute et était toujours là, avec le dragueur de mines *Eager* auprès de lui, lorsque l'escadre avait appareillé peu après l'aube.

Tyndall garda le silence durant quelques minutes. Il dicta un message sans fil pour le *Wrestler*, hésita à rompre le silence à la radio, contremanda le signal et décida d'aller voir la situation par lui-même. Après tout, il ne fallait que trois heures de navigation. Il signala au *Stirling :* « Prenez le commandement de l'escadre ; vous rejoindrai dans la matinée », et il ordonna à Vallery de ramener l'*Ulysses* à Langanes.

Vallery inclina la tête avec tristesse et donna les ordres nécessaires. Il était inquiet, fort inquiet, et s'efforçait de ne pas le montrer. Le moindre de ses soucis était lui-même, bien qu'il sût, sans jamais l'avouer à personne, qu'il était un homme très malade. Il se disait que d'ailleurs il n'avait pas besoin de l'avouer : il était amusé et touché par l'air soigneusement indifférent que prenaient ses officiers pour alléger son fardeau et lui témoigner leur sollicitude.

Il était inquiet, aussi, au sujet de son équipage : les hommes n'étaient pas en état d'accomplir le moindre travail, de survivre à ce froid mortel, moins encore de conduire le navire jusqu'en Russie. En outre, il était déprimé par la série de malheurs que l'escadre avait subis depuis son départ de Scapa ; c'était de mauvais augure pour l'avenir et il ne se faisait pas d'illusions sur ce qui attendait l'escadre mutilée. Et toujours son esprit était rongé de tourment à propos de Ralston.

Ralston, ce grand garçon qui tenait de ses ancêtres scandinaves ses cheveux de lin et ses calmes yeux bleus. Ralston que personne ne comprenait, qui n'avait, sur le navire, aucun ami intime, qui gardait son quant-à-soi flegmatique, sans sourire. Ralston auquel rien ne restait d'autre que des souvenirs, l'un des hommes les plus dignes de confiance de l'*Ulysses*, extraordinairement décidé, compétent et ingénieux dans n'importe quel cas critique... et qui était de nouveau en cellule. Et cela pour un motif qu'aucun homme raisonnable et juste ne pouvait lui imputer.

Il était enfermé à clef... c'était cela qui était douloureux. La nuit dernière, Vallery avait saisi avec joie le prétexte du mauvais temps pour le libérer ; il avait eu l'intention d'oublier l'affaire, de ne pas réveiller le chat qui dort. Mais Hastings le capitaine d'armes, exagérant son devoir, l'avait remis en cellule pendant le quart de la matinée. Les capitaines d'armes — officiers mariniers chargés de faire respecter la discipline — n'avaient jamais été spécialement humains, tolérants et bienveillants à l'égard de la vie en général ou des équipages en particulier — ils ne pouvaient se permettre de l'être. Mais même parmi de tels hommes, Hastings était une exception : semblable à une machine, apparemment incapable d'émotion, dénué d'expression, inflexible, strict, juste selon ses idées, il était absolument dépourvu de cœur et de compassion. « Si Hastings ne prenait pas garde, songea Vallery, il pourrait lui arriver la même chose qu'à Lister, jusqu'à une époque toute récente le très impopulaire capitaine d'armes du *Blue Ranger*. Non qu'à y réfléchir, personne sût au juste ce qui lui était arrivé, sauf qu'il avait commis l'erreur de se promener sur le pont d'envol par une sombre nuit sans étoiles... »

Vallery soupira. Comme il l'avait expliqué à Foster, il avait les mains liées. Foster, le commandant des Marines, avec debout derrière lui le sergent-chef Evans chagriné et offensé, s'était plaint amèrement de ce que ses hommes lui eussent été pris pour servir de factionnaires alors qu'ils avaient besoin de chaque minute de sommeil possible. En son for intérieur, Vallery avait sympathisé avec Foster, mais il ne pouvait contremander son ordre originel, du moins pas tant qu'il n'aurait pas tenu un conseil de discipline et ouvertement fait arrêter Ralston... Il soupira de nouveau, envoya chercher Turner et lui demanda de faire lover à l'arrière des aussières en chanvre, une en manille et une aussière métallique de 12 centimètres. Il pensait qu'on en aurait bientôt besoin, et ses préparatifs s'avérèrent par la suite justifiés.

La nuit était tombée quand ils se dirigèrent vers le banc de Vejle, mais il était facile de situer le *Wrestler* : dix minutes auparavant, sa position approximative avait été donnée par le signal de reconnaissance, et maintenant, on voyait sa masse trapue se détacher sur les pâles derniers reflets du soleil couchant. Son pont d'envol penchait perceptiblement vers l'arrière où l'*Eager* était apparemment mouillé. La mer était presque calme ici : il n'y avait qu'une houle légère.

A bord de l'*Ulysses*, une Aldis encapuchonnée, à très petite ouverture, se mit à bavarder.

« Félicitations ! Comment êtes-vous échoués ? »

Du *Wrestler*, une lumière minuscule répondit. Bentley lut le message à haute voix au fur et à mesure.

« — Sur 30 mètres à partir de l'étrave. »

— Merveilleux ! fit Tyndall. Simplement merveilleux ! Demandez-lui comment est l'appareil à gouverner. »

La réponse fut :

« — Scaphandrier descend : rupture transversale de la mèche du gouvernail, travail de chantier naval. »

— Mon Dieu ! gémit Tyndall. Un travail de chantier naval ! C'est commode. Demandez-lui : « Quelles mesures avez-vous prises ? »

— « Envoyé tout le combustible et l'eau à l'arrière. Mouillé une ancre de toue. L'*Eager* tirant. En arrière toute de 12 heures à 12 h 30. »

L'étale de la marée haute, savait Tyndall.

« Très réussi... vraiment très réussi ! grommela-t-il. Non, espèce d'idiot, ne lui envoyez pas ça. Dites-lui de se préparer à recevoir une remorque et amenez la nôtre à l'arrière.

— « Message compris », lut Bentley.

— Demandez-lui : « Combien avez-vous de mazout pour l'escadre. »

— « Huit cents tonnes. »

— Débarrassez-vous-en.

— « Prière de confirmer », lut Bentley.

— Dites-lui de flanquer son satané mazout par-dessus bord ! » rugit Tyndall.

La lumière du *Wrestler* clignota, puis s'éteignit en un silence offensé.

A minuit, l'*Eager* se plaça lentement en avant de l'*Ulysses* et prit l'aussière venant du cabestan du croiseur ; deux minutes plus tard, l'*Ulysses* commença à vibrer tandis que ses quatre puissantes machines faisaient bouillir l'eau peu profonde et boueuse. La chaîne reliant sa poupe à l'arrière du *Wrestler* était longue de 28 mètres à peine et montait sous un angle de 30°. L'arrière du porte-avions serait forcé de s'enfoncer — de très peu seulement, mais dans cette situation, si peu que ce fût comptait — et donnerait plus de flottabilité à l'étrave échouée. Et, chose beaucoup plus importante — car les hélices tournaient maintenant dans l'eau émulsionnée en ne développant qu'une fraction de leur potentiel — la proximité des deux navires aidait les hélices de l'*Ulysses* à renforcer l'action de celles du *Wrestler* en fouillant un chenal dans le sable et la boue sous la quille du porte-avions.

Vingt minutes avant la marée haute, facilement, bien d'aplomb, le *Wrestler* se dégagea. Immédiatement, le forgeron, à l'avant de l'*Ulysses* fit sauter la manille tenant la remorque de l'*Eager*, et l'*Ulysses* tira le porte-avions, dont les machines étaient stoppées, en un large demi-cercle, vers l'est.

A une heure, le *Wrestler* était parti, l'*Eager* l'accompagnant et prêt à lui envoyer une aussière pour l'aider à gouverner par mauvais temps. De la passerelle de l'*Ulysses*, Tyndall regarda le porte-avions disparaître dans la nuit, en zigzaguant, le commandant essayant de le maintenir en route en manœuvrant ses hélices.

« Sans doute auront-ils trouvé la bonne allure avant d'atteindre Scapa », grogna-t-il.

Il avait froid et se sentait épuisé comme seul peut l'être un amiral quand il a perdu les trois quarts de ses porte-avions. Il soupira avec lassitude et se tourna vers Vallery.

« Quand comptez-vous rattraper le convoi ? »

Vallery hésita, mais pas le Petit Kapok.

« A 8 h 5, répondit-il aussitôt avec précision. A la vitesse de 27 nœuds, au point d'intersection, je viens de le calculer.

— Oh ! mon Dieu ! gémit Tyndall. De nouveau ce gamin ! Qu'ai-je fait pour le mériter ? Il se trouve, jeune homme, qu'il est impératif que nous les rejoignions avant l'aube.

— Oui, amiral, dit imperturbablement Kapok. Je le pense moi aussi. En suivant mon autre route, à 33 nœuds, nous le rejoindrons trente minutes avant l'aube.

— Je le pense moi aussi ! Emmenez-le ! s'écria Tyndall. Emmenez-le, sans quoi je lui flanquerai ses maudits compas... »

Il laissa sa phrase en suspens, descendit avec raideur de son fauteuil et, prenant Vallery par le bras :

« Venez, commandant. Descendons. A quoi diable sert-il qu'un couple de vieux ramollos comme nous encombrent la jeunesse ? »

Il franchit la porte derrière le commandant, souriant tout seul de son sourire las.

On était, sur l'*Ulysses*, aux postes de combat de l'aube quand les silhouettes imprécises du convoi, à peine à un mille de distance, émergèrent dans l'obscurité pâlissante. La grande masse du *Blue Ranger*, à tribord arrière du convoi, se reconnaissait sans erreur possible. Il y avait une houle modérée, insuffisante pour être gênante ; une brise légère soufflait de l'ouest ; la température était de – 17°, le ciel froid et sans nuages. Il était exactement sept heures. A 7 h 2, le *Blue Ranger* fut torpillé. L'*Ulysses* en était éloigné de 400 mètres par tribord : sur la passerelle on sentit le choc physique des explosions jumelles, on les entendit fracasser le silence de l'aube et on vit deux colonnes de flammes monter vers le ciel, haut au-dessus de la passerelle du *Blue Ranger* et bien sur l'arrière de celle-ci. Une seconde plus tard, on entendit un timonier crier quelque chose d'inintelligible et on le vit désigner d'un geste l'avant, vers le bas. C'était une autre torpille, passant sur l'arrière du porte-avions, poussant son sinistre sillage phosphorescent à travers le convoi avant de se perdre dans les ténèbres de l'Arctique.

Vallery criait dans le porte-voix, faisant évoluer l'*Ulysses*, encore lancé à plus de 20 nœuds, tournant follement pour éviter la collision avec le porte-avions désemparé. Trois jeux de lampes Aldis et les feux de combat envoyaient déjà aux navires du convoi l'ordre : « Conservez la formation. » Au téléphone, Marshall donnait l'alerte aux lance-grenades ; les canons s'abaissaient déjà, scrutant avidement la mer traîtresse. Le signal adressé au *Sirrus* s'arrêta brusquement, inutile : le destroyer, tache à demi visible dans l'obscurité, se frayait déjà passage à travers le convoi, une haute moustache blanche à son étrave, fonçant vers la position supposée du sous-marin.

L'*Ulysses* élongea le porte-avions en feu, à moins de 45 mètres, avançant si vite, si fortement et si près que ses hommes ne purent recueillir qu'une impression confuse : une épaisse fumée noire mêlée de flammes rugissantes, effrayantes dans cette demi-obscurité ; un pont d'envol donnant une bande folle ; des Gruman et des Corsair dégringolant grotesquement pour éclabousser d'une écume glaciale des visages effarés tandis que passait le croiseur. Puis, l'*Ulysses*, dégagé, revint vers le sud pour agir contre les sous-marins.

Au bout d'une minute, la lampe du *Vectra*, en tête du convoi, se mit à clignoter : « Contact, vert 70, se rapprochant ; contact, vert 70, se rapprochant. »

« Accusez réception », ordonna brièvement Tyndall.

L'Aldis avait à peine commencé à claquer quand le *Vectra* l'interrompit : « Contacts, je répète contacts. Vert 90, vert 90. Se rapprochant. Très proche. Je répète contacts, contacts. »

Tyndall jura doucement.

« Accusez réception. Renseignez-vous », dit-il. Puis, se tournant vers Vallery : « Rejoignons-le, commandant. Nous y sommes. Meute nº 1... et en force. Elle n'a pas le droit d'être ici... à en croire le Service des renseignements de l'Amirauté ! »

L'*Ulysses* fit un nouveau demi-tour pour se diriger vers le *Vectra*. Il aurait dû faire clair, à présent, mais les soutes à mazout du *Blue Ranger* ayant pris feu, la torche gigantesque qui se détachait sur l'horizon oriental avait le curieux effet de plonger la mer environnante dans une opaque obscurité. Il se trouvait presque en travers de la route du navire-amiral qui courait vers le *Vectra*, et il grossissait à chaque minute. Ses jumelles de nuit devant les yeux, Tyndall ne cessait de murmurer : « Les pauvres diables, les pauvres diables ! »

Le *Blue Ranger* était presque perdu. Inerte dans l'eau, très fortement incliné sur tribord, ses soutes à munitions et à mazout faisaient entendre une série continuelle de détonations. Soudain, une suite de sourdes explosions grondèrent au-dessus de la mer : tout l'îlot de la passerelle bascula sur le côté, s'immobilisa un moment, puis, lentement, laborieusement, délibérément, la totalité de son corps massif bascula majestueusement dans les ténèbres glaciales de l'océan. Dieu seul savait combien d'hommes périrent ainsi au fond de l'Arctique, pris au piège entre ses parois de fer. Ce furent ceux qui eurent de la chance.

Le *Vectra*, à peine à deux milles sur l'avant maintenant, virait vers le sud en décrivant un cercle étroit. Vallery modifia son cap pour l'intercepter. Il entendit Bentley crier quelque chose d'inintelligible du coin le plus éloigné de la passerelle de navigation. Vallery hocha la tête et perçut de nouveau sa voix désespérée par quelque danger inconnu, le bras désignant l'espace, d'un geste frénétique, au-dessus du pare-brise, et il bondit auprès de lui.

La mer était en feu. Plate, calme, couverte de centaines de tonnes de mazout, elle était un vaste tapis de flammes. Pendant une seconde, ce fut tout ce que vit Vallery ; puis, avec un choc qui arrêta les battements de son cœur, il aperçut autre chose : cette mer brûlante grouillait d'hommes nageant et se débattant. Pas une poignée, pas même des dizaines, mais littéralement des centaines de malheureux aux cris silencieux étaient en train de mourir torturés, à la fois noyés et incinérés.

« Signal du *Vectra*, commandant, fit la voix de Bentley, anormalement impassible. « Je lance grenades sous-marines ; 3, je répète, 3 contacts. Demande assistance immédiate. »

Tyndall était au côté de Vallery maintenant. Il entendit Bentley, regarda Vallery une longue seconde et suivit son regard épouvanté, fasciné, fixé sur la mer à l'avant.

Pour un homme à la mer, le mazout est une chose abominable. Il entrave ses mouvements, lui brûle les yeux, corrode ses poumons et lui arrache l'estomac en d'irrépressibles paroxysmes de vomissements ; mais le mazout en feu est une infernale mort par la torture, une lente, affreuse mort par la noyade, par la brûlure, par l'asphyxie, car les flammes dévorent tout l'oxygène à la surface de la mer. Et dans l'Arctique, il n'y a même pas la miséricordieuse extinction par le froid, vu que l'isolement d'un corps saturé de mazout prolonge indéfiniment le martyre du mourant, le conserve soigneusement pour le dernier raffinement de l'atroce supplice. Tout cela Vallery le savait. Il savait aussi que, pour l'*Ulysses*, s'arrêter, nettement détaché sur la clarté de l'incendie, équivaudrait à un suicide. Et évoluer rondement sur le tribord, même si on avait eu le temps et la place d'éviter les hommes qui luttaient et mouraient dans la mer devant lui, aurait gaspillé des minutes précieuses, celles qui permettraient aux sous-marins de lancer de nouvelles torpilles sur le convoi ; or, la première responsabilité de l'*Ulysses* était envers le convoi. Tout cela, Vallery le savait également. Mais, à cet instant, ce qui pesait le plus, pour lui, était la simple humanité. Immédiatement par bâbord avant, près du *Blue Ranger*, la couche de mazout était la plus épaisse, les flammes les plus furieuses, les nageurs le plus nombreux. Vallery jeta par-dessus son épaule un regard sur l'officier de quart.

« A gauche 10 !

— A gauche 10, commandant.

— Zéro !

— Zéro, commandant.

— Comme ça ! »

Pendant dix, quinze secondes, l'*Ulysses* maintint son cap, fonçant à travers la mer en flammes sur l'endroit où quelque instinct de conservation atavique grégaire rassemblait étroitement 200 hommes en une masse bouillonnante, tordue de souffrance, en proie à une hideuse agonie. Pendant une seconde, une grande langue de flamme s'éleva au centre du groupe, comme un gigantesque éclair de magnésium qui fixa ce tableau dans les cœurs et dans les esprits des hommes de la passerelle avec une netteté et une permanence dont aucune plaque photographique n'aurait été capable : torches humaines se débattant follement contre les flammes qui léchaient, embrasaient, puis carbonisaient les vêtements, les cheveux, la peau ; des hommes qui sautaient presque hors de l'eau, le dos courbé comme un arc tendu, grotesques en leur crucifixion convulsive ; des hommes étendus morts dans l'eau, petits monticules informes tachés de mazout dans une plaine saturée de mazout ; et une poignée d'hommes rendus fous par la peur, aux visages inhumainement contorsionnés, qui voyaient l'*Ulysses* et nageaient frénétiquement vers le sauveteur susceptible seulement de ne leur offrir que quelques secondes de plus d'un indicible supplice avant qu'ils mourussent avec joie.

« A droite 30 ! fit la voix de Vallery, à peine un murmure mais qui s'entendit clairement dans le silence de la passerelle.

— Nous sommes à droite 30, commandant ! »

Pour la troisième fois en dix minutes, l'*Ulysses* abattit rapidement. En pivotant ainsi, un navire ne suit pas la ligne de l'étrave qui fend l'eau ; il se produit un mouvement latéral prononcé, et plus il tourne vite et fortement, plus est violent le glissement par le travers, semblable au dérapage d'une voiture sur la glace. Le flanc de l'*Ulysses*, toujours incliné à un angle aigu, atteignit le bord du groupe à bâbord avant ; presque au même instant, toute la longueur de la coque oscillante s'écrasa au cœur des flammes, dans la foule la plus dense des mourants.

Pour la plupart d'entre eux, ce fut simplement une prompte fin, une délivrance miséricordieuse. Le formidable choc et la pression des vagues les précipitèrent au fond, dans le bienheureux néant de la mort par submersion ; ils furent envoyés par le fond et ramenés à la surface, attirés dans le tourbillon des quatre grandes hélices...

A bord de l'*Ulysses*, des hommes pour qui la mort et la destruction étaient devenues la substance de leur vie, devant être acceptées avec la dureté et la railleuse indifférence qui seules les conservaient sains d'esprit, ces hommes serraient des poings impuissants, émettaient des jurons inutiles et pleuraient sans vergogne comme de petits enfants. Ils pleuraient tandis que de pitoyables visages carbonisés se tournaient vers l'*Ulysses* en s'éclairant de joie et d'espoir, puis se pétrifiaient en une horreur incrédule tandis qu'ils comprenaient et que l'eau se refermait sur eux ; ils pleuraient tandis que des hommes pleins de haine hurlaient des invectives insensées, les deux bras soulevés en l'air, brandissant des poings aux articulations blanches à travers le mazout dégouttant, au moment où l'*Ulysses* les écrasait ; ils pleuraient en voyant deux jeunes garçons happés par le tourbillon des propulseurs en faisant encore un signe de leurs pouces levés ; ils pleuraient à la vue d'un infortuné qui avait l'air d'avoir été rôti à la broche, levant une main sacrifiée vers le trou noir qui avait été sa bouche et envoyant à la passerelle un baiser en signe d'éternelle gratitude ; et ils pleurèrent surtout, chose bizarre, quand l'inévitable humoriste souleva au-dessus de sa tête son bonnet de fourrure et s'inclina gravement et profondément avant de plonger son visage dans l'eau pour mourir.

Soudain, miséricordieusement, la mer fut vide. L'air était étrangement calme et silencieux, lourd de l'écœurante puanteur de la chair calcinée et du Diesel-oil qui brûlait ; l'arrière de l'*Ulysses* se balançait presque sous le drap funéraire noir qui pendait au milieu du *Blue Ranger* lorsque les obus le frappèrent.

Ces obus — trois 88 mm — provenaient du *Blue Ranger*. Certainement aucun canonnier vivant ne les avait tirés ; la chaleur devait avoir allumé les amorces des douilles. Le premier éclata sans faire de mal contre le blindage de la coque ; le second démolit le magasin du maître de manœuvre, heureusement vide ; le troisième pénétra, par le pont, dans le poste nº 3 des auxiliaires où il y avait neuf hommes : un officier, sept matelots et le maître torpilleur Noyes. Dans cet espace confiné, la mort fut instantanée.

Peu de secondes plus tard seulement, une forte explosion provoqua un grand trou à la ligne de flottaison du *Blue Ranger* et il se coucha lentement, avec lassitude, complètement sur son côté tribord, le pont d'envol vertical par rapport à l'eau, comme s'il était content de mourir, maintenant qu'en mourant il avait tiré sur le navire qui avait détruit son équipage.

Sur la passerelle, Vallery se tenait toujours sur la plate-forme de timonerie, penché sur le pare-brise éraillé, opaque. La tête basse, les yeux fermés, il vomissait désespérément du sang artériel, du sang rouge écarlate dans la clarté érubescente du porte-avions qui sombrait. A son côté, Tyndall, impuissant, ne savait que faire, l'esprit engourdi et malade. Soudain, il fut écarté sans cérémonie par le médecin-chef qui mit une serviette blanche sous la bouche de Vallery et le conduisit doucement en bas. Le vieux Brooks, chacun le savait, aurait dû être à son poste de combat, dans l'infirmerie : personne n'osa rien dire.

Carrington redressa le cap de l'*Ulysses* en attendant que Turner quitte la hune de télépointage et prenne la direction sur la passerelle. En trois minutes, le croiseur était à la hauteur du *Vectra*, cherchant méthodiquement un contact perdu. Deux fois, les navires le retrouvèrent, deux fois ils lancèrent de lourdes charges de grenades. Une épaisse couche de mazout monta à la surface : un sous-marin avait peut-être été touché ; probablement ce n'était qu'une ruse, mais en tout cas, aucun des navires ne pouvait rester sur place pour le vérifier. Le convoi était à présent à deux milles sur l'avant d'eux, et seuls le *Stirling* et le *Viking* les protégeaient, ce qui était tout à fait insuffisant pour parer une attaque résolue.

Ce fut le *Blue Ranger* qui sauva le FR 77. Sous ces hautes latitudes, le jour se lève lentement, interminablement : malgré cela, il faisait maintenant assez clair pour que les navires marchands, en ligne de file, en travers à la très faible houle, se profilassent nettement sur un horizon sans nuages : le rêve d'un commandant de sous-marin s'il avait pu les voir. Mais cette fois, le convoi était complètement caché à la meute qui se tenait au sud : le léger vent d'ouest poussait la grasse fumée noire du porte-avions en feu le long du flanc sud du convoi, au niveau de la mer, formant un écran parfait, dense, impénétrable. On ne pouvait savoir pourquoi les sous-marins avaient dérogé à leur habitude presque invariable de lancer du nord leurs attaques de l'aube, afin d'avoir leurs cibles entre eux et le soleil levant. Surprise tactique, sans doute, mais quelle qu'en fût la raison, ce fait sauva le convoi. En moins d'une heure, le FR 77 avait échappé à la meute, et il était beaucoup trop rapide pour qu'elle pût le rattraper.

A bord du vaisseau-amiral, la T.S.F. envoyait un message en code à Londres. Tyndall avait décidé que conserver le silence ne se justifiait plus, l'ennemi connaissant maintenant leur position à un mille près. Tyndall sourit avec amertume à la pensée de la joie du haut commandement naval allemand en apprenant que le FR 77 n'avait plus le moindre couvert aérien. Pour commencer, ils pouvaient s'attendre à l'arrivée de Charlie d'ici une heure.

Le message par radio était libellé comme suit : « Amiral, 14 ACS : à Direction des opérations navales, Londres. Rejoint FR 77 à 10 h 30 hier. Conditions météorologiques les pires. Porte-avions sérieusement endommagés : *Defender* et *Wrestler* inutilisables ; regagnent base sous escorte ; *Blue Ranger* torpillé à 7 h 2, coulé à 7 h 30 aujourd'hui ; escorteurs sont maintenant *Ulysses, Stirling, Sirrus, Vectra, Viking* ; pas de dragueurs ; *Eager* vers la base ; dragueur de Hvalfiord pas au rendez-vous. Besoin urgent de soutien aérien. Pouvez-vous détacher escadre de porte-avions de combat : sinon, permission de regagner base. Prière m'aviser immédiatement. »

« Ce texte, songea Tyndall, aurait pu être amélioré. Surtout la fin qui ressemble suffisamment à une menace pour rendre furieux le vieux Starr ; il n'y verrait qu'une pusillanime confirmation de sa conviction de l'incapacité de l'*Ulysses* — et de Tyndall — à remplir cette tâche... » En outre, depuis près de deux ans — longtemps avant que le *Hood* ait été coulé par le *Bismarck*, l'Amirauté avait eu pour politique de ne pas affaiblir la Home Fleet en en détachant des bâtiments de ligne ou des porte-avions. De vieux cuirassés, trop lents pour les combats navals modernes — tels que le *Ramillies* et le *Malaya*, étaient utilisés pour des convois spéciaux à travers l'Atlantique ; avec cette unique exception, la stratégie officielle avait comme principe de conserver la Home Fleet intacte, occupée à contenir la grande flotte allemande... et d'exposer les convois à tous les risques... Tyndall jeta un dernier coup d'œil sur le convoi et se dit : « Par le diable, qu'il parte, ce message. Si je perds mon temps en l'envoyant, le vieux Starr perdra le sien en le lisant. »

Il descendit lourdement les échelles de la passerelle et entra dans la chambre de Vallery, proche de la salle de direction de la chasse.

Vallery, partiellement déshabillé, était couché dans son lit entre des draps très propres, très blancs, contrastant étrangement avec la tache rouge qui s'y étendait. Vallery lui-même, les joues hâves, cadavériques sous le chaume sombre de sa barbe, les yeux rouges profondément enfouis dans de grandes orbites creuses, avait l'air déjà mort. D'un coin de sa bouche, du sang coulait sur sa joue parcheminée. Comme Tyndall refermait la porte, Vallery souleva en un faible salut une main décharnée, toute en articulations ivoirines et veines bleues.

Tyndall ferma la porte soigneusement, prenant son temps, le temps de permettre au choc de ne plus être vu sur son visage. Lorsqu'il se retourna, son expression était calme, mais il ne tenta pas de dissimuler son inquiétude.

« Dieu soit remercié de nous avoir donné le vieux Socrate ! dit-il avec ferveur. Le seul homme à bord capable de vous faire entendre un semblant de raison. » Il s'assit au bord du lit. « Comment vous sentez-vous, Dick ? »

Vallery sourit sans gaieté.

« Tout dépend de ce que vous voulez dire, amiral. Physiquement ou moralement ? Je me sens un peu fatigué... pas vraiment malade, vous savez. Le docteur dit qu'il peut me retaper... temporairement, du moins. Il va me faire une transfusion de plasma... il dit que j'ai perdu beaucoup de sang.

— Du plasma ?

— Oui. Du sang complet serait un meilleur coagulant. Mais il croit que cela peut empêcher — ou minimiser — de futures crises... »

Il s'arrêta, essuya ses lèvres que souillait un peu d'écume et sourit de nouveau aussi tristement qu'avant.

« Ce n'est pas réellement d'un médecin et de médicaments que j'ai besoin, John... c'est d'un pasteur... et de pardon. »

Il se tut. Un grand silence emplit la chambre.

Tyndall remua avec malaise et se racla bruyamment la gorge. Il avait rarement été aussi conscient d'être par-dessus et avant tout un homme d'action.

« De pardon ? Que diable entendez-vous par là, Dick ? »

Il n'avait pas eu l'intention de parler aussi fort, aussi durement.

« Vous le savez fichtrement bien, dit Vallery avec douceur ; vous étiez avec moi sur la passerelle, ce matin. »

Pendant peut-être deux minutes, ni l'un ni l'autre ne prononça un mot. Puis, Vallery eut une nouvelle quinte de toux. La serviette qu'il tenait à la main s'obscurcit, se mouilla, et quand il se renversa sur son oreiller, Tyndall sentit la peur le poignarder. Il se pencha promptement sur le malade et soupira de soulagement en entendant son souffle rapide et creux.

Les yeux toujours fermés, Vallery reprit la parole :

« Ce n'est pas tant les hommes qui ont été tués dans le poste des auxiliaires, murmura-t-il comme se parlant à lui-même. Ma faute, je suppose... j'ai mené l'*Ulysses* trop près du *Ranger*. C'est idiot de s'approcher d'un navire qui sombre, surtout s'il est en feu... Mais c'est simplement l'une de ces choses, l'un de ces risques... qui arrivent... »

Le reste fut balbutié si bas, si confusément que Tyndall ne le saisit pas. Il se leva brusquement, remit ses gants.

« Je vous demande pardon, Dick, dit-il en s'excusant. Je n'aurais pas dû venir... je n'aurais pas dû rester aussi longtemps. Le vieux Socrate va m'engueuler.

— Ce sont les autres... ceux qui étaient dans l'eau, dit Vallery comme s'il ne l'avait pas entendu. Je n'avais pas le droit... Je veux dire que peut-être quelques-uns d'entre eux auraient pu... » De nouveau, sa voix se perdit un moment, puis il reprit, plus fort : « Le commandant Richard Vallery, D.S.O. ... juge, jury et bourreau. Dites-moi, John, que dirai-je quand mon tour viendra ? »

Tyndall hésita, entendit le coup autoritaire frappé à la porte et se retourna, laissant échapper son souffle en un long et silencieux soupir de gratitude.

La porte s'ouvrit et Brooks entra. Il s'arrêta à la vue de l'amiral, se tourna vers l'assistant vêtu de blanc qui se tenait derrière lui chargé de supports, de bouteilles, de tuyaux et de divers instruments.

« Restez dehors, Johnson, voulez-vous ? dit-il. Je vous appellerai quand j'aurai besoin de vous. »

Il ferma la porte, traversa la chambre et approcha une chaise du lit du commandant. Le poignet de Vallery entre ses doigts, il jeta sur Tyndall un regard froid. Nicholls, se rappelait Brooks, affirmait que l'amiral était loin de se bien porter. Il avait l'air fatigué, certainement, mais plus malheureux que fatigué... Le pouls était rapide, irrégulier.

« Vous l'avez bouleversé, dit Brooks d'un ton accusateur.

— Moi ? Bon Dieu, non ! fit Tyndall, offensé. En mon âme et conscience, docteur, je n'ai rien dit...

— Il n'est pas coupable, docteur, dit Vallery, d'une voix plus forte, à présent. Il n'a pas dit un mot. C'est *moi* le coupable... aussi coupable que Satan. »

Brooks le regarda un long moment. Puis il sourit, d'un sourire compréhensif et compatissant.

« Le pardon. C'est cela, n'est-ce pas ? »

Tyndall sursauta de surprise et le regarda avec émerveillement.

« Socrate ! murmura Vallery en ouvrant les yeux. Je savais que vous comprendriez.

— Le pardon, répéta Brooks, songeur. Le pardon. De qui ? des vivants, des morts... ou du Juge ? »

De nouveau, Tyndall tressaillit.

« Avez-vous... avez-vous écouté derrière la porte ?... Comment pouvez-vous ?...

— De tous les trois, docteur, dit Vallery. Pas commode, je le crains.

— Des morts vous n'avez rien à redouter. Ils ne songeront pas à vous pardonner, seulement à vous bénir, car ils n'ont rien à vous reprocher. Je suis médecin, ne l'oubliez pas... j'ai vu ces garçons dans l'eau... vous les avez fait mourir de la façon la moins pénible. Quant au Juge Suprême... vous savez : "Le Seigneur donne, le Seigneur reprend. Béni soit le nom du Seigneur..." la conception de l'Ancien Testament du Seigneur qui reprend à Sa façon et à Son moment, et au diable la miséricorde et la charité. » Il sourit à Tyndall. « N'ayez pas l'air aussi offusqué, amiral. Je ne blasphème pas. Si j'étais le Juge, commandant, ni vous, ni moi, ni l'amiral, nous n'aurions jamais besoin de lui. Mais vous savez qu'il n'en est pas ainsi. »

Vallery sourit légèrement et se souleva sur son oreiller.

« Vous confectionnez de bons remèdes, docteur. Il est regrettable que vous ne puissiez parler aussi pour les vivants.

— Oh ! vous m'en croyez incapable ? s'exclama Brooks en riant à un soudain souvenir et en se tapant la cuisse. Oh ! ma parole, c'était magnifique ! »

Il rit de nouveau, avec une gaieté non feinte.

Tyndall regarda Vallery en simulant le désespoir.

« Excusez-moi, dit Brooks. Il y a juste quinze minutes, un groupe d'aimables chauffeurs ont déposé sur le pont de l'infirmerie l'un de leurs camarades évanoui. Vous devinez qui c'était ? Nul autre que notre nihiliste à demeure, notre vieil ami Riley. Légère commotion et blessures faciales assorties, mais il devrait pouvoir regagner son poste à la tombée de la nuit. De toute façon, il déclare que ses chatons ont besoin de lui. »

Vallery parut amusé, curieux.

« De nouveau tombé dans la cale de la chaufferie, je suppose ?

— Exactement la question que j'ai posée, commandant... quoiqu'il me semblât plutôt être tombé dans une bétonnière. "Non, docteur, m'a dit l'un des porteurs de civière. Il a trébuché sur le chat du bord." "Le chat du bord ? demandai-je, comment ça, le chat du bord ?" Se tournant vers l'autre brancardier, il dit : "Est-ce que nous n'avons pas un chat à bord, Nobby ?" Sur quoi le chauffeur Nobby le regarde avec pitié et s'adressant à moi : "Il n'y a rien compris, docteur. Le pauvre vieux Riley a simplement eu un malaise... il s'est trouvé mal, comme on dit. J'espère qu'il ne s'est pas blessé ?" Il paraissait tout à fait anxieux.

— Qu'est-ce qui s'était passé ? demanda Tyndall.

— Je n'ai pas insisté. Le jeune Nicholls en a pris deux à part, leur a promis qu'il n'y aurait pas de sanction et leur a extorqué la vérité en une minute. Il semble que Riley ait vu dans l'affaire de ce matin une excellente occasion de provoquer des troubles. Il vous a traité de meurtrier inhumain, d'assassin de sang-froid et, je regrette de le dire, a répandu de graves calomnies sur vos ancêtres immédiats... tout ceci, notez-le bien, là où il se croyait en sécurité, parmi ses amis. Eh bien, ses amis l'ont à moitié tué... Vous savez, je vous envie, commandant... »

Il s'arrêta, se leva brusquement, et, sur un tout autre ton :

« Maintenant, commandant, si vous voulez bien vous étendre et remonter votre manche... Oh ! au diable !

— Entrez ! » Ce fut Tyndall qui répondit au coup frappé à la porte. « Ah ! c'est pour moi. Merci, Chrysler. »

Il leva les yeux sur Vallery :

« C'est de Londres, en réponse à mon signal. » Il tourna le papier deux ou trois fois entre ses mains. « Je suppose qu'il me faudra bien finir par le lire... »

Le médecin-chef fit mine de se lever :

« Voulez-vous que je... ?

— Non, non, Brooks. Pourquoi le feriez-vous ? D'ailleurs, c'est de notre ami commun, l'amiral Starr. Je suis sûr que vous aimeriez savoir ce qu'il dit, n'est-ce pas ?

— Non, répondit Brooks, très durement. Je ne peux imaginer que ce soit rien de bon. »

Tyndall ouvrit le signal :

« — Directeur des opérations navales à amiral commandant le ACS 14, lut-il lentement. Apprenons que *Tirpitz* se prépare à prendre la mer. Impossible détacher porte-avions de la Flotte : FR 7 vital ; gagnez Mourmansk à toute vitesse ; bonne chance ; Starr. “Bonne chance !” Il aurait pu nous épargner cela ! »

Pendant un long moment, les trois hommes s'entre-regardèrent en silence, sans expression. Ce fut Brooks qui rompit le silence :

« A propos de pardon, murmura-t-il doucement, ce que je voudrais savoir est qui, sur la terre de Dieu, au-dessus ou en dessous, pardonnera jamais à ce vindicatif vieux salaud ? »

8

Nuit du jeudi

On n'était qu'au début de l'après-midi mais le crépuscule gris de l'Arctique commençait déjà au-dessus de la mer tandis que l'*Ulysses* se laissait lentement dépasser par le convoi. Le vent était complètement tombé ; il neigeait de nouveau à gros flocons, et la visibilité était réduite à la distance d'à peine 200 mètres. Il faisait un froid glacial.

Par petits groupes de trois ou quatre, les officiers et les hommes se dirigèrent vers le côté tribord de la plage arrière. Epuisés, gelés jusqu'aux os, pour la plupart plongés dans leurs amères pensées, ils marchaient sans parler, traînant leurs pieds qui soulevaient de petites bouffées d'une neige poudreuse. Sur la plage, ils se placèrent silencieusement derrière le commandant ou en abord et à l'arrière, le long de la longue rangée symétrique de monticules couverts de neige dont la rondeur soulevait la blancheur uniforme du pont.

Le commandant était flanqué de trois de ses officiers : Carslake, Etherton et le médecin-chef. Carslake se tenait près de la rambarde, la partie inférieure de son visage enveloppée de bandes jusqu'aux yeux. Pour la seconde fois en vingt-quatre heures, il avait guetté Vallery au passage et l'avait supplié de reconsidérer sa décision de le priver de son brevet d'officier. A la première occasion, Vallery avait été intransigeant, presque méprisant ; dix minutes plus tôt, il s'était montré glacial et brusque, avait menacé Carslake de le faire arrêter s'il l'importunait de nouveau. Et maintenant, Carslake fixait sans les voir la neige et la mer assombrie, de ses yeux bleu pâle lourds de haine.

Etherton était juste derrière l'épaule gauche de Vallery, frissonnant sans pouvoir s'en empêcher. Au-dessus de la ligne blanche et tressaillante de ses lèvres serrées, les muscles de ses joues et de sa mâchoire remuaient incessamment ; seuls ses yeux demeuraient immobiles, maladivement fascinés par le curieux monticule qui se trouvait à ses pieds. Brooks aussi serrait les lèvres, mais leur ressemblance n'allait pas plus loin : le visage rouge, ses yeux pleins de colère, il bouillait et rageait comme seul peut le faire un médecin dont les ordres ont été ouvertement désobéis par un malade très gravement atteint. Comme Brooks le lui avait dit avec force, sans respecter sa supériorité hiérarchique, le commandant n'avait pas le droit d'être là et était un satané imbécile d'avoir quitté son lit. Mais, Vallery lui avait répliqué avec douceur qu'il fallait que quelqu'un conduise le service funèbre et que ce devoir incombait au commandant si l'aumônier en était empêché. Et ce jour-là, l'aumônier en était empêché car c'était son cadavre qui gisait là, à ses pieds... et aux pieds d'Etherton... l'homme qui l'avait sûrement tué.

L'aumônier était mort quatre heures plus tôt, juste après le départ de Charlie. Tyndall s'était trompé dans ses calculs. Charlie n'était pas apparu au bout de moins d'une heure ; il n'était arrivé qu'au milieu de la matinée et alors, en compagnie de trois de ses congénères. Un long trajet, en effet, depuis la côte de Norvège jusqu'ici, au 10e degré de longitude ouest, mais rien pour ces Condor géants — Focke-Wulf 200 — qui parcouraient régulièrement de l'aube au crépuscule le vaste demi-cercle de Trondhjem à la France occupée, puis autour des côtes occidentales des îles Britanniques.

Des Condor en groupe signifiaient des ennuis, et ceux-ci ne firent pas exception. Ils volèrent directement au-dessus du convoi, l'approchant par l'arrière ; le tir de barrage des navires marchands et des escorteurs fut intense, et l'attaque des bombardiers fut livrée avec un manque d'enthousiasme marqué : les Condor lâchèrent leurs bombes d'une hauteur de 2 000 mètres. Dans l'air limpide et froid de cette matinée, les bombes étaient visibles presque dès l'instant où elles étaient lancées et on avait le temps d'agir pour les éviter. Presque immédiatement, les Condor avaient mis fin à leur attaque et avaient disparu vers l'est, impressionnés, mais, semblait-il, non endommagés, par la chaleur de l'accueil reçu. Vu les circonstances, l'attaque était fort suspecte. Le prudent Charlie pouvait être normalement en reconnaissance, mais, dans les rares occasions où il attaquait, il le faisait généralement avec courage et résolution. La récente sortie était trop timorée, sa tactique trop évidemment insuffisante. Il était naturellement possible que de nouveaux venus à la Luftwaffe fussent d'une prudence qui manquait à leurs prédécesseurs, ou peut-être qu'ils eussent reçu l'ordre de ne pas faire courir de risques à leurs précieux engins. Mais probablement, presque certainement, on pensa que cette attaque inutile n'était qu'une diversion et que le danger principal se trouvait ailleurs. Le guet au-dessus de la mer et en dessous fut intensifié. Cinq, dix, quinze minutes s'écoulèrent et rien ne se passa. Les écrans du radar et de l'Asdic demeuraient obstinément vides. Tyndall décida finalement qu'il n'y avait pas de raison valable pour garder la totalité de l'équipage, qui avait si désespérément besoin de repos, aux postes de combat un moment de plus, et il ordonna qu'on sonnât la fin de l'alerte.

On reprit les postes de veille normaux. Toute la matinée, le travail avait été supprimé, et les officiers et matelots qui n'étaient pas de quart allèrent goûter un peu de sommeil qui leur était accordé. Mais pas tous : Brooks et Nicholls devaient s'occuper de leurs malades ; l'officier de navigation retourna à la chambre des cartes ; Marshall et son adjoint, Peters, reprirent leurs rondes de surveillance habituelles, et Etherton, nerveux, anxieux, exagérément sensible et extrêmement désireux de racheter le rôle qu'il avait joué dans l'incident Carslake-Ralston, resta pelotonné sur lui-même et attentif dans la froide et solitaire hune de télépointage.

L'appel urgent provenant du pont parvint à Marshall et Peters alors qu'ils parlaient au gradé qui dirigeait l'atelier d'électricité n° 2. Celui-ci était situé à bâbord de la coursive qui traversait le bateau sur l'avant du carré en tournant autour du fût de la tourelle « B ». En quatre pas rapides, ils étaient sortis de l'atelier et avaient regardé par-dessus bord à travers la neige qui recommençait à tomber, suivant le doigt que pointait un Marine excité. Marshall jeta un coup d'œil sur l'homme et le reconnut immédiatement : c'était Charteris, le seul simple soldat connu personnellement de tous les officiers du navire : au port, il jouait le rôle de barman du carré.

« Qu'y a-t-il, Charteris ? demanda-t-il. Que voyez-vous ? Vite !

— Là ! Regardez ! Là-bas... non, un peu plus à droite. C'est... c'est un sous-marin, capitaine.

— Quoi ? Comment ? Un sous-marin ? » Marshall se retourna à moitié tandis que le révérend Winthrop, l'aumônier, se serrait contre la rambarde entre Marshall et Charteris. « Où ? Où est-il ? Montrez-le-moi !

— Droit devant nous, révérend. Je le vois maintenant, mais il a une rudement drôle de forme pour un sous-marin », dit Marshall.

Il surprit dans l'œil du pasteur un éclair belliqueux, nullement chrétien, étouffa un rire et regarda l'étrange silhouette trapue qui arrivait à présent presque à leur hauteur.

Là-haut dans la hune, les yeux attentifs d'Etherton l'avaient déjà vue, même avant Charteris. Comme celui-ci, il crut aussitôt que c'était un sous-marin surpris à la surface dans une tempête de neige... l'acquittement de la dette de l'attaque des Condor — la pensée que l'Asdic ou le radar l'auraient certainement signalé ne lui vint pas. L'essentiel était de se dépêcher d'agir avant qu'il disparût. Sans réfléchir, il saisit le téléphone communiquant avec les pom-poms de l'avant.

« Télépointeur-pom-pom ! cria-t-il. Sous-marin, à 60 bâbord. Distance 100 mètres, se déplaçant vers l'arrière. Je répète à 60 bâbord. Le voyez-vous ?... Non, non, à 60 bâbord... 70, à présent ! cria-t-il désespérément. Oh ! bien, bien ! Commencez à le suivre.

— Pièce montée sur le but, capitaine !

— Ouvrez le feu... Feu continu !

— Capitaine... mais Kingston n'est pas ici. Il est allé...

— Peu importe Kingston ! » cria Etherton furieusement. Kingston, il le savait, était le chef de pièce. « Ouvrez le feu, imbéciles... maintenant ! J'en prends la pleine responsabilité. »

Il raccrocha le récepteur et s'approcha du panneau d'observation... Alors, il comprit tandis qu'une peur affreuse, bouleversante s'emparait de son esprit, et il se précipita désespérément sur le téléphone.

« Annulez le dernier ordre ! hurla-t-il. Cessez le feu ! Cessez le feu ! Oh ! mon Dieu, mon Dieu, mon Dieu ! »

Le récepteur lui transmettait l'aboiement saccadé des canons. Le récepteur tomba de sa main et frappa la cloison. Il était trop tard. Il était trop tard parce qu'il avait commis le péché capital : il avait oublié d'enlever les tapes de bouches, les plaques de métal qui fermaient les âmes des canons quand on ne s'en servait pas. Et les obus étaient amorcés pour éclater au contact...

Le premier obus éclata à l'intérieur du tube, tuant le pointeur et blessant sérieusement le servant des transmissions ; les trois autres traversèrent les tapes et firent explosion à moins d'une seconde les uns des autres, à quelques centimètres des visages des quatre veilleurs sur la plage avant.

Miraculeusement, aucun d'eux ne fut atteint par le métal qui volait en sifflant. Il vola vers l'extérieur et le bas, grêle de fer rouge qui tomba dans la mer avec un bruit de friture. Mais le souffle de l'explosion s'exerça vers l'arrière, et la force même de quelques livres d'un puissant explosif à longueur de bras est mortelle. L'aumônier mourut instantanément. Peters et Charteris en quelques secondes, et tous par fracture de l'occiput. Le souffle les projeta en arrière avec une force telle que le derrière de leurs têtes s'écrasa comme une coquille d'œuf contre la cloison. Le sang s'infiltra à travers la neige et disparut en un moment.

Marshall eut une chance fantastique. L'explosion — il dit ensuite qu'il lui avait semblé être sur le trajet du piston du moteur du Coronation Scot — le lança à travers la porte ouverte derrière lui, arracha les talons de ses deux souliers quand ils s'accrochèrent à l'hiloire du seuil ; il freina violemment en l'air, décrivit un saut périlleux complet, glissa le long de la coursive et s'écrasa carrément contre le fût de la tourelle « B », son dos encadré par les quatre grandes pointes qui maintenaient les écrous d'une plaque de visite. S'il s'était tenu 30 centimètres plus à droite ou à gauche, si ses talons avaient eu deux centimètres de plus, s'il avait heurté la tourelle à un cheveu de plus à gauche ou à droite, le lieutenant de vaisseau Marshall n'aurait pas eu le droit de vivre. Les lois du hasard l'affirmaient unanimement. En fait, Marshall était maintenant à l'infirmerie, bandé, des côtes brisées rendant sa respiration pénible, mais autrement, indemne.

Le canot de sauvetage, chaviré, symbole muet de quelque tragédie antérieure des convois russes, et cause de l'incident, avait depuis longtemps disparu dans le demi-jour blanc.

La voix du commandant Vallery, basse et rauque, s'éteignit doucement. Il recula d'un pas, ferma le Livre de Prières, et les notes mélancoliques du clairon résonnèrent brièvement au-delà de la poupe avant de mourir dans l'épaisse neige. Les hommes demeurèrent silencieux, immobiles, tandis qu'une par une les treize dépouilles enveloppées de toile lestée glissaient de dessous le pavillon britannique le long de la planche inclinée, tombaient lourdement dans l'Arctique et disparaissaient. Pendant de longues secondes, personne ne bougea. L'effet irréel, hypnotique de ce rituel funèbre maintenait involontairement asservis ces esprits fatigués et inertes, faisait oublier à ces hommes le froid et l'inconfort. Même lorsque Etherton s'avança, soupira et s'effondra dans la neige d'une façon nullement spectaculaire, l'espèce de transe se prolongea. Certains l'ignorèrent, d'autres le regardèrent avec curiosité. Cela semblait absurde, mais Nicholls, qui se tenait à l'arrière-plan, avait l'impression qu'ils auraient pu rester là indéfiniment, le fonctionnement de leur cerveau et la circulation de leur sang se ralentissant, se coagulant, gelant tandis qu'ils se transformaient en colonnes de glace. Puis, soudain, avec une brusquerie exacerbante, l'ensorcellement fut rompu : le cri strident du sifflet des postes de combat retentit dans la nuit tombante.

Il fallut environ trois minutes à Vallery pour atteindre la passerelle. Il s'arrêta toutes les deux ou trois marches des quatre échelles conduisant à la passerelle ; même ainsi, cette montée épuisa les dernières réserves de ses frêles forces. Brooks dut presque le porter pour franchir la porte. Vallery se cramponna à l'habitacle, luttant pour respirer, les lèvres souillées d'écume ; mais ses yeux étaient vivants, attentifs comme toujours, scrutant la mer à travers la neige tourbillonnante.

« Contact se rapprochant, se rapprochant ; route fixe, intercepte la nôtre ; vitesse inchangée. »

Le haut-parleur du radar était assourdi, mais on reconnaissait la voix calme et précise du lieutenant de vaisseau Bowden.

« Bon, bon ! Nous arriverons à le jouer », fit Tyndall dont le visage fatigué, fripé, s'éclaira, presque rayonnant à cette idée en se tournant vers le commandant.

La perspective de l'action enchantait toujours Tyndall.

« Il arrive quelque chose du sud-sud-ouest, commandant... Bon Dieu du ciel ! que faites-vous ici ? ajouta-t-il, choqué par l'aspect de Vallery. Brooks, pourquoi, au nom de Dieu ?...

— Eh bien, tâchez donc, *vous*, de lui faire entendre raison », grommela Brooks avec colère.

Il claqua la porte derrière lui et quitta la passerelle.

« Qu'est-ce qu'il a ? demanda Tyndall à la cantonade. Que diable suis-je censé avoir fait ?

— Rien, amiral, dit Vallery, en l'apaisant. C'est de ma faute. J'ai désobéi aux ordres du docteur. Mais, que disiez-vous ?

— Ah ! oui, des ennuis, je le crains, commandant. »

Vallery sourit à part lui en voyant la satisfaction, la joyeuse attente réapparaître sur le visage de l'amiral.

« Le radar annonce l'approche d'un navire de surface, grand, rapide, suivant plus ou moins un gisement d'abordage.

— Et pas un des nôtres, naturellement ? » murmura Vallery. Puis, levant soudain la tête : « Par Dieu, amiral, ce ne pourrait-il pas être... ?

— Le *Tirpitz* ? dit Tyndall en finissant la phrase à sa place. Cela a été ma première pensée, à moi aussi, mais non. L'Amirauté et l'aviation le surveillent comme une poule couveuse ses œufs. S'il bougeait un pied, nous le saurions... C'est probablement quelque croiseur lourd.

— Se rapproche. Se rapproche. Même cap, fit la voix de Bowden, sèche, tranquille, rappelant vaguement celle d'un commentateur de cricket. Vitesse estimée 24, je répète 24 nœuds. »

Elle se tut tandis que s'élevait celle d'un homme parlant de la T.S.F.

« Radio-passerelle. Radio-passerelle. Signal du convoi : *Stirling* à amiral. Bien. Compris. J'exécute. Terminé.

— Excellent, excellent ! C'est de Jeffries, expliqua Tyndall. Je lui ai envoyé un signal ordonnant au convoi de venir au nord-nord-ouest. Cela devrait les mettre bien hors de portée de l'ami qui approche. »

Vallery inclina la tête.

« De quelle distance le convoi nous précède-t-il, amiral ?

— Pilote ! cria Tyndall en se renversant dans son fauteuil avec un air d'attente impatiente.

— Six... Six milles et demi, dit le Petit Kapok, son visage impassible.

— Il se relâche, dit Tyndall tristement. La tension le fatigue. Il y a deux jours, il nous aurait indiqué la distance à un mètre près. Six milles... c'est assez loin, commandant. Il ne les rattrapera jamais. Bowden dit qu'il ne nous a pas encore découverts nous-mêmes ; si sa route croise la nôtre, ce doit être par pure coïncidence... Il paraît que le capitaine Bowden a une médiocre opinion du radar allemand.

— Je le sais. J'espère qu'il a raison. Pour la première fois, cette question offre un intérêt non exclusivement académique. »

Vallery regarda vers le sud à travers ses jumelles : on ne voyait que la mer et la neige qui tombait moins épaisse.

« De toute façon, ce contact s'est produit au bon moment. »

Tyndall leva ses sourcils broussailleux, ne comprenant pas.

« L'atmosphère était étrange sur la plage arrière, dit Vallery avec hésitation. Il y avait quelque chose de bizarre, de surnaturel dans l'air. Cela ne m'a pas plu, amiral. C'était... eh bien, c'était presque effrayant. La neige, le silence, les morts — treize morts — je ne peux que deviner les sentiments des hommes au sujet d'Etherton... au sujet de n'importe quoi. Mais ce n'était pas bon. Je ne sais pas comment cela se serait terminé...

— Cinq milles, annonça le haut-parleur. Je répète cinq milles. Cap et vitesse inchangés.

— Cinq milles », dit Tyndall avec soulagement. L'immatériel l'ennuyait. « Il est temps de prendre nos dispositions, commandant. Nous serons bientôt à la distance qui, selon Bowden, constitue la portée de son radar. En gouvernant droit à l'est, je crois... nous aurons l'air de couvrir la queue du convoi et de nous diriger vers le cap Nord.

— A droite 10 », ordonna Vallery.

Le croiseur évolua graduellement, prit son nouveau cap ; le nombre de tours fut réduit jusqu'à ce que l'*Ulysses* filât 26 nœuds.

Une minute, cinq minutes passèrent, puis le haut-parleur dit :

« Radar-passerelle. Distance constante, il vient au cap d'interception.

— Excellent ! vraiment excellent ! » L'amiral ronronnait presque. « Nous le tenons, messieurs. Il a raté le convoi... Ouvrez le feu au radar ! »

Vallery tendit la main vers l'appareil qui le reliait à la hune de télépointage.

« Ah ! c'est vous, Courtney... bon, bon... allez-y ! »

Il remit l'appareil en place et regarda Tyndall :

« Malin comme un singe, ce garçon. Depuis dix minutes, il fait suivre l'ennemi par les tourelles “X” et “Y”. Il ne s'agit que d'appuyer sur un bouton, dit-il.

— De la même qualité que notre ami d'ici », dit Tyndall en faisant, de la tête, un mouvement en direction du Petit Kapok. » Puis, levant les yeux avec étonnement : « Courtney ? Avez-vous dit “Courtney” ? Où est le canonnier ?

— Dans sa chambre, pour autant que je le sache. Il s'est effondré sur la plage arrière. En tout cas, il n'est pas en état d'accomplir son travail... Je remercie Dieu de ne pas être dans les souliers de ce garçon. Je peux m'imaginer... »

L'*Ulysses* frissonna et un bruit semblable à un coup de fouet noya la voix de Vallery tandis que les obus de 155 de la tourelle « X » fendaient en criant la nuit tombante. Quelques secondes plus tard, le navire fut de nouveau secoué quand les canons de la tourelle « Y » se mirent de la partie. Désormais, elles tirèrent à tour de rôle, un obus à la fois, toutes les demi-minutes ; il était inutile de gaspiller des munitions alors que le point de chute ne pouvait être observé ; mais c'était probablement le minimum nécessaire pour exaspérer l'ennemi et distraire son attention de tout ce qui n'était pas l'*Ulysses*.

La neige n'était plus à présent qu'un mince rideau de gaze qui estompait plutôt qu'il ne cachait l'horizon. Vers l'ouest, les nuages se dissipaient et le ciel était éclairé par le soleil couchant. Vallery ordonna à la tourelle « X » de cesser le feu et de tirer des obus éclairants.

Brusquement, la neige disparut et l'on vit l'ennemi, gros et menaçant, informe silhouette noire dont l'étrave faisait rejaillir très haut une écume que dorait mal à propos le brusque éclat du soleil couchant.

« A droite 30 ! dit sèchement Vallery. En avant toute ! Ecran de fumée ! »

Tyndall approuva de la tête. Son plan ne comportait pas d'engager le combat avec un croiseur lourd ou un cuirassé de poche allemands... surtout à une portée de quatre milles, presque à bout portant.

Sur la passerelle, une demi-douzaine de jumelles scrutaient l'arrière, essayant d'identifier l'ennemi. Mais la silhouette longitudinale qui se détachait sur le ciel rougissant était difficile à analyser, exaspérément ambiguë et vague. Soudain, ils virent des langues de flammes blanches s'élancer du cœur de la silhouette ; simultanément, les obus éclairants éclatèrent haut dans l'air, juste au-dessus de l'ennemi, le baignant d'une intense, impitoyable lumière blanche de sorte qu'il apparut étrangement nu et sans défense.

Une apparence illusoire. Tous se baissèrent, en un réflexe instinctif, tandis que les obus sifflaient juste au-dessus de leurs têtes et tombaient dans la mer, à l'avant. Tous, excepté Kapok. Il tourna un œil impassible sur l'amiral qui se redressait lentement.

« Type *Hipper*, amiral, annonça-t-il ; 10 000 tonnes, canons de 203 mm, muni d'avions. »

Tyndall regarda son visage sérieux avec suspicion. Il chercha dans son esprit une repartie qui lui rabattît le caquet mais, apercevant les tourelles du croiseur allemand qui vomissaient de la fumée, il s'écria :

« Ma parole ! Ils ne perdent guère de temps, n'est-ce pas ? Et ils tirent rudement bien, ajouta-t-il avec une admiration de professionnel tandis que les obus s'enfonçaient en sifflant dans le sillage bouillant de l'*Ulysses*, à environ 45 mètres sur son arrière. Les deux premières salves nous ont pris en fourchette. Ils nous encadreront la prochaine fois. »

L'*Ulysses* continuait à évoluer, une fumée noire commençant à sortir de la cheminée arrière, quand Vallery se redressa et porta ses jumelles à ses yeux. De lourds nuages de fumée s'élevaient à tribord de l'ennemi, juste sur l'avant de la passerelle.

« Oh ! bravo, jeune Courtney ! s'exclama-t-il, vraiment bien réussi !

— Bien réussi, en effet ! opina Tyndall. Une merveille ! Je ne crois quand même pas que nous nous attarderons à discuter le coup avec eux... Ah ! juste à temps, messieurs ! Dieu, il était près, celui-là ! »

L'arrière de l'*Ulysses*, maintenant presque cap au nord, disparut à la vue tandis qu'une salve s'écrasait tout près, l'un des obus explosant dans un grand jaillissement d'eau.

La salve suivante — évidemment, le coup qui avait atteint le croiseur ennemi n'avait pas affecté sa puissance de feu — tomba à une encablure sur l'arrière. L'allemand tirait maintenant à l'aveuglette. Le chef mécanicien Dodson faisait de la fumée tant qu'il pouvait, une fumée huileuse, noire, qui s'aplatissait sur la surface de la mer, tourbillonnante, épaisse, impénétrable. Vallery fit demi-tour, puis se dirigea vers l'est à toute vitesse.

Pendant les deux heures suivantes, dans le crépuscule et l'obscurité, ils jouèrent au chat et à la souris avec le croiseur du type *Hipper*, tirant occasionnellement, apparaissant par instants, taquin, puis disparaissant derrière un rideau de fumée, à peine nécessaire maintenant que la nuit venait. Tout le temps, le radar leur servit d'yeux et d'oreilles, sans jamais leur manquer. Finalement, convaincu que le convoi ne courait plus de danger, Tyndall fit faire un double écran en forme d'un grand « U » et disparut au sud-ouest, tirant quelques derniers obus, moins en signe d'adieu que pour indiquer la direction de son départ.

Quatre-vingt-dix minutes plus tard, au bout d'un gigantesque demi-cercle sur la gauche, l'*Ulysses* se trouvait loin au nord, pendant que Bowden et ses hommes suivaient toujours la marche de l'ennemi. Il se dirigeait droit vers l'est, puis, juste avant que le contact fût perdu, il modifia son cap vers le sud-est.

Tyndall descendit de son fauteuil, ankylosé et raide. Il s'étira voluptueusement.

« Pas une mauvaise soirée de travail, commandant, pas mauvaise du tout. Combien voulez-vous parier que notre ami passera la nuit à tourner vers le sud et l'est à toute vitesse dans l'espoir d'arriver sur l'avant du convoi au matin ? »

En dépit de son épuisement, Tyndall jubilait presque.

« Et alors, continua-t-il, FR 77 devrait être à 200 milles au nord de l'allemand... Je suppose, pilote, que vous avez étudié les routes permettant de rejoindre le convoi à toutes les vitesses jusqu'à 100 nœuds ?

— Je crois que nous devrions pouvoir reprendre le contact sans grande difficulté, dit le Petit Kapok poliment.

— C'est lorsqu'il est le plus modeste qu'il m'exaspère le plus, annonça Tyndall... Dieu du ciel ! Je suis mort de froid !... Oh ! le diable m'emporte ! Pas de nouveaux ennuis, j'espère ? »

Le servant des transmissions, derrière la passerelle de navigation, prit le récepteur du téléphone qui sonnait et écouta un instant.

« Pour vous, commandant, dit-il à Vallery. Le médecin adjoint.

— Prenez le message, Chrysler.

— Je vous demande pardon, commandant. Il insiste pour vous parler lui-même. »

Chrysler passa le récepteur à Vallery qui étouffa une exclamation agacée et porta l'écouteur à son oreille.

« Ici le commandant. Oui, qu'est-ce qu'il y a ?... Quoi ?... *Quoi ?* Oh ! Dieu, non !... Pourquoi ne m'en a-t-on rien dit ?... Oh ! je vois... merci, merci. »

Vallery rendit le récepteur à Chrysler et se tourna lourdement vers Tyndall. Dans l'obscurité, l'amiral sentit plutôt qu'il ne vit la soudaine lassitude, la défaite voûtée des épaules.

« C'était Nicholls, dit Vallery d'une voix atone. Le capitaine

Etherton s'est tué d'un coup de revolver dans sa chambre, il y a cinq minutes. »

A quatre heures du matin, la neige tombant à gros flocons mais la mer étant calme, l'*Ulysses* rejoignit le convoi.

A peine six heures plus tard, au milieu de la matinée, l'amiral Tyndall était devenu un vieillard fatigué, au visage décomposé, en proie au remords, se critiquant amèrement, et proche, très proche du désespoir. Miraculeusement, en quelques heures, ses joues rebondies et colorées étaient devenues flasques, parcheminées, grisâtres, et ses yeux s'étaient ternis et rougis d'épuisement. Le changement survenu chez ce vigoureux et jovial marin, apparemment insensible aux pires vicissitudes de la guerre, était incroyable ; incroyable et troublant par son intensité et sa rapidité, mais infiniment plus par son effet démoralisant sur les hommes. Chaque cintre n'a qu'une seule clef de voûte... ou du moins tout homme doit inévitablement le croire.

N'importe quel tribunal impartial aurait lavé Tyndall de toute culpabilité, l'aurait acquitté sans procès. Il avait fait ce qu'il pensait être bien, ce que tout commandant aurait fait à sa place. Mais Tyndall comparaissait devant l'impitoyable tribunal de sa propre conscience. Il ne pouvait oublier que c'était lui qui avait fait prendre au convoi une nouvelle route, bien plus au nord, que c'était lui qui avait ignoré les ordres officiels lui enjoignant de gagner directement le cap Nord ; que c'était exactement au 70e degré de latitude nord — là où Leurs Seigneuries lui avaient dit qu'ils seraient — que le FR 77 s'était, par cette aube froide, sans nuages et sans vent, fourvoyé au cœur de la plus forte concentration de sous-marins rencontrée dans l'Arctique pendant tout le cours de la guerre.

La meute avait frappé à son heure préférée — l'aube — et de sa position favorite : le nord-est, avec le soleil levant dans ses yeux. Elle frappa cruellement, habilement et avec une férocité calculée. On reconnaissait qu'était révolue l'époque du Kapitän-Leutnant Prien — dont le sous-marin avait été envoyé depuis longtemps par le fond avec tout son équipage par le destroyer *Wolverine* — et de ses illustres contemporains, ces beaux jours des grands commandants de sous-marins, de la valeur individuelle et du grand courage personnel. Il lui avait succédé, de l'avis général, beaucoup plus dangereuses, plus mortelles, les attaques massives, concertées, de meutes parfaitement cohérentes, des attaques méthodiques, mécanisées, presque réduites à une formule, sous un commandement unique.

Lc *Cochella*, troisième navire de la colonne de tribord, fut le premier atteint. Frère du *Vytura* et du *Varella*, eux aussi dans le convoi FR 77, le *Cochella* portait plus de 13 millions de litres d'essence à 100 d'octane. Il fut frappé par au moins trois torpilles ; les deux premières le coupèrent presque en deux, la troisième provoqua une stupéfiante détonation qui l'anéantit littéralement. Un moment, il était là, naviguant sereinement dans le limpide demi-jour de l'aurore ; le moment d'après, il n'existait plus. Disparu, complètement, absolument, et seul un océan bouillant, d'une blancheur convulsée, montrait où il avait été ; disparu pendant que des tympans abasourdis et des esprits assommés luttaient en vain pour comprendre la signification de ce qui s'était passé ; disparu pendant que d'aveugles réflexes instinctifs précipitaient les hommes dans tout abri qui s'offrait contre la tempête de métal mortel faisant rage sur la flotte.

Deux navires subirent toute la force de l'explosion. Une énorme masse métallique — peut-être un treuil — traversa entièrement la superstructure du *Sirrus*, à 200 mètres sur la droite, démolissant complètement la cabine du radar. On ne sait pas au juste ce qui arriva au navire immédiatement à l'arrière portant le nom impossible de *Tennessee Adventurer*, mais presque certainement son abri de navigation et sa passerelle avaient été gravement endommagés : on ne pouvait plus le gouverner.

Tragiquement, on ne le comprit pas tout d'abord, simplement parce que ce n'était pas apparent. Tyndall, se remettant vite du pur choc physique de l'explosion, ordonna par signal d'abattre sur la gauche. La meute des sous-marins se trouvait évidemment de ce côté, et la seule action propre à minimiser d'autres pertes, à contrecarrer la stratégie de l'ennemi, était de se diriger droit sur lui. Tyndall était raisonnablement sûr que les sous-marins seraient étroitement rassemblés — ils ne s'égaillaient généralement que pour les convois lents. D'ailleurs, il avait adopté cette tactique plusieurs fois dans le passé avec un grand succès. Enfin, la cible s'offrant aux sous-marins était de la sorte réduite à un impossible dixième et ils étaient forcés soit de plonger soit de risquer d'être abordés.

Avec la précision impeccable et la coordination de cavaliers des Jeux olympiques, le convoi évolua majestueusement, laissant derrière lui des sillages blancs, phosphorescents dans la demi-obscurité qui subsistait à la surface de la mer. Trop tard, on s'aperçut que le *Tennessee Adventurer* ne gouvernait plus. Lentement, puis avec une consternante rapidité, il abattit vers l'est, fonçant directement sur un autre navire marchand, le *Tobacco Planter*. On eut à peine le temps de penser, de mesurer l'inévitable : frénétiquement, la barre du *Planter* fut tournée jusqu'à la dernière limite afin de parer l'autre par l'arrière, mais l'*Adventurer* aux mouvements désordonnés, n'étant évidemment plus maître de sa manœuvre, suivit le cercle que décrivait le *Planter*, inexorablement, mètre par mètre, comme animé d'une malice aveugle.

Il frappa le *Planter* avec une violence mortelle, juste à l'avant de la passerelle. L'étrave de l'*Adventurer* entama profondément le flanc du *Planter*, s'enfonçant de quatre, de six mètres, dans un chaos de métal déchiré : la force vive d'une masse de 10 000 tonnes, à 15 nœuds, est fantastique. La blessure fut mortelle, et le propre mouvement du *Planter*, qui l'arracha à l'étrave meurtrière, ouvrit sa plaie à la mer affamée et hâta sa fin. Presque immédiatement, il se mit à se remplir d'eau et à donner fortement de la bande. A bord de l'*Adventurer*, quelqu'un avait dû reprendre le commandement : ses machines stoppèrent et il demeura presque immobile, l'avant un peu enfoncé, à côté du navire sombrant.

Le reste du convoi s'éloigna des navires désemparés et se stabilisa à l'ouest quart nord-ouest. Très loin, sur la droite, le commandant du *Sirrus*, Orr, fit faire un brusque demi-tour à son destroyer endommagé et se dirigea vers les cargos mutilés. Il s'en était approché de moins d'un demi-mille quand il fut rappelé par un signal impérieux du navire amiral. Tyndall était sans illusions. Il savait que l'*Adventurer* pouvait rester là toute la journée indemne — le *Planter*, lui, aurait évidemment sombré dans quelques minutes — mais cela ne garantirait ni le départ de sous-marins ni une soudaine crise d'esprit chevaleresque de la part de l'ennemi : il serait toujours sur place et attendrait jusqu'à la dernière seconde avant la nuit dans l'espoir qu'un destroyer sauveur vienne accoster l'*Adventurer*.

A cet égard, Tyndall avait raison. L'*Adventurer* fut torpillé juste avant le coucher du soleil. Les trois quarts de son équipage prirent place dans des embarcations avec vingt survivants du *Planter*. Un mois plus tard, la frégate l'*Esher* retrouva les trois canots en ligne de file, au large de la côte sans pitié de l'île aux Ours, cap au nord. Le commandant était encore assis bien droit à l'arrière, ses orbites vides scrutant un horizon perdu, une main flétrie cramponnée au gouvernail. Les autres étaient assis ou couchés, l'un d'eux debout, le bras entourant le mât, et tous retroussaient en un hideux sourire leurs lèvres carbonisées par le soleil. Le journal de bord gisait à côté du commandant, vide d'inscription : tous étaient morts, gelés dès la première nuit. Le jeune commandant de la frégate les laissa à la dérive et les vit disparaître à l'extrémité septentrionale du monde, en direction de la banquise. Et la banquise est la région du grand silence, d'une mer incroyablement calme, si paisible, si calme, si froide, qu'ils y sont peut-être encore, les morts incapables de repos. Une minable et misérable fin pour le temple de l'esprit... On ne sait pas si l'Amirauté a approuvé ce geste du commandant de la frégate.

Mais, dans sa prévision des intentions les plus importantes de l'ennemi, l'amiral s'était absolument trompé. Le commandant de la meute avait deviné ce qu'il supposerait, et l'on pouvait soutenir que Tyndall aurait dû le prévoir. Sa tactique consistant à présenter un convoi entier face à une attaque de sous-marins était bien connue de l'ennemi ; celui-ci savait aussi que son navire était l'*Ulysses* qui, seul de son espèce, avait été rendu familier, par la vue ou l'image, à tous les commandants de sous-marins de la Marine allemande ; ils savaient naturellement que c'était l'*Ulysses* qui conduisait le convoi FR 77 à Mourmansk. Tyndall aurait dû le prévoir.

Car le sous-marin qui avait torpillé le *Cochella* était le dernier et non le premier de la meute : les autres se trouvaient au sud de celui qui avait fait jouer le piège, et bien à l'ouest du FR 77 — nettement au-delà de la portée de l'Asdic. Lorsque le convoi abattit dans cette direction, les sous-marins rallièrent sans se presser, pour lancer au fur et à mesure que les navires passeraient devant eux, à angle droit. La mer était calme, calme comme un étang, extraordinairement profonde et d'un bleu méditerranéen. Les rafales de neige de la nuit étaient passées. Loin, au sud-est, un brillant soleil s'élevait au-dessus de l'horizon, ses rayons étendant une large bande d'argent en travers de l'Arctique, éclairant intensément les navires couverts de neige dont la blancheur se détachait sur la mer et le ciel plus sombres. Les conditions étaient idéales, si l'on peut se servir du mot « idéal » pour qualifier le prologue d'un massacre.

Ce massacre aurait été inévitablement une destruction quasi totale sans l'avertissement qui arriva presque trop tard. Un avertissement qui ne fut donné ni par le radar ni par l'Asdic ni par aucun des instruments d'une efficacité magique inventés par la science moderne, mais simplement par les yeux perçants d'un matelot âgé de dix-huit ans... et par les rayons du soleil levant envoyés par Dieu.

« Commandant ! Commandant !... » C'était le jeune Chrysler qui criait. Sa voix se brisa d'excitation tandis qu'il gardait les yeux collés aux puissantes jumelles fixées au poste de commande bâbord des projecteurs. « Quelque chose fait un signal dans le sud, commandant ! Il y a eu deux éclats... en voilà encore un !

— Où cela, mon garçon ? » cria Tyndall.

Dans son agitation, Chrysler avait oublié la règle par excellence sous laquelle le gisement doit être indiqué avant tout.

« A 50° par bâbord, amiral... non, 60... Je l'ai perdu de vue maintenant. »

Toutes les jumelles de la passerelle se tournèrent dans la direction indiquée. On ne voyait rien, absolument rien. Tyndall ferma lentement sa longue-vue avec un haussement d'épaules d'une éloquente incrédulité.

« Il y a peut-être vraiment quelque chose, dit Kapok en hésitant. La mer ne pourrait-elle pas réfléchir un périscope faisant un rapide tour d'horizon ? »

Tyndall le regarda, silencieux, sans expression, détourna les yeux et les fixa droit devant lui. Il paraissait à Kapok être devenu différent, étrange. Son visage figé, d'une impassibilité de pierre, était celui d'un homme auquel sont confiés vingt navires et 5 000 vies et qui a déjà pris une décision erronée de trop.

« Le voilà de nouveau ! s'écria Chrysler. Deux éclats... non, trois éclats ! » Il était presque fou d'excitation, dansant de contrariété car il n'avait pas été cru. « Je les ai vus, amiral, vraiment, vraiment ! Oh ! je vous en prie, amiral ! »

Tyndall s'était retourné. Pendant dix longues secondes, il regarda Chrysler qui avait abandonné ses jumelles et se cramponnait de ses mains gantées à la porte grillée qui le séparait de l'amiral, en la secouant avec angoisse. Brusquement, Tyndall se décida :

« A gauche toute, commandant, Bentley... le signal ! »

Lentement, se fiant à la parole sans preuve d'un gamin de dix-huit ans, le FR 77 abattit vers le sud, lentement, un peu trop lentement. Soudain la mer grouilla de torpilles... Vallery en compta trente en autant de secondes. Elles couraient à faible immersion, et leurs sillages de bulles de plus en plus longs montaient rapidement à la surface et formaient comme des traînées de lait sur l'eau vitreuse, hampes délicatement éphémères pour des pointes aussi mortelles. Parallèles au centre, elles s'écartaient en éventail vers l'est et l'ouest pour embrasser la totalité du convoi. C'était un spectacle fantastique ; aucun homme, dans ce convoi, n'avait jamais rien vu de pareil.

En un moment, la confusion fut complète. Il n'y avait pas le temps de faire des signaux. C'était à chacun des navires d'éviter la destruction ; et la confusion était aggravée par les navires du centre et des colonnes extérieures qui n'avaient pas encore aperçu les sillages.

Que tous s'échappassent était impossible : les torpilles étaient beaucoup trop serrées. Le croiseur *Stirling* fut la première victime. A l'instant même où il semblait être à l'abri de tout danger — il était très en avant de l'endroit où les torpilles étaient les plus nombreuses — il trébucha sous quelque coup de marteau-pilon invisible, embarda follement et revint vers l'est, une épaisse fumée au-dessus de son arrière. L'*Ulysses*, manié de main de maître, se coucha sous l'effet de sa barre et, grâce à la différenciation de ses grandes hélices, se fraya passage dans l'espace impossiblement étroit entre quatre torpilles, deux d'entre elles courant de chacun de ses côtés à quelques mètres : il continuait à être un navire chanceux. Les destroyers rapides, extrêmement manœuvrants, impeccablement commandés, se faufilèrent hors de la zone dangereuse avec une facilité presque dédaigneuse, se redressèrent et mirent le cap vers le sud à la vitesse maximale.

Les navires marchands, grands, maladroits, relativement lents, furent moins heureux. Deux de la colonne de gauche, un pétrolier et un cargo, furent touchés ; miraculeusement, ils ne firent que trébucher sous le choc, puis reprirent leur marche. Il n'en fut pas de même du grand cargo qui les suivait immédiatement, ses cales bourrées et ses ponts couverts de chars. Il fut torpillé trois fois en trois secondes : il n'y eut pas de fumée, pas de flammes, pas d'explosion spectaculaire : fendu de l'arrière à l'avant, il coula rapidement, silencieusement, toujours d'aplomb sur sa quille, entraîné vers le fond par le seul poids du métal. Personne, sous les ponts, n'avait la moindre chance de s'échapper.

Un navire marchand de la colonne centrale, le *Belle-Isle*, fut torpillé au milieu. Il y eut deux explosions séparées — probablement parce qu'il avait été frappé deux fois — et il prit feu instantanément. En quelques secondes, il donna une forte bande sur tribord qui augmentait à chaque moment ; graduellement, ses lisses plongèrent dans l'eau, les embarcations, mises en dehors, touchant presque la surface. On vit douze, quinze hommes glisser le long des ponts en pente et des panneaux déjà à demi submergés, vers la plus proche embarcation. Désespérément, ils coupèrent les sangles qui la retenaient, s'empilèrent dedans avec une hâte grotesquement comique, débordèrent pour éviter les bossoirs déjà sous l'eau, armèrent les avirons et se mirent à nager avec frénésie. Une minute à peine s'était écoulée depuis le début.

Une demi-douzaine de puissants coups d'aviron les écartèrent de l'arrière de leur navire sombrant ; deux de plus les conduisirent sous l'étrave oscillante du *Walter A. Baddeley*, son compagnon de transport de chars, sur la colonne de gauche. L'habileté manœuvrière qui avait sauvé le *Baddeley* ne put rien pour le salut de l'embarcation ; le petit bateau se fendit comme un jouet en bois d'allumettes et culbuta les hommes hurlants dans la mer glacée.

Tandis que la grande coque grise du *Baddeley* glissait rapidement devant eux, ils nagèrent avec une force insensée en dépit de leurs lourds vêtements arctiques. En de semblables circonstances, la raison disparaît : la pensée que, si grâce à un miracle accordé par Dieu, ils devaient éviter la guillotine de l'unique, énorme hélice du *Baddeley*, ce ne serait que pour mourir dix minutes plus tard du froid glacial de l'Arctique, ne leur vint pas à l'esprit. Mais il se trouva que ni le métal ni le froid ne causèrent leur mort. Ils luttaient encore, presque à la hauteur de l'arrière, s'efforçant vainement d'éviter d'être happés par le tourbillon de l'hélice, quand les torpilles frappèrent le *Baddeley*, simultanément, en deux points proches, juste sur l'avant du gouvernail.

Pour des hommes à l'eau, à proximité d'une forte explosion sous-marine, il ne peut y avoir l'ombre d'un espoir : l'effet est inhumain, révoltant, choquant au-delà de toute expression ; en de pareils cas, des médecins expérimentés, même des pathologistes, se contraignent avec difficulté à regarder ceux qui furent des êtres humains... Mais, comme si souvent dans l'Arctique, la mort fut clémente envers les hommes de *Belle-Isle*, car ils moururent sans le savoir.

L'arrière du *Walter A. Baddeley* fut presque entièrement arraché.

Des centaines de tonnes d'eau s'engouffraient déjà dans le trou béant, traversant des cloisons transversales rompues par l'explosion, enfonçant les portes étanches du compartiment de la machine et tirant le navire vers les profondeurs, par l'arrière, d'une traction régulière, ininterrompue, jusqu'à ce que la lisse de la poupe plongeât comme en le saluant dans l'Arctique qui l'attendait. Pendant un moment, il demeura immobile. Puis, se suivant rapidement, retentirent de l'intérieur de la coque d'abord une explosion assourdie et ensuite le fracas de tonnerre des massives chaudières arrachées à leurs socles. Presque immédiatement, l'arrière fracassé sursauta violemment et s'enfonça de plus en plus jusqu'à ce que la dunette disparût complètement et que l'étrave ruisselante se soulevât haut au-dessus de la mer. Mètre par mètre, l'angle d'inclinaison s'accroissait, l'arrière plongé à trente, soixante mètres sous la surface de la mer, l'étrave dressée presque aussi haut contre le bleu du ciel, soutenue par 150 000 mètres cubes d'air pris au piège.

Le navire était exactement à 4° de la verticale lorsque la fin arriva. Il fut possible d'établir cet angle avec précision, car ce fut juste à cette seconde, à un demi-mille de distance, qu'à bord de l'*Ulysses* cliqueta, entre les mains gantées du médecin Nicholls, l'obturateur de son appareil photographique.

Un appareil qui capta l'image inoubliable d'un navire sombrant debout, presque verticalement, se détachant sur un ciel bleu pâle. Une image étrangement dépourvue de détails, à la seule exception de deux formes trapues, invraisemblablement suspendues en l'air : c'étaient des chars de 30 tonnes, détachés de leurs amarres, saisis au milieu de leur chute tandis qu'ils s'écrasaient sur la passerelle qui flottait dans la mer. A l'arrière-plan, il y avait l'arrière du *Belle-Isle*, l'hélice hors de l'eau, le pavillon marchand traînant nonchalamment dans la paisible mer.

Quelques secondes après avoir cliqueté, l'appareil fut emporté par un vent de tornade, fracassé contre une cloison, mais la pellicule demeura intacte. La panique des matelots de l'embarcation était justifiée : dans sa cale n° 2, juste sur l'avant de l'incendie, le *Belle-Isle* portait plus de 1 000 tonnes de munitions pour chars... Nettement coupé en deux, il coula en moins d'une minute ; l'étrave du *Baddeley*, criblée de coups par l'explosion, glissa doucement derrière lui.

Les échos de l'explosion retentissaient encore au-dessus de la mer en diminuant quand ils parurent renvoyés par une série de détonations assourdies provenant du sud. A moins de deux milles de distance, le *Sirrus*, le *Vectra* et le *Viking*, éblouissants de blancheur au soleil matinal, traçaient sur la mer un dessin follement compliqué avec les grenades sous-marines lancées de chaque côté de leur poupe. De temps en temps, l'un ou l'autre disparaissait presque derrière d'immenses geysers d'eau et d'écume et réapparaissait magiquement tandis que les blanches colonnes s'affaissaient dans la mer.

Se joindre à la chasse, satisfaire son brûlant, primitif désir de vengeance fut la première impulsion de Tyndall. Kapok le regarda furtivement et s'étonna de la rigidité voûtée, de la bouche serrée aux lèvres invisibles, du visage que déformait une amère colère... dirigée surtout contre lui-même. Soudain, l'amiral se retourna :

« Bentley ! Signalez au *Stirling*... Rendez compte des dommages. »

Le *Stirling* était maintenant à plus d'un mille sur l'arrière mais tournait rapidement, à la vitesse d'au moins 20 nœuds.

« — Voie d'eau dans la machine arrière », lut bientôt Bentley « Soutes noyées mais légers dommages seulement à la coque. Reste maître de ma manœuvre. Servo-moteur en avarie. Je gouverne à bras, ça va. »

— Remercions-en Dieu ! Signalez : « Remplacez-moi : route à l'est... » Allons, commandant, aidons Orr à se débattre contre ces assassins ! »

Kapok le regarda avec un désarroi soudain.

« Amiral !

— Oui, oui, pilote, qu'est-ce qu'il y a ? fit Tyndall sèchement, avec impatience.

— Eh bien, ce premier sous-marin, hasarda Carpenter. Il ne peut être à beaucoup plus d'un mille au nord. Ne devrions-nous pas ?...

— Dieu Tout-Puissant ! s'écria Tyndall furieux. Essayez-vous de me dire... » Il s'interrompit brusquement, dévisagea Carpenter un long moment. « Qu'avez-vous dit, pilote ?

— Le sous-marin qui a coulé le pétrolier, amiral, dit lentement Carpenter. Il peut maintenant avoir rechargé ses tubes et il se trouve dans une position excellente...

— Evidemment, évidemment », marmotta Tyndall.

Il passa sa main devant ses yeux et jeta un regard sur Vallery dont la tête était tournée de l'autre côté. La main repassa devant les yeux las.

« Vous avez tout à fait raison, pilote, tout à fait raison. » Il s'arrêta, puis sourit : « Comme toujours, le diable vous emporte ! »

L'*Ulysses* ne trouva rien au nord. Le sous-marin qui avait coulé le *Cochella* et fait jouer le piège avait sagement décampé. Pendant qu'ils inspectaient la zone, ils entendirent une canonnade et virent la fumée s'élever des pièces du *Sirrus*.

« Demandez-lui pourquoi il fait toutes ces histoires », ordonna Tyndall avec irritation.

Kapok sourit à part lui : le vieux avait encore de la vitalité de reste.

« *Vectra* et *Viking* ont endommagé, et probablement détruit sous-marin, dit le message. *Vectra* et moi en avons coulé un autre, venu en surface. Et vous ? »

« Et vous ! éclata Tyndall. Quelle satanée insolence ! Et vous ? Il aura le plus vieux, le plus infect dragueur de Scapa pour son prochain commandement... Tout cela est de votre faute, pilote !

— Oui, amiral. Je vous demande pardon. Peut-être ne pose-t-il cette question que dans un esprit... euh... d'anxieuse sollicitude.

— Vous plairait-il d'être son navigateur dans son prochain commandement ? » demanda Tyndall, menaçant.

Kapok se retira dans la chambre des cartes.

« Carrington !

— Amiral ? »

Le commandant adjoint était comme il l'était invariablement, l'œil clair, bien rasé, compétent, éveillé. Sa peau jaunâtre, comme l'est celle de tous ceux qui ont passé trop d'années sous le soleil tropical, n'était pas marquée par la fatigue. Il n'avait pas dormi depuis trois jours.

« Que pensez-vous de cela ? » demanda l'amiral en désignant au nord-ouest des nuages gris curieusement laineux qui masquaient l'horizon.

Devant eux, la mer s'assombrissait jusqu'à l'indigo sous de petites bouffées de vent soufflant du nord.

« Difficile à dire, répondit lentement Carrington. Pas de gros temps, c'est certain... J'ai déjà vu cela, amiral : des nuages bas, tortillés, arrivant par une belle matinée avec une élévation de la température. C'est très fréquent dans les Aléoutiennes et la mer de Béring... et là, cela signifie du brouillard, une brume épaisse.

— Et vous, commandant ?

— Aucune idée, amiral », dit Vallery en secouant la tête avec décision. La transfusion de plasma semblait lui avoir fait du bien. « C'est nouveau pour moi... je n'avais encore jamais vu cela.

— Je le pensais, grommela Tyndall. Moi non plus, c'est pourquoi j'ai interrogé Carrington en premier... Si vous croyez que c'est du brouillard qui va se lever, faites-le-moi savoir, n'est-ce pas ? Je ne peux me permettre de laisser éparpillés à travers la moitié de l'Arctique le convoi et les escorteurs si le temps se bouche. Quoique, ajouta-t-il avec amertume, je crois qu'ils seraient rudement moins en danger sans nous !

— Je peux vous le dire dès à présent, amiral. » Carrington possédait le don rare de pouvoir énoncer une affirmation calmement indiscutable sans offenser le moins du monde. « C'est du brouillard.

— Assez vraisemblable, dit Tyndall qui ne mettait jamais en doute la parole de Carrington. Dépêchons-nous de filer. Bentley, signalez aux destroyers : "Rompez engagement, Ralliez convoi." Ah ! et puis, Bentley, ajoutez le mot "Immédiatement". » Il se tourna vers Vallery : « A l'adresse du commandant Orr. »

Moins d'une heure après, les navires et les escorteurs avaient repris leurs postes, faisant d'abord route au nord-est afin d'éviter d'autres meutes sur le parallèle 70. Au sud-est, le soleil continuait à briller, mais les premières vrilles de brume, froide et humide, tournoyaient déjà autour du convoi. La vitesse avait été réduite à 6 nœuds ; tous les navires avaient filé des bouées de brume.

Tyndall frissonna et descendit tout ankylosé de son fauteuil tandis que résonnait le sifflet de la fin d'alerte. Il franchit la porte et s'arrêta dans la coursive. Posant une main gantée sur l'épaule de Chrysler, il l'y laissa, et le jeune garçon se retourna surpris.

« Je voulais simplement jeter un coup d'œil sur vos yeux, mon petit gars, dit-il en souriant. Nous leur devons une rude chandelle. Merci beaucoup... nous ne l'oublierons pas. »

Il regarda longuement le jeune visage, oublia sa propre fatigue et jura doucement, pris d'une soudaine compassion en voyant les yeux aux paupières rougies d'insomnie et les joues pâles et maigres qui s'empourpraient d'un plaisir embarrassé.

« Quel âge avez-vous, Chrysler ? demanda-t-il brusquement.

— Dix-huit ans, amiral... dans deux jours. »

La voix, au doux accent de l'Ouest, semblait presque empreinte de défi.

« Il aura dix-huit ans... dans deux jours ! répéta lentement Tyndall, se parlant à lui-même. Bon Dieu ! Bon Dieu du ciel ! »

Sa main retomba et il gagna d'une marche lasse l'abri arrière, y entra en refermant la porte derrière lui.

« Il aura dix-huit ans dans deux jours », répéta-t-il comme un homme en transe.

Vallery se souleva sur sa couchette.

« Qui ? demanda-t-il. Le jeune Chrysler ? »

Tyndall inclina tristement la tête.

« Je le sais, dit Vallery. Je sais ce qu'il en est... Il a fait de la bonne besogne aujourd'hui. »

Tyndall s'effondra dans un fauteuil. Sa bouche se tordit de rancœur.

« Lui seul... Grand Dieu, quel gâchis ! » Il tira fortement sur une cigarette, les yeux fixés par terre. « Dix bouteilles vertes accrochées à un mur, murmura-t-il d'un ton absent.

— Je vous demande pardon, amiral ?

— Quatorze navires sont partis de Scapa, dix-huit de Saint-John, ils composaient le FR 77, dit Tyndall à voix basse. Trente-deux navires en tout. Et maintenant... » Il s'arrêta. « Maintenant il y en a dix-sept... dont trois sont endommagés. Je compte le *Tennessee Adventurer* comme une épave... » Il émit un juron violent. « Comme je déteste laisser des navires ainsi, formant des cibles immobiles pour n'importe quel assassin... » Il tira de nouveau une bouffée de sa cigarette. « Je me conduis admirablement, n'est-ce pas ?

— Ah ! quelle sottise, amiral ! dit Vallery, impatient, presque en colère. Ce n'est pas de votre faute si les porte-avions ont été obligés de retourner à la base.

— Ce qui veut dire que le reste est de ma faute ? » Tyndall sourit légèrement et leva une main pour empêcher une protestation automatique. « Je vous demande pardon, Dick, je sais que telle n'était pas votre pensée... Mais c'est vrai, c'est vrai. Six navires marchands perdus en dix minutes... six ! Et nous n'aurions pas dû en perdre un seul. »

La tête baissée, les coudes sur les genoux, il appuya ses paumes contre ses yeux épuisés.

« Le contre-amiral Tyndall, maître en stratégie, continua-t-il doucement... modifie la route du convoi pour aller cogner contre un croiseur lourd, la modifie de nouveau pour se trouver nez à nez avec la plus grande meute de sous-marins que j'aie jamais connue, et juste à l'endroit où l'Amirauté avait annoncé qu'elle serait... Peu importe ce que le vieux Starr me fera quand je reviendrai, je ne m'en plaindrai pas... Plus maintenant, pas après ça... »

Il se remit debout lourdement. La lumière de l'unique ampoule atteignit son visage. Vallery fut choqué de le voir aussi changé.

« Où allez-vous maintenant, amiral ? demanda-t-il.

— Sur la passerelle. Non, non, restez ici, Dick. » Il essaya de sourire, mais son sourire ne fut qu'une brève grimace. « Laissez-moi en paix pendant que je réfléchis à ma prochaine erreur de calcul. »

Il ouvrit la porte et s'arrêta net en entendant siffler des obus tout près au-dessus d'eux tandis que le rappel aux postes de combat résonnait à travers le brouillard.

Tyndall se retourna lentement vers l'intérieur de l'abri.

« On dirait que je l'ai déjà commise », dit-il d'un ton amer.

9

Vendredi matin

Tyndall vit que le brouillard les entourait déjà complètement. Depuis la dernière forte chute de neige de la nuit, la température n'avait cessé de s'élever rapidement. Mais elle n'avait enjôlé que pour tromper : l'enveloppement gluant, glacial du brouillard paraissait maintenant doublement froid.

Il franchit la porte en hâte, Vallery sur ses talons. Turner, son casque d'acier à la main, était sur le point de se rendre à la hune de télépointage arrière. Tyndall étendit la main et l'arrêta :

« Qu'est-ce que c'est, Turner ? demanda-t-il. Qui a tiré ? Où ? D'où cela provient-il ?

— Je ne sais pas, amiral. Les obus provenaient plus ou moins de l'arrière. Mais je me doute rudement bien de qui c'est. » Il regarda pensivement l'amiral pendant un long moment. « Notre ami d'hier soir est revenu. »

Il se retourna brusquement et quitta la passerelle.

Tyndall le suivit du regard, perplexe, ne comprenant pas. Puis, un juron furieux lui échappa et il bondit vers le téléphone du radar.

« Passerelle. Ici l'amiral. Le capitaine Bowden tout de suite ! »

Le haut-parleur crépita aussitôt.

« Ici, Bowden, amiral.

— Que diable faites-vous là en bas ? fit Tyndall d'une voix basse et dure. Vous dormiez, ou quoi ? Nous sommes en train d'être attaqués, Bowden, par un navire de surface. C'est peut-être une nouvelle pour vous. »

Il s'arrêta et se baissa tandis qu'une autre salve hurlait au-dessus de sa tête et s'écrasait dans l'eau à moins de 800 mètres sur l'avant ; l'écume rejaillit en cascade sur les ponts d'un navire marchand, momentanément aperçu dans une étroite éclaircie entre deux bandes de brouillard. Tyndall se redressa promptement et cria dans le microphone :

« Il a notre distance. Au nom de Dieu, Bowden, où est-il ?

— Je regrette, amiral, répondit Bowden très calme, nous ne semblons pas pouvoir le saisir. Nous avons toujours l'*Adventurer* sur nos écrans et son relèvement ne paraît que très légèrement modifié... approximativement 300... Je suppose que le navire ennemi est encore caché par l'*Adventurer*, ou, s'il est plus près, il se trouve sur le relèvement direct de l'*Adventurer*.

— A quelle distance ? aboya Tyndall.

— Pas près, amiral. Très proche de l'*Adventurer*. Nous ne pouvons distinguer ni par la taille ni par la distance. »

Tyndall laissa le porte-voix osciller et, se tournant vers Vallery :

« Est-ce que Bowden pense vraiment me faire croire cette histoire ? demanda-t-il avec irritation. Une coïncidence comme il ne doit pas y en avoir une sur un million : un navire ennemi choisissant et conservant la seule position possible qui le cache à notre radar. Fantastique ! »

Vallery le regarda, son visage complètement inexpressif.

« Eh bien ? fit Tyndall impatiemment. C'est invraisemblable, n'est-ce pas ?

— Non, amiral, répondit tranquillement Vallery. Pas vraiment. Et ce n'est pas accidentel. La meute a dû faire connaître par radio à ce navire notre relèvement et notre route. Le reste était facile. »

Tyndall le regarda un long moment, ferma les yeux et agita la tête par petites saccades brusques et furieuses. C'était un geste composé d'autocritique, de la condamnation de son incrédulité et d'un effort pour rendre clair un esprit épuisé de fatigue. Par le diable, un enfant de six ans l'aurait compris... Un obus tomba en sifflant à peine à 50 mètres par tribord. Tyndall ne tressaillit pas ; il n'aurait pu ni l'entendre ni le voir.

« Bowden ? »

Il avait repris le téléphone.

« Amiral ?

— Pas de changement sur l'écran ?

— Non, amiral, aucun.

— Et vous êtes toujours du même avis ?

— Oui, amiral. Ce ne peut pas être autre chose.

— Et près de l'*Adventurer*, dites-vous ?

— Très près, selon moi.

— Mais, bon Dieu, l'*Adventurer* doit être à 10 milles sur notre arrière, maintenant !

— Oui, amiral, je le sais. L'ennemi est à la même distance.

— Quoi ! Dix milles ! Mais, mais...

— Il tire au radar, amiral », dit Bowden en l'interrompant. Et soudain la voix métallique eut un ton fatigué. « Il doit certainement le faire. Il nous repère aussi par radar, ce qui explique pourquoi il se maintient sur notre relèvement de l'*Adventurer*. Et il est extrêmement précis... Je crains, amiral, que son radar soit au moins aussi bon que le nôtre... »

Le haut-parleur se tut. Dans le soudain silence de la passerelle, un bruit d'ébonite fracassée parut anormalement fort tandis que le récepteur tombait de la main de Tyndall et se brisait en cent morceaux. Sa main tâtonna et s'accrocha à un tuyau de vapeur comme pour y prendre un point d'appui. Vallery s'avança vers lui, les bras étendus, plein de sollicitude, mais Tyndall passa devant lui sans le voir. Tel un vieillard à bout de forces, tel un homme dont les vieux os et les vieux muscles avaient depuis longtemps perdu toute leur vigueur, il traversa lentement la passerelle en traînant les pieds, ignorant une douzaine d'yeux interloqués, et se hissa sur son haut fauteuil.

« Imbécile, se dit-il avec acrimonie, oh ! satané vieil imbécile ! » Il ne se pardonnerait jamais, non, jamais, jamais. Depuis le début, il avait été deviné par l'ennemi, surpassé, ses manœuvres toutes déjouées. L'ennemi l'avait emmené promener pour lui faire son affaire, pour le rendre encore plus ridiculement idiot que son Créateur n'en avait eu l'intention ! Le radar ! Naturellement, c'était cela ! Avoir stupidement supposé que le radar allemand était resté l'instrument limité, élémentaire que les rapports de l'Amirauté et du Service des renseignements de l'Aviation avaient décrit l'année précédente ! Ils avaient un radar aussi bon que le radar britannique. Aussi bon que celui de l'*Ulysses*... et tout le monde avait cru que l'*Ulysses* était incomparablement le meilleur — en fait, le seul bon — navire à radar du monde. Aussi bon que le nôtre... probablement bien meilleur. Mais cette pensée lui était-elle jamais venue ? Tyndall se tordait de chagrin, l'esprit au supplice, se détestant lui-même. Et alors, ce matin, la liquidation : 6 navires, 300 hommes envoyés par le fond. « Puisse Dieu te le pardonner, Tyndall, songeait-il, puisse Dieu te le pardonner. C'est toi qui les y as envoyés... le radar ! »

Hier soir, par exemple, quand l'*Ulysses* avait cru lancer l'ennemi sur une fausse piste vers l'est, le croiseur allemand était obligeamment resté derrière lui, parfait repoussoir au génie de Tyndall !... Il gémit de mortification. Cet allemand, derrière lui, avait tiré capricieusement, comme au hasard, chaque fois que l'*Ulysses* disparaissait derrière un écran de fumée. Il avait agi de la sorte pour dissimuler l'efficacité de son radar et le fait que, au moins durant la première demi-heure, il avait suivi la piste du convoi qui s'échappait au nord-nord-ouest... ce qui lui avait été d'autant plus facile que Tyndall avait expressément défendu de zigzaguer !

Et ensuite, quand l'*Ulysses* avait décrit des cercles si ingénieux, d'abord vers le sud, puis, de nouveau, vers le nord, l'ennemi devait l'avoir eu sur son écran constamment. Et plus tard, le trompeur trompé à outrance par la retraite feinte de l'ennemi vers le sud-est !... Presque certainement, il avait dû, lui aussi, revenir vers le nord et saisir au bord de son écran le croiseur britannique au moment où il disparaissait, calculer sa route d'interception avec celle du convoi et radiotélégraphier à la meute de sous-marins, la poster presque à un mètre près.

Et maintenant, enfin, la dernière insulte, le dernier coup à ce qui pouvait lui rester de fierté. L'ennemi avait ouvert le feu à l'extrême limite de sa portée, mais avec une précision extrême — trahissant le fait que son tir était réglé par radar. Et la seule raison devait en être la conviction de l'ennemi que l'*Ulysses* arrivait à l'inévitable conclusion que son adversaire était muni d'un radar d'une grande sensibilité. L'inévitable conclusion ! Tyndall n'avait même pas commencé à le suspecter ! Lentement, indifférent à la douleur, il pilonna de son poing le bord du pare-brise. Dieu ! quel aveugle, follement stupide imbécile il avait été ! « Six navires, 300 hommes. Des centaines de chars et d'avions, des millions de litres d'essence perdus pour la Russie ; combien de milliers de soldats et de civils russes morts en plus cela représentait-il ? Et les familles brisées, affligées, songea-t-il avec incohérence, à travers toute la Grande-Bretagne, des familles en deuil ; les télégraphistes à bicyclette apportant les sinistres nouvelles aux petites maisons des vallées galloises, le long des chemins boisés du Surrey, aux foyers isolés des îles occidentales où brûlent des feux de tourbe, aux chaumières blanchies à la chaux des comtés de Donegal et d'Antrim ; et on pleurerait aussi des morts dans les vastes étendues du Nouveau Monde, depuis Terre-Neuve et le Maine jusqu'aux rives lointaines du Pacifique. Ces familles ne sauraient jamais que c'était lui, Tyndall, qui avait si criminellement gaspillé les vies des maris, des frères, des fils... et cela était pire que pas de consolation du tout. »

« Commandant Vallery ? »

La voix de Tyndall n'était qu'un rauque murmure. Vallery traversa la passerelle, se plaça auprès de lui, toussant péniblement quand le brouillard tourbillonnant atteignit son nez et sa gorge, lancinant ses poumons enflammés. La détresse de Tyndall pouvait être mesurée au fait qu'il n'enregistra pas l'évidente souffrance de Vallery.

« Ah ! vous voilà commandant, il faut détruire ce croiseur ennemi.

— Oui, amiral. Comment ?

— Comment ? » Le visage de Tyndall encadré dans le capuchon emperlé d'humidité de son duffel-coat était hâve et gris, mais il réussit à esquisser l'ombre d'un sourire. « Autant se faire pendre pour quelque chose... Je propose de détacher les escorteurs — y compris nous-mêmes — et de mettre la main sur lui. Un simple exercice tactique... peut-être même à la portée limitée de ma capacité. »

Il s'interrompit brusquement, regarda par-dessus bord, puis se baissa rapidement : un obus avait éclaté dans l'eau — chose rare — à quelques mètres seulement, faisant jaillir une douche d'embruns sur la passerelle.

« Nous — le *Stirling* et nous-mêmes — le prendrons par le sud ; nous accaparerons son feu et son radar. Orr et ses vaillants gaillards l'aborderont par le nord. Par ce brouillard, ils s'en approcheront très près avant de lâcher leurs torpilles. Les conditions sont très défavorables à un navire isolé... il ne devrait pas avoir beaucoup de chances de s'en tirer.

— Tous les escorteurs, dit Vallery d'une voix blanche. Vous proposez de détacher *tous* les escorteurs ?

— C'est exactement cela que je propose de faire, commandant.

— Mais... mais peut-être est-ce exactement ce qu'il désire, protesta Vallery.

— Suicide ? Une mort glorieuse pour la Patrie ? Ne croyez pas cela, railla Tyndall. Ce genre de chose est passé de mode avec Langesdorff et Middlemann.

— Non, amiral ! dit Vallery avec impatience. Il veut nous attirer afin de laisser le convoi sans protection.

— Eh bien, quel en serait l'inconvénient ? Qui le découvrira dans ce brouillard ? Voyons, sans leurs bouées de brume, nos navires eux-mêmes ne pourraient se voir les uns les autres. Je suis donc bigrement sûr que personne d'autre ne les verrait.

— Non ? riposta aussitôt Vallery. Eh bien, si un autre croiseur allemand était muni d'un radar ? Ou même une autre meute de sous-marins ? L'un ou l'autre pourrait être en contact par radio avec celui qui tire sur nous... et qui connaît notre route à une minute près !

— En contact par radio ? Mais, notre T.S.F. intercepte sûrement tout ce qui passe.

— Oui, en effet. Mais il paraît que ce n'est pas facile sur les ondes très courtes. »

Tyndall grogna et ne dit rien. Il se sentait désespérément fatigué et l'esprit confus ; sans la volonté ni la faculté de poursuivre la discussion. Mais Vallery rompit le silence, les rides verticales entre ses sourcils profondément creusées par l'inquiétude.

« Pour quelle raison notre ami resterait-il ainsi derrière nous à nous lancer des obus par-ci par-là sinon pour nous pousser à prendre une route déterminée ? Cette façon de tirer réduit de 90 % ses chances de nous atteindre et met la moitié de ses canons hors jeu.

— Peut-être s'attend-il à ce que nous fassions ce raisonnement, dit Tyndall en s'efforçant de penser, de sortir de son brouillard mental aussi nébuleux que la brume humide qui tournoyait autour de lui. Peut-être espère-t-il nous effrayer au point de modifier notre route — vers le nord, naturellement — où une meute de sous-marins *peut* très bien se trouver.

— Possible, possible, concéda Vallery. D'autre part, il a pu aller plus loin : peut-être veut-il nous pousser à être trop malins pour notre bien. Il pourrait vouloir nous faire croire à une intention évidente que nous chercherions à déjouer en continuant notre route... ce qui serait exactement ce qu'il veut nous voir faire... Il n'est pas un imbécile... nous le savons à présent. »

Qu'était-ce donc que Brooks avait dit à Starr, il y a une éternité, à Scapa ? « Cette sensation subtile... ce supplice raffiné... chacune des cellules du cerveau tendue au point de se briser, vous poussant au bord de la démence. » Tyndall se demanda confusément comment Brooks avait pu connaître cet état et le décrire avec une telle précision. En tout cas, il savait maintenant ce que c'est que d'avoir atteint la limite où la tête douloureuse refuse ses services, où penser ressemble aux efforts d'un aveugle se débattant dans une mer de mélasse. Vaguement, il se dit que ce devait être le premier — ou était-ce le dernier ? — symptôme d'une dépression nerveuse. Dieu seul savait à quel point elles avaient été nombreuses à bord de l'*Ulysses* ces derniers mois... Mais il était toujours l'amiral... il devait *faire* quelque chose, *dire* quelque chose.

« Les suppositions ne servent à rien, Dick », dit-il. Vallery lui jeta un vif coup d'œil : sur la passerelle le vieux Giles ne l'avait jamais encore appelé autrement que « commandant ». « Et il faut que nous fassions quelque chose. Nous laisserons le *Vectra*, comme un don propitiatoire à nos consciences. Pas plus. Il nous faut au moins deux destroyers pour faire les sales besognes. Bentley, prenez ce signal pour la T.S.F. « A tous les escorteurs et au commodore Fletcher sur le *Cape Hatteras*... »

Au bout de dix minutes, les quatre navires de guerre, fonçant vers le sud-est à travers l'impénétrable mur de brouillard, avaient diminué de moitié la distance qui les séparait de l'ennemi. Le *Stirling*, le *Viking* et le *Sirrus* demeuraient en constante liaison radio avec l'*Ulysses*, car ils avançaient comme des aveugles dans un invisible monde gris, et il leur servait d'yeux et d'oreilles.

« Radar-passerelle. Radar-passerelle. » Automatiquement, tous les regards se tournèrent vers le haut-parleur. « L'ennemi abat vers le sud ; il augmente de vitesse.

— Trop tard ! » cria Tyndall d'une voix enrouée. Il serrait les poings, les yeux éclairés de triomphe. « Manœuvré trop tard ! »

Vallery ne dit rien. Des secondes passèrent ; l'*Ulysses* poursuivit sa marche à travers le brouillard froid et la mer glaciale. Soudain, le haut-parleur reprit :

« L'ennemi a tourné de 180°. Il se dirige au sud-est. Vitesse 28 nœuds.

— 28 nœuds ? Il s'enfuit ! » Tyndall semblait avoir signé un nouveau bail avec la vie. « Commandant, je propose que le *Sirrus* et l'*Ulysses* avancent vers le sud-est à la vitesse maxima, engagent et ralentissent l'ennemi. Demandez à la radio de signaler à Orr. Demandez au radar la route de l'ennemi. »

Il s'arrêta et attendit impatiemment la réponse.

« Radar-passerelle. Route au 312. Cap stable. Je répète : cap stable.

— Cap stable, répéta Tyndall. Commandant, commencez à tirer au radar. Nous l'avons, nous l'avons ! s'écria-t-il avec joie. Il a attendu trop longtemps ! Nous le tenons, commandant ! »

De nouveau Vallery resta silencieux. Tyndall le regarda, mi-perplexe, mi-fâché.

« Eh bien, vous n'êtes pas d'accord ?

— Je ne sais pas, dit Vallery en secouant la tête avec hésitation. Je ne sais pas du tout. Pourquoi a-t-il attendu aussi longtemps ? Pourquoi n'a-t-il pas fait demi-tour et filé dès la minute où nous avons quitté le convoi ?

— Trop sûr de lui-même ! grommela Tyndall.

— Ou trop sûr d'autre chose, dit lentement Vallery. Peut-être a-t-il voulu s'assurer que nous le suivrions. »

Tyndall grogna de nouveau d'exaspération, fit mine de parler, puis se tut tandis que le recul de la tourelle « A » faisait trembler l'*Ulysses*. Pendant un moment, sur le gaillard d'avant, le brouillard se dissipa sous l'effet de l'intense chaleur de l'explosion de cordite. Au bout de quelques secondes, le linceul gris s'était reconstitué.

Puis, magiquement, une éclaircie se fit entre l'épaisse bande de brouillard qui avait roulé sur eux et la suivante, et ils aperçurent le *Sirrus*, exactement par le travers fonçant vers le sud-est à une vitesse un peu supérieure à 34 nœuds. Le *Stirling* et le *Viking* étaient déjà perdus dans le brouillard sur l'arrière.

« Il est trop près, dit sèchement Tyndall. Pourquoi Bowden ne nous l'a-t-il pas dit ? Nous ne pouvons prendre l'ennemi en tenaille de cette façon. Signalez au *Sirrus* : « Gouvernez au 317 pendant cinq minutes. » La même chose pour nous, commandant ; 5° plus au sud, puis reprenez la route. »

Il s'était à peine rassis dans son fauteuil, et l'*Ulysses*, de nouveau enveloppé de brouillard, commençait seulement à obéir à la barre quand le haut-parleur de la T.S.F. se fit entendre :

« T.S.F.-passerelle. T.S.F.-passerelle... »

Les pièces de 155 jumelles de la tourelle « B » rugirent en un unisson assourdissant, lançant des flammes et de la fumée dans le brouillard. Simultanément, une explosion formidable souleva le plancher de caillebotis sous les pieds des hommes de la passerelle, les précipitant de tous côtés, les uns contre les autres, contre du métal qui blessait les chairs et brisait les os, dans la confusion la plus affreuse, leurs esprits paralysés par le choc, tandis que, les tympans déchirés par la déflagration, la gorge et les narines brûlées par d'âcres vapeurs, les yeux aveuglés par une dense fumée noire, leurs corps luttaient pour se réorienter.

Et, au milieu de ce tumulte, la voix calme, impersonnelle de l'émetteur de la T.S.F. répétait son inintelligible message.

Graduellement, la fumée se dissipa. Tyndall, que l'explosion avait arraché de son fauteuil et projeté jusqu'au centre de l'abri de navigation, se releva en titubant. Il secoua la tête, stupéfié, songeant qu'il devait être plus solide qu'il ne l'imaginait pour avoir franchi toute cette distance sans se rappeler comment. Ce poignet-là semblait être drôlement emmanché... avec surprise, il se rendit compte que c'était le sien. Pourtant, il ne lui faisait pas mal du tout. Et, devant lui, surgit le visage de Carpenter : son pansement était parti ; la blessure qu'il avait reçue la nuit de la grande tempête s'était rouverte et un masque de sang lui couvrait la figure... Cette femme de Henley dont il parlait toujours, que dirait-elle en le voyant ainsi ? Pourquoi la T.S.F. ne cesse-t-elle pas sa lamentation ?

Soudain, ses idées s'éclaircirent.

« Mon Dieu ! Mon Dieu ! » Il regarda avec incrédulité le plancher tordu sous ses pieds. Il lâcha l'habitacle auquel il s'était accroché pour se redresser et avança vers l'avant ; son sens de l'équilibre avait confirmé ce que ses yeux refusaient de croire : toute la passerelle de navigation était inclinée sous un angle de 15°.

« Qu'est-ce que c'est, pilote ? demanda-t-il d'une voix rauque qu'il ne reconnut pas lui-même. Au nom de Dieu, que s'est-il passé ? Une explosion de culasse dans la tourelle "B" ?

— Non, amiral. » Carpenter passa son avant-bras sur ses yeux : la manche de kapok s'en détacha rouge sang. « Un coup direct, en plein dans les superstructures.

— Il a raison, amiral », dit Carrington qui, penché loin en dehors de l'abri, regardait vers le bas avec attention. Même à ce moment, Tyndall s'émerveilla du calme de l'homme, de sa maîtrise de soi-même presque inhumaine. « Et un coup dur. Il a démoli les pom-poms avant, et, juste en dessous de nous, il y a un trou de la grandeur d'une porte... Il doit y avoir un rude gâchis à l'intérieur. »

Tyndall entendit à peine les derniers mots. Agenouillé auprès de Vallery, il lui soutenait la tête de son bras indemne. Ratatiné contre la grille, le commandant était à peine conscient, son souffle pénible, interrompu par des convulsions : il suffoquait, les poumons pleins de sang. Son visage était d'une pâleur mortelle.

« Faites venir Brooks, Chrysler... je veux dire le médecin-chef ! cria Tyndall. Immédiatement !

— T.S.F.-passerelle. T.S.F.-passerelle. Accusez réception, s'il vous plaît. »

La voix était hâtive, moins impersonnelle, anxieuse malgré son caractère anonyme.

Chrysler raccrocha le récepteur et regarda l'amiral d'un air tourmenté.

« Eh bien ? fit Tyndall. Est-ce qu'il monte ?

— On ne répond pas, amiral... Je crois que la ligne est détruite.

— Eh bien, nom de Dieu ! rugit Tyndall. Que faites-vous ici ? Allez le chercher. Prenez le commandement, Carrington, voulez-vous ? Bentley, faites venir le commandant en second sur la passerelle.

— T.S.F.-passerelle. T.S.F.-passerelle... » Tyndall foudroya le haut-parleur d'un regard exaspéré, puis, s'immobilisa tandis que la voix continuait : « Nous avons été touchés à l'arrière. Sécurité annonce que le poste du chiffre est détruit. Les bureaux du radar 5 et 7 sont détruits. La cantine démolie. Le télépointeur arrière sérieusement endommagé.

— Le télépointeur arrière ! » s'écria Tyndall. Il jura et enleva ses gants, tressaillant de la souffrance que lui infligeait sa main fracturée. Doucement, il posa la tête de Vallery sur ses gants en guise d'oreiller et se releva lentement. « Le télépointeur arrière ! Et Turner y est ! Mon Dieu, j'espère... »

Il s'interrompit et se mit à courir en titubant vers l'arrière de la passerelle. Quand il l'eut atteinte, il s'appuya d'une main à la rampe de l'échelle et scruta l'arrière avec appréhension.

Tout d'abord, il ne put rien voir, pas même la cheminée arrière, et le mât. Le brouillard gris était trop dense, trop opaque. Puis, soudain, pendant un bref instant, une petite bouffée d'un vent glacial dissipa le voile de fumée au-dessus des superstructures. La main de Tyndall serra convulsivement la rampe au point que ses articulations blanchirent.

Les superstructures arrière avaient disparu. A leur place, il voyait une masse confuse d'acier tordu, avec la tourelle « X », normalement invisible de la passerelle, se dressant au-delà, apparemment indemne. Mais tout le reste avait été supprimé : bureaux du radar, poste du chiffre, bureau de police, cantine, probablement la plus grande partie de la cuisine arrière. Rien, personne ne pouvait y avoir survécu. Miraculeusement, le mât tronqué restait encore debout, mais, immédiatement derrière, perchée tout de travers sur ces monceaux de ferraille se dressait la tourelle de commandement, brisée et grotesquement penchée selon un angle de 60°, ayant perdu son télémètre. Et c'était là qu'avait été le capitaine de frégate Turner.

... Tyndall oscilla dangereusement au sommet de l'échelle, secoua la tête pour éclaircir ses idées embrumées et força ses yeux troublés à se fixer. Il reconnut immédiatement le sombre visage maigre : c'était le quartier-maître timonier Davies. Son visage était blanc, son souffle court et rapide. Il ouvrit la bouche pour parler, puis, s'arrêta, les yeux fixés sur la rampe.

« Votre main, amiral ! dit-il en levant la tête vers Tyndall. Votre main ! Vous n'avez pas de gants, amiral !

— Non ? fit Tyndall, comme légèrement étonné d'avoir une main. Non, je n'en ai pas, merci, Davies. » Il retira sa main de l'acier gelé et regarda sans curiosité sa chair saignante. « Ça ne fait rien. Qu'y a-t-il, mon garçon ?

— La salle de direction de la chasse, amiral ! » Les yeux de Davies s'assombrirent d'horreur à ce souvenir. « C'est là que l'obus a éclaté. Elle... elle a simplement disparu. Et la salle des positions au-dessus... »

Sa voix hésitante s'arrêta, couverte par le bruit des canons de la tourelle « A ». Il semblait étrange que le principal armement demeurât efficace...

« J'arrive du télépointage arrière et de la salle de position, continua Davies plus calmement. Ils... eh bien, ils n'ont eu aucune chance...

— Y compris le commandant Westcliffe ? demanda Tyndall tout en se rendant vaguement compte qu'il était inutile de s'accrocher à des brins d'herbe.

— Je ne sais pas, amiral. Ce n'est que débris et morceaux dans le télépointeur. Mais, s'il y était...

— Il y était sûrement, dit Tyndall, lourdement. Il ne la quittait jamais quand on était aux postes de combat... »

Il s'interrompit brusquement, ses mains à vif se serrant involontairement tandis que retentissaient le cri aigu et le choc de l'éclatement d'obus à haute capacité d'explosif en une cacophonie d'une effrayante proximité.

« Mon Dieu ! murmura Tyndall. Il était près, celui-là. Davies ! Que diable ! »

Sa voix s'étrangla en un grognement de douleur, ses bras battirent l'air, puis son dos s'écrasa sur le pont de la passerelle, ce qui lui restait de souffle coupé. Silencieusement, convulsivement, propulsé par des pieds aux mouvements désespérés et par la puissante poussée de ses bras sur la rampe, Davies venait de gravir d'un bond les trois derniers échelons de l'échelle, sa tête et ses épaules heurtant le corps de l'amiral avec une force irrésistible. Et maintenant, Davies était tombé lui aussi, étendu de tout son long sur le pont en travers des jambes de Tyndall. Il demeura parfaitement immobile.

Lentement, son souffle lui torturant les poumons, Tyndall sortit des noires profondeurs de l'évanouissement. Aveuglément, instinctivement, il essaya de se remettre sur son séant, mais sa main fracturée s'effondra sous le poids de son corps. Ses jambes paraissaient être paralysées des pieds jusqu'à la taille. Le brouillard s'était dissipé, maintenant, et d'aveuglants éclairs de couleur, rouges, verts, blancs, scintillaient à travers le ciel. Des obus éclairants ? L'ennemi se servait-il d'un nouveau genre d'obus éclairants ? Obscurément, avec un très grand effort de volonté, il comprit qu'il devait y avoir un rapport entre ces éblouissants éclairs et l'atroce douleur de son front. Il leva sa main droite, les yeux toujours hermétiquement fermés... Et il ne raisonna plus.

« Ça va, amiral ? Ne bougez pas. Nous vous aurons bientôt tiré de là. »

La voix grave, autoritaire, résonnait directement au-dessus de la tête de l'amiral. Il la secoua imperceptiblement, avec désespoir. C'était Turner qui avait parlé... et il savait que Turner avait été tué. « Etait-ce donc ainsi, quand on est mort ? se demanda-t-il vaguement. L'Au-delà est-il ce monde effrayant, confus, de ténèbres et d'aveuglante lumière à la fois, un monde de souffrance, d'impuissance et de voix d'autrefois ? »

Puis, soudain, presque d'eux-mêmes, ses yeux s'ouvrirent. A peine trente centimètres au-dessus de lui il vit le maigre visage de pirate du commandant en second, anxieusement agenouillé à son côté.

« Turner ! Turner ? » Une main interrogative, hésitante, saisit, indifférente à la douleur, la rassurante solidité du bras du second. « Turner ! c'est vraiment vous ! Je croyais...

— Le télépointeur arrière, hein ? dit Turner avec un bref sourire. Non, amiral... Je n'en étais pas à un kilomètre. Je venais ici, j'étais en train de grimper sur la tengue avant quand ce premier coup m'a rejeté sur le pont principal... Comment êtes-vous, amiral ?

— Dieu soit loué ! Dieu soit loué ! Je ne sais pas comment je suis. Mes jambes... Au nom du Ciel, qu'est-ce que c'est que ça ? »

Ses yeux, qui avaient récupéré leur vision normale, s'écarquillèrent de stupeur. Juste au-dessus de la tête de Turner, un grand tronc d'arbre blanc, incliné vers l'avant et vers le haut, sur bâbord, s'étendait dans les deux directions aussi loin que portait sa vue. En levant le bras, il atteignit le fût de sa main.

« C'est le mât avant, amiral, expliqua Turner. Il a été coupé net par le dernier obus juste au-dessus de la vergue inférieure. Je crains qu'il n'ait emporté avec lui la plus grande partie du poste de direction de tir antiaérien auxiliaire d'arrière et défoncé le télépointeur principal. Je ne crois pas que le jeune Courtney puisse avoir eu la moindre chance... Davies l'a vu venir... j'étais juste en dessous de lui à ce moment. Il a été très prompt...

— Davies ! s'écria Tyndall dont l'esprit stupéfié l'avait oublié. Naturellement, Davies... » Tendant le cou, il vit la silhouette pelotonnée à ses pieds, l'énorme poids du mât sur son dos. « Au nom de Dieu ! Capitaine, tirez-le de là !

— Restez tranquillement couché, amiral, jusqu'à ce que Brooks arrive. Davies est bien.

— Il est bien ? Il est bien ! fit Tyndall presque en criant, sans se soucier des hommes silencieux qui s'assemblaient autour de lui. Etes-vous fou, Turner ? Le pauvre diable doit souffrir le martyre ! »

Il lutta frénétiquement pour se lever, mais plusieurs paires de mains le maintinrent fermement, avec précaution.

« Il ne souffre pas, amiral, dit Turner avec une surprenante douceur. Vraiment, il ne souffre pas. Davies ne sent plus rien. »

Tout à coup, l'amiral comprit et retomba en arrière sur le pont, les yeux fermés.

Il ne les avait pas encore rouverts lorsque Brooks parut, le bienvenu, accueilli avec la confiance qu'inspirait sa compétence. En quelques secondes, l'amiral fut debout, souffrant du choc, de fortes contusions et des blessures de ses mains, mais à part cela indemne. Obstinément, défiant ouvertement Brooks, il exigea qu'on l'aidât à regagner la passerelle. Ses yeux s'éclairèrent un instant quand il aperçut Vallery vacillant sur ses pieds, une serviette blanche devant sa bouche. Mais il ne dit rien. La tête baissée, il se hissa péniblement dans son fauteuil.

« T.S.F.-passerelle, T.S.F.-passerelle. Veuillez accuser réception du signal.

— Ce satané imbécile est-il toujours là ? demanda Tyndall avec irritation. Pourquoi quelqu'un ne... ?

— Vous n'avez été absent que deux minutes, amiral, s'aventura à dire Kapok.

— Deux minutes ! » Tyndall le regarda fixement sans rien dire. Puis, abaissant les yeux sur Brooks qui lui bandait la main droite : « N'avez-vous rien de mieux à faire, Brooks ? dit-il durement.

— Non, répondit Brooks. Quand des obus éclatent à l'intérieur de quatre murs, un médecin n'a guère d'autre besogne... que de signer des certificats de décès », ajouta-t-il brutalement.

Vallery et Turner échangèrent des coups d'œil. Vallery se demanda si Brooks se doutait de l'état de Tyndall.

« T.S.F.-passerelle. T.S.F.-passerelle. Le *Vectra* redemande des instructions. Urgent. Urgent.

— Le *Vectra* ! » Vallery regarda l'amiral, à présent silencieux et immobile, et il se tourna vers le timonier : « Chrysler ! Entrez en communication avec la T.S.F. d'une manière quelconque. Demandez-leur de répéter le premier message. »

Il regarda de nouveau Turner et suivit le regard épouvanté de l'amiral dirigé vers le bas. Il se pencha et recula d'horreur, luttant contre une nausée immédiate. Le canonnier, dans l'encorbellement d'en dessous, un jeune garçon comme Chrysler, avait dû voir tomber le mât et tenter désespérément de se sauver. Il était à peine sorti de sa niche, quand l'antenne du radar, trente mètres carrés de mailles d'acier portant le poids écrasant du mât qui s'était cassé au bord de la passerelle, l'avait frappé de plein fouet. Il était étendu maintenant, mutilé, brisé, un peu moins qu'humain, comme un crucifié sur les canons jumeaux de son Œrlikon.

Vallery se détourna, malade du corps et de l'âme. Dieu, la folie, l'inutile démence de la guerre ! Damné soit ce croiseur allemand ! Maudits ces canonniers allemands ! Qu'ils soient damnés, damnés !... Mais pourquoi les maudire ? Eux aussi ne faisaient qu'accomplir leur besogne et ils l'accomplissaient terriblement bien. Il regarda sans la voir la scène de carnage de sa passerelle. Quel tir démoniaquement précis ! Il se demanda vaguement si l'*Ulysses* avait riposté avec succès. Probablement pas, et maintenant, c'était évidemment impossible. C'était impossible à présent parce que l'*Ulysses*, filant toujours vers le sud-est à travers le brouillard, était complètement aveugle, les deux yeux de son radar détruits, victimes du temps et des canons allemands. Chose pire encore, tous les postes de télépointage étaient endommagés au point de ne pouvoir être réparés. « Si cela continue ainsi, songea-t-il, tout ce dont nous aurons besoin sera un jeu de grappins et une provision de sabres d'abordage. En termes d'artillerie navale moderne, quoique son principal armement fût intact, l'*Ulysses* était irrémédiablement infirme. Il n'avait simplement aucune chance de survivre. Qu'était-ce donc que le chauffeur Riley avait soi-disant dit ? « Etre livré aux fauves ? » Oui, c'était cela. « Livré aux fauves. » Seulement, Néron, songea-t-il avec lassitude, aurait aveuglé le gladiateur avant de le lancer dans l'arène. »

Le tir avait cessé. La passerelle était mortellement silencieuse. Un silence absolu, sauf le bruit de l'eau, le rugissement assourdi des grandes turbines, dans les machines, le monotone, énervant battement de l'Asdic... et ces bruits-là ne servaient, chose bizarre, qu'à accentuer le grand silence.

Vallery remarqua que tous les yeux étaient fixés sur l'amiral. Le vieux Giles murmurait quelque chose, trop bas pour qu'on pût le saisir. Son visage, horriblement gris, hagard et tacheté de rougeurs, était toujours plongé vers le bas. Il semblait fasciné par le spectacle du jeune garçon mort. Ou était-ce par l'antenne du radar fracassée ? Avait-il pleinement compris à cette heure toute l'importance de la destruction de l'appareil explorateur et des postes de télépointage ? Vallery le regarda un long moment, puis se détourna : il savait que Tyndall avait compris.

« T.S.F.-passerelle. T.S.F.-passerelle. » Tout le monde, sur la passerelle, sursauta et se retourna, les nerfs ébranlés. Tout le monde, sauf Tyndall. Il s'était figé en une sévère immobilité. « Signal du *Vectra*. Premier signal. Reçu à 9 h 52. »

Vallery jeta un coup d'œil sur sa montre. Seulement six minutes plus tôt ? Impossible !

Texte du signal : « Contacts, contacts 3, je répète 3. Rectifie à 5. Forte concentration de sous-marins sur l'avant et par le travers. J'engage le combat. »

Tous les regards se tournèrent de nouveau sur Tyndall. Lui seul, ils le savaient, avait pris, contrairement à l'avis du doyen de ses officiers, la décision de laisser le convoi presque sans protection. Impartialement, Vallery admira l'amorçage, le réglage, la manière de faire jouer le piège. Comment le vieux Giles réagirait-il à ce résultat d'une série de désastreuses erreurs de jugement, erreurs dont, en toute équité, il ne pouvait supporter le blâme... Mais il en serait tenu pour responsable... La voix métallique du haut-parleur interrompit ses pensées.

Texte du second signal : « En contact proche. Lançons grenades. Lançons grenades. Un navire torpillé en train de sombrer. Un pétrolier torpillé, endommagé, encore à flot, maître de sa manœuvre. Prière conseiller. Prière assister. Urgent. Urgent ! »

Le haut-parleur se tut. De nouveau ce silence tendu, anormal. Il dura cinq, dix, vingt secondes... puis tout le monde se raidit et détourna soigneusement les yeux.

Tyndall descendait de son fauteuil. Ses mouvements étaient malaisés, lents ; ses pas traînants, trébuchants, prudents, étaient ceux d'un très vieil homme. Il boitait fortement. Sa main droite, enveloppée de bandes d'une blancheur de neige, soutenait son poignet fracturé. Il émanait de lui une étrange espèce de dignité et, si son visage avait une expression quelconque, c'était le lointain reflet d'un sourire. Lorsqu'il parla, ce fut comme s'il se parlait à lui-même :

« Je ne suis pas bien, dit-il. Je descends. »

Chrysler, pas trop jeune pour se douter de la tragédie, ouvrit la porte et soutint Tyndall comme il trébuchait sur la marche. Il jeta par-dessus son épaule un regard rapide, suppliant, que Vallery saisit et comprit en inclinant la tête avec compassion. Côte à côte, le vieux et le jeune gagnèrent lentement l'arrière. Graduellement on n'entendit plus traîner leurs pieds et ils disparurent.

La passerelle délabrée était maintenant curieusement vide et les hommes se sentirent étrangement seuls. Giles, le joyeux, l'optimiste, l'indestructible Giles n'était plus. La rapidité, l'étendue de son effondrement ne pouvaient être immédiatement comprises ; la seule sensation, à ce moment, était celle d'être sans protection, sans défense et seuls.

« De la bouche des enfants sort... » Inévitablement, le premier à rompre le silence fut Brooks. « Nicholls a toujours affirmé que... » Il s'interrompit et agita lentement la tête en un geste d'incrédulité. « Il faut que je voie ce que je peux faire », ajouta-t-il brusquement, et il quitta la passerelle.

Vallery le regarda partir, puis se tourna vers Bentley.

Dans le demi-jour grisâtre du brouillard, le visage du commandant ombré d'une barbe grisonnante était couleur de mort.

« Trois signaux, chef, dit-il. Le premier au *Vectra* : "Gouvernez au 360°. Ne vous dispersez pas. Je répète : ne vous dispersez pas. Je viens à votre aide." Il s'arrêta, puis reprit : « Signez-le Amiral 14 VAC ». Compris ?... Bon. Pas le temps de le transcrire en code. Envoyez-le en clair. Faites-le porter par l'un de vos hommes à la T.S.F. immédiatement.

« Deuxième signal : Au *Stirling*, au *Sirrus* et au *Viking* : "Abandonnez poursuite immédiatement. Faites route au nord-est. Vitesse maxima." En clair également. » Il s'adressa à Kapok : « Comment va votre front, pilote ? Pouvez-vous continuer votre service ?

— Bien sûr, commandant.

— Merci, mon garçon. Vous m'avez entendu ? Le convoi reprend la route du nord — disons d'ici quelques minutes, à 10 h 15. Six nœuds. Donnez-moi une route d'interception le plus tôt possible.

« Troisième signal, Bentley : Au *Stirling*, au *Sirrus* et au *Viking* : "Radar ne fonctionne plus. Ne peux vous repérer sur l'écran. Filez bouée de brume. Coups de sirène toutes les deux minutes." Faites chiffrer ce message. Tous les accusés de réception à la passerelle aussitôt. Turner ?

— Commandant ? »

Turner se tenait à côté de lui.

« Les hommes aux postes de veille. Je pense que la meute sera partie avant que nous y soyons. Qui ne sera pas de quart ?

— Dieu seul le sait, répondit franchement Turner. Disons les bâbordais. »

Vallery sourit très légèrement.

« Oui, les bâbordais. Organisez deux groupes. Le premier pour déblayer ; jetez tout à la mer ; ne gardez rien. Vous aurez besoin du forgeron et de son aide, et je suis sûr que Dodson vous fournira une équipe avec un chalumeau. Prenez-en personnellement la direction. Le second groupe devra s'occuper des morts. Que Nicholls en prenne la direction. Tous les corps retrouvés devront être placés dans la cantine lorsqu'elle sera débarrassée... Peut-être pourrez-vous me donner une liste complète des tués, blessés et dommages d'ici une heure ?

— Longtemps avant cela, commandant... Pourrais-je vous dire un mot en particulier ? »

Ils se dirigèrent vers l'arrière. Tandis que la porte de l'abri se refermait sur eux, Vallery regarda son second d'un air mi-curieux mi-moqueur.

« Une autre mutinerie, peut-être, Turner ?

— Non, commandant. » Turner déboutonna son manteau, fouilla dans les profondeurs d'une poche-revolver, en tira une gourde plate et l'éleva vers la lumière. « J'en rends grâce à Dieu ! dit-il pieusement. J'avais peur qu'elle ne se soit brisée quand je suis tombé. Du rhum, commandant. Pur. Je sais que vous détestez ça, mais peu importe. Allons, vous en avez besoin. »

Les sourcils de Vallery se froncèrent en une ligne droite.

« Du rhum ? Dites donc, Turner, est-ce que vous... ?

— Au diable les règlements et les vœux de tempérance ! fit Turner en l'interrompant. Prenez-le ; vous en avez un rude besoin. Vous avez été blessé, vous avez perdu encore une quantité de sang et vous êtes presque mort de froid. »

Il déboucha le flacon et le fourra entre les mains hésitantes de Vallery.

« Regardez les faits en face. Vous nous êtes nécessaire. Plus que jamais, maintenant... et vous êtes presque mort debout... Vous l'êtes textuellement, ajouta-t-il brutalement. Ce rhum pourrait vous maintenir actif quelques heures de plus.

— Vous dites si gentiment les choses, murmura Vallery. Très bien. J'y consens contrairement à ce que j'en pense... »

La bouteille aux lèvres, il s'arrêta :

« Et vous me donnez une idée, Turner. Faites distribuer une double ration de rhum à chaque homme par le maître de manœuvre. Eux aussi en auront besoin. »

Il avala et, avec une grimace qui n'était pas provoquée par le rhum :

« Surtout ceux qui s'occuperont des morts », ajouta-t-il.

10
Vendredi après-midi

Le commutateur cliqueta et la dure lumière fluorescente inonda la salle d'opérations. Nicholls s'éveilla en sursaut, protégeant automatiquement d'une main ses yeux épuisés. Cette lumière faisait mal. Plissant les paupières, il regarda son bracelet-montre. Quatre heures ! Avait-il dormi aussi longtemps ? Dieu, quel froid glacial !

Il se redressa tout ankylosé dans le fauteuil de dentiste et tourna la tête. Brooks se tenait le dos à la porte, son capuchon couvert de neige encadrant sa chevelure argentée, ses doigts engourdis maniant un paquet de cigarettes. Il réussit enfin à en sortir une. Par-dessus la flamme de l'allumette, il jeta sur Nicholls un regard taquin :

« Eh bien, Johnny ! Désolé de vous réveiller, mais le pacha a besoin de vous. Mais vous avez bien le temps. »

Il alluma sa cigarette à la flamme mourante et regarda de nouveau Nicholls, songeant avec une soudaine compassion qu'il paraissait malade, terriblement fatigué et surmené ; mais mieux valait ne pas le lui dire.

« Comment allez-vous ?... non, réflexion faite, ne me le dites pas ! Je me porte beaucoup plus mal moi-même. Vous reste-t-il de ce poison ?

— Du poison, docteur ? » La plaisanterie était presque automatique ; elle faisait partie de leurs relations. « Simplement parce que vous avez fait un diagnostic erroné ? L'amiral ira très bien...

— Dieu ! cette intolérance des gens très jeunes... surtout lors des occasions providentiellement rares où ils ont par hasard raison... Je faisais allusion à cette bouteille d'alcool de contrebande provenant de l'île de Mull.

— De Coll, rectifia Nicholls. Non que cela importe... vous l'avez entièrement bue de toute façon », ajouta-t-il méchamment. Il adressa un large sourire au visage déçu du médecin-chef, puis, s'adoucissant : « Mais il nous reste une bouteille de Talisker. »

Il se leva, ouvrit le placard aux poisons et déboucha une bouteille marquée « Lysol ». Il entendit plutôt qu'il ne vit le verre choquer le verre et se demanda vaguement, avec une sorte de détachement professionnel, pourquoi ses mains tremblaient tellement.

Brooks vida son verre et soupira de béatitude en sentant la bienfaisante chaleur se répandre en lui.

« Merci, mon garçon, merci. Vous avez l'étoffe d'un médecin de première classe.

— Vous le croyez, capitaine ? Moi pas. Je ne le crois plus. Pas après aujourd'hui. » Il frémit au souvenir du désastre. « Quarante-quatre tués en dix minutes, l'un après l'autre... par-dessus bord, comme autant de sacs de détritus.

— Quarante-quatre ? autant que ça, Johnny ?

— Pas exactement, capitaine. C'était le nombre des manquants. Environ trente, plutôt, et Dieu seul sait en combien de pièces et de morceaux... On a travaillé avec la pelle et le balai au télépointage avant. » Il sourit sans gaieté. « Je n'ai pas déjeuné aujourd'hui. Je crois qu'aucun de ceux qui se sont occupés des morts n'a déjeuné plus que moi... Je ferais mieux de masquer ce hublot... »

Il traversa rapidement la salle. A travers la neige qui tombait en légers flocons, il aperçut par intermittence une étoile du soir à l'horizon. Cela signifiait que le brouillard avait disparu — le brouillard qui avait sauvé le convoi, qui l'avait caché aux sous-marins lorsqu'il était venu cap au nord. Il put voir le *Vectra*, ses lance-grenades vides sans qu'il en soit rien résulté. Il put voir le *Vytura*, le pétrolier endommagé, tout proche, le pont presque à fleur d'eau, se cramponnant sinistrement au convoi. Il put voir quatre cargos Victory, grands, puissants, rassurants, si pitoyablement trompeurs par leur apparence indestructible... Il ferma la tape, vissa le dernier écrou, puis, se retournant brusquement :

« Pourquoi diable ne retournons-nous pas à la base ? Qui est-ce que le vieux croit faire marcher... nous ou les Allemands ? Pas de protection aérienne, pas de radar, pas la moindre chance d'être aidés ! Les Allemands nous ont repérés à un centimètre près, maintenant... et cela leur sera encore plus facile au fur et à mesure que nous avancerons. Et il y a 1 000 milles à faire ! » Sa voix s'éleva : « Et chacun des satanés navires, sous-marins et avions ennemis de l'Arctique se lèche les babines en attendant de nous avoir à son heure... » Il secoua la tête avec désespoir : « Je risquerais ma vie comme tous les autres, vous le savez. Mais ce que nous entreprenons maintenant est simplement un assassinat ou un suicide. Choisissez, docteur. C'est pareil quand on est mort.

— Voyons, Johnny, vous ne...

— *Pourquoi* ne fait-il pas demi-tour ? continua Nicholls qui n'avait même pas entendu l'interruption. Il n'a qu'à en donner l'ordre. Que désire-t-il ? La mort ou la gloire ? Que cherche-t-il ? L'immortalité à mes dépens, aux *nôtres* ! » Il jura avec amertume. « Peut-être Riley avait-il raison. Merveilleuse manchette : “Le Commandant Richard Vallery, D.S.O., a reçu, à titre posthume...”

— Taisez-vous ! »

Les yeux de Brooks étaient aussi froids que l'Arctique lui-même ; sa voix aussi cinglante qu'un fouet.

« Vous osez parler du commandant Vallery de cette façon ! reprit-il doucement. Vous osez salir le nom du plus honorable... »

Il s'arrêta, secoua la tête, avec un étonnement mêlé de colère, puis, choisissant ses mots avec soin sans quitter du regard le visage blême et tiré de Nicholls :

« C'est un bon officier, docteur Nicholls, peut-être même un grand officier ; et cela n'a aucune importance. Ce qui importe est qu'il est le plus noble "gentleman" — je dis "gentleman" — que j'aie jamais connu, qui ait jamais foulé cette terre impie, abandonnée de Dieu. Il n'est pas comme vous ou moi. Il n'est pareil à personne. Il est seul, mais il n'est jamais solitaire, car il a toujours pour société des hommes tels que saint Pierre, tels que Bede, que saint François d'Assise... » Il eut un rire bref. « C'est drôle, n'est-ce pas, d'entendre parler ainsi un vieux mécréant comme moi ? Vous pourriez presque dire que c'est du blasphème... sauf que la vérité ne peut jamais être blasphématoire. Et je *sais* ce que je dis. »

Nicholls garda le silence ; son visage semblait de pierre.

« La mort, la gloire, l'immortalité, poursuivit impitoyablement Brooks, ce sont les mots que vous avez employés, n'est-ce pas ? La mort ? » Il sourit et secoua de nouveau la tête. « Pour Richard Vallery, la mort n'existe pas. La gloire ? Bien sûr, il désire la gloire ; nous la désirons tous, mais toutes les *London Gazette* et tous les palais de Buckingham du monde ne peuvent lui donner *à lui* le genre de gloire qu'il désire : le commandant Vallery n'est plus un enfant et seuls les enfants s'amusent avec des hochets... Quant à l'immortalité — il rit, sans aucune rancœur maintenant, et posa une main sur l'épaule de Nicholls — je vous le demande, Johnny, ne serait-il pas rudement bête de demander ce qu'il possède déjà ? »

Nicholls ne dit rien. Le silence se prolongea, s'accentua ; le courant d'air de la bouche de ventilation devint odieusement bruyant. Finalement, Brooks toussa et jeta un regard significatif sur la bouteille de « Lysol ».

Nicholls remplit les verres, les rapporta. Les yeux de Brooks croisèrent ceux du jeune homme, les retinrent, et une soudaine pitié le submergea. Quel était l'euphémisme classique de Cunningham pendant l'invasion allemande de la Crète ? « Il n'est pas conseillé de pousser les hommes au-delà d'un certain point. » Banal mais vrai. Vrai même pour des hommes comme Nicholls. Brooks se demanda quel genre de supplice spécial ce garçon avait enduré ce matin-là à sortir des décombres les corps déchiquetés et mutilés de ceux qui avaient été des hommes. Et, en tant que médecin chargé de l'opération, il avait été obligé de les examiner tous... ou tous les morceaux qu'il pouvait trouver...

« Au prochain pas que je ferai, je serai dans le ruisseau, dit Nicholls d'une voix très basse. Je ne sais comment m'excuser, docteur. Je ne sais pas ce qui m'a inspiré de parler ainsi... Je le regrette.

— Moi aussi, dit Brooks avec sincérité. Je me suis laissé emporter. Je le regrette vraiment. »

Il souleva son verre, en inspecta tendrement le contenu.

« A nos ennemis, Johnny : à leur effondrement, à leur confusion... et n'oubliez pas l'amiral Starr. »

Il vida son verre d'un seul trait, le posa sur la table et regarda Nicholls un long moment.

« Je crois que vous devriez entendre aussi le reste, Johnny. Vous savez, la raison pour laquelle Vallery ne revient pas à la base. Ce n'est pas parce qu'il y a autant de ces damnés sous-marins derrière nous que devant, ce qui est sans doute le cas. »

Il alluma une nouvelle cigarette et continua calmement :

« Le commandant a communiqué par radio ce matin avec Londres. Il a exprimé l'opinion que le FR 77 serait “annihilé” longtemps avant d'atteindre le cap Nord. Il a demandé à être autorisé au moins à rejoindre le cap par le nord et non par l'est... Dommage qu'il n'y ait pas eu de coucher de soleil ce soir. Johnny... j'aurais aimé le voir.

— Oui, oui, fit Nicholls impatiemment. Et la réponse ?

— Oh ! la réponse ? Vallery l'espérait immédiatement. Elle a mis quatre heures à lui parvenir. » Il sourit sans gaieté. « Il se mijote quelque part un important projet, une entreprise énorme qui ne peut être qu'un débarquement de très grande envergure... ceci tout à fait entre nous, Johnny.

— Naturellement, docteur !

— Je ne possède aucun indice à son sujet. Cela pourrait être le second front attendu depuis si longtemps. De toute façon, le soutien de la Home Fleet semble être considéré comme indispensable à la réussite du plan. Mais la Home Fleet est immobilisée par le *Tirpitz*. Alors, l'ordre a été donné de démolir le *Tirpitz*. A n'importe quel prix. » Brooks sourit de nouveau, mais d'un sourire très froid. « Nous sommes de grosses légumes, Johnny, nous sommes des gens importants. Nous sommes l'appât le plus tentant ayant jamais été offert à la proie qui serait aujourd'hui la plus précieuse du monde... seulement, je crains que les ressorts du piège ne soient un peu rouillés... Le signal a été envoyé par le Premier Lord de la mer... et Starr. La décision a été prise à l'échelon du Cabinet. Nous devons poursuivre notre route, en direction de l'est.

— Nous sommes le « n'importe quel prix », dit Nicholls. Nous sommes bons à sacrifier.

— Oui », convint Brooks...

Au-dessus de sa tête, le haut-parleur cliqueta.

« Voilà de nouveau la sonnerie du diable ! » gémit-il.

Il attendit que se tût le bugle appelant aux postes de combat, et, comme Nicholls se hâtait vers la porte, il étendit une main pour le retenir.

« Pas vous, Johnny. Pas encore. Je vous ai dit que le pacha a besoin de vous. Sur la passerelle, dix minutes après le début de l'alerte.

— Quoi ? Sur la passerelle ? Pourquoi diantre ?

— Votre langage ne convient pas à un officier subalterne, dit Brooks solennellement. Comment avez-vous trouvé les hommes, aujourd'hui ? demanda-t-il. Vous avez travaillé avec eux toute la matinée. Etaient-ils comme d'habitude ?

— Je le suppose », dit Nicholls. Puis il hésita. « C'est drôle, leur état me paraissait bien meilleur il y a deux jours ; maintenant ils sont de nouveau comme à Scapa. Des cadavres ambulants. Seulement, ils sont à peine capables de marcher, à présent. Il en faut cinq ou six pour porter une civière. Et ils trébuchent et tombent devant le moindre obstacle. Ils dorment debout... leurs yeux n'évaluent plus les distances ; ils sont trop fatigués pour regarder où ils mettent les pieds.

— Je le sais, Johnny, je le sais, dit Brooks. Je l'ai constaté, moi aussi.

— Ils n'ont plus rien de maussade, de révolté, dit Nicholls en s'efforçant avec lassitude de rendre cohérentes, homogènes, ses impressions éparses et nébuleuses. Ils n'ont plus l'énergie, l'esprit d'initiative nécessaires pour se mutiner, je suppose, mais ce n'est pas ça. Ils ne cessaient de murmurer : « Rude veinard », « Il est mort sur le coup »... des choses de ce genre. Ou bien : « Le vieux Giles, il a perdu la boule. » Et vous pouvez vous figurer leurs hochements de tête. Mais sans aucun humour, pas même de l'espèce macabre qui, d'ordinaire... » Il secoua lui-même la tête. « Je ne sais au juste comment les décrire. Apathiques, indifférents, désespérés, si vous voulez. Moi, je les qualifie de perdus. »

Brooks le regarda un long moment, puis ajouta doucement :

« Eh bien, Johnny, je crois que vous avez raison... De toute façon, montez là-haut. Le commandant va faire le tour du navire.

— Quoi ! fit Nicholls, stupéfait. Pendant qu'on est aux postes de combat ? Quitter la passerelle ?

— Précisément.

— Mais ce n'est pas possible, voyons ! C'est sans précédent !

— Le commandant Vallery l'est aussi. C'est ce que j'ai essayé de vous faire comprendre toute la soirée.

— Mais il va se tuer ! protesta Nicholls.

— C'est ce que je lui ai dit. Cliniquement, il est mourant. Il devrait être mort. Dieu seul sait ce qui le maintient en vie... littéralement. Ce n'est certainement ni le plasma ni les drogues... De temps en temps, il nous est salutaire de mesurer les limites de la médecine. Je l'ai quand même persuadé de vous emmener. Ne le faites pas attendre. »

Pour le médecin de deuxième classe Nicholls, les deux heures suivantes firent partie du purgatoire. L'inspection du commandant prit deux heures. Deux heures de marche continuelle, pendant lesquelles il fallait grimper par-dessus des hiloires, des monceaux d'inextricables débris d'acier, se faufiler à travers des ouvertures impossiblement étroites, monter et descendre une centaine d'échelles, deux heures d'une épuisante torture dans le froid glacial, mortel pour le cœur, d'une température de 20° sous zéro. Mais ce fut un souvenir qu'il devait toujours conserver, qu'il ne devait plus jamais évoquer sans éprouver une chaleureuse, étrange et merveilleuse gratitude.

Ils commencèrent par l'arrière — Vallery, Nicholls et le premier maître Hartley. Vallery ne voulut pas de Hastings, le capitaine d'armes qui l'accompagnait de coutume dans ses inspections. Il émanait quelque chose d'étrangement rassurant du solide et compétent premier maître. Il travailla comme un Nègre cette nuit-là, ouvrant et fermant des douzaines de portes étanches, soulevant et abaissant d'innombrables et lourds panneaux, desserrant et resserrant les milliers de taquets qui maintenaient en place ces portes et ces panneaux, et en moins de dix minutes, prêtant à Vallery l'appui de son robuste bras.

Ils descendirent les longues échelles verticales menant à la soute « Y », sombre et lugubre cul-de-basse-fosse éclairé par des pointes d'épingle d'une éblouissante lumière. C'est là que se trouvaient les bouchers, les boulangers, etc., dont la spécialité ne faisait pas d'eux, à proprement parler, des combattants. « Engagés pour la durée des hostilités ». Ils étaient néanmoins placés presque tous sous les ordres d'un canonnier entraîné et ils effectuaient un travail froid, insalubre et sans gloire, étrangement négligé et oublié — étrangement parce que terriblement dangereux. Le blindage de 10 centimètres de la soute les protégeait à peu près autant qu'une feuille de papier-journal contre un obus ou une torpille susceptible de traverser une cuirasse de 20 centimètres d'épaisseur.

Les parois de la soute — garnies de casiers de projectiles et de douilles — dégouttaient constamment, visiblement, d'une condensation glaciale. La moitié des hommes de l'armement étaient adossés ou étendus contre ces casiers, bleus, pincés, frissonnants, leur souffle formait une lourde vapeur dans l'air froid ; les autres faisaient sans cesse le tour du monte-charge, pataugeant dans des flaques d'eau, titubant, trébuchant de fatigue, leurs mains gantées enfoncées dans leurs poches, leurs visages épuisés baissés sur leurs poitrines. « Des cadavres vivants, songea Nicholls. Pourquoi ne se couchent-ils pas ? »

Graduellement, tous réalisèrent la présence de Vallery, s'arrêtèrent de marcher ou se mirent péniblement debout, les yeux trop fatigués, les esprits trop las pour l'étonnement ou la surprise.

« Restez comme vous êtes, restez comme vous êtes, s'empressa de dire Vallery. Qui commande ici ?

— Moi, commandant. »

Une silhouette revêtue d'une combinaison s'avança lentement et s'arrêta devant Vallery.

« Ah ! oui, Gardiner, n'est-ce pas ? » Il désigna d'un geste les hommes entourant le monte-charge et demanda : « Pourquoi tout ceci, Gardiner ?

— La glace, répondit succinctement Gardiner. Il faut que nous maintenions l'eau en mouvement sans quoi elle gèle en deux minutes. Nous ne pouvons avoir de la glace sur le plancher de la soute, commandant.

— Non, non, bien sûr ! Mais les pompes, les drains ?

— Gelés !

— Mais sûrement, cette marche ne continue pas tout le temps ?

— Par mer calme, tout le temps, commandant.

— Bon Dieu ! » fit Vallery en agitant la tête avec incrédulité.

Il pataugea jusqu'au centre du groupe où un jeune garçon à la frêle silhouette toussait cruellement dans un coin d'un énorme cache-nez vert et blanc. Vallery posa avec sollicitude un bras sur les épaules convulsivement secouées.

« Vous portez-vous bien, mon petit ?

— Oui, commandant. Bien sûr ! » Il leva un maigre visage blanc, ravagé de souffrance et dit avec indignation : « Je me porte à merveille !

— Comment vous appelez-vous ?

— McQuarter, commandant.

— Et quel est votre emploi, McQuarter ?

— Aide-cuisinier, commandant.

— Quel âge avez-vous ?

— Dix-huit ans, commandant. »

« Juste Ciel ! se dit Vallery, ce n'est pas un croiseur que je dirige, c'est une pouponnière ! »

« Vous êtes de Glasgow, hein ? demanda-t-il en souriant.

— Oui, commandant », répondit McQuarter, sur la défensive.

Abaissant les yeux vers le sol et vers les chaussures à demi couvertes d'eau du jeune homme, Vallery demanda :

« Pourquoi ne portez-vous pas vos bottes de mer ?

— On ne nous en distribue pas, commandant.

— Mais vos pieds ! Ils doivent être trempés !

— Je ne sais pas. Je pense que oui. De toute façon, ça ne fait rien, dit McQuarter simplement. Je ne les sens pas. »

Vallery tressaillit. Nicholls se demanda s'il se rendait compte du tableau pathétique qu'il présentait lui-même, avec son visage émacié, exsangue, ses yeux enflammés, son nez et sa bouche tachés de rouge et l'inévitable serviette mouillée de sang serrée dans sa main gauche.

Soudain, Nicholls eut honte de cette pensée, laquelle, il le savait, ne pourrait jamais effleurer cet homme.

Vallery regarda McQuarter en souriant :

« Dites-moi, mon petit, franchement... êtes-vous fatigué ?

— Ça, je le suis. Je veux dire, bien, commandant.

— Moi aussi, avoua Vallery. Mais... pouvez-vous continuer encore un peu ? »

Il sentit les maigres épaules se redresser sous son bras.

« Mais naturellement que je le peux, commandant ! dit-il d'un ton offensé, presque brutal. Naturellement que je le peux ! »

Le regard de Vallery parcourut lentement le groupe, ses yeux sombres étincelant tandis qu'il entendait les hommes murmurer en chœur leur assentiment.

Il ouvrit la bouche pour parler mais une toux violente l'en empêcha et il baissa la tête. Il releva les yeux, ils errèrent encore une fois sur le cercle de visages maintenant anxieux, puis, il se détourna brusquement.

« Nous ne vous oublierons pas, murmura-t-il indistinctement. Je vous promets que nous ne vous oublierons pas. »

Il s'éloigna rapidement de la flaque d'eau, de la flaque de lumière et gagna l'obscurité, au pied de l'échelle.

Dix minutes plus tard, ils émergèrent de la tourelle « Y ». Le ciel nocturne était sans nuages à présent, endiamanté d'étoiles semblables à de petites langues de feu, gelées dans le sombre velours de l'immense firmament.

Le froid était intense. Le commandant Vallery frissonna involontairement comme la porte de la tourelle claquait derrière lui.

« Hartley ?

— Commandant ?

— J'ai senti l'odeur du rhum là-dedans.

— Oui, commandant, moi aussi, dit le premier maître gaiement. Ça le puait véritablement. Mais ne vous tourmentez pas, commandant. La moitié des hommes du bord mettent en bouteille leur ration de rhum et la gardent pour les postes de combat.

— Complètement interdit par les règlements, chef. Vous le savez aussi bien que moi.

— Je le sais. Mais il n'y a pas de mal, commandant. Ça les réchauffe, et si ça leur donne un courage arrosé, tant mieux. Vous vous rappelez la nuit où le pom-pom de l'avant a descendu deux Stukas ?

— Bien sûr.

— Soûls comme des Polonais. Ils n'auraient jamais pu le faire autrement... Et maintenant, commandant, ils en ont besoin.

— Je suppose que vous avez raison, chef. Ils en ont besoin et je ne le leur reproche pas. » Il eut un petit rire. « Et ne soyez pas ennuyé que je le sache... je l'ai toujours su. Mais cela sentait comme dans un bar là-dedans. »

Ils grimpèrent à la tourelle « X », celle des Marines, puis descendirent à la soute. Partout où il allait, comme dans la soute « Y », Vallery laissait les hommes réconfortés par sa visite. Par son contact personnel, grâce à un pouvoir étrange, indéfinissable, il élevait les hommes au-dessus d'eux-mêmes, faisait surgir en eux quelque chose dont ils avaient ignoré l'existence. Voir une maussade apathie et le désespoir lentement remplacés par la résolution, bien qu'elle fût d'un genre engourdi et outré, confondait l'imagination. Physiquement et mentalement, Nicholls le savait, ces hommes avaient depuis longtemps dépassé le point d'où l'on ne revient pas.

Vaguement, il essaya de s'expliquer, d'analyser la technique. Mais la méthode variait chaque fois ; sa manière d'aborder les hommes n'était qu'une réaction naturelle de Vallery aux différentes circonstances telles qu'elles se présentaient, une réaction totalement dépourvue de calcul ou de finesse. Il n'y avait pas de technique. La pitié constituait-elle donc la force agissante ? Pitié pour le courage magnifique et navrant de cet homme si évidemment sur le point de mourir ? Ou était-ce la honte : si *lui* en est capable, si lui peut encore forcer ce corps épuisé, venir, au risque de se tuer, voir si *nous* sommes en état de le supporter, s'il parvient à le faire et à sourire, alors, par Dieu, nous pouvons tenir le coup nous aussi ? « C'est cela, se dit Nicholls, c'est la pitié et la honte... » et il se détesta de le penser, non à cause de l'idée elle-même, mais parce qu'il savait qu'il se mentait... D'ailleurs, il était trop fatigué pour réfléchir. Son esprit était fumeux, fonctionnait de façon décousue, indépendamment de sa volonté. Comme celui de tous les autres. Même Andy Carpenter, le dernier dont on aurait pu le croire, avouait se sentir, lui aussi, réduit à cet état... Il se demanda ce que le Petit Kapok dirait de cette inspection... Sans doute errait-il de son côté, mais à sa manière, comme toujours, sur les rives de la Tamise. Et Nicholls chercha à s'imaginer comment était la femme de Henley. Son nom commençait par un « J » — Joan, Jean — il ne savait pas : Kapok avait un grand « J » doré à droite, sur le devant de son costume de kapok ; c'était *elle* qui l'avait brodé. Mais à quoi ressemblait-elle ? Blonde et gaie comme Kapok lui-même ? Ou brune, bonne et douce comme saint François d'Assise ? Saint François d'Assise ? Pourquoi diable est-ce qu'il... ah ! oui, le vieux Socrate lui en avait parlé. N'était-ce pas l'homme dont Axel Munthe...

« Nicholls ! Vous sentez-vous bien ? fit la voix de Vallery, chargée d'anxiété.

— Oui, bien sûr, commandant, répondit Nicholls en secouant la tête comme pour la remettre d'aplomb. Je rêvassais, simplement. Où allons-nous maintenant, commandant ?

— Poste des mécaniciens, équipes de sécurité, tableau de distribution, compartiment 3 des auxiliaires... non, il a disparu... Noyes y a été tué, n'est-ce pas ?... Hartley, j'aimerais bien que vous laissiez mes pieds toucher le pont de temps en temps. » Ils visitèrent tour à tour ces endroits et des douzaines d'autres en plus ; Vallery ne négligea pas le coin le plus éloigné, le plus impossible d'accès s'il savait qu'un homme y était à son poste de combat.

Ils arrivèrent enfin aux machines et aux chaufferies, subissant des changements de pression surprenant douloureusement les tympans non accoutumés, quand ils passaient des sas dans la suffocante chaleur. Dans la chaufferie « A », Nicholls insista pour que Vallery se reposât quelques minutes. Il était livide de souffrance et de faiblesse et respirait très difficilement. Nicholls remarqua Hartley parlant dans un coin et eut vaguement conscience que quelqu'un quittait le local.

Puis il aperçut un vigoureux chauffeur au teint basané, aux joues couvertes d'ecchymoses, avec les restes d'un œil au beurre noir, qui apportait un pliant. Il le posa brusquement derrière Vallery en grommelant :

« Un siège, commandant.

— Merci, merci. » Vallery s'assit avec gratitude, puis leva les yeux et s'étonna. « Riley ? » murmura-t-il et, tournant son regard vers Hendry, le maître-chauffeur : « Faisant son devoir avec un minimum de bonne grâce, hein ? »

Hendry remua avec malaise.

« Il l'a fait de sa propre initiative, commandant.

— Je suis désolé, dit Vallery d'un ton sincère. Pardonnez-moi, Riley. Je vous remercie beaucoup. »

Il suivit l'homme des yeux d'un air intrigué et regarda de nouveau Hendry en levant interrogativement les sourcils.

« Ne me le demandez pas, commandant. Je n'en ai pas la moindre idée. C'est un drôle de pistolet. Il fait les choses comme ça. Il vous flanquera facilement sur le crâne un coup avec un tuyau de plomb... et il a la manie de soigner les petits chats et les chiens blessés. Si vous avez un oiseau avec une aile brisée, Riley est votre homme. Mais il a une très mauvaise opinion de ses semblables. »

Vallery hocha lentement la tête sans parler, s'appuya au dossier de toile et ferma les yeux d'épuisement. Nicholls se pencha sur lui.

« Voyons, commandant, dit-il doucement, pourquoi ne pas y renoncer ? Franchement, vous êtes en train de vous tuer. Ne pouvons-nous terminer l'inspection à un autre moment ?

— Je crains que non, mon garçon, répondit très patiemment Vallery. Vous ne comprenez pas. Un autre "moment" sera trop tard. » Il se tourna vers Hendry : « Vous pensez pouvoir vous organiser, chef ?

— Ne vous tourmentez pas à notre sujet, commandant. » La voix au mol accent du Devon était à la fois douce et dure. « Soignez-vous vous-même. Les chauffeurs ne vous décevront pas. »

Vallery se releva péniblement, et, lui touchant légèrement le bras : « Vous savez, chef, je n'ai jamais cru que vous le feriez. Vous êtes prêt, Hartley ? » Il s'arrêta en voyant au pied de l'échelle un géant revêtu d'un duffel-coat et dont le visage, sous le capuchon, était sombre et sinistre. « Qui est-ce ? Oh ! je le sais ! Je n'aurais jamais cru que les chauffeurs avaient froid au point de se couvrir aussi chaudement, dit-il en souriant.

— Oui, commandant, c'est Petersen, dit Hartley à voix basse. Il vient avec nous.

— Qui l'a dit ? Et... et Petersen ? N'est-ce pas lui... ?

— Oui, commandant. Il a été... euh... le lieutenant de Riley dans l'affaire de Scapa. Ce sont les ordres du médecin-chef. Petersen va nous donner un coup de main.

— A nous ? A moi, vous voulez dire. »

Il n'y avait dans la voix de Vallery ni rancune ni aigreur.

« Hartley, suivez mon conseil, reprit-il, ne vous mettez jamais entre les mains des médecins... Vous croyez qu'on peut lui faire confiance ? ajouta-t-il en plaisantant à demi.

— Il tuerait probablement l'homme qui vous regarderait de travers, affirma Hartley. C'est un brave homme, commandant. Simple, allant comme on le mène, mais un bon type. »

Au pied de l'escalier, Petersen s'effaça pour les laisser passer. Vallery s'arrêta, leva la tête vers le géant qui le dominait de quinze centimètres et regarda les yeux bleus, qui, sous les cheveux de lin, le fixaient gravement.

« Eh bien, Petersen, dit-il, Hartley m'apprend que vous venez avec nous. En avez-vous vraiment envie ? Vous n'y êtes pas obligé, vous savez.

— Je vous en prie, commandant. » Sa parole était lente et précise, son expression malheureuse empreinte d'une curieuse dignité. « Je regrette beaucoup ce qui est arrivé...

— Non, non ! fit Vallery, instantanément contrit. Vous ne m'avez pas compris. La nuit est affreusement froide, là-haut. Mais si vous veniez, j'en serais très content. Le voulez-vous ? »

Petersen le dévisagea, puis se mit lentement à sourire, s'empourprant de plaisir. Comme le commandant mettait le pied sur le premier échelon, le bras du géant l'entoura. La sensation, telle que Vallery la décrivit plus tard, ressembla à celle de monter dans un ascenseur.

De là, ils allèrent voir le chef mécanicien Dodson dans sa chambre des machines, un Dodson gai, encourageant, d'une immense compétence, mécanicien jusqu'au bout des doigts, exclusivement dévoué aux grandes machines confiées à ses soins. Ensuite, ils se rendirent au poste des mécaniciens, en montant l'escalier qui conduisait au pont supérieur entre la cantine détruite et le bureau de police. Après la chaleur de la chaufferie, la chute de température de 40° coupait le souffle, serrait la gorge, rendait ridiculement insuffisants les « vêtements arctiques » et paralysait presque littéralement.

Les tubes lance-torpilles bâbord — les seuls en alerte — n'étaient qu'à quatre pas de distance. L'équipe, pelotonnée sous le vent du magasin démoli du maître de manœuvre, fut facile à repérer, car on entendait les hommes frapper le sol de leurs pieds gelés et claquer irrépressiblement des dents.

Vallery scruta les ténèbres et demanda :

« Le maître torpilleur est-il là ?

— Le commandant ? fit une voix surprise et incrédule.

— Oui. Comment cela marche-t-il ?

— Très bien, commandant, répondit l'homme encore incertain, hésitant. Je crois que le pied gauche du jeune Smith est perdu, commandant... gelure.

— Emmenez-le en bas, tout de suite. Et organisez votre équipe pour faire des quarts de dix minutes : un homme de garde au téléphone, ici, les quatre autres dans le poste des mécaniciens. A partir de maintenant. Vous comprenez ? »

Il s'éloigna en hâte comme pour éviter la gêne d'être remercié, d'entendre les murmures de satisfaction souriante.

Ils passèrent par l'atelier des torpilles où l'on emmagasinait les torpilles de réserve et les bouteilles d'air comprimé, et gravirent l'échelle menant au pont des embarcations. Vallery s'arrêta un instant, une main sur le treuil, l'autre tenant l'écharpe ensanglantée déjà gelée presque en une glace solide contre sa bouche et son nez. Il distinguait tout juste, de part et d'autre du navire, les formes spectrales des bateaux marchands ; leurs mâts, pourtant, étaient étrangement visibles, oscillant paresseusement sur le ciel plein d'étoiles au rythme de la houle légère qui commençait à soulever la mer. Il frissonna, remonta son écharpe autour de son cou. Dieu, qu'il faisait froid ! Il s'avança vers l'avant, s'appuyant lourdement sur le bras de Petersen. La neige, épaisse de huit à dix centimètres, étouffa ses pas tandis qu'il s'approchait par-derrière d'un canon Œrlikon. Doucement, il posa une main sur l'épaule du canonnier encapuchonné, courbé en avant dans sa niche.

« Tout va bien, canonnier ? »

Pas de réponse. L'homme parut remuer, puis s'immobilisa de nouveau.

« J'ai demandé si tout va bien ? »

La voix de Vallery s'était durcie. Il secoua l'homme par l'épaule, et, se tournant impatiemment vers Hartley :

« Il dort, chef ! Au poste de combat ! Nous sommes tous morts de sommeil, je le sais... mais ses camarades d'en dessous comptent sur lui. C'est sans excuse. Prenez son nom !

— Prenez son nom », répéta doucement Nicholls, penché sur

l'homme. Il savait qu'il n'aurait pas dû parler ainsi, mais il n'avait pu s'en empêcher. « Prendre son nom ? Pour quoi faire ? Pour sa famille ? Cet homme est mort. »

La neige recommençait à tomber, froide, mouillée, légère, tandis que le vent se levait un peu. Vallery sentit les premiers flocons, glacials, invisibles dans l'obscurité, frôler ses joues, entendit le vent gémir au loin dans le gréement et frissonna.

« Son radiateur ne fonctionne plus », dit Hartley, en se redressant après avoir exploré la paroi de sa main. Il semblait fatigué. « Ces Œrlikon ont des radiateurs fixés au côté de la niche. Les canonniers s'y appuient des heures d'affilée... Je crains que le plomb ait sauté. On les a mis en garde contre cela des milliers de fois.

— Bon Dieu ! Bon Dieu ! » Vallery secoua lentement la tête. Il se sentait terriblement vieux et las. « Quelle mort inutile, vaine... Faites-le porter à la cantine, Hartley.

— Impossible, commandant, dit Nicholls en se redressant lui aussi. Il faudra attendre. Avec le froid et la rapidité de la rigidité cadavérique... eh bien, il faudra attendre. »

Vallery opina d'un mouvement de tête et se détourna lourdement. Tout à coup, le haut-parleur du pont sur l'arrière du treuil rompit de sa voix rauque le silence de la nuit.

« Entendez-vous ? Entendez-vous ? Commandant, ou dites au commandant de prendre immédiatement contact avec la passerelle. »

Le message fut répété trois fois, puis le haut-parleur se tut.

« Où est le plus proche téléphone ? demanda aussitôt Vallery à Hartley.

— Ici même, commandant. »

Hartley retourna à l'Œrlikon et enleva du mort les récepteurs et le microphone.

« C'est-à-dire, s'il y a toujours quelqu'un au poste de direction du tir antiaérien.

— Dans ce qui en reste.

— La direction de tir ? Le commandant veut parler à la passerelle. Mettez-moi en communication. » Il tendit le récepteur à Vallery. « Voici, commandant.

— Merci. Passerelle ? Oui... oui, oui... Très bien. Détacher le *Sirrus*... Non, Turner... rien que je puisse faire d'aucune façon ; tenir le poste, c'est tout. »

Il rendit le récepteur à Hartley et dit d'un ton bref :

« Contact à l'Asdic du *Viking*. Rouge 90. »

Il se retourna, regarda la sombre mer et se rendit compte de l'inutilité de son action instinctive. Il haussa les épaules et ajouta :

« Nous avons envoyé le *Sirrus* dans cette direction. Venez. »

Leur inspection des pièces du pont des embarcations s'acheva par une visite à l'armement du pom-pom central que commandait le barbu Doyle. Transis jusqu'aux os, ses hommes tremblaient de froid ; il commenta respectueusement mais franchement le temps, puis Vallery et ses compagnons redescendirent sur le pont principal. Le commandant ne protestait plus du tout contre l'aide et le soutien de Petersen ; il en était trop heureux ; il bénissait Brooks de sa prévoyance et de sa sollicitude et il était touché de la rare délicatesse qui poussait le grand Norvégien à retirer son bras chaque fois qu'ils passaient devant un groupe d'hommes ou leur parlaient.

De derrière la porte blindée de bâbord, juste sur l'avant de la cuisine, Vallery et Nicholls, attendant pendant que les autres défaisaient les taquets du panneau menant au poste des chauffeurs, entendirent le rugissement assourdi de grenades sous-marines lancées au loin — quatre au total — et sentirent les vagues de pression frapper la coque de l'*Ulysses*. A la première détonation, Vallery s'était raidi, la tête penchée, attentive, les yeux fixés sur l'infini, dans l'attitude éternelle de l'homme dont les oreilles travaillent pour tous les autres sens. Il hésita un moment, haussa les épaules, puis courba un bras pour soulever une jambe au-dessus de l'hiloire. Il n'y avait rien qu'il pût faire.

Au centre du poste des chauffeurs, il y avait un autre panneau, plus lourd. Lui aussi fut ouvert. L'échelle descendait au poste du servomoteur qui, comme sur la plupart des navires de guerre modernes, était fort éloigné de la passerelle, tout au fond du cœur du navire, sous le pont cuirassé. Ici, Vallery parla pendant deux minutes à voix basse au maître de timonerie, tandis que Petersen, dans l'étroit espace, à l'intérieur du poste, ouvrait le panneau massif : 200 kilos d'acier actionnés par une poulie à contrepoids — qui donnait accès à la cale, point le plus bas de l'*Ulysses*, où se trouvaient le Poste central d'artillerie et le poste des auxiliaires électriques n° 2.

Un endroit mystérieux, confus à l'œil et à l'oreille, que ce poste des auxiliaires. Devant chaque cloison, hérissée de vingtaines de commutateurs, d'interrupteurs et de rhéostats, étaient étagés littéralement des centaines de fusibles, déconcertants pour le non-initié par leur nombre et leur complexité. Déconcertante aussi la fonction d'une vingtaine ou plus de générateurs auxiliaires dont le bourdonnement aigu, strident, dissonant, frénétique, exaspérait les nerfs. Nicholls se redressa au pied de l'échelle et frissonna involontairement. Un mauvais endroit que celui-ci. Avec quelle facilité l'esprit et les nerfs pouvaient-ils franchir la limite de la démence dans l'incessante clameur de cette cacophonie non synchronisée !

Il ne s'y trouvait à ce moment que deux hommes, un gradé électricien et son aide, penchés sur le grand compas gyroscopique Sperry, procédant à quelque réglage de latitude du mécanisme extrêmement compliqué. Ils levèrent aussitôt les yeux, leur lasse surprise se muant en un plaisir las. Vallery échangea quelques mots avec eux

— la conversation était difficile dans cet enfer de bruit — puis, il se dirigea vers la porte du poste central d'artillerie.

Il avait sa main sur la poignée quand il se figea en une immobilité absolue. Un autre groupe de grenades avait éclaté, beaucoup plus près, cette fois, à 400 mètres tout au plus. Ils savaient que c'étaient des grenades sous-marines simplement parce que leur raison et leur expérience le leur disaient, car au cœur le plus profond d'un navire de guerre, la détonation d'une grenade ne produit nullement le bruit d'une explosion, d'un rugissement : on entend un formidable tintement métallique, comme si un géant avait frappé le flanc du navire avec un gigantesque marteau et que le blindage se fût descellé.

Presque immédiatement, deux autres explosions suivirent, et l'*Ulysses* tremblait encore du choc de la seconde quand Vallery tourna la poignée et entra. Ses compagnons entrèrent derrière lui, Petersen referma doucement la porte. Immédiatement l'assourdissant vacarme des moteurs électriques fit place au silence du poste central de tir.

Quoique ces cloisons fussent comme dans le local voisin, bordées de montagnes étagées de fusibles, ce qui dominait en ce lieu était les deux énormes calculateurs électroniques occupant presque la moitié du local. Liens vitaux entre les postes de télépointage et les tourelles, ces appareils étaient en général le théâtre d'une intense activité ; mais la destruction presque totale des postes de direction de tir, ce matin-là, les avait rendus à peu près inutiles et, avec son personnel réduit, la pièce était étrangement silencieuse. Il n'y avait que huit hommes et un officier.

Malgré la pancarte « Défense de fumer », l'air était bleu de la fumée qui s'élevait en spirales des cigarettes et formait un nuage dérivant avec nonchalance vers l'issue. Pour Nicholls, il y avait quelque chose de rassurant dans ces cigarettes fumantes : elles étaient la seule garantie de vie au milieu de l'anormal silence et de l'immobilité inhumaine des hommes.

Il regarda avec une espèce de curiosité détachée le matelot le plus proche de lui. Maigre et brun, il était *assis* penché en avant, un coude sur la table, sa cigarette entre les doigts, à 25 millimètres à peine de sa bouche entrouverte. La fumée déroulait ses volutes devant des yeux vagues, indifférents à son picotement, la cendre au bout de la cigarette longue de près d'un demi-centimètre prête à tomber. Nicholls se demanda depuis combien de temps il était assis là, immobile, absolument immobile... et pourquoi ?

Il attendait, naturellement. C'était cela : l'attente. De toute évidence, il attendait, simplement. Mais qu'attendait-il ? Pour la première fois, Nicholls comprit, avec une aveuglante clarté, ce que c'était que d'attendre, les nerfs inhumainement tendus, tendus bien au-delà du tremblement, tendus jusqu'à l'immobilité proche de la rupture, dans l'attente de la torpille qui les fracasserait, les anéantirait.

Pour la première fois, il perçut la raison pour laquelle ceux qui semblaient invariablement trouver de quoi plaisanter partout et de n'importe quoi ne plaisantaient jamais au sujet du poste central d'artillerie. Un piège mortel n'est pas drôle. Ce poste était situé six mètres en dessous de la flottaison ; devant, il y avait la soute « B », derrière, la chaufferie « A » ; à droite et à gauche se trouvaient des soutes à mazout, et, dessous, il y avait la carène sans protection, cible de choix pour les mines acoustiques et les torpilles. On y était entouré, encerclé par les éléments et la menace de la mort, et il suffisait d'un éclair, d'une étincelle errante pour déclencher l'annihilante réalité... Et au-dessus d'eux, où ces hommes avaient une chance sur mille de survie, une série de panneaux ne pouvaient que trop facilement se fausser, devenir impossibles à ouvrir, si le métal se tordait sous le choc de l'explosion. En outre, par principe, les panneaux, d'une structure délibérément lourde, devaient rester fermés en cas d'avarie, afin de séparer du reste du bâtiment les locaux noyés. Les hommes du poste central le savaient.

« Bonsoir. Tout va bien par ici ? »

La voix de Vallery, calme comme toujours, résonna avec une force inusitée. Des visages surpris, blêmes et tendus, se retournèrent, les yeux s'agrandissant d'étonnement. Nicholls se rendit compte que le bruit des grenades avait masqué leur arrivée.

« Il ne faut pas trop s'inquiéter de ce raffut, continua Vallery d'un ton rassurant. Un sous-marin que le *Sirrus* est en train de poursuivre. Vous pouvez vous féliciter d'être ici et non à bord de ce sous-marin. »

Personne d'autre n'avait dit mot. Nicholls, qui les observait, vit leurs regards passer du visage de Vallery à leurs cigarettes interdites et comprit la gêne qu'ils éprouvaient à être pris par le commandant en flagrant délit d'infraction au règlement.

« Pas de nouvelles du télépointage principal, Brierley ? demanda-t-il à l'officier, chef du poste central, apparemment inconscient de la tension ambiante.

— Non. Rien du tout. Tout est tranquille là-haut.

— Bravo ! fit Vallery, positivement gai. Pas de nouvelles, bonnes nouvelles. »

Il sortit sa main de sa poche et tendit son étui à cigarettes à Brierley.

« Vous fumez ? Et vous, Nicholls ? »

Il en prit une lui-même, remit l'étui dans sa poche et ramassa distraitement une boîte d'allumettes placée devant le matelot le plus proche ; et, s'il remarqua son sursaut d'incrédulité, le lent début d'un sourire, le léger affaissement des épaules fatiguées en un long soupir silencieux de soulagement, il n'en fit rien voir.

Le fracas de tonnerre d'autres détonations de grenades couvrit le grincement du panneau, couvrit la toux convulsive de Vallery quand la fumée atteignit ses poumons. Seule la nouvelle tache rouge de sa serviette trempée le trahit. Tandis que la dernière vibration s'affaiblissait, il leva des yeux pleins de pitié.

« Bon Dieu ! Est-ce que ça fait toujours ce bruit-là ici ? »

Brierley sourit légèrement :

« Plus ou moins, commandant. Généralement, il est pire. »

Vallery regarda lentement tour à tour les hommes du poste central et, désignant l'avant d'un mouvement de la tête :

« C'est la soute à munitions « B » par là, n'est-ce pas ?

— Oui, commandant.

— Et de bonnes grandes soutes de mazout tout autour ? »

Brierley inclina la tête. Tous les regards étaient fixés sur le commandant.

« Je vois. Franchement, je préfère mon emploi... je ne voudrais pas du vôtre pour un empire... Nicholls, je crois que nous allons passer quelques minutes ici, fumer nos cigarettes en paix... D'ailleurs — il sourit —, songez à la ferveur accrue avec laquelle nous bénirons notre sort quand nous sortirons d'ici ! »

Il resta cinq minutes, causant tranquillement avec Brierley et ses hommes. Finalement, il écrasa le bout de sa cigarette, prit congé et se dirigea vers la porte.

« Commandant ! »

La voix l'arrêta sur le seuil, la voix du matelot maigre et brun dont il avait emprunté les allumettes.

« Oui, qu'y a-t-il ?

— J'ai pensé que vous aimeriez peut-être avoir ceci, dit le jeune homme en lui tendant une serviette blanche propre. Celle que vous avez... eh bien, commandant, elle est...

— Merci, dit Vallery en prenant la serviette sans hésitation. Merci beaucoup. »

En dépit de l'aide de Petersen, la montée jusqu'au pont supérieur laissa Vallery très faible. Il traînait lourdement les pieds.

« Ecoutez, commandant, c'est de la folie ! dit Nicholls qui était extrêmement inquiet. Je vous demande pardon, commandant, je ne voulais pas dire ça, mais... eh bien, venez voir le docteur Brooks, je vous en prie !

— Certainement, répondit Vallery en un rauque murmure. C'était d'ailleurs notre prochaine escale. »

Une demi-douzaine de pas les amenèrent à la porte de l'infirmerie. Vallery insista pour voir Brooks seul. Lorsqu'il émergea du cabinet de consultation au bout d'un certain temps, il semblait singulièrement revigoré ; son pas était plus léger ; il souriait et Brooks aussi. Nicholls s'attarda derrière le commandant.

« Lui avez-vous donné quelque chose, docteur ? demanda-t-il. En toute sincérité, il se tue !

— Il a pris quelque chose, pas beaucoup, dit Brooks en souriant doucement. Je sais qu'il se tue et il le sait lui-même. Mais il sait pourquoi, et moi aussi, et il sait que je le sais. En tout cas, il se sent mieux. Ne vous tourmentez pas, Johnny ! »

Nicholls attendit au sommet de l'échelle devant l'infirmerie que le commandant et d'autres revinssent du central téléphonique et du poste des auxiliaires électriques n° 1. Il s'effaça tandis qu'ils franchissaient le surbau, mais Vallery lui prit le bras et l'emmena lentement vers l'avant au-delà du bureau des torpilleurs, saluant sèchement au passage Carslake, nominalement chargé de diriger une équipe de sécurité. Carslake, dont le visage était toujours enveloppé de pansements, lui répondit avec des yeux égarés presque comme s'il ne le reconnaissait pas. Vallery hésita, secoua la tête, puis se tourna vers Nicholls en souriant :

« L'Association des médecins britanniques tient des séances secrètes, hein ? demanda-t-il. Peu importe, Nicholls, et ne vous tourmentez pas. C'est moi qui devrais me tourmenter.

— Vraiment, commandant ? Pourquoi ?

— Du rhum dans les tourelles, des cigarettes dans le poste central d'artillerie, et maintenant un admirable vieux whisky dans une bouteille de « Lysol ». J'ai cru que le docteur Brooks allait m'empoisonner... et quelle merveilleuse mort ! Excellent produit, et toutes les excuses du médecin-chef pour avoir entamé vos provisions personnelles. »

Nicholls rougit violemment et commença à bégayer une excuse.

« Oubliez-le, mon garçon, oubliez-le. Qu'est-ce que ça fait ? Mais j'en viens à me demander quelle sera notre prochaine découverte. Une fumerie d'opium sur la plate-forme du cabestan peut-être, ou des danseuses dans la tourelle “B” ? »

Mais ils ne trouvèrent ni dans ces endroits ni ailleurs autre chose que du froid, de la souffrance et un épuisement aggravé par la faim. Comme toujours, Nicholls constata que leur visite — ou plutôt celle de Vallery — laissait les hommes en meilleur état. Mais le leur était maintenant assez piteux : Nicholls avait les jambes en caoutchouc et un frisson continuel l'épuisait ; il ne parvenait pas à imaginer où Vallery puisait la force de continuer sa tournée. Le si robuste Petersen lui-même commençait à flancher, moins du fait qu'il portait à demi Vallery qu'à cause de l'effort de débloquer à coups de marteau d'innombrables taquets de panneaux et de portes coincés par la gelée.

Appuyé à une cloison, respirant avec difficulté après la remontée de la soute « A », Nicholls regarda le commandant avec une expression que celui-ci interpréta correctement. Il secoua négativement la tête en souriant :

« Autant l'achever, mon petit. Il ne nous reste que la plate-forme du cabestan. Je pense que nous n'y trouverons personne, mais mieux vaut y jeter un coup d'œil. »

Ils firent lentement le tour de la lourde machine qui occupait le milieu de la plate-forme, longèrent le poste des accumulateurs, le magasin du voilier, l'atelier d'électricité, la prison, et atteignirent le magasin à peinture, le compartiment le plus en avant du navire.

Vallery tendit sa main, toucha symboliquement la porte avec un sourire las et fit demi-tour. En passant devant la porte de la prison, il ouvrit machinalement le volet du guichet, y jeta un regard par manière d'acquit et reprit sa marche. Puis, il s'arrêta, revint en arrière et rouvrit le volet.

« Au nom du... Ralston ! Que faites-vous là ? » s'écria-t-il.

Ralston sourit. Même à travers l'épaisse vitre de glace, son sourire n'avait rien d'agréable et n'éclaira pas ses yeux bleus. Il gesticula en désignant la vitre fermée, faisant comprendre qu'il ne pouvait entendre.

Impatiemment, Vallery tourna la poignée.

« Que faites-vous là, Ralston ? demanda-t-il en le foudroyant du regard. En cellule... en ce moment ! Parlez, voyons ! Dites-le-moi. »

Nicholls, surpris de voir le vieil homme en colère, se dit qu'il préférait ne pas être l'objet de sa fureur.

« J'ai été enfermé ici », répondit Ralston d'un ton qui impliquait : « Quelle stupide question ! »

Vallery rougit légèrement.

« Quand ? demanda-t-il.

— Ce matin à dix heures trente, commandant.

— Et par qui ?

— Par le capitaine d'armes, commandant.

— Sur quelle autorité ? » demanda Vallery, furieux.

Ralston le regarda un long moment avant de répondre, le visage impassible.

« Sur la vôtre, commandant.

— La mienne ! s'exclama Vallery. Je ne lui ai pas dit de vous enfermer.

— Vous ne lui avez jamais dit de ne pas le faire », dit Ralston d'une voix égale.

Vallery tressaillit : c'était lui qui avait été coupable d'oubli, de manque d'égards, et cette pensée lui était douloureuse.

« Où est votre poste de combat la nuit ? demanda-t-il.

— Aux tubes lance-torpilles de bâbord, commandant. »

« Cela expliquait, songea Vallery, pourquoi seule l'équipe de tribord s'était mise en rang. »

« Et pourquoi... pourquoi avez-vous été laissé ici pendant les postes de combat ? Ne savez-vous pas que c'est défendu ? Contraire à tous les règlements ?

— Oui, commandant, répondit Ralston avec, de nouveau, son froid sourire. Je le sais. Mais le capitaine d'armes le sait-il ?... » Il s'arrêta une seconde, sourit encore. « Ou peut-être l'a-t-il simplement oublié.

— Hartley ! » Vallery avait recouvré son sang-froid. Son ton était calme et sévère. « Le capitaine d'armes ici, immédiatement. Qu'il apporte ses clefs. »

Une forte quinte de toux le convulsa, il cracha du sang dans la serviette, puis releva les yeux sur Ralston.

« Je suis désolé de cet incident, mon garçon, dit-il lentement. Sincèrement désolé.

— Comment va le pétrolier ? demanda doucement Ralston.

— Quoi ? fit Vallery qui ne s'attendait pas à ce brusque changement de sujet. Quel pétrolier ?

— Celui qui a été endommagé ce matin, commandant.

— Il est toujours avec nous, répondit Vallery, intrigué. Avec nous, mais très enfoncé. Vous avez une raison spéciale pour vous y intéresser ?

— Non, je m'y intéresse, tout simplement, commandant, dit-il en souriant, mais cette fois d'un véritable sourire. Vous comprenez... »

Il fut interrompu par une explosion assourdie qui rompit le silence de la nuit tandis que l'*Ulysses* s'inclinait fortement à bâbord sous l'onde de pression. Vallery tituba et serait tombé sans le soutien du bras de Petersen. Il s'arc-bouta contre le coup de roulis sur lequel le navire se redressa et regarda Nicholls d'un air de soudaine épouvante. Ce bruit n'était que trop familier.

Nicholls lui rendit son regard, le cœur serré de pitié pour ce mourant chargé d'un nouveau fardeau, et inclina lentement la tête, approuvant avec répugnance ce qu'exprimaient sans paroles les yeux de Vallery.

« Je crains que vous n'ayez raison, commandant. Une torpille. Quelqu'un en a arrêté une avec sa coque.

— M'entendez-vous ? fit le haut-parleur d'une voix rapide, intense, anormalement forte dans le silence qui suivait l'explosion. M'entendez-vous ? Le commandant sur la passerelle : urgent. Le commandant sur la passerelle : urgent. »

11

Vendredi soir

Courbé presque en deux, le commandant Vallery s'agrippa à la rampe de l'échelle menant à la plage avant. Il essaya de jeter un regard sur la mer obscurcie, mais il ne put rien voir. Une brume sombre, tournoyante et rugissante, une brume tachée de sang que traversaient des éclairs d'une éblouissante lumière, flottait devant ses yeux et l'aveuglait. Il respirait avec des suffocations qui lui torturaient les poumons ; des pinces gigantesques serraient ses côtes inférieures, des pinces qui sûrement les broyaient. Cette course trébuchante depuis le compartiment du pic l'avait presque tué. Il s'en rendait vaguement compte et se disait qu'il avait bravé la mort de trop près, de beaucoup trop près, et qu'il devait être plus prudent à l'avenir...

Lentement, sa vision s'éclaircit, mais la lueur étincelante subsistait. « Juste Ciel, songea Vallery, un aveugle aurait pu voir tout ce qu'il y a à voir ici. » Car on n'apercevait rien d'autre que la ténébreuse silhouette, si peu visible qu'on pouvait presque la croire imaginaire, d'un pétrolier profondément enfoncé dans l'eau et une grande colonne de flamme, haute de centaines de mètres, qui surgissait du cœur de l'épais champignon de fumée obscurcissant l'étrave du navire torpillé. Même à la distance d'un demi-mille, le rugissement des flammes était presque intolérable. Vallery les regarda, épouvanté. Derrière lui, il entendait Nicholls jurer doucement, amèrement, continuellement.

Vallery sentit sur son bras la main de Petersen.

« Le commandant désire-t-il monter à la passerelle ?

— Dans un moment, Petersen, dans un moment. Attendez. »

Son esprit fonctionnait de nouveau ; ses yeux conditionnés par quarante années d'entraînement, parcouraient automatiquement l'horizon. « C'est drôle, songea-t-il, on voit à peine le pétrolier — ce doit être le *Vytura* — il est sans doute masqué par cet épais rideau de fumée » ; mais les autres navires du convoi, blancs, semblables à des fantômes, se détachaient nettement sur le bleu indigo du ciel, baignés d'une lumière mortelle. Les étoiles elles-mêmes étaient éteintes.

Il s'aperçut que Nicholls avait cessé de jurer tout bas et qu'il lui parlait.

« Un pétrolier, n'est-ce pas, commandant ? Ne ferions-nous pas mieux de nous mettre à l'abri ? Rappelez-vous ce qui est arrivé à cet autre !

— Quel autre ? »

Vallery écoutait à peine.

« Le *Cochella*. C'était il y a quelques jours, je crois. Bon Dieu ! non ! C'était seulement ce matin !

— Quand les pétroliers prennent feu, ils brûlent, Nicholls, dit Vallery, étrangement lointain. S'ils brûlent simplement, ils peuvent durer suffisamment longtemps. Les pétroliers sont durs à mourir, terriblement durs, mon garçon ; ils vivent quand n'importe quel autre navire sombrerait.

— Mais il doit avoir un trou de la taille d'une maison dans son flanc ! protesta Nicholls.

— Ça ne fait rien », répliqua Vallery. Il semblait attendre, guetter quelque chose. « Il y a une réserve formidable d'énergie dans ces bateaux. Peut-être 27 cales-réservoirs bien étanches, sans parler des cofferdams, des compartiments des pompes, de la machine... N'avez-vous jamais entendu parler du procédé Nelson pour insuffler de l'air comprimé dans les cales d'un pétrolier afin de lui donner de la flottabilité, de l'empêcher de couler ? N'avez-vous jamais entendu parler du commandant Dudley Mason et de l'*Ohio* ? N'avez-vous jamais... ? »

Il s'arrêta soudain, et lorsqu'il se remit à parler, la rêveuse léthargie de sa voix avait disparu.

« Je le pensais ! s'écria-t-il d'une voix vibrante d'excitation. Je m'en doutais ! Le *Vytura* continue à naviguer, à gouverner ! Bon Dieu ! il doit continuer à faire presque 15 nœuds ! La passerelle, vite ! »

Les pieds de Vallery quittèrent le pont et le retouchèrent à peine jusqu'à ce que Petersen le déposât soigneusement sur le caillebotis devant le commandant en second surpris. Vallery sourit légèrement à la vue de l'étonnement de Turner dont les broussailleux sourcils se levaient au-dessus de son maigre visage de corsaire, aux traits plus nettement découpés que jamais dans la vive lumière du pétrolier en flammes. « Si jamais un homme est né quatre cents ans trop tard, se dit Vallery illogiquement... mais quel homme à avoir auprès de soi ! »

« Je vais bien, Turner, dit-il avec un rire bref. Brooks a pensé qu'il me fallait un Vendredi. C'est le chauffeur Petersen. Il joue son rôle avec trop d'enthousiasme et est peut-être enclin à obéir aux ordres trop littéralement. Mais il a été pour moi un bienfait du Ciel, ce soir... Ne vous préoccupez pas de moi... que pensez-vous de lui ? demanda-t-il en désignant du pouce le pétrolier qui flambait d'une flamme encore plus blanche, presque aussi difficile à regarder que le soleil de midi.

— Il fait un rudement bon phare pour n'importe quel navire ou avion allemand à notre recherche, grommela Turner. Nous pourrions aussi bien envoyer un signal à Trondjhem donnant notre latitude et notre longitude.

— Exactement, dit Vallery. En outre, il fournit quelques cibles magnifiques au sous-marin qui vient d'atteindre le *Vytura*. Un dangereux individu celui-ci, Turner. C'est une besogne remarquable qu'il a faite là... et dans une obscurité presque totale.

— Probablement un hublot que quelqu'un a oublié de fermer. Nous n'avons pas assez de navires pour les vérifier tout le temps. Ce n'a pas été tellement remarquable, du moins pour lui. Le *Viking* est en contact en ce moment, juste au-dessus de lui... Je l'y ai envoyé.

— Bravo ! » dit Vallery chaleureusement. Il se tourna vers le pétrolier en feu, puis de nouveau vers Turner, le visage contracté. « Il faudra le sacrifier. »

Turner inclina lentement la tête et répéta :

« Il faudra le sacrifier.

— C'est bien le *Vytura*, n'est-ce pas ?

— Oui. Le même qui a attrapé un coup ce matin.

— Qui le commande ?

— Je n'en ai pas la moindre idée, avoua Turner. Pilote, savez-vous où est la liste des navires ?

— Non, commandant. » Kapok était hésitant, bizarrement peu sûr de lui-même. « L'amiral l'avait, je le sais. Elle est probablement détruite, maintenant.

— Qu'est-ce qui vous le fait croire ? demanda vivement Vallery.

— Spicer, son maître d'hôtel, a failli être suffoqué par la fumée, cet après-midi ; il l'a trouvé faisant un grand feu dans sa baignoire ; l'amiral lui a dit qu'il brûlait des documents d'importance vitale qui ne devaient pas tomber entre les mains de l'ennemi. Des vieux journaux, principalement, mais je crois que la liste doit s'être trouvée parmi eux. Elle n'est nulle part ailleurs.

— Pauvre vieux... » Turner se rappela juste à temps qu'il parlait de l'amiral, s'arrêta, secoua la tête avec compassion et demanda : « Dois-je envoyer un signal à Fletcher sur le *Cape Hatteras* ?

— Ce n'est pas la peine, dit Vallery impatiemment. Il n'y a pas le temps... Bentley... au capitaine du *Vytura* : “Prière évacuer navire immédiatement : nous allons vous couler.” »

Soudain, Vallery trébucha et s'accrocha au bras de Turner.

« Je vous demande pardon, je crains que mes jambes me refusent service. Elles me l'ont refusé, plutôt. » Il adressa un triste sourire aux visages anxieux. « Inutile de faire semblant plus longtemps, n'est-ce pas ? Lorsque vos jambes se mettent à se mutiner... Oh ! mon Dieu ! Je suis fichu !

— Rien d'étonnant ! dit Turner. Je ne traiterais pas un chien enragé comme vous vous traitez vous-même ! Venez, commandant, prenez le fauteuil de l'amiral... tout de suite. Si vous ne le faites pas, j'ordonnerai à Petersen de vous y porter », menaça-t-il comme Vallery allait protester...

Mais la protestation fut remplacée par un sourire, et Vallery se laissa docilement aider à gagner le fauteuil. Il soupira profondément et se détendit en bénissant l'appui du dossier et des bras. Il se sentait à bout, impuissant, son corps épuisé n'était plus qu'une masse de douleur et il avait mortellement froid ; mais en même temps, il était fier et reconnaissant de ce que Turner ne lui eût même pas suggéré de descendre.

Derrière lui, il entendit se fermer la grille et murmurer des voix, puis Turner se montra en disant :

« Le capitaine d'armes, commandant. L'avez-vous fait appeler ?

— Certainement. »

Vallery se retourna, la mine sévère.

« Venez ici, Hastings. »

Le capitaine d'armes se mit au garde-à-vous devant lui. Comme toujours, son visage était un masque, indéchiffrable, sans expression, presque inhumain dans cette cruelle clarté.

« Ecoutez attentivement, dit Vallery, forcé d'élever la voix pour dominer le ronflement des flammes ; l'effort de parler l'épuisait. Je n'ai pas le temps de vous parler maintenant. Je vous verrai demain matin. En attendant, vous allez libérer le quartier-maître Ralston immédiatement. Vous passerez ensuite vos fonctions, vos papiers et vos clefs à l'officier marinier Perrat. Voilà deux fois que vous avez franchi les limites de votre autorité ; c'est une insolence sur laquelle on peut fermer les yeux ; mais vous avez aussi gardé un homme en cellule pendant les postes de combat. Le prisonnier y serait mort comme un rat dans un piège. Vous n'êtes plus capitaine d'armes de l'*Ulysses*. C'est tout. »

Pendant deux secondes, Hastings resta rigide, conservant un silence stupéfié, incrédule, puis la discipline de fer craqua. Il s'avança, les bras levés, suppliant, son masque remplacé par la contorsion de l'ahurissement.

« Démis de mes fonctions ? Démis de mes fonctions ! Mais, commandant, vous ne pouvez pas faire ça ! Vous ne pouvez... »

Sa voix se brisa en un hoquet de souffrance tandis que la poigne vigoureuse de Turner se refermait sur son coude.

« Ne dites pas "vous ne pouvez" au commandant, lui susurra-t-il à l'oreille. Vous l'avez entendu ? Quittez la passerelle ! »

La grille cliqueta derrière lui. Du ton de la conversation, Carrington observa :

« Quelqu'un se sert de ses méninges à bord du *Vytura*... il a un écran rouge sur sa lampe Aldis. On ne pourrait voir ses signaux autrement. »

Aussitôt, la tension se dissipa. Tous les yeux se fixèrent sur la lumière rouge qui clignotait, à trente mètres sur l'arrière des flammes, et même là, difficile à distinguer. Soudain, elle s'arrêta.

« Que dit-il, Bentley ? » demanda Vallery.

Bentley toussa en manière d'excuse avant de traduire le message :

« Etes-vous le diable ? Essayez de le faire et je vous saborderai. Machine intacte. Nous pouvons tenir le coup. »

Vallery ferma les yeux un instant. Il commençait à comprendre ce qu'avait dû éprouver le vieux Giles. Quand il rouvrit les yeux, il avait pris sa décision.

« Signalez : "Vous mettez en danger le convoi tout entier. Evacuez navire immédiatement. Je répète : immédiatement." »

Il se tourna vers le second :

« Je m'incline devant lui. Comment vous plairait-il, à vous, d'être assis au-dessus de suffisamment d'essence pour vous envoyer *ad patres* ? Il doit y avoir de l'huile dans certains de ses réservoirs...

Dieu, comme je déteste d'être forcé de menacer un homme de cette façon !

— Je comprends, commandant, murmura Turner. Je sais ce que c'est. Je me demande ce que fait le *Viking* là-bas. Ne devrions-nous pas en avoir des nouvelles à cette heure ?

— Envoyez un signal, ordonna Vallery. Demandez des renseignements. »

Il regarda vers l'arrière, chercha du regard le lieutenant de vaisseau torpilleur.

« Où est Marshall ? demanda-t-il.

— Marshall ? dit Turner, surpris. A l'infirmerie, naturellement. Toujours sur la liste des blessés, vous vous rappelez : quatre côtes fracassées ?

— Bien sûr, bien sûr ! fit Vallery en secouant la tête avec lassitude, fâché contre lui-même. Et le premier maître torpilleur... Noyes, n'est-ce pas ?... Il a été tué hier dans le poste des auxiliaires nº 3... Eh bien, et Vickers ?

— Il était dans la salle de direction de la chasse.

— A la direction de la chasse », répéta lentement Vallery.

Il se demanda pourquoi son cœur ne s'arrêtait pas de battre. Il avait depuis longtemps dépassé le stade des os gelés et du sang coagulé. Tout son corps était un grand bloc de glace... Il ne s'était pas douté qu'un froid pareil pût exister. Il trouvait très étrange de ne plus frissonner...

« Je le ferai moi-même, commandant, dit Turner, interrompant sa rêverie. Je me chargerai de lancer la torpille de la passerelle. J'ai été le plus mauvais officier torpilleur quand j'étais basé en Chine... » Il sourit légèrement. « ... Peut-être ma main n'a-t-elle pas perdu le peu d'adresse qu'elle a jamais possédée.

— Merci, dit Vallery avec gratitude. Faites-le.

— Il nous faudra d'abord la prendre à tribord. La commande de lancement de bâbord a été fracassée ce matin... le mât de misaine ne lui a fait aucun bien... Je vais aller vérifier le Dumaresq... [1]. Bon Dieu ! » Il serra l'épaule de Vallery avec une force qui le fit grimacer de douleur. « C'est l'amiral, commandant ! Il monte sur la passerelle ! »

Vallery se retourna dans son fauteuil avec incrédulité. Turner disait vrai : Tyndall franchissait la grille et se dirigeait vers lui. Dans l'ombre que projetait le côté de la passerelle, il avait l'air désincarné. Sa tête nue, couverte de mèches blanches clairsemées, son visage gris pitoyablement rétréci, ses épaules soudain voûtées, inexplicablement maigres sous le ciré noir, étaient vivement mis en relief par les

1. Le Dumaresq était un conjugateur en miniature permettant de calculer l'angle de visée pour le lancement des torpilles, en fonction des routes et des vitesses.

flammes. En dessous, rien n'était visible. Silencieusement, Tyndall traversa la passerelle et s'arrêta à côté de Vallery. Lentement, appuyé au bras secourable de Turner, Vallery descendit du fauteuil. Sans sourire, Tyndall le regarda, inclina gravement la tête et se hissa sur son siège. Il prit les jumelles placées sur la tablette, devant lui, et parcourut lentement l'horizon.

Ce fut Turner le premier à le remarquer :

« Amiral ! vous n'avez pas de gants !

— Quoi ? Qu'avez-vous dit ? » Tyndall remit les jumelles en place et regarda sans curiosité ses mains bandées tachées de sang. « Ah ! je savais bien que j'avais oublié quelque chose ! C'est la seconde fois. Je vous remercie, Turner. »

Il sourit poliment, reprit les jumelles et recommença son examen de l'horizon. Tout à coup, Vallery sentit un frisson plus mortel le parcourir, un frisson qui n'avait rien à voir avec le froid glacial de la nuit arctique.

Turner hésita une seconde, puis se tourna vers Kapok.

« Pilote ! n'ai-je pas vu des gantelets accrochés dans votre chambre des cartes ?

— Oui, commandant. Tout de suite. »

Et Kapok quitta en hâte la passerelle.

Turner regarda de nouveau l'amiral.

« Votre tête, amiral... Vous ne l'avez pas couverte. Ne voudriez-vous pas d'un duffel-coat, d'un capuchon ?

— Un capuchon ? dit Tyndall, amusé. Pour quoi faire ? Je n'ai pas froid... Si vous voulez m'excuser, commandant. »

Il braqua les jumelles en plein sur l'embrasement éblouissant du *Vytura*. Turner le regarda de nouveau, regarda Vallery, hésita, puis se dirigea vers l'arrière.

Carpenter revenait avec les gants lorsque le haut-parleur de la T.S.F. se déclencha :

« T.S.F.-passerelle. T.S.F.-passerelle ! Signal du *Viking* : "Contact perdu. Je continue recherche." »

« Contact perdu ! s'exclama Vallery. La pire chose qui pouvait arriver ! Un sous-marin qui rôde ici, non repéré, et tout le FR 77 éclairé comme un champ de foire. » « Un champ de foire, songea-t-il avec amertume, des pipes d'argile dans un tir forain, et sans la moindre chance de pouvoir rendre les coups maintenant que le contact est perdu. A n'importe quelle seconde, maintenant... »

Il fit demi-tour, s'agrippa à l'habitacle pour ne pas tomber. Il avait oublié combien il était faible, combien l'inclinaison de la passerelle endommagée affectait l'équilibre.

« Bentley ! Pas encore de réponse du *Vytura* ?

— Non, commandant. » Bentley était aussi inquiet que le second, aussi conscient que lui de la nécessité de se hâter. « Peut-être n'a-t-il plus d'électricité... Non, non, le voici qui signale !

— Commandant », dit Turner.

Vallery se retourna.

« Oui, dit Turner, qu'est-ce que c'est ? Pas d'autres mauvaises nouvelles, j'espère ?

— Je crains que si, commandant. Impossible de pointer les tubes de bâbord. Ils sont coincés.

— Impossible de les pointer ! fit Vallery avec irritation. Ce n'est pas nouveau. C'est la glace. Enlevez-la à coups de marteau, servez-vous d'eau bouillante, de lampes à souder, n'importe quel vieux...

— Je vous demande pardon, commandant, dit Turner en secouant la tête avec regret. Ce n'est pas cela. La plate-forme des tubes et les organes de pointage ont été faussés. Ce doit être soit l'obus qui a atteint le magasin du maître de manœuvre soit celui qui a détruit le poste des auxiliaires n° 3. En tout cas, c'est « kaput » !

— Très bien, alors, dit Vallery, impatient. Il faudra se servir des tubes de tribord.

— Leur commande de la passerelle est détruite, commandant, objecta Turner. A moins que nous ne lancions aux tubes mêmes, en autonomie.

— Pas de raison qui l'empêche, n'est-ce pas ? Après tout, c'est pour cela qu'on instruit les torpilleurs. Dites à l'armement des tubes de bâbord — je suppose que la ligne de communication est toujours intacte — dites-leur de se tenir parés.

— Oui, commandant.

— Et puis, Turner...

— Commandant ?

— Je vous demande pardon. » Il eut un sourire de travers. « Comme le vieux Giles le disait en parlant de lui-même, je suis un vieux bourru hargneux. Supportez-moi, voulez-vous ? »

Turner lui sourit avec sympathie, et, redevenant sérieux aussitôt :

« Comment est-il ? »

Vallery regarda l'amiral pendant une longue seconde et secoua négativement la tête d'un mouvement presque imperceptible.

Turner inclina lourdement la sienne et s'en alla.

« Eh bien, Bentley ? Que dit-il ?

— C'est un peu confus, commandant. Je n'ai pas pu tout saisir. Il dit qu'il va abandonner le convoi et faire route indépendamment. Quelque chose comme ça, commandant. »

Faire route indépendamment ! Ce n'était pas une solution, Vallery le savait. Il pourrait continuer à brûler pendant des heures, révéler sans le vouloir la présence des autres, même en suivant une autre route. Mais naviguer seul, sans protection, un pétrolier mutilé, en flammes... et 1 000 milles pour aller à Mourmansk, les pires

1 000 milles du monde ! Vallery ferma les yeux. Il avait la mort dans l'âme. Un homme comme celui-ci, un pareil navire... être obligé de les détruire tous les deux !

Soudain, Tyndall parla :

« A gauche 30 ! » ordonna-t-il d'une voix forte, autoritaire.

Vallery se raidit d'épouvante. A gauche 30, ils fonceraient sur le *Vytura* !

Il y eut deux secondes de silence, puis Carrington, officier de quart, se pencha sur le porte-voix et répéta : « A gauche 30. » Vallery s'avança, puis s'arrêta net en voyant Carrington gesticuler devant le porte-voix : il avait fourré un gantelet dans l'embouchure.

« Zéro la barre !

— La barre est à zéro, amiral !

— Comme ça ! Commandant ?

— Amiral ?

— Cette lumière me fait mal aux yeux. Ne pouvons-nous éteindre cet incendie ?

— Nous essaierons, amiral. » Vallery s'approcha de lui et dit doucement : « Vous avez l'air fatigué. Ne voudriez-vous pas descendre ?

— Comment ? Descendre ! Moi !

— Oui, amiral. Nous vous demanderons si nous avons besoin de vous », ajouta-t-il d'un ton persuasif.

Tyndall réfléchit un instant, puis secoua négativement la tête avec fermeté.

« Ce n'est pas possible, Dick. Ce ne serait pas juste à votre égard... »

Sa voix s'abaissa et il marmotta quelque chose que Vallery crut être « amiral Tyndall », mais il n'en était pas sûr.

« Amiral ? je n'ai pas entendu...

— Rien ! » fit Tyndall très brusquement.

Il regarda vers le *Vytura*, poussa une exclamation de souffrance et leva un bras pour se protéger les yeux. Vallery aussi recula en plissant les paupières pour masquer l'aveuglante poussée de flamme du *Vytura*. Presque simultanément, l'explosion les assourdit et son souffle les fit tituber. Le *Vytura* venait de nouveau d'être torpillé, à l'arrière, près de la machine, et le feu y faisait rage. Seul l'îlot de la passerelle, au milieu du navire, restait miraculeusement exempt de fumée et de flammes. Au moment même du choc, Vallery pensa : « Maintenant, il va sombrer. Il ne peut plus durer bien longtemps. » Mais il savait qu'il se trompait lui-même, qu'il tentait d'éviter l'inévitable décision qui lui incombait. Comme il l'avait dit à Nicholls, les pétroliers ont la vie dure, terriblement dure. « Pauvre vieux Giles, songea-t-il, inexplicablement, pauvre vieux Giles. »

Il se dirigea vers l'arrière. Turner criait avec colère au téléphone.

« Vous ferez ce qu'on vous ordonne, nom de Dieu, vous entendez ? Pointez vos tubes, immédiatement ! Oui, j'ai dit "immédiatement" ! »

Vallery lui toucha le bras.

« Qu'est-ce qui se passe, Turner ?

— Quelle satanée insolence ! grommela Turner. Me dire, *à moi*, ce qu'il faut faire !

— Qui ?

— Le chef de l'armement des tubes. Votre ami Ralston, dit Turner avec colère.

— Ralston ! Naturellement. Il m'a dit que c'était là son poste de combat de nuit. Qu'est-ce qui cloche ?

— Qu'est-ce qui cloche ? Il dit qu'il ne croit pas pouvoir le faire. Ça ne lui plaît pas ; il n'en a pas envie, s'il vous plaît ! Insubordination inouïe ! tempêta Turner.

— Ralston... en êtes-vous sûr ? Mais, évidemment, vous l'êtes... Je me demande... Ce garçon a traversé des épreuves personnelles terribles, Turner. Pensez-vous que... ?

— Je ne sais pas quoi penser ! » Turner souleva de nouveau le récepteur du téléphone. « Tubes à 90° ? Enfin !... Quoi ? Qu'avez-vous dit ?... Pourquoi nous ne... Au canon ! Au canon ! »

Il raccrocha avec violence et se tourna vers Vallery :

« Il me demande, me supplie de le couler au canon au lieu de lancer des torpilles ! Il doit être fou. Mais fou ou non, je vais descendre lui faire entendre raison, à ce jeune mutin ! »

Vallery n'avait jamais vu Turner plus en colère.

« Pouvez-vous charger Carrington du service de ce téléphone, commandant ?

— Oui, oui, naturellement. » Un peu de la colère de Turner s'était communiquée à Vallery. « Quels que soient ses sentiments, ce n'est pas le moment de les exprimer ! dit-il durement. Redressez-le. Il se peut que j'aie été trop indulgent ; peut-être nous croit-il endettés envers lui, psychologiquement désavantagés, à cause de l'injuste traitement qu'il a subi... Ça va, ça va, Turner ! »

L'impatience croissante de Turner n'était que trop visible.

« Allez-y. Je rentre pour attaquer dans trois ou quatre minutes. »

Il se retourna brusquement et passa sur la passerelle de navigation.

« Bentley !

— Commandant ?

— Dernier signal...

— Mieux vaut y jeter un coup d'œil », interrompit Carrington.

Il ralentit.

Vallery s'avança et regarda par-dessus le pavois. Le *Vytura*, rugissante masse de flammes, s'enfonçait rapidement de l'arrière.

« Ils préparent les bossoirs, commandant ! annonça le Petit Kapok avec agitation. Je crois... oui, oui, je vois descendre les embarcations.

— J'en remercie Dieu ! » murmura Vallery.

Il se sentait comme si un nouveau bail avec la vie lui avait été accordé. La tête baissée, il se cramponna des deux mains au pavois de la passerelle — la réaction lui infligeait une affreuse faiblesse. Au bout de quelques secondes, il releva la tête et ordonna calmement :

« Signalez par radio, en chiffre, au *Sirrus*. "Je retourne en arrière, pour recueillir les survivants dans le canot du *Vytura*." »

Il surprit le rapide coup d'œil de Carrington et haussa les épaules.

« Les chances sont meilleures qu'égales ; alors, au diable les ordres de l'Amirauté. Dieu ! ajouta-t-il avec une soudaine aigreur, comme je voudrais voir à la dérive dans la mer de Barents un navire plein des guerriers de Whitehall qui interdisent de recueillir les survivants ! »

Il se détourna et aperçut Nicholls et Petersen.

« Vous êtes encore ici, Nicholls ? Ne feriez-vous pas mieux de descendre ?

— Si vous le désirez, commandant. » Nicholls hésita et, indiquant Tyndall d'un mouvement de la tête : « J'ai pensé que peut-être...

— Vous avez sans doute raison. Nous verrons. Attendez un peu, voulez-vous ? » Il éleva la voix : « Pilote !

— Commandant ?

— Les deux bords en avant lente !

— Les deux bords en avant lente, commandant. »

Graduellement, puis plus vite, l'*Ulysses* évolua et gagna lentement l'arrière du convoi. Bientôt, même les derniers navires l'eurent dépassé, avançant vers le nord-est. Il neigeait plus fort, à présent, mais l'éclatante lumière de l'incendie baignait toujours les navires, d'une effrayante vulnérabilité dans leur impuissance.

Bouillant de colère, Turner s'arrêta devant les tubes lance-torpilles de bâbord. Ils étaient orientés par le travers, méchantes bouches béantes éclairées par les grandes flammes, pointées au-dessus de l'éclat intermittent de la houle. Il aperçut immédiatement Ralston, perché, au-dessus du tube central, au poste de commande que rien ne protégeait.

« Ralston ! fit Turner d'une voix impérieuse et dure, je désire vous parler ! »

Ralston se retourna aussitôt, se leva et sauta sur le pont. Debout, devant le second, de la même taille que lui, ses yeux bleus troublés se trouvaient au niveau des yeux noirs de Turner étincelants de colère.

« Que diantre avez-vous, Ralston ? Vous refusez d'obéir aux ordres ?

— Non, commandant, répondit Ralston d'une voix basse, étrangement tendue. Ce n'est pas vrai.

— Pas vrai ! » Les yeux de Turner s'étaient rétrécis et il maîtrisait à peine sa fureur. « Alors qu'est-ce que c'est que vos satanées objections à lancer des torpilles ? Songez-vous à faire concurrence au chauffeur Riley ? Ou avez-vous simplement perdu la raison — si vous en aviez ? »

Ralston ne dit rien. Ce silence, trop facilement interprété comme une muette insolence, exaspéra Turner. Ses puissantes mains agrippèrent le duffel-coat du matelot ; il le tira vers lui, et, leurs visages tout proches l'un de l'autre, il dit doucement :

« Je vous ai posé une question, Ralston. Je n'ai pas reçu de réponse. J'attends. Qu'est-ce que tout cela signifie ?

— Rien, commandant. » Il y avait de la détresse dans ses yeux, peut-être, mais pas de peur. « Je... je n'en ai simplement pas envie, commandant. Je déteste avoir à le faire... envoyer l'un de nos propres navires par le fond ! »

Sa voix était suppliante, maintenant, avec une sorte de désespoir. Turner y demeura indifférent.

« Pourquoi faut-il le couler, commandant ? s'écria Ralston. Pourquoi ? Pourquoi ?

— Ce n'est pas votre faute... mais il se trouve qu'il met en danger le convoi tout entier. » Le visage de Turner n'était toujours qu'à quelques centimètres de celui de Ralston. « Vous avez un travail à faire, des ordres auxquels obéir. Montez là-haut et exécutez-les ! Allez ! rugit-il comme Ralston hésitait. Montez là-haut ! »

Ralston ne bougea pas.

« Il y a d'autres gradés torpilleurs, commandant », dit-il en levant des bras suppliants.

Quelque chose dans son accent fit comprendre à Turner, avec un choc, en dépit de son aveugle colère, que ce garçon était désespéré.

« Laisser la sale besogne à un autre ? C'est ça que vous voulez dire, n'est-ce pas ? demanda-t-il avec un mépris mordant. Lui faire ce que vous ne voulez pas faire vous-même, espèce de petit salaud ! Donnez-moi votre appareil. Je vais appeler la passerelle. »

Il prit le téléphone et regarda Ralston remonter lentement à sa place et s'asseoir courbé en avant, la tête penchée sur le Dumaresq.

« Le commandant adjoint ? Ici, Turner. Tout est réglé ici. Le commandant est-il là ?

— Oui, commandant. Je vais l'appeler. »

Carrington posa le récepteur, franchit la grille.

« Commandant, le commandant Turner est à...

— Une minute ! »

La main levée, la tension de la voix arrêtèrent Carrington.

« Regardez. Qu'en pensez-vous ? » demanda Vallery, en désignant d'un geste le *Vytura* au-delà de la silhouette de l'amiral qui, la tête baissée sur sa poitrine, marmottait des paroles incohérentes.

Carrington regarda dans la direction indiquée. Le canot de sauvetage, vaguement visible à travers les flocons de neige, avait décroché ses palans pendant que le *Vytura* marchait encore. Bourré d'hommes, il s'éloignait rapidement à l'arrière, sous la grande colonne de fumée... s'éloignait beaucoup trop vite, comme le commandant adjoint s'en rendit compte soudain. Il se retourna, et les yeux tristes et las de Vallery se fixèrent sur les siens. Carrington hocha lentement la tête.

« Il fait toujours route, commandant. Il gouverne... Qu'allez-vous faire, commandant ?

— Je n'ai pas le choix. Rien du *Viking*, rien du *Sirrus*, rien de notre Asdic... et ce sous-marin est encore par ici... Dites à Turner ce qui se passe. Bentley !

— Commandant ?

— Signalez au *Vytura*. » Les lèvres blanches, serrées, donnaient un démenti aux sombres yeux pleins de souffrance. « Evacuez votre navire. Nous vous torpillerons dans trois minutes. Dernier signal. » A gauche 20, pilote !

— La barre est 20 à gauche, commandant. »

Le *Vytura* obliquait vers le nord. Lentement, l'*Ulysses* évolua, venant presque parallèlement à sa route, un peu sur l'arrière du pétrolier.

« En avant demi, pilote !

— En avant demi, commandant !

— Pilote ?

— Commandant ?

— Que dit l'amiral Tyndall ? Pouvez-vous le distinguer ? »

Carpenter se pencha, écouta, secoua la tête. De petits flocons de neige tombèrent de son bonnet de fourrure.

« Je regrette, commandant. Je ne le comprends pas : le *Vytura* fait trop de bruit... Je crois qu'il fredonne.

— Oh ! Dieu ! »

Vallery baissa la tête, la releva lentement, péniblement. Même un aussi léger effort lui était intolérable.

Il regarda le *Vytura* dont l'Aldis rouge clignotait de nouveau. Se forçant à l'attention, il essaya de le lire, mais les signaux étaient trop rapides ; ou peut-être ses yeux étaient-ils simplement trop vieux, trop fatigués ; peut-être n'était-il plus capable de penser... Il y avait quelque chose de curieusement hypnotisant dans cette minuscule lueur rouge papillotant entre ces fantastiques rideaux de flammes, ces rideaux qui, lentement, inexorablement se rassemblaient... Puis, la petite lueur rouge mourut, si brusquement, d'une manière tellement inattendue qu'avant de s'en être rendu compte, il entendit la voix de Bentley :

« Signal du *Vytura*, commandant. »

Vallery s'agrippa plus fermement à l'habitacle. Bentley devina plutôt qu'il ne vit le geste d'approbation du commandant.

« Texte du message : "Pourquoi ne foutez-vous pas le camp ? Au diable la Marine de guerre ! Dites-lui que je lui envoie toutes mes tendresses."

— Toutes mes tendresses, répéta Vallery en secouant la tête. Il est fou ! Il doit l'être. « Toutes ses tendresses », et je vais le détruire... Carrington !

— Commandant ?

— Dites au commandant en second de se tenir prêt ! »

Turner répéta le message reçu de la passerelle et se tourna vers Ralston.

« Tenez-vous prêt, torpilleur ! »

Il regarda par-dessus bord et vit que le *Vytura* se trouvait légèrement sur l'avant, maintenant, et que *l'Ulysses* continuait de se rapprocher. Il sentit sous ses pieds diminuer la vibration, comprit que l'*Ulysses* ralentissait. A n'importe quelle seconde, à présent, il commencerait son massacre par tribord. Le récepteur crépita de nouveau à son oreille, à peine perceptiblement tant les flammes rugissaient. Il écouta : « "X" et "Y" seulement. Réglage moyen. But 11 nœuds. »

« Combien de temps ? demanda-t-il.

— Combien de temps, commandant ? répéta Carrington.

— Quatre-vingt-dix secondes, répondit Vallery d'une voix enrouée. Pilote... A droite 10. »

Il sursauta en entendant les jumelles tomber sur le pont, vit l'amiral s'affaisser en avant, son visage et le cou heurtant cruellement le bord du pavois, les bras pendant des épaules comme désarticulés.

« Pilote ! »

Mais Kapok s'était déjà précipité ; il glissa un bras sous Tyndall, le soulageant de la plus grande partie du poids mort.

« Qu'est-ce que vous avez, amiral ? » demanda-t-il avec anxiété.

Tyndall remua légèrement, sa joue contre le bord coupant du pavois.

« Froid, froid, froid, chantonna-t-il en chevrotant comme un très, très vieil homme.

— Comment ? Qu'avez-vous dit ? implora Kapok.

— Froid. J'ai froid. Terriblement froid. Mes pieds, mes pieds ! »

La vieille voix s'éteignit et le corps s'effondra dans un coin de la passerelle, le visage gris levé vers la neige qui tombait.

Une intuition équivalant à une certitude effrayée fit s'agenouiller Kapok. Vallery entendit son exclamation étouffée, le vit se redresser et se retourner, le visage figé d'horreur.

« Il... il n'a rien sur lui, balbutia-t-il. Ses pieds sont nus... gelés, gelés en une masse compacte.

— Pieds nus ? dit Vallery avec incrédulité. Ce n'est pas possible !

— Et il est en pyjama, commandant ! Il ne porte rien d'autre ! »

Vallery s'avança en trébuchant, ôta ses gants, se baissa et se sentit pris de nausée tandis que ses doigts se refermaient sur la peau glacée. « Pieds nus ! en pyjama, et pieds nus ! Rien d'étonnant que son pas ait été aussi silencieux sur le caillebotis ! » Il se rappela que la dernière observation de la température avait indiqué 35° sous zéro. Et il y avait près de cinq minutes que Tyndall était là, les pieds dans la neige !

Il sentit de grandes mains sous ses aisselles, se sentit relever sans effort. Petersen. Ce ne pouvait être que Petersen, naturellement. Et Nicholls derrière lui.

« Laissez-moi m'occuper de cela, commandant. Oui, Petersen, conduisez-le en bas. »

La voix ferme, assurée, de Nicholls, celle d'un homme compétent dans son domaine, rendit son équilibre à Vallery, le ramena au présent, aux exigences du moment, mieux que n'importe quoi d'autre. Il entendit la voix précise, mesurée de Carrington énonçant un cap, une vitesse, un gisement ; il vit le *Vytura* à 50° par bâbord, maintenant, s'écarter lentement, régulièrement, vers l'arrière ; même à cette distance, la chaleur était à peine supportable — que devait-elle être sur la passerelle du *Vytura* ?

« Gouvernez comme ça, Carrington ! cria-t-il. Lancement en autonomie.

— Comme ça. Lancement en autonomie. »

Carrington manœuvrait comme en temps de paix dans le Solent.

« Lancement en autonomie », répéta Turner. Il raccrocha le récepteur, regarda autour de lui. « A vous, désormais, Ralston », dit-il doucement.

Il n'y eut pas de réponse. L'homme accroupi au poste de commande, immobile comme une statue de pierre, sembla ne pas avoir entendu.

« Trente secondes ! dit sèchement Turner. Vous êtes sur la cible ?

— Oui, commandant. » L'homme bougea et soudain se retourna en une dernière supplication, désespérée. « Au nom de Dieu, commandant ! n'y a-t-il pas d'autre... ?

— Vingt secondes ! dit rageusement Turner. Voulez-vous avoir un millier de vies sur votre conscience d'enfant de Marie ? Et si vous manquez... »

Ralston se retourna lentement vers la mer. Pendant un bref instant, les flammes éblouissantes du *Vytura* éclairèrent son visage, et Turner vit, avec un choc, que des larmes lui aveuglaient les yeux. Puis il vit les lèvres remuer et d'une voix atone, lourde de défaite, Ralston prononça :

« Soyez sans crainte, commandant, je ne le manquerai pas. »

Perplexe maintenant, plus qu'irrité, et tout à fait incapable de le comprendre, Turner vit la manche gauche se lever pour essuyer les yeux, vit la main droite se refermer sur le levier de mise de feu de l'« X ». Le mouvement de cette main était empreint d'une décision si péremptoire, si émouvante dans son irrévocabilité que le fameux vers de Chaucer vint à l'esprit de Turner : « *En frappant, la lance s'arrêta tristement.* »

Soudainement, si soudainement que Turner sursauta malgré lui, la main tira convulsivement vers l'arrière. Il entendit le cliquetis du levier, la détonation assourdie dans le tube, le sifflement de l'air comprimé, et la torpille partit, luisant une fraction de seconde à la lueur des flammes avant de s'écraser sous la surface de la mer. Elle avait à peine disparu, quand les tubes tremblèrent de nouveau et que la seconde torpille fut lancée.

Pendant cinq, dix secondes, Turner, fasciné, regarda les sillages de bulles disparaître au loin. Un total de 750 kilos d'amatol dans ces cônes... Que Dieu aide les malheureux à bord du *Vytura*...

Le haut-parleur du pont s'anima :

« M'entendez-vous ? M'entendez-vous ? Mettez-vous à couvert immédiatement ! Mettez-vous à couvert immédiatement ! »

Turner détacha ses yeux de la mer, leva la tête et vit que Ralston était toujours tapi sur son siège.

« Descendez de là-haut, jeune imbécile ! cria-t-il. Vous voulez être criblé d'éclats lorsque le *Vytura* sautera ? M'entendez-vous ? »

Silence. Pas un mot, pas un mouvement ; rien que le rugissement des flammes.

« Ralston !

— Je vais bien, commandant. »

La voix de Ralston était assourdie ; il ne prit même pas la peine de tourner la tête.

Turner émit un juron, bondit sur les tubes, arracha Ralston de son siège et le traîna sur le pont jusque dans l'abri. Ralston ne lui résista pas : il paraissait plongé dans une grande apathie, dans une indifférence absolue.

Les deux torpilles atteignirent leur but. La fin fut rapide, étrangement peu spectaculaire. Ceux qui écoutaient — il n'y eut personne pour regarder — à bord de l'*Ulysses* préparèrent leurs nerfs pour l'épreuve de la détonation, mais il n'y en eut pas. Brisé, las de lutter, le *Vytura* s'effondra simplement au milieu, se coucha graduellement, avec fatigue, sur un flanc et coula.

Trois minutes plus tard, Turner ouvrit la porte de l'abri du commandant et poussa Ralston devant lui.

« Voici, commandant, dit-il. J'ai pensé que vous aimeriez savoir de quoi a l'air un objecteur de conscience.

— Certainement », dit Vallery.

Il posa le journal de bord sur la table et regarda froidement le torpilleur de haut en bas.

« De la besogne bien faite, Ralston, mais cela n'excuse pas votre conduite. Une minute, Turner. »

Il se retourna vers Kapok :

« Oui, cela me paraît bien, pilote. Ce sera d'une lecture édifiante pour Leurs Seigneuries... Ceux que les Allemands ne coulent pas, nous les achevons pour eux... Rappelez-vous de demander demain matin au *Hatteras* le nom du capitaine du *Vytura*.

— Il est mort... Vous n'avez pas besoin de prendre cette peine », dit Ralston avec amertume.

Puis, il trébucha tandis que la main ouverte du commandant en second s'abattait sur son visage.

Le souffle court, les yeux assombris de colère, Turner dit doucement :

« Jeune insolent ! Vous avez un peu dépassé la mesure ! »

Ralston leva lentement la main, tâta la marque rouge de la gifle.

« Vous ne me comprenez pas, commandant, murmura-t-il sans colère et si bas qu'ils eurent peine à saisir ses paroles. Le capitaine du *Vytura*, je peux vous dire son nom. Il s'appelle Ralston, le capitaine Michael Ralston. C'était mon père. »

12

Samedi

Tout a une fin, chaque nuit a son aube ; même la plus longue nuit ; quand l'aube semble ne devoir jamais venir, elle arrive, à la fin. Elle vint pour le FR 77, aussi grise, glaciale et désespérée que l'avait été la nuit. Mais elle vint.

Elle trouva le convoi à quelque 350 milles au nord du cercle arctique, se dirigeant vers l'est, le long du 72e parallèle, à mi-chemin entre Jan Mayen et le cap Nord ; 8°45' est, calcula Kapok, mais il n'en était pas sûr. Avec le ciel entièrement couvert et la neige qui tombait à gros flocons serrés, il calculait le point à l'estime ; il y était obligé, car l'obus qui avait détruit le télépointage avant avait démoli la table de point automatique. Mais, grosso modo, il restait 700 milles marins à faire. En quarante heures, le convoi — ou ce qui en resterait alors — serait dans la baie de Kola, remonterait le fleuve vers Polyarnoe et Mourmansk... quarante heures.

Cette aube trouva les 14 navires du convoi éparpillés sur trois milles carrés de mer, roulant fortement dans la forte houle du nord-nord-est qui s'accentuait ; 14 navires seulement, car un autre avait disparu au moment le plus sombre de la nuit. Mine, torpille ? personne n'en savait rien et ne le saurait jamais. Le *Sirrus* s'était arrêté, avait fouillé la zone pendant une heure avec des lampes à signaux de 25 centimètres encapuchonnées. Il n'y avait pas eu de survivants. Non que le capitaine de frégate Orr se fût attendu à en trouver par une température de – 20°.

Cette aube vint après une nuit sans sommeil, une nuit de contacts d'Asdic continuels, de constants lancements de grenades qui ne donnèrent aucun résultat. Les hommes furent gardés toute la nuit aux postes de combat, ce qui émoussa peut-être irrémédiablement les derniers vestiges d'attentive vigilance sur lesquels reposait le seul espoir — ce n'était jamais qu'un espoir — de survie dans l'Arctique. Plus dangereusement encore, cette nuit avait épuisé ce qui restait de grenades sous-marines dans le convoi... Ce fait était la mesure de l'intensité de l'attaque, de l'acharnement de la persécution, car ce fait ne s'était encore jamais produit. Maintenant, c'était arrivé ; il ne restait plus une seule grenade. Le convoi était sans défense. Les meutes de sous-marins auraient bientôt découvert qu'elles pouvaient frapper à volonté...

Et avec l'aube, vinrent naturellement les postes de combat, ou ce qui l'aurait été si les hommes ne les avaient pas occupés depuis quinze heures. Quinze heures interminables d'un froid et d'une souffrance intenses, quinze heures durant lesquelles l'équipage de l'*Ulysses* n'avait été nourri que de cacao et d'un sandwich de bœuf en conserve, minces tranches de pain rassis par surcroît, le temps ayant manqué la veille pour la cuisson. Mais les postes de combat de l'aube prolongeaient l'attente de deux interminables heures pour des hommes titubant d'une inimaginable fatigue, se tenant littéralement les paupières ouvertes avec le pouce et l'index, tandis que le cerveau qui n'est plus qu'une masse atrocement douloureuse supplie qu'on le laisse au repos, rien qu'une seconde, une seule et jamais plus. Dans un pareil état, une minute est une terrible éternité. Et ce moment était d'autant plus important qu'on le savait être le moment critique des convois russes, celui où chaque homme se révélait nettement tel qu'il était. Et pour l'équipage d'un navire mutiné, pour des hommes déjà jugés et condamnés, des hommes physiquement brisés et mentalement châtiés, qui ne seraient jamais plus les mêmes, de corps et d'esprit, les hommes de l'*Ulysses* n'avaient pas à éprouver de honte. Pas tous, évidemment ; ils n'étaient que des hommes ; mais nombre d'entre eux avaient découvert ou découvraient que le point dont on ne revenait pas n'était pas nécessairement le bord du précipice, il pouvait être le fond de la vallée, le début de la longue ascension de la pente opposée, et lorsqu'un homme a commencé à la gravir, il ne regarde plus jamais l'autre versant.

Pour certains hommes, il n'existait ni précipice ni vallée ; pour Carrington, par exemple. Depuis dix-huit heures maintenant sur la passerelle, il était toujours lui-même, animé de cette vigilance détendue qui ne flanchait jamais ; homme d'une résistance infinie, qui jamais ne s'effondrerait, dont on ne pouvait pas imaginer l'effondrement. Personne ne savait pourquoi il était ainsi. Tels étaient aussi le premier maître Hartley, le maître chauffeur Hendry, le sergent-chef Evans et le sergent McIntosh ; quatre hommes étrangement semblables : grands, robustes, bienveillants, plus très jeunes, imprégnés des traditions de la Marine. Taciturnes, on ne les entendait jamais parler d'eux-mêmes ; ils ne se faisaient pas d'illusions quant à leur importance ; ils savaient, — comme tout officier de Marine serait le premier à le reconnaître — qu'en leur qualité d'officiers-mariniers les plus anciens, c'étaient eux et non un quelconque officier qui constituait l'armature morale de la Royal Navy ; et c'était le sentiment de leur responsabilité qui engendrait leur stabilité de roc. Et puis, il y avait naturellement des hommes — une poignée seulement — comme Turner, Kapok et Dodson, que l'aube trouva hissés au-dessus d'eux-mêmes, des hommes qu'enivraient le danger et l'épuisement, car seuls ils leur donnaient l'occasion de se révéler pleinement, de se prouver qu'ils étaient nés pour les subir. Enfin, il y avait des hommes comme Vallery, qui avait succombé à la fatigue juste après minuit et qui dormait encore dans l'abri, et le médecin-chef Brooks : la sagesse était leur ancre de salut, une claire appréciation de leur insignifiance relative et de celle du sort du FR 77, un jugement roidement intellectuel, associé à une infinie compassion pour les folies et les souffrances de l'humanité.

A l'autre extrémité de l'échelle, l'aube trouva des hommes — quelques dizaines, peut-être — perdus sans guérison possible. Perdus d'égoïsme, d'apitoiement sur eux-mêmes et de peur, comme Carslake, perdus pour avoir été dépouillés de leur armure, de leur autorité, comme Hastings, ou perdus comme le matelot gradé Johnson et une vingtaine d'autres, parce qu'ils avaient été poussés trop loin et ne possédaient pas de planche de salut à laquelle se retenir.

Et entre ces deux extrêmes, il y avait ceux — le plus grand nombre — qui avaient atteint zéro, qui s'étaient aperçus que la résistance peut être infinie et avaient trouvé dans cette constatation le tremplin de la guérison. L'autre côté de la vallée *pouvait* être escaladé, mais pas sans un bâton. Pour Nicholls, indiciblement fatigué par une longue nuit passée debout arc-bouté contre la table d'opération du cabinet médical, le bâton était l'orgueil et la honte. Pour le quartier-maître Doyle, misérablement accroupi dans l'abri de la cheminée avant, regardant le supplice, le perpétuel frisson de son armement de jeunes canonniers, auprès des pom-poms du centre, c'était la pitié ; il l'aurait naturellement nié en blasphémant. Pour le jeune Spicer, le dévoué maître d'hôtel de Tyndall, c'était également la pitié — pitié et chagrin fou, car, dans sa chambre, l'amiral se mourait. Même amputé des deux jambes, sous le genou, Tyndall aurait pu vivre. Mais il n'avait plus envie de lutter, de résister, et Brooks savait que le vieux Giles serait content de s'en aller. Et, pour des vingtaines, peut-être des centaines d'hommes, pour des hommes comme McQuarter, tuberculeux, glacé jusqu'aux os dans ses vêtements trempés, mais qui ne tournait plus en trébuchant autour du fût de la tourelle « Y » parce que le fort roulis remuait incessamment l'eau ; comme Petersen, dépensant avec prodigalité sa grande vigueur à aider ses camarades épuisés ; comme Chrysler, dont les jeunes yeux perçants étaient d'un prix inestimable maintenant que le radar était détruit et qui scrutait continuellement l'horizon ; pour des hommes comme ceux-là, le bâton était Vallery, l'immense respect et l'affection qu'ils lui vouaient, la certitude qu'ils ne le désappointeraient jamais.

Tels étaient donc les bâtons, les intangibles ancres de salut de l'*Ulysses* quand se leva cette aube lugubre et glaciale : l'orgueil, la pitié, la honte, l'affection, le chagrin — et l'instinct de conservation quoiqu'il fût devenu, maintenant, un facteur presque négligeable. Deux choses seulement ne jouaient aucun rôle comme ressorts de l'endurance ; on n'en tenait nullement compte, on ne les mentionnait jamais, elles n'existaient pas pour l'équipage de l'*Ulysses* : deux choses que les âmes sentimentales en Angleterre, les courageux éditorialistes de la presse populaire, les bailleurs de propagande nationaliste auraient voulu faire prendre au monde pour la source de l'inspiration et de la résistance : la haine de l'ennemi, l'amour des parents et de la patrie.

Il n'y avait pas de haine de l'ennemi. La connaissance est le prélude de la haine, et ils ne connaissaient pas l'ennemi. Ils le maudissaient, le respectaient, le craignaient et le tuaient s'ils le pouvaient ; s'ils ne le faisaient pas, ce serait lui qui les tuerait. Les hommes ne se voyaient pas non plus comme se battant pour le roi et le pays ; ils comprenaient la nécessité de la guerre, mais refusaient de camoufler cette nécessité sous un ardent patriotisme simulé ; ils faisaient simplement ce qu'on leur ordonnait, car s'ils ne le faisaient pas, ils seraient collés contre un mur et fusillés. L'amour des parents, oui, il comptait, mais pas beaucoup. Il était naturel de vouloir protéger les siens ; mais c'était là une équation dont la valeur variait avec le facteur de la distance. Il était un peu difficile pour un homme blotti dans la niche couverte de glace de son Œrlikon, au large des rives de l'île aux Ours, de se figurer qu'il protégeait ce cottage couvert de roses, dans les Cotswolds... Mais quant au reste, les haines nationales et le mythe soigneusement entretenu du roi et du pays, ils ne sont rien lorsque l'homme se trouve à la dernière minute de l'espoir et de la résistance ; car seuls les simples émotions humaines fondamentales, les sentiments positifs que sont l'amour, le chagrin, la pitié et la détresse peuvent faire franchir à l'homme cette dernière limite.

Midi, et le convoi, naviguant alors en formation serrée, avançait en roulant vers l'est dans l'aveuglante neige. L'alarme, au milieu des postes de combat de l'aube, avait été la dernière, ce matin. Plus que quarante-quatre heures à naviguer, maintenant, plus que quarante-quatre heures. Et si ce temps continuait, ce vent violent et cette neige qui empêchaient les avions de voler, cette visibilité quasi nulle et ces grosses vagues qui aveugleraient n'importe quel périscope... il y avait toujours cette possibilité.

L'amiral John Tyndall mourut quelques heures après midi. Brooks, qui était resté auprès de lui toute la matinée, inscrivit comme cause du décès : « Choc post-opératoire et exposition au froid. » En vérité, Giles était mort parce qu'il n'avait plus le désir de vivre. Sa réputation professionnelle était perdue ; sa confiance en lui-même avait disparu ; il ne lui restait que le remords d'avoir fait mourir des centaines d'hommes ; et, sans ses deux jambes, la seule vie qu'il eût connue, celle qu'il avait tant aimée et à laquelle il avait consacré quarante-cinq ans, avec plaisir et générosité, cette vie, elle aussi, était finie pour toujours. Giles mourut volontiers, avec joie. Juste à midi, il reprit conscience, regarda Brooks et Vallery avec un sourire dont toute trace de folie avait disparu. Brooks tressaillit devant ce triste sourire, ombre moqueuse du fameux gros rire du Giles de naguère. Puis il ferma les yeux et marmotta quelque chose au sujet de sa famille — Brooks savait qu'il n'avait pas de famille. Il rouvrit les yeux, vit Vallery comme pour la première fois, tourna les yeux jusqu'à ce qu'il aperçût Spicer.

« Un fauteuil pour le commandant, mon garçon », dit-il.

Puis il mourut.

Il fut immergé à deux heures, au milieu d'une tempête de neige. La voix du commandant, lisant le service funèbre, fut déchiquetée par la neige et le vent ; le pavillon britannique battait sans plus rien recouvrir sur la planche inclinée avant que les hommes se rendissent compte que le corps avait glissé dans la mer ; les sons du bugle, brisés, lointains, s'éteignirent. Et alors, les hommes, au nombre de 200 au moins, s'éloignèrent en silence et regagnèrent leurs postes gelés.

A peine une demi-heure plus tard, le blizzard avait disparu aussi rapidement qu'il s'était levé. Le vent, aussi, s'était apaisé, et quoique le ciel fût toujours sombre et lourd de neige, quoique les vagues fussent encore assez grosses pour faire rouler un navire de 15 000 tonnes de 30°, la détérioration du temps s'était nettement arrêtée. Sur la passerelle, dans les tourelles, dans les postes d'équipage, les hommes évitaient de se regarder et ne disaient rien.

Juste avant quinze heures, le *Vectra* recueillit un contact d'Asdic. Vallery, en l'apprenant, hésita sur la décision à prendre. S'il envoyait le *Vectra* à la recherche du sous-marin, s'il le situait avec exactitude et se bornait, comme il y serait obligé, à décrire des cercles étroits au-dessus de l'ennemi sans lancer de grenades, la raison en serait comprise par le commandant du sous-marin au bout de quelques minutes. Ce ne serait plus alors qu'une question de temps avant qu'il décidât de pouvoir émerger sans danger afin d'utiliser sa radio ; tous les sous-marins au nord du cercle arctique sauraient aussitôt que le FR 77 pouvait être attaqué en toute impunité. En outre, il était peu probable qu'une attaque par torpilles eût lieu dans de pareilles conditions météorologiques. Non seulement l'observation par périscope était presque impossible dans une mer aussi creuse, mais le sous-marin lui-même serait une plate-forme de tir des plus instables : le mouvement des vagues ne se produit pas uniquement à la surface de l'eau ; ses effets peuvent être extrêmement désagréables à 9, 12, 15 mètres de profondeur, voire 50 mètres par une mer tout à fait mauvaise. D'autre part, le commandant du sous-marin pouvait avoir une chance sur mille, en tirant au hasard, d'atteindre son but. Vallery ordonna au *Vectra* de repérer le sous-marin.

Il était trop tard. L'ordre serait, de toute façon, arrivé trop tard. Le *Vectra* clignotait encore en réponse au signal et n'avait pas commencé à virer lorsque le grondement d'une forte explosion fut entendu sur la passerelle de l'*Ulysses*. Tous les yeux firent le tour de l'horizon, à la recherche de la fumée, des flammes, du navire donnant de la bande qui indiqueraient l'endroit que la torpille avait atteint. Pendant près d'une demi-minute, on n'aperçut absolument rien. Puis, les observateurs remarquèrent que l'*Electra*, navire de tête de la colonne de tribord, ralentissait, s'arrêtait et commençait déjà à s'enfoncer dans l'eau sans inclinaison longitudinale. Presque certainement, il avait eu le compartiment des machines crevé.

L'Aldis du *Sirrus* s'était mis à clignoter. Bentley lut le message et se tourna vers Vallery :

« Le commandant Orr demande la permission d'accoster l'*Electra* par bâbord pour recueillir les survivants.

— Par bâbord ? fit Turner. Du bord opposé au sous-marin. C'est un risque qu'on peut courir, commandant, par une mer calme. Telle qu'elle est... » Il regarda le *Sirrus* rouler violemment en travers de la lame et haussa les épaules. « Cela n'arrangera pas sa peinture.

— Sa cargaison ? demanda Vallery. Savez-vous ce que c'est ? Des explosifs ? » Il regarda autour de lui ; tous secouèrent négativement la tête. Se tournant vers Bentley : « Demandez à l'*Electra* s'il transporte des explosifs. »

L'Aldis de Bentley parla, puis se tut. Au bout d'une demi-minute, il apparut nettement qu'il n'y aurait pas de réponse.

« Il n'y a plus d'électricité sans doute, ou son Aldis a été démoli, hasarda Kapok. Ne pourrait-on lui dire de hisser un pavillon s'il a des explosifs, deux s'il n'en a pas ? »

Vallery approuva d'un hochement de tête satisfait.

« Vous avez entendu, Bentley ? »

Il regarda par la hanche tribord pendant qu'on envoyait le message. Le *Vectra* était à presque un mille de distance, roulant pendant une minute, tanguant la minute suivante, tandis qu'il décrivait un cercle étroit. Il avait repéré le tueur... et ses lance-grenades étaient vides.

Vallery se retourna et regarda l'*Electra*. Toujours pas de réponse... Puis, il vit deux pavillons flotter jusqu'à la vergue.

« Signalez au *Sirrus*, ordonna-t-il : Allez-y ; faites extrêmement attention. »

Soudain, il sentit la main de Turner sur son bras.

« Les entendez-vous ? demanda Turner.

— Si j'entends quoi ?

— Dieu seul le sait. C'est le *Vectra*. Regardez ! »

Vallery suivit la direction qu'indiquait le doigt du second. D'abord, il ne vit rien, puis, tout à coup, il aperçut de petits jets d'eau surgir dans le sillage du *Vectra* ; des jets rapidement engloutis dans les grosses vagues. Puis il perçut le murmure lointain d'explosions sous-marines, presque impossibles à saisir au milieu du hurlement du vent.

« Que diable fait le *Vectra* ? demanda Vallery. Et de quoi se sert-il ?

— Ça me fait l'effet de pièces d'artifice, grommela Turner. Qu'en pensez-vous, Carrington ?

— Des charges de sabordage de 25 livres, répondit brièvement Carrington.

— Il a raison, commandant, dit Turner. Naturellement, c'est ça. Mais il pourrait aussi bien se servir de pétards », ajouta-t-il avec mépris.

Il avait tort. Une charge de sabordage possède moins du dixième de la force disruptive d'une grenade, mais, logée, dans le kiosque d'un sous-marin ou éclatant à côté d'un avion, elle peut être presque mortelle. Turner avait à peine fini de parler quand un sous-marin — le premier que l'*Ulysses* voyait au-dessus de l'eau depuis près de six mois — sortit son étrave, resta dans cette position pendant deux ou trois secondes, puis parut tout entier, roulant dans le creux des vagues.

La dramatique soudaineté de son apparition prit tous les navires du convoi par surprise, y compris le *Vectra*. Il se trouvait du mauvais côté, en train de décrire le contour extérieur d'un huit. Son pom-pom ouvrit immédiatement le feu, mais cette arme notoirement peu précise dans les circonstances les plus favorables n'est d'aucun secours à bord d'un destroyer en train d'évoluer rapidement sur une mer démontée ; les Œrlikon enregistrèrent deux coups sur le kiosque du sous-marin ; des Lewis jumeaux mitraillèrent la coque avec autant d'effet qu'un essaim de bourdons en colère ; mais quand le *Vectra* eut achevé son évolution et put se servir de son armement principal, le sous-marin avait lentement disparu sous l'eau.

Malgré cela, les 120 du *Vectra* se mirent à tirer à l'endroit où le sous-marin s'était plongé, mais ils s'arrêtèrent presque immédiatement lorsque deux obus successifs eurent ricoché et dangereusement sifflé à travers le convoi. Il stabilisa sa route au-dessus de la position du sous-marin submergé ; les observateurs à bord de l'*Ulysses* purent tout juste distinguer à travers leurs jumelles les silhouettes en duffel-coat, sur la plage arrière du *Vectra*, jetant d'autres charges de sabordage par-dessus bord. Presque aussitôt, la barre du *Vectra* fut complètement renversée et il revint vers le sud, ses canons pointés à l'inclinaison négative maximum par tribord.

Le sous-marin devait avoir été plus sérieusement endommagé, cette fois, soit par les obus, soit par les dernières charges. Il émergea de nouveau, encore plus brusquement qu'avant, au milieu d'un bouillonnement d'écume, et, de nouveau, le *Vectra* se trouva du mauvais côté, car le sous-marin était à 600 mètres par le travers.

Maintenant, le sous-marin ne replongea plus. Son commandant et son équipage ne manquaient certes pas de courage. Son panneau était ouvert, et des hommes s'affalaient le long du kiosque pour armer le canon en un geste symbolique de défi contre un ennemi infiniment plus fort.

Les deux premiers hommes n'atteignirent jamais la pièce : des vagues énormes, déferlant sur le pont du sous-marin, les emportèrent. Mais d'autres se précipitèrent en avant pour les remplacer, pointant frénétiquement leur canon par le travers vers l'étrave du *Vectra*. Incroyablement — car les vagues balayaient les ponts, des vagues qui arrachaient les hommes de leurs postes, et le sous-marin roulait avec une violence et une rapidité invraisemblables — leur premier obus, tiré au jugé, atteignit en plein la passerelle du *Vectra*. Ce fut le premier et le dernier obus : l'équipage s'effondra soudain et mourut, tombant à côté du canon ou emporté par-dessus bord.

Ce fut un massacre. Le *Vectra* avait deux tourelles Bolton-Paul Defiant pour le tir de nuit, de quadruples tourelles hydrauliques avec astrodôme, montées sur sa plage avant, et ces pièces avaient ouvert le feu simultanément, tirant, toutes ensemble, le total fantastique de 300 obus toutes les dix secondes. Le cliché si souvent employé à tort d'une « grêle de plomb » fut là parfaitement exact. Il était impossible pour un homme de vivre deux secondes sur le pont de ce sous-marin, exposé à cette tempête mortelle. L'un après l'autre, les hommes se jetaient en se suicidant bravement, par-dessus la passerelle, mais aucun d'eux ne parvint jusqu'au canon.

Plus tard, personne à bord de l'*Ulysses* ne put dire quand il avait paru évident que le *Vectra*, tanguant violemment à travers les gigantesques vagues, allait aborder le sous-marin. Peut-être le commandant n'en avait-il jamais eu l'intention. Peut-être avait-il pensé que le sous-marin plongerait et projetait-il de lui démolir son kiosque et son périscope pour être sûr qu'il ne s'échapperait pas de nouveau. Peut-être avait-il été tué quand l'obus avait frappé la passerelle. Ou peut-être avait-il changé d'avis à la dernière seconde, car le *Vectra*, qui courait droit sur le kiosque, abattit soudain sur tribord.

Pendant un instant, on eût dit qu'il allait pouvoir parer de justesse l'étrave du sous-marin, mais cet espoir s'évanouit à peine formé. S'enfonçant lourdement du côté à pic d'une vague béante, l'étrave du *Vectra* s'écrasa sur et à travers la coque du sous-marin, à quelque neuf mètres sur l'arrière de l'étrave, fendant l'acier renforcé comme si ç'avait été du carton. Il était encore en train de s'enfoncer, de pousser l'autre vers le fond, lorsque deux explosions, si proches qu'elles se confondirent en une seule gigantesque détonation, enfouirent complètement les deux navires sous une montagne d'eau bouillante et d'acier tordu. La raison de l'explosion ne put être que de pure conjecture, mais ce qui était arrivé se voyait assez clairement. Un caprice du hasard devait avoir fait détoner le trinitrotoluène — normalement extrêmement stable et inerte — dans le cône d'une des torpilles enfermées dans les tubes du sous-marin ; et alors les torpilles emmagasinées sur l'arrière, et probablement la soute à munitions avant du *Vectra*, firent explosion par contagion.

Lentement, presque délibérément, les grands nuages d'eau retombèrent dans la mer, et le *Vectra* et le sous-marin — ou le peu qui en restait — devinrent brusquement visibles. Aux yeux des spectateurs de l'*Ulysses*, il était inconcevable qu'ils fussent encore à flot. Le sous-marin, profondément enfoncé dans l'eau, semblait se terminer juste sur l'avant de son canon ; le *Vectra* avait l'air d'avoir été fendu transversalement par un couteau gigantesque, juste devant la passerelle. Le reste avait disparu, Et, dans tout le convoi, des esprits incrédules en étaient encore à refuser d'admettre le témoignage de leurs yeux quand la coque fracassée du *Vectra* tituba dans le même creux que le sous-marin, roula sur lui lourdement, sa passerelle et son mât se couchant sur le kiosque. Puis, l'eau les recouvrit et ils coulèrent, enlacés, jusqu'au fond de la mer.

Les derniers navires du convoi étaient maintenant éloignés de deux milles et, à cette distance, il était impossible de voir s'il y avait des survivants au milieu des vagues. Cela ne semblait pas probable. Et s'il y avait des hommes là-bas, nageant, luttant, appelant au secours dans le froid glacial, ils seraient déjà mourants et morts depuis longtemps avant qu'aucun navire n'ait même eu le temps de virer de bord. Le convoi continua sa marche vers l'est, à l'exception de l'*Electra* et du *Sirrus*.

L'*Electra*, en travers à la houle, roulait lentement, paresseusement, couché de près de 15° par bâbord. Sur ses ponts, à l'avant et à l'arrière de la passerelle, s'alignaient des hommes qui attendaient. Ils avaient renoncé à leur intention de quitter leur navire dans des embarcations lorsqu'ils avaient vu le *Sirrus* s'approcher d'eux par bâbord. On avait mis un canot en dehors, mais avec l'inclinaison de l'*Electra* et la force de la houle, on n'avait pu le saisir. Il penchait à présent loin du flanc du navire, oscillant follement au bout de ses bossoirs, à six mètres environ au-dessus de la mer. En approchant, Orr avait envoyé deux signaux irrités demandant que l'on coupât les garants. Mais le canot demeurait là, pendule menaçant sur la route du *Sirrus* : la panique peut-être, mais plus probablement les freins du treuil bloqués par la glace. En tout cas, il n'y avait pas de temps à perdre : encore dix minutes et l'*Electra* sombrerait.

Le *Sirrus* élongea deux fois en tout l'*Electra* ; Orr n'avait pas l'intention de l'accoster pour être écrasé par les 15 000 tonnes du cargo prêt à basculer. La première fois, il passa lentement, à 5 nœuds, à la distance de six mètres, la plus proche qu'il osa, vu que la direction des vagues poussait les navires l'un vers l'autre au même instant.

Tandis que l'étrave oscillante du *Sirrus* glissait devant la passerelle de l'*Electra*, les hommes qui attendaient commencèrent à sauter. Ils sautèrent quand la plage avant du *Sirrus* se présenta au niveau de leur pont, ils sautèrent tandis qu'il s'enfonçait quatre à six mètres plus bas. Un homme portant une valise et un imperméable enjamba nonchalamment les deux bastingages pendant la brève seconde où ils furent relativement immobiles l'un en face de l'autre ; d'autres s'écrasèrent sur le pont d'acier recouvert de glace, loin en dessous, se tordant les chevilles, se fracturant les jambes et les cuisses. Et deux hommes manquèrent d'atteindre le navire ; à travers le vacarme, on entendit le cri affreux de celui qui fut broyé entre les deux coques, et les appels déchirants, désespérés de l'autre, tandis que le grand mur de fer de l'*Electra* le guidait jusque dans les hélices du *Sirrus*.

Ce fut alors que cela eut lieu et l'on ne pouvait rien reprocher à la manœuvre du commandant Orr ; il l'avait accomplie d'une manière parfaite. Mais son habileté fut impuissante contre les deux vagues monstrueuses, deux fois aussi grosses que les autres, dont la première projeta le *Sirrus* tout près de l'*Electra*, puis, passant sous le cargo, lui fit faire une embardée sur bâbord tandis que la seconde vague projetait violemment le *Sirrus* sur tribord. Il y eut une collision grinçante, hurlante. Les bastingages et les tôles supérieures du *Sirrus* s'enfoncèrent et furent arrachés sur une longueur de 45 mètres ; simultanément, le canot de sauvetage se fracassa à l'avant de la passerelle en un millier de morceaux. Immédiatement, les télégraphes cliquetèrent, l'eau se mit à bouillonner à l'arrière du *Sirrus* — le malheureux qui se débattait dans la mer dut se rendre compte de l'imminence de sa mort à peine une seconde avant de mourir — puis, le destroyer s'éloigna vivement de l'*Electra*.

Cinq minutes après, le *Sirrus* avait de nouveau fait demi-tour. Il était typique du sang-froid, du courage d'Orr et de la chance qui ne l'abandonnait jamais, qu'il choisît cette fois le côté tribord endommagé du *Sirrus* pour lui faire accoster l'*Electra* — trop enfoncé dans l'eau maintenant pour tomber sur lui — et qu'il le fît dans un moment d'éphémère tranquillité de l'eau. Des mains obligeantes se tendirent vers les hommes qui sautaient et amortirent leur chute. Au bout de trente secondes le destroyer était reparti et les ponts de l'*Electra* déserts. Deux minutes plus tard, un rugissement assourdi secoua le navire sombrant : ses chaudières sautaient. Ensuite, il se renversa lentement sur le côté ; ses mâts et ses cheminées s'étendirent sur la surface de l'eau, y plongèrent et disparurent ; la carène et la quille rectiligne se détachèrent un instant, noires et luisantes, sur la grisaille de la mer et du ciel avant de disparaître à leur tour. Pendant une minute, de grosses bulles d'air montèrent tumultueusement à la surface. Peu à peu, elles se firent plus petites, et bientôt, il n'y en eut plus.

Le *Sirrus*, ses ponts encombrés d'hommes, tressaillant tandis qu'il augmentait sa vitesse, rejoignit le convoi. Le convoi n° FR 77, le convoi de la Royal Navy s'efforcerait toujours d'oublier. Trente-six navires étaient partis de Scapa et de St. John. Maintenant, ils n'étaient plus que douze ; douze seulement. Et il y avait encore près de quarante-quatre heures avant d'atteindre la baie de Kola...

Turner, sa formidable vitalité et son ardeur momentanément atténuées, regarda le *Sirrus* passer en roulant sur l'arrière. Brusquement, il se retourna, jeta un regard furtif et apitoyé sur le commandant Vallery, squelette vivant, qu'une mystérieuse force poussait à une lutte incessante et vaine contre la mort. Et pour Vallery, Turner le comprit soudain, la mort, même l'espoir de la mort, devait maintenant être infiniment douce. Il vit sur ce masque gris l'effet du choc et du chagrin, et il jura silencieusement. Puis, sentant se poser sur lui ces yeux las et mornes, Turner se hâta de s'éclaircir la voix.

« Combien cela fait-il de survivants sur le *Sirrus*, maintenant ? » demanda-t-il.

Vallery haussa légèrement ses épaules lasses.

« Aucune idée, Turner. Une centaine, peut-être davantage. Pourquoi ?

— Une centaine, dit Turner pensivement. Et “on ne recueillera pas de survivants”. Je me demande ce que dira le vieux Orr quand il déposera ce petit paquet sur les genoux de l'amiral Starr à notre retour à Scapa Flow ! »

13

Samedi après-midi

Le *Sirrus* était encore à un mille sur l'arrière lorsque son Aldis se mit à clignoter. Bentley prit le message et se tourna vers Vallery.

« Signal, commandant. Ai 25 à 30 hommes blessés à bord. Trois cas très graves, peut-être mourants. Ai urgent besoin d'un médecin. »

— Accusez réception », dit Vallery. Il hésita un instant, puis : « Mes compliments au médecin-capitaine Nicholls. Demandez-lui de monter sur la passerelle. » S'adressant à Turner, il ajouta en souriant : « Je ne me figure pas Brooks très à l'aise dans une bouée-culotte par un temps pareil. La traversée ne va pas être commode. »

Turner regarda de nouveau le *Sirrus* qui décrivait par moments un arc de 40° tandis qu'il arrivait de l'ouest en roulant.

« Ce ne sera pas une partie de plaisir, dit-il. En outre, les bouées-culottes ne sont pas destinées à des gens tels que notre vénérable médecin-chef. »

« C'est drôle, songea-t-il, combien tout le monde est devenu indifférent : personne n'a seulement fait mention du *Vectra* depuis qu'il a abordé le sous-marin. »

La grille grinça. Vallery se retourna lentement et répondit au salut de Nicholls.

« Le *Sirrus* a besoin d'un médecin, dit-il sans préambule. Cela vous plairait-il ? »

Nicholls s'arc-bouta contre l'inclinaison de la passerelle et le roulis. Quitter l'*Ulysses*... cette pensée lui fut soudain odieuse et cette réaction le stupéfia. Lui, Johnny Nicholls, unique, du moins parmi les officiers, à détester aussi cordialement, à ne pouvoir supporter tout ce qui touchait à la Marine ! Son cerveau devait être en train de se ramollir. Puis, tout aussi soudainement, il comprit qu'il ne devenait pas gâteux et sut pourquoi il désirait rester. Ce n'était pas par orgueil, par principe ou par sentiment ; c'était simplement... eh bien, simplement qu'il appartenait à l'*Ulysses*. Il ne se l'expliquait pas plus exactement, plus nettement, mais il l'éprouvait étrangement, puissamment. Tout à coup, il eut conscience que des yeux curieux le fixaient, et, plein de confusion, il regarda la mer agitée.

« Eh bien ? fit Vallery avec impatience.

— Cela ne me plaît pas du tout, dit Nicholls, franchement. Mais, naturellement, je partirai. Tout de suite ?

— Dès que vous aurez rassemblé vos instruments, répondit Vallery.

— C'est déjà fait. Nous avons toujours un équipement d'urgence tout emballé. » Il jeta de nouveau un regard inquiet sur la mer. « Qu'est-ce que je suis censé faire, commandant, sauter ?

— Loin de nous cette pensée ! s'écria Turner en lui appliquant jovialement sur le dos sa grande main. Vous n'avez absolument aucune crainte à avoir ; « vous ne sentirez positivement rien », telles ont été, si je m'en souviens bien, les paroles que vous m'avez textuellement adressées quand vous m'avez arraché cette vieille molaire il y a deux ou trois semaines... Une bouée-culotte, mon gars, une bouée-culotte !

— Une bouée-culotte ! protesta Nicholls. Vous n'avez pas remarqué le temps qu'il fait ? Je serai lancé de bas en haut et de haut en bas comme un vulgaire yoyo !

— L'ignorance de la jeunesse, dit Turner en secouant tristement la tête. Nous aurons la mer de l'arrière, naturellement. Ce sera comme une promenade en Rolls, mon garçon ! Nous allons la gréer à l'instant. Chrysler ! Appelez le premier maître Hartley. Demandez-lui de monter sur la passerelle. »

Chrysler ne sembla pas avoir entendu. Il était dans la position qu'il préférait d'ordinaire ces derniers jours : ses mains gantées sur les tuyaux de vapeur, la partie supérieure de son visage appuyée à l'oculaire en caoutchouc des puissantes jumelles de la commande tribord des projecteurs. Toutes les quelques secondes, l'une de ses mains tournait d'une fraction minime le viseur crénelé ; puis il reprenait sa complète immobilité.

« Chrysler ! rugit Turner, êtes-vous sourd ? »

Trois, quatre, cinq secondes encore de silence, puis, Chrysler recula brusquement, regarda l'indicateur de gisement, se retourna, très excité, et cria :

« Vert 100 ! Vert 100 ! Des avions. Juste à l'horizon ! » Il se jeta de nouveau sur les jumelles. « Quatre, sept... non, dix ! Dix avions ! hurla-t-il.

— Vert 100 ? » Turner avait porté ses jumelles à ses yeux. « Je ne vois absolument rien ! En êtes-vous sûr, mon gars ? demanda-t-il anxieusement.

— Toujours pareil, commandant. »

La jeune voix était pleine d'une conviction agitée.

Turner avait franchi la grille et rejoint Chrysler en quatre pas rapides.

« Laissez-moi jeter un coup d'œil », ordonna-t-il.

Il regarda à travers la lunette, tourna une ou deux fois l'appareil, puis, les sourcils froncés de colère :

« Il y a quelque chose de joliment drôle ici, jeune homme ! grommela-t-il. Est-ce votre vue ou votre imagination ? Et si vous voulez mon opinion...

— Il a raison, dit calmement Carrington en l'interrompant. Je les vois moi aussi.

— Moi également, commandant ! » cria Bentley.

Turner se retourna vers la lunette, regarda un instant au travers, se raidit, puis, se tournant vers Chrysler :

« Rappelez-moi de vous faire mes excuses un de ces jours », dit-il en souriant.

Et, avant d'avoir fini de parler, il était de retour sur la passerelle de navigation.

« Signal au convoi, disait rapidement Vallery. Code H. En avant toute, Carrington. Second maître de manœuvre ? Annoncer partout : alerte aux pièces. Turner ?

— Commandant ?

— But à volonté, tir en autonomie pour les pièces C.A. d'accord ? Et les tourelles ?

— Je ne sais pas encore... Chrysler, pouvez-vous distinguer ?

— Des Condor, commandant, dit Chrysler.

— Des Condor ! s'écria Turner, incrédule. Une douzaine de Condor. Etes-vous sûr que... ? Oh ! très bien, très bien ! Ce sont des Condor, fit-il en agitant la tête d'étonnement, tourné vers Vallery. Où est mon satané casque ? Il dit que ce sont des Condor !

— Ce sont en effet des Condor », dit Vallery en souriant.

Turner s'émerveilla de son calme imperturbable.

« Buts indiqués par la passerelle, tir en autonomie pour toutes les tourelles ? continua Vallery.

— Je crois que oui, commandant. »

Turner regarda les deux matelots téléphonistes, juste à l'arrière de la passerelle de navigation, chacun d'eux devant l'un des appareils communiquant avec les tourelles d'avant et d'arrière.

« Dressez bien l'oreille, vous deux. Et ne traînez pas dès qu'on vous parlera. »

Vallery fit signe à Nicholls.

« Vous feriez mieux de redescendre, jeune homme. Je regrette que votre petite excursion ait été différée.

— Moi pas, dit brutalement Nicholls.

— Non ? » Vallery souriait. « Effrayé ?

— Non, commandant. » Nicholls lui rendit son sourire. « Je n'ai pas eu peur et vous le savez.

— Je le sais, dit Vallery doucement. Je le sais... et je vous remercie. »

Il regarda Nicholls quitter la passerelle, fit signe au planton de la T.S.F., puis se tourna vers Kapok.

« Quand avons-nous envoyé notre dernier signal à l'Amirauté, pilote ? Jetez un coup d'œil sur le journal de bord.

— Hier à midi, dit Kapok sans hésiter.

— Je ne sais pas ce que je ferais sans vous, murmura Vallery. Position actuelle ?

— 72°20' nord, 13°40' est.

— Merci. » Il regarda Turner. « Pas de raison pour observer le silence à la radio maintenant, Turner ? »

Turner secoua négativement la tête.

« Prenez ce message, s'empressa de dire Vallery. "Pour Direction des opérations navales. Londres..." Comment se comportent nos amis, Turner ?

— Ils décrivent des cercles vers l'ouest. A leur haute altitude habituelle, je suppose, dit Turner d'un ton morose. Mais, ajouta-t-il moins tristement, le plafond des nuages est à peine à 300 mètres. »

Vallery inclina la tête.

« — FR 77, 16 heures : 72°20', 13°40' Route au 090. Force 5, nord, mer grosse. Situation désespérée. Regrette profondément amiral Tyndall mort à midi aujourd'hui. Pétrolier *Vytura* torpillé la nuit dernière, coulé par moi. *Washington State* coulé à 1 h 45 aujourd'hui. *Vectra* coulé à 15 h 15, abordage avec sous-marin. *Electra* coulé à 15 h 30. Suis fortement attaqué par douze au minimum Focke-Wulf 200. » Une supposition raisonnable, je crois, capitaine, dit-il, mi-figue mi-raisin, et Leurs Seigneuries en seront émues. Elles sont d'avis qu'il n'y a pas un tel nombre de Condor dans toute la Norvège. « Est impératif envoyiez secours. Couverture aérienne essentielle. Avisez immédiatement. » Envoyez cela tout de suite voulez-vous ?

— Votre nez, commandant ! dit vivement Turner.

— Merci. »

Vallery frotta la gelure, d'une blancheur de mort dans le gris et le bleu de son visage décomposé. Il y renonça au bout de quelques secondes ; l'effort n'en valait pas la peine ; il épuisait trop ses maigres réserves de force.

« Mon Dieu ! qu'il fait froid, Turner ! » murmura-t-il.

En frissonnant, il se leva et explora le FR 77 avec ses jumelles. On obéissait au pavillon H. Les navires étaient éparpillés sur la mer apparemment au hasard, ayant rompu l'ordonnance qui aurait par trop simplifié la besogne des bombardiers attaquant de l'arrière. Il leur faudrait maintenant viser des cibles individuelles. Eparpillés, mais pas trop, suffisamment proches les uns des autres pour tirer mutuellement profit du barrage d'ensemble du convoi. Vallery hocha la tête avec satisfaction et se retourna vers l'ouest.

Deux choses lui apparurent soudain nettement, deux choses que l'ennemi savait évidemment. Il avait su où trouver le FR 77 — la Luftwaffe n'avait pas l'habitude d'envoyer des bombardiers lourds dans l'Arctique au petit bonheur ; elle n'avait même pas pris la peine d'envoyer Charlie en reconnaissance. Indubitablement, un sous-marin avait repéré le convoi et indiqué sa position et son cap ; à n'importe quelle distance, un périscope avait peu de chances d'être aperçu dans cette grosse mer. En outre, les Allemands savaient que le radar de l'*Ulysses* avait été détruit. Les Focke-Wulf allaient se mettre à couvert derrière les nuages les plus bas et ils ne se montreraient que quelques secondes avant de lancer leurs bombes. S'ils avaient eu contre eux, à une aussi faible hauteur, un adversaire tirant au radar, leur attaque aurait presque été un suicide. Mais ils *savaient* qu'ils n'avaient rien à craindre.

Alors même qu'il les observait, le dernier des Condor s'engagea dans le lourd et bas plafond de nuages et disparut complètement à sa vue. Vallery haussa les épaules avec lassitude et abaissa ses jumelles.

« Bentley ?

— Commandant ?

— Code R. Immédiatement. »

Les pavillons voletèrent jusqu'en haut du mât. Pendant quinze, vingt secondes qui parurent dix fois plus longues à l'impatient commandant, il ne se passa rien. Puis, comme des jouets manipulés par un montreur de marionnettes, les étraves de chacun des navires du convoi se mirent à évoluer, ceux qui étaient à bâbord de l'*Ulysses* vers le nord, ceux qui étaient à tribord vers le sud. Lorsque les Condor émergeraient des nuages, dans deux minutes au plus, calculait Vallery, ils ne trouveraient que la mer vide. Vide, à part l'*Ulysses* et le *Stirling*, bâtiments admirablement équipés pour se défendre. Et alors, les Condor seraient soumis au feu croisé des bateaux marchands et des destroyers, et, à cette basse altitude, il serait trop tard, beaucoup trop tard pour qu'ils puissent modifier leur direction et se livrer à des allées et venues permettant de bombarder les cargos longitudinalement. Vallery sourit en songeant que si sa tactique défensive ne valait pas grand-chose, c'était ce qu'il pouvait faire de mieux étant donné les circonstances... Il entendait Turner aboyer des ordres à travers le haut-parleur et était plus que content de laisser la défense du navire entre les mains compétentes du second. Si, seulement, il ne s'était pas lui-même senti aussi fatigué...

Quatre-vingt-dix secondes passèrent, cent, deux minutes... et toujours pas le moindre Condor en vue. Cent yeux fixaient la masse des nuages, à l'arrière : elle restait grise et inanimée.

Deux minutes et demie s'écoulèrent. Toujours rien.

« Quelqu'un a-t-il vu quoi que ce soit ? demanda anxieusement Vallery dont les yeux ne quittaient pas les nuages, à l'arrière. Rien ? Rien du tout ? »

Rien ne rompit l'oppressant silence.

Trois minutes. Trois minutes et demie. Quatre. Vallery cessa de regarder le ciel pour reposer ses yeux et surprit l'expression d'une appréhension croissante sur le maigre visage de Turner ; lentement, le soupçon parut y naître puis se fortifier. Sans un mot, au même instant, ils se retournèrent tous deux et regardèrent le ciel à l'avant.

« C'est cela ! dit aussitôt Vallery. Vous avez raison, Turner, vous devez avoir raison ! »

Tout le monde s'était retourné à présent et regardait à l'avant aussi attentivement que lui-même.

« Avertissez les canons ! Mon Dieu ! Ils ont failli nous avoir ! murmura-t-il.

— Que tous aient l'œil ouvert ! » cria Turner. Son appréhension avait disparu ; il avait recouvré son irrépressible gaieté, l'heureuse animation que lui donnait toujours la perspective de l'action. « Tous, vous m'entendez ! Nous sommes tous dans la même galère ! Je ne blague pas. Quatorze jours de permission au premier qui aperçoit un Condor !

— A partir de quand, la permission ? » demanda sèchement le Petit Kapok.

Turner lui sourit d'une oreille à l'autre. Puis, son sourire s'effaça et il leva la tête, soudainement attentif.

« Les entendez-vous ? demanda-t-il d'une voix basse, comme s'il craignait d'être écouté par l'ennemi. Ils sont là-haut, quelque part, mais du diable si je sais où... Si seulement ce vent... »

Les coups sourds des Œrlikon du pont des embarcations l'arrêtèrent au milieu de sa phrase. Il se retourna vivement et, du même mouvement, saisit le transmetteur de la radio. Mais malgré sa rapidité il était trop tard — il aurait été trop tard de toute façon. Les Condor, les trois premiers, alignés de front, étaient déjà visibles, avaient déjà traversé le nuage, à 150 mètres d'altitude, à peine à 900 mètres... de l'arrière. De l'*arrière*. Les bombardiers devaient avoir regagné l'ouest dès qu'ils avaient atteint le nuage et ils avaient complètement trompé Vallery quant à leurs intentions.

... Six secondes — six secondes sont plus qu'il n'en faut même à un bombardier lourd pour parcourir moins de 900 mètres en piqué. Les Condor étaient sur eux alors qu'ils avaient à peine eu le temps de se rendre compte de ce qui arrivait et d'éprouver les premières atteintes de la mortification et du chagrin.

On était presque au crépuscule, maintenant, et, dans le singulier demi-jour de l'Arctique, on apercevait nettement les pointes d'aiguille lumineuses des obus traceurs s'élancer d'abord capricieusement dans le ciel assombri, s'éteignant au loin, puis se stabiliser et mourir à l'instant de leur naissance en atteignant les fuselages des Condor. Mais le temps était trop court — les canons ne purent viser leur cible que pendant deux secondes au maximum et ces Focke-Wulf géants possèdent une capacité formidable d'absorption. Le Condor de tête se détacha des autres d'environ 90 mètres, ses bombes de 250 kilos lâchées suivirent momentanément sa ligne de vol, puis tombèrent paresseusement vers l'*Ulysses*, en décrivant une parabole. Immédiatement, le Condor redressa son nez au maximum, ses quatre grands moteurs pétaradant à contretemps tandis qu'il regagnait la protection des nuages.

Les bombes manquèrent leur but. Elles le manquèrent d'une dizaine de mètres, éclatant au contact de l'eau, juste sur l'arrière de la passerelle. Pour les hommes du poste central, des chaufferies et des machines, le fracas et le choc durent être effrayants, littéralement à briser le tympan. Des geysers, d'un diamètre de six mètres à leur base bouillonnante, élevèrent leur blancheur dans la nuit tombante, bien au-dessus des mâts tronqués, y demeurèrent un instant, puis s'effondrèrent en cascades sur la passerelle et le pont des embarcations, trempant, saturant chacun des canonniers dans les niches ouvertes des pom-poms et des Œrlikon. Il faisait une température de – 15°.

Plus dangereusement encore, les trombes d'eau aveuglèrent complètement les canonniers. A part un Œrlikon isolé sur un encorbellement sous le flanc tribord de la passerelle, le Condor suivant déclencha son attaque contre un minimum de résistance. Son approche fut parfaite, exactement de l'avant à l'arrière sur la ligne centrale ; mais le pilote dépassa son but, probablement dans son application à soutenir sa route. Trois bombes, cette fois ; pendant une seconde, il sembla qu'elles ne dussent pas toucher l'*Ulysses*, mais la première s'écrasa sur la plage avant, entre le brise-lames et le cabestan, explosant dans l'entrepont en dessous et soulevant le pont en un amas d'acier brisé. Au moment même où s'apaisait le bruit de l'explosion, les hommes de la passerelle entendirent un furieux cliquetis métallique : l'explosion avait dû fracasser simultanément le cabestan et le stoppeur Blake, couper le maillon retenant la chaîne de l'ancre tribord qui, désormais libre, dégringolait dans les profondeurs de l'Arctique.

Les autres bombes tombèrent dans la mer directement à l'avant, et, du *Stirling*, un mille devant l'*Ulysses*, on crut le voir disparaître sous la grande colonne d'eau. Mais celle-ci s'affaissa et l'*Ulysses* continua sa marche, apparemment indemne. L'étrave haute cachait tout le dommage à ceux qui se trouvaient juste à l'avant du navire d'où ne sortaient ni fumée ni flammes car des milliers de litres d'eau tombant du ciel à travers les grands trous du pont avaient éteint le peu d'incendie qui s'était produit. L'*Ulysses* était toujours un navire chanceux... Et alors, enfin, après vingt mois de fantastiques miracles, la chance qui l'avait rendu légendaire dans tout le Nord l'abandonna.

Ironiquement, l'*Ulysses* fut l'auteur de son propre désastre. Son artillerie principale, les 155 de l'arrière, avait maintenant ouvert le feu et envoyait ses obus de 100 livres sur les bombardiers plongeant, à bout portant, tirant, autant dire au cran de mire. Le premier obus de la tourelle « X » coupa l'aile droite du troisième Condor entre les moteurs, l'arracha complètement, et elle s'envola lentement, en spirales, comme une feuille, pour tomber dans la mer sombre et houleuse. Pendant une fraction de seconde, l'avion maintint son cap, puis, brusquement, le nez bascula, et le gigantesque appareil descendit en criant presque verticalement, les moteurs qui lui restaient s'accélérant inexplicablement tandis qu'il se précipitait tout droit vers le pont de l'*Ulysses*.

On n'eut ni le temps d'agir pour l'éviter, ni le temps de penser ni même d'espérer. Un paquet de bombes larguées au hasard s'écrasèrent dans le sillage bouillonnant de l'*Ulysses* qui faisait déjà près de 30 nœuds, deux autres traversèrent la plage arrière, la première éclata dans le poste des matelots, l'autre dans celui des Marines. Une seconde plus tard, avec un effroyable rugissement et un aveuglant rideau de flammes d'essence, le Condor lui-même, à la vitesse de 300 milles à l'heure, s'écrasa en plein sur l'avant de la tourelle « Y ».

Incroyablement, ce fut la dernière attaque que subit l'*Ulysses* ; incroyablement parce qu'il était maintenant sans défense, largement ouvert à n'importe quelle attaque aérienne par l'arrière. La tourelle « Y » n'existait plus, la tourelle « X », magiquement intacte, était à moitié ensevelie sous les débris du Condor et aveuglée par la fumée et les flammes. Les Œrlikon du pont des embarcations étaient eux aussi réduits au silence. Les canonniers, à demi noyés sous le déluge de la minute précédente, étaient frénétiquement arrachés de leurs niches, tâche difficile en tout temps, et presque impossible maintenant que leurs vêtements étaient congelés en une glace solide, leurs duffel-coats craquant comme du bois d'allumettes tandis que leurs camarades les tiraient hors de ces niches. A toute vitesse, on les fit descendre, on les fourra dans le couloir de la cuisine pour les faire dégeler, littéralement dégeler. Supplice atroce que ce dégel, mais ils n'avaient à choisir qu'entre lui et la mort certaine et rapide qui les attendait dans leurs niches congelées.

Les autres Condor s'étaient lentement envolés par tribord. Ils étaient encadrés à l'avant, à l'arrière et des deux côtés par des vingtaines d'obus qui explosaient en bouffées laineuses, mais ils les traversèrent, comme protégés par un charme, sans être atteints. Ils commençaient déjà à disparaître dans les nuages, à se diriger au sud-ouest, vers leur base. « Etrange, songea vaguement Vallery, on aurait pu s'attendre à ce qu'ils profitent de leur avantage initial de surprise pour s'acharner sur l'*Ulysses* mutilé... » Il renonça à se l'expliquer et tourna son attention vers des préoccupations plus immédiates. Il n'en manquait pas.

L'*Ulysses* était en feu à l'arrière — un incendie d'entrepont seulement, mais cet incendie était virtuellement mortel car les soutes « X » et « Y » se trouvaient directement en dessous. Déjà des dizaines d'hommes des équipes de sécurité couraient vers l'arrière, trébuchant et tombant sur le pont couvert de glace et qui roulait ; ils déroulaient derrière eux les manches à incendie, projetés parfois à plat ventre quand deux plis soudés par la glace les arrêtaient brusquement. D'autres les dépassaient en titubant sous le poids des grands extincteurs rouges qu'ils portaient sur leurs épaules ou sous leurs bras. Un malheureux matelot, Ferry, qui avait quitté l'infirmerie en dépit des ordres les plus stricts, courant dans la coursive de bâbord le long de la cantine fracassée, glissa et tomba par le travers de la tourelle « X » ; l'aile droite du Condor, au moment où elle avait été coupée et était tombée dans la mer, avait arraché le bastingage à cet endroit, et Ferry cherchant frénétiquement des mains et des pieds à se relever de la glace lisse du pont, son bras cassé inutilement cramponné à l'un des montants, glissa lentement, inévitablement par-dessus bord. Durant une seconde, son cri de peur aigu s'éleva au-dessus du rugissement des flammes, puis mourut brusquement comme l'eau se refermait sur lui. Les hélices étaient presque immédiatement dessous.

Les hommes portant les extincteurs furent les premiers à entrer en action, ce qui s'imposait en effet pour combattre un feu de pétrole : l'eau n'aurait fait qu'empirer les choses ; elle aurait agrandi la zone incendiée en étendant le pétrole dans toutes les directions, et celui-ci, étant plus léger que l'eau demeurant à la surface, aurait brûlé aussi furieusement que jamais. Mais les extincteurs n'étaient que d'une efficacité limitée, moins parce que plusieurs de leurs soupapes d'ouverture étaient coincées par la glace que parce que l'intense chaleur rendait presque impossible de s'approcher suffisamment, tandis que les plus petits extincteurs au carbone, destinés aux incendies produits par des courts-circuits, étaient absolument inopérants ; on ne s'en était encore jamais servi et l'équipage de l'*Ulysses* était instruit depuis longtemps des propriétés presque magiques du liquide qu'ils contenaient pour enlever les taches des vêtements. On peut convaincre un matelot radio de la nature mortelle de 2 000 volts ; on peut convaincre un canonnier de la folie d'enflammer une allumette dans une soute ; on peut convaincre un torpilleur qu'il est dément de jongler avec du fulminate de mercure ; mais on ne convaincra jamais aucun d'eux que l'on commet une folie criminelle en soustrayant à un extincteur ne serait-ce que quelques gouttes de tétrachlorure de carbone... Malgré de sévères vérifications, la plupart de ces extincteurs n'étaient qu'à moitié pleins. Quelques-uns étaient absolument vides.

Les manches d'arrosage n'étaient guère plus efficaces. On en brancha deux sur les collecteurs de tribord : ils demeurèrent vides. L'eau salée s'était congelée en une glace solide, chose fréquente dans les circuits de circulation d'eau douce, mais non lorsqu'il s'agit d'eau salée. Une troisième fut montée à bâbord, mais la soupape de la bouche refusa de s'ouvrir ; attaquée avec des marteaux, elle se brisa à la base — à de très basses températures, il se produit dans les métaux des modifications moléculaires qui entament leur force de résistance à la traction — et l'eau, sous pression, inonda tous ceux qui se trouvaient à proximité. Spicer, le maître d'hôtel du défunt amiral, ombre mélancolique du joyeux garçon qu'il avait été, jeta son marteau et en pleura de colère et de déception. L'autre soupape de bâbord fonctionna, mais l'eau mit une éternité à passer dans le tuyau aplati et congelé.

Graduellement, l'incendie du pont fut maîtrisé, moins par suite des efforts des hommes qui luttaient contre lui que du fait qu'une fois le pétrole consumé, il ne restait que peu de matières inflammables. Les manches et les extincteurs furent alors dirigés à travers les grandes fentes déchiquetées de la plage vers le feu qui faisait rage dans les postes d'équipage d'en dessous, tandis que deux hommes en costumes de pompiers, Nicholls et le quartier-maître radio Brown, luttaient pour se frayer passage à travers les décombres fumants, d'une chaleur de fournaise, amassés sur le pont.

Brown fut le premier à s'y aventurer à pas prudents. Ceux qui se tenaient dans les coursives de bâbord et de tribord le virent grimper jusqu'à l'entrée de la tourelle « Y » et s'y arrêter ; il s'efforça d'attacher pour la maintenir ouverte la lourde porte d'acier qui n'avait cessé de battre sous l'effet du roulis. Ils le virent y entrer, puis en ressortir moins de dix secondes plus tard, rampant sur ses genoux en se cramponnant au chambranle pour se soutenir. Tout son corps se courbait convulsivement comme s'il vomissait violemment dans son masque à oxygène.

Nicholls, en voyant cela, ne perdit de temps à s'occuper ni de la tourelle « Y » ni des squelettes carbonisés pris au piège dans le fuselage du Condor. Il gravit rapidement les échelles d'acier verticales menant à l'entrée de la tourelle « X » et essaya d'ouvrir la porte. Les taquets étaient coincés, impossibles à déplacer, soit à cause du gel, soit parce que le métal avait été déformé par l'explosion. Il regarda autour de lui, à la recherche d'un levier quelconque, et aperçut Doyle, dont le duffel-coat brûlait, son visage barbu, défait, plein d'une ferme volonté, qui s'approchait, un marteau à la main. Une douzaine de coups vigoureux, bien appliqués — leur bruit, songea Nicholls, devait être presque intolérable à l'intérieur de l'amplificateur creux de la tourelle — et la porte s'ouvrit. Doyle s'effaça pour laisser entrer Nicholls.

Il se dit qu'il n'aurait pas eu besoin de s'inquiéter de l'effet du bruit : tous les hommes que contenait la tourelle étaient morts. Le sergent-chef Evans était assis tout droit sur son siège, rigide et attentif dans la mort comme il l'avait été en vie ; à côté de lui était étendu Foster, le fougueux capitaine de Marines à qui la mort seyait si mal. Les autres étaient tous assis ou couchés immobiles, à leurs postes, apparemment indemnes, et ne portant parfois pas d'autre marque qu'un filet de sang de l'oreille à la bouche, déjà congelé par l'intense froid. La vitesse de la marche de l'*Ulysses* avait porté les flammes à l'arrière, loin de la tourelle. La commotion avait dû être formidable, la mort instantanée. Pesamment, Nicholls se pencha sur le téléphone, souleva doucement le récepteur et appela la passerelle.

Vallery lui-même prit le message et se retourna vers Turner, l'air vieux et vaincu.

« C'était Nicholls », dit-il. En dépit de ses efforts, le choc et le chagrin se lisaient nettement dans chacune des profondes rides de son visage pitoyablement décharné. « La tourelle “Y” est détruite... pas de survivants. La tourelle “X” semble intacte, mais tous ceux qui l'occupaient sont morts. Tués par la commotion, dit-il. Les incendies des postes arrière ne sont pas encore maîtrisés... Oui, mon garçon, qu'y a-t-il ?

— La soute « Y », commandant, dit le matelot hésitant. Ils désirent parler à l'officier canonnier.

— Dites-leur qu'il n'est pas disponible, répondit sèchement Vallery. Nous n'avons pas le temps... » Il s'interrompit et leva vivement la tête. « Avez-vous dit la soute “Y” ?... Allons, donnez-moi ce téléphone. »

Il prit le récepteur et repoussa la capuche de son duffel-coat.

« Ici, le commandant, soute “Y” ? Qu'est-ce qu'il y a ?... Quoi ? Parlez plus fort, je ne vous entends pas... Oh ! le diable emporte ! »

Il se tourna vers le timonier de la passerelle :

« Pouvez-vous brancher ce récepteur sur l'amplificateur de relais ? Je n'entends pas un mot... Ah ! voilà qui est mieux. »

L'amplificateur placé au-dessus de la chambre des cartes se mit à parler d'une voix de gorge, enrouée, rendue doublement difficile à comprendre à cause d'un fort accent de Glasgow.

« M'entendez-vous maintenant ?

— Je vous entends, répondit Vallery, sa propre voix fortifiée par l'amplificateur. C'est McQuarter, n'est-ce pas ?

— Oui, c'est moi, commandant. Comment m'avez-vous reconnu ? » fit l'homme avec surprise.

Malgré son épuisement, Vallery sourit.

« Peu importe, McQuarter. Qui est responsable là, en bas... Gardiner, n'est-ce pas ?

— Oui, commandant, Gardiner.

— Passez-le-moi, voulez-vous ? »

Il y eut un silence.

« Je ne peux pas, commandant, Gardiner est mort.

— Mort ! fit Vallery avec incrédulité. Vous avez dit « mort » ?

— Oui, et il n'est pas le seul. » Vallery perçut un léger tremblement dans la voix. « J'ai été assommé moi-même, mais je vais bien maintenant. »

Vallery attendit que passât la quinte de toux du garçon.

« Mais, mais, qu'est-ce qui est arrivé ?

— Comment pourrais-je le savoir ? Je veux dire que je ne sais pas, commandant. Il y a eu une détonation de tous les diables et puis, je ne suis pas sûr de ce qui est arrivé... La bouche de Gardiner est toute en sang.

— Combien... combien de vous reste-t-il ?

— Rien que Barker, Williamson et moi, commandant. Personne d'autre. Seulement nous.

— Et ils vont bien, McQuarter ?

— Oui. Mais Barker croit qu'il va mourir. Il est très mal en point. Je crois qu'il a perdu la boule.

— Qu'il a *quoi* ?

— Perdu la raison, commandant, expliqua patiemment McQuarter. Il est piqué. Il raconte un tas de bêtises, parle de rencontrer son Créateur avec rien d'autre derrière lui qu'une vie passée à filouter son semblable. »

Vallery entendit soudain le rire de Turner et se rappela que Barker dirigeait la cantine.

« Williamson s'occupe à refourrer les douilles dans les casiers... les planchers sont parsemés de ces satanés machins...

— McQuarter ! s'écria Vallery d'un ton de reproche automatique.

— Pardon, commandant. J'avais complètement oublié... Qu'est-ce qu'il faut faire, commandant ?

— A quel sujet ? demanda impatiemment Vallery.

— De cet endroit-ci, la soute « Y ». Est-ce que le bateau brûle à l'extérieur ? Ici, ça bout... il y fait plus chaud qu'en enfer.

— Quoi ? qu'avez-vous dit ? Chaud ? Chaud à quel point ? Répondez vite, mon gars !

— Je ne peux pas toucher la cloison arrière, répondit McQuarter simplement. Mes doigts y resteraient.

— Mais les pulvérisateurs d'eau ? cria Vallery. Ne fonctionnent-ils pas ? Bon Dieu ! la soute va sauter d'une minute à l'autre !

— Oui, dit McQuarter avec réserve. Oui, c'est ce que je me suis dit. Non, commandant, les pulvérisateurs ne fonctionnent pas... et la température est déjà de 30° au-dessus.

— Ne restez pas là à ne rien faire, dit Vallery avec désespoir. Tournez-les à la main ! L'eau ne peut pas être gelée dans le circuit des pulvérisateurs s'il fait aussi chaud que vous le dites. Dépêchez-vous ! Si la soute saute, l'*Ulysses* est perdu ! Dépêchez-vous, au nom de Dieu !

— J'ai essayé, commandant, dit doucement McQuarter. C'est inutile. Ils sont bloqués.

— Alors, ouvrez-les avec un outil. Il doit y avoir une pince quelque part. Ouvrez-les ! Dépêchez-vous !

— Vous avez raison, commandant, mais si je fais ça, comment est-ce que je refermerai les soupapes ? demanda le garçon avec une sorte de désespoir.

— Ne vous préoccupez pas de ça, dit Vallery, la voix déchirée d'angoisse. Nous pomperons l'eau plus tard. Dépêchez-vous. »

Il y eut un bref silence suivi d'un cri étouffé et d'un bruit sourd, puis l'amplificateur transmit une suite rapide de coups saccadés et un fracas métallique. Brusquement, le bruit cessa.

Vallery attendit jusqu'à ce qu'il entendît qu'on reprenait le téléphone à l'autre bout de la ligne.

« Eh bien, comment ça va-t-il ? Les pulvérisateurs marchent ?

— Comme sur des roulettes, commandant. » La voix avait un accent nouveau, un accent de fierté et de satisfaction. « Et j'ai mis le vieux Barker à plat avec la pince, ajouta-t-il gaiement.

— Vous avez fait quoi ?

— Mis knock-out le vieux Barker. Il a essayé de m'empêcher d'arranger les pulvérisateurs... Ah ! il ne mérite pas qu'on en parle. Ces pulvérisateurs sont épatants. Je ne les avais encore jamais vus fonctionner. On a déjà de l'eau jusqu'à la cheville et la vapeur bout presque sur la cloison d'arrière !

— Cela suffit, ordonna Vallery. Sortez immédiatement... et emmenez Barker.

— J'ai vu un film, un jour, au *Paramount*, à Glasgow, je crois », fit la voix qui semblait prendre plaisir à évoquer ce souvenir.

Vallery échangea un regard avec Turner et vit que lui aussi semblait ne pas croire à la réalité de ce qu'ils vivaient.

« C'était de la pluie, reprit la voix de McQuarter. Mais rien de pareil à ceci. Il n'y avait certainement pas moitié autant de vapeur ! Vous parlez d'une serre au jardin botanique !

— McQuarter ! hurla Vallery. M'avez-vous entendu ? Je vous ai dit de vous en aller immédiatement !

— J'en ai déjà jusqu'aux genoux, dit McQuarter avec admiration. Elle est joliment froide... Avez-vous dit quelque chose, commandant ?

— Je vous ai dit d'évacuer tout de suite ! Sortez de là !

— Ah ! je comprends. Sortez, que vous avez dit. Je pensais bien que c'était ça. Mais ce n'est pas facile. En fait, c'est impossible. L'entrée est bloquée et le panneau aussi... coincé solidement, commandant. »

Le silence se fit sur la passerelle délabrée. Inconsciemment, Vallery abaissa le récepteur. Turner, Carrington, Kapok, Bentley, Chrysler et les autres le regardaient, et peu à peu leur curiosité déconcertée se mua en horreur, l'horreur de la compréhension... Vallery sentit que leurs visages ne faisaient que refléter ce qu'exprimait le sien...

Pendant une seconde, comme pour éclaircir ses idées, il ferma les yeux, puis reprit le téléphone.

« McQuarter ! McQuarter ! Etes-vous toujours là ?

— Bien sûr que j'y suis ! fit la voix, qui, même à travers le haut-parleur, était irritée. Où diable pourrais-je... ?

— Etes-vous sûr que ce soit coincé ? Peut-être que si vous agissiez avec une barre sur les taquets...

— J'y mettrais de la dynamite que ce serait pareil. D'ailleurs, il est déjà rouge, le panneau... Il doit y avoir un rudement grand feu de l'autre côté.

— Restez à l'écoute, une minute », cria Vallery. Puis, se tournant vers Turner : « Dites à Dodson d'envoyer immédiatement un chauffeur au noyage des soutes arrière. »

Il s'approcha du téléphoniste le plus proche.

« Etes-vous en communication avec la plage arrière, en ce moment ? Bon ! Donnez-la-moi... Allô, ici le commandant. Ah ! c'est vous, Hartley. Ecoutez, faites-moi un rapport sur l'état des incendies des postes. C'est désespérément urgent. Il y a des matelots enfermés dans la soute "Y" ; les pulvérisateurs marchent et le panneau d'entrée est bloqué... Oui, je reste à l'écoute. »

Il attendit patiemment la réponse, sa main gantée tapant machinalement sur le téléphone. Ses yeux parcoururent lentement le convoi, virent les cargos augmenter de vitesse pour reprendre leur poste. Soudain, il se raidit, ne vit plus rien.

« Oui, le commandant à l'appareil... Oui... Oui. Une demi-heure, peut-être une heure... Oh ! Dieu, non ! Vous en êtes tout à fait certain ? Non ; c'est tout. »

Il rendit le récepteur, leva lentement la tête, son visage vidé de toute expression.

« L'incendie du poste des matelots est maîtrisé, dit-il d'un ton morne. Le poste des Marines est un enfer ; juste au-dessus de la soute "Y". Hartley dit qu'on n'a aucune chance de pouvoir l'éteindre avant au moins une heure... Je crois que vous feriez bien de descendre voir, Carrington. »

Toute une minute s'écoula, une minute durant laquelle on n'entendit que le battement de l'Asdic et l'écrasement régulier des vagues contre la coque de l'*Ulysses*.

« Peut-être la soute est-elle maintenant assez refroidie, suggéra enfin Kapok. Peut-être pourrions-nous couper l'eau suffisamment longtemps... »

Sa voix se perdit, hésitante.

« Assez refroidie ? » Turner se racla bruyamment la gorge. « Comment le saurions-nous ? Seul McQuarter pourrait nous le dire... »

Il s'arrêta brusquement, se rendant compte de ce que ses paroles sous-entendaient.

« Nous allons le lui demander, dit Vallery en reprenant le téléphone. McQuarter ?

— Allô !

— Nous pourrions peut-être arrêter les pulvérisateurs du dehors, si c'est sans danger. Croyez-vous que la température... ? »

Il fut incapable d'achever sa phrase. Le silence se prolongea, tendu et tangible, lourd de décision. Vallery se demanda ce que pensait McQuarter, ce que lui-même aurait pensé à sa place.

« Restez à l'écoute une minute, prononça brusquement le haut-parleur. Je m'en vais jeter un coup d'œil dans le haut. »

De nouveau ce silence, ce lourd silence anormal pesa sur la passerelle. Vallery sursauta quand le haut-parleur se redéclencha.

« Nom de nom ! Je suis foutu. Je ne pourrais remonter de nouveau sur cette échelle même si on me promettait le billet gagnant... Je suis sur l'échelle en ce moment, mais je crois que je n'y serai plus bien longtemps.

— Ne vous préoccupez pas... »

Vallery s'arrêta, stupéfait de ce qu'il était sur le point de dire. Si McQuarter tombait de l'échelle, il se noierait comme un rat dans la soute inondée.

« Oh ! oui, la soute. » Entre deux crises de toux, la voix était étrangement calme. « Les projectiles du haut sont prêts à fondre. C'est pire que jamais, commandant.

— Je comprends. » Vallery ne sut que dire d'autre. Il avait fermé les yeux et se sentait vaciller sur ses pieds. Avec effort, il demanda : « Comment est Williamson ? »

Rien d'autre ne lui vint à l'esprit.

« Presque noyé. De l'eau jusqu'au cou et accroché aux casiers. » McQuarter toussa de nouveau. « Il dit qu'il a un message pour le commandant en second et pour Carslake.

— Un... un message ?

— Dire au vieux Barbenoire qu'il fasse un retour sur lui-même et laisse reposer la bouteille », dit-il en se délectant.

Le message à Carslake n'était pas possible à imprimer. Vallery n'en fut même pas choqué.

« Et vous, McQuarter ? dit-il. Pas de message, rien que vous aimeriez... »

Il s'arrêta, conscient de la grotesque inopportunité, de l'inutilité de ce qu'il disait.

« Moi ? Ah ! il n'y a rien dont j'aie envie... Eh bien, peut-être un transfert au *Spartiate*[1], mais je pense qu'il est peut-être un petit peu

1. Hôtel de Glasgow où était installé l'amiral commandant la côte occidentale d'Ecosse.

trop tard pour ça. Williamson ! » Sa voix s'était soudain élevée en un cri. « Williamson ! Tiens bon, mon gars, je viens ! »

Ils entendirent dans le haut-parleur le fracas du téléphone de McQuarter heurtant le métal, puis il n'y eut plus que le silence.

« McQuarter ! cria Vallery. McQuarter ! Répondez-moi ? Est-ce que vous m'entendez ? McQuarter ! »

Mais au-dessus de lui, le haut-parleur demeura muet, définitivement, irrévocablement muet. Vallery frissonna dans le vent glacial. Cette soute, cette soute noyée... Moins de vingt-quatre heures depuis qu'il y était allé. Il la revoyait, aussi nettement qu'il l'avait vue la veille au soir. Seulement, maintenant, il la voyait sombre, éclairée uniquement par les pointes d'aiguille des lumières de secours, l'eau montant lentement le long de ses parois ; il voyait ce petit Ecossais pitoyablement épuisé, avec ses maigres épaules et ses yeux remplis de douleur, luttant désespérément pour maintenir la tête de son camarade hors de cette eau glacée, épuisant ses minuscules réserves de force davantage à chaque seconde. Elles devaient tirer à leur fin en ce moment même, et Vallery savait qu'il n'y avait plus d'espoir. Avec une certitude soudaine, il sut que lorsque ces deux garçons se noieraient, ils se noieraient ensemble. McQuarter ne lâcherait jamais l'autre. Dix-huit ans, juste dix-huit ans. Vallery fit demi-tour, franchit la grille en trébuchant, sans y voir, et passa sur la passerelle de navigation. Il recommençait à neiger et la nuit tombait tout alentour.

14

Samedi soir. I

L'*Ulysses* continua de rouler à travers le crépuscule arctique. Il roulait lourdement, maladroitement, dans des vagues d'une dangereuse longueur, présentant un étrange spectacle, privé de ses deux mâts, de toutes ses embarcations et de ses radeaux, sa passerelle inclinée toute de travers et sa tourelle arrière mutilée, à demi enfouie sous la carcasse du Condor. Mais malgré tout cela et en dépit des grandes taches de minium et des trous noirs béants dans le pont à l'avant et à l'arrière — ce dernier laissant échapper une fumée noire, mêlée de langues de flammes — il conservait son aspect spectral, gracieux, restait infiniment résistant... et toujours redoutable. Il avait encore ses canons et ses machines, des machines étrangement douées d'une éternelle immunité. Du moins, il le semblait...

Cinq minutes se traînèrent, interminables, cinq minutes pendant lesquelles le ciel s'assombrit de plus en plus, pendant lesquelles les rapports de la plage arrière indiquaient que ceux qui luttaient contre l'incendie avaient peine à maintenir leur position, cinq minutes pendant lesquelles Vallery recouvra un peu son calme normal. Mais il était maintenant terriblement faible.

Une sonnette tinta, tranchant le silence. Chrysler y répondit.

« Commandant, la chambre des machines arrière aimerait vous parler. »

Turner regarda Vallery et s'empressa de demander :

« Voulez-vous que je prenne la communication ?

— Merci, dit Vallery en inclinant la tête avec reconnaissance.

— Ici, le commandant en second. Qui parle ? Lieutenant de vaisseau Grierson ? Qu'est-ce que c'est, Grierson ? Serait-ce une bonne nouvelle, pour changer ? »

Pendant près d'une minute. Turner ne dit rien. Les autres, sur la passerelle, entendaient le léger crépitement de l'appareil et sentaient plutôt qu'ils ne voyaient l'attention tendue et le resserrement des lèvres du second.

« Cela tiendra-t-il ? demanda-t-il brusquement. Oui, oui, bien sûr... Dites-lui que nous ferons tout notre possible, ici... Oui, c'est cela. Toutes les demi-heures, s'il vous plaît.

« Un malheur ne vient jamais seul, grommela Turner en raccrochant le récepteur. La machine ne tourne pas rond, la température s'élève. L'arbre de couche intérieur, à tribord, est faussé. Dodds est dans le tunnel en ce moment. Il dit que l'arbre est tordu comme une banane.

— Connaissant Dodson, dit Vallery avec un pâle sourire, je suppose que cela signifie de deux millimètres hors de l'alignement.

— Peut-être, dit Turner d'un ton grave. Ce qui importe est que le palier de butée est endommagé et le tuyautage de graissage rompu.

— C'est aussi sérieux que ça ? demanda Vallery doucement.

— Dodson est assez pessimiste. Il dit que l'avarie n'est pas récente ; il croit qu'elle s'est produite la nuit où nous avons perdu nos grenades sous-marines... Dieu sait quelle fatigue a été imposée à cet arbre depuis lors... Je suppose que les événements de ce soir y ont mis le comble... Il faudra graisser le palier à la main. Il demande qu'on réduise le nombre de tours au minimum ou qu'on stoppe la machine complètement. On nous tiendra au courant.

— Et pas de possibilité de réparation ? demanda Vallery.

— Non, commandant. Aucune.

— Très bien, alors. Prenons la vitesse du convoi. Et puis, Turner...

— Commandant ?

— Les hommes aux postes de combat toute la nuit. Vous n'êtes pas obligé de leur dire, mais... eh bien, je crois que ce serait sage. J'ai un pressentiment...

— Qu'est-ce que c'est que ça ! hurla Turner. Regardez ! que diable fait-il ? »

Son doigt désignait le dernier cargo de la colonne de tribord : ses canons tiraient sur une cible invisible, les obus traçants lançant leurs traînées blanches dans le ciel assombri. A l'instant où il se précipitait vers le haut-parleur, il vit l'artillerie principale du *Viking* vomir de la fumée et des flammes.

« Pour toutes les pièces ! Vert 110 ! Avions ! Tir en autonomie ! But à volonté ! »

Il entendit Vallery ordonner de mettre la barre à gauche pour mettre en action les tourelles de l'avant.

Il était trop tard. Au moment où l'*Ulysses* commençait à obéir à la barre, les avions ennemis achevaient leurs piqués d'approche. De grandes formes disgracieuses, ces avions, tristes et manquant de substance, dans l'obscurité, mais immédiatement identifiables avec nausée par le vacarme de leurs moteurs brusquement accélérés. Des Condor, sans l'ombre d'un doute. Des Condor qui les avaient de nouveau devinés, qui n'étaient partis que pour revenir, qui s'étaient approchés lentement, en planant, leurs gaz coupés, le grondement assourdi du moteur emporté par le vent du bord opposé au convoi. Ils avaient calculé le temps et la distance d'une manière admirable.

Le cargo fut frappé directement par au moins sept bombes ; il faisait trop sombre pour qu'on pût les voir l'atteindre, mais on entendit les explosions. Et chaque fois qu'un avion passait au-dessus de lui, ses ponts étaient furieusement mitraillés. Toutes les pièces du cargo étaient dépourvues de la protection la plus élémentaire : les équipes d'armement des bâtiments de commerce ne s'illusionnaient pas sur leurs chances de vivre lorsqu'ils montaient à bord des navires marchands envoyés en Russie... Pour les quelques canonniers qui survécurent au bombardement, le hargneux bégaiement de ces mitrailleuses fut presque certainement le dernier bruit qu'ils perçurent en ce monde.

Quand les bombes se mirent à tomber sur le navire suivant, le premier était déjà une masse de flammes se tordant en tous sens. Presque certainement, sa carène avait été crevée : il avait fortement donné de la bande, et maintenant, il se fendait lentement, juste sur l'arrière de la passerelle, comme si ses deux moitiés avaient été articulées sur une charnière sous la ligne de flottaison, et il disparut avant que la rumeur du dernier moteur d'avion se fût éteinte au loin.

La surprise tactique avait été complète. Un navire coulé, un second tournant follement, n'obéissant plus à son gouvernail, profondément enfoncé dans l'eau à l'avant, étrangement inquiétant et menaçant dans son insolite absence de flammes, de fumée et de tout mouvement ; un troisième fortement endommagé mais tenant son cap. Pas un seul Condor n'avait été perdu.

Turner ordonna de cesser le feu — quelques canonniers continuaient à tirer à l'aveuglette dans l'obscurité : prenant plaisir à lâcher la détente, peut-être, ou simplement parce que l'imagination joue des tours à des cerveaux embrumés et à des yeux injectés qui n'avaient pas connu de repos depuis plus d'heures et de jours que Turner ne pouvait se le rappeler. Puis, comme le dernier Œrlikon se taisait, il l'entendit de nouveau, ce ronronnement des lourds moteurs d'avion, il l'entendit s'accentuer et décroître comme des vagues se brisant sur une rive lointaine, selon que le vent soufflait et s'apaisait.

Personne n'était en mesure de rien faire. Le Focke-Wulf, quoique masqué par un nuage bas, ne tentait pas de cacher sa présence : son menaçant ronronnement ne cessait jamais longtemps. Evidemment, il décrivait des cercles juste au-dessus d'eux.

« Qu'en pensez-vous, commandant ? demanda Turner.

— Je ne sais pas, répondit lentement Vallery. Je ne sais pas du tout qu'en penser. Plus de visites des Condor, j'en suis sûr. Il fait un peu trop sombre et ils savent qu'ils ne nous surprendront plus. Ils nous traquent, probablement.

— Ils nous traquent ! Il fera noir comme dans un four dans une demi-heure ! contesta Turner. A mon avis, c'est de la guerre psychologique.

— Dieu seul le sait. » Vallery soupira avec lassitude. « Tout ce que je sais est que je donnerais toutes mes chances présentes et futures pour deux Corsair, ou un radar ou du brouillard, ou une autre nuit telle que celle que nous avons passée dans le détroit du Danemark... » Il eut un rire bref qui se termina par une quinte de toux. « M'avez-vous entendu ? murmura-t-il. Je n'aurais jamais cru souhaiter la revivre... Depuis quand avons-nous quitté Scapa, Turner ?

— Cinq... six jours, dit Turner après une seconde de réflexion.

— Six jours ! » Vallery secoua la tête avec incrédulité. « Six jours... et treize navires... il nous reste treize navires, à présent.

— Douze, rectifia Turner. Il y en a un autre qui est presque coulé. Sept cargos, le pétrolier et nous-mêmes. Douze... Je voudrais qu'ils s'attaquent au vieux *Stirling* de temps en temps », ajouta-t-il tristement.

Vallery frissonna sous une brusque rafale de neige. Il se pencha en avant, la tête baissée contre le vent glacial et les flocons obliques, plongé dans ses pensées. Au bout d'un moment, il se redressa et dit :

« Nous serons au large du cap Nord à l'aube. Les choses seront peut-être un peu difficiles, Turner. Ils lanceront contre nous tout ce dont ils disposent.

— Nous sommes déjà passés par là, dit Turner.

— La partie n'est pas égale », dit Vallery comme s'il se parlait à lui-même et n'avait pas entendu le second. « Ulysse et les Sirènes... “il est possible que l'abysse nous engloutisse”... Je vous souhaite bonne chance, Turner.

— Que voulez-vous dire ? demanda Turner.

— Oh ! à moi aussi. » Vallery sourit, releva la tête, et d'une voix très douce : « J'aurai besoin de toute la chance, moi aussi. »

Alors, Turner fit ce qu'il n'avait encore jamais fait, qu'il n'avait jamais rêvé faire. Dans la quasi-obscurité, il se pencha sur le commandant, lui fit doucement tourner la tête et scruta son visage de ses yeux troublés. Vallery ne protesta pas et, au bout de quelques secondes, Turner dit à voix basse en se redressant :

« Accordez-moi une faveur, commandant. Descendez. Je saurai m'en tirer... et Carrington ne tardera pas à revenir. On commence à maîtriser le feu à l'arrière.

— Non, non, pas ce soir. » Vallery souriait, mais il y avait une décision irrévocable dans sa voix. « Et il sera inutile que vous envoyiez chercher le vieux Socrate. Je vous en prie, Turner, je désire rester ici... je veux voir les choses jusqu'au bout, cette nuit.

— Oui, oui, bien sûr. » Soudain, étrangement, Turner n'eut plus envie de discuter. Il se retourna : « Chrysler ! Je vous donne juste dix minutes pour qu'il y ait un litre de café bouillant dans l'abri du commandant... Et vous vous y rendrez pendant une demi-heure, ajouta-t-il fermement en se tournant vers Vallery... et vous le boirez, sinon... sinon...

— Avec plaisir ! murmura Vallery. Mêlé de votre incomparable rhum, naturellement ?

— Naturellement ! Oh ! oui, le diable emporte ce Williamson ! » grommela Turner avec irritation. Il s'arrêta et reprit lentement : « Je n'aurais pas dû dire ça... Ces malheureux doivent être morts, à cette heure... » Il garda un moment le silence, puis, inclina la tête, écoutant. « Je me demande combien de temps Charlie a l'intention de tourniquer là-haut », murmura-t-il.

Vallery s'éclaircit la voix, toussa, mais avant qu'il eût pu parler, le haut-parleur de la T.S.F. s'anima :

« T.S.F.-passerelle. T.S.F.-passerelle. Deux messages.

— L'un du bouillant Orr, je parie, grogna Turner.

— Le premier du *Sirrus*. “Demande la permission d'accoster le cargo en perdition et de recueillir les survivants. Autant être pendu pour un mouton que pour un agneau.” »

Les yeux fixés sur la neige qui tombait dans la nuit et sur la mer houleuse, Vallery dit à voix basse :

« Avec une mer pareille et dans une telle obscurité ! Il va se tuer !

— Ce n'est rien comparé à ce que lui fera le vieux Starr quand il mettra la main sur lui ! répliqua gaiement Turner.

— Il n'a aucune chance de réussir. Je ne demanderais jamais à un homme de le tenter. Rien ne justifie un tel risque. En outre, le navire marchand a reçu de si mauvais coups qu'il ne peut rester beaucoup de vivants à bord. »

Turner ne dit rien.

« Faites un signal, dit Vallery avec décision. “Merci. Permission accordée. Bonne chance.” Et dites à la T.S.F. de lire la suite. »

Il y eut un bref silence, puis le haut-parleur crépita de nouveau :

« Second signal. De Londres pour le commandant. En code ; on le déchiffre. Le planton monte immédiatement à la passerelle.

— Dites-lui de le lire, ordonna Vallery.

— « A l'officier commandant le 14 ACS, FR 77... Profondément affligé par nouvelles. Impératif conserviez route au 090. Escadre de ligne navigue sud-sud-est à toute vitesse à votre rencontre. Rendez-vous approximatif quatorze heures demain. Leurs Seigneuries envoient expressément leurs meilleurs vœux au contre-amiral Vallery, je répète : contre-amiral Vallery. Direction des opérations navales, Londres. »

Le haut-parleur se tut et on n'entendit plus que le battement de l'Asdic, la pulsation monotone des moteurs du Condor qui rôdait tandis que s'attardait dans les mémoires l'accent joyeux du microphoniste.

« Exceptionnellement poli, de la part de Leurs Seigneuries, murmura Kapok, comme toujours à la hauteur de la situation. On pourrait presque dire tout à fait convenable.

— Avec un rudement long retard, grommela Turner. Mes félicitations, commandant, ajouta-t-il avec chaleur. Enfin des signes de pardon sur les rives de la Tamise. »

Un murmure de plaisir parcourut la passerelle : discipline ou non, personne n'essaya de dissimuler sa satisfaction.

« Merci, merci », dit Vallery, profondément touché.

Une promesse d'aide, enfin, une promesse qui contenait presque certainement pour chacun des membres de son équipage la différence entre la vie et la mort... et ces hommes ne pensaient qu'à se réjouir de sa promotion ! « Les souliers des morts », songea-t-il, et il faillit le dire, mais il en repoussa aussitôt l'idée : ce serait une insulte à ce si sincère plaisir.

« Merci beaucoup, répéta-t-il. Mais, messieurs, vous semblez ne pas avoir pris garde à la seule nouvelle vraiment importante...

— Oh ! non ! dit Turner. Une escadre de ligne... trop tard, comme d'habitude. Oh ! bien sûr, ils seront là lors de la mise à mort... ou à peu près. Peut-être à temps pour recueillir quelques survivants. Je suppose que l'*Illustrious* et le *Furious* en feront partie.

— Peut-être ; je n'en sais rien, dit Vallery en souriant. En dépit de mon récent... avancement, je ne suis pas encore dans les secrets de Leurs Seigneuries. Mais il y aura des porte-avions, et nous pourrions avoir une protection aérienne à partir de l'aube.

— Oh ! non, prophétisa Turner. Le temps va empirer et rendre l'envol impossible. Vous verrez si je n'ai pas raison.

— Peut-être, Cassandre, sourit Vallery. Nous verrons... Qu'avez-vous dit, pilote ? Je n'ai pas bien... »

Kapok eut un large sourire.

« L'idée m'est juste venue que demain sera un grand jour pour notre médecin en second : il est convaincu qu'aucun navire de guerre ne prend jamais la mer sauf pour une revue à Spithead en temps de paix.

— Cela me rappelle, dit Vallery, songeur... n'avons-nous pas promis au *Sirrus*...

— Le jeune Nicholls a du travail par-dessus la tête, intervint Turner. Il n'aime pas trop la Marine, mais il aime son métier. Il a emprunté un costume de pompier, et Carrington dit qu'il a déjà... » Il s'interrompit et leva la tête : « Dites donc, Charlie devient rudement curieux, vous ne trouvez pas ? »

Le rugissement des moteurs du Condor s'accroissait à chaque seconde ; il atteignit un crescendo assourdissant directement au-dessus de leurs têtes, 60 mètres à peine plus haut que les mâts brisés, puis diminua en un ronronnement régulier tandis que l'avion contournait le convoi.

« Signalez par radio aux escorteurs ! cria Vallery. Laissez-le partir, ne le touchez pas ! Ni obus éclairants... rien. Il essaie de nous obliger à trahir notre position... Il n'est pas probable que les bateaux marchands... Oh ! Dieu ! Les imbéciles, les imbéciles ! Trop tard, trop tard ! »

Un navire marchand de la colonne bâbord avait ouvert le feu.

Œrlikon ou Bofor, c'était difficile à préciser. Ils tiraient en aveugles, complètement au petit bonheur ; et avec le grand vent, la neige et l'obscurité, les chances de repérer un avion rien qu'au son étaient extrêmement faibles.

Le tir ne dura pas longtemps — dix, quinze secondes au plus. Mais suffisamment pour que le mal ait été fait. Charlie s'était éloigné, et des oreilles attentives et craintives saisirent le soudain renforcement du bruit des moteurs indiquant que les survolteurs avaient été amorcés pour une montée au maximum.

« Qu'en concluez-vous ? demanda Turner.

— Des ennuis, répondit Vallery avec calme et sans hésitation. Cette manœuvre n'a encore jamais été employée, et ce n'est pas la guerre psychologique, comme vous l'appelez : il ne nous prive même pas de notre sommeil — pas à une pareille proximité du cap Nord. Et il ne peut espérer nous suivre longtemps : un ou deux rapides changements de cap et... ah ! qu'est-ce que je vous ai dit, Turner ? »

Avec une soudaineté qui arrêta la pensée, une éblouissante clarté blanche qui frappa cruellement les yeux rétrécis transforma la nuit en jour. Haut au-dessus de l'*Ulysses*, une bombe éclairante s'était allumée qui déchirait la neige comme une gaze transparente. Oscillant sous son parachute avec les bouffées du vent, la bombe descendait lentement vers la mer, une mer devenue soudain invisible, noire comme la nuit, et où chaque navire, dans son étincelant linceul de glace et de neige, découpait sa blancheur sur le fond d'encre de la mer et du ciel.

« Descendez cette bombe ! aboya Turner dans le porte-voix. Tous les Œrlikon, tous les canons-mitrailleurs, tirez sur elle !

— Autant lui jeter des bouteilles vides, avec un roulis semblable ! Dieu, ça vous donne une drôle de sensation !

— Je sais ce que c'est, dit Kapok. C'est comme dans l'un de ces rêves où l'on marche dans la rue pleine de monde et qu'on se rend compte tout à coup qu'on porte pour tout vêtement son bracelet-montre. "Nu et sans défense" est je crois l'expression admise. Et pour les non-lettrés "surpris la culotte baissée". »

Distraitement, il balaya la neige de son kapok matelassé, découvrant le « J » brodé sur la poche de poitrine tandis que ses yeux scrutaient avec appréhension le cercle de ténèbres au-delà de la lumière.

« Ça ne me plaît pas du tout, dit-il.

— A moi non plus, dit Vallery avec tristesse. Et je n'aime pas davantage la brusque disparition de Charlie.

— Il n'a pas disparu, dit Turner. Ecoutez ! »

Ils tendirent l'oreille et perçurent le tonnerre intermittent, lointain, des lourds moteurs.

« Il est sur notre arrière et se rapproche. »

Moins d'une minute plus tard, le Condor rugissait de nouveau au-dessus de leurs têtes, plus haut, cette fois, perdu dans les nuages. De nouveau, il lança une bombe éclairante, beaucoup plus haut que la première, et, cette fois, au-dessus du milieu du convoi.

De nouveau le rugissement des moteurs s'atténua jusqu'à un lointain murmure, de nouveau le bruit syncopé s'accentua quand le Condor survola le convoi une seconde fois. Aperçu seulement par instants dans les vallées renversées entre les nuages fuyants, il décrivit cette fois un large cercle, loin vers la gauche, volant juste au-dessus de l'impitoyable lumière de la bombe éclairante. Et comme il passait avec un bruit de tonnerre, quatre autres éclatèrent juste au-dessus du plafond des nuages, à quatre secondes d'intervalle. L'horizon septentrional fut illuminé, vibrant d'une intense flamme qui faisait ressortir le moindre petit détail avec le plus puissant relief. Du côté du sud, il n'y avait que les ténèbres : le bain de lumière s'arrêtait brusquement juste au-delà de la rangée de navires de tribord.

Turner fut le premier à en comprendre la signification et les conséquences. Il en éprouva comme un choc électrique, physique. Il poussa un cri rauque et se jeta sur le transmetteur d'ordres ; il n'y avait pas le temps d'attendre la permission.

« Tourelle “B” ! hurla-t-il. Obus éclairants vers le sud. Vert 90. Vert 90. Urgent ! Urgent ! Obus éclairants, vert 90. Elévation maximum 10 ; débouchage rapproché. Tirez dès que vous serez prêts ! »

Il se retourna vivement.

« Pilote ! pouvez-vous voir...

— La tourelle « B » s'oriente, commandant.

— Bon, bon ! » Il reprit le transmetteur : « A tous les armements ! A tous les armements ! Parés pour repousser attaque aérienne venant par tribord. Gisement probable vert 90. Les assaillants seront sans doute des avions torpilleurs. »

Au moment où il parlait, il vit clignoter les feux de combat sur la vergue inférieure : Vallery envoyait un message d'extrême urgence au convoi.

« Vous avez raison, Turner », murmura Vallery. Dans cette lumière aveuglante, sa pâleur, sa peau tendue sur les os dénués de chair semblaient une affreuse parodie de l'humanité ; c'était une tête de mort où seuls vivaient les yeux aux cernes profonds et le soudain sourire des lèvres exsangues lorsque le coup de fouet de la tourelle « B » cingla le silence. « Vous devez avoir raison, continua-t-il lentement. Tous les navires silhouettés contre le nord... et une attaque en force, par le sud, sous le couvert de l'obscurité. »

Il s'interrompit comme les obus éclataient en grandes bulles de lumière, à deux milles au sud.

« Vous avez raison, dit-il doucement. Les voici. »

Ils arrivaient du sud, bout d'aile contre bout d'aile, en trois vagues de quatre ou cinq avions chacune. Ils arrivaient à environ 150 mètres d'altitude, et à l'instant où les obus éclatèrent, ils piquaient déjà pour rallier la très faible hauteur à laquelle se lancent les torpilles. Tout en plongeant, ils s'écartèrent en éventail comme pour rechercher des cibles individuelles. Quelques secondes suffirent pour rendre évident qu'ils concentraient leur attaque sur deux navires seulement : le *Stirling* et l'*Ulysses*. Même l'idéale double cible du navire marchand mutilé et du destroyer *Sirrus*, presque stoppé à côté de lui, fut strictement ignorée. Ils opéraient selon des ordres précis.

La tourelle « B » tira encore deux obus éclairants au débouchage minimum et rechargea avec des projectiles à haute capacité d'explosifs. Tous les canons du convoi avaient maintenant ouvert le feu ; le barrage était intense. Les torpilleurs, curieusement difficiles à identifier, mais ressemblant à des Heinkel, devaient voler à travers un rideau mortel d'acier et d'explosifs. L'élément de surprise n'existait plus ; les obus éclairants de l'*Ulysses* avaient fait gagner vingt secondes sans prix.

Cinq appareils fonçaient maintenant vers l'*Ulysses*, étalés en éventail pour disperser le tir de celui-ci, mais convergeant vers un point central. Ils volaient en palier, presque au faîte des vagues, quand l'un d'eux se redressa une seconde trop tard, frôla légèrement le sommet d'une crête écumeuse, ricocha indemne, puis culbuta follement d'une crête à l'autre — ils volaient perpendiculairement au sens des lames — avant de disparaître dans un creux. Le pilote avait-il mal jugé la distance ou son pare-brise avait-il été obscurci par une rafale de neige ? on ne pouvait le savoir.

Une seconde après, l'avion du milieu se désintégra en une grande flamme, le cône de sa torpille ayant été atteint par un coup direct. Un troisième avion, derrière lui, plus à l'ouest, s'écarta violemment vers la gauche pour éviter le choc des débris, et le lancement de sa torpille ne fut qu'un geste inutile. Elle tomba à 200 mètres derrière l'*Ulysses* et éclata dans la mer.

Les deux appareils qui restaient exécutèrent leur attaque avec le courage du suicide, effectuant de violents zigzags pour éviter la destruction. Deux secondes s'écoulèrent, trois, quatre... et ils avançaient toujours à travers la neige et un tir intense, épargnés par miracle. Théoriquement, il n'est pas de cible plus facile à atteindre qu'un avion qui s'approche tout droit, le nez en avant ; en pratique, il n'en est rien. Dans l'Arctique, la Méditerranée, le Pacifique, l'immunité relative des bombardiers-torpilleurs, le fort pourcentage de réussite de leurs attaques, effectuées au milieu d'une pluie d'obus, n'ont jamais manqué de confondre les experts. La tension, l'excessive angoisse, la peur, tel était, du moins en partie, le handicap de leurs victimes : en face d'un bombardier-torpilleur, il n'y a pas de moyen terme : vous le tuez ou il vous tue. Et rien n'est plus éprouvant pour les nerfs — à l'exception, naturellement, de la grinçante, presque verticale descente en plongée du bombardier Stuka aux ailes de mouette — que de voir l'énorme silhouette terrifiante d'un bombardier-torpilleur s'estomper au-dessus du viseur de votre canon et de savoir que vous n'avez que cinq inexorables secondes à vivre... Et pour l'*Ulysses* qui roulait continuellement par le travers des grosses vagues, la précision du tir était impossible.

Ces deux derniers appareils arrivèrent ensemble, l'un à côté de l'autre. Le plus rapproché de l'étrave lança sa torpille à moins de 160 mètres de distance, effectua sa ressource en évoluant sur la droite et fracassa la passerelle par une grêle d'obus de canon léger et de mitrailleuse. La torpille frappa l'eau obliquement, rebondit, puis retomba la tête la première sous une vague, plongea profondément et passa sous l'*Ulysses*.

Mais quelques secondes avant de lancer son attaque — et de la manquer — le dernier bombardier-torpilleur fut détruit. Arrivé en rugissant moins de trois mètres au-dessus des vagues, il était venu tout droit sans lâcher sa torpille, sans s'élever d'un centimètre, jusqu'à ce que les croix, sur les côtés supérieurs de ses ailes, fussent nettement visibles, car il n'était plus qu'à trente mètres du navire. Soudain, désespérément, il avait commencé à s'élever. On comprit immédiatement que le mécanisme de déclenchement de la torpille s'était faussé ; évidemment, le pilote avait eu l'intention de la lâcher à la dernière minute et avait compté sur le brusque allègement du poids de l'avion pour le soulever au-dessus de sa proie.

Le nez du bombardier s'écrasa dans la cheminée avant, son aile droite se déchirant comme du carton sur le montant du mât tripode. Instantanément, il y eut un rideau de flammes d'essence aveuglantes, mais ni fumée ni explosion. Un moment plus tard, le bombardier qui n'était plus une machine mais un crucifix flambant tomba dans la mer sifflante à une douzaine de mètres du navire. La mer s'était à peine refermée sur lui quand une gigantesque explosion sous-marine coucha l'*Ulysses* dangereusement sur tribord, coup de marteau d'une telle violence qu'il flanqua les hommes par terre et démolit le circuit d'éclairage à bâbord.

Le commandant Turner se releva péniblement, secoua la tête pour la dégager des vapeurs de cordite et de la confusion causée par l'éclatement des obus de canon qui avaient explosé presque à longueur de bras. Le choc de la torpille ne l'avait pas renversé, il s'était jeté sur le caillebotis cinq secondes auparavant, quand les canons de l'autre bombardier avaient bombardé la passerelle à bout portant.

Sa première pensée fut pour Vallery. Le commandant était couché sur le côté, étrangement ratatiné contre l'habitacle. La bouche sèche, glacé soudain d'un froid qui n'était pas celui du vent polaire, Turner se pencha et le retourna doucement.

Vallery demeura immobile, sans vie. Pas trace de sang, pas de blessure... Turner en remercia Dieu. Il enleva un gant, passa sa main sous le duffel-coat et la veste et crut sentir un léger, très léger battement de cœur. Doucement, il souleva la tête de la neige gelée, puis leva vivement les yeux. Kapok se tenait au-dessus de lui.

« Faites monter Brooks ici, pilote. C'est urgent. »

En trébuchant, Kapok traversa la passerelle. Le téléphoniste était penché sur la grille, l'appareil à la main.

« L'infirmerie, vite ! ordonna Kapok. Dites au médecin-chef... » Il s'arrêta brusquement, se rendant compte que l'homme était encore trop étourdi par le choc pour comprendre. « Allons, donnez-moi ce téléphone. »

Impatiemment, il étendit la main et saisit le récepteur, puis, il se figea d'horreur en voyant le matelot glisser graduellement en arrière, ses bras étendus traînant, rigides, par-dessus la grille jusqu'à ce qu'ils disparussent. Carpenter ouvrit la grille et regarda l'homme mort étendu à ses pieds ; il y avait un trou de la grandeur de son poing ganté entre ses omoplates.

Il était tombé le long de la cabine de l'Asdic, une cabine dont Kapok vit maintenant qu'elle était criblée de balles de mitrailleuses et d'obus. Sa première pensée paralysante fut que l'appareil devait être fracassé sans réparation possible et que leur dernière défense contre les sous-marins avait disparu. Presque immédiatement après, il se dit, avec une nausée d'appréhension, qu'il y avait eu un opérateur dans la cabine... Ses yeux s'en détournèrent et il aperçut Chrysler qui se remettait debout à côté du poste de commande des torpilles. Lui aussi regardait fixement la cabine de l'Asdic. Avant que Carpenter pût parler, Chrysler se précipita en avant et frappa frénétiquement de ses poings la porte coincée de la cabine. Comme dans un rêve, Carpenter l'entendit sangloter... et alors, il se souvint : l'opérateur de l'Asdic s'appelait également Chrysler... La mort dans l'âme, Kapok souleva de nouveau le récepteur du téléphone.

Turner posa la tête du commandant sur l'oreiller improvisé et gagna le coin de tribord de la passerelle. Bentley, silencieux, discret comme toujours, était assis sur le pont, son dos calé entre deux tuyaux, sa tête reposant paisiblement sur sa poitrine. Turner la souleva par le menton et regarda les yeux aveugles, seul trait reconnaissable sur ce qui avait été un visage humain. Turner émit un furieux et muet juron, essaya d'ouvrir les doigts morts refermés sur la poignée de l'Aldis, puis y renonça. Le faisceau de la lampe projetait une lueur irréelle sur la passerelle assombrie.

Méthodiquement, Turner parcourut la passerelle à la recherche d'autres morts. Il en trouva trois de plus et n'éprouva pas de consolation du fait qu'ils avaient été tués sans le savoir. Cinq hommes fauchés par un mitraillage de trois secondes — un très beau résultat, songea-t-il avec amertume. Immobile au sommet de l'échelle arrière, il ne pouvait pas croire que ce qu'il regardait était l'intérieur de la cheminée avant démolie. Il n'en voyait pas davantage : les dernières flammes mourantes ne permettaient plus de distinguer sur le pont que des formes vagues, anonymes. Il fit demi-tour et remonta sur la passerelle.

Le *Stirling*, du moins, s'apercevait sans difficulté. Qu'était-ce donc qu'il avait dit à peine dix minutes plus tôt ? « Je voudrais qu'ils s'attaquent au *Stirling* de temps en temps... » quelque chose de ce genre. Eh bien, ils n'y avaient pas manqué. Le *Stirling*, un mille sur l'avant, tournait à droite, vers le sud-est, ses superstructures avant enveloppées de flammes blanches. Il porta ses jumelles de nuit à ses yeux, essaya de mesurer le dommage ; mais un compact mur de flammes lui masquait le navire depuis la plage avant jusqu'à l'arrière de la passerelle. Il ne pouvait absolument rien distinguer, mais il voyait, malgré la forte houle, que le *Stirling* donnait de la bande sur tribord. On apprit plus tard qu'il avait été frappé deux fois : une torpille avait atteint sa chaufferie avant et quelques secondes après, un avion s'était écrasé contre le flanc de sa passerelle — la torpille restée accrochée sous son fuselage. Presque certainement, la glace avait faussé le mécanisme du déclenchement comme cela s'était produit dans des circonstances analogues, sur l'*Ulysses*. La mort avait dû être instantanée pour tous les hommes de la passerelle et des ponts d'en dessous ; parmi les morts il y avait le capitaine de vaisseau Jeffries, le commandant adjoint et l'officier de navigation.

Le dernier bombardier venait de disparaître dans les ténèbres quand Carrington raccrocha le récepteur du téléphone sur la plage arrière et demanda à Hartley :

« Vous pensez pouvoir vous en tirer maintenant, chef ? On a besoin de moi sur la passerelle.

— Je crois que oui, commandant, dit Hartley, et il passa d'un geste las sa manche sur son visage souillé de fumée et de mousse d'extincteur. Le pire est passé... Où est le lieutenant Carslake ? Ne devrait-il pas...

— Oubliez-le, coupa brusquement Carrington. Je ne sais pas où il est et je m'en fiche. Inutile de tourner autour du pot, chef : nous nous trouvons mieux sans lui. S'il revient, c'est *vous* qui continuerez à commander. Agissez comme vous le jugerez bon. »

Il s'éloigna rapidement vers l'avant par la coursive de bâbord. Sur la glace et la neige tassée, ses bottes de caoutchouc ne faisaient aucun bruit.

Il passait devant la cantine fracassée lorsqu'il vit une haute silhouette debout dans l'intervalle entre le tube lance-torpille extérieur, couvert de neige, et le dernier montant du bastingage en train d'essayer d'ouvrir la soupape faussée d'un extincteur en la tapant contre une écoutille. Une seconde plus tard, il vit une autre forme vague se détacher furtivement de l'ombre, s'approcher à pas de loup derrière l'homme à l'extincteur, en brandissant au-dessus de sa tête une lourde matraque de bois ou de métal.

« Attention ! Derrière vous ! » cria Carrington.

Ce fut fini en quelques secondes : le mouvement brusque de l'assaillant, le fracas produit par la chute de l'extincteur, lâché par la victime qui, réagissant avec la rapidité de l'éclair, se laissa tomber sur les genoux, le cri perçant de colère et de terreur de l'assaillant qui, emporté par son élan, basculait par-dessus le corps agenouillé, et tombait à la mer dans l'intervalle entre les tubes et le bastingage ; un bruit d'eau éclaboussée... puis, le silence.

Carrington courut à l'homme étendu sur le pont et l'aida à se relever. La dernière lueur des flammes permit à Carrington de reconnaître le quartier-maître torpilleur Ralston. Il le regarda avec anxiété.

« Etes-vous indemne ? Vous a-t-il atteint ? Bon Dieu, qui diable...

— Merci, commandant. » Ralston avait le souffle court, mais son visage avait presque repris son impassibilité habituelle. « C'était à un cheveu, cette fois ! Je vous remercie beaucoup, commandant.

— Mais qui était-ce ?

— Je ne l'ai pas vu, répondit Ralston, mais je sais que c'était l'enseigne Carslake. Il m'a suivi toute la nuit, ne m'a pas quitté des yeux une seule fois. Maintenant je sais pourquoi. »

Le commandant adjoint perdait difficilement son calme, mais il secoua lentement la tête avec incrédulité.

« Je savais qu'il y avait une vieille rancune entre vous, murmura-t-il. Mais que cela aille jusque-là ! Je me demande ce qu'en dira le commandant.

— Pourquoi le lui raconter ? dit Ralston avec indifférence. Pourquoi le raconter à qui que ce soit ? Carslake avait peut-être des parents. Pourquoi leur faire de la peine ? Laissez les gens croire ce qu'ils voudront. » Il eut un rire bref. « Laissez-les croire qu'il est mort en héros, en luttant contre le feu, qu'il est tombé par-dessus bord... n'importe quoi. »

Il regarda l'eau noire et frissonna soudain.

« Laissez-le tranquille, commandant, s'il vous plaît. Il a payé. »

Pendant une longue seconde, Carrington regarda lui aussi l'eau sombre, puis, ses yeux se reportèrent sur le grand garçon qui se tenait devant lui. Il lui donna une tape amicale sur le bras, hocha la tête et s'éloigna.

Turner entendit cliqueter la grille, abaissa ses jumelles et vit Carrington à son côté, contemplant en silence le croiseur en feu. Au même instant, Vallery gémit doucement et Carrington baissa vivement les yeux sur la silhouette étendue à ses pieds.

« Mon Dieu ! le pacha ! Est-il grièvement blessé, commandant ?

— Je n'en sais rien. Sinon, c'est un rude miracle. »

Il se baissa et souleva le commandant sur son séant.

« Comment allez-vous, commandant ? demanda-t-il avec angoisse. Avez-vous été touché ? »

Vallery fut pris d'une longue, épuisante quinte de toux, puis secoua légèrement la tête.

« Je vais bien », murmura-t-il, et il essaya de sourire, pitoyable parodie d'un sourire visible à la lueur de l'Aldis. « J'ai voulu m'étendre sur le pont, mais je crois m'être cogné contre l'habitacle. »

Il frotta son front déjà contusionné et décoloré.

« Comment est le navire, Turner ?

— Au diable le navire ! » dit Turner durement, et, entourant Vallery de son bras, il le souleva avec précaution. « Comment cela va-t-il à l'arrière, Carrington ?

— Ça brûle encore, mais l'incendie est maîtrisé. J'ai laissé Hartley diriger les opérations.

Il ne parla pas de Carslake.

« Bon ! Remplacez-moi ici. Demandez de leurs nouvelles par radio au *Stirling* et au *Sirrus*. Venez, commandant, venez dans l'abri. »

Vallery protesta faiblement, pour le principe seulement, car il était trop faible pour se tenir debout. Il s'arrêta involontairement en remarquant que la neige tombait à travers le faisceau de l'Aldis, et il suivit lentement du regard le rayon jusqu'à sa source.

« Bentley ? balbutia-t-il. Ne me dites pas que... »

Il saisit à peine le muet assentiment de son second et se tourna péniblement de l'autre côté. Ils passèrent devant le mort étendu à l'extérieur de la grille puis stoppèrent auprès de la cabine de l'Asdic. Un homme sanglotait, accroupi dans l'angle entre l'abri et la porte coincée de la cabine, la tête appuyée sur son avant-bras. Vallery posa une main sur l'épaule secouée de sanglots et, reconnaissant le jeune garçon qui avait levé vers lui son visage pâle :

« Oh ! c'est vous, Chrysler ! Qu'est-ce qu'il y a ?

— La porte, commandant ! répondit Chrysler d'une voix sourde et tremblante. Je ne peux pas l'ouvrir. »

Pour la première fois. Vallery regarda la cabine, le métal lacéré et tordu. L'esprit encore confus, épuisé, ce fut presque par une association d'idées qu'il pensa soudain, horrifié, à l'opérateur déchiré, mutilé, qui devait se trouver derrière cette porte fermée.

« Oui, dit-il à voix basse. La porte est déformée... On ne peut rien y faire. » Il regarda plus attentivement les yeux pleins de douleur de Chrysler. « Venez, mon petit, il est inutile...

— C'est mon frère qui est là-dedans, commandant. »

Le désespoir de ces paroles frappa Vallery comme un coup. Bon Dieu ! Il avait oublié... Le chef opérateur de l'Asdic Chrysler...

Il regarda le mort étendu à ses pieds déjà recouvert par une mince couche de neige.

« Faites éteindre cette Aldis, voulez-vous, capitaine ? dit-il d'un ton absent. Et Chrysler ?

— Oui, commandant.

— Descendez et apportez du café, s'il vous plaît.

— Du café, commandant ? Du café ! Mais... mais, mon frère... s'écria Chrysler déconcerté.

— Je sais, dit doucement Vallery. Je sais. Apportez du café, voulez-vous ? »

Chrysler s'éloigna d'un pas trébuchant. Lorsque la porte de l'abri fut refermée sur eux. Vallery alluma la lumière et se tournant vers le second :

« C'est le moment de faire de la morale sur les gloires de la guerre, murmura-t-il. *Dulce et decorum* et le noble privilège d'être les fils de

Nelson et de Drake. Il n'y a pas vingt-quatre heures que Ralston a vu mourir son père... Et maintenant, ce garçon. Peut-être...

— Je m'occuperai de tout », dit Turner.

Il ne s'était pas encore pardonné ce qu'il avait dit et fait à Ralston la veille au soir malgré l'amitié avec laquelle Ralston avait aussitôt accepté ses excuses.

« Je vais le maintenir occupé ailleurs jusqu'à ce que nous ayons ouvert la cabine... Asseyez-vous, commandant. Buvez une gorgée de ceci. » Il sourit légèrement. « L'ami Williamson ayant trahi mon secret... Ah ! une visite ! »

La lumière s'éteignit et une silhouette trapue se détacha un instant sur le rectangle gris de la porte ouverte. La porte se referma et Brooks cligna des yeux dans la lumière soudain rallumée, rouge de visage et haletant. Ses yeux se fixèrent sur la bouteille que Turner avait à la main.

« Ha ! dit-il enfin. Nous nous réunissons pour boire ? Toutes les contributions sont sans doute reçues avec gratitude. »

Il ouvrit son sac qu'il avait posé sur la table et il était en train d'y fouiller lorsqu'on frappa fortement à la porte.

« Entrez ! » cria Vallery.

Un timonier entra et lui tendit une feuille de papier en disant :

« De Londres, commandant. Le chef dit qu'il y a peut-être une réponse.

— Merci. Je la téléphonerai. »

La porte se rouvrit et se referma. Vallery leva les yeux sur un Turner aux mains vides.

« Je vous remercie d'avoir aussi rapidement dissimulé la pièce à conviction », dit-il en souriant. Puis, secouant la tête : « Mes yeux... ne semblent pas aussi bons. Voulez-vous me lire le signal, Turner ?

— Et, intervint Brooks, peut-être aimeriez-vous un médicament convenable au lieu de son immonde breuvage. » Il tira de son sac une bouteille contenant un liquide ambré. « Avec toutes les ressources de la médecine moderne à ma disposition — enfin, presque toutes — je ne trouve rien qui vaille ceci.

— L'avez-vous dit à Nicholls ? demanda Vallery, allongé maintenant sur la couchette, les yeux fermés et l'ombre d'un sourire sur ses lèvres exsangues.

— Eh bien, non, avoua Brooks. Mais j'ai le temps. Vous en voulez ?

— Merci. Donnez-nous les bonnes nouvelles, Turner.

— Bonnes nouvelles ! »

Le sérieux calme, mortel, du ton du capitaine de frégate, fit à ses compagnons l'effet d'un courant d'air froid.

« Non, commandant, ce ne sont pas de bonnes nouvelles. "Contre-amiral Vallert 14 ACS FR 77", reprit-il d'une voix totalement dénuée d'expression. "Le *Tirpitz*, escorté par des croiseurs et des destroyers, a quitté l'Alta Fjord au coucher du soleil. Intense activité à l'aérodrome d'Alta Fjord. Craignons sortie avec escorte aérienne. Prenez toutes mesures pour éviter inutile sacrifice de navires marchands et de guerre. — Direction des Opérations navales. Londres." N'est-ce pas merveilleux ? Quelle sera la prochaine catastrophe ? »

Vallery s'était assis tout droit sur la couchette, indifférent au sang qui coulait d'un coin de sa bouche. Son visage était calme.

« Je crois que je prendrai ce verre à présent, Brooks, si cela vous est égal, dit-il tranquillement. Le *Tirpitz*. Le *Tirpitz*... » Il secoua la tête avec lassitude comme un homme qui rêve. Le *Tirpitz*... le nom que personne ne prononçait sans un accent de respect et de crainte, le nom qui avait complètement dominé la stratégie navale dans l'Atlantique Nord pendant les deux dernières années. Il prenait enfin la mer, ce colosse cuirassé, frère de l'autre Titan qui avait détruit le *Hood* d'un seul coup furieux, le *Hood*, le bien-aimé de la Royal Navy, le plus puissant navire du monde — du moins on l'avait cru. Quelle chance avait *leur* coquille de noix, leur minuscule croiseur... — De nouveau, il agita la tête, avec irritation cette fois, et se força à penser au présent.

« Eh bien, messieurs, je suppose que le temps amène toutes choses, même le *Tirpitz*. Il fallait qu'il se montre un jour. Nous avons simplement de la malchance... l'appât était trop près, trop tentant.

— Mon jeune collègue va être enchanté, dit Brooks. Un *vrai* navire de guerre, à la fin des fins.

— Au coucher du soleil, dit Turner, songeur. Au coucher du soleil. Mon Dieu ! Même s'ils ont des difficultés à sortir du fjord, ils nous auront rejoints dans quatre heures, sur cette route !

— Exactement, dit Vallery. Et il serait inutile de bifurquer vers le nord ; ils nous auraient rattrapés avant que nous nous soyons écartés de 100 milles.

— Je n'aime pas faire l'effet d'un disque de gramophone, mais vous vous rappelez ce que je vous ai dit au sujet de nos grosses unités ? Trop tard, comme d'habitude ! » Il s'arrêta, proféra un juron. « J'espère que ce vieux salaud de Starr sera enfin satisfait, acheva-t-il avec amertume.

— Pourquoi tout ce pessimisme ? demanda Vallery avec un regard ironique. Nous pouvons être sains et saufs à Scapa dans quarante-huit heures. Il a dit : « Evitez sacrifices inutiles de navires marchands et de guerre. » L'*Ulysses* est probablement aujourd'hui le navire le plus rapide du monde. C'est simple, messieurs.

— Non, non ! gémit Brooks. Ce serait passer trop vite du sublime au terre à terre. Je ne pourrais le supporter !

— Vous avez envie d'un autre PQ 17 [1] ? dit Turner avec un sourire qui n'atteignit pas ses yeux. La Royal Navy ne s'en remettrait pas. Le commandant... le contre-amiral Vallery ne le permettrait jamais, et, quant à moi, et, j'en suis à peu près certain, quant à notre bande de mutins... eh bien, je ne crois pas que nous puissions plus jamais passer une bonne nuit.

— Dieu ! murmura Brooks, cet homme est un poète !

— Vous avez raison, Turner », dit Vallery.

Il vida son verre et se recoucha, épuisé.

« Nous ne semblons pas avoir beaucoup de choix... reprit-il. Que ferons-nous si nous recevons l'ordre de... euh... nous retirer en vitesse ?

— Vous ne savez pas lire, dit Turner, brutalement. Rappelez-vous que vous venez de me dire que votre vue baissait.

"— Ames qui avez peiné et lutté avec moi..." cita doucement

1. Le PQ 17, grand convoi mixte comprenant 30 navires britanniques, américains et panaméens, quitta l'Islande pour la Russie escorté par une demi-douzaine de destroyers et peut-être 12 navires plus petits, avec le soutien immédiat d'une escadre de croiseurs et de destroyers anglo-américains. Une force de couverture, également anglo-américaine, composée d'un porte-avions, de deux cuirassés, trois croiseurs et une flottille de destroyers, naviguait parallèlement plus au nord. Comme dans le cas du FR 77, ils formaient le ressort du piège qui se referma trop tard.

C'était au milieu de l'été de 1942, saison mortelle pour cette tentative, car en juin et juillet, sous ces hautes latitudes, il n'y a pas de nuit. Vers la longitude 20° Est, le convoi fut fortement attaqué par des sous-marins et des avions.

Le jour même du début de l'attaque, le 4 juillet, l'escadre de couverture apprit par radio que le *Tirpitz* venait de quitter l'Alta Fjord. Ce n'était pas exact : le *Tirpitz* fit une brève sortie dans l'après-midi du 5, mais rentra le soir même : le bruit courut qu'il avait été endommagé par les torpilles d'un sous-marin russe. L'escadre de soutien et les escorteurs du convoi se retirèrent immédiatement vers l'ouest à grande vitesse, abandonnant le PQ 17 à son sort, le laissant s'éparpiller et gagner la Russie sans escorte du mieux qu'il pouvait. On imagine aisément les sentiments des équipages des navires marchands devant ce sauve-qui-peut et cette trahison de la Royal Navy. On peut aussi se figurer leurs craintes, mais leurs plus sombres pressentiments furent dépassés par la terrible réalité : 23 navires marchands furent envoyés par le fond par des sous-marins et des avions. Le *Tirpitz* ne fut pas aperçu, ne s'approcha jamais du convoi ; mais la seule menace de sa venue avait fait fuir les escadres de la Marine.

L'auteur ne connaît pas tous les faits concernant le PQ 17 et il ne cherche pas à interpréter ceux qu'il connaît ; il se permet moins encore de formuler un blâme. Chose assez curieuse, la seule conclusions nette est que le chef de l'escadre, l'amiral Hamilton, ne mérite aucun reproche. Il ne participa nullement à la décision de se retirer : l'ordre vint de l'Amirauté et était impératif. Mais on n'envie pas l'amiral Hamilton.

Ce fut un triste et amer incident, d'autant plus affreux qu'il contredisait aussi directement les traditions d'un grand corps. On se demande ce qu'en aurait pensé Sir Philip Sydney, ou, à une époque plus récente, Kennedy du *Rawalpindi* ou Fegen du *Jervis Bay*. Mais il n'y a aucun doute sur ce qu'en a pensé la Marine marchande et sur ce qu'elle en pense toujours. Il ne peut y avoir de pardon à espérer de la part de la majorité des quelques survivants. Ils s'en souviendront probablement à jamais ; la Royal Navy souhaite ardemment l'oublier. Il est difficile de blâmer les uns comme l'autre.

Vallery... Je vous remercie, messieurs, vous me facilitez beaucoup les choses. » Il se souleva sur un coude, sa décision prise, et sourit à Turner, l'air de nouveau presque jeune. « Informez tous les navires marchands et tous les escorteurs. Dites-leur d'obliquer vers le nord.

— Le nord ? fit Turner en le dévisageant. Avez-vous dit le "nord" ? Mais l'Amirauté...

— J'ai dit le nord, répondit calmement Vallery. L'Amirauté pourra faire ce qu'elle voudra à ce sujet. Nous avons joué le jeu assez longtemps. Nous avons tendu le piège. Que peuvent-ils exiger de plus ? De cette façon, il y a une chance, une chance presque désespérée, peut-être, mais quand même une chance sur dix de s'en tirer. Continuer vers l'est équivaut à un suicide.

Il sourit de nouveau, et, presque rêveur, dit doucement :

« La fin n'est pas de toute importance. Je ne crois pas que j'en serai tenu pour responsable. Ni maintenant... ni jamais. »

Le visage de Turner s'éclaira ; avec un large sourire, il dit :

« Vous avez dit le nord.

— Informez le commandant en chef, continua Vallery. Demandez au navigateur une route d'interception. Dites au convoi que nous marcherons en queue, que nous le protégerons autant et aussi longtemps que nous le pourrons... Aussi longtemps que nous le pourrons... Ne nous faisons pas d'illusions ; nous avons tout au plus une chance sur mille... Rien d'autre que nous puissions faire, Turner ?

— Prier, dit brièvement celui-ci.

— Et dormir, ajouta Brooks. Pourquoi ne dormiriez-vous pas une demi-heure, amiral ?

— Dormir ! » Vallery parut sincèrement amusé. « Nous aurons tout le temps au monde pour dormir, très bientôt.

— Vous avez mis le point sur l'i, concéda Brooks. Il est très possible que vous ayez raison. »

15

Samedi soir. II

Des messages arrivaient maintenant en foule sur la passerelle, messages des navires marchands, messages d'épouvante incrédule demandant confirmation de la sortie du *Tirpitz ;* message du *Stirling* répondant que l'incendie de ses superstructures était à présent maîtrisé et que les cloisons de la machine tenaient toujours ; et un message d'Orr, du *Sirrus*, disant que son navire faisait eau à la capacité de ses pompes — il était entré fortement en collision avec le navire qui sombrait — qu'ils avaient recueilli 44 survivants, que le *Sirrus* avait déjà accompli sa part de besogne et demandait s'il pouvait rentrer à la base. Ce signal était parvenu après que le *Sirrus* avait reçu la mauvaise nouvelle, mais il avait été envoyé avant. « Maintenant, se dit Turner, rien ne persuaderait Orr de quitter le convoi. »

Les messages continuaient à arriver par signal visuel ou par T.S.F. Il n'y avait plus de raison pour que la radio gardât le silence : l'ennemi connaissait leur position à un mille près. Il n'y en avait pas non plus pour interdire les signaux lumineux : le *Stirling* brûlait encore assez furieusement pour illuminer la mer à un mille à la ronde. Aussi les messages se succédaient-ils sans arrêt, messages de peur, de désarroi, d'angoisse. Mais ce ne fut ni par une lampe ni par radio que Turner reçut celui qui le bouleversa le plus.

Un bon quart d'heure s'était écoulé depuis la fin de l'attaque et l'*Ulysses* roulait et tanguait à travers les vagues à son nouveau cap de 350°, quand la grille de la passerelle s'ouvrit et qu'un homme haletant, épuisé, trébucha sur la passerelle de navigation. Turner le regarda attentivement à la rouge lueur du *Stirling* et reconnut en lui un chauffeur. Son visage était recouvert d'une sueur que le froid intense transformait déjà en glace. Et, en dépit de ce froid, il était tête nue, sans manteau, vêtu seulement d'une mince combinaison. Il tremblait violemment, d'excitation et non à cause du vent glacial.

« Qu'est-ce que c'est ? » demanda Turner avec inquiétude. L'homme était encore trop essoufflé pour pouvoir parler. « Qu'est-ce qui cloche ? Vite !

— Le poste central, commandant ! » Le souffle de l'homme était si court, empreint d'une telle angoisse que Turner eut peine à le comprendre. « Il est plein d'eau !

— Le poste central ! fit Turner, incrédule. Noyé ! Quand est-ce arrivé ?

— Je n'en suis pas sûr, commandant. Mais il y a eu une terrible explosion à peu près au milieu...

— Je sais, je sais, coupa Turner avec impatience. Le bombardier a arraché la cheminée avant et fait explosion dans l'eau à bâbord. Mais c'était il y a un quart d'heure ! Quinze minutes ! Bon Dieu, on aurait dû...

— Le tableau de distribution du poste central est détruit, commandant. »

Le chauffeur commençait à se calmer, à se recroqueviller contre le vent, mais, exaspéré par la lenteur du second à agir, il se redressa et, sans se rendre compte de ce qu'il faisait, il saisit le duffel-coat d'une main tremblante et, avec un accent plus angoissé encore, cria :

« Il n'y a pas du tout de courant et le panneau est faussé ! Les hommes ne peuvent pas sortir !

— Le panneau de l'écoutille est bloqué ! » Les yeux de Turner se rétrécirent d'anxiété. « Pour quelle raison ? Il s'est gondolé ?

— Le contrepoids est tombé dessus. Nous ne pouvons l'ouvrir que d'un centimètre.

— Carrington ! cria Turner.

— Me voici, commandant. » Carrington se tenait juste derrière lui. « J'ai entendu... Pourquoi ne pouvez-vous pas l'ouvrir ?

— C'est le panneau du poste central ! s'écria le chauffeur avec désespoir. Il pèse un quart de tonne au moins, commandant. Vous savez, celle qui est sous l'échelle devant le compartiment du servo-moteur. Il n'y a que deux hommes qui puissent s'introduire en même temps. Nous avons essayé... Dépêchez-vous, commandant... je vous en supplie !

— Une minute. » Carrington était d'un calme exaspérant. « Hartley ? non, il continue à combattre l'incendie. Evans, McIntosh... morts... dit-il, pensant évidemment tout haut. Bellamy peut-être ?

— Quoi donc ? demanda Turner qu'avaient gagné l'angoisse et l'impatience du chauffeur. Qu'est-ce que vous tentez ?...

— Le panneau de l'écoutille, plus le palan, 500 kilos, murmura Carrington. Un homme exceptionnel pour une tâche exceptionnelle.

— Petersen ! dit le chauffeur qui avait immédiatement compris. Petersen !

— Naturellement ! » Carrington tapa l'une contre l'autre ses mains gantées. « Nous progressons, commandant. Acétylène ? Pas le temps ! Chauffeur... leviers, masses... Si vous appeliez la machine, commandant ? »

Mais Turner avait déjà le récepteur à la main.

A l'arrière, l'incendie était maîtrisé sauf dans quelques coins où un furieux courant d'air alimentait les flammes. Dans les postes d'équipage, les cloisons, les échelles, les armoires avaient été tordues et faussées par l'intense chaleur en des formes étranges : sur le pont, les flammes de l'essence, carbonisant le plancher de six centimètres d'épaisseur et faisant fondre le calfatage comme au moyen de quelque gigantesque lampe à souder, avaient mis à découvert les plaques d'acier, des plaques portées au rouge et qui sifflaient et crachaient lorsque les gros flocons de neige les touchaient.

Sur le pont et en dessous, Hartley et ses hommes, gelés à un moment et titubant de vertige le moment suivant dans une brûlante chaleur, travaillaient comme des déments. Dieu seul savait où leurs corps émaciés, épuisés en trouvaient la force. Des tourelles, du bureau du capitaine d'armes, des postes d'équipage et du compartiment de la barre à bras, ils retiraient l'un après l'autre les hommes qui s'y trouvaient lorsque le Condor s'était écrasé sur l'*Ulysses* ; ils les retiraient, les regardaient, juraient, pleuraient et se replongeaient, indifférents à la douleur et au danger, parmi les décombres qui brûlaient encore, les déblayant avec leurs gants déchirés, et, quand ceux-ci étaient réduits en lambeaux charbonneux, avec leurs mains nues.

Dans la coursive de tribord où les morts furent alignés, le quartier-maître Doyle les attendait. Moins d'une demi-heure auparavant, Doyle stationnait dans le passage sur l'avant de la cuisine, endurant en silence le supplice du dégel de son corps et de ses vêtements qui avaient été inondés en même temps que son pom-pom. Cinq minutes plus tard, il était retourné à sa pièce et avait stoïquement envoyé à vue directe obus après obus sur les bombardiers-torpilleurs. Et maintenant, aussi énergique et résistant que jamais, il était sur la plage arrière. Un homme de fer, au visage de fer, sa tête léonine barbue calme et impassible tandis qu'il ramassait successivement les morts, s'approchait du bastingage et laissait doucement tomber son fardeau par-dessus bord. Il ne sut jamais combien de fois il effectua ce bref voyage cette nuit-là : il en avait perdu le compte au bout de la première vingtaine. Il n'avait évidemment pas le droit d'agir ainsi : la Marine tenait essentiellement à une sépulture décente et celle-ci ne l'était pas. Mais le voilier était mort et aucun homme n'aurait voulu ou pu coudre ces affreux cadavres carbonisés dans une toile lestée. « Les morts ne s'en soucient pas », pensait Doyle. Et Carrington et Hartley qui partageaient cette opinion, ne l'empêchèrent pas d'accomplir à son idée sa sinistre besogne.

Sous leurs pieds, les postes d'équipage qui brûlaient sans fumée retentissaient de bruits métalliques creux tandis que Nicholls et le chef radio Brown, toujours étrangement habillés de leurs costumes blancs de pompiers, assenaient des coups de lourds marteaux sur les taquets du panneau de la soute « Y ». Dans l'obscurité, la fumée, et, avec leur hâte désespérée, ils se voyaient à peine l'un et l'autre et moins encore les taquets : souvent, ils manquaient leurs coups et les marteaux s'échappaient de leurs mains engourdies en tournoyant dans les ténèbres.

« Il n'est pas trop tard, se disait Nicholls avec désespoir, il n'est peut-être pas trop tard. » La vanne de noyage principale avait été fermée cinq minutes plus tôt ; l'eau ne montait plus dans la soute et il était tout juste possible que les deux hommes qui y étaient pris au piège fussent encore cramponnés à l'échelle au-dessus du niveau de l'eau.

Un seul taquet maintenant retenait encore le panneau. Alternativement, Nicholls et Brown lui assenaient des coups acharnés. Brusquement, il se cassa à la base et le couvercle s'ouvrit avec violence sous la poussée explosive de l'air comprimé en dessous. Brown poussa un cri de douleur, un seul cri déchirant tandis que le panneau se rabattait en écrasant sa hanche droite ; puis, il tomba sur le pont et y resta étendu, gémissant.

Nicholls ne lui accorda pas un regard. Il se pencha le plus loin possible et dirigea vers le bas, à travers l'écoutille, le puissant rayon de sa torche électrique. Il ne vit rien, rien de ce qu'il souhaitait voir. Il ne voyait que l'eau sombre et visqueuse qui se soulevait et s'abaissait au rythme des grosses vagues qui faisaient rouler l'*Ulysses*.

« En bas ! » cria-t-il. Et sa voix, tremblante de l'effort qu'il venait de fournir, résonna d'une manière terrifiante dans le tunnel de fer. « Y a-t-il quelqu'un en bas ? » hurla-t-il.

Il tendit l'oreille, attentif au moindre son, au moindre murmure, mais il n'entendit rien.

« McQuarter ! Williamson ! M'entendez-vous ? » cria-t-il de nouveau.

Il regarda, il écouta, mais ne vit que l'obscurité et ne perçut que le susurrement assourdi de l'eau huilée de mazout qui, en oscillant, léchait tour à tour les parois. Il regarda une fois de plus en suivant le rayon de sa lampe et s'étonna qu'il fût aussi rapidement englouti par une surface quelconque. Et sous cette surface... Il frissonna. L'eau elle-même semblait morte, vieille, méchante et infiniment horrible. Soudain irrité, il secoua la tête pour en chasser ces craintes stupides, fruits de son imagination... Il lui faudrait la surveiller. Il recula d'un pas, se redressa. Doucement, soigneusement, il referma le panneau. Et ses coups de marteau retentirent longtemps tandis qu'il rajustait les taquets.

Le chef mécanicien Dodson bougea et gémit. Il s'efforça d'ouvrir les yeux, mais ses paupières refusèrent de fonctionner. Ce fut du moins ce qu'il crut, car les ténèbres demeurèrent autour de lui absolues, impénétrables, presque palpables.

Il se demanda ce qui était arrivé et depuis combien de temps il était couché là. Juste sous l'oreille, le côté de sa tête lui faisait abominablement mal. Lentement, maladroitement, il ôta son gant et se tâta. Il retira une main mouillée et gluante : ses cheveux, constata-t-il avec surprise, étaient trempés de sang. Ce devait être du sang : il le sentait couler lentement, abondamment, le long de sa joue.

Et cette profonde, puissante vibration, une vibration mêlée d'un indéfinissable accent d'effort qui agaçait ses dents de mécanicien, il l'entendait, la sentait presque, immédiatement devant lui. Sa main nue se porta en avant et recula par un réflexe instantané au contact de quelque chose de lisse, qui tournait et brûlait.

Le tunnel de l'arbre ! C'était là qu'il était. On avait découvert des tuyaux de graissage brisés aussi sur les arbres de bâbord et il avait décidé de maintenir cette machine en marche. Il savait qu'ils avaient été attaqués. Ici, tout en bas, dans les entrailles cachées du navire, le bruit ne pénétrait pas ; il n'avait pas entendu les moteurs des avions ; il n'avait même pas entendu tirer leurs propres canons... mais on ne pouvait se tromper en reconnaissant le choc des 155 reculant sur leurs freins hydrauliques. Et ensuite peut-être une torpille, ou une bombe ayant presque manqué son coup. Grâce à Dieu, il était assis face à l'intérieur lorsque l'*Ulysses* avait fait une embardée. Dans l'autre sens, cela aurait été la mort sans phrase, quand il aurait été projeté sur le raccord de l'arbre et entraîné...

L'arbre ! Bon Dieu, l'arbre ! Il tournait presque au rouge sur des paliers à sec ! Frénétiquement, il tâtonna autour de lui, ramassa sa lampe de secours et en tortilla la base. Pas de lumière. Il éleva la main, sentit les bords dentelés de l'ampoule cassée et jeta la lampe inutile. Il tira de sa veste sa lampe de poche ; elle aussi était cassée. Désespéré maintenant, il chercha en aveugle son bidon d'huile ; il le trouva renversé, son bouchon à côté de lui : le bidon était vide.

Pas d'huile, pas une goutte. Dieu seul savait combien ce métal surchauffé était proche de la limite critique. Lui ne le savait pas ; il l'avouait ; même pour les meilleurs ingénieurs, la fatigue du métal est une inconnue incalculable. Mais comme tous les hommes ayant passé leur vie avec des machines, il possédait à leur sujet un sixième sens, et, en ce moment, ce sixième sens le harcelait sans pitié, avec insistance. De l'huile, il lui fallait aller chercher de l'huile. Mais il se savait en mauvais état, étourdi, affaibli par le choc et la perte de sang, et le tunnel était long, glissant, dangereux, et non éclairé. Un seul faux pas contre ou au-dessus de cet arbre impitoyable... Avec précaution, il étendit de nouveau la main, la posa un instant sur l'arbre et la retira brusquement avec une douleur soudaine. Il l'appuya contre sa joue et comprit que ce n'était pas la friction qui avait brûlé et arraché la peau du bout de ses doigts. Il n'y avait pas le choix. Résolument, il se releva en vacillant, courbant le dos sous la voûte convexe du tunnel.

Ce fut alors qu'il la remarqua pour la première fois : une lumière, une minuscule lumière, impondérablement lointaine dans le sombre tunnel aux parois convergentes, bien qu'il sût qu'elle ne pouvait être distante que de quelques mètres. Il ferma les yeux, les rouvrit : la lumière était toujours là, se rapprochait, et il entendait maintenant un bruit de pas. Tout à coup, une faiblesse le prit et il s'effondra de nouveau par terre, les pieds calés contre le bloc d'appui.

L'homme qui portait la lumière s'arrêta à environ 50 centimètres de lui, accrocha sa lampe à une boucle, se baissa avec prudence et s'assit à côté de Dodson. Les rayons de la lampe tombèrent en plein sur le visage basané, les sourcils broussailleux et la mâchoire prognathe de Riley. Dodson se raidit de surprise.

« Riley ! le chauffeur Riley ! dit-il, les yeux plissés de soupçon et de conjecture. Que diable faites-vous ici ?

— J'ai apporté un bidon de neuf litres d'huile de graissage », grommela Riley. Il fourra une bouteille thermos entre les mains du chef mécanicien. « Et voilà du café. Je m'occuperai de ça... Buvez-le... Nom de Dieu ! ce satané palier est chauffé au rouge ! »

Dodson posa brusquement le thermos sur le sol et demanda durement :

« Etes-vous sourd ? Pourquoi êtes-vous ici ? Qui vous y a envoyé ? Votre poste est dans la chaufferie “B” !

— C’est Grierson qui m’a envoyé, répondit Riley, son visage brun impassible. Il a dit qu’il ne pouvait pas se passer de ses hommes de la machine... trop bigrement précieux... J’en mets trop ? »

L’huile, épaisse, visqueuse, se déversait lentement sur le coussinet surchauffé.

« Le *capitaine* Grierson ! rectifia Dodson d’une voix glaciale, presque cruelle. Et c’est un damné mensonge, Riley ! le capitaine Grierson ne vous a pas envoyé ici. Je suppose que vous lui avez dit que quelqu’un d’autre vous avait donné cet ordre ?

— Buvez votre café, conseilla Riley avec aigreur. On vous demande dans la machine. »

Le chef mécanicien serra le poing et se maîtrisa difficilement.

« Insolent salaud ! » éclata-t-il. Puis, se dominant de nouveau, il dit d’un ton égal : « Vous me paierez ça, Riley.

— Non, je ne vous le paierai pas. »

« Le diable l’emporte, pensa Dodson, furieux ; il va jusqu’à sourire, cet impudent... »

« Pourquoi pas ? demanda-t-il avec menace.

— Parce que vous ne me dénoncerez pas. »

Riley semblait s’amuser énormément.

« Oh ! c’est ça ! »

Dodson jeta un rapide coup d’œil dans le sombre tunnel et se rendit compte soudain à quel point ils étaient seuls et il regarda de nouveau Riley, massif, accroupi, l’air dangereux quoique souriant. « Mais, songea Dodson, aucun sourire ne pourrait jamais transformer ce laid et brutal visage. C’était le sourire d’un tigre... » La peur, l’épuisement, un effort sans fin, tout cela modifiait terriblement un homme et on ne pouvait lui reprocher ni ce qu’il était devenu ni le destin pour lequel il était né... Mais la première responsabilité qui vous incombe est envers soi-même, et il se rappela comment Turner l’avait traité d’imbécile quand il avait refusé de faire mettre Riley en prison.

« C’est donc ça ? » répéta-t-il doucement. Il se retourna, les pieds solidement arc-boutés contre le bloc d’appui. « N’en soyez pas si sûr, Riley, je pourrais vous faire condamner à vingt-cinq ans...

— Oh ! au nom de Dieu ! s’écria Riley impatiemment. De quoi parlez-vous ? Buvez votre café, s’il vous plaît. On a besoin de vous dans la machine, que je vous dis. »

Avec hésitation, Dodson se détendit, dévissa le bouchon du thermos. Il éprouva soudainement un singulier sentiment d’irréalité, comme s’il était le spectateur de cette scène fantastique sans y être mêlé. Sa tête lui faisait toujours un mal infernal.

« Dites-moi, Riley, demanda-t-il doucement, qu'est-ce qui vous donne une telle certitude que je ne vous dénoncerai pas ?

— Oh ! vous pouvez me dénoncer, si ça vous plaît, dit Riley, de nouveau plein de gaieté. Mais je ne serai pas devant le commandant demain matin.

— Non ? fit Dodson, sur un ton à la fois de défi et d'interrogation.

— Non, dit Riley, de plus en plus souriant, parce qu'il n'y aura ni commandant ni bateau demain matin. » Il croisa voluptueusement les mains sur sa nuque et ajouta : « En fait, il n'y aura rien. »

Quelque chose dans son accent plutôt que ses paroles elles-mêmes retint l'attention de Dodson. Il comprit, avec une conviction instantanée, que, malgré son sourire, Riley ne plaisantait pas. Il jeta sur lui un regard curieux mais ne dit rien.

« Le commandant vient de le radiodiffuser, continua Riley.

« Le *Tirpitz* a pris la mer... il nous reste quatre heures. »

Cette affirmation toute simple, cette complète absence d'émotion, de recherche de l'effet, ne laissaient aucune place au doute. Le *Tirpitz* est sorti... le *Tirpitz* est sorti. Dodson se le répéta à mainte et mainte reprise. Quatre heures, juste quatre heures à vivre... Il fut surpris par sa propre réaction, par son apparent manque d'inquiétude.

« Eh bien ? fit Riley, anxieux maintenant, énervé. Y allez-vous oui ou non ? Je ne blague pas : on vous demande... d'urgence.

— Vous êtes un menteur, dit Dodson aimablement. Pourquoi avez-vous apporté le café ?

— Pour moi-même. » Le sourire avait disparu ; le visage était figé, maussade. « Mais j'ai pensé que vous en aviez besoin ; vous ne me semblez pas très en forme... On vous soignera dans la machine.

— Et c'est précisément là que vous irez à l'instant », dit Dodson.

Riley fit comme s'il n'avait pas entendu.

« Allez-y, dit sèchement Dodson. C'est un ordre.

— Je reste ici, grommela Riley. On peut manier un bidon d'huile sans avoir trois grands galons dorés sur sa manche.

— Peut-être que non. » Dodson s'arc-bouta contre un violent coup de roulis, mais trop tard pour éviter de heurter Riley. « Je vous demande pardon, Riley. Le temps empire, je le crains. Eh bien, nous... euh... paraissons avoir atteint une impasse.

— Qu'est-ce que c'est que ça ? demanda Riley avec suspicion.

— Un cul-de-sac. L'impossibilité d'arriver à un résultat décisif... Dites-moi, Riley, qu'est-ce qui vous a amené ici ?

— Je vous l'ai dit, répondit Riley, blessé, Grierson, le capitaine Grierson m'a envoyé.

— Qu'est-ce qui vous a amené ici ? persista Dodson, comme si Riley n'avait pas parlé.

— Ça, c'est mon affaire ! répondit Riley furieux.

— Qu'est-ce qui vous a amené ici ?

— Oh ! au nom du Christ ! Laissez-moi tranquille », cria Riley. Sa voix retentit bruyamment le long du sombre tunnel. Soudain, il se retourna et fit face à Dodson, sa bouche se tordant avec amertume. « Vous savez rudement bien pourquoi je suis venu.

— Pour me faire mon affaire, peut-être ? »

Riley le regarda pendant une longue seconde, puis se détourna, les épaules voûtées, la tête basse.

« Vous êtes le seul type de ce bateau qui m'ait jamais accordé un répit, marmotta-t-il. Le seul type qui m'ait jamais donné une chance. Sans vous, j'aurais été en cellule la première fois et dans une prison la seconde. Vous vous en souvenez ?

— Oui, vous avez été plutôt sot, Riley.

— Pourquoi l'avez-vous fait ? » Le grand chauffeur parlait avec intensité, comme préoccupé. « Dieu, tout le monde sait comment je suis.

— Vraiment ? je me demande si on le sait... Je pensais que vous aviez l'étoffe d'un homme meilleur que...

— Ne me servez pas cette rengaine ! fit Riley, moqueur. *Moi* je sais comment je suis. Je sais que je ne vaux rien de bon ! Tout le monde dit que je ne vaux rien de bon ! Et on a raison... » Il se pencha en avant. « Savez-vous ? Je suis catholique. Dans quatre heures... » Il s'arrêta... « Je devrais être à genoux, n'est-ce pas ? ironisa-t-il. A me repentir, à demander... comment ça s'appelle-t-il ?

— L'absolution ?

— Oui, c'est ça. L'absolution. Eh bien, savez-vous quoi ? demanda-t-il lentement en scandant les syllabes. Je m'en fous complètement.

— Ce n'est peut-être pas nécessaire, murmura Dodson. Pour la dernière fois : retournez à la machine !

— Non ! »

Le chef mécanicien soupira et ramassa le thermos.

« En ce cas, il vous plaira peut-être de prendre une tasse de café avec moi ? »

Riley leva les yeux sur Dodson, sourit et répondit :

« Eh bien, ça me ferait plaisir ! »

Vallery roula sur un côté, ses jambes repliées, sa main s'étendant automatiquement vers la serviette. Son corps décharné fut violemment secoué, et le bruit de sa toux rauque, nauséeuse, lui fut renvoyé par les murs de fer de son abri. « Dieu, pensa-t-il, oh ! Dieu ! je n'ai encore jamais vomi autant de sang. Mais c'est drôle, cela ne me fait plus mal, plus du tout. » La crise s'apaisa. Il regarda la serviette rouge, trempée, et, soudain dégoûté, la jeta avec le peu de force qui lui restait dans le coin le plus sombre de l'abri.

« Vous portez ce maudit navire sur vos épaules ! » Cette phrase du vieux Socrate lui revint à l'esprit et il sourit légèrement. Eh bien, si jamais il avait été nécessaire, c'était maintenant. Et, s'il attendait plus longtemps, il savait qu'il ne serait jamais capable de retourner sur la passerelle.

Il se mit sur son séant avec un effort qui le couvrit de sueur et souleva ses jambes avec précaution. A l'instant où elles touchèrent le pont, l'*Ulysses* tangua brusquement, fortement, et il tomba contre une chaise, glissant, impuissant, jusque par terre. Il lui fallut une éternité, un effort infini pour se remettre debout : un autre effort semblable le tuerait sûrement, il le savait.

Et puis, il y avait la porte... cette lourde porte d'acier. Il lui fallait l'ouvrir, et il s'en sentait incapable. Mais il saisit la poignée, et la porte s'ouvrit ; puis, miraculeusement, il fut dehors, haletant, sa gorge et ses poumons déchirés par ce cruel vent de 20° sous zéro. Il regarda à l'avant et à l'arrière. Les incendies sur le *Stirling* et sur sa propre plage arrière s'éteignaient. Que Dieu soit remercié du moins pour cela. A côté de lui, deux hommes achevaient de faire sauter à l'aide d'un levier la porte de la cabine de l'Asdic. Ils en éclairèrent l'intérieur avec leurs lampes de poche, mais il n'eut pas le courage d'y jeter un regard. Il détourna la tête et trébucha, les mains étendues vers la grille de la passerelle de navigation.

Turner le vit arriver, se hâta à sa rencontre et l'aida lentement à gagner son fauteuil.

« Vous n'avez pas le droit d'être ici », lui dit-il à voix basse, et, après l'avoir regardé un long moment : « Comment vous sentez-vous, amiral ?

— Beaucoup mieux maintenant, merci », répondit Vallery. Il sourit et poursuivit : « Nous autres contre-amiraux, nous avons nos responsabilités, vous savez, commandant : il est temps que je commence à mériter mes émoluments princiers. »

« Reculez-vous ! ordonna sèchement Carrington. Dans le local du servo-moteur ou sur l'échelle, tous tant que vous êtes ! Laissez-moi examiner ça. »

Il regarda le grand panneau d'écoutille en acier. En le regardant, il eut conscience de n'avoir jamais jusqu'alors apprécié à quel point il était massif et solide. Ouvert de deux centimètres et demi, il reposait sur un levier. Carrington remarqua le filin brisé, aux torons rompus, et le lourd contrepoids appuyé au seuil du local du servo-moteur. « Grâce à Dieu, songea-t-il, cela, du moins, a été préservé. »

« Avez-vous essayé avec un palan ? demanda-t-il brusquement.

— Oui, commandant, répondit l'homme le plus proche de lui en désignant un tas de cordes emmêlées dans un coin. Il n'a été bon à rien. L'échelle résiste bien à la traction, mais nous ne pouvons passer le croc sous l'écoutille, sauf de côté, et alors il glisse et dérape tout le temps. Et tous les taquets sont soit faussés — on les a ouverts au marteau — soit tournés du mauvais côté... Je crois savoir me servir d'un palan, commandant.

— J'en suis sûr, dit Carrington, distraitement. Venez, donnez-moi un coup de main, voulez-vous ? »

Il courba ses doigts sous le panneau, aspira profondément. Le matelot placé de l'autre côté fit de même — l'autre bord était collé contre la cloison arrière. Ensemble, ils tirèrent, leurs cuisses et leurs dos tremblant sous l'effort. Carrington sentit le sang lui monter au visage, battre dans ses oreilles, et il y renonça. Ils ne faisaient que se tuer sans que ce maudit panneau ait bougé d'un millimètre, celui qui avait réussi à l'entrouvrir avait remarquablement travaillé. Cependant, malgré leur fatigue, Carrington pensa que deux hommes auraient dû pouvoir soulever un bord de ce panneau. Il soupçonna les charnières d'être bloquées... ou le pont gondolé. Si c'était le cas, même s'ils parvenaient à faire tenir le croc, cela ne servirait pas à grand-chose. Un palan n'est guère utile lorsqu'il faut exercer un effort brutal, soudain ; il a toujours besoin de se raidir avant de transmettre la force.

Il s'agenouilla, mit sa bouche au bord de l'écoutille :

« Ho ! en bas ! cria-t-il. Est-ce que vous m'entendez ?

— Nous vous entendons, fit une voix faible, assourdie. Au nom de Dieu ! tirez-nous d'ici. Nous sommes pris au piège comme des rats.

— C'est vous, Brierley ? Ne vous tourmentez pas... nous vous en sortirons. Comment est l'eau ?

— L'eau ? Il y a plus de mazout que d'eau ! Il doit y avoir une fissure dans la soute à mazout de bâbord. Je crois que le passage du collecteur principal doit être noyé lui aussi.

— Jusqu'où ça monte-t-il ?

— Déjà jusqu'aux trois quarts ! Nous sommes debout sur les générateurs, accrochés aux tableaux de distribution. L'un de nos gars est déjà noyé... nous ne pouvions le tenir. » Bien qu'assourdie par l'écoutille la voix trahissait un quasi-désespoir. « Au nom du Ciel, dépêchez-vous !

— J'ai dit que nous vous en tirerions », dit Carrington d'un ton autoritaire. Il avait mis dans son accent la confiance, la certitude qu'il n'éprouvait pas, sachant avec quelle rapidité la panique pouvait se répandre parmi ces malheureux. « Ne pouvez-vous pas pousser du tout ?

— Il n'y a place que pour un sur l'échelle, cria Brierley. Il est impossible de faire pression de bas en haut. »

Soudain, ce fut le silence, puis Carrington entendit proférer une série de jurons.

« Qu'est-ce qui se passe ? demanda-t-il.

— Il est difficile de rester accroché, cria Brierley. Il y a des vagues hautes de soixante centimètres, ici. L'un des hommes a été emporté...

je crois qu'il est ressorti de l'eau... Il fait noir comme dans un four, ici. »

Carrington entendit au-dessus de lui des pas lourds et se releva. C'était Petersen. Dans cet étroit espace, le blond Norvégien paraissait gigantesque. Carrington le regarda, contempla son énorme carrure, la grande profondeur de sa poitrine, la main colossale qui pendait à son flanc, l'autre tenant négligemment trois lourds leviers et une masse comme si ç'avaient été des cannes de bambou. Il regarda les yeux calmes et graves, si intensément bleus sous les cheveux de lin, et, tout à coup, il se sentit étrangement rassuré.

« Nous n'arrivons pas à ouvrir ceci, Petersen, dit-il. Le pouvez-vous ?

— Je vais essayer, commandant. »

Il posa ses outils, se baissa, saisit le bout du levier passé sous le coin du panneau et se redressa rapidement, facilement. Le panneau se souleva un peu, puis, la barre, semblable à du mastic dans son apparente malléabilité, se courba presque à angle droit.

« Je crois que le panneau est bloqué, dit Petersen qui n'était même pas essoufflé. C'est sans doute les charnières. »

Il fit le tour de l'écoutille, examina attentivement les charnières, puis grogna de satisfaction. Trois fois, la lourde masse fut assenée avec précision et toute la puissance de ces énormes épaules exactement sur la charnière extérieure. Au troisième coup, elle sauta. Petersen jeta avec dégoût le levier brisé et en prit un autre, beaucoup plus gros.

Celui-ci également se courba, mais le panneau se souleva de nouveau, de deux centimètres et demi, cette fois Petersen ramassa les deux marteaux plus petits qui avaient servi à ouvrir les taquets et se mit à taper sur les charnières jusqu'à ce que les marteaux fussent brisés.

Cette fois, il employa les deux derniers leviers ensemble, les fourrant sous le même coin du panneau. Pendant cinq, dix secondes, il resta penché sur eux, immobile. Il respirait profondément, rapidement, à présent. La sueur commença de couler sur son visage, et tout son corps se mit à trembler sous son effort titanesque : puis, lentement, incroyablement, les deux leviers commencèrent à plier.

Fasciné, Carrington n'avait jamais encore rien vu d'approchant ; et il était sûr que personne d'autre n'avait été témoin d'un prodige pareil. Aucune de ces barres, il l'aurait juré, ne se serait courbée sous une pression d'au moins une demi-tonne. C'était fantastique, mais, au fur et à mesure que le géant se redressait, les leviers se courbaient de plus en plus. Puis, soudainement, si soudainement que tout le monde sursauta, le panneau s'ouvrit de douze à quinze centimètres et Petersen s'effondra en arrière contre la cloison, les barres lui échappant des mains et tombant dans l'eau, en dessous.

Petersen se rejeta sur le panneau avec une férocité de tigre. Les doigts accrochés sous le bord, les grands muscles de ses bras et de ses épaules se gonflèrent et se nouèrent tandis qu'il tirait sur la plaque massive. Trois fois, il la souleva, quatre fois, puis, à la cinquième, le panneau bondit presque littéralement et s'écrasa par-derrière dans le cliquet d'arrêt du support vertical. Le panneau était ouvert. Petersen, debout, souriait. Personne ne l'avait vu sourire depuis longtemps. Son visage baigné de sueur, sa grande poitrine palpitait rapidement tandis que ses poumons affamés avalaient de grandes gorgées d'air.

Le niveau de l'eau, dans le poste central, était à soixante centimètres de l'écoutille ; lorsque l'*Ulysses* s'enfonçait dans le creux d'une grosse vague, le liquide huileux débordait de celle-ci. Promptement, les hommes en furent tirés. Trempés de mazout de la tête aux pieds, les yeux collés et aveuglés, à bout de forces et sur le point de s'évanouir, leur peur ne dominait même plus leur épuisement. Trois d'entre eux, en particulier, ne purent que se cramponner à l'échelle, incapables de se mouvoir, et ils seraient presque certainement retombés si Petersen ne s'était penché sur l'ouverture et ne les avait empoignés et déposés sur le pont, l'un après l'autre, comme de petits enfants.

« Emmenez ces hommes à l'infirmerie tout de suite ! » ordonna Carrington. Puis, se tournant avec un sourire vers le géant : « Nous vous remercierons tous plus tard, Petersen. Ce n'est pas encore fini. Il faut que ce panneau soit refermé et assujetti à coups de marteau.

— Ce sera difficile, commandant, dit gravement Petersen.

— Difficile ou non, il *faut* que ce soit fait. »

Régulièrement, maintenant, l'eau débordait et léchait le seuil du local du servo-moteur.

« Le compartiment de la barre à bras est détruit, continua-t-il. Si le servo-moteur est noyé, nous sommes perdus. »

Petersen ne dit rien. Il souleva le cliquet d'arrêt, tira sur le panneau résistant et l'abaissa de trente centimètres. Puis, il arc-bouta ses épaules contre l'échelle, planta ses pieds sur la plaque et redressa convulsivement son dos : le panneau s'abaissa en grinçant de 45°. Petersen s'arrêta, courba son dos comme un arc, appuya ses mains sur l'échelle, puis tapa de ses pieds sur la plaque à mainte et mainte reprise. Il restait quarante-cinq centimètres à fermer.

« Nous aurions besoin de lourdes masses, commandant, dit Petersen avec insistance.

— Pas le temps ! répliqua aussitôt Carrington. Encore deux minutes, et la pression de l'eau rendra la fermeture impossible. Si seulement c'était dans l'autre sens... d'en dessous, même moi, je parviendrais à la fermer ! »

De nouveau, Petersen garda le silence. Il s'accroupit et regarda dans les ténèbres d'en dessous.

« J'ai une idée, dit-il tout à coup. Si deux d'entre vous vouliez vous mettre debout sur le panneau et pousser contre l'échelle... Oui, comme ça, commandant, mais vous pourriez pousser plus fort si vous me tourniez le dos. »

Carrington appuya ses paumes contre le barreau de fer de l'échelle et poussa de toutes ses forces. Soudain, il entendit un bruit d'éclaboussement, puis un fracas métallique ; il se retourna juste à temps pour voir un levier tenu par une énorme main disparaître sous le bord du panneau. Petersen avait disparu. Comme beaucoup d'hommes grands et vigoureux, il était aussi preste et agile qu'un chat dans ses mouvements : il n'avait fait aucun bruit en enjambant le bord de l'écoutille.

« Petersen ! cria Carrington, agenouillé devant l'ouverture. Que diable faites-vous ? Sortez de là, imbécile ! Voulez-vous vous noyer ? »

Pas de réponse. Un silence absolu, accentué par le susurrement de l'eau. Soudain il fut rompu par le bruit d'un métal frappant un métal, puis, avec un grincement, le panneau s'abaissa de douze centimètres. Frénétiquement, Carrington saisit un levier et le fourra sous le couvercle ; une seconde plus tard, le grand couvercle d'acier s'abattait dessus. La bouche contre la fente, Carrington cria :

« Au nom de Dieu, Petersen. Etes-vous fou ? Rouvrez-le, rouvrez-le immédiatement, entendez-vous ?

— Je ne peux pas. » La voix s'élevait et se taisait avec les vagues qui submergaient la tête du chauffeur. « Je ne veux pas. Vous avez dit vous-même qu'il n'y avait pas le temps... que c'était le seul moyen...

— Je n'ai jamais voulu dire...

— Je sais. Ça ne fait rien... cela vaut mieux ainsi... » Il était presque impossible de distinguer ses paroles. « Dites au commandant Vallery que Petersen dit qu'il se repent beaucoup... J'ai essayé de le lui dire hier...

— Vous vous repentez ? De quoi ? »

Furieusement, Carrington mit toute sa force à tenter de soulever le levier : il ne trembla même pas.

« Le Marine mort à Scapa Flow... Je n'avais pas l'intention de le tuer... mais il m'a mis en colère... Il a tué mon ami. »

Pendant une seconde, Carrington s'arrêta de s'escrimer contre la barre. Petersen ! Naturellement, qui d'autre que Petersen aurait pu briser le cou d'un homme de cette manière. Petersen, le grand Norvégien rieur, qui, d'un jour à l'autre, était devenu un géant grave, ne souriant plus, qui arpentait le pont, les postes d'équipage et les coursives jour et nuit sans qu'on le vît jamais dormir ni sourire. Carrington comprit soudain, sut lire dans l'esprit torturé de cet homme bon et simple.

« Ecoutez, Petersen, je me fiche complètement de cette histoire.

Personne n'en saura jamais rien, je vous le promets. Je vous en prie, Petersen.

— C'est mieux ainsi, fit la voix assourdie avec un étrange contentement. Ce n'est pas bien de tuer un homme... ce n'est pas bien de continuer à vivre... Je le sais. Je vous en prie, c'est important... vous direz au commandant que Petersen se repent et est rempli de honte... Je fais ceci pour mon commandant... »

Sans avertissement, le levier fut arraché de la main de Carrington. Le couvercle se referma. Pendant une minute, le local du servomoteur retentit d'une suite de coups métalliques assourdis. Soudain, le bruit cessa et l'on n'entendit plus que le bruissement de l'eau à l'extérieur et le grincement de la barre à l'intérieur comme l'*Ulysses* stabilisait son cap.

La voix douce et pure s'élevait haute et juste au-dessus du rugissement des ventilateurs de la machine, au-dessus de la plainte de cent moteurs électriques et du bruit des vagues. L'impersonnalité métallique des haut-parleurs elle-même ne portait pas atteinte à la beauté de ce chant... C'était un procédé favori de Vallery, lorsque son besoin de silence dominait tous les autres, que de passer les longues heures sombres en branchant son pick-up sur le réseau des haut-parleurs.

Presque invariablement, le répertoire était strictement classique — Bach, Beethoven, Tchaïkovsky, Lehar, Verdi, Delius étaient ses compositeurs préférés. *N° 1 en si bémol mineur, Air sur la corde de sol, Clair de lune sur l'Alster*, la *Sonate au clair de lune*, la *Valse des Patineurs*... L'équipage de l'*Ulysses* ne pouvait se lasser de ces morceaux. « Ridicule », « impossible »... diront, il est facile de l'imaginer, ceux qui établissent une analogie entre les goût musicaux d'un matelot et les comportements qui lui sont communément attribués ; mais ces mêmes gens n'ont jamais entendu le silence ému, le silence de cathédrale qui régnait à Scapa Flow dans le vaste hangar d'un porte-avions lorsque l'archet magique de Yehudi Menuhin faisait chanter son violon et arrachait des milliers d'hommes aux dures exigences de la réalité, aux amers souvenirs de la dernière patrouille ou du dernier convoi et les emportait dans le monde merveilleux de la musique.

Maintenant, une femme chantait. C'était Deanna Durbin qui chantait *Beneath the Lights of Home* (*Sous les lumières du Foyer*) la plus nostalgique, la plus poignante de toutes les chansons. Sur les ponts et en dessous, penchés sur les grandes machines ou pelotonnés auprès de leurs canons, des hommes écoutaient la ravissante voix et, loin du navire assombri et de la neige qui tombait, leurs pensées se tournaient vers leur foyer, vers les leurs, et ils songeaient au contraste de leurs vies et au matin qui ne viendrait pas. Soudain, la chanson s'arrêta, au beau milieu.

« M'entendez-vous ? C'est le commandant en second qui vous parle. »

La voix était basse, grave et hésitante ; elle retint l'attention de tous les hommes du navire.

« J'ai une mauvaise nouvelle à vous apprendre, dit Turner lentement. J'ai le chagrin... » Il s'interrompit, puis reprit encore plus lentement : « Le commandant Vallery est mort il y a cinq minutes. »

Pendant un moment, le haut-parleur se tut ; ensuite il crépita de nouveau :

« Il est mort sur la passerelle, dans son fauteuil. Il savait qu'il mourait, et je ne crois pas qu'il ait souffert du tout... Il a insisté... il a insisté pour que je vous remercie de la façon dont vous lui avez tous été fidèles. “Dites-leur”, a-t-il dit textuellement, “dites-leur que je n'aurais pas pu continuer ma tâche sans eux, qu'ils sont le meilleur équipage que Dieu ait jamais donné à un commandant.” Puis il a dit — ce sont les dernières paroles qu'il a prononcées : “Transmettez-leur mes excuses. Après tout ce qu'ils ont fait pour moi... eh bien, eh bien, dites-leur que je suis terriblement désolé de les abandonner comme ça.” C'est tout ce qu'il a dit : simplement “dites-leur que je suis désolé”. Et ensuite, il est mort. »

16

Nuit du samedi

Richard Vallery était mort. Il était mort navré à la pensée d'abandonner l'équipage de l'*Ulysses*, de le laisser sans chef. Mais ce ne fut pas pour longtemps, et il n'eut que quelques heures à attendre. Avant l'aube, des centaines d'autres hommes, sur les croiseurs, les destroyers et les navires marchands, moururent eux aussi. Et ils ne moururent pas, comme il l'avait craint, sous les coups des canons du *Tirpitz* car autre sinistre similitude avec PQ 17, le *Tirpitz* n'avait pas quitté l'Alta Fjord. Ils moururent principalement parce que le temps avait changé.

Richard Vallery était mort, et, avec sa mort, un grand changement s'était opéré parmi les hommes de l'*Ulysses*. Lorsqu'il mourut, d'autres choses moururent aussi, car il les emporta avec lui. Il emporta avec lui le courage, la bienveillance, la douceur, l'inébranlable foi, l'endurance infiniment patiente et compréhensive, toutes ces choses qui avaient été si particulièrement siennes. Maintenant, l'*Ulysses* en était privé, et cela n'avait pas d'importance. Les hommes de l'*Ulysses* n'avaient plus besoin de courage ni de tous les compléments du courage, car ils n'avaient plus peur. Vallery était mort et ils ne savaient pas, avant qu'il mourût, combien ils respectaient et aimaient cet homme si doux. Maintenant, ils le savaient. Ils savaient que quelque chose de merveilleux qui était devenu une partie de leurs esprits et de leurs mémoires, quelque chose d'infiniment beau et bon, avait disparu, qu'ils ne le connaîtraient plus jamais, et ils étaient fous de douleur. Et, à la guerre, un homme fou de douleur est l'ennemi le plus redoutable. La prudence, la précaution, la crainte, la souffrance n'existent plus pour lui. Il vit seulement pour frapper aveuglément l'ennemi, pour détruire, s'il le peut, l'auteur de sa peine. A tort ou à raison, l'*Ulysses* ne songea jamais à accuser de la mort du commandant personne d'autre que l'ennemi. Il ne restait à l'équipage que sa douleur et son aveugle haine. Nicholls avait un jour qualifié ces hommes de cadavres ambulants. Ils l'étaient à présent plus que jamais : parcourant sans cesse les ponts mouvants couverts de neige et de glace, ces automates moribonds ne vivaient plus que pour la vengeance.

Le temps changea juste avant la fin du quart de minuit à quatre heures. Les vagues ne changèrent pas : le FR 77 continuait à se heurter aux énormes lames venues du nord, à empiler de nouvelles couches de glace luisante sur ses gaillards d'avant haletants. Mais le vent s'apaisa, et presque aussitôt, les rafales de neige cessèrent et les dernières bandes de lourds nuages noirs s'éloignèrent vers le sud. A quatre heures, le ciel était complètement dégagé.

Il n'y avait pas de lune, cette nuit-là, mais les étoiles brillaient avec un vif éclat tandis qu'une brise glaciale soufflait régulièrement du nord.

Ensuite, graduellement, le ciel se mit à changer. Ce ne fut d'abord qu'un imperceptible éclaircissement à l'horizon septentrional, puis, lentement, une bande palpitante de lumière commença de s'élargir et de monter au-dessus de la ligne d'horizon, s'élevant davantage vers le sud, à chaque minute. Bientôt, ce ruban de lumière s'accompagna de banderoles parallèles des plus délicates teintes de pastel, bleues, vertes et violettes, mais surtout blanches. Et ces serpentins de lumières multicolores s'élevèrent de plus en plus, à chaque instant d'une clarté plus vive. A la fin, une grande bande d'une éclatante blancheur s'étendait, très haut au-dessus du convoi, d'un horizon à l'autre... C'était l'aurore boréale, en tout temps spectacle d'une merveilleuse beauté, mais cette nuit d'une splendeur inégalée. En dessous, à bord des navires illuminés, se détachant nettement sur les sombres vagues agitées, les hommes du FR 77 regardaient l'aurore boréale et la haïssaient.

Sur la passerelle de l'*Ulysses*, Chrysler, le jeune matelot à la vue perçante et à l'ouïe hypersensible, fut le premier à l'entendre. Bientôt, tous les autres l'entendirent eux aussi, le rugissement lointain, palpitant et intermittent d'un Condor s'approchant du sud. Au bout d'un moment, ils ne l'entendirent plus, mais leur brusque espoir mourut à peine né. Il n'y avait pas à s'y tromper. C'était un Focke-Wulf au maximum de sa montée. Le commandant en second se tourna vers Carrington avec lassitude.

« C'est bien Charlie, dit-il tristement. Ce salaud nous a repérés. Il a déjà radiotélégraphié à l'Alta Fjord, et je vous parie à cent contre un qu'il va lancer une bombe éclairante à 3 000 mètres d'altitude environ. On la verra à 50 milles de distance.

— Votre argent ne craint rien, dit le capitaine de corvette. Je ne parie jamais contre des certitudes absolues... Et ensuite peut-être quelques fusées à 2 000 ?

— Précisément, dit Turner. Pilote, à quelle distance sommes-nous de l'Alta Fjord... par avion, je veux dire ?

— Pour un avion faisant 200 nœuds, juste un peu plus d'une heure », répondit calmement Kapok.

Toute sa jeune effervescence avait disparu ; depuis que Vallery était mort, deux heures auparavant, il était resté silencieux, abattu.

« Une heure ! s'écria Carrington. Ils seront ici dans une heure ! Mon Dieu, commandant, ils ont vraiment l'intention de nous détruire. Nous n'avons encore jamais été torpillés ni bombardés la nuit. Nous n'avons jamais encore été poursuivis par le *Tirpitz*...

— Le *Tirpitz* ? fit Turner. Où diable est-il, ce navire ? Il a eu le temps de nous rattraper. Oh ! je sais qu'il fait sombre et que nous avons modifié notre cap, ajouta-t-il comme Carrington allait soulever une objection, mais des destroyers rapides d'éclairage nous auraient dépistés... Preston ! cria-t-il en s'interrompant. Réveillez-vous, voyons, ce navire nous envoie un signal.

— Excusez-moi », dit le timonier.

Et, titubant d'épuisement, il leva son Aldis, et accusa réception du signal. La lumière du navire marchand se mit à clignoter furieusement.

« — Plaque de fondation du moteur brisée transversalement, lut Preston. Dommage sérieux ; serai obligé réduire vitesse. »

« Faites l'aperçu, dit Turner. Quel est ce navire, Preston ?

— *L'Ohio Freighter*, capitaine.

— Faites un signal : « Essentiel maintenir vitesse et poste. » Turner jura. « Quel moment pour avoir une avarie de moteur !... Pilote, quand avons-nous rendez-vous avec l'escadre ?

— Dans six heures exactement.

— Six heures. » Turner serra les lèvres. « Juste six heures... peut-être ! ajouta-t-il d'un ton amer.

— Peut-être ? murmura Carrington.

— Peut-être, affirma Turner. Cela dépend entièrement du temps. Le commandant en chef ne risquera pas des bâtiments de ligne si près des côtes à moins de pouvoir les faire couvrir contre une attaque aérienne par des avions de combat. Et, à mon avis, c'est pour cette raison que le *Tirpitz* ne s'est pas encore montré... un sous-marin en maraude a dû l'avertir que les porte-avions de notre flotte se dirigeaient vers le sud. Il attend de voir ce que sera le temps... Qu'est-ce qu'il dit maintenant, Preston ? »

La lampe de l'*Ohio* avait fait un bref signal.

« — Impératif ralentir, répéta Preston. Dommage sérieux. Je ralentis. »

« Il le fait », dit Carrington. Et, levant les yeux sur Turner, il lut sur le visage figé la pensée qui était au même instant la sienne. « Il est perdu, dit-il. Il n'a aucune chance, à moins...

— A moins que quoi ? demanda durement Turner. A moins que nous ne lui laissions un escorteur ? Lui laisser un escorteur, commandant ? Le *Viking*, la seule unité efficace qui nous reste ? Non. C'est au plus grand nombre qu'il faut accorder cette protection. Ils le comprendront... Preston, envoyez : "Regrette ne pouvoir vous laisser soutien. Combien de temps pour effectuer réparation ?" »

La bombe éclairante s'alluma même avant que la main de Preston eût pu se refermer sur le déclic. Elle éclata directement au-dessus du FR 77. Il était difficile d'estimer son altitude — probablement 1 800 à 2 400 mètres — mais, à cette hauteur, elle n'était qu'une pointe d'épingle incandescente par rapport à l'aurore boréale qui étendait au-dessus d'elle sa voûte majestueuse. Elle tombait rapidement, de plus en plus lumineuse : le parachute, si elle en avait un, ne pouvait être qu'un frein redresseur.

Le crépitement du haut-parleur de la T.S.F. domina le bégaiement de l'Aldis.

« T.S.F.-passerelle. T.S.F.-passerelle. Message du *Sirrus* : "Trois survivants morts. Beaucoup de mourants ou de blessés graves. Assistance médicale urgente, répète urgente." »

Le haut-parleur se tut à l'instant où l'*Ohio* envoyait sa réponse.

« Envoyez chercher le médecin Nicholls, ordonna Turner. Demandez-lui de monter immédiatement sur la passerelle. »

Carrington regarda les larges et sombres vagues tachetées d'une écume laiteuse ; l'étrave de l'*Ulysses* s'y écrasait lourdement, continuellement.

« Vous allez le risquer, commandant ?

— Je le dois. Vous feriez comme moi à ma place... Que dit l'*Ohio*, Preston ?

— « Je comprends. Trop occupé de toute façon pour veiller sur la Marine royale. Nous vous rattraperons. Au revoir. »

— Nous vous rattraperons. Au revoir, répéta Turner doucement. Il ment et il le sait. Par Dieu ! s'exclama-t-il, si jamais quelqu'un me dit que les marins américains n'ont pas de cran... je lui ferai son affaire.

Preston, envoyez : “Au revoir. Bonne chance...” Carrington, je me sens pareil à un meurtrier. »

Il passa sa main sur son front et désigna d’un mouvement de la tête l’abri où la dépouille de Vallery était étendue et attachée sur sa couchette. « Pendant des mois, il lui a fallu prendre des décisions de ce genre, rien d’étonnant si... »

Il s’arrêta comme la grille s’ouvrait en grinçant.

« C’est vous, Nicholls ? Il y a du travail pour vous, mon garçon. Je ne peux laisser vous autres toubibs paresser toute la journée... » Il leva une main. « Ça va, ça va, dit-il avec un petit rire. Je sais... Comment vont les choses sur le front médical ?

— Nous avons fait tout ce que nous pouvons faire, commandant. Il restait très peu de choses possibles », dit Nicholls.

Son visage, creusé de rides profondes, était hâve, émacié.

« Mais nous manquons de fournitures. Il ne nous reste presque plus de pansements et pas du tout d’anesthésiques, sauf ce qu’il y a dans la trousse d’extrême urgence. Le médecin-chef refuse d’y toucher.

— Bon, bon, murmura Turner. Comment vous sentez-vous, mon petit ?

— Affreusement mal.

— Vous en avez l’air, dit Turner avec franchise. Nicholls, j’en suis terriblement désolé, mon gars... Je désire que vous vous transportiez sur le *Sirrus*.

— Oui, commandant. »

Aucune surprise dans le ton : il n’était pas difficile de deviner pourquoi le capitaine l’avait appelé.

« Maintenant ? » demanda Nicholls.

Turner inclina la tête sans parler. Son visage aux traits accentués, ses épais sourcils et ses yeux cernés étaient tout à fait visibles à présent à la lueur de la bombe descendante. « Un visage dont il fallait se souvenir », pensa Nicholls.

« Que puis-je emporter, capitaine ?

— Seulement votre matériel médical. Pas davantage. Vous ne voyagerez pas en Pullman, mon petit.

— Puis-je prendre mon appareil photographique, mes pellicules ?

— Entendu, répondit Turner avec un bref sourire. Vous envisagez de photographier les dernières secondes de l’*Ulysses*, je suppose ? N’oubliez pas que le *Sirrus* fait eau comme une passoire... Pilote ! mettez-vous en communication avec la T.S.F. Dites au *Sirrus* de venir se placer près de nous, de se préparer à recevoir un médecin par bouée-culotte. »

La grille grinça de nouveau. Turner regarda la silhouette trapue trébucher jusqu’à la passerelle de navigation. Comme tous les autres, Brooks était à bout de forces ; mais ses yeux bleus brillaient de leur flamme habituelle.

« J'ai mes espions partout, annonça-t-il. Que signifie l'enlèvement du jeune Johnny par le *Sirrus* !

— Je vous fais mes excuses, mon vieux, dit Turner. Il paraît que ça va plutôt mal, sur le *Sirrus*.

— Je comprends. » Brooks frissonna. Peut-être à cause du chant funèbre du vent dans le gréement démoli, peut-être simplement à cause du vent glacé lui-même. Il frissonna de nouveau et leva les yeux vers la bombe éclairante. « Joli, très joli, murmura-t-il. En quel honneur, ces illuminations ?

— Nous attendons du monde, dit Turner, avec un sourire de travers. Une coutume ancienne, ô Socrate... la lumière à la fenêtre et les gens viennent. » Il se raidit brusquement, puis se détendit, son visage figé en une immobilité granitique. « Je me suis trompé, murmura-t-il. La compagnie est déjà arrivée. »

Ces dernières paroles furent noyées dans le rugissement d'une forte explosion. Turner savait qu'elle se produirait : il avait vu le mince stylet de flamme s'élancer vers le ciel juste à l'avant de la passerelle de l'*Ohio Freighter*. Le bruit avait mis cinq ou six secondes à leur parvenir ; l'*Ohio* était déjà distant de plus d'un mille par tribord, mais nettement visible à la lueur de l'aurore boréale, cette aurore boréale qui l'avait trahi, presque immobile dans l'eau, à un sous-marin rôdeur.

L'*Ohio* ne resta pas longtemps visible. Sauf à l'instant du choc, il n'y eut ni fumée, ni flamme, ni rumeur. Mais son arrière avait dû être brisé, sa carène crevée, et il portait une cargaison entièrement composée de chars et de munitions. Il coula avec une curieuse dignité, rapidement, silencieusement, sans histoires. En trois minutes, il avait disparu.

Ce fut Turner qui finit par rompre le lourd silence de la passerelle. Il détourna la tête et, à la lumière de la bombe, son visage n'était pas agréable à voir.

« Au revoir, marmotta-t-il sans s'adresser à personne en particulier. Au revoir, a-t-il dit, ce menteur... »

Il secoua la tête avec irritation et toucha le bras de Kapok.

« Téléphonez à la T.S.F., ordonna-t-il sèchement, et dites au *Viking* de rester au-dessus de ce sous-marin jusqu'à ce que nous soyons partis.

— Comment tout cela va-t-il finir ? dit Brooks.

— Dieu seul le sait ! Comme je les hais, ces assassins ! gronda Turner. Oh ! je sais, je sais, nous faisons comme eux... mais donnez-moi quelque chose que je puisse voir, que je puisse combattre.

— Vous pourrez voir le *Tirpitz*, intervint Carrington. Il est en tout cas suffisamment grand. »

Turner le regarda et sourit soudain. Il lui tapa sur le bras, puis, renversant la tête en arrière, regarda la chatoyante beauté du ciel. Il se demandait quand tomberait la prochaine bombe éclairante.

« Avez-vous une minute à m'accorder. Johnny ? demanda Kapok à voix basse. Je voudrais vous parler.

— Bien sûr que j'ai une minute, dit Nicholls en le regardant avec étonnement, dix minutes, si vous voulez... jusqu'à ce que le *Sirrus* arrive. Qu'est-ce qui cloche, Andy ?

— Une seconde. » Carpenter s'approcha du second : « Me donnez-vous la permission d'aller dans la chambre des cartes, commandant ?

— Vous êtes sûr d'avoir vos allumettes ? Entendu, allez-y », dit Turner, souriant.

Kapok répondit par un léger sourire, sans rien dire. Il prit Nicholls par le bras, l'entraîna dans la chambres des cartes, alluma les lumières et sortit ses cigarettes. Pendant que Nicholls trempait le bout de la sienne dans la flamme vacillante de l'allumette, il le regarda fixement.

« Savez-vous, Johnny, je pense que je dois avoir du sang écossais, dit-il tout à coup. Je me sens doué de seconde vue, ce soir. » Il frissonna. « Je ne sais pas pourquoi, je me sens sur le point de mourir... C'est la première fois que j'ai cette impression.

— Sottise ! Indigestion, mon garçon », dit Nicholls vivement.

Mais il éprouvait un étrange malaise.

« Cette histoire-là ne prend pas cette fois. D'ailleurs, je n'ai rien mangé depuis deux jours. Je suis de bonne foi, Johnny. »

Malgré lui, Nicholls fut impressionné par ce ton ému, grave, sérieux, si totalement étranger au Petit Kapok.

« Je ne vous reverrai plus, continua doucement Carpenter. Voulez-vous me rendre un service, Johnny ?

— Ne soyez pas si bête, dit Nicholls, irrité, comment diable est-ce que vous...

— Emportez ceci, poursuivit Kapok en fourrant entre les mains de Nicholls un bout de papier. Pouvez-vous le lire ?

— Oui, je peux le lire », dit Nicholls qui s'était calmé. Il y avait sur le papier un nom et une adresse, le nom d'une femme et une adresse dans le Surrey. « C'est donc ainsi qu'elle s'appelle, dit-il doucement : Juanita... Juanita. » Il le prononça avec soin, comme il doit être prononcé à la manière espagnole. « Ma chanson favorite et mon nom préféré, murmura-t-il.

— Vraiment ? demanda Kapok. Vraiment ? Moi aussi, Johnny. » Il s'arrêta. « Si peut-être... eh bien, si je ne... eh bien, vous irez la voir, Johnny ?

— De quoi parlez-vous, voyons ? » dit Nicholls, gêné. Mi-impatient, mi-plaisantant, il le tapota sur la poitrine. « Avec ce costume, vous pourriez *nager* jusqu'à Mourmansk. Vous l'avez dit vous-même une centaine de fois. »

Kapok lui sourit, d'un sourire un peu de travers.

« Bien sûr, bien sûr, je le sais... irez-vous, Johnny ?

— Oui, par le diable ! J'irai... et il est grand temps que j'aille où l'on m'attend. Venez ! »

Il éteignit la lumière, ouvrit la porte, s'arrêta un pied sur le seuil, puis, lentement, rentra dans la chambre des cartes, referma la porte et ralluma la lumière. Kapok n'avait pas bougé et le regardait calmement.

« Je vous demande pardon, Andy. Je ne sais pas ce qui m'a pris...

— Mauvaise humeur, dit Kapok avec gaieté. Il vous a toujours été odieux de constater que j'avais raison et que vous aviez tort ! »

Nicholls retint son souffle, ferma les yeux une seconde, puis tendit sa main vers Carpenter.

« Tout ira pour le mieux, Vasco. » Il lui fallut un effort pour sourire. « Je la verrai, si... eh bien, je la verrai, je vous le promets. Juanita... Mais si je vous trouve chez elle, continua-t-il en simulant la menace, je...

— Merci, Johnny. Merci beaucoup. » Kapok était presque heureux. « Bonne chance, mon gars... *Vaya con Dios*. C'est ce qu'elle me disait toujours, ce qu'elle m'a dit avant mon départ : *Vaya con Dios*. »

Trente minutes plus tard, Nicholls opérait à bord du *Sirrus*.

Il était quatre heures quarante-cinq du matin. Le froid était intense et un léger vent soufflait régulièrement du nord. Les vagues étaient plus grosses que jamais, plus longues d'une crête à l'autre, plus profondes dans leurs sombres creux, et le *Sirrus* endommagé, peinant sous une montagne de glace, bourlinguait fortement. Le ciel était toujours dégagé, un ciel d'une pureté à vous couper le souffle, et l'on revoyait les étoiles, car l'aurore boréale s'éteignait. La cinquième bombe éclairante descendait vers la mer.

Ce fut à quatre heures quarante-cinq qu'ils l'entendirent, le grondement lointain du canon, au sud, peut-être une minute après avoir vu la clarté brillante d'une fusée au bord extrême de l'horizon. On ne pouvait douter de ce qui se passait. Le *Viking*, toujours en contact avec le sous-marin, bien qu'impuissant, subissait une lourde attaque. Elle dut être brève, décisive et mortelle, car le tir cessa peu après avoir commencé. La T.S.F. ne communiqua rien. Personne ne sut jamais ce qui était arrivé au *Viking*, car il n'y eut pas de survivants.

Le dernier écho des canons du *Viking* s'était à peine assourdi que l'on entendit rugir les moteurs du Condor ralentis au maximum tandis qu'il piquait. Pendant cinq, peut-être dix secondes — cela sembla plus long, mais pas assez long pour qu'aucun canon du convoi pût le viser avec exactitude — le grand Focke-Wulf vola sous sa propre bombe, puis disparut. Derrière lui, le ciel s'ouvrit en un éblouissement de flamme, plus aveuglant, plus douloureux que la lumière du soleil de midi. La puissance de ces bombes était si intense, si extraordinaire, contractait en une instinctive protection les pupilles et rétrécissait les paupières à tel point que les bombardiers ennemis traversèrent le cercle de lumière et atteignirent le convoi avant que personne eût pleinement compris ce qui arrivait. Le chronométrage, la coopération à une seconde près entre l'avion éclaireur et les bombardiers fut magnifique.

La première vague comprenait douze avions. Ils ne se concentrèrent pas sur une seule cible comme précédemment : ils ne furent pas plus de deux à attaquer un navire quelconque. Turner, en les voyant descendre à pic et s'écarter en éventail avant même que le premier canon de l'*Ulysses* eût ouvert le feu, fut saisi d'une soudaine épouvante. La rapidité, l'approche, la silhouette de ces avions présentaient quelque chose de terriblement familier. Soudain, il les identifia : des Heinkel, par Dieu ! des Heinkel-3 qui, Turner le savait, portaient l'arme qu'il redoutait plus que toutes les autres : la bombe planante.

Et alors, comme s'il avait touché une manette de commande, tous les canons de l'*Ulysses* se mirent à tirer. L'air fut rempli de fumée, de l'âcre odeur de la cordite qui brûle ; le vacarme était indescriptible. Et, tout à coup, Turner se sentit furieusement, étrangement heureux... « Qu'ils aillent au diable, avec leurs bombes planantes », songea-t-il. C'était là le genre de guerre qui lui plaisait ; pas cette lutte entre chat et souris, ce décevant jeu de cache-cache où il faut deviner, avant qu'elles vous surprennent, la présence cachée des meutes de sous-marins ; c'était la guerre à découvert où l'on peut voir son ennemi, le haïr et l'aimer de combattre comme doivent combattre d'honnêtes gens, et faire tout son possible pour le détruire. Et Turner savait que, s'il le pouvait, l'équipage de l'*Ulysses* le détruirait. Une grande sensibilité n'était pas nécessaire pour déceler le changement survenu parmi ses hommes — oui, *ses* hommes, à présent —, ils avaient franchi la frontière de la peur et découvert qu'il n'y avait rien de l'autre côté ; ils continueraient à charger leurs canons et à en presser la détente jusqu'à ce que l'ennemi les ait écrasés.

Le Heinkel de tête fut effacé du ciel et, assez à propos, ce fut la tourelle « X » qui l'anéantit ; la tourelle « X », celle des Marines morts, qui avait détruit le Condor et qui était maintenant armée par une équipe de soldats d'élite. Le Heinkel suivant s'éleva brusquement afin d'éviter de se heurter aux fragments du fuselage et des moteurs, puis il piqua, passa à moins d'une encablure de l'étrave du croiseur, vira fortement sur la gauche à sa vitesse maxima et revint sur l'*Ulysses*. Tous les canons du navire étaient pointés dans la direction opposée, et des secondes s'écoulèrent avant que le premier d'entre eux fût orienté dans le bon sens, plus que le temps suffisant pour que le Heinkel, suivant une diagonale de 60°, jetât sa bombe et s'éloignât frénétiquement sous le feu concentré des Œrlikon et des canons-mitrailleurs. Miraculeusement, il s'échappa.

La bombe ailée était haut, mais pas assez. Elle vacilla, s'équilibra, plongea, puis glissa en avant et vers le bas à travers la fumée des canons pour frapper son but avec une formidable, assourdissante explosion qui secoua l'*Ulysses* jusqu'à sa quille et brisa presque les tympans des hommes de la passerelle.

Turner, qui regardait vers l'arrière, eut l'impression que le navire ne pourrait pas survivre à ce dernier assaut. Ancien officier torpilleur et spécialiste en explosifs, il était en mesure d'estimer n'avoir jamais encore été proche d'une explosion aussi puissante, aussi destructrice. Il avait redouté ces bombes planantes mais avait sous-estimé leur puissance : la commotion avait été deux fois, trois fois plus forte qu'il ne s'y était attendu.

Ce qu'il ne savait pas était qu'il avait entendu non pas une explosion mais deux, si proches l'une de l'autre qu'elles avaient été comme simultanées. La bombe planante, par un capricieux hasard, était tombée directement sur les tubes lance-torpilles de bâbord. Il n'y restait qu'un seul engin — les deux autres avaient envoyé le *Vytura* par le fond — et, normalement, l'Amatol, l'explosif des cônes, est extrêmement stable et inerte, même lorsqu'il est soumis à un choc violent ; mais l'éclatement de la bombe avait été trop proche, trop puissant, et la détonation de la torpille par influence avait été inévitable.

Le dommage fut considérable et spectaculaire mais non fatal. Le flanc de l'*Ulysses* avait été ouvert comme par un gigantesque ouvre-boîte, presque jusqu'au bord de l'eau ; les tubes avaient disparu ; les ponts étaient troués et fendus ; l'enveloppe de la cheminée était en miettes, la cheminée elle-même inclinée sur bâbord de près de 15° ; mais la plus grande force de l'explosion avait été dirigée vers l'arrière et s'était en grande partie dépensée au-dessus de la mer, tandis que la cuisine et la cantine, déjà fort endommagées, n'étaient guère plus qu'un dépotoir de ferraille.

Presque avant que la poussière et les débris de l'explosion se fussent déposés, le dernier des Heinkel s'enfuyait, rasant les vagues, zigzaguant follement pour s'évader des cent flots lumineux des obus traceurs qui le poursuivaient. Puis, magiquement, ils avaient disparu et il ne resta plus que le soudain assourdissant silence et les bombes éclairantes qui tombaient lentement en s'éteignant, illuminant le linceul de neige de l'*Ulysses*, les nuages de fumée noire qui s'élevaient du *Stirling* fracassé et un pétrolier dont la structure d'arrière avait été presque entièrement arrachée. Mais aucun des navires du FR 77 n'avait flanché ni ne s'était arrêté, et ils avaient détruit cinq Heinkel. « Une victoire coûteuse, se dit Turner, si l'on pouvait la qualifier de victoire », car il savait que les Heinkel reviendraient. Il n'était pas difficile d'imaginer la fureur, l'orgueil blessé du Haut

Commandement de Norvège : à la connaissance de Turner, aucun convoi n'avait jamais encore navigué aussi loin au sud.

L'une des jambes de Riley avait une crampe ; il l'étendit doucement afin d'éviter le grand arbre qui tournait. Avec précaution, il versa de l'huile sur le palier en prenant garde de ne pas déranger le chef mécanicien dormant calé entre le mur du tunnel et l'épaule de Riley. A l'instant où Riley recula, Dodson bougea, ouvrit ses lourdes paupières collées.

« Bon Dieu du ciel ! dit-il. Vous êtes encore ici, Riley. »

C'était la première fois qu'ils se parlaient depuis des heures.

« Il est joliment bon que j'y sois, grommela Riley en désignant le palier d'un mouvement de la tête. Il doit être rudement difficile d'amener une manche à incendie jusqu'ici ! »

Ces paroles étaient injustes, Riley le savait : Dodson et lui avaient, à tour de rôle, par demi-heures, dormi et graissé le palier. Mais il lui fallait dire quelque chose : il éprouvait une difficulté croissante à se montrer brutal envers le chef mécanicien.

Dodson sourit et ne dit rien. Finalement, il s'éclaircit la voix et murmura :

« Le *Tirpitz* met du temps à se montrer, vous ne trouvez pas ?

— Oui, chef. » Riley était à l'aise. « Il y a longtemps qu'il aurait dû être ici, le diable le patafiole !

— Pourquoi ne renoncez-vous pas à cette sotte idée, Riley ? »

Riley grogna sans rien dire. Dodson soupira, puis, son visage s'animant :

« Allez chercher d'autre café, Riley. Je meurs de soif.

— Non, répondit grossièrement Riley, allez le chercher vous-même.

— Rendez-moi ce service, dit Dodson très doucement. J'ai affreusement soif.

— Oh ! ça va, dit de mauvaise grâce le grand chauffeur en se relevant péniblement. Où est-ce que je le prendrai ?

— Il y en a beaucoup dans la machine. Quand ce n'est pas du café qu'ils entonnent, c'est de l'eau glacée. Mais pas d'eau glacée pour moi. »

Dodson frissonna.

Riley ramassa le thermos et s'avança en trébuchant dans le tunnel. Il n'avait fait que quelques pas quand ils sentirent l'*Ulysses* trembler sous le recul des grosses pièces. Ils ne le savaient pas, mais c'était le début de l'attaque aérienne.

Dodson s'arc-bouta contre la paroi, et vit Riley faire de même puis s'éloigner en courant avec une hâte maladroite. « Il y avait quelque chose de grotesquement familier dans cette course vacillante », songea Dodson. Les canons reculèrent de nouveau et il vit la silhouette accélérer encore son allure, semblable à un crabe géant pris de panique... « La panique, se dit Dodson, c'est cela, il a peur. Je ne le lui reproche pas, pauvre diable... je commence à m'imaginer moi-même des choses terribles, dans ce tunnel. » Une nouvelle vibration, plus forte, se fit sentir : ce devait être la tourelle « X », juste au-dessus. « Non, je ne le blâme pas ; je remercie Dieu qu'il soit parti. Je ne le reverrai plus, l'ami Riley, se dit-il avec un secret sourire ; il n'est pas venu à résipiscence à ce point. » Avec lassitude, Dodson, s'adossa de nouveau à la paroi. « Enfin seul », murmura-t-il, et il attendit un sentiment de soulagement. Mais au lieu de cela, il n'éprouva que celui de sa solitude, d'un abandon et d'un étrange désappointement.

En moins d'une minute, Riley était de retour. Il revint de ce même pas de course de crabe, portant un thermos d'un litre et demi et deux tasses, jurant frénétiquement et abondamment lorsqu'il glissait contre la paroi. Haletant, il s'assit en silence à côté de Dodson et remplit une tasse de café fumant.

« Pourquoi diantre êtes-vous revenu ? demanda Dodson durement. Je ne veux pas de vous et...

— Vous vouliez du café, dit Riley en l'interrompant. Vous l'avez, cette lavasse ; buvez-la. »

A cet instant, l'explosion des tubes de bâbord retentit tout au long du sombre tunnel et projeta violemment les deux hommes l'un contre l'autre. Toute la tasse de café de Dodson se renversa sur sa jambe ; il avait l'esprit si fatigué, ses réactions étaient si lentes que sa première impression fut celle du froid qui régnait dans ce tunnel suintant. Le café bouillant avait traversé ses vêtements, mais il ne sentit ni la chaleur ni l'humidité : ses jambes étaient engourdies, comme mortes, au-dessous des genoux. Puis, il secoua la tête et leva les yeux sur Riley.

« Au nom de Dieu, qu'est-ce que c'était ? Qu'est-ce qui se passe ? Avez-vous... ?

— Aucune idée. Je n'ai pas pris le temps de le demander. »

Riley s'allongea voluptueusement, souffla sur son café fumant, puis, frappé par une heureuse pensée, un joyeux sourire transforma son visage dans toute la mesure possible.

« C'est probablement le *Tirpitz* », dit-il, plein d'espoir.

Trois fois encore, au cours de cette terrible nuit, les escadrilles allemandes s'envolèrent de l'aérodrome de l'Alta Fjord et prirent le chemin du nord-nord-ouest, dans le froid glacial de l'Arctique, au-dessus de la mer démontée, à la recherche des restes fracassés du FR 77. Non que cette recherche fût difficile : le Condor Focke-Wulf ne les quitta pas de toute la nuit, défiant leurs tentatives pour s'en débarrasser. Il semblait posséder une inépuisable réserve de ces bombes mortelles et ne portait, en fait, presque certainement rien d'autre. Les bombardiers n'avaient qu'à se diriger vers leur lumière.

Le premier assaut — vers 5 h 45 — fut un bombardement orthodoxe, exécuté à environ 900 mètres d'altitude. Les avions semblaient être des Dornier, mais il était difficile d'en être sûr parce qu'ils volaient haut au-dessus d'un trio de bombes éclairantes qui arrivaient près de la mer. Cette attaque, sans être entièrement inefficace, ne fut pas menée avec grand enthousiasme. C'était compréhensible : le tir de barrage était intense. Mais il y eut deux coups directs : l'un atteignit un navire marchand, faisant sauter la plus grande partie de son gaillard d'avant ; l'autre atteignit l'*Ulysses*. La bombe traversa la passerelle de timonerie, la chambre de veille de l'amiral, et fit explosion au milieu de l'infirmerie. Celle-ci était remplie de malades et de mourants pour lesquels cette bombe dut être une délivrance, un bienfait du ciel, car l'*Ulysses* avait depuis longtemps épuisé sa réserve d'anesthésiques. Il n'y eut pas de survivants. Parmi les morts se trouvaient Marshall, l'officier torpilleur, Johnson, le chef timonier, le capitaine d'armes qui avait été légèrement blessé une heure auparavant par un éclat des tubes lance-torpilles, Burgess, impuissant dans une camisole de force — il avait subi une commotion cérébrale la nuit de la grande tempête et était devenu fou, Brown, dont la hanche avait été écrasée par le panneau de la soute « Y », et Brierley, qui était, de toute façon, en train de mourir, les poumons saturés de mazout. Brooks n'était pas dans l'infirmerie au moment de l'éclatement de la bombe.

En même temps, l'explosion avait démoli le réseau téléphonique, à la seule exception des téléphones reliant la passerelle aux canons et aux machines, et les porte-voix.

La seconde attaque, à sept heures du matin, fut menée par seulement six bombardiers, de nouveau des Heinkel portant des bombes planantes. Se conformant évidemment à des ordres stricts, ils ignorèrent les cargos et concentrèrent leur attaque sur les escorteurs. Ce fut une attaque coûteuse : l'ennemi perdit tous ses avions sauf deux en échange d'un seul coup au but à l'arrière du *Stirling*, un coup qui, tragiquement, mit les deux canons d'arrière hors d'usage.

Turner, les yeux rouges, silencieux, tête nue sous ce vent de – 20°, arpentant la passerelle de l'*Ulysses*, s'émerveilla de ce que *Stirling* fût encore à flot et continuât à combattre avec tout ce dont il disposait. Puis, il regarda son propre navire, « moins un navire, se dit-il, qu'un ramassis de ferraille tordue, continuant invraisemblablement à fendre ces grosses vagues », et il s'émerveilla davantage. Des croiseurs brisés, incendiés, ravagés et dévastés, presque détruits, n'étaient pas une nouveauté pour Turner ; il avait vu le *Trinidad* et l'*Edinburgh* littéralement frappés jusqu'à la mort lors de ces mêmes convois russes. Mais il n'avait jamais vu aucun navire subir des mutilations aussi meurtrières, aussi inhumaines que l'*Ulysses* et le vieux *Stirling* et continuer à vivre. Il ne l'aurait pas cru possible.

La troisième attaque eut lieu juste avant l'aube, quand le demi-jour gris commença à éclaircir la nuit. Cette attaque fut exécutée avec grand courage et une extrême résolution par quinze Heinkel-3 avec des bombes planantes. Les croiseurs furent une fois de plus les seules cibles, la plus forte attaque de beaucoup dirigée contre l'*Ulysses*. Loin de reculer devant le défi et de se plaindre de sa malchance, l'équipage, cet altruiste équipage de cadavres ambulants que Nicholls avait laissé derrière lui, accueillit l'ennemi avec joie, car comment peut-on tuer un adversaire, s'il ne vient pas sur vous ? La peur, l'inquiétude, la quasi-certitude de la mort n'existaient plus pour ces hommes. Le foyer, la patrie, les enfants, les femmes et les maîtresses n'étaient que des mots, seulement des mots ; leur pensée les effleurait, puis ils les oubliaient complètement. « Dites-leur, avait dit Vallery, dites-leur qu'ils sont le meilleur équipage que Dieu ait jamais donné à un commandant. » Vallery, c'était *lui* qui importait, ce qu'il avait dit et ce qu'il représentait, cette chose si inséparable de cet homme bon et bienveillant qu'on ne voyait jamais parce qu'elle était Vallery lui-même. Et les hommes chargeaient des projectiles, refermaient les culasses et appuyaient sur les mises à feu, indifférents à tout sauf au souvenir de l'homme qui était mort en s'excusant de les abandonner, oubliant tout sauf la certitude qu'ils ne décevraient pas Vallery. Des cadavres, mais des cadavres inspirés, des hommes élevés au-dessus d'eux-mêmes comme les hommes le sont généralement lorsqu'ils savent que le prochain pas, le pas inévitable, les mènera du côté opposé de la vallée...

La première partie de l'attaque fut lancée contre le *Stirling*. Turner vit deux Heinkel rugissant tandis qu'ils plongeaient, survivant incroyablement malgré un tir concentré à bout portant.

Les bombes, à retardement et capables de percer le blindage, frappèrent le *Stirling* au milieu, juste au-dessous du niveau du pont, et elles éclatèrent dans la chaufferie et la machine. Les trois bombardiers suivants ne furent accueillis que par le tir des pom-poms et des Lewis, les grosses pièces de l'avant ayant été réduites au silence. Avec une appréhension mêlée de nausée, Turner comprit ce qui était arrivé : l'explosion avait coupé le courant amenant la force électrique aux tourelles [1].

---

1. Il est presque impossible qu'une seule explosion ou même plusieurs au même endroit détruisent ou mettent hors d'usage toutes les dynamos d'un grand navire de guerre ou coupent tous les circuits qui apportent le courant dans tout le bâtiment. Lorsqu'une dynamo, ou son circuit d'alimentation, subit une avarie, les fusibles de liaison sautent automatiquement, isolant le secteur endommagé. Ceci théoriquement. En pratique, ce n'est pas toujours ainsi : les fusibles peuvent ne pas sauter et tout le système s'effondre. Le bruit court — un bruit très fort — qu'au moins un des bâtiments de ligne de Sa Majesté a été perdu simplement parce que les disjoncteurs de la dynamo

Impitoyable, presque dédaigneux, les bombardiers ignorèrent cette minable défense : chacune de leurs bombes atteignit son but. Le *Stirling* mortellement blessé était de nouveau en feu et donnait fortement de la bande sur tribord.

Le soudain crescendo des moteurs d'avion fit se retourner Turner pour regarder son propre navire. Il y avait cinq Heinkel dans la première vague, à différentes hauteurs et différents angles d'approche, de façon à briser l'effet des canons antiaériens, mais convergeant tous vers l'arrière de l'*Ulysses*. La fumée et le bruit étaient tels que Turner ne put ressentir que des impressions fragmentaires et confuses. Soudain, l'air sembla rempli de bombes planantes et du fracas saccadé des mitrailleurs et des canons allemands. Une bombe éclata en l'air, juste sur l'avant de la cheminée arrière et à plusieurs mètres d'elle : une meurtrière grêle d'acier se déchaîna sur le pont des embarcations et tous les Œrlikon et pom-poms devinrent immédiatement silencieux, leurs servants victimes des shrapnels ou de la commotion. Une autre bombe traversa le pont, le poste des mécaniciens et transforma le poste de T.S.F. en charnier. Les deux dernières bombes tombèrent plus haut, autour de la tourelle « X » et sur elle. La tourelle fut fendue à son sommet et le long des deux côtés comme par un couperet géant, elle sauta de son fût pour se coucher en travers de la plage arrière fracassée.

A part les canonniers du pont des embarcations et de la tourelle, un seul autre homme fut tué par cette attaque, mais il était virtuellement irremplaçable. Des shrapnels de la première bombe avaient fait sauter une bouteille d'air comprimé dans l'atelier des torpilleurs, et Hartley, l'homme qui, plus qu'aucun autre, était devenu l'armature morale de l'*Ulysses*, s'y était mis à l'abri quelques secondes plus tôt...

L'*Ulysses* naviguait maintenant au milieu d'une dense fumée noire : le *Stirling* brûlait et ses réservoirs de mazout avaient été détruits. Personne ne sut jamais ce qui se passa pendant les dix minutes suivantes. Ce furent, dans la fumée, les flammes et la souffrance, des moments empruntés à l'enfer, et les hommes ne purent que les supporter. Soudain, l'*Ulysses* fut de nouveau à l'air libre, et les Heinkel, toutes leurs bombes lancées, le harcelaient, l'attaquant incessamment avec leurs canons et leurs mitrailleuses, loups dévorants, décidés à achever leur victime à genoux. Mais çà et là, un canon tirait encore à bord de l'*Ulysses*.

Par exemple, juste sous la passerelle, il y en avait un qui tirait. Turner risqua un rapide coup d'œil par-dessus bord et vit le canonnier tirant inlassablement des obus à traceurs sur le chemin d'un Heinkel en plongée. Alors, le Heinkel ouvrit le feu et Turner se renversa en

— calibrés pour 800 ampères — n'ont pas fonctionné, ce qui a rendu le navire incapable de se défendre.

arrière en faisant tomber Kapok sur le pont. Puis, le bombardier disparut et les canons se turent. Lentement, Turner se releva et regarda par-dessus bord : le canonnier était mort, son harnachement en lambeaux.

Il entendit remuer derrière lui, vit une mince silhouette tendre une main pour lui faire signe de rester sur place et grimper au bord de la passerelle. Pendant un instant, Turner aperçut le pâle visage de Chrysler, Chrysler qui n'avait ni souri ni même parlé depuis qu'on avait ouvert la cabine de l'Asdic ; en même temps, il vit trois Heinkel se rassemblant à tribord pour une nouvelle attaque.

« Descendez, jeune imbécile ! cria Turner. Voulez-vous vous suicider ? »

Chrysler le regarda, ses yeux grands ouverts, semblant ne pas le reconnaître, puis tourna la tête et se laissa tomber sur l'encorbellement d'en dessous. Turner, du bord de la passerelle, jeta un regard vers le bas. De toute sa faible force, Chrysler luttait, dans un étrange et effrayant silence, pour tirer le mort de la niche de l'Œrlikon. Par une série de tiraillements convulsifs, il y parvint, le déposa doucement par terre et grimpa à sa place dans la niche... Turner remarqua que sa main nue saignait, entièrement dépouillée de sa peau ; du coin de l'œil il vit la flamme des canons du Heinkel et se rejeta en arrière.

Une, deux, trois secondes passèrent pendant lesquelles des obus et des balles s'écrasèrent contre le blindage de la passerelle. Puis, comme un homme en transe, il entendit les Œrlikon jumeaux ouvrir le feu. Le garçon avait dû s'abstenir de tirer jusqu'au dernier moment. L'Œrlikon tira six coups, seulement six, et une grande forme grise, démolie et fumante, passa au-dessus de la passerelle, à peine à la hauteur de la tête, perdit son aile gauche sur la tour de télépointage et s'écrasa dans la mer de l'autre côté.

Chrysler était toujours assis dans la niche. Sa main droite serrait son épaule gauche, une épaule fracassée par un obus, s'efforçant en vain d'arrêter l'hémorragie artérielle. Au moment même où le bombardier suivant reprenait son vol horizontal vengeur, au moment même où il se rejetait en arrière, Turner vit la main mutilée et saignante s'avancer de nouveau vers la détente.

A plat ventre sur le caillebotis, à côté de Carrington et de Kapok, Turner martelait le pont de son poing, en proie à une terrible colère. Il pensait à Starr, l'homme qui leur valait tout cela, et il le haïssait comme il n'aurait jamais cru pouvoir haïr. Il l'aurait tué à cet instant. Il pensait à Chrysler, à l'effroyable torture du recul du canon sur cette épaule fracassée, aux yeux bruns vitreux et hagards de douleur et de chagrin. Et Turner se jura que, s'il vivait, il recommanderait ce garçon pour la Victoria Cross. Brusquement, le tir cessa et un Heinkel fit une forte embardée sur tribord, de la fumée s'échappant de ses deux moteurs.

Rapidement, avec Kapok, Turner se releva et se hissa par-dessus le bord de la passerelle. Il le fit sans regarder alentour et faillit alors mourir. Une rafale de balles du troisième et dernier Heinkel — la passerelle était toujours leur cible préférée — siffla le long de sa tête et de ses épaules ; il sentit le vent de leur passage sur sa joue et ses cheveux. Puis, soufflé par la formidable poussée qui l'y avait envoyé, il se trouva de nouveau étendu de tout son long sur le caillebotis. Ses yeux n'en étaient qu'à quelques centimètres, mais il ne le voyait pas. Tout ce qu'il voyait était l'image qui s'était gravée dans son esprit en une fraction de seconde et qui le brûlait : l'image de Chrysler, une plaie béante de la taille d'une main d'homme dans le dos, tombé sur les Œrlikon, le poids de son corps inclinant les canons vers le ciel. Ils avaient continué à tirer, ils tiraient encore et tireraient jusqu'à ce que les chargeurs soient vides, car la main du jeune mort était agrippée sur la détente.

Graduellement, l'une après l'autre, les pièces du convoi se turent et le bruit des moteurs d'avion commença à se perdre au loin. L'attaque était terminée.

Turner se remit debout, lentement et lourdement cette fois. Il regarda, en contrebas de la passerelle, l'emplacement des Œrlikon, puis il détourna les yeux, son visage dénué d'expression.

Derrière lui, il entendit tousser quelqu'un d'une étrange toux comme bouillonnante. Il se retourna et resta cloué sur place, les poings serrés. Le Petit Kapok, Carrington agenouillé, impuissant, à côté de lui, était assis sur le plancher, le dos appuyé aux pieds du fauteuil de l'amiral. De l'aine gauche à l'épaule droite, passant au milieu du « J » brodé sur sa poitrine, s'étendaient, régulièrement espacés, des trous ronds percés par la mitrailleuse du Heinkel. Le souffle des obus avait dû le projeter d'un côté à l'autre de la passerelle.

Turner demeura parfaitement immobile. Le Petit, il le savait avec une soudaine et écœurante certitude, n'avait que quelques secondes à vivre ; il lui semblait qu'en faisant le moindre mouvement, il briserait le fil ténu qui l'attachait encore à la vie.

Peu à peu, Kapok eut conscience de sa présence, de son regard fixe, et il leva sur lui des yeux las. Déjà leur bleu vif se ternissait ; son visage blanc était complètement exsangue. Distraitement, sa main errait sur le kapok troué, tâtant les déchirures. Soudain, il sourit, regarda son vêtement matelassé.

« Fichu, murmura-t-il, complètement fichu. »

Sa main glissa, la paume vers le haut, à son côté, et sa tête retomba sur sa poitrine. Les cheveux blonds bougèrent un peu dans le vent.

17
Dimanche matin

Le *Stirling* mourut à l'aube. Il mourut alors qu'il marchait encore, qu'il continuait à foncer à travers les grosses vagues, sa passerelle et sa superstructure mutilées, tordues, chauffées à blanc tandis que le vent fouettait et que les réservoirs de mazout fendus alimentaient les flammes en un incandescent holocauste. Etrange et terrible spectacle, mais non unique : le *Bismarck* rayonnait de cette même incandescence blanche juste avant que les torpilles du *Shropshire* l'envoyassent par le fond.

Le *Stirling* serait mort de toute façon, mais les Stukas l'assassinèrent. L'aurore boréale avait disparu depuis longtemps ; le ciel clair lui aussi disparaissait maintenant, et des nuages noirs s'entassaient au nord. Les hommes espéraient que les nuages s'étendraient au-dessus du convoi et le couvriraient d'une neige protectrice. Mais les Stukas arrivèrent avant elle.

Les Stukas, ces bombardiers en piqué Junkers-87 aux ailes de mouette tant redoutés, volèrent de nouveau vers le sud. Au niveau de l'*Ulysses*, dernier navire du convoi, et droit à l'ouest par rapport à lui, ils recommencèrent à tourner en rond ; puis, brusquement, selon le procédé d'attaque des Stukas, ils se détachèrent successivement, leurs ailes gauches fortement inclinées pendant qu'ils se retournaient en décrivant un tonneau, tombaient du ciel comme au long d'un fil à plomb, exactement sur leurs cibles.

Aucun avion descendant sans dévier sur des emplacements de canon qui l'attendent n'a la moindre chance de s'en tirer. Ainsi parlent les pontifes, les instructeurs de l'école d'artillerie de Whale Island, et ils se donnent la satisfaction de prouver l'évidente vérité de leur théorie en se servant de canons anti-aériens et en reproduisant, dans la mesure de leurs moyens, la situation qui surgirait. Malheureusement, ils ne pouvaient reproduire le Stuka.

« Malheureusement » parce que, lors d'un véritable combat, le Stuka est le seul facteur de la situation vraiment important. Il suffisait de s'accroupir derrière un canon, d'entendre le cri strident, sifflant du Stuka plongeant presque verticalement, pour reculer devant sa grêle de balles, tandis qu'il grossissait de plus en plus dans l'appareil de visée, pour savoir que rien n'arrêterait la chute de cette bombe accrochée sous lui. Des centaines d'hommes actuellement vivants — ceux qui ont eu la chance de subir une attaque de Stukas et d'y survivre — confirmeront volontiers que la guerre n'a rien produit d'aussi éprouvant pour les nerfs, d'aussi démoralisant que la vue et le bruit de ces Junkers avec l'étrange angle dièdre de leurs ailes pendant les dernières secondes avant la fin de leur piqué.

Mais une fois sur cent, peut-être une fois sur mille, lorsque le facteur humain cesse de jouer chez l'homme placé derrière le canon, les pontifes peuvent avoir raison. Cette fois-ci était la millième, car la peur était un fantôme qui avait disparu dans la nuit : alignés contre les bombardiers en piqué, il y avait seulement un pom-pom multiple et une demi-douzaine d'Œrlikon — les tourelles de l'avant ne pouvaient plus tirer — mais c'était plus qu'assez entre les mains d'hommes inhumainement calmes, d'un sang-froid de glace, aussi glacial que le vent polaire lui-même, n'ayant qu'un seul but en vue. Trois Stukas furent en presque autant de secondes arrachés du ciel, deux pour s'écraser dans la mer, le troisième pour s'enfoncer, avec un choc formidable, dans la chambre de veille de l'amiral déjà fracassée.

Les chances, pour les réservoirs à essence, de ne pas éclater en flammes ou pour la bombe de ne pas exploser, étaient si faibles qu'elles n'existaient pas : pourtant ce double miracle eut lieu. Dans les circonstances extrêmes, le courage devient une routine et on ne songea pas à commenter celui de Doyle le barbu quand, abandonnant son pom-pom, il grimpa sur le pont avant et se jeta sur la bombe armée, roulant dans des dalots inondés d'essence à 100 % d'octane. Une étincelle minuscule provoquée par la botte de Doyle ou par l'acier brisé du Stuka frottant contre la superstructure aurait été une amorce suffisante : la fusée, à l'intérieur de la bombe, était encore intacte, et tandis qu'elle glissait sur le pont couvert de glace avec Doyle qui s'y cramponnait désespérément, elle semblait comme animée de la résolution d'écraser son délicat cône de choc contre une cloison ou une épontille.

Si Doyle pensa à ce danger, il ne s'en soucia pas. Calmement, presque négligemment, il fit sauter d'un coup de pied la seule attache subsistant à un endroit où le bastingage était démoli, glissa la bombe, la queue la première, par-dessus bord, fit fortement basculer le nez pour faire parer la fusée, et la bombe tomba, inoffensive dans la mer.

Elle y tomba juste au moment où la première bombe fendit dédaigneusement le blindage de deux centimètres et demi du pont du *Stirling* et tomba dans le compartiment de ses machines. Six autres bombes s'enfouirent dans le cœur agonisant du croiseur, les Stukas allégés s'envolant rapidement par tribord et par bâbord. De la passerelle de l'*Ulysses* ces bombes parurent atteindre leur but avec une absence de bruit insolite et sinistre. Elles se perdirent simplement dans la fumée et les flammes, englouties par l'enfer.

Ce ne fut pas un coup qui acheva le *Stirling* mais une accumulation de coups sans cesse croissante. Il en avait tant reçu qu'il ne pouvait en encaisser davantage. Il était comme un boxeur vacillant, battu par un adversaire inexpérimenté mais meurtrier, succombant sous une avalanche de punchs.

Le visage impassible, indiciblement affligé de son impuissance, Turner le regarda mourir. « C'est drôle, pensa-t-il avec lassitude, il est comme les autres. Les croiseurs doivent être les navires les plus résistants du monde. » Il en avait vu sombrer beaucoup, mais aucun facilement, proprement, d'une façon spectaculaire. Ils n'étaient pas mis knock-out soudainement ; pour eux pas de coup de grâce... toujours, toujours, il fallait les frapper, les frapper encore, jusqu'à ce que mort s'ensuive... Comme le *Stirling*. Turner étreignit le pavois délabré, si fort que ses avant-bras lui firent mal. Comme pour tous les bons marins, un navire qu'il aimait était un ami aimé ; depuis quinze mois, le vieux et vaillant *Stirling* avait été une ombre fidèle, il avait partagé le fardeau de l'*Ulysses* dans les pires convois de la guerre ; il était le dernier de la vieille garde, car seul l'*Ulysses* était plus ancien que lui, à faire ce sombre voyage. Il était douloureux de voir mourir un ami ; Turner détourna les yeux et les fixa, entre ses pieds, sur le caillebotis recouvert de glace, la tête baissée entre ses épaules voûtées.

Il pouvait fermer ses yeux mais non ses oreilles. Il tressaillit en entendant le monstrueux, rugissant sifflement de l'eau bouillante et de la vapeur, lorsque la superstructure chauffée à blanc du *Stirling* plongea profondément dans l'Arctique glacé. Pendant vingt secondes, cet effroyable sifflement continua, puis s'arrêta en un instant, le son coupé comme par le tranchet d'une guillotine. Quand Turner releva lentement la tête, il n'y avait plus à l'avant que la mer agitée où de grosses bulles chargées de mazout remontaient à la surface pour être crevées par la pluie fine des nuages de vapeur, déjà condensés par l'intense froid, et qui retombaient en gouttes dans la mer.

Le *Stirling* était mort, et les restes délabrés du FR 77 continuaient à tanguer et à rouler vers le nord. Il n'y avait plus que sept navires, à présent : les quatre cargos, comprenant le bateau du Commodore, le pétrolier, le *Sirrus* et l'*Ulysses*. Aucun d'eux n'était intact ; tous étaient fortement endommagés, mais aucun aussi désespérément que l'*Ulysses*. Sept, rien que sept, et ils étaient trente-six en partant pour la Russie.

A huit heures, Turner signala au *Sirrus* : « T.S.F. détruite. Signalez au commandement en chef le cap, la vitesse, la position. Confirmez 9 h 30 pour rendez-vous. Code. »

La réponse arriva exactement une heure plus tard : « Retardés par mauvaise mer. Rendez-vous approximativement 10 h 30. Impossible faire voler protection aérienne. Continuez route. Commandant en chef. »

« Continuez route ! répéta Turner avec colère. Ecoutez-moi ça !

Continuez route ! Que diable s'attend-il à nous voir faire ? nous débiner ? Je déteste me répéter, mais j'y suis obligé. Ils arriveront trop tard, comme toujours [1] ! »

Le jour s'était levé depuis longtemps mais il recommençait à faire plus sombre. De lourds nuages gris, informes et menaçants, cachaient le ciel d'un horizon à l'autre. C'était des nuages de neige et, s'il plaisait à Dieu, la neige tomberait bientôt ; elle seule pourrait maintenant les sauver.

Mais la neige ne vint pas... pas alors. A sa place ce furent une fois de plus les Stukas qui arrivèrent, le rugissement de leurs moteurs s'élevant et s'abaissant tandis qu'ils survolaient méthodiquement la mer vide en quête du convoi ; Charlie était parti à l'aube. Ce ne fut qu'une question de temps avant que l'escadrille des bombardiers en piqué découvrît le minuscule convoi. Dix minutes après le premier avertissement de leur approche, le Junkers-87 de tête bascula sur ses ailes et fondit du ciel.

Dix minutes, le temps de tenir conseil et de faire un plan de désespoir. Lorsque les Stukas arrivèrent, ils trouvèrent le convoi constitué en ligne de front, le pétrolier *Varella* au milieu, deux bateaux marchands proches l'un de l'autre de chaque côté, le *Sirrus* et l'*Ulysses* protégeant les flancs. Formation équivalant à un suicide dans des eaux infestées de sous-marins : une torpille lancée de bâbord ou de tribord ne pouvait guère les manquer. Mais les conditions météorologiques étaient contraires aux sous-marins, et cette formation offrait du moins une chance de pouvoir combattre les Stukas. S'ils l'abordaient par l'arrière — leur attaque technique favorite —, ils affronteraient le feu simultané massif de sept navires ; s'ils l'abordaient par les côtés, ils devraient d'abord attaquer les escorteurs, car nul Stuka ne présenterait son bas-ventre sans protection aux canons d'un navire de guerre... Ils choisirent d'attaquer de part et d'autre, cinq à l'est, quatre à l'ouest. Cette fois, remarqua Turner, ils portaient des réservoirs d'essence pour longs trajets.

Il n'eut pas le temps de voir ce qui arrivait au *Sirrus*. Il eut, en fait, à peine le temps de voir ce qui arrivait à son propre navire, car une épaisse et âcre fumée provenant des canons des tourelles « A » et « B » était renvoyée par le vent sur la passerelle. Entre les coups des 155, il entendit le tir rapide du pom-pom de Doyle et le bruit mat et hargneux des Œrlikon.

---

1. C'est regrettable mais vrai : l'escadre de la flotte métropolitaine arrivait presque toujours trop tard. On ne pouvait le reprocher à l'Amirauté : les bâtiments de ligne étaient essentiels pour le blocus du *Tirpitz* et on n'osait les risquer trop près des côtes contre des bombardiers ayant leur base à terre. Le piège attendu si longtemps finit effectivement par se refermer, mais il n'attrapa que le croiseur lourd *Scharnhorst* et non le *Tirpitz*. Il ne prit jamais ce grand navire ; il fut détruit à son mouillage de l'Alta Fjord par des bombardiers Lancaster de la Royal Air Force.

Brusquement, avec une soudaineté qui lui coupa le souffle, deux grands rayons lumineux d'une blancheur éblouissante percèrent le sombre nuage de fumée. Turner sourit d'une joie féroce : les projecteurs de 1,10 m ! Naturellement ! Les grands projecteurs qui figuraient encore sur la liste officielle secrète, capables d'éclairer un ennemi éloigné de six milles ! Comme il avait été sot de les oublier... Vallery les avait souvent employés, le jour et la nuit, contre des attaques aériennes. Aucun homme ne pouvait regarder ces terribles yeux, ces arcs enflammés entre les électrodes, sans être aveuglé.

Clignotant des yeux contre la fumée qui le faisait larmoyer, Turner jeta un regard à l'arrière pour voir qui occupait le poste de commande. Mais il savait qui c'était avant de l'avoir distingué. Ce ne pouvait être que Ralston : la commande des projecteurs était, Turner se le rappela, son poste de combat de jour ; en outre, personne en dehors du grand torpilleur blond n'aurait eu la jugeote, la prompte intelligence d'allumer ces foyers de lumière de sa propre initiative.

Du coin de la passerelle proche de la grille, Turner l'observa. Il en oublia son navire, voire les bombardiers — il était d'ailleurs personnellement impuissant à leur égard —, fasciné par l'homme qui maniait les commandes.

Les yeux fixés sur l'appareil de visée, le visage absolument dénué d'expression, il aurait pu être sculpté dans le marbre sans le raidissement graduel de son dos et de son cou tandis que le viseur obéissait à la caresse délicate de ses doigts sur le volant ; l'immobilité de son visage, son application absolue étaient presque effrayantes.

Il ne manifesta pas la moindre émotion, ne tressaillit même pas légèrement quand le premier Stuka se mit à zigzaguer, affolé, afin d'échapper à cette flamme qui brûlait les yeux ; il n'exprima aucun sentiment lorsque l'avion dévia violemment de sa plongée, se redressa trop tard et s'écrasa dans la mer à une centaine de mètres de l'*Ulysses*.

« A quoi ce garçon pensait-il ? se demanda Turner. A sa mère, à ses sœurs enterrées sous les ruines d'un bungalow de Croydon ? à son frère, innocente victime de cette mutinerie de Scapa Flow ? — Comme elle lui semblait impossible à présent, cette mutinerie ! — à son père, qu'il avait été contraint de tuer de sa main ? » Turner ne le savait pas, mais presque doué de seconde vue, en ce moment, il savait que personne ne saurait jamais à quoi Ralston avait pensé.

Il demeura d'une impassibilité inhumaine quand le second Stuka, dépassant l'*Ulysses*, jeta sa bombe dans la mer ; il conserva son immobilité de pierre lorsqu'un troisième Stuka fit explosion en l'air, et il ne trahit pas l'ombre d'un sentiment quand les canons du Stuka suivant fracassèrent l'un des projecteurs... pas même lorsque les obus du dernier démolirent la commande et arrachèrent à Ralston la moitié de la poitrine. Il mourut instantanément, resta là un moment comme s'il lui répugnait d'abandonner son poste, puis s'effondra tranquillement sur le pont. Turner se pencha sur le jeune garçon mort, regarda ce visage, ces yeux levés vers les premiers flocons légers de la neige qui commençait à tomber. Ce visage, ces yeux avaient conservé leur impassibilité de masque. Turner frissonna et détourna son regard.

Une seule bombe avait atteint l'*Ulysses*. Elle avait frappé la plage avant juste devant la tourelle « A ». Aucun homme n'avait été touché, mais quelque caprice de la vibration et du choc avait rompu les canalisations hydrauliques. Temporairement du moins, la tourelle « B » était la seule du navire en état de fonctionner.

Le *Sirrus* n'avait pas eu autant de chance. Il avait détruit un Stuka — les cargos en avaient abattu un autre — et il avait été atteint deux fois, les bombes éclatant dans le poste d'équipage arrière. Surchargé de survivants, le *Sirrus* portait deux fois plus d'hommes que son équipage n'en comptait normalement ; en temps ordinaire, ce poste d'équipage aurait été bondé ; mais chacun occupant sa position de combat, il était vide. Aucun homme n'avait été tué ; aucun homme ne devait perdre la vie sur le destroyer *Sirrus* : il ne fut plus jamais endommagé au cours des convois russes.

L'espoir croissait maintenant : moins d'une heure encore à naviguer, et l'escadre de combat serait là. Il faisait sombre, de cette obscurité propre aux tempêtes de l'Arctique, et une neige épaisse tombait en sifflant doucement, dans la mer sombre et agitée. Aucun avion ne pouvait les découvrir par un temps pareil, et ils étaient presque hors de portée de ceux qui avaient leur base à terre, sauf, naturellement, les Condor. Et il faisait un temps presque impossible pour les sous-marins.

« Il se peut que nous abordions aux îles Heureuses, cita doucement Carrington.

— Quoi ? Qu'avez-vous dit, Carrington ? demanda Turner.

— C'est de Tennyson, répondit Carrington comme s'il s'excusait. Le commandant le citait toujours... Nous y arriverons peut-être.

— Peut-être, peut-être, dit Turner sans se compromettre. Preston !

— Oui, capitaine, je le vois. »

Preston regardait vers le nord où la lampe à signaux du *Sirrus* clignotait rapidement.

« Un bateau, commandant ! traduisit-il avec excitation. Le *Sirrus* dit qu'un navire de guerre approche au nord !

— Au nord ! Dieu merci ! Dieu merci ! cria Turner avec joie. Au nord ! Ce doit être eux ! Ils sont en avance... Je retire tout ce que j'en ai dit. Voyez-vous quelque chose, Carrington ?

— Rien du tout, commandant. La neige est trop dense... mais le ciel se dégage un peu, je crois... Voilà de nouveau le *Sirrus* qui parle.

— Que dit-il, Preston ? demanda Turner avec anxiété.

« — Contact. Contact sous-marin. Vert 30. Se rapproche. »

— Contact ! A une heure aussi tardive ! » gémit Turner. Puis, frappant l'habitacle du poing, il émit une série de jurons furieux. « Par Dieu ! Il ne va pas nous arrêter maintenant ! Preston, signalez au *Sirrus* de rester... »

Il s'interrompit et regarda vers le nord avec incrédulité. Là-bas, au milieu de la neige et des ténèbres, de petites langues de flammes blanches avaient brièvement surgi et disparu. Carrington, qui l'avait rejoint, regarda sans ciller vers le nord et vit des obus tomber dans l'eau en soulevant une écume blanche sous l'étrave du navire du Commodore, le *Cape Hatteras* ; puis, il vit de nouveau les brèves flammes, plus fortes, plus vives, cette fois, des flammes qui éclairèrent pendant une seconde l'étrave et la superstructure du navire qui tirait.

Turner se retourna et vit que Carrington le regardait avec des yeux pleins d'amertume dans son visage figé. Turner, gris et décomposé par l'épuisement et la perspective de la défaite, regarda à son tour son commandant adjoint pendant un long moment de silence.

« C'est la réponse à nombre de questions, dit-il à voix basse. C'est la raison pour laquelle ils nous ont épargnés, le *Stirling* et nous, ces deux derniers jours. Le renard est parmi les poules. C'est notre vieux copain le croiseur *Hipper* qui vient nous faire une visite.

— C'est lui.

— Si proches et néanmoins... » Turner haussa les épaules. « Nous méritions mieux que cela... Aimeriez-vous mourir de la mort d'un héros ? demanda-t-il avec un sourire de travers.

— Cette seule idée me consterne ! » fit derrière lui une voix sonore.

Brooks venait d'arriver sur la passerelle.

« Moi aussi », avoua Turner. Puis, souriant, de nouveau presque heureux : « Avons-nous le choix, messieurs ?

— Hélas, non, dit Brooks tristement.

— En avant toute ! cria Carrington dans le porte-voix en guise de réponse.

— Non, non, rectifia doucement Turner. A toute *puissance*, Carrington. Dites-leur que nous sommes pressés ; rappelez-leur combien ils se vantaient par rapport à l'*Abdiel* et au *Manxman*... Preston ! Signal d'extrême urgence général : “Dispersez-vous, faites route isolément vers les ports russes.” »

Une épaisse couche de neige fraîchement tombée recouvrait le pont supérieur, et il neigeait toujours. Le vent redevenait plus fort, et, après la chaleur de la cantine où il venait d'opérer, Nicholls sentit le froid lui lacérer les poumons d'une brusque douleur : « La température, se dit-il, doit être de 20° sous zéro. » Il enfouit son visage dans son duffel-coat et gravit laborieusement, en haletant, les échelles menant à la passerelle. Il était fatigué, mortellement las, et il tressaillait de souffrance chaque fois que son pied touchait le pont : sa jambe gauche éclissée avait été brisée juste au-dessus de la cheville par un shrapnel de la bombe tombée dans le poste d'équipage d'arrière.

Peter Orr, le commandant du *Sirrus*, l'attendait à la grille de la minuscule passerelle.

« J'ai pensé que vous aimeriez peut-être voir ceci, docteur, dit-il d'une voix étrangement aiguë pour un homme aussi grand. Ou plutôt, j'ai pensé que vous désireriez le voir ; regardez-le sombrer... Regardez-le ! »

Nicholls se tourna du côté de bâbord. A un demi-mille de distance, le *Cape Hatteras* flambait furieusement et ralentissait pour s'arrêter. A quelques milles au nord, à travers la neige qui tombait, il distingua à peine la forme vague du croiseur allemand, une forme piquetée des flammes des canons qui continuaient impitoyablement à tirer sur le navire en train de couler. Chaque coup atteignait son but ; la précision de leurs canonniers était fantastique.

A un demi-mille sur l'arrière, du côté de bâbord, l'*Ulysses* arrivait. Enveloppé d'écume, son étrave bondissant presque hors de l'eau, puis s'y écrasant avec un choc semblable à un coup de pistolet qu'on entendait facilement sur la passerelle du *Sirrus*, malgré le vent en sens contraire, ses grandes machines le poussaient de plus en plus vite à chaque seconde à travers les vagues.

Nicholls regardait, fasciné. C'était la première fois qu'il revoyait l'*Ulysses* depuis qu'il l'avait quitté, et il était épouvanté. Toute la superstructure, à l'avant et à l'arrière, n'était qu'un incroyable fouillis d'acier brisé ; les deux mâts avaient disparu, les cheminées étaient rompues et couchées, le télépointage était fracassé et désarticulé ; des volutes de fumée sortaient toujours des grands trous de l'avant et de l'arrière, les tourelles de l'arrière, arrachées de leurs fûts, penchaient follement sur le pont. La carcasse du Condor reposait encore par le travers de la tourelle « Y », un Stuka était enfoui jusqu'aux ailes dans la plage avant, et Nicholls savait que le navire était crevé jusqu'au niveau de l'eau à la hauteur des tubes de torpilles. L'*Ulysses* semblait sortir d'un cauchemar.

S'arc-boutant pour résister au violent tangage du destroyer, Nicholls ne pouvait en détacher les yeux, paralysé d'horreur et d'incrédulité.

Orr le regarda, puis détourna la tête en entendant un timonier monter à la passerelle.

« — Rendez-vous 10 h 15 », lut-il. Bon Dieu ! dans vingt-cinq minutes ! Vous entendez ça, docteur ? vingt-cinq minutes !

— Oui, commandant », répondit Nicholls, distraitement.

Il ne l'avait pas entendu.

Orr le regarda, lui toucha le bras et, désignant l'*Ulysses* :

« Joliment incroyable, n'est-ce pas ? murmura-t-il.

— Je voudrais tellement être à son bord, marmotta Nicholls d'un ton malheureux. Pourquoi m'a-t-on envoyé ?... Regardez ! qu'est-ce que c'est que ça ? »

Un énorme pavillon, un pavillon de six mètres de long flottait au-dessus de la vergue de l'*Ulysses*, tendu par le vent de son passage. Nicholls n'avait jamais rien vu d'approchant : le pavillon était énorme, rouge et bleu et plus blanc que la neige.

« L'enseigne de combat, murmura Orr. Bill Turner a sorti l'enseigne de combat... » Il secoua la tête avec étonnement. « Prendre le temps de le faire *en ce moment*... eh bien, docteur, seul Turner en était capable. Vous l'avez bien connu ? »

Nicholls inclina la tête en silence.

« Moi aussi, dit Orr, simplement. Nous avons tous les deux de la chance. »

Le *Sirrus* faisait toujours 15 nœuds et se dirigeait toujours vers l'ennemi quand l'*Ulysses* le dépassa à une encablure de distance, comme s'ils s'étaient arrêtés dans l'eau.

Longtemps après, Nicholls ne put jamais tout décrire avec précision. Il avait un vague souvenir de l'*Ulysses* ne plongeant et ne se soulevant plus mais fendant les vagues et les creux, bien d'aplomb, le pont fortement incliné depuis l'étrave dressée très haut jusqu'au tableau d'arrière, profondément enfoncé dans l'eau, quatre mètres en dessous de la vague bouillante, torturée, qui se voûtait avec magnificence au-dessus de la plage arrière fracassée. Il se rappelait aussi que la tourelle « B » tirait continuellement un obus après l'autre, sifflant à travers la neige pour aller éclater en une brillante splendeur au-dessus du croiseur allemand, et sur lui, car il ne restait à la tourelle « B » que des obus éclairants. Il conservait aussi vaguement dans son esprit l'image de Turner agitant ironiquement la main sur sa passerelle, l'image du grand pavillon flottant avec rigidité, déjà déchiré aux bords. Mais ce qu'il ne devait jamais oublier, ce qu'il garderait toute sa vie dans son cœur et dans sa pensée, était le formidable, effroyable rugissement des grands ventilateurs des chaufferies tandis qu'ils aspiraient d'énormes bouffées d'air pour les machines affamées. Car l'*Ulysses* traversait les énormes vagues à sa puissance maxima, à une vitesse qui aurait dû briser son échine tremblante et consumer ses grandes machines. On ne pouvait avoir aucun doute quant aux intentions de Turner : il allait éperonner l'ennemi, le détruire et l'entraîner avec lui à la vitesse incroyable de 40 nœuds ou davantage.

Nicholls, hypnotisé par ce spectacle, ne savait que penser ; il avait la mort dans l'âme, car ce navire faisait maintenant partie de lui-même ; ses bons amis, surtout Kapok — dont il ignorait qu'il était déjà mort, étaient eux aussi une partie de lui-même, et il est toujours terrible de voir finir une légende, de la voir mourir, engloutie dans les profondeurs. Mais il éprouvait en même temps une étrange exaltation ; il mourait, ce navire, mais de quelle manière ! Et si les navires ont des cœurs, des âmes, comme l'affirment les vieux marins, l'*Ulysses* devait sûrement souhaiter périr de cette façon.

Il faisait toujours 40 nœuds lorsque, comme par magie, un grand trou apparut dans son étrave juste au-dessus de la ligne de flottaison. Un obus, peut-être, mais peu probable sous cet angle. Ce devait être une torpille du sous-marin non encore repéré ; une brusque plongée de l'étrave pouvait avoir coïncidé avec le soulèvement d'une grosse vague poussant une torpille à la surface. De telles choses s'étaient déjà produites, quoique rarement... L'*Ulysses* écarta la torpille, ignora sa grave blessure, ignora les lourds obus qui s'écrasaient dans ses flancs et continua d'avancer.

Il faisait toujours 40 nœuds, s'approchant sous les canons de l'ennemi, des canons à l'angle de dépression maximum, quand la soute « A » sauta, arrachant l'avant tout entier dans une explosion formidable. Pendant une seconde, la plage avant délestée se dressa haut en l'air ; puis, elle plongea profondément dans l'épaulement d'une grosse vague. Le bateau s'enfonça et continua de s'enfoncer jusqu'au sombre lit de l'Arctique, poussé vers le bas par ses hélices qui tournaient follement, ses machines au grondement de tonnerre étant ses propres bourreaux.

18
Epilogue

L'air était chaud, bienfaisant et calme. Le ciel était bleu, d'un bleu profond et merveilleux, avec de petites touffes de nuages d'ouate flottant paresseusement au loin, à l'horizon. Les oiseaux nicheurs chantaient ; on entendait leurs voix pures et douces malgré le grondement lointain des voitures, et Big Ben annonçait l'heure lorsque Johnny Nicholls descendit maladroitement du taxi, paya le chauffeur et gravit lentement en boitillant les marches de marbre.

Avec un visage soigneusement dépourvu d'expression, la sentinelle salua et ouvrit la lourde porte battante. Nicholls entra et son regard parcourut l'énorme vestibule dont les deux côtés étaient bordés de portes imposantes ; tout au bout, sous la grande courbe de l'escalier, au-dessus d'un large comptoir en arrondi du genre qu'on trouve généralement dans les banques, une pancarte indiquait : « Poste des dactylographes. — Renseignements. »

Le heurt de ses béquilles lui parut anormalement bruyant sur le sol de marbre tandis qu'il gagnait le comptoir clopin-clopant. « Très touchant et mélodramatique, Nicholls, se dit-il, lucide ; je pense que le public en a pour son argent. » Une demi-douzaine de dactylos avaient cessé de taper comme sur commande et le regardaient avec une franche curiosité, leurs mains reposant mollement sur leurs machines. Une pimpante jeune Wren, aux cheveux roux et en manches de chemise, s'approcha du comptoir.

« Puis-je vous aider, monsieur ? »

La voix basse, les yeux bleus étaient pleins d'une douce sollicitude. Nicholls ne put le lui reprocher en apercevant derrière elle, dans un miroir, la veste d'uniforme usée qu'il portait sur un chandail de pêcheur gris, ses yeux ternes et cernés et ses pâles joues émaciées.

« Je m'appelle Nicholls, médecin de 1re classe Nicholls, dit-il. J'ai un rendez-vous...

— Le médecin de 1re classe Nicholls... de l'*Ulysses*..., fit la jeune fille, le souffle court. Naturellement, docteur. On vous attend. »

Nicholls la regarda, regarda les Wrens assises immobiles sur leurs chaises, remarqua l'expression intense, étonnée de leurs yeux, le regard craintif avec lequel on contemplerait des êtres d'une autre planète. Il en ressentit un vague malaise.

« En haut, je suppose ? demanda-t-il d'un ton qu'il n'avait pas voulu aussi brusque.

— Non, monsieur », dit la Wren. Elle fit tranquillement le tour du comptoir et murmura en s'excusant : « Ils... eh bien, ils ont appris que vous aviez été blessé. C'est simplement de l'autre côté du vestibule ; par ici, s'il vous plaît. » Elle lui sourit et ralentit le pas à la mesure de la marche hésitante de Nicholls.

Elle frappa, ouvrit la porte, l'annonça à quelqu'un qu'il ne pouvait voir et referma doucement la porte derrière lui quand il fut entré.

Il y avait trois hommes dans la pièce. Le seul qu'il reconnût, le vice-amiral Starr, s'avança à sa rencontre.

Il avait l'air plus vieux, beaucoup plus vieux que la dernière fois où Nicholls l'avait vu, à peine quinze jours auparavant.

« Comment allez-vous, Nicholls ? demanda-t-il. Vous ne marchez pas trop bien, à ce que je vois. » Sous l'assurance et la jovialité peu convaincante et si déplacée, on sentait nettement l'effort. « Venez et asseyez-vous. »

Il conduisit Nicholls jusqu'à la vaste et longue table couverte de cuir. Derrière elle, se détachant sur d'énormes cartes murales, deux hommes étaient assis. Starr les présenta. L'un, de haute taille, bovin, le visage rouge, était en grand uniforme, les manches étincelantes de la large bande et des quatre galons d'un amiral de la flotte ; l'autre était en civil, petit, trapu, avec des cheveux gris fer et des yeux calmes, sages et vieux. Nicholls le reconnut immédiatement et l'aurait identifié de toute façon par la déférence que lui marquaient les deux amiraux. Il se dit que la Marine lui faisait vraiment beaucoup d'honneur : de pareilles réceptions ne sont pas accordées à tout le monde... « Mais ils semblent répugner à commencer la réception », songea-t-il ; il avait oublié le choc que son aspect devait produire. Finalement, l'homme aux cheveux gris s'éclaircit la voix :

« Comment va la jambe, mon garçon ? demanda-t-il. Elle me semble assez amochée. »

Sa voix était basse, mais il en émanait une autorité maîtrisée.

« Pas trop, merci, monsieur, répondit Nicholls. Je devrais, d'ici deux ou trois semaines, pouvoir reprendre mon service.

— Vous prendrez deux mois, mon petit, dit calmement l'homme aux cheveux gris. Davantage si vous le désirez. » Il sourit légèrement. « Si quelqu'un s'en informe, répondez que c'est moi qui l'ai dit. Cigarette ? »

Il alluma le grand briquet posé sur la table et se radossa dans son fauteuil, ayant l'air, momentanément, de ne plus savoir quoi dire. Puis, il leva brusquement les yeux.

« Vous avez fait un bon voyage de retour ?

— Très bon, monsieur. On m'a traité comme un grand personnage pendant tout le trajet. Moscou, Téhéran, Le Caire, Gibraltar. » Nicholls grimaça un sourire. « Beaucoup plus confortable qu'à l'aller. » Il s'arrêta, tira fortement sur sa cigarette et regarda les hommes qui lui faisaient face : « J'aurais préféré rentrer sur le *Sirrus*.

— Sans doute, dit Starr, d'un ton acide. Mais nous ne pouvons satisfaire les goûts personnels de chacun. Nous voulions avoir un compte rendu de première main sur le FR 77 — et en particulier sur l'*Ulysses*, aussi tôt que possible. »

Les mains de Nicholls s'agrippèrent au bord de son siège. La colère avait bondi en lui comme une flamme et il savait que le civil assis en face de lui l'observait attentivement. Lentement, Nicholls se détendit, le regarda et, les sourcils levés interrogativement, lui demanda, sans parler, confirmation des dires de Starr. L'homme aux cheveux gris inclina la tête et dit avec bonté :

« Dites-nous tout ce que vous savez. Tout, au sujet de tout. Prenez votre temps.

— Depuis le début ? demanda Nicholls à voix basse.

— Depuis le début. »

Nicholls le leur dit. Il aurait aimé raconter l'histoire, exactement telle qu'elle s'était passée, depuis avant la formation du convoi FR 77 jusqu'au bout. Il fit de son mieux, mais ce fut un récit hésitant, manquant étrangement de conviction. L'atmosphère, l'ambiance ne lui convenaient pas : le contraste entre la paisible chaleur de ces pièces et le froid cruel de l'Arctique constituait un immense abîme que seules pouvaient combler l'expérience et la compréhension. Ici, au cœur de Londres, la sauvage, incroyable histoire qu'il devait raconter paraissait invraisemblable même à ses propres oreilles. Au milieu, il regarda ses auditeurs et faillit renoncer à la continuer. Incrédulité ? Non, ce n'était pas cela, du moins pas de la part de l'homme aux cheveux gris et de l'amiral de la flotte. Ils étaient simplement déconcertés, franchement incapables de comprendre.

C'était moins décevant quand il décrivait des faits vérifiables : les navires marchands endommagés par la mer démontée, ou sautant sur des mines, échoués ou torpillés ; la lutte désespérée pour survivre lors de la grande tempête ; l'usure graduelle du convoi ; la terrible mort des deux pétroliers, l'envoi par le fond des sous-marins et des bombardiers ; la marche de l'*Ulysses* à travers la tempête de neige à la vitesse de 40 nœuds, sa destruction par le croiseur allemand ; l'arrivée de l'escadre de combat, la fuite du croiseur avant qu'il eût pu infliger d'autres dommages ; le rassemblement du convoi éparpillé, le rideau d'avions de chasse russes dans la mer de Barents ; enfin, l'arrivée dans la baie de Kola des restes délabrés du FR 77 — cinq navires en tout.

C'était lorsqu'il abordait des faits moins aisément vérifiables, des choses qui ne pourraient jamais être vérifiées, qu'il sentait éveiller le doute, quelque chose de plus que de l'étonnement. Il raconta pourtant l'histoire aussi calmement, aussi impassiblement qu'il le put : l'histoire de Ralston avec les feux de combat et avec les projecteurs ; Ralston dont toute la famille avait été tuée et qui avait été forcé de tuer son père ; l'histoire de Riley, le meneur de la mutinerie qui avait refusé de quitter le tunnel de l'arbre ; l'histoire de Petersen qui avait tué un Marine et ensuite sacrifié sa vie ; l'histoire héroïque de McQuarter, de Chrysler, de Doyle et d'une douzaine d'autres.

Pendant une seconde, sa voix se brisa tandis qu'il racontait l'histoire de la demi-douzaine de survivants de l'*Ulysses* recueillis par le *Sirrus*. Il raconta comment Brooks avait donné son gilet de sauvetage à un matelot qui, chose stupéfiante, survécut quinze minutes dans cette eau glacée ; comment Turner, blessé à la tête et au bras, avait soutenu un Spicer évanoui jusqu'à ce que le *Sirrus* l'accoste et passe un nœud coulant autour de lui, puis était mort avant qu'on pût le sauver ; comment Carrington, cet homme de fer, un morceau de poutre sous le bras, avait tenu deux hommes au-dessus de l'eau jusqu'à l'arrivée du secours. Ces deux hommes, dont l'un était Preston, étaient morts plus tard ; Carrington avait grimpé sans aide le long de la corde, escaladé le bastingage alors que sa jambe gauche avait été sectionnée par un obus juste au-dessus de la cheville. Carrington survivrait ; Carrington était indestructible. Mais Doyle, lui aussi, était mort : on lui avait lancé un filin, mais il ne l'avait pas vu car il était aveugle.

Nicholls, cependant, se rendit compte que ce que ces trois hommes désiraient vraiment savoir était la manière dont s'était comporté l'équipage des mutins de l'*Ulysses*. Il leur avait pourtant raconté des actes de bravoure splendides et stupéfiants, mais ils ne parvenaient pas à les attribuer à des hommes capables de prendre les armes contre leur propre navire, en fait contre leur Roi.

Alors, Nicholls essaya de le leur faire comprendre, puis, il eut conscience, tandis qu'il s'y efforçait, qu'il n'y réussirait jamais. Car qu'y avait-il à raconter ? Comment Vallery s'était adressé aux hommes à la radio ; comment il était allé parmi eux et les avait presque identifiés à lui-même au cours de cette épuisante tournée d'inspection ; comment il avait parlé d'eux en mourant ; et comment, surtout, sa mort avait refait d'eux des hommes. C'était là tout ce qu'il pouvait dire, et ces choses étaient impalpables. Nicholls sentit, avec une pénétration soudaine, que la signification de cette étrange métamorphose des hommes de l'*Ulysses*, de ces hommes aigris et épuisés en surhommes, ne pouvait être ni expliquée ni comprise, car seul Vallery lui donnait un sens, et Vallery était mort.

Nicholls se sentait maintenant affreusement fatigué. Il savait qu'il était loin d'être bien portant. Son esprit était embrumé, ses souvenirs confus, et il mélangeait les choses ; il avait perdu le sens chronologique et était plein d'hésitation et d'incertitude. Tout à coup, l'inutilité de son effort l'accabla, et il cessa de parler.

Vaguement, il entendit l'homme aux cheveux gris lui poser une question à voix basse, et il marmotta quelques mots tout haut, sans réfléchir.

« Quoi donc ? Qu'avez-vous dit ? » fit l'homme aux cheveux gris en le regardant d'un air bizarre.

Le visage de l'amiral était impassible. Celui de Starr exprimait simplement l'incrédulité.

« J'ai simplement dit : “C'était le meilleur équipage que Dieu ait jamais accordé à un commandant”, murmura Nicholls.

— Je vois. »

Les vieux yeux las le regardèrent fixement, mais il n'y eut pas d'autre commentaire. Les doigts de l'homme aux cheveux gris tambourinèrent sur la table, il regarda lentement les deux amiraux, puis de nouveau Nicholls.

« Reposez-vous une minute, mon garçon... Si vous voulez bien nous excuser. »

Il se leva, se dirigea lentement vers les grandes fenêtres en saillie, à l'autre bout de la longue pièce, suivi des deux autres. Nicholls ne bougea pas, ne les suivit même pas des yeux ; affalé dans son fauteuil, il regarda tristement sans les voir les béquilles posées par terre entre ses pieds.

De temps en temps, il entendait un murmure. La voix haut perchée de Starr lui parvenait le plus nettement : « Navire mutiné, monsieur,...

Amiral Lepotier

SOUS LA BANQUISE

Première édition : 1961

En 1958, le sous-marin nucléaire américain Nautilus *passe de l'océan Pacifique à l'Atlantique en se glissant sous la banquise du pôle Nord. Par cet exploit qui fut hautement médiatisé à l'époque, les Etats-Unis rattrapèrent le camouflet que leur avait fait subir quelques mois auparavant la mise sur orbite par l'URSS du premier satellite artificiel de la Terre :* Spoutnik 1. *De plus, l'Amérique affichait ainsi sa suprématie sur les océans. Racontée sur un mode très didactique par un officier de marine, l'histoire du* Nautilus *américain ne manque pas de rappeler celle d'un autre* Nautilus : *celui de Jules Verne. Dans les personnalités de Rickover le concepteur du sous-marin atomique et de Anderson son commandant, ne retrouve-t-on pas le capitaine Nemo ? Tandis que le ton de l'amiral Lepotier ne manque pas de rappeler celui du professeur Aronnax dans* Vingt mille lieues sous les mers.

PREMIÈRE PARTIE

La réalité dépasse la fiction

1

A bord du vrai « Nautilus »

« Rassemblement du personnel non de quart, dans le mess de l'équipage », annoncent les haut-parleurs.

— Eh ! Fred, dit un matelot à l'un de ses camarades, es-tu paré à jouer au phoque ?

— Ça va ! réplique l'interpellé. Tu ne crâneras pas plus que les copains, lorsque nous serons *sous* les glaces !

Par les coursives aux parois brillantes, l'équipage du premier sous-marin nucléaire se rend dans le vaste poste, éclairé au néon, servant, alternativement, de réfectoire, de salle de distractions et de réunions.

Les hommes, au repos, peuvent y entendre les disques de la *juke-box*, lire ou se livrer aux divers jeux de table.

C'est là qu'ont lieu les deux séances quotidiennes de cinéma et le service religieux du dimanche matin.

Les armoires métalliques, alignées le long des cloisons latérales, contiennent pour quatre-vingt-dix jours de vivres.

Cette fois, il s'agit indubitablement d'une conférence, dont le sujet ne fait de doute pour personne, puisqu'une grande carte de l'océan Arctique est accrochée sur la cloison avant.

Ce matin [1], le *Nautilus* a quitté le quai de l'*Electric Boat Company*, à Groton, berceau de la Marine atomique, situé sur la Thames du Nouveau Monde, face à New London [2], base atlantique des sous-marins de l'*U.S. Navy*.

Dès que le navire est parvenu au-dessus de profondeurs suffisantes, le commandant a fait prendre l'allure habituelle de croisière, à 15 nœuds [3], par 90 mètres d'immersion, cap à l'est, puis la vie à bord

1. 19 août 1957.
2. Etat du Connecticut.
3. Vingt-huit kilomètres à l'heure.

a repris le rythme familier du service en trois quarts, dans les calmes profondeurs des eaux océaniques.

A peine entend-on le ronronnement régulier des turbines et des ventilateurs.

Pourtant, cette fois, une certaine appréhension trouble la sérénité des esprits...

— Garde-à-vous ! ordonne le capitaine d'armes, au moment où le commandant et le second entrent dans le mess.

— Repos ! dit aussitôt le capitaine de frégate Anderson. Asseyez-vous.

Une cinquantaine de tout jeunes hommes, en pantalons et chemises de toile bleue, aux cheveux coupés ras sur des fronts hauts, portant, sur la poitrine ou à la ceinture, le petit écran rectangulaire du témoin de radioactivité, s'assoient, en rangs serrés, face à la carte, le regard clair et attentif.

— Vous avez été, naturellement, intrigués, commence le commandant, lorsqu'on a installé, à bord, des sonars [1], orientés *vers le haut*. Ensuite, lorsque nous avons embarqué des vêtements pour les grands froids, vous avez deviné que nous allions dans l'Arctique, et que les sonars zénithaux devaient avoir pour but de déceler la présence de glaces à la surface de la mer, au-dessus de nous.

Je vous ai alors demandé de garder ces déductions pour vous, parce que le Département m'avait prescrit de prendre toutes mesures pour assurer le secret de notre véritable mission. D'ailleurs, nous devons effectivement participer — ensuite — au grand exercice interallié *Strike Back* [2], en mer du Nord, en vue duquel nous avons officiellement pris la mer.

Je peux, maintenant, vous confirmer que nous sommes, en effet, chargés d'effectuer des essais de navigation *sous la banquise*, en mer du Groenland.

Cette nouvelle a provoqué une appréhension très naturelle chez certains d'entre vous ; pourtant, ces essais n'ont été envisagés qu'après de sérieuses études. Nous devrons procéder, très progressivement, en prenant toutes les précautions nécessaires.

Des tentatives de ce genre ont été effectuées, à différentes époques, par des sous-marins à propulsion électrique, en plongée, dont vous connaissez, mieux que quiconque, le faible rayon d'action sous l'eau ; or, tous sont revenus sains et saufs de ces incursions sous la banquise. Par conséquent, étant donné l'autonomie sous-marine de plusieurs

1. Appareils directionnels de détection sous-marine par échos ultra-sonores (Asdic des Anglais).

2. Riposte.

semaines dont bénéficie, pour la première fois dans l'Histoire, le *Nautilus*, nous pouvons envisager de reprendre ces expériences, sans aucune appréhension.

Toutefois, pour accomplir cette mission avec le maximum de sécurité et d'efficacité, nous devons nous familiariser avec la zone d'opérations, nouvelle pour nous.

Dès que j'ai été mis au courant de ce projet de croisière, j'ai rassemblé toute la documentation existant sur l'Arctique, et je me suis mis à l'étudier. J'ai invité les officiers à en faire autant, lorsque j'ai été autorisé à les informer de notre future mission.

Durant notre traversée sous-marine de l'Atlantique, le commandant en second vous racontera ce que nous avons appris à ce sujet. Ceux d'entre vous qui le désireront pourront lire ou relire les récits des expéditions de surface ou aériennes effectuées, jusqu'ici, en Arctique. J'ai fait embarquer un certain nombre d'exemplaires des ouvrages intéressants, à ce sujet, pour nos bibliothèques.

Je suis persuadé que ces lectures vous passionneront, pendant que nous ferons route pour entreprendre l'exploration de cette région, d'une manière inédite, grâce aux performances « révolutionnaires » de notre navire, dont nul, avant l'amiral Rickover, n'avait osé rêver... sauf Jules Verne !

Le capitaine de corvette Cobean, commandant en second, montre la carte.

— Voici la région polaire nord, commence-t-il. Cette portion du globe — ce « toit du Monde », comme on dit parfois — est ici projetée sur un plan tangentant notre planète au pôle géographique Nord et en prenant comme point de projection le pôle Sud[1].

C'est le système de représentation de la calotte sphérique nord qui se rapproche le plus de l'aspect réel que l'on a d'elle en regardant un globe terrestre au-dessus du pôle Nord.

Les lignes d'égale latitude — ou parallèles — y sont effectivement représentées, comme il se doit, par des petits cercles centrés sur le pôle et les méridiens par des droites convergeant vers le même pôle... comme dans la réalité.

Le système classique de représentation cartographique sur un quadrillage rectangulaire de méridiens et de parallèles rectilignes n'est pas valable dans ce cas. Il a d'ailleurs été imaginé par Mercator pour représenter les régions équatoriales et tempérées, seules connues à son époque.

Sur notre carte, la situation de l'océan Arctique apparaît dans toute son importance... surtout à l'heure actuelle, parce qu'il est presque

1. Projection stéréographique polaire.

entièrement entouré par les côtes septentrionales de l'Ancien et du Nouveau Monde.

Ces littoraux dessinent, aux environs du cercle de 70° de latitude, deux croissants à peu près symétriques dont les pointes correspondantes sont très rapprochées l'une de l'autre au détroit de Behring — côté du Pacifique — et relativement écartées, entre la Norvège et le Groenland, côté Atlantique.

Première conclusion. Il n'y a pratiquement que deux accès maritimes à l'océan Arctique : la « porte » — étroite et basse — de Behring — large de 80 kilomètres et profonde de 30 à 40 mètres seulement — et la « porte » — large et haute — de la mer du Groenland — large de 1 300 kilomètres et profonde de plus de 1 000 mètres.

Nous commençons par la « grande porte ».

Je ne parle pas des chenaux existants entre le Groenland et l'île Ellesmere, ainsi qu'à travers les îles canadiennes de l'Arctique, d'un accès extrêmement difficile.

Seconde conclusion. En ligne droite, sur cette carte — c'est-à-dire en suivant un arc de grand cercle terrestre dans la réalité — la traversée de l'océan Arctique est le plus court chemin pour aller des régions septentrionales de l'un des continents aux régions correspondantes de l'autre.

Les aviateurs ont compris cela parfaitement depuis trente ans ; mais cette traversée est aussi la route maritime la plus courte pour aller de l'Arctique américain à l'Arctique Nord, et inversement... à condition de pouvoir pratiquer cette route.

— Cette évidence, poursuit le commandant Cobean, s'est présentée à l'esprit des hommes avisés... et intéressés, dès que la forme sphérique de notre univers eut été démontrée de manière indiscutable par le périple de l'équipe Magellan revenue à son point de départ espagnol en poursuivant obstinément sa route vers l'ouest... en contournant successivement, par le sud, l'Amérique puis l'Afrique.

A la suite de cette démonstration les armateurs et négociants de la Cité de Londres, Robert Thorne et Roger Barlow, adressèrent à Henri VIII leur fameuse *Declaration of Indies*[1] dans laquelle, avec une parfaite logique, ils écrivaient :

« Il ne reste plus de découvertes à faire que dans le Nord, les trois autres parties du monde ayant été explorées par d'autres hommes[2]... *Si la mer Arctique est navigable*, il est évident qu'en mettant le cap au Nord, *jusqu'au pôle*, puis en redescendant — toujours au même

1. De 1530.
2. Le sud et l'est par Gama. Le sud et l'ouest par Magellan.

cap — vers la ligne des équinoxes [1], nous atteindrons les îles à épices [2] par une *route plus courte* que celle de l'est — qui oblige à contourner l'Afrique par la mer Australe — et que celle de l'ouest — qui oblige à contourner l'Amérique par le détroit de Magellan... »

Ces braves commerçants, aux vues hardies et « planétaires » — comme nous disons aujourd'hui — ne pouvaient se rendre compte, précisément, à quel point la « mer Arctique *n'était pas* navigable » au sens « classique » du terme... et qu'elle le resterait jusqu'à nos jours...

Sans doute se refusaient-ils à croire l'histoire de ce marseillais Pythéas qui — 340 ans avant notre ère — avait raconté « qu'au-delà de Thulé [3] il ne subsistait plus ni terre, ni mer, ni air, mais un composé de ces trois éléments. Quelque chose comme le « poumon de la Terre ». Une matière qui, enveloppant de tous côtés la terre, la mer, tout l'univers, en est comme le lien commun et au travers de laquelle on ne pouvait *ni marcher ni naviguer* ». Autrement dit, qui, le premier — à notre connaissance — s'était heurté à cette immensité de glaces flottantes, mouvantes et cahotiques recouvrant éternellement cet océan.

Toujours est-il que, quatorze ans après la *Declaration of Indies*, la première expédition anglaise partait à la découverte de la « route arctique ». Se heurtant à son tour, cap au nord, à l'infranchissable banquise permanente, son chef, Chancellor, obligé d'incliner sa route vers l'est, au-delà de la côte norvégienne, établissait, par la mer Blanche, la première liaison maritime de la Moscovie avec l'Occident.

Deux ans plus tard Burrough atteignait la Nouvelle-Zemble et, à la fin du siècle, le Hollandais Barrentz découvrait le Spitzberg [4] et pénétrait en mer de Kara.

Au cours des siècles suivants bien d'autres tentatives furent faites, pendant l'été, pour naviguer entre la côte sibérienne et la banquise afin d'atteindre le Pacifique par ce qu'on appelait le « Passage du Nord-Est » et que les Russes appellent aujourd'hui la « Route maritime du Nord ».

Simultanément, d'autres navigateurs tentaient de découvrir le « Passage du Nord-Ouest » au nord de l'Amérique.

— Des deux côtés, explique le second du *Nautilus*, c'est par les fleuves se jetant dans l'Arctique que les explorateurs atteignirent d'abord les côtes sibériennes et américaines de cet océan.

La première tentative sérieuse faite pour franchir le « Passage du

1. L'équateur.
2. Les Molluques.
3. Probablement l'Islande.
4. Ou redécouvrait ce que les Vikings avaient appelé Swalbard (côte froide).

Nord-Ouest » avec des navires fut celle de la tragique expédition de Franklin, en 1848, dont la disparition suscita l'envoi de nombreux navires de recherche, à la fois par l'Atlantique et par le Pacifique.

En 1850, Mac Clure, pénétrant dans l'Arctique par le détroit de Behring avec l'*Investigator*, longea la côte nord de l'Alaska, et parvint jusqu'au détroit du Prince de Galles entre les îles de Banks et du Prince Albert de l'archipel canadien. Là l'*Investigator* fut définitivement bloqué.

Dans cette situation désespérée, Mac Clure eut la chance inouïe de voir arriver sur la glace un officier anglais de l'expédition Belcher, *venue par l'Atlantique*, et, abandonnant son navire, il rallia, avec son équipage, le *North Star*, à bord duquel il acheva la *première traversée arctique*, du Pacifique à l'Atlantique, par la route maritime nord-américaine... mais pas avec le même navire [1] !

C'est le célèbre explorateur norvégien Amundsen — quelques années avant de devancer Scott au pôle Sud — qui a réussi, pour la première fois, à faire passer un navire de l'Atlantique au Pacifique par le nord de l'Amérique.

Se rappelant le tragique sort de l'expédition Franklin, embarquée sur deux frégates comptant trop de bouches à nourrir, Amundsen réalisa son exploit avec un petit cotre de 47 tonneaux, vieux de trente ans, à bord duquel il installa un moteur auxiliaire de 120 chevaux, ce qui lui permit de n'emmener que six compagnons. En outre, seul un navire aussi petit pouvait se glisser dans les chenaux peu profonds longeant le continent nord-américain.

Cet exploit ne fut renouvelé — dans les deux sens — qu'en 1940 et 1944 par le Canadien Larsen à bord du petit cotre *Saint-Rock*.

Dix ans plus tard, à l'occasion de l'implantation des stations avancées de détection antiaérienne, le véritable chenal en eaux profondes par le détroit de Lancaster, le sound de Melville et le détroit de Mac Clure a été forcé d'un océan à l'autre par les brise-glace U.S. *Burton Island* et *North Wind*, cependant que le brise-glace canadien *Labrador* effectuait le tour complet de l'Amérique du Nord, de Halifax à Halifax, par l'Arctique et Panama.

Depuis, vous le savez, l'*U.S. Navy* organise chaque année des expéditions combinées partant simultanément de nos ports de l'Atlantique et du Pacifique pour aller ravitailler les stations météo et de détection de l'Atlantique américain [2].

---

1. L'*Investigator* sera retrouvé intact, dérivant au nord de la côte alaskienne, en 1910, soit soixante ans après son entrée dans l'Arctique !

2. Au cours de cet été de 1957, les garde-côtes américains *Storis, Bramble* et *Spar*, aidés par le brise-glace canadien *Labrador*, allaient passer du Pacifique à l'Atlantique et découvrir un chenal profond dans le détroit de Bellot, au nord de la presqu'île de Boothia.

Après une légère pause, le commandant Cobean reprend son exposé.

— Du côté du « Passage du Nord-Est », c'est seulement en 1878-79 que le Suédois Nordenskjöld, parti de la mer du Nord, à bord du petit voilier *Véga*, réussit à atteindre le Pacifique par la route maritime du nord-sibérien.

C'était un exploit sensationnel mais qui restait sans portée pratique à cette époque. Cette route maritime du nord de l'Asie n'a pu être utilisée commercialement et stratégiquement qu'à la suite de deux révolutions techniques : la propulsion mécanique des navires et la collaboration de l'aviation.

La première a permis, d'abord, la réalisation de navires brise-glace, à coques en fer, mus par la puissance de la vapeur. En 1914-1915, les premiers navires de ce type, le *Taïmyr* et le *Vaïgatch*, réussirent, pour la première fois, à *forcer le passage* vers l'ouest, de Petropavlosk à Arkangelsk.

L'aviation a permis, ensuite, l'équipement météorologique et glaciologique permanent, indispensable pour le guidage des brise-glace, en assurant rapidement, à toutes époques de l'année, les reconnaissances sur la banquise et les liaisons entre les différentes stations de l'Arctique.

Bref, ne pouvant s'ouvrir la route transarctique *directe par le pôle* — préconisée par la *Declaration of Indies* de 1530 — en raison de l'obstacle infranchissable opposé, jusqu'ici, par la banquise permanente, à la navigation « classique », les marins ont tenté pendant des siècles, et n'ont pratiquement réussi — et cela d'une manière temporaire et précaire — qu'au cours de ces dernières années à *se glisser le long des côtes* septentrionales de l'Asie et de l'Amérique, avec l'aide de navires brise-glace de plus en plus puissants, dont le fameux *Lénine* nucléaire de 16 000 tonnes et 44 000 chevaux, actuellement en cours d'achèvement par les Russes.

A l'heure où avions et missiles peuvent franchir l'Arctique à tout moment et en tous sens, nous sommes obligés de constater que cet océan n'est toujours pas navigable dans la pleine acception classique du mot.

Les conditions dans lesquelles s'effectue le transit *épisodique* de quelques navires le long des côtes continentales ne permettent pas d'assurer la rentabilité commerciale d'un tel trafic et on ne peut pas concevoir d'opérations navales de surface dans l'ensemble de l'Arctique.

Il est assez paradoxal de penser, qu'alors que les stratèges maritimes se vantent de la mobilité opérationnelle de leurs *task forces* sur une surface recouvrant les sept dixièmes du globe, la partie de cette surface située précisément *entre les deux « Grands »* leur est interdite par un caprice de la nature, comme du temps de Pythéas !

Parvenu à ce point de sa causerie, le commandant Cobean, lisant dans les yeux de ses auditeurs, ajoute :

— Vous vous dites : tout cela c'est pour nous expliquer pourquoi on a pensé à nous !

La banquise s'oppose aux mouvements des navires *de surface*, mais pas à ceux des sous-marins qui peuvent *passer par-dessous* !

Jules Verne y avait déjà pensé... seulement, son *Nautilus* ne naviguait que dans son imagination, tandis que le nôtre nous y emmène en chair et en os...

Or, qui sait comment est fait le dessous de la banquise puisque, jusqu'ici, aucun homme ne l'a vu ?

D'autre part, cette carapace flottante n'a pas permis de sonder régulièrement l'océan Arctique. Nous ne connaissons donc pas mieux le relief sous-marin que le relief sous-glaciaire.

N'allons-nous pas nous trouver dans la situation de spéléologues qui s'aventurent dans le syphon d'une rivière souterraine sans connaître ni le profil de la voûte ni celui du lit ?

Or, notre *Nautilus* n'est pas un homme-grenouille ! Il a quinze mètres d'encombrement de sa quille au sommet de son kiosque !

Enfin, à quoi pourrait servir la possibilité de se promener entre glace et fond sans voir ce qui se passe au-dessus et sans pouvoir communiquer avec le monde extérieur ?

C'est bien à tout cela que vous pensez ?

Devant les signes affirmatifs faits par les gradés et les matelots, le commandant en second reprend :

— Je vous parle depuis une heure. Nous allons nous en tenir là pour aujourd'hui. Nous avons onze jours à passer sous l'eau libre avant d'aborder cette fameuse banquise.

Demain, avec une partie d'entre vous et les camarades qui sont de quart en ce moment, nous commencerons à voir ce que l'on sait, précisément, sur cette banquise...

2

Il ira au pôle !

Le second regagne le carré des officiers.

Le commandant Anderson a étalé sur la table une carte de l'Arctique identique à celle qui est affichée dans le mess de l'équipage et il discute avec l'état-major les divers aspects techniques de l'opération.

A la fin de cet échange de vues, le lieutenant de vaisseau Carr demande soudain :

— Commandant, y a-t-il longtemps que l'on a pensé, pour la première fois, dans l'*U.S. Navy*, à ce genre de navigation ?

— Mon cher Ken, répond Anderson, c'est à notre savant, le Dr Lyon, ici présent, qu'il faut poser la question. A ma connaissance, il a suggéré la participation du sous-marin *Sennet* à la grande expédition antarctique américaine de 1946-47, et il a tenu à venir avec nous, dix ans après, pour voir comment un sous-marin nucléaire doté d'un équipement — à la réalisation duquel il a consacré tant d'efforts — va se comporter à son tour face au *pack*.

— Je reverrai toujours, dit le Dr Waldo Lyon, Directeur du Laboratoire de Recherches Sous-marines et Polaires de San Diego, ce brave *Sennet* immobilisé au milieu du *pack* de la mer de Ross et surchargé d'énormes glaçons, entassés sur son pont au point de le faire s'enfoncer, ballasts vides ! Heureusement, le brise-glace *North Wind* a pu parvenir jusqu'à lui, alors que le kiosque émergeait encore, et il a réussi à lui passer une remorque. Il lui a fallu deux jours pour le ramener en eaux libres et l'expérience a paru concluante : durant toute la suite de l'expédition le *Sennet* est demeuré prudemment hors de la banquise !

— Mais, avant 1946, insiste Kenneth Carr, quelqu'un avait bien dû avoir l'idée de faire plonger un sous-marin sous les glaces ?

— S'il s'agit *de l'idée*, reprend le Dr Lyon, il faut bien, là encore, en revenir à Jules Verne, le prophétique anticipateur de *Vingt mille lieues sous les mers*.

Non seulement notre *Nautilus* réalise largement les caractéristiques, absolument inconcevables à l'époque où il les attribuait au sien, mais il faisait accomplir à ce dernier — en Antarctique — précisément ce que nous nous proposons de tenter en Arctique.

Je crois que jamais Jules Verne n'a pu rêver lecteurs plus directement intéressés à ses vues que nous le sommes en ce moment alors que, passagers réels du vrai *Nautilus*, nous faisons route vers la banquise.

Si vous le permettez nous allons relire le passage dans lequel le professeur français Aronnax raconte ce qui se passe au moment où le sous-marin se trouve bloqué dans le *pack* antarctique, comme l'était réellement — et malheureusement pour lui — notre *Sennet*...

« — Qu'en pensez-vous, monsieur le professeur ? dit le capitaine Nemo.

— Je pense que nous sommes pris, capitaine.

— Pris ? Et comment l'entendez-vous ?

— J'entends que nous ne pouvons aller ni en avant, ni en arrière, ni d'aucun côté. C'est, je crois, ce qui s'appelle « pris » — du moins sur les continents habités...

— Ainsi, monsieur Aronnax, vous pensez que le *Nautilus* ne pourra pas se dégager ?

— Difficilement, capitaine, car la saison est déjà trop avancée pour que vous puissiez compter sur une débâcle des glaces.

— Ah ! monsieur le professeur, répondit le capitaine Nemo d'un ton ironique, vous serez donc toujours le même ! Vous ne voyez qu'empêchements et obstacles ! Moi je vous affirme que, non seulement le *Nautilus* se dégagera, mais qu'*il ira plus loin encore* !

— Plus au sud ? demandai-je en regardant le capitaine.

— Oui, monsieur. *Il ira au pôle.*

— Au pôle ! m'écriai-je, ne pouvant retenir un mouvement d'incrédulité.

— Oui, répondit le capitaine. Au pôle antarctique. A ce point inconnu où se croisent tous les méridiens du globe. Vous savez si je fais du *Nautilus* ce que je veux ?...

Il me vint alors à l'idée de demander au capitaine Nemo s'il avait déjà découvert ce pôle que n'avait jamais foulé le pied d'une créature humaine.

— Non, monsieur, me répondit-il, et nous le découvrirons ensemble. *Là où d'autres ont échoué je n'échouerai pas...*

— Je veux vous croire, repris-je d'un ton ironique... brisons cette banquise... faisons-la sauter... et, si elle résiste, donnons des ailes au *Nautilus* pour qu'il puisse passer par-dessus !

— Par-dessus ? Non point, monsieur le professeur, mais *par-dessous* !

— Par-dessous ! m'écriai-je.

J'avais compris. *Les merveilleuses aptitudes du Nautilus* allaient encore le servir dans cette entreprise surhumaine.

— Je crois que nous commençons à nous comprendre, monsieur le professeur. *Ce qui est impraticable pour un navire ordinaire devient facile au Nautilus*. Si un continent émerge au pôle, il s'arrêtera devant ce continent. Mais si c'est, au contraire, la mer libre qui le baigne, il ira au pôle même.

— En effet, *la mer doit être libre sous la banquise* et, si je ne me trompe, la partie immergée de cette banquise est à la partie émergée comme quatre est à un ?

— A peu près, monsieur le professeur, pour un pied de glace au-dessus il y en a trois au-dessous du niveau de la mer. Or, puisque ces montagnes de glace ne dépassent pas une altitude de 100 mètres, elles ne s'enfoncent que de 300 ; or, *qu'est-ce que 300 mètres d'immersion pour le Nautilus* ?

— Rien, capitaine.

— Il pourra même aller chercher à une profondeur plus grande cette température uniforme des eaux marines et là *nous traverserons impunément les trente ou quarante degrés de froid de la surface*.

— Très juste, répondis-je en m'animant.

— La seule difficulté sera de rester plusieurs jours immergés *sans renouveler notre provision d'air...*

— N'est-ce que cela ? répliquai-je. Le *Nautilus a de vastes réservoirs* ! Nous les remplirons et ils nous fourniront tout l'oxygène dont nous aurons besoin.

— Bien imaginé, monsieur Aronnax, répondit en souriant le capitaine. Mais ne voulant pas que vous puissiez m'accuser de témérité, je vous soumets à l'avance toutes mes objections.

— En avez-vous encore à faire ?

— Une seule. Il est possible, si la mer existe au pôle Sud, que cette mer soit entièrement prise et, par conséquent, que nous ne puissions pas revenir à sa surface.

— Bon, capitaine. Oubliez-vous que le *Nautilus* est armé d'un redoutable éperon et ne pourrons-nous le lancer obliquement contre ces champs de glace qui s'ouvriront au choc ?

— Eh ! monsieur le professeur, vous en avez des idées aujourd'hui !

— D'ailleurs, capitaine, ajoutai-je en m'enthousiasmant de plus belle, pourquoi ne rencontrerait-on pas la mer libre au pôle Sud comme au pôle Nord ? Les pôles du froid et les pôles géographiques ne se confondent ni dans l'hémisphère austral, ni dans l'hémisphère boréal et, jusqu'à preuve du contraire, on doit supposer ou un continent, ou un océan dégagé de glaces, à ces deux points du globe.

— Je le crois aussi, monsieur Aronnax, répondit le capitaine Nemo. Je vous ferai seulement observer qu'après avoir émis tant d'objections contre mon projet, vous m'écrasez maintenant d'arguments en sa faveur !

... Les préparatifs de cette audacieuse tentative commençaient. Les puissantes pompes du *Nautilus* refoulaient l'air dans les réservoirs et l'emmagasinaient à haute pression... Une dizaine d'hommes armés de pics cassèrent la jeune glace autour de la carène qui fut bientôt dégagée... Les réservoirs habituels se remplirent de cette eau tenue libre à la flottaison. Le *Nautilus* ne tarda pas à descendre...

A 300 mètres nous naviguions sous la surface ondulée de la banquise. Mais le *Nautilus* s'immergea plus bas encore. Il atteignit une profondeur de 800 mètres.

Sous cette mer libre le *Nautilus avait pris le chemin du pôle* sans s'écarter du 52e méridien. De 67°30' à 90° de latitude il restait 22°30' à parcourir, c'est-à-dire un peu moins de 500 lieues. Le *Nautilus* prit une vitesse moyenne de 26 nœuds, la vitesse d'un train express... »

— Un train express à 48 kilomètres/heure ! s'exclame le lieutenant de vaisseau William Lalor.

— N'oubliez pas que Jules Verne écrivait cela en 1868 ! rappelle Waldo Lyon. A cette époque, poursuit-il, le continent Antarctide avait été entrevu au bout de sa presqu'île sud-américaine par Palmer,

Graham et autres, de 1819 à 1831 ; par Dumont d'Urville et Wilkes, en 1840, au sud de l'Australie, et par Ross, deux ans plus tard, au fond de l'immense golfe situé au sud de la Nouvelle-Zélande où il avait découvert les volcans Erebus et Terror, à 2 400 kilomètres du pôle Sud géographique.

Presque à l'opposé de cette partie du continent, côté sud-atlantique, sur un méridien voisin de celui que suivait le *Nautilus* de Jules Verne, le capitaine de baleinier Weddell avait trouvé la mer libre jusqu'au 74e degré de latitude, en 1823.

C'est pourquoi notre romancier fait émerger son sous-marin en eau libre, en bordure d'un continent volcanique et — n'en étant pas à une heureuse coïncidence près — la côte dudit continent passe précisément par le pôle Sud ! Alors que — l'expédition motorisée du Dr Fuchs vient d'en faire l'expérience — le fond de la mer de Weddell est aussi éloigné de ce pôle que l'est, de l'autre côté, l'île de Ross et ses volcans.

Quant à l'existence du continent Antarctide — discutable à l'époque où le livre a été écrit étant donné le peu de points entrevus à son immense périphérie —, Jules Verne écrivait :

« L'ingénieur américain Maury a remarqué qu'au-delà du 60e parallèle sud on rencontre d'énormes icebergs qui sont des fragments de *glaciers terrestres*. De ce fait, il a tiré la conclusion que le cercle polaire antarctique renferme *des terres considérables*, puisque les icebergs ne peuvent se former en pleine mer, mais seulement sur les côtes.

Suivant ses calculs, la masse des glaces qui enveloppe le pôle austral *forme une vaste calotte dont le diamètre doit atteindre 4 000 kilomètres*. »

— Sur ce point, poursuit Lyon, les déductions scientifiques de Maury étaient plus exactes que les anticipations de Jules Verne quant aux possibilités d'un débarquement au pôle Sud même.

Mais ceci n'est qu'un détail. Revenons à l'*aventure sous-glaciaire*. Bien entendu, cette providentielle eau libre du pôle Sud tend à geler rapidement et, après avoir fait le plein de ses réserves d'air comprimé, le *Nautilus* replonge, descend à 300 mètres et met le cap au nord à 15 nœuds. C'est alors que se produit un extraordinaire accident.

« A 3 heures, raconte Aronnax, je fus réveillé par un choc violent... et précipité brusquement au milieu de ma chambre. Evidemment, le *Nautilus* donnait une bande considérable après avoir touché. Je consultai le manomètre. A ma grande surprise, il indiquait 360 mètres.

— Un incident, capitaine ? demandai-je.

— Non, monsieur, un accident cette fois.

— Grave ?

— Peut-être !

— Le danger est-il immédiat ?

— Non.
— Le *Nautilus* est-il échoué ?
— Oui.
— Et cet échouement est venu... ?
— D'un caprice de la nature. Un énorme bloc de glace, une montagne entière, s'est retourné. Lorsque les icebergs sont minés à leur base par des eaux plus chaudes leur centre de gravité remonte. Alors ils culbutent. L'un d'eux, en culbutant, a heurté le *Nautilus* flottant sous les eaux et, le relevant avec une force irrésistible, il l'a ramené dans les couches moins denses où il se trouve couché sur le flanc.
— Mais ne peut-on dégager le *Nautilus* en vidant les réservoirs de manière à le remettre dans l'équilibre correspondant à l'immersion ?
— C'est ce que nous faisons, monsieur. Le manomètre indique que le *Nautilus* remonte... mais l'iceberg remonte avec lui ! Jusqu'à ce qu'un obstacle arrête son mouvement ascensionnel notre position ne sera pas changée.
En effet le *Nautilus* se redresserait lorsque l'iceberg arrêterait lui-même de remonter. Mais, à ce moment, qui sait si nous n'aurions pas *heurté le dessous de la banquise* et si nous ne serions pas effroyablement *pressés entre les deux masses de glace* ? »
— En fait, résume Waldo, le retournement de l'iceberg contre le dessous de la banquise emprisonne le *Nautilus* dans une sorte de tunnel de glace obstrué aux deux bouts.

Pour en sortir il faut creuser un passage dans la direction où la glace est la moins épaisse. C'est sous le bâtiment que cette épaisseur est minimum, mais elle est tout de même de dix mètres !

L'équipage, doté de scaphandres autonomes éprouvés, sort du sas prévu à cet effet et se met au travail. Tout le problème est de savoir si le plancher de la prison de glace pourra être crevé avant l'épuisement complet de la réserve d'air respirable.

Je passe sur les péripéties de cette lutte pour la vie en citant, toutefois, le passage de ce récit qu'il me paraît intéressant de rapprocher de nos méthodes actuelles de régénération de l'air.

Rentrant à bord, après avoir participé à la « corvée de glace », Aronnax note :

« — Je faillis être asphyxié par l'acide carbonique dont l'atmosphère intérieure du navire était saturée.

Ah ! que n'avions-nous les moyens chimiques qui eussent permis de chasser ce gaz délétère ! L'oxygène ne nous manquait pas. Toute cette eau en contenait une quantité considérable et, en la décomposant par nos puissantes piles, elle nous eût restitué le fluide vivifiant...

J'y avais bien songé, mais à quoi bon ! puisque l'acide carbonique produit par notre respiration avait envahi toutes les parties du navire ? Pour l'absorber il eût fallu remplir des récipients de potasse caustique et les agiter incessamment. Or cette matière manquait à bord et rien ne pouvait la remplacer. »

— Bref, la lutte se prolonge pendant six jours. Toute la provision d'air est épuisée et l'atmosphère du sous-marin devient irrespirable. Il reste un mètre de glace au fond de la fosse. Le capitaine Nemo décide de crever cet obstacle avec le poids du sous-marin tous ballasts remplis. La glace cède et le navire coule comme une pierre. On chasse pour le ramener à l'immersion « classique » de 300 mètres et l'on fonce à toute vitesse... jusqu'à 40 nœuds ! vers le nord.

On dépasse enfin les derniers icebergs. La banquise s'amincit. Il faut tenter de la crever pour éviter l'asphyxie totale.

« A ce moment, raconte le narrateur, le manomètre indiqua que nous n'étions plus qu'à 20 pieds de la surface. Un simple « champ de glace » nous séparait de l'atmosphère pure. Ne pouvait-on le briser ?

En tout cas le *Nautilus* allait le tenter. Je sentis, en effet, qu'il prenait une position oblique, abaissant son arrière et relevant son éperon. Une introduction d'eau avait suffi pour rompre l'équilibre. Puis, poussé par sa puissante hélice, *il attaqua l'icefield par en dessous*, comme un formidable bélier.

Il le crevait peu à peu, se retirait, donnait à toute vitesse contre le champ qui se déchirait et, enfin, emporté par un élan suprême, il s'élança sur la surface glacée qu'il écrasa de son poids.

Le panneau fut ouvert et l'air pur s'introduisit à flots dans toutes les parties du *Nautilus*. »

— Quarante nœuds ! remarque le commandant Anderson. Cela paraissait une pure utopie en 1868... Pourtant, des navires de surface, même d'assez fort tonnage, comme les gros contre-torpilleurs français — qui étaient, en fait, de petits croiseurs — ont dépassé cette vitesse avant la Seconde Guerre mondiale.

Mais, jusqu'à ces dernières années, cela restait toujours aussi inimaginable pour des sous-marins propulsés, en plongée, par des moteurs électriques alimentés par des accumulateurs.

Depuis l'avènement du *Nautilus* nucléaire, cela ne devient plus du tout utopique... Quant à l'allure de 15 nœuds, en croisière sous-marine de longue durée, n'est-ce pas précisément celle à laquelle nous traversons actuellement l'Atlantique ?

— Bien entendu, observe le lieutenant de vaisseau Cole, cette histoire d'iceberg culbutant juste au passage du *Nautilus* pour venir le coincer contre le dessous de la banquise, ce n'est plus de l'anticipation mais de la pure fiction invraisemblable...

Il n'en reste pas moins que les icebergs présentent, pour ce genre de navigation, un danger très réel du fait de leur énorme tirant d'eau. Le rapport de la partie émergée à la partie immergée n'est pas seulement de un à quatre, comme le fait dire Jules Verne à son professeur, mais, si je ne m'abuse, de un à six, sept et même huit selon la forme générale de ce morceau de glacier en dérive.

Or, depuis le drame du *Titanic*, personne n'ignore qu'il y a des icebergs, venus du nord, dans les parages de Terre-Neuve. Ne risque-t-on pas d'en rencontrer au milieu de la banquise arctique ?

— C'est extrêmement improbable, affirme le Dr Lyon. Jusqu'à une date assez récente on n'en avait jamais vu en Arctique et cela s'explique par le sens des courants de dérive à partir des sources possibles de ces icebergs.

La source principale — celle des icebergs de Terre-Neuve — est évidemment l'énorme calotte glaciaire du Groenland glissant lentement vers la mer par les créneaux ouverts dans les montagnes littorales à l'est et à l'ouest.

Lorsque ces langues glaciaires se sont trop avancées dans la mer, leurs extrémités flottent et se rompent. Ces pans de glacier partent en dérive *vers le sud*, car les courants côtiers portent uniquement dans cette direction, aussi bien sur la côte est que sur la côte ouest du Groenland.

Dans la mer de Baffin et le détroit de Davis, c'est le courant du Labrador qui les amène sur les bancs de Terre-Neuve où — se heurtant au courant chaud du Gulf Stream — ils stationnent et fondent plus ou moins rapidement.

Depuis la catastrophe du *Titanic*, nous savons tous que le Service de la Patrouille des Glaces détecte et suit tous les icebergs pouvant être dangereux pour la navigation dans l'Atlantique Nord-Ouest.

Les glaciers du Spitzberg et des îles de l'Arctique sibérien ne produisent que des icebergs relativement petits et peu différents des amoncellements de blocs de glace de la banquise.

Bref, les explorateurs ayant longuement séjourné sur la banquise arctique comme Nansen, Peary, Papanine, etc. n'avaient jamais remarqué d'icebergs comparables à ceux du détroit de Davis et, encore moins, aux immenses icebergs de l'Antarctique.

C'est l'exploration aérienne systématique de l'immense étendue de la banquise arctique qui a permis d'y déceler la présence de grands icebergs plats. Ils sont devenus brusquement célèbres sous le nom « spectaculaire » d'« îles flottantes », il y a cinq ans, lorsque le colonel de l'*Air Force* Joe Fletcher s'est posé en avion sur l'une d'elles.

En fait, c'est le 14 août 1946 que le navigateur d'un B 29 a remarqué sur son écran radar une tache très étendue et très distincte de celles que produisait habituellement la banquise sur son appareil. Elle paraissait correspondre, *a priori*, à une de ces îles arctiques recouvertes d'une carapace de glace. Or, cela se passait à 300 milles au nord de Point Barrow [1], au beau milieu de l'Arctique, là où jamais aucune île n'avait été vue.

C'était un triangle irrégulier d'environ trente kilomètres de côté et d'une trentaine de mètres d'altitude maximum. Dans les semaines suivantes on constata que cette île se déplaçait et l'*Air Force*, l'ayant baptisée T 1 [2], continua à la suivre secrètement — sur l'ordre du Pentagone — pendant trois ans, au cours desquels elle se rapprocha du pôle, au nord de l'archipel canadien.

En juillet 1950, une deuxième « île de glace », aussi grande, était détectée à 200 milles du pôle, dans la direction de la Sibérie orientale. Ce fut T 2.

La semaine suivante T 3 était découverte à 260 milles au nord de l'île Wrangel. En forme de lentille, elle était plus petite que les précédentes avec ses 16 kilomètres sur 8 kilomètres.

A la fin de 1950, le colonel Fletcher fut autorisé à révéler l'existence de ces icebergs arctiques à la première conférence scientifique alaskienne, en raison de la possibilité de les utiliser comme observatoires scientifiques.

T 2 et T 3 suivaient des routes parallèles, mais situées plus au nord que celle de T 1.

T 2 passa près du pôle, mais du côté soviétique, en direction de la pointe nord-est du Groenland où elle fut happée par le courant « descendant » le long de la côte orientale de cette grande île et entraînée vers l'Atlantique.

T 3 approchait du pôle, mais du côté canadien, en mars 1952, lorsque la première équipe aéroportée, partie de Thulé, s'y posa.

Quant à T 1 on la retrouva, le mois suivant, près d'une échancrure du glacier nord de l'île Ellesmere dans laquelle elle aurait pu s'emboîter exactement, révélant ainsi l'origine de sa naissance.

Les icebergs nés de ce glacier échappent aux courants de direction sud des côtes groenlandaises et décrivent dans l'Arctique central des ellipses, plus ou moins allongées vers l'ouest, et élargies vers le nord, pendant une période d'une dizaine d'années.

Malheur à celles qui élargissent leur ellipse au-delà du pôle, côté russe, car elles risquent, comme T 2, d'être aspirées vers l'Atlantique, dans le nord du Groenland...

— Mais, docteur, remarque Cole, ce qui nous intéresse c'est le « tirant d'eau » de ces « îles flottantes »... et, également, leur nombre, car c'est leur nombre qui déterminera la plus ou moins grande probabilité d'en rencontrer.

— Après la découverte de ces premiers grands icebergs, répond Lyon, les aviateurs des U.S.A. et du Canada se sont livrés à une chasse

1. Cap le plus nord de la côte arctique de l'Alaska.
2. T pour *Target*, c'est-à-dire But n° 1.

en règle. C'est évidemment dans les eaux de l'archipel canadien, où elles prennent naissance, qu'elles sont les plus nombreuses. On y a dénombré une trentaine de ces blocs de glace terrestre ; mais peu d'entre eux parviennent à se dégager des îles et à échapper aux courants allant rejoindre celui du Labrador. C'est pourquoi il a fallu attendre l'exploration systématique de l'Arctique central pour découvrir celles qui avaient réussi, exceptionnellement, à s'échapper.

Quant à leurs tirants d'eau... ceux de T 1 et T 2 n'ont pas été mesurés, mais si leur altitude maximum était de 30 mètres, il pouvait être de l'ordre de 150 mètres.

Celui de T 3, dont l'altitude ne dépassait pas une dizaine de mètres, a été mesuré et atteignait 50 mètres.

Les icebergs groenlandais de Terre-Neuve ont quelquefois des altitudes et des tirants d'eau supérieurs.

— La probabilité de rencontrer, sous la banquise, la « carène » immergée d'une « île flottante », *non repérée* par l'aviation arctique, est donc extrêmement faible, conclut le commandant Anderson ; mais nous ne pouvons négliger ce risque. Heureusement, nous disposons, pour détecter à distance un tel obstacle, d'un appareil merveilleux auquel n'avait pas songé Jules Verne... le fameux sonar !

3

La bataille des glaces

Au cours du lunch, au carré, le lieutenant de vaisseau William Lalor, officier de navigation, revient sur le roman de Jules Verne évoqué précédemment.

— Dans le passage de *Vingt Mille Lieues sous les mers* que vous nous avez lu, dit-il au Dr Lyon, son *Nautilus*, dont l'atmosphère intérieure est devenue irrespirable, réussit à crever le « champ de glace » à coups d'éperon. Si j'ai bien compris, il s'agissait d'une glace de 20 pieds, soit 6 mètres d'épaisseur !

— Non, rectifie Lyon. Le romancier fait écrire textuellement à Aronnax : « Le manomètre indiqua que nous n'étions plus qu'à 20 pieds de la surface. » Autrement dit, il s'agissait de l'immersion du sous-marin et non de l'épaisseur de la glace.

— Peu importe, reprend Lalor. Depuis que l'on étudie sérieusement ce genre de navigation, est-ce que quelqu'un a envisagé cette possibilité ?... Car, enfin, quoique nous ayons l'avantage, sur le *Nautilus* imaginaire, de pouvoir régénérer notre atmosphère pendant beaucoup plus longtemps que lui, il peut survenir une avarie ou un accident nous obligeant à faire surface à tout prix... Un incendie, par exemple, même peu grave, mais nous enfumant...

— Croyez bien, Bill, intervient le commandant, que nous ne sommes pas les premiers à envisager une telle situation.

Tous ceux qui ont sérieusement projeté — ou tenté — de pénétrer sous la banquise avec des sous-marins électriques, à faible endurance de plongée, se basaient nécessairement sur la possibilité de faire surface assez fréquemment.

Jusqu'à plus ample informé, le premier en date de ces projets réels me paraît être celui mentionné dans une grande revue du début du siècle [1].

« Le pôle n'ayant pas encore été atteint, ni en bateau, ni en ballon, y lit-on, un hardi explorateur, M. Auschutz-Kampfe, a conçu le projet d'*y parvenir en sous-marin*.

Il a développé récemment son projet devant la Société de Géographie de Vienne.

Il estime que la profondeur d'immersion des glaces polaires *ne dépasse pas 30 mètres*. Or son bateau serait capable de descendre à 50 mètres de profondeur, où il se trouvera *à l'abri du froid, de la tempête et de la pression des glaces*.

Il aurait, en outre, la faculté de demeurer sous l'eau pendant quinze heures, ce qui lui permettrait, en supposant qu'il fasse seulement 3 nœuds à l'heure [2], de parcourir — sans avoir besoin de remonter à la surface — une distance de 45 milles (83 kilomètres) et les explorateurs polaires sont unanimes — toujours d'après M. Auschutz-Kampfe — à affirmer qu'il est rare de rencontrer une plaine de glace qui s'étende sur *plus de 3 milles sans aucune solution de continuité*.

Si ces conditions sont remplies le voyage au pôle en sous-marin semble réalisable, et pas plus téméraire, dans tous les cas, que le *voyage en ballon de l'infortuné Andrée*.

Le tout est de se procurer un bateau possédant les qualités voulues. On assure que ce bateau serait déjà en construction dans les chantiers de Wilhemshafen. »

— A ma connaissance, poursuit le commandant, on n'a plus entendu parler de ce projet. Quant à l'aéronaute suédois Andrée, auquel il est fait allusion dans cette nouvelle, vous savez qu'avec ses deux compagnons, Strindberg et Fraenkel, il a survolé, pour la première fois, la banquise arctique en 1897, avec un ballon construit à Paris, et qu'aucun des trois hommes n'en est revenu... vivant.

A l'époque où paraissait l'article sur le premier projet de navigation sous-glaciaire on ignorait ce qu'ils étaient devenus, puisque ce n'est qu'en 1930 que l'on a retrouvé leurs cadavres, leurs carnets de route

1. L'*Illustration* du 19 octobre 1901.

2. On doit dire 3 nœuds tout court ou 3 milles marins à l'heure c'est-à-dire cinq kilomètres et demi.

et leurs photos sur l'île Blanche, située dans l'est du Spitzberg d'où ils étaient partis, trente-trois ans plus tôt !

On a ainsi appris qu'ils avaient tenu l'air, au-dessus de la banquise, pendant soixante-six heures ! Ils seraient parvenus au pôle en beaucoup moins de temps si le vent les avait portés régulièrement dans cette direction ; mais, ballottés par des vents variables, leur guide-rope s'était accroché dans des blocs de glace.

Bref, au moment où ils furent contraints de se poser sur la banquise, ils n'étaient qu'à 300 kilomètres au nord du Spitzberg et encore à 800 kilomètres du pôle. Après deux mois de lutte sur le chaos des glaces en dérive, ils parvinrent à atteindre l'île Blanche sur laquelle ils succombèrent au cours de l'hiver.

— Commandant, demande Lalor, sur quels documents vraiment sérieux pouvait se baser ce M. Auschutz-Kampfe, en 1900, pour affirmer, d'une part, que la profondeur d'immersion des glaces flottantes ne dépasse pas 30 mètres, et, d'autre part, qu'il est rare de rencontrer une « plaine » de glace qui s'étende sur plus de 3 milles sans aucune solution de continuité ?

— Mais, essentiellement, sur l'odyssée de Nansen et de son *Fram*, répond Anderson.

Cette fois, il ne s'agit pas d'un roman, et je crois qu'à l'heure actuelle encore, il n'existe pas d'observations plus complètes sur la banquise. N'oublions pas qu'il y a passé trois années entières ! Volontairement, et dans des conditions qui lui permettaient de l'observer à loisir, dans tous ses détails.

A y bien réfléchir, la conception et la réalisation de sa traversée arctique fut aussi « révolutionnaire », dans son genre, que le sera peut-être la nôtre.

« Pour vaincre la résistance des glaces, a écrit Nansen, très justement, au début de sa relation de voyage, il était nécessaire d'imaginer un *nouveau moyen de pénétration dans le bassin polaire*, et de choisir une nouvelle route... »

— C'est curieux, remarque le commandant Cobean, c'est à peu près ce que je disais à l'équipage tout à l'heure en lui expliquant l'intérêt de notre mission...

— Le *Fram*, reprend Anderson, était un navire aussi extraordinaire pour son époque que l'est le *Nautilus* actuellement.

Nansen nous explique sa conception. En 1881, le navire « classique » *Jeannette*, parti en exploration en Arctique, par le détroit de Behring, était écrasé par les glaces au nord de l'archipel des îles de la Nouvelle-Sibérie. Trois ans plus tard, des épaves authentiques de ce navire étaient recueillies sur un glaçon devant Juliannehaab, à l'extrémité sud-ouest du Groenland.

Pour le savant explorateur norvégien, ces épaves avaient été entraînées en ce point par le courant « descendant » le long de la côte orientale du Groenland. Elles étaient donc passées très au nord des archipels de François-Joseph et du Spitzberg, donc « probablement au voisinage du pôle ».

« Dans l'état de nos connaissances, écrivait-il, c'est, du moins, le seul itinéraire plausible... Du lieu du naufrage à Juliannehaab, les épaves ont parcouru 2 900 milles en onze cents jours, soit à la vitesse moyenne de 2,6 milles par vingt-quatre heures, ce qui correspond aux vitesses de dérive des glaces, déjà connues. »

— Il en concluait :

« Si la plupart des tentatives faites pour atteindre le pôle en marchant sur la banquise ont échoué jusqu'ici, c'est qu'elles ont été entreprises à partir de l'Atlantique, donc à *contre-courant*. Les terribles efforts faits pour avancer vers le nord étaient annulés par la *translation en sens inverse* du chaos des glaces flottantes au travers duquel on croyait avancer...

Pour être, au contraire, *aidé par ce courant*, il fallait partir de l'Arctique oriental sibérien, *comme les épaves de la Jeannette*... Tel fut le but de mon expédition... Peu m'importait de passer exactement par le pôle... il s'agissait d'explorer une vaste région arctique demeurée jusque-là inaccessible. »

— Si l'idée était simple, dans son principe, commente Anderson, il fallait, pour la réaliser, ainsi que cela arrive souvent, faire preuve d'une grande ingéniosité technique.

Il s'agissait d'imaginer et de construire un navire destiné à atteindre délibérément l'endroit où un bâtiment « classique » *avait été écrasé* et capable de résister, pendant des années, aux pressions incalculables des glaces.

Ce navire avait une forme ovoïde « afin de pouvoir glisser *hors* de la glace, comme une savonnette, sous la pression de cette dernière, et tourner court dans les chenaux sinueux ». La résistance de la coque était assurée par des épaisseurs superposées de bordages en chêne et des entretoises en troncs d'ormes d'Amérique, de 35 centimètres sur 35 centimètres de section. L'hélice et le gouvernail pouvaient être remontés dans des puits de l'étambot.

En septembre 1893, le *Fram* se laisse prendre dans la banquise, près de l'endroit du naufrage de la *Jeannette*, et les observations commencent.

C'est cela qui nous intéresse directement...

— A l'inverse des icebergs, explique Anderson, morceaux de glaciers *terrestres* formés par l'accumulation des chutes de neige, la banquise — ou *pack* — provient du gel de la surface de la mer.

Il se forme, d'abord, une sorte de bouillie de glace, le *slush*, puis des petites plaquettes très minces — *ice rind* ou *ice crust* —

ressemblant à un champ de marguerites ; ensuite, la *pancake ice*, ou glace en crêpes, composée de glaçons circulaires de 0,50 à 1 mètre de diamètre, aux bords plissés par les entrechoquements comme ceux des crêpes.

Ces glaçons se soudent ensuite et l'ensemble augmente progressivement d'épaisseur. Cet accroissement, dont la rapidité initiale dépend, évidemment, de l'intensité du froid, se ralentit rapidement parce que la couche de glace forme isolant entre l'air et la mer et que cette dernière demeure à une température voisine du zéro centigrade.

Les experts appellent *young ice* — glace jeune — celle qui ne dépasse pas encore 20 centimètres d'épaisseur. Elle a une couleur bleutée, tirant sur le vert, et est à la fois résistante et flexible. La *winter ice* — glace d'un hiver — a de un à deux mètres d'épaisseur et la *polar ice*, glace de plus d'un an, donc localisée à l'intérieur de la banquise permanente, dépasse rarement trois mètres d'épaisseur.

Nous pourrions appeler cela la glaciation théorique ou statique, poursuit le commandant. En réalité, ce phénomène est complètement bouleversé par les mouvements désordonnés provoqués par les tempêtes, les marées et les courants.

Sous l'effet de ces actions, la glace de mer se brise en morceaux plus ou moins étendus appelés *floes*, dont certains atteignent plusieurs kilomètres de diamètre.

Ces *floes* sont, tour à tour, écartés ou violemment rapprochés les uns des autres. Les écartements ouvrent, soit des « tranchées » — *cracks* — soit des « fleuves » — *leads* ou *lanes* — soit des « lacs » — *polynies* ou *polynas* [1] — d'eau de mer non gelée, plus ou moins temporaires, selon la température extérieure et selon le caprice des mouvements de la glace qui les borde.

Les rapprochements de ces masses énormes produisent des craquements, la rupture de blocs de glace plus ou moins gros qui se chevauchent et s'amoncellent les uns sur les autres en forme de talus cahotiques appelés *hummocks* ou *toroses* [2], sur le bord des *floes*... mais, vraisemblablement, *également par-dessous*, ce qui augmente, à la fois, l'altitude de certaines parties de la banquise, au-dessus du niveau de la mer, et, très certainement, son *tirant d'eau par-dessous.*

De combien de mètres au maximum ? Voilà le renseignement essentiel pour nous et qu'il est difficile d'avoir jusqu'ici avec certitude...

— Commandant, répète Lalor, l'Autrichien du sous-marin 1900 ne disait-il pas 30 mètres au maximum ?

— Il ne nous a pas expliqué comment il est arrivé à ce chiffre, réplique Anderson.

1. Du russe *Sibirakié polyny.*
2. Du russe *toross.*

Nous allons constater que Nansen est très précis pour ce qui se passe *sur* la banquise, mais, naturellement, beaucoup moins pour *le dessous* qu'il n'a pu explorer qu'en procédant à de rares forages dans la glace. Sa description des mouvements de la banquise est, par contre, saisissante.

« Le *floe* auquel nous sommes amarrés, note-t-il le 12 octobre 1893, flotte dans un large et long chenal et, vers le nord, s'ouvre une nappe d'eau libre dont nous n'apercevons pas la fin. Nous allumons les feux pour pouvoir avancer dans ce *lead*...

Mais, le lendemain, la glace se presse autour du navire ; elle s'entasse et s'amoncelle en monticules menaçants. De hautes murailles de blocs se dressent jusqu'au-dessus des bastingages, enserrant le *Fram* comme pour l'étouffer dans une suprême étreinte.

Confiants dans la solidité de notre bâtiment, ce nouvel assaut nous laisse indifférents. Nul d'entre nous ne songe à se déranger de son travail habituel pour surveiller l'attaque. Ni les chocs, ni les détonations de la banquise, n'arrêtent même les conversations et les rires dans le carré...

La nuit dernière, le *floe* sur lequel les chiens sont installés a reçu un violent assaut. Les glaçons, après avoir été soulevés, ont ensuite glissé sur sa surface, ensevelissant notre ancre de glace arrière et une partie de son câble d'acier. Des planches et des traîneaux, laissés sur la banquise, ont été également recouverts par cette avalanche ; les chiens auraient même été écrasés si l'homme de veille ne les avait détachés à temps. Finalement, attaqué et pressé de tous côtés, le *floe* s'est fendu en deux...

Ce matin, éclairée par un soleil brillant, cette scène de destruction laisse une impression de navrante tristesse... puis, comme hier, à la suite de la pression, relâchement et formation d'une large nappe d'eau autour du navire... »

— Quant à l'explication de ces mouvements apocalyptiques, poursuit le commandant Anderson, Nansen a pu établir d'abord, qu'au moins dans les régions côtières, ils étaient en étroite relation avec le phénomène des marées.

« Deux fois par jour, a-t-il observé, la banquise subit une détente, puis une compression. La compression se produit à 4 ou 6 heures du matin et à pareille heure le soir ; dans l'intervalle la détente donne naissance à des chenaux d'eau libre. L'attaque terrible qui vient de se produire a été probablement déterminée par la marée de nouvelle lune.

Cette dernière a eu lieu le 9 et c'est précisément ce jour-là que s'est produite la première pression. Depuis, l'agitation de la glace commence chaque jour plus tard que la veille... Cette loi devait être vérifiée pendant tout notre séjour dans le *pack*, mais le phénomène fut particulièrement violent au début alors que nous étions à l'accore du plateau continental sibérien où l'onde marée prend plus d'amplitude. Il en fut de même, la dernière année, à l'approche du plateau continental s'étendant au nord du Spitzberg.

Au centre de l'Arctique, ces mouvements furent moins fréquents et plus irréguliers. Dans cette région, les pressions sont dues, principalement, à l'action des vents sur les *floes*.

Lorsque les vastes glaçons de cette zone, entraînés par la dérive, en rencontrent d'autres, poussés ou retenus par un vent local, de direction inverse, les collisions deviennent terribles, étant donné les masses en présence. »

— Cette « bataille des glaces », déclare le commandant Anderson, est admirablement décrite par Nansen.

« C'est un spectacle extraordinaire, explique-t-il. On se sent en présence de forces titanesques.

Au début d'une de ces rencontres, il semble que tout le globe va être ébranlé par le choc. C'est d'abord comme un roulement de tremblement de terre très lointain, puis le bruit se rapproche et éclate en différents points.

Les échos du grand désert blanc, jusque-là silencieux, répercutent ce mugissement en fracas de tonnerre... Les géants de la nature se préparent au combat...

Partout la glace craque, se brise, s'accumule en *toroses* et, soudain, vous vous trouvez au centre de cette effroyable mêlée.

Tout grince et mugit. La glace frémit sous vos pas... De tous côtés se produisent d'effroyables et subites convulsions. A travers une demi-obscurité, vous voyez les blocs se chevaucher en hautes crêtes et s'approcher en éboulis menaçants.

Dans les collisions, des masses de 4 ou 5 mètres cubes sont projetées en l'air, montent les unes sur les autres ou tombent pulvérisées... De tous côtés vous êtes environné de masses de glace mouvantes, prêtes à débouler sur vous. Pour échapper à leur étreinte mortelle vous vous disposez à fuir, mais, juste devant vous, la glace cède ! Un trou noir s'ouvre béant et l'eau affluant par ce cratère s'épanche à flots.

Vous tournant dans une autre direction, vous distinguez une nouvelle crête de blocs en marche vers vous. Vous cherchez un autre passage, mais toute issue vous est fermée. Un fracas de tonnerre roule sans discontinuer, pareil au grondement des chutes du Niagara, dominé par les bruits d'une canonnade.

Ce mugissement approche de plus en plus. Le *floe* sur lequel vous êtes réfugié, serré et ébranlé comme à coups de bélier, se brise et s'effrite progressivement. L'eau afflue de tous les côtés.

Pour vous sauver, vous n'avez d'autre ressource que d'escalader une de ces crêtes de blocs mouvants afin d'atteindre une autre partie de la banquise...

Peu à peu, le calme revient, le bruit diminue et, lentement, s'éteint dans un grand silence de mort...

Les mois succèdent aux mois, les années aux années, les siècles aux siècles... jamais cette lutte gigantesque ne prend fin. Partout la banquise est découpée de crevasses et hérissée de talus produits par ces convulsions.

Si, d'un seul coup d'œil, on pouvait embrasser l'immensité du désert blanc flottant, il apparaîtrait compartimenté par des talus enneigés, comme la campagne de Norvège en hiver. »

— C'est bien ainsi, ajoute Anderson, que Waldo Lyon, Lalor et moi l'avons vu, il y a quinze jours, lorsque nous avons survolé le *pack*, au nord de Thulé, à 150 mètres d'altitude.

Cela me rappelait un immense puzzle dont certaines pièces paraissaient parfaitement assemblées, mais dont d'autres étaient séparées par des trous de formes diverses, comme s'il manquait quelques éléments.

Des débris de glace dérivaient dans ces intervalles. J'ai eu l'impression que ces espaces d'eau libre étaient beaucoup plus rares et bien plus exigus que je me l'étais figuré d'après les récits des explorateurs.

Je reviens à Nansen qui va nous apporter quelques précisions.

« A première vue, écrit-il encore, les *hummocks* semblent orientés dans le plus complet désordre, mais un examen plus attentif montre qu'ils tendent à prendre certaines directions, notamment celle qui est perpendiculaire à l'axe des pressions qui leur ont donné naissance.

Les explorateurs, ajoute-t-il, ont souvent rapporté avoir vu des *toroses* ou *hummocks* de 18 mètres de hauteur. Ces chiffres sont exagérés. Pendant trois années passées sur la banquise, le *hummock* le plus élevé que j'ai rencontré ne dépassait pas 10 mètres, à l'œil, car je n'avais pas, malheureusement, le moyen de le mesurer.

Parmi ceux que j'ai effectivement mesurés, les plus élevés atteignaient de 6 mètres à 7,50 mètres. Les amoncellements *de glace de mer* atteignant 8,50 mètres de hauteur sont très rares. »

— Plus loin, poursuit Anderson, Nansen donne le résultat de ses observations sur la vitesse de glaciation.

« Par des températures extérieures de 20° à 30° sous le zéro centigrade, la jeune glace atteint 8 centimètres d'épaisseur dans les premières vingt-quatre heures ; 5 centimètres de plus seulement au cours des quarante-huit heures qui suivent et 26 centimètres supplémentaires dans les douze jours suivants, soit, en tout, 39 centimètres en quinze jours.

« L'épaississement, précise-t-il, devient de plus en plus lent au fur et à mesure que croît l'épaisseur et il finit par cesser à partir d'une certaine épaisseur pour une température extérieure donnée... »

Il estime que le *Fram* a un amoncellement de 3 à 7 mètres de glace *sous sa quille*. Plus tard, il forera un trou jusqu'à 10 mètres *sous le niveau de la quille* sans parvenir à atteindre l'eau libre.

Le 26 décembre, le thermomètre du *Fram* descend, pour la première fois, à 38° (C) sous zéro.

« En me promenant sur la banquise, écrit l'explorateur ce jour-là, j'arrive sur le bord d'un grand « lac » — ou *polynie* — couvert de jeune glace, déjà coupée par une large crevasse.

Les rayons de la lune jouent sur la surface sombre de l'eau et cette vue me rappelle soudain des paysages d'hiver du pays des fjords. A perte de vue, du haut d'un *hummock*, la nappe d'eau bleue s'étend dans la direction du nord.

Deux jours après, sur l'avant du *Fram*, un chenal s'ouvre dans une direction perpendiculaire à l'axe du navire et la jeune glace formée à sa surface, pendant le sommeil des explorateurs, porte déjà des traces de pression. »

Continuant à chercher, dans le récit de Nansen, ce qui peut intéresser la mission du *Nautilus* nucléaire, le commandant Anderson arrive aux sondages.

— En dérivant, extrêmement lentement, au large de la côte sibérienne, résume-t-il, Nansen atteint, pour la première fois, le bord du plateau continental asiatique.

« ... La plus grande profondeur sondée par la *Jeannette*, note-t-il, n'était que de 164 mètres. Je croyais donc l'Arctique peu profond et je supposais, par suite, l'action des courants très sensible dans cet océan et l'apport des fleuves sibériens capable de repousser la banquise très loin vers le nord.

Aussi, mon étonnement est-il grand en trouvant, dans cet océan, des profondeurs atteignant 1 800 mètres au moins et peut-être même le double ! »

— Davantage ! commente Anderson, puisque la mission aéroportée des Russes, au pôle, a trouvé 4 200 mètres de profondeur en 1937.

« Au milieu d'une pareille masse d'eau, conclut Nansen en 1893, un courant, s'il existe, doit être très faible. Mon seul espoir réside désormais dans les vents... En toute hypothèse, je me dis que le bois flotté sibérien que l'on trouve échoué sur les côtes du Groenland ne peut mentir... Nous devons donc suivre le même chemin que lui... »

— En février 1894, il fait sonder la glace formée depuis le début de l'hiver près du *Fram*. Elle a atteint deux mètres d'épaisseur en deux mois, pendant lesquels la température est descendue à 50° (C) sous zéro.

Le *floe* sur lequel est installé le piège à ours a une épaisseur de 3,45 mètres.

« De plus, ajoute-t-il, quelques glaçons adhèrent à sa face *inférieure*... Près d'un grand *hummock* formé par les dernières pressions, cette dalle de glace — de plus de 3 mètres d'épaisseur — s'est enfoncée jusqu'au niveau de la mer, tandis qu'ailleurs elle s'est soulevée de 50 centimètres au-dessus de ce niveau sous l'effet de la flottabilité des *blocs qui ont glissé sous elle*...

En avril, sous l'action des rayons solaires, les monticules de blocs sont en partie nivelés et les crevasses se ferment... En mai, de nombreux chenaux s'ouvrent dans toutes les directions comme autant de larges fossés qui, à chaque instant, arrêtent la marche.

Le froid, encore très vif, des premiers jours du mois recouvre ces nappes d'eau d'une glace assez épaisse pour résister au poids d'un traîneau chargé ; mais, plus tard, la formation de nouvelle glace devient beaucoup plus lente et même finit par s'arrêter complètement. Fin mai et début juin, un inextricable réseau de canaux et de lacs commence à se former.

En juin, de larges lacs de *fusion* couvrent les *floes*. A chaque pas on enfonce dans l'eau ou dans une bouillie glaciaire. En juillet, tous les *floes* sont couverts de nappes *d'eau douce* de fusion sur lesquelles s'étend une mince couche de glace. La neige molle, entassée au pied des *hummocks*, ne porte plus...

Plus tard, de larges bassins d'eau douce libre se forment sur les *floes*. Les 8 et 9 juillet, le *Fram* se trouve au milieu d'un lac d'eau douce et l'on doit construire un appontement pour pouvoir gagner la rive à pied sec... Une de ces nappes d'eau est suffisamment étendue et profonde pour nous permettre d'y organiser des parties de canotage avec les chaloupes du navire...

Quelques jours plus tard, nous avons la surprise de trouver notre lac à sec... Une fissure s'est ouverte au fond de son lit de glace et toute l'eau douce s'est écoulée dans la mer par cette ouverture.

Outre ces lacs d'eau douce, des chenaux d'eau de mer fragmentent la banquise. On peut, le plus souvent, les franchir d'un saut en choisissant les endroits les moins larges...

Il est impossible d'envisager de faire progresser le *Fram* par un de ces chenaux... »

— Sondant, dans un de ces fossés, avec une ligne de chanvre de 4 kilomètres de longueur, confectionnée à bord, Nansen découvre, pour la première fois, en Arctique, des profondeurs de 3 300 et 3 900 mètres... Ses observations batythermométriques lui permettent de constater l'existence d'une couche d'eau de mer plus chaude entre 100 et 280 mètres de profondeur...

— Vous savez, termine Anderson, qu'au printemps 1895, Nansen et Johanssen abandonnent le *Fram* afin de tenter un raid vers le pôle avec des traîneaux tirés par des chiens, portant des vivres, une tente et deux kayaks.

Ils atteignent le 86e parallèle, mais doivent retraiter devant le chaos de la banquise, en direction de l'archipel François-Joseph, car, sans radio, il leur est impossible de retrouver le *Fram*.

C'est alors qu'ils se heurtent, avec leurs faibles moyens, aux caprices des effets combinés des mouvements et de la fusion estivale. Le 27 avril, il fait encore – 30° (C) et cependant « le lendemain, relate Nansen, quel n'est pas notre étonnement en rencontrant un large bassin d'eau de mer libre !

Nous en suivons les rives à la recherche d'un passage lorsque, soudain, les deux bords se rapprochent et se heurtent avec un fracas épouvantable. Sous la violence du choc la glace se dresse... d'énormes blocs roulent... tout craque et mugit. Rapidement, nous poussons nos chiens afin de passer à pied sec à la faveur de ce rapprochement brutal... et, pour une fois, providentiel... comme le retrait de la mer Rouge devant les Hébreux...

... Le 29, encore une journée diabolique ! A peu de distance de notre campement, la route se trouve barrée par un nouveau chenal d'eau de mer libre, puis par un second et par un troisième... Chaque fois nous sommes obligés d'effectuer d'interminables détours...

... Aujourd'hui encore, écrit-il le 16 mai, nous nous trouvons devant quatre abominables fissures. La dernière forme un véritable lac, une *polynie*, suivant l'expression russe passée dans le vocabulaire arctique.

La nappe d'eau est couverte de jeune glace, trop faible pour nous porter et trop résistante pour que nous puissions y lancer nos kayaks de toile... Il faut contourner cette *polynie* par l'est ou par l'ouest... Bientôt nous trouvons, heureusement, un pont de glace assez solide et nous y poussons les chiens...

Un peu plus loin, nouvelle *polynie* dans laquelle s'ébattent des narvals... Nous la franchissons en kayaks... »

— Voilà, conclut le commandant du vrai *Nautilus*, une description assez détaillée, me semble-t-il, du *dessus* de cette fameuse banquise.

Il nous appartient d'en explorer aussi complètement le *dessous* !

4
Russes ou Américains ?

Le *Nautilus* poursuit sa traversée sous-marine de l'Atlantique.

Au cours de nouvelles causeries, le commandant en second explique à l'équipage les mystères de l'Arctique tels qu'ils sont évoqués et discutés au carré des officiers.

Peu à peu l'appréhension irraisonnée, ressentie par certains de ces jeunes techniciens à l'annonce de l'expédition sous-glaciaire, fait place à un intérêt croissant pour les découvertes et les études scientifiques nouvelles qu'elle leur promet.

Au carré les conversations reviennent souvent sur ce sujet d'une « brûlante » — façon de parler — actualité.

Après la description des divers aspects de la banquise faite par le commandant Anderson, grâce aux observations de Nansen, Bill Lalor, l'officier de navigation, qui, avec Waldo Lyon, l'a accompagné au cours du vol préalable d'information au-dessus du *pack*, revient sur les possibilités d'y faire surface.

— Certaines *polynies* décrites par Nansen, remarque-t-il, paraissaient assez vastes pour permettre à notre *Nautilus* d'y émerger, mais le savant norvégien soulignait leur caractère éphémère.

Ou bien elles gèlent rapidement, si la température est basse, ou bien les berges, après s'être écartées, se rapprochent brusquement et je crois qu'en ce cas, il n'y aurait plus qu'à plonger « en catastrophe » !

D'autre part, le récit de l'explorateur concerne trois années entières de séjour dans le *pack*. Si l'on tient compte de cette durée, il semble — et notre vol récent nous l'a confirmé — que les *polynies* « émergeables » sont plutôt rares.

— Une autre preuve de cette rareté nous est fournie par l'odyssée des hydravions d'Amundsen en 1925, rappelle le docteur Lyon, car, si les sous-marins ont — normalement — besoin d'eau libre pour faire surface, les hydravions en ont au moins autant besoin pour se poser !

— Que leur est-il arrivé ? demande le lieutenant de vaisseau Carr.

— Après l'échec d'une tentative de départ sur la côte nord de l'Alaska en 1923, avec un Junkers équipé de skis, raconte Lyon, Amundsen avait décidé de tenter le vol vers le pôle avec des hydravions décollant d'une baie du Spitzberg. Il commanda, à cet effet, deux hydravions Dornier-Wall équipés de moteurs Rolls Royce, construits sous licence à Milan.

Le 13 avril 1925, les appareils en caisses étaient débarqués à Ny

Aalesund, dans la baie du Roi, où l'on procédait rapidement à leur montage. Les deux hydravions décollèrent le 21 mai à 17 heures.

Amundsen était à bord du N 25 piloté par Riiser Larsen. Aujourd'hui général de l'Armée de l'Air norvégienne, Larsen était à bord du DC 7 *Guttorn Viking* qui, le 24 février dernier, a inauguré la ligne aérienne transarctique régulière Copenhague-Anchorage-Tokio. Le mécanicien Feuch les accompagnait.

Le N 24, piloté par Dietrichson assisté d'Omdal, emmenait Ellsworth, le commanditaire de Chicago, un des futurs héros du premier vol transantarctide de 1935.

Pour Amundsen, le miracle s'était enfin accompli. L'homme des navires prisonniers des glaces ou des traîneaux à chiens arrêtés par les *hummocks* et les crevasses glissait à une allure vertigineuse au-dessus de cette effroyable banquise telle que nous la connaissons... Mais, à perte de vue, il ne voyait pas un *lead*, ni une *polynie* !

Huit heures après le départ, le mécanicien Feuch annonça à Amundsen que la moitié de l'essence était consommée. Cela signifiait, implacablement, qu'il fallait faire demi-tour si l'on voulait conserver une chance de revenir au point de départ.

L'explorateur allait se résigner à en donner l'ordre lorsqu'il aperçut — pour la première fois — un V bleu foncé au milieu du tapis blanc. C'était un *lead* dont les deux branches paraissaient assez longues pour que l'on puisse tenter d'y amerrir.

Il donna l'ordre de risquer la manœuvre et elle réussit. Ils étaient à 130 milles du pôle.

Aussitôt les aviateurs se trouvèrent aux prises avec les traîtrises de la banquise, décrites si complètement par Nansen.

« Les bords du *lead*, au fond duquel s'était posé le N 25, se rapprochaient dangereusement. Il fallut trois jours d'efforts à Amundsen et à ses deux compagnons pour hisser leur hydravion hors de cette tenaille.

Le N 24, engagé dans l'autre branche, à 7 kilomètres de là, dut être échoué sur un glaçon car il faisait eau par une ligne de rivets ébranlés au décollage. Omdal constata, en outre, que les soupapes du moteur arrière étaient grillées et les changea.

Mis au courant de l'état de cet appareil, Amundsen décida de l'abandonner et de transporter son essence et ses vivres sur le N 25 avec lequel les six hommes allaient tenter de décoller.

Pour cela il fallait une piste — d'eau, de glace ou de neige dure — d'au moins 500 mètres de longueur. On essaya d'abord la jeune glace formée sur l'eau du *lead* mais elle céda sous les trois tonnes de l'appareil chargé. Les mouvements du *pack* ayant ouvert un nouveau chenal d'eau libre on tenta l'hydroplanage, mais la glace en formation colla sur la coque... c'était le fameux *slush*.

Il fallut renoncer au *lead* et aménager une piste sur la glace du *floe* en déblayant la neige molle et en arasant les blocs de glace erratiques. Le travail dura vingt jours à la fin desquels les vivres rationnés étaient épuisés.

Le 15 juin, les six hommes s'entassèrent dans le N 25 et Riiser Larsen poussa les moteurs à fond.

Par miracle l'appareil parvint à décoller sur les patins fixés sous la coque et à rallier le Spitzberg... en attendant le retour triomphal à Oslo. »

— J'ignorais, reconnaît Lalor, les détails de cette première lutte aéronavale menée contre les *leads* du *pack... par-dessus*. Mais n'est-ce pas Sir Hubert Wilkins qui a, le premier, tenté d'engager cette lutte *par-dessous* avec un sous-marin ?

— C'est exact, répond Lyon, et cela se relie à l'odyssée précédente, car Wilkins, Australien de naissance, est avant tout un des pionniers de l'aviation polaire. Comme Amundsen, il a utilisé, tour à tour, des avions chaussés de skis, de flotteurs et, beaucoup plus rarement, de roues.

Reprenant la première idée d'Amundsen, il tenta d'abord de décoller, sur skis, de Point Barrow, côte nord de l'Alaska, le 9 mars 1927, avec Eielson. Mais, après 300 kilomètres de vol au-dessus de la banquise, il dut se poser sur un *floe* et y brisa son train de skis. Les deux hommes réussirent à atteindre, à bout de forces, le cap Belcher.

Ils redécollèrent de Point Barrow l'année suivante et, cette fois-là, accomplirent la première traversée transarctique en avion de l'Alaska au Spitzberg.

Wilkins s'embarqua aussitôt pour l'Antarctique avec deux Lookheed-Véga, le même type d'appareil qui lui avait permis de traverser l'Arctique. Dès le mois de novembre de cette même année 1928 — début de son deuxième été polaire —, décollant de l'extrémité de la péninsule Palmer, au sud de l'Amérique, il effectuait le premier vol antarctique. Au cours des vols suivants il découvrit la base de cette péninsule.

C'est cette série d'exploits aériens polaires Nord et Sud qui lui valut le titre de Sir...

— Comment, interrompit Lalor, un tel as polaire a-t-il eu l'idée de se faire sous-marinier ?

— Je suppose — et nous pourrions lui demander de nous le confirmer —, avance Lyon, parce que, dans la partie de banquise qu'il avait survolée, pour la première fois, au nord de l'Alaska, de l'archipel canadien et en mer du Groenland, il avait aperçu suffisamment de *leads* et de *polynies* pour en déduire qu'un « submersible » de l'époque, malgré son faible rayon d'action en plongée, pourrait se rendre de l'un à l'autre sous la glace...

Toujours est-il qu'au retour de l'Antarctique il acheta « aux surplus » le vieux sous-marin O 12 de l'*U.S. Navy* et le fit réparer et équiper avec des fonds provenant d'une souscription publique.

Pendant la Première Guerre mondiale, les Allemands avaient doté leurs sous-marins de fortes filières d'acier allant de l'avant à l'arrière, par-dessus le kiosque, ainsi que de dents de scie, au-dessus et au-dessous de l'étrave, de manière à couper les mailles des filets de barrages et à élargir suffisamment la brèche pour que le sous-marin puisse y passer, sans que les débris s'accrochent au kiosque, aux barres de plongée ou aux hélices.

Wilkins... *supposant* que le dessous de la banquise était *uni et lisse* — comme glace ! — avait remplacé, au-dessus du kiosque, les filières pare-filets par des *skis inversés* — autrement dit, disposés vers le ciel, comme ceux d'un skieur qui serait tombé sur la tête !!! — pensant que le sous-marin, ainsi équipé, pourrait glisser sous la face inférieure de la glace, d'une *polynie* à l'autre, les découvrant « au toucher », si l'on peut ainsi s'exprimer...

— Jules Verne n'avait pas pensé à cela ! observe Carr.

— Non, constate Lyon. Par contre, il avait imaginé la percée de vive force, à travers la glace, à coups d'éperon, ainsi que nous le relisions l'autre jour ; aussi Wilkins avait-il renforcé les dents de scie de son vrai *Nautilus* — car il lui avait donné ce nom — afin d'accroître, pensait-il, les chances d'une telle manœuvre, s'il devenait nécessaire de la tenter.

— Finalement, demande Carr, tout cela n'a pas été réellement essayé ?

— Attendez ! reprend Lyon. Après une traversée assez mouvementée de l'Atlantique, ce *Nautilus* fut réparé, révisé et mis au point à Queenstown, dans le sud de l'Irlande. Malgré de nouveaux incidents de navigation, il atteignit Tromsoe, au nord de la Norvège, le 9 août 1931, et, de là, gagna Longyear au Spitzberg.

Fin août, il s'engageait effectivement sous la bordure de la banquise... mais il était aussitôt arrêté par de nouveaux incidents mécaniques. En outre, l'intérieur de la coque, mal chauffé, givrait. Enfin — et ce fut décisif — on s'aperçut, heureusement à temps, de la disparition des barres de plongée arrière ! Ce qui mit définitivement fin à cette première tentative...

— Et au cours de la Seconde Guerre mondiale, demande Lalor, les sous-marins allemands, anglais ou russes, opérant en Arctique, n'ont-ils pas eu l'occasion de plonger sous le *pack* ?

— Tout à fait occasionnellement et les Allemands seulement, répond le commandant Cobean, sous la bordure de la banquise, au cours de leurs attaques contre les convois alliés s'efforçant d'atteindre Mourmansk.

Ces convois serraient naturellement le *pack*, s'efforçant de passer le plus loin possible des bases aériennes et navales allemandes du nord de la Norvège. Dans ces conditions, il était évidemment indiqué, pour les sous-marins assaillants, de s'embusquer temporairement sous la glace afin d'échapper à la détection sonar des escorteurs et à leurs grenadages.

— Ils ont dû pratiquer systématiquement cette tactique pour l'attaque des navires russes sur la côte sibérienne ? avance Lalor.

— Le problème était différent, explique Cobean. Ce trafic n'a lieu que pendant les deux mois de plein été. Le faible rayon d'action, en plongée, des submersibles électriques, sur accus, ne leur permettait pas d'atteindre cette zone avant la débâcle des glaces en mer de Kara et au nord de la Nouvelle-Zemble.

D'autre part, les profondeurs sont très faibles sur la côte de Sibérie et la « bataille des glaces » y est particulièrement violente en raison du gonflement des ondes-marées sur le plateau continental, comme l'a expliqué Nansen.

Cette lutte éternelle produit des amoncellements de blocs de glace à grand « tirant d'eau »... souvent même échoués sur le fond. Il était donc difficile, pour ces submersibles, de chercher refuge sous les pans de banquise subsistant après la débâcle. Ce fait, combiné avec le jour permanent, en cette saison, à ces latitudes, a rendu leurs opérations extrêmement délicates et de peu de rendement.

Ce n'est qu'au cours de l'été 1944 que des submersibles allemands ont pu pénétrer en mer de Kara et jusque dans l'embouchure de l'Iénissei — large de 50 kilomètres. Ils attaquèrent au canon le port de l'île Dickson et y coulèrent quelques cargos et pétroliers de la flotte soviétique.

— L'autre jour, Bill, dit le commandant Anderson, vous demandiez si personne n'avait songé à crever la glace à coups d'éperon — c'est-à-dire d'étrave — en cas de nécessité bien sûr, comme Jules Verne l'a fait faire à son imaginaire *Nautilus*.

Lyon vient de nous rappeler que Wilkins s'était équipé dans ce but, mais les circonstances ne lui ont pas permis de tenter l'opération... et, jusqu'à plus ample informé, je pense que ce fut heureux pour lui...

Je me souviens d'avoir lu, dans l'*Histoire de la Marine soviétique pendant la Seconde Guerre mondiale*, le récit d'une tentative de ce genre effectuée par un de leurs sous-marins.

Au début de l'hiver 1941-1942, les armées allemandes, arrivées sur la côte sud du golfe de Finlande et près des faubourgs de Leningrad, bloquaient les forces navales soviétiques à Kronstadt. Au

passant sous la banquise polaire. Le voyage durera une dizaine de jours. La *seule question* qui se pose est de savoir si ce sont *les Russes ou les Américains* qui seront les premiers à réussir cette traversée. »

Un instant de silence suivit la révélation de la prophétie faite, huit ans plus tôt, par le vieil explorateur.

Le commandant le rompit brusquement.

— Désormais, dit-il, il ne dépend plus que de nous, hommes du vrai *Nautilus*, que ce soient les Américains !

— Peut-être... dit Lyon pensif.

— Comment « peut-être » ? relève aussitôt le commandant. Aucun sous-marin, jusqu'ici, n'a pénétré sous le *pack* au-delà des 20 milles du *Redfish* ! Vous disiez, il y a un instant, Waldo, qu'un sous-marin à propulsion électrique en plongée ne pouvait guère faire mieux... Ne sommes-nous pas le premier sous-marin à propulsion et à génération d'énergie quasi illimitée en plongée ? Beaucoup plus que le *Nautilus* de Jules Verne !

— Sans doute... concède Lyon.

— Si un sous-marin avait battu le record sous-glaciaire du *Redfish*, poursuit le commandant, cela se saurait !

— Il y a eu, d'après ce que vous disiez vous-même, commandant, intervient Lalor, ce *K 51* russe, sous-marin tout ce qu'il y a de plus « classique ». Si j'ai bien compris, il serait resté deux fois trente-six heures d'affilée sous la glace, soit soixante-douze heures, en 1941.

— Il ne s'agissait pas de la banquise arctique, réplique le commandant. Les golfes de Finlande et de Bothnie, dont les eaux sont peu salées, gèlent d'un seul tenant, comme un lac. Quoique le *K 51*, d'après leur histoire, n'ait pas réussi à la crever, la glace nouvelle est relativement mince, comparée à celle de l'Arctique, et surtout d'une épaisseur régulière. Personne n'a été voir, jusqu'ici, comment était fait le dessous de la banquise *en plein pack* !

— Certains prétendent y avoir été... insiste Lyon.

— Enfin qui ? demande Anderson.

— Les Russes, répond le savant.

— Quand ?

— Dans l'été 1954, précise Lyon.

— Comment avez-vous appris cela ?

— Par la traduction d'un article paru dans une revue scientifique soviétique relatant une séance de l'Académie des Sciences de Moscou au cours de laquelle on a rendu hommage aux membres d'une expédition sous-marine — je cite — « sous les glaces du pôle ».

— C'est un terme vague, remarque le commandant. On parle toujours d'expéditions « polaires ». Cela veut dire dans les *régions* polaires, sans autre précision, et non pas, le plus souvent, à l'un ou l'autre pôle.

— C'est exact, reconnaît Lyon. Si vous le permettez, je vais aller chercher le document en question et nous verrons ce qu'il faut en penser.

Un instant plus tard, le savant est de retour avec son papier et reprend la parole.

— Cette expédition aurait été organisée par le professeur Lopoff — savant russe connu — et conduite par le colonel Potenkine.

— Un « colonel » pour commander une expédition sous-marine ! C'est, pour le moins, original... remarque le commandant.

— Potenkine ? ajoute Lalor. N'est-ce pas le nom de ce fameux cuirassé mutiné de 1905 dont on vient de faire un film ?

— Il s'agissait du cuirassé *Potemkine* — avec un m —, précise le lieutenant de vaisseau Carr. Quant au « colonel » sous-marinier, commandant, il y a bien eu des généraux-amiraux dans la Marine russe... à commencer par son premier chef, du temps de Pierre le Grand, le « général-amiral » Apraxine, dont le nom était porté par un cuirassé garde-côtes de la guerre russo-japonaise.

— Oui, répond Anderson. Mais, actuellement, les amiraux russes s'appellent amiraux, comme tous les autres, et les capitaines de vaisseau, capitaines de frégate et de corvette, respectivement, capitaines de premier, second et troisième rang...

— D'après la revue en question, reprend Lyon, le système imaginé par Lopoff n'était pas moins original. Il s'agissait d'un sous-marin « de poche », type japonais, remorquant un bathyscaphe-laboratoire, les communications entre les deux engins submersibles étant assurées par fils téléphoniques et éventuellement par ultra-sons.

Lorsque cet attelage arrivait sous une *polynie* — préalablement *repérée par l'aviation polaire* — la remorque était larguée et le bathyscaphe-station-scientifique faisait surface, tandis que le sous-marin retournait vers « l'arrière » pour assurer les navettes de ravitaillement en vivres et combustibles des deux engins.

Et voici les précisions géographiques, poursuit Lyon.

« Ce petit submersible, extrêmement maniable et « bien au point », parcourut « au début de décembre 1953 » les côtes soviétiques depuis la mer de Barents jusqu'à l'île Wrangel, en passant au large du cap Tchéliouskine... »

— C'est-à-dire, interrompt Anderson, ce que les Russes appellent la Route Maritime du Nord, le long de leur littoral sibérien. Je ne vois pas l'intérêt de l'emploi d'engins sous-marins dans cette région côtière, d'autant plus que les profondeurs y sont très faibles...

— Ce dernier point est effectivement confirmé par la suite de l'article, reprend Lyon.

Si je comprends bien le texte — apparemment mal traduit —, après de nombreuses tentatives infructueuses, le sous-marin de poche parvint à se glisser dans des « tunnels » sous-marins et sous-glaciaires — à la Jules Verne — entre des amoncellements de blocs de glace, reposant, par endroits, sur le fond.

Il fit surface, périodiquement, dans des *polynies*... préalablement repérées *par avion*...

— En somme, dit Lalor, c'est ce que voulaient faire l'Autrichien de 1901 et Wilkins en 1931 !

— Oui, remarque le commandant, mais sans le concours d'avions. Concours qui facilite bien des choses... en zone côtière.

— J'ai noté, reprend Lyon, un renseignement qui peut nous intéresser, notamment dans les eaux peu profondes de Behring et de la côte arctique américaine.

« Plusieurs fois, nous dit-on, le commandant fit plonger le sous-marin entre deux *murs de glace* et constata, ensuite, qu'il suffisait de plonger *à 30 mètres* pour se trouver en eau complètement libre... » par conséquent, si je comprends bien, au-dessous des glaces les plus profondément immergées...

— Curieuse coïncidence ! remarque Anderson, à un demi-siècle d'intervalle, avec les 30 mètres de l'Autrichien de 1901 !

— Cela semblerait indiquer, avance Lyon, qu'au moins sur les plateaux continentaux nord-asiatique et nord-américain, on peut rencontrer des *hummocks inversés*, c'est-à-dire des amoncellements de blocs de glace, descendant sous le *pack* à des profondeurs de près de 30 mètres. Or c'est très supérieur à ce que nous estimions jusqu'ici.

Les Russes racontent que, dans leurs « tunnels sous-glaciaires », entre masses de glace échouées, les courants — spécialement les courants de marée sur le plateau continental — étaient, naturellement, resserrés, donc plus violents et affouillaient le fond, entraînant des débris divers, attirant les poissons.

Je suppose, poursuit Lyon, que cette exploration sous-glaciaire, de *polynies* en *polynies*, au large de la côte sibérienne, a dû s'orienter ensuite au nord, puisque — je cite — « parvenu au terme de cette *première* expédition, le sous-marin n'était plus qu'à 300 milles du pôle... ce qui signifiait qu'en trois étapes semblables la traversée sous-marine de l'Arctique *serait* possible, à condition de trouver suffisamment de « passes » — je pense qu'il faut lire *polynies* — praticables ».

— Jusque-là, constate Anderson, rien de très sensationnel. C'est toujours l'histoire des *polynies*. Il est possible que, dans la zone côtière où les énormes amoncellements de glace sont échoués, les zones d'eau libre aient une durée plus longue qu'au large et que, par suite, on puisse se baser sur les reconnaissances aériennes pour les atteindre en plongée.

— J'arrive, dit Lyon, à la dernière partie du document. Après le retour de l'expédition, qualifiée de *préliminaire*, évoquée précédemment, un *programme* fut, dit-on, établi *pour la traversée de l'Arctique*.

Au cours d'un premier voyage le sous-marin remorquerait deux containers sous-marins transportant, l'un du combustible, l'autre des vivres, jusqu'au Camp nº 1. Au second voyage, il y remorquerait le bathyscaphe-station-scientifique.

Du Camp nº 1, le sous-marin effectuerait une reconnaissance *en direction du pôle*... et *même au-delà*, si possible, afin de chercher un emplacement favorable pour le Camp nº 2, à *un millier de milles* du Camp nº 1.

Il remorquerait le bathyscaphe à cette « base avancée », cependant qu'un second sous-marin y remorquerait les containers sous-marins de combustible et vivres... et ainsi de suite *jusqu'au débouché dans le détroit de Behring*...

C'est ici, annonce Lyon, que se place le point d'interrogation que j'exprimais tout à l'heure. Ecoutez bien.

« Ce programme fut — je cite à nouveau — *intégralement réalisé*. Les détails des expéditions seraient trop longs à exposer et les explorateurs n'en ont d'ailleurs *livré qu'un minimum*.

Du moins ont-ils précisé que le plan se déroula à peu près dans les délais prévus : 25 jours pour chaque phase aller et retour... »

C'est tout.

— Si vraiment, commente Anderson, les Russes avaient traversé l'Arctique en sous-marins, en *passant par le pôle*, ils l'auraient crié sur les toits, comme toutes leurs réalisations spectaculaires.

— Peut-être, répète Lyon songeur.

Puis il ajoute :

— Si un jour nous trouvions, sur le plateau continental alaskien, des masses de glace de mer atteignant un « tirant d'eau » de 20 à 25 mètres, comme celles que les Russes affirment avoir rencontrées sur leur plateau continental sibérien, ce serait tout de même une coïncidence assez troublante...

5

A tâtons sous la glace

— Que se passe-t-il, Bill ? demande le commandant, arrivant au poste central, après avoir été réveillé par une brusque inclinaison du *Nautilus*.

— Nous avons eu un contact sonar confirmé, à 900 mètres devant nous, commandant. J'ai mis à droite toute.

— Vous avez bien fait. Il vaut mieux casser quelques tasses en prenant une subite bande que percuter dans un iceberg ou un haut-fond inconnu.

— Ou une baleine ! commandant. Avant que l'effet de la barre se soit fait sentir, Charette[1] a eu l'impression que l'obstacle détecté se déplaçait.

— Dans tous les cas, reprend Anderson, plus nous « remonterons » en mer du Groenland, plus il faudra nous tenir prêts à manœuvrer promptement... comme vous venez de le faire.

Voyant le « pacha » jeter un coup d'œil sur la carte, l'officier de navigation remarque :

— Commandant, nous franchirons demain[2] le Cercle Polaire Arctique.

— Première étape vers « l'Aventure sous-glaciaire », mon cher Bill. Cela ferait un beau titre de roman, observe le commandant Anderson.

Le surlendemain, le *Nautilus* passe non loin de la sinistre île de Jean Mayen, avant-garde du Monde Polaire. Mais rien ne permet de souçonner ce changement de décor extérieur dans l'immuable cadre confortable du petit univers sous-marin à l'intérieur duquel vivent, en se déplaçant sous toutes les mers, les hommes du *Nautilus*.

— Mettez à dix nœuds, ordonne Anderson, et « attaquez » le *Trigger* au sonar.

Le *Trigger*, sous-marin de type prénucléaire, commandé par le capitaine de frégate Les Kelly, a été envoyé en bordure du *pack* pour y attendre le *Nautilus*.

On sait que les ondes radio-électriques de moyennes et surtout de hautes fréquences ne pénètrent pas dans l'eau et ne s'y propagent pas, notamment celles des radars.

Seules des ondes de très basses fréquences, émises par des stations terrestres de très grande puissance, parviennent à pénétrer à quelques mètres de profondeur sous la surface de la mer et peuvent être reçues, sur des cadres étanches, par des sous-marins montant à très faible immersion pour les capter.

Les liaisons inter-sous-marines — en l'état actuel de la science — sont exclusivement assurées par ondes sonores ou ultra-sonores. Surtout par ces dernières, plus directives, utilisées par les asdics ou sonars afin d'obtenir des échos sur les objets immergés.

Ce sont les seuls « radars » sous-marins actuellement valables.

Officiellement, le *Trigger* a été adjoint au *Nautilus* afin de vérifier la portée des communications ultra-sonores dans les eaux arctiques.

— En fait, explique Anderson à ses officiers, lorsque l'on m'a annoncé, à Washington, la participation du *Trigger* à notre mission

1. Matelot détecteur.
2. Le 29 août 1957.

arctique, j'ai compris qu'en réalité cette décision avait été prise pour des raisons d'ordre psychologique et de sécurité.

L'Etat-Major général a pensé qu'au moment de nous glisser, pour la première fois, sous la chape de glace, nous ne serions pas fâchés de savoir qu'un camarade se tiendrait devant la porte pour guetter notre retour en restant à l'écoute des signaux sous-marins que nous pourrions lui adresser, *de dessous la banquise* le cas échéant.

— De pas très loin ! commandant, remarque Lalor.

— Je sais, Bill, reprend Anderson.

C'est, précisément, pour que nous soyons fixés à ce sujet que nous allons nous efforcer, dès maintenant, d'entrer en liaison sonar avec le *Trigger*, dans les conditions où nous aurions à tenter de communiquer avec lui. C'est-à-dire alors qu'il serait en surface et nous à l'immersion de sécurité que nous comptons adopter sous la glace, soit une centaine de mètres.

— En cas de nécessité, observe Lyon, le *Trigger* pourrait plonger temporairement pour améliorer la liaison... La portée des ondes ultrasonores dépend de l'homogénéité des eaux traversées et, notamment, du gradient bathythermique des différentes couches d'eau. Elle est donc plus grande lorsque la liaison s'effectue à la même immersion.

— Contact sonar avec le *Trigger*, annonce soudain le maître Norris.

— Vous me le passerez en phonie, prescrit le commandant, dès que ce sera possible.

Une vingtaine de minutes plus tard, le maître écouteur prévient :

— Vous avez le *Trigger* en phonie, commandant.

— Allô, Les ? dit Anderson. Tout va bien ? Paré à mettre le cap sur le pôle ?

Cette plaisanterie d'Anderson souligne, d'une manière peu charitable, la supériorité de son navire sur celui de son camarade, comme aurait pu le faire le commandant d'un des premiers navires à vapeur en passant près d'un navire à voiles, un jour de calme.

Les répond du tac au tac :

— A quelle allure ?

— Soyons sérieux, coupe Anderson. Nous allons faire surface près de vous pour vous donner le courrier reçu après votre départ et quelque matériel.

Au moment où le très haut kiosque et le pont arrondi du *Nautilus* sortent de l'eau, le commandant Anderson remarque, assez haut pour être entendu par les hommes de l'équipage présents :

— Quatre mille milles de plus sous les mers. Onze jours sans contact avec l'atmosphère des communs mortels... Après cela, on peut bien aller passer quelques jours sous les glaces sans arrière-pensée !

Les deux sous-marins font route au nord, en surface, et, peu après, les premiers morceaux de glace défilent le long du bord.

La présence du *pack*, sur l'avant, est annoncée par l'aspect caractéristique du ciel dans cette direction.

Bientôt, son étendue, d'une blancheur éblouissante, mais hérissée d'obstacles sournois, est aperçue du haut de l'étroite baignoire.

— Fasciné, raconte Anderson, je regarde cette nappe blanche et inhospitalière.

« Que de mystères, de tragédies, d'épreuves physiques terribles ont eu pour théâtre cette étendue désertique, lorsque les hommes, à la recherche d'aventures inconnues, se sont lancés à l'assaut de cette gigantesque barrière naturelle avec des moyens ridiculement disproportionnés à l'obstacle à vaincre... »

Se tournant vers l'officier de quart, il lui dit :

— Signalez au *Trigger :* « Compte limiter premier essai sous *pack* à environ 150 milles stop. Rendez-vous, ici, dans une vingtaine d'heures. »

S'adressant ensuite au lieutenant de vaisseau Steven White, il ordonne :

— Stev, faites dégager le pont et prenez les dispositions de plongée.

Peu après, deux coups de klaxon retentissent dans tous les compartiments et le *Nautilus* rentre dans son élément naturel.

— Cent mètres, ordonne Anderson. Cap au nord. Mettez à dix nœuds pour le moment.

A cette allure, le navire est totalement silencieux et on le croirait immobile. La température et l'éclairage du petit univers intérieur demeurent inchangés.

Le troisième tiers déjeune joyeusement, comme d'habitude, dans le mess, brillamment éclairé au néon, et la *juke box* entretient le « fond sonore » cher à la jeunesse moderne.

— Voilà, songe le commandant en se rendant au carré, une façon inédite d'explorer l'Arctique.

Je me demande ce qu'en penserait Nansen !

Tout l'intérêt se concentre sur le détecteur de glace du Dr Waldo Lyon, dont l'enregistreur est situé dans le poste central.

La plume de l'indicateur d'immersion trace sensiblement une ligne horizontale, témoignant du parfait fonctionnement du « pilote automatique » maintenant le navire à l'immersion ordonnée, en agissant sur les barres de plongée. Le tracé de cette plume correspond donc à une « détection » permanente de la surface de la mer, qu'elle soit, ou non, libre de glace.

Sur le même cylindre enregistreur, on règle la plume du sonar zénithal en service de telle sorte que, lorsqu'il n'y a pas de glace à la surface, son tracé se confonde avec celui de la plume d'immersion. Lorsque ce sonar détecte le dessous d'une glace flottante, sa plume s'écarte de celle de l'immersion à une distance correspondant à l'épaisseur immergée de ladite glace.

Les curieux constatent, d'abord, que le profil sous-glaciaire, ainsi révélé, est beaucoup plus accidenté qu'on ne l'imaginait jusque-là. A première vue, beaucoup plus que le dessus de la banquise, lequel l'est déjà formidablement, d'après les récits évoqués plus haut.

— Je vois mal, déclare le lieutenant de vaisseau Bill Cole, les « skis inversés » de Wilkins dans ces « stalactites » !

Le stylet du sonar vertical dessine, effectivement, par moments, de fines aiguilles sous-glaciaires s'enfonçant jusqu'à quinze et même vingt mètres au-dessous de la surface !

— Ce n'est pas possible ! déclare le commandant.

Des aiguilles sous-glaciaires aussi fragiles ne pourraient subsister car le mouvement des *floes* est souvent fort différent de celui de la masse d'eau sur laquelle ils dérivent, poussés par les vents. Dans ces conditions, de telles aiguilles, profondément plongées dans la mer, seraient immédiatement brisées.

— Je le pense aussi, ajoute le Dr Lyon. Jusqu'à plus ample informé, je suis donc amené à supposer que ces aiguilles sont des « parasites » de la détection et à ne tenir compte que du profil général. Nous allons nous efforcer de tirer cette histoire au clair.

— Je voudrais me rendre compte de ce que l'on voit au périscope, déclare Anderson. Stev, remontez lentement en immersion et faites sortir le périscope 1.

L'œil à l'oculaire, le commandant s'efforce de satisfaire la curiosité de ceux qui l'entourent.

— Ce n'est pas, explique-t-il, l'obscurité que j'attendais, mais une sorte de clair-obscur... Un peu comme lorsque vous êtes dans un sous-sol éclairé par une dalle de verre sur laquelle marchent des gens en faisant des ombres.

— Cette impression, observe le Dr Lyon, est évidemment donnée ici par notre passage sous les amoncellements de glace... les « stalactites » massives...

— Lorsque j'oriente le prisme du périscope pour la vue zénithale, reprend Anderson, ces ombres défilent comme des nuages sur un ciel voilé...

Hum ! Hum ! fait-il au bout d'un moment. A en juger par la noirceur de leurs ombres, j'ai l'impression qu'il y a des amoncellements diablement épais...

A la réflexion, je crois qu'il ne faut pas trop remonter tant que nous n'aurons pas tiré au clair l'histoire de ces soi-disant « stalactites » fantômes, filiformes...

Je pense aux amoncellements de vingt à vingt-cinq mètres de « tirant d'eau » que les Russes prétendent avoir rencontrés dans leur secteur ; or l'histoire de la *Jeannette* et du *Fram* prouve que la glace de la mer du Groenland vient de cette région !

Stev, décide-t-il, reprenez l'immersion et faites rentrer le périscope.

Les curieux sont un peu déçus.

— Il est beaucoup plus prudent, affirme Anderson, de continuer à étudier la glace à l'aide du détecteur avant de s'en approcher.

Lorsque le sous-marin a regagné les 100 mètres d'immersion, le commandant fait mettre à 15, puis à 20 nœuds[1].

A cette allure, le *Nautilus* atteint rapidement le point où il doit faire demi-tour pour rallier le *Trigger* dans les délais fixés.

— Une vraie *polynie* ! annonce soudain Bill Cole, penché sur l'enregistreur de détection de glace.

Jusque-là, après le franchissement de la zone de dislocation marginale du *pack*, l'appareil n'a indiqué que des crevasses trop étroites, à première vue, pour que l'on puisse envisager d'y faire surface.

— Dix nœuds, ordonne le commandant. Faites demi-tour pour nous permettre une détection plus précise. Mettez au poste de manœuvre pour être prêt à faire surface « à la verticale ».

Généralement, les sous-marins conservent de l'erre en avant en faisant surface, ce qui leur permet d'utiliser leurs barres de plongée pour faciliter l'opération.

Anderson a fait effectuer des essais de remontée *sans erre* au cours de la traversée de l'Atlantique, en vue de la manœuvre qu'ils auraient à faire, éventuellement, pour remonter exactement à l'aplomb d'un *lead* ou d'une *polynie* du *pack*.

Une première occasion lui est offerte de tenter cette manœuvre.

Les passages successifs sous la *polynie*, marqués, chaque fois, sur l'enregistreur de détection, par la superposition, sur une courte longueur, des tracés de la plume « surface » et de la plume « sous-glaciaire », permettent de mesurer les dimensions de la nappe d'eau... apparemment libre.

Elle est tout juste suffisante pour l'encombrement du grand sous-marin.

— Nous allons essayer, décide Anderson, de « passer la tête » dans cette « tabatière ». Stev, placez-nous exactement au-dessous du centre de ce trou et dans le sens de son grand axe — sans erre. Puis nous remonterons à la verticale.

A partir de trente mètres il faudra monter le plus lentement possible, centimètre par centimètre, en vous tenant paré, sur mon ordre, à

1. Trente-sept kilomètres à l'heure.

arrêter instantanément la chasse et à rouvrir les purges[1]. Faites hisser le périscope 2. »

Les yeux rivés, de nouveau, aux oculaires, le commandant regarde avec une attention soutenue vers le haut. Il s'efforce de déceler, dans cette lumière bleutée, la nature du « plafond » vers lequel il monte, comme dans un ascenseur fonctionnant au ralenti...

Sera-ce l'aspect classique et familier de la surface d'une mer calme, vue par-dessous, ou bien celui — qu'il ne connaît pas, mais qui, *a priori*, doit être différent — de la partie inférieure d'une dalle de glace trop mince pour avoir pu être détectée ou dessinée par l'enregistreur de détection ?

Le lieutenant de vaisseau White annonce la diminution de l'immersion : 20, 19... Anxieusement, Anderson fixe cette « surface » dont le sommet du périscope se rapproche de seconde en seconde.

Soudain, il est saisi par l'angoissante certitude que l'eau *n'est pas libre...*

— Plongez ! ordonne-t-il vivement, d'une voix qu'il veut rendre normale, mais dont l'inquiétude ne saurait échapper à ses intimes compagnons d'aventure.

Il sait qu'il est trop tard pour empêcher l'extrémité du périscope d'atteindre la surface suspecte, mais il se raccroche à l'espoir, qu'ayant échappé à la détection, la glace — qui semble la recouvrir — doit être assez mince pour être crevée par le périscope sans endommager sérieusement le fragile appareil.

Un choc... Le navire vibre... Tout devient noir dans le périscope...

En quittant les oculaires, les yeux d'Anderson rencontrent ceux des hommes qui l'entourent et il y lit une muette interrogation.

— Votre « eau libre », dit-il en s'efforçant de plaisanter, est apparemment un peu dure. Je crois que le périscope 2 a son compte.

Se tournant vers Lyon, il ajoute :

— Je croyais qu'une glace non décelée par votre détecteur devait être très mince ?

— C'est en effet ce que m'ont montré de nombreux essais en laboratoire, répond Lyon ; mais il se peut que le périscope ait heurté un petit bloc de glace dérivant dans la *polynie*, comme on en voit souvent...

— Ce serait vraiment la poisse ! conclut Anderson. En tout cas, il est inutile de « se frapper »... c'est l'expression qui convient. Nous tâcherons de faire mieux la prochaine fois.

— Remettez en route vers le *Trigger*, Stev, et à nous la prochaine

1. Pour remonter, on « chasse » l'eau des ballasts à l'air comprimé. Pour plonger, les vannes de remplissage étant ouvertes, il suffit d'ouvrir les « purges » permettant l'évacuation de l'air à l'extérieur.

polynie !... Comme dans les écoles de pilotage aérien, nous ne devons pas rester sur un échec.

Peu après, une nouvelle *polynie* est détectée. Elle n'est guère plus grande que la première. Les hommes du central regardent le commandant.

— Eh bien oui ! dit ce dernier. Nous y allons... et encore plus en douceur, si possible. Sortez le périscope 1.

A peine a-t-il posé les yeux sur les oculaires qu'il s'exclame :

— Zut ! Il a souffert du choc, lui aussi. On n'y voit rien. Terminé pour ce genre de sport jusqu'à nouvel ordre et route vers la sortie. Nous verrons dehors ce que l'on peut faire.

Douze heures après son entrée sous le *pack*, le *Nautilus* reprend contact sonar avec le *Trigger* et, une heure après, il fait surface près de lui.

— Nous avons parcouru exactement 150 milles sous la banquise, d'après le loch, annonce Bill Lalor.

— A ma connaissance, commente le capitaine de corvette Cobean, c'est un premier record... du moins pour les sous-marins de l'*U.S. Navy*.

— Le coup des périscopes en est un autre, grommelle Anderson. Qu'en pensent les spécialistes ?

— Rien à faire pour le 2, déclare le capitaine de corvette Early, chef du service machine. Le 1 est « seulement » faussé. On peut essayer de le redresser avec des vérins hydrauliques.

C'est une opération difficile et extrêmement aléatoire, s'agissant d'un périscope en place autour duquel il n'y a pas de points d'appui convenablement placés... et tentée « à froid » — c'est le cas de le dire !

Mais, puisqu'il est inutilisable de toute façon, on peut tenter le coup ; à ma connaissance, on ne l'a jamais fait... pas même en atelier !

— Je vous donne carte blanche, lui répond Anderson.

Le vent glacé souffle en tempête et soulève une houle de plus en plus sensible.

Le maître mécanicien Krawczyk et deux de ses hommes montent les vérins hydrauliques dans la « baignoire », sorte de cuve ménagée sur la partie avant du sommet du kiosque pour permettre de manœuvrer le navire en surface.

Ils placent les vérins en quinconce entre le tube du périscope et les parois en duralumin du kiosque. Sous leur poussée, ce sont les parois qui cèdent.

On les renforce par un croisillonnage de fortune et, cette fois, le périscope se redresse... et *se fend*, laissant échapper le gaz, rigoureusement sec, indispensable pour éviter l'embuement des prismes.

— La poisse nous poursuit ! dit le commandant. Pour la première fois, le *Nautilus* va être obligé de renoncer à remplir sa mission...

— On peut tenter une soudure, avance Early.

— Mais il s'agit d'acier inoxydable ! réplique Anderson... et dans cette tempête glacée !

— Je sais que, même en atelier, c'est une opération délicate, reprend Early. Elle ne peut être entreprise que par des spécialistes de cette technique... mais nous avons deux de ces spécialistes à bord et ils sont prêts à essayer.

— Si, par miracle, objecte encore Anderson, ils réussissaient, comment remplaceriez-vous l'air sec intérieur ?

— Tentons toujours la soudure, propose Early. On réfléchira à la suite s'il doit y en avoir une.

Lorsque les deux spécialistes soudeurs débouchent sur la baignoire, le vent leur arrache leurs masques. Après avoir examiné le travail à faire — sans accès à la face intérieure de la fissure — ils déclarent :

— Il y a une chance sur dix de réussir...

Et ils se mettent courageusement à l'œuvre, insuffisamment protégés par un prélart claquant dans la tempête.

Cent fois ils reprennent l'opération en imaginant de nouveaux dispositifs et... réalisent le miracle ! Après douze heures d'efforts obstinés.

Complètement transis de froid, ils sont réconfortés par un verre de rhum, sorti de l'infirmerie — seul endroit où l'on peut trouver de l'alcool à bord d'un navire de l'*U.S. Navy* — sur ordonnance du Dr Dobbins.

Reste le problème de l'assèchement intérieur.

— Il n'y a qu'à se servir des pompes à vide des condenseurs ! suggère le matelot mécanicien Youngblood.

— Comment cela ?

— Avec un petit tube de laiton souple élongé jusqu'au trou d'aspiration ménagé à la base du périscope, précise-t-il.

L'exécution suit aussitôt. L'air aspiré est remplacé par de l'azote sec et le trou soigneusement rebouché.

Des matelots du *Nautilus* nucléaire venaient d'accomplir, dans le blizzard arctique, et avec les moyens du bord, une réparation qui n'aurait pas été jugée réalisable dans un arsenal.

— Grâce à vous, déclare Anderson jubilant, aux héros de ce miracle technique, le *Nautilus* ne se « dégonflera pas » !

Le petit projecteur de signalisation optique clignote vers le *Trigger*.

« Périscope réparé stop. Compte replonger demain stop. Route au nord jusque vers 83e et peut-être au-delà stop. Absence peut durer cinq jours. »

Le *Trigger* répond :

« Compris votre signal stop. Jusqu'où comptez-vous aller vers le nord ? »

— Je vois ce qu'il voudrait me faire dire, commente Anderson. Signalez-lui : « Nous ferons de notre mieux. »

A l'heure prévue le *Nautilus* plonge pour sa seconde incursion sous la banquise.

— Bill, dit Anderson à Lalor, dès que nous serons à 100 mètres, nous mettrons cap au nord à 20 nœuds.

Veille permanente et attentive au sondeur continu, au sonar de recherche avant et au sonar zénithal de glace.

Je rappelle, sur le journal de navigation, que l'officier de quart doit être prêt à manœuvrer instantanément si l'un de ces trois détecteurs décèle le moindre danger, et que la route estimée doit être tenue avec un soin tout particulier.

Rencontrant le Dr Dobbins dans la coursive, il lui dit :

— Comment va l'atmosphère confiée à vos soins ?

— Température toujours la même, 22° centigrades, commandant.

— Oui, constate Anderson, même dans ma cabine, située contre la coque, car on y a installé un radiateur supplémentaire.

— Nous maintenons aisément l'hygrométrie au taux convenable, poursuit le médecin-major, et les gaz toxiques au-dessous des seuils dangereux. Nous dosons l'apport d'oxygène selon le résultat de nos analyses.

— N'oubliez pas, docteur, que vous tenez les commandes de notre vie et de notre moral puisqu'en ouvrant un peu plus votre robinet d'oxygène vous agissez sur notre résistance physique et sur notre euphorie...

— Pour le moral, commandant, rectifie Dobbins, « l'atmosphère » des relations sociales entre nous tous, ici, est également très importante.

La confiance les uns dans les autres, l'esprit d'équipe, l'intérêt de l'œuvre entreprise, la manière dont est réglé le service, la variété et la qualité des menus ainsi que des distractions, les informations, etc., tout cela compte !

Cette « atmosphère »-là est aussi indispensable que l'état chimique de l'air nécessaire à nos poumons. De l'une et de l'autre dépendent le rayon d'action et *l'endurance humaine* des sous-marins nucléaires.

— C'est juste ! Nous y veillons.

Dès le jour suivant le *Nautilus* atteint le 83e degré de latitude nord. Aucun incident à noter sauf — comme attendu — chez les compas.

Le magnétique a perdu toute force directionnelle et oscille de 60° à la recherche d'un Nord magnétique se trouvant dans une direction différente de plus de 90° du Nord géographique vers lequel le *Nautilus* fait route.

Les gyrocompas ordinaires commencent à osciller anormalement. Heureusement, les deux gyrocompas spéciaux, désignés par le symbole Mark 19, embarqués pour cette opération, semblent continuer à fonctionner correctement...

Le 84e, puis le 85e degré de latitude sont franchis allégrement et le commandant laisse poursuivre la route, le cœur battant, dans l'espoir d'atteindre le pôle en une quinzaine d'heures !

— Dire, remarque Cobean, que nous gagnons un degré de latitude vers le pôle, en pleine banquise, toutes les trois heures, alors qu'en février 1894, Nansen, constatant que, depuis le mois de septembre précédent, le *Fram* n'avait gagné *qu'un degré* vers le Nord, écrivait :

« A cette vitesse il nous faudra encore 45 mois (!) pour atteindre le pôle, 80 ou 100 mois pour regagner, de l'autre côté, le 80e parallèle et, ensuite, un ou deux pour rentrer en Norvège, soit, en tout... huit ans ! »

— Commandant ! Les Mark 19 déraillent... annonce soudain l'officier de quart.

Anderson se précipite.

— Tous les deux à la fois ? Ken, dit-il au lieutenant de vaisseau chef du service électricité, ce ne peut être une question de latitude !

— Vérifiez l'alimentation, prescrit immédiatement Kenneth Carr à son maître électricien.

— C'est le fusible qui a sauté, capitaine, annonce le gradé un instant après.

— Quelle poisse ! s'exclame Carr. Pour tout autre appareil, le rétablissement du courant réglerait tout, mais pour les gyros, à cette latitude, nous ne pouvons savoir combien de temps ils mettront pour retrouver leur stabilité.

— Dans ce cas, décide Anderson, la première chose à faire est de cesser d'augmenter cette latitude.

Dès que les gyros auront repris leur vitesse de rotation[1] nous virerons de bord très lentement et nous nous dirigerons — à tâtons — vers la sortie... comme un spéléologue dont la lampe s'est éteinte.

— A tâtons est bien le mot qui convient, dit Lalor. Avec notre magnétique embardant de 60°, nous pouvons aller cogner contre le mur sous-marin du Groenland ou celui du Spitzberg. Heureusement que nous pouvons « tâter » le fond avec le sondeur, les murs avec le sonar dirigé vers l'avant, et le plafond avec le sonar zénithal !

Lorsqu'il vire de bord, le *Nautilus* se trouve par 87°. A 120 milles du pôle. Aucun navire n'a atteint avant lui cette latitude... sous

1. De l'ordre de 20 000 tours/minute.

réserve de précisions à venir concernant l'odyssée des sous-marins de poche soviétiques...

A partir du point estimé, la route à suivre pour rejoindre le *Trigger* est facile à tracer sur la carte. Tout le problème consiste à prendre et à maintenir le cap réel correspondant à ce tracé.

Pendant sept heures, les Mark 19 continuent à osciller et, même ensuite, rien ne permet de contrôler avec précision leurs indications puisque les moyennes des embardées, amples et indécises, du magnétique ne peuvent inspirer confiance.

Le profil du fond dessiné par le sondeur est soigneusement comparé à celui enregistré à l'aller. Il devient bientôt évident qu'il s'écarte nettement de ce dernier car les profondeurs deviennent beaucoup plus faibles. D'après les vagues indications de la carte ces petits fonds doivent indiquer l'approche du Groenland.

— Venez de 90° sur la gauche, décide Anderson. Nous continuerons à ce cap jusqu'à ce que nous ayons retrouvé les fonds rencontrés à l'aller à cette latitude... estimée, d'après le loch.

Après quelques heures d'attente anxieuse les fonds apparemment « normaux » sont atteints et le *Nautilus* remet cap au sud.

Le lendemain, le sonar zénithal indique l'eau libre et le *Nautilus*, faisant surface, peut enfin déterminer sa position et vérifier ses gyros par des observations astronomiques.

— C'est quand même enrageant, dit Lalor, de penser que, sans ce sacré fusible, nous allions virer sous le Pôle dans un fauteuil !

— Bien sûr ! dit Anderson, mais ce n'est déjà pas si mal ! Qui aurait osé penser sérieusement à cela il y a seulement deux ans ?

Quelques jours plus tard, le *Nautilus* fait route vers l'Angleterre afin de se trouver à temps au rendez-vous de l'exercice NATO *Strike back*.

— Allô ! Allô ! annoncent les haut-parleurs dans tout le navire : Ici le commandant. Le *Nautilus* a parcouru, à ce jour, les « Vingt Mille Lieues [1] sous les mers » du célèbre roman de Jules Verne...

6

La porte est trop basse

A la nuit tombante [2] le *Nautilus* quitte l'appontement de Seattle, la base navale du nord-ouest des Etats-Unis.

Il s'engage dans le Puget Sound et, par le Détroit de Juan-de-

1. La lieue marine compte 3 milles marins. Ce jour-là, le *Nautilus* nucléaire avait donc parcouru 60 000 milles marins ou 111 000 kilomètres, soit près de trois fois le tour du monde, en plongée.

2. Le 9 juin 1958.

Fuca — au sud de l'île de Vancouver — va déboucher dans le Pacifique Nord.

— Kelsey, dit le commandant Anderson au lieutenant de vaisseau, officier de manœuvre, c'est le moment de faire disparaître nos numéros de coque...

Quelques instants plus tard quatre hommes, munis de pots de peinture gris foncé et de pinceaux, commencent à recouvrir les grands chiffres blancs 5, 7, 1, peints de chaque côté du kiosque et de l'étrave, et devenus populaires dans le monde entier depuis qu'ils constituent le numéro officiel du premier sous-marin nucléaire.

— Pourquoi cette nouvelle fantaisie ? demande un des matelots. Avons-nous la prétention de voyager incognito maintenant ?

— A condition de ne pas nous montrer hors de l'eau ! remarque son voisin. Sinon il faudrait nous mettre un faux nez... faute de quoi, notre incognito serait aussi vite percé que celui d'Ike se promenant dans les rues de Washington...

— Puisque nous devons rester sous l'eau jusqu'à Panama, reprend le premier matelot, je ne vois pas à quoi peut servir ce camouflage. Il nous faudra bien faire surface pour entrer dans le canal, alors, adieu l'incognito !

— Allô ! Allô ! clament les haut-parleurs.

— Encore ces sacrés « gueuloirs » ! gronde un des hommes. Que nous veut-on à cette heure-ci ?

— Ici le commandant ! annoncent les micros amplificateurs. Nous faisons route vers l'Angleterre... *par le Pôle*. Terminé.

— Hein ! réplique le voisin du rouspéteur, cela t'en bouche un coin ! Ce n'est pas pour nous promener dans le canal que nous barbouillons nos numéros, mais pour nous faufiler par la « petite porte » de Behring — comme disait le second l'année dernière — entre la côte sibérienne et celle de l'Alaska. Tu as compris ?

— Zut ! songe soudain un autre matelot, et les arrhes que j'ai versées pour un appareil photo, commandé à Panama à l'aller ! Je ne pouvais tout de même pas me douter que nous pourrions revenir en Atlantique sans repasser par le canal !

— Bah ! observe un camarade, moi j'ai laissé des « blancs » au blanchissage, mais je ne crois pas en avoir besoin sous la banquise !

— Jenks, dit le commandant au nouvel officier de navigation, vous pouvez délivrer nos passagers clandestins.

Cinq minutes plus tard, le Dr Waldo Lyon, bien connu, et son collaborateur, Rex Rowray, sortant de la cabine où ils étaient enfermés depuis douze heures, arrivent au carré.

— Pourquoi diable tout ce mystère ? commandant, demande le lieutenant de vaisseau Kelsey.

— Mon cher Bob, répond Anderson, on a assez reproché aux U.S.A., dans le monde entier, d'annoncer à l'avance le lancement de fusées ou de satellites et de se trouver, ensuite, dans l'humiliante obligation d'avouer l'échec de ces opérations.

Les Russes, dit-on, ont peut-être eu, eux aussi, des ratés, avant de réussir à placer leur premier Spoutnik sur son orbite, en octobre dernier, mais le « grand public » n'en a rien su ! Lorsque ce « satellite » a été bien accroché sur son parcours, toute l'humanité a été, brusquement, mise en présence de cette réussite... d'autant plus sensationnelle qu'elle était inattendue.

Dans cette compétition — un peu enfantine entre nous — au tour de force spectaculaire scientifico-technique, devant les badauds de l'univers, nos leaders ont été victimes du complexe d'un joueur brusquement surclassé dans une épreuve.

Ils ont cherché à marquer un grand coup sur un autre terrain. C'est alors que le capitaine de vaisseau Aurand, de la Maison Militaire du Président, m'a demandé si le *Nautilus* était capable d'effectuer la traversée de l'océan Arctique, en passant par le pôle.

Sur mon affirmation, les Hautes Autorités de Washington ont estimé qu'une telle traversée, effectuée du Pacifique à l'Atlantique, et *brusquement révélée au monde* — à la Spoutnik — au moment même où elle viendrait d'être réalisée, pourrait produire un effet aussi sensationnel que le lancement du premier satellite.

Mais, ainsi que je viens de le souligner, à la condition expresse de garder le *secret le plus absolu* — pour une fois — sur ce projet et sur son exécution jusqu'à ce que la réussite soit *assurée*.

— Autrement dit, commandant, commente Kelsey, on nous demande de « sauver la face » scientifico-technique du pays...

— Pourquoi, alors, demande Carr, a-t-on annoncé que nous retournerions, cet été, dans l'Arctique avec le sous-marin nucléaire *Skate* et le sous-marin prénucléaire *Halfbeak* ?

— Il fallait, explique Anderson, justifier l'installation à bord de nouveaux appareils destinés à améliorer la sécurité de la navigation sous la glace.

Mais, vous l'avez constaté, nous avons laissé entendre qu'il s'agirait d'expériences *en mer du Groenland* — comme l'année dernière — après une croisière dans le Pacifique, l'aller *et le retour* s'effectuant par *Panama*.

Adams[1] et moi-même avons cru bon d'accepter à dîner chez des amis de la zone du canal, lors de *notre retour* vers l'Atlantique, afin de confirmer ce programme.

Cette annonce de nouveaux essais en Arctique a permis, notamment, de justifier l'installation à bord de cet appareil mystérieux et,

1. Le capitaine de corvette Franck Adams, nouveau commandant en second.

paraît-il, prometteur de résultats sensationnels, que l'on appelle le « navigateur par inertie ».

— Ce « navigateur » m'a l'air terriblement compliqué et fragile, avance le Dr Dobbins. Quel en est le principe ?

— C'est à Jenks qu'il faut demander cela, dit Anderson.

Dans l'*U.S. Navy*, les officiers de marine sortant de l'Ecole Navale d'Annapolis sont, à tour de rôle, affectés aux différents services du navire — y compris celui des machines — tout en continuant à assurer le quart de navigation.

C'est ainsi que le lieutenant de vaisseau William Lalor, officier de navigation en 1957, a passé ce service, en janvier 1958, au lieutenant de vaisseau Shepherd Jenks, et a pris en charge les turbines et leurs auxiliaires, tout en continuant à assurer le quart au poste central.

Jenks se met en devoir d'expliquer — sans recours aux formules mathématiques — le principe du « navigateur par inertie » au médecin-major.

— Vous savez comme moi, commence-t-il, qu'en surface, les navires peuvent déterminer leur position géographique instantanée par plusieurs procédés.

Le plus ancien consiste à relever au compas la direction de repères terrestres connus... lorsqu'une côte est en vue.

Au cours des siècles précédant le nôtre, on a mis laborieusement au point la détermination de la position, en haute mer, par l'observation, au sextant, de la hauteur angulaire des astres au-dessus de l'horizon et la compilation de tables diverses.

Enfin, les dernières décennies nous ont apporté les procédés de repérage électroniques sous forme, d'abord, des relèvements radiogoniométriques au cours de la Première Guerre mondiale, puis durant le second conflit planétaire, sous celle de la détection au radar des côtes, à des distances de plus en plus grandes, en même temps que se généralisaient les réseaux électroniques genre Decca, Loran, etc.

Nous pouvons utiliser tous ces procédés, sans avoir besoin de faire surface, à condition de nous placer à immersion périscopique.

Nos périscopes permettent, non seulement de prendre des relèvements côtiers, mais d'observer la hauteur angulaire des astres au-dessus de l'horizon, comme avec un sextant. Le radar périscopique détecte les côtes, même si elles sont invisibles, et la gaule d'antenne, sortie de l'eau, capte les émissions des réseaux électroniques.

Mais — et c'est là que je veux en venir — lorsque nous naviguons à notre immersion profonde habituelle, et *a fortiori* sous la glace, *aucun* de ces moyens n'est utilisable puisque nous sommes sans vue extérieure et que les ondes électromagnétiques ne pénètrent pas dans les profondeurs de la mer.

Nous devenons alors aveugles et sourds au monde extérieur.

— Le sondeur vous a tout de même rendu grand service, remarque le docteur, après la panne des compas sous la banquise, en août dernier.

— J'allais dire, reprend Jenks, qu'en immersion profonde, nous ne disposons que de l'ouïe sous-marine de nos sonars, dirigés, les uns vers le fond, les autres vers le haut et l'un vers l'avant.

Seuls ceux qui « tâtent » en permanence le fond de la mer peuvent fournir quelques indications sur notre position, à condition que ce fond présente des accidents caractéristiques, tels que fosses ou crêtes... et que cette topographie sous-marine ait été préalablement parfaitement cartographiée — ce qui n'est pas encore le cas au centre de l'Arctique où nous allons nous lancer au-dessus de *fonds inconnus*.

— Il vous reste toujours, dit le docteur, le plus vieux de tous les moyens de navigation : ce que l'on appelle, à terre, le « cheminement », c'est-à-dire la détermination de la position atteinte d'après les distances parcourues dans les diverses directions suivies depuis le départ... bref, votre fameux « point estimé » !

C'est bien ainsi que vous avez procédé l'année dernière et vous n'avez eu quelque inquiétude qu'après la stupide panne d'alimentation des gyrocompas, laquelle jetait l'incertitude sur l'un des éléments essentiels de cette « estime » : la direction.

Je sais que vous avez pris toutes les mesures possibles pour qu'un tel incident ne puisse se reproduire.

— Evidemment, reprend Jenks, mais il n'en reste pas moins que le comportement des gyrocompas est incertain au voisinage du pôle de rotation de la Terre. Quant au compas magnétique, vous nous avez entendus parler de ses fantaisies lors de nos premiers raids sous-glaciaires.

Mais, ce n'est pas tout.

En admettant que le gyrocompas et le loch nous donnent, respectivement, une direction et une vitesse rigoureusement exactes, le point « estimé », résultant de leurs indications, différera du point exact d'une distance correspondant au *déplacement de la masse d'eau* traversée pendant le même temps.

Autrement dit, le « point estimé », à l'aide des seules indications du compas et du loch, ne peut tenir compte des translations du navire dues à l'action des courants marins et nous savons qu'il en existe en Arctique — comme dans toutes les mers — et qu'ils varient selon la profondeur et les conditions météorologiques.

En résumé, nous naviguerons, non seulement sur des fonds, mais aussi dans des *courants inconnus* et c'est ici que le « navigateur par inertie » nous promet une aide inédite puisqu'il doit déceler toute modification de mouvement — en grandeur et en direction — et, par conséquent, *toute translation* de la plate-forme sur laquelle il est fixé... *quelle qu'en soit la cause* !

— Comment cela ? demande le docteur.

— Par *inertie*, précisément — comme son nom l'indique — répond Jenks.

Lorsque vous êtes dans une auto, même si vous fermez les yeux, vous avez une notion très sensible des coups d'accélérateur et de frein, ainsi que des virages.

C'est par son inertie que votre corps ressent ces diverses *modifications* de vitesse et de direction, que cette dernière soit due à un coup de volant ou à un *dérapage*, c'est-à-dire à *une translation involontaire*, comme celle qu'un courant inconnu imprime à un navire et que nous appelons « *dérive* ».

Sur sa plate-forme stabilisée, maintenue rigoureusement horizontale, notre appareil comporte deux pendules extrêmement sensibles, agissant dans des plans perpendiculaires l'un à l'autre, dont les réactions aux différences de mouvement sont enregistrées électroniquement — le grand mot est lâché — en vitesse et direction. Les déplacements qui en résultent sont totalisés.

C'est, en somme, un calculateur automatique du parcours effectué *par rapport au fond*. Capable, par conséquent, de fournir un « point estimé » idéal... Il peut dire où il est parce qu'il sait par où il est réellement passé, *par rapport à la terre*...

— Si cet appareil est si sensible, remarque le docteur, comment peut-il éliminer les brutales accélérations « parasites » produites par le roulis et le tangage ?

— Ceci est un problème qui ne nous intéresse pas car vous savez qu'aux profondeurs auxquelles nous naviguons il n'y a ni roulis ni tangage... et c'est heureux ! Car l'appareil dont nous disposons n'a pas été conçu pour un navire, mais pour assurer l'autoguidage du missile Navajo, aujourd'hui abandonné.

La Marine a appris, par hasard, l'existence de deux exemplaires de ce type d'appareil [1] réalisés par l'*Autonetic's Division* de la *North American Aviation Corporation*, et elle s'est enquise des possibilités de leur emploi à bord d'un sous-marin.

On lui objecta que ces appareils avaient été conçus pour les trois heures de vol, à 1 500 nœuds [2], d'un missile et non pour les semaines de navigation d'un sous-marin.

Sur son insistance, l'*Air Force* voulut bien lui céder ces appareils et les ingénieurs de l'*Autonetic's* entreprirent de leur apporter les modifications possibles en vue de leur nouvel emploi.

---

1. Dit N 6 A.
2. Deux mille huit cents kilomètres/heure.

Enfin, et surtout, la *North American* a accepté de détacher à bord les spécialistes indispensables pour assurer leur fonctionnement.

Si MM. Curtiss et Bristow n'étaient pas ici, nous n'aurions aucun espoir de pouvoir tirer parti d'un appareillage aussi délicat et soumis, pour la première fois, à un fonctionnement aussi prolongé.

— A propos de « translations », songe soudain le docteur, il y en a une à laquelle nul ne saurait échapper dans notre univers... C'est celle qui résulte de la rotation perpétuelle de notre planète !

Est-ce que votre « navigateur par inertie » tient compte aussi de celle-là ?

— Non seulement il en tient compte, répond Jenks, mais c'est précisément elle qui lui permet de nous donner le cap et la latitude !

— De plus fort en plus fort ! s'exclame le docteur.

— Sensible aux modifications de ce mouvement — comme de tous les autres —, explique Jenks, il en indique en permanence le *sens*, c'est-à-dire l'est...

D'autre part, la vitesse de cette rotation — à la surface du globe terrestre — maximum sur l'équateur, où elle atteint 1 666 kilomètres à l'heure [1], décroît régulièrement, *en fonction de la latitude*, pour devenir nulle aux pôles.

Par conséquent, lorsque l'on fait route vers un de ces pôles, la diminution de la vitesse superficielle de rotation — décelée par l'appareil à inertie — permet de savoir à quelle distance on se trouve de l'endroit où elle devient nulle... donc la latitude...

— Il suffisait d'y penser ! s'exclame le docteur, admiratif. Si je comprends bien ces explications pour « homme du monde », cet appareil est plus fort que le pendule des radiesthésistes !

— S'il confirme ses promesses, ajoute Jenks, ce sera le fil d'Ariane électronique qui nous guidera dans le labyrinthe sous-glaciaire de l'Arctique...

— Ah ! Jules Verne ! dit encore le docteur. Cette fois tes prophétiques anticipations sont incontestablement dépassées !

Avant l'aube, la peinture de camouflage étant suffisamment sèche, le *Nautilus* entre, avec satisfaction, dans son calme domaine, à quelques dizaines de mètres sous l'agitation de la surface.

Là, plus besoin de manœuvrer pour éviter les abordages, plus de vague d'étrave freinant l'avancement, plus de tangage ni de roulis.

Les filets d'eau glissent sans bruit et apparemment sans remous le long des formes hydrodynamiques du sous-marin.

On se retrouve dans l'intimité d'un univers artificiel réservé, se déplaçant au sein de la masse planétaire des eaux marines.

1. Quarante mille kilomètres en vingt-quatre heures.

« La mer est tout ! fait dire Jules Verne au capitaine Nemo.

Elle couvre les sept dixièmes du globe terrestre.

Son souffle est pur et sain. C'est l'immense désert où l'homme n'est jamais seul car il sent frémir la vie à ses côtés.

La mer n'est que le véhicule d'une surnaturelle et prodigieuse existence ; elle n'est que mouvement et amour ; c'est « l'infini vivant », comme l'a dit un de vos poètes...

La mer est le vaste réservoir de la nature. C'est par la mer que le globe a, pour ainsi dire, commencé et qui sait s'il ne finira pas par elle ?

Là est la suprême tranquillité. Elle échappe à l'emprise des despotes. A sa surface ils peuvent encore exercer des droits iniques, s'y battre, s'y dévorer, y transporter toutes les horreurs terrestres, mais, à trente pieds au-dessous de sa surface, leur pouvoir cesse, leur influence s'éteint, leur puissance disparaît !

Ah ! Monsieur, vivez au sein des mers !

Là seulement est l'indépendance ! Là je ne reconnais pas de maître ! Là je suis libre !... »

Jenks trace la route à l'ouest-nord-ouest vers le créneau, large et profond, de la chaîne des Aléoutiennes situé dans l'ouest de l'île Ounimak.

C'est la première porte à franchir pour pénétrer dans la mer de Behring, antichambre du détroit de même nom.

Selon la routine de la navigation océanique, sous les eaux libres de glace, le *Nautilus* remonte, chaque jour, pendant quelques dizaines de minutes, à immersion périscopique, pour pouvoir recevoir sur sa gaule-antenne les messages radio l'intéressant, émis par des stations terrestres de l'*U.S. Navy*, à des heures fixées à l'avance.

Jenks en profite pour prendre, au périscope, la hauteur angulaire des astres au-dessus de l'horizon et en déduire le point astronomique.

— Vous ventilerez le bateau au schnorchel pendant ces « vacations », ordonne le commandant. Il faut ménager notre réserve d'oxygène en vue de la traversée transarctique.

Quelques jours plus tard, le *Nautilus* sort des eaux tièdes du Kouroshivo — le Gulf Stream du Pacifique — et la température de la mer tombe de 15° à 4° centigrades.

L'approche des Aléoutiennes est confirmée par le sondeur. Cet extraordinaire chapelet d'îles volcaniques se trouve, en effet, en bordure d'une des plus grandes fosses océaniques, large de 40 milles marins et profonde de 7 600 mètres.

— C'est le cas type, fait remarquer Jenks au Dr Dobbins, où notre « ouïe » sous-marine, dirigée vers le bas, peut nous donner une latitude « observée »... approximative.

Après le franchissement du détroit d'Ounimak, le commandant fait mettre le cap au nord-nord-ouest vers l'extrémité occidentale de la grande île de Saint-Laurent, appartenant aux Etats-Unis, et se trouvant en travers de l'accès sud au détroit de Behring.

Les documents nautiques relatifs à cette région indiquent, en effet, que le passage situé entre l'île Saint-Laurent et la côte sibérienne est — généralement — libéré des glaces avant celui qui sépare l'île de la côte alaskienne... Or, les profondeurs diminuent progressivement en mer de Behring, au fur et à mesure que l'on se rapproche du détroit...

La ligne des fonds de moins de 100 mètres a été franchie bien avant d'arriver en vue de l'île Saint-Laurent et le *Nautilus* a dû réduire progressivement son immersion.

Deux jours après le franchissement des Aléoutiennes, le bâtiment se présente à l'entrée de cette seconde porte.

Au périscope, on aperçoit, à la fois, les hauteurs de l'île et les montagnes, plus lointaines, de la Sibérie.

— Cap au 30. Immersion 30 mètres, ordonne le commandant. Veillez bien le sondeur. Il doit nous rester une quinzaine de mètres sous la quille. Mettez en route le détecteur de glace.

Quelques heures après, l'officier de quart appelle le commandant par l'interphone.

— Nous venons de détecter le premier glaçon, lui dit-il.

— Mettez à 12 nœuds, répond le commandant. J'arrive.

Bientôt de nouveaux « nuages », plus compacts et plus étendus, défilent au-dessus du périscope. La plume de l'enregistreur de détection sous-glaciaire indique des « tirants d'eau » croissants...

— Voilà une masse ayant 7 mètres immergés, indique le Dr Lyon. J'ai l'impression que le passage est encore embâclé...

— Cela ne nous fait qu'une dizaine de mètres au-dessus de « la tête » et une quinzaine sous « les pieds », remarque le commandant. Mettez à 10 nœuds !

— Dans ces parages, explique Lyon, il est impossible de savoir à quelles masses de glace on peut avoir affaire.

Au cours de l'hiver, toute cette région est embâclée. La « bataille des glaces » y atteint des proportions effarantes.

Sous l'effet des courants débouchant de l'Arctique et des tempêtes, les glaces, resserrées entre les deux continents et les îles, se dressent les unes contre les autres en chevauchements titanesques...

Ses yeux n'ayant pas quitté l'enregistreur, il annonce :

— Tenez ! nous passons en ce moment sous une masse de 10 mètres de tirant d'eau...

— Qu'en pensez-vous ? lui demande à voix basse Anderson.

— Je pense, lui répond le savant, qu'il vaudrait peut-être mieux aller voir si l'autre passage n'est pas libre.

En cette saison, il me paraît bien improbable que la mer de Behring soit embâclée sur toute sa largeur, à la hauteur de l'île Saint-Laurent.

Nous avons aperçu de larges secteurs libres, au large de la côte alaskienne du détroit de Behring, lors de notre reconnaissance aérienne « incognito » d'il y a dix jours.

— Je suis de votre avis, affirme Anderson. D'autant plus que les fonds vont encore diminuer...

S'adressant à l'officier de quart, il ordonne :

— Venez à la route inverse en tournant sur la gauche. Nous allons contourner l'île Saint-Laurent par le sud pour tenter notre chance de l'autre côté.

La manœuvre réussit.

Trois jours après, le *Nautilus* s'engage dans la troisième porte : la moitié orientale du détroit de Behring.

Entre les hauts promontoires qui terminent, face à face, les deux mondes, il n'y a que 80 kilomètres d'une mer dont la profondeur moyenne n'est que de 36 mètres.

Bien plus, deux îlots se trouvent, côte à côte, au beau milieu de ce « pas de Calais » sibéro-alaskien. Le plus grand — Ratmanova — est soviétique et le plus petit — Ignatuk — est américain.

C'est, naturellement, entre ce dernier et la côte nationale de l'Alaska que se glisse le *Nautilus*, à faible immersion, étant donné la présence de nombreux hauts-fonds.

Il reste une quatrième porte à franchir pour atteindre les profondeurs de l'océan Arctique : l'étroit « soupirail » s'ouvrant sous la frange de la banquise recouvrant le plateau intercontinental prolongeant vers le nord les petits fonds du détroit, en mer des Tchoutches.

Plus la bordure du *pack* aura reculé, plus on aura de chances de pouvoir se glisser dessous pour atteindre rapidement les grands fonds.

Malheureusement, les premiers glaçons sont rencontrés quelques heures après le franchissement du détroit et la banquise compacte apparaît peu après.

Il faut tenter de passer dessous et, cependant, le sondeur indique seulement 48 mètres de profondeur !

Bill Lalor est de quart.

— Descendez à 36 mètres, lui dit Anderson, et mettez à 8 nœuds. Il ne reste que 12 mètres d'eau sous la quille et 21 mètres entre le sommet du kiosque et la surface — théorique — de la mer. Le détecteur de glace indique des masses ne dépassant pas 13 mètres d'immersion. Cela ressemble au *pack* « normal » observé, l'année précédente, de l'autre côté de l'Arctique... si l'on continue à considérer les soi-disant « stalactites filiformes » comme des « parasites »...

— Mettez à 10 nœuds, ordonne Anderson. Je vais aller m'étendre un instant sur ma couchette. Veillez bien et prévenez-moi de toute détection anormale.

Quelques instants après, le sonar *horizontal*, qui projette ses trains d'ondes ultra-sonores *vers l'avant*, recueille les échos d'un obstacle très étendu...

Penché sur le détecteur sous-glaciaire, Lalor voit la plume dessiner le profil d'une « montagne à l'envers » s'enfonçant de plus en plus vers le bas.

Avec une sueur d'angoisse, il constate que cette plume amorce, enfin ! un palier à... 19 mètres sous la surface ! A 2 mètres seulement au-dessus du trait rouge marquant, sur le graphique, le sommet du kiosque !

— Cinq nœuds ! commande-t-il.

Puis, décrochant l'interphone :

— Allô ! Commandant... Pouvez-vous venir au poste central...

Anderson accourt et comprend aussitôt.

— Descendez à 42 mètres, dit-il. Faites demi-tour, route inverse.

Le *Nautilus*, traînant ses 3 000 tonnes à six mètres au-dessus d'un fond mal connu, vient en grand sur la gauche...

Soudain le sonar horizontal détecte un nouveau mur de glace... Il est impossible d'éviter de passer dessous...

Tandis que la plume du détecteur vertical se rapproche encore plus près de la ligne rouge marquant le sommet du kiosque, les deux officiers courbent instinctivement la tête, attendant le choc...

Par miracle il ne se produit pas... Le sommet de la montagne à l'envers, s'enfonçant jusqu'à *26 mètres* sous la surface, est passé... à guère plus d'un mètre du sommet du kiosque !

— C'est un avertissement divin, estime Anderson, qui m'a suggéré de plonger, il y a un instant, à 42 mètres... Ce serait folie d'insister. La porte est trop basse !

DEUXIÈME PARTIE

Seul contre tous

7

Une atmosphère sur mesure

Le *Nautilus* rampe au ras des fonds inconnus en s'efforçant d'échapper à la trappe des montagnes de glace immergées.

Anderson, Lyon et Lador se regardent, consternés.

— Au moment le plus critique, avoue le commandant un instant plus tard, j'ai brusquement retrouvé la sensation que j'avais ressentie, étant enfant, lorsque ma tête s'était trouvée coincée sous un divan alors que j'y recherchais une balle...

— Nous devons reconnaître, dit Lalor, qu'en imaginant son *Nautilus* bloqué sous la banquise, Jules Verne — une fois encore — n'avait fait qu'anticiper sur ce qui a bien failli nous arriver !

— Ni les documents et les experts consultés, reprend Anderson, ni nos raids de l'année dernière sous la banquise groenlandaise ne pouvaient laisser prévoir l'existence, en Arctique, de masses de glace de mer aussi profondément immergées.

— En ce qui concerne les documents, remarque le Dr Lyon, lorsque nous avons détecté ces masses j'ai pensé, de mon côté, à l'article soviétique dont je vous avais parlé, l'été dernier, tandis que nous faisions route vers l'Arctique pour la première fois.

— Ah oui ! fait Anderson. Cette expédition sous-glaciaire du colonel sous-marinier Potenkine, au large des côtes sibériennes, en 1953-1954 ?

— Exactement, poursuit Lyon. Vous vous rappelez que les Russes y justifiaient l'emploi d'un sous-marin « de poche », très manœuvrant, pouvant se glisser dans des « tunnels sous-marins et sous-glaciaires » — à la Jules Verne — formés par des amoncellements de glace s'enfonçant dans la mer jusqu'à *près de trente mètres* et susceptibles de s'échouer sur les petits fonds du plateau continental ?

— Je m'en souviens, en effet, maintenant, reconnaît le commandant.

— Or, reprend Lyon, nous sommes, précisément, sur ce plateau continental, et nous venons de nous heurter à une masse de glace de vingt-six mètres d'immersion, dont nous ne pouvons dire si elle est d'origine sibérienne ou alaskienne.

Comme j'en avais formulé l'hypothèse, à la fin de notre discussion, l'année dernière, cette rencontre apporte un sérieux argument en faveur de l'authenticité du récit soviétique !

Elle tend à confirmer l'exploration sous-marine du dessous de la banquise par les Russes...

— Puisque, objecte Anderson, la « grande dérive » de Nansen porte des mers sibériennes vers la mer du Groenland, nous aurions dû rencontrer des masses de ce genre dans cette dernière mer.

— C'est exactement le raisonnement auquel je pensais à l'instant, réplique Lyon.

Il m'éclaire brusquement sur le mystère de ces soi-disant « stalactites », supposées « parasites » parce que « filiformes », détectées par notre sonar vertical lors de nos premières incursions sous-glaciaires... et je me reproche d'avoir suggéré de n'en pas tenir compte.

Dans mon esprit, il devient évident, maintenant, qu'il s'agissait bel et bien de masses profondément immergées, mais *la cadence* d'émission des trains d'ondes ultra-sonores de détection était *trop lente* par rapport à la vitesse du navire pour pouvoir nous dessiner leur profil complet.

L'enregistreur passait directement d'un creux à un sommet « inversé », puis à un autre creux, transformant le profil de la « montagne à l'envers » en celui d'une simple « stalactite » filiforme, mais de *même immersion*.

— Quand je pense, songe tout haut Anderson, que ces soi-disant aiguilles descendaient parfois à quinze et même vingt mètres de profondeur, cela correspond effectivement aux masses auxquelles nous venons de nous heurter. J'ai froid dans le dos — rétrospectivement — à la pensée que nous n'y croyions pas...

— Grâce à Dieu, commandant, rappelle Lyon, vous vous êtes méfié de mon interprétation... vous avez même fait allusion à l'histoire des Russes. Une inspiration divine vous a heureusement conseillé de renoncer à remonter davantage pour regarder de plus près le dessous de la banquise au périscope !

— Nous avons eu de la chance — à deux reprises — c'est un fait, coupe Lalor. Mais, commandant, quant aux espoirs de la Maison-Blanche et du Pentagone d'effacer, par un coup d'éclat sous-marin, l'effet psychologique du Spoutnik, c'est raté ! Heureusement, *dans le secret*, cette fois...

— Il ne faut pas jeter le manche après la cognée, réplique Anderson. L'été arctique est à peine commencé. La lisière de la banquise doit encore reculer en juillet et août. Dès que nous serons sortis de ces « tunnels sous-marins », je rendrai compte au chef d'état-major général et suggérerai une nouvelle tentative, lorsque les circonstances paraîtront plus favorables.

— Et le secret, commandant ? objecta Lalor.

— Il ne dépend que de nous tous, à bord, de le conserver. Je fais confiance aux hommes du *Nautilus*, sur ce point comme sur les autres. Je vais leur expliquer où nous en sommes.

Ce disant, le commandant prend le micro du réseau haut-parleur.

— Communication générale du commandant, annonce-t-il. Nous venons de nous heurter à des masses de glace trop profondément immergées pour que le *Nautilus* puisse passer dessous, étant donné la faible profondeur de la mer dans cette région.

Nous faisons route au sud pour regagner la mer libre d'où nous rendrons compte par radio à Washington en demandant de nouvelles instructions.

Anderson pèse soigneusement les termes de son message. Si le Pentagone accepte sa suggestion d'attendre dans un port du Pacifique des circonstances plus favorables pour faire une nouvelle tentative, il s'agit de conserver le secret, non seulement à bord, mais aussi, et surtout, à l'extérieur.

Officiellement, le *Nautilus* est parti de Seattle pour une croisière de longue durée en plongée devant le mener à Panama.

Il n'est pas question d'aller, maintenant, jusque-là, si l'on doit repartir — toujours secrètement — vers l'Arctique.

Il propose à ses chefs de faire route sur Pearl Harbor et d'inventer un voyage imaginaire qui l'aurait conduit de Seattle jusqu'à l'équateur — avant de rallier Panama —, voyage au cours duquel le *Nautilus* aurait reçu l'ordre de se dérouter sur Pearl Harbor.

Le Pentagone approuve les propositions du commandant Anderson.

Aussitôt, tout le personnel du navire est prié d'apprendre les étapes du voyage fictif afin d'éviter les contradictions. Il faut s'habituer à parler des mers tropicales et non de glaces.

Bien entendu, on doit déclarer que le prétendu retour en Atlantique par Panama est simplement retardé. Tous ceux qui ont pris des engagements avec des commerçants, des blanchisseurs ou des amis de la zone du canal sont priés de ne pas les changer, mais d'indiquer à leurs correspondants que la date du passage est simplement retardée.

Tous les appareils et équipements arctiques, tous les documents, y compris les carnets et les lettres personnelles, sont mis sous clef.

Dix-neuf jours après son départ de Seattle, le *Nautilus*, venant apparemment du sud, entre à Pearl Harbor... après avoir repeint ses numéros de coque.

Un avion spécial emmène le commandant à Washington avec quelques permissionnaires privilégiés — dont l'officier de navigation Jenks.

Sur la suggestion du commandant, ce dernier est envoyé « incognito » en Alaska pour aller survoler la banquise et organiser l'envoi discret à Pearl Harbor des informations aériennes sur les glaces.

On installe à bord du *Nautilus* la télévision verticale destinée à projeter, sur deux écrans intérieurs, dont l'un disposé au poste central, la vue du dessous de la banquise. Cela complétera les indications du détecteur d'épaisseur de glace sans avoir besoin de sortir le périscope.

— Plus fort que Jules Verne, remarque Kenneth Carr. A bord de son *Nautilus*, on pouvait contempler le paysage sous-marin horizontalement à travers les vitres épaisses du salon ou du kiosque de l'homme de barre. Désormais, nous avons la télévision orientable et, comme le sous-marin de Nemo, nous disposons de projecteurs puissants pour éclairer la mer.

— Ce dont le *Nautilus* imaginaire ne disposait pas, ajoute Jenks, retour de l'Alaska, ce sont les compas gyroscopiques et les sonars de détection sous-marine... Malheureusement, notre précieux gyrocompas étalon Mark 19 n'est pas encore revenu des émotions qu'il a ressenties — comme nous tous — en mer des Tchoutches. Il n'a pas retrouvé son équilibre légendaire et les spécialistes, tant du bord que de l'arsenal, y perdent leur latin...

— Je vais téléphoner au Pentagone, déclare Anderson, et leur demander de nous envoyer d'urgence un ingénieur de la Maison Sperry.

Quarante-huit heures après le spécialiste est là et a vite fait de remettre en état le Mark 19.

— Vous ne voudriez pas rester avec nous pour le prochain voyage ? lui demande insidieusement Anderson.

— Je regrette, répond l'ingénieur, mais je dois rallier sans délai ma Maison.

— Tant pis pour nous ! dit le commandant. Nous aurions aimé avoir sous la main un homme aussi compétent en gyrocompas. Vous ne sauriez croire quel service vous nous avez rendu en dépannant notre Mark 19...

Les dernières informations aériennes reçues de la banquise sont encourageantes et Anderson a hâte d'appareiller.

Dès le départ de l'ingénieur Sperry il fait rappeler aux postes d'appareillage [1].

Malgré l'heure tardive, plus de deux cents personnes sont sur le quai, dont l'amiral Grenfell, commandant les sous-marins de la flotte du Pacifique.

1. Le 22 juillet 1958.

C'est une des rares personnes, en dehors du navire, à savoir que le mystérieux *Nautilus* part vers le nord et non vers le sud-est.

Le *Nautilus* sort du goulet et contourne l'île d'Oahu vers le nord. A nouveau — et sans surprise cette fois — les matelots-peintres font disparaître les numéros de coque.

Quelques heures après, deux coups de klaxon rappellent aux postes de plongée. L'eau chassée des ballasts bouillonne autour du navire et il s'enfonce dans son domaine personnel.

Il atteint, à quatre-vingt-dix mètres, son plan de navigation habituel et le commandant fait mettre à 20 nœuds pour atteindre rapidement la mer de Behring.

A l'intérieur c'est le jour factice permanent, la température invariable de 22 degrés centigrades, hiver comme été, sous les tropiques, comme sous la banquise, la même atmosphère idéale continuellement analysée et dosée.

Devant le tableau de contrôle du poste central, les hommes de quart regardent fonctionner les appareils automatiques de pilotage en immersion et en direction, plus habilement que pourraient le faire les meilleurs timoniers.

Les équipes de sécurité vérifient les centaines de vannes et de joints et s'efforcent de dépister les moindres risques d'incendie, ennemi n° 1 des sous-marins en général et, *a fortiori*, des sous-marins sous-glaciaires.

— Rappelez-vous le 4 mai ! leur répète le capitaine de corvette Early, chef du service machine.

Au cours de la traversée de Panama à Seattle, au début de mai, le calorifugeage des turbines, imprégné d'huile, a pris feu, dégageant dans le compartiment une fumée asphyxiante. Il a fallu faire surface et ouvrir tous les panneaux pour évacuer cette fumée.

Tout le monde comprend que si un tel accident se produisait sous la banquise la situation serait extrêmement critique. En prévision d'une telle éventualité, le commandant a obtenu d'embarquer des appareils respiratoires individuels pour tout l'équipage.

A l'heure des « vacations » radio, le *Nautilus* s'approche, comme d'habitude, de la surface, afin de pouvoir sortir sa gaule d'antenne ou recevoir les ondes de très basses fréquences sur ses cadres.

Le journal quotidien du bord titre ce jour-là :

« Nouvelles de la navette Panama-Arctique-Pearl-Arctique », et annonce : « Le matelot mécanicien Harry Hedin fait part de la naissance d'une fille de huit livres — son troisième enfant. »

Les séances de cinéma dans le mess de l'équipage reprennent, deux fois par jour, afin de permettre au personnel de quart lors de la première projection d'assister à la seconde. Le service des échanges de films de la Base Navale a pu donner trente-huit nouvelles bobines au *Nautilus*, à titre prioritaire.

C'est, tout le monde le reconnaît, un élément indispensable du rayon d'action psychologique sous les mers.

Bill Lalor, l'an dernier officier de navigation et maintenant responsable des turbines, condenseurs, pompes, tuyauteries, tous appareils à vapeur et de la partie mécanique du réacteur, confie à l'ingénieur Tom Curtiss :

— Après trois ans et demi de service notre appareil générateur nucléaire fonctionne toujours à la perfection.

— Et vous avez « brûlé » quelle quantité de combustible ? demande Curtiss.

— A ce jour, répond Lalor, nous avons parcouru deux fois « vingt mille lieues sous les mers » et la première charge d'uranium 235 n'a été renouvelée qu'après les premières « vingt mille lieues ». Encore n'en avait-on « brûlé » que *quatre kilos* !

— Et qu'aurait « brûlé » un sous-marin prénucléaire pour parcourir la même distance ? demande encore Curtiss.

— Bien entendu, remarque d'abord Lalor, un tel sous-marin ne pourrait parcourir une telle distance qu'*en surface* ou au schnorchel, en utilisant ses moteurs diesels et en ravitaillant plusieurs fois. Dans ces conditions il lui faudrait consommer 7 000 *tonnes* de diesel-oil.

— Et quelle différence d'ambiance intérieure ! observe l'ingénieur. Ce silence au lieu de l'assourdissant pilonnage des diesels.

— Lorsque l'on passe sur le plancher-écran, recouvert de plomb et de polyéthylène, situé au-dessus du réacteur, ajoute Lalor, on n'entend même pas le bruit des pompes qui y sont enfermées.

— La réalisation de telles pompes, dit Curtiss, a dû poser des problèmes technologiques extrêmement délicats puisqu'elles sont à la fois vitales et inaccessibles en cas de panne !

— Vitales sans aucun doute, précise Lalor, puisqu'elles assurent la circulation de l'eau sous pression *radioactive*, entre les serpentins du réacteur et ceux des échangeurs de chaleur, où l'eau pure est vaporisée.

Cette vapeur *non radioactive* alimente nos deux turbines propulsives « classiques » et quatre turbo-dynamos fournissant la puissance électrique nécessaire à toutes les activités du navire : chauffage, éclairage, ventilation, régénérateurs de l'air, détecteurs de glace et de profondeur, gyrocompas, loch, appareils de pilotage automatique, cuisine, cinéma, *juke box*, radio, radar, manœuvre des barres de plongée et de direction, compresseurs d'air, réfrigérateurs, etc.

— Avez-vous des moyens de secours ? demande l'ingénieur.

— Oui, répond Lalor. Des batteries d'accus que nous maintenons chargées et un petit diesel de secours.

— Votre diesel, remarque l'ingénieur, comme ceux des sous-marins prénucléaires, ne peut fonctionner sans communication avec l'air extérieur, au moins par le schnorchel. Vous ne pourriez vous en servir en cas de panne de réacteur sous la banquise.

— Nous y avons pensé souvent, lui confie Lalor. Dans ce cas notre seul espoir serait de défoncer la dalle de glace avec nos torpilles pour faire surface à tout prix...

— Dans son extraordinaire anticipation, reprend Curtiss, Jules Verne avait prévu les multiples applications de la puissance électrique à une époque où son utilisation était encore extrêmement limitée. Il avait aussi imaginé la plupart des instruments de contrôle dont vous vous servez à bord : le thermomètre intérieur et le bathythermographe pour mesurer la température de l'eau de mer extérieure, le baromètre pour contrôler la pression de l'air intérieur, le manomètre pour mesurer la pression de l'eau, donc l'immersion. L'hygromètre, etc.

Lorsque le professeur Aronnax lui demande à quoi servent certains appareils, inconnus de lui, le capitaine Nemo lui répond :

« — Ils me servent à contrôler la puissance qui assure la vie au *Nautilus : l'électricité* !

— Mais, objecte Aronnax — cela se passe en 1868, rappelle Curtiss —, jusqu'ici la puissance "dynamique" de l'électricité est restée très faible !

— Mon électricité n'est pas celle de tout le monde, réplique le capitaine.

— Puis-je vous demander comment vous la produisez ? insiste Aronnax.

— Le sodium, déclare Nemo, amalgamé avec du mercure, remplace le zinc dans mes énormes éléments Bunsen générateurs. Le mercure ne s'use jamais et je tire le sodium de la mer... »

— L'idée, commente Curtiss, de piles Bunsen fournissant assez d'électricité pour alimenter la propulsion et la vie à bord d'un sous-marin de la taille du nôtre, était évidemment assez originale... mais ne s'est pas réalisée jusqu'ici.

Par contre, il me semble curieux que Jules Verne ait pensé au sodium... lequel est précisément utilisé — sous forme de métal fondu — comme échangeur de chaleur, à la place de notre eau sous pression, dans le réacteur nucléaire du *Seawolf*, le second sous-marin nucléaire [1].

Le romancier faisait également dire au professeur Aronnax :

1. Le *Seawolf* a été, depuis, doté du réacteur à eau sous pression adopté jusqu'ici pour tous les sous-marins de l'*U.S. Navy*.

« — Les hommes trouveront un jour la véritable puissance de l'électricité...

— Je ne sais s'ils la trouveront, répondit Nemo, mais vous venez d'apprendre la première application que j'ai faite de cette puissance. C'est elle qui nous éclaire, qui fait marcher notre pendule, qui propulse le *Nautilus*, qui nous indique la vitesse sur ce cadran... »

— Tout cela, constate Curtiss — y compris le loch électrique —, a été réalisé sur les sous-marins prénucléaires.

— J'ai aussi relevé, dans *Vingt Mille Lieues sous les mers*, dit Lalor, cette prédiction extraordinaire du capitaine Nemo :

« Il a fallu bien des siècles pour trouver la puissance mécanique de la vapeur. Qui sait si, dans *cent ans*, on verra un nouveau *Nautilus* ! »

Or, il y a, cette année, quatre-vingt-dix ans que Jules Verne écrivait cela ! et faisait répondre à Aronnax :

« — Certainement, capitaine, votre navire est en avance d'un siècle sur votre époque. Quel malheur qu'un secret pareil doive mourir avec son inventeur ! »

— Capitaine, annonce le matelot infirmier Jarvis au lieutenant de vaisseau Kassel, officier de quart au poste central, voici la dernière analyse de l'air.

Toutes les quatre heures, le médecin en chef de 2e classe Dobbins fait porter à l'officier de quart et au chef du service machine les éléments essentiels de l'atmosphère intérieure. Kassel lit :

« Oxygène 20,3 % ; bioxyde de carbone 1 % ; oxyde de carbone 10 vingtièmes par millième. Hygrométrie 40 %. Hydrogène néant. Radioactivité néant. »

Le médecin en chef de 1re classe Kinsey, spécialisé dans les questions d'hygiène sous-marine, a pris passage à bord.

— Notre but, explique-t-il au Dr Lyon, est, d'abord, de maintenir la dose d'oxygène à un degré tel que le travail normal puisse s'effectuer sans fatigue.

Il faut, en outre, réduire la dose des gaz toxiques pouvant être produits par les hommes ou les appareils, à un niveau inférieur à celui qui est toléré par l'organisme humain.

Enfin nous devons maintenir une atmosphère suffisamment euphorique pour conserver un état psychologique satisfaisant.

Actuellement, nous pouvons réaliser ces conditions tant que notre provision d'oxygène n'est pas épuisée.

— Comment, dit Lyon, en est-on encore réduit à embarquer de l'oxygène comprimé en bouteilles ? Il y a bien longtemps qu'existent divers générateurs d'oxygène. Jules Verne faisait déjà dire au capitaine Nemo :

« — Je pourrais fabriquer l'air nécessaire à ma consommation, mais c'est inutile puisque je peux remonter à la surface quand il me plaît. L'électricité manœuvre les pompes puissantes qui emmagasinent l'air dans des réservoirs spéciaux, ce qui me permet de prolonger, au besoin, aussi longtemps que je le veux, mon séjour dans les couches profondes. »

— En somme, conclut Lyon, le seul progrès que vous avez réalisé depuis « Nemo » est d'emmagasiner de l'oxygène comprimé au lieu d'air comprimé... alors qu'à l'apparition du vrai *Nautilus* 1955, la presse écrivait qu'il « tirait l'oxygène de l'eau de mer », sans doute parce que Nemo s'était vanté de pouvoir le faire s'il l'avait voulu. D'ailleurs, son passager forcé, le professeur Aronnax, a regretté qu'il n'eût pas adopté cette solution lorsqu'il a failli périr asphyxié tandis que le sous-marin était précisément bloqué sous la banquise.

— Vous savez bien, mon cher Lyon, répond Kinsey, qu'il existe différents types de générateurs d'oxygène et l'on étudie leur fonctionnement prolongé à bord des sous-marins.

Celui qui paraît le plus intéressant, à l'heure actuelle, est basé sur l'électrolyse de potassium comprimé.

Lorsque le bac contenant ce potassium est rempli d'eau distillée, l'hydrogène se forme sur l'anode et l'oxygène sur la cathode. Le premier gaz — extrêmement nocif — est refoulé à la mer et le second vers les réservoirs qui serviront à la régénération de l'air intérieur.

L'eau distillée est introduite dans le bac à une pression suffisante pour maintenir le niveau et la pression d'expulsion des gaz à la valeur convenable. Il y a naturellement des dispositifs de sécurité pour éviter toute fuite d'hydrogène dans le navire.

— Ce générateur, observe Lyon, remplacera l'énorme stock de bouteilles d'oxygène comprimé que nous sommes obligés d'embarquer, mais il exigera un stock de potassium comprimé. L'autonomie complète ne sera assurée que par l'électrolyse de l'eau de mer... le procédé même envisagé par Jules Verne.

— On y viendra sûrement, affirme Kinsey.

— Pour le reste, reprend Lyon, ce sont toujours les mêmes principes de régénération de l'air que vous appliquez : brûleur d'oxyde de carbone et d'hydrogène, filtres à charbon de différents types pour éliminer les odeurs désagréables, enfin le « robinet » d'oxygène, plus ou moins ouvert selon le moment de la journée.

— Les mêmes principes, oui, reprend Kinsey, mais l'équipement de mesure et d'épuration se perfectionne progressivement.

— L'ennemi nº 1, dit Lyon, c'est l'acide carbonique.

« Que n'avions-nous les moyens chimiques qui nous eussent permis de chasser ce gaz délétère ! », faisait dire Jules Verne au professeur Aronnax lorsque son *Nautilus* était bloqué sous la banquise, et ce dernier précisait : « Pour l'absorber il eût fallu remplir des plats de potasse caustique et l'agiter incessamment, or cette matière *irremplaçable* manquait à bord... »

— Nous n'utilisons précisément pas « cette matière irremplaçable », déclare Kinsey, mais la propriété qu'a la monoéthanolamine — ouf ! nous disons MEA en abrégé — d'absorber l'acide carbonique lorsqu'elle est froide et de le rejeter lorsqu'elle est chaude.

L'air vicié est refoulé à la partie haute de l'épurateur contenant de la MEA froide, laquelle absorbe l'acide carbonique. L'air ainsi épuré est aspiré à la partie inférieure de l'épurateur.

La MEA est ensuite chauffée pour restituer l'acide carbonique qui est rejeté à la mer et, ainsi épurée à son tour... et refroidie, elle est replacée dans l'épurateur pour un nouveau cycle.

Tous les sous-marins disposent, en outre, d'hydroxyde de lithium en bidons que l'on peut répandre pour absorber un excès d'acide carbonique... à la manière de la potasse caustique de Jules Verne. Les sous-marins nucléaires sont dotés de filtres à hydroxyde de lithium, mais cet absorbeur doit être renouvelé après saturation.

— Il y a encore, dit Lyon, l'oxyde de carbone et l'hydrogène. Evidemment, sur un sous-marin nucléaire, la production de ce dernier gaz est moins à craindre que sur les sous-marins à propulsion électrique alimentée par d'énormes batteries d'accumulateurs.

— Ces gaz sont traités dans un brûleur spécial, explique Kinsey. L'air vicié passe d'abord au travers d'un filtre à charbon qui arrête les hydrocarbures susceptibles de réduire l'efficacité du catalyseur.

Après ce filtrage l'air est chauffé et passe sur une couche d'opcalite, laquelle transforme l'oxyde de carbone en bioxyde ou acide carbonique — ce qui nous ramène au problème précédent — et l'hydrogène — s'il y en a — en vapeur d'eau.

Tout cela paraît simple en principe. La difficulté est de réaliser des appareils efficaces, sûrs et aussi peu encombrants que possible. Nous avons utilisé, successivement, le système de la *Mine Safety Appliances Company of Pittsburg*, puis celui de la *Desomatic Products Inc. of Falls Church*, moins encombrant, mais fonctionnant à plus haute température, ce qui n'est pas sans soulever d'autres problèmes, notamment de corrosion... constatés après emploi prolongé à bord d'un sous-marin en plongée.

— D'après mon expérience personnelle, confirme Lyon, ce n'est qu'au bout de longues épreuves, effectuées dans les conditions réelles d'emploi, que l'on peut savoir si un appareil donne satisfaction...

A propos de régénération, est-ce que l'air comprimé, tel que l'imaginait Jules Verne, pourrait être utilisé à la régénération de l'atmosphère d'un sous-marin ?

— Toutes les instructions pour l'évacuation d'un sous-marin coulé par petits fonds, dit Kinsey, prévoient l'utilisation de l'air comprimé pour la revitalisation de l'air confiné.

L'air vicié est comprimé et refoulé dans un réservoir tandis que l'air pur est refoulé dans le sous-marin.

L'effet de l'oxygène sur l'organisme humain dépend davantage de sa pression que de son pourcentage dans l'air. A l'intérieur d'un sous-marin, lorsque la pression de l'air dépasse la pression atmosphérique normale, l'oxygène qu'il contient produit plus d'effet ; seulement... comme les effets du bioxyde et de l'oxyde de carbone varient dans le même sens, le procédé devient dangereux.

En raison de ce risque, les sous-marins « classiques », ne disposant pas de moyens suffisants d'absorption du bioxyde et de l'oxyde de carbone, ni de régénération de leur atmosphère, ne doivent pas utiliser la compression.

Même dans les sous-marins nucléaires, dotés d'installations complètes de purification et régénération, on ne peut pas augmenter notablement la pression sans risquer des incidents du côté des indicateurs de vide et des chambres d'ionisation.

Dans la dernière partie de nos croisières d'endurance en plongée nous avons eu recours à une légère compression. A part l'extinction des cigarettes, l'atmosphère restait convenable, alors que le taux d'oxygène était tombé au-dessous de 21 %.

— En dehors de ses qualités nutritives essentielles, observe Lyon, l'air d'un espace confiné doit être débarrassé des multiples odeurs désagréables produites par les hommes et les appareils qui s'y trouvent enfermés.

Je pense en tout premier lieu aux W.C., à la cuisine, aux salles de douches, aux fumées de tabac, aux odeurs d'huiles de graissage, des peintures et des isolants chauffés, etc.

— Notre installation, répond Kinsey, comporte des filtres à charbon spéciaux à la sortie de tout local générateur d'odeurs désagréables : W.C., cuisine, mess et carré — pour les fumées de tabac —, turbines... et même pour votre enregistreur de détection des glaces !

8

Chasse aux toxiques sous-marins

L'expert médical et le spécialiste des expéditions sous-marines arctiques poursuivent leur conversation à bord du *Nautilus* fonçant sous les mers vers les Aléoutiennes.

— Pour le maintien d'une atmosphère « saine et agréable » dans un local hermétiquement clos, reprend Lyon, on est conduit à perfectionner et à multiplier les appareils d'épuration, de désinfection et de revitalisation de l'air.

Mais il faut aussi limiter, le plus possible, les diverses sources de pollution. Sur les « submersibles » prénucléaires, moins bien outillés pour l'assainissement de l'air, on évitait certaines cuisines et il était interdit de fumer.

— Ces restrictions, remarque Kinsey, étaient admissibles à bord de submersibles faisant de courts séjours sous l'eau.

Elles ne peuvent plus l'être sur des navires naviguant *toujours* sous les mers et pouvant, techniquement, y rester des semaines, voire des mois. Dans ces conditions, la possibilité de préparer de véritables repas, aux menus variés et agréablement cuisinés, ainsi que de fumer dans les locaux de détente, devient un facteur essentiel de l'endurance psychologique.

Il a donc fallu s'outiller pour résorber les fumées de tabac et de cuisine... jusqu'à un certain point naturellement.

— Pour la cuisine, observe Lyon, ce sont les fritures ou grillades qui « empoisonnent », littéralement, l'atmosphère. Or, le rêve « gastronomique » de beaucoup de jeunes hommes — et des marins en particulier — c'est le « bifteck aux pommes »...

— Ce problème a été l'objet d'une attention toute spéciale, indique Kinsey. En plus du filtre à charbon, dont nous avons déjà parlé, l'air aspiré hors de la cuisine passe dans un précipitateur électrostatique de fumées et d'odeurs de graisse. Ce dispositif est assez efficace.

— Ne peut-on craindre la production d'acroléine, avance Lyon, lors de la cuisson de certains aliments ?

— Oui ! reconnaît Kinsey. Surtout lorsque l'on utilise des huiles végétales.

— Or, reprend Lyon, l'acroléine est aussi toxique — sinon plus — que le phosgène des « gaz asphyxiants », utilisés durant la Première Guerre mondiale !

— Fort heureusement, annonce Kinsey, nous n'en avons pas détecté jusqu'ici dans les sous-marins... quoique certaines irritations des yeux aient pu lui être attribuées...

— Vos dispositifs d'épuration, demande Lyon, ne risquent-ils pas d'être saturés par de trop fortes pollutions ?

— Evidemment ! convient Kinsey. En ce qui concerne, par exemple, la cuisine, il ne faudrait pas exagérer les grillades à grand feu d'épaisses tranches d'entrecôtes ! A terre, dans une cuisine aux fenêtres grandes ouvertes, elles « empestent tout le quartier ». On peut en déduire leur effet en vase clos... Nous serions obligés de faire surface à tout prix, comme lors de l'incendie du calorifugeage des turbines !

— Tout votre système de régénération de l'atmosphère, poursuit Lyon, est basé sur le parfait fonctionnement d'un circuit de ventilation bien étudié.

L'air doit être aspiré ou refoulé pour passer — avec un débit suffisant — dans les filtres et autres épurateurs. D'autre part, un brassage permanent de l'air dans tout le navire est nécessaire pour assurer l'homogénéité de l'atmosphère de tous les compartiments.

— Il est certain, reconnaît Kinsey, du point de vue température en particulier, qu'en eaux froides, le problème du compartiment des turbines à vapeur n'est pas le même que celui des tubes lance-torpilles avant.

Seul un circuit continu de ventilation peut permettre une égalisation relative, en sus des moyens locaux de chauffage, car le problème de l'hygrométrie et des condensations sur les parois froides se pose aussi.

En dehors des filtres à charbon de bois pour les fumées et les odeurs, le circuit de ventilation comporte des filtres à mousse de fer qui arrêtent les poussières et autres impuretés plus ou moins polluées... Les vapeurs des turbines et de la cuisine sont condensées sur des serpentins de refroidissement...

— On se rend compte, confirme Lyon, à quel point la ventilation donne la vie à notre univers sous-marin, lorsque le commandant donne l'ordre de stopper momentanément les ventilateurs afin d'améliorer l'écoute sonar.

On ressent aussitôt une impression de lourdeur et d'étouffement. On voit se répandre des fumées et des vapeurs, se former la condensation sur les parois et les tuyautages — comme dans le *Nautilus* de Wilkins. Les mauvaises odeurs apparaissent, les vêtements deviennent moites, etc.

Autre question : est-ce que vos appareils de mesure et d'analyse de l'air vous donnent satisfaction ?

— Dans l'ensemble, oui, répond Kinsey. Actuellement l'appareil fixe réglementaire est l'« Analyseur Atmosphérique Mark III », fabriqué par la *Bekman Instruments Inc.* de Springdale.

Les doses de fréon 12, d'oxygène et d'hydrogène peuvent être mesurées en un certain nombre de points du navire.

Celles de l'oxygène, de l'oxyde et du bioxyde de carbone dépendent de la respiration, de la combustion ou de l'absorption. L'apparition d'hydrogène peut provenir des batteries d'accumulateurs, de fuites ou d'un mauvais fonctionnement du générateur d'oxygène, lorsqu'il en existe un à bord. Le fréon 12 peut s'échapper des réfrigérateurs.

Ce dernier gaz n'est pas très toxique, mais, dans certaines conditions, il peut se décomposer en acide hydrochlorique, acide hydrofluorique, chlorine et — dans certains cas — phosgène et florine, tous gaz toxiques et attaquant le matériel.

— Sur quels principes, demande Lyon, est basée l'analyse des différents composants de notre atmosphère ?

— Pour l'oxyde et le bioxyde de carbone, répond Kinsey, ainsi que pour le fréon 12, sur les différences d'absorption des rayons infrarouges. Pour l'oxygène, sur l'attraction d'un gaz paramagnétique par un champ magnétique. Pour l'hydrogène, enfin, sur un changement de conductibilité thermique — le pont de Wheatstone...

— Vous avez des détecteurs portatifs, me semble-t-il ? demande Lyon.

— Oui, répond Kinsey. Pour l'oxyde et le bioxyde de carbone, l'hydrogène, et pour mesurer la teneur en oxygène. Ils peuvent être utilisés en tous points du bâtiment et, notamment, pour vérifier le bon fonctionnement des analyseurs fixes.

— Je reviens au début de notre conversation, dit Lyon. J'évoquais la nécessité de limiter les sources de pollution et vous m'avez fait très justement remarquer que des impératifs psychologiques avaient — au contraire — conduit à consentir des aggravations en ce qui concerne la cuisine et l'usage de la cigarette.

De tels impératifs ne jouent pas pour le matériel. Or, là aussi, intervient l'augmentation considérable du séjour sous les mers des sous-marins nucléaires. Telle source de gaz toxique provenant d'un appareil pouvait être négligée lors d'un séjour maximum de quelques dizaines d'heures en plongée. Elle ne peut plus l'être dans notre cas. Je sais que vous avez fait une chasse systématique aux sources de ce genre. Où en êtes-vous actuellement ?

— Nous poursuivons nos études à ce sujet, répond Kinsey. Dans certains cas, nous avons obtenu la condamnation d'appareils pour cette seule raison. Dans d'autres, la modification du matériel a permis d'éliminer la cause des émanations toxiques.

Dans cette catégorie, un cas typique est celui des accumulateurs. Les batteries d'accumulateurs au plomb et à acide sulfurique des sous-marins à propulsion électrique en plongée dégagent de l'hydrogène. L'antimoine, utilisé pour renforcer les plaques, réagissait avec cet hydrogène pour produire de la stribine. En substituant le calcium à l'antimoine, la source de ce gaz toxique a été supprimée.

La réaction de l'hydrogène avec l'arsenic se trouvant dans les électrolytes impurs produisait de l'arsine. Une épuration plus poussée des électrolytes a supprimé la production de ce gaz toxique.

Nous exigeons une étanchéité absolue des réfrigérateurs au fréon 12. On a essayé des appareils au bromure de lithium, lesquels sont, en outre, plus silencieux, n'ayant pas de compresseurs.

Le mercure est une autre source de gaz toxiques.

L'élément sensible des gyrocompas repose, normalement, dans un bain de mercure. Dans les nôtres le mercure a été remplacé par une huile d'une viscosité adéquate.

Le mercure restant à bord se trouve dans des récipients hermétiquement clos. C'est le cas des thermomètres, des compteurs d'ampères-tours, des interrupteurs et autres instruments.

Il ne pourrait devenir dangereux qu'en cas de rupture du contenant, car un centimètre cube de mercure vaporisé à l'intérieur d'un sous-marin représenterait une concentration nocive.

— Nous n'avons pas encore parlé, reprend Lyon, du danger « congénital » des sous-marins nucléaires : la *radioactivité* ! Pourtant le médecin-major se livre à une véritable « chasse aux sorcières » pour en détecter les moindres traces !

— Ce nouveau problème a déclenché, comme vous le dites, la chasse à tous les gaz radioactifs pouvant être produits à bord — en dehors du réacteur nucléaire — et ceci, précisément, pour déceler, le cas échéant, la moindre fuite provenant de ce dernier.

En premier lieu, il y a le radon, produit par la décomposition du radium.

Les règlements de sécurité prévoient — pour le cas de panne d'éclairage — l'emploi, à bord des navires, de peintures ou pâtes luminescentes au radium, pour signaler, dans l'obscurité, des appareils ou repères d'orientation essentiels : flèches de manœuvre ou de direction, volants, vannes, clefs, poignées, interrupteurs, porte-voix, téléphones, cadrans des divers appareils de contrôle des machines et des moyens de navigation, les pendules et montres...

— C'est pourquoi, interrompt Lyon, le Dr Dobbins a « chambré » toutes les montres-bracelets à cadrans luminescents et les a enfermées dans une boîte blindée ! Personne ne peut l'ignorer puisque les haut-parleurs annoncent, une fois par jour : « Docteur Dobbins, c'est l'heure de remonter les montres... »

— Ce n'est pas, reprend vivement Kinsey, que le radon, provenant de la décomposition du radium des cadrans luminescents, risque d'atteindre un niveau dangereux, mais il peut donner des indications alarmantes — à tort — sur nos détecteurs individuels de radioactivité.

C'est pourquoi nous avons obtenu la prohibition de toute peinture luminescente au radium à bord des sous-marins nucléaires. Il n'est pas facile de faire respecter cette consigne par tous les fabricants et tous les services chargés de la fourniture des pièces de rechange !

— L'argon est également radioactif, remarque Lyon.

— Oui, dit Kinsey. Quoique n'existant qu'en faible proportion dans l'air, l'argon devient radioactif s'il est exposé au bombardement de neutrons. Lorsque le bloc primaire de l'ensemble générateur nucléaire est ouvert, de l'argon radioactif se répand dans l'atmosphère.

Des fuites dans la paroi supérieure du compartiment du réacteur peuvent également permettre à cet argon de s'échapper. Contrairement au radon, l'argon peut atteindre un niveau dangereux.

Si le circuit primaire d'eau sous pression du réacteur contenait de l'air, la fuite de cet air obligerait le sous-marin à se ventiler au schnorchel pour chasser l'argon hors du navire.

Après un temps d'arrêt, le médecin en chef Kinsey reprend :

— Nous nous méfions de quelques autres gaz quoique, jusqu'ici, nous n'ayons pas détecté leur apparition.

Le sulfate de soude est utilisé dans l'eau des chaudières comme agent d'épuration de l'oxygène. Sa décomposition peut produire de l'anhydride sulfureux, mais on n'en a jamais détecté jusqu'ici.

Du protoxyde d'azote peut se dégager pendant les opérations de soudure. Ces dernières sont peu fréquentes au cours des navigations sous-marines ; mais, si l'une d'elles se révélait nécessaire en plongée, on placerait, à côté de l'opérateur, des détecteurs de protoxyde d'azote.

L'emploi de certaines matières doit être limité ou soigneusement contrôlé, de manière à ne pas détruire l'efficacité de l'installation de régénération d'air. Le carbure d'hydrogène provenant des cires, des essences minérales, des peintures et des produits à détacher sature les filtres à charbon, et si le charbon de bois est suffisamment saturé le catalyseur opcalite peut être infecté.

Il est interdit de passer de la peinture à l'intérieur d'un sous-marin, moins de quarante-huit heures avant le départ pour une navigation en plongée. La température élevée du catalyseur peut transformer les émanations de peinture en aldéhyde formique.

L'ozone est le dernier gaz toxique nécessitant un traitement. Il est produit par les enregistreurs électrostatiques de certains sonars. Comme la plupart de ces enregistreurs sont situés dans de petits locaux insonorisés, l'ozone tend à se concentrer autour des opérateurs. Heureusement, le charbon de bois des filtres décompose rapidement l'ozone. Des bouches de ventilation ont été installées devant chaque enregistreur pour aspirer l'ozone, le diluer et le refouler dans le principal filtre à charbon pour l'éliminer.

Plusieurs cas de graves irritations des yeux furent imputés à l'ozone avant l'installation de ces aspirateurs.

Malheureusement, conclut Kinsey, tous les gaz toxiques ne peuvent pas être éliminés aussi simplement que l'ozone. Toute nouvelle émanation toxique pose un nouveau problème...

Quatre jours après son départ, le *Nautilus* franchit à nouveau les Aléoutiennes, dans l'est de l'île Ounalaska, à une distance de Pearl Harbor égale à celle de Brest à Dakar.

La position est contrôlée au périscope sur les pointes de l'île. Le détroit est désert. Le *Nautilus* pénètre discrètement en mer de Behring.

Une commission d'officiers se réunit au carré, à la date prévue par les Règlements, afin d'examiner l'aptitude de quelques engagés à devenir officiers. Cinquante-cinq hommes des équipages d'élite qui se sont succédé à bord du premier sous-marin nucléaire ont acquis le statut d'officier depuis trois ans.

Le lendemain, les îles Pribiloff — réserve de phoques et de morses — sont laissées dans l'est et, peu après, la ligne des fonds inférieurs à cent mètres étant à nouveau franchie, le *Nautilus* est obligé de remonter à l'immersion de quarante-cinq mètres, au lieu des quatre-vingt-dix mètres habituels.

Un matelot se présente à la porte du carré.

— Docteur, dit-il en s'adressant au médecin en chef Kinsey, le Comité des Fêtes du Pôle Nord doit se réunir dans cinq minutes.

— J'y vais, répond le docteur.

— Bravo ! lui dit Lyon. Ça c'est de l'action psychologique concrète. Vous faites travailler l'imagination des hommes du Comité et vous intriguez les autres... Mais ne craignez-vous pas de nous porter malchance en « vendant la peau de l'ours » — polaire — avant de l'avoir tué ?

— Il faut chasser le doute pour réussir, répond Kinsey, et occuper les esprits. Les deux concours ouverts, d'une part pour le dessin d'un fanion polaire, d'autre part pour le titre à donner à ceux qui seront passés les premiers au pôle, en sous-marin, répondent à ces deux buts.

— J'espère, avance le lieutenant de vaisseau Harvey, que ce titre deviendra aussi recherché que celui de « Cap-horniers » l'est pour ceux qui doublèrent sous voiles le fameux cap.

— Le titre de « Polaires » aurait dû suffire, observe Jenks, s'il n'était déjà usurpé par tous ceux qui sont allés en Arctique ou en Antarctique, même s'ils ont à peine dépassé les cercles polaires correspondants, à 2 600 kilomètres des véritables pôles. Alors que le nombre de ceux qui ont atteint ces points précis est encore très faible.

— Ces vrais « Polaires », précise Anderson, se comptaient presque sur les doigts de la main, avant 1925. Mais, depuis l'établissement de lignes aériennes régulières transarctiques et l'installation d'une station permanente aéroportée au pôle Sud, le nombre des prétendants au passage ou au séjour à l'un des pôles augmente chaque jour.

Je crois que ce que nous devons rechercher c'est un titre marquant le premier passage *sous-marin* au pôle Nord. Ainsi serons-nous certains qu'il ne sera pas galvaudé par la suite.

J'ai promis trois jours de permission de faveur, en Europe, aux lauréats des deux concours.

Le quartier-maître de service entre dans la cabine à deux couchettes superposées et, sans allumer l'électricité, se penche sur le lieutenant de vaisseau Lalor en lui disant :

— Capitaine, il est 23 h 30. Voici les lunettes.

Ce dernier les met devant ses yeux avant d'allumer sa veilleuse individuelle et de se lever pour aller prendre une tasse de café, puis se rendre au poste central.

De graves événements de combat ou de navigation — notamment des abordages — se sont produits parce qu'un commandant ou un officier de quart, brusquement alertés, alors qu'ils se trouvaient dans un local éclairé, n'ont pas eu le temps d'accoutumer leurs yeux à l'obscurité pour se rendre compte de la manœuvre à faire.

Des études avaient été faites en France à ce sujet, avant la Seconde Guerre mondiale, par l'amiral d'Harcourt.

Il avait démontré qu'en utilisant, dans les chambres de veille, les abris de navigation et les boîtes à cartes, un éclairage *rouge-orangé* — et non pas l'éclairage dit « bleu-défense passive » réglementaire —, l'accoutumance des yeux à la vision nocturne ne demandait que quelques instants au lieu des vingt minutes nécessaires en sortant de l'éclairage bleu.

Cette découverte capitale ne fut suivie d'aucune réglementation formelle chez nous alors que nous constatâmes, au cours de la guerre, qu'elle était rigoureusement appliquée dans l'*U.S. Navy.*

Lalor conserve les lunettes *rouge-orangé*, reçues au moment de son réveil, jusqu'à son entrée au poste central, lui-même éclairé de la même couleur. S'il devient nécessaire de prendre la vue périscopique, les yeux de l'officier de quart s'accommoderont rapidement à la vision nocturne extérieure.

— Salut, Bill ! dit Kassel, lorsque Lalor se présente pour le relever au quart. Je te passe la suite. Cap au 330. Vitesse quinze nœuds. Immersion trente mètres. Fond quatre-vingt-dix mètres. Le point estimé à minuit est porté sur la carte. Instructions habituelles du commandant pour la veille sonar dans les trois dimensions...

— Bien, dit Lalor. Je prends la suite avec Stev.

Depuis l'entrée en mer de Behring, le commandant a fait doubler les quarts d'officiers. L'un d'eux surveille en permanence les éléments de la marche du navire : comparaison des divers compas, tenue de la route, de l'immersion et de la vitesse. L'autre s'attache plus spécialement à la veille extérieure — c'est-à-dire au fonctionnement des divers sonars — et suit le point estimé.

Périodiquement, le lieutenant de vaisseau Steven White, officier de plongée, indique à Lalor le résultat des comparaisons des divers compas.

— Les magnétiques, lui dit-il, commencent à devenir paresseux et leur déclinaison prend une amplitude de plus en plus incertaine.

— Nous avons déjà connu cela, déclare Lalor.

— Les gyrocompas, reprend White, fonctionnent impeccablement...

— A condition qu'on ne leur coupe pas le courant ! rappelle Lalor.

— Cette fois, remarque White, nous avons les miraculeux

pendules de Tom Curtiss. Jusqu'à présent les indications fournies par ses appareils se sont révélées exactes...

— Espérons qu'il tiendra jusqu'au bout ! ajoute Lalor.

— Quarante mètres de fond ! annonce soudain l'homme de quart au sondeur.

— Dix nœuds ! ordonne Lalor. Quelle heure est-il ?

— 3 h 30, répond le timonier.

— Remontez à vingt-cinq mètres d'immersion, Stev, dit Lalor à White. Avec nos quinze mètres d'encombrement vertical, il ne nous reste que vingt-cinq mètres d'eau à partager entre le dessus et le dessous du bateau.

Tant que nous ne sommes pas sous les glaces, je préfère me mettre à quinze mètres du fond dur et à dix mètres de la surface libre.

— La surface est effectivement libre, confirme le Dr Lyon, venu vérifier le fonctionnement des divers sonars. J'ai été intrigué par le ralentissement de vitesse...

— A dix nœuds, rappelle Lalor, l'on ne sent effectivement plus de vibrations. On a l'impression d'être immobile dans l'espace.

— Nous sommes en plein détroit de Behring, déclare Jenks en rentrant au carré. Je viens de prendre un excellent relèvement du rocher Fairway au périscope.

— Quel temps fait-il ? lui demande Early.

— Calme, répond Jenks. Visibilité faible. Pas la moindre trace de glace.

— Fin juillet, estime Carr, c'est heureux ! Sinon il n'y aurait plus qu'à tirer l'échelle !

— Pas de nouvelles des Russes ? reprend Early.

— Rien depuis ce cargo aperçu de loin dans le détroit de Saint-Laurent, hier.

Ils ne naviguent pas entre notre île Diomède et l'Alaska mais, naturellement, entre la leur et la Sibérie. Notre coup de périscope a été trop bref pour avoir pu être repéré par leurs radars à grande distance et, s'ils ont des appareils d'écoute sous-marins, ce ne peut être que dans leur moitié de détroit...

— Nous voici, de nouveau, dans le « ring », constate le commandant Adams. C'est dans quelques heures que la partie va se jouer définitivement.

— Nous passerons le Cercle Polaire à 18 h 15, précise Jenks, et, quelques heures après, nous atteindrons le point où, le mois dernier, nous avons failli être coincés entre glace et fond.

— C'était encore à 300 milles des grands fonds de la cuvette arctique ! rappelle Carr. D'après les observations aériennes, la banquise n'a pas reculé d'une telle distance.

— Notre espoir, dit Jenks, est de découvrir un secteur d'approche débarrassé de ces énormes amoncellements de glaçons. Depuis le mois dernier, ceux auxquels nous nous sommes heurtés ont été entraînés vers les mers sibériennes par la dérive faisant le tour de l'Arctique dans le sens des aiguilles d'une montre.

— Il faut alors souhaiter, reprend Carr, qu'ils n'aient pas été remplacés par des amoncellements analogues venant de l'archipel canadien !

9

Par la vallée sous-marine

Le lendemain, à 8 heures, Lalor vient reprendre le quart.

— La première glace ! lui dit Early, les yeux rivés au périscope. A vous la suite.

« Bill » aperçoit, effectivement, une « île flottante » immaculée, longue d'une centaine de mètres et hérissée de *hummocks*, voguant majestueusement comme un beau voilier de jadis.

Une heure après, il distingue une dalle de glace transparente d'environ soixante centimètres d'épaisseur, droit devant... puis d'autres dans différentes directions...

Le commandant, alerté, regarde à son tour dans le périscope.

— Rappelez aux postes de manœuvre, dit-il. Nous allons faire surface pour mieux nous rendre compte de la situation.

Dès que le pont du *Nautilus* est hors de l'eau, les deux officiers grimpent dans la « baignoire », située au sommet du kiosque, à huit mètres au-dessus de la flottaison.

Le *pack* s'étend à l'infini dans l'ouest et dans le nord.

Apercevant un matelot tenant dans ses mains un bloc de glace trouvé sur le pont, le commandant lui dit :

— Mettez-le dans un réfrigérateur. Nous le rapporterons comme souvenir et pièce à conviction.

Puis, se tournant vers Lalor :

— Puisque le *pack*, lui dit-il, paraît s'étendre vers le sud-ouest, nous allons nous éloigner vers l'est avant de tenter de gagner à nouveau vers le nord. Les fonds sont encore trop faibles pour que nous tentions de passer sous ce genre de glaces.

A 10 heures, le *Nautilus* a parcouru quinze milles vers l'est.

— Remettez cap au nord, ordonne le commandant.

La visibilité atteint par moments dix milles ; mais, par instants, elle est réduite jusqu'à trois cents mètres par le passage de bouchons de brume.

— Encore ce sacré *pack*, signale Lalor, trois heures après. Et nous ne sommes que par 72° 24' de latitude !

Nouveau crochet de cinq milles vers l'est et... l'on retrouve le *pack* à la même latitude. Même constatation, quinze milles encore plus à l'est, sous le soleil de minuit.

La situation demeure sans changement le lendemain, dernier jour de juillet.

Le quart dans la « baignoire » par + 2° à + 7° centigrades, dans la brume et le vent, paraît pénible à des hommes habitués aux immuables 22° du poste central, malgré les tenues « polaires » qu'ils ont revêtues.

— Quel fond ? demande, une fois de plus, Anderson.

— Cinquante-cinq mètres, répond l'homme du sondeur.

— Compte tenu de l'expérience du mois dernier, déclare le commandant, j'estime qu'il nous faudrait atteindre au moins des fonds de quatre-vingt-dix mètres pour pouvoir tenter raisonnablement la percée sous-glaciaire...

— En vingt-quatre heures, remarque Jenks, nous n'avons gagné ni en latitude ni en profondeur.

— Cela nous paraît insupportable, commente Lyon, parce que nous avons pris l'habitude « d'escalader » les latitudes à raison de un degré toutes les trois heures. Mais songeons que Nansen, à bord de son *Fram*, restait des mois entiers sans gagner vers le nord... quand il ne rétrogradait pas en latitude !

— Il y a peut-être une solution, dit Anderson : la fosse de Point Barrow ! Quelques années plus tôt, les brise-glace de l'*U.S. Navy* ont découvert une fosse sous-marine partant de la côte alaskienne, à la hauteur de Point Barrow, et se dirigeant vers le nord jusqu'aux grands fonds de l'Arctique Central [1].

Si le *pack* ne se rapproche pas trop de la côte alaskienne dans cette région, le *Nautilus* peut espérer atteindre l'extrémité sud de ladite fosse en eau libre et il pourra se « couler » dans ce vallon sous-marin pour passer sous la banquise...

Contemplant cette dernière, le quartier-maître Williamson s'exclame soudain :

— Quand on voit cela, on ne peut pas croire que des hommes aient jamais pu faire avancer des traîneaux à chiens là-dessus ! Certains de ces monticules chaotiques ont au moins neuf mètres de hauteur !

— Nous devons, réplique le commandant, en être davantage reconnaissants aux Peary, Nansen, Swerdrup et tant d'autres, des informations qu'ils nous ont apportées sur cet effroyable *pack*... Quant à nous, essayons d'atteindre la longitude de Point Barrow... s'il nous le permet.

Le lendemain après-midi, le *Nautilus* approche de cette longitude.

1. Analogue à la « Fosse du Cap Breton » au nord de Bayonne.

Par l'interphone, le maître de quart Krawczyk annonce les profondeurs sur la « baignoire ».

— Quarante-neuf... cinquante... cinquante-cinq... puis, soudain, d'une voix triomphante... Cent-vingt-huit mètres ! commandant.

Le moral remonte aussitôt sur l'étroite passerelle. Les hommes des profondeurs sous-marines retrouvent, enfin ! leur liberté de manœuvre dans la troisième dimension. Elle va leur permettre de passer sous la barrière de glaces.

Pour Jenks, il n'y a plus un instant à perdre, pour déterminer un bon point de départ à l'aide de repères extérieurs...

Il prend les hauteurs angulaires du soleil et de la lune au sextant ; le radar lui donne le relèvement et la distance de la pointe Franklin, invisible sur la côte alaskienne ; enfin, le récepteur Loran capte une hyperbole du réseau électronique local [1].

— Prochain point observé en mer du Groenland ! dit-il en rejoignant le commandant au poste central.

Ce dernier communique par l'interphone avec le lieutenant de vaisseau Kassel resté dans la « baignoire ».

— Dès que vous serez paré, lui dit-il, faites dégager la passerelle et plongez.

Les deux coups de klaxon réglementaires retentissent aussitôt et le *Nautilus* plonge, à soixante mètres d'abord, puis, peu après, à quatre-vingt-dix mètres en « se coulant » dans la fosse de Barrow vers le nord.

— Dans peu de temps, dit Lyon en se frottant les mains, nous mesurerons les profondeurs, non plus en dizaines, mais en centaines et même en milliers de mètres...

Le *Nautilus* va découvrir un nouveau paradis sous-marin !

— Tout repose désormais sur la précision de notre estime, rappelle le commandant.

Vous la tiendrez, simultanément, sur la carte pour les positions d'heure en heure et sur des graphiques à plus grande échelle pour les détails. Vous porterez sur ces derniers l'estime « classique » — par gyrocompas et loch —, l'estime résultant des indications du N 6 A et celle donnée par le traceur de route.

Toutes les heures vous comparerez la direction donnée, d'une part par les gyrocompas et, d'autre part, par le N 6 A.

Le gyrocompas étalon Mark 19 sera maintenu au régime normal d'orientation géographique par correction de latitude. Les autres gyros, dès que leur stabilité ne paraîtra plus assurée, seront mis au régime de conservation de direction — en l'espèce celle du cap que

1. A 14 h 32, le 1er août 1958.

nous nous efforcerons de garder constant jusqu'à ce que nous ayons regagné, après le passage au pôle, une latitude nous permettant de compter, à nouveau, sur la force d'orientation polaire de notre gyro étalon.

D'après l'expérience de l'année dernière, le Mark 19 doit s'orienter, au moins, jusqu'au 87e parallèle...

— Et après, que se passera-t-il ? commandant, demande Kassel.

— Si vous permettez, intervient Jenks, je vais expliquer ce que nous ont dit les experts de la Section Navale des Sperry, au cours de la conférence que nous avons eue avec eux à ce sujet.

Ils pensent qu'aux approches du pôle, lorsque l'effet de la rotation de la terre sera trop faible pour agir sur l'orientation polaire du Mark 19, ce dernier continuera à fonctionner en *conservateur de cap*. Nous devrons le laisser en cet état *même après le passage au pôle*.

— C'est-à-dire, si je comprends bien, demande Kassel, qu'après ce passage, il continuera à indiquer cap au nord alors que, brusquement, sans avoir évolué, nous ferons géographiquement cap au sud ?

— Exactement, répond Jenks. Lorsque nous nous serons éloignés à une distance du pôle égale à celle à laquelle — avant d'y passer — nous aurons constaté la fin de la force d'orientation polaire du Mark 19, nous l'arrêterons. Nous le ferons pivoter de 180° et nous le relancerons dans sa nouvelle orientation géographique.

Il faudra, ensuite, attendre qu'il retrouve son équilibre normal d'orientation polaire, au fur et à mesure que la force de rotation terrestre augmentera.

— Il est donc faux, conclut Kassel, de croire, comme beaucoup de gens — et même des officiers de marine non avertis — qu'au moment du passage au pôle le gyro doit « pivoter brusquement de 180° » !

— Absurde ! appuie Jenks. Pour la bonne raison que, l'effet de la rotation de la terre étant nul en ce point, on ne voit pas quelle est la force qui le ferait « pivoter ».

— Il en va de même du compas magnétique au pôle magnétique, observe Lyon, puisque la composante horizontale du champ magnétique y est nulle... par définition. L'aiguille aimantée tend à prendre une position verticale, donc à bloquer la rose.

Nous n'aurons pas l'occasion de constater ce phénomène puisque nous laisserons le pôle magnétique nord — situé actuellement dans l'archipel canadien — à quelque 2 600 kilomètres par le travers tribord lorsque nous franchirons le 80e parallèle nord.

— Et « l'appareil-miracle » de Tom ? reprend Kassel. Il se moque des pôles, lui !

— C'est une façon de parler, rectifie Lyon. Il est exact que l'action de la pesanteur — sur laquelle il est basé — demeure sensiblement inchangée, que l'on soit au pôle ou ailleurs ; mais il tient son pouvoir directionnel géographique de la réaction de ses pendules à la sollicitation vers l'est due à la rotation terrestre.

Puisque au pôle ce mouvement cesse, l'appareil en question ne pourra pas plus indiquer l'est que le gyrocompas n'y peut indiquer le nord...

Il s'agit seulement de savoir lequel des deux appareils sera le plus longtemps sensible à l'extrême ralentissement de la rotation terrestre à l'approche du pôle.

Par contre, l'appareil à inertie restera, comme partout ailleurs, sensible à toute accélération — ou ralentissement — donc à tout changement dans la marche du *Nautilus* par rapport à l'état d'équilibre existant. Il continuera donc à assurer l'estime, non plus « géographiquement » mais « graphiquement », c'est-à-dire par rapport aux coordonnées rectangulaires remplaçant, temporairement, les méridiens et les parallèles... ce que nous appelons la « grille ».

— Si je comprends bien, ajoute Kassel, au moment où le dernier des moyens d'orientation cessera de nous indiquer la direction du nord géographique, nous continuerons *sur notre lancée* pour franchir le pôle, étant entendu que gyros et pendules nous maintiendront rigoureusement sur notre trajectoire ?

— Exactement, confirme Lyon. Comme un projectile lancé à travers la cible « pôle ».

Dans le coin du poste central qui lui a été consacré, « l'appareil-miracle » — sur lequel les ingénieurs Tom Curtiss et George Bristow sont penchés jour et nuit, comme mères sur un berceau — cliquette joyeusement.

Inlassablement, les sonars lancent leurs trains d'ondes ultrasonores à tous les échos, au-dessous, devant et au-dessus du navire. Chacun d'eux a sa tonalité particulière, et ses échos également.

Lorsque l'émission du sonar zénithal rencontre la surface libre de la mer, l'écho a le ton d'un sifflement ; par contre, il prend une note grave lorsque l'émission se heurte à la glace et l'intervalle entre émission et écho diminue brusquement lors du passage sous un « hummock inversé ».

L'écho du fond recueilli par le sonar-sondeur a une tonalité différente. L'intervalle entre émission et écho est plus grand et plus régulier. Une brusque diminution de cet intervalle indiquerait le passage au-dessus d'une falaise sous-marine.

Le sonar d'étrave lance vers l'avant des trains d'ondes généralement sans écho — comme ceux des sonars de détection des sous-marins fonctionnant en permanence à bord des navires d'escorte en temps de guerre. Mais, par contre, lorsqu'ils enregistrent un écho, il faut réagir instantanément car l'obstacle — ou l'ennemi — est devant, à courte distance.

Ici, il ne pourrait s'agir que d'un pic sous-marin ou d'un « pic de glace inversé », comme ceux que Lalor a rencontrés en mer des Tchoutches en juin dernier.

Aujourd'hui, grâce à la providentielle vallée sous-marine, la « percée » sous la bordure du *pack* se passe le mieux du monde. Dès 16 h 30 le 74e parallèle est franchi.

S'il n'est plus question de revenir périodiquement à immersion périscopique pour observer les astres et capter la radio, il faut tout de même réduire momentanément l'immersion, une fois par jour, afin de diminuer la résistance de pression au vidangeage des réservoirs sanitaires et du sas vide-ordures. Après cette « opération-poubelle », le *Nautilus* redescend à quatre-vingt-dix mètres.

Le commandant Anderson surveille le tracé du profil sous-glaciaire sur l'enregistreur.

— Mettez à vingt nœuds ! ordonne-t-il au bout d'un moment.

— Le *Nautilus* de Jules Verne, rappelle Lyon, « fonçait » à vingt-six nœuds vers le pôle... Sud. En 1868, cela paraissait inimaginable !

— Nous pourrions aisément le faire, observe Anderson. Mais ne forçons pas notre talent et ne changeons rien à nos habitudes. A cette allure nos sonars donnent des indications éprouvées, c'est l'essentiel.

— Nous « abattons » un degré de latitude toutes les trois heures, répète Lyon. De quoi faire rêver les hommes du *Fram* qui eux n'ont « abattu » que quelque cinq degrés en trois ans !

— Le dessous de la banquise a l'air beaucoup plus accidenté qu'au nord de la mer du Groenland l'année dernière, constate Carr, devant l'enregistreur.

— Après l'affaire de juin, rappelle Lyon, je me suis rendu compte que, l'année dernière, notre cadence de détection n'était pas assez rapide, étant donné notre vitesse.

Par ailleurs, nous nous trouvons dans la zone de dérive circulaire de l'Arctique Oriental. Il se peut que l'on y trouve une banquise plus ancienne, ayant tour à tour participé aux « batailles de glaces » de l'archipel canadien et des mers sibériennes, d'où des amoncellements plus considérables.

— Je pense de plus en plus, déclare Lalor, que Wilkins a eu de la chance d'avoir été empêché, par une avarie mécanique, de s'aventurer sous le *pack* avec ses « skis inversés » ! Le dessous est encore plus chaotique que le dessus !

— Nous aurions pu nous en douter, avance Lyon.

Etant donné que les blocs de glace ont une très faible flottabilité, lorsqu'ils se trouvent compressés par le rapprochement des grands *floes* ils doivent tendre plus facilement à plonger par-dessous qu'à sauter à l'air libre par-dessus...

Le lendemain, le *Nautilus* poursuit sa route en toute quiétude à cent vingt mètres d'immersion, par trois mille six cents mètres de fond !

— Le fond remonte nettement, indique soudain l'homme de quart au sondeur.

— Annoncez-moi les profondeurs toutes les quinze minutes, lui prescrit l'officier de quart.

Il porte la position estimée sur la carte et note : latitude 76°20'.

Une heure après la profondeur n'est plus que de deux mille deux cents mètres et elle continue à diminuer régulièrement. Les mille mètres sont atteints avant la seconde heure.

— Si cette remontée se poursuit à la même pente, observe le commandant, venu se rendre compte du phénomène, nous serons au sec dans une demi-heure ! Veillez bien au sonar avant. Ah ! dit-il au bout d'un moment, la plume du sondeur a l'air de dessiner un palier à neuf cents mètres !

— Une différence d'altitude de deux mille sept cents mètres, remarque Lyon, sur une distance de soixante-dix kilomètres, cela représente le flanc d'une belle montagne sous-marine.

Nous allons bientôt savoir s'il s'agit du bord d'un vaste plateau ou bien de la crête d'une chaîne sous-marine analogue à celle de Lomonossov, découverte par les Russes entre les îles de la Nouvelle-Sibérie et l'île Ellesmere, en 1948.

— En poursuivant notre route, objecte Anderson, nous allons obtenir une *coupe* — un *profil* si l'on veut — de cet énorme soulèvement sous-marin. Mais nous ne saurons pas jusqu'à quelles distances il peut s'étendre à droite et à gauche de notre itinéraire.

Deux heures après, le fond redescend brusquement à mille cinq cents mètres puis remonte, en une heure — soit sur une distance de trente-sept kilomètres —, aux neuf cents mètres précédents.

— Chaîne ou plateau, en déduit Lyon, ce mouvement de terrain est sillonné, à son sommet, par une vallée ayant six cents mètres de creux.

— Par deux sillons parallèles, au moins, rectifie Lalor, car, après une nouvelle redescente, dans un creux de mille trois cents mètres, le fond remonte à nouveau.

Cette fois il parvient à sept cents mètres de la surface ; puis, dans les heures suivantes, la pente redescend progressivement jusqu'aux fonds de trois mille six cents mètres réguliers, rencontrés avant d'aborder ce large plissement sous-marin.

— C'est donc une chaîne et non un plateau, conclut Lalor.

— Comme le faisait justement remarquer le commandant il y a un moment, réplique Lyon, nous ne pouvons pas affirmer qu'il s'agit d'une « chaîne », puisque nous ignorons ses prolongements latéraux.

Nous ne serons fixés sur ce point que lorsqu'un sous-marin nucléaire se sera promené sur cette crête jusqu'à ses extrémités.

Cette « crête », là où nous venons de la « surnaviguer », est d'ailleurs, en fait, un plateau de cent trente kilomètres de largeur.

Ce plateau est lui-même coupé de vallées larges d'une quarantaine de kilomètres et profondes de quatre cents à six cents mètres par rapport au plateau... avec une crête finale, côté nord, s'élevant à sept cents mètres de la surface — là où nous l'avons coupée... ce qui ne veut pas dire qu'elle ne monte pas plus haut ailleurs !

— Chaîne ou montagne sous-marine isolée, reprend Lalor, c'est nous qui l'avons découverte ! Elle portera dans l'histoire de la géographie le nom de chaîne — ou de haut-fond — du *Nautilus*. Avouez que ce n'est pas tous les jours que l'on découvre des montagnes de cette importance, en l'an de grâce 1958 !

— Après la découverte de la chaîne Lomonossov, il y a dix ans, conclut Lyon, c'est un nouveau coup porté à la légende géographique représentant l'Arctique Central comme une cuvette régulière, d'environ quatre mille mètres de profondeur, parce que l'équipe aéroportée de Papanine avait sondé, pour la première fois, près du pôle, en 1937, et trouvé quatre mille deux cents mètres de profondeur !

— Commandant, nous franchissons le 80e parallèle, annonce Jenks.

Le lendemain les haut-parleurs appellent les disponibles au mess de l'équipage.

— Voici, annonce le lieutenant de vaisseau Harvey, la maquette de fanion transpolaire retenue par le jury. Elle a été réalisée par le maître mécanicien Krawczyk, le maître électricien Morley et le matelot électronicien Knotts.

Applaudissements.

— Quant au nom destiné à désigner ceux qui auront participé à cette première traversée polaire transarctique, c'est la proposition du maître écouteur Norris qui a été retenue. Nous serons des PANOPO'S, sigle de : *Pacific to Atlantic via North Pole*.

Nouveaux applaudissements.

— Va donc, eh PANOPO'S ! dit un matelot en donnant une grande claque dans le dos de son voisin...

— On aurait mieux fait, grogne ce dernier, d'attendre la sortie de dessous ce sacré *pack* avant de se « gargariser » avec les symboles de la réussite. Cela pourrait nous porter la poisse !

— Tu es superstitieux ? s'exclame le premier matelot. Ne t'en fais pas. Faut bien se distraire sous la banquise. Regarde les copains... ils sont tous en train de réfléchir aux mots historiques qu'ils vont mettre dans leurs lettres à la bourgeoise ou aux petites amies.

Tu connais, ajoute-t-il, le timbre en caoutchouc que l'on avait fait faire aux Hawaï pour le vaguemestre ?

— Oui. Eh bien ?

— Holland, le mécanicien, a remarqué que le contour de l'île Oahu qu'il représentait ressemblait assez bien à celui du *pack* en été. Alors il a arasé les lettres de Pearl Harbor qui figuraient dessus et a sculpté, à leur place, celles de *North Pole*... C'est avec ce cachet que Payne, le vaguemestre, va timbrer les quelques centaines de lettres qui s'empilent dans son bureau...

Les badauds se relaient devant l'écran de télévision sous-glaciaire.

— On se croirait à l'intérieur d'un bocal à poissons rouges qui n'aurait pas été nettoyé depuis trois ans, remarque Anderson.

— Toujours ces nuages qui défilent, lance, en passant, un matelot blasé.

— Nous approchons du pôle « d'inaccessibilité », annonce Jenks.

— Pourquoi ce nom ? demande Harvey.

— C'est le centre du *pack*, explique Jenks. Le point le plus éloigné de toute terre du bassin arctique. Ni un navire ni un homme à pied n'ont pu l'atteindre jusqu'ici.

— Et nous allions y passer sans nous en rendre compte ! s'exclame Harvey.

— Il y a un instant, ajoute Lalor, en écrivant chez moi dans le carré — en « manches de chemise » et la pipe à la bouche — au milieu du confort le plus moderne, j'avais peine à imaginer qu'au-dessus de nous défilait cet effroyable chaos de *hummocks* balayés par les blizzards de neige glacée...

— Le *pack* est beaucoup moins bouleversé maintenant, remarque le Dr Lyon. Nous passons sous de vastes *floes* n'ayant que quelques mètres d'épaisseur et les *hummocks* « inversés », qui les bordent en dessous, ne s'enfoncent pas à plus de six ou dix mètres dans la mer.

D'après le graphique de détection des glaces, les taches les plus claires, défilant sur l'écran de télévision, sont des zones d'eau libre... ou faiblement glacée. Des *leads* ou des *polynies*, selon leurs formes.

— Certains de ces « clairs », observe White, paraissent assez grands pour qu'un sous-marin puisse y faire surface.

— J'en suis persuadé, affirme Lyon.

— Votre hypothèse, ajoute White, concernant les accumulations de glaces près du plateau continental semble confirmée. Nous naviguons maintenant sous le *pack* « classique » de haute mer.

Regardant l'enregistreur des profondeurs, Lalor remarque :

— Décidément, le fond de la soi-disant « cuvette » arctique est terriblement bosselé. Après notre « montagne » d'hier nous sommes passés au-dessus d'une vallée de trois mille six cents mètres de profondeur, ayant environ trois cents kilomètres de largeur — donc analogue à celle qui séparait l'accore du plateau continental alaskien de la pente sud de ladite montagne. Puis, sur le 82e parallèle, nous avons « surnavigué » une « ondulation » remontant à trois mille cent mètres. Un degré plus au nord, un nouveau mouvement du fond remontant à deux mille neuf cents mètres.

Ensuite, le sol sous-marin a remonté régulièrement pour dessiner une nouvelle montagne — ou chaîne — entre les 83e et 87e parallèles, dont le sommet, aussi large que celui de la précédente, n'est qu'à deux mille mètres de la surface, donc à mille six cents mètres de hauteur par rapport aux grands fonds.

— Et ce n'est pas fini, ajoute Lyon, car voici que le fond remonte à nouveau.

— Cette fois, avance Lalor, c'est peut-être la fameuse chaîne de Lomonossov ?

— En ce cas, répond Lyon, elle serait moins abrupte que prévu, dans cette région, car, en principe, nous ne devrions la couper que sur le 89e parallèle.

— Quoi qu'il en soit, coupe le commandant Anderson, nous venons de battre notre propre record de latitude de l'année dernière, record qui dépassait, déjà, de plus de cent milles, la plus haute latitude atteinte avant nous par un navire.

10
Sous la glace du pôle

— Non ! Ce n'est pas encore la chaîne de Lomonossov, affirme Lyon. Nous venons de franchir le 88e parallèle ; or, après être remonté à deux mille quatre cents mètres, le fond redescend vers les quatre mille mètres de l'équipe Papanine.

— Jenks, que devient notre gyrocompas ? demande le commandant.

— D'après les indications du N 6 A, répond l'officier de navigation, le Mark 19 semble bien avoir perdu toute force d'orientation géographique. Il conserve désormais la direction dans laquelle il se trouve. Il maintient l'orientation du quadrillage rectangulaire sur lequel nous traçons désormais notre route [1] et suivons notre position.

A l'approche du point de convergence des méridiens, la longitude perd tout sens, en même temps que les caps géographiques.

— Et les autres gyrocompas, demande Anderson.

1. Grid course.

— Ils conservent la même orientation que le gyro étalon, répond Jenks.

Deux heures plus tard, Jenks revient près du commandant.

— Une comparaison précise, lui dit-il, des indications du N 6 A et des gyrocompas « directionnels » montre que nous sommes soumis à un léger courant portant vers la droite. Pour maintenir rigoureusement notre route, par rapport au fond, en direction du pôle, il faudrait corriger le cap de trois degrés sur la gauche.

— Gouvernez au 357 des gyrocompas, ordonne aussitôt Anderson.

— Nous franchissons le 89ᵉ, annonce Jenks, peu après. Dans trois heures le *pôle sera atteint, pour la première fois, par un navire.*

— Filant vingt nœuds, ajoute Lalor.

— Dont l'équipage, « en manches de chemise », vaque à ses occupations habituelles, dans des locaux confortables, brillamment éclairés et à l'atmosphère parfaitement tempérée, continue Jenks.

— Cette fois, nous abordons la chaîne de Lomonossov, annonce Lyon. Le fond remonte rapidement.

— Pourquoi de Lomonossov ? demande le lieutenant de vaisseau Hall.

— C'est, explique Lyon, le nom d'un savant russe du XVIIIᵉ siècle. Il avait pronostiqué l'existence de ce plissement d'après ses études sur la structure terrestre.

Une heure plus tard, le savant constate :

— La plume du sondeur « plafonne » à mille trois cents mètres et amorce la descente sur l'autre versant.

Equipage et passagers sont debout dans l'attente de l'instant historique.

Ceux qui ne peuvent accéder au poste central sont rassemblés au mess et au carré. Le dîner a été retardé.

La *juke box* continue à diffuser les rengaines à la mode.

Le chef cuisinier Baird met la dernière main au gâteau reproduisant la maquette gagnante du fanion pôle Nord.

Les photographes ont leurs *flashs* en mains. Une autre équipe prépare l'enregistrement de l'événement.

Au carré, le commandant Anderson achève d'écrire des lettres « bien senties » aux plus hautes autorités, dont le Président et Mrs. Eisenhower, marraine du navire.

Le commandant en second, Frank Adams, entre.

— Nous ne sommes plus qu'à deux milles du pôle, commandant, dit-il.

Anderson se dirige vers le poste central, suivi de ses officiers. Au passage, le commandant en second fait arrêter le disque en cours au mess de l'équipage.

Le commandant prend le micro.

— A tous du *Nautilus*, dit-il. Dans un instant, notre navire va réaliser *deux rêves caressés par les navigateurs de tous les temps :* atteindre le pôle Nord par mer et ouvrir une route maritime transarctique directe, rapide et sûre, entre le Pacifique et l'Atlantique. Grâce à ses caractéristiques extraordinaires, il peut franchir, en eaux libres, le véritable passage par le pôle, préconisé dans la *Declaration of Indies* de 1530. En ce jour mémorable du dimanche 3 août 1958, remercions la Providence de nous avoir accordé la joie de réussir cette entreprise sans précédent.

Dans tout le navire, chacun observe un instant de recueillement.

— Dans dix secondes, commandant ! annonce Jenks.

— Attention, dit Anderson au micro... 5... 4... 3... 2... 1... Top ! 3 août 1958, 23 h 15 U[1]. Pour les Etats-Unis et l'*U.S. Navy*... le pôle Nord !

Le rêve de quatre siècles est devenu réalité.

— Quatre mille cinq cents mètres de fond, annonce Lyon.

— Trois cents mètres de plus que le premier sondage effectué par l'équipe aéroportée de Papanine en 1937, remarque Jenks.

— Elle se trouvait à une vingtaine de kilomètres du pôle, précise Lyon, et nous sommes juste au bas de la pente orientale des monts de Lomonossov.

Apercevant Tom Curtiss, manœuvrant avec soin la règle coulissante du N 6 A, Lalor lui demande :

— A quelle distance sommes-nous passés réellement du pôle, Tom ?

— Nous l'avons percuté exactement, Bill, répond l'ingénieur.

— Et, ajoute Lalor, sans souci des *floes*, des *hummocks* et des *leads* sous lesquels nous défilons à la vitesse du train express — modèle 1868 — dont parlait Jules Verne !

Le commandant se rend dans le mess de l'équipage.

— Commençons par les formalités administratives du jour, déclare-t-il.

Le maître électricien Sordelet s'avance et prête le serment réglementaire le jour de son rengagement pour six ans dans la Marine[2].

— Je crois pouvoir affirmer, plaisante le commandant, que vous êtes le premier homme à rengager au pôle Nord...

Aujourd'hui, ajoute le commandant, les quartiers-maîtres et

1. Fuseau horaire U — Heure de Washington.

2. Les rengagements sont, en principe, interdits « à la mer », mais une autorisation spéciale a été accordée à l'avance.

matelots (suit la lecture de onze noms) achèvent leur stage d'un an de spécialisation pour les sous-marins nucléaires.

Je les félicite de l'ardeur au travail, pratique et sur plans, qui leur permet d'être qualifiés, aujourd'hui, pour cette passionnante technique d'avenir...

Soudain, un magnifique Père Noël s'encadre dans la porte et lance d'une voix tonitruante :

— Quels sont les intrus qui viennent souiller mon domaine ?

Après les excuses et les explications du commandant, *Santa Claus*, bon enfant, décrète : « Joyeux Noël ! » et tout le monde se met à table pour déguster le « bifteck aux frites » permis grâce aux filtres, précipitateurs et autres absorbeurs des fumées et des odeurs de cuisine... Enfin, apparaît l'énorme « gâteau polaire » de Baird.

La *juke box* débute à nouveau ses airs entraînants. Un film à succès, inédit, est ensuite projeté au cours d'une soirée exceptionnelle.

— Quel temps fait-il ? demande Carr au toubib, en plaisantant.

— Atmosphère calme ; luminosité parfaite ; température — sous abri — 22° centigrades ; hygrométrie 40 % ; oxygène 20 %... pas de trace d'hydrogène, ni de radioactivité, débite sérieusement le Dr Dobbins.

— Vous pourriez peut-être, suggère Carr, augmenter la dose d'euphorie en ouvrant un peu plus vos robinets d'oxygène. Après l'odeur de frites, je proposerais la vaporisation d'un parfum champêtre : lavande, foins coupés, œillet... Il faudra ajouter cela dans votre pharmacopée « atmosphérique »... Quelques plantes vertes au mess et au carré pourraient compléter l'illusion. Que penseriez-vous d'un caoutchouc en pot... sous la banquise ?

— Dis donc, Jenks, demande Lalor, qu'as-tu inscrit sur le Journal de Navigation ?

— Avant 23 h 15 U, répond Jenks, j'avais écrit, naturellement : cap au gyrocompas : 357. Pris trois degrés de dérive à gauche. Route sur le fond : 360. A 23 h 15, j'ai simplement noté : cap et dérive inchangés. Route sur le fond : 180°.

— Tu ne risques pas de te tromper, remarque Lalor. A partir du moment où on a dépassé le pôle Nord, on se dirige forcément vers le sud ! Le tout est de savoir sur quel méridien ! En ce moment, nous jouons les longitudes à la roulette, or il faut trouver la bonne pour enfiler le détroit Spitzberg-Groenland et déboucher dans l'Atlantique.

— En principe, rectifie Jenks, puisque nous n'avons pas modifié notre route, nous sommes passés instantanément du 155e méridien ouest — que nous « remontions » depuis la fosse de Barrow — sur le 25e méridien est sur lequel nous « descendons » actuellement.

— Et qui mène où ? demande Lalor.

— Dans l'est du Spitzberg, répond Jenks, mais nous n'avons pas l'intention de le suivre jusque-là ! Dans quelques heures, lorsque la vitesse de rotation de la terre pourra à nouveau faire sentir son action directionnelle sur notre gyro Mark 19, nous le stopperons, le ferons tourner de 180°, et le relancerons dans son orientation géographique approximative vers le nord. Il suffira, ensuite, d'attendre qu'il se stabilise pour qu'il nous redonne le nord exact.

A ce moment-là nous viendrons à droite jusqu'au 210 pour rejoindre le méridien zéro, axe de la mer du Groenland...

— Et le magnétique de la baignoire, qu'indique-t-il ? demande Lalor.

— Il s'est désintéressé, naturellement, répond Jenks, du passage au pôle géographique. Il continue à pointer, tant mal que bien, vers son pôle magnétique de l'archipel canadien. De ce fait, sa déclinaison — ou angle entre les directions des deux pôles — était de l'ordre de 120° est avant le passage au pôle géographique et, immédiatement après, elle est devenue d'environ 60° ouest...

Le 5 août, après minuit, équipage et passagers du *Nautilus* sont à nouveau sur pied, attendant l'arrivée en mer libre, devant consacrer définitivement le succès de cette traversée sous-glaciaire extraordinaire.

Les calculs du trajet estimé effectués, d'une part en tenant compte des caps suivis et des distances parcourues à chacun d'eux d'après le loch électrique, d'autre part en se basant sur les indications du N 6 A, ne diffèrent que de 15 milles et indiquent que l'on approche de la limite du *pack* en cette saison.

Cette approche est confirmée par l'élévation de la température de l'eau de mer. Elle atteint +3° centigrades, température de la branche nord du Gulf Stream, s'avançant dans l'ouest du Spitzberg.

La télévision sous-glaciaire révèle un *pack* disloqué. Les *floes*, dont certains formés de jeune glace de 30 à 60 centimètres d'épaisseur, sont séparés par des chenaux d'eau libre de plusieurs centaines de mètres de largeur.

Enfin, les profondeurs diminuent rapidement jusqu'à 130 mètres, ce qui indique le passage sur le seuil de Nansen s'étendant entre le nord du Spitzberg et le Groenland.

— Nous devons être par environ 80° 20' nord et 2° est d'après les estimes, annonce Jenks à 2 h 30.

— Le seuil de Nansen est franchi, observe Lyon. Le fond est redescendu à 1 800 mètres... Nous entrons dans la mer du Groenland.

Une demi-heure après, le savant s'écrie :

— Ça ne colle plus du tout ! Le sondeur indique subitement 4 400 mètres ! Aucun trou de ce genre ne figure sur la carte dans cette région...

— Pendant nos nombreuses allées et venues dans ce coin-là,

l'année dernière, rappelle Lalor, nous n'avons jamais trouvé plus de 2 700 mètres de fond.

— Cela prouve, conclut Lyon, que la topographie sous-marine de la partie septentrionale de la mer du Groenland est aussi tourmentée que celle du bassin arctique.

— Ça se gâte aussi au-dessus ! remarque Anderson, penché sur l'écran de télévision et sur l'enregistreur du détecteur de glace. Nous passons sous un *floe* — ou un morceau de *pack* jointif — de dix milles de largeur et les *hummocks* « inversés » s'enfoncent de nouveau jusqu'à quinze mètres.

La belle confiance de tous est ébranlée. Chacun se demande si on est réellement dans la bonne direction.

— Nous ne pouvons rien faire d'autre, décide Anderson, que de continuer vers le sud.

Une heure interminable s'écoule.

— Le « ciel » s'éclaircit ! annoncent, enfin, les téléspectateurs glaciologues.

— Combien de fond ? demande le commandant.

— Dix-huit cents mètres, répond le gradé de quart au sondeur.

Il faut encore patienter pendant une nouvelle heure.

— Plus rien sur la tête ! dit soudain Jenks après un coup d'œil à la télévision et au détecteur de glace.

— Dix nœuds ! ordonne le commandant. Montez à trente mètres. Hissez le périscope 1.

Cela m'a l'air, effectivement, d'être de l'eau libre, dit-il au bout d'un moment. Seulement, depuis l'aventure de l'année dernière, je me méfie... Stoppez et montez à la verticale... mais, surtout, pas à plus de trois mètres à la minute ! J'ai une idée, reprend-il. Sortez la gaule d'antenne... je verrai bien si elle crève la surface ou plie contre la glace.

Attente silencieuse. Soudain le commandant voit le sommet de la gaule disparaître... dans l'air.

— Cette fois c'est bien la victoire ! déclare Anderson, soulagé. Chassez partout. Tenez-vous prêts à transmettre nos messages.

En arrivant dans la « baignoire », il aperçoit le *pack* dans le nord et dans l'ouest, mais la mer est libre jusqu'à l'horizon dans les autres directions. Les vagues de soixante centimètres de creux qui agitent la surface montrent que l'on n'est pas dans une grande *polynie*. Penché sur l'interphone du poste radio il ordonne :

— Passez le premier message, Thomas.

L'opérateur du *Nautilus* manipule les chiffres d'un message « Top Secret » donnant d'abord, en deux mots et un chiffre, le compte rendu du succès aux hautes autorités intéressées :

« NAUTILUS 90° NORD — 2315 U/3/8/58. »

En moins d'une minute les accusés de réception parviennent

des stations de l'*U.S. Navy* installées au Japon, aux Hawaï et en Grande-Bretagne.

— Transmettez le second message, ordonne le commandant.

A nouveau les trains d'ondes électromagnétiques, brefs et longs, portent à Washington les signes secrets dont la traduction apporte le complément essentiel au premier message :

« QUATRE-VINGT-SEIZE HEURES DE POINT BARROW À LA MER DU GROENLAND. »

En ces quelques mots et chiffres le Président et l'amiral Burke, chef d'état-major général, sont informés secrètement du succès de l'opération *Sunshine*.

— Six cents lieues sous les glaces en quatre-vingt-seize heures ! remarque Lyon, dans l'allégresse générale.

Jules Verne faisait parcourir cinq cents lieues sous les glaces à son *Nautilus* pour atteindre le pôle... Nous ne l'avons pas seulement atteint ; mais, poursuivant au-delà, nous sommes sortis de l'autre côté !

— Et dire, observe Lalor, que Nordenskjoëld et Amundsen ont mis deux ans pour réussir, respectivement, la première traversée du « Passage du Nord-Est » et celle du « Passage du Nord-Ouest » de l'Atlantique au Pacifique...

Sans perdre une seconde, Jenks prend au sextant une hauteur angulaire du soleil au-dessus de la ligne d'horizon et, en feuilletant des tables, il en déduit une première « droite de hauteur », c'est-à-dire une droite passant par la position réelle du navire.

Il lui faut attendre deux heures pour qu'une seconde observation du même astre lui donne une seconde droite coupant la première sous un angle suffisant pour que l'intersection des deux lieux géométriques donne la position « observée » avec une approximation convenable.

C'est le premier point, basé sur des repères extérieurs, obtenu depuis la plongée au large de la côte alaskienne, quatre jours plus tôt.

— A quelle distance se trouvent nos points estimés ? demande Anderson.

— L'un et l'autre, répond Jenks, sont à moins de 10 milles du point observé. Après un parcours aveugle de 1 800 milles, avouons que ce n'est pas si mal !

— Cela prouve, observe Lalor, que l'un ou l'autre de nos procédés de navigation estimée nous aurait permis de réussir.

— Oui, reconnaît Anderson, mais le fait de pouvoir comparer, en permanence, deux moyens, absolument indépendants l'un de l'autre, pour savoir où nous étions et où nous allions, m'a certainement évité un certain nombre de cheveux blancs.

— Que serait-il advenu, demande Carr, si, au lieu de conserver la même route dans la région du pôle nous avions effectué des routes diverses pour explorer cette zone ?

— Après cette première expérience, répond Jenks, je crois que nous n'hésiterions pas à manœuvrer librement au pôle. Nous suivrions nos déplacements sur la « grille » rectangulaire, la direction de référence étant celle conservée par les gyrocompas soustraits à l'influence de la rotation de la Terre...

— Maintenant que nous avons la « peau de l'ours »... polaire, déclare Anderson à ses officiers, je peux vous annoncer ce que les « Grands Chefs » avaient combiné dans cette éventualité.

Nous allons faire route en plongée, comme d'habitude, vers la côte islandaise.

Là, un hélicoptère viendra me prendre à bord, au large, pour me transporter sur l'aérodrome de Reykjaness, d'où un avion m'emmènera sans désemparer à Washington.

Aussitôt, le Président annoncera l'événement aux reporters de la presse mondiale et me présentera à eux, afin que je réponde aux question qu'il leur plaira de me poser.

En principe, je rallierai le bord par les mêmes moyens avant l'arrivée du *Nautilus* à Portland, sur la côte sud anglaise.

Naturellement, j'emporte le courrier...

A cette dernière nouvelle l'excitation atteint son paroxysme. Mille cinq cents lettres s'amoncellent dans le bureau du vaguemestre. Chaque chef de service emballe des piles de documents : registres d'observations, graphiques, diagrammes, bandes d'enregistrement, kilomètres de pellicules photo et de films, une carte de l'Arctique sur laquelle sont tracées les routes du *Nautilus*... enfin, une montre d'habitacle que le commandant doit offrir à Mrs. Eisenhower, marraine du navire, de la part de tout l'équipage.

Le papier à lettres vint à manquer par le travers de l'île Jan Mayen ; mais, de bonne heure, le 8 août, le « courrier », composé de deux grands sacs marins, de deux valises, d'une serviette et d'une carte, est rassemblé au carré, tandis que le commandant, allongé sur sa couchette, s'efforce de prendre quelques heures de sommeil en prévision des journées et des nuits blanches qui l'attendent encore !

— Je me demande, dit le commandant Adams, si l'hélicoptère pourra enlever le commandant... et le courrier ?

L'officier de quart, inspectant l'horizon au périscope, annonce soudain : « L'hélicoptère ! »

— Donnez les trois coups de klaxon, ordonne Adams, et faites surface.

Quelques minutes plus tard, l'hélicoptère bourdonne au-dessus du pont. On y hisse le courrier, puis le commandant Anderson escalade l'échelle de corde.

Dans la carlingue il se trouve face à face avec le capitaine de vaisseau Aurand, de la Maison Militaire du Président. Cet envoyé extraordinaire lui remet un message présidentiel sur lequel il lit : « Aux officiers et à l'équipage du *Nautilus*. Félicitations pour votre magnifique exploit. Vous avez bien manœuvré. »

Anderson remet le message à un matelot du *Nautilus*.

Quelques heures après, plusieurs centaines de reporters de la presse, de la radio, du cinéma et de la télévision, brusquement convoqués, attendent, intrigués, dans un salon de la Maison-Blanche.

Le Président des Etats-Unis entre, suivi d'un capitaine de frégate inconnu d'eux et de hautes personnalités de la Marine.

— Messieurs, déclare-t-il d'un air visiblement satisfait, je vous présente le commandant du sous-marin nucléaire *Nautilus*, qui vient d'effectuer la première traversée du Pacifique à l'Atlantique *en passant par le pôle Nord sous la banquise arctique*...

Je n'ai pas besoin de souligner la portée de ce voyage historique dont les hommes rêvaient en vain depuis des siècles...

Avant de le laisser répondre à vos questions, je tiens à décerner devant vous au commandant et à l'équipage du *Nautilus* la première citation collective présidentielle accordée depuis la fin de la Seconde Guerre mondiale...

Les spectateurs échangent leurs impressions selon leur nationalité et... leurs opinions politiques.

— Voilà notre riposte au Spoutnik, déclare immédiatement, sans ambages, le reporter d'un grand journal des U.S.A.

— Le rêve du *Nautilus* de Jules Verne est dépassé, ajoute un de ses collègues.

— A vous deux, observe un troisième, vous venez de dicter les gros titres « à la une » que l'on va voir, dans quelques heures, sur les journaux du monde entier... tout au moins dans l'hémisphère dit « occidental », rectifie-t-il.

— Enfin ! remarque un autre, la Marine a bien joué ! Le secret a été gardé jusqu'à ce que la réussite soit assurée. Cela va effacer la fâcheuse impression qu'avaient laissée les essais infructueux — et malheureusement annoncés à l'avance — du « satellite » Vanguard. Sa cote va remonter dans l'opinion publique...

— C'est bien mieux que le lancement d'un robot inerte dans le ciel, renchérit le reporter du journal de la Marine. En attendant les astronefs habités, le *Nautilus* a conduit cent seize hommes, dans leur atmosphère propre, sous l'épaisse glace du pôle Nord, franchissant un vaste espace jusqu'ici interdit à l'homme.

C'est un « satellite sous-marin » habitable puisqu'il peut faire le tour du monde sous les mers [1].

Nous devons à la Marine d'être débarrassés du complexe dont nous souffrions depuis que les Russes nous avaient devancés en lançant le premier satellite dans l'espace.

En dehors des conséquences commerciales de cet exploit, il n'y a pas besoin d'être grand clerc pour en comprendre la portée stratégique, alors que nous avons en construction des sous-marins nucléaires lanceurs de missiles à grande portée...

Le *Nautilus* ouvre un nouveau champ d'action à ces sous-marins et bouleverse, une fois de plus, les possibilités d'action de la mer contre la terre.

En croisière permanente, invisibles et indétectables sous la banquise, ils constituent, désormais, le meilleur moyen de dissuasion contre une agression éventuelle...

Le commandant Anderson est assailli de questions, plus ou moins pertinentes.

— Combien de temps êtes-vous resté sous la glace ? Comment est fait le dessous de la banquise ? Quelle a été l'impression de vos hommes ? La vôtre ? Avez-vous été inquiet et quand ? Comment vous êtes-vous dirigés ? Est-ce que les « boussoles » pivotent brusquement lorsque l'on passe au pôle ? etc.

Anderson répond de son mieux. Il révèle l'emploi du « navigateur par inertie » et de la télévision sous-glaciaire. Les essais de juin. L'utilisation de la vallée sous-marine de Point Barrow pour accéder aux grandes profondeurs du bassin polaire. La découverte de montagnes sous-marines inconnues. Sa navigation à 120 mètres d'immersion et à 20 nœuds sous le *pack*. Comme on lui demande des détails sur ses découvertes sous-marines, il précise :

— Nous n'avons, naturellement, sondé le fond que sur notre route rectiligne au-dessus des régions inconnues. Cela correspond à une unique coupe de cette immense zone. Il en faudra des milliers d'autres, dans toutes les directions, pour obtenir, *progressivement*, la topographie sous-marine de l'Arctique, comme on le fait encore pour les océans libres de glaces.

— Et maintenant qu'allez-vous faire ? lui demande un journaliste.

— Rejoindre mon navire à la mer, par avion et hélicoptère, comme je l'ai quitté ce matin... au large des côtes d'Islande...

Soudain un brouhaha se produit dans un coin de la salle.

— C'est un camouflet délibéré ! proclame le reporter d'un grand journal des U.S.A. Il est inadmissible que le créateur du *Nautilus* n'ait

1. Effectivement effectué, en quatre-vingt-quatre jours, par le sous-marin nucléaire *Triton* en 1960.

pas été invité à cette cérémonie... Sans lui cet exploit n'aurait pas pu avoir lieu...

— C'est encore un coup des amiraux traditionalistes, observe un collègue. « Ils » ne lui pardonneront jamais de nous avoir donné le premier navire à propulsion nucléaire sans suivre la voie hiérarchique et les sacro-saintes Règles Administratives...

— Cela ne se passera pas comme cela ! affirme un troisième. Une fois de plus il faudra que le Département s'explique !

11

L'homme le plus discuté

Avant de rejoindre sa base de New London, le *Nautilus* entre à New York pour y recevoir les honneurs du triomphe populaire.

Cette fois, il est reçu, au nom du président Eisenhower, par le fameux contre-amiral Hyman George Rickover, dont l'absence à la Maison-Blanche, lors de la révélation publique de la traversée polaire, a si fortement indigné l'opinion publique et parlementaire.

Lorsque l'amiral descend au carré du *Nautilus*, un matelot lui présente le morceau de glace recueilli sur le pont, au large de la côte alaskienne, avant la plongée décisive.

— Amiral, lui dit Anderson, en voyant cet échantillon de banquise dans les mains d'un matelot, j'ai eu l'idée de le conserver dans un de nos réfrigérateurs pour vous le présenter.

« Cette "matière", comme disait Pythéas, *a arrêté, pendant vingt-trois siècles*, les efforts des navigateurs les plus intrépides.

« En concevant et en poussant avec ténacité la réalisation du *Nautilus*, vous nous avez donné le moyen de la vaincre pour la première fois... »

Un sourire étrange éclaire un instant la figure de l'énigmatique amiral, tandis que retentissent au-dehors les vivats de la foule.

— Allons-y ! dit-il. Perdons le moins de temps possible. J'ai hâte de rentrer à mon bureau.

Ayant à ses côtés le commandant du *Nautilus*, l'amiral subit, de son air impassible, la « corvée » du défilé triomphal dans Broadway, sous les serpentins et les confettis...

On discute de ces événements, quelques jours plus tard, au carré du célèbre sous-marin.

— Vous avez vu la tête de Rick, pendant le défilé ? lance Lalor.

— Il a une répulsion physique pour ce genre de manifestations, explique Anderson.

— Cette fois, il ne pouvait pas s'y dérober, reprend Lalor. Pour l'opinion publique, il s'agissait d'une réparation arrachée par elle à l'« Administration » à la suite du coup de la Maison-Blanche.

— Son absence, reconnaît Anderson, le jour où l'on annonçait au monde le succès le plus spectaculaire de « son enfant », ne pouvait manquer de déchaîner l'indignation. Personnellement, je n'ai pas hésité à aller, ostensiblement, le saluer, en sortant de la Présidence, avant de reprendre l'avion pour rallier le bord.

— Pour le grand public, observe Carr, « l'oubli » d'inviter le « père du *Nautilus* » ce jour-là était voulu. En tout cas, les commentaires sur cette absence tiennent autant de place dans la presse que notre traversée sous-glaciaire.

— Voulu ou non, ajoute le commandant Adams, le remous provoqué par cet incident a probablement dépassé les prévisions de l'« Administration » et ses explications n'ont pas satisfait la plupart des journaux.

Le communiqué du Secrétaire de la Marine dégage d'abord la Maison-Blanche de toute responsabilité, puisque, précise-t-il, « la liste des invités à la cérémonie a été établie par la Marine ».

Puis, il reconnaît « qu'en ne pensant qu'au caractère *opérationnel* d'une performance accomplie par *un* navire de notre flotte, "nous" avons *omis* l'amiral Rickover, *l'homme dont la foi et l'habileté scientifique ont si personnellement* contribué à la réalisation du navire qui a accompli cet exploit... »

C'est à la fois un aveu, une tentative d'explication et un « coup de chapeau » ressemblant à une amende honorable. Mais... aussitôt, conformément aux vieilles traditions de la Marine, on tente, une fois de plus, de « dépersonnaliser » la réalisation du premier navire à propulsion nucléaire en ajoutant :

« Nous sommes certains que le monde entier partage avec la Marine le sentiment que le triomphe du *Nautilus* est dû, non seulement à l'habileté et au courage du commandant Anderson et de son équipage, mais aussi à *tous ceux* qui ont œuvré pour créer le *Nautilus*. »

— Ce communiqué, observe Anderson, reflète un des aspects du « cas Rickover ». Il s'agit du partage — souvent subtil — entre le rôle d'un homme et celui de l'équipe dont il fait partie, dans un succès remporté par l'ensemble.

A notre époque, en général, les « pairs » n'aiment pas voir attribuer à un seul homme ce qui, du fait des complexités techniques modernes, ne peut être que le résultat d'un travail d'équipe.

Au contraire, le « grand public » exige, pour chaque triomphe, son « héros » ou sa « vedette », personnifié, en chair et en os, projeté sur tous les écrans et analysé dans les détails les plus intimes de sa vie.

Le cas le plus typique est celui du navire. J'ai été gêné de tenir personnellement la vedette dans les manifestations et la presse à l'occasion de l'exploit du *Nautilus*, alors qu'évidemment, ce succès est dû aux efforts combinés des cent seize hommes présents à bord et travaillant en parfaite équipe. Je n'ai cessé de préciser ce fait...

— Commandant, déclare le capitaine de corvette Adams, nous connaissons vos sentiments à ce sujet ; mais, précisément, dans ce cas, le rôle prépondérant du « seul maître à bord après Dieu » est indiscutable. Il est, en fait, et *réglementairement*, seul responsable des décisions à prendre, à la mer, concernant l'exécution de la mission et la sécurité de tous.

Si, pour le « grand public », il incarne les exploits du navire, pour le Code de Justice Militaire, c'est lui qui passe en Conseil de Guerre en cas de catastrophe.

Apprenant que l'on discutait son titre de « vainqueur de la Marne », le maréchal français Joffre aurait dit : « Je ne sais qui a gagné la victoire de la Marne, mais je sais bien qui aurait perdu cette bataille le cas échéant. »

Vous pouvez balayer vos scrupules, commandant, en songeant aussi, qu'en cas d'échec, c'est à vous seul que l'on aurait demandé des comptes.

C'est pourquoi la tradition maritime a bien été obligée d'admettre la prépondérance de l'action du commandant dans les succès de son navire.

Dans le Corps des Officiers de Marine, c'est seulement dans l'exercice du commandement à la mer que l'on admet les mérites personnels... et encore ! à condition de jouer les règles du jeu, c'est-à-dire de les démontrer de la manière la plus indiscutable et la plus réglementaire. Par exemple, dans les manœuvres d'escadre ou de port, dans l'ascendant exercé sur les officiers et sur l'équipage, juges les plus qualifiés de la promptitude et de la sûreté des décisions, ainsi que du rayonnement « humain » de leur chef.

Le rôle personnel est beaucoup plus difficilement admis pour les services techniques rendus à terre, fussent-ils exceptionnels, surtout lorsque, pour ce faire, on bouscule la routine hiérarchique et administrative... et c'est précisément ce dont les thuriféraires de l'amiral Rickover font gloire à leur « héros ».

Cela a certainement contribué à indisposer à son égard les cadres « traditionalistes » de la *Navy*...

— La presse, ajoute Carr, monte en épingle « l'étrange figure » de l'amiral. N'y a-t-il pas, désormais, un peu d'affectation dans son comportement ? Comme toutes les « vedettes », n'est-il pas prisonnier du personnage forgé — à tort ou à raison — par les publicistes ?

Ou bien, se sentant maintenant solidement soutenu par l'opinion publique et parlementaire, ne prend-il pas un malin plaisir à forcer le type du « non-conformiste », facilement populaire ? Tendance naturelle chez lui et dont il a souffert au cours de la partie obscure de sa carrière.

— A mon avis, répond Anderson, il se désintéresse sincèrement de toutes les polémiques à son sujet. Il demeure uniquement passionné de travail, comme il l'a été durant toute sa vie.

— Dès son entrée à l'Ecole Navale, dit-on, ajoute Carr, il s'est révélé « pas comme les autres »...

— Cela tient, explique le commandant, à ses origines, à son caractère, aux difficultés matérielles et morales affrontées dès son enfance... extrêmement modeste, ainsi que le monde entier l'a appris depuis qu'il a atteint la célébrité.

Imaginez ce garçon né dans un ghetto de la Pologne russe au début du siècle, embarqué à 6 ans, avec sa famille d'émigrants, vers le Nouveau Monde, puis grandissant dans la petite boutique de tailleur de son père, au milieu de la ville-champignon de Chicago...

Passionné de savoir, il dévore — non pas des romans policiers — mais des livres de science et de technique pendant les heures laissées libres par son emploi « alimentaire » de porteur de télégrammes.

Il sait que son père ne pourra pas assumer les frais des études auxquelles il aspire... Or, voici qu'informé de ses goûts studieux, un coreligionnaire, Adolf Sabath, député de Chicago, offre de le présenter à l'Ecole Navale d'Annapolis.

Il ne connaît de la mer que son séjour dans l'entrepont surpeuplé d'un navire d'émigrants ; mais, pour lui, c'est une porte — la seule — ouverte vers des études gratuites.

Là s'arrête sa « vocation » de marin...

— Je comprends, dans ces conditions, commandant, reprend Carr, tout ce qui l'a séparé, dès l'abord, du « midship moyen », car il dut considérer comme des corvées tout ce qui n'était pas l'étude pure.

Tel que nous le connaissons aujourd'hui, il devait avoir une répulsion physique pour les uniformes « tirés à quatre épingles », pour les exercices ou parades militaires et nautiques, pour les concours sportifs et les matinées dansantes du dimanche avec les filles à marier des « maritimes » d'Annapolis... Bref toutes les activités dans lesquelles ses camarades s'efforçaient de briller...

— Sans compter, précise Lalor, qu'il ne disposait que de deux dollars d'argent de poche par mois !

— Il a dû, reprend Carr, se sentir psychologiquement *seul*, s'est enfermé dans ses études et a acquis une haine définitive de tout ce qu'il n'a cessé de considérer comme des futilités...

— La carrière de Rickover, affirme Adams, a été marquée par ce point de départ.

Dans la trinité composant l'officier de marine moderne : CHEF —

MARIN — INGÉNIEUR, il a opté délibérément et définitivement pour INGÉNIEUR.

Il s'est intéressé uniquement aux services les plus techniques — et les moins « militaires » —, mécaniques et électriques, à la conception, la réalisation, la robustesse et l'entretien du matériel.

Il n'a cessé de s'insurger contre les traditions honorifiques, protocolaires, hiérarchiques, mondaines, qu'il estime périmées en un temps où l'on doit rechercher uniquement le rendement et la « productivité ». Pour lui tout cela entraîne des pertes de temps stupides.

Dans un livre écrit pour sa justification, le journaliste Clay Blair cite quelques manifestations de cet état d'esprit.

Attaché au service Electricité du cuirassé *Nevada*, il est promu enseigne de vaisseau de 1re classe. *Un an* après, le commandant le fait appeler.

— Pour une fois, lui dit-il, je tiens à ce que vous vous rendiez à la réception donnée sur le navire-amiral et... *avec les galons de votre grade* !

Furieux, Rickover doit s'exécuter. Au moment où la vedette accoste l'échelle de coupée tribord, au sommet de laquelle l'amiral attend ses invités, il dit au patron :

— Allez m'attendre à l'échelle de service de l'autre bord.

Après s'être présenté à l'amiral, il traverse le pont et se rembarque à bâbord pour retourner aux occupations de son service.

Le jour de l'inspection générale du *Nevada* par le commandant en chef arrive.

Rickover a fait travailler ses hommes sans répit pendant des semaines. Le matériel est dans un état impeccable. Il a imaginé toutes les « colles » que l'on pourrait poser au personnel sur son fonctionnement et les mesures à prendre en cas d'avaries.

Le grand chef fait aligner le personnel du service.

— Faites décapeler [1] les vareuses, ordonne-t-il.

Il passe et soudain laisse tomber :

— Le tricot de cet homme n'est pas réglementaire...

Puis il s'en va.

— Marine de fous ! grince Rickover. Si c'est là tout ce qui intéresse le commandant en chef !!!

— Par la suite, poursuit le commandant Adams, Rickover demande à aller au cours spécial de mécanicien-électricien à Annapolis.

Durant cette période il parvient à suivre les cours de la Section Technique de l'Université Columbia à New York et y décroche la licence d'Electricité-Mécanique... Il y fait également connaissance de

1. Enlever.

la future Mrs. Rickover — alors Ruth Masters —, étudiante en Droit international.

Deux ans plus tard, il entre à l'Ecole des Sous-Marins et, à la sortie, est embarqué sur le sous-marin *S 48* comme chef du service machine.

C'est son premier « aviron tordu[1] ». Le matériel de ce navire a toujours donné des déboires. Cela ne décourage pas Rick... au contraire. Il s'acharne à mettre au point cette mécanique, démonte, répare, modifie par les moyens du bord... C'est-à-dire, en exigeant des efforts aussi considérables que les siens de ses subordonnés, en bousculant les services extérieurs et les règles de demandes de concours... ce qui lui met tout le monde à dos.

Il devient second — sans abandonner le service machine — mais on lui refuse un commandement de sous-marin.

— Pour ses « supporters », commandant, précise Carr, c'est la première manifestation concrète de l'ostracisme dont les amiraux ont toujours fait preuve à son égard.

— A cela, reprend Adams, ces derniers répliquent que, pour commander un navire de combat, il ne suffit pas d'être un « bricoleur » de matériel. Il faut également s'intéresser à la navigation, à la manœuvre, à l'emploi tactique de l'unité, au moral de l'équipage, bref avoir non seulement des compétences techniques, mais le sens marin et humain, ce dont, d'après les notes de ses chefs directs, affirment-ils, l'intéressé paraissait peu se soucier...

— Il se souciait également peu de plaire à ses chefs, ajoute Carr. On raconte notamment à ce propos, qu'étant second du service machine du cuirassé *New Mexico*, on ne lui sut aucun gré d'avoir fait remporter au navire le premier prix d'économie de mazout parce que, pour y parvenir, il avait imposé des restrictions draconiennes sur le chauffage et sur la consommation d'eau douce... sans excepter les officiers supérieurs et l'amiral.

— Quant à la conduite des hommes, explique Anderson, il a toujours appliqué le même critère : le rendement pratique.

On dit : « Il est dur à servir. » c'est qu'il est d'abord dur pour lui-même. Il n'hésite pas à travailler jour et nuit lorsqu'il estime que quelque chose doit être fait d'urgence et il ne comprend pas que quiconque — subordonné ou supérieur — n'en fasse pas autant.

« Il est caustique », dit-on encore. Oui, s'il se trouve en face de quelqu'un de conformiste, de timoré, de timide... et la réputation qu'il a acquise désormais est bien faite pour intimider ceux qui doivent l'affronter pour la première fois.

Il est certain qu'il perd facilement patience dès que l'on ne peut suivre les rapides mouvements de sa pensée. Or il choisit les critères les plus déconcertants pour juger ceux qui l'abordent.

1. Mauvais outil, exigeant des efforts sans espoir.

En cette matière, il n'a nul souci des galons ou des étoiles. Seule compte, pour lui, l'aptitude à remplir la tâche pour laquelle il a besoin de vous.

Il a fait, une première fois, scandale, à ce sujet, sur le *New Mexico*, en confiant le quart en chef à un midship sortant d'Annapolis, parce qu'il l'avait jugé capable de le faire, alors qu'il était « réglementaire » et de « tradition » de ne confier cette responsabilité qu'à des officiers ayant au moins deux galons...

— J'en reviens encore à Rick, dit Lalor pendant le dîner. Les amiraux se plaisent à rappeler comment il termina prématurément son unique commandement en Extrême-Orient.

— Il faut reconnaître, observe le commandant Adams, qu'on lui avait collé, en l'occurrence, un second « aviron tordu » : le vieux dragueur de mines *Finch*, tombant en bottes, et affecté au remorquage des buts de tir des brillants navires de combat.

Selon la tradition des séjours en « campagne lointaine », ses prédécesseurs se bornaient à entretenir, à grand renfort de peinture, l'aspect extérieur du bateau et donnaient le maximum de liberté à l'équipage.

En ingénieur, Rick ne vit qu'un matériel à remettre en état et il mit tout le monde au travail, négligeant toute autre considération... Appareillant, par exemple, avec des parties de coque passées au minium, chose scandaleuse pour un commandant « traditionaliste », et, encore plus, pour l'amiral qui regarde les évolutions des navires sous ses ordres dans ses jumelles...

Le changement de régime ne fut pas davantage goûté — on le conçoit — par l'équipage, et le dragueur de Rick eut bientôt une solide réputation de « bagne ».

Estimant, sans doute, qu'il perdait son temps à s'occuper d'un matériel bon pour la ferraille, Rickover demanda — chose inouïe pour un commandant en exercice depuis quelques mois seulement — à opter pour le Cadre Spécial des Officiers Ingénieurs Mécaniciens [1], recruté parmi les officiers de marine des spécialités techniques ayant quinze années de « service général » et renonçant, désormais, à commander à la mer.

Il fut aussitôt affecté à l'arsenal de Cavite et chargé, notamment, de l'examen des « Etats de besoins », c'est-à-dire des listes de travaux demandés par les commandants des navires entrant en réparations.

Simple formalité avant lui, cet examen devint aussitôt sévère. Il demanda des justifications. Refoula les demandes qui lui paraissaient insuffisamment justifiées ou « non rentables », attribua le plus possible des menus travaux aux « moyens du bord »... bref, se fit

1. *Engineering Duty Only* (E.D.O.).

une nouvelle catégorie d'ennemis comme « em...pêcheur de danser en rond ».

— Et, bien entendu, remarque Early, personne ne lui sut gré des millions de dollars qu'il économisa ainsi sur le budget fédéral ?

— On ne vous sait jamais gré de ces choses-là ! reprend Adams. A l'automne 1939, le commandant Rickover fut rappelé à Washington et affecté à la Section Electricité du Service Technique des Constructions Navales [1], dont il allait devenir le chef l'année suivante.

Il révolutionna ce service en transformant à la fois l'équipement électrique des navires et les règles de gestion de ce matériel. Il modernisa et standardisa les installations en faisant reprendre les spécifications de chaque appareil en vue de réduire son encombrement et d'augmenter sa résistance au combat. Il fit vérifier cette dernière par des épreuves sévères.

Le service des marchés protesta.

— Jamais, déclara-t-il, les entreprises soumissionnaires n'accepteront de modifier leurs chaînes de fabrication en pleine période de réarmement.

— J'en fais mon affaire, répondit Rickover.

Et, téléphonant aux grands patrons, il leur mit le marché en main :

— Ou vous acceptez nos nouvelles spécifications, ou nous annulons nos commandes chez vous...

Les fournisseurs s'inclinèrent... mais commencèrent une discrète campagne contre cet « officier impossible ».

Il créa une Commission chargée d'étudier les avaries de combat subies par les navires britanniques et en fit déduire les modifications à apporter au matériel dont il avait la charge afin d'augmenter sa résistance aux avaries constatées.

Il obtint les plans de la drague magnétique anglaise et fit établir les spécifications d'une drague magnétique pour l'*U.S. Navy.* Ses chefs — d'après Clay Blair — refusèrent de passer commande d'une série de cet équipement de dragage. Rickover prit sur lui de commander les conducteurs flottants spéciaux à une firme spécialisée sans en dévoiler le rôle et les groupes générateurs à la General Motors, dans les mêmes conditions.

Un beau jour, la Comptabilité Générale s'aperçut qu'il avait lancé pour 8 à 12 millions de dollars de commandes sans avoir tous les visas réglementaires. Scandale. On convoqua Rickover qui prit tout sur lui ; l'amiral directeur se hâta de confirmer les commandes, mais non sans faire comprendre à l'intéressé les graves inconvénients « administratifs » de son comportement.

Cette leçon fut sans effet. Il resta intraitable, bousculant toutes les règles et formalités pour aboutir au plus vite à ce qu'il estimait

1. Le *Bureau of Ships*.

nécessaire au bien du service, confiant les fonctions dans ses bureaux à ceux qu'il estimait les plus qualifiés sans souci de leurs galons et même — nouveau scandale — sans tenir compte s'ils étaient civils ou militaires !

Bref, durant toute la guerre, Rickover se battit contre... la routine, le formalisme, la mollesse, la médiocrité, la bureaucratie, le laisser-faire, afin de doter du matériel électrique et électronique le meilleur et le plus robuste les unités de combat à bord desquelles ses camarades de promotion d'Annapolis se couvrirent de gloire dans le Pacifique, l'Atlantique et sur les côtes d'Europe, acquérant les « titres de guerre » qui lui furent opposés dans les « Commissions de Sélection » ultérieures... en même temps que son caractère « impossible ».

— Puisqu'il était du Cadre Spécial des Officiers Ingénieurs, il ne pouvait plus commander à la mer, remarque Early.

— Sans doute, répond le commandant Adams, mais certains de ses collègues surent cependant se distinguer dans les zones d'opérations en mettant sur pied une « logistique » mobile de combat. Ces « bases mobiles » flottantes se déplaçant d'atoll en atoll, au travers des immensités du Pacifique, pour satisfaire aux besoins des unités en opérations, parfois — comme à Ulithi et à Okinawa — dans le rayon d'action des Kamikazes.

— Mais, insiste Early, pour réaliser notre formidable programme de constructions navales — y compris les engins spéciaux de ces bases flottantes — et pour les alimenter en matériel de rechange, sans lequel elles auraient été inutiles, il fallait l'inlassable activité des Services de Washington — dont celui de Rickover —, intermédiaires indispensables entre les utilisateurs et les fournisseurs.

La manière dont ils ont su orienter le potentiel industriel de la nation dans le sens le plus profitable au rendement de nos forces a été un facteur non moins indispensable que tous les autres du succès final.

— Tout le monde le reconnaît, répond le commandant Adams. Mais, pour les amiraux du « Grand Corps », composant la majeure partie des « Commissions de Sélection », la préférence va, par tradition — cette tradition haïe par Rickover — aux services plus « spectaculaires » accomplis dans les zones de combat et, également, à la réputation de l'intéressé comme chef et collaborateur... Or, Dieu sait si, sur ce point, la personnalité de Rickover est discutée !

— N'a-t-il pas tenté de sortir de son bureau durant la guerre ? demande Carr.

— Si, répond Adams, mais, comme cela arrive souvent — et malgré sa réputation de « mauvais coucheur » —, on estimait que son départ perturberait un service auquel — précisément — il donnait une impulsion « si personnelle » et, indiscutablement, réalisatrice.

— Et après la guerre ? insiste Carr.

— Par une certaine ironie du sort, explique Adams, on lui a confié la tâche de « mettre en cocons » les unités venant de remporter la victoire et désignées sous l'appellation — assez humoristique — de « 19e Flotte ». Il s'agissait de navires de tous types, en pleine démobilisation, dispersés sur toute la côte est, de Seattle à San Diego, et dont il fallait mettre le matériel en état de conservation.

— Bref, intervient Early, un troisième « aviron tordu » !

— Le capitaine de vaisseau Rickover, reprend Adams, se mit au travail avec son ardeur habituelle, vola d'un port à l'autre et houspilla — comme à l'accoutumée — le personnel des navires et celui des services à terre... tous l'envoyant — *in petto* — à tous les diables !

— Après cela, estime Early, il n'avait plus qu'à préparer sa « mise en cocon » personnelle !

— Cela semblait évident, reconnaît Adams. Il avait été promu capitaine de frégate, puis capitaine de vaisseau, à son bureau de Washington, parce que l'on ne pouvait pas nier les services qu'il y rendait, en temps de guerre, mais personne n'envisageait qu'il puisse jamais aller plus loin... ainsi qu'allaient le prouver les propositions des Commissions de Sélection... même après sa prodigieuse aventure nucléaire !

12

Le vrai capitaine Nemo ?

— « L'Aventure Nucléaire » ! répète le commandant Anderson.

Cela pourrait être le titre du « roman » Rickover. Elle allait projeter sur les écrans de l'actualité et dans l'Histoire cet « empêcheur de danser en rond », promis à une prochaine retraite.

Elle a débuté, comme les meilleurs contes — type Cendrillon — par une de ces « corvées » dont toute la carrière du chétif porteur de télégrammes de Chicago avait été marquée.

— L'« aviron tordu » habituel ! remarque Early.

— Apparemment oui, reprend Anderson, mais, cette fois, Rickover allait en faire le tremplin de sa renommée mondiale.

— Comment cela s'est-il passé, au juste ? demande Lalor.

— En avril 1946, une « Note de Service » circule dans les Services et Unités demandant un capitaine de vaisseau volontaire pour effectuer un stage aux laboratoires d'Oakridge, afin d'étudier les possibilités d'application de l'énergie nucléaire à la propulsion navale.

Au lendemain de la guerre, des centaines de jeunes capitaines de vaisseau, n'ayant plus devant eux que la perspective de longues années de routine du temps de paix, auraient dû être tentés par cette nouveauté mystérieuse... Mais, à cette époque, la fission de l'atome, dont on avait fait les fameuses bombes d'Hiroshima et de Nagasaki, semblait sans application immédiate dans la Marine et les officiers, soucieux de leur carrière, considérèrent ce « détachement » à Oakridge comme une « voie de garage », dangereuse pour l'avancement.

Seul Rickover posa sa candidature.

Etant donné sa réputation désastreuse en matière de *public relations*, il est certain que, s'il y avait eu un autre candidat, il eût obtenu la préférence, mais... il n'y en eut pas ! Or, la formation à la fois scientifique et technique du futur amiral, son caractère obstiné et réalisateur, son « non-conformisme » même, allaient en faire, indiscutablement, le prophète et le messie de la nouvelle révolution navale...

— Le vrai capitaine Nemo ! s'écrie Lalor, enthousiasmé.

— Minute ! observe le commandant Adams. Jules Verne a fait de son capitaine Nemo, non seulement l'ingénieur qui a conçu et réalisé son *Nautilus* imaginaire, mais également le commandant audacieux qui lui a fait accomplir ses exploits extraordinaires.

Si vous permettez, commandant, ajoute-t-il, je dirais que Nemo c'était Rickover... *plus* Anderson.

C'est d'ailleurs ce qu'affirme le fameux communiqué du Secrétaire de la Marine lorsqu'il précise : « Le triomphe du *Nautilus* est dû, non seulement à l'habileté et au courage du commandant Anderson et de son équipage (saluons), mais aussi à tous ceux qui ont œuvré pour créer le *Nautilus* et — tout spécialement — à l'amiral Rickover, l'homme dont la foi et l'habileté scientifique ont *si personnellement* contribué à la réalisation du navire qui a accompli cet exploit. »

— Soyons justes et modestes, rectifie Anderson. J'estime que le fait d'avoir conçu et « contribué d'une manière si personnelle » — comme dit le communiqué — à la réalisation du *Nautilus* constitue une œuvre d'une tout autre ampleur et d'une tout autre portée « historique » que les quatre jours de navigation sous la glace que nous lui avons fait accomplir.

Sans la réalisation du sous-marin à propulsion nucléaire — aurait pu dire M. de La Palice —, notre voyage était irréalisable. Au contraire, l'apparition du *Nautilus* constituait une véritable révolution navale, que notre voyage ait eu lieu ou non.

— Pour en revenir à la formule lapidaire de Lalor, dit Adams, j'ajouterais qu'il y a une autre différence. Nemo était fils de nabab, Rickover est un « fils du peuple » ! C'est un signe des temps.

— Commandant, reprend Lalor. Que s'est-il passé à la suite de la désignation de Rickover pour cette « corvée » d'Oakridge ?

— En réalité, explique Anderson, c'était la Compagnie de Produits Chimiques de Monsanto, chargée d'une partie des installations d'Oakridge, qui avait invité l'Armée, la Marine, l'Air et diverses grandes entreprises industrielles à envoyer des représentants au laboratoire de Clinton pour discuter de la possibilité de réaliser un générateur utilisant l'énergie nucléaire.

La Direction Centrale des Constructions Navales avait décidé l'envoi d'une mission composée de trois collaborateurs civils et de cinq officiers. Rickover était le chef de ce « Groupe Naval ».

En cherchant à se documenter, il était tombé sur une plaquette du Dr Phil Abelson décrivant un sous-marin à générateur nucléaire... théorique. L'idée l'emballa et il l'adopta définitivement, persuadé que l'on tenait là le moyen de réaliser le rêve de Jules Verne. C'est dans cet état d'esprit qu'il arriva au laboratoire de Clinton.

Devant les essais peu encourageants de la « pile Daniels », il déclara au colonel Walter Williams, alors directeur d'Oakridge :

— Vous accordez trop d'influence aux scientifiques et pas assez aux techniciens, familiarisés avec les problèmes mécaniques, dont dépend la réalisation pratique d'un générateur.

Pour moi, 95 % des difficultés sont d'ordre technique et les 5 % restants, seulement, sont d'ordre scientifique.

Actuellement, ce ne sont plus les savants atomiques qui nous manquent, mais les *ingénieurs atomiciens*.

Les activités atomiques, prodigieusement développées, initialement, pour la réalisation des bombes, étaient restées jusque-là sous direction militaire. Lorsque, en novembre 1946, on créa la Commission de l'Energie Atomique, on demanda à la Marine de préciser son programme.

Le Service Technique des Constructions Navales pria, naturellement, le « Groupe Naval » de Rickover d'établir un projet de réponse. D'accord avec un de ses collaborateurs, ce dernier proposa un plan devant aboutir à la réalisation d'un sous-marin nucléaire au bout de cinq à huit ans et, en moins de quinze ans, à celle de porte-avions et de croiseurs nucléaires.

Ce projet fut taxé de complètement utopique au Service Technique, mais, n'ayant reçu aucune autre proposition, l'amiral Mills, directeur adjoint de ce service, se décida à transmettre le plan du Groupe Naval... avec un « chapeau » précisant :

« Les opinions exprimées dans ce projet reflètent les *idées personnelles* de deux officiers et n'engagent pas la responsabilité de la Marine. »

L'idée, cependant, était lancée. Rebutés d'abord par les manières brutales de Rickover, ses collaborateurs du Groupe Naval avaient fini par comprendre et par partager sa foi. Peu à peu il se créa une « Ecole Rickover », dressée contre les conformistes et pessimistes des services traditionnels.

Une rivalité sourde s'engagea entre les deux équipes. La seconde marqua un point sérieux, le 1er janvier 1947, lorsque le capitaine de vaisseau Mumma — ennemi personnel de Rickover — fut nommé chef de la « Division Nucléaire » créée au sein du Service Technique et chargée de toutes les questions nucléaires intéressant la Marine.

Loyalement, Rickover conseilla à ses collaborateurs de se rallier au nouveau patron. Ils refusèrent de l'abandonner. Ensemble, ils allèrent faire visite au Dr Edward Teller — le futur père de la bombe à hydrogène — pour l'entretenir de leur projet de sous-marin nucléaire. Vivement intéressé, le savant leur demanda :

— Avez-vous l'appui officiel de la Marine ?

Devant leur silence significatif il leur dit :

— Je vais écrire au Dr Hafstad, secrétaire exécutif du Comité de Recherche du Département de la Défense.

Rickover alla exposer directement le problème à l'amiral Mills, devenu Directeur du Service Technique, mais Mumma posa la question de confiance. Le Groupe Naval fut dissous et Rickover fut nommé « assistant spécial de l'amiral pour les questions nucléaires », fonction de cabinet, sans aucun pouvoir, ce dernier étant détenu par Mumma, chef de la *Nuclear Power Branch*.

Tout autre que Rickover — logé dans un petit réduit ayant servi de vestiaire aux dames — aurait abandonné la partie. Lui pas.

Il entreprit de convaincre des officiers supérieurs bien placés et, finalement, réussit à faire présenter à la signature du glorieux amiral Nimitz, alors chef d'état-major général, une lettre adressée au Secrétaire de la Marine, attirant son attention sur l'intérêt tactique et stratégique de la réalisation d'un sous-marin à propulsion nucléaire et lui demandant d'en saisir officiellement le Secrétaire de la Défense et le Comité de Recherches, tout en invitant le Service Technique et la Commission de l'Energie Atomique à se pencher sérieusement sur ce problème.

A la suite de cette lettre, Rickover obtint qu'une proposition soit faite à la Commission de l'Energie Atomique de créer une équipe mixte C.E.A.-Marine pour la réalisation d'un réacteur naval. Pas de réponse.

Sur sa suggestion, l'amiral Mills fit une conférence publique sur la question — préparée par Rickover — à l'*Undersea Warfare Symposium*. Le Secrétaire de la Marine, John L. Sullivan, fut conquis et obtint que la C.E.A. soit fermement invitée à s'intéresser à la question.

Enfin, au printemps 1948, Rickover obtint gain de cause. Il fut chargé de constituer l'équipe mixte C.E.A.-Marine et de remplacer Mumma à la tête de la *Nuclear Power Division*.

La C.E.A. se décida à créer une *Division of Reactor Development*, confiée au Dr Hafstad, lequel créa la *Naval Reactor Branch*... confiée à Rickover et à son équipe mixte qui s'installa dans le désormais célèbre *Temporary Building n° 3* de Constitution Avenue.

Le tour était enfin joué !

— Après deux années de lutte contre les « bureaux » ! remarque le commandant Adams. Que d'efforts gaspillés en pure perte pour aboutir, en fin de compte, à obtenir simplement l'autorisation de se mettre au travail !

— Il en a toujours été ainsi pour les promoteurs d'une nouvelle technique, constate Early, et tous n'ont pas eu la satisfaction d'aboutir.

C'est au cours de ces deux années de démarches extra-hiérarchiques que le commandant Rickover a peut-être le plus « personnellement » contribué à la réalisation du *Nautilus*.

Il lui a fallu une force de caractère peu commune pour résister au découragement devant tant d'obstacles, une foi bien accrochée dans la valeur de son idée et une obstination forcenée dans la volonté d'aboutir.

— On peut même se demander, ajoute le commandant Adams, si ce n'est pas, précisément, aux défauts de caractère reprochés à Rickover au cours de toute sa carrière que l'on doit le succès final de son action en l'occurrence.

C'est bien parce qu'il était habitué à être « l'homme seul » qu'il n'a pas désespéré. Parce qu'il a toujours eu horreur des sinécures qu'il a refusé de rester sur les « voies de garage » vers lesquelles on le poussait. Parce qu'il avait l'habitude de violer les traditions et la voie hiérarchique qu'il a pu contourner les obstacles — réglementairement infranchissables — dressés sur sa route. Parce qu'il avait toujours eu horreur, enfin, de la routine, qu'il s'est rué avec passion sur une nouveauté prometteuse de chambardements...

— Attention ! mon cher Frank, objecte en souriant le commandant Anderson. Vous êtes en train de faire l'éloge de l'anarchie ! Que diriez-vous si chacun de nos hommes n'en faisait qu'à sa tête ?

— Vous me faites marcher, commandant, répond Adams. Vous avez bien compris que je ne voulais pas généraliser.

Une personnalité, très justement réputée « impossible » *en service courant* — quoique ayant déjà rendu des services reconnus dans les circonstances *exceptionnelles* de la guerre — s'est trouvée, *par hasard*, lancée, au bon moment, sur un problème tellement nouveau que seules ses méthodes — encore une fois, critiquables en temps ordinaire — pouvaient faire aboutir rapidement.

— Autrement dit, reprend Anderson, vous vous rangez prudemment derrière ceux qui déclarent : « Remercions la Providence de nous avoir donné l'amiral Rickover, mais... remercions-la doublement de ne nous en avoir donné qu'un seul ! »

— Voilà donc notre « héros », reprend le commandant Early, à la tête de l'équipe mixte de la *Naval Reactor Branch* de la Commission de l'Energie Atomique. Est-ce que son action s'y est manifestée d'une manière aussi personnelle ?

— Assurément, affirme le commandant Anderson. Là encore, le

rôle qu'il avait rempli durant la guerre comme responsable de tout l'équipement électrique et électronique, en pleine transformation et en production massive et accélérée par l'industrie, le prédestinait à la résolution des nouveaux problèmes *technologiques* qui se posaient.

Or ces derniers constituaient — il l'avait jugé du premier coup d'œil — la pierre d'achoppement d'une réalisation rapide.

On cite en exemple l'affaire du Zirconium. Les savants de son équipe découvrent que c'est le seul métal capable de résister à l'intérieur d'un réacteur nucléaire. Aussitôt, Rickover demande :

— Cela coûte combien ?

On lui répond :

— Environ 1 000 dollars le gramme.

— Comment ? s'exclame-t-il. Mais c'est de la folie ! Pourquoi ce prix ?

— Il n'en existe que quelques centaines de grammes fabriqués en laboratoire.

— Je vois, dit-il. J'en fais mon affaire. Il va falloir qu'on le fabrique à la tonne !

Effectivement, il convainquit Westinghouse de se lancer dans cette fabrication et, en 1952, au moment du lancement du *Nautilus*, sa promesse était réalisée. Il en fut de même pour l'Hafnium, absorbeur de neutrons et — par suite — utilisé pour freiner la réaction.

Il reprend deux de ses anciens collaborateurs du « Groupe Naval » d'Oakridge en lesquels il avait particulièrement confiance et sélectionne soigneusement ses nouveaux associés.

Sans cesse il les ramène au problème *concret* de la réalisation immédiate d'un réacteur pour sous-marin. Il écarte les scrupuleux, toujours à la recherche d'un perfectionnement à échéance trop lointaine. S'insurge contre les « planificateurs » proposant d'englober la branche des réacteurs *navals* dans un ensemble à buts plus généraux dans lequel elle aurait été noyée et paralysée.

Le problème technologique domine tout, répétait-il inlassablement. Ce sont les ingénieurs qui doivent désormais mener le travail dans ses détails techniques et ne pas s'en laisser distraire par les cogitations des savants.

Il prend contact avec l'Institut de Technologie du Massachusetts et y fait créer un cours spécial de *mécanique* nucléaire.

— C'était là sa vraie vocation, remarque Lalor. Il n'aurait jamais dû être officier de marine.

— Mon cher Bill, réplique le commandant Anderson. Je vous ai rappelé dans quelles conditions il est entré à l'Ecole Navale.

Il a effectivement dû souffrir de tout ce qui, dans notre carrière, ne relève pas de la technique d'ingénieur électromécanicien, et il a opté pour cette spécialisation exclusive dès qu'il l'a pu.

Mais, à mon avis, le succès de son action « si personnelle » dans la réalisation effective du premier générateur d'énergie nucléaire ayant fonctionné impeccablement à bord d'un sous-marin est dû à ses « bricolages » obstinés d'*utilisateur* à bord des cuirassés *Nevada* et *New Mexico*, du sous-marin *S 48* et du dragueur *Finch*, toutes expériences acquises dans ses fonctions d'*officier de marine*.

— Je le pense aussi, appuie le commandant Early, chef du service machine du *Nautilus*.

Dans cette installation nouvelle tout a été conçu par quelqu'un connaissant à fond les conditions de fonctionnement des appareils à bord d'un sous-marin.

Je l'imagine disant à chaque stage de la conception :

« Non ! Cela n'est pas valable à bord. Croyez-en mon expérience... », et soumettant chaque appareil à des épreuves correspondant réellement aux conditions d'emploi.

— D'où le « sous-marin du désert » de l'Idaho destiné à éprouver le premier prototype de générateur, ajoute Anderson.

— Il ne suffisait pas, reprend Early, de résoudre les problèmes propres au réacteur nucléaire embarqué.

Il fallait, en outre, capter la chaleur dégagée par le réacteur et la transformer en vapeur *non radioactive*, seule forme d'utilisation de la chaleur utilisée jusqu'ici pour la propulsion des navires par l'intermédiaire des turbines à vapeur « classiques ».

Or, l'adoption — sur un sous-marin appelé à naviguer *longuement à grande profondeur, sans contact avec l'atmosphère extérieure* — d'un appareil propulsif à vapeur — avec turbines et condenseurs — posait de nouveaux problèmes de pression, d'étanchéité, de maintien en état convenable de l'atmosphère confinée, de conduite par un personnel moins nombreux que celui des navires de surface, etc.

Pour tous ces problèmes, l'expérience de l'ancien chef du service électricité du cuirassé *New Mexico*, de l'ancien chef du service machine du sous-marin *S 48* et du commandant « bricoleur » du dragueur *Finch*, a été également décisive.

— Quand, demande Lalor, a-t-on officiellement admis que l'on allait aboutir ?

— C'est, je pense, répond Anderson, au plus tard en août 1951, lorsque l'on a passé contrat avec l'*Electric Boat C°* de Groton pour la construction de la coque du *Nautilus*.

D'ailleurs le « prototype n° 1 » de réacteur naval *fonctionnait déjà* dans le tronçon de coque de sous-marin, « naviguant » fictivement dans le désert de l'Idaho, à Arco...

— Le mois précédent, précise Early, la Commission de Sélection des amiraux avait écarté — pour la première fois — le capitaine de vaisseau du Cadre spécial Rickover de la liste des « amiralables » !

— Pour la première fois, également, note Anderson, des articles de *Life* et de *Time* portèrent le « cas Rickover » à la connaissance du « grand public ».

« Le capitaine de vaisseau Rickover, écrivait notamment *Life*, est peut-être destiné à devenir dans l'Histoire l'émule de Fulton... La réalisation du premier sous-marin nucléaire est devenue pour lui une obsession... »

Rickover devint, dès lors, populaire, et, lors de la pose de la première tôle du *Nautilus*, le 14 juin 1952, en présence du président Truman, le président de la Commission de l'Energie Atomique, Gordon Dean, se crut obligé de déclarer :

« ... Nombreux sont ceux qui ont joué un rôle dans les événements qui nous valent aujourd'hui cette cérémonie. Je ne peux les citer tous, mais je tiens à mentionner le nom du capitaine de vaisseau Hyman George Rickover dont l'énergie, le dynamisme et la compétence ont contribué, dans une si large mesure, à la réalisation de ce projet... »

— Et, juste un mois après, commandant, rappelle Early, la Commission de Sélection l'écartait — une seconde fois — de la liste des capitaines de vaisseau estimés, par elle, aptes à être promus contre-amiraux...

— Et c'était sa dernière chance, ajoute Adams. Il devait être atteint par la limite d'âge de son grade au cours de l'année suivante...

— C'était provoquer l'opinion publique ! constate Lalor. Même si elle avait connu les griefs formulés, jadis, sur le caractère et le comportement de cet officier, ils n'auraient pu, dans l'esprit de cette opinion, entrer en balance avec le service sans précédent qu'il venait de rendre à la Marine et à la Nation.

Comment les amiraux composant la Commission de Sélection pouvaient-ils encore justifier cet ostracisme ?

— Le Département, répond Anderson, expliquait qu'une Commission de Sélection n'est pas chargée de récompenser tel ou tel service particulier.

Statuant sur les calepins de notes des capitaines de vaisseau ayant atteint l'ancienneté de grade fixée, elle doit établir une liste — numériquement limitée — de ceux qu'elle estime *les plus aptes* à remplir les fonctions de contre-amiraux, en se basant uniquement sur *l'ensemble* des qualités jugées nécessaires pour exercer ces fonctions. Notamment la culture générale, l'aptitude aux grands commandements ou aux hautes directions, l'habileté dans les relations sociales, etc.

Or, aux yeux des membres de ladite Commission, les capitaines de vaisseau dont elle avait arrêté la liste lui avaient paru réunir, plus harmonieusement que l'intéressé, *l'ensemble* des qualités requises... L'un d'eux précisait même :

« — Si vous n'êtes pas sociable et n'avez ni l'esprit de corps ni celui d'équipe, cela n'a peut-être pas une grande importance tant que vous êtes lieutenant de vaisseau ou capitaine de corvette. Mais, lorsque vous devenez officier général, la Marine en pâtit certainement, même si vous possédez un talent indiscutable dans une matière particulière.

Dans un tel grade, non seulement vous devez comprendre l'état d'esprit des autres hommes de la Marine pour bien les diriger, mais vous avez à défendre sa situation vis-à-vis de l'extérieur, ce qui exige à la fois l'esprit de corps et l'habileté dans les relations avec les guides de l'opinion... »

— Au fond, dit Early, Rickover payait là le fait de « ne pas être comme les autres » !

— Ses défenseurs, reprend Anderson, ne manquent pas de soutenir ce point de vue. A un journaliste scandalisé s'écriant :

« — A la façon dont la Marine traite Rickover, on a « peine à croire que c'est l'un des siens... »

Une personne prétendant bien connaître la *Navy* répliquait :

« — Elle lui reproche, précisément, de ne pas se comporter comme un officier "ordinaire". »

La Direction du Personnel de la Marine aime à disposer d'officiers du type « réglementaire », capables de passer, indifféremment d'un poste à un autre de leur grade et d'en assurer convenablement et « sans histoire » les responsabilités normales.

Elle a horreur des officiers novateurs... de ceux se rendant « indispensables » ou « irremplaçables » dans telle ou telle occupation nouvelle... dont les exigences et la mentalité échappent aux cas catalogués.

Il lui faut, dans chaque grade et dans chaque spécialité bien définie, X individus capables d'exercer les *fonctions* prévues, une fois pour toutes, au « Plan d'Armement » de chaque service ou unité navale.

Pour avoir les meilleures chances d'avancement, il faut se plier aux règles rigides du système, briguer les postes en vue et y briller dans les formes traditionnelles : bonne réputation près des subordonnés et des supérieurs, équipage bien habillé, belle peinture extérieure des navires, manœuvres spectaculaires, rapports bien présentés où tout s'est déroulé selon les instructions reçues — sous-entendu, grâce à la valeur des exécutants —, jamais de récriminations, etc.

Seuls les officiers ayant commandé « brillamment » en escadre et servi « avec distinction » dans les hauts états-majors peuvent espérer atteindre le sommet de la hiérarchie et, lorsqu'ils y sont parvenus, ils veillent à l'intangibilité d'un système qui a assuré leur carrière..., etc.

— Il y a un peu de vrai dans cette diatribe, admet Early. Avant d'être un *novateur*, Rickover a été indiscutablement un *perturbateur*, et l'on n'aime cela dans aucune organisation.

Le corps des officiers de marine est, par essence, composé d'*utilisateurs*, formés dans ce but, et astreints à une discipline d'emploi rigoureuse.

Or la *recherche* et la *création* scientifique et technique échappent à toute discipline de ce genre. En s'y consacrant entièrement, un officier de marine se place automatiquement en marge de son corps et cela entraîne fatalement des incidences sur sa carrière.

13

Un seul dieu en trois personnes

— Pour en revenir à l'amiral Rickover, commence Anderson le lendemain, la décision de la Commission de Sélection, survenant après la cérémonie de Groton et les commentaires de presse exaltant son rôle, ne pouvait manquer de faire l'effet d'une bombe...

— Ce fut formidable, commandant ! ajoute Adams. Je n'avais jamais vu un tel déchaînement de journaux et, naturellement, les parlementaires emboîtèrent le pas...

— Comme il se doit, reprend Anderson, le Secrétaire de la Marine a tenté de défendre le point de vue des amiraux quant aux critères de sélection des officiers généraux : culture générale, aptitude à embrasser les vastes problèmes, *public relations*, etc.

Tous ces arguments furent balayés et, sous la pression de la Commission de la Défense Nationale du Congrès, l'amiral Rickover reçut ses deux premières étoiles.

— On comprend, dans ces conditions, remarque le commandant Adams, pourquoi les amiraux « réguliers » persistent à bouder l'amiral Rickover, promu contre l'avis de ses pairs. Ils disent, en général :

« — Il n'est pas discutable que c'est un homme extraordinaire. Il faut le prendre tel qu'il est, mais nous ne voudrions pas travailler avec lui. »

— Vous disiez hier, Early, reprend Anderson : « Il n'est pas comme les autres. »

Cela est vrai, non seulement de son comportement intellectuel, mais également de son aspect physique. Il n'a rien de l'officier de marine tel qu'on le représente dans les romans ou sur l'écran.

Il n'en a ni la prestance, ni l'allure « tosse-mer ». Avec son mètre soixante-cinq de hauteur, c'est probablement le plus petit officier du corps, et il ne pèse que 57 kilos.

Il ressemble davantage à un gratte-papier besogneux, à un rat de bibliothèque ou de laboratoire qu'à un de ces officiers de marine « conventionnels ».

Une seule chose compte pour lui : le travail doit être fait vite et bien. S'il s'aperçoit qu'un lieutenant de vaisseau est capable de faire quelque chose mieux qu'un capitaine de vaisseau, il priera le premier d'expliquer au second comment il faut s'y prendre.

Il n'hésite pas à rompre la voie hiérarchique s'il l'estime nécessaire et il sautera toute l'échelle s'il le faut pour obtenir ce qu'il veut.

Selon une de ses boutades célèbres, il considère qu'il ne suffit pas d'un rapport, d'un ordre ou de galons pour résoudre les problèmes scientifiques et techniques.

— Aux yeux de la Marine, en général, commandant, répète Early, tout cela montre, au fond, qu'il a le tort d'être un individualiste à une époque où l'on exalte — avec raison — l'esprit d'équipe et où l'on condamne le « culte de la personnalité ».

Lorsqu'elle fut enfin conquise par le capitaine de vaisseau Rickover, la Commission de l'Energie Atomique avait déclaré à la Marine :

« — C'est Rickover qui fera votre réacteur. »

Et la Marine répliqua :

« — C'est le Service Technique des Constructions Navales qui est chargé de ce genre de travail. Nous allons y créer une Division Nucléaire. »

Là est le fond du drame Mumma-Rickover dont nous avons parlé hier.

Pour les « conformistes », ce dernier « ne joue pas le jeu ». Il estime qu'à problème nouveau il faut une organisation exceptionnelle. En l'espèce, une équipe mixte, composée de scientifiques et d'ingénieurs travaillant, non pas au sein du Service Technique des Constructions Navales, mais, indépendamment de ce dernier, au sein de la Commission de l'Energie Atomique.

Lorsqu'il finit par obtenir gain de cause, Rickover et son équipe sont « détachés » hors du sein de la Marine, loin de l'œil de la hiérarchie navale. On lui reproche de faire « bande à part » et de ne pas « rendre compte » suffisamment de ce qu'il fait...

— Attention ! remarque Adams. C'est tout de même la Marine qui « a fait » Rickover.

Pauvre comme l'était sa famille, il a eu de la chance d'être admis à Annapolis. Sans cela il n'aurait pas pu faire les études scientifiques, techniques et pratiques qu'à l'Ecole Navale, dans les Ecoles de spécialités et dans les différentes fonctions qu'elle lui a confiées, la Marine lui a permis d'accomplir... tout en assurant sa vie matérielle.

S'il s'est insurgé contre certaines règles et traditions dont le but est de maintenir une stricte discipline et d'exalter « l'esprit de corps » — dans le bon sens de l'expression — il est trop intelligent pour ne pas reconnaître que ces facteurs — entravant ses initiatives exclusivement techniques — sont indispensables pour assurer l'efficacité d'un corps *combattant* comme doit l'être celui des officiers de la Marine *de Guerre*... quelles que soient les compétences techniques dont ils doivent faire preuve aujourd'hui.

De ce point de vue, il a été un *officier de marine incomplet* et cela, uniquement, en raison de sa volonté personnelle.

Cependant, poursuit le commandant Adams, c'est encore la Marine qui a fait sa gloire.

Elle l'a « détaché », ès qualité de capitaine de vaisseau électricien-mécanicien du Service Technique des Constructions Navales, à Oakridge où il a eu la révélation des possibilités de l'énergie nucléaire.

Sa formation d'utilisateur marin lui a permis de fixer les conditions à remplir par un générateur nucléaire embarqué.

Si sa volonté d'aboutir vite s'est alors heurtée aux règles administratives, à la discipline hiérarchique, à la routine des Services Centraux de la Marine, c'est tout de même ès qualité de capitaine de vaisseau appartenant à cette administration qu'il a pu lutter et finalement triompher... et il n'aurait pas réussi s'il avait été ingénieur civil...

— Son caractère de « révolté », demande Lalor, était-il indispensable pour tout cela ? Son ennemi n° 1, le contre-amiral Mumma, devenu directeur du Service Technique, a déclaré à ce sujet :

« — On peut se fier à Rickover pour le travail. Il travaille lui-même comme un cheval... mais ce n'est pas un caractère heureux ni agréable. Ceux qui l'approchent le sentent exceptionnellement dur et Rickover semble se complaire dans cette attitude. »

— Ses « *supporters* », répond Anderson, ne nient pas le fait, mais l'excusent... « C'est un dissident, un non-conformiste en uniforme, déclare le sénateur Jakson. Mais c'est un homme de science et de génie. Vous aurez du mal à trouver un bon savant qui ne soit pas un peu d'abord difficile. J'ai été attiré vers lui, il y a dix ans, parce qu'il me paraissait animé d'une flamme nouvelle. »

— L'amiral, avance Early, ne cherche-t-il pas, aujourd'hui, à « forcer son type » par certaines boutades ? Par exemple ses réponses au psychiatre lors du *check-up* annuel ?

— Quelles réponses ? demande Lalor.

— En 1950, raconte Early, le médecin psychiatre de la Marine, chargé de participer à l'examen annuel, convoque Rickover en plein « boum » nucléaire et lui demande :

— Aimez-vous votre travail ?

— Non ! répond Rickover.

— Non ? Hum ! fait le toubib... Aimez-vous les gens qui vous entourent ?

— Non ! répond de nouveau Rickover.

— Non ? Hum ! Hum ! répond le praticien, commençant à être décontenancé... Et ceux-ci vous aiment-ils ?

— Non ! répond une troisième fois Rickover et, de plus en plus impatient, il ajoute d'un ton tranchant : Plus de questions ?

— Non ! s'empresse de répondre le psychiatre en écrivant sur la fiche d'examen : « Sain d'esprit. »

— Cela prouve, commente Anderson, qu'il en avait lui-même !

Tout le monde rit.

— Commandant, reprend Early au bout d'un moment. Comment s'est passé votre premier contact avec l'amiral Rickover ?

— J'étais alors, répond Anderson, chargé du Cours de Tactique Sous-marine, ici, à New London, lorsque je reçus l'ordre de me rendre à Washington et de me présenter à l'amiral Rickover.

Je n'avais jamais vu l'amiral, mais je connaissais l'histoire du *chek-up* et bien d'autres !

On racontait qu'il avait fait installer, pour ses visiteurs, un fauteuil dont les pieds de devant avaient été raccourcis et qu'il plaçait de telle sorte que le patient recevait le soleil dans les yeux... en même temps qu'un flot de questions plus insolites les unes que les autres.

« — Etes-vous débrouillard ? demande-t-il un jour à un officier.

— Euh !... Oui ! amiral, répond l'intéressé pensant qu'il sera immédiatement expulsé s'il affirme le contraire.

— Vous êtes, lance l'amiral, six dans une embarcation en train de couler. Un seul peut être sauvé. Etes-vous sûr d'arriver à persuader les cinq autres de vous laisser l'unique moyen de sauvetage ?

— Euh !... Oui ! amiral, répète le patient enferré.

L'amiral fait un geste et cinq hommes entrent dans le bureau.

— Allez-y, jeune homme, ordonne-t-il. Je vous écoute... »

— Permettez, commandant, coupe Lalor. Je voudrais bien connaître quelqu'un capable de répondre à brûle-pourpoint à une telle question !

— Autre histoire, enchaîne Anderson : « Un jour, dit-il à un officier, les autorités de votre ville se trouvent dans l'obligation d'éliminer soit vous, soit le balayeur de rues. A la place desdites autorités lequel sacrifieriez-vous ? »

Pensant aux origines très modestes de l'amiral et supposant qu'il veut mettre sa modestie à l'épreuve, l'impétrant répond vivement :

« — Moi ! bien entendu, amiral.

— Réponse stupide, mon ami, réplique l'amiral. Il est évident qu'il faut éliminer le balayeur parce que vous pouvez le remplacer au pied levé alors qu'il ne peut pas remplacer d'emblée un officier de marine ! »

— De telles questions, commandant, reprend Lalor, sont visiblement imaginées pour dérouter complètement les officiers convoqués par l'amiral, et... renforcer sa réputation d'excentrique !

— En partie, peut-être, corrige Anderson, mais cela lui permet de se faire rapidement une idée de l'esprit de repartie, du jugement, du sang-froid et de la personnalité des candidats à ses services.

— Un peu à la manière du psychiatre ! ajoute Lalor.

— En entrant dans son bureau, poursuit Anderson, je reconnus le petit homme sec, aux cheveux blancs, vêtu en civil, popularisé par les magazines, tour à tour assis ou debout devant un bureau croulant sous des piles de plans et de dossiers, invectivant au téléphone un quelconque de ses collaborateurs.

Il me fit signe de m'asseoir. A mon grand soulagement, le siège était d'aplomb et non ensoleillé. Je pensais aux six naufragés et au balayeur. Soudain, me regardant fixement, l'amiral me demanda :

— Où avez-vous fait vos études, Anderson ?

Ma famille s'étant fréquemment déplacée il m'était difficile de répondre d'un mot. Je me lançai dans une explication et fus aussitôt arrêté.

— Anderson, je ne vous demande pas vos mémoires. Sortez-vous d'une grande Ecole ?

— Académie Militaire de Columbia, répliquai-je.

En quelques autres questions de ce genre, l'amiral sut l'essentiel de ma carrière, puis, tout d'un coup arriva la question-piège...

— Anderson, quels livres — titres et auteurs — avez-vous lus au cours de ces dernières années... avant ma convocation ?

Vous savez que je lis pas mal de livres... Eh bien, sur le moment, ni un titre ni un auteur ne me vinrent à la mémoire ! Je sentis le vent de la catastrophe lorsque l'amiral me congédia d'un sec : « Au revoir ! », comprenant qu'il fallait le traduire par un adieu définitif.

Rentré chez moi la mémoire me revint et je dis à ma femme :

— Cela ne servira à rien, mais je ne veux pas que l'amiral reste sur l'impression d'un officier ne lisant rien. Je vais lui adresser par la poste la liste de mes dernières lectures.

J'ai appris par la suite qu'il m'avait effectivement rayé de ses tablettes après l'« au revoir » définitif ; mais, en recevant ma lettre, il changea d'opinion...

Voilà pourquoi je commande le *Nautilus* !

— D'après l'amiral, une organisation militaire s'enferme fatalement dans la routine, reprend Early.

Elle est chargée, explique-t-il, de tirer le meilleur parti possible du *matériel qu'on lui donne* et n'est pas prévue pour innover en la matière. Si quelqu'un arrive avec une idée nouvelle, les chefs de cette organisation ont tendance à vouloir le « mettre dans le moule ».

La première chose que doit faire cet homme — et là, l'amiral pense sans aucun doute à sa propre histoire — est de comprendre que, finalement, il se fera couper la tête et d'en prendre son parti. Dans ce cas seulement il parviendra peut-être à accomplir quelque chose.

— Routine est vite dit, rectifie le commandant Adams.

Les optiques des inventeurs, des constructeurs et des utilisateurs ne peuvent qu'être essentiellement différentes.

Les premiers doivent, avant tout, faire œuvre d'*imagination*, « non conformiste » par définition. Etre, de ce fait, intellectuellement indisciplinés, s'engager dans telle ou telle voie, au gré de leur inspiration, et savoir l'abandonner si elle paraît aboutir à une impasse. Se lancer dans une autre direction. Faire sans cesse des *ébauches* de solutions plus ou moins boiteuses.

Les constructeurs doivent savoir tirer du « fatras » des chercheurs ce qui semble réalisable techniquement et présenter aux chefs expérimentés des utilisateurs différentes solutions viables. Ces derniers doivent choisir parmi elles celle qu'ils estiment *tactiquement* préférable.

Une fois la décision prise — d'un commun accord — on doit s'astreindre à ne pas remettre continuellement en question les plans d'exécution et à réaliser les séries les plus nombreuses et les plus homogènes possible, afin de diminuer les prix de revient, de faciliter l'approvisionnement des rechanges et l'entraînement des utilisateurs.

Sagement, les Règlements interdisent à ces derniers d'apporter eux-mêmes des modifications au matériel en service. Ils peuvent les suggérer, mais c'est la « trinité » chef utilisateur-constructeur-chercheur qui devra décider s'il y a lieu de les adopter ou non et, dans le premier cas, si elles doivent être réalisées sur les unités en service, en construction, ou seulement sur celles dont la construction n'est pas encore commencée.

— Cette règle, remarque Early, s'est également imposée « dans le civil ». Lorsque vous achetez une auto neuve, vous n'entreprenez pas de la « bricoler ». Le constructeur s'efforcera de sortir une « série » aussi nombreuse que possible de voitures rigoureusement identiques et aux pièces interchangeables. Il poussera sa série aussi longtemps qu'il y aura suffisamment d'acheteurs. Autrement dit tant que le type n'en sera pas nettement surclassé par un nouveau, imaginé, entretemps, par des ingénieurs spécialisés dans la recherche des perfectionnements.

— Les impératifs de la « rentabilité » industrielle et commerciale le veulent ainsi, observe Anderson.

Pour les unités navales nous nous heurtons à des difficultés croissantes, du fait, d'une part, de la complexité de plus en plus grande du matériel, donc du coût et de la durée de construction et, d'autre part, de l'accélération des progrès techniques, le tout risquant de rendre certaines unités périmées avant même leur entrée effective en service.

Le commandant Adams vient d'évoquer la « trinité » : chercheur — constructeur — utilisateur.

Cela me semble jeter un nouveau jour sur le « cas Rickover ». Il s'est trouvé être « Un seul dieu en trois personnes » ! Je veux dire... à la fois chercheur, réalisateur et utilisateur.

De ce fait, il a su comprendre les scientifiques et saisir les possibilités de réalisation pratique qu'offraient leurs ébauches en vue du but tactique dont — utilisateur sous-marinier — il était en mesure d'apprécier toute l'importance.

Dès lors, il lui a fallu, d'un côté convaincre les utilisateurs de l'intérêt tactique considérable de l'affaire en leur garantissant les possibilités techniques de réalisation et, de l'autre côté, persuader les scientifiques que leur rôle était terminé en ce qui concernait la réalisation d'un appareil à partir des données *acquises par eux à ce jour*. Bref, qu'en ce cas particulier, il s'agissait désormais — selon son slogan — d'un problème technologique à 95 %...

— L'amiral, reprend le commandant Adams, a parfaitement précisé ce point dans l'allocution qu'il a prononcée à l'exposition des missiles guidés de la Marine en mars de l'année dernière.

« Dans les applications de l'énergie nucléaire, réaffirmait-il, les problèmes les plus difficiles à résoudre ne sont plus d'ordre scientifique.

On est arrêté, à chaque instant, en constatant qu'un équipement extrêmement courant tel que tuyauterie, robinetterie, pompes de circulation, réservoirs, etc. ne répond pas aux exigences d'une installation nucléaire.

Cela, soit parce que les métaux utilisés jusqu'ici ne résistent pas aux températures ou aux corrosions ; soit parce que les étanchéités ne sont pas suffisantes ; soit parce que la certitude d'un fonctionnement prolongé n'est pas assurée pour un appareil vital dont l'accès sera interdit pendant toute la période d'utilisation.

Or, il suffit de la moindre défaillance de ce que l'on appellerait dans toute autre installation un « accessoire » pour que le système entier soit paralysé ou même devienne dangereux.

Dans tout cela, il n'est plus question de physique nucléaire pure. Il s'agit de déterminer, par le calcul et par l'expérience, le meilleur moyen d'extraire la chaleur développée par une réaction nucléaire sous une forme directement utilisable...

Non pas théoriquement, par de belles formules et des schémas « de principe », mais jusque dans les plus infimes détails d'épreuves des métaux, de leur usinage, des ajustages, des essais répétés de résistance, à la corrosion, aux températures élevées et d'endurance de fonctionnement prolongé dans les conditions les plus dures...

Il faut éprouver successivement chaque matière première susceptible d'être employée, puis les pièces élémentaires réalisées avec les matières sélectionnées, ensuite l'appareil monté avec les pièces élémentaires, enfin l'ensemble dans lequel l'appareil est incorporé.

A chacun de ces stades, il faut, en même temps, former le personnel chargé de ces essais afin qu'il acquière un niveau d'entraînement tel qu'il puisse réagir instantanément en cas d'incidents.

Beaucoup de ceux-ci, bénins dans une installation ordinaire, peuvent avoir de graves conséquences dans un ensemble nucléaire du fait de la radioactivité produite dans le réacteur, et de l'inaccessibilité de ses organes internes.

Enfin, il ne suffit pas de se pencher sur les problèmes techniques posés par ce nouveau générateur de chaleur, mais également sur l'adaptation aux nouvelles possibilités qu'il offre, des appareils utilisant depuis longtemps cette forme « classique » d'énergie, mais dans des conditions très différentes... »

— De ce point de vue, remarque Early, on a commencé par le problème le plus compliqué puisqu'il s'agissait, pour la première fois, d'utiliser la propulsion à vapeur à bord d'un sous-marin...

— Est-ce que les premiers sous-marins, demande Carr, n'étaient pas à vapeur ?

— Oui et non, répond Early.

En dehors de la propulsion par manivelle à bras comme dans le sous-marin de Fulton et les « Davids » sudistes, les premiers petits submersibles de la fin du XIXe siècle étaient mus par un moteur électrique alimenté par une batterie d'accumulateurs *chargée avant le départ*... ce qui réduisait considérablement leur rayon d'action [1].

Pour réaliser un *submersible autonome*, l'ingénieur américain Holland et l'ingénieur français Laubœuf eurent, simultanément, l'idée de le doter de l'ensemble, chaudière [2] machine à vapeur, existant sur les petits torpilleurs de l'époque.

Cette solution lui donnait, d'une part, le rayon d'action — *en surface* — desdits torpilleurs, d'autre part, la possibilité, pendant la marche à la vapeur, de recharger ses batteries d'accumulateurs à l'aide d'une dynamo actionnée par une machine à vapeur auxiliaire [3].

— C'étaient donc des sous-marins à vapeur, conclut Carr.

— Non, répond Early. L'ingénieur Laubœuf appelait très justement « son enfant » — véritablement « révolutionnaire » pour l'époque — « torpilleur submersible ».

C'est seulement lorsqu'il se déplaçait en surface, comme un torpil-

---

1. Sous-marin français *Gymnote* de 1887.

2. Chauffant au « pétrole » au lieu de charbon, ce dernier étant alors le seul combustible utilisé sur les navires de surface.

3. *Plonger* de Holland 1896. *Narval* de Laubœuf 1898, mais seul ce dernier fut une réussite.

leur, qu'il utilisait la propulsion à vapeur. Lorsqu'il voulait plonger, il *mettait bas les feux*, rentrait sa cheminée, fermait son trou de sortie — comme tous les panneaux d'aération —, débrayait la machine à vapeur et embrayait le moteur électrique sur la ligne d'arbre...

Comme il est facile de l'imaginer, la chaudière chaude créait une température extrêmement désagréable à l'intérieur du « submersible » dénué de tout système de réfrigération et de « conditionnement » de l'air.

— La plongée devait prendre un temps considérable ! remarque Carr.

— Au début, plus de vingt minutes ! précise Early. Mais, comme toujours, ce délai fut considérablement réduit par un bon entraînement de l'équipage. En très peu de temps, il fut ramené à dix minutes et, sur les navires suivants, de même type, abaissé à moins de cinq minutes.

— Non seulement, reconnaît Adams, le *Narval* français de Laubœuf fut le premier submersible réussi à double propulsion — surface et plongée — et à recharge autonome de ses batteries ; mais il fut également le premier à posséder une double coque — coque épaisse intérieure et ballasts extérieurs.

Il disposait, en outre, d'une grande flottabilité et d'un « franc bord » relativement élevé, lui permettant de tenir la mer, en surface, aussi bien qu'un torpilleur, qualité que n'avaient pas ses contemporains américains du type Holland.

Ce fut véritablement le père de tous les submersibles prénucléaires.

— Pour en revenir à la question initiale de Carr, ajoute Early, notre *Nautilus* est bien le premier sous-marin à propulsion à vapeur *en plongée*.

Le générateur nucléaire a résolu le problème de la production de la vapeur en « vase clos » ; mais le fonctionnement, dans le même « vase clos », du propulseur à vapeur « classique » des navires *de surface* a posé de sérieux problèmes.

— Le grand public, poursuit Early, a appris la nécessité dans laquelle s'étaient trouvés les réalisateurs du premier générateur nucléaire de chaleur de recourir à des métaux nouveaux tels que le zirconium et l'halfnium ; mais, dans l'allocution en question, l'amiral Rickover a également indiqué comment ils ont été conduits à pousser l'étude de métaux déjà utilisés, notamment de l'acier inoxydable.

Il a fallu reprendre et soigner la fabrication de ce dernier métal de manière à le rendre soudable avec sécurité.

Des fuites se sont produites dans les tuyautages en acier inoxydable utilisés dans les premiers générateurs nucléaires, malgré toutes les précautions prises.

On a fini par découvrir qu'il fallait les « détensionner » pour réduire leur corrosion !

Les entreprises spécialisées ont mis cinq mois à mettre au point un procédé de « détensionnage » des tubes en acier inoxydable n'entraînant ni contamination de surface, ni déformation.

Autre exemple, cité par l'amiral : la réalisation d'importantes pièces moulées — ou forgées — en « acier-carbone », parfaitement homogènes dans toute leur masse... La moitié d'entre elles durent être rebutées ! Il en fut de même pour les grandes pièces moulées en acier inoxydable...

— Le résultat le plus sensationnel de tous ces efforts, répète Lalor, me semble être les pompes spéciales, à rotor immergé, soudées à leur poste dans le circuit primaire à eau sous pression du réacteur et ayant jusqu'ici fonctionné durant des années sans être visitées !

— Et sans lubrifiant ! précise Early. Quel chemin technique parcouru depuis l'époque — c'était hier — où les mécaniciens des machines à bielles et pistons lâchaient rarement leur burette d'huile !

— Et ce n'est qu'un exemple des multiples problèmes résolus sous l'inlassable impulsion de l'amiral Rickover, observe le commandant Anderson.

— Devant de tels résultats, ajoute le commandant Adams, on est bien obligé de reconnaître, commandant, que l'amiral est un réalisateur !

— C'est le seul point, conclut Anderson, sur lequel il y a unanimité.

TROISIÈME PARTIE

Le sous-marin brise-glace

14

Pourquoi pas mieux que le « Nautilus » ?

Tandis que le président Eisenhower annonce au monde l'exploit du *Nautilus*, le sous-marin nucléaire *Skate* fait route — comme prévu — vers la mer du Groenland.

Un peu avant midi, le lendemain [1], le capitaine de frégate Calvert, commandant ce sous-marin, se tourne vers l'officier de quart :

— Montez à l'immersion périscopique, Nick, lui dit-il. Nous

1. 9 août 1958.

allons prendre une hauteur de soleil pour vérifier notre position et sortir un bout d'antenne afin d'écouter les nouvelles du monde extérieur.

Le capitaine de corvette John Nicholson, commandant en second et chargé de la navigation, procède à l'observation solaire. Le poste radio est réglé sur la B.B.C.

— Le monde entier, déclare soudain le speaker britannique, vient d'apprendre avec stupéfaction l'exploit du sous-marin nucléaire *Nautilus*... Il a réussi à franchir l'océan Arctique du Pacifique à l'Atlantique en passant par le pôle...

— Qu'est-ce que c'est que ce bobard, commandant ? s'exclame le lieutenant de vaisseau Boyle. Le *Nautilus* ne doit-il pas nous rejoindre ici en revenant du Pacifique par Panama ?

— C'était le programme effectivement annoncé, répond le commandant Calvert... mais, avant notre appareillage de New London, on m'a révélé — sous le sceau du secret le plus absolu — qu'il allait tenter de pénétrer secrètement en Arctique *par le détroit de Behring*, plonger sous le *pack* et s'efforcer d'atteindre l'Atlantique en passant par le pôle.

D'après ce que nous venons d'entendre... *il a réussi* !

— Il a donc atteint le pôle *avant nous* ! constate le commandant Nicholson, traduisant la déception de tous.

— Etant seul à bord à connaître ce projet, explique le commandant Calvert, j'ai souvent pensé à cette éventualité au cours de notre traversée de l'Atlantique.

Quoique, cette fois, le prestige national ne soit pas en cause, j'ai compris les sentiments qu'éprouvait Robert Falcon Scott sachant qu'Amundsen cherchait à le devancer au pôle Sud.

Nous sommes maintenant devant le fait accompli... comme lorsque Scott aperçut le drapeau norvégien et écrivit :

« Les Norvégiens nous ont devancés et ont été les premiers à atteindre le pôle... C'est une terrible déception et je suis navré pour mes loyaux compagnons. Tous nos rêves s'évanouissent. Ce sera un triste retour... »

— Mais, pour nous, poursuit vivement le commandant Calvert, c'est tout différent !

Il s'agit de *nos camarades*. Le *Nautilus*, « premier sous-marin nucléaire », pouvait légitimement prétendre à cette performance spectaculaire. Il n'y a pas eu de « course au pôle » entre lui et nous, puisque nous ne sommes pas encore sous le *pack*...

Dans nos pensées il ne pouvait s'agir que d'une émulation tacite et purement sportive.

Il a marqué un but ? Applaudissons loyalement, en vrais camarades et... efforçons-nous d'en marquer d'autres !

— Comment, commandant ? demande le lieutenant de vaisseau

Boyle. On ne peut être qu'une fois le premier navire à atteindre le pôle !

— Le *Nautilus* est *passé* au pôle *sous la glace*... sans s'arrêter, précise le commandant.

Nous pouvons être les premiers à réussir... autre chose.

Notre mission est *différente*. Essentiellement — je cite — « étudier les possibilités de *faire surface à l'intérieur du pack*... Toute autre considération doit passer après cette mission *primordiale*. Pour pouvoir être utilisés efficacement en Arctique, les sous-marins nucléaires doivent pouvoir y faire surface ».

Voilà qui est net !

— Alors, commandant, reprend Boyle rasséréné, vous pensez que nous pourrions être *les premiers à faire surface au pôle* ?

— Pourquoi pas ? répond Calvert, saisissant cette occasion de dissiper complètement la déception ressentie par tous à l'annonce de l'exploit du *Nautilus*.

— Cela ne paraît pas si facile que cela ! observe le commandant Nicholson après un instant de réflexion.

Les premiers essais de ce genre effectués par le *Nautilus* l'année dernière, *en bordure du pack*, n'ont pas été encourageants...

Si je me souviens bien, il a gravement endommagé ses deux périscopes à la première tentative et a renoncé à ce genre d'exercice ! Que sera-ce au centre du *pack* !

— C'est justement, réplique le commandant Calvert, la « partie » que le *Nautilus* n'a pas gagnée.

A nous de faire mieux !

— Alors, Nick, demande le commandant au bout d'un moment, quel est le résultat de votre observation solaire ?

— La droite calculée, répond Nicholson, passe exactement sur le point estimé.

— Vous voyez, conclut le commandant, nous pouvons nous passer du loch électrique. Notre tableau d'étalonnage des tours/minute des hélices est correct.

Au cours de la traversée de l'Atlantique, « Nick », désolé, était venu annoncer au commandant Calvert la panne du loch électrique.

— Vous avez des pièces de rechange, j'imagine, avait répondu le commandant.

— Nous les avions !... avait précisé le second, mais nous les avons toutes utilisées successivement et la dernière vient d'être mise hors d'usage définitivement.

En suivant l'odyssée du *Nautilus*, nous avons compris combien il est nécessaire d'avoir une mesure précise des distances parcourues lorsque l'on s'aventure à l'aveuglette sous le *pack*.

Or, à ce moment-là, le commandant Calvert — pas plus que le commandant Anderson avant sa traversée arctique — ne savait s'il pouvait compter sur le mystérieux appareil de « navigation par inertie » dont le second exemplaire avait été monté sur son navire.

Malgré cela il avait décidé de poursuivre sa mission et déclaré au second :

— Mon cher Nick, il nous faudra nous contenter du tableau d'étalonnage des vitesses en fonction du nombre de tours/minute des hélices.

Il est donc heureux de constater l'exactitude de cet étalonnage d'après les derniers points « observés ».

Le lendemain matin, une dernière comparaison est effectuée grâce au relèvement et à la distance radar d'un point remarquable du Spitzberg.

La ligne blanche du *pack* étant signalée au nord, le commandant Calvert ordonne de descendre à cent mètres d'immersion, afin de pénétrer dessous en toute sécurité.

« Il y a plusieurs façons d'exécuter la mission qui nous est fixée, songe-t-il.

Nous pouvons, pendant quelques jours — comme l'a fait le *Nautilus* l'année dernière — effectuer de courtes incursions sous le *pack* afin de l'examiner progressivement et tenter de faire surface près de sa lisière... plus ou moins disloquée...

Ou bien, pousser directement et délibérément jusqu'au pôle, à 600 milles sous la banquise, sans renoncer à notre mission « primordiale », mais en l'exécutant lorsqu'une possibilité de le faire se présentera au cours de ce raid sous-glaciaire.

Après la déception ressentie par l'équipage à l'annonce de la traversée arctique du *Nautilus*, seule la seconde solution me paraît de nature à créer le choc psychologique nécessaire pour remonter le moral... »

— Nick, ordonne-t-il à haute et ferme voix, cap sur le pôle à 16 nœuds !

Le *Skate* est d'un moindre tonnage que le *Nautilus*.

Ce n'est plus le « premier sous-marin nucléaire » expérimental, mais le prototype de la première série de navires de combat nucléaires. Aussi la place à bord est-elle beaucoup plus mesurée.

On s'en aperçoit d'autant mieux que, pour cette expédition polaire, neuf passagers scientifiques ont été embarqués, en plus des dix officiers et des quatre-vingt-sept hommes d'équipage, soit un total de cent six personnes.

Comme l'on n'a pu installer que quatre-vingt-dix couchettes, un certain nombre de ces dernières doivent servir alternativement à deux hommes « amatelotés », comme jadis dans la marine à voile.

Lorsque le lieutenant de vaisseau David Boyd, dépêché à Washington en février pour préparer l'expédition, a annoncé la découverte du merveilleux « navigateur à inertie » dont un exemplaire devait être installé à bord, en même temps que sur le *Nautilus*, le problème de son logement s'est également posé avec acuité.

Ses promesses étaient telles que la moitié d'un compartiment voisin du poste central fut mise à la disposition de l'ingénieur Zane Sandusky et de son collaborateur Roger E. Schmidt, tous les deux détachés par l'*Autonetic's Division* de la *North American Aviation C°*, pour surveiller l'installation de l'appareil et en assurer le fonctionnement pendant toute la mission.

Après ces deux premiers civils, on avait vu arriver Walt Wittmann, chef du Service de prévision des glaces de la Marine, et le docteur Eugène C. Lafond, collaborateur du docteur Waldo Lyon — alors embarqué sur le *Nautilus* — au Laboratoire des Recherches Sous-Marines et Arctiques de San Diego.

Enfin, on vit embarquer l'ingénieur hydrographe Art Molloy et quatre de ses aides, chargés de recueillir les bandes enregistreuses des sondages effectués en des fonds inconnus.

— Nous sommes sous le *pack* ! annoncent les haut-parleurs.

— Tu t'en rends compte, toi ? demande le matelot Kleinlein au quartier-maître Taylor penché sur le graphique des routes.

— Pourquoi veux-tu que cela change quelque chose pour nous ? répond Taylor.

Nous sommes toujours dans la même masse d'eau salée recouvrant les sept dixièmes de notre planète !

Nous pouvons faire le tour du monde [1] sans modification apparente puisque nous transportons avec nous, non seulement notre petit univers particulier, mais notre propre atmosphère prélevée, avant le départ, dans celle du Connecticut !

Notre décor est le même au pôle ou à l'équateur... A cette vitesse on ne se rend même pas compte que l'on se déplace, ni même que l'on est « à la mer »...

Qu'importe ce qui se passe à la surface !

— Qu'importe ? relève Kleinlein.

Cette « surface » est pourtant notre objectif n° 1, a dit le pacha.

Et puis, ne fais pas le mariole ! Comme les copains, avoue qu'il ne t'est pas indifférent de savoir que, s'il nous arrivait un pépin, nous ne pourrions pas faire surface...

---

1. Effectivement effectué par le sous-marin nucléaire Triton en 1960, *op. cit.*.

Du moins si nous ne parvenions pas à trouver un trou dans la formidable carapace de glace qui flotte au-dessus de nous, ou à la faire sauter avec nos torpilles...

— Tout ça c'est de l'imagination, reprend Taylor.

Regarde plutôt le détecteur de « plafond ». Il te dessine les creux et les bosses du dessous de la glace. Les creux correspondent aux parties minces — celles que nous pourrions crever. Les bosses aux masses s'enfonçant profondément dans l'eau.

— Le « plafond », reprend Kleinlein, c'est un décor mobile et changeant.

Sa détection peut nous permettre de trouver des trous et d'éviter les grosses bosses, mais cela ne servira pas à ceux qui nous suivront. Demain, au même endroit, sa topographie sera totalement différente.

Par contre, le « plancher » — le fond si tu préfères — ne bouge pas — à moins d'un tremblement de terre. Les profils qu'enregistre le sondeur sont autant de découvertes définitives.

— On s'en aperçoit à la tête des hydrographes ! observe Taylor. Ce n'est pas tous les jours qu'ils ont l'occasion de voir se dessiner devant leurs yeux les profils de fonds jusqu'ici inconnus.

L'ingénieur Art Molloy suit en effet amoureusement la courbe tracée par la plume du sondeur dont la marche est ponctuée par le clic régulier annonçant le départ du train d'ondes ultra-sonores vers le fond et par le faible écho remontant de 1 500 mètres sous la quille.

— L'équipe de Nansen, murmure-t-il, a fait, en tout, soixante-deux sondages au cours de trois années passées dans le *pack* !... Nous voyons notre appareil en faire autant en trente minutes !

— Parbleu ! lui répond le commandant Calvert. Il leur fallait creuser un puits au travers d'une glace épaisse de plusieurs mètres... Ensuite y dérouler une ligne de chanvre, longue de plusieurs milliers de mètres, terminée par un plomb de cinq à dix kilos, et surtout... remonter au palan *à bras* ces milliers de mètres de filin lesté... par des froids de 20 à 40° centigrades *sous zéro*... lorsque la ligne ne se rompait pas accidentellement au cours de l'opération !

Il est autrement facile de regarder, en étant assis, en manches de chemise, par 22° *au-dessus* de zéro, une plume dessinant le profil du fond, sondé automatiquement toutes les trente secondes !

— Je mesure pleinement ma chance, commandant, affirme Art. Soixante années seulement séparent les deux façons d'opérer !

— Beaucoup moins même, rectifie Calvert. La première était encore seule praticable — pour les grands fonds tout au moins — il y a une trentaine d'années.

— Je songe, reprend Art, qu'un homme ayant halé la ligne de

sonde du *Fram* pourrait se trouver aujourd'hui devant notre enregistreur automatique de sondages continus !

— Eh, Walt ! demande le commandant Calvert au glaciologue, n'êtes-vous pas plus heureux en regardant se dessiner le dessous de la banquise en « conduite intérieure » que Nansen et Johanssen luttant seuls, à l'air libre, sur sa surface chaotique et mouvante au milieu des *hummocks* et des crevasses, dans les blizzards de neige glacée, pendant quinze mois !

— Et, ajoute Nicholson, en se demandant s'ils auraient la chance de tuer un ours ou un phoque pour pouvoir survivre !

— A cette évocation, commandant, répond Wittmann, on croit vraiment vivre un rêve.

Jamais le slogan à la mode : « La réalité dépasse la fiction », ne s'est si bien appliqué, puisque le maître incontesté dans le genre, Jules Verne, n'avait pas imaginé pareilles possibilités !

— On se rend compte, coupe le lieutenant de vaisseau Boyd, que le « plafond » est beaucoup plus près de nous que le « plancher », car le retour de l'écho d'en haut suit de beaucoup plus près l'envoi du train d'ondes, que l'écho d'en bas.

— L'important, reprend Wittmann, est de se familiariser avec les différentes tonalités de l'écho « d'en haut » — comme vous dites — selon que le train d'ondes a rencontré la glace ou la surface libre de la mer.

Le moment est favorable à cet entraînement car nous sommes encore au-dessous d'un *pack* disloqué. Tantôt nous passons sous des *floes* dont l'épaisseur — en dehors des bords plus ou moins « plissés » par-dessus et par-dessous — ne dépasse pas deux mètres, tantôt les plumes de l'enregistreur indiquent un espace d'eau libre.

— Vos « bords plissés », observe le commandant, prennent par moments l'aspect d'énormes stalactites pendant sous la dalle de glace... des sortes de *hummocks* « à l'envers », sommets en bas, plus massifs et plus polis que leurs symétriques de surface.

Ils doivent être lavés et, sans doute, superficiellement fondus par l'eau de mer dans laquelle ils baignent. La température de cette eau étant infiniment plus tiède que celle de l'air au contact duquel se trouvent les *hummocks* extérieurs, par ailleurs plus ou moins couverts de neige pendant dix mois de l'année.

— C'est exact, commandant, reprend Wittmann. J'ai déjà repéré un de ces *hummocks* sous-marins, atteignant dix-huit mètres de tirant d'eau. C'est le double de l'altitude des plus hauts *hummocks* de surface rencontrés par Nansen durant ses trois années de *pack*.

— C'est pourquoi, conclut Calvert en s'adressant à Nicholson, il faut veiller soigneusement le sonar horizontal de l'avant.

L'ouverture de son faisceau d'ondes détectrices est assez grande pour qu'il puisse détecter de tels *hummocks* sous-marins à plusieurs milliers de mètres devant nous. Cela nous permettrait de manœuvrer pour éviter de passer dessous en cas de besoin.

— Par contre, remarque Nicholson, seul le sonar zénithal peut déceler la présence d'un « trou dans le toit », or il nous faut en découvrir pour exécuter notre « mission primordiale » en tentant d'y « passer la tête » afin de voir à l'extérieur.

— Evidemment ! termine le commandant. Avis aux amateurs : la chasse aux *polynies* est ouverte !

Devant la paroi avant du poste central se tiennent les trois hommes de quart à la navigation.

Ils sont confortablement assis dans des fauteuils, en manches de chemise, l'un devant les indicateurs de tours/minute des hélices et les transmetteurs d'ordres aux machines, le second devant l'échelle indicatrice de l'immersion et l'appareil automatique de manœuvre des barres de plongée maintenant l'immersion prescrite ; le troisième devant les gyrocompas et l'appareil de maintien automatique du cap ordonné.

En temps normal, leur tâche se borne à une simple surveillance, mais ils sont prêts à réagir immédiatement en cas de défaillance d'un des appareils et dès la réception d'un ordre.

Près de l'enregistreur d'épaisseur de glace, le commandant Nicholson, penché sur l'étroite table de navigation, trace la route estimée du *Skate* en direction du pôle, sur le 10e méridien est.

Il communique par interphone direct avec l'ingénieur Zane Sandusky surveillant son délicat et magique appareil à inertie installé dans le compartiment situé immédiatement au-dessous du poste central.

Vers l'arrière, après le carré, la « tranche des machines » commence par le « cœur nucléaire » du navire.

Ce cœur alimente en fluide énergétique, non seulement les turbines actionnant les deux hélices, mais les turbodynamos fournissant l'électricité des multiples appareils de navigation, de détection, de ventilation et d'épuration de l'air, des réfrigérateurs conservant les vivres, des fourneaux de cuisine, de l'éclairage, du chauffage, du cinéma, de la *juke box*, etc.

A la partie supérieure de la coque épaisse, un couloir, au plancher de plomb, permet de passer par-dessus le réacteur.

Un hublot au verre rouge orangé de 15 centimètres d'épaisseur, enchâssé dans le plomb, permet de contempler cette source magique d'énergie[1] « tirant sa puissance quasi illimitée, aime à dire le commandant Calvert, de celle qui fut concentrée dans les atomes d'uranium à l'époque où furent créées les étoiles... »

La puissance nucléaire, la navigation sans visibilité par inertie, la détection, à plusieurs milliers de mètres, des obstacles au-dessus, au-dessous et devant le sous-marin par échos ultra-sonores, les asservissements électroniques de la barre, des enregistreurs de toutes sortes, des gyrocompas... bref, les plus sensationnelles réalisations scientifiques et techniques du XXe siècle sont rassemblées à l'intérieur de ce petit fuseau d'acier, à air constamment revitalisé artificiellement, glissant sous la banquise, vers le pôle, en ce dimanche matin d'août 1958.

Lorsque le premier astronef s'élancera pour son grand voyage interplanétaire le spectacle intérieur ne sera pas différent... celui d'un groupe d'hommes tranquillement penchés sur des instruments automatiques, spécialisés dans des tâches dont chacune est vitale pour tous.

15

Le jeu des polynies

« Service religieux à 10 heures, dans le mess de l'équipage », annoncent — comme chaque dimanche sous les mers — les haut-parleurs.

Il n'y a pas d'aumônier à bord du *Skate*. Les hommes désireux de participer au Service se rassemblent dans le mess et l'un d'entre eux lit la prière en commun, puis quelques passages des Ecritures.

— Alors Klein, on y va ? demande à son camarade l'infirmier Brown.

— Bien sûr, répond Kleinlein. Sans cela je n'aurais pas l'impression d'un dimanche. Tous les jours et toutes les heures se ressemblent sous les mers... glacées ou non.

Avant de se rendre lui-même au Service, le commandant Calvert passe au poste central et s'arrête devant l'enregistreur de détection des glaces.

Depuis plusieurs heures il a dessiné un *pack* compact, à l'exception d'une crevasse trop étroite pour présenter quelque intérêt.

— Tiens, remarque soudain Wittmann, les plumes commencent à dessiner un « trou »...

1. Les mécaniciens ne peuvent pénétrer dans le compartiment du réacteur nucléaire que lorsque le fonctionnement de ce dernier est arrêté depuis longtemps. Encore doivent-ils porter des vêtements spéciaux de protection contre la radioactivité.

Le commandant regarde attentivement.

— La ligne droite d'eau libre se prolonge, constate-t-il. Cette fois cela a bien l'air d'être une vraie *polynie*... voici l'autre bord... à pic et bougrement épais vers le bas...

Il réfléchit un instant.

— Voyons, résume-t-il. Nous sommes déjà à une soixantaine de milles de la bordure du *pack*... C'est le premier « trou », *a priori* « faisable », rencontré jusqu'ici...

Faut-il essayer d'y mettre « la tête », au risque de compromettre notre chance d'atteindre — nous aussi — le pôle ?

Je pense aux périscopes du *Nautilus* l'année dernière ; le risque existe toujours : ce trou d'eau soi-disant libre peut être, en réalité, recouvert d'une glace assez mince pour échapper à la détection et assez dure pour endommager le sommet de notre kiosque et les précieux périscopes qu'il contient...

Qu'en pensez-vous, Nick ?

— Commandant, répond le second. Ce risque nous le connaissions au départ.

En rédigeant notre ordre de mission les officiers du Pentagone ne l'ignoraient pas davantage.

Cependant le texte est formel : nous devons tenter de faire surface dans le *pack*. C'est notre « mission primordiale » et « toute autre considération doit passer après ».

Or, quant à risquer un « pépin », il vaut mieux, à mon avis, le faire à 60 plutôt qu'à 600 milles de la sortie...

— Vous avez raison, Nick, déclare le commandant. La mission avant tout... Virez cap pour cap et rappelez aux postes de manœuvre. Nous remettrons le Service religieux à plus tard...

Kelln, ajoute-t-il en s'adressant au lieutenant de vaisseau torpilleur, nous allons passer plusieurs fois sous cette *polynie*, à différents caps. Vous signalerez à Nick le franchissement des bords afin qu'il puisse en dessiner approximativement le contour.

Après quelques passages, Nicholson peut présenter le dessin de la *polynie*.

Elle est de dimensions suffisantes pour permettre au *Skate* d'y faire surface.

— Bill, ordonne le commandant au lieutenant de vaisseau William Cowhill, officier de plongée, vous allez nous stopper à l'aplomb du centre de cette « tabatière » et dans le sens de son grand axe, puis vous remonterez lentement, à la verticale, en faisant annoncer à haute voix les immersions successives.

A trente mètres, le commandant fait hisser le périscope et colle ses yeux aux oculaires, en tenant de ses deux mains les bras d'orientation.

— Je n'ai jamais vu une eau aussi limpide, indique-t-il aux curieux rassemblés autour de lui... et pas déserte du tout. J'aperçois des poissons translucides nous regardant de leurs yeux ronds, comme vache au passage d'un train...

Quant au « plafond »... je n'y vois que du bleu, comme du fond d'un aquarium. Impossible de distinguer si la surface est libre ou glacée. En tout cas, si elle est libre elle est calme, pas la plus petite ride.

J'ai une idée ! (celle-là même qu'avait eue le commandant Anderson, cinq jours plus tôt, lors de l'arrivée du *Nautilus* en mer du Groenland). Sortez la gaule d'antenne, je verrai bien, au périscope, si elle « perce » ou plie en atteignant la surface.

Il y a, à bâbord, un poisson immobile, cap sur nous... D'après ce repère bénévole nous n'avons d'erre ni en avant ni en arrière. Vérifiez cependant la distance des berges au sonar. Il vaut mieux ne pas s'y frotter...

— Veine ! crie-t-il soudain, l'antenne crève la surface et provoque des ondulations circulaires autour d'elle, comme une pierre jetée dans une mare. Rentrez le tout jusqu'à émersion du kiosque. Il ne faut pas risquer le choc du périscope contre un petit bloc de glace en dérive.

Un instant après « Bill » annonce :

— Surface sur les centraux [1].

— Hissez à nouveau le périscope, ordonne Calvert.

Après un instant de silence, il explique :

— Au premier abord j'ai vu uniquement des chaos de glace enneigée tout autour de nous et terriblement près...

En fait, nous sommes sensiblement au centre de la *polynie* et elle a approximativement les dimensions déterminées par Nick, lorsque nous passions à 100 mètres au-dessus...

Chassez partout, Bill.

Attention ! ajoute-t-il. Avant de monter dans la baignoire, n'oublions pas de capeler [2] les tenues polaires. Je ne conseille pas, *a priori*, de rester en manches de chemise...

Donnant l'exemple, le commandant revient, une minute après, dans la classique tenue des explorateurs polaires. Elle paraît ridiculement anachronique dans la chaude atmosphère du petit univers sous-marin transporté au milieu des glaces arctiques.

— Ouvrez les panneaux du kiosque, ordonne-t-il.

Du sommet de cette étroite nageoire dorsale métallique, haute de cinq mètres au-dessus du pont et longue de sept mètres dans le sens de l'axe, le commandant Calvert et son équipe de passerelle découvrent brusquement la banquise chaotique, immaculée et infinie...

De la tranquille assurance régnant dans leur petit monde artificiel,

---

1. Ballasts centraux vides. Seul le kiosque est hors de l'eau.
2. Revêtir.

bourré des dernières merveilles de la science, ils se trouvent soudain replongés dans l'angoisse des premiers hommes devant le grandiose spectacle des forces de la nature.

— J'imagine très bien maintenant, observe le commandant, l'impression des premiers astronautes débarquant sur la lune !

— Avec, en plus, je suppose, ajoute Nicholson, un équipement de scaphandre autonome. Nous en avons et nous pourrions compléter la mise en scène pour un film d'anticipation...

— Ceci dit, Nick, coupe Calvert, nous venons, nous aussi, de marquer un premier but !

— Comment cela ? demande le second.

— Jamais, avant nous, constate Calvert, un sous-marin n'a *fait surface* à une telle latitude !

— Formidable ! commandant, s'exclame le second.

Si vous le permettez, je vais l'annoncer à tous par les haut-parleurs. Cela va faire monter le tonus.

Soudain une voix se fait entendre par l'interphone assurant les communications verbales entre le poste central et la baignoire. C'est celle du quartier-maître timonier John Médaglia.

Retenu « en bas » par ses fonctions, il s'efforce de satisfaire sa curiosité en faisant un tour d'horizon... au périscope.

— Un ours polaire, commandant ! crie-t-il.

Le commandant Calvert se trouve dans la banquise pour la première fois de sa vie, mais il a suffisamment lu et relu les récits des explorateurs polaires — notamment ceux de Nansen, Peary, Papanine — pour savoir que la rencontre d'un ours, à cette latitude et dans ce secteur de l'Arctique, est un événement tout à fait exceptionnel.

Il lui semble évident qu'il n'a aucune chance de se produire précisément au moment où un sous-marin y fait surface pour la première fois dans l'Histoire. La « plaisanterie » de Médaglia lui paraît tout à fait déplacée et il le rabroue vertement.

— Ce n'est pas le moment, réplique-t-il sévèrement, de raconter des blagues, Médaglia. Nous nous occupons de choses sérieuses.

Quelques instants après une nouvelle voix retentit dans l'interphone haut-parleur.

— Ici Kelln, commandant. Médaglia ne plaisante pas du tout. Il y a un ours qui sort de l'eau par bâbord.

Indigné d'avoir été suspecté de plaisanter, Médaglia a demandé à l'officier torpilleur, se trouvant près de lui, de bien vouloir regarder dans le périscope et ce dernier s'empresse de confirmer la déclaration du quartier-maître.

Cette fois le commandant se tourne vivement dans la direction indiquée et aperçoit effectivement un énorme ours blanc sortant de l'eau, se secouant et regardant son premier sous-marin nucléaire sans manifester un étonnement particulier.

Sa première réaction est de se pencher sur l'interphone.

— Toutes mes excuses, Médaglia, lance-t-il. Montez vite sur la passerelle pour mieux voir *votre* ours...

Heureux, le brave quartier-maître débouche dans l'étroite baignoire, juste à temps pour admirer fugitivement sa découverte.

Satisfait sans doute de son inspection, le maître des lieux disparaît sans se laisser photographier.

— Je m'attendais à un froid plus vif, déclare le commandant. Combien fait-il ?

— Zéro degré centigrade, commandant, indique Médaglia.

— C'est une canicule exceptionnelle pour la région, constate Calvert.

— Une catastrophe pour les explorateurs en traîneaux, remarque Nicholson, si j'en crois leurs récits.

La neige devient molle et humide. La glace spongieuse se casse plus facilement. Les *polynies* et *leads* d'eau libre — qui font notre bonheur — sont, au contraire, autant d'obstacles pour les « rampants » du *pack*... Voyez Nansen ou Peary.

— Nous devons tirer une conclusion de tout cela, ajoute le commandant. Sans les possibilités extraordinaires du *Skate*, nous ne pourrions sortir d'ici. S'il venait à être immobilisé, notre situation serait grave.

— Elle serait encore plus grave, commandant, estime Nicholson, s'il était immobilisé *sous* la banquise ! En surface nous pourrions signaler notre situation par radio et nous serions secourus par l'aviation.

— Mais non ! rappelle le commandant. En cette saison les avions ne peuvent pas se poser sur les *floes* inondés. Leurs parachutages nous seraient de peu d'utilité immédiate, sauf si le *Skate*, ne pouvant plonger, était écrasé par la pression des glaces.

— Le *Fram* y a résisté ! objecte Nicholson.

— Il avait été construit pour cela ! réplique le commandant. Avec une triple coque en madriers de chêne et des entretoises intérieures faites de troncs d'arbres équarris. En outre, étant donné sa forme en coin pointé vers le bas, la pression tendait à l'expulser hors de la glace... « comme une savonnette pressée entre les doigts », écrivait Nansen.

Un sous-marin n'est pas conçu pour subir ce genre de pression. Sa coque extérieure est mince et serait facilement écrasée. Le pont, bas sur l'eau et arrondi, serait rapidement submergé par des amoncellements de blocs, tendant à faire couler le navire plutôt qu'à le soulever. Le kiosque serait exposé à la pression finale.

Le *Sennet*, premier sous-marin à s'être risqué dans le *pack*, en 1947, s'est trouvé en perdition et n'en est sorti qu'avec l'aide d'un brise-glace, heureusement présent sur les lieux.

D'ailleurs, malgré la résistance exceptionnelle de leur navire, les hommes du *Fram* ont eu une sérieuse alerte au cours de ces pressions. Ils avaient même débarqué, en toute hâte, des vivres et des tentes sur la banquise... Je préfère ne pas me trouver dans une telle extrémité !

— Tout cela, commandant, est, en vérité, peu réjouissant, reconnaît Nicholson. Prions le Seigneur de nous garder notre *Skate* en pleine forme...

— Pour le moment, décide Calvert, allons déjeuner. Quart comme sous la mer, bien entendu, et veillez bien les rives de glace.

Une heure plus tard, le *Skate* regagne les profondeurs et reprend sa route vers le pôle.

— Vous pouvez annoncer le Service religieux, Nick, dit le commandant.

Peu après, dans le mess, un matelot lit le 139e psaume.

Seigneur, nous croyons que Tu es là.
Si je prends les ailes du matin
Et plonge au fond des mers,
Ta main me conduit et me soutient.
Si je pense : l'obscurité va m'égarer,
La nuit s'éclairera autour de moi,
Car Tu es la lumière des ténèbres...

— Mes amis, commente le commandant, jamais ce vieux psaume n'a pu avoir autant de sens pour des chrétiens qu'aujourd'hui pour nous, en route dans les profondeurs de la mer et sous une carapace de glace.

Nos merveilleux instruments ont été imaginés et réalisés grâce aux facultés dont le Créateur a doté nos ingénieurs et aux matières premières qu'il a mises à leur disposition dans notre Univers.

Le lendemain après-midi, à 150 milles du pôle, le gyrocompas principal perd sa force d'orientation géographique et doit être considéré, uniquement, comme conservateur de direction.

Nicholson ne suit plus la route sur la carte — dans une région où convergent tous les méridiens et où se rétrécissent rapidement les « petits » cercles de latitudes — mais, comme l'avaient fait les officiers du *Nautilus*, sur un quadrillage rectangulaire, gradué en milles dans les deux sens, et orienté selon le méridien 0-180°, appelé *grid* par les Anglo-Saxons.

L'appareil à inertie est encore sensible à la rotation de la terre. Par suite, il indique l'est et la distance au point de rotation nulle, c'est-à-dire le pôle géographique.

Pourtant, sur le petit cercle de latitude atteint par le *Skate*, la vitesse de rotation à la surface du globe n'est plus que de 1 600 kilomètres en 24 heures, alors qu'évidemment elle est de 40 000 kilomètres pendant le même temps sur l'Equateur. Soit, respectivement, de 66 et 1 666 kilomètres/heure.

Le 12 août 1958, à 1 h 47 (temps du méridien de Greenwich), l'appareil à inertie indique une vitesse de rotation nulle et le point estimé confirme l'arrivée du *Skate* au pôle... neuf jours après le passage du *Nautilus* !

— Ces neuf jours, observe mélancoliquement Nicholson, changent tout pour nous !

— On ne peut pas être premier en tout ! réplique le commandant Calvert. Ce n'est déjà pas si mal d'être le second sous-marin dans l'Histoire à arriver là !

Cherchons, maintenant, à battre le record de la plus haute latitude où un sous-marin est parvenu à *faire surface* — record établi par nous-mêmes avant-hier ! Pour cela, il nous faut trouver une *polynie* le plus au nord possible...

— Alors, commandant, dit Nicholson, nous n'avons qu'à décrire une spirale en nous éloignant progressivement du pôle.

— Je crains, objecte Calvert, qu'à force de tourner ainsi autour du monde, dans une région où ni le gyrocompas ni l'appareil à inertie ne peuvent nous orienter — et pour cause — nous ne finissions par perdre définitivement le « nord ».

Je préfère m'éloigner sur le 90e méridien ouest, c'est-à-dire en direction de l'archipel canadien... et de Chicago. C'est une région dont les fonds sont inconnus. Elle nous offre l'occasion de vérifier si la chaîne sous-marine transarctique découverte par les Russes en 1948, et baptisée par eux Lomonossov, se prolonge bien en direction de l'île Ellesmere, ainsi qu'ils le prétendent.

Bien entendu, nous allons continuer la chasse à la *polynie* dans l'espoir d'en débusquer une le plus tôt possible...

— Le *Nautilus*, remarque Nicholson, a dû couper cette chaîne pendant sa traversée.

— Sûrement, répond Calvert, mais, puisqu'il venait du détroit de Behring, il a dû la franchir entre les méridiens 160 et 180 ouest, donc dans un endroit très différent de celui où nous devons l'atteindre en « descendant » le 90° ouest [1].

---

1. En fait — nous l'avons vu — le *Nautilus* avait coupé cette chaîne sur le 155e méridien ouest, longitude de la vallée sous-marine de Point Barrow.

Dès midi, le sondeur accuse une remontée du fond, jusque-là sensiblement plat, par environ 4 200 mètres.

Dans les heures suivantes la profondeur diminue jusqu'à 2 400 mètres, au moment du passage sur la chaîne.

— Les Russes ont raison, reconnaît Nicholson.

— Commandant ! Venez voir celle-là ! crie soudain le glaciologue Wittmann, penché sur l'enregistreur du détecteur de glace.

Calvert se précipite.

— Oui, dit-il, la petite ligne droite paraît être, en effet, d'une longueur, *a priori*, faisable... Nick, mettez en action l'équipe de graphiquage. Nous allons « l'arpenter » selon la méthode expérimentée sous la *polynie* n° 1... Commencez la manœuvre.

Hum ! fait-il au bout d'un moment, penché au-dessus de l'épaule de Nicholson. Elle m'a l'air beaucoup plus petite que celle d'avant-hier.

— C'est certain, commandant, répond le second. Mais elle est beaucoup plus près du pôle ! Alors, pour la mission et... pour le record.

— Essayons ! décide Calvert. A vous, Bill. Ce sera une manœuvre de haute précision !

Le lieutenant de vaisseau Cowhill stoppe le *Skate*, aussi exactement que possible, à l'aplomb du centre de cette nouvelle « tabatière », et la remontée commence lentement.

Impatient, le commandant fait hisser le périscope et tourne le prisme pour voir vers le haut : toujours le même bleu aquarium mystérieux.

Il incline légèrement le prisme pour examiner le pourtour du trou et distingue les masses de glace bleu cobalt le ceinturant de terriblement près.

— Ce n'est plus un « bassin », cette fois, murmure-t-il, mais un « puits » !

Tournant le périscope vers l'arrière, il aperçoit un *hummock* tête en bas, pendant comme une monstrueuse stalactite.

— A quelle distance, demande-t-il, d'une voix qui se veut calme, se trouve la muraille de glace derrière ?

— Nous parons « largement », commandant, répond le matelot détecteur Kleinlein... C'est une grosse masse mais elle est assez éloignée de l'arrière...

Comme la première fois, le commandant veille avec appréhension l'extrémité de la gaule d'antenne. A son grand soulagement, il distingue soudain des vaguelettes sur toute la surface du puits. Elle n'est donc pas gelée et il y a de la brise dehors.

— Commandant, indique Nicholson d'une voix un peu anxieuse, la muraille de glace de bâbord paraît un peu trop proche.

Calvert tourne vivement le périscope dans cette direction.

— Trop proche ! répète-t-il. C'est bien mon impression, mais qu'y faire ? Si nous ne persévérons pas, il y a peu de chances pour que nous tombions sur une autre *polynie* aussi voisine du pôle. Continuez à monter, Bill, le plus doucement possible. Rentrez le périscope.

Après un temps paraissant interminable mais, en fait, de quelques secondes, Cowhill annonce, enfin :

— Le kiosque est hors de l'eau, commandant.

— Hissez le périscope, ordonne vivement ce dernier. A bâbord, indique-t-il, les « rochers » de glace ne sont qu'à quelques mètres et nous dérivons lentement vers eux. Il nous faut, ou bien plonger ou laisser « l'accostage » se faire. Au point où nous en sommes, attendons l'accostage !

De toute manière, nous n'avons pas la place nécessaire pour faire surface complètement. Les autres bords du trou sont très proches et pas plus engageants.

Ils ont dû se coltiner les uns contre les autres à plusieurs reprises... Il vaudra mieux ne pas tenter de les séparer s'ils font mine de vouloir s'empoigner à nouveau !

Nous allons conserver tous les panneaux fermés, parés à plonger, décide-t-il. Ventilez au schnorchel. Vous allez pouvoir, Nick, prendre des hauteurs solaires au périscope pour fixer astronomiquement notre position.

Deux heures plus tard, Nicholson annonce :

— Nous sommes par 89°20' nord et 95° de longitude ouest.

— Premier navire à mettre le nez dehors à 40 milles du pôle ! déclare Calvert, triomphant. Qui dit mieux ?

Après un instant de réflexion, il ajoute :

— Nous allons tenter, à notre tour, d'envoyer à Washington un petit message bien senti... Attaquez à la radio les stations de l'*U.S. Navy* dans les deux hémisphères. Nous ne pouvons pas savoir où nos ondes courtes, partant du pôle, peuvent aller échouer.

La première réponse vient de la station de Manille. L'opérateur a du mal à comprendre pourquoi il est appelé par le *Skate*, sous-marin faisant partie, à sa connaissance, de la Flotte de l'Atlantique...

— J'aimerais, dit Boyd, voir sa tête lorsqu'il aura reçu notre message.

— Transmettez-lui, ordonne Calvert :

« SKATE EN SURFACE À 40 MILLES DU PÔLE NORD ».

— Quelle est la température extérieure ? demande le commandant.

Un thermomètre, fixé sur la paroi de la baignoire, peut être lu au périscope. Le lieutenant de vaisseau Boyle, chargé de surveiller les mâchoires de glace menaçantes, oriente l'appareil et répond :

— Un degré sous le zéro centigrade, commandant.

— Quelle chaleur !... pour le pôle, précise Wittmann.

— Organisez le service, Nick, prescrit le commandant, de telle sorte que nous restions prêts à plonger. Les officiers de quart assureront la veille permanente des glaces au périscope.

Continuez à ventiler au schnorchel. Malgré tous les « conditionnements », rien ne remplace un vrai bol d'air naturel... et celui d'ici est garanti absolument pur et... réfrigéré.

Là où nous sommes, le soleil tourne en permanence autour de l'horizon, en cette saison. Comme son azimut varie de 15 degrés par heure, vous pourrez, Nick, observer toutes les deux heures une nouvelle droite de hauteur coupant les précédentes sous un angle suffisant pour confirmer notre position...

— A la dérive près, commandant ! remarque Nick, car nous sommes actuellement solidaires des mouvements du *pack*.

— Justement ! répond le commandant. Cela va nous donner une idée de cette dérive...

— Que ferons-nous ensuite, commandant ? demande Wittmann.

— Pour ne rien vous cacher, mon cher Walt, répond Calvert, *nous avons rendez-vous sur la glace* ! Vous comprenez pourquoi je tiens à avoir un point de départ aussi précis que possible.

— Mais cela ne suffit pas, commandant, répond vivement le glaciologue, puisque la glace est elle-même animée d'un perpétuel *mouvement imprévisible* !

— Il s'agit, précisément, pour nous, répond Calvert, de trouver le moyen de résoudre ce nouveau problème, mon cher Walt.

16

Un bruit sous la mer

— Vous êtes intrigué, demande Calvert au glaciologue, par ce « rendez-vous sur la glace » dont je vous ai parlé tout à l'heure ?

— Cela promet, en effet, commandant, d'être peu banal, répond Wittmann.

— Nous sommes bien passés au pôle le 12 août ? poursuit Calvert.

— Effectivement, commandant.

— Or, enchaîne ce dernier, notre ordre de mission prescrit — je cite : « Si le pôle est atteint avant le 14 août, le *Skate* est *autorisé* à « pousser » jusqu'à la *Station dérivante Alpha*. »

Cette petite phrase n'a l'air de rien, commente Calvert... C'est pourtant une porte entrouverte sur une nouvelle aventure sous-glaciaire. Je n'ai pas l'intention de laisser échapper cette « autorisation ».

— Je ne pensais plus à cette Station Alpha, reconnaît Wittmann. Effectivement, nous ne sommes pas seuls dans l'Arctique Occidental.

Cette Station a été aéroportée sur un *floe*, l'année dernière, par l'*U.S. Air Force*, afin d'effectuer des observations météorologiques, océanographiques et autres, dans le cadre de l'Année Géophysique Internationale de 1957-1958.

Seulement, commandant, cette Station n'est pas « stationnaire ». Elle *dérive* — l'ordre de mission le précise — quelque part entre le pôle et l'archipel canadien.

Il ne suffit donc pas de connaître notre position mais il faut être informé continuellement de la sienne, comme si nous cherchions à rallier un autre navire, ou plutôt — et c'est plus difficile — un radeau dérivant au gré de vents et de courants *inconnus* !

— Vous posez exactement le problème, approuve Calvert.

C'est une des raisons pour lesquelles je prolonge l'émersion de notre kiosque dans ce « trou de phoque ». Je voulais entrer en contact radio avec la Station et c'est chose faite.

— Alors, commandant, vous avez son point ?

— Oui... et non. Le ciel étant couvert chez eux ils n'ont pas pu faire d'observations astronomiques depuis plusieurs jours et aucun réseau électronique ne couvre leur zone !

— C'est embêtant ! reconnaît Wittmann. Sans observations extérieures, ils ne peuvent apprécier ni la direction ni la vitesse de leur dérive.

Même s'ils disposaient d'un loch et d'un compas, ces instruments seraient inutilisables sur la glace et, de toute façon, ne peuvent indiquer la translation de la masse d'eau.

— Il leur faudrait un appareil à inertie ! s'écrie Sandusky.

— Sans doute ! reprend le commandant. Et encore ? Ne serait-il pas troublé par les chocs et les mouvements de giration du *floe* ?

En tout cas, ils n'en ont pas ! Ils ne peuvent nous donner qu'une position très approximative : « *Aux environs* de 85° nord et 136° ouest », nous ont-ils signalé.

Joli problème de navigation, Nick : aller se placer *sous* un point existant quelque part *sur* l'immensité de la banquise *mouvante* alors que les savants observateurs s'y trouvant ne savent pas, eux-mêmes, à 50 kilomètres près, où ils sont !

— Il y a une solution, suggère Wittmann.

— Laquelle ? lui demande Calvert.

— En nous approchant de cette position approximative, explique le glaciologue, nous efforcer de faire surface dans la première *polynie* détectée pour demander au chef de Station s'il a pu faire une observation et, au besoin, prendre un relèvement radiogoniométrique de ses émissions...

— C'est en effet une bonne idée, reconnaît le commandant.

— Mais, il y a un autre problème ! ajoute Wittmann.

— Lequel ? demande de nouveau Calvert.

— Comment comptez-vous entrer en contact « humain » avec les camarades de la Station Alpha ?

Ils sont *sur* la banquise et nous serons *dessous*... Il faudrait qu'il se produise une *polynie* providentielle dans leur voisinage !

— Pour le coup, reconnaît le commandant, je ne vois effectivement pas d'autre solution. Prions le Seigneur de nous accorder cette nouvelle grâce !

Après avoir maintenu son kiosque pendant dix-neuf heures dans son « trou de phoque », à 40 milles du pôle, le *Skate* se laisse retomber dans le milieu permettant ses libres évolutions.

— Faites route vers la zone dans laquelle doit se trouver la Station Alpha, ordonne le commandant.

— En plein centre géométrique de l'immense « béret » de glace coiffant le sommet du monde, avance Wittmann.

— « Béret » porté sur la « nuque », observe le commandant... si l'on prend, pour « visage » de la terre, l'Atlantique. Car, de ce côté-là, d'un coup de « doigt », le Gulf Stream rejette le bord de ce béret très haut sur le « front » de la mer du Groenland — à 600 milles seulement du sommet du « crâne », c'est-à-dire du pôle.

Au contraire, sur la « nuque » de Behring, le béret de glace « pend » jusqu'à 1 200 milles dudit sommet...

— Voilà une vraie *polynie* ! annonce, quelques heures après, le glaciologue.

— Effectuez les manœuvres habituelles, ordonne le commandant.

Un quart d'heure plus tard, le *Skate* se trouve au centre d'un bassin d'eau libre dont les berges de glace ont l'air accueillantes.

— Vous mourez d'envie de prendre pied sur le *pack* ! déclare Calvert à Wittmann et au Dr Lafond. Nick, sortez le canot pneumatique et faites conduire ces messieurs à « terre », si je puis m'exprimer ainsi...

Une douzaine d'hommes de l'équipage ont été autorisés à monter sur le pont pour y respirer un air garanti absolument pur et contempler directement le dessus de cette banquise dont jusqu'ici ils voyaient se dessiner le dessous sur l'enregistreur de détection.

— Je ne sais, dit le commandant au second, si certains d'entre eux ont éprouvé de l'appréhension lors de notre entrée sous le *pack*, mais, actuellement, ils ont l'air de trouver tout naturel d'être là.

— Leur moral est excellent, déclare Nicholson. S'ils ont éprouvé quelque déception à l'annonce d'avoir été devancés au pôle par le *Nautilus*, elle est aujourd'hui complètement effacée par le sentiment d'avoir établi de nouveaux records, comme vous le leur aviez promis.

— Peary, raconte Calvert, avait mis quarante-cinq jours pour atteindre le pôle en luttant sur la banquise à partir de l'extrémité nord de l'île Ellesmere. En revenant en seize jours au cap Columbia il écrivait : « La joie du succès donnait des ailes à nos jambes meurtries. »

La joie du succès est en train de « donner des ailes » au moral de nos hommes, hier meurtri, malgré tout, par une déception. »

Un moment après, Nicholson remonte dans la baignoire, tenant un message à la main.

— Nous venons de prendre, annonce-t-il, un bon relèvement gonio de la Station Alpha. Ils nous donnent une position plus précise, valable, estiment-ils, à deux ou trois milles près. Enfin... ils ont, actuellement, une vaste *polynie* exactement à leur porte !

— C'est miraculeux ! s'exclame le commandant, enthousiasmé. Le Seigneur est avec nous ! Allons déjeuner et nous reparlerons de tout cela ensuite.

Pendant le déjeuner, un matelot apporte un nouveau message de la Station Alpha. Après y avoir jeté un coup d'œil, le commandant s'exclame :

— Vous ne savez pas ce qu'ils ont imaginé ?

Après un temps d'arrêt pour mieux préparer son effet, le commandant poursuit :

— Ils vont faire tourner leur canot, muni d'un moteur hors-bord, dans leur *polynie*. Lorsque nos microphones capteront le bruit de l'hélice, nous pourrons mettre directement le cap sur le « panneau » d'accès à leur domaine !

— Ces aviateurs sont formidables ! s'exclame à son tour Nicholson.

Ils viennent d'inventer le *homing*[1] sous-glaciaire ! Nos microphones pourront détecter le bruit du hors-bord à plusieurs kilomètres *sous la banquise* et nous serons guidés vers la bonne *polynie*... Il suffisait d'y penser !

— Nous ne savions pas qu'ils disposaient d'un canot motorisé, remarque le commandant. Mais il faut creuser cette idée.

Les stations dérivantes et les avions volant au-dessus du *pack* devraient être dotés de *sonobuoys*[2] du genre de celles lancées à la mer par les aviateurs afin de détecter les sous-marins.

De telles bouées remplaceraient avantageusement le moteur hors-bord pour le *homing* car les ultra-sons qu'elles émettent portent plus loin et sont plus directifs que les sons de fréquences diverses émis par une hélice...

---

1. De *home :* attirer vers soi.
2. Bouées sonar.

— Des avions, ajoute Nicholson, travaillant en liaison avec les sous-marins polaires nucléaires, pourraient leur signaler les *polynies* en y parachutant de telles *sonobuoys* !

— Des aviateurs, avance à son tour Boyd, obligés de se poser accidentellement sur un *floe* pourraient, si l'on envoyait un sous-marin nucléaire à leur secours, immerger une *sonobuoy* de *homing* dans la *polynie* ou le *lead* le plus voisin...

Ce serait de l'*under ice rescue* [1] particulièrement discret.

— Nous pourrions, nous-mêmes, reprend le commandant, baliser des routes *sous la banquise* en lâchant, par nos tubes lance-torpilles, des *sonobuoys* à flottabilité positive...

Allant se coller sous la glace, elles émettraient leurs signaux ultra-sonores pendant une durée et sur une fréquence fixées.

— Cela remplacerait, *sous* la banquise, observe Wittmann, les cailloux blancs du Petit Poucet !

— Ou les « signes de piste » des scouts ! dit Boyd.

— Ou encore le fil d'Ariane ! ajoute Kelln. Si le *Nautilus* avait ainsi jalonné sa route d'aller l'année dernière, le commandant Anderson aurait eu moins d'émotions lorsque ses gyrocompas sont tombés en panne à 180 milles du pôle !

— Après ces bonnes nouvelles, Bill, décide le commandant, nous allons nous laisser couler et faire route pour atteindre la zone d'audition du « bruiteur » Alpha.

Les microphones du *Skate* sont réglés sur écoute de bruit d'hélice et, quelques heures plus tard, le maître Layman tend son écouteur au commandant avec un large sourire.

— Pas moyen de s'y tromper, déclare ce dernier, c'est bien le bruit d'une hélice de hors-bord. Mettez le cap dessus. Layman, vous nous préviendrez lorsque le bruit atteindra son intensité maximum.

Au bout d'une dizaine de minutes, le chef écouteur déclare :

— Le bruit commence à diminuer d'intensité, commandant. Nous avons dû passer dessous.

— Qu'indique le détecteur de glace ? demande Calvert.

— Il a bien indiqué un petit espace d'eau libre, répond le lieutenant de vaisseau Kelln, mais il était trop exigu pour correspondre à la « vaste » *polynie* signalée par la Station.

— Faites demi-tour, ordonne Calvert. C'est bien le diable si, avec l'écoute du hors-bord et la détection sous-glaciaire, nous n'arrivons pas à trouver la bonne « tabatière ».

— Le bruit s'amplifie, indique Layman.

---

1. Par analogie avec les organisations de sauvetage des aviateurs appelées jusqu'ici *air rescue, air-sea rescue* ou *sub air rescue*. Cette dernière, organisée avec des sous-marins, a sauvé de nombreux aviateurs américains tombés dans les mers de Chine et du Japon au cours de la Bataille du Pacifique.

— Le trait tracé par l'enregistreur, ajoute Kelln, correspond, cette fois, à une *polynie* « valable ».

— Alors, Bill, ordonne le commandant. A vous le soin ! Manœuvre habituelle pour nous hisser dans ce trou afin de voir sur le « toit »...

— Cette fois, observe Nicholson, la *polynie* — si c'est la bonne — est déjà fréquentée ! Il faudrait pouvoir indiquer à l'homme du hors-bord notre émersion imminente pour lui laisser le temps de se garer.

— Le bruit tourne autour de nous, commandant, indique Layman. Nous sommes sûrement sous la bonne *polynie*.

— Alors, décide Calvert, l'eau y est certainement libre. Nous pouvons laisser le périscope sorti. Il y a peu de chance pour qu'il heurte la coque du hors-bord puisqu'il tourne le long des berges alors que nous nous efforçons de faire surface au centre. Sa vue avertira le barreur de notre arrivée.

Au moment où l'homme de l'échelle d'immersion annonce la profondeur correspondant à l'arrivée du sommet du périscope à la surface, les officiers et les matelots du poste central attendent impatiemment les réactions du commandant dont les yeux sont rivés sur les oculaires.

— Nous sommes au bon endroit ! indique-t-il enfin, au grand soulagement de tous. Nous n'avons pas encore vu une aussi belle *polynie*...

Le pilote du hors-bord agite sa casquette en signe de bienvenue.

— C'est certainement, remarque Nicholson, le premier homme à voir un sous-marin faire surface au milieu de la banquise !

Tournant le périscope, le commandant ajoute :

— Cette fois, nous ne sommes plus dans le désert, mais en pleine civilisation. Il y a toute une ville en arrière d'une des berges... avec maisons, mâts radio, radômes, engins chenillés, etc., et nous sommes chez nous... le pavillon étoilé claque joyeusement dans la brise légère... Nous allons pouvoir accoster au « quai d'honneur » devant la ville...

— Nous sommes en surface, commandant, indique Cowhill.

— Ouvrez les panneaux, ordonne Calvert, et envoyez des hommes sur le pont pour l'amarrage au quai de glace.

Le hors-bord accoste et son pilote monte dans la baignoire.

— Major de l'*Air Force* Billota, annonce-t-il.

— Calvert, répond le commandant. Enchanté de vous rendre visite. Toutes mes félicitations pour cette idée de *homing* au hors-bord. Descendons au carré, voulez-vous ?

— Nous sommes vingt-neuf en tout, précise le major, dont treize de l'*U.S. Air Force* et seize scientifiques civils.

L'*Air Force* a la responsabilité de l'installation, de sa sécurité, de son entretien, bref de tout ce qui permet aux scientifiques de se consacrer exclusivement à leurs observations.

— Comment êtes-vous ravitaillés ? demande Nicholson.

— Entièrement par avion, répond le major. D'ailleurs, tout est venu ici par air, hommes comme matériel.

Nous avons aménagé une piste. Elle permet aux avions de se poser et de décoller pendant l'automne, l'hiver et le printemps.

Durant l'été — c'est le cas actuellement — la piste est inutilisable en raison de la fusion superficielle de la neige et de la glace. Le ravitaillement urgent et le courrier doivent être parachutés.

Nous sommes temporairement « prisonniers des glaces », comme au « bon vieux temps » !

— Nous venons de démontrer le contraire, observe Calvert.

En cette saison, précisément, les liaisons sous-marines peuvent se substituer aux liaisons aériennes. Nous pourrions vous apporter une importante quantité de matériel — notamment des appareils trop délicats pour être parachutés — et assurer, le cas échéant, une relève de personnel. Evacuer un malade ou un blessé, par exemple.

— D'accord, reconnaît le major. Mais à condition qu'une *polynie* « valable » veuille bien s'ouvrir à proximité de la Station.

— En cas de nécessité, avance Calvert, vous pourriez nous ouvrir un « trou à kiosque » à l'aide d'explosifs.

A défaut, un simple puits suffirait pour vous permettre d'immerger une *sonobuoy* de guidage sous-glaciaire près de laquelle nous pourrions faire sauter la glace à l'aide de mines sous-marines à flottabilité positive, lâchées par nos tubes lance-torpilles.

— Autant d'idées à creuser, reconnaît le major.

— Vous courrez toujours le risque, ajoute Calvert, d'une rupture inopinée de votre radeau de glace[1].

La *polynie* grâce à laquelle nous pouvons vous rendre visite aurait pu s'ouvrir juste au milieu de vos maisons ! Les Russes ont eu souvent de ces alertes.

Ils en sont à leur sixième station dérivante sur *floe* et ils utilisent des logements extrêmement légers, rapidement déplaçables en cas de menace de crevasse trop proche.

— Nous avons pris les mesures de sécurité classiques, répond Billota. Notamment en dispersant nos moyens de subsistance en plusieurs groupes, nettement séparés les uns des autres.

Le hors-bord a été prévu pour assurer, le cas échéant, les liaisons au travers des chenaux qui pourraient séparer nos diverses installations.

Nous assurons un service de veille permanent chargé de surveiller les mouvements des glaces...

1. La station analogue Charlie dut être évacuée d'urgence par air en janvier 1960.

La conversation se poursuit encore un moment.

A 18 heures, le commandant, estimant les sujets immédiats épuisés et la journée déjà bien remplie, déclare :

— Bon. J'ai l'intention de rester ici demain.

Peut-être pourrions-nous organiser des échanges de visites de telle sorte que les habitants de la Station fassent connaissance avec le *Skate* tandis que l'équipage de ce dernier ferait celle de vos installations ?

Nous allons nous accorder une bonne nuit de repos et remettre cela à demain... vers 8 heures si vous voulez bien...

Le major regarde sa montre avec ahurissement...

— Mais, commandant, dit-il enfin... il est 8 heures... pour nous !

— Ah diable ! reconnaît le commandant. Voilà l'inconvénient de vivre dans des univers personnels !

J'oubliais qu'en entrant sous le *pack* pour faire route vers le pôle, où nous allions jongler avec tous les méridiens, j'ai décidé de garder l'heure du méridien zéro — ou de Greenwich !

— Et nous, précise Billota, n'ayant, jusqu'ici, de relations qu'avec la base de Fairbanks, d'où partent nos avions de liaison, avons gardé l'heure de l'Alaska central... dix heures en retard sur l'heure du méridien zéro !

— Pour un peu, plaisante Calvert, nous aurions pu ne pas être à la même date... comme Philéas Fog après son tour du monde en quatre-vingts jours !

Mais soyons sérieux. Comment allons-nous accorder nos jours et nos nuits ?

— Ne vous en faites pas, commandant, répond le major. Nos scientifiques nous ont habitués à jongler aussi avec les heures !

Je vais décréter qu'à la Station Alpha, nous commençons une seconde nuit d'affilée... Chacun pourra se reposer à sa convenance, sachant que ce qui devait être pour nous la « prochaine nuit » sera transformé en jour... en votre honneur.

— C'est vraiment pousser trop loin l'hospitalité, mon cher major ! proteste Calvert. Nous ne savons si nous devons accepter un tel sacrifice !

— Mais si, insiste Billota. Nous aurons tout le temps de reprendre nos habitudes après votre départ !

Le lendemain matin — temps du *Skate* — les visites s'effectuent comme prévu.

Le Dr Norbert Understeiner, chef de l'équipe des scientifiques, fait visiter les divers locaux d'observation de la Station.

— Qu'est-ce que cela ? demande Calvert, en montrant un énorme quartier de viande accroché à un poteau.

— De l'ours polaire, répond le savant, tué par les chasseurs de la Station. Entre nous, je trouve cette viande plutôt dure...

Les effets du dégel apparaissent partout. Les *floes* sont parsemés de lacs de fusion tachetant d'un admirable bleu limpide l'immensité blanche.

— Cette eau, explique le docteur, est assez douce pour être bue.

— C'est un avantage, reconnaît le commandant, mais vous avez l'air d'être au milieu d'un marécage.

— C'est le côté vraiment désagréable de cette saison, par ailleurs relativement clémente, dit le docteur.

Comme le major Billota vous l'a certainement déjà dit, les avions ne peuvent plus se poser. Votre visite vient à point pour couper notre isolement. Mais je ne sais si je dois ou non me réjouir de cet événement historique.

Il y a peu de temps encore — en plein XXe siècle — l'Arctique demeurait le seul point du monde où l'on se sentait effectivement isolé au milieu de cet immense désert de glaces flottantes.

Votre apparition ici, après celle de l'aviation, brise définitivement cet isolement. D'ici peu vos sous-marins nucléaires passeront leur temps à « montrer leur nez », comme les phoques, dans tout cet océan...

Calvert, Billota et Understeiner décident d'organiser, le soir même, un grand dîner d'adieu, puis le commandant retourne à son bord afin de se reposer avant cette réunion.

Il vient à peine de s'endormir lorsqu'il est réveillé par l'interphone. De la baignoire, d'où il surveille les glaces, l'officier de quart lui demande de venir.

— Que se passe-t-il ? demande-t-il en arrivant en haut de l'échelle de fer.

— Commandant, explique l'officier de quart, le vent ne souffle plus de la même direction et les contours de la *polynie* commencent à changer de forme...

A ce moment le capitaine de corvette William Layman, chef du service machine, rentrant de la Station, arrive à son tour sur la baignoire.

— Commandant, raconte-t-il, je viens de constater un véritable bouleversement sur le *pack*.

Un *hummock* de quatre à cinq mètres de hauteur vient de surgir près d'ici durant les quelques heures de notre visite à la base ! Cela semble indiquer un mouvement de pression considérable entre les *floes*.

— D'après toutes mes lectures sur le sujet, opine le commandant, ce signe ne trompe pas. La force du vent est encore inférieure à 10 km/heure... Le thermomètre marque toujours zéro degré centigrade... Mais il y a certainement une violente perturbation quelque part, dont les effets se font déjà sentir ici.

Je crains que nous ne soyons obligés de nous excuser pour le banquet d'adieu.

Se tournant vers l'officier de quart, il ajoute :

— Envoyez quelqu'un à la Station pour rappeler tout le monde à bord. Nous serons plus tranquilles, ensuite, pour suivre le déroulement des événements.

D'après certains explorateurs, les modifications de *polynies* sont parfois extrêmement rapides. J'aimerais être paré à plonger le plus tôt possible... avec tout l'équipage.

— C'est la première fois qu'une *polynie* nous joue ce tour ! remarque Nicholson en rejoignant le commandant.

Nous sommes restés trois heures dans la *polynie n° 1* ; dix-neuf heures le kiosque engagé dans le puits de la *polynie n° 2* et huit heures dans la *polynie n° 3*, sans constater le moindre mouvement de ce genre.

— Le fait certain, tranche le commandant, c'est qu'ici ça bouge ! Et même sérieusement. Nous y sommes, il est vrai, depuis près de vingt-quatre heures... Larguez les amarres et déhalons-nous au milieu en attendant les retardataires.

Tenez, ajoute-t-il, en tendant une enveloppe au second, vous ferez porter ce mot d'excuse au major Billota et au Dr Understeiner par l'embarcation allant chercher nos gens.

— Je leur fais également porter quinze gallons d'*ice-cream*, annonce Nicholson. Ça fait plaisir sur la glace. »

La dernière embarcation ramène, en échange, des biftecks d'ours.

A 20 heures, le *Skate* disparaît lentement sous les yeux des camarades de la Station Alpha, rangés devant le petit espace d'eau libre dont les bords se referment irrésistiblement comme une pierre tombale.

17

« Boutakoff » pour les polynies

Après cet intermède extraordinaire, les hommes du *Skate* se retrouvent, également seuls, au sein de l'eau libre.

— Qu'allons-nous faire maintenant, commandant ? demande Nicholson.

— D'après nos instructions, répond Calvert, nous devons opérer dans l'Arctique pendant dix jours. Nous avons encore quatre jours devant nous.

En exécution de notre « mission primordiale » nous avons fait surface quatre fois, en divers points du *pack*, et acquis une certaine expérience de cette manœuvre.

— La dernière fois surtout ! observe Nicholson.

— Celle du « trou de phoque » n'était pas mal non plus ! renchérit Calvert. Bref, il faut compter sur l'imprévu dans chaque cas. Il me paraît nécessaire de poursuivre les expériences.

— Commandant, intervient l'ingénieur hydrographe Art Molloy, si cela est possible, nous pourrions peut-être explorer les fonds — jusqu'ici inconnus — s'étendant entre Alpha et le nord du Groenland.

Si nous y retrouvions la chaîne Lomonossov, il serait intéressant d'en suivre la crête jusqu'au point où nous l'avons coupée près du pôle.

— C'est une excellente idée, convient Calvert.

D'ailleurs, ce retour près du pôle nous permettra d'éprouver prudemment l'appareil à inertie lors de changements de route dans cette zone. Il faudrait arriver à pouvoir manœuvrer librement près du pôle sans crainte de s'égarer.

— Il nous faut également, commandant, avance Kelln, perfectionner notre méthode de jaugeage rapide d'une *polynie*, détectée au passage, et, aussi, mettre au point la manœuvre la plus sûre pour revenir nous placer exactement dessous après l'avoir dépassée.

— Pour la manœuvre, remarque Calvert, nous pouvons adopter la classique méthode pratiquée par les navires de surface pour revenir vers un homme tombé à la mer, ce « boutakoff [1] » enseigné dès l'Ecole Navale.

Désormais, dès que l'officier de quart verra se dessiner, sur l'enregistreur du détecteur de glace, une ligne droite d'une longueur *a priori* suffisante, il commandera 20° de barre à droite.

Lorsque le navire aura « abattu » de 80°, il fera « renverser » la barre jusqu'à 20° à gauche et laissera le *Skate* tourner, en sens inverse, jusqu'au cap opposé à la route initiale.

Ainsi, en principe, nous repasserons dans notre sillage et, par conséquent, sous la *polynie*.

Pendant ce temps, l'officier de quart rappellera par haut-parleurs l'équipe de graphiquage et réduira la vitesse progressivement.

Suivez la route tracée sur la carte, ajoute-t-il, et, à la première *polynie* « valable », l'officier de quart effectuera immédiatement cette manœuvre.

Au moment où le *Skate* franchit le 78e méridien ouest, le navire prend brusquement une forte bande.

1. Imaginé par l'amiral russe de ce nom. Dans l'*U.S. Navy* c'est un *Williamson turn*.

— Tiens ! une *polynie* ! pensent aussitôt les initiés.

Cette déduction est immédiatement confirmée par la voix calme de Bill Cowhill rappelant, par les haut-parleurs, l'équipe de graphiquage à son poste. Ce commentaire dissipe toute appréhension chez les hommes de l'équipage, non prévenus de cette nouvelle manœuvre.

Moins d'une heure après, le *Skate* se trouve en surface dans sa *polynie n° 5*, assez comparable à la troisième.

Aussi, en quelques minutes, le canot pneumatique est gonflé et l'équipe scientifique prend pied sur les berges pour y recueillir de nouveaux échantillons de glace.

— La méthode a du bon, constate le commandant. Tout s'est déroulé comme prévu. Nous allons pouvoir codifier la « Manœuvre *Polynie* ».

— Un message de l'état-major général, commandant, annonce un matelot en présentant une fiche.

Après y avoir jeté un coup d'œil, Calvert commente :

— Nous devons faire escale à Bergen le 23 août. Nous avons encore une semaine devant nous. Continuons notre programme.

Le soir même, le sondeur détecte la chaîne Lomonossov.

— Suivez-en la crête vers le nord, comme nous l'avons décidé, ordonne le commandant.

Toute la nuit et durant la matinée du lendemain le *Skate* poursuit l'exploration d'une partie, jusque-là inconnue — du moins des Occidentaux —, de la chaîne Lomonossov.

A 14 heures, le navire se trouve à 60 milles du pôle lorsque l'officier de quart manœuvre pour une nouvelle *polynie*.

— Hum ! déclare le commandant, venu examiner le graphique. Je ne sais pas si nous aurons notre longueur dans ce trou ! Bill, montez le plus lentement possible.

Soudain un léger choc est ressenti dans tout le bâtiment.

Les yeux collés aux oculaires du périscope, le commandant explique :

— L'arrière a touché sous la berge de glace. A bâbord nous la frôlons presque... Bill, demandez à la machine de donner juste quelques tours d'hélice en avant...

Nouveau choc accompagné d'un bruit de vaisselle brisée.

— L'avant vient également de percuter dans la glace, constate Calvert. Indiscutablement, cette *polynie* n'est pas assez longue pour nous. Laissons-nous tomber en attendant mieux.

Moins d'une heure après, un nouvel espace d'eau libre est détecté et l'officier de quart déclenche la manœuvre réglementaire.

— Cela vaut-il le coup, cette fois ? demande le commandant en rentrant dans le poste central.

— Oui, commandant, répond Nicholson. Nous aurons certainement la place nécessaire pour faire complètement surface.

— Alors, allons-y ! confirme Calvert.

Au bout d'un moment, les yeux au périscope, le commandant reconnaît :

— C'est, effectivement, la plus vaste *polynie* rencontrée par nous jusqu'ici. A combien sommes-nous du pôle ?

— Par 89°16', soit 44 milles, commandant, répond Nicholson.

— Mettez le canot pneumatique à l'eau, décide Calvert, et réservez-moi une place. Je vais me permettre de mettre les pieds sur la banquise à 80 kilomètres du pôle !

Et cela ne m'aura pas coûté beaucoup de peine ! ajoute-t-il. Je suis arrivé là sans quitter la température idéale de 22° centigrades.

Je ne puis m'empêcher de songer aux trois ans d'efforts déployés par Nansen pour atteindre, au cours d'un raid désespéré, 86°16' — soit 330 kilomètres plus loin du pôle qu'ici —, et aux vingt-trois années de lutte, dépensées par Peary, au nord du Groenland et de l'île Ellesmere, pour parvenir, enfin, à atteindre le premier ce fameux pôle, en 1909, après quarante-cinq jours de marches forcées au milieu des *hummocks* mouvants...

Vingt minutes plus tard le canot pneumatique est de retour.

— Je comprends encore mieux, maintenant, déclare Calvert, ce qu'ont été les années de solitude des explorateurs « rampants » de la banquise !

Nous mesurons toute l'ampleur de la révolution scientifique et technique accomplie en un demi-siècle, puisque, en quelques minutes, nous pouvons passer de l'ambiance des premiers âges de la Création à celle du confort le plus raffiné de la civilisation moderne.

Dommage de quitter si tôt cette belle *polynie* ! Mais il nous faut faire un nouveau crochet par le pôle !

On dîne tranquillement au carré et au mess de l'équipage tandis que le *Skate* franchit les derniers milles qui le séparent du pôle Nord.

— Nous avons le temps de faire un bridge avant d'arriver au pôle, déclare le commandant Calvert au dessert.

A 23 heures, l'officier de quart annonce aux haut-parleurs, d'une voix presque aussi blasée que celle du receveur d'autobus indiquant une « fin de section » :

— Nous passons au pôle pour la seconde fois.

Durant quelques heures, le *Skate* procède à des vérifications de positions et de caps sur le *grid* en comparant les éléments « classiques » fournis par le nombre de tours/minute des hélices et les gyrocompas, conservateurs de direction, avec les indications du navigateurs par inertie, puis le commandant ordonne :

— Faites route vers la mer du Groenland.

Le 18 août, une nouvelle *polynie* est détectée à 250 milles du pôle. Elle est de bonnes dimensions et le *Skate* y fait surface sans difficulté.

— C'est notre huitième manœuvre de ce genre, commandant, fait remarquer Nicholson. J'espère qu'en « haut lieu » on estimera que notre « mission primordiale » a été accomplie avec succès.

— Je l'espère aussi, répond le commandant.

— *L'eau est douce !* s'écrie soudain le Dr Lafond, occupé à prendre des échantillons d'eau de mer le long du bord.

— Cela me rappelle, plaisante Calvert, le cri d'un des « Naufragés du Chancellor » de Jules Verne !

Mais nous ne sommes pas, comme eux, au large de l'estuaire de l'Amazone !

Comment expliquez-vous cela, docteur ?

— La température, répond Lafond, est remontée au-dessus du zéro centigrade. Cela fait fondre la neige et la glace des *hummocks* sur les berges de la *polynie*.

Le temps étant exceptionnellement calme, l'eau *douce* provenant de cette fusion se déverse à sa surface sans se mélanger avec l'eau de mer sous-jacente.

J'en ai la preuve, car à 3,60 m de profondeur, l'eau redevient brusquement salée. Cette profondeur correspond, visiblement, au « tirant d'eau » des berges de glace flottante, lesquelles isolent la tranche d'eau douce supérieure du mouvement général animant la masse océanique située sous le *pack*.

— Puisque nous pouvons ventiler largement à l'air naturel, rend compte Nicholson, j'ai dit au cuisinier de faire cuire les biftecks d'ours donnés par les camarades de la Station Alpha... mais tous ceux qui y ont goûté les déclarent absolument immangeables !

— Heureusement, remarque Calvert, que Nansen et Johanssen étaient moins difficiles que nous sur ce chapitre... comme sur beaucoup d'autres ! Enfin ! si personne n'en veut, vous pouvez faire jeter cette viande à l'eau.

Un instant plus tard, le quartier-maître Médaglia apporte le reste du quartier d'ours sur le pont et le jette par-dessus bord.

A la stupéfaction générale, après avoir coulé comme une pierre dans l'eau... *douce*, il s'arrête brusquement en atteignant la surface de l'eau... salée, de densité supérieure.

— Vous voyez ! déclare le quartier-maître à la cantonade d'un air dégoûté, la mer elle-même n'en veut pas !

En poursuivant sa route vers le sud, le *Skate* vient en surface une neuvième et dernière fois au milieu du *pack*.

Dans la soirée du 20 août, il atteint la lisière de la banquise d'où il poursuit sa route vers Bergen sous les eaux libres.

Le commandant s'adresse à l'équipage par les haut-parleurs.

— En exécutant complètement sa mission, déclare-t-il, le *Skate* a établi de nombreux records.

En onze jours il a parcouru 2 400 milles[1] sous la glace et a fait surface — au moins partiellement — à neuf reprises, au milieu de la banquise, dont deux fois à moins de 45 milles du pôle Nord.

En visitant la Station dérivante Alpha nous avons montré la possibilité d'établir des liaisons sous-marines avec de telles stations ou avec des naufragés de l'air, en utilisant un système de guidage sous-marin au son ou aux ultra-sons.

Près du pôle nous avons communiqué avec des stations radio de la Marine situées à l'autre bout du monde et nous pouvions utiliser nos radars et radiogoniomètres.

Nos essais démontrent la possibilité, pour les sous-marins nucléaires lance-missiles, d'opérer dans tout l'océan Arctique.

Enfin, nous avons effectué 650 000 sondages et découvert suffisamment d'accidents remarquables du relief, au fond de cet océan, pour que chacun de nous puisse laisser son nom à une vallée, une montagne ou une chaîne, jusqu'ici inconnues.

Nous faisons route pour rendre visite à divers pays d'Europe avant de rallier notre base...

Le *Skate* est reçu avec une curiosité compréhensible à Bergen, où le roi Olaf V vient à bord, à Rotterdam, à Anvers et à Cherbourg.

Il rentre à New London fin septembre où il est, à son tour, chaleureusement fêté.

Mais, quelques jours plus tard, au carré, le capitaine de corvette Nicholson fait remarquer à ses camarades :

— De la possibilité de faire surface dans le *pack*, précisait notre ordre de mission, « dépend l'emploi stratégique des sous-marins nucléaires en Arctique ».

Nous avons démontré cette « possibilité », mais... *au mois d'août* !

C'est-à-dire pendant la période la plus chaude de l'année. Moment fugitif où la température atteint — ou même dépasse très légèrement — le zéro centigrade, facilitant la dislocation du *pack* et la formation de *leads* ou de *polynies dont l'eau ne gèle pas*.

Il n'en est certainement pas ainsi durant tout le reste de l'année...

Alors ? Si les sous-marins nucléaires ne peuvent opérer en Arctique que pendant *un mois par an*, cela nous fait une belle jambe !

Nicholson vient de formuler clairement l'interrogation venue à l'esprit de beaucoup de ses compagnons du *Skate* et, en tout premier lieu, à celui du commandant.

---

1. Quatre mille quatre cents kilomètres.

— Bien entendu, Nick, répond-il, nous sommes un certain nombre à avoir pensé cela, ici et au Pentagone.

Jusqu'ici, effectivement, *toutes* les incursions sous-marines en Arctique ont eu lieu en plein été et généralement en août, à commencer par la première tentative de toutes, celle du *Nautilus* prénucléaire de Sir Herbert Wilkins, en 1931.

Ce vétéran des glaces a accepté mon invitation à venir visiter le *Skate*. Nous pourrons l'interroger sur ce sujet.

Quelques semaines plus tard [1], Wilkins est à bord du *Skate*.

Il écoute avec un intérêt facile à imaginer le récit d'une croisière qu'il avait en vain tenté d'effectuer, vingt-sept ans plus tôt, faute de moyens adéquats. Puis le commandant Calvert lui pose la question prévue.

— Que pensez-vous, lui demande-t-il, des chances d'une telle expédition *en hiver* ?

— Des ouvertures, lui répond le vieil explorateur, se forment certainement dans le *pack* en hiver, mais elles doivent être très rares.

La plupart des grands raids *sur* la banquise — notamment ceux de Nansen et de Peary — ont été entrepris en mars ou avril, période où le *pack* est le plus compact, et où, par conséquent, les « rampants », utilisant des traîneaux, risquaient le moins d'être arrêtés par des *leads* ou des *polynies*...

— Si je me souviens bien, demande Calvert, c'est précisément en avril, qu'après vingt-trois ans de tentatives infructueuses, Peary a enfin atteint le pôle ?

— Oui, répond Wilkins. Exactement le 6 avril 1909. Il y aura juste cinquante ans au printemps prochain. Pensez-vous y retourner pour cet anniversaire ?

— Cela n'aurait pas grande signification, remarque le commandant du *Skate*, si nous ne pouvions pas y faire surface !

— Pourquoi ne tenteriez-vous pas de faire un trou dans la glace ? reprend Wilkins. C'était un de mes projets en 1931.

Il ne me semble pas nécessaire de créer une brèche assez grande pour pouvoir y faire surface complètement, mais un simple trou permettant de sortir l'extrémité d'un périscope afin d'observer les étoiles, l'antenne radio pour entrer en liaison avec l'extérieur ou le schnorchel pour renouveler l'air intérieur.

— Je ne vois pas très bien, objecte le commandant, comment nous pourrions « forer » de tels trous.

D'ailleurs cela ne résoudrait pas le problème des opérations sous-marines dans l'Arctique telles qu'elles sont actuellement envisagées.

Nos futurs sous-marins nucléaires disposeront de missiles de très

---

1. Le 18 octobre 1958.

grande portée, disposés dans des puits verticaux situés à l'intérieur de la coque.

Pour pouvoir lancer ces engins en Arctique, il leur faudra, soit se placer au-dessous d'une *polynie d'eau libre*, soit amener *au-dessus de la glace* la partie centrale de leur pont où débouchent les puits de lancement.

— Pour le forage de trous, reprend Wilkins, j'avais songé à coiffer le périscope d'une tête chauffée électriquement.

Quant à amener la partie centrale du pont à l'air libre, je ne vois pas d'autre solution que l'ouverture d'une *polynie artificielle* au moyen de puissants explosifs placés sous la glace par des mines à flottabilité positive, lâchées par les tubes lance-torpilles.

— Je crois, conclut Calvert, qu'il nous faudra creuser sérieusement cette question.

Bien décidé à ne pas en rester là, le commandant du *Skate* se rend, en janvier 1959, au collège de Dartmouth à Hanover (New Hampshire), afin d'interroger un autre vétéran des expéditions polaires héroïques, le Dr Willyalmer Stefansson.

— Les températures moyennes, en Arctique, précise d'abord ce dernier, sont sensiblement les mêmes en janvier, février et mars.

Mais la glaciation atteint sa force maximum en mars.

Par suite, on a peu de chances de trouver de l'eau libre durant ce mois-là.

— Pourtant, avance Calvert, les tempêtes sont plus violentes au cours de l'hiver. Les efforts de dislocation et de compression qu'elles provoquent ne produisent-ils pas, alternativement, des cassures, puis des rapprochements ? Nansen a décrit la violence de ces convulsions en toutes saisons, mais particulièrement en hiver et au printemps, en insistant sur la permanence éternelle de cette « bataille des glaces ».

— Des ouvertures se produisent certainement dans le *pack*, reconnaît Stefansson, en ces saisons comme dans les autres. Mais on a peu de chances d'en trouver, parce qu'il faudrait tomber dessus juste au moment où elles se produisent.

— Comment cela ? demande Calvert.

— La moyenne des températures de l'air arctique, en hiver et au printemps, explique l'explorateur, est de 34° centigrades sous zéro. A une telle température, la surface calme de l'eau de mer gèle presque instantanément et la nouvelle glace atteint 15 centimètres d'épaisseur dans les premières vingt-quatre heures.

— Evidemment ! constate le commandant déçu, si on ne se trouve pas sur les lieux, dans ces saisons, au moment précis où se forme une *polynie*, on n'y trouve pas d'eau libre, mais seulement un espace recouvert de « jeune glace » dont l'épaisseur croît rapidement.

Du moins dans les premiers jours, reprend-il, car — si je me le rappelle bien — Nansen a observé qu'après avoir atteint une trentaine de centimètres dans les dix premiers jours, l'épaisseur de la « jeune glace » croît *de plus en plus lentement* !

— Alors ! avance soudain Stefansson. Pourquoi ne tenteriez-vous pas de faire surface en *crevant cette « jeune glace »* ?

— *A priori*, répond le commandant, cela me paraît être un jeu extrêmement dangereux pour nos sous-marins nucléaires.

Jules Verne a fait crever la glace à son sous-marin *imaginaire* en le dotant d'un avant terminé par une pointe d'acier extrêmement résistante. Il écrivait cela au lendemain de la bataille navale de Lissa, au cours de laquelle le navire-amiral autrichien *Ferdinand-Maximilian* avait coulé, d'un *coup d'éperon d'étrave*, le navire italien *Re d'Italia*...

Mais il s'agissait d'un objectif se tenant, obligatoirement, dans le *même plan horizontal* que l'abordeur. Se lancer *obliquement*, l'avant dressé vers le haut, contre *le plafond*, est une tout autre affaire !

Toutefois, Jules Verne avait donné au *Nautilus* fictif une structure permettant *d'imaginer* cette manœuvre. Non seulement son avant avait été construit dans ce but, mais son kiosque, très bas, était escamotable !

L'avant de nos sous-marins nucléaires est tout différent. Pour des raisons hydrodynamiques il est de forme très arrondie, notamment sur le dessus. En outre, cette dernière partie est composée d'une enveloppe mince, perméable aux ondes ultra-sonores, émises par le sonar d'étrave. Enfin, sur les côtés, se trouvent les orifices des tubes lance-torpilles. Le tout est très fragile.

Par ailleurs, le kiosque s'élève à cinq mètres au-dessus du pont milieu — sept mètres pour le *Nautilus*. Même si nous nous lancions avec l'obliquité maximum vers le haut, le sommet du kiosque toucherait les bords de glace — profondément immergés — entourant les *polynies*, avant que l'étrave puisse atteindre la « jeune glace » les recouvrant.

D'après les expériences de l'été dernier, nous ne pouvons atteindre la surface d'une *polynie* qu'en montant *à la verticale*, comme un ascenseur. Dans ces conditions le kiosque subirait le premier choc comme un véritable *éperon dorsal* !

Le problème se ramène alors à deux questions :

D'une part, quelle épaisseur de glace ce kiosque pourrait-il crever sans risque d'avaries à sa tôlerie mince et aux précieux appareils périscopiques qu'il contient ?

D'autre part, étant sous une *polynie* gelée, pouvons-nous déterminer l'épaisseur de la « jeune glace » qui la recouvre afin de savoir si nous pouvons — ou non — tenter de la crever ?

A ma connaissance, seul le sous-marin soviétique *K 51* a tenté réellement — sans succès d'ailleurs — de crever la glace nouvellement formée à la sortie du golfe de Finlande durant l'automne 1941.

Mais il avait le champ libre — si je puis dire —, s'agissant d'une vaste surface de jeune glace, et il a pu tenter d'éperonner la glace obliquement à vitesse maximum, à la Jules Verne.

Dans le cas d'une *polynie* dont la « jeune glace » est *enchâssée* dans la glace très épaisse du *pack* — comme une vitre dans un toit — le problème — nous venons de le voir — est tout différent !

— J'ai vu, raconte alors Stefansson, des baleines crever une glace de quinze à vingt centimètres d'épaisseur *avec leurs dos*, dans des *leads* fraîchement gelés !

— Vous me donnez là, docteur, déclare Calvert, un argument formidable ! Je vais suggérer au Pentagone de faire faire une étude sérieuse de l'*éperonnage dorsal avec le kiosque renforcé*. Après tout ! pourquoi le *Skate* [1] ne tenterait-il pas de faire ce que font les baleines ?

18

A coups d'éperon dorsal

— Vous vous rappelez, commence le commandant Calvert, au carré du *Skate* [2], notre discussion de l'automne dernier sur la possibilité, pour des sous-marins nucléaires, d'opérer en Arctique, *en hiver* ?

Eh bien ! poursuit-il après un instant de silence, afin de trancher la question, le Pentagone a décidé de nous renvoyer sous la banquise pour tenter d'y accomplir, *au moment de la glaciation maximum*, la mission que nous avons remplie avec succès dans le mois le plus favorable.

— Si, je me rappelle bien, remarque le commandant Layman, Nicholson avait soulevé cette question. Il va regretter de ne pouvoir participer à sa solution !

— Son regret sera atténué, observe le commandant, par sa joie de commander son premier sous-marin.

Vous, Bill [3], assumerez désormais les fonctions d'officier de navigation. Nous l'avons vu opérer l'année dernière et notre expérience commune nous aidera à aborder ce nouveau problème.

— Réellement nouveau, en effet, commandant, reprend Layman.

D'après notre conversation avec Wilkins, il ne s'agit plus de trouver un trou d'eau libre, mais de faire surface *de vive force* à travers la « jeune glace » se formant immédiatement sur les *polynies*

---

1. La raie.
2. En février 1959.
3. Le capitaine de corvette William Layman.

en cette saison. Comment saurons-nous à quelle résistance nous risquons de nous heurter ?

— Ce problème essentiel, répond Calvert, n'est pas encore résolu. Le détecteur de glace ne peut pas déceler, d'une manière certaine, si la surface est faiblement gelée ou non. Une glaciation de quelques centimètres — ou même de plusieurs dizaines de centimètres — risque de ne pas apparaître sur l'enregistreur.

Le coup des périscopes du *Nautilus*, en 1957, doit nous inciter à la prudence en la matière, quoique, depuis, le Dr Waldo Lyon et ses collaborateurs se soient efforcés d'améliorer la sensibilité de la détection sous-glaciaire. D'ailleurs, même si l'appareil nous donnait l'épaisseur de la « jeune glace », au centimètre près, nous ne serions pas plus avancés, *actuellement*...

— Pourquoi, commandant ? demande Cowhill.

— Parce que, répond Calvert, nous ne savons pas quelle épaisseur de glace nous pouvons tenter de crever sans risques pour nos superstructures et nos appareils extérieurs.

— Je ne vois qu'une solution, commandant, avance Kelln : procéder par « approximations successives », si l'on peut ainsi dire.

Pour cela il nous faudrait savoir — pour le cas où la glace ne céderait pas — quel choc — ou, si l'on préfère, quel 1/2 MV^2 — lesdites superstructures pourraient encaisser sans mal !

— Les « experts », croyez-moi, mon cher Kelln, répond Calvert, ont bien envisagé le problème sous cet angle. Mais, précisément, il est fort difficile de répondre *à l'avance* à votre question. Aucun calcul ne peut donner des certitudes sur ce point. Malgré cela nous serons bien obligés de tenter les « approximations successives », comme vous dites si justement.

— On peut tout de même, avance Layman, prendre certaines précautions préalables. En tout premier lieu, un sérieux renforcement du sommet du kiosque s'impose à l'esprit.

Il faudrait pouvoir le transformer en un véritable *éperon dorsal* ayant une résistance analogue à celle des étraves, en forme de sabot, dont étaient dotés les navires de combat de surface de la fin du siècle dernier ou, encore, à celle des étraves des brise-glace de surface modernes.

— C'est prévu, naturellement, révèle le commandant. Malheureusement, il y a une différence capitale de structure entre le sommet d'un kiosque de sous-marin et les étraves des navires en question. Le kiosque supporte, sur sa partie avant, la petite passerelle de manœuvre, dite baignoire, avec ses instruments de navigation et de liaison et, immédiatement en arrière, les orifices de sortie des appareils périscopiques.

Au contraire, l'extrémité avant des navires de surface ne contient, en général, aucun appareil. Elle est fortement cloisonnée en alvéoles vides et étanches appelées, précisément : compartiments « de choc » !

Pour notre kiosque il va falloir se contenter de renforcer les parois latérales et de coiffer son sommet d'un chapeau en tôle épaisse dans lequel on ménagera, au plus juste, les trous de sortie des périscopes et un évidement au-dessus de la baignoire.

— C'est donc, reprend Layman, en fonction de ces renforcements qu'il faut calculer — ou estimer — la vitesse ascensionnelle avec laquelle nous pourrons aborder une glace résistante sans risquer des avaries.

— Les experts, reprend le commandant, ont fait leurs calculs à partir de ces données. Mais, bien entendu, ils ne peuvent en garantir la valeur exacte. Leurs résultats doivent être considérés, à mon avis, comme des ordres de grandeur.

— Et quand, commandant, demande Layman, devons-nous partir pour cette nouvelle croisière arctique ?

— Dans les premiers jours du mois prochain, annonce le commandant. En mars, la glaciation est maximum là-haut. Après avoir réalisé le plus facile, nous allons nous attaquer au plus difficile.

On doit nous installer un dispositif de télévision orientable projetant, sur deux écrans placés au poste central, la vision du dessous du *pack*. Cet appareil a fonctionné avec succès à bord du *Nautilus* pendant sa traversée arctique.

Seulement, comme, cette fois, nous entrerons dans la nuit polaire, il sera complété par des projecteurs extérieurs d'éclairage également orientables.

— Comme ceux du *Nautilus* de Jules Verne ! s'exclame Cowhill.

— Nous aurons sans doute des scientifiques à bord pour ces nouvelles expériences ? demande Boyd.

— Fort heureusement, répond le commandant, Sandusky pourra continuer à pouponner son navigateur à inertie. Wittmann, « l'homme des glaces », ne peut évidemment pas se désintéresser de l'explication brutale que nous proposons d'avoir avec sa matière de prédilection.

Quant au Dr Lafond, il sera remplacé par son patron, le Dr Waldo Lyon en personne, l'homme de toutes les expéditions sous-marines en Arctique — sauf la nôtre d'août dernier — pour l'excellente raison qu'il se trouvait alors à bord du *Nautilus*.

Le *Skate* réappareille de la base sous-marine de New London le 3 mars 1959.

Onze jours plus tard, après une traversée « classique », sous les mers libres, de 4 000 milles, il se retrouve dans les parages du Spitzberg.

La lisière de la banquise atteint alors son maximum d'extension vers le sud.

— Essayons de prendre un dernier relèvement radar sur le Spitzberg, comme l'an dernier, déclare le commandant au nouveau second et officier de navigation, le capitaine de corvette William Layman, ex-chef du service machine lors de la croisière arctique précédente.

— Nous avons le relèvement, commandant, annonce Layman au bout d'un moment.

— Alors, ordonne Calvert, en se tournant vers le nouvel officier de plongée, le lieutenant de vaisseau Guy Shaffer, descendons à 100 mètres et mettez cap au nord à 16 nœuds.

A 20 heures, le détecteur de glace dessine les premiers *floes*, d'abord largement espacés les uns des autres.

Les curieux se serrent auprès d'un des écrans de la télévision mis à leur disposition.

— On dirait des nuages qui défilent, observe l'un d'eux.

— Plus ils sont sombres, plus la glace est épaisse, commente un autre... d'ailleurs l'enregistreur de profil le confirme.

— Qu'est-ce que cela serait si nous passions sous un iceberg ! raconte un loustic.

— Vous plaisantez ? relève le commandant. Au cours de la croisière de l'été dernier je croyais qu'il n'y avait pas de véritables icebergs — c'est-à-dire, littéralement, des « montagnes de glace » *terrestres* ayant glissé dans la mer — au milieu de l'océan Arctique.

C'était impardonnable de ma part. La presse et la radio ont fait assez de battage, depuis 1952, à propos des fameuses « îles flottantes de l'Arctique ». Surtout lorsque le colonel de l'U.S.A.F. Fletcher et ses compagnons installèrent une station météo aéroportée sur « l'île flottante T3 » devenue l'« île Fletcher ».

Sans doute ces appellations journalistiques d'« îles flottantes » m'avaient-elles empêché de réaliser, qu'en l'espèce, il ne s'agissait pas de *floes* — c'est-à-dire de glaçons d'eau *de mer* — comme celui sur lequel était installée la Station Alpha.

Ce sont bel et bien de vrais icebergs provenant des glaciers de l'île Ellesmere, lesquels, entraînés au départ vers le détroit de Behring, puis repris, très au nord de ce détroit, par la dérive générale centre-arctique vers le pôle, décrivent des ellipses dans la partie centrale de cet océan.

Mes lectures polaires de cet hiver m'ont révélé mon erreur et j'ai eu un petit frisson rétrospectif à la pensée d'avoir parcouru l'Arctique en ignorant la possibilité de rencontrer une telle « montagne » de glace, dont le tirant d'eau peut atteindre et même dépasser 100 mètres !

— Mais, commandant, remarque Layman, depuis la découverte

de la première « île flottante », cataloguée T1, en 1946, les camarades de l'U.S.A.F. se sont livrés à une véritable chasse aux icebergs sur toute la surface de l'Arctique. Ils ont dû repérer et cataloguer tous ceux qui y circulent.

— Je pensais ainsi, reprend Calvert. Mais mes lectures de cet hiver ont troublé cet optimisme. Certains de ces icebergs sont, paraît-il, extrêmement difficiles à découvrir, d'avion, au milieu du *pack*.

— Heureusement, commandant, observe Kelln, nous avons toujours surveillé avec attention les indications du sonar avant. Il doit pouvoir nous signaler toute glace d'immersion anormale à une distance nous laissant le temps de manœuvrer pour l'éviter.

— Cela m'a effectivement rassuré, *a posteriori*, reconnaît le commandant. Je vous raconte cette « révélation », précisément pour montrer l'intérêt de cette détection vers l'avant... La probabilité d'une telle rencontre est faible mais le risque qu'elle représenterait pour nous est grand...

— Le *pack* est maintenant compact, annonce Lyon.

— Un vrai *pack* d'hiver, observe Calvert. Nous sommes toujours en manches de chemise dans notre échantillon d'air du Connecticut maintenu à 22 degrés centigrades, mais il doit faire quelque chose comme 30 à 40 degrés centigrades *au-dessous* de zéro là-haut !

Le lendemain matin, dimanche[1], le *Skate* a déjà pénétré de 120 milles sous la banquise.

Quelques curieux sont penchés sur l'écran de télévision public.

— Tiens ! Il y a une éclaircie dans les nuages, remarque l'un d'eux.

Effectivement, l'homme de quart, devant l'enregistreur de détection zénithale, annonce :

— Ligne de surface libre assez longue.

Selon la consigne établie l'année précédente, l'officier de quart commande aussitôt :

— A droite vingt ! pour amorcer la manœuvre dite de « boutakoff », et ajoute : Rappelez, par les haut-parleurs, l'équipe de graphiquage.

Lorsque le navire est stoppé à l'aplomb présumé de la *polynie*, le sonar zénithal indique un *pack* épais.

Le capitaine de corvette Layman vérifie le temps mort écoulé entre l'annonce de la détection filiforme et le début effectif de la manœuvre.

— La *polynie* doit être sur l'avant, déclare-t-il.

Cela est confirmé par le sonar horizontal détectant vers l'avant les « *hummocks* à l'envers » bordant le « trou » recherché.

En quelques tours d'hélice, Shaffer place le *Skate* dessous.

1. Le 15 mars 1959.

— Eau libre ou glace mince ? Voilà la question, déclare le commandant. Le dilemme prévu se présente à nous pour la première fois.

— Selon toute probabilité, répond Lyon, en cette saison, ce ne peut être de l'eau libre, mais de la « jeune glace ». Quant à déterminer exactement l'épaisseur de cette dernière, nous n'en sommes, malheureusement, pas encore là !

— Peut-être, avance le commandant, pourrons-nous nous en faire une idée d'après la transparence du « plafond » ? Sortez le périscope. Je vais tâcher de comparer avec les souvenirs de vision d'eau libre de l'été dernier.

— Ce sera une comparaison très aléatoire, remarque Lyon. Cette notion de transparence dépend de la clarté de l'atmosphère extérieure, or nous ignorons quel temps il fait dehors. De plus, nous sommes en hiver et vos souvenirs datent, comme vous le dites, de l'été dernier.

Les yeux aux oculaires, le commandant répond :

— J'ai l'impression, malgré tout, qu'il doit s'agir de glace relativement mince. Seul le contact pourra nous en apprendre davantage... le tout est de décider s'il faut tenter l'affaire dès maintenant.

— Commandant, répond Layman, vous vous étiez déjà posé cette question le *dimanche* 10 août dernier, lorsque nous avons rencontré notre première *polynie*. Nous avons tenté notre chance et ce *dimanche*-là nous a été favorable.

Le raisonnement tenu alors par Nicholson est aussi valable aujourd'hui qu'alors. Notre « mission primordiale » est toujours de faire surface dans le *pack* et, cette fois, ce ne peut être qu'en *crevant la jeune glace* recouvrant les *polynies* en cette saison.

Le risque est donc plus grand... Raison de plus, comme le faisait remarquer Nicholson il y a sept mois, pour le courir à 120 milles de la sortie plutôt qu'à 600 milles.

Enfin nous sommes *dimanche* et ce jour-là nous a été bénéfique la première fois !

— Vous avez raison, Bill, approuve le commandant. Puisqu'il faudra en venir, tôt ou tard, à cette épreuve de force, autant la tenter en ce premier dimanche sous le *pack*, puisque le jour du Seigneur nous a été favorable la première fois...

Allez-y, Guy ! Montez le plus lentement possible. Rentrez le périscope. Orientez la caméra de télévision sur le sommet du kiosque... Il va encaisser le choc et de son comportement dépendent tous nos espoirs !

Jamais téléspectateurs n'ont contemplé plus avidement les écrans de télévision sur lesquels va peut-être se jouer leur destin.

Pour la première fois dans l'Histoire, des hommes guettent l'éperonnage d'une glace inconnue par le sommet du kiosque de leur sous-marin.

— Si, observe Layman, les experts se sont trompés d'une virgule dans leurs calculs, ce sera la catastrophe.

Soudain tous ressentent une légère secousse.

— Nous rebondissons doucement, constate le commandant. Vous avez bien manœuvré, Guy... Il vaut mieux aller trop que pas assez doucement pour la première fois. Recommençons, un tout petit peu plus fort...

— *Nous avons crevé !* crient dix voix, au moment où les téléspectateurs voient, sur les écrans, le sommet du kiosque disparaître dans un bouillonnement d'eau et de blocs de glace.

— Pas mal pour le premier coup d'éperon dorsal de l'Histoire, déclame emphatiquement Layman. Cette fois nous n'avons ressenti aucun choc.

— Nouveau record pour le *Skate*, proclame le commandant.

Ce sera le premier sous-marin à avoir fait surface en crevant la glace de la banquise...

Attention ! enchaîne-t-il, ne nous fions pas à nos souvenirs de l'été dernier... La tenue polaire complète est de rigueur pour mettre le nez dehors et pas seulement pour la caméra cette fois !

Nous allons passer de plus de 20° au-*dessus* à plus de 30° au-*dessous* du zéro centigrade !

Généralement, lorsqu'on ouvre le panneau donnant accès à la « baignoire », aussitôt après avoir fait surface, on reçoit une douche, plus ou moins abondante, d'eau de mer.

Cette fois, le panneau résiste à l'ouverture, puis, lorsqu'il finit par céder aux efforts du quartier-maître Médaglia, ce sont des morceaux de glace qui tombent. Des blocs de glace empêchent de l'ouvrir complètement.

La baignoire en est remplie. Il faut les briser à coups de barre de fer et les jeter par-dessus bord pour la dégager.

« Du haut du kiosque, devait noter Calvert, nous découvrons un paysage lunaire jusqu'ici inconnu de nous.

Ce n'est plus l'Arctique de l'été dont nous avions gardé le souvenir, avec son soleil permanent éclairant une immense étendue de lacs de fusion d'un bleu limpide, ourlés du blanc éblouissant des *hummocks*. Le bleu sombre de l'eau de la *polynie* tranchait alors dans son cadre ouaté et sa surface frissonnait sous la caresse d'une brise fraîche et légère.

Cette fois, nous surgissons au milieu d'un chaos apocalyptique uniformément ouaté de neige fraîche, baigné dans une pénombre sinistre, par un froid qui nous pénètre instantanément jusqu'aux os.

Le *Skate* se trouve bien au centre d'une *polynie*, de forme et de dimensions analogues à celles de l'été dernier, mais il faut le deviner car elle est solidement gelée et le manteau de neige s'étend uniformément sur elle comme sur les *hummocks* qui l'entourent.

Le sous-marin a déchiré cette belle surface immaculée et soulevé les plaques de glace enneigée sur son pont.

La tour d'acier noire de son kiosque se dresse, insolite, au beau milieu de ce désert blanc des âges préhistoriques, comme une tranche de fruit confit piquée au centre d'une pièce montée saupoudrée de sucre fin.

Un silence impressionnant règne sur cette planète morte, irréelle, d'une splendeur inquiétante. »

— Heureusement qu'il n'y a pas de vent ! déclare le commandant. En cette saison cela doit être plutôt rare ! Quelle est la température ?

— Beaucoup plus chaud que nous nous y attendions, commandant, annonce le lieutenant de vaisseau Shaffer : 30° sous le zéro centigrade... seulement !

— En venant de 22° au-dessus, répond Calvert, cela fait tout de même une notable et brutale différence ! Allez-vous pouvoir observer ce pâle soleil, se traînant sur l'horizon, Bill ?

— Certainement, commandant, répond Layman, son sextant gyroscopique à la main. Je vais également prendre son relèvement afin de vérifier nos compas par un calcul d'azimut vrai.

Vingt minutes après, il annonce :

— La droite déduite de la hauteur observée du soleil passe sur notre point estimé. L'azimut confirme le fonctionnement correct de nos compas gyroscopiques.

— Par ces – 30° dehors, remarque Lyon, l'eau de mer, sous la glace, demeure à – 1° seulement.

— C'est une chance énorme pour les sous-marins, observe le lieutenant de vaisseau Boyd. Nous n'avons pas plus de difficulté qu'en été à maintenir notre température tempérée intérieure et il n'y a pas davantage de condensation sur les parois et les tuyautages.

— Oui, acquiesce le commandant, mais cela n'est plus vrai pour le kiosque et le pont, actuellement en contact avec l'air. L'interphone s'en ressent puisqu'il refuse de fonctionner.

— Commandant, rend compte Médaglia, le téléphone branché sur casque fonctionne correctement.

— Parfait, répond Calvert. Il faudra étudier la protection de l'interphone contre les grands froids...

— Cette venue en surface de vive force, observe Layman, a au moins un avantage : nous pouvons *débarquer à pied sec* sur la glace !

— Excellente remarque, approuve le commandant. Je vais la mettre à profit pour faire le tour du bord sans embarcation.

J'autorise les amateurs à prendre du recul pour photographier et filmer le premier sous-marin ayant fait surface en brisant la glace.

En rentrant de son inspection extérieure, le commandant déclare au second :

— Apparemment il n'y a aucune trace de fatigue des tôles et des appendices extérieurs, ni sur le chapeau du kiosque, ni sur le pont.

— En effet, commandant, répond Layman. Mais, pour nous assurer qu'il n'y a pas eu de déformations au sommet du kiosque, il faudrait vérifier le fonctionnement des périscopes et du schnorchel.

— Je crois, estime le commandant, qu'il n'est pas prudent de le faire dehors par un froid pareil. Les lubrifiants sont sans doute gelés... Nous le ferons après un certain temps de retour dans l'eau « tiède » — tout est relatif — de l'océan.

— Commandant, avance le Dr Lyon, il serait intéressant — pour la construction des futurs sous-marins polaires notamment — de déterminer le processus de crevaison de la glace, par le kiosque d'abord, puis par le pont ensuite...

— Qu'entendez-vous par là ? lui demande Calvert.

— Je veux dire, précise Lyon, chercher à déterminer ce qui, dans la rupture, doit être attribué, d'une part à l'effet de cisaillement et, d'autre part, à celui du soulèvement de la glace.

Contrairement à la croyance de beaucoup de gens non avertis, explique-t-il, les brise-glace de surface « n'éperonnent » pas la glace... Ils *montent dessus* puis l'*écrasent* en remplissant d'eau d'énormes ballasts situés à l'avant et sur les côtés.

Dans le cas d'un sous-marin exerçant son effort *par-dessous*, il y a incontestablement effort de *soulèvement*, mais il serait utile de savoir dans quelle mesure la forme du sommet du kiosque et celle de l'arête supérieure du pont pourraient faciliter la rupture résultant de ce soulèvement... autrement dit, s'il y aurait intérêt, dans ce cas, à se rapprocher de la forme *tranchante* des éperons d'étrave de jadis.

— Et comment voulez-vous étudier cela ? demande le commandant.

— Il faudrait, répond Lyon, *filmer l'opération*... de l'extérieur et, pour cela, laisser une équipe sur la glace... mais, poursuit-il vivement, vous estimerez sans doute, commandant, que c'est trop risqué !

— Nous avons déjà pris pas mal de risques ! répond Calvert. Nous sommes dans une *polynie* assez vaste pour se prêter à ce genre d'essai...

Le délicat me paraît être de fixer, *à l'avance*, le point où nous tenterions de crever à nouveau et de nous placer *effectivement dessous* avec précision... et non pas sous l'équipe de prise de vues !

19
A travers la glace du pôle

— Guy, demande le commandant au lieutenant de vaisseau Shaffer, lorsque nous aurons plongé, pourriez-vous faire avancer le *Skate* d'une distance *précise* — mettons 100 mètres —, afin de recommencer la manœuvre de percée à distance de sécurité d'une équipe laissée sur la glace pour filmer le phénomène ?

— Oui, commandant, répond Shaffer sans hésitation.

— Alors, décide Calvert, nous allons tenter ce nouveau tour de force inédit... Si, toutefois, notre toubib-cinéaste s'en ressent ! Demandez-lui de venir sur la passerelle.

Qu'en pensez-vous, Dick ? dit-il au médecin-major Dick Arnest, après lui avoir expliqué ce dont il s'agit.

— Je suis prêt à « opérer », répond le médecin-cinéaste.

— Nous tâcherons de ne pas soulever la glace sous vos pieds, plaisante le commandant, ni de vous laisser geler trop longtemps ! Couvrez-vous bien !

Le médecin, le maître torpilleur Dornberg et le quartier-maître Martin, vêtus comme les explorateurs polaires traditionnels et portant la caméra de prise de vues, s'éloignent sur la glace enneigée.

Avant de fermer le panneau du kiosque, le commandant leur fait un geste d'adieu, puis le sous-marin — seul lien entre eux et le monde civilisé — disparaît sous la glace.

Sur les écrans de télévision, les téléspectateurs voient le kiosque glacé se couvrir d'un givre blanc au contact de l'eau de mer beaucoup moins froide.

Au-dessus ils distinguent nettement le trou — en forme de fuseau — fait dans la glace par le sous-marin.

— Grâce à Dieu, constate avec soulagement le commandant, voilà un merveilleux repère pour nous placer avec précision à l'endroit convenu pour le nouvel éperonnage dorsal. Allez-y, Guy. Remontez à la vitesse qui nous a permis de percer la première fois.

Le kiosque crève pour la seconde fois.

— Ouvrez le panneau, ordonne Calvert, pressé de savoir ce que sont devenus les cinéastes.

A son grand soulagement il les aperçoit sains et saufs, à bonne distance de prise de vues.

— Avez-vous pris un bon film ? leur demande-t-il, tandis qu'ils regagnent hâtivement le navire.

A leur silence consterné il comprend instantanément que quelque chose n'a pas marché.

— Notre caméra est bloquée par le froid, explique le médecin-major.

— Le froid polaire n'est pas une légende ! conclut le commandant. Ne vous en faites pas, Dick ! C'est une leçon dont nous saurons profiter à la prochaine occasion. Avez-vous pensé à ce qu'il serait advenu de vous si le *Skate* n'avait pas pu défoncer à nouveau la glace ?

— Oui, commandant, répond le médecin-major. C'eût été une affreuse agonie.

— Rassurez-vous, mon cher docteur, reprend le commandant. J'avais envisagé cette hypothèse, auquel cas nous aurions refait surface dans notre premier trou... Maintenant, ordonne Calvert, rentrons définitivement au chaud et reprenons — pour la troisième fois en moins d'un an — la route du pôle.

Comme en août, et pour la même raison, le service religieux dominical se déroule en fin d'après-midi.

Un marin lit la prière du soir et les invocations du *Nunc Dimittis :* « Seigneur, faites que votre humble serviteur s'en aille en paix... »

— Ces paroles, commente Calvert, ne sont-elles pas, encore, adaptées à notre situation actuelle ? Grâce à Dieu, notre journée a été bien remplie et nous pouvons nous reposer dans la paix du devoir accompli...

— Nous allons entrer dans la nuit polaire, observe, le lendemain matin, le capitaine de corvette Layman, puisqu'au pôle, le soleil ne doit pas se lever avant le 22 mars.

— On y a pensé, répond le commandant, et nous sommes dotés des projecteurs d'éclairage extérieurs pouvant être dirigés vers le plafond de glace.

— Si vous le permettez, commandant, demande l'ingénieur radio Cramer Bacque, je vais en allumer un pour mettre au point la télévision.

— Allez-y, acquiesce le commandant.

Les téléspectateurs se pressent de nouveau autour des écrans pour jouir de ce spectacle inédit... comme le professeur Aronnax et ses compagnons, lorsque le capitaine Nemo leur faisait ouvrir le panneau vitré du salon, à bord du *Nautilus* imaginaire.

Des exclamations de surprise saluent l'apparition, dans le faisceau du projecteur, d'une colonie de petits poissons translucides et argentés, s'agitant comme dans un aquarium.

De nouveaux curieux accourent et, en un instant, un drame se déroule devant leurs yeux.

Un poisson, long d'environ un mètre, surgit de la pénombre, la gueule grande ouverte, et happe les petits poissons se trouvant sur son passage...

— Ils n'ont pas encore réussi ça à la T.V. de chez nous ! plaisante l'incorrigible Médaglia.

Après le déjeuner, une inclinaison brutale du navire indique le coup de barre pour un « boutakoff ».

— Nous tenons un nouveau *Skylight*[1], commandant, confirme l'officier de quart par l'interphone.

La manœuvre de présentation se déroule selon le scénario désormais bien au point et la remontée commence.

Au moment où l'« éperon dorsal » approche de la surface, le lieutenant Shaffer se rend compte d'une accélération imprévue de la vitesse ascensionnelle.

Pour éviter un choc trop brutal, il ordonne d'ouvrir les purges du ballast 4.

Le sommet du kiosque fend la glace... mais elle ne cède pas et le sous-marin est renvoyé vers le fond comme une balle de tennis.

— Nous avons « étoilé » le « plafond » en y cognant notre « crâne » ! gouaille Médaglia. Heureusement notre « tête » est solide !

— Chassez au ballast 4, ordonne Shaffer.

Le *Skate* s'élance de nouveau vers le « plafond », comme un diable à ressort.

La glace cède un peu, mais le navire est encore refoulé.

— Recommençons ! persiste le commandant.

Cette fois, au moment où le kiosque s'engage dans la glace, le commandant ordonne :

— Chassez partout !

Et le *Skate* soulève, enfin, la lourde dalle de glace.

Le spectacle extérieur est comparable à celui de la veille, mais plus crépusculaire, la boule rouge du soleil étant proche de l'horizon dans le sud-ouest.

Le navire se trouve à 200 milles du pôle.

Le capitaine de frégate Calvert descend sur la glace pour examiner de nouveau la coque et prendre des photos. En rentrant, il raconte au médecin-major :

— Je ne conseille à personne de m'imiter. J'avais enlevé mon moufle extérieur afin de pouvoir manœuvrer le déclic de mon appareil photo.

Dans mon esprit, le gant de coton intérieur devait me protéger suffisamment pendant la durée, très brève, de cette opération.

Mal m'en a pris. J'ai senti une brûlure puis plus rien. A l'heure actuelle elle revient et m'incite à ne plus recommencer cette imprudence.

---

1. Littéralement « lumière du ciel », comme celle tombant d'une vitre enchâssée dans un toit, dite tabatière.

Malgré le temps bouché, Layman réussit à prendre deux hauteurs de lune au sextant gyroscopique.

Les droites calculées, d'après ces observations, encadrent la position estimée obtenue à la fois par les procédés « classiques » et par les données du navigateur à inertie. Nouvelle confirmation de la valeur rassurante de ces procédés.

Le *Skate* reprend sa route.

Layman, se redressant de dessus la carte, confirme :

— Si tout va bien, commandant, nous serons demain au pôle.

— J'y songe, Bill, répond Calvert. Je crois le moment venu d'annoncer à l'équipage la mission extraordinaire dont nous sommes chargés en ce point.

Décrochant le micro des haut-parleurs, il déclare :

— Vous le savez, le grand as polaire, Sir Hubert Wilkins, est mort le 1er décembre, guère plus d'un mois après sa visite à bord du *Skate*.

Dans les derniers jours de sa vie il a exprimé le vœu que ses cendres soient dispersées à ce pôle qu'il avait rêvé d'atteindre en sous-marin dès 1931, par le premier sous-marin nucléaire qui y passerait après sa mort.

A cet effet, Lady Wilkins avait confié l'urne contenant ses cendres au contre-amiral Warder, commandant la flottille des sous-marins de l'Atlantique, à New London.

Avant notre départ, l'amiral m'a remis cette urne en me demandant d'exaucer le vœu du grand explorateur si les circonstances le permettaient.

Après la réussite de nos percées à travers la glace, nous pouvons nourrir le légitime espoir de réaliser ce vœu... à condition de découvrir une *polynie* gelée dans le voisinage immédiat du pôle.

Si nous y parvenons, nous battrons, en même temps, de nouveaux records. Non seulement le *Skate* sera le premier navire à parvenir en ce point, *en hiver*, mais nous serons les premiers hommes à y contempler la banquise en cette saison-là.

Enfin, ce sera la première fois qu'un navire se trouvera *au pôle en surface*, puisque nous-mêmes, l'année dernière, n'avons pu faire surface qu'à plus de 40 milles de ce point.

— Il doit faire terriblement froid, au pôle, en hiver, avance le lieutenant de vaisseau Barunas.

— *A priori*, explique Wittmann, pas plus froid qu'en un point quelconque de l'océan Arctique, et bien moins froid que sur les continents qui le bordent...

La masse d'eau de mer, dont la température reste voisine du zéro centigrade, *été comme hiver*, y joue le rôle d'un véritable chauffage central « sous plancher »... le « plancher » étant ici la banquise dérivante.

Au contraire, sur les continents bordant l'Arctique, le sol reste perpétuellement gelé jusqu'à environ cent mètres de profondeur !

C'est pourquoi l'on enregistre, dans le nord sibérien et dans le nord alasko-canadien, des températures beaucoup plus basses en hiver, sur le 70e parallèle, qu'aux environs du pôle Nord géographique. On a observé jusqu'à – 65° centigrades à Omeïkon, en Sibérie nord-orientale !

Au pôle Sud, c'est tout différent, parce que ce point se trouve sur un glacier terrestre de plusieurs milliers de mètres d'altitude... et d'épaisseur, d'où des températures pouvant descendre à plus de 80° sous le zéro centigrade !

Le lendemain [1], à 10 h 54 (temps de Greenwich), le *Skate* passe de nouveau au pôle, à cent mètres sous la glace, l'équipe de détection et de navigation guettant avidement une « vitre dans le toit » épais d'au moins trois mètres.

— Nous avions peu de chances de trouver un « clair » juste à notre passage à l'aplomb du pôle ! explique le commandant... Mais nous pouvons nous maintenir en cet endroit sans désespérer.

Notre « toit » est entraîné par la dérive générale de surface et *défile au-dessus de nos têtes* comme un immense velum roulant.

En nous maintenant autour du pôle, nous pouvons avoir la chance de *voir venir à nous* le « *skylight* » espéré !

Après trois heures de recherches et d'attente, le lieutenant de vaisseau Kelln s'écrie soudain :

— Un clair !

Le rapide examen habituel montre qu'il s'agit, non d'une *polynie*, mais d'un *lead*, c'est-à-dire d'un chenal gelé assez long, mais n'ayant guère qu'une centaine de mètres de largeur.

— Hum ! murmure le commandant... Enfin ! A défaut de mieux il faut essayer... Montez doucement, Guy.

Au moment où le *Skate* approche de la glace, il devient évident qu'il n'est pas sous l'axe du chenal et va cogner contre un des bords épais.

— Ouvrez les purges ! ordonne l'officier de plongée.

Le sous-marin redescend.

— Commandant, explique-t-il, le *pack* dérive assez vite par rapport à l'eau profonde dans laquelle nous sommes. Il doit y avoir un violent blizzard dehors.

— Tenez compte de cette dérive, répond le commandant, en

---

1. Le 17 mars 1959.

plaçant initialement le *Skate* au-dessous de la rive « aval » du *lead* avant la remontée.

— Chassez ! ordonne Shaffer, après avoir placé le sous-marin dans la position indiquée.

Les remous produits par le refoulement de l'eau des ballasts perturbent pendant un moment la détection sonar verticale et, lorsque l'enregistreur recommence à indiquer le profil du *pack*, on constate qu'il a cinq mètres d'épaisseur au-dessus du navire.

Heureusement, l'appareil à inertie permet de déterminer d'une manière plus précise la vitesse et la direction de la dérive.

Grâce à ces nouvelles données, Shaffer peut, non seulement retrouver le *lead*, mais calculer exactement à quelle distance de son axe, vers « l'aval », il faut placer le navire, au début de la remontée, pour qu'il atteigne cet axe au moment de l'abordage, compte tenu du déplacement du « toit » dans l'intervalle.

Pendant cette nouvelle tentative, la détection des *hummocks* sous-marins de la berge « amont » du *lead* révèle des masses impressionnantes.

— Annoncez, « à courir », les distances de cette muraille ! demande le commandant.

— 85 mètres... 75... 45... 30... 15... 5 mètres ! annonce l'opérateur sonar.

Au moment où le commandant va ordonner d'ouvrir à nouveau les purges, pour couler en vitesse avant d'être abordé par ces rochers de glace, le kiosque crève la croûte du chenal... Changeant aussitôt d'idée, Calvert ordonne :

— Chassez partout !

Afin d'incruster solidement le navire dans la « jeune glace » et ainsi l'immobiliser contre les *hummocks* de tribord.

— A poste ! gouaille Médaglia, selon l'expression consacrée lors des accostages à quai.

Quittant des yeux l'écran de télévision, le commandant déclare :

— Il était temps de percer ! J'ai l'impression que la « jeune glace » est plus épaisse que les fois précédentes, à l'œil, pas loin de trente centimètres. Rendez-vous bien compte de l'événement, annonce-t-il aux haut-parleurs. C'est la *première fois* que des hommes vont mettre le nez dehors, *au pôle Nord, en cette saison* !

Il s'élance rapidement au travers des blocs de glace brisée accumulés dans la baignoire.

Le paysage qu'il découvre dépasse en sinistre grandeur tout ce qu'il a vu jusque-là.

Le kiosque et ce que l'on distingue de l'axe du pont, entre les énormes dalles de glace soulevées par le navire, se trouvent contre un *hummock* chaotique de cinq à six mètres de hauteur.

Un blizzard aveuglant chasse une neige pulvérisée, à 60 kilomètres/

heure. On ne voit pas à plus de 400 mètres et le soleil demeure encore légèrement sous l'horizon.

Le thermomètre marque « seulement » 32° centigrades sous zéro, mais la violence du vent rend cette température plus insupportable que si elle était de quelques dizaines de degrés plus basse, mais sans vent.

L'aspect de l'étroite gorge enneigée, dans laquelle se trouve le *Skate*, est inquiétant. La structure des deux « falaises » qui la bordent témoigne des convulsions récentes qui les ont formées et dans l'étroit chenal glacé, temporairement ouvert entre elles, des blocs isolés se trouvent enchâssés dans la « jeune glace ».

A tout moment, le décor peut s'animer à nouveau et écraser le navire entre les mâchoires d'un gigantesque étau.

— Faisons vite, décide le commandant. Wilkins, j'en suis sûr, ne pouvait rêver cadre mieux approprié à la cérémonie qu'il souhaitait. A côté du Pavillon Etoilé, hissez celui de l'Australie, terre natale de l'explorateur, et l'Union Jack, sous lequel il a accompli ses premières explorations aériennes en Arctique et en Antarctique de 1927 à 1929. Nous allons nous rassembler sous le vent du kiosque... La section en armes s'alignera sur l'axe du pont entre les plaques de glace...

De part et d'autre du guéridon, recouvert d'un drap vert, sur lequel est posée l'urne de bronze contenant les cendres de l'explorateur, deux hommes tiennent des torches rouges du type de celles dont se servent les routiers pour changer une roue, la nuit, en pleine campagne.

La neige, tourbillonnant dans cette clarté rougeoyante, donne à la scène un aspect sauvage et grandiose.

Le commandant lit la prière des morts immergés en mer :

« ... Seigneur, nous vous recommandons l'âme de notre frère défunt et nous confions ses cendres aux profondeurs », puis une courte prière, rédigée par sir Hubert Wilkins lui-même.

Accompagné de David Boyd et des porteurs de torches, il s'avance hors du groupe des assistants et les cendres sont emportées par-delà le sinistre chaos des *hummocks* enneigés, tandis que la section d'honneur tire les trois salves de l'adieu suprême.

Silencieusement, tous retournent à bord, dans cette oasis de confort moderne, transportée au milieu de ce monde mort et glacé.

— Nous ne nous doutions pas, observe Layman au dîner, qu'il nous appartiendrait d'accomplir un tel geste lorsque, il y a cinq mois, Sir Hubert vint à bord, à New London, discuter avec nous de la possibilité de forcer le *pack* en plein hiver...

— Qui aurait pu se douter alors, ajoute le commandant, que, si peu de temps après, nous allions pouvoir ajouter une post-face au livre prophétique intitulé : *Under the North Pole*[1], qu'il avait écrit en 1931 ? Une fois encore la Providence nous a permis de réaliser plus que ce qu'osait imaginer la fiction !

Après le dîner, Boyd et quelques camarades escaladent le *hummock* voisin. Ils y construisent un petit cairn, y plantent le *Stars and Stripes* et enfouissent, au pied de la hampe, un étui de laiton étanche contenant la relation de cet événement « historique ».

— Il n'est pas impossible, remarque le commandant à leur retour, qu'entraîné par la dérive vers la mer du Groenland l'étui étanche soit un jour rejeté quelque part sur les côtes d'Islande ou du Groenland — comme, jadis, les épaves de la *Jeannette*. Son renvoi au *Skate* serait un geste d'une portée historique et scientifique significative.

A 20 h 30, au moment où le *Skate* s'arrache à sa gangue de glaces, le commandant jette un dernier coup d'œil par le périscope.

— Au ras de la glace, explique-t-il aux officiers qui se trouvent près de lui, les *hummocks* prennent l'aspect de véritables montagnes et le *lead* celui d'un ravin bordé de falaises enneigées. Notre cairn et son pavillon ont l'air de se trouver sur un haut sommet.

— Commandant, ajoute Layman, les plus blasés parmi cet équipage de techniciens nucléaires, en y comprenant nos passagers scientifiques, conserveront, leur vie durant, j'en suis persuadé, le souvenir de ces heures extraordinaires...

— Bon ! coupe le commandant, puisque nous avons repris notre liberté de manœuvre, nous allons aller faire une nouvelle excursion sur la chaîne Lomonossov afin d'en compléter la topographie, à la demande des hydrographes... Veillez toujours les *skylights*.

Deux jours se sont écoulés sans qu'un « clair » soit signalé dans la carapace de glace.

C'est l'heure du dîner au carré et au mess de l'équipage. Chacun se sent en parfaite sécurité quoique se sachant sous un bouclier résistant, à mille milles marins de l'eau libre la plus proche.

Soudain, les oreilles averties entendent la sonnerie d'alarme du gyrocompas.

Layman se précipite au poste central et l'officier de quart lui confirme qu'appliquant les consignes prévues en pareil cas, il vient d'immobiliser la barre dans l'axe et de réduire considérablement la vitesse.

— L'alarme, précise-t-il, vient du gyrocompas auxiliaire. En même temps l'appareil de navigation par inertie a cessé de pouvoir donner des indications sur la route suivie.

Bref, cette simple sonnerie projette les esprits avertis et responsa-

1. Sous le Pôle Nord.

bles de la plus parfaite quiétude dans l'appréhension la plus justifiée. Subitement, le *Skate*, sous son immense carapace de glace, perd tous moyens de se diriger...

Fort heureusement, on s'aperçoit rapidement qu'il ne s'agit que d'une *baisse de voltage* ayant fait fonctionner la sonnerie des seuls gyrocompas auxiliaires et *déréglé* momentanément les calculateurs électroniques de l'appareil de navigation à inertie.

Le gyrocompas principal — dont on se sert à ce moment-là uniquement comme conservateur de direction et non comme indicateur du nord géographique — n'a pas été affecté par ce léger trouble de l'alimentation électrique.

On peut donc continuer à gouverner d'après la direction qu'il conserve, en corrigeant les caps de sa déviation estimée habituelle. Après nouveau réglage, les calculateurs du système de navigation par inertie pourront donner des indications valables sur la route réellement suivie par rapport à la terre.

Ce devait être le seul incident de cette nature au cours des croisières sous-glaciaires du *Skate*, expéditions au cours desquelles il devait totaliser *5 500 milles de navigation sous la banquise* !

Cependant, il suffisait pour rappeler combien un navire aussi perfectionné demeure à la merci du moindre trouble technique.

Peu après cet incident, la télévision et le détecteur de glace signalent le premier « clair » rencontré dans le plafond de glace depuis le passage au pôle.

Après avoir ordonné de placer le navire dessous, le commandant suit la manœuvre habituelle de percée sur l'écran de la télévision.

Cette fois, le navire est brutalement renvoyé vers le fond.

— L'ascenseur est bloqué ! se permet d'ironiser Médaglia.

Constatant l'air dépité du commandant, il ajoute, avec son sans-gêne coutumier :

— Si je peux me permettre, commandant... Vous restez encore avec trois succès sur quatre rounds !

— Vous avez raison, Médaglia, concède le « pacha ». Il faut en prendre son parti et remettre cela à la prochaine occasion...

Cependant, après plusieurs échecs de ce genre, il commence à s'inquiéter.

— Je me demande, dit-il à ses officiers, si nos trois premiers succès n'ont pas été dus à des hasards exceptionnels ?

Le 20 mars, il ordonne de placer le *Skate* sous un *lead* étroit, mais, *a priori*, aussi « faisable » que l'était celui du pôle, quoique bordé de *hummocks* sous-marins d'environ quinze mètres de tirant d'eau.

Il est près de minuit.

Dans l'obscurité relative, le commandant fait allumer le feu blanc situé au sommet du kiosque afin de mieux repérer — sur l'écran de la télévision — son approche du dessous de la glace, elle-même éclairée par un projecteur.

Le spectacle est, à nouveau, digne de *Vingt Mille Lieues sous les mers.*

« Refroidis » par les insuccès précédents, les téléspectateurs attendent avec appréhension la désagréable sensation « d'ascenseur brusquement bloqué »... selon l'image expressive de Médaglia.

Soudain le feu blanc cesse de briller et il n'y a pas de choc.

Après un instant d'inquiétude, le commandant s'exclame avec joie :

— Parbleu ! Nous avons percé et le feu du kiosque brille maintenant au-dessus de la glace !

C'est avec un profond soulagement qu'il grimpe dans la baignoire afin de contempler le dessus du *pack*, après trois jours de tentatives infructueuses pour « mettre le nez dehors ».

Un spectacle entièrement nouveau et infiniment plus sympathique s'offre à sa vue et à celle des hommes qui le rejoignent.

La nuit est claire, calme et entièrement étoilée. C'est la première de ce genre qu'ils contemplent en Arctique.

La lune argentée éclaire étrangement le chaos de glace immaculé.

Le kiosque et l'arête du pont du *Skate* tranchent en noir au centre de ce monde blanc, dans un *lead*, ouaté et étroit, serpentant entre de petits *hummocks* arrondis.

Layman s'empresse de prendre les hauteurs angulaires de quelques belles étoiles, réparties sur tout l'horizon, et les droites de position qu'il obtient, après avoir compulsé ses tables, se coupent, à très peu près, sur le point estimé d'après l'appareil à inertie.

Il peut alors admirer le paysage à son tour et le commandant exprime les sentiments de tous en déclarant :

— Lorsque les premiers astronautes arriveront sur la lune, ils ne pourront pas y découvrir un paysage plus extraordinaire que celui-là !

20

Les blocs bougent

Au lever du soleil, le commandant Layman remplit ses devoirs traditionnels de navigateur en observant un azimut vrai pour vérifier les compas.

— Jamais, lui dit Calvert, nous ne trouverons un temps plus favorable pour nos essais de « SCUBA [1] » dans l'Arctique hivernal.

— Et, surtout, ajoute Layman, des combinaisons réputées

---

1. *Self Cantained Underwater Breathing Apparatus* : appareil individuel de plongée.

« isolantes »... Non pas tant dans l'eau — qui n'est qu'à – 1° centigrade — mais, avant l'entrée et à la sortie de la mer, dans l'air, qui est à – 35° centigrades !

— Est-ce que Dave et Dick sont d'attaque ? demande Calvert.

— Je vais voir, répond le second.

Quelques instants après, le lieutenant de vaisseau David Boyd et le médecin-major Dick Arnest apparaissent sur le pont revêtus de l'équipement classique des nageurs de combat, connus plus populairement sous l'appellation d'hommes-grenouilles.

— Nous ne tenons pas essentiellement à flâner à l'air libre, déclare le toubib...

Et les deux « martiens » se dirigent vers l'arrière où la percée du *Skate* a laissé un intervalle d'eau libre entre la coque et la glace.

— Amarrez-leur un « fil d'Ariane », recommande le commandant, et qu'ils ne restent pas trop longtemps sous la glace, car il suffirait d'un faible mouvement de la banquise pour boucher leur trou de sortie...

Les deux hommes se laissent glisser le long des ballasts et disparaissent sous la glace.

— J'avoue, déclare le commandant au second, que je serai soulagé lorsqu'ils reviendront de cette exploration sous-glaciaire individuelle !

Tout se passe bien. Les deux explorateurs réapparaissent et se hâtent de descendre à l'intérieur du sous-marin pour se réchauffer.

— Quelles sont vos impressions ? leur demande le commandant.

— Pas trop désagréables dans l'eau, répond Boyd ; mais, à la sortie, cela pinçait plutôt... malgré la combinaison !

— Et qu'avez-vous vu ?

— Pas grand-chose de plus qu'à la télévision, répond Arnest. Le dessous de la « jeune glace » du *lead* est lisse, puis on se heurte aux rochers de glace de la bordure...

— Ces essais, explique Calvert, nous ont été prescrits, non pas à titre d'exploits sportifs ou d'exhibition, mais parce qu'il peut être nécessaire de plonger — en Arctique comme ailleurs — pour examiner la coque, les ouvertures, les barres ou les hélices, dégager l'un de ses appendices, etc. Dans certains cas, il peut être intéressant de reconnaître de près la structure sous-glaciaire.

— En fin de compte, remarque le toubib, je préfère explorer le dessous de la glace en manches de chemise, par + 22° centigrades, penché sur l'écran de télévision...

— D'accord pour la facilité et le confort, répond le commandant, mais pas pour découvrir certains détails...

En remontant vers la « vitre » de glace suivante, les téléspectateurs éprouvent une nouvelle surprise.

Elle est coupée par une fente d'eau libre de soixante centimètres de largeur, venant, évidemment, de se produire sous l'effet d'un écartement des rives... ce qui facilite la cinquième percée hivernale du *Skate*. Ce devait être la seule eau, naturellement libre, aperçue au cours de cette croisière.

Le dimanche soir 22 mars — premier jour du printemps théorique — le *Skate* crève, pour la sixième fois, la glace d'un *lead* large de 70 mètres et long de 500 mètres.

La température extérieure est de – 35° centigrades et la congélation du chenal a été assez brutale pour provoquer la cristallisation du sel contenu dans l'eau de mer, à la surface de la glace, sous forme de cristaux brillants atteignant douze millimètres de diamètre.

A ce moment, le lieutenant de vaisseau Boyd, chef du service machine, vient trouver le commandant avec un air préoccupé.

— Nous avons un ennui de machine, commandant, lui annonce-t-il.

— Dans le bloc nucléaire ? demande ce dernier angoissé.

— Heureusement pas ! répond vivement Boyd. Mais dans l'ensemble « classique » turbines-condenseurs.

— Vous avez diagnostiqué la cause ?

— Pas d'une manière certaine, commandant. Pour cela il nous faut procéder à un démontage.

— Qui rendrait l'appareil propulsif indisponible ?

— Oui, commandant.

— Et cela demanderait combien de temps ?

— Environ une quinzaine d'heures en travaillant d'arrache-pied, répond Boyd.

— Diable ! s'exclame le commandant. Et vous estimez ce travail indispensable immédiatement ?

— Nous risquerions, je crois, de graves avaries si nous ne le faisions pas...

Le commandant Calvert grimpe sur la passerelle et observe soigneusement le chaos de glace qui entoure le navire.

Il a l'air figé dans une immobilité séculaire, mais le commandant du *Skate* sait, par expérience, que l'on ne peut pas se fier à cette apparence.

Le plus long séjour effectué par le navire dans la glace, depuis le début de sa croisière hivernale, a duré dix heures et demie, lors de l'excursion sous-glaciaire des hommes-grenouilles.

Encore, le *Skate* disposant de tous ses moyens, pouvait-il, en cas d'alerte, s'échapper rapidement vers les profondeurs amies, comme il l'avait fait, l'été dernier, lorsque la *polynie* de la Station Alpha s'était refermée.

S'il autorise le démontage de l'appareil moteur, le *Skate* sera dans l'impossibilité de s'échapper pendant quinze heures ! Pourtant, Boyd, dans lequel il a toute confiance, estime indispensable de prendre ce risque !

Après un nouveau regard à la banquise traîtresse, le commandant se décide :

— Faites pour le mieux et le plus vite possible, Dave !

— Comptez sur nous, commandant ! affirme Boyd, en se précipitant vers le compartiment des turbines où ses hommes l'attendent, clés à molette en main.

Il est 22 h 30.

Le commandant Calvert descend sur la glace et effectue son tour du bord habituel en écoutant, cette fois, anxieusement, tout bruit insolite.

Rassuré par l'impressionnant silence, il rentre dans sa cabine et se jette sur sa couchette.

Une demi-heure après il sursaute en entendant la voix de Kelln, officier de quart, dans l'interphone...

— Pouvez-vous venir sur la passerelle, commandant ? dit-il.

Angoissé, Calvert grimpe rapidement les échelles de fer.

— Là, commandant, lui dit Kelln en tendant le bras vers le *hummock* le plus voisin... Les blocs bougent ! Mon attention a été attirée par une sorte de gémissement suivi de faibles craquements.

— C'est tout de même la poisse ! proteste le commandant. Cela se produit, pour la première fois, à notre sixième séjour au milieu des glaces, depuis le début de cette croisière hivernale... et juste au moment précis où nous perdons notre liberté de manœuvre !

Puis, en vrai croyant, il reprend :

— Est-ce un avertissement de la Providence ?

Le navire se trouve immobilisé, non seulement dans le plan horizontal, mais aussi dans le plan vertical car, pendant une partie au moins du travail, il est obligé de demeurer en surface.

Premier réflexe :

— Rappelez à bord tous les excursionnistes, ordonne Calvert.

Puis, lui et l'officier de quart fixent anxieusement les rochers de glace.

Décidément ils ne rêvent pas !

Le chaos enneigé s'anime et s'articule. Les *hummocks* de bâbord, rangés en ligne de bataille, s'avancent sournoisement. La glace du *lead* commence à monter à l'assaut des ballasts d'une manière menaçante.

Le tout est accompagné, maintenant, de craquements sinistres du plus fâcheux effet psychologique. A soixante centimètres l'un de l'autre, les deux hommes doivent crier pour s'entendre.

Les souvenirs des drames polaires se pressent en foule dans leurs mémoires.

Des craquements semblables sonnèrent le glas de la fragile *Jeannette* de De Long, au large des îles de la Nouvelle-Sibérie, en 1881. Il s'ensuivit l'effroyable odyssée des naufragés, traînant leurs canots de *hummock* en *hummock* vers l'estuaire de la Léna, la disparition d'une des embarcations et le calvaire des survivants dans la toundra glacée.

La grande alerte — aussi brutale — décrite par Nansen en 1893 lorsque les *hummocks* se transformèrent en avalanches pour tenter d'ensevelir le *Fram* inécrasable sous leurs blocs pesants... L'évacuation précipitée des objets de première nécessité, comme lors d'un abordage subit en mer.

L'écrasement progressif et inexorable de l'*Endurance* de Shackleton, disparaissant progressivement sous le *pack* de la mer de Weddell en 1915. La lutte héroïque de l'équipage traînant — lui aussi — ses chaloupes sur la banquise durant des semaines afin d'atteindre les îles désertes du détroit de Drake...

Celui du cargo russe *Tchéliouskine*, en mer des Tchoutches, en 1930, alors qu'il tentait d'inaugurer la Route Maritime du Nord sibérien... et tant d'autres « disparus des glaces »...

« C'est tout de même vexant, songe le commandant. Nous sommes précisément conçus pour pouvoir échapper *par-dessous* à ces étreintes, mortelles pour les navires de surface. Or, la banquise semble avoir attendu patiemment le moment où nous serions temporairement privés de cette faculté pour nous attaquer sournoisement ! »

— Je vais faire un tour en bas, crie-t-il à l'oreille de Kelln.

L'effroyable bruit l'y poursuit.

— On a l'impression, dit-il à Layman, de se trouver à l'intérieur d'un fût d'acier roulant sur des pavés.

Il se rend rapidement dans le compartiment des machines. Les mécaniciens y travaillent avec une hâte ordonnée ; mais il mesure, à l'étendue des démontages, qu'il s'agit d'une opération dont la durée ne peut s'évaluer qu'en heures et non en minutes.

De plus en plus inquiet, le commandant remonte dans la baignoire. La gorge serrée, il doit reconnaître l'aggravation de la situation.

Le navire se met à vibrer sous des pressions croissantes et prend une inclinaison de plus en plus accentuée.

La remarquable analyse de ces convulsions titanesques faite par Nansen danse en lettres de feu dans sa mémoire :

« ... Autour du navire la glace se presse, s'entasse, s'amoncelle en monticules menaçants. De hautes murailles de blocs se dressent jusqu'au-dessus des bastingages, comme pour l'étouffer dans une suprême étreinte...

Partout la glace craque, se brise, s'accumule en nouveaux *hummocks*... tout grince, mugit, frémit.

Vous voyez des blocs se chevaucher en hautes crêtes et s'approcher en éboulis mouvants, ensevelissant tout sur leur passage.

Un fracas de tonnerre roule sans discontinuer comme celui d'une cataracte, dominé par les roulements d'une canonnade...

Pas d'autre ressource que de fuir... si on le peut... »

— Fuir ! se répète Calvert... En temps normal c'est un jeu pour le *Skate* ; il n'a qu'à se laisser couler ! Mais, en ce moment ?

Jamais encore il n'a eu une décision aussi difficile à prendre.

Tout d'un coup il se penche sur l'interphone.

— Dave ! appelle-t-il. Ici le commandant... Remontez immédiatement tout ce qui est indispensable pour nous permettre de *plonger à n'importe quel risque*... dans les délais les plus courts.

Les minutes s'écoulent avec une lenteur désespérante dans ce décor et ce fracas apocalyptiques.

Pourtant, un quart d'heure ne s'est pas écoulé lorsque Boyd annonce :

— On peut plonger... si c'est absolument nécessaire.

— C'est notre dernière chance ! déclare le commandant. Rappelez aux postes de plongée, Kelln, ajoute-t-il, en descendant au poste central.

Au moment où Kelln va quitter à son tour la baignoire, il a l'impression d'un répit subit dans l'assaut des glaces.

Il suspend la manœuvre de plongée et demande au commandant de remonter sur l'étroite passerelle.

Ce dernier s'exécute avec réluctance. Il répugne à remettre en cause la décision qu'il vient de prendre, en se basant sur de simples impressions.

« Même si elles sont justifiées — *sur le moment* — songe-t-il, elles ne permettent absolument pas d'en déduire ce qui va se passer dans les heures ou même dans les minutes à venir. »

— Je reconnais, dit-il en arrivant dans la baignoire, qu'il y a — en ce moment — un apaisement incontestable dans cette effroyable bagarre... Mais pour *combien de temps* ? Toute la question est là ! Attendons !

A minuit le calme est redevenu complet... irréel !

A se demander si l'on n'a pas été victime d'un affreux cauchemar... si l'aspect tourmenté du paysage — de nouveau figé — ne témoignait de la puissance des récentes convulsions.

— N'est-ce qu'une simple feinte ? se demande Calvert.

L'assaut ne va-t-il pas reprendre dans quelques instants avec une nouvelle violence ?

Ne risque-t-on pas de le provoquer en se remettant à la merci de ces forces incommensurables ?

Jamais on n'aurait pu imaginer décision plus difficile à prendre pour un commandant...

Aucune donnée concrète ne permet d'asseoir un jugement en la matière... Autant tirer à pile ou face le sort du navire et de son équipage ! Et pourtant il *faut* se décider...

— Kelln, dit-il brusquement. Faites rompre des postes de plongée.

Se penchant vers l'interphone il appelle le chef du service machine.

— Je suis navré, Dave, lui dit-il, d'avoir interrompu votre travail... Vous savez qu'il ne s'agit pas d'un caprice de ma part, mais de ceux du *pack*...

Malgré tous nos instruments scientifiques nous ne pouvons pas les prévoir !

Pour le moment il s'est calmé... Annulez mon dernier ordre et reprenez la réparation... Dieu veuille que vous puissiez la mener à bien cette fois !

A 3 heures, Calvert effectue une nouvelle ronde dans le navire. Dans le compartiment des turbines les mécaniciens se relaient par équipes et avancent prodigieusement le travail.

Dehors le *pack* reste assoupi.

Il se jette enfin sur sa couchette pour prendre un peu de repos.

A 6 h 30 il sursaute en entendant la voix de Boyd.

— Nous sommes prêts à marcher, commandant, rend compte ce dernier.

— Dieu soit loué ! répond Calvert. Vous m'avez fait peur, Dave ! Je me demandais quelle nouvelle catastrophe vous alliez m'annoncer ! Vos cinq mots me soulagent d'un gros poids, vous pouvez me croire.

Lorsqu'un chef de service machine rend compte qu'il est « prêt à marcher », cela signifie non seulement que les remontages sont terminés, mais que tous les essais de fonctionnement ont été effectués et sont satisfaisants.

— Vos hommes sont formidables, Dave ! ajoute-t-il. Vous estimiez à quinze heures la durée de ce travail, or ils viennent de l'accomplir en huit heures, malgré le remontage intempestif de minuit ! Nous n'avons aucune raison, maintenant, de nous éterniser ici, conclut-il. Je vais faire rappeler aux postes de plongée... pour de bon, cette fois !

Les hommes du *Skate* retrouvent avec un grand soulagement les calmes profondeurs où ils peuvent se mouvoir librement dans les trois dimensions, sans souci des caprices du *pack*.

En dehors du tiers de quart le personnel peut enfin se reposer sans arrière-pensée.

Le lendemain, une brusque inclinaison marque le coup de barre donné par l'officier de quart afin de revenir sous une nouvelle *polynie* détectée par le sonar zénithal.

Sa dimension se révèle convenable et le *Skate* crève la « jeune glace » pour la septième fois.

Le temps est ensoleillé et calme.

— C'est le moment, déclare le commandant, de donner une nouvelle chance à nos cinéastes. Demandez à Dave et Dick s'ils sont parés à filmer le *Skate* crevant la glace.

Le médecin-major et le chef du service machine sont bientôt sur la glace enneigée avec leur équipe.

— Tenez la caméra bien au chaud ! leur crie Calvert avant de disparaître par l'échelle du poste central.

Cette fois, l'appareil de prise de vues, enveloppé dans une couverture, fonctionne parfaitement et le film « historique » d'un sous-marin crevant la glace pourra être projeté sur tous les écrans du monde et reproduit dans les magazines de toutes langues.

Layman s'est précipité sur son sextant gyroscopique et observe une hauteur de soleil de la baignoire.

Trompé par l'ensoleillement quant à la température, il enlève ses moufles afin de pouvoir manœuvrer plus aisément, avec ses gants de coton intérieurs, les vis à molettes du vernier.

— Aïe ! crie-t-il au bout d'un court instant, un de mes doigts est gelé... Quelle température fait-il donc ?

— Toujours – 35° centigrades, commandant, lui répond Médaglia.

— Vous n'avez pas tenu compte de mon expérience photographique, lui dit le commandant.

Voilà comment on se fourre le doigt — non dans l'œil — mais dans le gel... Temps calme et soleil donnent — c'est bien connu — une impression totalement fausse de la température réelle !

Inversement, le vent donne une sensation contraire et pénible... Dans les Centres d'Entraînement de l'Alaska on estime que l'homme perd 2 % de ses facultés par degré de température au-dessous du zéro centigrade et que tout accroissement de la force du vent de 1 600 mètres à l'heure est équivalent — de ce point de vue — à un abaissement de un degré de la température.

— J'en ai également fait l'expérience dans le blizzard du pôle, raconte Layman. Par – 30° centigrades et vent de 40 kilomètres/heure, lorsque j'ai pris mes hauteurs de lune, j'avais fermé l'œil gauche afin de mieux viser avec le droit, dans la lunette. Les paupières humides de mon œil gauche gelèrent et je ne pus le rouvrir qu'après être descendu dans le poste central.

Enthousiasmés par leur succès, les deux officiers cinéastes, qui sont également hommes-grenouilles, demandent à effectuer une nouvelle plongée individuelle sous la glace.

— C'est pour vous réchauffer ? plaisante Calvert. Allez-y, mais... toujours au bout d'un fil !

— Cette fois, raconte le docteur à son retour, nous avons vu du nouveau sous le *pack*. Sous la « jeune glace » de la *polynie* — dans laquelle est encastré le *Skate* — pendent de vraies stalactites minces atteignant près de deux mètres de longueur !

— Comment expliquez-vous cela ? demande le commandant au glaciologue.

— Vous me prenez de court, commandant ! proteste ce dernier. A ma connaissance nous observons ce phénomène pour la première fois — et pour cause ! — car je ne crois pas qu'avant Dave et Dick beaucoup d'hommes aient été regarder de près, *par en dessous*, la nouvelle glace formée dans le *pack* arctique en cette saison ! Peut-être l'examen en laboratoire des fragments de ces stalactites, qu'ils ont rapportés, nous aidera-t-il à trouver une explication...

A 1 heure, le 27 mars, le *Skate* sort définitivement de dessous le *pack*.

— Quelle distance avons-nous parcourue, cette fois, sous la banquise ? demande Calvert à Layman.

— Trois mille milles sous la glace, en douze jours, commandant, répond le second.

— Et en crevant — pour la première fois dans l'Histoire — et à neuf reprises, la « jeune glace » — épaisse de plusieurs dizaines de centimètres — formée sur les *leads* et les *polynies* en hiver ! ajoute le Dr Lyon.

Quel chemin parcouru depuis ce mois de janvier 1947 — le plein été austral — où je voyais le malheureux *Sennet* en perdition sur la bordure du *pack* antarctique !

Une heure plus tard Layman vérifie la position par le relèvement et la distance-radar de points remarquables du Spitzberg.

A 5 heures, le dernier débris de glace est laissé derrière.

Au large de l'Islande, un hélicoptère vient chercher le rapport de cette nouvelle croisière sous-glaciaire mémorable.

— Un message, commandant, dit Médaglia en tendant la fiche.

— Tenez-vous bien ! dit le commandant. Voici ce que nous envoie notre chef direct, le contre-amiral Warder, commandant la Flottille des Sous-marins de l'Atlantique :

« Tous ceux des sous-marins se joignent à moi pour adresser leur salut à l'un des plus prestigieux navires de notre temps. »

— Saluons ! plaisante Boyd. Il n'empêche, ajoute-t-il, qu'à certain moment nous avons eu chaud... par – 35° !

— Oui, Dave ! acquiesce le commandant. Jamais je n'oublierai les effroyables grondements de ces blocs de glace. Ils semblaient décidés à profiter de l'immobilisation accidentelle du *Skate* pour se venger de notre intrusion dans leur domaine !

— Personne à bord ne l'oubliera, commandant, affirme Layman. Ce jour-là nous avons compris à quel point la plus merveilleuse création de l'homme reste peu de chose devant les forces de la nature.

La moindre défaillance technique nous met à leur merci.

Malgré toute notre puissance nucléaire et notre virtuosité électronique, nous nous sommes sentis subitement aussi impuissants que l'étaient les premiers hommes qui affrontèrent les caprices de l'éternelle « bataille des glaces ».

Robert Merle

LE JOUR NE SE LÈVE PAS POUR NOUS

Aux Forces sous-marines françaises, et en particulier aux équipages du Foudroyant *et de l'*Inflexible, *ce livre est amicalement dédié.*

Première édition : 1986

Chronique d'une patrouille à bord d'un sous-marin nucléaire lanceur d'engins français, par l'auteur de Week-end à Zuydcoote, *de* Malevil, *ainsi que de la grande fresque historique* Fortune de France, *ce texte peut être lu comme un grand reportage chez les marins du* Foudroyant *ou de l'*Inflexible, *auxquels le livre est dédié. Durant cette plongée de soixante-dix jours, il ne se passe rien. Mais de la dissuasion nucléaire, on comprend tout. « Que se passe-t-il après que le SNLE ait lancé ses missiles ? » demande le héros au pacha du sous-marin. « Ça n'a plus alors aucune importance... » répond ce dernier « ... à partir du moment où, la dissuasion ayant échoué, nous tirons notre salve, nous sommes dans l'aberration la plus totale ! L'apocalypse commence et rien, plus rien n'a d'importance. »*

On trouvera page 986 un glossaire de quelques mots d'argot de la Marine.

1

J'ai fait le projet de relater ici, à l'usage de Sophie, la patrouille à laquelle je suis sur le point de prendre part. Mais comme je nourris présentement quelque doute sur l'intérêt qu'elle me porte, et que j'ignore si à mon retour — dans soixante-dix jours environ — mes rapports avec elle seront encore ce qu'à mon départ ils paraissaient être, force m'est d'envisager que d'autres qu'elle liront ce texte.

J'aimerais que parmi ces autres il y ait des filles et qu'elles soient belles. Ce n'est pas parce que j'aime Sophie que je vais renoncer, du moins en pensée, à la moitié du genre humain. Autant entrer en religion.

D'ailleurs, il n'est même pas sûr que je l'aime. Je remarque que lorsque je me parle d'elle, l'ironie n'est jamais absente de mon discours intérieur. Je n'apprécie ni son milieu, ni ses parents, ni son éducation.

Son père, grâce au talent de ses ingénieurs et de ses directeurs, commercialisa un produit qui, dans son temps, révolutionna l'automobile. Il fit donc fortune et il mourut. A mon sentiment, ce genre de vie où ce qui compte, c'est l'argent, et non l'amour d'un métier, est un échec total.

Sa veuve est une femme chez qui les principes tiennent lieu de vie intérieure et qui ne peut ouvrir la bouche sans juger les gens, la plupart du temps en les condamnant. Comme je mettais en doute devant elle l'existence de l'Enfer, elle s'écria : « Mais il faut que l'Enfer existe ! Ce serait trop injuste s'il n'existait pas ! » J'en conclus que nous n'avions pas la même idée de la justice.

Quinze jours plus tard, elle revint sur mes propos concernant l'Enfer, et me dit en me regardant dans les yeux (les siens sont bleu acier) : « Une des ruses du Démon, c'est de nous convaincre que l'Enfer n'existe pas. » Nous étions dans son salon et, à la dérobée, je jetai un coup d'œil à mes pieds, pour m'assurer qu'ils n'étaient pas en train de devenir fourchus.

La bonne éducation de Sophie se voit à sa vêture dès le premier coup d'œil. Elle porte des talons plats, des jupes plissées ou des tailleurs Burberry. Comme je lui demandais un jour pourquoi je ne l'avais jamais vue en jean, « parce que c'est immodeste », dit-elle en abaissant sur ses beaux yeux noirs des paupières pudiques.

On a déjà compris que Sophie est le spécimen d'une espèce en voie de disparition. En un sens, elle est fascinante. On a l'impression en la regardant de remonter dans le temps jusqu'au début du siècle. Dans ses manières, dans le ton de sa voix, dans sa démarche, dans sa façon de s'asseoir, elle est, si j'ose ainsi parler, implacablement bien élevée. Elle a vingt-deux ans et n'a jamais embrassé un garçon sur la bouche.

C'est du moins ce qu'elle me dit pour refuser mes baisers, lesquels, cantonnés à la joue, s'égarent par inadvertance, soit sur ses commissures de lèvres, soit même dans son cou. Sophie souffre ces errements sans toutefois les encourager. Elle fait ces petites concessions à la grossièreté naturelle de l'homme.

Pour que la Marine puisse accepter de Sophie, une fois par semaine, un « familigramme » (j'expliquerai ce terme plus loin), je l'ai décorée du nom de « fiancée » — illégitimement, n'étant pas encore admis par sa mère à ce statut flatteur. Sophie a accepté, non sans réticence, ce mensonge joyeux.

Un familigramme comporte vingt mots. Mais la première semaine, avec sa réserve coutumière, Sophie n'en a utilisé que cinq : « Je pense à vous. Sophie. » Si un jour nous sommes mariés, je suppose qu'elle ira jusqu'à dix.

Pour dire toute la vérité, je ne sais pas plus où j'en suis avec elle qu'elle ne sait, en toute vraisemblance, où elle en est avec moi. Il est possible que, lorsque je lui ai dit que je l'aimais, j'aie quelque peu anticipé sur le sentiment que je nourrirais pour elle, si elle y répondait. Lectrice, vous voudrez peut-être m'accorder qu'il faut bien que l'un des deux prononce le mot clé : sans cela, on n'en finirait pas.

D'un autre côté, pas plus que moi vous ne pouvez ignorer que si on sait à peu près toujours ce qu'on pense, il est beaucoup plus difficile de savoir ce qu'on sent. Il se peut que j'aie dit à Sophie que je l'aimais en raison surtout du malaise où me jetait l'incertitude de nos rapports. Quant à Sophie, elle m'a écouté, les bras croisés sur sa poitrine d'une façon plutôt défensive, alors même qu'elle n'avait à craindre aucune incursion de ce côté-là. Et mon discours fini, elle n'a rien dit du tout, se contentant de baisser ses paupières sur ses yeux comme on baisse un rideau. C'est bien commode, parfois, d'être une fille.

On m'a dit que la formidable Madame Mère — à l'ombre de laquelle vit ma « fiancée » archaïque — s'était ruinée par des spéculations malheureuses. Je n'ai été ni déçu ni même contrarié. Je gagne bien ma vie, bien assez pour deux — étant officier de *la* Marine. Notez bien ce « la ». J'y reviendrai : il fait toute la différence. En effet, si sur ma manche d'uniforme trois galons d'or s'enroulent, le troisième est doublé d'un liséré de velours rouge qui indique que je ne fais pas la guerre : je me contente de soigner ceux qui la font.

Toutefois, c'est en pensant aux frais supplémentaires que mon éventuel mariage avec Sophie pourrait entraîner, que j'ai demandé à servir dans les sous-marins, en raison, justement, des suppléments de solde que ce service comporte.

J'ai calculé que je toucherais alors environ 20 000 francs par mois. Pour moi, c'est beaucoup. Pour Madame Mère, c'est peu. J'ai compris, à observer le train de sa maison, que les débris d'une grande fortune suffiraient encore à faire vivre plusieurs familles pauvres.

Ma famille à moi est honorablement modeste : mon père est inspecteur des Impôts dans le Bordelais. Etant le benjamin de la famille, et remarquant la difficulté de mes parents à financer les études de mes deux frères aînés, je décidai de leur épargner le fardeau des miennes en préparant le concours de l'Ecole de Santé de Bordeaux. C'est pourquoi vous me voyez en cet uniforme seyant avec ces galons sur mes manches. N'ayant pas l'esprit militaire, je redoutais un peu de cohabiter avec des guerriers. Mais vus de près, je les ai trouvés courtois, cordiaux, faciles à vivre.

J'ai trente et un ans et mon excuse pour aimer Sophie, c'est qu'elle est excessivement jolie. Toutefois, dans mes moments de lucidité, je me rends bien compte qu'à me comparer aux fils des anciennes relations de son défunt mari, la Gorgone qui monte la garde aux portes de Sophie ne doit pas apprécier beaucoup la tiédeur de mes sentiments religieux et la relative faiblesse de mes ressources. Quant à Sophie, ce qu'elle pense et sent à ce sujet reste un mystère. Entre elle et moi s'interpose toujours le rideau de ses paupières.

Je me fais donc peu d'illusions sur mes chances d'épouser Sophie. Toutefois, si cet hymen a lieu, il va sans dire que je supprimerai les pages qui précèdent, mes rapports plutôt flous avec Sophie s'étant heureusement précisés, et la formidable Madame Mère étant devenue mon affectionnée belle-maman. Si vous lisez ces pages, c'est que Sophie, entre le début et la fin de ce récit, se sera retirée de ma vie.

Pour en revenir aux sous-marins de notre Marine, auxquels désormais je voue mes bons services, sachez qu'il y en a de deux sortes : les grands et les moins grands. Les grands, ce sont les célèbres sous-marins nucléaires lanceurs d'engins sur lesquels repose notre dissuasion. On les désigne par les initiales de leur dénomination : les SNLE[1].

Les autres sont les sous-marins d'attaque, qu'on appelle encore les sous-marins classiques, lorsqu'ils utilisent des diesels pour leur propulsion. D'aucuns, toutefois, déjà nucléaires, sont appelés sous-marins nucléaires d'attaque ou SNA.

Les sous-marins d'attaque dont les missions peuvent être brèves et

---

1. Prononcez Esse Enne Elle Eu. Il y a deux façons d'écrire le sigle : SNLE ou S.N.L.E.

comporter des escales n'ont en principe à bord qu'un infirmier. Les SNLE, dont les patrouilles sont longues, et qui, partis de Brest pour soixante ou soixante-dix jours, reviennent à Brest sans avoir nulle part émergé des eaux, ni à plus forte raison débarqué, emmènent pour cette raison un médecin et deux infirmiers.

Voué aux SNLE par mon état, c'est toutefois sur un petit sous-marin d'attaque que j'ai la première fois embarqué, le pacha d'un de ces bâtiments ayant exceptionnellement demandé un médecin, sa patrouille devant durer trois semaines.

Elle ne dura, en fait, que quinze jours, au bout desquels je revins à l'Ile Longue, à Brest — base de nos SNLE —, exercer mon art à l'infirmerie en attendant une affectation.

Celle-ci vint d'une façon abrupte, le médecin attitré d'un SNLE se trouvant défaillir à la dernière minute pour raison de santé. Désigné pour le remplacer, j'embarquai donc quasiment « sur la patte de l'ancre », comme disent les marins — expression savoureuse qui peint au vif une ancre qu'on relève et un malheureux retardataire qui s'accroche à une de ses pattes pour monter à bord.

Certes, ce SNLE ne m'était pas tout à fait inconnu. Je l'avais visité. Mais je ne savais rien du pacha, des officiers et de l'équipage. Qui pis est, j'ignorais tout de mes deux infirmiers, puisqu'ils n'avaient pas été formés avec moi, mais avec mon prédécesseur.

La métaphore de la patte de l'ancre n'est pas à prendre littéralement : une heure avant l'appareillage, je franchis comme tout le monde la passerelle, accueilli avec soulagement, mais non sans quelque réserve, par le pacha, qui se demande en son for si ce nouveau toubib, envoyé au pied levé, vaudra l'ancien.

Devant moi, sur le pont uniformément noir, percé çà et là de petits trous circulaires, le sas d'accès, son couvercle d'acier rabattu, est grand ouvert. Je jette un dernier coup d'œil vers le ciel. Comme pour me le faire regretter davantage, le vent de la veille l'a nettoyé du crachin brestois et le soleil brille sur l'Ile Longue. A vrai dire, je ne le vois qu'à travers l'immense verrière qui protège de la pluie le bassin de béton où Jonas m'attend pour m'avaler.

— Après vous, docteur, dit le pacha.

Débarrassé par un matelot de mon bagage, j'empoigne les deux mains courantes d'acier froid. Dans un sous-marin on ne monte pas à bord : on descend dedans. Et j'espère que je n'ai pas l'air trop emprunté, les biceps en crispation et le pied posé en dessous de moi à l'aveuglette. Bien que mes quinze jours dans un petit sous-marin d'attaque m'aient quelque peu amariné à cet exercice, je me demande toujours quelle est la meilleure manière de le mener à bien. Avec circonspection : le pied gauche venant rejoindre sur le même barreau le pied droit, avant que celui-ci se hasarde à descendre d'un degré. Avec audace : le pied gauche sautant allégrement un barreau pour venir se poser au-dessous du pied droit. Toutefois, cette dernière méthode vous impose un déhanchement qui risque de vous amener à raboter vos fesses sur le bord du trou circulaire. Après un essai, je reviens à la prudence.

Le pacha d'un pas vif m'entraîne dans un dédale de coursives. Evidemment, un SNLE, comparé à un petit sous-marin d'attaque, c'est immense. Mais cette immensité est toute relative, car tant d'espace est occupé par les machines, les tuyaux, les raccordements, les vannes, les instruments de mesure, les pupitres d'ordinateur et les tableaux de bord, qu'il reste peu de place pour circuler et que vous devez vous mettre de profil chaque fois que vous croisez quelqu'un. Et Dieu sait si vous croisez des gens ici, les entrailles métalliques du monstre grouillant de fourmis affairées : de 130 à 137 hommes, si j'en crois les souvenirs de ma précédente visite.

— Je vais vous montrer votre chambre, dit le pacha.

Il y a des nuances dans la politesse, et la sienne — mais ça ne me surprend pas — témoigne qu'à ses yeux je ne suis pas vraiment un marin, bien que j'en porte l'uniforme. Il a raison. Je ne sers pas le bateau. Je sers les hommes qui sont dessus. Et comme ils sont jeunes et luisants de santé, j'aurai sans doute peu à faire. Je suis là en cas de besoin. Comme une bouée de sauvetage. Sauf que dans le bord, justement, il n'y a pas de bouée de sauvetage, aucun homme ne courant le risque de tomber à la mer.

— J'espère que vous serez bien dans votre chambre, dit le pacha.

— Je serai très bien, merci, commandant.

Si Sophie était là, elle trouverait dans ce dialogue un involontaire humour. Car la chambre d'un officier — je les ai vues toutes en passant et elles sont toutes pareilles — mesure deux mètres de long sur un mètre cinquante de large. On dit « la chambre ». On ne dit pas « la cabine ». La cabine, c'est pour un paquebot, où elle est près de deux fois plus spacieuse.

Je jette un regard circulaire, lequel a très peu à circuler. Où est le *Nautilus* du capitaine Némo avec son salon fastueux, son orgue et sa vaste baie vitrée donnant sur les profondeurs illuminées de l'Océan ?

— Je vous laisse, dit le pacha.

Mais il ne me laisse pas et me considère en silence, ce qui fait que je le regarde à mon tour. Il est de taille moyenne, robuste, le dos droit, pas l'ombre de ventre, le cheveu et la barbe noirs coupés court, et dans tout ce noir, des yeux bleus. Il ajoute :

— La mer est grosse. Ça va chahuter pas mal au début. Vous savez cela, puisque vous avez déjà navigué sur un sous-marin d'attaque. Mais nous, une fois en plongée, nous y demeurons et cela devient alors tout à fait confortable.

Ce « tout à fait confortable », qu'il prononce avec un sourire, me réconforte tout à fait. Tous les marins ont eu, ont et auront le mal de mer. Moi aussi. Mais je ne me vois pas opérer une appendicite alors que le bateau roule.

Le pacha enchaîne.

— Je vais vous envoyer vos deux infirmiers : Le Guillou et Morvan. Le Dr Meuriot les trouvait très bien. Il formait avec eux une équipe très soudée.

Comme je crois discerner un soupçon de regret dans cette phrase — à moins qu'elle ne contienne une mise en garde déguisée —, je dis :

— J'espère que je m'accommoderai à eux, et eux à moi.

— Je n'en doute pas, dit-il promptement.

Il reprend :

— Comme vous le savez sans doute, à bord on ne porte que le T-shirt et le blue-jean, sans insigne de grade, sauf le samedi soir et le dimanche, où on se fait beau pour marquer le coup.

Là-dessus, il me sourit et me quitte.

En prévision du chahut annoncé, j'avale une pilule, défais mon paquetage et prends possession de ma « chambre ». Elle est entièrement revêtue de contreplaqué de chêne, ce qui lui donne un aspect clair, chaleureux, intime. Un Anglais dirait *cosy.* Elle est aussi très bien éclairée et ses dimensions miniaturisées ajoutent à sa *cosiness*.

En entrant, vous voyez, occupant quasiment toute la longueur, un lit à une place. Notez, je vous prie, qu'on ne dit plus « couchette », mais « banette ». Au pied de ladite banette, des petits placards très bien conçus et même une petite penderie. Sur la cloison qui me sépare de la coursive un petit lavabo en duralumin (vous concéderez que dans ce cadre la faïence eût été déplacée).

Le bureau, à droite de ma banette, est attendrissant par sa petitesse. En chêne aussi, ainsi que les placards et rayonnages qui le surmontent. Je devrais dire « le » rayonnage, car il n'y en a qu'un, traversé à mi-hauteur d'une petite barre en bois qui empêche les livres d'être éjectés en cas de roulis. A peine assez de place pour loger mes livres de médecine. En revanche, parmi ces placards, je découvre un petit coffre.

Sur le côté gauche de la banette — je dis gauche par rapport à moi quand je m'allonge dessus, ce que je fais pour l'essayer —, le contreplaqué de chêne se relève abruptement en soupente, ce qui me donne à penser : *primo*, que je devrai ne pas m'asseoir trop brusquement sur mon séant, si je veux ménager mon crâne. *Secundo* : que cette soupente épouse *grosso modo* la forme de la coque contre laquelle elle s'appuie. Ainsi, sur ma gauche, séparée de moi par la mince pellicule de bois, et la forte coque d'acier, il y a la mer immense, noire, mystérieuse. J'ai beau me dire que la coque est épaisse, d'une étanchéité en principe absolue, et conçue pour résister aux plus énormes pressions, cette proximité n'est pas sans effet sur mon imagination. Vaine crainte, l'Océan et moi étant appelés à voisiner, mais non pas, j'espère, à nous connaître. Si Jonas est un monstre, l'élément dans lequel il baigne en est un autre, et combien plus puissant ! Si par suite d'une défaillance de ses merveilleuses machines, Jonas devait plonger au-delà de la profondeur que sa construction autorise, la pression de l'eau l'écraserait comme une coque de noix.

J'ai remarqué dans la coursive où s'ouvrent les chambres des officiers qu'aucune porte n'était fermée quand leurs occupants s'y trouvaient. Je me demande si elle reste ouverte pour que l'aération soit meilleure, pour éviter chez l'occupant un sentiment claustrophobique, ou en vertu d'une loi non écrite du bord qui veut que chacun soit visible à tous, du moins le jour. Dans le doute, je laisse la mienne ouverte et viens m'asseoir à mon petit bureau devant un agenda que Sophie m'a offert le jour de mes trente ans afin qu'il me serve, m'a-t-elle dit, de « journal ».

Un visiteur s'encadre dans ma porte.

— Monsieur, je me présente : Le Guillou, infirmier anesthésiste.

Ce « Monsieur » vous étonne et j'entends bien pourquoi. On s'attendrait à ce qu'un infirmier, parlant à un médecin, l'appelle « docteur » ou, à la rigueur, par son appellation protocolaire dans la Marine : Monsieur le Médecin. En fait, l'équipage, composé en grande partie de professionnels, s'adresse à moi dans ces termes, à l'exception toutefois des jeunes appelés qui, ignorant le protocole, m'appellent « docteur » — comme d'ailleurs les officiers, qui, eux, ne l'ignorent pas et changeront même mon nom en « toubib », dès qu'ils me connaîtront davantage. Alors, pourquoi le « Monsieur » des infirmiers ? Je n'en sais rien, et je crois que personne n'en sait là-dessus davantage que moi. Mais comme la Marine est aussi conservatrice dans ses habitudes qu'elle est moderne dans ses techniques, j'ai l'impression que cet usage va se perpétuer.

Revenons à Le Guillou. Je me lève, je lui souris et je lui serre la main. Un Breton, bien sûr. Taille moyenne, trapu, yeux verts, cheveux tirant sur le roux, et pommettes saillantes, quasi mongoles.

— Le Guillou, vous êtes finistérien, je crois ?

Je ne le crois pas. Je le sais. Dès que j'ai su mon affectation, je me suis enquis de lui et de l'autre infirmier, Morvan.

— Oui, Monsieur, dit Le Guillou.

A son air satisfait et fiérot, il me paraît facile d'échographier son schéma de pensée : ce qu'il y a de mieux en France, c'est la Bretagne. Et ce qu'il y a de mieux en Bretagne, c'est le Finistère.

— Et Morvan ?

— Il est dans le bord, mais il s'excuse, il est souffrant.

— Il est souffrant ? Le jour de l'embarquement ?

— Justement, dit Le Guillou.

Et il esquisse un sourire mi-gêné, mi-complice.

— Dites-lui que je veux le voir demain à l'infirmerie.

— Il sera là, dit Le Guillou.

Pronostic qui confirme un diagnostic que je ne formule qu'en mon for.

— Monsieur, voulez-vous voir votre infirmerie ?

J'ai visité le *Foudroyant*, et je sais donc ce que c'est qu'une infirmerie de SNLE. Mais comment refuser à Le Guillou le plaisir de m'en faire les honneurs ? Et de me détailler son équipement ?

— Vous voyez, Monsieur, tout y est : bloc opératoire, réanimation, tube de radiographie. Ça doit vous changer des sous-marins d'attaque ! Et vous avez vu cette table d'opération ? Une merveille ! Elle se transforme en fauteuil dentaire ! Et voilà la fraise !

Je fais la moue.

— Evidemment, dit Le Guillou, la dentisterie, ce n'est pas très grisant.

— Combien de dents le Dr Meuriot a-t-il eu à soigner ?

— Au cours de la dernière patrouille ? Une demi-douzaine...

— C'est beaucoup.

— Oh, vous savez, Monsieur ! On a beau dire aux gars de se faire soigner à terre. Ils remettent, ils remettent... Et ça retombe sur nous.

Je trouve ce « nous » assez savoureux, vu que c'est moi qui manierai la fraise.

— Et voici, poursuit Le Guillou, les instruments de chirurgie. Vous remarquez, Monsieur, rien que des aiguilles à fil serti dans le talon. Moi, j'ai connu le temps des aiguilles à enfiler et qui se défilaient en cours d'opération.

Vrai problème, en effet. Mais pour le chirurgien, pas pour l'infirmier anesthésiste. Je vois que le « nous » continue. Est-ce que par hasard l'égo de Le Guillou ne serait pas un peu inflationniste ?

— Et regardez, Monsieur, poursuit-il, nous venons de toucher un bistouri électrique ! Les médecins le réclamaient depuis longtemps.

Je hoche la tête sans piper mot. L'avantage du bistouri électrique, c'est de cautériser en coupant : le gain de temps est considérable. Mais il y a aussi des risques d'incendie, provoqués, entre autres, par les vapeurs d'éther. On a vu à terre un opéré prendre feu sur la table d'opération. J'espère seulement pour le malheureux qu'il était bien anesthésié. Si j'opère, je me souviendrai d'avoir à débrancher le bistouri, quand, après l'opération, je procéderai au nettoyage.

— Monsieur, voulez-vous que je vous montre la pharmacie ? Il y a là tous les médicaments que le Dr Meuriot avait commandés à la Base. Voulez-vous voir s'ils vous conviennent ?

Bien sûr, ils me conviennent. Et d'ailleurs, même s'ils ne me convenaient pas, par considération pour mon prédécesseur, je n'irais pas le dire. Je jette toutefois un coup d'œil.

— Qu'est-ce que c'est que ça ?

— Eh bien, vous le voyez, Monsieur : une boîte de Tampax.

— Il y a une femme à bord ?

— Oh ! Monsieur, vous n'y pensez pas ! A mon avis, c'est une petite farce des pharmaciens de la Base.

Je jette un coup d'œil circulaire. Toute miniaturisée qu'elle soit, l'infirmerie me paraît grande. Quelle différence avec mon petit sous-marin d'attaque où elle se réduisait à quatre boîtes de médicaments ! Pour panser un genou, je devais étendre un patient sur une table de la cafétéria.

Je passe dans la petite chambre attenante, et sur une des deux banettes j'aperçois quelqu'un qui me tourne le dos et qui ronfle comme un sonneur.

— Comment, dis-je, vous avez déjà un malade ?

— Non, Monsieur, c'est Morvan.

— Et il couche ici ?

— C'est sa banette, dit Le Guillou défensivement. Et la mienne, c'est celle du dessus.

Je m'avance avec prudence sur ce terrain miné.

— Mais, dis-je, je croyais que cette chambre était la chambre d'isolement.

— Oui, Monsieur, dit Le Guillou. C'est bien sa fonction. Quand un gars de l'équipage est malade et doit être isolé, l'un de nous lui cède ici sa banette, et occupe la sienne dans sa chambrée.

— Ah bon, je saisis !

En fait, je ne saisis rien du tout : s'agit-il là d'un usage ou d'un abus ? Mais comme la marge entre les deux est mince, et que je ne vois que des avantages à ce que l'infirmerie ne reste pas la nuit sans surveillance, je me tais. Quant à celui qui cédera, le cas échéant, sa banette à un malade, il y a des chances, à mon avis, pour que ce soit Morvan...

— Tiens, dis-je, vous avez la télé ?

Ce « vous avez » qui reconnaît implicitement à Le Guillou un droit de propriété, ou à tout le moins d'occupation, achève de le rasséréner.

— Oui, dit-il, mais quand je veux voir un film, je vais à la « caffe », parce que Morvan, à neuf heures, il dort.

Je repasse dans l'infirmerie où je vois surgir un matelot d'une vingtaine d'années.

— Docteur, dit-il, je me présente : Jacquier. Je suis un des deux maîtres d'hôtel du « carré ». Le commandant vous fait dire que, si vous voulez, vous pouvez monter dans le « massif » pour jeter un dernier coup d'œil sur la terre.

Je remarque que Jacquier, qui est un petit brun à l'œil vif, ne m'a dit ni « Monsieur », ni « Monsieur le Médecin », mais « docteur », comme les officiers qu'il sert. C'est que dans son esprit, comme d'ailleurs dans celui des officiers, il fait partie du carré, comme le « butler » fait partie du club. *He belongs*, dirait un Britannique.

— Je vais vous conduire, docteur, dit Jacquier qui doit bien se douter que les entrailles d'un SNLE ne me sont pas encore bien connues.

— Je vous suis, dis-je.

— Excusez-moi, docteur, dit Jacquier, après un temps d'hésitation, il vaudrait peut-être mieux que vous mettiez un bonnet de mer et que vous capeliez votre parka. Il fait plutôt frais là-haut.

Le bateau roule déjà beaucoup et ce n'est pas sans difficulté que, dans ma chambre, j'enfile mon « parka », entendez mon ciré, qu'on appelait autrefois à la Baille [1]... mais je ne citerai ce mot que dans mon glossaire pour ne pas braver l'honnêteté et effrayer ma lectrice [2].

Jacquier, pendant ce temps, la main sur le chambranle de ma porte pour garder son équilibre, me considère avec un petit sourire qui trouve le moyen d'être à la fois malicieux et déférent. J'entends bien : la déférence s'adresse au médecin et la malice, à l'éléphant — un éléphant étant, dans la Marine, tous ceux qui ne sont pas des marins. Il n'a pas tort, mais un maître d'hôtel est-il davantage un marin qu'un médecin ?

Le massif est sur le sous-marin cette petite tour munie sur les côtés de deux ailerons (en fait, des barres de plongée) qui lui donnent sa silhouette bien particulière. Elle porte à son sommet je ne sais combien de petits mâts, antennes et périscopes et, d'ailleurs, elle n'est ronde que sur son devant, car elle s'effile sur l'arrière pour faciliter, je suppose, l'écoulement de l'eau en plongée. Ce massif s'appelle aussi le « kiosque », mais les sous-mariniers ne l'ont jamais appelé que « la baignoire » pour la raison, qui me deviendra rapidement évidente, qu'on s'y fait copieusement doucher quand on navigue en surface.

Jacquier ouvre le panneau qui me donne accès à la passerelle et le referme vivement derrière moi, pour éviter d'embarquer de l'eau. Pour moi, dès que je suis debout, je reçois une bonne gifle, et de mer, et de vent.

En plus du pacha qui m'adresse un cordial sourire, mais sans parler, il y a là quatre hommes. L'un scrute les alentours avec de grosses jumelles. Un deuxième porte deux écouteurs fixés à ses oreilles. Le troisième crie des choses dans son interphone. Ce que fait le quatrième, je n'arrive pas à le deviner. Comme je me doute que la

1. L'Ecole navale.

2. Dans le premier jet de ce récit je m'adressais à Sophie, mais après que celle-ci, au cours de la patrouille, eut tacitement rompu avec moi, je barrai partout son nom et le remplaçai par « lectrice », mais sans rien changer au texte. C'est ce qui explique que j'ai prêté à ma lectrice une bégueulerie qui paraît quelque peu dépassée.

manœuvre est délicate, je ne pipe mot et j'essaie de me mettre dans un coin où je ne gêne personne.

La houle est grosse et nous sommes précédés d'un bon mille environ par notre escorteur d'accompagnement, le *Maillé-Brézé*, dont j'avais remarqué l'élégance à quai quand j'ai visité l'Arsenal. Le *Maillé-Brézé* joue le rôle d'un motard devant une voiture ministérielle. Tant que nous serons en surface, il nous ouvrira le chemin en écartant de notre route les autres bateaux. Après quoi, sa mission terminée, il retournera au port.

Le soleil est radieux, mais le suroît me cingle la face et les paquets de mer m'aveuglent au point que pour garder l'œil ouvert, je dois leur tourner le dos.

« Jeter un dernier coup d'œil sur la terre » a un sens très précis et même quelque peu dramatique pour qui va naviguer à cent ou cent cinquante mètres sous la surface des Océans pendant deux mois sans émerger jamais. Car dans ce cas, on devrait ajouter que « le dernier coup d'œil » inclut aussi le soleil et les nuages — les nuages surtout qui, à des gens qui se préparent au huis clos du sous-marin, paraissent si heureux de voguer, libres, dans l'azur. Terre et ciel, parents et bien-aimées, ça fait beaucoup de choses et d'êtres, en fin de compte, à laisser derrière soi.

Sauf quand il est pollué, le ciel n'a pas d'odeur, mais la terre en a une. Quand, après quatre heures de navigation sur mon voilier dans la baie de Carnac, je revenais vers la plage, le parfum de la terre me sautait aux narines, fait de fumée de bois, de feuilles, de plantes et d'humus, aussi réconfortant et sensuel à humer que pour une mère la peau de son bébé.

Plus nous approchons du goulet dont nous allons débouquer pour gagner la haute mer, plus celle-ci se creuse et se gonfle, et plus les paquets de vagues et de vent nous fouettent. Je suis trempé comme une soupe et pas très à l'aise de me sentir ballotté de droite et de gauche comme un ours en peluche brandi par un gamin. A cette minute je préférerais être sur le *Maillé-Brézé* où je pourrais voir de plus haut, et bien au sec, le goulet, et les collines entre lesquelles nous défilons. Depuis que nous avons quitté l'Ile Longue, nous n'avons jamais été si proches de la terre que nous allons quitter, et nous pouvons voir, silhouettés entre les arbres, des civils qui nous regardent partir et agitent les bras. C'est dommage que je ne puisse pas emprunter ses jumelles au personnage qui les colle à ses yeux, car j'aurais aimé apercevoir, pour la dernière fois, avant notre retraite conventuelle, un doux visage féminin.

Ruisselant, je vais rejoindre, quelques degrés plus bas, deux officiers qui, à l'abri de la tôle d'acier du massif (contre laquelle on entend battre les lames), inhalent leur ultime fumée de tabac.

— Docteur, dit l'un d'eux (car, bien sûr, ils ont tous compris qui je suis), à vous voir, vous avez pris quelques bonnes baleines en plein nez (une « baleine », c'est un paquet de mer). C'est votre premier baptême de sous-marinier. En attendant le second qui aura lieu à mi-patrouille.

— Pardon, dis-je, j'ai déjà navigué sur un sous-marin classique.

— Rien n'en vaut, docteur, dit l'un d'eux. Nous sommes sur un SNLE.

Ils rient et m'envisagent d'un air amical, supérieur et bon enfant. Et comme j'ouvre le panneau pour descendre dans le bord, l'un d'eux me crie :

— N'omettez pas de le refermer après vous, docteur ! Une voie d'eau serait prématurée !

Je ne suis pas au bout de mes peines, car au bas de l'échelle je trouve trois jeunes officiers (que Jacquier a dû rameuter) et qui m'entourent joyeusement, chacun faisant le geste de me tendre un micro, comme des interviewers de télé. J'entre dans le jeu avec bonne grâce.

— Docteur, vos impressions ?

— Ça mouille beaucoup, et c'est salé.

— Docteur, savez-vous pourquoi ça mouille beaucoup ?

— Oui, monsieur. Un sous-marin est fait pour traverser l'eau, et non pour se soulever à la lame. Donc, il enfourne.

Liesse.

— Le docteur est trans !

— Il est cartahu !

— Il étale à bloc !

— Docteur, une dernière question : vous avez déjà navigué en surface, pourquoi avez-vous choisi les sous-marins ?

Je réfléchis vite. Si je leur donnais la vraie raison (que le lecteur connaît), ma décote serait phénoménale. Je prends un air grave et je dis :

— Messieurs, je vais vous faire une confidence : je ne sais pas nager. Et le sous-marin est le seul bateau où l'on ne puisse pas passer par-dessus bord.

La liesse atteint son comble, et j'en profite pour m'esquiver, gagner ma chambre, décapeler mon ciré, et retirer mon bonnet de mer trempé. Tant pis pour la loi non écrite (si elle existe), je ferme ma porte et m'étends sur la banette.

J'ai dû dormir assez longtemps et, au réveil, le bateau roule énormément. Je ne me sens ni tout à fait à l'aise ni tout à fait nauséeux. A intervalles réguliers, je me mets à bâiller afin de remettre de l'ordre dans mes canaux semi-circulaires. Je soigne également mon moral en faisant un acte de foi dans les effets durables de la

Nautamine. Pour finir, et mon état n'empirant pas, je recherche dans mon arsenal thérapeutique un fantasme sécurisant.

Comme diraient les philosophes, il y faut « une complicité de soi à soi ». C'est pourquoi je commence hypocritement à me demander la raison pour laquelle une île m'a toujours fasciné. Comme je me suis déjà posé la question, je n'ai aucun mal à me répondre : c'est qu'une île est bien close, bien défendue de tous côtés par des douves naturelles qui la protègent des envahisseurs. A la limite même, elle est déserte, quoique paradoxalement bien pourvue en eau et en ressources : ce qui me permet de vivre une idylle sans rivaux, étant le seul homme pour une femme unique.

Nous y voilà ! Au risque de décevoir, je dirais que cette femme ne peut pas être Sophie. Outre que mes rapports avec Sophie ne supposent pas ce degré d'intimité, un fantasme, s'il la prenait pour objet, disparaîtrait, laissant place à une réalité assez angoissante : ma relation très incertaine avec elle.

Pour être sécurisante, pour remplir à plein son rôle de bonbon psychique, une rêverie provoquée doit se situer hors réel. C'est pourquoi la femme qui surgit devant mes yeux est une inconnue qui me laisse modeler ses traits et son corps à ma guise, et qui, une fois que je l'ai créée, est parfaitement docile à son créateur. Ne croyez pas toutefois que je vais brûler les étapes. Un fantasme exige de vous une gestion lente et réfléchie. Et quand, après vous avoir charmé, il se dissipe, il ne faut pas tâcher de le ressusciter. A tout le moins, pas le jour même.

Ce qui, cette fois, le fait s'évanouir, avant même qu'il soit arrivé à terme — ma sirène se dissolvant, hélas, dans les eaux mauves du lagon où je me baignais avec elle —, c'est que le bâtiment cesse de rouler.

Cette absence de mouvement, si j'ose dire, me secoue. Je me retrouve sur ma banette étroite, toutes lumières allumées. Je me lève pour me jeter un peu d'eau au visage et me débarbouiller de mon malaise et à peine ai-je mis le pied à terre que je manque tomber tant le parquet est en pente. Sur un SNLE, chose bizarre, on dit « le parquet » et non le sol, alors que ce parquet est en acier. Je me rattrape à mon bureau, et je me rends compte en jetant un coup d'œil à ma banette que ce qui m'a réveillé, ce n'est pas seulement l'immobilité du bateau, c'est que ma tête se trouvait, quand j'étais couché, plus basse que mes pieds.

Lectrice, vous avez, bien sûr, déjà saisi que si mon univers est devenu tout d'un coup oblique, c'est que le SNLE est en train de plonger ; et que s'il n'est plus du tout affecté par le roulis, c'est qu'il a déjà atteint une profondeur telle que la grosse houle que nous avons connue au départ ne se propage plus jusqu'à lui. C'est évidemment l'affaire du pacha de savoir à quelle distance de la surface il entend naviguer, mais quand il aura atteint cette profondeur, il remettra le sous-marin à l'horizontale et, comme il me l'a promis, cela deviendra « tout à fait confortable ». En fait, si vous étiez avec nous, vous ne pourriez pas rêver croisière plus paisible — sauf, toutefois, que le soleil vous manquerait pour bronzer.

Sur un petit sous-marin diesel, les choses ne sont pas si calmes, car il revient souvent à la surface, ou près de la surface, tant parce qu'il a besoin d'air pour le diesel et les hommes que pour épier des « proies » possibles. Le SNLE n'obéit pas à ces servitudes. Il fabrique lui-même son air. Il élimine ses pollutions. Et il se coule le plus discrètement possible dans les eaux les plus profondes sans jamais montrer le bout d'un périscope : je dirai plus loin pourquoi.

La première fois que j'ai vu sur le petit sous-marin d'attaque, où j'ai fait mes premières armes (si tant est qu'un médecin puisse parler de ses armes), le parquet prendre en plongée cette inclinaison inquiétante, je me suis senti assez ému. La folle du logis s'est mise à divaguer : les cotes des profondeurs sont-elles, sur les cartes des mers, tout à fait fiables ? Et qu'arriverait-il si nos sonars se déréglaient et qu'on aille buter sur un haut-fond ? Chose étrange, ce n'est pas la raison qui a dissipé mes alarmes, mais l'habitude.

C'est quand votre chambre est totalement en oblique qu'on se rend compte combien l'horizontalité de votre habitat est agréable et vous simplifie la vie. Par exemple, j'ai essayé de m'asseoir devant ma table et je me suis retrouvé la poitrine si pressée contre le plateau que j'ai pris appui sur mes mains pour la soulager. Le crayon que j'ai lâché pour prendre cet appui a alors roulé jusqu'au petit tiroir qui me fait face, et le livre que je comptais lire et annoter a glissé pour le rejoindre.

Par bonheur, le bâtiment bouge maintenant aussi peu que ma chambre dans l'appartement bordelais de mes parents. En fait, il paraît figé dans sa position oblique. Il donne l'impression de ne plus avancer du tout. A vrai dire, dans un Airbus, l'impression, à dix mille mètres d'altitude, est la même, sauf que le bruit des réacteurs est omniprésent. Ici, les turbines sont trop loin pour que leur bruit parvienne jusqu'à moi. Tout est silence.

Non, pourtant. On entend quelque chose. Et la première fois, c'est plutôt alarmant : à intervalles irréguliers, la coque du sous-marin (dont un côté de ma banette est tout proche) fait entendre des craquements que je devrais qualifier de sinistres s'ils s'amplifiaient. J'entends bien qu'ils sont produits par la pression grandissante de l'eau au fur et à mesure que nous plongeons. On a l'impression de se trouver dans une grosse noix qu'un énorme casse-noisettes essaierait de disloquer. C'est très impressionnant jusqu'à ce qu'on ait décidé de faire confiance à nos ingénieurs et de se dire qu'au-delà même de la profondeur-limite ils ont dû prévoir une marge de sécurité assez grande pour que le bâtiment ne soit pas écrasé par les masses d'eau au-dessus de lui.

Tout en prenant appui de la main gauche contre le rebord de la table pour décomprimer ma poitrine, je maintiens de ma main droite tout à la fois mon livre et mon crayon. Je lis plutôt mal, tant mon attitude est crispée. Et d'autant plus mal que, malgré moi, je prête l'oreille aux « cracs-cracs » qui proviennent de la coque, tout en affectant à leur égard l'indifférence d'un vieux sous-marinier.

Soudain, tout rentre dans l'ordre. Ma main peut libérer le livre et le crayon sans qu'ils s'échappent : ma chambre est redevenue horizontale. Avec un petit temps de retard, les bruits de la coque cessent. Nous avons atteint notre profondeur de croisière et mon univers devient tout à fait rassurant. Il ne roule plus, il ne pique plus du nez, il ne craque plus, il ne produit aucun bruit, pas même une vibration, il ne donne même pas l'impression de bouger. Nous serions posés gracieusement sur un haut-fond sableux pour faire une petite sieste, la sensation de totale immobilité ne serait pas différente.

Un coup à ma porte, et sur mon « entrez », un visiteur se présente.

— Aspirant Verdelet !

Je me lève et lui serre la main.

— Bonjour ! C'est votre service militaire ? Qu'est-ce que vous faites dans le civil ?

— A laquelle de ces deux questions dois-je répondre en premier ? dit Verdelet.

Je ris.

— La seconde.

— Sciences-Po. ENA.

— « Bonne Mère ! comme dit ma concierge, il y en a qui en ont dans le crâne ! » Vous serez donc un jour parmi les princes qui nous gouvernement ?

— Ne vous alarmez pas : je ferai mieux qu'eux. Docteur, ordre du commandant en second : je dois vous conduire au carré pour le dîner.

— Le temps de me recoiffer, je vous suis.

Tout en me recoiffant, je considère avec sympathie ce poussin frais éclos : 1,85 m, bien bâti, beau garçon. La rondeur de sa joue (la « boule de Bichat », comme disent les anatomistes) garde encore je ne sais quoi d'enfantin. L'œil bleu est vif. Une sage raie sur le côté n'arrive pas tout à fait à discipliner ses cheveux blonds. L'aspirant Verdelet respire la bonne santé, la bonne famille, les bonnes études. Sciences-Po, ENA : deux concours difficiles. Il a dû ramorder comme un pou. Gentille lectrice, il est temps que je vous initie à l'argot baille, que j'ai moi-même appris sur la *Jeanne d'Arc* en me frottant pendant sept mois aux bordaches. La Baille, c'est l'Ecole navale ; les bordaches, ce sont les élèves de ladite école, et « ramorder » veut dire travailler. Voilà, vous savez tout, du moins tout l'essentiel. Le reste viendra au fil des pages.

Comme je suis moi-même de famille modeste, le côté « bonne famille » de Verdelet m'agace un peu, mais dans le cas d'espèce, il est corrigé par les bonnes études, et par la gentillesse qui émane de lui.

Comme j'achève de me coiffer, un autre personnage apparaît à ma porte.

— Aspirant Verdoux. Ordre du pacha ; je dois vous conduire au carré.

— Vous aussi ! Je ne risque pas de me perdre ! dis-je en riant.

— Qui peut dire encore si la perte serait grande ? dit Verdoux.

— Ne vous inquiétez pas, docteur, dit Verdelet. Verdoux a trouvé un créneau à bord : l'impertinence soigneusement dosée.

— Dans quelles balances ?

— Fines, dit Verdoux. Les miennes. Celles de la nuance, fût-elle byzantine. Je suis énarque.

— Dieu du ciel ! Deux énarques ! Verdoux et Verdelet !

— La ressemblance des noms est purement fortuite, dit Verdoux. Comme a dit un illustre Ancien : « Lui c'est lui, et moi c'est moi. » Et moi, Dieu merci, je n'ai pas le cheveu blond filasse et l'œil bleu délavé.

C'est vrai que le coloris est différent. Verdoux est un brun à l'œil noir velouté. Toutefois, nos deux midships se ressemblent et je pourrais dire de l'acide Verdoux ce que j'ai dit du gentil Verdelet : 1,85 m, bien bâti, beau garçon. Je ne poursuis pas. On a compris que ce sont là deux poussins de la même couvée.

Tandis que je mets mes chaussures, Verdoux reprend :

— Docteur, quel genre de médecin êtes-vous ?

— Première classe. Trois galons.

— Je n'en ai qu'un. Savez-vous que dans l'ancien argot baille, on vous eût appelé le tricouille ?

— Je sais. J'ai fait la *Jeanne*. Surnom flatteur.

— Il n'est pas dit, remarque Verdelet, qu'on fasse beaucoup mieux avec trois qu'avec une.

— Voilà, dis-je, qui serait à peser dans les fines balances de Verdoux.

On rit.

— Je ne sais pourquoi je ris, dit Verdoux. Je n'aime pas les médecins. Ils m'ont laissé sur le côté droit du ventre une cicatrice atroce.

— Atroce comment ?

— Longue ! Longue ! Huit à dix centimètres !

— Certains appendices sont difficiles à repérer. Ils ont dû élargir pour le trouver.

— Quel métier immonde ! dit Verdoux, pouah ! Tremper la main dans les tripes de ses contemporains !

— Moi, dit Verdelet, le mot tripes me donne faim. Si nous allions manger ? Le pacha va attendre. Docteur, est-il bien utile de vous recoiffer ? Vous vous êtes assez peaufiné comme cela.

Vu l'étroitesse de la coursive, nous partons l'un derrière l'autre, mais ensemble par la pensée. Je suis enchanté de ces joyeux drilles. La complicité des trois non-marins du bord s'est faite instantanément.

Le carré des officiers n'est pas un carré : bien au contraire, la courbe y prédomine. C'est un petit salon rond qui débouche sur une petite salle à manger ovale.

Entendons-nous sur ce qualificatif « petit ». A l'échelle d'un appartement, il est justifié. A l'échelle d'un SNLE — et par exemple, d'une chambre d'officier — le carré est grand. Dans le salon, quatre fauteuils club entourent une petite table basse en verre. On n'y logerait pas une chaise de plus.

Le charme de ce salon, c'est qu'il est entièrement tapissé par les ouvrages d'une bibliothèque qui épouse sa forme circulaire — comme devait être la bibliothèque de Montaigne dans sa tour avant que son ingrate fille, à sa mort, vendît ses livres.

Dans la salle à manger ovale, les murs sont couleur saumon, et la table peut recevoir dix personnes. Un second service est prévu pour les officiers qui sont « de quart » ou qui tout simplement préfèrent le second service au premier.

Moi inclus, le SNLE comprend seize officiers. Comme le salon n'a que quatre fauteuils club, on pourrait croire que la compétition est grande. Je découvrirai qu'elle ne l'est pas, tant la courtoisie est attentive, et sans même que soient pris en compte le galon et l'ancienneté — le galon que personne ne porte.

Nous devons être en avance sur l'horaire, car les fauteuils sont vides, nous les occupons sans vergogne. Toutefois la table, dans la salle à manger, est mise, et à peine nos fesses ont-elles eu le temps de se poser qu'un maître d'hôtel — ce n'est pas Jacquier — surgit de son office et nous demande ce que nous voulons boire. Jus de fruits partout. L'apéritif n'est pas banni de ces lieux, mais il faut penser à sa ligne.

— Docteur, dit Verdelet, je vous présente notre maître d'hôtel Wilhelm.

— Bonjour, docteur.

— Bonjour, Wilhelm. J'ai déjà rencontré Jacquier.

— C'est mon second, dit Wilhelm.

— Wilhelm, dit Verdelet, a un sens aigu de la hiérarchie.

— En outre, dit Verdoux, c'est un fana-film. On prétend qu'il n'en rate pas un.

— Wilhelm, dit Verdelet, a des goûts démodés : il passe pour adorer Marilyn Monroe.

Wilhelm, qui m'a l'air enchanté de ces petites taquineries, fait mine de se rebiffer.

— Monsieur l'aspirant, dit-il respectueusement familier, la beauté n'a rien à voir avec la mode.

— *Hear ! Hear !* dit Verdoux.

— Pourquoi « *Hear ! Hear !* », dit Verdelet, et non « bravo, bravo » ?

— Ma mère est anglaise.

— Tiens, dis-je, le carré possède un aquarium ? Et un unique poisson ?

— Si ce poisson pouvait penser, dit Verdelet, il se demanderait pourquoi il est ici plutôt que de l'autre côté de la coque.

Verdoux souffle dans son nez avec un air de dérision.

— Il ne se le demanderait pas : c'est un poisson d'eau douce.

Verdelet contre-attaque :

— Comment saurait-il qu'il est un poisson d'eau douce ? Il n'a pas connu d'autre eau.

— De toute façon, dit Verdoux, un poisson ne pense pas : il n'y a qu'à observer son œil rond et stupide. Aucun poisson n'a l'œil intelligent, sauf le dauphin.

Verdelet monte au filet.

— Le dauphin n'est pas un poisson. C'est un cétacé.

Sur ce smash, Verdelet gagne le set, et jugeant la partie finie, ou à tout le moins suspendue, j'interviens.

— Verdelet, vous avez une spécialité à bord ?

— Je prends le quart comme officier, étant chef du service de détection. C'est-à-dire que je suis censé commander à des gens qui connaissent leur métier mieux que moi.

— Et vous, Verdoux ?

— Service lutte anti-sous-marine. Même remarque que le sieur Verdelet. Imaginez une usine où les ingénieurs sont transcendants et les techniciens, remarquables : vous aurez une bonne idée d'un SNLE. Quant à moi, n'étant pas ingénieur, je me mets à l'écoute des techniciens que je commande.

— Docteur, oyez bien Verdoux ! dit Verdelet. Ce n'est pas souvent que vous le trouverez aussi humble.

— A mon sens, dis-je, la qualité particulière de la discipline à bord d'un sous-marin tient à ce que les ingénieurs savent bien que les techniciens, dans leur spécialité, sont indispensables, et vice versa. A mon avis, il ne peut y avoir de conflit entre un officier et un officier marinier [1] que si l'un des deux est caractériel. Et en principe, le filtre, à l'entrée, élimine les caractériels.

1. Les officiers mariniers sont ce qu'on appelle dans l'armée des sous-officiers.

— Mais il arrive, dit Verdelet, que le filtre se dérègle. La preuve : il a laissé passer Verdoux.

— Mais c'est incroyable ! dit Verdoux avec indignation. Toubib, je vous prends à témoin ! Verdelet devient presque aussi agressif que moi ! Il me vole mon créneau !

Nous rions comme des bossus, et au milieu de nos éclats, le pacha entre. Nous nous levons aussitôt.

— Docteur, dit le pacha en souriant, je suis ravi que vous vous entendiez si bien avec nos deux « mimis ». Vous n'ignorez pas que vous et eux, vous êtes censés être les *boute-en-train* dans le carré.

— Ah, commandant ! dit Verdoux, si vous saviez vraiment ce qu'est un *boute-en-train* dans un haras, vous ne diriez pas cela !

A ce moment, six ou sept officiers apparaissent dans un brouhaha de paroles vives qui cassent le fil du dialogue. Nous sommes bien maintenant une dizaine dans cet espace restreint. La confusion est grande et j'en profite, lectrice, pour vous souffler à l'oreille qu'un aspirant dans la Marine, c'est un midship dont mimi est le diminutif évident, prononcé avec une connotation à la fois nostalgique et affectueuse par les officiers plus âgés, parce qu'ils ont été eux-mêmes midships vingt ou vingt-cinq ans plus tôt et que les présents mimis pourraient être leurs fils.

Le pacha m'appelle auprès de lui et me présente à ses officiers ou présente ses officiers à moi, selon le cas : rite qui prend un certain temps et qui est, comme chacun sait, aussi nécessaire qu'inutile, puisque neuf fois sur dix on ne retient pas le nom de la personne présentée. Raison pour laquelle j'emmène Verdelet à part — et à part, c'est dans la coursive, car le carré paraît maintenant quelque peu surpeuplé.

— Fils, dis-je, ôtez-moi d'un doute, comme dit Corneille : le pacha m'a présenté trois commandants. Je ne suis pas sûr de me rappeler qui est qui, et quelles sont leurs fonctions à bord.

— D'abord, dit Verdelet, qui se plaît à jouer sur les mots, il y a le commandant en second Picard. Il est capitaine de frégate comme le pacha. C'est ce petit brun que vous voyez parler au pacha.

— Il n'est pas si petit.

— Vu de ma hauteur, dit Verdelet, vous-même, vous n'êtes pas très grand. Notez-le, le mot « vivacité » a l'air d'avoir été inventé pour Picard : il a le geste vif, l'œil vif, l'esprit vif, la repartie rapide, et l'éclat de rire abrupt. Le mot « compétent », appliqué à Picard, paraît presque péjoratif. Il est superefficient, dynamique, infatigable. Les officiers mariniers disent qu'en patrouille on le voit nuit et jour dans tous les coins du sous-marin. D'aucuns prétendent même qu'il ne dort jamais.

— Brillant portrait. Je vous donne neuf sur dix.

— En toute modestie, la note n'est pas surcotée. Je poursuis. Le plus grand de tous, avec cette belle barbe noire, qui écoute d'un air grave Verdoux lui débiter des sottises, c'est le commandant Alquier. Origine : Alsace-Lorraine. Corvettard [1]. Il a l'air froid et distant. C'est une apparence. Il voulait être pilote de chasse dans l'aéro, mais il n'a pas pu. Trop grand. Il lui aurait été impossible de faire fonctionner son siège éjectable. Ses jambes auraient cassé.

— Et le troisième commandant ?

— Forget. Corvettard aussi. Mais on ne l'appelle pas commandant. On l'appelle « chef ».

— C'est le chef mécanicien ?

— Dans le nucléaire, dit Verdelet avec hauteur, nous disons le chef du groupement énergie. Il a trois « loufiats » [2] sous ses ordres.

— Lequel est-ce ?

— Il parle à Picard. Pour ne pas vous offenser de nouveau, je ne dirai pas qu'il est petit.

— Merci.

— Je dirai qu'il n'est pas plus grand que Picard. Mais Picard est mince et Forget est corpulent. En outre, les cheveux de Forget se retirent en déroute de son front dégarni.

— Belle image.

— Merci. Je continue. Forget est breton, officier sorti du rang. Grand travailleur. Le pacha dixit : « Avec un ingénieur comme Forget, un commandant peut dormir sur ses deux oreilles. »

— Pas de portrait cette fois ?

— S'exprime d'une voix douce et posée. Modeste, réservé. Mais grande réserve aussi de force. Grande réticence à parler de soi.

— Bref, un Breton.

— Un certain type de Breton. Le Breton nordique. Votre Le Guillou est un Breton méridional. Je poursuis, toubib ? Je passe aux loufiats ?

— Monsieur l'aspirant, dis-je avec une sévérité affectée, je ne crois pas que vous devriez parler avec cette désinvolture d'officiers à trois galons. Après tout, moi aussi, j'ai trois galons.

— Mais ils sont frappés d'indignité civile par un liséré de velours rouge. En outre, il n'y a pas de mal à être loufiat. Laurent Fabius est loufiat de réserve. Dans la Marine, le loufiat est l'officier taillable et corvéable à merci. C'est la cheville ouvrière. Sans lui rien ne se ferait.

— Après ces fortes paroles, je vous soupçonne de vouloir mettre vos pas dans ceux de Fabius.

— Certes ! Le futur jeune Premier ministre de la France, c'est moi.

— Fils, excusez-moi, je crois que le pacha me fait signe de passer à table. Merci pour tout.

---

1. Capitaine de corvette (quatre galons).
2. Argot baille pour lieutenant de vaisseau (trois galons).

En tant que nouveau venu, je suppose, le pacha me place à sa droite. Face à lui le commandant en second Picard, flanqué des deux autres commandants : le grand Alquier et le chef Forget. Les autres s'assoient, me semble-t-il, sans ordre hiérarchique défini. Les deux mimis en bout de table, mais c'est un choix. Je ne vois pas les jeunes officiers qui m'ont posé des colles quand je suis redescendu, ruisselant d'eau, du massif. Ils doivent être de quart.

— Vous ne vous sentez pas trop serré ? me dit affablement le pacha.

« Trop serré » est un euphémisme. Dix personnes autour de cette table, c'est la limite. Et Wilhelm a tout juste assez de place pour voleter autour de nous, portant avec adresse je ne sais combien de petits plats de hors-d'œuvre sur un plateau.

— Pas du tout, commandant, dis-je avec entrain. Et si je vous gêne pour couper votre viande, n'hésitez pas à me donner un coup de coude.

Petits sourires à la ronde et tous les regards convergent sur moi. L'équipe que je vois là s'est déjà soudée par deux patrouilles de soixante à soixante-dix jours. On comprend qu'elle envisage avec circonspection le nouveau venu. Je me fais l'effet du petit Mowgli que les loups des monts de Seeonee viennent renifler au centre de leur assemblée avant de l'admettre à courir avec la meute. Autre ressemblance avec Mowgli : c'est bien moi qui retirerai les épines de leurs pattes s'ils se blessent.

La conversation, si enjouée qu'elle soit, demeure à peu près incompréhensible pour moi, car cette équipe, au cours de ses deux missions en mer, a amassé tout un trésor de petits faits vécus qui me sont inconnus et dont ils parlent par allusion, en s'en amusant beaucoup.

Le pacha a dû sentir que j'étais un peu déconcerté par le folklore familial car il imprime au dialogue un tour plus général :

— Alors, Alquier, vous avez fumé votre dernière cigarette ?

— Oui, commandant, dit Alquier.

— C'est dur ?

— Assez. A chaque fois, je me dis qu'en revenant de patrouille je ne vais pas reprendre. Et à chaque fois, je m'y remets. Pourtant, c'est aussi pénible de recommencer en fin de patrouille que de cesser quand on part.

— C'est vrai, dit le pacha.

Son œil bleu pétille et il reprend.

— Quand j'étais commandant en second, la première chose que faisait mon pacha en remontant à l'air libre, c'était de prendre une cigarette dans son paquet et de la balancer à la mer. Et un jour, comme je m'en étonnais, il me dit : « Voyez-vous, Rousselet, j'ai remarqué qu'après m'être abstenu deux mois de tabac la première cigarette avait très mauvais goût. Alors je la jette et je fume la seconde. »

On rit. On est content. Plus subtilement on est content de soi. Il n'y a pas que les marins anglo-saxons qui aient de l'humour.

Comme je ne veux pas jouer les muets du sérail, je profite d'un temps mort pour prendre la parole.

— Je me suis laissé dire que la raison pour laquelle on avait interdit la cigarette à bord des SNLE, c'est qu'on a analysé la fumée du tabac et qu'on y a trouvé plus de cent composants, tous nocifs.

— Ce n'est pas la vraie raison, dit le pacha promptement. Mais là-dessus, il faut laisser la parole au chef Forget : c'est lui le spécialiste de la régénération de l'air à bord.

Forget passe la main sur son crâne chauve : il a l'air passablement embarrassé de prendre la parole en public.

— Je ne voudrais quand même pas faire un cours, dit-il de sa voix douce et posée, surtout à table — et surtout en sachant de quel nom peu flatteur les bordaches désignent une conférence et un conférencier.

Les rires explosent. Le vocable en question — dont je ne veux pas, lectrice, blesser vos mignonnes oreilles — étant un grossier synonyme d'ennuyeux et commençant par la même syllabe. Non, non, ce n'est pas le mot auquel vous pensez. C'est pire.

— Allez, chef, allez, dit le pacha.

Cet encouragement sportif est repris par plus d'un et Verdoux ajoute :

— Allez, chef, le toubib a besoin de s'instruire !

— Galopin, dit le pacha en se tournant vers lui, qui vous permet d'appeler le docteur « toubib » ?

— Mais moi, dis-je, et je serais ravi que vous en fassiez tous autant.

Forget tousse et passe de nouveau la main sur son crâne. Je le sens à cet instant, mais tout me le confirmera plus tard : ce petit homme chauve et replet jouit d'une grosse cote à bord. Il est compétent, modeste, généreux. Il coiffe trois chefs de service — trois loufiats — et une des premières choses que j'apprendrai de lui, c'est que trois fois par semaine, il prend à tour de rôle le quart de l'un d'eux pour lui permettre de souffler.

— Docteur, dit-il de sa voix douce (mais derrière laquelle on sent une certaine force de caractère), dans un SNLE, on ne peut pas se permettre, à cause de la *discrétion*, de sortir un tube hors de l'eau comme dans les sous-marins diesel et de puiser de l'air. Bien entendu, il y a de l'air au départ dans un SNLE, et le problème consiste à maintenir le taux d'oxygène entre 20 et 22 % et le taux de gaz carbonique entre 0,5 et 0,7 %. On élimine le gaz carbonique en le faisant passer sur des tamis moléculaires, et on produit l'oxygène par l'électrolyse de l'eau. C'est plutôt délicat.

Forget fait une pause et, comme il me fait face à table et qu'il a la gentillesse de s'adresser à moi, je le relance en disant :

— Pourquoi est-ce délicat ?

— L'hydrogène se dégage à la cathode et l'oxygène à l'anode. Si les deux gaz se rejoignaient, il y aurait explosion. Pour éviter ce petit inconvénient (rires) on emploie l'amiante. L'amiante ne laisse passer que l'hydrogène. Ce sont les Britanniques qui ont découvert le procédé.

— *Hear ! Hear !* dit Verdoux.

— Voilà le principe, dit Forget. Mais nous avons aussi des procédés de filtrage pour nous défaire des vapeurs d'huile, de sueur, des odeurs — notamment de l'odeur des « poulaines » [1] et du fréon qui fuit toujours un peu des grands frigos. Bref, pour répondre à votre question, docteur (il pousse un petit soupir : il est plutôt content d'en avoir fini avec son topo), il ne nous serait probablement pas beaucoup plus difficile d'éliminer la fumée du tabac. La seule chose, en fait, qui nous préoccupe, c'est l'alcool des eaux de toilette que l'équipage emploie. Les émanations pourraient être dangereuses à la longue pour la santé.

— C'est décourageant, dit Verdelet, on n'aura bientôt plus le droit de sentir bon.

— Merci, chef, pour votre exposé, dis-je en regardant Forget. Merci et pardon : à cause de moi, vous avez laissé refroidir votre rôti de veau.

— De toute façon, dit Forget avec gentillesse, je n'aime pas manger chaud.

— Quant au tabac, dit le pacha, je prends le relais, docteur. C'est le premier commandant du premier SNLE, Louzeau, alors capitaine de frégate, aujourd'hui vice-amiral d'escadre, qui a pris l'initiative d'interdire la cigarette à bord. En quoi il a eu du mérite, car il était lui-même fumeur, et en quoi il a eu mille fois raison, les fumeurs multipliant les risques d'incendie. Comme vous savez, docteur, nous avons deux grands soucis à bord : le feu et la voie d'eau.

Un petit silence. Une ombre passe. Wilhelm présente de nouveau à la ronde le gâteau au chocolat, mais je refuse un second service.

— A ce régime, dis-je, nous allons tous beaucoup grossir.

Echanges de regards et rires.

— Ce rire ne s'adresse pas à vous, docteur, dit le pacha, mais à votre prédécesseur qui se préoccupait beaucoup de l'embonpoint de l'équipage.

— Il craignait, dit quelqu'un, que même en vidant l'eau des ballasts, la surcharge de poids, au bout de deux mois, nous empêche de refaire surface...

— Docteur, dit un jeune officier assis à côté de Verdelet et dont je

1. Les W.-C.

saurai plus tard qu'il s'appelle Angel, qu'il est enseigne de vaisseau et frais émoulu de la Baille, puis-je vous poser une question ?

— Mais certainement.

— Avez-vous été opéré de l'appendicite ?

— Non.

Ce « non » déclenche des rires en tempête. Je les accueille avec bonne grâce, quoiqu'ils me donnent *in petto* l'impression déconcertante d'être bizuté par un bizuth. Un bordache dirait un « fistot ».

— Docteur, dit le pacha, ces rires n'ont rien de personnel. Si votre infirmerie comporte un bloc opératoire, c'est parce qu'on redoute l'apparition à bord d'une appendicite. Or, qu'arrive-t-il quand c'est le médecin lui-même qui a l'appendicite ?

— Le cas s'est produit ?

— Oui, il y a quelques années sur un SNLE, créant une situation délicate, vu la consigne de discrétion qui commande les transmissions. Nous recevons. Nous n'émettons jamais.

— Et dans le cas d'espèce ?

— Le médecin souffrant beaucoup et son pronostic étant pessimiste, on a dû émettre. En moins de trois jours, un hélicoptère a opéré sa jonction avec le sous-marin. Celui-ci a fait surface et le médecin a pu être hissé à bord.

— Mais alors, la discrétion ? dit Angel.

Il prononce ce mot d'une façon spéciale, feutrée, révérencielle.

— Rassurez-vous, dit le pacha, le sous-marin a émergé dans des conditions telles qu'elle a été respectée.

J'ai oublié de préciser que ce repas était en fait un dîner, et non un déjeuner. Mais à vrai dire, enfermés que nous sommes dans notre grand poisson tout d'acier, nous ne ressentons le passage du jour à la nuit que par les nuances artificielles qu'on impose à la lumière électrique pour que nous gardions nos repères. Blanche le jour, elle prend la nuit une coloration rougeâtre. Pratiquement, je n'ai le sentiment que la nuit est tombée que lorsque j'éprouve une certaine lassitude et que le besoin de dormir apparaît. C'est là toutefois une sensation que ne doivent pas avoir ceux qui, assurant un quart de « nuit », ont dû faire une sieste pendant le « jour ».

Retiré dans ma chambre, couché sur ma banette, la porte close et la lumière éteinte, je repasse en mon for le film de cette journée pour moi si importante : la première que je vis à bord d'un SNLE — la première des soixante-cinq ou soixante-dix que je passerai ici sans revoir terre et ciel.

Je ne suis pas mécontent de ce contact, lui aussi le premier, avec mes pairs. Ils me sont à vue de nez très sympathiques, et je crois que de son côté la meute n'aura pas de mal à intégrer Mowgli.

Une chose me frappe dans mon demi-sommeil. A goûter ce dîner savoureux servi par un maître d'hôtel parfait, et pris en si bonne et joyeuse compagnie, j'aurais presque oublié que Jonas porte dans ses flancs, outre un réacteur atomique qui sert à sa propulsion et à son éclairage, pas moins de seize missiles à tête nucléaire.

Ces missiles sont notre finalité. C'est parce qu'ils en sont porteurs que sur nos six SNLE, trois en permanence patrouillent les mers deux mois durant, selon un itinéraire secret, et dans la plus absolue discrétion, prêts à obéir dans l'instant à l'ordre donné sur ondes ultra-longues par le président de la République et à lancer leurs fusées sur les cibles qui leur auront été désignées. Nous sommes, pour ainsi parler, les chiens de garde de la France, défendant ses intérêts vitaux et montrant constamment les dents pour éviter d'avoir à mordre.

Littéralement, ma métaphore n'est d'ailleurs pas exacte. Car en fait de montrer les dents, nous ne montrons rien du tout. Ce mot « discrétion » que j'ai entendu ce soir, et que je vais entendre plus de cent fois au cours de la patrouille, est à bord d'un SNLE le « maître mot », le « Shibboleth », l'impératif absolu, la règle d'or. Ne jamais trahir sa présence. Ne pas souffler mot. Ne jamais montrer fût-ce un bout d'oreille, un bout d'antenne ou un bout de périscope. Pendant huit ou dix semaines, notre sous-marin va rôder dans les Océans. Il reçoit des messages. Mais pour éviter d'être repéré, il n'en émet jamais. Il ne fait jamais surface. Il demeure invisible et muet.

Il n'a pas de fenêtres sur la mer et d'ailleurs, à la profondeur où il se meut, la visibilité est nulle : elles ne lui serviraient à rien, et pas davantage d'ailleurs les puissants projecteurs du mythique *Nautilus*. Il n'a pas d'yeux, mais il écoute et repère sa route par ses sonars et ses hydrophones. Il voit avec ses oreilles.

Je regarde les aiguilles lumineuses de ma montre. Il est dix heures dix. Il fait nuit à la surface de l'Océan, mais demain le jour se lèvera sur lui. Pas sur nous. Là où nous sommes, dans la coque et hors de la coque, ce ne sont que ténèbres. J'essaie d'imaginer ce que des yeux humains ne verront jamais : ce gigantesque poisson de cent trente mètres de long glisser dans les eaux noires — magnifique et invisible —, sans yeux, mais l'oreille aux aguets.

Il écoute, bardé d'hydrophones. Il suspecte tout ce qui s'approche de lui. Dès qu'il craint d'être repéré, il fuit ou se tapit.

Détecté, il pourrait être préventivement détruit et alors, n'importe quel pays, ivre de sa puissance, pourrait, par surprise, lancer une attaque nucléaire contre la France, et en quelques minutes la réduire en cendres. La survie des SNLE, c'est la nôtre.

2

Le lendemain après le petit déjeuner (dangereusement calorique), je suis à l'infirmerie à neuf heures. J'y trouve Le Guillou les mains encombrées d'une cassette métallique et de papiers, lesquels, avec un petit salut de la tête, il va déposer dans un placard qu'il ferme à clé.

— Le Guillou, est-ce que le Dr Meuriot avait un horaire fixe pour ses consultations ?

— Non, Monsieur. Ce n'était guère possible à cause du « quart ». Les malades viennent à l'infirmerie quand ils peuvent. Nous ne sommes jamais bien loin. Comme dit le pacha : « Dans un sous-marin, on n'égare jamais personne : c'est très étanche. »

Je souris à cette formule — très typique de l'humour sous-marinier — et je dis :

— Je ferai donc comme le Dr Meuriot.

Peut-être dois-je vous expliquer ici, lectrice (puisque vous voulez bien me tenir compagnie dans ma présente solitude), que dans la Marine « on prend le quart par tiers ». Cette savoureuse anomalie de la langue maritime demande une explication. Le quart est le service de veille à bord. Il est assuré nuit et jour. L'équipage est divisé en trois groupes et chaque groupe — ou « tiers » — « prend le quart » en principe pendant quatre heures [1]. En vingt-quatre heures, le service d'un tiers est donc en moyenne de huit heures et il est assuré en deux quarts, chacun de quatre heures, comme j'ai dit, et chacun suivi d'un repos de quatre heures. Si le médecin imposait un horaire rigide de consultations, il s'ensuivrait que les malades légers dont le « quart » coïncide avec cet horaire ne pourraient pas le voir.

Le Guillou a attendu que je revienne sur terre après cet aparté pour attirer mon attention.

— Justement, Monsieur, je voulais vous dire...

Quand je connaîtrai mieux Le Guillou, je saurai que « justement » n'a aucun lien avec ce qui précède. S'il en a un, c'est accidentel.

— Justement, je voudrais vous dire. Morvan est vraiment malade. Il a la fièvre.

— J'avais cru comprendre qu'il cuvait une cuite.

— C'est aussi ce que je croyais.

Je le regarde. Avec ses pommettes mongoles, on attendrait des yeux noirs et des cheveux de jais. Pas du tout. Il a le cheveu blond et l'iris vert. Je suis sur le point de dire : « Vous avez donc fait une

1. En fait, le système est plus complexe : il y a des quarts de quatre heures, de trois heures et de deux heures.

erreur de diagnostic. » Je me retiens. J'ai ouï dire que les Bretons étaient prompts à se vexer. Au lieu de renvoyer la balle, ils l'avalent.

— Voyons le malade, dis-je, et je passe dans la chambre d'isolement.

Morvan est un grand gaillard bronzé, pâle sous son hâle, et qui ne doit pas être malade souvent. Il a l'air assez paniqué. D'ailleurs, ce sont toujours les grands costauds qui s'évanouissent quand on leur fait une prise de sang.

— Bonjour, Morvan, ça commence bien ! Où avez-vous mal ?

— A la gorge, docteur.

Je l'examine.

— C'est bien simple : vous avez une bonne angine.

Le mot « bonne », appliqué à angine ne rassure aucunement Morvan. Cependant, il se tait. Comme dit si bien Verdoux (à moins que ce ne soit Verdelet), c'est le Breton taciturne, au contraire de Le Guillou, le Breton causant.

— Repos couché, aspirine, trois oracillines par jour.

— On va te cocoter, veinard ! dit Le Guillou.

Morvan se tait. Je repasse dans l'infirmerie.

— Qu'est-ce que c'était, Le Guillou, cette cassette et ces papiers que vous avez enfermés ?

— La « coop ». La coopérative si vous voulez. On vend de tout : bonbons, chewing-gums, lames de rasoir.

— Et vous la gérez ?

— Non, Monsieur, dit Le Guillou avec un petit sourire. C'est vous qui la gérez. Moi, je vends.

— Et ma gestion consiste en quoi ?

— A faire les comptes en fin de patrouille.

Je tourne et vire dans l'infirmerie, l'air indifférent, le regard vagabond. Et à la fin, je dis :

— Curieux qu'on ait rattaché la coop au service médical.

— Justement, ce n'est pas aussi éloigné qu'on pourrait le croire. Vous verrez.

Comme il est mon ancien, et dans le bateau, et dans les SNLE, je ne veux pas fortifier encore sa position en lui posant trop de questions. Comme il dit, je verrai bien.

Je reprends :

— Elle fait des bénéfices, la coop ?

— Je pense bien !

— Et qu'en fait-on ?

— On achète les objets qui servent de prix pour les jeux et les rallyes qu'on organise à bord. On participe aussi au financement de la carte de vœux qu'on fait faire au nom du bateau et que l'équipage envoie aux proches et aux amis à Noël. On en fait tirer deux mille. Avec gravure spéciale à nos armes.

— Ça doit être coûteux ?

— Faut ce qui faut ! Vous comprenez, on est plutôt fiers de notre sous-marin.

Un homme s'encadre dans la porte. Grand. Corpulent. Salopette quelque peu crasseuse.

— Salut, Le Guillou. On pourrait voir le toubib ?

— C'est moi, dis-je.

— Ah, pardon ! Monsieur le médecin, je me présente : premier maître Bichon.

— Bonjour, Bichon. Qu'est-ce qui vous amène ?

— Ben. J'ai mal à la gorge et je tousse.

— Classique, dit Le Guillou. C'est la ventilation du bord.

— Déshabillez-vous, Bichon.

Je l'ausculte. Je regarde sa gorge.

— Rien de grave. Le Guillou va vous donner des pastilles et un sirop pour la toux. Vous avez de la fièvre ?

— Je ne crois pas.

— Le Guillou, vous lui faites prendre sa température.

Pendant ce temps, je consigne son cas, puisque tout cas, même archibénin, doit laisser une trace écrite. Ce sont là les joyeusetés de la « Strasse » [1]. Pour un quart d'heure de consultation, un quart d'heure de paperasse.

— 36°8, dit Le Guillou. Ce n'est pas encore cette fois qu'on mettra ton corps aux frigos sous cellophane.

Cette détestable plaisanterie fait rire Bichon. C'est un bon vivant, l'œil vif et pétillant, la lèvre gourmande, la taille quelque peu épaissie.

— Vous surveillez votre poids, Bichon ?

— J'essaie. La vérité, c'est qu'on mange trop bien à bord.

— Et dire qu'il y a encore des gars qui se plaignent ! dit Le Guillou vertueusement. Des enfants gâtés, voilà !

— Quelle est votre spécialité, Bichon ?

— Je suis bouchon gras à la « prop ».

Je décode pour vous : « Je suis mécanicien à la propulsion. » La propulsion, c'est le compartiment machines.

— Il doit faire chaud à la prop ?

— Plutôt ! De 30 à 35 degrés. Et s'il n'y avait pas les frigos, il y aurait 50°.

— Les frigos ? dis-je étonné. Les frigos des cuisines ?

— Non, non, dit Bichon. Pas ceux-là ! Les nôtres ! Ils fabriquent de l'eau froide qui passe dans des radiateurs. Des ventilateurs brassent l'air à travers ces radiateurs et l'air refroidi est pulsé dans le bord.

— Et voilà comment on attrape de bonnes trachéites ! dit Le Guillou.

1. L'Administration.

— Ce n'est pas seulement l'air conditionné, dit Bichon. A la prop, nous avons 35°. Et à la « caffe », il fait quoi ? Tout juste 22°. C'est quand on va manger qu'on attrape la crève.

— Ne mange pas, dit Le Guillou. Ça te fera du bien de maigrir.

— Pas possible, dit Bichon. Quand on est privé à un bout, il faut bien se rattraper à l'autre !

Et il rit.

— En attendant, dis-je, quand vous sortez du compartiment propulsion pour gagner la cafétéria, pourquoi ne jetez-vous pas un petit pull sur vos épaules ?

— Oui, oui, Monsieur le Médecin, dit-il sans conviction.

Et comme je retourne à ma paperasse, il dit à mi-voix à Le Guillou :

— De quoi j'aurais l'air ?

Les mécaniciens, bien sûr, ne sont pas des mauviettes, mais des gars costauds et virils qui se battent avec les vannes, les pompes et les purgeurs. Les « bouchons gras », qu'on se le dise, n'ont peur de rien, ni des turbines, ni du froid, ni des plaisanteries, fussent-elles grasses, elles aussi.

Toute la journée, je vais avoir un défilé de cinq ou six malades souffrant de la gorge, des oreilles ou des sinus.

— Classique, répète Le Guillou avec satisfaction. C'est la ventilation. Dans une semaine, ça va se tasser.

Ayant dit, il me quitte pour aller voir Morvan dans la chambre d'isolement, et je l'entends qui, à sa manière plutôt autoritaire, tâche de le réconforter.

— Trois jours ! dit-il. Trois jours ! Et tu es debout !

Je regagne ma chambre et dans la coursive je rencontre le petit Jacquier que je n'avais pas revu depuis qu'il m'avait montré la veille le chemin de la « baignoire ». Je suis frappé par son air de jeunesse.

— Je vous cherchais, docteur, dit-il avec un sourire enfantin. Le commandant vous prie de bien vouloir l'attendre au carré à partir de seize heures trente.

Coup d'œil à ma montre. Il est seize heures trente.

— J'y vais. Comment se fait-il, Jacquier, que je ne vous aie vu au carré ni hier soir ni ce matin ?

— Wilhelm et moi, nous sommes de service une semaine chacun. Cette semaine, c'est lui.

— Et qu'est-ce que vous faites, quand vous n'êtes pas de service ?

— Principalement, les chambres des officiers : je dépoussière, je nettoie le lavabo, je refais la banette. A ce propos, docteur, j'ai remarqué que vous aviez retapé vous-même votre banette.

— Oui, dis-je, c'est une habitude.

— Eh bien, dit-il, si ça doit pas vous contrarier, docteur, j'aimerais autant pas.

— Tiens, pourquoi ?

— Parce que c'est assez dangereux, vu que le sommier, c'est des petites lames d'acier très coupantes, et il y a pas mal de gars qui se blessent à la main en rentrant les couvertures sous le matelas.

Je le regarde : il est blond, les yeux pervenche, le nez court, couvert de taches de rousseur, deux fossettes, le sourire gai.

— Eh bien, merci de m'avertir, Jacquier.

Je le quitte et gagne le carré. Les quatre fauteuils sont vides et à peine ai-je pris place dans l'un d'eux que Wilhelm surgit.

— Docteur, voulez-vous du thé ?

— Volontiers.

Son eau devait être déjà bouillante, car moins d'une minute plus tard, il est là, disposant non seulement le thé et la théière, mais aussi des petits gâteaux secs — d'ailleurs délicieux. Et comme en les grignotant (non sans remords) j'observe qu'au lieu de retourner à son office, il reste là, je lui dis :

— Wilhelm, vous êtes alsacien ?

Question qui me paraît aller de soi : à bord, d'après ce qu'on m'a dit, l'élément dominant, c'est les Bretons. Tout de suite après viennent les Alsaciens-Lorrains et les gars du Nord. Suivent les Parisiens et un saupoudrage de provinciaux d'origines diverses.

— Non, docteur, dit-il d'un air quelque peu piqué, je suis lorrain.

Bien. Je me le tiendrai pour dit : ne pas confondre un Alsacien avec un Lorrain, et ne pas confondre un Alsacien *et* un Lorrain avec un Vosgien.

Je l'observe du coin de l'œil en buvant mon thé. Il est grand, mince, d'une tournure plutôt élégante, les traits réguliers, le cheveu court, l'œil vif. Et il a une façon tout à fait professionnelle d'être là en ayant l'air de s'effacer avec discrétion. Comme je sens qu'il a quelque chose à me dire, je poursuis la conversation.

— Vous êtes content de Jacquier, Wilhelm ?

— Oui, docteur, très content. Comme petit matelot en service prolongé, on ne fait pas mieux. A mon avis, il a l'étoffe qu'il faut. Je le pousse à faire un BAT [1] de « motel » à l'école de Rochefort.

Motel, c'est l'argot pour maître d'hôtel, et c'est à l'école de Rochefort qu'on les forme, ainsi que les cuisiniers — pour le plus grand bonheur de la Marine, mais aussi de l'Elysée, de Matignon et du ministère de la Défense.

Comme après cet échange, Wilhelm retombe dans le silence et sa discrète immobilité, je reprends :

— Vous allez bien, Wilhelm ?

— Très bien, je vous remercie, docteur, sauf, ajoute-t-il d'un air penaud, que je souffre d'une dent.

— Tiens, tiens ! dis-je, mi-figue, mi-raisin, on ne vous a pas

1. Brevet d'aptitude technique.

examiné les dents à terre ? Et on ne vous a pas dit de faire soigner celle-là ?

— Si, docteur.

— Et vous ne l'avez pas fait ?

— Je n'en souffrais pas, dit Wilhelm. Et le dentiste avait dit que c'était une petite carie.

Moralité : ne jamais dire à un homme qu'il a une « petite » carie.

— Venez demain à l'infirmerie après votre service. Je verrai ça.

— C'est que, dit Wilhelm, c'est une dent de devant. Je ne voudrais pas qu'on me l'arrache.

— Je n'arrache pas les dents comme ça. Si elle est soignable, je la soignerai.

— Merci, docteur.

— Un thé pour moi aussi, Wilhelm, dit le pacha en pénétrant d'un pas vif dans le carré et en s'asseyant dans un fauteuil à côté de moi.

— Oui, commandant, dit Wilhelm en tournant les talons.

— Wilhelm se fait du souci, dis-je. Il a peur que je lui arrache une dent qu'il a omis de se faire soigner à terre.

— Et allez-vous le faire ? dit le pacha en me considérant de ses yeux bleus, à la fois aigus et chaleureux.

— Absolument pas.

— Et vous avez raison, dit-il. J'ai connu un médecin qui extrayait cinq ou six dents par patrouille. C'était l'extraction-punition. Il punissait les gars qui avaient omis de se faire soigner à terre. Le résultat...

Il fait la moue, soulève les épaules et concurremment les deux mains. Mais il ne va pas plus loin que ce commentaire gestuel. Il reprend :

— Docteur, si vous soignez la dent de Wilhelm sans l'extraire et sans lui faire mal, l'équipage vous tiendra pour un bon toubib, et vous serez mieux à même de jouer votre rôle qui est, comme vous verrez, divers et multiple.

« Vous verrez », comme Le Guillou. C'est le jour ! Le pacha aussi ! Et à lui non plus je ne pose pas de question.

Un silence. Il porte la tasse de thé à sa lèvre, et boit à petits coups, religieusement. Je suis en train de m'habituer au contraste entre sa courte barbe noire, son teint brun et ses yeux bleus. Ses manières sont simples et naturelles, mais sous cette simplicité et ce naturel on sent un certain raffinement moral et une mise en place définitive des problèmes de la vie. Cependant, il a l'air aussi très ouvert : ce qui peut paraître paradoxal chez quelqu'un qui passe la moitié de sa vie enfermé dans une boîte en acier.

Il repose sa tasse et me dit d'un ton vif :

— Comment avez-vous trouvé ce premier contact avec les officiers ?

— Cordial.

— Vous ne trouvez pas qu'on vous a trop chahuté ?

— Pas du tout. C'était très sympathique.

— Vous aussi, ils vous ont trouvé très sympathique. Docteur, ne vous sentez pas obligé, par discrétion, de vous cantonner dans votre chambre, ou à l'infirmerie. Ce n'est pas parce que vous aurez affaire aux gens que vous devez vous désintéresser des choses... Un SNLE est une merveille de la technologie. Parcourez-le, posez des questions. On vous répondra.

Il se corrige avec un sourire :

— Enfin, pas sur tout.

Il se relève aussi vivement qu'il s'était assis, m'adresse un sourire bref et chaleureux et me dit :

— A ce soir, toubib !

Huit jours à peine se sont écoulés depuis cette conversation quand je fais, en me pesant le matin à l'infirmerie, une consternante constatation : j'ai gagné un kilo. Et quand je dis « gagné », c'est une antiphrase, car un calcul rapide me convainc que si mon « gain » se poursuit à ce rythme, j'aurai pris, en fin de patrouille, huit kilos et perdu ma ligne juvénile.

J'envisage aussitôt un régime austère : pas de sucre dans le thé. Pas de dessert à midi. Pas de hors-d'œuvre aux deux repas. Ah ! j'oubliais (L'oubli, dirait Freud, est un acte manqué) : pas de pain au chocolat au petit déjeuner.

Mais cela ne me suffit pas : à ce régime spartiate, je vais, sans désemparer, ajouter la sueur.

— Le Guillou, savez-vous où se trouve la bicyclette d'entraînement ?

— A la « tranche missiles ». Vous avez grossi, Monsieur ?

Je fais oui de la tête, et je pense avec agacement qu'il va dire : « Classique ! » Mais il se contente de sourire et j'enchaîne :

— Vous saurez où je suis, si on a besoin de moi.

Lectrice, l'expression « tranche missiles » vous a peut-être étonnée. Imaginez un SNLE comme un cake familial qui se découpe en tranches. En sept tranches, sept étant un chiffre magique, comme bien l'on sait. Les voici, d'arrière en avant :

1/ La tranche A, c'est la tranche machines. Comme c'est un gâteau à lui tout seul et qui comporte beaucoup de choses, j'en parlerai plus loin.

2/ La tranche B qui comporte l'usine de distribution électrique du bord et différents auxiliaires nécessaires notamment au fonctionnement de la chaufferie nucléaire.

3/ La tranche C, à savoir le réacteur atomique. Ne tremblez pas.

C'est un monstre, certes. Mais il est bien enchaîné. Et en mer, on ne descend jamais le voir.

4/ La tranche D, c'est la régénération de l'air, dont le chef Forget m'a parlé lors de notre premier repas au carré, et les groupes électrogènes de secours.

5/ La tranche E : la tranche missiles où je suis en train de pédaler.

6/ La tranche F. Elle comprend le PCNO (le Poste Central de Navigation Opérations, dont l'appellation explique la fonction), le logement de l'équipage et le royaume de votre serviteur : l'infirmerie.

7/ La tranche G ou tranche torpilles laquelle, sur l'*Inflexible*, comporte aussi deux Exocets, missiles tactiques antibâtiments de surface lançables en immersion.

La tranche de SNLE n'est pas, comme une tranche de cake, à section carrée, mais bien sûr, à section ronde — un rond d'une dizaine de mètres de diamètre qui, sauf dans sa partie la plus mince — à la queue —, comporte verticalement trois ponts, ou, pour employer un langage de terrien, trois étages. On accède de l'un à l'autre par des échelles verticales ou inclinées. Quand elles sont inclinées, elles imitent ce que dans le civil nous appelons des escaliers. Ce sont les plus traîtres. Car elles sont inclinées si peu et les marches sont si étroites qu'il vaut mieux, pour donner une bonne assise aux pieds, descendre de côté comme un crabe.

Au cours de la patrouille, je soignerai deux foulures et je constaterai — accident fréquent chez les footballeurs — un décollement du ménisque. Le matelot a dû descendre trop vite une des échelles obliques et son genou s'est trouvé en porte à faux par rapport à son pied. Pas question de l'opérer, bien sûr. Il devra attendre notre retour à Brest, et en attendant, apprendre à vivre avec une articulation douloureuse.

Si j'étais speaker à la télévision, je trouverais dans ce genou une transition heureuse pour parler de mon pédalage. Mais non, je préfère parler de la tranche missiles qui, de toutes les tranches du SNLE, est la plus vaste : verticalement, puisqu'elle occupe les trois étages, soit toute la hauteur du sous-marin, et horizontalement, car elle mesure bien vingt mètres sur dix. En outre, la coursive qui la circonscrit sur les quatre côtés est la plus large des coursives du bord. Enfin, de toutes les tranches, c'est la plus brillamment éclairée.

Puisqu'un SNLE, dans sa définition même, est un sous-marin lanceur d'engins, et que ces engins sont surtout les missiles balistiques — je dis surtout, car il ne faudrait pas oublier les torpilles à l'avant et les Exocets sous-marins —, je conçois très bien que ces missiles qui comportent tous les seize des têtes nucléaires aient pour vous (comme pour moi) une connotation effrayante. Or, chose étrange, de toutes les tranches du sous-marin, elle est non seulement la plus grande, mais aussi la plus belle. Elle présente, dans sa propreté immaculée, l'éclat de ses aciers et le brillant de ses cuivres, je ne sais quoi de gai et de pimpant.

J'ai cru qu'en pédalant à vide (ce que je fais pour la première fois) j'allais pouvoir m'abandonner à mes rêveries habituelles. C'est une erreur. Si stupide que soit le travail de Sisyphe auquel je me livre en conscience, il commence par mobiliser mes jambes, mes reins, mes bras, mon souffle et finit par occuper mon cerveau. Au bout d'une minute à peine, je ne peux penser à rien d'autre qu'à la pesée de mes pieds sur les pédales. S'il me vient une pensée, elle n'a rien de spéculatif : je regrette de n'avoir pas mis un pull-over : la sueur viendrait plus vite — cette sueur que je dois maintenant rejeter à profusion pour me punir d'avoir absorbé trop de sucre.

Quand elle perle enfin à mon front, dégouline le long de mon nez et tombe sur le guidon, je ralentis le pédalage et je souffle. Le second maître Roquelaure apparaît au fond de la coursive, et, du plus loin qu'il me voit, m'adresse un grand sourire de ses grandes dents. Je l'ai soigné pour un commencement d'otite et je le prenais toujours en fin de consultation, sachant bien qu'avec lui deux minutes de soins amenaient vingt minutes de conversation.

C'est un Marseillais qui, grâce à une épouse brestoise, a perdu son accent. Mais il a gardé son caractère ensoleillé. Au physique, il est brun, nerveux, mince comme un fil. Il parle comme une mitraillette — une mitraillette jamais à court de chargeurs. Il a vingt-six ans et il a un fils de onze ans, battant ainsi un record de précocité procréatrice qui m'a laissé béant, et dont je l'ai félicité. Il a été sensible à cet hommage.

— Docteur, dit-il en me voyant ruisseler, vous êtes un vaillant, hein, quoi ?

— Je suis surtout quelqu'un qui a grossi d'un kilo.

— Moi aussi, dit-il en riant.

— Oui, mais vous, il y a de la marge. Je suppose que vous voulez prendre la suite ?

— Il n'y a pas presse.

— Je vais en avoir fini, dis-je toujours pédalant, mais en souplesse. Si je me rappelle bien, Roquelaure, vous êtes à la sécurité plongée ?

— C'est bien ça, docteur. Je suis à la « sec-plonge ».

S'il veut employer son vocabulaire plutôt que le mien, je n'y vois pas d'inconvénient. L'argot de métier n'est pas seulement abréviatif et distinctif. Il est aussi affectueux. C'est ainsi que la propulsion, chère à Bichon, devient la prop. La sécurité plongée, la sec-plonge. Et l'énergie (le réacteur) l'« énergue ».

Bien. Selon le principe qu'il faut parler à chaque homme selon son langage, j'enchaîne.

— Combien m'aviez-vous dit qu'il y a de mécaniciens à la sec-plonge, Roquelaure ?

— Une trentaine.

— Tant que ça ! Et comment se fait-il que je ne connaisse que vous ?

Roquelaure aurait pu me répondre, « parce que j'ai eu une otite ». Mais cette réponse n'aurait guère été en harmonie avec son style flamboyant.

— Parce que je suis très connu à bord, docteur, vu ma grande gueule. Je parle, je parle ! Je peux tenir le crachoir trois heures d'affilée !

— Et vous êtes content d'être mécanicien à la sécurité plutôt que bouchon gras à la prop ?

— Y a pas de comparaison, docteur ! dit-il d'un ton quelque peu supérieur. La plongée, c'est peut-être ce qu'il y a de plus important à bord, vu qu'un sous-marin, c'est quand même fait pour plonger.

— Et comment fait-on pour plonger ?

— Ben, dit-il d'un air assez étonné, on ouvre les purges : les ballasts se remplissent d'eau. La comptabilité du sous-marin devient négative et il plonge.

Là, il m'épate. Je dirais même qu'il me snobe. « La comptabilité du sous-marin devient négative » : quel langage bizarre pour dire que le sous-marin, alourdi par l'eau, s'enfonce ! Je me demande s'il n'y a pas confusion et si le mot « comptabilité » est bien celui qui convient.

— Ça me paraît être une opération plutôt délicate.

— Vous parlez, docteur, si c'est délicat ! En ouvrant les purges, on provoque un alourdissement du bâtiment, quoi, hein ! Faut le contrôler ! S'agit pas qu'il dégénère ! Faudrait pas que la pression de l'eau desserre quelque chose. L'étanchéité, c'est la hantise !

— Bon, dis-je, mais quand l'immersion est prise, et que vous avez atteint votre profondeur de croisière, qu'est-ce que vous faites ?

— Ah, docteur ! dit Roquelaure avec reproche, vous me posez la même question que ma femme ! Faut pas croire que je regarde voler les mouches ! A bord, y a la maintenance, l'étanchéité, et tout. Et puis il y a les réglages au niveau pesée.

— La pesée ? dis-je. Vous voulez dire le poids du sous-marin par rapport à l'eau ? Mais le poids du sous-marin reste constant.

— Mais pas l'eau ! dit Roquelaure victorieusement. L'Océan n'est pas toujours pareil, docteur. La température varie ! Et avec la température, la densité ! Et du coup, l'immersion du sous-marin peut changer de quelques mètres. Regardez la mer Morte, docteur, la densité est énorme !

— Vous êtes allé en mer Morte, Roquelaure ?

— Non, docteur, mais c'est pour dire ! Un désespéré en mer Morte, il peut même pas se noyer !

Cette idée l'amuse. Il rit à grandes dents. Et à vrai dire, je ne le vois pas en désespéré. Il a un beau métier, une bonne solde, la sécurité de l'emploi, une pension après quinze ans de service. Son grade de second maître l'a fait passer du béret du matelot à la casquette d'officier marinier. Il a vingt-six ans, une épouse, trois enfants et déjà une maison à lui dans les environs de Brest. Je l'en félicite.

— L'important, dit-il avec une fierté modeste, c'est d'avoir quelque chose à soi. Là-bas, j'ai ma maison et ici, j'ai mon bateau.

— Quand même, le bateau n'est pas tout à fait à vous !

— Pardon ! Pardon ! dit-il en riant, c'est ma résidence secondaire. C'est seulement que je la partage avec quelques copains.

Il en est là de ces propos badins quand « un petit matelot » — c'est ainsi qu'on appelle les appelés, qu'ils soient grands ou petits — vient me dire :

— Docteur, vous êtes demandé à la cuisse.

— Dis donc, mousse, dit le second maître Roquelaure, quand tu t'adresses à un officier, tu ne peux pas dire « cuisine » ? Et tu ne sais pas qu'on doit dire : « Monsieur le Médecin » et non pas « docteur » ?

Le sans-grade rougit et se tait. En quoi il est prudent. Et Roquelaure, qui lui-même m'appelle docteur, savoure le respect qu'il m'a montré par subordonné interposé.

Je lui laisse la bicyclette et suis le « mousse » — terme il va sans dire dépréciatif appliqué à un appelé qui n'a quand même pas seize ans.

Dans son acception étroite, la cuisse — abréviation pseudo-érotique de cuisine — désigne le cuisinier Tetatui et l'aide-cuisinier Jegou. Dans son acception large, la cuisse admet le boulanger (dit le « boula ») et le commis aux vivres Marsillac. Soit quatre personnages très importants à bord.

J'ai des liens organiques avec la cuisse : l'hygiène étant de mon domaine, je dois garder un œil sur la bonne qualité des vivres et la propreté de ceux qui les manipulent. Mais pour eux j'ai aussi beaucoup de sympathie : ce sont peut-être ceux qui travaillent le plus à bord. Les deux cuisiniers, de sept heures du matin à neuf heures du soir, préparent presque sans souffler deux cent soixante repas. Et le boula, de neuf heures du soir à sept heures du matin, cuit sans souffler du tout, 1°, cent quatre-vingts baguettes de pain, 2° de la pâtisserie, 3° les brioches, croissants et pains au chocolat du petit déjeuner, 4° et souvent des quiches et des pizzas que lui réclame la cuisse.

Si vous demandez aux cent trente hommes de l'équipage comment ils trouvent la nourriture à bord, ils vous répondront tous d'une seule voix : « Elle est excellente. » Toutefois, s'ils l'admirent en bloc, ils ne cessent, en bons Français, de la critiquer en détail.

Ces critiques blessent au plus vif la cuisse qui révèle ici une vulnérabilité de sentiments qui l'apparente aux artistes.

J'ai vu Tetatui (que tout le monde à bord appelle le « Tahitien », bien qu'il soit né aux Gambiers) blêmir de colère, autrement dit passer du brun foncé au brun clair, parce qu'un « petit matelot » en toute innocence l'avait appelé « cuistot ».

— Cuistot ! gronda-t-il les dents serrées, voilà ! C'est ça ! Hein ! Ecoutez-moi ce mousse ! C'est une gargote ici ? C'est de la tambouille que je te sers ?

En revanche, le terme la cuisse ne l'indispose en aucune façon. Lui et Jegou ont été ravis quand on leur a rapporté ce mot du pacha au carré : « La cuisse fait une cuisine légère. »

C'est un fait d'observation que les cuisiniers et le boulanger partagent avec les bonnes maîtresses de maison une aimable faiblesse : ils aiment qu'on les aime, qu'on apprécie leurs plats, qu'on leur en fasse compliment.

Je n'y manque jamais. Au lieu d'un bonjour banal, je dis : « Délicieux, Tetatui, votre plat de poisson ce matin ! » ou bien : « Boula, si je prends huit kilos en fin de marée, ce sera la faute de vos pains au chocolat. »

L'équipage n'a pas de ces délicatesses. Il récrimine continuellement, mais comme Tetatui et le boula sont des « vieux » — l'un trente-trois ans, l'autre trente-six ans — et qu'ils sont, en outre, premiers maîtres [1] ils s'en prennent au commis Marsillac qui, lui, est un jeunot, vingt-trois ans, et n'est d'ailleurs que quartier-maître :

« Commis, tu diras au boula que ses baguettes sont le contraire de l'*Inflexible*, elles se plient en deux » ou encore « Commis, tu diras à Tetatui que le poisson y en a marre, on n'est pas sur le lagon ici » ou encore « Commis, tu diras au boula que le boula de l'équipage bleu [2], il fait de la pâtisserie tous les jours. »

Le commis aux vivres Marsillac — qui est originaire de Narbonne et a gardé de ses origines une pointe d'accent coloré — est le maître quasi souverain de tout ce qui se consomme ici ou, pour être plus précis, des cartons de vivres qu'il a fait ranger à bord avant l'appareillage dans un ordre très minutieux pour la raison qu'au bout de quatorze jours c'est le même cycle de menus qui recommence. En fait, les choses ne sont pas si rigides. Et le commis dispose d'une certaine quantité d'aliments qu'il bloque ou débloque à sa guise, mais toujours avec prudence, afin de ne pas être démuni en fin de patrouille.

On a déjà compris que ce pouvoir de décision va, à l'occasion, le faire traiter d'*affameur*, y compris par ceux qui, de retour à Brest, essuieront quelques reproches féminins pour avoir grossi de dix kilos.

— C'est moi le bouc émissaire, me dit Marsillac. Parce que le règlement prévoit une boîte de cassoulet pour quatre personnes, mais si je la sers pour quatre, je vais affronter des clameurs ! C'est tout

---

1. Adjudants.
2. Chacun de nos six SNLE comporte deux équipages — le bleu et le rouge — qui prennent possession du bateau tour à tour et partent avec lui en patrouille.

juste si on ne va pas me jeter les plats à la tête. Manger, manger, manger, ils ne pensent qu'à ça ! Il est vrai, ajoute-t-il, que c'est leur seul plaisir.

— Alors, pour les boîtes de cassoulet, qu'est-ce que vous faites ?

— Tant pis, je la sers pour trois ! J'en ai assez de me faire traiter d'affameur !

A la cuisine, quand je surviens, je trouve toute la cuisse rassemblée — le « Tahitien » Tetatui, le Breton Jegou (taciturne comme Morvan) et le Languedocien Marsillac. Même le boula est là. Normalement il devrait être en train de dormir, puisqu'il travaille la nuit. Ils regardent, l'air grave, quatre saumons.

— Nous avons un problème, dit Marsillac. J'ai sorti du congélateur ces quatre saumons et je n'aime pas beaucoup leur aspect. Qu'en pensez-vous ?

Je jette un coup d'œil aux poissons. Quant au poids, ils sont impressionnants : quatre ou cinq kilos chacun. Et du diable si je sais pourquoi leur aspect ne plaît pas au commis.

— Qu'en pensent les cuisiniers ? dis-je.

— Ben, dit Tetatui, il faudrait les ouvrir.

— Ouvrez-les.

Tetatui et Jegou s'y mettent et, tandis qu'ils dissèquent les bêtes, je regarde les doigts qui tiennent les couteaux. Ils sont propres. Les ongles sont coupés ras et je ne vois pas trace de coupures, lesquelles, si elles s'infectaient, pourraient devenir un danger pour eux et pour l'équipage. Chaque matin, en leur tournant, en guise de bonjour, un petit compliment, j'examine leurs mains quasi à la dérobée. J'espère que je ne les verrai jamais sales. Je serais très gêné d'avoir à leur en faire la remarque. Il le faudrait, pourtant.

— Voilà, ça y est, hein ! dit Tetatui.

Je regarde, je ne suis pas plus avancé. J'ignore quel est l'aspect normal de la chair de saumon, quand elle n'est pas cuite et comme, en plus, elle ne sent rien, venant du congélateur, à tout hasard je grimace un peu et je dis :

— Qu'en pensez-vous, Tetatui ?

— Pas terrible.

— Jegou ?

Jegou ne dit rien, mais fait la moue.

Cela m'arrangerait bien qu'ils commentent un peu. Je saurais alors à quoi me raccrocher. Un silence. Nous regardons tous les cinq les morceaux épars de nos saumons avec une muette désapprobation.

— Celui-là, dit le boula en montrant le plus grand des quatre, c'est quand même une belle pièce.

— C'est une belle pièce, dit Tetatui.

— C'est moins mauvais que je ne le pensais, dit Marsillac en passant son index sur sa moustache en brosse à dents. Ce serait dommage de les mettre aux compacteurs. Après tout, ils sont peut-être consommables.

C'est lui qui le premier a attaché le grelot et joué les procureurs, et maintenant le voilà qui se mue en avocat de la défense. En réalité, la perte des saumons lui fait mal à la conscience. En lui, le gestionnaire l'emporte maintenant sur l'hygiéniste. Il répète :

— Après tout, ils sont peut-être consommables.

— A la limite, dit Tetatui.

Jegou ne dit rien et le boula, de toute façon, n'a rien à dire. Un silence. Ils se taisent tous les quatre, les yeux fixés sur les saumons. Ils ne me regardent pas, mais ils attendent ma décision. Elle est prise. S'il y a doute — au rebours de ce qui se passe aux assises — il ne doit pas profiter aux accusés. Je viens d'avoir une vision terrifiante : une vague de gastro-entérites qui déferle sur le sous-marin touche les deux tiers des hommes et des officiers, désorganise le quart, et abaisse le moral vertigineusement.

— Allez ! dis-je, on ne peut courir de risque. On met les saumons aux compacteurs. Je rendrai compte au commandant en second.

On compacte, en effet, le contenu des poubelles dans des containers avant de les expédier au fond des Océans. Faute de place, on ne stocke pas ces containers à bord. On les y fabrique à partir de tôles qu'on cintre et qu'on rivette. Après quoi, on les *sasse :* néologisme damnable, mais commode qui vient de *sas :* espace fermé de deux portes étanches par lequel nous communiquons avec l'eau sans qu'elle nous envahisse.

Pour en finir avec nos déchets, ce que les préposés appellent en toute simplicité la « caisse à caca » (belle allitération) est *sassée* elle aussi avec discrétion, à la tombée de la nuit.

Je tiens ces détails du quartier-maître Pinarel, petit blond jeunot et joyeux que je trouve au retour de la cuisine à mon infirmerie où pour la troisième fois il vient se faire soigner un panaris en très bonne voie de guérison : bon prétexte pour bavarder avec moi.

— « Crabe », dit Le Guillou, tu te fais chouchouter.

Crabe, c'est l'argot du bord pour quartier-maître.

— Faut bien, dit Pinarel. Si la gangrène se fout dans mon pouce, on me coupe la main.

— Le pouce tout au plus, dit Le Guillou, toujours encourageant.

— Et alors ? dit Pinarel, le pouce en moins, je ne pense pas que ça plairait beaucoup à ma fiancée, vu que je me marie en fin de marée.

Les officiers disent « la patrouille », mais les hommes disent « la marée ». Le mot est savoureux. Il est, bien sûr, incongru, appliqué à un bâtiment qui ignore le flux et le reflux et la faune des mers. Mais j'aime que le matelot rattache le sous-marin à une tradition séculaire qui évoque à la fois le flot montant qui renfloue le bateau échoué dans le port, la durée de l'expédition de pêche, et par extension son produit.

Ici, bien entendu, c'est la durée seule qui compte. « En début de marée », « à mi-marée » ou « en fin de marée », ce sont des expressions que j'entends quotidiennement dans la bouche des matelots.

Le Guillou sourit et ses larges pommettes remontent vers les tempes.

— Tant qu'il n'y a que le pouce, dit-il.

Je lui jette un œil et il ne poursuit pas.

— Félicitations, Pinarel, dis-je, tandis que je fais sur son doigt une désinfection pour la forme. On peut voir la photo de la fiancée ?

Il ne demandait que cela. Il la porte sur son cœur, sous enveloppe plastique, derrière le dosimètre, et me la tend d'un air détaché.

— Elle est très bien, dis-je.

— Elle est super, dit Le Guillou.

— C'est que, dit Pinarel d'un air sérieux et responsable en rengainant sa photo, je vais avoir vingt-deux ans : il est temps que je me marie.

— C'est pas pour dire, dit Le Guillou, mais justement, vingt-deux ans, c'est encore tout jeune.

— Excuse, dit Pinarel, pas d'accord. J'ai vingt-deux ans, mais remarque, moi, j'ai déjà beaucoup de bouteille dans la Marine : j'ai fait le *Foch*, j'ai fait deux ans et demi dans les sous-marins classiques et maintenant c'est ma deuxième marée sur un SNLE.

— Vous vous plaisiez, sur le *Foch*, Pinarel ?

— Alors là, pas du tout ! Un grand bâtiment de surface comme le *Foch*, c'est une usine ! Il y a deux mille gars là-dessus. Le commandant, c'est le bon Dieu. On sait qu'il existe, mais on ne le voit jamais. Rapport à ça, docteur, le sous-marin, c'est tout le contraire. Tout le monde vous connaît, et tenez, le commandant, vous le rencontrez tous les jours dans la coursive. Il est habillé comme vous et moi ! Pas un bout de galon ! Et il vous dit bonjour ! L'autre jour, tu croirais pas, Le Guillou, mais il m'a dit : « Pinarel, n'oubliez pas que vous jouez un rôle important à bord ! »

— Tout le monde joue un rôle important à bord, dit Le Guillou, agacé. Un bateau, c'est un tout. Tout est lié.

— Quand même, dit Pinarel, quelque peu écrasé par ces trois « tout ».

Et il se tourne vers moi, espérant trouver de mon côté plus de compréhension.

— Moi, docteur, c'est les frigos et les poulaines. Une supposition que les frigos tombent en panne, et que je m'en aperçoive pas : toute la bidoche est à jeter aux compacteurs. Et qu'est-ce qu'on va manger à bord ? Ou encore une supposition que les poulaines se bouchent, ou encore qu'on peut plus *sasser* la caisse à caca...

— Ne développe pas, on a compris, dit Le Guillou.

— Pinarel, vous ne m'avez pas dit que vous avez fait deux ans et demi dans les sous-marins classiques ?

— Si, docteur.

— Ça vous a plu ?

— Oh là là ! dit Pinarel, si ça m'a plu ! Bien mieux que le SNLE ! Malgré la banette chaude et tout !

La banette chaude, c'est quand il y a deux banettes pour trois gars. Quand l'un se lève pour prendre son quart, l'autre prend sa place pour dormir.

— Ce n'est pas bien commode.

— C'est sûr que c'est mieux d'avoir comme ici son coin à soi, dit Pinarel. Mais l'ambiance d'un sous-marin classique, je regrette ! C'est deux fois plus petit ! Il y a deux fois moins de monde ! C'est encore plus la petite famille...

Vers les six heures je passe faire un tour au carré pour emprunter un livre à la bibliothèque et j'y trouve, assis dans un fauteuil, l'enseigne de vaisseau de première classe[1] Becker. C'est un grand gaillard brun et barbu d'un mètre quatre-vingt-dix, solidement charpenté — grands pieds, grandes mains, l'œil sérieux et plutôt froid derrière de grosses lunettes d'écaille.

Une aiguille dans sa large pogne, il brode une serviette à thé au point de croix.

— Lieutenant, dis-je en m'asseyant à ses côtés, je ne vous connaissais pas ces talents.

— Oh, docteur, dit-il d'une voix basse et grave, c'est à peine un talent. Le point de croix, c'est le plus facile.

— C'est une serviette à thé ?

— Oui.

— Vous en ferez combien ?

— Six et un napperon.

— Vous aurez terminé avant la fin de la patrouille ?

— Je voudrais bien ! C'est une surprise pour mon épouse.

Je le regarde. Avec ses larges épaules et son corps athlétique, son grand front, ses yeux noirs, sa barbe noire épaisse et bien taillée, ses traits larges mais réguliers, ses cheveux coupés court et strictement coiffés, Becker a une sorte de beauté classique, marmoréenne. La chaleur est à l'intérieur. Je le trouve plutôt touchant, ce géant qui, à ses heures perdues, brode un service à thé pour son épouse. Il n'a pas dit « ma femme », mais « mon épouse ». Ce ne doit pas être un homme qui prend légèrement le lien conjugal, ni d'ailleurs quoi que ce soit.

1. Deux galons.

Je regarde sa main manier l'aiguille. Elle ne me paraît ni malhabile ni véritablement agile. Dans mon souvenir, du moins, ma grand-mère faisait mieux. Il est vrai que l'impression de rapidité tournoyante qu'elle me donnait était peut-être due à la petitesse de ses doigts.

— Vous trouvez du plaisir à cet ouvrage, lieutenant ?

— C'est détendant, dit Becker. Par malheur, je trouve que la lumière du néon me fatigue les yeux.

Bref, rien n'est parfait, et la « relaxation » elle-même est lassante. J'ai envie de le lui dire, mais je crains que ma petite plaisanterie ne le choque. Il a l'air si grave que je me demande s'il est perméable à l'humour. Je reprends :

— Vous êtes originaire de nos provinces de l'Est ?

Vous remarquerez que, mûri par l'expérience, je ne lui ai pas demandé s'il était alsacien, ou lorrain, ou vosgien.

— Oui, dit-il, je suis alsacien.

— Et vous avez eu des militaires déjà dans votre ascendance ?

— Non, personne. Sauf, dit-il sans l'ombre d'un sourire, mon grand-père qui, en 1940, a été enrôlé de force dans la *Wehrmacht*.

— Et finalement, qu'est-ce qui vous a attiré dans la Marine ?

— Je ne saurais dire. Quand je me suis engagé à dix-huit ans, après mon bac, je n'avais jamais vu la mer.

— Peut-être aviez-vous simplement envie de la voir ?

— Peut-être, dit Becker, qui doit trouver inutile d'analyser ses motivations.

— Vous n'avez donc pas fait Navale ?

— Non. Après trois ans dans la Marine, j'ai passé le concours des officiers de réserve, et la Marine m'a engagé pour cinq ans sous contrat. Je suis ORSA [1]. A la fin de mon contrat, la Marine peut très bien ne pas le renouveler.

Il s'exprime de sa voix basse et grave, l'œil baissé sur sa broderie, les mains actives, mais sans trace d'émotion. Je me corrige : sans trace visible d'émotion. Qui aimerait se retrouver chômeur à trente ans après avoir exercé pendant dix ou douze ans un métier attachant ?

— Il ne vous serait pas possible, dans cette hypothèse, de passer pour de bon dans l'active ?

— Si, c'est possible. Mais l'activation reste très limitée. Il faut comprendre que nous représentons, pour la Marine, un personnel volant des plus utiles. La Marine ne nous prend pas en traître. Nous savons qu'en fin de contrat nous pouvons être débarqués.

Ni plainte ni récrimination : le coup est régulier. Becker aussi. Je dirais même qu'il est réglo, précis, boutonné, peu bavard. Bref, l'anti-Roquelaure. Mais j'aime bien Roquelaure aussi. Il faut de tout pour faire une France. Je reprends :

1. Officier de réserve en service actif.

— Un des gars de la sécurité plongée m'a dit cet après-midi quelque chose de tout à fait étonnant. Pour m'expliquer que les ballasts étant remplis d'eau, le bâtiment s'enfonce, il a dit : « La comptabilité du sous-marin devient négative et il plonge. »

— Il a voulu dire, bien sûr, la « flottabilité », dit Becker en relevant la tête, mais sans sourire.

Je suis moins contrôlé : je ris.

— Il faut comprendre, dit Becker en suspendant sa broderie, que le sous-marin a deux coques, une coque épaisse, celle de l'intérieur, et une coque mince, celle de l'extérieur. Et entre ces deux coques, se trouvent des volumes que l'on appelle des ballasts.

— Justement, dis-je (Le Guillou déteint sur moi), un ballast, qu'est-ce que c'est au juste ? Quelle forme ça a ?

— C'est un volume en forme d'anneau entre la coque épaisse et la coque mince. Il y en a huit.

— Comment se fait-il qu'en carénage on ne voie pas ces huit anneaux ?

Ma question doit être un peu sotte, car Becker met quelque temps à la comprendre.

— Mais, dit-il, parce que la coque mince recouvre tout d'un bout à l'autre comme une peau. Il faut que le sous-marin soit bien profilé pour avancer dans l'eau.

— Et comment l'eau entre-t-elle dans un ballast ?

— Par une ouverture grillagée ouverte en permanence à côté de la quille.

— Comment cela, ouverte en permanence ? dis-je vaguement inquiet.

Lectrice, je vous le demande : aimeriez-vous l'idée de vous promener sur les Océans avec seize trous ouverts en permanence au voisinage de votre quille ?

— Mais alors, dis-je, quand on navigue en surface avec un sous-marin, qu'est-ce qui empêche l'eau de monter dans les ballasts ?

— L'air qui s'y trouve.

Evidemment, l'eau d'une bassine ne remonte pas dans une bouteille vide quand on l'y plonge verticalement, goulot en bas.

— Et comment cet air s'en va-t-il quand on veut que l'eau monte dans les ballasts pour pouvoir plonger ?

— J'y viens. En réalité, un ballast est composé de deux demi-ballasts indépendants, l'un à bâbord, l'autre à tribord, chacun comportant en bas et à côté de la quille une ouverture grillagée et, en haut, une purge qui permet à l'air de sortir.

— Voilà qui devient clair comme cristal, dis-je. On ouvre la purge, l'air s'échappe en sifflant comme une bouteille de Perrier qu'on décapsule. L'eau peut monter dans le ballast, le sous-marin s'alourdit et plonge.

— Et on ferme les purges, dit Becker en souriant pour la première fois. N'oubliez pas de refermer les purges.

Il devrait sourire plus souvent. La chaleur intérieure serait plus apparente.

— Pourquoi ?

— Si on ne les fermait pas, on ne pourrait pas envoyer de l'air comprimé dans le ballast pour chasser l'eau par les grilles du bas, alléger le sous-marin et remonter à la surface.

— Ça prend du temps de plonger ?

— C'est comme sur un Airbus qui va décoller. Il y a un certain nombre d'étapes qu'on ne peut pas brûler.

— Par exemple ?

— Quand un sous-marin est en surface, on dit qu'il est en « tenue de navigation ». Pour plonger il faut d'abord passer de la « tenue de navigation » à la « tenue de veille ». Ça veut dire qu'on prépare le bâtiment : on ferme les panneaux. On passe de la ventilation à l'air libre à la ventilation en circuit fermé. On contrôle les purges, les caisses de réglage, les caisses d'assiette. Et, tout étant en ordre, on donne l'« alerte ».

— Les caisses de réglage ? Les caisses d'assiette ?

— Je vous dirai plus tard ce que c'est. Pour l'instant, nous en sommes à l'alerte.

J'aurais dû m'y attendre : le lieutenant Becker est très méthodique. Et patient. Il faut être patient pour broder. Et plus encore pour instruire un éléphant.

— Donc, dis-je, de la tenue de veille vous passez à l'alerte. Qu'arrive-t-il alors ?

— On plonge en deux temps. Premier temps : on ouvre les purges, mais pas toutes. On laisse fermées celles des deux ballasts situés au centre.

— Pourquoi ?

— Vous allez comprendre : le sous-marin s'enfonce, mais légèrement. Sur son tableau de bord au PCNO, le maître du central vérifie de nouveau si les ouvertures de coque sont toutes bien fermées. Si elles le sont, l'officier de quart donne alors l'ordre d'immersion à vingt et un mètres. On ouvre les purges des deux ballasts centraux [1] et cette fois le sous-marin s'enfonce.

— Et c'est fini ?

— Ça commence. Il faut encore peser le sous-marin. Mais attention ! Il y a une double pesée. On le pèse en poids. Et on le pèse en assiette.

Je répète :

1. Les deux ballasts centraux ne se trouvent pas, en fait, au « centre » du bâtiment, mais de chaque côté de la tranche missile.

— On le pèse en poids. Et on le pèse en assiette.

Vous remarquerez que lorsqu'on vous explique quelque chose on a toujours l'air un peu idiot, parce qu'on a tendance à répéter ce que votre instructeur vient de vous dire, tant pour se le mettre en mémoire que pour lui faire entendre qu'on a compris.

— Voyons d'abord la pesée en poids, poursuit Becker. Comme vous savez, tout bateau a un tirant d'eau qui est la quantité dont il s'enfonce dans son élément. Or, quand vous faites entrer dans le sous-marin 32 tonnes de nourriture, plus du matériel, plus 130 hommes, plus les paquetages de ces 130 hommes, vous l'alourdissez et, pour qu'il soit bien dans ses lignes d'eau, il faut qu'il soit bien pesé. C'est ce qu'on fait par des caisses de réglage.

— Nous y voilà !

— Remarquez, dit Becker avec un humour involontaire, nous à bord, nous les appelons plutôt les régleurs, mais je préfère dire « caisse de réglage » pour faciliter la compréhension.

Il a raison. Il facilite la mienne. « Caisse de réglage » est plus concret. Je reprends :

— Qu'est-ce que c'est ?

— Des volumes, comme les ballasts, mais des volumes situés à l'intérieur et en bas de la coque épaisse, bien sûr : ils sont susceptibles d'être plus ou moins emplis par de l'eau. Il y en a quatre, deux en avant et deux en arrière — et on y fait des mouvements d'eau, selon qu'on a besoin d'alléger ou d'alourdir le bâtiment pour le mettre bien dans ses lignes d'eau. Cette pesée n'est, bien entendu, jamais définitive. Elle fait l'objet de réglages constants, la densité de l'eau changeant constamment avec sa température.

Cela, Roquelaure me l'a déjà dit, appelant même la mer Morte à la rescousse pour les besoins de sa démonstration.

— Quant à l'assiette, poursuit Becker, elle est assurée par deux caisses d'assiette qui se trouvent aussi à l'intérieur de la coque épaisse, l'une située à l'avant, l'autre à l'arrière. Entre les deux caisses, on fait transiter de l'eau, selon les besoins. Si le bateau est trop lourd à l'arrière, on envoie de l'eau vers l'avant. S'il est trop lourd à l'avant, on envoie de l'eau à l'arrière.

— C'est délicat ?

— Oui, assez. Tant que le sous-marin plonge à une certaine vitesse, il est difficile de savoir s'il y a une erreur de pesée, car les barres de plongée la compensent. Mais quand on réduit la vitesse, les barres de plongée ne jouent plus autant et on peut affiner la pesée en assiette. Un bâtiment bien pesé est caractérisé par une parfaite stabilité verticale et longitudinale. C'est un bâtiment immobile entre deux eaux.

— Vous voulez dire : dont l'immersion ne change pas et dont ni l'avant ni l'arrière ne piquent du nez ?

— Oui, immobile. Ce n'est d'ailleurs qu'une façon de parler, car le sous-marin avance toujours.

Je ne sais pas si c'est une façon de parler, mais elle évoque à mes yeux une image splendide et qui, irrésistiblement, me ramène à l'obsession qui me hante depuis que je suis à bord. Voir — ne serait-ce qu'avec les yeux d'un poisson lumineux des grandes profondeurs — notre grand poisson noir « immobile entre deux eaux ».

Becker a terminé son topo, et d'une façon toute naturelle, il se remet à sa broderie.

— Merci, lieutenant, dis-je, vous m'avez grandement éclairé.

— Sur quoi ? dit abruptement le commandant en second Picard en pénétrant dans le carré d'un pas alerte.

— Sur la plongée du sous-marin. Le lieutenant Becker a été très patient avec l'éléphant que je suis. Je lui ai posé une foule de questions.

— Un éléphant curieux, ce n'est déjà plus un éléphant, dit Picard. Ce qui caractérise en général l'éléphant, c'est une morne incuriosité.

Picard et moi, nous rions. Becker, avec un temps de retard, sourit.

— Je voulais vous dire, commandant, j'ai dû réformer ce matin quatre saumons.

— Je sais. Vous avez bien fait. Je l'ai su quelques minutes après votre décision. A bord d'un SNLE, le téléphone arabe fonctionne à une vitesse stupéfiante. Toubib, dit-il en jetant un coup d'œil à sa montre, vous n'oubliez pas qu'aujourd'hui c'est samedi ?

— Non, pourquoi ?

— Parce que le samedi soir et le dimanche à midi, on se met en uniforme. Pantalon bleu marine et chemisette blanche avec pattes d'épaule.

— Ah, c'est vrai ! dis-je. J'oubliais !

Après un « merci encore » à Becker, je gagne ma chambre, je me lave les mains, je me recoiffe et je me mets en tenue, assez content que l'us du bord m'en fasse un devoir. A la réflexion, j'enlève la chemisette que je viens de mettre, et je me rase.

L'équipage d'un SNLE se divise en barbus permanents (Alquier et Becker), en barbus de patrouille et en antibarbus. Les barbus de patrouille ont pour eux une tradition sous-marinière qui fleurissait jusque dans la marine allemande pendant la Première Guerre mondiale. Il est vrai que l'eau était rare et l'hygiène difficile dans les petits sous-marins d'alors. Mais j'imagine aussi qu'à bord d'un SNLE la pilosité sauvage entend témoigner de la dureté, du danger et de l'irrémédiable solitude de la condition sous-océane, sans remontée à l'air, sans escale, sans consolation féminine. Les anti-barbus — dont je suis — ou bien sont britanniquement soucieux de leur image, ou se rattachent à l'exemple de Stendhal se rasant tous les jours pendant la retraite de Russie (autre tradition héroïque), ou estiment tout simplement que leur barbe est trop maigrelette et clairsemée pour en faire étalage.

Tandis que j'écoute le grattement obstiné de mon rasoir sur ma peau, je me sens plutôt content du petit cours que m'a fait Becker, et plus que satisfait d'avoir suivi le conseil que m'a donné le pacha, de m'intéresser aux choses. Depuis que j'ai fini mes études de médecine, je me rends bien compte que j'ai peu appris en dehors de ma spécialité. Faute d'en avoir l'occasion. Faute peut-être d'en avoir le désir. C'est navrant de constater comment, après trente ans, on a tendance à s'enfermer dans son métier, et à vivre les yeux fermés dans un monde inconnu sans faire d'effort pour le connaître, sans rien non plus remettre en cause, en soi et en dehors de soi.

Je viens de terminer l'opération propreté quand Becker s'encadre dans ma porte :

— Pardonnez-moi, docteur, dit-il d'une voix hésitante. J'ai un petit service à vous demander.

Il dit « docteur ». Il ne dit pas encore « toubib ». Il ne lui est pas facile de devenir familier.

— Demandez, lieutenant, dis-je avec entrain.

Un silence. Il se décide enfin.

— Pourriez-vous mettre l'infirmerie à ma disposition le dimanche matin à dix heures ?

— Pour y faire quoi ?

— Une assemblée de prières.

— Mais, dis-je, j'ai ouï dire que le dimanche, il y avait une messe télévisée que chacun peut écouter sur sa banette avec son bas-parleur.

— C'est vrai, dit Becker gravement. Mais l'aumônier de la Base[1] pense que ça ne suffit pas tout à fait. Et il m'a chargé d'animer une réunion de prières. C'est ce que j'ai fait au cours de la dernière patrouille.

— Et vous avez eu du monde ?

— Huit personnes. Sept officiers et un officier marinier.

— C'est assez peu.

— Oh, vous savez ! dit-il, dans ces affaires, il y a beaucoup de respect humain. Et il y a des gens qui estiment que la messe radiodiffusée suffit.

— Si je comprends bien, dis-je, vous êtes le clerc chargé par l'aumônier d'animer cette réunion de prières ?

— C'est bien cela.

— Et lors de la dernière patrouille, elle s'est tenue à l'infirmerie ?

Et comme il fait « oui » de la tête, je poursuis :

— Avec l'accord du pacha ?

1. La BOFOST. La Base Opérationnelle des Forces Océaniques Stratégiques. (Brest)

— Avec l'accord du pacha.

— Alors, dans cette patrouille, vous avez le mien aussi.

— Pardonnez-moi, dit-il avec effort, mais le pacha a pensé que votre autorisation était indispensable et que vous aviez parfaitement le droit de la refuser.

— C'est très honnête de votre part de faire état de cette opinion du pacha. Mais je ne vois aucune raison de vous dire non. Je suppose, dis-je avec un sourire, qu'en cas d'urgence vous me laisseriez l'usage de l'infirmerie ?

— Naturellement, dit Becker sans sourire.

— Eh bien, alors, dis-je, tout va bien.

Un silence. Il hésite de nouveau.

— Est-ce que, dit-il, vous vous joindrez à nous ?

— Pour la réunion de prières ? Non.

— Vous estimez sans doute qu'il suffit d'écouter la messe ?

— Je n'écoute pas la messe.

— Ah !

Il me regarde, l'œil grave derrière ses grosses lunettes. J'ai eu tort de lui répondre cela. Scrupuleux comme il est, il va se faire du souci pour mon âme.

— Eh bien, un grand merci, docteur, dit-il assez gauchement. A tout à l'heure !

Quand je gagne le carré, je le trouve plein de monde, et j'ai l'impression que mes pairs se sentent assez heureux de se retrouver en tenue. Et pourquoi faire l'hypocrite ? Moi aussi. C'est plutôt seyant un uniforme d'officier de marine, même quand il se réduit à un pantalon bleu marine et à une chemise blanche avec insigne de grade sur la patte d'épaule. Et puis chacun a fait toilette, c'est évident. Le cheveu est bien coupé. Les antibarbus se sont rasés. Les barbus ont tâché de mettre de l'ordre dans leur chaume. Il flotte dans l'air une odeur d'eau de toilette. Quasiment tous, même les plus abstinents, ont un verre d'apéritif à la main. Les conversations en deviennent plus pétulantes, le diapason des voix plus élevé, les rires plus fréquents. Demain dimanche, à midi, l'us veut qu'il y ait, en tenue bien sûr, « un repas présidé » — présidé par le pacha, cela va sans dire. Sauf les trois officiers de quart, tous les officiers seront présents. Treize en tout. Nous serons plutôt à l'étroit. Et plutôt heureux d'être tous ensemble au coude à coude, serrés et soudés.

Lectrice, sautons un jour. Nous y sommes déjà. Vous y êtes aussi, invisible, cela vaut mieux. Car si vous étiez vue, que de regards se tourneraient vers vous, troublant les rites sacro-saints !

Quand tout le monde a pris place autour de la table ovale, le mimi Verdelet s'avance. Je vous l'ai déjà décrit. Il est grand, le cheveu blond, l'iris bleu. Il porte, pour l'instant du moins, l'aurore sur sa joue. Il est tel enfin que Racine a décrit Hippolyte :

« Charmant, jeune, traînant tous les cœurs après soi », encore que l'œil de notre mimi révèle quelques bons petits lutins qui ne sont pas tous des anges.

Verdelet tire un papier de la poche de sa chemisette et dit sur un ton de fausse gravité :

— Commandant, Messieurs, étant le plus jeune en grade dans le grade le moins élevé, il me revient, selon la tradition, de vous présenter le menu. Je commence :

* Fruit exotique israélien avec crustacé breton.
* Rôti de fils de vache présumée française avec légumes du terroir.
* Assortiment de fromages du premier âge.
* Coquette de chocolat fondant, fardée crème vanille ou crème à la menthe au choix. (Rires)

— Commentaires ? dit le pacha.

— Bien, dit un convive, très bien, même, surtout la coquette de chocolat fondant. L'eau vous en vient à la bouche.

— Bien, dit un autre, mais insuffisamment précis. Le fruit exotique israélien est-il un avocat aux crevettes ou un pamplemousse au crabe ? (Rires)

— Un pamplemousse au crabe, dit Verdelet.

— Conclusion, dit le pacha : menu bien présenté, mais le mimi devra acquérir plus de précision et, bien sûr, se renouveler au prochain rôti de veau. Il va sans dire que le « rôti de fils de vache présumée française » ne peut servir qu'une fois.

Vous trouvez sans doute, lectrice, que nous nous amusons à des riens. Naturellement ! Puisque vous n'êtes pas là ! Et vous ne pouvez ignorer que les hommes entre eux sont toujours un peu enfantins. Il y a peu de différence entre la gaieté innocente qui règne au carré du SNLE et celle qui réjouit la table d'un grand séminaire.

Après tout, ce samedi en tenue, ce repas présidé du dimanche, ce menu présenté, c'est notre week-end. Certes, les épouses et les fiancées sont loin. Est-ce une raison pour ne pas marquer le coup ? Une semaine est partie. Nous l'avons laissée couler derrière nous dans l'eau noire et profonde de notre invisible sillage. Mais sept autres se dressent encore sur notre chemin — monumentales ! longues comme des mois ! Sept autres qui nous séparent des bien-aimées, mais que toutefois nous ne pouvons considérer en aucun cas comme perdues ou inutiles, puisque nous les consacrons à notre métier — le pacha dirait à notre mission.

3

L'enseigne de vaisseau Angel qui est le plus jeune officier du bord et qui, à vingt-trois ans, en paraît à peine vingt m'a confié qu'avant d'émettre le vœu de servir dans les sous-marins il s'était demandé s'il n'allait pas y souffrir de claustrophobie.

Le lieutenant Angel, je le note en passant, est un garçon tout à fait délicieux. Il est petit, mince, blond, les traits réguliers. Frais émoulu de la Baille, il en parle avec pétulance, avec tendresse et, ce qui est rafraîchissant, comme un potache et non comme un ancien. Toutefois, il ne faudrait pas se laisser abuser par son apparence innocente — j'allais dire angélique —, il possède un caractère ferme et une grande maîtrise de soi.

Il a découvert — comme nous tous, moi compris — que ses craintes étaient peu fondées.

— Finalement, m'a-t-il dit, on n'est pas plus enfermé dans un sous-marin que dans un navire en surface...

Il a raison. J'ajouterais que si vous ne souffrez pas de claustrophobie dans un métro, dans un avion ou (comme Freud) dans un train, il n'y a pas de raison que vous ressentiez cette peur panique dans un SNLE.

Pour ma part, ce serait plutôt l'infini de la mer ou du désert autour de moi qui m'effraierait, si mon regard s'y perdait trop longtemps. Qu'il soit, comme ici, borné et limité me rassure, au contraire. A mon avis, la claustrophobie d'un individu ne s'explique que par un mauvais contact avec ses semblables : ce ne sont pas les cloisons trop proches qu'il redoute, c'est la proximité d'autrui.

C'est vrai que la promiscuité dans un sous-marin fait problème, lequel toutefois se pose davantage pour les hommes — qui dorment dans des chambres de 12, de 6 ou de 4 — que pour les officiers qui ont chacun la leur. Mais c'est un problème de cohabitation et non d'enfermement.

Il est vrai que je jouis, quant à moi, d'un privilège : outre ma chambre et le salon du carré, je bénéficie d'un autre espace : l'infirmerie, que je partage avec mes deux infirmiers, et qui, à l'échelle du SNLE, est relativement vaste. Je mets aussi à profit le conseil du pacha : je circule beaucoup à bord. Je m'intéresse aux choses et aux gens qui s'en occupent.

Je m'aperçois en écrivant cette phrase qu'il me serait possible d'en intervertir les termes sans en changer le sens. Je pourrais dire par exemple : Je m'intéresse aux gens et aux choses qui les occupent. Tant il est vrai que les uns et les autres s'interpénètrent.

Ce matin, au petit déjeuner, le lieutenant de vaisseau Callonec qui, à huit heures, allait prendre son quart au PCP (Poste de Commandement de la Propulsion) m'a invité à faire un tour dans la tranche machines. « Vous verrez, m'a-t-il dit, c'est très intéressant. Après tout, a-t-il ajouté avec un sourire, c'est nous qui faisons avancer le bateau. »

Je lui ai promis. Mais pour l'instant, il faut que je passe à l'infirmerie. Un coup d'œil me suffit pour constater que tout s'y déroule de la façon la plus normale : Morvan astique et Le Guillou pérore.

Il a trouvé un auditeur de choix : le commis aux vivres Marsillac, l'homme qui le premier a soupçonné l'honnêteté des quatre saumons que j'ai dû condamner. Marsillac est un Méditerranéen jeunot, exubérant et sympathique que l'équipage a surnommé « Brosse à dents » en raison d'une moustache qui affecte cette forme et à laquelle il consacre, dit-on, beaucoup de soins.

— Marsillac, dit Le Guillou, me raconte ses malheurs passés : il s'entendait mal avec le second de l'avant-dernière patrouille.

— Et avec le commandant Picard, vous vous entendez ?

— Ah, lui, il est parfait ! dit Marsillac. Avec lui, c'est la lune de miel. Mais avec l'autre, pardon, c'était plutôt la lune de mélasse.

Il rit.

— Qu'est-ce qui n'allait pas ?

— Il ne pouvait pas me piffer. Et moi non plus, d'ailleurs, je ne pouvais pas le piffer.

— Qu'est-ce que vous lui reprochiez ?

— Ben, il était froid. Voilà. Pour le faire sourire, il fallait se lever de bonne heure.

Je ris à cette formule, et Marsillac, tout content de son effet, me quitte, non sans dire, sur un ton quelque peu glorieux :

— Il est temps que je retourne à la cuisse. Sans moi, ils sont perdus.

Après son exit, Le Guillou commente :

— Le commis, ce n'est pas le mauvais gars.

Il ajoute — ce qui dans sa bouche me paraît assez étonnant :

— Il a le défaut des Méridionaux : il parle trop.

— Et l'ancien second ?

— Il ne parlait peut-être pas assez. D'où, ajoute-t-il avec un air de sagesse profonde, leur mutuelle antipathie.

J'ai l'impression que cette remarque relève de cette « psychologie à la vapeur » que Dostoïevski reprochait aux magistrats de son pays. Après tout, le loquace Le Guillou et le taciturne Morvan s'entendent fort bien.

J'en suis là de ces réflexions quand apparaît le quartier-maître Vigneron, l'air assez abattu. J'ai une bonne raison pour le connaître. Il travaille aux transmissions et c'est lui qui, il y a une semaine, m'a apporté le familigramme dont j'ai parlé plus haut et dont vous avez, lectrice, admiré la concision : « *Je pense à vous. Sophie.* » Déjà, n'utiliser que cinq mots là où il était loisible d'en employer vingt témoignait, me semble-t-il, d'une certaine brièveté dans les sentiments. Mais cette semaine, le laconisme a atteint son apogée : je n'ai rien reçu.

Pour être le destinataire d'un familigramme, vous devez donner à la BOFOST le nom et l'adresse de la personne par vous élue : mère, épouse ou fiancée. Celle-ci envoie son texte chaque semaine à la BOFOST, qui le met en code et nous le transmet par ondes ultralongues, en même temps que les informations générales et les messages opérationnels.

Nous recevons ces messages par antenne filaire — laquelle est un fil tout simple et tout bête que nous traînons dans l'eau derrière nous et qui, avec le bateau, crée un cadre, si bien qu'il suffit d'orienter comme il faut le bateau pour recevoir les ondes.

— J'ai mal au pied, dit Vigneron.

— Pas étonnant, dit Le Guillou. La radio, elle est toujours en balade d'un bout à l'autre du bateau, un papelard à la main. C'est la belle vie !

— La tienne n'est pas si mauvaise non plus, dit Vigneron.

C'est un jeune gars à la physionomie ouverte et des yeux francs derrière des lunettes de fer.

Je tâte son pied.

— Vous avez mal là ?

— Non, docteur.

— Et là ?

— Non plus.

— Et là ?

— Un peu.

Je diagnostique une légère tendinite de l'extenseur du gros orteil, et je lui fais donner une pommade par Le Guillou. Elle ne lui servira pas à grand-chose, sinon à lui donner l'impression réconfortante qu'il est soigné. En revanche, je lui donne un bon conseil.

— Vigneron, ne descendez donc pas les échelles à toute allure ! Prenez le temps de bien poser le pied !

— Qu'est-ce que vous voulez, docteur, moi, il faut que je cavale !

— Je vais te faire un petit massage tout de suite, cavaleur, dit Le Guillou.

— Ah, merci ! dit Vigneron.

Mais « la radio qui est toujours en balade » a dû lui rester sur le cœur, car il ajoute :

— Voyez-vous, docteur, les gars, ils me voient aller et venir, ils croient que je me donne du bon temps. Mais moi, docteur, je joue un rôle important à bord. Si la radio fonctionne plus, qu'est-ce qui se passe ? Le SNLE perd le contact avec le commandement à terre, et il n'y a plus de dissuasion !

Le Guillou hausse imperceptiblement les épaules en me jetant un œil, mais il se tait. Il a beau être bavard, il sait aussi écouter.

— Vous recevez beaucoup de familigrammes par jour, Vigneron ?

— Une bonne douzaine tous les soirs.

— Et alors, qu'est-ce qui se passe ? Vous les remettez aux intéressés ?

— Pensez-vous, docteur ! Il y a un filtre : c'est le commandant en second.

— Et pourquoi ce filtre ?

— Ben voyons, docteur, si un familigramme annonce à un gars la mort de sa femme à mi-marée, on va tout de même pas le lui dire tout de suite : ça serait horrible !

— Et quand le lui dit-on ?

— Le jour du retour.

— C'est horrible aussi.

— Ce n'est pas la même chose, dit Le Guillou en levant la tête. Un gars qui reçoit un choc pareil alors qu'il est enfermé à bord, c'est un désastre. Pour lui, pour son travail, pour son équipe.

J'entends bien, le bateau d'abord. Je ne blâme ni n'approuve, je réfléchis. Et plus je réfléchis, moins je parviens à me faire une religion. C'est un de ces irritants problèmes qui se posent à chaque instant et qu'on n'arrive jamais à résoudre.

— Maintenant, tu te rechausses, « trans », dit Le Guillou, j'ai fini. « Trans[1] », cela veut dire « transmission ». Apprendre un milieu, c'est apprendre d'abord un langage, et un langage ésotérique. *« Le crabe untel est un trans »*, ça veut dire : le quartier-maître untel travaille à la transmission.

— Comme a dit le docteur, dit Le Guillou, tâche de pas cavaler si vite, sinon un de ces jours, tu vas te péter le tendon d'Achille ou te décoller un ménisque.

Cette érudition frimeuse est perdue pour Vigneron qui se rechausse lentement, sans piper mot, l'œil soucieux derrière ses lunettes de fer. A le voir ainsi prendre son temps, je comprends qu'il a besoin de me parler. Et Le Guillou le comprend aussi, qui passe dans la chambre d'isolement.

— Docteur, dit Vigneron, vous trouvez ça correct de laisser ignorer à un gars que son père est mort ?

Difficile de répondre oui. Délicat de répondre non. Je ramène le problème du général au particulier.

— Vous avez des inquiétudes sur la santé de votre père ?

1. On se souvient que « trans » en argot baille (mais pas seulement en argot baille) est *aussi* une abréviation de transcendant.

— Oh, non ! Pas du tout ! Il se porte comme un charme ! Ma mère aussi.

— Pour votre femme alors ?

— Je ne suis pas marié.

Il jette un œil à la porte de la chambre d'isolement et baisse la voix.

— Mais je suis fiancé.

— Et votre fiancée se porte mal ?

— Oh, non ! Pas du tout !

Je me tais. J'attends. Il me regarde, baisse les yeux, les relève, et dit :

— En deux semaines de marée, pas un mot d'elle !

Et tout d'un coup, il éclate :

— C'est pas un monde, ça, docteur ! Je reçois dix à quinze familigrammes par jour et pas un seul pour moi !

— Vous craignez qu'elle soit malade ?

— Mais non, docteur, dit-il avec véhémence. Je vous l'ai déjà dit ! Une santé de fer ! Jamais un rhume !

Un silence.

— Vigneron, dis-je, il ne faut pas se hâter de tirer des conclusions. Il y a peut-être des circonstances qui expliquent...

— Quelles circonstances ? dit-il d'un ton presque agressif.

— Mais je ne sais pas, moi, dis-je en écartant largement les deux mains... Il se peut qu'en partant vous lui ayez dit un mot qui ne lui a pas plu. Les filles, vous savez, c'est très susceptible. Ça se vexe pour un rien.

Cette maxime machiste éculée (et Dieu sait si je la trouve sotte au moment où je l'énonce) n'en produit pas moins sur lui un effet apaisant.

— Vous croyez, docteur ? dit-il avec espoir.

J'ai un peu honte de jouer au gourou. Mais d'un autre côté comment le laisser en proie aux affres de la jalousie, alors qu'il a encore six semaines à tirer ?

— C'est bien possible, dis-je gravement.

— Alors, docteur, elle me boude ?

— C'est probable.

Il réfléchit.

— C'est quand même vache, dit-il avec un petit retour de sa véhémence, de me bouder alors que je suis enfermé sous l'eau dans une boîte en fer !

— Quel âge a-t-elle ?

— Dix-neuf ans.

Je hausse les épaules.

— Elle ne se rend pas compte, Vigneron ! Elle vit entre papa-maman ! Comment voulez-vous qu'elle imagine le genre de vie que nous menons ici ?

Il fait oui de la tête, il me regarde, il esquisse un sourire. Je lui rends regard et sourire. Je me vautre avec lui dans le sentiment réconfortant de la supériorité virile.

— Eh bien, docteur, dit-il chaleureusement, merci...

Il s'interrompt et reprend avec pudeur :

— Merci pour le pied.

Et il s'en va. Opération Valium terminée. Ses doutes reviendront le ronger et il reviendra me voir.

Le Guillou apparaît, les joues gonflées de commentaires que j'écoute à peine. C'est la deuxième fois que je vois Vigneron et je suis attristé pour lui. J'ai bien peur que sa petite nana, à son retour, ne lui révèle qu'elle en aime un autre.

— Vous voulez que je vous dise, docteur ? dit Le Guillou dont la voix parvient enfin à mes oreilles ; l'infirmerie pour eux, c'est la nounou et le curé ! Quand on a un bobo, on va se faire chouchouter, et quand on a quelque chose sur le cœur, on se confesse. Moi, je suis la nounou. Et vous, docteur, vous êtes le curé...

Après le trans Vigneron, je reçois trois ou quatre patients. Des bobos que Le Guillou pourrait tout seul diagnostiquer et soigner. Mais je tiens à être là. Le Guillou n'a déjà que trop tendance à se prendre pour le médecin. Et je n'ignore pas non plus que les hommes préfèrent avoir affaire à Dieu qu'à son saint. D'autant que ledit saint, quand il n'est pas bridé par ma présence, a tendance à devenir passablement impérieux.

Quant à mon autre bon apôtre, Morvan, il se fait oublier dans son coin, l'œil collé au microscope, placide et taciturne. Il fait pour moi une numération globulaire : tâche fastidieuse où il excelle, et qu'il aime pour la raison qu'il y exerce ses deux vertus cardinales : patience et conscience.

J'aimerais bien qu'elles soient les miennes aussi, quand, mes malades partis, je consigne leur cas dans les paperasses exigées par la Strasse. D'autant plus que l'ennui venant mon esprit vagabonde et revient obsessionnellement tourner sur les silences de Sophie. Ingrate Sophie ! Comme diraient les psychologues américains, mauvais « investissement » que j'ai fait là ! Je pronostique avec une sombre lucidité que j'ai d'ores et déjà perdu ma mise, et que Sophie, la semaine dernière, a pensé à moi pour la dernière fois. J'ajoute méchamment en mon for : si tant est qu'elle pense, ne laissant pas à sa mère ce soin.

Même ce sarcasme ne me soulage pas. Moi aussi, comme le trans Vigneron, j'aurais besoin d'un docteur pour soigner mon moi endolori — endolori de tous les côtés : côté cœur et côté amour-propre.

Car enfin, lectrice, il ne vous échappe pas que je ne mérite pas ces dédains...

L'action n'étant pas, comme on sait, la sœur du rêve, et témoignant même à son endroit d'une certaine hostilité, je décide de bouger, de gagner la tranche machines, et d'y retrouver le lieutenant de vaisseau Callonec, puisqu'il m'y a invité.

Il y a des usages amusants dans l'argot du bord. Ainsi le groupement Energie (que dirige le chauve et suave commandant Forget) comprend, on l'a vu, trois services :

L'« énergue » (l'Energie, entendez le réacteur).

La sec-plonge (la Sécurité plongée).

La prop (la Propulsion).

Ces trois noms sont féminins, mais quand il désigne les officiers qui les coiffent, ils deviennent masculins.

C'est ainsi que l'enseigne de vaisseau Becker — le géant barbu qui brode au point de croix et anime les prières du dimanche — devient le sec-plonge.

Le lieutenant de vaisseau Miremont, que le lecteur ne connaît pas encore, devient l'énergue (pas de changement apparent, en raison de l'élision du « e » de le).

Et le lieutenant de vaisseau Callonec, que je vais voir, est le prop.

Ici, serait-on tenté de dire, la chose devient l'homme et l'homme devient la chose. Comme dans *la Bête humaine* de Zola, où le conducteur Lantier fait corps avec sa locomotive, il y aurait une identification, à tout le moins nominale, entre la machine et celui qui la sert.

En réalité, ce n'est guère exact. Si je tenais des propos aussi romanesques devant Callonec, il me rirait au nez. D'abord parce que dans la tranche machines, il n'y a pas *une*, mais *des* machines, et ensuite parce que Becker, Miremont et Callonec, prenant le quart à tour de rôle dans le PCP (Poste de Commandement Propulsion), chacun doit s'occuper de la spécialité des deux autres aussi bien que de la sienne.

Avant de me diriger vers la queue du bâtiment — secouant la poussière de mes souliers sur mes moribondes amours —, je passe prendre dans ma chambre un pull que je porte à la main. Démarche apparemment paradoxale, puisque je n'ignore pas qu'une température de 35 à 40° règne dans la tranche machines. C'est que je pense au retour, quand il me faudra rétrograder de 35° à 22°. Je pense aussi à donner du poids par mon exemple aux recommandations que je fais quotidiennement aux mécaniciens. Je ne voudrais pas qu'ils disent de moi : *« El cura predica, pero non pratica* [1]. »

Comme tout ce qui rompt la monotonie du « quart », je suis bien

1. Le curé ne pratique pas ce qu'il prêche. (Esp.)

accueilli par le Poste de Commandement Propulsion où je trouve le lieutenant de vaisseau Callonec et trois opérateurs, dont le grand et gros Bichon à qui je demande des nouvelles de sa toux.

— Ça va très bien, merci, docteur, dit-il de sa voix rigolarde, vous m'avez guéri.

— Et maintenant vous mettez un pull pour gagner la cafétéria ?

— Non, mais je vais le faire, c'est promis, dit-il sur le même ton.

J'observe que la tendance actuelle de l'équipage que j'ai encouragée est de m'appeler « docteur » et non « Monsieur le Médecin ». Même mes infirmiers m'appellent « docteur » et non « Monsieur ». Je préfère cela. Et j'en conclus que l'homme, quand on le laisse faire, a une tendance naturelle à la simplification.

Je bavarde un moment avec Callonec. C'est un homme de taille moyenne, avec des yeux bleus et des cheveux blonds qui ont tendance à se retirer du front. Il a l'air content que je sois là et que je m'intéresse à son métier. Je ne dirais pas que les officiers mécaniciens souffrent d'un complexe d'infériorité vis-à-vis des officiers du « pont » (on appelle ainsi ceux qui dirigent le bateau y compris sur un sous-marin, où il est rarement dirigé du massif) car bien au contraire les « chefs », comme on les appelle, ont un sentiment très vif et très justifié de leur importance : « Après tout, m'a dit Callonec ce matin avec un sourire, c'est nous qui faisons avancer le bateau. » Et vous vous souvenez sans doute, lectrice, que le mécanicien Roquelaure avait insisté, dans son style flamboyant, sur le fait que la sec-plonge (dont il fait partie) était peut-être « ce qu'il y a de plus important à bord, vu qu'un sous-marin, c'est quand même fait pour plonger ».

Il n'en reste pas moins que certains officiers mécaniciens n'ayant pas l'aptitude de chef du quart ne peuvent accéder au commandement du bateau. Ils le savent, ils l'acceptent, ils sont trop fiers pour s'en plaindre, mais le regret subsiste, même s'il ne s'exprime qu'en demi-teintes et à demi-mot comme dans l'« après tout » de Callonec.

Si vous voulez savoir à quoi ressemble le PCP, prenez le tableau de bord d'un Airbus et multipliez-le sur trois faces dans un espace à peu près carré. Devant ces trois faces, asseyez quatre hommes sur quatre tabourets agrémentés d'un dossier succinct : l'officier et les trois opérateurs. Apparemment, ils ne font rien. Mais le pilote d'un Airbus lui aussi, la plupart du temps, a l'air désœuvré. Toutefois, pour des raisons évidentes, il vaut mieux qu'il soit là.

— Je viens de passer la suite à Miremont, dit Callonec. Il a pris le quart, je suis donc libre et je vais vous faire faire le tour du propriétaire.

Il n'y a qu'un seuil à franchir et nous nous trouvons dans la tranche machines.

— Voilà donc l'usine, dis-je impressionné. C'est grand et il fait chaud.

— Non pas l'usine, dit Callonec, les usines. Notre énergie, c'est la vapeur qui nous est fournie par le réacteur atomique. Il est situé dans la tranche qui nous précède. Avec cette vapeur, nous fabriquons de l'eau douce dans ces « bouilleurs vapeurs » que vous voyez là et qui sont, en fait, des distilleries. Cette eau nous sert à deux fins. Nous l'employons pour compenser les pertes dans le circuit d'eau secondaire du réacteur...

Je répète, plutôt plaintivement :

— Le circuit d'eau secondaire du réacteur ?

— Toubib, dit Callonec avec bonne humeur, Miremont vous expliquera. L'énergue, c'est lui. Il sera ravi de vous faire un topo. *Secundo*, poursuit Callonec, nous retraitons cette eau douce en lui ajoutant les sels minéraux qui lui manquent et nous la distribuons dans tout le bord pour la boisson et le lavage.

— Merci pour l'eau, chef, elle est excellente. Et j'apprécie de pouvoir me doucher quotidiennement. Je m'aperçois que votre rôle ne se borne pas à faire avancer le bateau.

— Exact, dit Callonec avec une fierté discrète. Nous fournissons l'eau. Nous fournissons aussi toute l'électricité du bord, grâce toujours à la vapeur, et par le moyen de ces deux petits turbo-alternateurs que vous voyez là.

— Ils ne sont pas si petits que ça.

— Ils sont petits, comparés aux deux turbines principales qui leur font suite.

— Ceux-là, je dirais 2,50 m de long et 1,50 m de diamètre ?

— C'est à peu près ça, mais, pour le diamètre, en comptant le calorifugeage.

— Vous n'avez jamais eu d'incident avec le calorifugeage ?

— Non, pourquoi ?

— Sur le *Nautilus* du commandant américain Anderson — celui qui a traversé le premier le pôle Nord sous la calotte glaciaire — le calorifugeage imbibé d'huile a pris feu.

— Toubib, vous en savez des choses !

— Grâce à la bibliothèque du carré et à ma bonne volonté déséléphantisante. Comme dit le commandant Picard, « un éléphant curieux, ce n'est déjà plus un éléphant ».

— Forte parole. Vous aviez déjà saisi, toubib, que les deux turbines principales font tourner la ligne d'arbre, laquelle fait tourner l'hélice — il y a deux intermédiaires, le réducteur et l'embrayage.

— Pour l'embrayage, je suppose qu'il permet de désolidariser la ligne d'arbre de l'hélice ?

— Ou de la solidariser avec elle, comme dans une auto. Mais avant l'embrayage, il y a le réducteur : il réduit la vitesse de rotation des turbines pour l'adapter à celle de la ligne d'arbre.

— Et ça ?

— Ça, c'est le moteur électrique auxiliaire.

— Il vous permet de sortir du port ?

Callonec rit franchement :

— Mais pas du tout, toubib ! Vous confondez avec un yacht ! Nous sortons du port par les moyens normaux ! Le réacteur donne la vapeur. Les turbines tournent. Le réducteur réduit. Et l'embrayage embraye. Ne croyez pas qu'on ne puisse pas aller à très petite vitesse : la vitesse, nous la maîtrisons parfaitement.

— Alors, à quoi sert le moteur électrique ?

— A nous dépanner, en cas de besoin.

— Par exemple ?

— Nous constatons une petite fuite de vapeur à une purge. On ferme aussitôt l'alimentation générale. On arrête le réducteur, on débraye et on passe sur le moteur électrique.

— Elles sont fréquentes, ces petites fuites ?

— Non, mais elles sont inévitables, étant donné le nombre d'heures que tournent les machines. En général, c'est un joint qui lâche. On le change, c'est tout. L'intervention dure à peine cinq minutes.

— Mais ça doit être bouillant !

— On met des gants. Et quand c'est fini, on revient à la propulsion vapeur.

— Le moteur électrique, il marche sur le courant que vous produisez ?

— Pas du tout. Il est complètement indépendant. Il marche sur batteries.

— Vous devez en stocker beaucoup ?

— Pas mal ! Vous voulez les voir ? Elles sont en partie sous votre infirmerie.

— Non, merci, ça n'a rien de grisant, des batteries. L'hydrogène ne vous pose pas de problèmes ?

— Vous voulez parler des risques d'explosion ? Nous prenons des précautions : les batteries sont surveillées en permanence par des hydrogénomètres, et également très ventilées pour éviter que se forment des poches d'hydrogène susceptibles d'exploser à la moindre étincelle.

— Sage fut le commandant Louzeau d'interdire la cigarette à bord !

— Oh, vous savez ! Même quand vous tournez un commutateur électrique, vous provoquez une étincelle.

— Et comment faites-vous pour passer d'une petite vitesse à une vitesse plus élevée ?

— Ce n'est pas nous qui décidons le changement d'allure. C'est le commandant au PCNO.

— Comment ça se passe ?

— Venez, je vais vous montrer.

Nous retournons au PCP qui paraît soudain très petit avec l'intrusion d'un cinquième homme. Callonec me place devant un des trois tableaux de bord que j'ai décrits plus haut. Plus précisément celui qui se trouve à droite en entrant.

— Exemple, dit-il. Le commandant veut passer à la vitesse « avant 4 ».

Il s'interrompt :

— Il y a quatre vitesses : avant 1, avant 2, avant 3, avant 4. Ces numéros définissent le nombre de tours, comme dans une auto. Et avant 4 définit la vitesse la plus élevée. Revenons au PCNO. Le commandant veut passer à avant 4. Il donne l'ordre à l'officier de quart qui le répète au barreur. Le barreur pousse un bouton. Et ce bouton déclenche ici — au PCP — une petite sonnerie qui veut dire « Attention ! On va changer l'allure ! » Et aussitôt, une petite lumière s'allume devant l'allure souhaitée, c'est-à-dire, dans le cas d'espèce, en face d'avant 4. Alors, l'opérateur qui est assis là, dit-il en désignant Bichon, agit sur ce levier et ce levier admet davantage de vapeur aux turbines.

— C'est tout ?

— Non. L'opérateur qui est derrière Bichon doit veiller sur le réacteur et, s'il voit qu'il a du mal à fournir à la demande, il agit sur cet autre levier dont l'effet est de remonter les croix dans le réacteur : la fission alors s'intensifie, produisant davantage de chaleur, et partant, davantage de vapeur.

— Qu'est-ce que c'est que ces croix qu'on remonte dans le réacteur ?

— Vous le demanderez à Miremont, dit Callonec. Le réacteur, c'est sa danseuse. Je ne vais pas la lui déflorer.

Nous rions. D'ailleurs, dès que l'autre sexe est mentionné dans une conversation à bord, le rire surgit. Nous essayons par là, je suppose, de désarmer cette évocation de la petite angoisse que l'absence de la femme dans notre univers nous inspire, même si nous ne l'exprimons jamais.

— Voilà, vous savez tout, toubib, dit Callonec.

Ce « tout, toubib » l'amuse et il rit. C'est une heureuse nature dont les turbines intellectuelles fonctionnent bien et dont la joie de vivre ne manque jamais de vapeur.

— Maintenant que vous savez tout, docteur, dit le gros Bichon de son ton rigolard, vous pourriez peut-être prendre le quart à ma place.

— Et vous, me remplacer à l'infirmerie ? C'est une idée. Je vais la soumettre au pacha.

Je suis depuis une demi-heure à peine dans la tranche machines, et déjà je ruisselle de sueur. Je jette mon pull sur mes épaules et j'en noue les deux manches autour de mon cou pour passer dans des régions plus fraîches du sous-marin. La différence de température est saisissante. Je remarque, en traversant la tranche missiles, un homme d'équipage qui, adossé à un de nos engins de mort, joue pacifiquement de la guitare. Je lui souris en passant et je gagne l'infirmerie où m'attend un client de marque : le « patron », comme on l'appelle, ou comme il se définit lui-même, l'adjudant des adjudants, celui grâce à qui l'ordre, l'exactitude et la propreté règnent dans le SNLE.

Le patron vient de perdre le plombage d'une molaire en mâchant un des savoureux pains au chocolat dus à l'art du boula. Et réglo pour lui-même comme pour les autres, le matin même, il est venu me voir. La dent étant dévitalisée, le problème est simple ; je lui refais son plombage. Et ensuite, bien sûr, nous parlons.

Le patron n'est pas homme à nourrir des états d'âme : son moral est en acier. Et cette solidité se révèle au premier coup d'œil : c'est un homme athlétique, d'une trentaine d'années, les épaules larges, la poitrine profonde, les jambes longues, bien plantées sur le sol. Son visage régulier respire une large gamme de vertus : le bon sens, le contrôle de soi, l'équilibre, l'autorité tranquille. Il en a l'usage : c'est le gendarme du bord, la vestale du foyer sous-marin, le gardien des règles sacrées du nettoyage, du brossage et de l'époussetage. Il a la haute main sur les appelés, les cuisiniers, les infirmiers, les maîtres d'hôtel, les préposés aux poulaines, et à la buanderie. C'est grâce à lui qu'à la « caffe »[1] les tables sont mises à l'heure pour le premier service, débarrassées, nettoyées, remises pour le second service et redébarrassées.

Le matin, le patron est debout avant que les haut-parleurs diffusent dans les chambres « le branle-bas ».

Le *branle* dans l'ancienne marine désignait le hamac que l'on mettait *bas* pour dégager les entreponts au moment du réveil, lequel, pour les marins comme pour les « éléphants », se traduit toujours par un passage douloureux de l'horizontal au vertical. De ce passage sont toutefois dispensés ceux qui ont subi un « quart » nocturne et peuvent, pour cette raison, refermer les yeux au milieu de l'agitation générale et savourer leur rabe voluptueusement. Quant aux autres, l'apparition quasi simultanée du patron dans toutes les chambres, suivie d'un claquement de mains, apporte une aide appréciable aux mal réveillés.

Mais c'est quand on annonce « le poste de propreté » par analogie avec « le poste de combat » que le patron, sans pour autant renoncer à son ubiquité, développe, comme Argus, une centaine d'yeux qui lui permettent de voir la brosse à dents qu'on a laissée sur le lavabo, la

1. La cafétéria.

poubelle qu'on n'a pas vidée, la banette qu'on n'a pas recouverte, le seau qu'on n'a pas rapporté à sa place.

Si, pendant « le poste de nettoyage », les brumes du réveil ralentissent le mouvement, le patron l'éperonne en élevant la voix et en claquant deux fois dans ses mains. D'où le surnom de « claquemains » qu'un loustic lui a donné dans le journal de bord. Mais le surnom n'a pas tenu.

Il parle vite, avec une voix placée très en arrière de la gorge et des « r » un peu grasseyés à la parisienne, et d'ailleurs, il est de Poissy. C'est un homme réservé dans ses propos, pudique dans ses sentiments et à qui ses fonctions ont inspiré le talent, tout en se montrant cordial, de maintenir une certaine distance entre son interlocuteur et lui-même. En tant que premier maître, il participait au tour d'officier chef de quart à bord du sous-marin classique où il servait avant de rejoindre le SNLE, et comme je n'ignore pas qu'il pourrait, en préparant des examens, passer réellement officier, je lui demande s'il a cette intention.

— Je ne sais pas encore, docteur, dit-il sobrement. Je n'ai pas décidé.

J'ai posé il y a trois jours la même question au « président ». On appelle ainsi l'officier marinier le plus ancien dans le grade le plus élevé. Il a été plus péremptoire.

— Non, ça ne me tente pas.

— Pourquoi ?

— Pour des raisons personnelles, dit le président en se fermant comme une sensitive.

Il me semble que je peux deviner ses raisons : Le « prési » (c'est ainsi que l'équipage, en l'abrégeant, désacralise quelque peu son prestigieux surnom) a atteint, dans sa catégorie, le haut de l'échelle, et ça ne lui dit rien de remettre son titre en jeu pour se retrouver en cas de succès — un succès malgré tout aléatoire — en bas de l'échelle d'une autre catégorie, celle-ci fût-elle plus élevée. Orgueil ou sagesse, je ne sais. Comme Jules César, il préfère être le premier dans son village que le second à Rome. En attendant, il se sent, m'assure-t-il, « à l'aise dans sa peau ».

Et à l'aise dans sa peau, le patron l'est aussi, sa molaire replombée, assis dans cet étonnant fauteuil de dentiste qui n'est que la table d'opération transformée.

— A votre avis, dis-je, qu'est-ce qui pousse les gens à devenir sous-marinier ?

— Eh bien d'abord, dit-il, les avantages matériels. Vous les connaissez comme moi. 50 % de solde en plus, les trois annuités de pension pour un an de sous-marin. Et 75 F de prime par jour de plongée, 120 F après la 3e patrouille. Pas étonnant que les gars, ils s'achètent tous des maisons ou des appartements.

— Vous le premier ?

— Moi le premier. Et puis un autre avantage : sur un navire de surface, vous ne savez jamais quand vous revenez. Sur un SNLE, à dix jours près, vous le savez. Ça permet de mieux planifier sa vie, surtout quand on est marié. Et les congés aussi sont plus longs.

Il réfléchit.

— Mais il n'y a pas que ça, reprend-il. Les gars, ils sont fiers d'être sous-mariniers. Moi, par exemple, je vais à un mariage : tout le monde va me poser des questions. Et parmi les jeunes, il y en a beaucoup qui voudraient être à ma place. Faut comprendre, docteur ! N'importe qui peut prendre l'avion ! N'importe qui peut prendre un billet pour faire la traversée Douvres-Calais en car-ferry ! Mais les gens qui naviguent sur les sous-marins ! j'ai fait le compte : 1 360 sur les SNLE ! Et peut-être le double sur les sous-marins d'attaque ! C'est peu ! C'est très peu !

— En somme, dis-je, une élite ?

— Je ne dis pas ça, dit-il, soudain réticent. Faudrait pas croire que je me pousse du col ! Mais quand même, le rôle qu'on joue dans la défense du pays ! Les fatigues ! Les contraintes ! Le danger ! Faut nous voir quand on sort de cette boîte de fer après soixante-dix jours de plongée ! Les blonds, ils sont couleur de papier mâché ! Et les bruns, ils sont carrément verdâtres !

Il réfléchit encore, les sourcils froncés. Il voudrait trouver les mots pour me faire comprendre la fascination que les sous-marins exercent sur lui.

— J'ai servi quinze ans sur les SNLE, dit-il à la fin. Eh bien ! Je me souviens encore de ma première plongée ! Vous voyez nos deux mimis, docteur ? Vous voyez comme ils sont fanas ! Eh bien, ils le seront jamais autant que je l'étais à ma première plongée !

— Une belle aventure, alors ?

— Si l'on veut ! dit-il, mécontent de voir réduire à un stéréotype ce que son expérience eut d'unique et d'irremplaçable. Et autre chose, docteur, poursuit-il, et que j'apprécie énormément, à bord d'un sous-marin, personne ne peut tricher.

— Comment l'entendez-vous ?

— Eh bien, dit-il, à bord, à vivre tous ensemble enfermés dans la même boîte, on voit bien à qui on a affaire. Personne ne peut cacher son jeu. Personne ne peut faire longtemps illusion. Le faux jeton, on le repère tout de suite. Il ne va pas s'en tirer comme ça.

Et moi, à l'écouter, je trouve que lui, en revanche, il se tire pas mal d'affaire avec son analyse de l'authenticité et qu'avec peu de mots, et des mots simples, il a dit beaucoup de choses.

Je me retrouve au carré, à l'heure du thé, avec Verdelet et Verdoux. Nos deux mimis ont passé un concours difficile pour entrer à Sciences-Po et un second concours pour être admis à l'Ena. A l'issue de ce concours, le tirage au sort a voulu qu'ils fassent leur service militaire — heureux hommes ! — dans la Marine, et qui mieux est, dans les sous-marins. Cette plongée est pour eux la plus merveilleuse aventure.

De Verdelet, je dirais qu'il est intelligent, cultivé et charmant. Et de Verdoux, je serais tenté de dire qu'il est intelligent, cultivé et piquant. Mais en fait, son piquant n'est que défensif : Verdoux est charmant aussi. Il est à Verdelet ce qu'un citron pressé est à une orangeade. Il faut se faire à son acidité. Et il n'adhère pas tout à fait au personnage agressif qu'il joue : il le fait trotter devant lui en s'en amusant...

Au rebours du normalien que décrit Cocteau et qui « amincissait son intelligence en la suçant comme un sucre d'orge », l'intelligence de nos deux énarques est plus solide que byzantine. Comme l'honnête homme de Molière, ils ont des lumières sur tout. « A l'Ena, dit Verdelet, une bonne copie ne doit être ni littéraire, ni philosophique, ni scientifique. » Etrange que cette culture, qui se définit surtout par des négations, parvienne à former un corps de hauts fonctionnaires tout à fait compétents.

On s'entend bien, eux et moi, partageant le même sentiment du comique inhérent aux choses, et ayant un rôle non officiel, mais solidement établi, d'animateurs : c'est sur nous que compte le pacha pour désennuyer le carré du morne ennui des jours si semblables entre eux et des nuits si semblables aux jours.

Il faut bien avouer que la tâche n'est pas facile, la plupart des officiers ayant tendance, pendant les repas, à s'enliser dans le silence. C'est vrai qu'il y a le folklore de la patrouille précédente, et le folklore, en général, des sous-mariniers. Mais le premier s'est usé dès la première semaine et le second, trop rebattu — et à bord, et à Brest, et à l'Ile Longue —, a quasiment épuisé son fonds d'anecdotes.

Or, le pacha qui, non sans raison, redoute, la lassitude aidant, une baisse sensible de la sociabilité, s'efforce de maintenir le niveau de la communication. Il donne du sien. Le second aussi, qui est vif et caustique. Et quant aux deux mimis et à moi-même, le pacha nous lâche la bride dans les limites de convenances. Comme je dirai plus loin, il arrive qu'elles soient atteintes, et même au moins une fois, quelque peu dépassées.

— Nous sommes les clowns, dit Verdelet.

— Pardon, moi, je suis le bouffon, dit Verdoux.

Ils sont tout aussi à l'aise buvant leur thé dans les fauteuils du carré du SNLE que dans un salon du noble faubourg. Beaux garçons tous les deux, l'un blond, l'autre brun, dépassant allégrement les un mètre quatre-vingts. Voix bien timbrée. Bonne élocution. Assurance de bon aloi.

— Toubib, dit Verdelet comme je m'assois à sa gauche, nous sommes jaloux.

— Tu es jaloux, dit Verdoux.

— Vous figurez deux fois dans *Vapeurs actuelles*, et nous une fois.

— Qu'est-ce que *Vapeurs actuelles* ?

— La feuille de chou du bord qui prétend à l'humour, dit Verdoux.

— La prétention à l'humour est déjà de l'humour, dit Verdelet.

— Involontaire, dans ce cas, dit Verdoux.

Verdelet monte au filet.

— Qu'est-ce que l'humour ?

— Vaste problème, dit Verdoux en se dérobant.

Et il ricane.

— L'humour, dis-je, est une feinte cécité devant l'absurde.

— Pas mal, toubib, dit Verdelet.

— Qui aurait cru, dit Verdoux, qu'un spécialiste de la triperie humaine s'élèverait un jour à une idée générale ?

— Galopin, dis-je, reprenant le mot du pacha, ne venez pas me trouver le jour où vous aurez mal au ventre : je l'ouvrirai.

— Ne serait-ce que pour voir ce qu'il y a dedans, dit Verdelet.

— Les examinateurs de l'Ena ont déjà fait ça, dit Verdoux, et je m'en suis très bien tiré.

— Verdoux est un saint, dit Verdelet. Pour l'humilité, il ne craint personne. Toubib, voulez-vous voir un numéro de *Vapeurs actuelles* ?

Et il me tend une feuille photocopiée. Je pose ma tasse de thé et je m'y plonge.

— Lisez à haute voix, toubib, dit Verdelet. J'aimerais ouïr ce texte génial.

Verdoux fait « pfeu ! pfeu ! » du bout des lèvres et je dis :

— Qui vous a remis ce texte ?

— C'est le patron. Je suppose que vous savez qui est le patron.

— Qui ne le connaît ? C'est un officier marinier.

— Vous remarquerez, dit Verdoux, que la Marine témoigne d'une remarquable perversité dans les appellations hiérarchiques. Un « officier marinier », c'est un sous-officier. L'enseigne, c'est un lieutenant. Le lieutenant de vaisseau, c'est un capitaine. Le capitaine de corvette, c'est un commandant. Et le capitaine de vaisseau, c'est un colonel.

— Preuve que dans la Marine, c'est le bâtiment qui compte, dit Verdelet, et non le galon. Poursuivez, toubib, je vous prie.

— « Un conseil de guerre présidé par le toubib, et composé de la cuisse, du boula et de Brosse à dents s'est tenu à la caffe le mercredi 31 juillet à onze heures du matin pour juger quatre saumons de mine patibulaire. Les accusés, indignes de nourrir des estomacs sous-mariniers, ont été refoulés aux frontières. »

— Poursuivez, dit Verdelet. Dans le paragraphe suivant, votre nom a l'honneur d'être associé aux nôtres. — « Les deux mimis et le toubib, dont c'est la première plongée, s'inquiètent de savoir quel sera leur baptême à mi-marée. D'après nos informations, le pacha n'aurait pas encore décidé s'il aurait lieu ou non, par immersion totale à trois cents mètres de profondeur. A tout hasard, on prépare le *sas*. »

Je ris. Verdelet sourit. Verdoux lève un sourcil.

— Ah ! dis-je en tournant la page, voilà qui est intéressant ! Un dessin érotique ! Restez à votre place, Verdoux ! Ce genre de dessin ne convient ni à votre âge ni à votre éducation anglaise.

— Contrôle-toi, voyons, Verdoux ! dit Verdelet. Tes yeux s'exorbitent et ta bouche bave !

— Ver de terre, dit Verdoux, je te revaudrai cela.

Je poursuis :

— Ecoutez, Verdoux, à défaut de l'image, voici une description *ad usum delphini* : c'est intitulé : *Rêvons un peu : et si l'Amiral était une Amirale !* La scène se passe à la tranche machines, où deux mécaniciens regardent avec des yeux ronds une Amirale à quatre étoiles, les cheveux longs et blonds dépassant de la casquette. Elle se penche pour ramasser un objet et comme elle est très court vêtue... Mais voyez vous-même, Verdelet, je n'oserais vous dire le reste.

— Elle est joufflue, dit Verdelet, impassible.

Et il me repasse le journal. Je tourne la page aussitôt.

— Ah, voilà qui paraît intéressant !

— « Le jeudi, sur le coup de six heures du soir, l'oreille d'or Villefranque, appelé à la rescousse, a encorné l'informatique en détectant avec précision le voisinage d'un cargo. La présidence de la corrida a décidé d'accorder à Villefranque les oreilles et la queue de l'informatique. » Ça, dis-je, c'est du grec pour moi. Au risque de donner des armes à ce jojo lubrique (du doigt je désigne discrètement Verdoux), je confesse que je ne sais pas ce que c'est qu'une « oreille d'or ».

— Docteur, dit Wilhelm, en apparaissant sur le seuil du carré, je vous apporte votre deuxième théière ?

— Volontiers, Wilhelm.

— Il vous a à la bonne, dit Verdoux.

— Preuve, dis-je, qu'il n'a pas la dent ingrate.

Verdoux est sur le point de sourire, mais se retient, juste à temps.

— Une oreille d'or, dit Verdelet — je vous réponds ès qualité, de chef de la détection sous-marine —, c'est un analyste-classificateur.

— Je suis bien avancé.

— Je voudrais faire remarquer, dit Verdoux, qu'ès qualité, de chef de la détection sous-marine comme il dit, Verdelet est chapitré par un enseigne de vaisseau et coiffé par un capitaine de corvette.

— Preuve, dit Verdelet, qu'on a toujours besoin d'un plus grand que soi. A la Détection, je suis le seul maître à bord après un lieutenant, un commandant et Dieu.

— J'attends toujours, dis-je, la définition de l'analyste-classificateur. Ce suspense devient insupportable.

— Voilà. Vous avez pu remarquer, toubib, en embarquant, qu'un SNLE est bardé d'hydrophones et de sonars.

— Il aurait pu le remarquer, dit Verdoux, s'il ne s'était pas embarqué sur la patte de l'ancre.

— Poursuivez, Verdelet, dis-je sans battre un cil.

— Le sonar, bien sûr, on ne peut pas l'utiliser activement, c'est-à-dire en émettant des ondes à travers les eaux, et ceci à cause de la sacro-sainte discrétion.

Apparaissent, à la suite l'un de l'autre, l'enseigne Angel et le lieutenant de vaisseau Miremont. Comme il n'y a que quatre fauteuils dans le carré, Verdelet, le plus poli des deux mimis, esquisse — esquisse seulement — le geste de se lever.

— Ne te dérange pas, dit Miremont. Je ne fais que passer boire un café. Je vais être de quart.

— Moi aussi, un café, Wilhelm, dit Angel.

Et il s'assied.

— De quoi parliez-vous ? dit Angel.

Je le vois tous les jours et tous les jours je suis surpris par son apparence juvénile. Tel il était à dix-sept ans, tel il est encore cinq ans plus tard. J'ai l'impression — assurément fausse — que sa jolie petite gueule ne vieillira jamais.

— De fesses, dit Verdoux. Ces deux malheureux s'excitaient sur un dessin.

Je passe *Vapeurs actuelles* à Angel, qui l'ouvre à la bonne page et rit.

— *Tu quoque, fili* [1], dit Verdoux, mais, étendant son long bras, il lui prend sans façon le journal et s'y absorbe.

— Tiens, tiens, dit Verdelet.

— Je l'étudie, dit Verdoux, et je conclus : sociologiquement, cette esquisse, si grossière qu'elle soit, paraît indiquer une certaine aspiration des masses à la féminisation de l'état-major.

Rires auxquels ne s'associe pas Miremont, debout, le nez dans sa tasse de café. De toute façon, il est un des officiers les plus taciturnes et, à table, paraît le plus souvent absent.

Miremont, c'est l'homme dont Callonec dit que le réacteur, c'est sa danseuse. Mais plus je détaille sa physionomie sérieuse et fermée, plus je trouve difficile de l'associer à une danseuse. Toutefois, je prends note de lui poser, à la plus proche occasion, quelques questions d'éléphant sur le réacteur.

---

1. Toi aussi, mon fils. (Lat.)

— En réalité, dit Verdelet, j'allais faire au toubib un cours sur la détection.

— Et je vous écoute, dis-je, l'ouïe grande ouverte.

— Le toubib nous snobe, dit Verdoux. Il est avec nous depuis deux semaines et il ne tutoie personne.

— Je suis prêt à tutoyer tout le monde, jusqu'au grade de loufiat inclus. Mais j'attendais que vous en prissiez l'initiative.

— Et maintenant, il nous snobe avec un imparfait du subjonctif ! s'écrie Verdoux en jouant l'indignation.

— Quelle mauvaise foi ! Si j'avais dit « preniez », vous m'auriez repris !

— Moi, dit Angel, je n'osais vous tutoyer en raison de votre grand âge. Après tout, vous avez trente ans.

— Eh bien, dis-je, dorénavant, je tutoierai tout le monde, bébés et vieillards inclus. Miremont, je peux te tutoyer ?

— Bien sûr, dit Miremont après un temps de retard.

Et comme nous rions, il nous regarde d'un air étonné, pose sa tasse vide sur la table et s'en va. Visiblement, il n'a rien entendu.

— Verdelet, je t'écoute, dis-je.

— Pas du tout, dit Verdelet. Qui peut mieux faire un cours sur ce sujet que l'enseigne de vaisseau de première classe Angel, chef du service de détection et en cette qualité mon chef respecté ?

— Pas du tout. A toi de t'y coller, fistot. Je corrigerai, si tu dis trop de bêtises.

— « Fistot[1] » ! Vous avez ouï cette insolence ! dit Verdoux. Appeler « fistot » un énarque !

— Poursuis, Verdelet, dis-je, nous n'en finirons pas.

— Bien. Les hydrophones dont nous sommes bardés nous transmettent les sons du milieu marin. Nous les écoutons, et ces écoutes sont exploitées de deux façons que nous employons concurremment : par l'informatique qui les analyse et les classe et par un homme qui, artisanalement, accomplit le même travail. Quand l'écoute paraît particulièrement intéressante, ou inquiétante, on a recours à un analyste-classificateur doué d'un talent rare ! C'est l'oreille d'or.

— Surnom flatteur !

— Il le mérite, dit Verdelet avec élan. Il faut comprendre, toubib, que tout bateau émet, en naviguant, un bruit caractéristique. Non seulement, bien sûr, les bateaux de même catégorie. Mais dans la même catégorie, chaque bateau individuel a, pour ainsi dire, une signature acoustique qui lui est propre. On peut donc les reconnaître à l'écoute et distinguer un cargo, un chalutier, un pétrolier, un bateau de guerre, un sous-marin.

1. « Fistot » est le nom que donnent les anciens de la Baille aux jeunots de première année.

— Et même un sous-marin soviétique ?

— Et même tel ou tel sous-marin soviétique, pour peu qu'on l'ait déjà rencontré et qu'on ait relevé sa signature. Car bien entendu, toutes les écoutes sont enregistrées au magnétophone, réécoutées à terre et répertoriées.

— Mais cela, dis-je, suppose chez l'oreille d'or une mémoire colossale.

— Et un don exceptionnel. Ce don est décelé par des tests et soumis à un entraînement ad hoc. Le résultat, c'est un analyste qui possède une aptitude extraordinaire à percevoir les sons, à les mémoriser, à les comparer à d'autres et à porter un jugement. C'est mieux que de l'artisanat. C'est de l'art. L'informatique fait souvent moins bien.

— Vous m'en voyez heureux, dis-je. Pour une fois, l'homme est plus performant que la machine.

— Propos passéiste ! dit Verdoux. Vous me rappelez Jean Giono qui regrettait qu'on ait remplacé la charrue par le tracteur.

— Sauf, bien sûr, dit Angel avec un bon sens écrasant, que la charrue était déjà une machine...

Verdoux en reste coi, et j'échange avec Verdelet un sourire jubilant.

— Un grand merci à toi, Verdelet, dis-je. Je vous quitte. Mes paperasses m'attendent à l'infirmerie.

— Ah, c'est vous, docteur, dit Le Guillou en passant la tête par la porte de la chambre d'isolement. Avez-vous besoin de moi ?

— Pas du tout.

Il disparaît et j'installe sur la table d'opération mes papiers en prêtant l'ouïe à une obscure histoire d'école publique et d'école catholique que Morvan s'efforce, dans la chambre d'isolement, de raconter à Le Guillou. Je dis qu'il s'y efforce, car il procède par grognements, interjections, et monosyllabes qui me demeureraient inintelligibles sans l'art que met Le Guillou à les accoucher de leur sens. Pour employer une autre métaphore, je dirais que l'histoire de Morvan est enfermée dans sa taciturnité comme la statue dans la pierre avant que le sculpteur ait réussi à l'en faire émerger.

Il semblerait, à l'ouïr, que Morvan, enfant, ait quitté l'école sans Dieu en raison du comportement aberrant de la directrice et de son adjointe, lequel il avait surpris par la vitre d'une classe après les cours.

— Et toi qu'est-ce que tu faisais là ? dit Le Guillou, vu qu'il n'y avait plus personne ?

Silence, grognement, et probablement mimique.

— Tu avais oublié ton béret ?

— Mm ! dit Morvan.

— Et tu les as vues ?

— Mm.

— Elles étaient dans une classe ?

— Mm.

— Dans la classe où tu avais oublié ton béret ?

— Mm !

— Et alors ?

Silence, grognement, mimique.

— C'est pas vrai ! dit Le Guillou.

— Mm !

Le Guillou rit, mais, par fidélité à la République, il ajoute après un silence :

— D'un autre côté, ton curé, il fricotait peut-être avec sa bonne.

— Mm ! dit Morvan en donnant à ce « Mm » un sens énergiquement négatif.

— Remarque, dit Le Guillou avec tact, ton curé, je ne le connais pas. Tu as peut-être raison. Mais enfin, c'est pas pour dire : dans l'autre camp, ça arrive aussi.

Un long silence suit cette déclaration conciliante, puis Le Guillou apparaît dans l'infirmerie.

— Ah, docteur, vous êtes encore là ?

— Oui, dis-je, et je m'excuse d'avoir entendu votre conversation. D'un autre côté, si j'avais été fermer la porte, je vous aurais interrompus, et avouez, ajouté-je en souriant, que c'eût été dommage.

Le Guillou sourit à son tour, puis rit franchement et me dit :

— Et vous savez ce qu'il fait maintenant, Morvan ? Il dort ! Ça l'épuise de parler, si peu qu'il parle. Je n'ai jamais vu une pareille marmotte. Remarquez, docteur, poursuit-il aussitôt, comme pris de scrupule, dès qu'il y a quelque chose à faire, je le réveille et il le fait. Vous avez pu voir, dans le service, il est impec.

— Mais je ne me plains pas, dis-je. Ni de lui ni de mon infirmier-major.

Et je me remets à ma paperasse. Le Guillou, derrière moi, s'affaire à de vagues rangements. Plus exactement, il dérange ce qui est rangé pour le ranger différemment. Signe chez lui de grande concentration.

— Docteur, dit-il au bout d'un moment.

— Oui, Le Guillou ?

— Je peux vous poser une question ?

— Allez-y.

— Vous croyez en Dieu ?

— Et vous ? dis-je aussitôt.

— En principe, non. Mais depuis que je suis dans les SNLE, j'ai des doutes.

Alors là, il m'étonne. Le Guillou, c'est le Breton athée, anticlérical et « républicain » (au sens gauchisant du terme). Et qu'il se pose un problème métaphysique de cette dimension dans les profondeurs de l'Océan, il y a de quoi vous surprendre.

Je répète interrogativement :

— Depuis que vous êtes dans les SNLE ?

— Ben oui, dit-il. Remarquez, la dissuasion, je suis d'accord. On ne peut pas y couper. Mais d'un autre côté, tous ces sous-marins français, anglais, américains et soviétiques qui rôdent sans arrêt dans les Océans, prêts à détruire en quelques minutes les patries des autres, et avec elles plus de la moitié de la planète, je trouve cela dément.

— Et vous pensez que s'il y avait un Dieu, cela rendrait la situation moins absurde ?

— Je ne sais pas, dit-il. Peut-être. Qu'est-ce que vous en pensez ?

— S'il y avait un Dieu, dis-je, la situation, à mon avis, ne serait pas moins aberrante. Cela voudrait dire que Dieu accepte que les hommes puissent détruire la planète qu'il a créée.

— Justement, dit Le Guillou. S'il y a un Dieu, il devrait l'empêcher.

— Ah ! Le Guillou, dis-je, au risque de vous décevoir, je vous ferai observer que l'histoire des hommes est jalonnée par d'innombrables tueries qu'aucune intervention céleste n'est jamais venue empêcher. Bien souvent, au contraire, c'est au nom du Seigneur que ces massacres ont été perpétrés.

Un silence, puis Le Guillou reprend :

— Alors, docteur, vous ne croyez pas en Dieu ?

— Il ne s'agit pas de croire. Il faudrait savoir. Et s'il y a une chose que nous ne savons pas, c'est bien celle-là.

— Dans ce cas, dit Le Guillou avec une nuance d'agressivité dans la voix, pourquoi prêtez-vous l'infirmerie le dimanche au lieutenant Becker ?

Alors là, bien finie, la métaphysique ! Et les spéculations élevées ! Quelle chute ! Nous retombons dans l'anticléricalisme têtu du Breton « républicain » qui ne fera jamais le moindre cadeau au curé de son village.

— Pourquoi pas ? dis-je. Le lieutenant Becker m'est sympathique. Et le Dr Meuriot avant moi lui avait prêté l'infirmerie.

— Mais vous ne vous rendez pas compte, docteur ! Ils sont à peine une dizaine et ils diffusent leurs prières dans tout le bord.

— Et alors ?

— Docteur ! Et les gars qui ont été de « quart » la nuit précédente ? Pour eux, le dimanche matin, c'est un matin comme les autres ! Ils ont envie de roupiller !

A cela, quoi répondre, sinon que les roupilleurs ne sont pas forcés de brancher le bas-parleur à côté de leurs banettes ? Mais ne voulant pas polémiquer, je me replonge dans mes paperasses.

Au bout d'un moment, comme Le Guillou tourne et vire dans l'infirmerie et que ma corvée est finie, je lui dis :

— Ça va, la coop, Le Guillou ?

— Très bien ! Je fais des affaires d'or. Et ce qui est plus important, je vois beaucoup de monde. Justement, docteur, je voudrais vous dire. Il y a un gars, parmi mes clients, qui file un mauvais coton. Il s'appelle Brouard. Il est second maître mécanicien.

— Il vous a parlé ?

— Non, justement.

— Alors, comment savez-vous qu'il file un mauvais coton ?

— Il vient tous les jours m'acheter cent grammes de bonbons.

— Et c'est une preuve, ça ?

— En un sens, oui. Car s'il a besoin de bonbons pour se passer son envie de fumer, pourquoi n'en achète-t-il pas tout de suite un ou deux kilos au lieu de venir tous les jours m'en acheter cent grammes ? Non, non, la vérité, docteur, c'est que c'est un gars qui cherche le contact.

— Mais vous avez dit qu'il n'ouvre pas la bouche.

— Enfin, si, il parle ! Mais de choses et d'autres. Vous comprenez, il tourne autour du pot. Vous devriez le voir. Peut-être à vous il dirait ce qui ne va pas.

— Je ne peux quand même pas le convoquer. Sous quel prétexte ?

— Le prétexte, c'est qu'il tousse.

— Eh bien, dites-lui de venir me voir à ma consultation. Je verrai. Comment s'appelle-t-il déjà ?

— Brouard. C'est un grand maigre, la poitrine rentrée. Il a des yeux salement tristes, si vous voyez ce que je veux dire.

4

Les familigrammes qui sont normalement distribués par les trans sont ce samedi soir au dîner remis aux intéressés par le commandant en second. Et quand je le vois à la fin de la troisième semaine pénétrer dans le carré, les feuilles jaunes à la main, stupidement, mon cœur se met à battre. Je détourne les yeux aussitôt et m'absorbe dans une orangeade qui n'est pas plus grisante que les pensées qui me viennent.

J'entends autour de moi une litanie de voix sourdes : merci, commandant, merci, commandant, merci, commandant — et je note une fois de plus qu'il y a chez les officiers deux écoles : les uns enfouissent le familigramme dans leur poche pour le savourer à loisir dans leur chambre, les autres le lisent séance tenante. Quant à moi, pendant la distribution, je suis très occupé à couper les ailes à toute velléité d'optimisme en me répétant que, bien sûr, je ne recevrai rien.

« Merci, commandant ; merci, commandant ; merci, commandant. » Voilà, c'est fini. Je vois du coin de l'œil que les mains du second sont vides. Chose étrange, j'ai du mal à en croire mes yeux. Si fortement que je me sois armé contre elle, la déception me tombe dessus et me serre à la gorge. Preuve que je n'avais pas vraiment réussi à tuer l'espoir.

Si je revois un jour Sophie, je le lui dirai : rien n'est plus cruel que le silence puisqu'il laisse subsister l'espérance tout en la décevant toujours. Mieux vaudrait le coup de bistouri de la rupture : la plaie cicatriserait plus vite. J'ai bien du mal, pendant le repas, à ne pas sombrer, moi aussi, dans la taciturnité et à remplir décemment mon rôle d'animateur. Par bonheur, Verdelet, qui, lui, a reçu un familigramme de sa fiancée, se montre ce soir étincelant de verve, si bien que mon éclipse passe inaperçue, sauf peut-être du commandant Picard, dont à table je surprends sur moi le regard aigu, vite détourné. Je saurai plus tard qu'il est hostile à l'institution des familigrammes, si humaine qu'elle paraisse être en son principe.

Ma nuit est agitée de rêves pénibles. Je me trouve à Prague, ville pourtant que j'aime entre toutes pour son charme, et parcourant une fois de plus le quartier fascinant de la Mala Strana, je perds mon guide. Mais connaissant bien la ville, je me rassure. A tort, car je perds aussitôt mon chemin. Les passants auxquels je m'adresse successivement en anglais, en français et en allemand ne me comprennent pas ou, semble-t-il, ne veulent pas me comprendre. J'erre interminablement dans des rues qui, toutes, débouchent sur des impasses. Finalement, je me retrouve devant mon hôtel, l'hôtel Alkron, dont je chéris les peluches rouges, les grandes tentures, les meubles vieux jeu et les serveurs cousus dans leurs smokings. Je demande ma clé au portier. « Mais pardon, Monsieur, me dit-il en anglais d'un air stupéfait, comment vous appelez-vous ? » Je lui dis mon nom. « Mais, dit-il, nous n'avons personne de ce nom ici, et le numéro de chambre que vous demandez n'existe pas. » Ils sont trois derrière le comptoir de la réception à me regarder avec une réprobation polie. Je suis saisi de honte et me retrouve dans la rue. J'ai tout perdu : mon guide, mon chemin, mon hôtel et ma valise qui, elle, est restée dans « ma » chambre.

Je me réveille en sueur sur ma banette, et ce n'est qu'au bout d'un moment que je retrouve dans ma cervelle assez d'humour — l'humour, comme on sait, est une des formes du courage — pour admirer à quel point mon inconscient a bien fait les choses : m'envoyant un cauchemar kafkaïen, il l'a situé à Prague.

Par malheur, mon ironie n'a pas réussi à désarmer la férocité de mon moi obscur. Car dès que je me rendors, je fais le même rêve, se déroulant dans les mêmes conditions et les mêmes endroits, avec une seule variante : ce n'est pas ma valise que cette fois je perds, mais pis encore, la sacoche contenant mon argent et mon passeport.

De tous les cauchemars, le cauchemar itératif est le plus fatigant, car il vous donne l'impression d'être emprisonné dans une obsession dont on ne trouvera jamais l'issue. Et quand enfin le branle-bas me réveille pour de bon, il me faut un assez long moment pour me débarrasser de l'impression d'irrémédiable perte que ces songes déplaisants m'ont donnée, alors même que je sais pertinemment que tous mes biens terrestres sont là, bien rangés, dans mes placards. Je me lève, la tête ennuagée, la nuque lourde, et, pour la première fois depuis que j'ai embarqué sur un SNLE, l'envie irrésistible me vient d'ouvrir une fenêtre, de voir le ciel, et de respirer l'air du large. C'est très fugitif. La réalité rétablit vite son empire sur moi, et dès que je suis rasé, douché et habillé, je me retrouve dans ma peau rassurante d'animal sociable et raisonnable.

Au petit déjeuner du carré où je suis seul à table avec Miremont, j'enfreins mon régime restrictif : j'avale, comme disent les Italiens, *una grande colazione* : croissants, brioches et pains au chocolat. Je me dois bien cette petite compensation après la nuit que j'ai passée. Et j'engage la conversation avec Miremont. Ce qui n'est pas facile. Non qu'il ne soit pas d'un abord aimable. Mais comme dit Le Guillou de Morvan : « Il faut un levier pour lui desserrer les dents. »

Le lieutenant de vaisseau Miremont (trois galons) est notre énergue. Traduisez : le chef du service réacteur. Il a mon âge, mais me paraît plus âgé, peut-être parce qu'il est très peu enclin à la plaisanterie. C'est un homme de taille moyenne, le cheveu brun, l'œil marron bordé de cils foncés. Il porte sur son visage un air de sérieux et de franchise et il ne vous viendrait même pas à l'idée de dire que ses manières sont simples, tant elles le sont.

Je n'ai pas l'impression qu'il s'intéresse à grand-chose en dehors de son métier. Mais dans son métier, c'est un perfectionniste. Reçu comme tous les « bordaches » au concours de Navale sur le même programme que Polytechnique, il a le titre d'ingénieur. Mais cela ne lui a pas suffi. Il a passé les examens de l'Institut national des Sciences et Techniques nucléaires à Saclay, et il a obtenu un diplôme civil d'ingénieur en génie atomique. Il a déjà accompli trois patrouilles de soixante à soixante-dix jours à bord d'un SNLE.

Je confesse que, comme tous ses pairs, il m'épate assez, tant il me paraît difficile d'aller plus avant que lui dans la compétence, plus loin dans la pratique, plus haut dans le désintéressement. Car si ce garçon voulait quitter la Marine et « pantoufler » dans le privé, il doublerait son revenu. Il n'y pense même pas. Il ne vous dira pas : « J'adore mon métier. » Ce n'est pas son style. Il emploiera une litote : « Voyez-vous, m'a-t-il dit, en me regardant de ses yeux francs et modestes, je ne me suis jamais embêté dans mon métier. »

J'ai eu beaucoup de mal, il y a deux jours, à lui arracher cette phrase du bec, et ce matin, tandis qu'il déjeune, muet et les yeux baissés, je me sens, au moment de l'entreprendre, découragé à l'avance. Il a l'air si fermé, si muré dans ses maths. Toutefois, je m'éperonne : ce n'est pas parce que j'ai perdu mes valises toute la nuit que je vais renoncer à vivre et à comprendre. Qui était Sophie, après tout ? Un être humain d'un mètre soixante-cinq, pesant quarante-cinq kilos, je dis bien, quarante-cinq kilos, en majeure partie composé d'eau. Vous n'ignorez pas, en effet, que les cellules du corps féminin sont plus aqueuses que celles du nôtre. Peut-être est-ce la raison pour laquelle les femmes sont parfois si fluides, si insaisissables...

Lectrice, pardon, arrêtez-moi si je dis des bêtises. Et je vous prie, tenez-vous invisiblement à ma droite, votre douce et gentille main sur mon épaule tandis que j'avale — par désespoir — deux pains au chocolat et hésite à me lancer à l'assaut de cette montagne de science et d'ingénierie que je vois devant moi, si étrangère à mes affres.

Et justement, allez-vous dire, pourquoi ces affres, vous qui parliez de Sophie jusqu'ici avec tant d'ironie ? Et pourquoi vous devient-elle si chère au moment où elle vous quitte ? Je ne sais pas. Il se peut que mon enfermement m'ait rendu plus dépendant d'elle que je ne l'étais à l'air libre, puisque c'était d'elle seule que j'attendais un familigramme. Son silence n'est pas tant cruel parce que je l'aime que parce qu'il coupe le seul fil qui me rattache à la vraie vie, celle du ciel et des arbres.

— Miremont, dis-je.

Il lève la tête, presque surpris de me voir là, et pousse un petit soupir : il se rend compte qu'il va falloir qu'il parle et, comme il n'en voit pas la nécessité, il ne se sent pas très à l'aise. Vrai, j'ai presque pitié de lui. Et je commence d'une voix douce pour ne pas le traumatiser davantage :

— Tu sais, Miremont, je te le dis à toi, parce que tu es l'énergue du bord, il y a une chose qui m'étonne : c'est le mariage entre une technique aussi moderne et raffinée que l'énergie nucléaire avec une technique aussi vieille et simplette que la machine à vapeur.

Mon étonnement visiblement l'étonne, et il doit penser *in petto* qu'« un éléphant, ça dit n'importe quoi » (comme le prétend le bordache Angel) parce qu'il répond sur un ton de discrète mise au point :

— Pourquoi ? C'est bien comme ça que ça se passe dans une centrale nucléaire de l'EDF : le réacteur dégage de la chaleur. Cette chaleur est utilisée pour produire de la vapeur et cette vapeur entraîne des turbo-alternateurs qui produisent l'électricité.

Lectrice, si vous avez la bonne grâce de me dire que vous ne le saviez pas, je vais vous faire un aveu : moi non plus. Oui, je l'admets volontiers, honte à moi ! honte à nous ! C'est une chose que tout un chacun devrait connaître. Il suffirait, pour l'apprendre, d'ouvrir un dictionnaire.

— Nous ne faisons pas autre chose, dit Miremont, sauf que nous, nous utilisons aussi la vapeur dans les turbines qui font tourner la ligne d'arbre et l'hélice.

— En somme, dis-je au bout d'un moment, votre réacteur est une sorte de marmite qui fait bouillir de l'eau. Mais dans ce cas, l'eau doit être radioactive et je ne vois pas comment on peut utiliser sa vapeur.

— On utilise la vapeur qui vient d'une autre eau, dit Miremont. Il y a, en fait, deux circuits d'eau complètement indépendants l'un de l'autre. Le premier circule entre les éléments du réacteur, et l'eau qu'il contient est, en effet, radioactive. Elle atteint une température élevée, mais ne peut bouillir, étant pressurisée.

— Pressurisée comment ?

— Mais par un pressuriseur, dit Miremont en levant les sourcils avec un étonnement poli.

Mais bien sûr ! Cela va de soi ! Comment l'eau est-elle pressurisée ? Par un pressuriseur ! Je me sens un peu gêné. Je confesse que je n'ai jamais vu un pressuriseur, ni à l'hôpital de Bordeaux ni ailleurs.

— Cette eau radioactive, reprend Miremont, cède sa chaleur grâce à un échangeur de température à un deuxième circuit d'eau, qui, elle, n'est pas radioactive, et, n'étant pas non plus pressurisée, arrive à ébullition et produit la vapeur.

— Et qu'arrive-t-il, dis-je, à l'eau du circuit primaire ?

— Elle revient, froide, dans la cuve du réacteur, le refroidit, se réchauffe à son contact, retourne à l'échangeur, y perd de nouveau sa chaleur au bénéfice du deuxième circuit d'eau, retourne à la cuve, et ainsi de suite.

Je regrette fugitivement, tandis que je m'absorbe dans ma tasse de thé, de n'avoir pas suivi une carrière scientifique, tant ce double circuit d'eau me paraît astucieux, voire même « élégant ». Terme que je n'emploierai pas avec Miremont, encore qu'il soit la dernière personne au monde à sourire, et de mon ignorance et de mon enthousiasme. Je me dis cela en buvant mon thé comme le pacha, à petits coups dévotieux, avançant machinalement la main vers un des petits pains au chocolat dont la corbeille devant moi est encore pleine. Je me bride juste à temps, effrayé et culpabilisé par le nombre de calories que j'ai déjà absorbées.

Comme Miremont m'invite à venir voir les choses de plus près, je le suis, le petit déjeuner fini, jusqu'à la tranche C.

Le CRE (le compartiment réacteur-échangeur) occupe toute la longueur et hauteur du bateau. On y accède par une petite coursive tout en haut, fermée aux deux bouts par une porte étanche. Quand vous venez de la tranche D (régénération de l'air) une petite lumière verte ou rouge vous autorise, ou vous interdit, le passage. La deuxième porte, à l'autre bout de la coursive, vous mène à la tranche B et comporte à l'extérieur le même dispositif.

Ces deux portes étanches sont plus épaisses que des portes de coffre-fort et se ferment avec une vanne monumentale et un levier. La coursive qu'elles isolent ainsi est l'antichambre du monstre. Miremont me montre la très petite porte d'acier par laquelle un homme de corpulence moyenne peut passer pour descendre jusqu'au réacteur.

— Bon, dis-je, alors, on y va ?

— Où ? dit-il.

— Mais, là, dis-je, dans le compartiment réacteur.

Miremont me regarde. Il n'en croit pas ses oreilles. Il est stupéfait par mon inconscience.

— Mais jamais ! Jamais ! dit-il. Jamais en mer ! Jamais quand le réacteur est en marche. Uniquement quand il est en arrêt. Et seulement sur l'ordre du commandant. Et, bien sûr, avec des scaphandres.

— Et à terre, dis-je, y pénètre-t-on ?

— Oui, à quai. Dès qu'on arrive, on met le réacteur en arrêt chaud, on prélève de l'air à l'intérieur du CRE. S'il est respirable, une équipe spécialisée y descend.

— Et s'il n'est pas respirable ?

— Elle y pénètre aussi, mais avec des masques branchés sur un circuit d'air extérieur.

— Et que fait cette équipe ?

— Elle mesure minutieusement dans tous les coins avec un compteur Geiger le degré de radiation.

— Opération qui semble indiquer qu'il peut y avoir des fuites.

— Il peut y en avoir.

— Où ?

— Dans l'échangeur de température au niveau des raccordements et des vannes. Comme dans un chauffage central, ajoute-t-il avec un sourire, et beaucoup moins souvent.

— Sauf, dis-je, que les fuites d'eau d'un chauffage central ne sont pas radioactives.

— C'est bien pourquoi on a fabriqué pour les réacteurs des joints spéciaux. Des joints très fiables. J'ai fait trois patrouilles et je n'ai jamais eu de fuite.

— Tu as évoqué tout à l'heure la possibilité d'un gros pépin.

— Je pensais au feu.

— Le feu peut prendre dans le compartiment réacteur ?

— Comme partout où il y a des instruments qui fonctionnent à l'électricité.

— Et que fait-on alors ?

— On arrose le compartiment avec de l'eau, copieusement. L'arrosage est automatique. Tu m'excuseras, poursuit-il, mais je dois aller prendre mon quart au PCP. Je te verrai à midi.

Je le quitte et tandis que, par les coursives, je passe de la tranche C à la tranche F — disant un petit bonjour ou un petit mot à tous ceux que j'ai déjà soignés —, j'ai l'esprit plein de cette étrange idole enfermée dans le saint des saints, invisible et inaccessible, sauf, en de certaines circonstances, à ses prêtres, revêtus pour l'occasion de robes spéciales et porteurs d'objets aussi visiblement liturgiques que des compteurs Geiger, par lesquels ils rendent honneur — comme avec des encensoirs — au pouvoir de ce dieu qui peut être tour à tour merveilleusement bénéfique, puisqu'il nous fournit la lumière et le mouvement, ou abominablement maléfique, si notre culte minutieux s'avère défaillant.

Contre ma poitrine, comme tous ici, je porte, en guise de médaille sacrée, un dosimètre à mes nom et matricule, lequel, enlevé et remplacé au bout d'un mois, est envoyé, en fin de patrouille, à un laboratoire central qui développera le film et portera sur ma fiche les doses de radiations que j'ai ou non reçues de l'Idole (ne serait-ce qu'en osant passer par son antichambre), le laboratoire prévenant aussitôt mon unité si ces doses lui paraissent anormales.

Au PCNO, je passe à côté du second, qui, se tournant vers moi avec un petit sourire au coin de son œil vif, me dit :

— Alors, toubib, vous avez fait plancher l'énergue sur le réacteur. Ça a marché ?

— Comment, commandant ? Vous savez déjà ?

— Je sais tout, dit Picard avec son petit rire abrupt.

— Alors, dis-je, vous pourrez peut-être me dire s'il est déjà arrivé qu'un gars se fasse irradier ?

— A ma connaissance, jamais, dit Picard.

Il se met à rire.

— Ah si, une fois ! Voici comment ça s'est passé. Quelques jours après un de nos retours à l'Ile Longue, le laboratoire nous prévient qu'un quartier-maître a reçu une dose, à vrai dire peu dangereuse. On s'en étonne et on découvre que l'homme, justement, avait eu un empêchement au dernier moment et n'avait pu embarquer avec nous... On procéda alors à une enquête minutieuse et on découvrit qu'il avait sur les flancs du Menez Hom, dans le centre de la Bretagne, travaillé dans son jardin à un petit muret. Les pierres étaient radioactives — faiblement, mais assez pour qu'on en décelât les effets.

Il rit de nouveau et, me jetant un œil aigu, il ajoute :

— Et vous, toubib, vous ne souffrez pas trop des effets de l'enfermement ? Le moral tient ?

Je vois très bien à quoi il pense et je dis aussitôt :

— Voyez-vous, commandant, il m'arrive comme à tout le monde

d'avoir de petites baisses de moral, mais chez moi, ça ne dure pas. Je rebondis toujours.

— Je l'aurais juré, dit-il, et comme je m'en vais, il me donne sur l'épaule une petite tape amicale.

Je gagne l'infirmerie où Le Guillou me dit :

— Ah, docteur, Brouard vient de passer.

— Brouard ?

— Vous savez bien, docteur. Celui qui m'achète tous les jours cent grammes de bonbons à la coop.

— Oui, oui, je me souviens.

— Il n'a pas pu vous attendre. Il était de quart. Mais il a dit qu'il repasserait cet après-midi.

— Bien. Je le verrai. Que fait Morvan ?

— Il dort, dit Le Guillou avec satisfaction.

— Et qui a briqué à clair l'infi ?

— C'est moi.

— Infirmier-major, vous ne trouvez pas que vous maternez un peu trop votre second ?

— Dans le service il est impec, dit Le Guillou défensivement. Et dès qu'il y a un coup de feu, je lui corne le branle-bas aux oreilles et il rapplique.

Ce matin, en tout cas, le « coup de feu » — métaphore empruntée à la cuisse — ne va pas nous mettre le sang aux joues. Deux clients : une coupure à l'index. Et une brûlure d'estomac.

Pendant que Le Guillou désinfecte et panse l'Index, je questionne l'Estomac :

— Il y a longtemps que ça vous brûle ?

— Depuis le début de la patrouille.

— Comment va le moral ?

— Très bon, docteur.

— Bonnes nouvelles de chez vous ?

— Excellentes.

— Marié ? Des enfants ?

Il rayonne :

— Marié. Deux enfants.

— Vous vous ennuyez d'eux ?

— Forcément. Mais je ne suis pas inquiet. Ma femme, ce n'est pas une mauviette.

Bien sûr ! La femme du marin, c'est par définition une forte femme, dure à la peine, douce à l'homme, une vraie madone pour ses enfants. Depuis Victor Hugo, tout le monde sait cela. Vous vous rappelez *les Pauvres Gens* : « Tiens, dit-elle en ouvrant les rideaux, les voilà ! »

— Le Guillou, vous lui donnerez un Alka, un seul.

— Un seul ? dit l'Estomac. Et si la brûlure revient ?

— Vous faites comme moi. Vous mangez moins.

A la réflexion, j'ai un peu honte de me citer en exemple après mes excès du matin. Difficile pour un esprit consciencieux, même dans un domaine aussi humble, d'échapper à la notion du péché. Et pis encore, à l'autopunition. Comment expliquer sans cela que, la faim me tourmentant déjà, j'attends pour l'apaiser le second service ?

J'y retrouve Miremont.

— Justement, dis-je. J'avais quelque chose à te demander. Si en mer tu n'entres jamais dans le compartiment réacteur, qu'est-ce que tu fais ?

— Il ne faut pas croire que je me tourne les pouces, dit-il sans l'ombre d'un sourire. A la mer, je pilote le réacteur. Enfin, pas moi tout seul. Nous sommes trois : Callonec, Becker et moi.

— En d'autres termes, dis-je, le prop, le sec-plonge et l'énergue.

— Comme tu sais, nous prenons le quart à tour de rôle au PCP.

— Vous n'êtes que trois. Ça doit faire beaucoup de quarts ?

— Oui, pas mal, c'est assez stressant. Ennuyeux même à la longue. Mais le commandant Forget nous remplace de temps en temps pour nous soulager.

— Et chacun, à tour de rôle, vous pilotez le réacteur ?

Il se rebiffe un peu.

— Tu l'as déjà demandé à Callonec !

— Mais il m'a renvoyé à toi. Après tout, c'est toi l'ingénieur en génie atomique, non ?

— C'est moi, dit-il avec une sorte de fierté modeste. Bon, alors, qu'est-ce que tu veux que je t'apprenne ? poursuit-il avec un soupir.

— Comment et pourquoi on pilote un réacteur ?

— On le pilote à la hausse et on le pilote à la baisse.

— Ce qui veut dire ?

— On intensifie la réaction nucléaire ou on la ralentit.

— Et comment fait-on cela ?

— Avec les barres. On les enfonce pour ralentir la réaction et on les relève pour l'intensifier.

— Et qu'est-ce que c'est que ces barres ? En quoi sont-elles faites ?

— En afnium, je crois.

Il croit ! Il n'en est pas sûr ! Bien ! S'il est si discret, je le serai aussi.

— Pratiquement, comment ça se passe ?

— Le commandant veut accélérer l'allure. Il commande avant 4.

— Oui, ça, je sais. L'ordre est transmis électriquement au PCP. Sonnerie. Petite lumière en face d'avant 4. L'opérateur actionne un levier pour admettre davantage de vapeur.

— Et moi, je pilote le réacteur à la hausse, si cela est nécessaire :

je sors les barres de la cuve, et la réaction nucléaire s'intensifie. Bien sûr, je commande les barres à distance, par le moyen d'une simple manette au PCP.

— Les barres ou les croix ?

— C'est la même chose.

— Et quand le commandant revient à avant 2, tu pilotes le réacteur à la baisse ?

— Oui, j'enfonce éventuellement les barres dans la cuve. Plus on les enfonce dans la cuve, plus les neutrons sont absorbés. A la limite, on peut arrêter la réaction nucléaire.

— Quand tu pilotes à la hausse, il y a une limite à la température que peut atteindre le réacteur ?

— Je pense bien ! Tu ne voudrais pas que le cœur se mette à fondre !

— Et quand faut-il abaisser la température du réacteur ?

— Quand elle est trop forte relativement à la pression qui empêche l'eau du circuit primaire de bouillir.

— Avoue que je t'embête avec mes questions ?

— Mais non, mais non, dit-il stoïquement.

— Encore une et j'ai fini. A quel degré de température la chaleur du réacteur devient-elle dangereuse ?

Il baisse les yeux et se ferme comme une vierge.

— Ça, dit-il, je ne sais pas tellement si je peux te le dire...

A l'infirmerie, à une heure et demie, je trouve Brouard. Je le fais déshabiller et, en conscience, je l'ausculte. Sans rien trouver, bien sûr. Il ne serait d'ailleurs pas ici s'il avait quelque chose : on l'aurait dépisté à terre.

— Eh bien, Brouard, dis-je, vous avez une petite laryngite. Rien de bien grave. Le Guillou va vous donner des pastilles à sucer. Un sous-marin, forcément, il y a des courants d'air. La température varie selon les tranches. Vous êtes peut-être plus sensible qu'un autre à ces variations. Revenez me voir, si ça ne passe pas.

Ceci, au cas où je n'aurais pas réussi du premier coup à faire sortir cet escargot de sa coquille. Car on ne peut pas dire que Brouard, même s'il en a envie, se confie volontiers. Il a deux rides profondes qui partent des narines et encadrent la bouche. On les appelle les rides du sourire, mais, bien qu'elles soient très creuses chez lui, ni le rire ni le sourire ne doivent en être la cause. Il a des yeux mordorés par la couleur, mais tristes par l'expression, qui me font penser aux yeux d'un épagneul que j'ai bien connu, et qui me possédait toujours par la mélancolie de son regard. Les lèvres sont pressées, froncées, tombantes. Et il a le teint si jaunâtre qu'il aura bien du mal à tourner au blême, comme tout le monde, en fin de marée.

Comme il se rhabille, l'œil baissé et sans piper mot, je lui tends la perche.

— Vous n'avez pas trop bonne mine. Vous n'avez pas d'ennui du côté digestif ?

— Non, docteur, aucun.

— Alors, c'est le moral ? Il y a quelque chose qui ne va pas ?

Il me jette un œil.

— Rien du tout.

Le regard est méfiant. La physionomie fermée. Le ton sec et presque agressif.

— Bien, dis-je, revenez me voir, Brouard, si la toux continue.

Brouard s'en va avec un « merci, docteur » plus murmuré que dit.

Le Guillou, qui s'était retiré par discrétion dans la chambre d'isolement, reparaît. Je hausse les épaules.

— Il n'est pas commode et il veut garder ses soucis pour lui. Mais il en a, vous avez raison. Il est bien vu par ses camarades ?

— Très bien, pas causant, mais toujours prêt à rendre service.

— Il a un copain ?

— Oui, Roquelaure.

— Roquelaure ! Le Marseillais ! Et ils s'entendent ?

— Très bien. Ils se disputent, mais ils s'entendent. Roquelaure lui reproche de n'être pas causant. Et Brouard le traite de pie. Comme quoi, dit Le Guillou, il faut de tout pour faire un monde.

Faute d'entraînement — n'est pas curé qui veut —, je me sens un peu mal à l'aise de me livrer, avec la complicité active de Le Guillou, à ce genre d'inquisition. Pourtant, elle fait partie de mes fonctions non écrites et je la crois utile.

Cinq jours après l'accouchement raté de Brouard, je suis en compagnie de mes pairs en train de terminer un savoureux repas, quand Wilhelm vient me dire à l'oreille :

— Docteur, Le Guillou vous réclame d'urgence à l'infirmerie.

Je jette un œil au morceau de tarte à l'ananas qu'il vient de me servir et un autre au pacha, lequel, d'ailleurs, a entendu, et me fait « oui » de la tête. Je me lève.

— Je vous la mettrai de côté, docteur, dit Wilhelm.

Ce qui fait rire à la ronde, ma gourmandise et les efforts que je fais pour la refréner étant connus.

C'est peu de dire que je suis soucieux. Je viens d'avoir à l'infirmerie le cas d'un homme qui, pendant quatre jours, a eu la fièvre sans présenter aucun des symptômes d'une maladie connue. Quatre jours pendant lesquels je me suis demandé : « Qu'est-ce qu'il va encore me faire, celui-là ? » Et puis, au matin du cinquième jour, la fièvre a disparu et l'homme s'est remis sur pied — sans que j'y sois pour rien.

A l'infirmerie, je vois Le Guillou désinfecter la main gauche ensanglantée de Roquelaure. Je m'approche et l'examine. Roquelaure est un peu pâle, il grimace, mais c'est un petit gars mince et nerveux, il ne va pas s'évanouir.

— Qui est-ce qui vous a fait cela, Roquelaure ?

— Une fourchette, docteur.

Sous l'effet de la douleur, son accent marseillais, bien corrigé pourtant par de longues années de conjugalité bretonne, réapparaît. « Une fourchette, docteur », c'est presque du Pagnol.

— Et qui était au bout de la fourchette ?

Roquelaure se tait, ce qui produit d'autant plus d'effet qu'il est à l'accoutumée plus bavard.

— Ne cherchez pas, docteur, c'est Brouard, dit Le Guillou.

— Personne ne te demandait de le dire, dit Roquelaure.

— Allons, allons, dit Le Guillou, ça s'est passé à la caffe devant soixante personnes. Tu penses si maintenant tout le monde le sait.

— Il n'y est pas allé de main morte, Brouard, dis-je en examinant les petites plaies une à une, et en tâtant les articulations. Le Guillou, vous lui ferez une radio.

— Brouard, il s'est un peu énervé, c'est tout, dit Roquelaure. Tout le monde peut avoir un mouvement d'humeur, hein, quoi ?

— Et pour quelle raison, dis-je, ce mouvement d'humeur ?

— J'étais en train de l'engueuler. Vous me connaissez, docteur, je peux pas fermer ma grande gueule. Je parle, je parle !

— Et à quel sujet, cette semonce ? dis-je, pendant que Le Guillou dispose le tube pour lui faire la radio.

— Ça, docteur, il vaudrait peut-être mieux le lui demander, à lui.

— Erreur, erreur ! dit Le Guillou. Ta grande gueule, c'est justement l'occasion de l'ouvrir, Roquelaure. Le docteur, c'est le tampon entre les officiers et nous. Il peut faire beaucoup pour arrondir les angles, notamment pour Brouard.

— Eh bien, dit Roquelaure après un moment de silence, je l'ai incendié, Brouard, parce que ou bien il pipait pas, ou bien quand il parlait, c'était pour critiquer.

— Il critiquait quoi ?

— Tout !

— Et quoi, en particulier ?

— Le second, dit Roquelaure d'un air gêné.

— Le second ? dis-je en levant un sourcil, mais Brouard n'a rien à voir avec le second. Qu'est-ce qu'il lui reprochait, au second ?

— De censurer les familigrammes.

J'échange un coup d'œil avec Le Guillou.

— Et savez-vous pourquoi il lui adressait ce reproche ?

— Alors là, franchement, je ne sais pas du tout, docteur.

Un silence.

— Dites-moi, Roquelaure, qu'est-ce que vous avez fait quand Brouard vous a donné un coup de fourchette ?

— Rien. J'ai mis mon mouchoir autour de ma main, je me suis levé et je suis allé à l'infirmerie.

— Sans rien dire ?

— Ben non ! Brouard, c'est mon copain, quoi, hein ? Déjà qu'il avait l'air bien embêté d'avoir fait ça !

Je regarde la radio que me tend Le Guillou : aucun os n'est atteint. Je panse moi-même Roquelaure et je l'envoie se reposer.

— Le Guillou, je retourne au carré finir mon repas. Voudriez-vous rechercher Brouard et me l'amener ici dans une demi-heure ?

En reprenant ma place à table, je glisse en aparté au pacha : « Rien de bien grave », et je réclame à Wilhelm ma part de tarte.

— Malheureusement, docteur, dit Wilhelm avec componction, ces messieurs en ont disposé.

— Comment ça, disposé ? dis-je en levant le sourcil.

— Dans ton propre intérêt, toubib, dit Verdoux. Nous avons remarqué que ta taille s'épaississait beaucoup.

Je lui jette un œil, et un autre à Wilhelm qui, debout sur le seuil, semble considérer cette scène avec un intense amusement. Je comprends aussitôt et j'entre dans le jeu.

— Comment ça ? dis-je en regardant mon abdomen avec une feinte consternation. Ma taille s'épaissit ? Vous croyez ? Vous en êtes sûr ?

— Toubib, dit Miremont, je ne voulais pas te le dire, mais je m'en étais déjà aperçu !

— Moi aussi, dit Saint-Aignan.

— Ça crève les yeux, dit Verdelet. N'est-ce pas, commandant ?

Mais le commandant qui ne veut pas mentir, même pour s'associer à une farce, se contente de rire.

— C'est triste, à trente ans, d'avoir déjà du bide, dit Verdoux.

— C'est surtout triste de croire qu'on a du bide, dis-je d'un air grave.

— Comment ça ? dit Verdelet, tu ne le crois pas ?

— Si fait ! Si fait ! Je crois ceux qui essaient de me le faire croire.

— Et qui essaie de te le faire croire, toubib ? dit Verdoux.

— Mais tous, dis-je, et en particulier un petit galopin qui s'introduit chaque jour en catimini dans ma chambre pour couper deux centimètres de ma ceinture.

Ma torpille fait mouche. Le rire secoue le carré.

— Messieurs ! Messieurs ! dit le pacha, le toubib vous a bien eus ! Je propose qu'on rende à César ce qui appartient à César.

Le vote est acquis par acclamation, et Wilhelm, non sans un certain air de pompe et de jubilation, me rapporte ma part de tarte. Cette petite histoire, par ses soins, va faire le tour de notre petit village, et je n'en serais pas autrement mécontent si, à cet instant, la fourchette à la main, je ne repensais à Brouard.

— Vous voulez me voir, docteur ? dit Brouard d'un air fermé et la voix agressive, dès que je pénètre dans l'infirmerie, où il m'attend déjà.

— En effet, dis-je, mais pas si vous me parlez sur ce ton. Moi, là-dedans, je soigne votre toux et je soigne la main de votre copain. Si vous voulez qu'on n'aille pas plus loin, je suis d'accord.

J'ai parlé vite et sèchement, et ce début le douche un peu.

— Personnellement, j'ai rien contre vous, docteur, dit-il.

— Encore heureux.

— Mais voyez-vous, docteur...

— Vous ne voulez pas que je vous aide.

— M'aider ! M'aider ! dit-il exaspéré. Mais vous ne pouvez pas m'aider, docteur ! Pour moi, le sous-marin c'est fini ! On peut me faire tout ce qu'on veut ! Me foutre en taule, me casser de mon grade, annuler mes annuités de pension et même me chasser de la Marine, je m'en fous ! Ça ne changera rien à ma décision. Le jour où cette marée finit et qu'on rentre à l'Ile Longue, je mets mon paquetage à terre et je m'en vais !

— Remettez-vous, Brouard, dis-je, et, le prenant par le bras d'une main ferme, je le fais asseoir et je reprends : combien avez-vous fait de marées jusqu'ici ?

— C'est ma cinquième.

Il parle d'un ton calme, maintenant qu'il est assis.

— Cinq, dis-je, c'est plutôt long. Je vous comprends. Vous en avez assez. Vous aimeriez mieux avoir un emploi à terre à l'Ile Longue. Par exemple dans un atelier de la Marine, puisque vous êtes mécanicien. A mon avis, c'est très possible.

Il me regarde. Il est si stupéfait de me voir dédramatiser à ce point la situation qu'il en reste coi. Je reprends.

— Evidemment soixante ou soixante-dix jours quand on est marié, c'est plutôt pénible. Vous êtes marié ? Vous avez des enfants ?

— Je suis marié. Mais (il avale sa salive), je n'ai pas d'enfant.

— Et vous avez de bonnes nouvelles de votre femme ?

— Oui, dit-il, enfin, non.

— Comment ça, non ?

— La semaine dernière, dit-il d'une voix détimbrée, je n'ai pas reçu de famili (famili, c'est l'abréviation du bord pour familigramme).

— Et ça vous inquiète ?

— Ben oui, ça m'inquiète ! Vous parlez que ça m'inquiète ! Vu qu'elle est enceinte !

— Il n'y a pas de raison que ça se passe mal.

— Oh si ! dit-il avec un retour de son agressivité. Il y a une raison ! L'année dernière aussi, elle était enceinte. Elle a fait une fausse couche et elle a failli mourir, et moi, j'étais en marée et je ne l'ai même pas su !

— En somme, vous craignez que sa grossesse se passe mal de nouveau et que vous n'en sachiez rien.

— Voilà ! dit Brouard d'un ton qui hésite entre la colère et le soulagement.

Il répète :

— Voilà !

Et il se tait.

— La première fausse couche, dis-je après un silence, elle était due à quoi ?

— A une chute dans un escalier.

— Mais voyons, Brouard, dis-je, puisque la fausse couche de l'an dernier était accidentelle, elle n'a pas de raison, cette fois-ci, de se répéter.

Cette remarque l'ébranle, mais sans le convaincre vraiment.

— Mais si elle se répète, dit-il en explosant de nouveau, je ne le saurai même pas ! Et tout ça à cause de cette fichue censure !

Je le regarde. La lésion est là, de toute évidence, et bien là.

— Votre femme, dis-je, a peut-être oublié, la semaine dernière, d'envoyer un familigramme.

— Alors là, docteur, vous ne la connaissez pas !

— Ou encore, son familigramme est parvenu trop tard à la BOFOST pour être expédié ici.

— Ça, c'est possible, dit-il d'un ton morne, mais moi, en attendant, je me fais un sang d'encre, enfermé dans toute cette ferraille, sous l'eau, sans possibilité de communiquer !

Qu'un sous-marinier traite son bateau de ferraille, voilà qui en dit long sur sa déprime.

— Attendez-moi, Brouard, dis-je, en jetant un coup d'œil à ma montre. J'ai un mot à dire à quelqu'un et je reviens vous parler.

Je sors de l'infirmerie sans qu'il ait le loisir de répondre, et je pars à la recherche du second.

Le commandant Picard possède la même caractéristique que le patron : le don d'ubiquité. Nuit et jour, partout où l'on va sur le bateau, on est sûr de le rencontrer. Rien n'échappe à son œil noir, vif et brillant. Il voit tout, il comprend tout et il réagit très vite, par une petite phrase lapidaire qui vous laisse sans réplique aucune. Il rit volontiers, à grand éclat, mais brièvement, l'œil et l'oreille déjà aux aguets pour ce qui va suivre, étant toujours tout au moment présent, et saisissant le fin mot de l'histoire — de toute histoire — avant n'importe qui. Qualité rare, il sait aussi écouter, et encore qu'il soit armé d'un redoutable humour, il ne manque ni de bienveillance ni de chaleur humaine.

Je trouve le commandant Picard au PCNO sur la plate-forme des périscopes — des trois périscopes qu'on n'utilise jamais en raison de la *discrétion*, mais qui sont là quand même « en cas de besoin ».

Je le rejoins :

— Commandant, dis-je, je peux vous poser une question indiscrète ?

Son petit œil noir se met à briller.

— Loin de moi, dit-il, la pensée de vous contrarier dans l'exercice de votre spécialité...

Sa flèche lancée, il rit pour en désarmer la pointe.

— Avez-vous censuré la semaine dernière un familigramme ?

— Non.

— Je peux le dire à Brouard ?

— Envoyez-le-moi. Je le lui dirai.

Bien sûr, Picard sait déjà tout, ou presque tout. Je reprends :

— La fourchette, ça va lui coûter combien ?

— Dix jours d'arrêts à bord.

— Et comment fait-on les arrêts à bord ?

— En travaillant normalement.

— C'est donc une punition tout à fait théorique ?

— Qu'est-ce que vous proposez ? dit-il d'un ton tout à fait sérieux. Le mettre en vigie toute la nuit au sommet du grand mât, le fourrer quinze jours à fond de cale les fers aux pieds ? Ou lui faire donner cent coups de chat à neuf queues par le patron ?

— Ou encore, dis-je, l'attacher à l'antenne filaire pendant vingt-quatre heures ?

— Vingt-quatre heures sans recevoir de message ? dit Picard. Toubib, vous n'y pensez pas !

Après quoi, il rit de son rire éclatant et bref, me jette un regard en coup de sonde et dit :

— Allez-y !

— Comment « allez-y » ?

— Posez votre troisième question.

C'est déconcertant. Il sait aussi bien que moi comment mon esprit fonctionne.

— Bien, dis-je, voici ma dernière question : est-ce faisable de trouver à Brouard un travail à l'Ile Longue dans un atelier ?

— C'est non seulement faisable. C'est souhaitable.

— Pourquoi « souhaitable » ?

— Je vous ferai remarquer, dit Picard, que la question précédant celle-ci n'était pas la dernière, mais la pénultième.

— Touché !

— Je vous réponds : l'homme est un excellent mécanicien, mais il a les nerfs trop fragiles pour faire un bon sous-marinier. Ce qui vient de se passer le prouve. Et...

Il me prend par le bras et le serre.

— Gardez pour vous cette appréciation, toubib. Et merci. Merci pour tout.

Je me demande s'il ironise encore.

— Vous ne trouvez pas que je sois sorti de mon rôle ?

— Pas du tout. Et si vous savez pourquoi Brouard s'en prend si violemment à la censure des familigrammes, vous m'obligeriez en m'en donnant la raison.

Je la lui donne. Il m'écoute, la tête un peu de côté, son œil vif et perçant fixé sur le mien.

— Eh bien, dit-il pensivement, tout s'éclaire.

Comme il se tait, je prends l'offensive :

— Vous vous demandez si censurer les familigrammes fait plus de mal que de bien ?

Il réagit vite :

— D'abord, nous ne censurons pas les familigrammes. Nous retardons l'annonce d'un décès à l'intéressé pour lui éviter des souffrances morales inutiles, puisque, de toute façon, étant enfermé avec nous sous l'eau, il ne peut pas courir rejoindre les siens. En outre, le retard de l'annonce n'est pas automatique. Le commandant et moi nous en discutons pour chaque cas. Et enfin, en début de patrouille, nous demandons aux hommes de l'équipage de nous prévenir si l'un de leurs proches est atteint d'une maladie grave dont ils redoutent l'issue. Dans ce cas, nous ne retardons pas l'annonce. Ce que nous voulons éviter, toubib, c'est le choc d'un décès imprévu et ses effets désastreux sur le moral de l'homme.

— Et partant, dis-je, sur le moral de l'équipe dont il fait partie.

— Naturellement, dit Picard, nous pensons aussi au bateau. Est-ce que ça vous choque ?

— Pas du tout. J'entends bien que le maintien du moral est important. Aussi important, en fait, que la maintenance du matériel.

— Bonne formule, toubib ! dit le second avec son petit rire particulier.

Je dis « petit » en me référant à la durée, non au volume. Car en fait, son rire est fort, éclatant, hennissant, mais brusquement syncopé.

— Bonne formule ! répète Picard. Si j'écris un jour un manuel du sous-marinier, je vous l'emprunterai.

— Et je vous réclamerai des droits d'auteur.

Sur cette plaisanterie usée (mais toujours utile, comme ses semblables, et de bon service dans les rapports sociaux), nous nous séparons, assez satisfaits l'un de l'autre. Et je retourne à l'infirmerie dire à Brouard que le second l'attend.

— Ne vous inquiétez pas, dis-je. Ça va plutôt bien se passer, vu les circonstances.

Il murmure un « merci, docteur » et il s'en va, non sans que Le Guillou tire à son avantage la leçon de l'incident :

— Vous voyez, docteur, que ça sert à quelque chose que vous coiffiez la coop, et que j'en sois le vendeur. Si Brouard ne m'avait pas acheté cent grammes de bonbons tous les jours, je n'aurais jamais deviné qu'il avait quelque chose sur le cœur.

Bref, Le Guillou, Brouard, le second et moi-même, tout le monde est content. Quant à Roquelaure, admiré par tous, il va promener à bord sa main pansée de blanc (et de probité candide) comme le symbole, tout à la fois, de la bonne camaraderie sous-marinière et d'une réaction contrôlée particulièrement méritoire.

— Merci de nous avoir aidés, toubib, dit le pacha que je retrouve au carré à l'heure du thé.

De son œil bleu chaleureux, il me jette un regard, un seul. Il n'en dit pas plus, et boit son thé à petites gorgées dévotieuses.

Les buveurs de thé peuvent se diviser, à mon sentiment, en deux catégories : les « conventionnels » qui, à la limite, ne savent même pas ce qu'ils boivent, et les « aficionados » qui hument le bouquet de la tasse fumante avant d'en savourer les délices.

On reconnaît les aficionados à des signes indubitables : ils attendent que leur thé refroidisse avant de le porter à leurs lèvres, ne voulant pas brûler leurs délicates papilles. Ils le boivent à petits coups gourmands et, surtout, ils ne fument pas, ne voulant gâter ni leur goût ni leur odorat.

L'animal favori des aficionados, c'est le chat. Et leur poète favori, c'est Cowper qui le premier célébra « *the cups that cheer but not inebriate* [1] ».

Pourquoi le chat ? Mais, bien entendu, parce que de tous les animaux domestiques, c'est celui qui possède au plus haut degré ce sentiment de confort tranquille, immobile et silencieux, grâce auquel les aficionados, à l'heure du thé, revigorent leurs forces.

Je puis, certes, éprouver quelque commisération pour les conventionnels, mais je ne saurais nourrir de l'estime pour leur amateurisme. L'aficionado seul est mon frère. Dans vingt ans, dans trente ans, quand je penserai au pacha, je verrai des yeux bleus dans une courte barbe noire, et à proximité de ce poil farouche une fragile tasse de thé, qu'il hume et boit comme il fait toute chose sur ce bateau : avec la plus raffinée compétence.

Le pacha pose sa tasse sur la petite table basse qui sépare son fauteuil du mien, prend un biscuit et le dos commodément accoté, détendu, il le grignote. Vous remarquerez qu'il n'est pas de ces brouillons qui mangent en buvant. Il ne mélange pas les goûts. Il les savoure en succession.

— Voyez-vous, toubib, dit-il au bout d'un moment, un coup de

1. Les tasses qui réconfortent mais sans vous enivrer.

fourchette... un joint qui lâche... tout est important à bord, car tout peut dégénérer très vite.

Ayant dit, il reprend sa tasse. Avec un temps de retard, je reprends la mienne. Un silence tranquille s'étend. Nous buvons de concert, à petites gorgées feutrées. Je n'irai pas jusqu'à dire que nous ronronnons. Mais presque.

5

L'interminable semaine qui vient de s'écouler (mais interminables, elles le sont toutes) s'est finalement décidée à nous ramener le week-end. Curieux de parler de week-end, quand, sans la moindre possibilité de repos, de départ ni d'évasion, nous poursuivons notre tâche quotidienne dans notre boîte en fer sans changer un iota à sa routine.

Et par exemple, à mes paperasses. Me voici debout devant la table d'opération, tâchant de rattraper mon retard, le stylo à la main. Pour chaque client, je rédige une notice sur le cahier de visite. Après quoi, je la reproduis sur le carnet médical individuel dudit malade. Et enfin, si je lui prescris un repos couché, je remplis une feuille ad hoc. Lectrice, cela vous amusera peut-être d'apprendre qu'exempter un matelot de service, cela se dit à bord — même à bord d'un sous-marin où on ne reçoit pas d'embruns — le « mettre au sec ». Je suis fort prudent quant à ces exemptions, et pour les cas autres que franchement somatiques, j'en réfère au second, car elles entraînent un surcroît de travail pour les copains — et même quelque grogne, s'ils ne les croient pas justifiées.

J'entends bien que tout ce que j'écris sera archivé, et que l'obligation de laisser des traces écrites n'est pas déraisonnable. C'est moi qui le suis. Je devrais me contrôler davantage et ne pas tant me braquer contre cette petite besogne, la rendant d'autant plus lourde que je la prends plus à contrecœur.

Tandis que j'écris, la lumière devient rougeâtre. Elle nous indique que la nuit, à la surface des eaux, est tombée sur les heureux pour qui le jour se lèvera demain.

Je jette un coup d'œil à ma montre. Six heures. Pour qui ne fait pas le quart comme moi, cela n'a pas de sens de regarder l'heure, surtout dans un sous-marin où il n'y a pas d'autre différence entre le jour et la nuit que la coloration du néon.

Une fois de plus, l'immobilité et le silence du SNLE, dont pourtant je devrais avoir l'habitude, me surprennent. La température ambiante est de celles dont on ne s'aperçoit pas, n'étant ni trop froide ni trop chaude. Nous respirons tout à fait naturellement notre air artificiel. Et maintenant que je suis bien « amariné » à mon nouveau bateau, ma confiance en lui s'est accrue : je me sens en sécurité dans ses flancs.

La seule chose que je n'arrive pas à bien maîtriser, c'est le temps. Dire que je me plaignais, dans ma vie du dehors, qu'il passât trop vite ! Comme il est lourd ici ! Et combien longs, les jours ! Vous avez vu peut-être, par mer calme et longue houle, des vagues chargées d'algues se traîner jusqu'à la plage. On croirait, tant elles sont alourdies, qu'elles n'en finiront jamais d'arriver jusqu'à nous. Voilà notre temps à bord : il est fait d'une attente épaisse.

Parfois, mais brièvement, l'envie me saisit derechef d'ouvrir une fenêtre. Mais même si c'était possible, sur quoi ? Sur l'eau noire des grandes profondeurs où la pression est telle qu'un homme sans scaphandre serait aussitôt écrasé. Beaucoup plus souvent, je me prends à douter qu'il y ait quelque part un ciel bleu, une aurore, un brin d'herbe qui brille, un sourire de femme. S'il n'y avait pas le métier et l'amitié, il y aurait de quoi se pendre ! Sartre se trompe dans son *Huis clos*. L'Enfer, ce n'est pas les autres. Ils seraient bien plutôt notre Paradis — avec des petits coins de purgatoire çà et là.

Sauf quand je suis souffrant ou cafardeux, je ne recherche pas la solitude. J'ai soif de mes semblables. Ici surtout. Je me lève dès le branle-bas sans y être obligé et pour la seule raison que je désire prendre mon premier repas au carré en compagnie de mes pairs. Une ou deux fois, Wilhelm, dont l'office est à côté de ma chambre, m'a apporté le petit déjeuner au lit. Cette attention m'a touché, mais je ne l'ai pas encouragée. Je n'aime pas manger seul.

Je note ici en passant que Wilhelm ne sert pas seulement les officiers avec zèle et doigté. Il les guide et les endigue. Quand il veut se libérer assez tôt le soir pour regarder le film à la caffe, il presse le service par degrés insensibles. Et, quand un jeune officier exige un peu trop de lui, il le remet à sa place avec une douce fermeté.

Après le breakfast (il mérite ce nom, étant si copieux), je me rends à l'infirmerie où Le Guillou, tout en rangeant ce qui est déjà rangé, me détaille les nouvelles du téléphone arabe, ce que, dans notre argot, nous appelons « les bruits de coursive ». Ce sont des événements minuscules et difficilement contrôlables. Par exemple, est-il vrai que le cuisinier Tetatui a eu des mots hier avec le boula, parce qu'il estimait que celui-ci, son pain cuit, lui avait laissé la cuisine dans un triste état ?

En tout cas, je me garderai bien de poser la question, quand ayant attendu en vain un patient, je passe faire un tour à la cuisse, la saluant comme à l'accoutumée de quelques compliments sur la chère de la veille. Le boula, qui n'a pu encore se décider à aller se coucher, est là, et son attitude à l'égard de Tetatui et de l'aide-cuisinier Jegou me paraît tout à fait normale. En revanche, j'observe une certaine tension entre le boula et le commis Marsillac.

Je regarde les mains. Elles sont propres et j'assiste à l'ouverture d'une boîte de salsifis. Le couvercle ôté, Tetatui la porte à son nez, la hume et fait la moue. Jegou la hume à son tour, et Marsillac, et moi.

— Ouvrez les autres, dis-je.

On les ouvre. Même jeu.

— Allez, dis-je, aux compacteurs !

Marsillac caresse sa brosse à dents d'un air contrarié.

— Si on faisait cela dans un restaurant, dit-il, ce serait vite la ruine.

— Mais ici, Marsillac, la finalité n'est pas de gagner de l'argent.

— Très juste, dit le boula, comme si j'avais rivé son clou au commis.

Sachant celui-ci sensible, je lui souris et je lui dis :

— Ça va ? Bonnes nouvelles du Languedoc ?

— Excellentes, docteur.

Je retourne à l'infirmerie où Morvan, sous la direction de Le Guillou, passe l'aspirateur. Je ne sais pas ce que le malheureux instrument peut trouver comme poussière à se mettre sous la dent : Le Guillou a balayé ce matin, et passé la serpillière. Le parquet reluit.

— Vous avez vu, docteur, dit Le Guillou, l'aspirateur remarche !

— Qui l'a réparé ?

— Morvan et moi.

— Bravo ! Faites attention qu'on ne vous le pique pas de nouveau !

— Oh ! pas de danger, dit Le Guillou. Cette fois, il couchera dans un placard fermé à clé, et la clé dans ma poche.

Avec attendrissement, Le Guillou regarde Morvan s'activer avec application sur un parquet parfaitement propre. De toute évidence, mes collaborateurs sont en train de vivre une des riches heures de l'infirmerie sous-marinière : un aspirateur arraché aux puissances du mal, remis en fonction et d'autant plus précieux qu'il nous avait été ravi.

Trois patients m'arrivent coup sur coup. Des bobos. Les soins prennent dix minutes, la conversation vingt minutes, et la paperasse, un quart d'heure. Le Guillou participe à la thérapie et à la parlote. Et le géant Morvan, les mains croisées sur sa vaste poitrine, et dominant tous les présents d'une tête, écoute sans dire un mot. Le Guillou prétend que sa seule présence exerce, par la sérénité qui s'en dégage, une influence bénéfique sur les malades.

Je regarde ma montre : j'ai largement le temps, avant le déjeuner, d'aller faire un quart d'heure de vélo à la tranche missiles, de me doucher, de me frictionner à l'eau de toilette et de changer de linge. Après quoi, dans ma nouvelle peau, je me sens un autre homme et, jetant un coup d'œil à ma lingerie, je prends note d'aller acheter à la coop — mot que tout le monde ici prononce la « cope » — deux ou trois T-shirts, le buandier n'arrivant pas à tourner assez vite pour suffire à mes besoins. « Le docteur, remarque-t-il avec résignation, il salit peu, mais il use beaucoup. »

Ainsi briqué, je fais une entrée remarquée dans le carré, où je suis accueilli par des remarques assassines. Des quatre commandants, seul Forget est là. C'est la curée.

— Voilà notre play-boy ! dit Angel.

— *Our lady-killer*, dit Verdoux, mais ici, par malheur, il n'y a rien à tuer.

— Sa seule image lui suffit, dit Verdelet. Il s'aime. Comme dit l'autre, s'aimer soi-même, c'est le début d'un amour éternel.

— Sentez ! dit Callonec, on dirait de l'œillet !

— C'est moi, dis-je modestement.

Huées.

— Chef, dit Angel, en s'adressant du bout de la table au commandant Forget, notez, je vous prie, que le toubib ajoute à la quantité d'alcool contenu dans l'air.

— Il n'est pas le seul, dit Forget de sa voix douce, et il passe la main sur son crâne chauve, gêné qu'il est de se voir mêlé à cet assaut.

— Je ne vois pas le scandale, dis-je, je suis tous les jours aussi boyard.

— Démagogie ! s'écrie Verdoux. Le toubib emploie le mot « boyard » pour avoir la cote du bordache Angel.

— Il ne l'aura pas ! dit Angel. Seul un éléphant se parfume comme une touloulou.

— Tu vas choquer notre pieux Becker, dit Verdoux. Il va peut-être s'imaginer qu'une touloulou, c'est une courtisane.

— Je n'imagine rien de ce genre, dit Becker d'un air bourru. Je n'écoutais pas.

— Miremont, sais-tu ce que c'est qu'une touloulou ? dit Verdelet.

— Naturellement, il le sait, dit Angel ; Miremont est un bordache.

— Le monde, dit Verdoux, se divise pour Angel en deux catégories : les bordaches et les non-bordaches.

Miremont ne dit rien. Il ne rit ni ne sourit. C'est un pur matheux. Pour lui, tout ce qui n'est pas mesurable est insignifiant. Ce qui explique que l'humour, au carré, le prend souvent pour cible, d'autant qu'ès qualités de chef de gamelle, il ne débloque pas volontiers ce champagne dont les jeunes officiers sont friands.

— Miremont, je t'ai posé une question, dit Verdelet. Qu'est-ce qu'une touloulou ?

— Une femme en argot baille, dit Miremont sans lever les yeux de son assiette.

— Commandant, s'écrie Verdoux avec indignation, Miremont a prononcé le mot « femme » ! C'est indécent ! Nous lui avions défendu de prononcer le mot « femme » au carré ! A l'amende, le satyre !

Le commandant Forget est dépassé. Il sourit, toussote, passe la main sur son caillou.

Nous reprenons en chœur « à l'amende », étant bien entendu que l'amende sera une bouteille de champagne. Miremont se tait, ferme comme roc dans son refus tacite. Becker, le barbu brodeur, reste lui aussi de marbre, étranger aux remuements de ce bas-monde. Le chef Forget sourit, paternel et embarrassé.

L'affaire se plaidera le dimanche suivant au cours du repas présidé, le pacha, après avoir ouï les deux parties et le témoignage du chef Forget, exposera ses conclusions. *Primo* : la défense faite à Miremont de prononcer le mot « femme » au carré était arbitraire et tyrannique, et n'avait pas l'aval de l'intéressé. *Secundo* : en outre, Miremont n'a prononcé le mot « femme » que parce qu'on lui a tendu un piège linguistique. En conséquence, nous sommes déboutés de nos demandes.

A treize heures, le repas fini, je dirige mes pas vers la cope pour acheter des T-shirts comme j'ai dit. Vous allez être déçu, la cope n'a rien d'un supermarché. C'est un petit cagibi à côté de la caffe, fermé par une porte dans laquelle on a percé un guichet.

Derrière ce guichet, gardant et vendant le trésor d'Ali Baba, trône Le Guillou en sa majesté. A l'infirmerie, c'est un brillant second. Ici, bien qu'en principe je coiffe la cope, il règne. Bien naturellement, qui l'en blâmerait ? Le Guillou aime être le premier partout. Il n'a jamais été si heureux que dans le petit sous-marin classique où il a d'abord servi, et où il était, en l'absence de tout médecin, le seul maître à bord du service sanitaire.

J'ai, moi aussi, la clé de la cope et, Le Guillou étant occupé, je pourrais vendre. Rien ne s'y oppose, sinon que Le Guillou aurait l'impression que j'empiète sur son territoire.

C'est Le Guillou qui a choisi d'ouvrir la cope à treize heures, ce qui témoigne de son sens commercial. A cette heure-là, il est sûr de faire le plein de clients. C'est un bon vendeur qui sait pousser un article quand il craint qu'il lui reste sur les bras. Corollaire : à terre il sait acheter ce qui plaira à bord. Mais il n'oublie pas non plus son magister spirituel. Il recueille les bruits de coursive, les confidences, les doléances. Il veille sur le moral du bord.

Lectrice, n'allez pas croire que la cope, parce qu'elle est petite, est peu pourvue en marchandises et vend mal. En 65 jours de patrouille, et avec une clientèle de 130 hommes, nous allons faire un chiffre d'affaires de 160 000 francs. Hors du contrôle de leurs épouses, les hommes sont dépensiers...

Bien qu'il n'y ait pas ici de carreaux à lécher ni d'étalage séducteur, le lieu offre un divertissement très prisé. On y va volontiers. On s'y rencontre. On bavarde. La cope est une sorte de salon à station debout — à mon sens le seul endroit où les hommes aiment faire la queue.

Qui plus est, le jour où on a acheté un article à la cope, on a l'impression — travail non compris — d'avoir fait quelque chose de sa journée. L'achat est un acte social important qui rompt la monotonie de la vie.

Je suis moi-même un bon client de la cope. En articles de toilette bien sûr, comme tout le monde (je note en passant que les parfums sont détaxés ici comme sur un avion). Mais je suis friand aussi de ce que Le Guillou appelle « des articles de prestige » et qui sont, en fait, des souvenirs touristiques : porte-clefs et coupelles frappés au nom et aux armes de notre sous-marin, le plus important de ces knicknacks étant la « tape de bouche ». On appelle ainsi un bouchon métallique qui ferme la bouche d'un canon et qui chez nous est purement emblématique. Elle représente, gravé en relief, un chevalier en armure au heaume empanaché. Il brandit à deux mains une lourde épée. Un écu fleurdelisé protège son épaule senestre et une épée plus petite pend à sa ceinture. Il se silhouette gaillardement sur fond d'ancre marine géante, et, derrière ses reins, on aperçoit le profil de notre SNLE. Cet anachronisme voulu a pour but de faire entendre que la forme moderne de l'estoc, c'est un missile.

Cette tape de bouche est fixée sur un socle de bois. Ce qui permet, soit de la poser sur une table, soit de l'accrocher au mur. J'en ai acquis deux. L'une pour mon jeune frère, l'autre pour mon neveu. J'ai acheté également deux coupelles (même gravure mais plus petite) pour mes parents et enfin quelques porte-clés pour mes amis.

La lingerie pour hommes est tout aussi bien approvisionnée mais j'évite la confiserie, si tentante qu'elle soit, la cope comportant un assortiment prodigieux de sucreries. Comme je m'étonnais de cette profusion, Le Guillou m'a dit :

— Ne vous inquiétez pas, docteur. Vu que nous revenons en septembre, tout va partir. Ah ! si nous étions revenus en juillet. Alors là ! Les choses seraient différentes ! Il aurait fallu en commander moitié moins...

— Et pourquoi cela ?

— Parce que, pour le retour en juillet, les hommes soignent leur ligne.

Quand j'arrive à la cope, il y a déjà devant le guichet de Le Guillou une petite foule, laquelle présente un contour indécis, car vu l'exiguïté des lieux il n'est pas question de se mettre « à la queue leu leu », expression bizarre mais qui s'éclaire quand on sait que le premier « leu » est l'article défini et le deuxième « leu », en vieux français, « le loup » — les loups ayant la réputation, quand ils se déplacent, de marcher l'un derrière l'autre.

Ainsi, prendre la queue à la cope, cela ne veut pas dire se placer derrière quelqu'un, mais le plus souvent à côté de lui — sans que jamais ait surgi, à ma connaissance, une querelle de priorité : un

SNLE est un endroit où dans ses moments de loisir on est très peu pressé. En outre, nous sommes assez satisfaits d'être là, au coude à coude, à échanger nos impressions.

En arrivant, je dis un petit bonjour ou un petit mot à mes voisins, le « petit mot » ayant une valeur sociale bien supérieure au « petit bonjour », à condition qu'il soit personnalisé. Ce qui n'est guère commode, quand il s'agit d'un homme que je n'ai jamais vu à l'infirmerie et dont je ne connais pas la fonction. Mais c'est facile, en revanche, quand l'homme est l'un de mes anciens patients : « Pinarel, c'est fini, ce pouce ? Je ne serai pas obligé de vous le couper ? Vigneron, votre pied, vous ne le sentez plus ? Patron, elle tient le coup votre molaire ? » Quelquefois, j'ajoute même une petite taquinerie : « Bichon, vous avez encore oublié votre pull. C'est comme cela que vous tenez vos promesses ! »

Il va sans dire que pour le patron et le prési, qui sont à bord des officiers mariniers importants et respectés, je fais un effort supplémentaire de sociabilité. C'est assez aisé avec le patron, qui est parisien et causant, mais un peu plus délicat avec le prési qui est breton et ne s'ouvre pas facilement. Toutefois, comme je sais (tout se sait dans notre petit village) qu'il est très attaché à sa famille et reçoit régulièrement des familigrammes, je lui parle des siens. Il a un père qui se fait vieux et qu'il aide à la ferme pendant ses permissions, et trois enfants, la plus jeune, une fille, qui a quatre ans.

— Les autres, me dit-il, ils sont grands. Ils sont habitués à me voir partir. Mais pas elle. A mon départ, elle a pleuré, et même maintenant, elle me réclame tous les jours. Quant à moi, enchaîne-t-il après un silence, j'ai vingt et un ans de service. C'est ma huitième patrouille. Ça fait beaucoup. J'ai trente-sept ans, et maintenant j'aimerais bien avoir un poste à terre à l'Ile Longue pour être près des miens et jouir de ma vie de famille.

Devant moi — mais il ne m'a pas vu, sans cela il serait venu aussitôt m'entreprendre — je vois et j'entends Roquelaure qui, brandissant sa main pansée de blanc, pérore pour le bénéfice de ses voisins qui l'écoutent avec patience. Il leur en faut, car il leur détaille — et sans doute n'est-ce pas la première fois — le récit de son accident.

— Quand je lui ai dit : « Brouard, écoute, ou bien tu ne l'ouvres pas, ou, quand tu l'ouvres, c'est pour critiquer », c'est alors qu'il s'est énervé. Les gars, je revois cela comme si c'était hier ! J'avais la main gauche à plat sur la table et lui, la fourchette à côté de son assiette. Tout d'un coup, il saisit le manche à pleines mains comme tu saisirais le manche d'un couteau, hein quoi ? Et il pique la fourchette dans ma main. Vlan ! de toutes ses forces ! Les pointes traversent toute l'épaisseur de ma pauvre main et se plantent dans la table ! Comme je te le dis !

Cette version, qui dramatise la version primitive qu'il a dû donner à ses camarades, rencontre un scepticisme général.

— Oh là là ! dit un petit blond à l'œil vif, ce qu'il faut pas entendre ! Tu te prends pour Jésus-Christ cloué sur sa croix !

— Tu exagères, dis donc ! dit un autre. La fourchette n'a pas traversé la main !

— Et alors, dit Roquelaure avec assurance, même que j'ai eu du mal à la déclouer de la table ! Et ça, je peux te le jurer sur la Bonne Mère !

— Et qui c'est, d'abord, cette Bonne Mère ? dit le petit blond.

— Comment ? dit Roquelaure, prompt à se saisir d'un avantage culturel, mais tu es ignare, toi, dis donc ! Tu ne connais pas Notre-Dame de la Garde à Marseille ?

— Si elle est de Marseille, la Bonne Mère, dit le petit blond, alors elle aussi, elle exagère !

Rires, et, se tournant à la ronde pour jouir de son succès, le petit blond m'aperçoit :

— Eh bien, tiens ! dit-il perfidement. Le médecin est là. Il n'y a qu'à lui demander si la fourchette, elle a vraiment traversé la main.

Tous les yeux se tournent vers moi, y compris ceux de Roquelaure — qui ne me paraît pas très à l'aise. Mais pour rien au monde je ne voudrais, devant tant de monde, lui faire perdre la face.

— Secret médical, dis-je promptement. Mais c'est vrai que c'était une vilaine blessure et que Roquelaure a eu beaucoup de chance que ses os ne soient pas atteints.

Roquelaure exulte.

— Tiens, qu'est-ce que je disais !

Quelqu'un le contre :

— Justement, tu ne disais pas ça !

Roquelaure contourne l'objection.

— C'est pas la blessure qui compte, mon gars. L'important, je vais te dire, hein, quoi ! Deux jours après m'avoir percé la main, Brouard, il recevait son famili, et le voilà tout requinqué, content comme une puce ! Tu saisis, mec ? Tu saisis la relation de cause à effet ?...

Cette phrase savante le ravit et il fait une petite pause pour que nous en absorbions la beauté. Après quoi il conclut :

— A deux jours près, pas de coup de fourchette !

— Et au lieu de la percer, il te baisait la main, dit le petit blond.

Rires.

— Tu m'écœures, dit Roquelaure, mais sans aigreur.

C'est un bon gars, qui admet d'être chahuté, et qui se fie à son éloquence pour avoir le dernier mot.

Mais cette fois-ci, il n'aura pas le temps de l'avoir. Car Bichon survient, grand, gros et même grassouillet — pas du tout le gabarit qu'on s'attendrait à trouver dans un sous-marin, et il prend « le relais du crachoir », comme dirait Roquelaure.

— Salut les gars, dit-il jovialement. Vous savez quoi ? Aujourd'hui, c'est dimanche ! Vous l'auriez pas cru ? Vu que le dimanche, on prend le quart aussi. Eh bien, pas du tout. Le commandant a décidé de poser le sous-marin sur le fond, d'arrêter les machines et de nous donner campo !

— Arrête, Bichon ! dit quelqu'un. Les petits matelots vont te croire !

— Mais c'est quand même un monde, ça, non ? reprend Bichon avec une indignation rigolarde. Deux mois sans samedi et dimanche ! On le vole pas, notre supplément de solde ! Les 39 heures, c'est pas pour nous ! Bosser le dimanche, tu réalises ? Même le bon Dieu, il s'est reposé le septième jour !

Je m'aperçois qu'au tout début de ce récit, quand j'ai parlé des officiers du bord ayant le grade de commandant, j'en ai oublié un. Pour que tout soit clair, je vais donc les récapituler tous, en précisant non seulement le grade exact de chacun, mais le nom de ce grade dans l'argot baille et dans l'armée de terre.

Notre pacha, le commandant Rousselet, est capitaine de vaisseau, peu respectueusement abrégé par ledit argot en « cap de vau » (colonel).

Notre second, le commandant Picard, est capitaine de frégate, abrégé en « frégaton » (lieutenant-colonel).

Le chef du groupement opérations, le commandant Alquier, et le chef du groupement énergie, le commandant Forget, sont tous deux capitaines de corvette, grade abrégé en « corvettard » (commandant).

Mais est aussi corvettard le chef de l'arme anti-sous-marine, alors que cette fonction est généralement assumée par un lieutenant de vaisseau. Il s'agit du commandant Mosset (objet de mon oubli) qui, après cette patrouille, devra nous quitter pour se préparer à commander un sous-marin d'attaque à Toulon.

A l'exception du jeune et sémillant ex-bordache Angel et de l'ORSA Becker, qui sont enseignes de vaisseau de 1re classe (lieutenants), tous les autres officiers du bord sont lieutenants de vaisseau (capitaines). Et comme vous savez déjà, on les appelle les loufiats.

— Pouah, dit un jour Angel en regardant Miremont et Callonec, quand je pense que, moi aussi, tôt ou tard, je passerai loufiat, ça me dégoûte ! J'aurai trente ans ! Je serai déjà un vieux con — comme vous.

— Fistot, dit Callonec, rendant injure pour injure, tu voudrais peut-être passer directement corvettard ?

Le logement des officiers comporte des chambres à tribord, des chambres à bâbord et des chambres situées au milieu, celles-là, « sans vue sur la mer », dit Verdelet. Une coursive circulaire dessert ces chambres et elle prend un nom différent, selon qu'elle longe les chambres de bâbord, qui, habitées par les jeunes et turbulents officiers, s'appelle la « rue de la Joie » ou celle qui longe les chambres de tribord, habitées par les commandants et que nous avons surnommée pour cette raison l'« avenue de l'Ecole de guerre ». Par une bizarre anomalie, l'ORSA Becker a une chambre sur cette avenue malgré la modestie de son grade. Il se peut que le pacha l'ait placé là pour qu'il échappe aux entreprises du gang de la rue de la Joie dont les animateurs sont les deux mimis, Angel, Callonec et moi. Je dois souligner, cependant, que si je suis le confident et, à l'occasion, le complice de leurs farces, j'en suis aussi le modérateur.

Si ce dimanche je me souviens tout d'un coup de mon oubli au sujet du commandant Mosset, c'est que je le rencontre, seul, au carré à l'heure du thé. Non, ce n'est pas un aficionado, mais un adepte du chocolat chaud. Il en avale deux ou trois tasses le matin et deux ou trois tasses à cinq heures. Il peut se le permettre : il a une minceur de sylphe. Heureux les hommes qui peuvent chaque matin que Dieu fait accompagner *una cioccolata* de cinq ou six croissants sans ajouter un gramme à leur panicule adipeux !

Son visage glabre et maigre, qui me rappelle le portrait de Bonaparte au pont d'Arcole, est en accord avec la finesse de sa taille, la netteté de son élocution et la franchise de son propos. Mosset a une autre particularité. C'est le seul commandant que les loufiats tutoient et, parfois, chahutent. La raison en est qu'hier il était lui-même loufiat : son quatrième galon brille encore d'un éclat trop neuf pour nous intimider.

Comme je lui demande si la perspective de retourner à Toulon sur des sous-marins d'attaque lui sourit, il s'exclame :

— Je pense bien ! Le sous-marin d'attaque, c'est le vrai sous-marin ! Ça bouge, ça n'arrête jamais ! Les exercices sont incessants ! Sur la *Diane*, j'ai tiré cinquante torpilles d'exercice ! Et ici en quatre ans, je n'en ai lancé que quatre... Il faut dire que la finalité d'un SNLE n'est pas de lancer des torpilles, mais de suivre en silence un itinéraire secret, obéissant à une stratégie de la dérobade et de la discrétion.

Je pose alors ma question d'éléphant :

— Dans ce cas, pourquoi possède-t-il des torpilles ?

Mosset sourit :

— C'est un principe militaire qu'on ne doit jamais se trouver désarmé dans une situation de désespoir. Au nom de ce principe, le bombardier lourd a des canons, le chef de char une arme individuelle, et le SNLE, des torpilles.

— Et quand doit-il s'en servir ?

— Quand, en temps de guerre, il est détecté et talonné par un sous-marin d'attaque ennemi qui lui veut du mal. Imagine-toi une grosse souris poursuivie par un tout petit chat. Sa tactique consiste à fuir, mais si elle est acculée elle doit pouvoir mordre et griffer.

— Et la morsure, c'est une torpille ?

— Oui. Mais les perspectives ne sont pas très joyeuses. Car l'ennemi ne restera pas seul bien longtemps, et nous aurons bientôt toute une meute à nos trousses.

— Et les deux Exocets de l'*Inflexible* ?

— Tu rêves, toubib ! La torpille est une arme sous-marine. Pas l'Exocet ! L'Exocet sort de l'eau et ne peut atteindre qu'un navire de surface.

— A quoi sert-il dans ce cas ?

— Un navire de surface peut lui aussi nous chercher des poux.

— Belle métaphore !

— Et dans ce cas, l'Exocet est très efficace, si du moins la cible se trouve à notre portée. Je dirais même qu'actuellement un Exocet est imparable.

— Imparable ?

— Il va très vite. Il parcourt quarante kilomètres en moins d'une minute.

— En moins d'une minute ! C'est effarant ! Et tu en as tiré ?

— Oui, deux — sans charge évidemment — sur un but défini. Je l'ai atteint. Les deux fois.

— Commandant, dis-je avec un sourire, tu m'as l'air d'un artilleur très motivé. Je ne m'étonne pas que dans ces conditions tu t'ennuies à bord d'un SNLE.

Son visage glabre et maigre marque de l'étonnement.

— Mais je ne m'ennuie pas ! dit-il avec vigueur. Pas une seconde. D'abord, une patrouille sur un SNLE, c'est très intéressant sur le plan humain : tous ces gens qui se retrouvent ensemble dans la même boîte en fer pendant si longtemps... Et puis sur un SNLE, on vit une situation très proche de la réalité. On est en permanence en temps de guerre, le doigt posé sur la détente, prêt à tirer.

— Mais si l'ordre vient, ce n'est pas toi qui vas tirer, c'est le missilier.

— Très juste, toubib. Moi dans un SNLE, sauf dans les cas que nous venons d'évoquer, je ne tire pas. J'écoute. J'écoute les bruits biologiques : crevettes ou dauphins. J'écoute les bruits que font les autres bateaux en essayant de déterminer leur azimut et leur distance. Et aussi je m'écoute moi-même.

— Tu t'écoutes toi-même ?

— Façon de parler ! J'écoute les bruits que fait notre bateau.

— Pourquoi ?

— Pour les faire disparaître ou les atténuer. Au nom de la sacro-sainte discrétion !

— Je ne vois pas comment on peut supprimer, ou même diminuer, le bruit de l'hélice.

— Les Anglais y sont bien arrivés ! Ils ont inventé une hélice qui, tournant moins vite que la nôtre pour une même vitesse, est beaucoup plus silencieuse.

— Verdoux dirait « *Hear ! Hear !* ».

— Il aurait raison. Mais il n'y a pas que l'hélice qui est bruyante. Tout ce qui tourne à bord peut produire des vibrations qui se communiquent à la coque et la font résonner comme une peau de tambour.

— Tout ce qui tourne à bord ?

— Oui. Les turbines, les turbo-alternateurs, les moteurs électriques auxiliaires, et Dieu sait s'il y en a.

— Et qu'est-ce qui produit ces vibrations des machines tournantes ?

— Le balourd.

— Commandant, mets-toi à la portée d'un modeste éléphant !

— On dit d'une machine qu'elle a le balourd quand elle est mal équilibrée.

— Et on peut y remédier ?

— Oui, de diverses manières. Par exemple, on peut suspendre la machine sur des plots élastiques. Mais il n'y a pas que les moteurs qui font du bruit. Les canalisations, les tuyauteries peuvent aussi être fautives.

— En somme, sur un sous-marin d'attaque, tu es un artilleur. Mais sur un SNLE, tu es surtout le préposé au silence.

— C'est cela, dit Mosset d'un air satisfait. C'est exactement cela.

Il se tait et boit son chocolat non pas comme moi, mon thé, à petites gorgées, mais à grandes lampées. Quand je pense qu'il y a des gens dans des stands de tir qui sont contents parce qu'ils mettent cinq petites balles de revolver dans un petit carton ! Mosset, lui, s'exerce avec des torpilles et des Exocets ! A cette échelle, c'est un peu effarant. Toutefois, dans ce qu'il a dit, c'est autre chose qui me chiffonne.

— Commandant, dis-je, si je t'ai bien compris, la discrétion du SNLE — cette discrétion sur laquelle repose son invulnérabilité, et, par voie de conséquence, l'efficacité de la dissuasion — est fonction, d'une part, du silence avec lequel il se déplace, et d'autre part de ses moyens de détection.

— Pas seulement, dit Mosset. Sa discrétion est aussi fonction du silence d'un ennemi éventuel et des moyens de détection dudit ennemi.

— Ce qui veut dire, je suppose, que si un sous-marin ennemi est plus silencieux qu'un de nos SNLE et possède de meilleurs moyens de détection, il pourra le détecter avant d'être détecté par lui, et par conséquent être en mesure de le détruire en toute discrétion.

Mosset me regarde et fait une petite moue.

— Ce que tu viens de dire n'évoque pas une perspective bien agréable, mais c'est vrai.

— J'en conclus que notre dissuasion n'est efficace que dans la mesure où notre technologie — en ce qui concerne le silence et les moyens de détection — est au moins égale à celle d'un ennemi éventuel. Est-ce le cas ?

— Je me demande bien qui pourrait te répondre là-dessus, dit Mosset.

Un silence tombe, et qui pèse assez sur lui comme sur moi pour que j'éprouve le besoin de l'alléger.

— Eh bien, dis-je avec un sourire, si je deviens un jour Premier ministre, dans le doute, voici ce que je ferai : je multiplierai par dix le nombre de nos ingénieurs et par vingt, les fonds alloués à la recherche.

— Ne t'inquiète pas, dit Mosset avec un sourire. On travaille déjà très activement sur le SNLE de la seconde génération...

Après le thé, je gagne l'infirmerie où Le Guillou me dit :

— Nous avons un malade.

— Urgent ?

— Non.

— Vous savez, Le Guillou, qu'en cas d'urgence...

— Oh, docteur, il faudrait vraiment qu'un gars soit subclaquant, pour que j'aille troubler votre thé !

— Merci. Qui est-ce ?

— Premier maître Lombard, missilier.

— Qu'est-ce qu'il a ?

— A ce que je crois, une double sciatique.

— Diable ! Où il est ?

— Je l'ai fait coucher sur la banette de Morvan, et j'ai expédié Morvan à sa place dans sa chambrée.

— Vous avez bien fait.

Je passe dans la chambre d'isolement, j'examine Lombard, je confirme le diagnostic de Le Guillou. Je prescris le repos couché et le traitement ad hoc.

— J'en ai pour longtemps à rester couché ? demande Lombard.

Je le regarde, c'est un grand brun d'une trentaine d'années, les yeux cernés, les lèvres mobiles, l'air inquiet.

— Lombard, il va falloir être patient. Et surtout ne pas vous lever, ni faire d'effort.

— Déjà, dit-il, qu'en temps ordinaire je m'ennuie pas mal... Docteur, ça ne vous ferait rien de prévenir M. de Saint-Aignan ? Je ne voudrais pas qu'il croie que je tire ma flemme.

— Ne vous inquiétez pas. Je vais le lui dire. Savez-vous où il est ?

— Il est de quart au PCNO.

— J'y vais.

Le Poste Central de Navigation Opérations qui est dans la même tranche que le logement des officiers, et qui fait suite au carré, est la tête pensante du SNLE. Il comprend un nombre impressionnant de tableaux de bord. A ma gauche, l'écoute. A droite, les barreurs. Devant moi, sur une plate-forme, les périscopes. Au fond, les centrales de navigation par inertie.

J'ai parlé du barreur et je ne voudrais pas que vous l'imaginiez dramatiquement debout devant une grande roue en acajou, qu'il fait tourner d'un mouvement ample et cinégénique. Assez souvent, le pilotage étant automatique, il n'y a pas de barreur, seulement un surveillant. Parfois, il y en a un. Dans les moments délicats, il y en a deux.

Ils ne sont pas debout, mais confortablement assis dans des fauteuils jumeaux comme des pilotes d'avion, les mains posées comme eux sur un manche fait de deux poignées.

Ces manches commandent par le truchement du gouvernail les changements de direction à droite et à gauche, et par les barres de plongée (situées sur le massif et à l'arrière du bâtiment) la plongée et la remontée. Ces fonctions peuvent être couplées sur un seul manche ou découplées sur deux, selon qu'on a besoin d'un barreur ou de deux.

Derrière les barreurs et perpendiculairement à leurs sièges, on voit une impressionnante rangée de tableaux de bord devant lesquels des hommes sont assis et sur lesquels s'inscrit, par un jeu de petites lumières, tout ce qu'il est nécessaire de connaître pour la sécurité-plongée. Par exemple, si au moment de l'état de veille qui précède la plongée, un panneau reste ouvert, cet « accident » est aussitôt signalé comme le serait une voie d'eau éventuelle.

Lectrice, vous devez trouver que je suis toujours en train de solliciter votre imagination. J'aimerais malgré tout que sur ce simple mot « voie d'eau » vous vous mettiez à trembler un peu (toutefois pas assez pour cesser de me lire). Car une voie d'eau, sur tout bateau, c'est grave, puisqu'elle détruit, si elle n'est pas aveuglée, la flottabilité. Mais quand il s'agit d'un sous-marin en plongée, la gravité est multipliée par la nécessité de remonter à la surface avant que le poids de l'eau ne l'enfonce jusqu'à des profondeurs où sa coque serait écrasée.

Derrière les barreurs se tiennent trois hommes : l'officier marinier, le lieutenant de vaisseau de Saint-Aignan, qui est de quart, et le pacha qui ne prend pas le quart, mais que l'on voit souvent en ces lieux, jeter l'œil du maître, ou, comme dit le second, « parer au grain » : expression paradoxale quand il s'agit d'un sous-marin qui ne connaît ni les éclairs, ni le vent, ni la houle. Mais justement, le pacha craint que les gradés, si compétents et si consciencieux qu'ils soient, s'endorment dans un sentiment de fausse sécurité. Sa vigilance tend à stimuler la leur. Il redoute l'inattention et le laisser-aller, nés du confort de la routine ou de la banalisation des risques. Je l'ai entendu dire aux analystes classificateurs de l'écoute : « Attention, n'abusez pas des "bruits biologiques" — crevettes, dauphins et *tutti quanti* —, ça peut être autre chose... »

— Vous me cherchez, toubib ? dit le pacha.

— Non, commandant. C'est à Saint-Aignan que j'ai affaire.

— Tu as quelque chose à me dire ? dit Saint-Aignan en s'approchant de moi.

Il a une façon bien particulière de dire « tu », le tutoiement chez lui n'impliquant aucune familiarité.

— C'est bien toi le missilier du bord ?

— Plus exactement, dit-il, je suis un « missoum ».

— Allons bon ! Qu'est-ce qu'un missoum ?

— Un missilier de sous-marin. Tu devrais savoir qu'il n'y a pas qu'à bord d'un SNLE qu'il y a des missiles balistiques.

— Je prends bonne note. Et je t'apprends que tu vas perdre un de tes missoums, Lombard, immobilisé à l'infi avec une double sciatique.

— Pas de chance ! dit Saint-Aignan.

Un autre aurait dit « pas de pot », mais l'expression ne fait pas partie de son vocabulaire.

— Bien, dit-il, je le dirai à Pérignon.

— Pourquoi à Pérignon ?

— Parce qu'il est le mis 1. Moi je suis le mis 2.

— C'est ton chef, en somme.

— En quelque sorte, dit-il avec un sourire.

Je le lui rends, car il ne m'est que prêté, et je m'en vais. N'en concluez pas que je n'aime pas le lieutenant de vaisseau de Saint-Aignan. Au contraire, je l'aime bien, mais parfois il m'agace.

Saint-Aignan a le teint clair, l'œil bleu, les traits réguliers, et je ne sais quel air de distinction répandu sur le visage. Je dis « je ne sais quel air », parce que je ne parviens pas à le définir. Celle de mes deux grand-mères qui avait quelques prétentions bourgeoises eût dit qu'il était « racé ». Mais c'est un mot que je n'emploie pas. Je préfère dire que de Saint-Aignan émane une certaine dignité, qu'il a une tournure élégante, et qu'il est élégant en ses gestes et attitudes, mais sans pose aucune.

Il appartient à une vieille famille du centre de la France, et, comme on sait, la noblesse est friande de la Marine, et la Marine, de son côté, est friande de la noblesse, pour peu qu'elle apprenne les mathématiques et passe par sa grande école.

L'époque est loin où Henri IV nommait vice-amiral de France M. de Vic qui n'avait jamais mis les pieds sur un bateau, obéissant ainsi à cette coutume fort répandue en Europe qui voulait qu'on nommât à la tête des escadres des personnages titrés qui ignoraient tout de la mer. Tout changea quand Elisabeth Ire d'Angleterre eut l'idée d'envoyer un vieux loup de mer peu recommandable affronter sur ses vaisseaux rapides le pimpant duc de Medinasidonia et son Invincible Armada. Quand le forban vainquit le duc, la Marine des temps modernes vit le jour.

C'est du moins ce que prétend le second, de qui je tiens ces détails érudits.

Je jette un coup d'œil à ma montre et, voyant qu'il est encore beaucoup trop tôt pour que je revête mon uniforme pour le repas présidé du dimanche, je gagne le carré et prends un livre (pas tout à fait au hasard : Verdelet me l'a recommandé) dans la bibliothèque. M'installant dans un fauteuil, je commence à lire.

Ce livre qui s'intitule *le Froid et les Ténèbres*, et qui est écrit par un symposium de savants appartenant à trente pays différents, décrit les conséquences d'une guerre nucléaire de cinq mille mégatonnes.

C'est à vous donner dans le dos quelques petits frissons. Ces savants estiment à cinq cents millions le nombre de personnes qui, à la suite d'une guerre de ce type, seraient volatilisées par la chaleur, tuées par le souffle ou condamnées à la mort lente par les radiations.

C'est beaucoup. Mais ce n'est pas le pire. Car, d'après ces mêmes savants, l'échange de missiles nucléaires projetterait dans l'atmosphère une telle quantité de poussière, de suie et de fumée (dues non seulement aux bombes elles-mêmes, mais aux incendies gigantesques qu'elles déclencheraient) que le rayonnement solaire serait réduit au point de plonger la terre dans « le froid et les ténèbres » pour une durée d'un an au moins.

Selon eux, la température, même en été, descendrait alors bien au-dessous de zéro, gelant les végétaux. En outre, la photosynthèse des plantes n'étant plus possible en raison de l'obscurité permanente, les sources de nourriture pour les animaux et les hommes seraient gravement atteintes, sinon anéanties.

La famine qui en résulterait tuerait en toute probabilité deux milliards et demi de personnes, et d'autant qu'à la famine s'ajouterait un autre mal : l'énorme quantité d'oxyde d'azote produite par les boules de feu de la guerre nucléaire détruirait la couche d'ozone qui nous protège et, de ce fait, augmenterait dans des proportions considérables le rayonnement ultraviolet du soleil. Les hommes et les animaux seraient alors menacés de cécité et leur système immunitaire étant atteint les laisserait sans défense devant les maladies.

Après cet holocauste — en tout trois milliards d'êtres humains —, on est presque stupéfait d'apprendre qu'il y aurait malgré tout un milliard et demi de survivants, presque tous dans l'hémisphère Sud, les populations les moins affectées étant celles de l'Australie et de la Nouvelle-Zélande.

Je ne lis pas ce livre. Je le parcours. Car il est très répétitif, tous ces savants traçant le même tableau avec une consternante unanimité ; ce qui m'impressionne d'autant plus que pas la moindre intention politique n'est décelable en impression, ou en surimpression, dans leurs propos.

Nouveau coup d'œil à ma montre. Il est temps d'aller m'habiller. Sur le seuil du carré, je croise Verdoux.

— Tiens, dit-il, en me voyant le livre dans les mains, tu lis *le Froid et les Ténèbres* ?

— Oui, c'est effrayant.

— Le général Gallois a trouvé le scénario de l'après-guerre atomique excessif et irréaliste. Il l'a dit à un « Dossier de l'écran ».

— Je ne savais pas qu'il était physicien.

— Mais il ne l'est pas. Il se place à un autre point de vue. Il estime que toute guerre nucléaire étant suicidaire pour l'Etat qui en prendrait l'initiative, aucun chef de gouvernement ne saurait s'y résoudre.

— Et toi, qu'en penses-tu ?

— C'est naïf, mon général, dit Verdoux en se mettant au garde-à-vous, un petit sourire au coin des lèvres.

Il reprend :

— Peut-on douter un seul instant qu'un Hitler aurait le premier déclenché une guerre nucléaire, s'il en avait eu la possibilité ?

— C'est probable, en effet.

— Et Hitler, dans l'Histoire, c'est pas un phénomène isolé. La sagesse n'est malheureusement pas la qualité dominante des princes qui gouvernent le monde. Je suis en train de lire *la Marche folle de l'Histoire* de Barbara Tuchman. Elle démontre, à l'aide d'exemples très fouillés, que bon nombre de gouvernants — de la guerre de Troie jusqu'à la guerre du Viêt-nam — ont suivi une politique absurde, parfois suicidaire, en tout cas rigoureusement contraire aux intérêts de leur pays.

— Je te retiens le livre quand tu l'auras fini.

— Impossible, je l'ai déjà promis à Verdelet.

— Après lui, dans ce cas.

— Cette soif d'apprendre m'étonne, dit Verdoux en affectant un air hautain, surtout chez un toubib.

— Qui sait ? dis-je, je suis peut-être un petit peu moins idiot que la moyenne.

— Et présomptueux par-dessus le marché ! dit Verdoux en s'éloignant dans la coursive, les deux mains en l'air.

Je me retire dans ma chambre et je me mets en uniforme pour le « repas présidé ». Tandis que j'écris ces lignes, je me souviens que j'ai commis une erreur la première fois que j'ai décrit la présentation du menu par le mimi Verdelet. Je l'ai placée un samedi, alors que c'est le dimanche, au début du repas présidé, que ce rite a sa place.

Chemisette blanche avec patte d'épaule portant l'insigne du grade, cravate et pantalon bleu marine : c'est agréable de laisser T-shirt et jean, et, pour une fois, de se faire beau. C'est agréable et en même temps assez mélancolique, car cela me rappelle le temps — qui me paraît aujourd'hui incroyablement lointain — où je me rasais, me coiffais et m'habillais avec plus de soin que d'habitude pour sortir, le soir, avec une fille.

Au carré, alors que nous sommes déjà tous à table — sauf les malheureux qui sont de quart —, il y a un moment de flottement : le mimi Verdelet qui doit présenter le menu n'apparaît pas.

— On pourrait commencer sans lui, dit Mosset à mi-voix.

— Quoi ? dit Angel, tu as faim ? Malgré les litres de chocolat chaud que tu ingurgites chaque jour ?

— Qu'y puis-je ? dit Mosset.

— Il paraît que le chocolat stimule l'intellect, dit Saint-Aignan.

— Hélas ! dit Verdoux. Il est sans effet dans les cas graves.

Rires, auxquels Mosset, le premier, s'associe.

— Je soutiens la proposition Mosset, dit Callonec, mais lui aussi à mi-voix.

— Quand il a faim, dit Angel, le prop a ses vapeurs.

— Tu l'as déjà faite, dit Mosset. Quant à moi, je soutiens la proposition Callonec.

— Les souteneurs se soutiennent entre eux, dit Verdoux.

Ce badinage a pour but de meubler l'attente et non pas de faire pression sur le pacha pour qu'il commence sans Verdelet. Car on n'ignore pas qu'il est trop attaché au rite de la présentation du menu pour le sacrifier à la piaffe des jeunes officiers. D'ailleurs, il fait semblant de ne pas entendre, et s'entretient avec le second. Raison pour laquelle l'échange de plaisanteries s'est fait *sotto voce*.

Mais le second, toujours vif et bouillant, s'impatiente à son tour et dit :

— Que fait donc notre coquelet ?

— Wilhelm, dit le pacha, allez donc voir dans sa chambre.

Wilhelm s'éclipse et revient, tout sourire.

— Il se pare, commandant, il vient de suite.

— Il se pare ? dit le pacha.

— Il se pare ou il se prépare ? dit le second.

Wilhelm ne répond pas.

— Maintenant que j'y pense, dit Verdoux, je me souviens que Verdelet a parfois des difficultés à mettre ses boucles d'oreilles.

Miremont relève la tête, étonné. Mais il ne dit rien. Il commence à se méfier de l'humour des mimis.

— Attendons, dit le pacha avec flegme.

— Et espérons, dit Angel, que cela en vaudra la peine.

— Wilhelm nous cache quelque chose, dit Callonec.

Wilhelm sourit sans répondre.

— Je vois, dit Callonec : bouche cousue.

— Pas tellement, dis-je, puisqu'il sourit.

— Que mange-t-on ce soir, Wilhelm ? dit le pacha.

— Un repas exotique, commandant.

— Définition qui n'en est pas une, dit Verdoux. Au sens propre, tout ce qui n'est pas la cuisine française est exotique. Exemple : la cuisine anglaise est exotique.

— Horreur ! dit Mosset.

A ce moment, Verdelet fait une apparition triomphale, costumé en Chinoise. Une Chinoise d'un mètre quatre-vingt-cinq. Il est parfaitement déguisé, perruqué, les yeux en amande, le teint jaune, poudré de blanc. Les mains jointes sous le menton, il fait au pacha et à chacun des officiers une petite courbette polie, puis il dit d'une voix haut perchée, criarde et nasale :

— Honorés Seigneurs de la guerre (courbette) et vous, très honoré Seigneur, commandant la grande jonque qui va sous l'eau (nouvelle courbette), plaise à vos honorées oreilles d'entendre l'énoncé des nourritures qui vous seront apportées ce soir :

Pâté impérial
Riz cantonais
Poulet aux amandes
Lychees ou cumquats au choix
Thé au jasmin
En supplément (50 francs) :
Rôti de chien nouveau-né

Rires et bravos accueillent ce numéro et Verdelet recueille des compliments tous azimuts qui débouchent sur une discussion ludique : on se demande si on va lui accorder la note maximale pour sa prestation.

— C'est à voir, dit Verdoux. Fille du ciel, poursuit-il en se tournant vers Verdelet, est-ce que je pourrais avoir le supplément ?

— Je regrette infiniment, honoré Seigneur, dit la Chinoise de sa voix nasale et criarde, il est épuisé.

— Je voterai donc contre la note maximale, dit Verdoux. J'avais justement très envie ce soir d'un rôti de chien nouveau-né.

Rires et protestations.

— Que dit le commandant ? dit Callonec.

— C'est excellent, dit le pacha. J'aurai une petite réserve à faire.

Le silence se fait.

— Je trouve, dit-il, que pour une Chinoise Verdelet est peut-être un peu petit.

Rires et la note maximale est votée par acclamations. Dès qu'elle est acquise et qu'un silence relatif se fait, Wilhelm s'approche du commandant.

— Avec votre permission, commandant, j'aurais une suggestion à faire.

— Je vous écoute, Wilhelm.

— L'équipage a eu vent du déguisement de l'aspirant Verdelet...

— Tiens ! Et comment en a-t-il eu vent ?

Wilhelm rougit et la Chinoise dit promptement :

— Mais par moi, commandant. J'ai pensé que cela ferait peut-être plaisir à l'équipage si j'allais pour une fois lui présenter le menu à la caffe, puisqu'il a le même menu que le nôtre.

Le pacha hésite, et je crois presque voir son esprit fonctionner ; la présentation du menu par le mimi est un rite du carré et c'est porter atteinte au rite que de l'étendre à la caffe. Mais d'un autre côté, Verdelet s'est donné tant de mal pour réussir son déguisement (car il a dû l'amener à bord, dès qu'il a su à terre par Brosse à dents qu'il y aurait des menus chinois) que ce ne serait guère gracieux de lui refuser l'autorisation qu'il demande. Surtout, tout ce qui rompt, pour les hommes comme pour les officiers, la monotonie engourdissante de la vie à bord crée une péripétie, fût-elle infime, et tonifie le moral.

— Voici comment on va procéder, dit le pacha d'un ton vif et décisoire : Angel va aller annoncer à la caffe qu'on vient de découvrir à bord une Chinoise embarquée clandestinement, et que cette Chinoise, à titre exceptionnel, est autorisée par le commandant à présenter le menu à l'équipage.

Je savoure : c'est à la fois gentil et habile. Wilhelm sert à la ronde les pâtés impériaux et ils sont déjà à demi dévorés (tant l'attente nous a creusés) quand la grande Chinoise revient de la caffe, suivie d'Angel qui paraît derrière elle absurdement plus petit.

— Un triomphe ! dit Angel, j'ai eu du mal à l'arracher à ses admirateurs.

Comme s'il était jaloux de ce succès, Verdoux tire un papier de sa poche et dit :

— Commandant, comme je sais que vous aimez les citations, j'en ai copié une qui vous concerne dans les *Propos* du philosophe Alain.

— Qui me concerne ? dit le pacha.

— Ou plutôt votre métier. La voici : « Sur son navire, le capitaine est seul maître après Dieu. Vous formez aussitôt, d'après cette forte manière de dire, l'idée d'un homme inflexible et redouté. Je me représenterais plutôt quelque diplomate, capable de dissimuler, d'attendre et même de supporter beaucoup. »

— Preuve, dit le pacha, que les philosophes ne disent pas que des bêtises, contrairement aux idées reçues.

— Mais qui peut bien « recevoir » une idée pareille ? dit Verdoux.

— Moi, dit Miremont.

Ah l'imprudent énergue ! Qu'a-t-il dit là ? Pour une fois qu'il ouvre la bouche !

— Misérable matheux ! s'écrie Verdoux, tu viens d'insulter Minerve, déesse de la sagesse. Je la vengerai, je le jure !

— Je le jure aussi, dit la Chinoise en regardant Miremont d'un air farouche.

Puis, lui montrant de loin ses doigts ornés d'ongles postiches pointus comme des poignards, elle ajoute :

— Je te plains de tomber dans nos mains redoutables.

— Mais c'est un alexandrin, dit le pacha.

— De Racine, dit Verdoux, Songe d'Athalie.

Le pacha sourit.

— Ce qu'il y a de bien avec les énarques, c'est que sur le chapitre des citations ils ne craignent personne.

— Il ne faut pas être jaloux, commandant, dit Verdoux : la culture est ouverte à tous.

— Voyez-vous ce galopin ! dit le pacha.

Mais il n'est pas le moins du monde offusqué. Les impertinences de Verdoux sont rituelles et par conséquent admises. En un sens, s'il cessait de s'y livrer, c'est au rite qu'il manquerait.

— Mais que vois-je ? dit le pacha. Nous avons une dame ici et elle est assise en bout de table ! Toubib, voudriez-vous avoir l'obligeance de lui céder votre place à ma droite ?

— Avec joie.

Je me lève, la Chinoise aussi, et, les deux mains jointes sous son menton, elle fait deux petites courbettes.

— Je vous présente mes humbles et honorés remerciements, commandant de la grande jonque qui va sous l'eau.

Et avec des petites mines elle va s'asseoir à sa dextre.

— La note archaïque est exagérée, dit le second ; les Chinois ont eux aussi des sous-marins.

Le badinage se poursuit pendant tout le repas, et Verdelet joue à la perfection son rôle féminin. Quant au pacha, au second, au commandant, à nous tous, nous comblons la Chinoise de compliments et des plus galantes attentions. Mais est-ce que nous entrons dans le jeu ? Ou est-ce que nous sommes pris par lui ? Il me semble déceler à la longue chez les autres et chez moi que cette comédie ne va pas sans quelque émotion. Nous avons beau rire et sourire, il n'empêche que nos yeux, fascinés, ne quittent guère la Chinoise, au point que Verdelet, malgré son aplomb, me paraît par moments gêné. Mais il se reprend aussitôt, trop professionnel pour trahir son rôle séducteur. Il le sert à merveille. Il n'est jamais équivoque ni caricatural. Et nous lui savons gré de le jouer si bien, avec tant de tact, sans passer la mesure, sans détruire l'illusion qui pour un soir — devant cette apparence de femme — nous redonne le goût de vivre.

6

Deux ou trois jours après le repas de la Chinoise, la cuisse me conte ses rêves d'avenir et j'ai un assez sérieux accrochage avec Le Guillou au sujet du boula.

On remarquera que la cuisse désigne 1° — Le local où se cuisent les mets. 2° — Le cuisinier, l'aide-cuisinier et le boula. 3° — Uniquement le cuisinier. Les rêves d'avenir n'étant pas collectifs, c'est de celui-là seul qu'il s'agit ici.

Ce n'est pas souvent que Tetatui trouve le loisir de parler, car de six heures trente du matin à huit heures trente du soir, il est, avec son aide-cuisinier Jegou, l'homme le plus occupé du bord. Toutefois, il peut se permettre une petite sieste de deux heures l'après-midi, et il a ses nuits franches.

— Et les nuits franches, dit Tetatui, je suis très pour, vu que je suis un grand dormeur, voilà, c'est ça.

Je viens de le soigner pour une petite tendinite à l'épaule droite, et, le dos appuyé contre la table d'opération, il me regarde et pousse un soupir. C'est un homme plutôt petit, trapu, bien en chair, le visage large et les yeux grands. Je suppose que la taille des yeux dépend de la quantité de soleil qu'ils ont à absorber. Et, quant à Tetatui, en fait d'horizons vastes et lumineux, il est bien servi, étant né à Rikitea dans les Gambiers.

Il soupire de nouveau.

— Enfin, dit-il, j'ai trente-trois ans et dans trois ans, je quitterai la Marine.

— Vous aspirez à la retraite, Tetatui ?

— J'aspire surtout au repos, voilà, c'est ça. Vous comprenez, docteur, les Français de France, ils pensent qu'au travail. Le travail ! Le travail ! Ils sont fous avec leur travail !

— *Maamaa...*

— Non, docteur, *maamaa*, c'est tahitien. Aux Gambiers, pour désigner des gens fêlés, on dit *pocovélivéli*.

— La plupart des cuisiniers de la Marine, quand ils quittent la Royale, ouvrent un restaurant.

— Eh bien pas moi ! dit Tetatui. Moi, quand je vais en permission, je touche pas une casserole ! C'est ma femme qui fait la cuisine !

— Elle aime ça ?

— A bien fallu.

— Mais vous allez vous ennuyer à Rikitea, quand vous serez retraité ?

— Pensez-vous, docteur ! Je ferai les perles artificielles. J'aurai un Japonais pour me montrer. C'est un truc. On glisse une petite bille en plastique dans l'huître, et l'huître l'entoure de nacre. Et on vend les perles à Papeete pour les touristes. Quand le Japonais m'aura appris, j'apprendrai à des gars de mon village. C'est eux qui travailleront. Pas moi.

— Mais il faut des terres côtières pour élever les huîtres perlières.

— C'est pas ça qui me manque. Je possède le quart de l'île.

— Vous possédez le quart de Rikitea ?

— Un peu moins du quart, dit-il modestement. Disons 20 %. Vous comprenez, docteur, mon grand-père, il était juge de paix. Il savait lire et écrire. Les autres, non. Alors, il leur faisait signer des actes de vente en échange de petits avantages. Et voilà comment il a acquis le quart de l'île. Une sacrée magouille !

Le mot est désapprobateur. Mais le ton ne l'est pas. Après tout, le droit, c'est le droit. Même s'il découle de l'iniquité.

— Mais vous, Tetatui, pendant que vos travailleurs travailleront, qu'est-ce que vous ferez ?

— Je pêcherai.

— Dans le lagon ?

— Oh non ! Dans le lagon, il n'y a pas beaucoup de poissons intéressants. Je pêcherai en pleine mer dans ma barque à moteur.

— Si je comprends bien, dis-je avec un sourire, vos ouvriers travaillent la perle, la perle travaille pour vous, votre femme fait le ménage et la cuisine, et, pendant ce temps-là, vous pêchez. Mais c'est encore du travail que pêcher, Tetatui...

— Pas quand on pêche comme moi, à la traîne. Vous vous baladez, le moteur à petite vitesse, les poissons se prennent tout seuls. Et vous avez même pas la peine d'appâter, vu que c'est toujours le même leurre que vous traînez derrière vous.

Ce coup-ci, je ris franchement.

— Alors là, je vous imagine très bien, assis sur votre banc, le dos calé contre la lisse, deux doigts posés sur la barre et le torse nu...

— Le torse nu, pas toujours, dit Tetatui avec un soupir. Les Gambiers, c'est plus froid que Tahiti. Il y a même des jours où il faut mettre un petit pull...

En somme, rien n'est parfait. Le bonheur lui-même a ses limites. N'empêche, dans quatre ou cinq ans, si le sort m'appelle de nouveau vers les îles des mers du Sud, je pense que je pousserai jusqu'à Rikitea pour voir où Tetatui en est de ce farniente que son rêve a eu tout le temps d'organiser, tandis qu'il travaille et transpire dix heures par jour à ses fourneaux, enfermé comme nous sous les eaux dans une boîte en fer.

Tetatui a un petit problème de cohabitation avec le boula, parce que leurs activités se déroulent dans le même local. Quand Tetatui, à vingt et une heures, cesse les siennes, le boula s'empare de la cuisine et la transforme en fournil, lequel, à six heures et demie du matin, redevient cuisine pour Tetatui. Ces mutations ne vont pas sans heurts.

— Y a forcément une question de territoire, dit le boula qui est grand, gros et l'œil noir sous des sourcils épais. Le cuisinier, il veut être le seul maître à bord dans sa cuisse. Et moi aussi dans mon fournil.

Le boula est venu me voir parce qu'il a mal à la plante des pieds.

— Vous devriez vous asseoir davantage.

— Mais c'est impossible, docteur ! dit-il avec véhémence. La boulange, ça se fait debout.

— Vous n'allez pas me dire que vous pétrissez à la main ?

— Non, pour ça, j'ai un batteur électrique. Mais je façonne manuellement. Je fais vingt baguettes par fournée.

— Vingt, ce n'est pas beaucoup.

— J'ai quatre fours électriques, et chacun ne contient que cinq baguettes. Comme je fais deux cents baguettes en tout, ça me fait dix fournées.

— Vous ne pouvez pas vous asseoir entre les fournées ?

— Pas possible, docteur ! Pendant qu'une fournée lève, je prépare la suivante. Et en plus, entre les fournées, je fais les croissants, les brioches, les pains au chocolat et la pâtisserie.

— Et la journée, vous dormez au moins ?

— Très bien.

— Je ne vois pas comment vous pouvez dormir si bien dans une chambre de six, avec la lumière de jour et tous les va-et-vient de vos camarades.

— Y a pas de problème. Pour le bruit, je me mets des boules Quiès dans les oreilles. Et pour la lumière, comme vous savez, chaque banette dans les chambres est fermée par des « rideaux de courtoisie ». Enfin, c'est comme ça que la Marine les appelle. Remarquez, c'est pas tout à fait suffisant : alors je les double avec une toile de jute. Il fait très noir dans mon petit coin et je dors très bien. Pas la peine de me bercer. Remarquez, je me relève à midi pour manger, et me balader un peu dans le bord. Je veux garder le rythme des deux repas par jour.

— En somme, dis-je, tout va bien, sauf vos pieds.

— Voilà !

— Vous devriez acheter des tennis à la cope. Ils vous isoleraient les plantes des pieds davantage que vos chaussures.

Il a suivi mon conseil et quand, huit jours après, je le rencontre dans une coursive alors qu'il « se balade » dans le bord, il ne me parle plus de ses pieds, mais de sa barbe.

— Docteur, ça vous ferait rien d'ouvrir pour moi la cope. Je n'ai plus de lames de rasoir. Et je voudrais me raser avant de reprendre mon service.

— Ça, c'est courageux ! dis-je en regardant ma montre : se raser à huit heures du soir !

— Mais pour moi, le soir, c'est le matin ! dit le boula. Et j'aime me sentir frais pour me mettre au travail.

— Venez, dis-je, je vais vous ouvrir. Vous faites toujours vous deux cents baguettes par jour ?

— Oh non, docteur. La consommation a baissé. Maintenant, c'est cent quarante et en fin de patrouille je n'en ferai plus que cent. Les gars commencent à avoir peur des réflexions de leur femme à leur retour.

J'ouvre la cope, je donne au boula ses lames de rasoir, je reçois son argent, je referme et, après cette infime transaction commerciale, je m'en retourne dans ma chambre, le cœur tout innocent. Mais mon lendemain va déchanter.

Déjà, ma nuit est bien loin d'être bonne, malgré un bon début. Comme l'écrit si joliment Marcel Proust, « une femme naît dans mon sommeil d'une fausse position de ma cuisse ». Malgré l'étroitesse de ma banette, l'impression eût été charmante, si sa vivacité même ne m'avait réveillé, me laissant sur le sable, furieux et frustré, comme un pauvre crabe que le reflux d'une vague a jeté sur le dos, agitant dans l'air ses pinces inutiles.

Je me rendors, et c'est pour me retrouver à Prague où mes cauchemars précédents avaient situé la perte de ma valise. Cette fois, le rêve commence sous les meilleurs auspices. Je suis installé à une table du grand hall de l'hôtel Alkron, en train de boire du thé. Et à la table voisine de la mienne, est assis, prenant le thé, un quarteron de jeunes femmes que les Tchèques, avec leur humour pince-sans-rire, appellent « les demoiselles Touzek », du nom des magasins d'Etat où l'on vend — exclusivement aux touristes et en échange de leurs précieuses devises — les merveilleux cristaux façonnés en Bohême. Ce que vendent, contre devises aussi, les demoiselles Touzek dans ce grand hôtel fréquenté par les hommes d'affaires occidentaux, on le devine. Qui le dirait pourtant, à les voir si distinguées en leur allure et vêture, le maquillage discret, le verbe bas, le geste mesuré, l'œil modeste, et belles comme seules les Tchèques peuvent l'être ?

Lectrice, irez-vous penser du mal de moi — mais souvenez-vous que tout ceci n'est qu'un rêve — si je vous dis que me sentant triste et seul je succombe à la tentation ? Je me lève, et ma clé de chambre ostensiblement à la main, me dirige vers les demoiselles Touzek et demande à la plus ravissante son nom.

— Je m'appelle Sophia, dit-elle d'une voix basse et douce.

Je lui laisse voir alors le numéro de la chambre inscrit sur ma clé et la quitte, le cœur me battant quelque peu. Naturellement, elle ne me suit pas. Les yeux au bord de ma tasse de thé, j'ai observé ici même, plus d'une fois, l'extraordinaire discrétion de ce petit manège.

Un quart d'heure plus tard, on gratte à la porte de ma chambre. J'ouvre. C'est la merveilleuse, la paupière à demi baissée sur de beaux yeux verts, et la tête un peu penchée sur le côté, comme alourdie par le poids de ses longs cheveux noirs qu'elle porte rassemblés sur sa nuque en chignon comme une héroïne romantique. Elle est vêtue d'un fourreau de satin blanc décoré sur le devant d'un grand oiseau brodé or. Pas de bijou, sinon une petite croix qui brille dans la pénombre, pendant de son cou au bout d'une chaînette. On dirait une ingénue à son premier bal. Et comme, la porte refermée et reverrouillée, elle ne bouge ni ne parle, ce n'est pas sans vergogne qu'à la longue j'ose porter la main sur elle pour la déshabiller. Elle se laisse faire, l'œil baissé et une demi-risette sur ses lèvres qui lui donne l'air délicieusement malicieux et gentil du petit ange sculpté sur le portail de la cathédrale de Reims : le seul ange de la chrétienté qui soit ouvertement féminin et qui sourie.

Je la mène jusqu'à mon lit où je la fais étendre. Elle se blottit et s'enfouit sous le drap au point qu'on ne voit plus que ses longs cheveux noirs dénoués. Je me détourne pour me déshabiller, les doigts tremblants d'impatience, et quand enfin j'ouvre le drap pour la rejoindre, je ne trouve plus qu'un squelette dont le crâne hideux est couronné d'une perruque.

Mon horreur cède alors à la plus folle colère : je décroche mon téléphone. J'appelle la Direction en termes véhéments. Je me rhabille. On frappe à la porte. J'ouvre et je trouve devant moi deux messieurs vêtus de noir, roides, pompeux et compassés, qui me dévisagent d'un air soupçonneux.

— Messieurs, dis-je, c'est inacceptable ! Je croyais que l'hôtel Alkron était un hôtel respectable ! Et on y joue aux voyageurs des farces macabres ! J'insiste pour qu'une enquête soit faite et pour qu'on punisse d'une façon exemplaire l'auteur de cette sinistre plaisanterie. On a placé dans mon lit sous mon drap un squelette féminin !

— Monsieur le docteur, dit le plus grand des messieurs en noir, avec l'air de me prendre en faute, comment savez-vous qu'il est féminin ?

— Mais je n'en sais rien ! dis-je avec irritation. Vous pensez bien que je ne l'ai pas examiné ! Et d'ailleurs, cela n'a aucune importance ! Masculin ou féminin, il y a un squelette dans mon lit et il n'y est pas venu tout seul.

— Monsieur le docteur, dit le second des deux messieurs en noir, lequel est roux avec des yeux vairons, l'hôtel Alkron est un hôtel sérieux, et que ce squelette, féminin ou non, soit venu spontanément dans votre lit ou que vous l'y ayez amené, peu importe. Nous espérons toutefois, pour notre réputation comme pour la vôtre, que vous vous êtes conduit convenablement avec lui.

— Comment cela convenablement ? crié-je au comble de la fureur.

Mais je ne l'ai même pas touché ! Dès que je l'ai vu dans mon lit, je me suis rhabillé et je vous ai appelés !

— Vous vous êtes rhabillé, monsieur le docteur ? dit le plus grand des deux en ouvrant de grands yeux. Vous étiez donc nu ? Nu dans un lit avec un squelette ?

Et ce disant, il regarde son collègue roux et tous deux hochent la tête avec un air de componction attristée.

— Messieurs ! dis-je, tremblant de fureur, finissons-en ! Prenez ce squelette, je vous prie, et donnez-le au diable, si vous voulez ! Je n'en ai rien à faire !

Ce disant, je marche à pas rapides vers le lit, je le découvre d'un geste brutal. Il est vide. J'entends un petit rire derrière moi.

— Monsieur le docteur, dit le petit roux en toussant derrière sa main, vous devriez vous méfier de notre alcool tchèque ! Il est traître.

Je crie :

— Mais je ne bois que du thé !

Peine perdue ! Après une raide courbette, ils sont partis, je saisis ma clé, je les suis, et, comme la porte de l'ascenseur se referme à mon nez, je descends par l'escalier, lequel est monumental — dix hommes pourraient s'y présenter de front. Je le dévale et, traversant l'immense hall presque en courant, je marche droit vers la table des demoiselles Touzek. Ma merveilleuse est là, impassible. Toutefois, elle n'est pas vêtue de blanc virginal, mais d'une robe noire fendue sur le côté. Elle me paraît aussi beaucoup plus maquillée.

— Mademoiselle, dis-je d'une voix tremblante, c'est vous Sophia, oui ou non ?

— Je m'appelle Olga, dit-elle d'une voix un peu rauque (elle doit beaucoup fumer).

Elle me regarde de haut en bas, sans gêne aucune et, voyant la clé de ma chambre au bout de mes doigts, elle sourit, mais d'un sourire qui ne rappelle en rien, mais en rien, celui du petit ange rémois. Je cache ma clé dans le creux de ma main, je m'enfuis, je remonte quatre à quatre l'escalier monumental et je me réveille, mon cœur cognant contre mes côtes, trempé de sueur.

J'allume et la lumière achève de me réveiller. Je me repasse le film de mon rêve et je me sens très mécontent de mon inconscient. Qu'il soit fâché des frustrations que je subis, je le conçois, mais qu'il recoure pour me le faire entendre à cet ascétisme cruel, pessimiste, contempteur du corps, je ne puis l'admettre. Ce rêve, on le dirait sorti de la peinture de l'Enfer de Jérôme Bosch : peintre que j'admire, mais que je trouve beaucoup plus malsain que les pauvres pécheurs que son pinceau sadique voue aux pires supplices. Je regarde l'heure : quatre heures du matin. Je ressens alors deux besoins, complémentaires l'un de l'autre : j'ai faim et j'ai faim aussi de la compagnie de mes semblables.

Je descends à la caffe. Sur deux tables, est disposé, chaque nuit, par les soins de la cuisse, un assortiment de sardines, maquereaux, pâtés et miettes de thon, le tout accompagné de baguettes de pain. Ceux qui, ayant fini (ou commençant) un quart de nuit, se « sentent un petit creux » (à mon avis surtout psychique, les repas à bord étant si copieux) viennent ici casser « une petite croûte », avant de gagner leur lit ou de rejoindre leur équipe. A côté d'eux, devant les fours électriques de la cuisse, le boula s'affaire à façonner et à cuire ses pains. On entend le ronronnement du moteur qui bat la pâte, et, quand le boula ouvre les fours, une bonne odeur de croûte chaude flotte jusqu'à nous, apportant un réconfort de plus.

On se sent bien, là, debout, l'un à côté de l'autre, à fendre les baguettes en deux et y étaler les *delikatessen* de notre choix. Les paroles sont rares, paresseuses, à demi articulées : « Salut, salut ; vivement qu'on se couche ; veinard, tu te plains ! » Mais le contentement animal est présent chez tous dans le remplissage, dans le coude à coude... Et parfois, l'un de nous, plus culotté ou plus gourmand, ose se diriger vers le comptoir qui sépare la caffe de la cuisse, et dit à mi-voix :

— Dis donc, boula, tu n'aurais pas une baguette fraîche pour moi ?

Fraîche, c'est une façon de parler ; elle est brûlante, sortie du four. Le boula grogne et gronde, c'est son rôle. A cet instant, il est le roi du bateau, la divinité tutélaire, le père nourricier.

— Tu fais chier, mon gars. Si tout le monde me bouffe mon pain au fur et à mesure que je le cuis, j'en aurai jamais fini.

Quand, cependant, il consent à donner une baguette « fraîche », c'est une faveur insigne qui auréole l'heureux récipiendaire, tandis qu'il revient vers nous, faisant sauter le pain d'une main dans l'autre, tant il est chaud. Il le partage, bien sûr. Avec moi aussi. Mais je refuse. Je ne veux pas grever mon estomac davantage.

Au bout d'un moment, je quitte, réconforté, ma famille sous-marinière. Je regagne ma chambre et ma banette et je dors, sans rêve cette fois, jusqu'au branle-bas.

Le réveil est rude. Après un petit déjeuner avalé sans faim, je gagne l'infi. A mon entrée, Le Guillou, qui est en train de tout briquer à clair, baisse la tête sur sa tâche et ne me salue pas. Cet accueil me cueille à froid, comme disent les sportifs. Je me reprends et, sans dire un mot, je gagne la chambre d'isolement où se trouve Lombard endormi. Je reviens sur mes pas. Ma deuxième entrée ne produit pas plus d'effet que celle qui l'a précédée. Mes pas seraient inaudibles et ma présence invisible que Le Guillou ne serait pas plus sourd aux premiers, ni plus aveugle à la seconde. Bien, je décide de prendre ma lancette et d'inciser l'abcès. En douceur toutefois.

— Le Guillou, on peut savoir ce qui se passe ?

Il lève la tête : ses cheveux rouges rougeoient, et ses yeux verts verdoient, froids comme glace.

— Il se passe, monsieur, que je ne suis pas très content. Si je refuse à un gars d'ouvrir la cope tout exprès pour lui, il faut pas la lui ouvrir derrière mon dos ! Vous me cassez la baraque si vous faites ça !

— Un instant, Le Guillou, dis-je sèchement, mais sans hausser la voix, ce gars, c'est qui d'abord ?

— Le boula.

— Et il vous avait demandé d'ouvrir la cope ? Hier soir ? Pour des lames de rasoir ? Et vous lui aviez refusé ?

— Exactement.

— Et peut-on savoir pourquoi ?

— Je n'avais pas de raison de lui faire une fleur, vu que, lui, il ne m'en fait pas.

— Bien. Alors, Le Guillou, écoutez bien et que tout soit clair entre nous. Je coiffe la cope, j'ai la clé du local, et j'ai le droit, le cas échéant, d'y pénétrer. Toutefois, si j'avais su que vous aviez refusé au boula de l'ouvrir exprès pour lui, alors naturellement, je ne lui aurais pas ouvert et je l'aurais renvoyé à vous.

— Ah, mais si vous ne saviez pas que je lui avais refusé, docteur, dit Le Guillou, radouci, alors, ça change tout !

— Mais bien entendu, je ne le savais pas ! Croyez-vous qu'il s'en soit vanté ?

— Alors, ça change tout, répète Le Guillou, maintenant un peu gêné.

— Bon, dis-je rondement, n'en faisons pas une montagne. Ce n'était qu'un malentendu et il est éclairci. Il y a toutefois un petit point que j'aimerais préciser. Quelle était la faveur que vous aviez demandée précédemment au boula et qu'il vous avait refusée ?

— Oh ! en soi, ce n'est pas si grave ! dit Le Guillou en haussant les épaules, mais c'est quand même vexant d'essuyer un refus, surtout en public. Faut pas croire que je sois rancunier.

— Un peu quand même...

— Quand il y a de quoi, oui, un peu. Ecoutez, docteur, je vais vous dire. Une nuit j'ai eu un petit creux. Je me suis relevé, j'ai été casser une graine à la caffe, et j'ai demandé une baguette fraîche au boula. Eh bien, vous croiriez pas, docteur, mais ce petit trou du cul de second maître, il me l'a refusée !

Je hoche la tête avec gravité. Evidemment, c'est humiliant. Surtout quand on est soi-même premier maître. Et infirmier major. Et le vendeur de la cope. Bref, un notable.

Je prends bonne note d'en toucher un mot à l'occasion au boula. Avec une goutte de vinaigre et beaucoup d'huile, comme dit le second. Je l'apostrophe déjà en pensée. Voyons, boula, est-ce bien raisonnable ? Si vous tombiez malade, vous êtes sûr que vous n'auriez rien à demander à Le Guillou ? Et puis, est-ce que ça vaut pas mieux pour le bateau que tout le monde y mette du sien ? Je m'entends bien avec Le Guillou, moi ! Alors ?

En somme, l'homme n'est guère différent des autres mammifères. Il aspire au pouvoir : sur les femelles, sur les autres hommes, sur un territoire. Bien que cette vérité ne soit pas neuve, elle me frappe davantage après l'incident avec Le Guillou. Si l'on excepte la compétition pour la possession des femmes, absentes ici, on voit comment mon infirmier a été blessé au plus vif par une atteinte du boula à son autorité (alors qu'il se voyait refuser non pas un droit, mais une faveur) et une atteinte par moi à son territoire (alors même que je coiffe la cope et que j'en ai la clé). Preuve que la susceptibilité du pouvoir est extrême et accepte difficilement ses propres limites — à quelque échelon que ce pouvoir s'exerce — et peut-être davantage encore à l'échelon subalterne.

J'ai remarqué qu'un accrochage entre deux hommes, s'il était bien géré par celui des deux qui a le pas sur l'autre, se concluait rapidement par un traité de paix tacite, et le plus souvent durable. En revanche, il n'en est pas ainsi d'une dispute entre un homme et une femme, ce genre de querelle ayant tendance à s'éterniser sans jamais se résoudre vraiment, justement parce que aucun des deux ne dispose sur l'autre d'une autorité qui ne soit confuse en son principe et contestée en ses applications.

Deux ou trois jours après cette tension subite entre Le Guillou et moi, je me trouve seul au petit déjeuner avec Saint-Aignan et lui dis :

— Si je comprends bien, tu es avec Pérignon le spécialiste des missiles.

Il émerge à peine d'un quart de nuit, affamé, fatigué, les yeux papillotants et pas encore rasé, mais tout aussitôt courtois et composé que s'il commençait sa journée.

— Pas de tous, dit-il, je suis spécialisé dans le M20, mais pas dans le missile M4. Comme tu sais, le M4 équipe l'*Inflexible*, le dernier fleuron de nos SNLE.

— Et quelle est la différence ?

— Le M4 est beaucoup plus performant que le M20. Il a une portée plus grande et surtout il a six têtes nucléaires.

— Un instant, dis-je. Seize missiles à six têtes nucléaires chacun, ça fait presque une centaine de têtes nucléaires. Pourquoi tant de têtes ?

— Plus vous avez de têtes, dit Saint-Aignan avec flegme, plus votre capacité de pénétration en pays ennemi augmente, car il faut compter qu'un certain nombre d'entre elles seront abattues avant d'atteindre leur cible. En outre, sur le M4, les têtes sont durcies et par conséquent mieux protégées contre une réponse adverse.

Je reste bouche bée d'entendre ce bon et beau jeune homme

envisager d'une voix douce et sur un ton posé une opération qui aurait pour conséquence l'anéantissement d'un grand pays. Il est vrai qu'il se place dans l'hypothèse où ce grand pays aurait commencé lui-même par détruire le nôtre.

— Suppose, dis-je, que tu deviennes fou et que tu appuies sur le bouton.

Saint-Aignan rit et paraît tout d'un coup beaucoup plus jeune.

— D'abord, dit-il, avant d'être admis dans les sous-mariniers, on passe devant un psychologue et je puis t'assurer qu'il n'a décelé en moi aucune tendance homicide. Ensuite, il n'y a pas de bouton. Il y a un pupitre, et sur ce pupitre, une série de boutons qui commandent toute la séquence de lancement.

— Qui empêche le fou d'appuyer sur tous ces boutons ?

— Ça ne l'avancerait pas, dit Saint-Aignan, la séquence est bloquée. Et elle ne peut être débloquée que par le commandant et le second, agissant conjointement.

— Supposons, dis-je, qu'ils deviennent fous.

— Tous les deux ?

— Evidemment, dis-je. C'est peu probable. Eh bien, supposons que le commandant, seul, devienne fou et qu'il contraigne le second, sous la menace d'une arme, à débloquer avec lui la séquence.

— Impossible ! Et tu devrais le savoir, puisque tu as déjà assisté à des lancements fictifs ! Le commandant ne peut débloquer la séquence par l'intermédiaire d'une machine qui se trouve dans le PCNO que si le second, *en même temps que lui*, la débloque dans une machine située à l'étage au-dessous.

— Ah ! dis-je béant, c'est vrai ! Je me souviens ! Et quand on y pense, quelle étonnante astuce ! Un romancier inventerait cela, son invention paraîtrait peu crédible. Ainsi toutes les précautions ont été prises pour que le commandant ne puisse agir seul.

— En outre, et surtout, dit Saint-Aignan, le commandant ne peut agir sans avoir reçu l'ordre du président de la République, et cet ordre lui parvient par ondes ultra-longues, et sous forme d'un message codé.

— Qu'il faut évidemment décoder ?

— Mais pas n'importe comment, dit Saint-Aignan. Il y a deux codes à bord gardés dans deux coffres différents. Au reçu de l'ordre gouvernemental, le commandant et le second, chacun enfermé dans sa chambre, le décodent. A la suite de quoi, chacun des deux l'introduit dans un calculateur, le commandant au PCNO, le second à l'étage au-dessous. Si les deux codes coïncident, la séquence de lancement est débloquée.

— Que se passe-t-il alors ?

— On fait le point. Il faut évidemment connaître l'endroit exact où se trouve le SNLE pour calculer la distance entre lui et les cibles.

— Les cibles ? Il y en a plusieurs ?

— Oui. Probablement. Il faut ensuite programmer chaque missile.

— Comment le programmez-vous ?

— Eh bien, dit Saint-Aignan (avec une patience d'ange, car fatigué et ensommeillé comme il est, il doit trouver que je lui pose beaucoup de questions), chaque missile possède son calculateur de bord et sa centrale de navigation inertielle. Ils lui permettent d'aller là où on lui commande d'aller. Cette préparation, reprend-il, est assez longue, car elle exige beaucoup de précision.

— C'est toi qui fais cela ?

— Le mis 1 et moi.

— Vous connaissez donc les cibles ?

Saint-Aignan cille, son visage se ferme et il dit :

— Nous ne savons rien de l'attribution des cibles. Ses coordonnées géographiques sont inscrites sur un disque magnétique que seul l'ordinateur sait lire.

Je mets un sucre dans ma tasse et remue le thé avec ma petite cuiller, créant une mini-tempête que je considère sans vraiment la voir. Ce que Saint-Aignan vient de me dire me donne matière à réfléchir : il lance un missile sans connaître l'objectif sur lequel il va faire pleuvoir « le soufre et le feu ». En un sens c'est heureux pour lui. Une chose est de lancer une fusée sur un point abstrait et une autre de tirer sur une ville dont on connaît le nom. Il y a des moments où on a intérêt à substituer la mathématique à l'émotion.

Je reprends :

— Quand tous les missiles sont programmés, comment se fait le lancement ? Le sous-marin fait surface ?

— Pas du tout. Mais il se rapproche de la surface.

— A combien de mètres ?

— C'est un secret, dit Saint-Aignan avec un sourire.

— Encore un ! dis-je. Vous lancez le missile dans l'eau. Comment faites-vous ?

— Tu as vu sur le pont, derrière le massif, cette double rangée de grands panneaux circulaires ? Il y en a seize.

— Je n'ai rien vu. Je me suis embarqué trop vite et trop tard.

— Eh bien, ces panneaux s'ouvrent.

— Tous ensemble ?

— Un par un.

— Ils s'ouvrent comment ?

Saint-Aignan sourit.

— Automatiquement. Tout est géré par ordinateur.

— Bien, dis-je, un peu piqué de ce sourire. Le panneau s'ouvre, l'eau pénètre dans le tube, noie le missile, et la guerre de Troie n'a pas lieu.

— Hélas, dit Saint-Aignan, elle a lieu. Sous le panneau, une membrane de caoutchouc obture le tube et empêche l'eau d'entrer. Le missile est chassé du tube.

— Comment ?

— Par l'air comprimé.

— Tous les vieux trucs ! dis-je. C'est la machine à vapeur qui fait tourner l'hélice et c'est l'air comprimé qui chasse le missile. L'air comprimé comme dans les carabines à plomb de notre enfance !

— En plus fort, dit Saint-Aignan. En beaucoup plus fort : le missile pèse dix-huit tonnes. Et, malgré ce poids respectable, il est expulsé, crève la membrane de caoutchouc, monte dans sa bulle d'air, traverse la surface de l'eau.

— Quoi ! dis-je, il monte dans sa bulle d'air ? Tu veux dire qu'il n'est pas mouillé ?

— Ça serait désastreux, s'il l'était.

Pour Saint-Aignan, cette montée du missile dans sa bulle d'air a posé un problème. Mais, puisque le problème a été résolu, il n'y a pas à y revenir, ni même à s'en étonner. Mon étonnement, je m'en rends bien compte, provient de mon ignorance. Et aussi de mes émotions. Car je suis en train de me demander jusqu'où ira la prodigieuse et périlleuse inventivité de l'*homo sapiens*.

— Bien, dis-je, le missile traverse la surface de l'eau. Et après ?

— Il se met lui-même à feu. Plus exactement, son premier étage se met à feu. Il y a deux étages propulsifs. Et leur finalité est de mettre la tête du missile sur sa trajectoire de façon à ce qu'il recoupe la terre à l'endroit où se trouve la cible.

C'est mathématiquement et impeccablement dit : le missile, après avoir parcouru trois mille kilomètres (c'est un M 20) amorce sa descente et « *recoupe la terre à l'endroit où se trouve la cible* ». Je ne mets là aucune ironie. Je suis un ferme partisan de la dissuasion. J'en comprends la nécessité. J'en accepte les contraintes. Mais cette phrase me fait froid dans le dos. Je pense au missile adverse qui dans le même temps « *recouperait la terre* » à l'endroit où se trouvent les nôtres.

— Bien, dis-je, on a lancé un missile. Que fait-on après ?

— On lance toute la salve.

— Les seize missiles ?

— Oui.

— Ensemble ?

— Non. Successivement. Quand on a lancé un missile, avant de passer au suivant, il faut laisser pénétrer l'eau dans le tube que le missile vient de quitter.

— Pourquoi ?

— Parce qu'avec le départ d'un missile, le bateau est allégé de dix-huit tonnes. Il faut compenser cet allégement pour lui garder sa pesée.

— Si je ne craignais pas d'abuser, je te poserais bien encore deux petites questions.

— Pose-les, dit-il avec bonne grâce. Tu ne me déranges pas. Je n'ai pas fini mon petit déjeuner.

— Mais tu as sommeil ?

— Non justement. Voilà le hic. Après le quart de nuit, je n'ai jamais sommeil. Je suis seulement fatigué.

— Comment sais-tu qu'au moment où on vous donnera l'ordre vos missiles partiront ?

— Rassure-toi, dit Saint-Aignan avec un humour involontaire, ça fonctionne très bien. Après chaque carénage, on fait des essais de lancement avec des maquettes.

— Bon, deuxième question : que fais-tu au cours d'une patrouille, puisque tu ne lances pas les missiles ?

Il rit franchement.

— Il n'y a pas de mystère. Tu as vu la salle des missiles ? C'est grand ! C'est compliqué ! Il y a une maintenance à assurer. Des contrôles. Des vérifications. En plus du mis 1, de moi, cette maintenance mobilise du monde ! Neuf hommes pour la partie tube et six pour la partie missile. Et comme partout ici, il s'agit d'un personnel hautement qualifié.

— Tu as l'air, dis-je, tout à fait content d'être là.

— En effet. Vois-tu, j'ai fait en surface des choses beaucoup moins passionnantes. Depuis que je suis sur un SNLE, j'ai le sentiment d'avoir découvert un vrai métier. J'ai l'impression de faire ici des choses grandes, nobles, importantes.

— T'arrive-t-il de penser que tu pourrais un jour recevoir l'ordre de tirer ?

Un silence. Et Saint-Aignan dit d'une voix neutre :

— Je préfère ne pas y penser.

Un silence encore et je dis :

— J'entends bien : tu aimes ce que tu fais et tu le fais avec conscience, avec compétence, avec enthousiasme. Toutefois, il y a un paradoxe dans ton métier : nuit et jour tu surveilles, tu maintiens, tu bichonnes tes missiles et tes tubes. Tu es archiprêt. Et pourtant, tu espères du fond du cœur n'avoir jamais à tirer.

Saint-Aignan me laisse à peine achever. Il dit vivement :

— Bien sûr ! Bien sûr !

Et pour la première fois il me semble déceler un peu d'agacement dans sa voix.

Je m'aperçois que j'ai omis de parler de la « cabane » : à tort, car c'est un événement important de notre vie sous-marinière qu'on appelle aussi la fête de « mi-patrouille » ou, comme disent les hommes, de « mi-marée ». La cuisse y participe en composant presque une semaine à l'avance un buffet froid — digne, affirme Brosse à dents, « des meilleurs traiteurs ». Mais cette grande bouffe n'est qu'une préface au clou de la soirée : une séance de variétés, préparée conjointement par les officiers et l'équipage (avec présentateur, orchestre, sketches et chansons). Elle se déroule à la caffe (10 m sur 6), seul endroit assez grand à bord pour autoriser une représentation — unique bien sûr, et devant un public hilare, mais très compressé et, faute de place, le plus souvent debout.

La préparation de la cabane commence dès le départ de l'Ile Longue, et suppose qu'à terre on y a déjà pensé, car ni les instruments de musique, ni les accessoires, ni les déguisements ne s'improvisent. Encore que pour les déguisements j'ai vu des robes de femmes surprenantes, exécutées par des artistes à partir de sacs poubelle.

Sur la prière instante de Verdelet, j'ai participé à la cabane. Avec lui, Verdoux et le patron, j'ai dansé et chanté dans un numéro, heureusement fort court (mais fort applaudi) où nous étions déguisés en coco girls, notre cible étant Bichon le bouchon gras, dont nous célébrions l'excellence, entre deux gracieux entrechats, en susurrant d'une voix douce :

Bichon est too much
Bichon est trop
Trop ! Trop ! Trop !

Ledit Bichon que ses camarades surnomment Béru 1er (du nom du héros de San-Antonio) en raison de son ample morphologie chanta, habillé en mignon d'Henri III, avec fraise et chausses bouffantes, une chanson intitulée *le Petit Ver de terre* dont les paroles simplettes et répétitives sont restées dans ma mémoire :

Qui a vu, dans la nue, tout menu
Le petit ver de terre ? (bis)
C'est la grue qui a vu dans la nue le petit ver de terre (bis)
Et la grue a voulu manger cru
Le petit ver de terre (bis)
Dans une laitue bien feuillue a disparu
Le petit ver de terre (bis)
Et la grue n'a pas pu manger cru
Le petit ver tout nu (bis)

Le *bis* peut être repris (et le fut) par le public, qui peut au besoin trisser, afin de permettre aux plus lents d'esprit de comprendre la connotation finement obscène du poème. A cette connotation je ne fais pas d'objection, mais je regrette toutefois que la tyrannie de la rime (dont déjà se plaignait Verlaine) ait exercé là aussi ses effets funestes, puisqu'elle a imposé au ver de terre de se promener dans la nue.

Le Guillou, de son côté, remporta un franc triomphe en chantant *Fais-moi mal, Johnnie* tandis que Morvan, le fouet à la main, feignait de contenter, en le cinglant, ses appétits masochistes. Il est possible qu'il y ait eu quelque malice dans les applaudissements redoublés qui saluèrent ce numéro paradoxal, le caractère quelque peu autoritaire de Le Guillou étant connu dans le bord.

Ces fastes sont maintenant bien passés. Il n'en reste plus que quelques oripeaux et des photos à faire développer au retour. J'éprouve le même sentiment qu'autrefois quand on montait au lycée une pièce de théâtre sur le plateau mal sonorisé de la salle de distribution des prix. Tant de travail pour une seule représentation ! La griserie d'une soirée ! Et le lendemain, la routine des jours semblables reprenait. Certes, nous avons la consolation de nous dire que la mi-patrouille est déjà derrière nous ! Mais je sais bien — et comment en douter, quand tous les anciens me le répètent — que la deuxième moitié, c'est la plus dure à supporter.

Le pauvre Lombard continue à reposer — si l'on peut dire qu'il repose — sur son matelas qu'une planche isole des ressorts du sommier. Comme il ne lit pas, sa seule distraction est la télé de l'infi, placée à commode distance de son lit et que Le Guillou nourrit de vidéo-cassettes. Il ne peut pas se plaindre d'être abandonné. Je le vois deux fois par jour. Le Guillou lui fait la conversation. Morvan lui tient silencieusement compagnie. Et les gars de sa chambrée — des premiers maîtres — lui rendent visite à tour de rôle.

C'est souvent le soir, après le dîner, que je remplis mes paperasses. C'est le moment aussi où Le Guillou me parle, car il est sûr alors de ne pas me contrarier en m'interrompant.

— Docteur, vous saviez qu'il y a des maîtres qui se passent des films X ?

— Je l'ignorais, mais les choses étant ce qu'elles sont, comme dirait de Gaulle, je n'en suis pas autrement étonné. Le pacha le sait ?

— C'est ce qu'on se demande.

— Et le patron, il le sait ?

— Je dirais qu'il ne veut pas le savoir. Mais il est plutôt contre. Il cite le mot de l'amiral Dönitz.

— L'amiral Dönitz ? L'amiral commandant les sous-marins allemands pendant la guerre ?

— Oui. Voilà ce qu'a dit Dönitz : « Il vaut mieux ne pas montrer une table bien garnie à des gens qui n'ont pas à manger. » Qu'en pensez-vous ?

— Oh, vous savez ! dis-je, les maximes, il y en a pour tous les goûts : on peut toujours en trouver une qui contredit l'autre. Par exemple, celle-ci qui fait pièce à celle de Dönitz : « Ça fait toujours plaisir à un renard de voir passer une poule, même quand il ne peut pas l'attraper. »

— Et vous, me dit-il, vous êtes pour ou contre les films X ?

— Je suis contre, dis-je, à tout le moins je suis contre les deux ou trois que j'ai vus, parce qu'ils sont mécaniques, monotones, sans émotion, sans humour et sans humanité. En outre, ils donnent de la femme une image très avilissante.

— Alors, dit-il, vous les interdiriez, si vous étiez le commandant ?

— Non, dis-je, je ne crois pas.

— Pourquoi ? dit-il, étonné.

— Parce qu'on peut se demander ce qui ferait le plus de mal : voir un film porno ou se le voir interdire.

— Eh bien justement, dit Le Guillou, il y a des maîtres qui veulent venir ici ce soir passer un film X à Lombard et le voir avec lui.

— Et ça ferait plaisir à Lombard ?

— Non, pas tellement. Le film en lui-même pas tellement. Mais il apprécie la bonne intention. Qu'en pensez-vous ?

— La bonne intention, c'est une façon de parler. Ces maîtres, ils ont votre âge, j'imagine ?

— Oui.

— Alors, ce ne sont plus des enfants. Et c'est oui, mais à deux conditions. *Primo*, une fois ça va, mais pas deux. *Secundo*, ça va pour les maîtres, mais pas pour les petits matelots.

— Je transmettrai ces conditions, dit Le Guillou, et merci pour votre tolérance.

Un silence, et Le Guillou reprend :

— Docteur, est-ce que vous allez rendre compte au second ?

— Si on respecte mes conditions, je n'en vois pas la nécessité.

— Vous regarderez le film ?

— Non.

— Moi non plus, dit Le Guillou vertueusement.

— Et Morvan ?

— Morvan, Dieu merci, il couche dans la chambrée de Lombard et à cette heure-là il dort comme un loir. Sans ça, vous pensez bien !...

Le lendemain au petit déjeuner, je me trouve avec Mosset, « le préposé au silence », comme il se nomme lui-même. Les effluves de son chocolat chaud dont il boit au moins trois grandes tasses chaque matin que Dieu fait flottent jusqu'à ma modeste tasse de thé, et j'admire une fois de plus la voracité avec laquelle « l'insatiable gouillot » (Angel dixit) avale croissants et brioches. Je suis plus poli : je l'appelle le sylphe. Et je me demande comment fait Mosset pour garder sa taille de lévrier et son visage maigre et coupant en absorbant dès le branle-bas tant de calories.

Le pacha est là, mais comme il se rempare derrière un livre astucieusement calé contre sa théière — signe indubitable qu'on ne saurait enfreindre sans sacrilège son silence matinal — Mosset et moi, nous conversons à mi-voix à un bout de table, et justement sur le silence, non du commandant, mais du sous-marin.

— Cette nuit, dis-je, j'ai entendu très distinctement le frottement de l'eau le long de la coque. Et je me suis dit que c'était là un bruit impossible à supprimer.

— C'est en tout cas un bruit qui nous pose un problème — un double problème, celui du bruit et celui de la vitesse : il s'agirait d'éliminer la turbulence.

— La turbulence ? Qu'est-ce que tu entends par la turbulence ?

— Tout corps en mouvement dans l'eau crée une turbulence, c'est-à-dire des petits tourbillons. Ces tourbillons font du bruit, comme tu l'as remarqué. Et en outre, ils freinent la vitesse. Voilà le problème.

— Alors ?

Mosset prend le temps de mâcher la moitié de croissant qu'il vient de fourrer entre ses mâchoires et de boire quelques gorgées de chocolat pour la faire passer. Après quoi, il soupire, s'essuie les lèvres avec sa serviette, et dit :

— Alors, les dauphins ont résolu le problème. Pas nous.

— Les dauphins ?

— Ils ont une vitesse subaquatique absolument stupéfiante : trente nœuds.

— Mais à l'écoute on entend les dauphins. On les entend même beaucoup !

— Parce qu'ils jouent par bande, tournent et virent, font des sauts et émettent des sifflements. Mais, lancés en ligne droite, ils ne créent pour ainsi dire pas de turbulence.

— On sait pourquoi ?

— On croit savoir pourquoi. Il y a quelques années, le physicien américain Max Kramer, spécialiste des missiles, s'est intéressé à eux et voici quelle était sa conclusion : les dauphins, en réalité, possèdent deux peaux. Une première peau, la plus profonde, qui enveloppe la couche de lard. Et une deuxième peau, la peau superficielle, qui recouvre des petits canaux remplis d'une matière spongieuse saturée d'eau. Cette peau, très élastique, est sensible à la moindre pression, et se déprime et se ride au contact avec l'eau, quand le dauphin se déplace.

— Autrement dit, elle est auto-adaptable à l'écoulement des filets d'eau. Les frottements et les bruits sont réduits à rien.

— Presque à rien. Et la vitesse considérablement augmentée. Un SNLE qui aurait la peau d'un dauphin serait le roi des Océans.

— Alors, dis-je, qu'est-ce qu'on attend pour imiter la nature ?

Mosset avale d'un trait ce qui reste dans sa tasse de chocolat, s'essuie les lèvres et se lève.

— Nous ne sommes pas Dieu le Père, dit-il en haussant les épaules.

— Heureusement peut-être, dit le pacha en émergeant de son silence.

7

Ce dimanche, au repas présidé, on parle de statistiques. C'est ainsi qu'on apprend que la moyenne d'âge de l'équipage — officiers, officiers mariniers, quartiers-maîtres et matelots compris — est de vingt-sept ans.

— La moyenne serait encore plus juvénile sans moi, dit le pacha.

— Et sans moi, dit le second.

— Et sans moi, dit le chef Forget.

— Et sans moi, dit le commandant Alquier.

Le commandant Mosset ne dit rien : il n'a que trente-cinq ans. Il doit estimer que pour un corvettard c'est jeunot.

— Mais il y a d'autres statistiques intéressantes, dit le chef Forget en se passant la main sur son crâne chauve. La consommation d'eau moyenne de notre bâtiment est de dix tonnes par jour, avec des pointes de treize tonnes.

— Et pourquoi ces pointes ? dit le second. Le savez-vous, chef ?

— Oui, elles surviennent la veille du jour où le commandant doit inspecter une tranche...

Rires.

— En revanche, dit le chef, content de son succès, il y a des minimums.

— Des minima, dit Verdoux.

— Pardon ? dit le chef.

— Un minimum, des minima.

— Chef, dit Verdelet, ne faites pas attention à ce puriste impur. Poursuivez, c'est passionnant. Dites-nous à combien descendent ces minima et quel jour ils se produisent.

— Le dimanche, la consommation d'eau s'effondre, dit le chef. Huit tonnes seulement.

Rires.

— C'est navrant, dit Verdoux. Les fidèles ne se lavent pas.

— Pas du tout, dit le chef. La raison est plus simple. Le dimanche, il n'y a pas de buanderie.

— C'est étonnant, dit le pacha. Picard, vous saviez cela ?

— Non, commandant, dit le second.

— C'est stupéfiant, reprend le pacha. Le buandier est le seul à bord à jouir du repos dominical...

Rires.

— Picard, reprend le pacha, croyez-vous que le buandier se soit conféré tout seul ce privilège ?

— Eh non, commandant ! Il n'aurait pas osé. C'est un petit matelot.

— Alors, c'est une tradition des buandiers, dit le pacha. Et si c'est une tradition, ajoute-t-il, son œil bleu brillant au milieu d'une forêt de barbe noire, bien sûr, il ne faut pas y toucher.

— *Hear ! Hear !* dit Verdoux.

— Chef, dit Callonec, savez-vous combien de tonnes de vivres l'intendance livre au SNLE avant le départ en patrouilles ?

— Non, dit le chef.

— Moi, je le sais, dit le second. Trente-deux tonnes.

— Pardon, commandant, dit Angel. Trente-deux ou trente-trois tonnes. Trente-trois, quand on sait que le commandant Mosset est à bord.

Rires.

— Quand même, dis-je, trente-deux tonnes pour cent trente hommes pendant soixante-dix jours, ce n'est pas énorme. Et qu'arrive-t-il si le réacteur tombe en panne ?

— Le réacteur n'est jamais tombé en panne, dit Miremont en relevant la tête d'un air offusqué.

Verdelet fait le geste de se draper dans une toge.

— Au nom du réacteur, l'énergue se réveille...

— Encore un alexandrin, dit le pacha.

— Mais cette fois, il est de moi, commandant.

— Qui me répondra ? dis-je.

— Moi, dit Verdelet, mais auparavant, messieurs, permettez que je me fasse un peu de pub personnelle. A treize heures trente demain, à la caffe, je récite des poèmes de Victor Hugo avec mon talent coutumier.

— On maltraite l'équipage sur ce bâtiment, dit Verdoux.

Le pacha sourit.

— J'irai jeter un œil, aspirant Verdelet.

— Une oreille plutôt, commandant, dit Verdoux. Une oreille souffrante.

— Toubib, voici ta réponse, reprend Verdelet : en plus de la nourriture pour soixante-dix jours — durée maxima de la patrouille —, le bateau emporte quatorze jours de vivres, dits *vivres de prévoyance* — tout en conserves.

— Exact, dit le second. En outre...

— Ah, commandant ! dit Verdelet, vous me coupez l'herbe sous le pied !

— Bien, bien, poursuivez...

— En plus des *vivres de prévoyance* et la situation devenant vraiment désespérée, sont prévus pour huit jours encore des *vivres de grande prévoyance*, sous forme de boîtes individuelles comprenant : du pain de guerre très dur, une boîte de thon avec son ouvre-boîte, une petite fiole d'alcool. Un cachet destiné à rendre l'eau potable. Une barre de chocolat...

— Deux pour Mosset, dit Angel.

— Et enfin quatre ou cinq feuilles de papier hygiénique.

Rires plutôt gentils pour Verdelet, les anciens sous-mariniers connaissant sans doute depuis longtemps ces détails saugrenus.

— Le jour où l'on mange ces rations, dit Callonec, les poissons nous mangent après.

— Toutefois, déclare Mosset d'une voix grave, c'est une consolation de se dire que ce jour-là, grâce à la Strasse, nous mourrons le cul propre.

Rires prolongés.

— Wilhelm, dit le pacha, le calme revenant, qu'est-ce que vous attendez pour servir le dessert ?

— Que les rires soient finis, commandant, dit Wilhelm ; le dessert est liquide.

— Messieurs, vous le constaterez vous-mêmes, dit le second, dans le carré, même le motel a de l'humour.

— Merci, commandant, dit Wilhelm, impassible.

En réalité, le dessert n'est qu'à demi liquide : c'est une charlotte à la noix de coco nappée de crème. Le silence se fait, tandis que nous en faisons prompte et délectable justice.

— J'ai souvent pensé, dit le pacha, que si nous avions les moyens et la compétence pour faire un sondage quotidien il y aurait sinon une statistique, du moins une courbe intéressante à établir : étant donné que nous savons que le moral de l'équipage est au plus haut les huit premiers jours d'une patrouille, et de nouveau, bien sûr, les huit derniers jours avant le retour à Brest, à quel instant de la patrouille se situe le point le plus bas ?

— A mon avis, dit le commandant Alquier, il se situe tout de suite après la cabane.

Lectrice, comme je crains que vous ne distinguiez pas suffisamment Alquier de Becker, je tiens à vous préciser les ressemblances et les différences. Ils sont tous les deux originaires de nos provinces de l'Est, bruns de poil et barbus permanents (et non de patrouille). En outre, l'un et l'autre très grands : Becker 1,90 m et Alquier 1,94 m. Tous les deux graves, silencieux, apparemment froids. Mais Alquier est ancien bordache, corvettard, chef du groupement navigation-opération. Becker, qui est plus jeune, est beaucoup plus modestement enseigne de vaisseau de première classe et ORSA. Alquier lit beaucoup. Becker anime les prières le dimanche matin à l'infi et — ce qui devrait vous toucher, lectrice — il occupe ses loisirs à broder un service à thé pour sa femme. Mais je ne vois pas pourquoi je vous rappelle ce détail. Il ne vous a certainement pas échappé.

En outre, il a des problèmes de conscience. Deux jours après le repas présidé, il vient frapper à la porte de ma chambre.

— Toubib, tu connais tout le monde à bord. Est-ce que je peux te demander quelque chose ?

— Mais bien sûr.

— C'est que c'est assez délicat.

Je le regarde. Il a une belle tête, Becker, de beaux yeux noirs derrière ses lunettes, il s'exprime d'une voix grave et posée, et sa barbe lui va bien.

— Mais parle ! dis-je. Si je connais la réponse à ta question, je ne demande pas mieux, tu penses...

— Eh bien, dit-il, voilà. Quelqu'un m'a dit hier : « Tu fais la réunion de prières, mais ça ne t'empêche pas d'être bourru dans le service. » Il a dit « bourru ». Toubib, c'est vrai que j'ai la réputation d'être « bourru » dans le bord ?

Je prends mon temps pour répondre tant je trouve la réponse malaisée. C'est vrai que sa réunion de prières dérange, non parce qu'on y prie, mais parce qu'on la diffuse. Mais est-ce bien « fair-play » de le reprocher à Becker par la bande, en s'attaquant à son comportement ?

— Je n'ai jamais entendu dire que tu étais bourru, dis-je enfin. Mais froid, oui. On te trouve un peu froid.

— Je ne suis pas froid, dit Becker d'un air assez malheureux, mais j'ai l'air froid, voilà. Je ne sais pas, c'est peut-être une façon pour moi de m'affirmer. Quand je me suis engagé dans la Marine, j'avais dans la tête une certaine image de l'officier. Pour moi, un officier, c'était quelqu'un de droit, de strict et de réglo, qui ne laissait paraître aucun de ses sentiments.

Un silence, et je me décide à dire :

— Ce n'est pas comme cela que je vois un officier dans un SNLE.

— Comment le vois-tu ?

— Comme un ingénieur très compétent qui a pour collaborateurs des techniciens très qualifiés. Le rapport de travail est plus important que le rapport hiérarchique.

Becker incline de côté sa belle tête grave.

— Oui, dit-il, c'est ce que je me dis maintenant. Après tout, on peut aussi bien donner des ordres avec le sourire.

Cette autocritique me gêne un peu et je change de sujet.

— Tu as des enfants, Becker ?

— Oui, oui, dit-il d'un air heureux, deux filles. L'une, deux ans et l'autre, deux mois.

— Tu me les montres ?

Mais bien sûr ! Il a leur photo sur lui ! Et il me la tend. Ce qui lui donne l'occasion de la regarder avec mes yeux.

— Elles sont adorables et ta femme est superbe. Et ton moral, dis-je avec un sourire, à quel point de la courbe se situe-t-il ?

— Un peu bas après la cabane, mais maintenant, il remonte. Plus que trois semaines, j'ai le sentiment qu'on tient le bon bout.

Et là, il me semble qu'il donne, après coup, raison au commandant Alquier, qui, au cours du repas présidé, fixait le point le plus bas du moral après la cabane.

Toutefois, il trouva devant lui un contradicteur.

— Non, à mon avis, dit le second, le point le plus bas du moral se situe au cours de la sixième semaine. C'est ce que j'appelle le syndrome de la sixième semaine. Tout se conjugue : l'usure des forces physiques, le confinement, l'absence prolongée de lumière et de mouvement, la monotonie des « quarts », et le fait aussi qu'on est encore trop éloigné du retour pour puiser dans cette pensée une énergie nouvelle.

— Cinquième ou sixième semaine, dit le pacha, on peut en débattre, mais il y a un moment où il faut redoubler de vigilance pour parer au laisser-aller, aux défaillances d'attention, aux petits heurts caractériels, aux incidents mineurs qui peuvent dégénérer en gros pépins, si on n'y prend pas garde.

Je repense à cette conversation après la visite de Becker, étendu sur ma banette après le repas de midi. Non que je fasse la sieste, mais bien que je sois un animal social, j'aime dans la journée m'abstraire quelque peu du milieu ambiant et me livrer soit à mes pensées, soit à mes fantasmes.

Je me souviens que lorsque j'avais quinze ans, le curé de mon village me demandait invariablement, à la fin de ma confession, si j'avais péché aussi « en pensée ». Si jeune que je fusse, je trouvais cette inquisition abusive. A mon avis, mon curé aurait pu se contenter des péchés gros et juteux que je venais de lui avouer sans aller, au surplus, fouiller dans mes rêves. Est-ce que j'allais, moi, fouiller dans les siens ? Sans compter qu'il aurait dû savoir que bien souvent on imagine qu'on viole un tabou que pour se dispenser de passer à l'acte.

De toute évidence, le grand avantage du rêve éveillé sur le rêve endormi, c'est qu'il est docile à la volonté du rêveur. Ce midi, pensant à la Polynésie, où il y a un an j'ai passé un mois délicieux, je me vois à Bora Bora nageant dans les eaux mauves et peu profondes du lagon jusqu'à la plage d'une petite île où je rencontre une sirène échouée. Il lui est difficile de se déhaler elle-même puisqu'elle se termine en queue de poisson. Je l'aide à se remettre à l'eau, nous devenons bons amis, nous nous étreignons. A ce point de nos rapports, les choses pourraient se terminer très mal. La sirène pourrait par exemple — version Ulysse — m'entraîner dans les profondeurs du lagon et me noyer. Dans une autre version, sa morphologie terminale, sans compter la présence d'écailles traumatisantes, pourrait interdire toute conjonction. Et je retomberais alors dans le frustrant cauchemar où la demoiselle Touzek s'est métamorphosée en squelette. Grâce au ciel, je suis éveillé et suffisamment maître du jeu pour que ma sirène, au moment opportun, redevienne humaine et ses jambes, divisibles.

J'admets bien volontiers que ce genre de fantasme, par sa récurrence même, trahit une obsession, si légitime qu'elle soit. Toutefois, il paraît apporter avec lui un certain degré de réconfort puisque, dès qu'il disparaît, je me vois me promener à Tahiti, non sur la plage, ni en barque sur les eaux du lagon, mais à l'intérieur des terres et en toute liberté de pensée.

Quel plaisir, par exemple, de remarquer que certains cocotiers au bord de la route portent sur une pancarte le mot *tapu* ! Il me faut un certain temps pour comprendre que c'est là l'orthographe indigène et authentique d'un mot qui a fait fortune dans notre civilisation occidentale. L'*u* en tahitien se prononçant *ou*, et le *p* étant fort proche du *b*, nous en avons fait *tabou*. N'est-ce pas extraordinaire que nous ayons tiré ce mot qui signale (et parfois stigmatise) les interdits moraux, justement d'une île où ils s'exercent si peu ?...

Car ici, me semble-t-il, le *tapu* annonce surtout un droit de propriété : « Ne touchez pas à ce cocotier, non pas parce que c'est mal d'y toucher, mais parce que c'est à moi. » On voit partout ce mot « *tapu* » dans l'île dans ce sens, et si vous ne le trouvez pas attaché au cou des Tahitiennes, c'est parce que le concept de fidélité est très peu reconnu dans l'île.

En Occident, en revanche, le *tapu* est un interdit catégorique, parfois même une défense d'aborder certains problèmes ou de poser certaines questions. Le pensée me vient que ces pancartes, que j'ai vues à Tahiti sur les cocotiers, on pourrait les multiplier à bord d'un SNLE.

— A quel degré la température du réacteur devient-elle dangereuse ?

— *Tapu !*

— A quelle profondeur le SNLE peut-il descendre ?

— *Tapu !*

— Quelle est la vitesse maxima qu'il peut atteindre ?

— *Tapu !*

— Combien de temps faut-il pour lancer ses seize missiles ?

— *Tapu !*

— A quelle distance de la surface les lance-t-il ?

— *Tapu !*

— Que fait-il après avoir lancé la salve ?

— *Tapu !*

— Quel est l'itinéraire de la présente patrouille ?

— *Tapu !*

A vrai dire, quant à l'itinéraire de la présente patrouille, le *tapu* est nécessairement plus nuancé. Seul, en principe, le commandant du SNLE le connaît, sans connaître toutefois le jour où Jonas sortira de son nid bétonné de l'Ile Longue. Et ce n'est qu'à la mer que le pacha apprendra, par un message reçu par ondes ultra-longues, le jour de son retour. Cette procédure, qui impose l'imprévisibilité des dates de sortie et de rentrée, a pour fin évidente de ménager le secret.

Toutefois, à l'intérieur du sous-marin, l'itinéraire ne tarde pas à être connu, au moins partiellement, par les officiers du pont, puisqu'ils prennent le quart et qu'ils doivent veiller à ce que le barreur maintienne le cap ; et *grosso modo* aussi par l'équipage, selon que l'eau qui entoure le bateau est plus froide ou plus chaude ; température qui se répercute à l'intérieur et permet aux hommes de deviner à leur tour si on navigue de ce côté-ci ou de ce côté-là des mers. Indication bien vague, au demeurant.

Coïncidence : j'en suis là de ces réflexions, quand Jacquier, l'aide de Wilhelm, frappe à ma porte et me remet de la part de la prop le dernier numéro de *Vapeurs actuelles*. Je le feuillette et je tombe sur des dessins humoristiques représentant notre SNLE caricaturé à la ressemblance d'un homme (ou d'une femme) et posé en différents endroits du monde, soit à la froidure, soit à l'ombre de cocotiers. La légende dit : « Où est-on dans tout ça ? » Et pour l'expliquer, au coin gauche de la page, je trouve la photocopie d'un article de journal.

Je le lis avec stupéfaction :

« Notre Riposte aux SS20. La construction d'une base navale en Nouvelle-Calédonie permettant d'accueillir les sous-marins nucléaires français est l'amorce d'un changement dans la tactique nucléaire française. Aujourd'hui, trois sous-marins sont en permanence à la mer. Le premier se trouve au large des côtes de la Norvège. Il pourrait menacer Moscou et sa région. Le deuxième est tapi au fond de la mer Egée : il aurait pour mission de détruire la Crimée. Le troisième évolue quelque part dans l'océan Indien. Ses fusées devraient, après avoir survolé le Pakistan, annihiler Kiev et couper l'Asie Centrale du reste de l'Union Soviétique. C'est celui qui a le plus de chance de mener à bien son action, estime le haut commandement. "Avec un sous-marin dans le Pacifique, a confié très secrètement le ministre de la Défense, c'est l'intégralité du territoire soviétique que nous pouvons atteindre. C'est notre réponse à leurs SS20." »

Je regarde ma montre et je me lève. Il est temps que j'aille jeter un œil à l'infirmerie. Mais auparavant, je fais le tour des logements et, passant de la rue de la Joie à l'avenue de l'Ecole de guerre, je vois ouverte la porte du pacha, et le pacha assis à son bureau.

— Je vous dérange, commandant ?

— Pas du tout.

— Commandant, vous avez vu la photocopie de cet article de presse dans *Vapeurs actuelles* ?

— Oui, j'ai vu. C'est délirant ! On se demande où les journaux vont chercher ces stupidités ! Vous voyez le ministre confier à un journaliste l'itinéraire de nos patrouilles ? Et, qui plus est, le lui confier « très secrètement » ! Il y a de quoi pleurer ! Non seulement l'itinéraire d'un SNLE est secret, mais il le demeurera jusqu'à ce que le sous-marin soit déclaré hors service.

J'ouvre de grands yeux.

— Vous voulez dire que le premier itinéraire du *Redoutable* il y a quatorze ans est encore classé secret ?

— Absolument.

— Et pourquoi ?

— Supposez qu'un adversaire éventuel en janvier 1972 ait détecté fugitivement la signature acoustique du *Redoutable* et l'ait archivée. Si on révélait aujourd'hui l'itinéraire du *Redoutable*, lors de sa première patrouille, ledit adversaire pourrait à coup sûr l'identifier puisqu'il possède, en même temps que sa signature, les coordonnées de sa première rencontre avec lui...

Je m'aperçois que je parle beaucoup de Le Guillou, et très peu de Morvan, tout bon infirmier qu'il soit. Cela tient à son extraordinaire taciturnité. Toutefois, il ne faut pas s'y tromper : s'il atteint un très faible niveau de communication verbale avec ses semblables, Morvan, en revanche, réussit à établir avec eux un très bon contact.

Son regard est amical, son sourire rayonnant, il écoute avec patience et il rit volontiers. Raison pour laquelle son silence n'est pas ressenti par ses camarades de chambrée comme une manifestation d'insociabilité, mais comme un trait de caractère original, à la fois comique et attendrissant.

Il est très gentil avec les consultants, et plus que gentil avec les malades qu'il a tendance à materner, non pas comme Le Guillou, d'une façon supérieure et dominatrice, mais avec une douceur quasi féminine, très étonnante chez ce grand gaillard barbu et velu.

Il fait son service en toute conscience, mais en dehors du service il ne fait rien. Il ne lit pas, il ne joue pas aux cartes, il ne regarde pas les films, il ne fait jamais partie des petits groupes à la caffe où l'on se raconte de bonnes histoires. Il dort. On est sûr, quand il n'est ni à l'infirmerie ni à la caffe en train de manger, de le trouver sur sa banette, jamais, au grand jamais avec un livre, ou un illustré, ou une BD ; ni même le bas-parleur à côté de l'oreille pour écouter la musique du bord, mais blotti dans le plus innocent sommeil, ronflant à poings fermés. Car il ronfle. « C'est sa façon à lui de s'exprimer », dit Le Guillou.

Le Guillou et lui s'entendent très bien. Les fondements de cette entente sont simples. En toute chose, Morvan cède paresseusement le pas à Le Guillou. Mais, d'un autre côté, Le Guillou s'abstient de s'en prendre aux curés, à l'école catholique et au département des Côtes-du-Nord dont Morvan est originaire. Cette retenue peut passer pour méritoire, Le Guillou étant si impérieux en ses opinions.

On va sans doute me demander si Morvan est intelligent. Ma réponse va surprendre. Il l'est. Il a même beaucoup de finesse. Et j'ai souvent surpris dans son grand œil noir une petite lueur amusée et indulgente, quand il voit Le Guillou étaler un peu trop sa science.

Si cette lueur ne se traduit pas par une remarque piquante, c'est sans doute parce que Morvan est à la fois trop bienveillant et trop nonchalant pour passer de la pensée au langage articulé. Quoi qu'il en soit, je ne voudrais pas qu'on imagine que je tiens Morvan pour quantité négligeable et que je ne lui parle jamais. Bien au contraire. Il ne se passe pas de jour sans que j'aie quelque entretien avec lui. Il est toutefois difficile de rapporter ici nos propos en raison du caractère monosyllabique de ses réponses.

Cet après-midi — sans doute Le Guillou est-il en train de vendre à la cope — je le trouve à l'infi.

— Alors, Morvan, dis-je, depuis que Lombard est retourné dans sa chambrée, vous avez dû être content de récupérer votre banette ?

— Mm, docteur.

— Vous avez de bonnes nouvelles de chez vous ?

Je ne me hasarderais pas à lui poser une question pareille si je ne savais pas par Le Guillou qu'il reçoit régulièrement ses familigrammes.

— Mm, docteur.

— Et votre moral, il tient ?

— Mm, docteur.

La banette, la famille, le moral, trois « Mm ». Ça s'arrête là. Je ne vais quand même pas lui demander comment se fait son travail. Je le sais aussi bien que lui. Mieux peut-être.

Heureusement Le Guillou survient, retour de la cope, les mains chargées de papiers, et les joues gonflées de tous les bruits de coursive sur tel ou tel, sans compter ce que tel ou tel a acheté, ou ce que tel ou tel a dit, notamment sur le boula : à savoir que le boula ne fait de la pâtisserie que tous les deux jours, alors que le boula, de l'équipage bleu, lui, il fait de la pâtisserie tous les jours ! J'ai déjà entendu cette récrimination.

— Vous ne croirez pas, docteur, il y a des gars qui sont allés se plaindre au second à ce sujet, dit Le Guillou.

— Comment a-t-il pris cela ?

— Mal ! Il leur a dit : « Vous êtes des enfants gâtés ! Des gâteaux un jour sur deux, c'est déjà bien ! Vous connaissez beaucoup de

Français qui ont ce privilège ? » Bref, c'est parti très sec. Vous connaissez le style du second, docteur.

Oui, je connais le style du second. Ou plutôt, je le reconnais. Et pourtant, dès que, le soir, j'invoque cet incident devant le second, les bras lui en tombent. On n'est jamais venu le trouver à ce sujet et il n'a jamais dit ça...

Je suis sûr, connaissant la véracité de Le Guillou, que ce n'est pas lui l'inventeur de ce bruit de coursive : il n'a fait que me le répéter. De toute façon, ce sont « les enfants gâtés » qu'il blâme. Pas le boula.

— Vous-même, Le Guillou, comment ça va maintenant avec lui ?

— Très bien, docteur, dit Le Guillou avec un petit sourire. La nuit, des baguettes fraîches quand je veux. Il a compris la leçon.

Ou la mienne, peut-être. A ce moment, entre le motel de la caffe, Le Rouzic, m'amenant quasiment par le collet son aide, Langonnet, « petit matelot » en service prolongé, et comme lui breton.

— Excusez, docteur, dit Le Rouzic, mais si c'était que de lui, il serait jamais venu tout seul. Il est patraque et il croit qu'il y a qu'à attendre et que ça va s'arranger tout seul.

— Vous avez bien fait, Le Rouzic, je vais m'occuper de lui.

— Alors, bleuzaille, dit Le Guillou, dès que Le Rouzic a tourné les talons, il te faut encore un papa pour t'amener chez le toubib ?

— J'ai rien du tout, dit Langonnet, la tête basse et l'air buté. J'ai qu'un petit mal de ventre. Et encore, pas tout le temps, ni tous les jours.

Il est blond paille avec des yeux noisette, un menton piqué d'une fossette, et un nez retroussé, parsemé de taches de rousseur. A mon avis, il a à peine vingt ans. Il n'y a pas longtemps qu'il a quitté sa mère et il doit être né dans une ferme. Ses gestes, tandis qu'à ma prière il se déshabille, sont lents et gauches, comme s'il lui fallait réfléchir un bout de temps pour savoir comment il va faire pour retirer son T-shirt.

Comme en même temps il est timide et pas très rassuré, je bavarde avec lui pour le détendre.

— Alors, Langonnet, vous aidez Le Rouzic à la caffe ?

— Oui, docteur. Je sers avec lui les officiers mariniers. Mais je suis aussi préposé à la buanderie.

— Ah ! C'est vous le buandier ? Vous devez être très occupé — sauf le dimanche.

— Mais le dimanche, je sers à la caffe. Et la semaine, mes machines à laver elles tournent vingt-quatre heures sur vingt-quatre et mon séchoir aussi. Le séchoir, il faut faire attention, rapport à ce qu'il tourne plus du tout, quand on met trop de choses dedans.

— On vous apporte le linge ?

— Non, non. Je fais la collecte par chambre.

— Et vous ne vous trompez jamais quand vous le rendez ?

— Oh non, docteur, ce n'est pas possible. Les vêtements sont marqués et les sacs aussi.

Il prononce « vêments » en escamotant le « t ».

— Et jamais d'erreur ?

— Jamais. Rapport à la façon que je procède. Les gars, ils disposent leurs *vêments* sales sur leurs banettes. Exemple : je passe dans une chambre, je collecte, je fourre tout dans le même sac. Et après, je lave sac par sac, et chambre par chambre. Quand les *vêments* sont propres, je les remets dans le sacadoque.

— Pardon ?

— Le sacadoque ! Le sac qui correspond à la chambre !

— Le sac ad hoc, docteur, dit Le Guillou.

— Ah bon ! dis-je. Et après ?

— Je ramène le sac à la chambrée et les gars se débrouillent pour se les redistribuer. C'est pas difficile. Tout est marqué.

— Et qu'est-ce que vous préférez, Langonnet : la buanderie ou servir à la caffe ?

— Oh ! servir à la caffe, docteur. Y a pas de comparaison ! La buanderie, je me sens un peu seul. C'est tristounet, mais à la caffe, je vois du monde. Motel, c'est assez plaisant, surtout chez les officiers. Ça m'est arrivé trois fois de servir les officiers.

— Tiens, dis-je, c'est plus plaisant chez les officiers que chez les officiers mariniers ? Et pourquoi donc ?

— Ben, les maîtres, dit-il en rougissant, ils se gênent pas pour me faire des réflexions, du genre : « Langonnet ! Ça traîne ! Ça traîne ! Magne-toi le train, bleuzaille ! etc. » Les officiers, même si c'est un peu long, ils disent rien.

— C'est pour ton bien que les maîtres t'asticotent, petit, dit Le Guillou. Si tu vas à l'Ecole de Rochefort, pour faire le motel, tu en entendras d'autres ! Il faut bien que le métier rentre !

Langonnet ne pipe pas. Il est lui-même le premier convaincu de la vertu pédagogique des coups de gueule.

— Allons, lui dis-je, expliquez-moi un peu ce qui ne va pas.

— Ben, dit-il, je suis patraque.

— Patraque comment ?

— J'ai pas d'appétit.

— Vous avez des nausées ?

— Des nausées ? répète-t-il en fixant sur moi des yeux naïfs.

— Des envies de vomir, dit Le Guillou.

— Ah, ça oui !

— Et les selles ?

— Plus du tout.

— Montre ta langue !

Il obéit. Elle est chargée. En revanche, il a plutôt bonne mine. Un peu blanc bien sûr, mais comme nous tous à bord.

— Ça vous fait mal au côté quand vous vous baissez ?

— Non. Ah si ! si, une fois, l'autre jour en faisant la bicyclette d'entraînement.

— Eh bien, n'en faites plus jusqu'à nouvel ordre.

Je fais mettre Langonnet en *decubitus dorsal*, comme on dit dans les manuels ; ce qui veut dire que je le fais coucher sur le dos. Quel jargon nous parlons ! Une langue saburrale, c'est une langue chargée. Une anorexie, c'est un manque d'appétit. Et une céphalée, c'est un mal de tête. Molière n'est pas loin.

Je branche la bouilloire électrique et j'entoure ses flancs de mes mains pour les réchauffer. Langonnet, que sa nudité gêne, place ses deux grandes paluches sur son sexe.

— Laisse donc ton zizi tranquille, dit Le Guillou, il ne va pas s'envoler.

Langonnet rougit et laisse retomber ses bras le long de ses flancs. Je commence la palpation par le côté gauche du ventre, et de proche en proche je gagne le côté droit.

— Vous me direz quand ça vous fait mal ?

— Oui, docteur.

L'abdomen est souple, et c'est à peine, à peine, si je sens une petite défense en déprimant la fosse iliaque droite.

— Et là, dis-je, vous sentez quelque chose ?

— Non, dit-il.

Mais il n'a pas l'air d'en être sûr. Je recommence patiemment la palpation en repartant du côté gauche, mais cette fois, quand je déprime la fosse iliaque droite, je guette son visage. Pas une grimace.

— Et là ? dis-je.

— Un peu.

Mais il n'en est pas sûr non plus. Je le fais coucher sur le côté gauche, position qui dégage bien la fosse iliaque. Je la déprime à nouveau, et je retrouve la petite défense que j'ai observée plus haut. Mais peu nette. Et quand je veux insister, toutefois en douceur, elle me fuit.

— Vous avez déjà eu mal à cet endroit ?

— Je ne sais pas. Ah si ! Je me souviens maintenant, si, justement !

— C'était une douleur moins forte ou plus forte que maintenant ?

— Plutôt plus forte.

— Il y a longtemps ?

— Je ne saurais pas dire, docteur.

— Avant la marée ? Un mois avant ? Deux mois avant ?

— Plutôt deux mois.

— Et vous avez vu un médecin ?

— Ah non, docteur, pas pour ça !

Le contraire m'étonnerait. On consulte un médecin quand on est

« malade ». Traduisez quand on a une fièvre de cheval. Mais quand on est « patraque », non.

— Vous vous sentez fiévreux ?

— Non, docteur.

— Le Guillou, le thermomètre.

Pendant que Le Guillou opère, je prends le pouls, il est normal, régulier et bien frappé. Le Guillou me tend le thermomètre. 37°5. Le faciès est anxieux, mais ce n'est pas parce que Langonnet souffre, c'est parce qu'il s'inquiète. Et il s'inquiète bien davantage, quand je dis à Le Guillou de lui faire une prise de sang. Comme je crains qu'il ne s'évanouisse en voyant son sang monter dans la seringue, je me place derrière lui et, de la main, je lui maintiens doucement la tête du côté gauche, tandis que Le Guillou place le garrot sur le bras droit.

— Vous ne sentirez rien qu'une petite piqûre, Langonnet, et après, plus rien.

Mais en fait d'une piqûre, il en ressent trois, Le Guillou ne trouvant pas tout de suite la veine, celle-ci étant peu apparente. Toutefois, Langonnet ne réagit pas, probablement parce que ma main sur sa joue le sécurise.

Pendant que Le Guillou emporte le tube, je fais asseoir Langonnet et ausculte soigneusement ses poumons sans rien trouver d'anormal. Pour le rassurer, je lui pose quelques questions anodines.

— Vous fumez ?

— Non, docteur.

— Vous buvez ?

— Pas plus qu'un autre.

Oui, mais « l'autre », qu'est-ce qu'il boit ? Quelle est la dose de poison quotidien qu'un Breton de son âge considère comme normale ?

Langonnet me regarde et, rassemblant son courage, il dit, l'air anxieux :

— C'est grave, docteur ?

— Pour l'instant, non. Mais ça pourrait le devenir. Est-ce que vous avez eu des calculs dans la vessie ?

— Des calculs ? dit Langonnet en ouvrant tout grands ses yeux noisette.

— Tu n'as jamais pissé des petites pierres ? dit Le Guillou.

— Je ne sais pas, dit Langonnet, effaré.

— Tu le saurais, si ça t'était arrivé, dit Le Guillou avec un petit rire.

Ce petit rire, chose curieuse, rassure Langonnet et il sourit. Il a un sourire d'enfant qui creuse davantage la fossette qu'il a au milieu du menton.

— Langonnet, dis-je, vous viendrez matin et soir à l'infirmerie pour prendre votre température.

— Et si tu oublies, moi, j'oublierai pas, dit Le Guillou d'un ton quelque peu menaçant.

— J'oublierai pas, dit Langonnet, qui se sent déjà coupable.

— Y a intérêt, dit Le Guillou.

— Allez, rhabillez-vous, dis-je avec un sourire, et en lui donnant une petite tape sur l'épaule.

Il est si jeune. Depuis qu'il est « patraque », il doit regretter le nid familial. Pourtant c'est à coup sûr avec nous qu'il sera le mieux soigné. A la campagne, on ne va pas déranger le médecin pour un petit mal au ventre et un peu de température. D'ailleurs, la température, on l'ignore. On a peur du thermomètre, si tant est qu'on en a un. « Prendre sa fièvre », c'est déjà accepter d'être malade. Qui sait même si ça ne fait pas venir la maladie ?

Dès que Langonnet nous a quittés, je sens, à voir Le Guillou tournicoter dans l'infirmerie, qu'il brûle de me poser des questions auxquelles je brûle, moi, de ne pas répondre.

Il commence insidieusement :

— Qu'est-ce que je fais avec le sang, docteur ?

— Une numération globulaire.

— Ce sont les globules blancs qui vous intéressent, docteur ?

— Naturellement.

Un silence, puis il dit :

— La fièvre est très discrète, docteur.

A la différence de sa remarque, qui, elle, ne l'est pas du tout. Et comme toujours dans ces cas-là, son ton est très respectueux et il multiplie les « docteur ».

— Si la fièvre augmente, dis-je avec un soupçon d'agacement, nous ferons une deuxième prise de sang et vous ferez une deuxième numération globulaire. La comparaison avec la première peut être utile.

Un silence, puis il dit :

— A quoi pensez-vous, docteur ?

Je dis sèchement :

— A des tas de maladies.

Mais je m'en veux aussitôt d'être aussi peu patient avec un collaborateur aussi efficace, et je reprends :

— Les signes locaux sont pauvres, la température subfébrile, les signes généraux peu spécifiques. On peut penser à beaucoup de choses. Par exemple, à une affection pleuro-pulmonaire, à une hépatite débutante, à une lithiase, à une gastro-entérite...

— Ou à une appendicite chronique, dit Le Guillou.

Je ne lui sais aucun gré d'avoir prononcé ces mots, et je dis vivement :

— L'appendicite chronique, ça n'existe pas, Le Guillou. Qui nous prouve que le petit malaise dont Langonnet s'est plaint il y a un mois était une crise d'appendicite qui s'est refroidie d'elle-même ? Ça pouvait être n'importe quoi : un embarras gastrique, par exemple.

A l'heure du thé, je ne trouve pas au carré le pacha — à qui j'aurais pourtant aimé faire part des appréhensions que me donne le cas Langonnet —, mais nos deux mimis installés confortablement dans les fauteuils, et très occupés à discuter les thèses du général Copel. Comme je n'ai pas lu son livre, j'écoute de toutes mes oreilles.

— Tu ne me diras pas que l'homme n'est pas sympathique, dit Verdelet. Sacrifier une carrière brillante, donner sa démission à quarante-huit ans alors qu'il est déjà sous-chef d'état-major de l'Armée de l'air — à seule fin de publier librement un livre qui contredit les thèses officielles —, c'est un acte de grand courage et d'autant plus estimable qu'il n'est pas fréquent.

— Je te concède, dit Verdoux, que rares sont les généraux et les amiraux qui renoncent à leurs étoiles pour défendre leurs idées.

— J'en pourrais citer au moins un, dis-je. Le général de la Bollardière qui protesta en son temps contre l'usage de la torture en Algérie.

— Exact, dit Verdelet. Hommage soit rendu à cet honnête homme ! Revenons à Copel.

— Il est sympathique, en effet, dit Verdoux, mais son scénario est délirant.

— Quel scénario ? dis-je.

— Demande à Verdelet de te l'exposer. Il a de la sympathie pour le délire poétique.

— Copel suppose, dit Verdelet, que l'URSS déclenche une guerre majeure en Europe et déferle sur l'Allemagne.

— Pourquoi ? dis-je.

— Comment « pourquoi » ? dit Verdelet.

— Oui, dis-je, pour quelle raison ? L'URSS dispose déjà d'un immense empire. Pourquoi mettrait-elle son existence en jeu pour l'agrandir encore ?

— Copel, dit Verdelet, suppose que le monde communiste est ébranlé. Il prophétise qu'un jour sa jeunesse va le faire vaciller. Alors, le pouvoir soviétique sera dangereux, je cite « comme toute bête puissante est dangereuse quand elle est frappée dans la profondeur de ses chairs ».

— Comparaison n'est pas raison, dit Verdoux. A part les dissidents qui ne représentent que peu de monde en réalité, la grande majorité de la population soviétique accepte le régime, ne serait-ce que pour la seule raison qu'elle n'en a jamais connu d'autre. Et je ferais remarquer au surplus qu'en 1941 déjà l'Allemagne croyait à l'effondrement dudit régime après quelques semaines de guerre...

— Pour ma part, dis-je, je ne suis pas non plus très convaincu par le « vacillement », proche ou lointain, du pouvoir soviétique, et moins encore par l'argument selon lequel, quand un pouvoir vacille, il déclenche une guerre majeure... Mais admettons les prémisses de Copel. Après tout, c'est le devoir d'un général de prévoir comment une guerre va se dérouler.

— Eh bien là, tu vas être servi, dit Verdoux. Continue, Verdelet.

— Dans la nuit du 22 au 23 mai, les chars soviétiques appuyés par l'aviation envahissent massivement le territoire de l'Allemagne de l'Ouest.

— Et bien entendu, dit Verdoux, les forces de l'Otan sont surprises : aucun satellite ne les a prévenues des regroupements des unités blindées aux frontières ?

— Le scénario ne le dit pas. Je poursuis : le 24 mai, les forces du pacte de Varsovie emploient massivement les gaz : les forces de l'Otan sont enfoncées et décimées. Le commandement de l'Otan demande au président des Etats-Unis la permission d'utiliser contre l'envahisseur les armes nucléaires tactiques. Le président US refuse.

— C'est là où le délire commence, dit Verdoux. Copel n'est pas historien. S'il l'était, il saurait que les USA ont toujours réagi avec la plus extrême vigueur contre des attaques par surprise. Exemple : à la fin du XIXe siècle, l'Amérique a déclaré la guerre à l'Espagne, parce qu'un de ses cuirassés, le *Maine*, avait explosé dans le port de La Havane dans des conditions d'ailleurs mystérieuses. Le torpillage du *Lusitania* où périrent 125 Américains a été une des causes de sa participation en 17 à la Première Guerre mondiale, et Pearl Harbor détermina son entrée en guerre en 41.

— Mais, dis-je, quelle est la raison qui amènerait le président US à refuser l'emploi des armes nucléaires tactiques contre l'envahisseur ?

— D'après le scénario, l'opinion publique américaine. Elle prendrait position contre l'usage de ces armes en Europe.

— C'est invraisemblable, dit Verdoux. L'opinion américaine resterait insensible à la mort de centaines de milliers de boys asphyxiés par les gaz ? Cette atonie serait sans précédent dans l'histoire des Etats-Unis.

— Et alors, dis-je, que devient l'Allemagne ?

— Elle est conquise.

— Et la France ?

— La France aussi, dit Verdoux sarcastiquement, le président français refusant, lui aussi, de recourir aux armes nucléaires tactiques.

— Et aux missiles ?

— A plus forte raison aux missiles.

— On se demande à quoi nous servons ! Et la Grande-Bretagne ?

— Le scénario n'en parle pas. Bref, en huit jours, l'URSS se rend maîtresse de l'Europe continentale.

— Je dirais toutefois, dit Verdelet, pour rendre justice à Copel, que lui-même signale que cette fiction n'a aucune valeur « prédictive ».

— Mais cette restriction n'est qu'une clause de style, dit vivement Verdoux, puisque le scénario prétend « prendre en compte les données militaires actuelles ». En fait, sa faiblesse et son invraisemblance tiennent à ce qu'il n'intègre pas les données politiques et historiques de la situation.

— Il me semble aussi, dis-je après un silence, que le scénario trahit une nostalgie, peut-être inconsciente, à l'égard de la Seconde Guerre mondiale : une guerre où le char et l'avion étaient rois...

— Oui, je le crois aussi, dit Verdoux. Le scénario est passéiste.

— Mais Copel est aussi un ami des hommes, dit Verdelet. Il a horreur de la guerre atomique.

— Qui ne l'a pas ? dit Verdoux. Malheureusement, c'est une chimère de croire qu'une guerre majeure pourrait éclater en Europe sans dégénérer tôt ou tard en guerre atomique. Copel ne sait pas qu'il y a dans l'entourage de Reagan des faucons comme Bush, Carlucci ou Jones, qui soutiennent qu'on peut « gagner une guerre nucléaire ».

— Et il est probable, dis-je, qu'il y a les mêmes au Kremlin.

A ce moment le pacha apparaît et prend place dans le seul fauteuil vide du carré.

— Jeunes gens, dit-il, de quoi parlez-vous ?

— Du livre du général Copel.

— Ah !

Il n'y a rien d'autre que ce « Ah ».

— Votre thé, commandant, dit Wilhelm en plaçant théière et tasse devant lui.

— Wilhelm, dit le pacha, comment savez-vous toujours quand je vais arriver ?

— L'instinct, commandant, dit Wilhelm.

Un silence de nouveau, et qui dure. Le pacha tapote la théière, la saisit et verse la valeur de deux ou trois cuillerées dans sa tasse. Mais apparemment, il n'est pas satisfait par la coloration du liquide, car il repose la théière avec un petit geste d'impatience. Il ne regarde aucun de nous trois.

— Commandant, reprend Verdoux, êtes-vous d'accord avec les thèses du général Copel ?

— Laquelle ? dit le pacha. Il y en a plusieurs.

— Le scénario d'une attaque soviétique contre l'Europe de l'Ouest.

— Maintenant, je crois que ça y est, dit le pacha.

Il reprend la théière et verse très lentement. Et comme malgré sa lenteur et le filtre (car lui non plus n'emploie pas de sachet) une feuille de thé s'est glissée dans sa tasse, il la repêche avec sa petite cuiller et la dépose sur sa soucoupe. Il casse alors un morceau de sucre en deux et laisse glisser une des moitiés dans son breuvage et avec sa cuiller l'y agite doucement, mais sans l'écraser.

— L'ennui, dit-il, avec ce genre de scénario prospectif, c'est qu'il veut prouver quelque chose. Or, il est fort peu probant : il repose sur trop de données incertaines et imprévisibles. Au mieux, c'est une cascade de « si ».

Ayant dit, il porte la tasse à sa barbe et la hume, avant d'en appliquer le bord contre sa lèvre inférieure. Mais je sais bien, et les deux mimis savent bien aussi, qu'il ne boira pas, si le thé est trop chaud. Il craindrait de se gâter les papilles en les brûlant. Et en effet, il repose la tasse. Nous le regardons en silence. Même Verdoux n'oserait pas interrompre ce lent et sacré processus. D'ailleurs, nos mimis sont tous deux de quart et ils prennent congé prestement.

Wilhelm m'apporte ma seconde théière et la pose sur la petite table basse en verre. Nous buvons en silence.

— Toubib, dit le pacha au bout d'un moment, vous avez l'air soucieux.

— Je le suis, commandant. J'ai un petit gars dont je me demande s'il n'est pas en train de me mijoter une crise d'appendicite.

— Qui c'est ?

— Langonnet.

— Ah, le buandier, dit le pacha.

Et il sourit.

— Comment ? Vous le connaissez, commandant ?

— Mais oui, et je sais aussi pourquoi il ne travaille pas le dimanche...

Son œil bleu me jette par-dessus sa tasse un regard malicieux.

— Et naturellement, reprend-il, la perspective d'avoir à l'opérer ne vous enchante pas.

— A vrai dire, non. Oh ! bien sûr, j'ai déjà pratiqué des appendicectomies. Une dizaine en tout. Dans un service de chirurgie, au cours d'un stage, à l'hôpital de Cherbourg.

— Et ça s'est bien passé ?

— Trop bien.

— Comment cela « trop bien » ?

— Rien que des cas sans complication. Et sans complication, une appendicectomie, c'est plutôt facile.

— Supposons que le cas Langonnet se précise et que vous soyez sûr de votre diagnostic à 100 %.

— Commandant, pour une appendicite, ce n'est qu'à ventre ouvert qu'on peut être sûr à 100 %.

— Diable !

— Mais si je suis sûr seulement à 80 %, j'y vais. Sans ça, je risque la péritonite.

— Et la péritonite, dit le pacha, c'est l'évacuation par hélicoptère. Autrement dit, le contraire de la discrétion.

— C'est déjà arrivé, je crois ?

— Deux fois. La première fois, pour une appendicite : c'était le médecin du bord. Et la seconde fois pour une péritonite : c'était un officier.

— Je ne risquerai pas la péritonite. J'opérerai si ça se précise.

Un silence, et le pacha dit :

— Vous avez le trac, toubib ?

— Un peu. C'est une chose d'opérer dans un CHU avec des gens très compétents à portée de la main et toutes les ressources d'un grand hôpital — et autre chose d'opérer dans un SNLE sans un patron pour voler à votre secours en cas de pépin. Bref, je me sentirai un peu seul. Mais ne vous inquiétez pas, commandant. Le trac, c'est avant. Pendant, ça va.

— Je ne m'inquiète pas. Et en tout cas, vous aurez la stabilité. Je ferai venir le bateau à une immersion confortable.

— Merci, commandant. En fait, ce qui me soucie, c'est moins l'opération que les moyens de l'opération. J'ai un anesthésiste : Le Guillou. J'ai un infirmier pour me passer les instruments : Morvan. Mais je n'ai personne pour tenir les écarteurs.

— Parlez-en au second, dit le pacha en se levant.

Et sur un sourire amical, que je lui rends, il me quitte. Mais je ne crois pas qu'il ait compris à quel point les écarteurs me posaient un problème. Entre le chirurgien et l'aide qui grâce aux écarteurs maintient ouverte la plaie opératoire, il faut une parfaite coordination. L'aide doit tirer — et cesser de tirer — quand il faut. Cette entente ne s'improvise pas. Je gagne ma chambre et, fermant ma porte, je me jette sur ma banette. C'est charmant, ce mot « banette ». C'est joli. C'est féminin. Et c'est bien dommage que dessus on s'y sente si seul. Combien lointaines me paraissent maintenant mes rêveries de la « sieste » !

Je me rappelle tout d'un coup une conversation que j'ai eue il y a deux jours avec le maître principal Kerguenec — le président, comme l'appellent les officiers, le prési, comme disent les hommes. Il est préposé à la maintenance des tubes dans la chambre des missiles, et, comme je lui demande s'il s'aperçoit tout de suite si quelque chose ne va pas, il sourit et prend tout son temps avant de me répondre.

C'est un homme qui approche la quarantaine (c'est-à-dire pour l'équipage un « vieux »). Il a des yeux très attentifs derrière des lunettes de fer et il donne une extraordinaire impression de sérieux et de solidité.

— Les contrôles sont faits pour ça, dit-il.

— Mais supposons que vous ayez un gros pépin. Je ne sais pas, moi, disons...

— Une fuite d'air au niveau d'une vanne ?

— Oui, par exemple. Je suppose que c'est grave.

— Je pense bien ! dit le prési avec flegme. Sans air on ne peut plus lancer les missiles ! Et à quoi sert alors le SNLE ?

— Et vous avez les moyens de réparer ?

Il me regarde et dit avec force :

— Il *faut* réparer ! Et on y est toujours arrivé jusqu'ici...

Il ajoute avec un rire :

— Pas possible de téléphoner au petit copain pour lui demander comment on fait.

Et moi sur ma banette, cette pensée me frappe. Moi non plus, je n'ai pas la ressource de téléphoner. Moi aussi, si le pire arrive, il faut que je répare Langonnet, comme je peux, avec les moyens du bord.

8

Trois jours après, Le Guillou m'attend un matin sur le seuil de l'infi, et dès qu'il me voit s'avance vers moi et me dit à voix basse :

— C'est Langonnet, docteur. Il a 38°5 et les signes ont l'air de se préciser : arrêt total du transit, matières et gaz.

— C'est Le Rouzic qui l'a amené ?

— Oh non ! Cette fois, il est venu de lui-même. Tout à fait paniqué, le gars.

Je grimace. Mais c'est avec le plus rassurant sourire que j'entre dans la chambre d'isolement où Langonnet est allongé, le visage long lui aussi, et l'œil inquiet.

— Alors, Langonnet, dis-je, on vient encore se faire chouchouter ?

Je lui prends le poignet et sans cesser de sourire je compte : 95. Le pouls est, Dieu merci, en rapport avec la température. S'il y avait eu dissociation, j'aurais craint le pire.

Langonnet en position couchée sur le dos puis sur le côté gauche, je palpe l'abdomen. Cette fois les signes sont nets : dès que je fais pression sur la fosse iliaque droite, je sens sous les doigts une contraction de défense et le visage de Langonnet se contracte. Je palpe la fosse iliaque gauche et Langonnet réagit à la décompression.

— Un gant, Le Guillou.

Je dis à Langonnet de se décontracter, ce qui n'est visiblement pas facile dans l'état d'anxiété où il se trouve et je lui fais un toucher rectal. Je trouve une douleur inconstante en haut et à droite.

Je remets le drap sur Langonnet et lui souris à nouveau.

— On va encore vous faire quelques petites misères. Mais rassurez-vous, ce n'est pas douloureux. Vous avez mangé ?

— Non.

— Vous avez faim ?

— Pas du tout, docteur, dit-il avec un faible sourire. Ça serait plutôt le contraire.

Il fait un geste éloquent.

— Si vous avez envie, appelez Le Guillou.

Je repasse dans l'infirmerie, et fais signe à Le Guillou de fermer la porte derrière nous.

— Radio de l'abdomen. Radio des poumons. Analyse d'urine. Et numération globulaire.

— Vous pensez à opérer, docteur ?

— Oui.

A peine ai-je prononcé ce « oui » que ma gorge se sèche. Je ne sais si ma petite panique intérieure s'est communiquée à Le Guillou, mais il a l'air lui aussi troublé.

— Excusez-moi de vous poser la question, docteur. Ne pourrait-on pas essayer d'abord les antibiotiques ?

— Non. C'est la bêtise à ne pas commettre. Il y a d'abord un mieux, mais à l'abri de ce mieux l'infection se propage à petit bruit. Et quand la fièvre et les troubles reviennent, on n'y coupe pas d'une belle péritonite.

A peine ai-je prononcé ce mot qu'il m'effraye, lui aussi. La péritonite est une urgence. Je ne suis nullement équipé pour lui faire face. Au pire, une évolution fatale. Au mieux, une évacuation par hélicoptère et, conséquence désastreuse pour la patrouille, la fin de la discrétion.

Je suis tout d'un coup surpris de me trouver seul à l'infi avec Le Guillou.

— Où est Morvan ?

— Il dort, docteur, dit Le Guillou avec un petit sourire.

Je jette un coup d'œil à ma montre.

— Réveillez-le, dis-je avec brusquerie.

Le Guillou paraît surpris de mon ton, mais reste coi. Il faut lui rendre cette justice : il sait toujours discerner le moment psychologique précis où il ne faut rien dire.

Quant à moi, j'aurais été mieux avisé de me taire et de ne pas passer ma nervosité sur Morvan. En ce moment, il n'y a rigoureusement rien à faire à l'infirmerie, pas même un nettoyage. Elle reluit de propreté flamande. Et que Morvan dorme cinq minutes de plus, ça ne présente aucun inconvénient. La discipline, oui. Mais la discipline formelle, quelle absurdité ! Quand un ordre est stupide, c'est lui qui introduit le désordre.

— De toute façon, dis-je, il va falloir qu'il vous aide, et qu'il couche ce soir sur la banette de Langonnet.

— Oh, vous savez, docteur ! Pour Morvan, toutes les banettes se valent.

Bien que mon petit coup de gueule l'ait atteint au moins autant que Morvan (n'est-il pas l'infirmier-major et le responsable de l'infi ?) il ne m'en veut pas. Il est assez fin pour se mettre à ma place. Et il ne me rend pas difficile le retour à un ton plus doux. Je lui fais un petit sourire qu'il me rend aussitôt et je tourne les talons. Le Guillou a des défauts que je tâche de contenir et des qualités que j'apprécie. Mais les secondes dépassent de beaucoup les premiers. Et le soupçon me vient, quand je le quitte pour partir à la recherche du second, que si Le Guillou m'agace quelquefois, c'est que je ne suis pas moi-même parfait...

Le commandant Picard, qui est fait de vif-argent, est comme le fantôme du père d'Hamlet : il apparaît dans tous les endroits où on l'attend le moins, cheminant sous terre à la vitesse d'une secousse tellurique. Je traverse le SNLE en ses tranches successives et partout où je le demande on me dit qu'« il vient de passer ». Mais j'arrive à la tranche machines, et quasiment le nez sur les arbres d'hélice sans qu'il surgisse du sol. Je refais le chemin en sens inverse, je parcours les cent trente mètres du SNLE jusqu'à la chambre des torpilles et bien que tous me répètent à nouveau qu'« il vient de passer », je ne retrouve pas sa trace. De guerre lasse, je suspens ma quête et gagne le carré, où tout soudain il se matérialise, assis sur un fauteuil, son petit œil noir et brillant me fixant par-dessus les bords de sa tasse de café.

— Vous me cherchiez, toubib ?

Et il se met à rire de son rire éclatant, syncopé, et, me semble-t-il, quelque peu diabolique.

— Comment, dis-je, vous le saviez ?

— Comment l'aurais-je ignoré ? Vous me réclamiez à tous les échos ! Vous me cherchiez même si bien que vous êtes passé à deux pas de moi sans me voir ! Il est vrai que je ne suis pas grand...

Nouveau rire.

— Et vous m'avez laissé passer, dis-je, sans me faire signe ! Commandant, quelle méchanceté !

— Oh, vous savez ! dit-il, dans un sous-marin, on n'égare jamais personne : c'est très étanche...

Bien que cette plaisanterie, dans un SNLE, soit classique, elle me fait incroyablement plaisir. Je sais, je sais ! Saint-Aignan, qui n'en rate pas une, me l'a encore répété hier : je ne suis pas un officier *de* marine, je suis un officier *de la* Marine. Bref, un toubib. N'empêche que je me sens très intégré à ma famille sous-marinière : je ne veux pas risquer la péritonite. Je pense avant tout au malade. Mais si je peux éviter la péritonite, je serai content *aussi* pour le SNLE : la sacro-sainte discrétion n'aura pas été menacée par ma faute.

— Commandant, je voudrais vous parler de Langonnet.

— Que vous allez opérer demain...

— Commandant, dis-je, béant, comment savez-vous que je vais l'opérer demain ? Je viens de prendre cette décision il y a à peine dix minutes.

— Voyons, toubib, vous savez bien que les nouvelles, vraies ou fausses, voyagent à la vitesse d'un éclair dans un sous-marin.

— Et comment les hommes prennent-ils la perspective de cette opération ?

— Gravement. Promenez-vous un peu dans le bord. Vous verrez, c'est très touchant, cette solidarité. Et aussi cette confiance qu'ils ont en vous.

J'avale ma salive, et je ne dis rien. Le second darde sur moi son petit œil noir.

— Et vous, toubib, vous vous inquiétez de savoir qui va vous tenir les écarteurs ?

— Exact.

— Ne vous cassez pas la tête plus longtemps, toubib : c'est moi.

— C'est vous !

Il rit de nouveau. Et je ne vais pas décrire son rire derechef. Je suppose que vous avez déjà bien dans l'oreille ce hennissement ironique brusquement coupé court.

Il reprend :

— Vous n'ignorez pas que dans un sous-marin d'attaque, le second, c'est le toubib, aidé de l'infirmier, et aussi d'un bouquin que nous appelons le « médecin de papier » et qui vous dit ce qu'il faut faire, quand tel malade présente tel ou tel symptôme. J'ai exercé cette fonction. Et j'ai reçu une petite formation d'aide chirurgical. Je sais me laver les mains. Je sais m'habiller sans les salir. Je sais supporter un masque. Pardon, une bavette...

— Et vous savez tenir les écarteurs ?

— Oui. A condition que vous me disiez quand il faut tirer, soulever, cesser de tirer...

Bref, il faudra tout lui dire. Mais je me sens toutefois infiniment soulagé d'avoir en lui un aide, même si cet aide a peu d'expérience. L'œil baissé sur mes pensées, c'est à peine si j'entends le second me dire qu'il s'excuse et qu'il est appelé ailleurs. Un instant plus tard, je lève les yeux et je suis comme surpris que son fauteuil soit vide. Mais si, à l'aide d'une formule appropriée, j'invoquais sa présence, je ne serais pas autrement étonné de le voir surgir du sol comme le Méphisto de *Faust*.

Je retourne dans ma chambre, m'y enferme, et relis les récits d'opération que j'ai déjà lus la veille. C'est incroyable, les positions que peut prendre l'appendice. Tous les cas sont là, noir sur blanc. Tout est prévu. Toutes les complications, décrites. Le patron qui a écrit cela, il avait une expérience phénoménale. Je l'envie. Je me rends compte que la mienne, avec dix opérations seulement à mon actif, est bien maigrelette.

Jacquier vient m'appeler pour le deuxième service du déjeuner. Ni le pacha ni le second ne sont là. Sont présents Alquier, Becker,

Miremont, le chef Forget, Saint-Aignan : des gens peu bavards. Le mimi Verdelet essaie d'animer le repas, mais, ne rencontrant pas d'écho, se tait. Pour une fois, je suis moi aussi taciturne et Verdelet ne tente rien dans ma direction. Je serais bien incapable de dire ce que j'ai mangé.

Je gagne l'infi et Le Guillou me présente les résultats des analyses. Rien aux poumons. Pas de diabète dans les urines. La leucocytose reste modérée : 11 000 unités, quoique en augmentation sur la première numération.

Je passe dans la chambre à côté suivi de Le Guillou. Nouvelle palpation. Il n'y a pas de miracle ; tous les signes de crise aiguë sont là. Et je m'avise d'une particularité qui ne va pas rendre l'opération très aisée. Il est grassouillet, Langonnet, grassouillet comme un bébé. En particulier sur le ventre. Et qui pis est, sous le panicule adipeux, la paroi musculaire est forte. Ça ne va pas être facile d'arriver jusqu'au péritoine.

— Docteur, dit Le Guillou, est-ce que je peux aller ouvrir la cope ?

— Oui, bien sûr. A votre retour, nous poursuivrons le bilan. J'opérerai demain à seize heures. A votre avis, combien faut-il de temps pour transformer l'infi en bloc opératoire, sortir les blouses, les instruments, s'habiller stérilement...

— Nous avons fait une simulation avec votre prédécesseur, docteur : ça prend une heure et demie.

— Mettons deux heures.

— Vous prévoyez une anesthésie de quelle durée, docteur ?

— Laissez-moi réfléchir. Une appendicectomie dans un hôpital, ça prend une heure sauf complications. Oui, mais ici, ça n'est pas un hôpital. L'infi, elle paraît grande à l'échelle d'un sous-marin, mais à l'échelle d'un bloc opératoire dans un hôpital, c'est tout petit. Et nous serons quatre autour du malade : vous, moi, Morvan et le second. Ça fait beaucoup de monde. Vous savez sans doute que c'est le second qui tiendra les écarteurs. Il faudra tout lui dire. Comptez deux heures pour l'anesthésie.

— C'est noté. Docteur, quand dois-je annoncer à Langonnet ?

— Ce soir, à dix heures, quand le Témesta aura fait son effet. Il est très anxieux ?

— Oui et non. Il est plutôt content qu'on s'occupe de lui. Il prend toutes ces analyses pour une thérapeutique.

Morvan assiste sans piper à cet entretien, nous dominant l'un et l'autre d'une bonne tête, ses deux grandes mains pendant au bout de ses longs bras. Il est si noir et si velu qu'on voit par le col large ouvert de sa blouse les poils de sa poitrine rejoindre ceux de sa barbe. Il nous a sûrement écoutés, et pourtant il a l'air à mille lieues de là, perdu dans ses pensées. Il doit rêver, maintenant que nous nous taisons, à sa lande bretonne, lui-même si grand et si massif qu'il me fait songer à un menhir noirci par les embruns. J'ai fait cette comparaison un jour devant Le Guillou, et elle ne l'a pas satisfait. « Vous savez, docteur, je ne sais pas s'ils ont des menhirs, dans les Côtes-du-Nord. Les menhirs, en principe, c'est nous. C'est le Morbihan. »

Le Guillou parti pour la cope, je voudrais dire un mot à Morvan, ne serait-ce que pour lui faire entendre que je n'ignore pas qu'il existe.

— C'est vous, Morvan, qui avez fait la numération globulaire ?

Question idiote : je le sais, et il sait bien que je le sais.

— Mm, docteur.

— Evidemment, c'est plutôt long, surtout quand on fait tout, comme ici, avec la pipette et l'hématimètre.

— Mm, docteur.

— Qui sait ? Peut-être un jour on nous fournira un compteur automatique de globules ?

— Mm, docteur.

— Ça ira alors beaucoup plus vite.

— Mm, docteur.

De guerre lasse, je me tais, moi aussi. Rien de plus contagieux que le silence. Debout devant le bloc opératoire et appuyant mes paperasses sur son plan, je les remplis en conscience. Je suppose qu'à me voir on penserait que je suis calme. Et en effet, ma voix est posée, mes mains ne tremblent pas, je ne donne aucun signe d'agitation. Mais calme, je le suis, comme un étudiant à la veille d'un examen. Et c'est bien ça, au fond. Sauf que c'est plus grave encore, puisqu'il s'agit d'une vie humaine. « En chirurgie, me disait un chef de clinique à Cherbourg, tu as le droit de tout faire, sauf de casser un malade. »

Ma petite corvée terminée, je me souviens que je vais manquer de crème à raser et je gagne la cope. Il y a la queue, mais au lieu de l'animation joyeuse qui règne d'ordinaire dans ce coin du SNLE — les lazzi et les bruits de coursive allant bon train — j'y trouve une ambiance particulière, faite d'un silence lourd à peine coupé de conversations feutrées. Le silence, à ma vue, s'alourdit encore, et je suis accueilli avec des égards inaccoutumés.

— Docteur, si vous êtes pressé, vous pouvez passer avant moi...

— Non, non, ne vous dérangez pas, merci. Rien ne presse.

Les Roquelaure, les Bichon et autres joyeux drilles et piliers de la cope sont là, mais ils sont englués, eux aussi, dans la tension générale, laquelle redouble, quand Le Rouzic vient se mettre à côté de moi.

Le Rouzic est le motel de la caffe et, en cette capacité, coiffe et dirige d'une main ferme, mais affectueuse, les petits matelots qui assurent le service des tables. C'est lui, lectrice, si vous vous en souvenez, qui m'a amené Langonnet *manu militari* il y a trois jours. C'est un Breton, lui aussi, mais très trapu, avec une poitrine d'orang-outan, un visage taillé à coups de serpe, un teint si rouge que même la pâleur sous-marinière n'arrive pas à l'éclaircir, et, dans cette forte trogne, des yeux d'un bleu myosotis, incroyablement tendres.

— Monsieur le Médecin, dit-il (c'est un « vieux », il me donne mon titre hiérarchique), excusez-moi, est-ce que je peux vous poser quelques petites questions ?

— Au sujet de Langonnet ? Allez-y.

J'ai l'impression que la queue devant la cope se hérisse d'oreilles attentives et brille de regards furtifs jetés par-dessus l'épaule dans ma direction. Le seul qui parle haut ici, c'est Le Guillou qui, derrière son guichet, est obligé de dire : « Au suivant », tant le suivant préférerait écouter l'entretien qui s'engage que de passer commande.

— Langonnet, Monsieur le Médecin, c'est l'appendicite ?

— Oui.

— On dit que vous allez l'opérer.

— Oui, demain après-midi.

— Excusez-moi : il y en a qui disent que c'est bénin comme opération. Et y en a qui disent que non.

— Une opération à ventre ouvert n'est jamais une plaisanterie. Mais pour l'appendicectomie, généralement, ça se passe bien. Sauf complications.

Le Rouzic me regarde de ses yeux myosotis. Il a l'air presque scandalisé.

— Et il peut y avoir des complications pour Langonnet ? Un jeunot comme lui ? si bien portant ?

— Les complications, ce n'est pas une question d'âge.

— Eh ben, alors ! dit Le Rouzic, en secouant ses larges épaules, j'aurais pas cru ! Comme dit mon père, on est peu de chose.

C'est curieux, ce pessimisme. L'homme est « peu de chose » par rapport à quoi ? A ses rêves d'immortalité ?

Je reprends :

— Ne vous inquiétez pas. Il n'y a pas de raison que ça se passe mal pour Langonnet. Vous pouvez aller le voir à l'infi, si vous voulez. Vous seul. Ou à deux, à la rigueur. Pas plus de dix minutes. Et ne lui parlez pas d'opération. Il ne sait pas encore.

— J'irai, j'irai, dit Le Rouzic. Vous savez, Langonnet, c'est un bon gars...

Je fais « oui » de la tête, je lui donne une petite tape sur l'épaule, et il s'en va, si troublé qu'il ne se souvient plus de ce qu'il était venu acheter à la cope.

Ce que dit Le Rouzic de Langonnet pourrait s'appliquer à lui-même : sa serviabilité est proverbiale. Il souffre d'insomnies, et se relève assez souvent la nuit, et au lieu de se balader dans le bord en quête de compagnie, ou de casser une graine à la caffe, il a imaginé de proposer au boula de l'aider dans le façonnement des pains. « Il a bien appris », dit le boula, dissimulant son contentement sous ce commentaire un peu froid.

Mon tour vient, j'achète ma crème à raser, et, comme j'ai besoin de me donner du mouvement, je parcours le SNLE d'un bout à l'autre. Je retrouve partout l'ambiance tendue de la cope ; les regards amicaux ne manquent pas, mais les petits saluts eux-mêmes sont retenus, les paroles, rares, alors que les hommes en sont si prodigues d'ordinaire, et toujours sur le ton de la blague, voire de la taquinerie cordiale. Je peux m'attarder aujourd'hui dans la tranche missiles — la plus belle, comme on sait, la plus lumineuse, la plus coquette — et rencontrer, assis au pied d'un missile annihilant de dix-huit tonnes, le même joueur de guitare, sans qu'il me dise, avec un sourire, « Alors, docteur, toujours le vélo, jamais la musique ? » Roquelaure lui-même, qui me voit pédaler, ne va pas galéjer avec son accent marseillais corrigé breton. « Bonne mère, docteur, vous perdez un gramme par minute ! C'est tout juste si je vous vois pas fondre, hein quoi ! » Et le trans Vigneron, que je rencontre à mon retour en traversant le PCNO, ne va pas m'intercepter pour me confier — ce qu'il fait chaque semaine — « Monsieur le médecin, vous aviez raison. C'était rien. Rien du tout. Elle s'est défâchée. Je viens d'avoir mon famili. »

Je retourne à l'infi et, en chemin, je rencontre le second, à qui je fais part de cette étrange ambiance, lui disant combien j'en suis touché.

— Remarquez bien, dit-il, dardant sur moi son œil vif, qu'à Brest l'annonce qu'un petit matelot va se faire opérer de l'appendicite à l'hôpital militaire n'aurait pas créé un tel suspense — probablement parce qu'à terre la cellule familiale polarise l'affectivité de chacun. A bord, bien entendu, on n'oublie pas les siens, mais les liens avec les copains se renforcent. L'homme est un étrange animal : il aime aimer.

— Surtout, dis-je, ceux qui sont embarqués dans le même bateau que lui.

Le second rit de son petit rire abrupt.

— Ah toubib, vous aimeriez que cet amour soit plus universel ? Moi aussi, figurez-vous ! Mais combien faudra-t-il de temps pour en arriver là ? Encore un ou deux millions d'années ?

Le matin de l'opération, Le Guillou est de très mauvais poil et me fait part de ses appréhensions.

— Vous avez remarqué, docteur, le panicule adipeux qu'il se paie, ce petit gars ! Qu'est-ce que ça sera à la cinquantaine ! Et en attendant, toute cette bidoche, c'est très chiant pour l'anesthésiste ! La particularité des gens gras est de ne pas dormir pendant l'intervention et de dormir une fois que c'est fini... Ils métabolisent tout dans les graisses, et à la fin ils relarguent tout dans la circulation. Vous riez, docteur ?

— C'est le mot « relarguer » qui m'amuse. On voit bien à qui on a affaire : à un infirmier de la Marine.

— Je m'en glorifie, dit Le Guillou.

La porte de la chambre d'isolement est close et nous sommes seuls dans l'infi, Morvan ronflant du sommeil de l'innocence dans la chambrée de Langonnet. « Depuis qu'il y est, dit Le Guillou, la cope a vendu en une seule journée cinq boîtes de boules Quiès. Un record absolu. » Je reprends :

— Mais, vous savez, Le Guillou, pour un chirurgien aussi, c'est très embêtant, la graisse. Si vous ajoutez à son panicule adipeux l'épaisseur de la paroi musculaire, je serai à bout de doigts quand j'aurai incisé le péritoine. Alors, demandez à Morvan de demander au bon Dieu que je trouve facilement l'appendice, et qu'il soit facilement extériorisable.

— Qu'il lui demande surtout, dit Le Guillou, pourquoi il a collé à l'homme un truc pareil, quand il l'a créé. Ça me fait rager de penser aux millions d'hommes qui sont morts par la faute de cette malfaçon...

Je me tais. Je suis superstitieux : je ne vais pas chercher noise au Créateur au moment d'opérer.

L'heure qui précède l'opération est insupportable. J'ai les jambes qui tremblent sous moi, le cœur qui bat et la sueur me coule dans le dos entre les omoplates. Mais, à la minute même où je suis habillé, la bavette devant la bouche, et les gants aux mains, ma panique s'évapore sans laisser la moindre trace. Mémoire et réflexion reviennent. Je suis calme et concentré. J'ai l'œil à tout.

A la tête de Langonnet, Le Guillou. A ma droite, Morvan qui me passe les instruments. De l'autre côté, le second, habillé stérilement, prêt à tenir les écarteurs.

Je pratique l'incision iliaque droite de Mac Burney sur sept centimètres, et non sur cinq, pensant qu'il vaut mieux qu'elle soit assez large puisque, vu la conformation du patient, je risque d'être à bout de doigts, le péritoine atteint. J'incise ensuite le muscle grand oblique et le petit oblique. Je repère le péritoine, je le soulève et je me prépare à l'inciser entre deux pinces fines. Je dis, je me prépare, car je veille à ne pas prendre un viscère en même temps que le péritoine.

Voilà. Le ventre est ouvert. La minute de vérité est arrivée. Ma mémoire me ressasse d'une façon quasi automatique les règles pour trouver l'appendice... Et je le trouve. Dieu merci, il n'est pas collé au cæcum. Je saisis son extrémité par une pince en cœur. Je la tends pour le dégager de sa base d'insertion sur le cæcum. J'écrase cette base. Je la ligature. Et, en deçà de la ligature, je sectionne l'appendice. Voilà, c'est fini.

Non, ce n'est pas fini, et ce n'est pas le moment de se laisser aller. Il faut remettre de l'ordre dans tout ça.

— Morvan, combien de petites compresses ?

— Huit.

Panique. Je n'en ai retiré que sept. Où est la huitième ?

— Ecartez un peu, commandant.

Coup d'œil anxieux. Elle est là ! Ses fines mailles se sont imbibées de sang et n'étaient plus discernables du tissu de cæcum sur lequel elle reposait.

Ce camouflage caméléonesque ne la sauvera pas. Je la recupère. Et je recouds, Morvan tenant un compte rigoureux des aiguilles embouties, des pinces et des ciseaux : rien ne sera oublié dans le ventre de l'intéressé. Je ne dirai pas que ma couture terminale — sept centimètres de long — pourrait rivaliser, quand elle sera intégrée, avec les cicatrices esthétiques des grands maîtres. Mais Langonnet n'est pas une danseuse du *Crazy Horse*, ni une belle fille en string sur une plage : ce solide fils de la terre n'aura que peu d'occasions d'exhiber son ventre.

Incident de la dernière minute qui me met la sueur au front. Je vois Morvan s'approcher avec un flacon d'éther dans la main et je lui crie :

— Reposez ce flacon ! Débranchez-moi !

Il s'arrête, béant.

— Débranche le bistouri électrique ! crie Le Guillou.

Il obéit et je respire. Langonnet ne prendra pas feu sous nos yeux horrifiés.

Les deux infirmiers le transportent sur sa banette et le mettent sous perfusion. J'enlève mon masque et mes gants, et je regarde ma montre.

— Combien ? dit le second, qui s'est dépouillé en un tournemain de ses vêtements stériles.

— Deux heures dix. Le temps ne m'a pas duré.

— A moi si ! dit le second avec son bref petit rire. Ce n'est pas une sinécure, les écarteurs. A la fin, mes bras s'ankylosaient... Malgré l'intérêt que je prenais à l'opération.

— En tout cas, merci, commandant.

— Ça a bien marché, je crois ?

— Très bien. Nous avons eu de la chance.

Ce « nous » le fait sourire, et il s'en va. Non, il ne s'en va pas, il disparaît. Il a une façon, à laquelle je n'arrive pas à me faire, de quitter une pièce, qui me donne toujours l'impression qu'une trappe s'est ouverte sous ses pieds.

Je suis couvert de sueur de la tête aux pieds et, malgré la brièveté relative de l'intervention, je me sens passablement épuisé. Je vais prendre une douche et changer de linge. Après quoi, je retourne à l'infi. Contrairement aux assertions malveillantes de Le Guillou sur les gras, Langonnet, qui a bien dormi pendant l'opération, se réveille sans histoire. Ses yeux sont grands ouverts, et ses paupières cillent dans l'effort qu'il fait pour sortir sa vision du flou et la mettre au point sur nos visages penchés sur lui. Ça y est. Il nous reconnaît. Il nous sourit et la fossette de son menton se creuse. C'est un sourire d'enfant, filial et touchant.

— Mousse, dit Le Guillou, tu pourras leur dire dans ton village : ce n'est pas tout le monde qui peut se vanter d'avoir perdu son appendice au beau milieu de l'Océan par cent mètres d'immersion.

— Il t'entend pas, dit Morvan.

Une phrase de trois mots, c'est un record pour Morvan. Et, pour une fois qu'il se laisse aller à la plus débridée éloquence, il se trompe. Langonnet a compris. La preuve, c'est qu'à Le Rouzic qui vient le voir vingt-quatre heures plus tard il répétera la lyrique remarque de Le Guillou, mais comme venant de soi et sans se rappeler son origine. Le Rouzic, à son tour, la répétera à la caffe, d'où elle fera « à la vitesse de l'éclair » le tour de l'équipage, provoquant une vague d'amusement et d'attendrissement dont l'image du petit buandier va sortir agrandie.

— Voyez-vous, toubib, me dit le pacha huit jours plus tard, tandis que nous prenons le thé au carré, un sous-marin, c'est d'abord une cage de verre : tout se voit et tout se sait. Ensuite, c'est une caisse de résonance : tout s'y amplifie, le bon comme le mauvais ; une grogne sur la nourriture, une dispute entre le boula et la cuisse, une appendicectomie : tout prend de fantastiques proportions. L'anxiété du sous-marin au sujet de Langonnet avant votre intervention a été prodigieuse. Nous avons eu droit à une orgie de bons sentiments. Tous ces durs à cuire se sentaient, pour Langonnet, l'âme d'un père. Et le soulagement, après, a été indicible, transformant le petit matelot en mascotte, en chouchou, en enfant chéri. Et quant à vous, toubib, vous prenez rang, désormais, au côté de l'archange saint Michel : le bistouri vous tenant lieu de lance, vous avez terrassé le dragon Infection...

— J'espère, dis-je en riant, que ma statue ne va pas tomber de sa niche d'ici la fin de la patrouille. Heureusement que celle-ci est proche.

— J'espère aussi que la petite mascotte du SNLE ne va pas me faire une grosse tête. La buanderie est un service important. Quand Langonnet sort-il de l'infi ?

— Demain matin.

— Il peut reprendre son service normalement ?

— De toute façon, ce n'est pas le gars à forcer.

— Bien ! J'en toucherai un mot au second pour une reprise douce et ferme.

— Et moi, commandant, dis-je en riant, qui me reprendra en main ?

Il rit aussi.

— Mais vous-même ! Vous faites cela très bien ! Et vous exercez une influence modératrice sur les mimis...

Là-dessus, sur un petit coup d'œil semblable à un éclat de phare, il me quitte et me laisse songeur. C'est vrai que j'ai parfois essayé de freiner Verdoux et Verdelet dans leurs petites farces pendables, mais à mon avis sans grand effet. Le pacha est-il en train de me suggérer par la bande de renforcer mon action, ne voulant pas lui-même intervenir pour calmer le jeu ? Il doit penser qu'il y a des cas où le poids des galons est trop lourd, et que les miens, justement, sont assez légers pour ne pas offenser les gens que je dois « modérer ».

Le lendemain de son entretien, Le Guillou me dit :

— Vous savez, docteur, qu'il y a de la grogne à la caffe ?

— Encore !

— Comment « encore » ?

— Vous vous rappelez : pour le cassoulet, les gars ont trouvé qu'une boîte pour quatre c'était trop peu. Ils ont traité Brosse à dents d'affameur...

— Mais cette fois c'est plus grave. Hier, le boula a fait cent quarante gâteaux. Or, nous ne sommes que cent trente-deux dans le bord. Et on ne sait pas qui a mangé les huit qui manquent...

Je ris.

— Quelle histoire ! Le mystère des huit petits gâteaux ! On devrait évoquer le fantôme d'Agatha Christie !

— Mais les gars ne plaisantent pas, docteur. Ils sont tout à fait sérieux. Ils font une enquête.

— Pour savoir qui s'est empiffré les huit petits gâteaux ? Mais c'est probablement la cuisse ou Brosse à dents !

— Pas du tout, la cuisse est insoupçonnable. Ni le boula, ni Tetatui, ni Jegou n'aiment les pâtisseries. Et Brosse à dents, en prévision du retour, suit un régime sévère. Il va même, depuis une quinzaine, jusqu'à refiler son dessert à un copain.

A treize heures trente, ce même jour, je me rends à la cope, Le Guillou m'ayant dit qu'il fallait que je me hâte d'acheter les tapes de bouche que je destine à mon jeune frère et à mon neveu, car, avec la proximité du retour et les achats massifs de souvenirs aux armes du SNLE, il risque d'être à court.

— Mais vous ne pourriez pas m'en mettre deux de côté ?

— J'aime autant pas. Les gars ont l'œil à tout. Et, s'ils vous voient avec deux tapes de bouche dans les coursives huit jours après que je leur ai dit que je n'en avais plus, ça va faire encore des histoires...

Bref, me voilà faisant la queue, sans aucune impatience, d'ailleurs. Il y a foule et il m'apparaît vite, même sans prêter l'oreille, que l'affaire des huit gâteaux, née de la veille, soulève encore les passions. Et qui croyez-vous qui dénonce avec le plus de véhémence leur disparition ? Qui, sinon Roquelaure ?

— Mais c'est un monde, ça ! dit-il, la pointe d'accent marseillais, sous l'effet de l'indignation, perçant sous la diction bretonne, c'est la jungle, alors, ce bâtiment ! C'est l'égoïste qui fait la loi ! qui dit : Moi, le rabe, je le veux pour moi ! Les copains je m'en brosse ! Et en plus de cela, hypocrite ! Qui chipe en douce sans que personne le voie ! Moi, j'appelle cela du vol ! Remarquez, la pâtisserie, personnellement, je m'en tape ! Le sucre, ça m'écœure. Mais c'est pour dire ! Il y a une justice, oui ou merde ? De quel droit y en a qui mettent le grappin sur les rabes ? D'autor ! Et sans rien demander à personne. Des gouillots pareils, ça ne devrait pas exister !

Approbations bruyantes et unanimes. Même le petit blond dont j'oublie toujours le nom — celui qui s'attache d'ordinaire aux pas de Roquelaure pour le contrer ou le contredire — est d'accord. On renchérit ! On dénonce ! On stigmatise ! On se vautre dans l'indignation ! On n'en est pas encore à nommer les suspects, mais à quelques regards entendus, à des « y en a qui », ou « tu me comprends », je saisis que les « privilégiés » du bord sont dans le collimateur.

Dans la minute qui suit, l'agitation atteint un comble. Ce n'est pas encore la révolution, mais c'est déjà, comme disait de Gaulle, la hargne, la rogne et la grogne. Et tout ça pour huit petits gâteaux ! L'enjeu est dérisoire, mais le mécontentement, bien réel. Et chez qui tout ce tumulte ? Mais chez les plus braves gars du monde ! Sentimentaux en diable, très attachés à leur famille, bons marins, techniciens hors ligne ! Bref, comme on dit dans les manuels, une élite. Si c'est là un effet d'amplification de notre caisse de résonance, il est comique — et aussi quelque peu inquiétant.

C'est mon tour de passer devant le guichet de Le Guillou. Je commande mes deux tapes de bouche, je paie, je me retourne et je dis à Roquelaure, mais assez haut pour être entendu par tous :

— Roquelaure, j'ai un aveu à vous faire. Ces gâteaux, c'est moi. Oui, c'est moi qui les ai mangés. Oui, tous les huit. Croyez-en mon expérience médicale, il n'y a pas que les femmes enceintes qui ont des envies. Les hommes aussi.

J'ai débité cela sur le ton de la plus grande gravité. Et, dans le silence qui accueille mes paroles, je m'en vais, sérieux comme un juge, serrant mes deux tapes de bouche contre ma poitrine. Que va-t-il se passer ? La statue de l'archange saint Michel va-t-elle être arrachée de sa niche par l'ire populaire et jetée sur le sol pour s'y briser en même temps que mon honneur perdu ?...

Pas du tout. Quand Le Guillou revient, les mains chargées, de la cope, un rire silencieux relève ses larges pommettes, et il dit :

— Très bien, votre sortie, docteur !

— Alors ?

— Ils ne vous croient pas. Et d'autant moins que Wilhelm, qui était dans la queue, leur a assuré que depuis quinze jours, vous aussi, vous vous priviez de dessert.

— Qu'en ont-ils conclu ?

— L'opinion s'est divisée. Il y en a qui ont compris l'humour et la petite leçon. Mais d'autres pensent que vous couvrez quelqu'un.

— Qui ?

— Là aussi, l'opinion se divise. Certains pensent que c'est votre opéré...

— Langonnet !

— Mais ils sont peu nombreux. L'énormité d'un tel crime chez un petit matelot...

— Et les autres ?

— Les autres soupçonnent les officiers.

— Nous y voilà ! dis-je.

Le carré, le soir, informé par mes soins, rit à tripes épanouies, et les mimis, au nom de leur « intime conviction », accusent et condamnent le commandant Mosset. Mais le second, qui n'a ri que du coin de la bouche, prend la chose assez au sérieux pour aller faire à la caffe un petit discours mi-plaisant mi-sévère sur le thème des « enfants gâtés » qu'on lui avait prêté précédemment sans qu'il l'eût jamais traité : « Preuve, ajoute-t-il, que les bruits de coursive sont parfois prophétiques. A ma connaissance, sur quinze officiers, six, pour retrouver leur ligne, ne prennent plus de dessert, et ces parts sont renvoyées aussitôt à la caffe par Wilhelm. Ce qui porte à quatorze le nombre des parts disparues. Disparition d'autant plus regrettable que 14 parts divisées par 132 auraient constitué pour chacun un supplément appréciable... » (Rires)

Après cette intervention, le mystère des huit petits gâteaux, qui était monté comme l'écume, retombe comme elle, et disparaît sans laisser de trace.

— Petite fièvre de folie douce, commente le second, due à l'usure des nerfs.

Depuis l'appendicectomie de Langonnet — sorte d'épreuve du feu dont nous parlons maintenant en anciens combattants — Le Guillou et moi nous sentons plus proches l'un de l'autre, et le soir, Morvan ronflant sur sa banette dans la chambre d'à côté, nous parlons à bâtons rompus, parfois même de sujets sérieux tandis que j'essaie de mettre mes paperasses en ordre.

— Docteur, vous croyez à la survie ?

— Non.

Tout en disant ce « non », je me retourne et le regarde.

— Vous y croyez, vous ?

Le Guillou avale sa salive, ce qui a pour effet de remonter ses larges pommettes mongoles jusqu'à ses yeux verts.

— Il y a des moments, dit-il avec effort, où il me paraît presque impossible de mourir tout à fait.

— Alors, dis-je, c'est que sans vouloir l'admettre vous êtes croyant, et dans ce cas, je me tais.

— Comment ça ? Vous vous taisez ! dit Le Guillou presque agressivement. Si je crois à la survie, je ne suis plus digne de discuter avec vous ?

— Allons, allons ! dis-je en riant, ne vous fâchez pas ! Je n'ai pas dit cela dans le sens où vous le prenez. Si vous croyez si peu que ce soit à la survie, pourquoi essaierais-je de vous en détourner ? Même par des raisons que je crois bonnes ?

— Mais par souci de la vérité, dit Le Guillou.

— La vérité n'est pas bonne à dire, si elle fait du mal à quelqu'un.

— Et cela me ferait du mal de ne plus croire à la survie ?

— Assurément. Pourquoi y croyez-vous, sinon parce que l'idée de la mort vous paraît insoutenable ?

— Et à vous, elle ne paraît pas insoutenable ?

— Oh si !

Un silence, et Le Guillou reprend avec sa ténacité coutumière :

— Tout cela ne me dit pas pourquoi vous ne croyez pas à l'immortalité de l'âme.

— Parce que c'est une idée incompréhensible. Quand un homme meurt, son cerveau est détruit irréversiblement, et avec lui, l'intelligence et la mémoire du mort, c'est-à-dire ce qu'il y avait en lui de plus personnel.

— Ne peut-on supposer un miracle qui leur redonne vie ?

— En dehors du support organique grâce auquel elles sont nées ?

— Oui, évidemment, dit Le Guillou. Sans compter qu'il faudrait des milliards de miracles pour transformer en âmes ces milliards de morts. Un croyant vous dirait que ce n'est pas impossible.

— A la foi rien n'est impossible. C'est même sa définition.

Comme après cela il se tait, je dis au bout d'un moment :

— Ne faites pas état de cette conversation. Je ne voudrais pas qu'on croie que je fais à bord du prosélytisme.

— Les curés en font bien, eux ! dit Le Guillou avec un brusque retour de son anticléricalisme.

— C'est qu'ils croient, eux, détenir la vérité.

— Et vous ne croyez pas détenir la vérité ?

— Quelques petites parcelles, çà et là, éclairées faiblement par de petites lueurs de raison.

Il a l'air assez déçu : il ne doit pas trouver ma philosophie très consolante.

Il faut que je remonte douze ans en arrière, et à ma première année de médecine, pour retrouver le souvenir d'une conversation entre copains sur un tel sujet. Il n'y a que les jeunes pour discuter sur l'Audelà. A trente ans, les jeux sont faits. On s'est fabriqué une croyance ou une « décroyance ». On ne la remet plus en question. Si je devais aborder une question pareille avec l'un des officiers — à l'exception, bien sûr, des mimis —, il trouverait la chose du dernier mauvais goût et, croyant ou pas, il se déroberait.

Pourtant, quel meilleur endroit qu'un SNLE pour parler de la mort et de l'immortalité ? Notre vie est quasi conventuelle. On ne peut pas rêver clôture plus parfaite, ni règle plus rigoureuse. La tâche quotidienne finie, on n'a plus qu'à méditer, chacun dans sa cellule, et à faire son salut. Oui, mais quel salut ?

Ce n'est évidemment pas avec le pacha que je vais aborder ce genre de problème : il est catholique pratiquant et il participe aux réunions de prières de Becker le dimanche matin.

Mais, quand je le rencontre au carré pour le thé, je tire avantage de ma condition d'éléphant pour lui poser des questions candides et embarrassantes.

— Commandant, comment pouvons-nous savoir avec certitude que nous n'avons pas été détectés au cours de cette patrouille ?

— Nous ne le savons pas avec certitude. Nous le pensons.

— Supposez qu'un sous-marin réputé ennemi soit plus silencieux que nous et dispose de meilleurs moyens de détection : il pourrait nous approcher assez pour relever notre signature acoustique et s'en aller sans révéler sa présence.

— Ce serait bien étonnant, dit le pacha, son œil bleu me considérant par-dessus sa tasse.

— Il paraît que le nouveau sous-marin nucléaire soviétique étonne tout le monde par ses gigantesques dimensions. La France possède, dit-on, des photos de ce monstre. Est-ce que nous connaissons ses caractéristiques ?

— Toubib, dit le pacha avec bonne humeur, ce n'est pas parce que vous possédez la photo d'une femme que vous connaissez tous les détails de son anatomie.

— Oh ! commandant, dis-je en riant, quelle comparaison ! Surtout dans votre bouche !

Il rit aussi. Catho peut-être, mais pas bégueule. Nous buvons en silence et je reprends :

— Commandant, vous connaissez le conte de Kipling sur l'enfant d'éléphant et son « insatiable curiosité » ? J'ai encore des questions à vous poser.

— Il faut bien que l'enfant d'éléphant grandisse...

— C'est ce que j'essaie de faire. On dit que les Anglais ont une hélice de sous-marin plus silencieuse que la nôtre.

— C'est vrai.

— On dit aussi que lorsqu'un sous-marin américain est venu nous visiter à Toulon un Breguet Atlantique a effectué avec lui un exercice de pistage à sa sortie de la rade, et en moins d'une heure l'a perdu.

— Cela prouve, dit le pacha, que nous avons de bons alliés,

qui ont de bons ingénieurs. Mais nous ne sommes pas manchots non plus...

— Comment l'entendez-vous, commandant ?

— Le SNLE français de la nouvelle génération qu'on est en train d'étudier sera encore plus performant et plus silencieux que l'*Inflexible*.

Je croque un gâteau sec, d'ailleurs avec remords. Dans quelle étrange civilisation vivons-nous ! Manger n'est plus un plaisir, mais un péché.

— Commandant, si je ne craignais pas d'abuser, je vous poserais bien encore quelques petites questions.

— J'y répondrai, si je peux, dit le pacha.

— En cas de guerre, vous recevez l'ordre de tirer par l'antenne filaire que nous traînons derrière nous dans l'eau. Mais supposez que cette antenne soit détériorée.

— Nous en avons une autre, amarrée sur le pont, mais que nous pouvons lâcher et maintenir à dix mètres sous l'eau, c'est-à-dire sans enfreindre la sacro-sainte discrétion.

— Supposez qu'en France, en cas de guerre, le président de la République soit enlevé ou assassiné. Et que notre centre de transmissions de Rosnay soit détruit.

— Le président serait aussitôt remplacé. Rosnay aussi. Toutes les précautions ont été prises, pour que ni le donneur d'ordres ni la transmission ne puissent être neutralisés.

— Bien, dis-je. Nous recevons donc l'ordre du président et nous tirons. Que faisons-nous après ?

— Nous avons nos instructions, dit le pacha avec un petit sourire, mais elles sont secrètes.

— Je vais formuler ma question autrement, dis-je aussitôt : qu'arrive-t-il au sous-marin, une fois que la salve est tirée ?

— Ça n'a plus alors aucune importance...

Je le regarde à mon tour, stupéfait. Je n'en crois pas mes oreilles. Je répète :

— Ça n'a plus aucune importance ?

— Mais non, voyons, dit le pacha avec impatience, réfléchissez. Si nous tirons, c'est que la dissuasion a échoué, et alors c'est l'horreur ! Et plus rien n'a d'importance. Ni le sous-marin, ni nous...

— Vous voulez dire que le sous-marin est fichu ? Qu'il subit le sort de l'abeille. Qu'il meurt dès qu'il pique ?

— En toute probabilité, oui.

— Comment cela ?

— On peut imaginer chez l'ennemi un système de trajectographie très performant qui lui permet de déterminer aussitôt le point de lancement de nos missiles et de nous détruire.

— On peut supposer aussi, dis-je au bout d'un moment, que

l'ennemi aura autre chose à faire que de détruire un sous-marin qui, ayant perdu son dard, n'est plus dangereux. Dans ce cas, il faudra bien retourner en France.

— Pour trouver quoi ? dit le pacha. Une France dévastée ?... Croyez-moi, toubib, à partir du moment où, la dissuasion ayant échoué, nous tirons notre salve, nous sommes dans l'aberration la plus totale ! L'apocalypse commence et rien, plus rien, n'a d'importance.

Un silence tombe et je m'aperçois que, malgré la stupéfaction que j'ai montrée, et à coup sûr éprouvée, j'ai toujours su confusément, mais sans vouloir me l'avouer avec clarté, ce que le pacha vient de me dire. Tant il est vrai que quand une pensée est pénible, nous ne pouvons que la fuir. Heureusement d'ailleurs, car si nous vivions jour et nuit dans l'attente de notre inéluctable disparition, la vie ne serait pas possible. Toutefois, dans la terreur que fait naître en nous l'appréhension d'une guerre atomique, ce qu'il y a de particulièrement atroce, ce n'est pas seulement notre propre mort, c'est celle de nos proches, de nos enfants, de nos petits-enfants, de notre pays, de la planète. L'*homo sapiens* détruisant sa propre espèce et la terre qui le nourrit : peut-on imaginer idée plus insoutenable ?

— C'est vrai, dit le pacha comme s'il avait deviné mes pensées.

Il reprend :

— C'est vrai que nous sommes pris dans un système à la limite de l'absurdité. Mais d'un autre côté, nous n'avons jamais été si près, à force d'horreur, de faire reculer l'horreur.

9

Cette semaine, comme dit Roquelaure qui a été champion local de course cycliste, « nous abordons la dernière ligne droite » : image peu appropriée à un SNLE qui ne se soucie guère — sur tous les plans — d'une conduite rectiligne. L'impatience, en tout cas, nous gagne, moi tout le premier. Comme si je voulais me donner l'impression de hâter notre retour, je commence à rédiger le rapport sanitaire que je dois remettre à mes supérieurs de retour à Brest. Mais par la force des choses, il demeurera inachevé jusqu'à ce que le sous-marin se mette à quai : bien des choses peuvent encore arriver au cours de ces derniers jours.

Ayant ce bilan médical en tête, le soir, sur ma banette, j'essaie de dresser en mon for, dans la foulée, un bilan personnel. Autant il me paraît positif, sur le plan humain et professionnel, autant il me déçoit affectivement, cet adverbe ne désignant que ma taciturne correspondante.

Ce n'est pas ce qui s'est passé dans le sous-marin qui a mal marché, c'est ce qui s'est passé dehors. Je le répète : il me semble que si j'avais été à la place de Sophie et ayant pris la décision de rompre, j'aurais tâché d'avertir mon partenaire de ma décision, plutôt que de lui laisser espérer pendant neuf semaines des nouvelles qui ne vinrent jamais. Il m'a fallu quelque force d'âme pour surmonter les cruelles petites affres où m'ont jeté les silences de Sophie. Je dis « les silences », car il y en a eu un chaque samedi, et chaque samedi, assez durement ressenti, malgré mes efforts, chaque fois, pour tordre le cou à l'espoir, attendre l'absence de son familigramme, et contre elle m'armer.

Quand on a indûment « investi » ses affections dans un être, je voudrais bien que les psychologues m'expliquent comment il faut faire pour les « désinvestir » et quelle méthode il convient de suivre pour passer le plus rapidement possible du chagrin à la résignation, et de la résignation à la sérénité. Quant à celle-ci, je ne l'ai pas encore atteinte. Si notre machine humaine était rationnelle, elle devrait comporter un purgeur d'amertume qui fonctionnerait, en cas de besoin, automatiquement.

En dépit de ces à-coups, mon moral a bien tenu. Je n'ai pas connu le fameux « syndrome de la cinquième semaine ». Quant à moi, mes déprimes ont été ponctuelles, n'excédant pas, en fait, une matinée ou un après-midi. Elles commençaient par un sentiment pénible d'irréalité : la bizarrerie de la situation me sautait tout d'un coup aux yeux, me donnant un sentiment d'étonnement et d'indignation. Je me disais : « Mais qu'est-ce que je fais là, bon Dieu, enfermé dans cette boîte en fer sous l'eau ! Je ne sais même pas dans quel Océan ! Il faut à tout prix que je sorte de là ! Et que je revoie le ciel ! »

Après quoi, pendant une minute ou deux, j'étais tenaillé par l'obsession démente « d'ouvrir une fenêtre », tout en sachant bien que cette fenêtre n'existait pas. Ce qui se passait ensuite était très particulier : l'irréalité de la révolte — ouvrir une fenêtre, sortir, revoir le ciel — annulait peu à peu l'irréalité de la situation et me réconciliait avec elle : « Je reprenais le collier », comme on dit si bien, quand les vacances sont finies. J'avais un sillon à tracer comme les chevaux de labour. Ou pour user d'une image plus juste, le rouage appelé toubib se remettait de lui-même en place dans la machine.

Ce qu'il y a de merveilleux chez le sous-marinier, je l'ai noté plus de cent fois au cours de cette patrouille, c'est le sentiment qu'il a d'être archi-important à bord. Ce n'est pas une illusion. Non seulement c'est vrai pour les ingénieurs et les techniciens chevronnés qui assurent les services essentiels, mais c'est vrai aussi pour le plus petit des petits « mousses ». Lectrice, permettez-moi, je vous prie, un exemple très terre à terre : si le petit matelot chargé des w.-c les laisse se boucher, dans une école ce serait une négligence, dans un sous-marin, c'est une catastrophe. Et sans aller si loin, si ledit matelot est un tant soit peu trop rapide quand il « sasse » au fond des mers la

« caisse à caca », les matières s'en vont, mais l'odeur demeure, provoquant dans l'équipage une grogne véhémente.

Ce sentiment gratifiant d'exercer « une fonction importante à bord » — sans laquelle la sécurité ou le bien-être de tous seraient menacés —, *tous* l'éprouvent et à tous il apporte une aide puissante pour étaler la privation la plus évidente : l'absence de jour.

Le mimi Verdelet s'en rendit bien compte le jour où il donna à la caffe, dans le cadre de ses conférences littéraires, un récital de poésie consacré à Baudelaire. Il y inclut le poème en prose intitulé *l'Etranger*, dont le pacha, qui le prisait fort, lui avait communiqué le texte. Verdelet, qui avait étudié l'art dramatique avant de préparer Sciences-Po, ne lisait pas : il récitait. Et le fait qu'il sût par cœur ces centaines de vers était, de prime abord, une raison de son succès, les hommes étant émerveillés par l'étendue de sa mémoire : « Le mimi, il en a dans le crâne ! » disait Bichon, résumant l'admiration générale.

Qui plus est, Verdelet récitait fort bien. Et quand il en arriva à *l'Etranger*, et surtout à la phrase finale, qu'il détailla avec beaucoup d'art : « J'aime les nuages, les nuages qui passent là-bas, là-bas, les merveilleux nuages », il eut la surprise de voir son auditoire — une quarantaine d'hommes — figé par l'émotion. Puis ils sortirent enfin de leur stupeur, l'applaudirent à tout rompre, et le prièrent de bisser le poème. Ce qu'il fit. Après quoi, deux d'entre eux s'approchèrent et lui demandèrent d'écrire sur un bout de papier la phrase qui parlait tant à leur cœur. Le lendemain, une bonne moitié de l'équipage la répétait.

Tandis que je me remémore cet épisode, j'entends dans la « rue de la Joie » bruits, cris et rires. Avec prudence — car il s'agit peut-être d'une ruse pour m'attirer hors de ma chambre — j'entrebâille ma porte et risque un œil. Les deux mimis, Angel, Callonec et Saint-Aignan se livrent à un combat d'embuscades avec des revolvers à eau, lesquels ont été introduits à bord par Verdelet, ainsi que diverses farces et attrapes du même type. Ma prudence est récompensée. Si j'étais sorti sans précaution de mon territoire, il va sans dire que les camps adverses auraient conjugué leurs forces et concentré leur tir sur ma personne.

Lectrice, j'hésite au moment de vous conter un des tours les plus pendables des mimis, craignant de vous conforter dans cette idée assurément assez exacte que les hommes, quand ils sont entre eux, ont tendance à redevenir quelque peu enfantins. Toutefois, il doit être dit, à la décharge des mimis, que la vie quotidienne d'un sous-marin n'est pas sans évoquer l'internat des grandes écoles et appelle, pour ainsi parler, les farces qui s'y perpétuent.

Parmi les attrapes introduites dans le bord par Verdelet, il y avait un système de deux poires en caoutchouc reliées par un long tuyau. Si l'on dissimule sous une assiette (cachée en outre par la nappe) une de ces poires à l'état flasque, l'autre poire, pour peu qu'on la pompe, gonfle la première par l'intermédiaire du tuyau et lui communique des soubresauts qui agitent l'assiette : mouvements en soi comiques, puisqu'ils échappent à la volonté du convive devant qui l'assiette est placée.

Mais ce serait méconnaître l'imagination de nos mimis que de croire qu'ils vont se contenter d'une farce aussi fruste. Ils l'incluent dans un scénario calculé pour en décupler l'effet. Mis dans le secret, la seule modification que j'arrive à introduire dans leur dessein est d'en changer la cible. Au lieu de choisir Becker comme victime, je les persuade de se rabattre plutôt sur Miremont qui, n'étant pas catholique, sera en toute vraisemblance moins offusqué que notre pieux barbu.

Le « repas présidé » du dimanche arrive, et, avec la complicité au moins passive de Wilhelm, la poire à l'état flaccide est placée sous l'assiette de Miremont et l'autre poire, dissimulée par le retombé de la nappe, à portée de main de Verdoux, qui s'assoit aussitôt, l'air plus sage que nature.

Dès que tous ont pris place, et dans le moment creux entre le hors-d'œuvre et le plat de viande, les deux mimis entament, dans le silence général, une petite comédie d'apparence anodine qu'ils ont jouée devant nous plus de cent fois depuis le premier jour de la patrouille.

— Verdoux, dit Verdelet, qu'est-ce que tu comptes faire ce soir ?

— J'ai l'intention d'aller faire un tour sur les Champs-Elysées. Peut-être voir un film. Tu viens avec moi ?

— Je regrette, j'ai rendez-vous au Fouquet's.

— Viens donc ! Laisse tomber !

— Impossible ! C'est une des coco girls.

— Laquelle ? Tu peux me présenter ?

— Impossible. Je n'accepte pas de frère près du trône.

— Alors, décris-la.

— Eh bien, dit Verdelet d'un air gourmand, elle est grande, élancée, avec des cheveux acajou et des yeux verts. Ses seins sont les grenades du Jardin d'Allah. Ses cuisses sont amples, musclées, précises. Et quant à son petit derrière, rien que de le voir se balancer doucement devant vous, la salive vous coule de la bouche.

A ce moment, la main de Verdoux disparaît sous la nappe, l'assiette de Miremont entame des soubresauts violents, et, quand tous les yeux sont fixés sur elle, Callonec s'écrie d'un air indigné :

— Mais enfin, Miremont ! Je t'en prie ! Contrôle-toi !

Miremont rougit, les rires éclatent, et je suis assez soulagé de voir le pacha rire aussi. Je craignais qu'il ne trouve la farce un peu forte.

— Je n'ai jamais vu des idiots pareils ! gronde Miremont, furieux.

Et, passant la main sous la nappe, il ramène la poire en caoutchouc qu'il jette dans l'assiette de Verdoux. Le pauvre, hélas, a tort de se fâcher, car Verdoux, ramassant la poire et l'examinant, dit d'un ton désolé :

— Quoi, une prothèse ? Malheureux, tu as besoin d'une prothèse à ton âge ? Ces soubresauts n'étaient qu'un artifice ?...

— Fi donc ! dit Verdelet.

Les rires redoublent et Miremont, s'enferrant davantage, refuse, en tant que chef de gamelle, de débloquer la bouteille de champagne que lui réclament les mimis pour prix de son « indécence », ou, qui pis est, de son « imposture ».

Ce n'est évidemment pas par hasard si les mimis ont érotisé une « attrape » classique et en soi des plus neutres. J'y repense encore au soir de ce repas présidé, alors que je suis couché sur ma banette, l'électricité éteinte, et les yeux grands ouverts. Non que le sommeil me fuie. C'est moi qui ne le cherche pas.

La femme est absente d'un sous-marin. Elle y est très présente aussi : dans les films pour grand public qu'on projette à la caffe ; dans les autres aussi ; dans les cassettes que l'on écoute, étendu sur sa banette, après son quart, le bas-parleur à côté de l'oreille ; dans les BD, usées jusqu'à la corde d'être passées de main en main ; dans les romans dont on se signale de copain à copain les bonnes pages ; dans les pin-ups qui décorent les portes des chambrées ou qui, plus discrètement, ornent les pupitres et les tableaux de bord ; dans les déguisements féminins de la cabane ; dans les conversations de chambrée, et les récits toujours un peu vantards des célibataires ; et aussi, dès que cessent le quart et la surveillance stressante des machines, dans l'esprit des pudiques et des silencieux.

J'ai fait une remarque à ce sujet : plus un homme est amoureux de sa femme, moins il en parle, même à son ami le plus proche. Toutefois, au sujet de ses enfants, il s'épanche volontiers. Et si vous demandez à voir leur photographie, celle qu'il vous tendra d'une main détachée les montrera non pas seuls, mais en compagnie de son épouse, à laquelle, à mon sentiment, il sera de bon ton que vous adressiez un compliment discret tout en faisant porter sur la progéniture le gros de vos éloges. Au carré, j'ai eu l'occasion, plus d'une fois, de jouer ce rôle et, à la fin de la patrouille, je m'étais formé une idée assez précise des officiers qui étaient très amoureux de leur femme. Franchement, je les envie. J'entends bien que cela doit être plutôt dur au départ de Brest de s'arracher à un foyer si tendre. Mais le retour doit payer ces affres au centuple.

Un SNLE présente une telle densité d'appareils hautement sophistiqués qu'on se demande comment les maîtres qui les manipulent ont pu associer une image féminine à cette technologie raffinée. Ils y sont parvenus pourtant.

Au PCNO, il y a un coin sur bâbord réservé aux trois centrales de navigation par inertie. Ce sont des engins excessivement coûteux qu'on ne voit que dans les SNLE et sur deux de nos porte-avions.

Ils permettent au navigateur de faire le point avec une précision étonnante, ce qui est d'autant plus utile sur un SNLE qu'il ne saurait être question de monter sur le pont pour faire ledit point, ni même — par souci de la sacro-sainte discrétion — de laisser émerger le périscope de visée astrale.

Côté PC on ne voit que trois pupitres côte à côte, mais indépendants (les engins correspondants, qui sont fort volumineux, restant hors de vue), et s'il y a trois de ces centrales, c'est qu'à partir du moment où le SNLE quitte l'Ile Longue, elles ont tendance, avec le temps, à dériver. On choisit donc l'une d'elles qu'on tient pour la pilote et les deux autres servent à la contrôler.

Le responsable est un petit brun à l'œil vif. Je lui demande de m'expliquer le fonctionnement. Ce qu'il fait d'un air quelque peu découragé d'avance. Et il a raison. Car je n'entends goutte à ce qu'il me dit. Toutefois, tandis que je lui prête une oreille de plus en plus distraite, mon œil, errant sur les pupitres, découvre que chacune des trois centrales est personnalisée par un doux visage féminin.

— Et laquelle des trois, dis-je à la fin, avez-vous choisie comme pilote ?

— Celle du milieu.

— Ah ? dis-je. Et pourquoi cette préférence ?

— C'est la plus gentille, dit-il avec un sourire presque tendre.

Ce matin, comme j'arrive à l'infi, Le Guillou me dit :

— Ah, bonjour, docteur, nous avons eu un client. C'est Longeron, l'électricien. Il veut se faire faire un « check-up » par vous.

— Un « check-up » ?

— C'est le terme qu'il a employé.

— Et en quel honneur, ce « check-up » ?

— Il n'a pas voulu le dire. Il a l'air anxieux.

— L'air anxieux ? Curieux d'avoir des états d'âme à si peu de jours du retour. Quand a-t-il dit qu'il reviendrait ?

— A l'instant.

Je me mets à mes paperasses, mais pour très peu de temps. L'intéressé survient presque aussitôt. Il est petit, maigre et paraît, en effet, très tendu.

— Bonjour, Longeron. Il paraît que vous voulez un check-up ?

— Oui, docteur.

— Mais un check-up, Longeron, vous l'avez eu à terre. C'est une routine. Tout le monde y passe. Et on ne vous a rien trouvé, puisque vous êtes ici. Avez-vous mal quelque part ?

— Non, docteur.

— Alors, qu'est-ce qui vous inquiète ?

— Eh bien, dit-il.

Mais il ne poursuit pas. Il regarde Le Guillou. Et celui-ci, sans avoir l'air d'avoir reçu ce regard, sans même m'interroger de l'œil, le plus naturellement du monde et d'un air affairé, passe dans la chambre d'isolement où il n'a d'évidence rien à faire. Quant à Morvan, je ne le vois nulle part : il doit dormir.

— Eh bien, voilà, docteur, dit Longeron après un silence.

Mais il ne parvient pas à se décider, et reste bouche close, les paupières cillantes, les joues pâles et l'air si mal à l'aise que je crains qu'il ne me fasse une syncope.

— Asseyez-vous, dis-je. Je vais vous donner un verre d'eau.

Il boit avidement, son visage se recolore, il avale sa salive. Cependant, quand enfin il arrive à parler, sa voix est détimbrée.

— Eh bien, dit-il, voilà : je suis en train de devenir impuissant.

Je souris.

— Qu'est-ce qui vous fait penser ça ?

— Je n'ai plus d'érection la nuit depuis une semaine.

— Et vous en aviez il y a une semaine ?

— Oui.

— Combien ?

— Trois ou quatre.

— Et que faisiez-vous à ce sujet ?

Bien que j'aie posé la question de la façon la plus neutre, et presque distraitement, elle le trouble beaucoup, et il répète :

— Ce que je faisais à ce sujet ?

— Oui. Que faisiez-vous ?

— Eh bien, dit-il avec effort, je la prolongeais.

Le Guillou a raison : il s'exprime bien. C'est une trouvaille, cette « prolongation ».

— Vous prolongiez votre érection manuellement ?

— Oui.

— Jusqu'à l'orgasme ?

— Oui.

Le premier « oui » est faible, et le second est quasi expiré.

— Et alors ? dis-je. Où est le problème ?

Longeron me regarde. Il paraît presque scandalisé par mon flegme.

— Comment « où est le problème » ? dit-il. Le problème, c'est que je culpabilise.

Ma question est prompte :

— Pourquoi ?

— Comment « pourquoi » ? dit-il en avalant sa salive.

— Ecoutez, Longeron, ne répétez pas tout le temps mes questions. Répondez-y.

— Oui, docteur. Excusez-moi.

— Laissez tomber les « excusez-moi ». Expliquez-moi plutôt pourquoi vous culpabilisez.

— Mais, docteur, la masturbation est une conduite sexuelle perverse.

— Vous êtes catholique, Longeron ?

— Non, docteur.

— Alors, dites-moi où vous avez trouvé cette belle phrase.

— Dans le Larousse médical.

— Je regrette qu'elle s'y trouve. Dans la bouche d'un médecin elle n'a aucun sens. Mieux : elle est idiote. Le Larousse médical a dû faire beaucoup de mal à beaucoup de gens avec cette phrase idiote. Vous, par exemple, elle vous a culpabilisé. Vous êtes marié, Longeron ?

— Oui.

— Et quand vous retrouverez votre femme, vous avez peur de ne pas pouvoir la prendre ?

— Oui, c'est ça, c'est ça... Quand j'y pense, je me réveille la nuit avec des sueurs froides. Je suis complètement paniqué.

— Et vous avez des remords ?

— Oui.

— Vis-à-vis de votre femme aussi ?

— Oui.

— Pourquoi ?

— Mais parce que la masturbation, ça me diminue beaucoup moralement à mes propres yeux vis-à-vis de ma femme.

— Elle vous diminue moralement parce qu'on vous a mis dans la tête que c'est une « conduite sexuelle perverse ».

— Et c'est faux ?

— Absolument. Vous savez ce que c'est que la perversion, Longeron ? C'est le goût du mal. Et dans le cas des enfants, des solitaires, des prisonniers et, en général, des hommes privés de femmes, croyez-vous que c'est par goût du mal qu'ils se masturbent ? Ils se masturbent pour satisfaire un besoin. C'est tout.

— Je serais bien content si je pouvais penser cela, docteur.

— Eh bien, pensez-le. Qui vous en empêche ? Le Larousse médical ? Il vous paraît plus médecin que moi ? Quel âge avez-vous ?

— Trente et un ans.

— Et vous croyez qu'on devient impuissant, comme ça, à trente et un ans, d'une semaine à l'autre ?

— Eh bien justement, docteur, comment devient-on impuissant ?

— Il y a des causes physiques : le diabète, les maladies vasculaires, l'alcoolisme et les drogues. Vous vous reconnaissez dans ce tableau ?

— A vue de nez, non.

— Il y a aussi des causes morales qui peuvent vous rendre

temporairement impuissant. Par exemple, une grande déception amoureuse.

— Alors là, ce n'est pas le cas ! dit Longeron vivement. Je peux le dire, j'ai jamais manqué un familigramme. Pas une seule fois ! Pas un seul !

— Eh bien bravo, Longeron. Et dormez sur vos deux oreilles. Vous n'êtes pas impuissant. Vous verrez, à votre retour, ça se passera très bien.

— Mais, supposez que j'aie le diabète, docteur ?

Je ris :

— Alors vous, vous êtes un bileux ! Et un imaginatif ! Ecoutez, Longeron : si vous l'aviez, le diabète, on l'aurait dépisté à terre.

— Il a pu se développer chez moi depuis ma dernière visite. Ça remonte à six mois.

— Soit. Si ça peut calmer votre anxiété, je vais demander à Le Guillou de vous faire une analyse d'urine et une analyse de sang.

— Merci, docteur.

Il est content. Le sorcier va lui prendre un peu de sang et un peu d'urine. Avant même que les analyses soient négatives, il est rassuré. Ensuite, je lui donnerai un fortifiant banal : autre magie. Et surtout avec force, avec autorité, je lui répéterai qu'il n'a rien, absolument rien.

— Docteur, dit-il.

— Oui, Longeron.

— Excusez-moi, mais j'aimerais mieux que tout cela reste entre nous.

— Votre cas est couvert par le secret médical. Il ne sortira pas de l'infi.

— Et Le Guillou ?

— Il est tenu, lui aussi, au secret.

Dans l'après-midi, étant seul avec Le Guillou, je lui touche un mot du cas Longeron, ne voulant pas faire des mystères avec lui. Il m'écoute sans se permettre un sourire et quand j'en viens à la définition du Larousse, décrivant la masturbation comme « une conduite sexuelle perverse », il tique lui aussi. Et il me fait une suggestion très valable.

— Vous savez, docteur, ça serait peut-être une bonne idée que vous fassiez un topo là-dessus à la caffe. Le cas Longeron n'est peut-être pas isolé.

Je fais la moue.

— Traiter de l'impuissance comme ça, tout de go ? Ça ne serait pas un peu délicat ? Surtout à si peu de jours du retour ?

— Oui, évidemment. Mais vous pourriez peut-être annoncer un topo sur les maladies sexuellement transmissibles et, dans ce cadre plus général, traiter aussi de la sexualité et redresser aussi les idées reçues sur l'impuissance.

Ce que j'ai fait, le lendemain même, avec l'autorisation du pacha, et avec le plus grand succès, la partie de l'équipage qui m'a écouté répétant mes propos — j'espère sans trop les déformer — à ceux qui étaient « de quart ».

J'aurais été tenté de croire que ce cas-là allait être le dernier, hormis le train-train des petits rhumes et des blessures sans conséquence, quand le soir même, vers les neuf heures et demie, on me téléphone d'avoir à venir d'urgence à l'infi. J'accours et je trouve le boula tenant de sa main gauche sa main droite ensanglantée. J'examine la plaie. Ce n'est pas un bobo. Il s'est entaillé la base du pouce et s'est partiellement sectionné le tendon extenseur entre le pouce et l'index.

— Et comment vous êtes-vous fait ça, boula ?

— En retapant ma banette. Ces sacrés petits ressorts plats sont coupants comme des rasoirs.

— Quels ressorts plats ?

— Ceux du sommier. J'ai rentré la couverture sous le matelas un peu brusquement et voilà !

— Je vous l'avais signalé, docteur, dit Le Guillou.

— Oui, je me souviens. Jacquier aussi. Au début de la patrouille, il m'avait même prié de ne pas refaire moi-même mon lit. Eh bien, vous vous êtes bien arrangé !

— Vous allez me recoudre, docteur ? dit le boula d'une voix faible.

— Deux fois : le dessous et le dessus. Mais ne craignez rien : on va vous faire une piqûre pour l'anesthésie locale.

— Ça sera long ?

— Une petite demi-heure. Le plus long, c'est de suturer le tendon. C'est délicat, vu que ce tendon-là n'est pas très gros, peut-être deux millimètres de section. Et il faut faire des points là-dedans avec de toutes petites aiguilles. Mais d'abord, il faut vous mettre en extension.

Tout le temps que durera l'intervention — et en fait de petite demi-heure elle va dépasser quarante-cinq minutes — je vais parler au boula et lui décrire au fur et à mesure ce que je fais : son esprit sera occupé et il ne pensera pas à tourner de l'œil.

Je reprends :

— Tout est petit, là-dedans, vous comprenez : le tendon, le fil, l'aiguille.

— Si elle est si petite, docteur, comment faites-vous pour l'enfiler ?

A la bonne heure, il parle et d'une voix tout à fait normale.

— Je n'enfile pas, le fil est embouti dans la base de l'aiguille. L'aiguillée est toute préparée.

— Alors, dit-il, vous devez la jeter quand il n'y a plus de fil.

— Bien sûr.

— Ben, c'est pas très économique, dit-il avec bon sens.

— Peut-être, mais il y a de gros avantages : l'aiguillée est toute prête, on la sort stérile du paquet... Et surtout, la tête de l'aiguille ne comporte pas de chas. Elle est plus fine et fait des trous moins gros dans les tissus...

J'égrène ces petites phrases une à une sur le ton de la conversation détendue, voire enjouée, tout en travaillant.

— Voilà, dis-je au bout d'un moment, j'ai fini la suture du tendon. Le plus délicat est fait. Il ne reste plus qu'à recoudre le dessus.

Pour la première fois, le boula s'inquiète.

— Et je vais pouvoir récupérer ma main ? Comme elle était avant ? Vous comprenez, ma main dans mon métier...

— Ne vous en faites pas. Vous en recouvrirez l'usage. Mais il y faudra du temps. Trois semaines au moins. Et le plus embêtant pour vous va être de la garder en extension pendant trois semaines.

Dès qu'il est pansé, je pars à la recherche du second. Ce qui signifie : parcourir le SNLE dans toute sa longueur, demander aux gars : « Vous savez où est le second ? » et recevoir cette réponse invariable : « Il vient de passer. »

Je le découvre enfin au PCP de la tranche machines, et en deux phrases — étant si vif lui-même, il attend des autres la concision — je lui conte l'accident du boula.

— Et bien sûr, me dit-il, ce n'est pas avec une main pansée qu'il peut façonner ses pains ! Vous vous rendez compte, toubib ? Des Français sans pain ! C'est la révolution ! Heureusement que nous sommes proches du retour ! Venez, toubib, on va voir à la cuisse si la chose est sans remède.

Mais à la cuisine, on ne trouve ni Tetatui ni Jegou : leur dur labeur quotidien fini, ils sont allés se coucher. Le grand film de la caffe vient de se terminer. Brosse à dents n'est nulle part visible. Seul Le Rouzic est là, surveillant ses petits matelots qui rangent les sièges.

— Vous vous rappelez peut-être, commandant, dis-je, que Le Rouzic s'y connaît pas mal. Il était volontaire pour aider le boula à façonner.

— Mais c'est vrai ! dit le commandant. Je l'ai même vu en passant !

Comment ne l'aurait-il pas vu ? Il va partout et il voit tout. Et le voilà aussitôt qui croche dans Le Rouzic, lequel n'est pas chaud, tout serviable qu'il soit.

— Vous savez, commandant, moi les pains, ça va encore, je pourrais peut-être étaler. Mais pour la pâtisserie, les brioches, les croissants, c'est zéro. Et qui fera le jour mon travail de motel ? Je ne peux pas travailler jour et nuit.

— Le boula vous remplacera comme motel.

— Avec une main ?

— Il dirigera les petits matelots.

Le Rouzic fait la moue.

— Oui, dit-il, oui. Si l'on veut. Il n'est pas très patient, le boula.

En d'autres termes, Le Rouzic protège ses petits matelots — qu'il engueule sec pourtant, à l'occasion. Il doit penser qu'il y a engueulade et engueulade. Et que la sienne, seule, est pédagogique.

— J'en toucherai un mot au patron, dit le second. Il modérera le boula. Et vous, vous ne ferez que le pain. Bien entendu, on se passera de brioches. Comme la reine Marie-Antoinette.

— Pardon, commandant, dit Le Rouzic, ce n'est pas Marie-Antoinette qui se passait de brioches. C'est le peuple. Et de pain aussi.

— Très juste, Le Rouzic, dit le second avec son rire abrupt, et il lui donne une petite tape sur l'épaule.

Affaire conclue dans la bonne humeur et les souvenirs historiques chers à nos cœurs. Nous avons évité de justesse un mini-Waterloo. Jusqu'à la fin de la patrouille, nous mangerons du pain.

Deux, trois jours avant notre retour à Brest, je me retrouve pour le thé avec le pacha au carré.

— A votre sentiment, commandant, cette patrouille, c'est une bonne patrouille ?

— Jusqu'ici, oui, dit-il sans l'ombre d'un sourire. Mais je vous donnerai ma réponse définitive quand nous serons à quai à l'Ile Longue.

Et superstitieux comme le sont souvent les marins, il étend le bras et pose la main à la dérobée sur le bois de la bibliothèque. Ayant ainsi conjuré l'incident ou l'accident de la dernière minute, évoqué — et qui sait même, provoqué — par ma question imprudente, il me sourit dans sa barbe, ses yeux bleus me considérant avec amitié et un soupçon de malice.

— D'autres questions, toubib ?

— Elles me gonflent les joues, commandant, mais si vous le désirez, je peux les avaler.

— Et risquer l'étouffement ? Non, non, posez-les, toubib.

— Qu'est-ce qu'une bonne patrouille ?

— Une bonne patrouille est une patrouille où il ne se passe rien, et à propos de laquelle je peux écrire en conclusion de mon rapport : « A ma connaissance, je n'ai pas été détecté. »

— Pourtant, il s'est passé des choses à bord pendant ces neuf semaines.

— C'est vrai : il y a eu quelques pannes, mais elles ont été réparées.

Il sourit.

— Vous-même, vous avez réparé Brouard, Roquelaure, Langonnet et bien d'autres...

— Merci, commandant.

Un silence. Il boit son thé à petits coups dévotieux.

— Comme vous savez, reprend-il, il faut toujours tirer la leçon des incidents parvenus au cours de la patrouille. Et c'est bien d'ailleurs ce que vous avez fait.

Je le regarde béant.

— Comment, commandant, ce que j'ai fait ? Mais je n'ai rien fait du tout !

— Toubib, vous vous sous-estimez. Vous avez sûrement des suggestions à formuler. Je serais tout à fait surpris qu'un esprit actif et pragmatique comme le vôtre ne me rédige pas à ce sujet une petite note écrite.

— Ah, commandant, dis-je en riant, vous me prenez en traître ! De toute façon, ce seraient des suggestions fort modestes.

— Ce ne sont pas forcément les moins valables. Allez-y, toubib, je vous écoute.

— Eh bien, *primo :* il faudrait corriger les lames de ressort dans les sommiers des banettes. *Secundo :* nous avons un aide-cuisinier. Un aide-boulanger serait utile à bord. A mon avis, le boula, outre qu'il travaille la nuit, travaille trop et il travaille trop tout seul. Conséquence : s'il est victime d'un accident de santé, le SNLE est privé de pain. *Tertio*, mais excusez-moi, commandant, je n'ai pas l'intention de formuler mon *tertio :* il me ferait haïr par tous les sous-mariniers.

— Dites-le-moi oralement.

— Ah non, commandant, vous-même, vous ne seriez pas content de m'entendre dire une chose pareille.

— Toubib, si vous vous entêtez dans votre silence, votre notation comportera la phrase suivante : « Ne fait pas confiance à son commandant. »

Il rit en disant cela, et je ris aussi. D'ailleurs, si je ne voulais pas parler de mon *tertio*, je n'avais pas à le mentionner : je me suis moi-même pris au piège.

— Bien, dis-je, je vous fais confiance, commandant. Il s'agit des familigrammes.

— Ah !

— C'est une institution que j'ai scrupule à critiquer en raison d'abord de mon cas personnel — je n'en ai reçu qu'un — et aussi parce qu'elle honore grandement la Marine, étant, dans son principe, très humaine. Mais, à mon sentiment, elle fait autant de mal que de bien. Plus, peut-être.

— Vous allez être étonné, toubib, dit le commandant avec gravité. Le second partage votre avis. Et si je ne le partage pas, je comprends vos raisons.

Il laisse sa phrase en suspens et, après un petit silence, je la complète :

— Vous estimez qu'il n'est plus possible de revenir là-dessus en haut lieu et de défaire ce qui a été fait.

— Oui, c'est à peu près cela.

Il enchaîne aussitôt :

— Toubib, votre impression personnelle, en un mot, sur la patrouille ?

— Fascinante. Mais si vous me permettez un mot de plus, j'ajouterais « épuisante ».

— Vous n'avez pas l'air épuisé.

— C'est que je suis excité comme une puce. Je ne tiens plus en place. Je n'arrive pas à croire que dans quelques heures nous allons nous retrouver à l'air libre. C'est curieux cette expression « l'air libre », vous ne trouvez pas ? On la dirait, à vue de nez, si banale.

— Et pourtant ! dit le pacha.

Le silence retombe. Il ne nous gêne pas. Le courant passe très bien entre nous. J'ai beaucoup plus que de la sympathie pour le pacha. En tant qu'officier, c'est un grand professionnel, animé par un vif amour de son métier, et un sentiment non moins vif de sa mission. Mais l'homme aussi est attachant : fin, cultivé, et cultivant cette attitude d'humour devant la vie qui est à la fois courage et pudeur. Maniant très bien les hommes et toutefois les aimant. A la fois amical et autoritaire. Familier et distant.

Pour la dernière veille les mimis ont arraché une bouteille de champagne à Miremont et m'ont invité à venir prendre le dernier verre avec eux au carré. Je n'aime guère le champagne, mais comment refuser la convivialité d'une dernière petite fête ? En plus des deux mimis, il y a là tous les joyeux loulous : Angel, Callonec, Saint-Aignan, mais pour peu de temps, car ils prennent congé assez vite. Ils sont de quart. Verdoux aussi. La bouteille de champagne est encore à moitié pleine. Les partants ont à peine trempé les lèvres dans leurs verres : la sobriété, quand on est de quart, est la loi non écrite du bord.

Verdelet se reverse à boire. Il peut se le permettre : il va dormir. Mais je refuse un supplément. Je sais bien qu'il est réputé non viril de ne pas aimer le champagne. Mais j'aime mieux passer pour non viril et ne pas avoir d'aigreurs d'estomac.

Verdelet est doublement heureux : d'abord parce qu'il va revoir « l'air libre », et parce qu'à l'air libre il va retrouver sa fiancée, dont il a reçu fidèlement un familigramme par semaine. Je l'envie.

— J'ai fait mon bilan, dit-il, le verre en main. Côté métier, j'ai appris juste ce qu'il fallait pour le faire en conscience. Je me rends compte que j'aurais pu apprendre beaucoup plus de choses. Mais je ne suis pas matheux. Je suis littéraire.

— Mais, dis-je, ce côté littéraire t'aura été, par ailleurs, très précieux pour animer la caffe par tes causeries et le carré par ton entrain.

— Je te renvoie l'ascenseur, dit-il. Tu étais de ceux qui animaient. Verdoux aussi. Et le second, et le pacha. Mais cinq officiers qui parlent sur seize, ce n'est pas beaucoup. C'est là le problème. Et tu sais comme moi que par moments il fallait ramorder comme un pou pour créer une conversation : j'ai suggéré au pacha d'organiser pendant le repas des débats sur des sujets non polémiques...

Au bout d'un moment, je quitte Verdelet et je passe faire un tour à l'infi, où je trouve Le Guillou très occupé à faire les comptes de la cope que, normalement, j'aurais dû faire avec lui, puisque c'est moi qui coiffe cette précieuse institution. Je lui apporte aussitôt mon aide et après une bonne heure, nous en venons à bout.

Je jette un coup d'œil circulaire sur cette infi que je vais quitter. Le Guillou range. Dans la chambre voisine, Morvan dort. Tout est normal. Tout est banalement quotidien.

Le Guillou a fini son rangement perfectionniste. Il s'adosse à la table d'opération. Ses yeux verts au-dessus de ses larges pommettes prennent une expression rêveuse, et je me demande si, repris par ses anxiétés métaphysiques, il ne va pas me poser à nouveau des questions sur l'immortalité de l'âme. Mais non. Il s'agit de tout autre chose.

— Docteur, qu'est-ce que vous pensez, vous, de la dissuasion ?

— Je suis pour, hélas.

— Pourquoi, hélas ?

— Parce que la meilleure solution serait de désarmer. Mais la France ne peut pas vivre désarmée dans un monde surarmé. Pour que le désarmement se fasse, il faudrait que les USA et l'URSS commencent. Par malheur, ils n'y songent pas. Ils se regardent en chiens de faïence et pour chacun d'eux, l'autre est l'Empire du Mal.

— Vous en concluez que la dissuasion est une nécessité ?

— Une nécessité et un pari.

— Quel pari ?

— Que ça marche, que ça continue à bien marcher.

— Et si ça échoue ?

— Nous ne serons même plus sur terre pour le constater.

— Eh bien ! docteur ! Vous n'êtes pas gai !

— Détrompez-vous. Je suis aussi gai qu'on peut l'être. Après tout, la terre est belle, même si nous y passons peu de temps. Savez-vous à quoi je pense souvent ? Quand nous remonterons à l'air libre, les moissons seront faites et je me sentirai heureux quand je verrai les gros cylindres de paille alignés géométriquement sur le chaume des champs.

— Je sais, dit Le Guillou avec émotion. Ma mère les appelle « les saucissons du bon Dieu ». Mais moi, je pense surtout à un petit ruisseau où je pêchais l'écrevisse quand j'étais gosse.

Sur un bonsoir je quitte l'infi et, avant de regagner ma chambre, je passe par le carré. Je voudrais le revoir, puisqu'en pensée je l'ai déjà quitté. A ma grande surprise, j'y trouve Wilhelm.

— Comment, Wilhelm, encore debout ?

— Ah docteur, je peux plus dormir quand je sens l'écurie...

— J'ai bien peur que moi non plus... Mais je vais quand même essayer. Wilhelm, je peux vous demander quelque chose : voulez-vous me réveiller quand on remontera ?

— C'est promis.

Dans ma chambre, étendu tout habillé sur ma banette, la lumière éteinte, les yeux grands ouverts, je pense au retour et à qui, sinon aux femmes ? La première fille que je rencontrerai dans la rue, c'est juré, je l'embrasse ! C'est juré, mais je ne le ferai pas. On passe son temps à ne pas faire les choses qu'on s'est promis de faire. En revanche, on fait celles qu'on s'est interdites. Par exemple, penser à Sophie. J'aurais dû me méfier. On glisse si facilement de l'espèce à l'individu. Et comment se défendre de penser à quelqu'un puisque cette interdiction même évoque son image. Je passe alors un très âcre petit quart d'heure. Tous ces hommes sur le SNLE, ils ne retournent pas seulement à l'air libre. Ils retournent vers un oxygène tout aussi nécessaire : une femme aimée. Pas moi ! Je suis furieux contre Sophie et je suis furieux contre moi de penser à elle. Mon purgeur d'amertume ne fonctionne pas très bien.

Je parviens enfin à me verrouiller contre mes souvenirs. J'arrive même à croire que je sors victorieux de l'épreuve. Et j'ai dû aussi m'endormir, deux bonnes heures. C'est ce que, du moins, ma montre me dit, quand Wilhelm me secoue pour me réveiller.

— Ça y est, docteur ! On est revenus en surface ! Le second vous attend sur le kiosque ! Il ne faut pas rater ça !

— Comment je m'habille ?

— Il paraît qu'il fait très doux. Mer calme. Ça roule très peu.

— Merci, Wilhelm.

Je m'en aperçois en mettant un pied sur le parquet. C'est vrai que ça roule peu. Je ne capellerai donc pas mon parka, comme j'ai fait au départ, le kiosque ne méritant pas cette fois son surnom de « baignoire ». En revanche, me souvenant de cet adage marin qu'en mer « il fait toujours frais », j'enfile mon woolly par-dessus mon T-shirt, je gagne l'échelle, et j'en monte les degrés, me souvenant avec amusement combien cet exercice, sur le premier bâtiment où j'avais embarqué, m'avait paru malaisé.

Il y a quatre hommes sur le kiosque. Non, cinq, avec le second, à qui je dis aussitôt :

— Où vais-je me fourrer pour ne pas gêner ?

— Mais là, dit-il, dans ce coin.

Il fait nuit, bien sûr : le retour des SNLE à leur base est souvent nocturne. C'est notre seul point commun avec les voleurs.

Mais cette nuit-là est claire avec une lune très pleine, très brillante, grosse comme un lampion, et qui me donne d'abord l'impression d'être suspendue dans le ciel, à une hauteur si prodigieuse que je suis pris de vertige, moi qui suis habitué depuis deux mois à courber la tête dans les coursives.

Mais je m'en aperçois, elle n'est pas vraiment accrochée là-haut — si haut ! —, elle est mobile, elle vogue entre les nuages, les éclairant par-derrière et apparaissant tout d'un coup entre leurs effilochements avec une lenteur majestueuse. La mer qu'elle illumine est calme, mais pas vraiment plate. Elle ondule en longue houle tandis que le sous-marin, son avant immergé, la refoule doucement et amicalement devant lui pour aller retrouver son nid bétonné. Nous sommes en train de passer le goulet de la rade et la vue de la terre si proche des deux côtés me surprend, avec ses escarpements et ses arbres : je l'avais presque oubliée.

L'instant d'après, l'air me fait presque mal à la gorge, tant il est âcre. Ah ! ce n'est plus l'air chimiquement pur et inodore du sous-marin ! Cet air que j'inhale sur le kiosque a des senteurs presque trop âpres, je les respire à petits coups, avec précaution. Certes, puisque nous sommes en mer, l'air est humide et salé. Mais la terre étant si proche, il sent aussi son haleine : l'humus, les feuilles, la fumée. J'éprouve l'impression si bien décrite par Mowgli quand il quitte la jungle et ses frères loups pour vivre dans la hutte des villageois. Les odeurs m'assaillent. Elles sont trop nombreuses et trop fortes. Je ne dirais pas qu'elles me sont pénibles. Mais il va falloir que je me réhabitue à l'odeur de l'homme.

Le ciel, en revanche, est un enchantement. Si haut, si vaste, avec « les nuages qui passent là-bas, là-bas, les merveilleux nuages ! ». Je n'arrive pas à m'en rassasier. J'aurais cent yeux, je n'en aurais encore pas assez pour m'emplir à ras bord de la joie inouïe que cette vue me procure.

Le second me pousse légèrement du coude, je tourne la tête, et le clair de lune éclairant en plein son visage je suis surpris de l'expression de ses traits. Je serai plus étonné encore de la façon dont il va me parler — sans ironie, sans rire abrupt.

— C'est beau, hein !

— Très beau, dis-je presque à voix basse.

— Ça vaut le coup, vous ne trouvez pas, de vivre sous l'eau pendant soixante-cinq jours pour retrouver ça quand on remonte ?

— Oui, dis-je, c'est une découverte. Une redécouverte. C'est merveilleux.

— Alors, dit-il, écoutez-moi bien, toubib.

Sa voix est grave, pressante.

— Pendant une semaine, deux semaines peut-être, vous allez vous émerveiller de voir le ciel et les nuages. Puis ça passera.

— Si vite ?

— Oui. Vous oublierez.

— J'oublierai que le monde est si beau ?

— Oui, on oublie, on oublie toujours. A moins de faire un effort pour se rappeler la chance inouïe qu'on a.

— Mais, dis-je, la gorge serrée, ça ne sera plus le même émerveillement que ce soir ?

— Non, l'émerveillement s'use. Mais il faut se rappeler. Voilà. Il faut se rappeler le bonheur qu'on a d'avoir tout ça, quotidiennement, devant les yeux : la terre, le ciel, les nuages.

Il reprend à mi-voix :

— Et c'est si fragile, maintenant.

GLOSSAIRE

Bien que la plupart des mots de l'argot de la Marine que j'emploie dans ce roman soient expliqués dans le texte ou par le contexte, je les ai rassemblés ici pour l'agrément du lecteur. Comme dit le personnage qui dit « je », « l'argot de métier n'est pas seulement abréviatif et distinctif. Il est aussi affectueux ».

Référence est faite dans ce glossaire au livre classique du C.F. Roger Coindreau, « L'Argot Baille ».

Baille : L'Ecole navale.

Baleine : Paquet de mer.

Bouchon gras : Mécanicien de la Marine.

Boula (ou boulange) : Le boulanger du bord.

Boyard : Beau, superbe.

Bruits de coursive : Nouvelles, vraies ou fausses, qui courent à bord du bateau.

Caffe (écrit aussi : cafe ou caf) : abréviation pour cafétéria.

Carré : Salle où les officiers prennent leurs repas.

Cartahu : Excellent, transcendant.

Chouf : Quartier-maître-chef.

Crabe : Quartier-maître.

Débouquer : Se dit d'un navire qui sort d'une baie ou d'une anse par un goulet pour gagner la haute mer. *Embouquer* : Se dit, au rebours, d'un navire qui s'engage dans une passe étroite.

Décapeler : Se dit d'un mât ou de vergues qu'on dépouille de leur gréement. Par extension, se dit d'un vêtement qu'on enlève.

Décote : Baisse de considération ou de prestige.

Enculante : Conférence.

Enculeur : Le conférencier.

Etaler à bloc : Réussir parfaitement. Sens premier d'*étaler* : Tenir le coup.

Famili : Abrégé pour familigramme.

Fistot : Elève de première année à la Baille.

Gouillot : Oiseau de mer. Par extension, désigne un glouton.

Marée : Nom que donnent les matelots à la patrouille d'un SNLE.

Mimi : Abréviation de midship.

Parka : Le ciré qu'on revêt pour se protéger des embruns. Appelé « peau de couilles » par les bordaches.

Poulaines : Les w.-c.

Ramorder : Travailler.

Touloulou : Femme.

Mark Joseph

TYPHON

Pour Jesse, mon fils

Typhoon
1991
Traduction de Jacques Martinache

Afin de mieux tenir en main leurs domaines, les princes bâtissent souvent des forteresses qui permettent de réprimer les rébellions et fournissent un refuge sûr en cas d'attaque soudaine.

Nicolas Machiavel
Le Prince

Typhon *est le second roman consacré par son auteur aux sous-marins nucléaires (le premier était* Coulez le Potemkine !*) Il s'agit d'une fiction, bien sûr, mais tellement crédible qu'elle fait froid dans le dos. D'ailleurs, à l'aube des années 90, quand ce titre fut publié aux Etats-Unis, le plus grand sous-marin du monde s'appelait aussi* Taïfoun, *et il était lui aussi soviétique. Après avoir lu cette histoire, il paraît impossible de ne pas se poser de questions sur les circonstances exactes du naufrage du* Koursk, *le 12 août 2000. Surtout quand on sait que les manœuvres navales au cours desquelles l'accident survint étaient les plus importantes menées par la Flotte russe du Nord depuis des années, et qu'elles avaient été organisées dans l'urgence pour des raisons politiques. On aimerait que le scénario de* Typhon *ne soit pas prémonitoire...*

1

Zenko

Un long brise-lames abritait le bassin de la base navale de Gremikha, protégeant le bastion arctique de la Marine soviétique des vents et des courants glacés de la mer de Barents. En avril, quand la banquise commençait à fondre, le commandant de la base, le vice-amiral Stefan Zenko, aimait à parcourir tout le môle la nuit, seul avec ses pensées. Au terme de sa promenade, il trouvait un skiff avec lequel, le plus souvent, il traversait le bassin à la rame.

Trapu, ventru, affligé d'immenses oreilles, Zenko avait un compas tatoué sur le dos de la main droite. D'un bon naturel, c'était un sous-marinier qui aimait la mer de toute son âme et pour qui les hommes qu'il commandait avaient une profonde estime. Chaque soir, dix mains se disputaient l'honneur de porter son bateau au bout de la jetée. De temps en temps, Zenko trouvait une pêche mûre ou une petite bouteille de cognac géorgien cachée sous les avirons. Homme simple et sans prétention, il était toujours étonné mais ravi de ces menus cadeaux.

En ce soir de fin d'avril, vêtu d'un treillis noir, de bottes en caoutchouc et d'un bonnet de fourrure, Zenko s'installa dans le skiff pour sa balade nocturne. Se penchant vers les avirons, il découvrit son propre visage sur la couverture de *Lumières du Septentrion*, l'hebdomadaire de la Flotte du Nord. Nul doute que le magazine avait été placé dans l'embarcation par un marin fier de son chef. Zenko tint la revue à bout de bras, l'inclina sur le côté, la retourna et se demanda si sa femme le reconnaîtrait sur la photo.

Pour les lecteurs de *Lumières du Septentrion*, le commandant de la VIe Flottille de Sous-Marins stratégiques avait une peau lisse, un sourire austère aux lèvres closes, un uniforme bien coupé, une haute casquette et pas d'oreilles. Quand le vrai Stefan Zenko souriait — ce qui lui arrivait souvent —, une expression chaleureuse se répandait sur son visage rond et grêlé, à la bouche ouverte pleine de dents en or. Ses uniformes ne lui allaient jamais et il portait rarement ses médailles, notamment l'étoile d'argent de Héros de l'Union Soviétique, si bien mise en évidence sur la photo.

Zenko soupira. Quel ennui d'être un héros ! Sous la photographie, la légende précisait : « L'homme qui a conquis la glace ». « Ça au moins, c'est vrai », songea-t-il, mais les mots sonnaient comme une épitaphe. Alors que la plupart de ses collègues avaient passé leur carrière à se préparer à combattre la Marine américaine, Zenko avait fait la guerre à la glace, froide prison des bâtiments soviétiques. Pendant toute son histoire, la Russie avait affronté des puissances maritimes — Suède, Angleterre, Allemagne, Pologne, Japon, Etats-Unis — dont la flotte maraudait en haute mer tandis que les marins russes restaient bloqués au port par une glace implacable. En été, quand la glace fondait, que les navires pouvaient quitter Arkhangelsk, Odessa, Leningrad et Vladivostok, la flotte demeurait entravée par des détroits exigus, d'un blocus aisé. Pendant des siècles, une succession de défaites navales retentissantes avait fait peser sur les marins russes un sentiment de frustration et d'humiliation.

Zenko se rappelait le jour où, quarante-six années plus tôt, âgé de huit ans, il était tombé à travers la glace de Mourmansk et, fait excessivement rare, avait survécu. Depuis, la glace l'obsédait. Pendant ses études, il approfondit ses connaissances sur la banquise, sa nature complexe, ses propriétés physiques. Plus tard, élève officier, il rédigea des exposés sur l'importance géopolitique et militaire des glaces saisonnières. Rejetant l'opinion fataliste selon laquelle la glace constitue un obstacle infranchissable, il estimait que la banquise arctique pouvait être utilisée au profit de l'Union Soviétique. Dans sa thèse, il présenta un projet de gigantesque sous-marin à propulsion nucléaire pouvant se déplacer, se cacher et combattre sous la glace. Long de cent quatre-vingt-dix mètres, large de trente, grand comme un porte-avions de la Seconde Guerre mondiale, son sous-marin avait deux coques résistantes soudées l'une sur l'autre et entourées d'une troisième, sorte d'enveloppe extérieure. Sa principale caractéristique, c'était ses dimensions, assez colossales pour que sa flottabilité lui permette de surgir à travers trois mètres de glace et de lancer de la surface des missiles balistiques à longue portée.

Visionnaire, aussi opiniâtre et implacable que la glace elle-même, Zenko avait harcelé et cajolé l'Amirauté pendant vingt ans, jusqu'à ce que le ministère de l'Industrie militaire lui accorde enfin son vaisseau des glaces, le plus grand, le plus puissant sous-marin jamais construit. Il l'appela le *Taïfoun*, du mot russe provenant, comme le français « typhon », du chinois *dai fung*. Tel un cyclone atomique, le *Taïfoun* transforma l'Union Soviétique en une grande puissance maritime. A la différence des générations précédentes de sous-marins russes, le *Taïfoun* était particulièrement silencieux. En patrouille, glissant sans bruit sous la glace, il n'était détecté ni par les sonars ni par les satellites espions de l'OTAN. Avec ce bâtiment et les cinq autres qui suivirent, l'Union Soviétique se hissa au niveau de la Marine américaine dans le domaine de la menace atomique stratégique. Equipé d'armes terribles, les Typhons de Zenko s'étaient du lieu lui avait toujours coupé le souffle. Les six Typhons étaient au port, ce qui arrivait rarement. Zenko était entouré par ses sous-marins comme une tortue de mer nageant parmi une bande de baleines.

Droit devant, des remorqueurs faisaient tourner le *Lénine*, rentré la veille. Le sous-marin colossal était un mur d'acier, un léviathan atomique dont des marins semblables à des fourmis parcouraient les ponts. Quand le *Lénine* eut tourné, Zenko découvrit le *Rodina* — la Patrie — reposant en cale sèche tel un monstre marin échoué. Des soudeurs rampaient sur la coque grise, réparant les dégâts causés par d'innombrables heurts avec la banquise. A sa droite, une grue géante roulait sur le quai n° 2, balançant un missile SS-N-20 entre ses pattes d'acier. A l'extrémité la plus proche du quai, le *Premier Mai*, amarré à la jetée, compartiments de missiles ouverts, subissait une réparation mineure. Au fond de la grotte, le mur semblait être entièrement de verre armé. Derrière des fenêtres, il y avait, encastrés dans la roche, des bureaux, une demi-douzaine de boutiques, un bunker pour stocker les armes atomiques et un centre de transmissions.

A sa gauche, une autre grue soulevait une section de coque au-dessus du compartiment de réacteur tribord de la *Grande Guerre patriotique*. Derrière se trouvait le *Taïfoun*, que Zenko commandait, et derrière encore le *Sovietski Soyouz*, l'Union Soviétique. Un pavillon rouge, indiquant que le navire était prêt à prendre la mer, flottait à la poupe du nouveau bâtiment. Dans quelques heures le capitaine Malakov voguerait vers la mer Blanche et procéderait à un tir expérimental sur une cible de Sibérie.

Zenko secoua la tête, consterné. Le réacteur du missile s'allumerait sur les écrans vidéo d'une dizaine de postes de commandement de l'OTAN. En Occident, le sillage blanc apparaîtrait comme un brusque rappel de la puissance soviétique. Se pouvait-il que l'amiral Deminov et Valotine, l'amiral de la Flotte, aient autre chose en tête ? Zenko ne pouvait que s'interroger sur la folie d'un tel exercice.

A bord du *Sovietski Soyouz*, un panneau proche de l'arrière s'ouvrit et le maître principal — le *mitchman* —, Vadim Sorokine, se hissa sur le pont. Il referma sans bruit l'écoutille, se tint immobile et droit, respirant l'air frais, inspectant le pont. Enchaînée à la jetée sous les lumières vives de la Caverne de Zenko, la coque démesurée du *Sovietski Soyouz* faisait davantage penser à une usine qu'à un bâtiment de guerre.

Agé de vingt-huit ans, pommettes hautes et tatouages de l'épaule aux jointures des doigts, Sorokine alluma un cigare bulgare bon marché, fit quelques pas vers le kiosque, marchant sans bruit sur les dalles de caoutchouc du pont. Devant, le compartiment de missiles, gros comme un pâté de maisons de Moscou, se perdait dans la brume. Le *Sovietski Soyouz* donnait une impression de force brutale. Sorokine s'assit juste au-dessus du compartiment de réacteur bâbord, passa un short rouge, un maillot blanc frappé de l'emblème de la Marine soviétique, puis enfila des chaussures de sport Nike.

Quatre tours de pont équivalaient à un kilomètre. Sorokine en effectuerait une douzaine, redescendrait à terre lamper une dernière bouteille de vodka avant l'appareillage. Le cigare entre les dents, une casquette en cuir de commandant de char enfoncée jusqu'aux oreilles, il se mit à courir. Martelant le pont de ses pieds, il récitait mentalement le nom des compartiments au-dessus desquels il passait. Réacteur bâbord, caisses d'assiette arrière, tour du kiosque, caisses d'assiette avant, poste d'équipage, cafétéria, poste central, missiles tribord, demi-tour, missiles bâbord, poste central. En mer, Sorokine courait dans le bateau, autour des silos jaune vif. Au port, il préférait courir sur le pont, même par le temps le plus froid. Tour du kiosque à nouveau, citernes d'assiette, compartiment du réacteur, descente le long du compartiment des machines, jusqu'à l'eau froide stagnant au pied du gouvernail, culminant à cinq mètres au-dessus du pont. Ne pas s'arrêter, ne pas glisser.

Au-dessus des compartiments à missiles, Sorokine marquait silencieusement la cadence : New York, Washington, New London, Charleston, Norfolk, Omaha, Seattle, San Diego, Honolulu — vingt cibles stratégiques, vingt orages de feu, vingt fois huit millions de morts. Qui s'en souciait ? Chaque jour, Sorokine faisait son jogging à travers le champ de missiles flottant et contemplait son ultime objectif. Un vrai Shiva, faisant du monde un lieu sûr pour le communisme. Mais les armes n'étaient pas son domaine. Il avait pour tâche de faire travailler l'équipage sans problème, et il s'en acquitterait même si les silos étaient pleins de ciment.

Remarquant le skiff de Zenko, il s'arrêta de courir, adressa un signe au vice-amiral, dix mètres plus bas.

— 'soir, commandant.

En sa qualité de pacha du *Taïfoun*, Zenko préférait le titre de commandant à celui d'amiral, qu'il jugeait trop honorifique.

— Bonsoir, Vadim. Le circuit habituel, à ce que je vois ?

— Vous aussi, commandant.

Les *mitchmani* formaient l'ossature de la Marine soviétique. Dix ans auparavant, Sorokine était monté à bord du *Taïfoun* comme simple matelot pour faire son service et ne l'avait plus jamais quitté. Fasciné par le charisme de Zenko, il avait rejoint l'équipe formant tous les équipages de la flottille. Quand le *Sovietski Soyouz* avait été armé, Zenko lui avait demandé de devenir maître principal sur le nouveau bâtiment. Sorokine aurait préféré rester sur le *Taïfoun*, mais les ordres étaient les ordres.

— J'ai vu votre photo, commandant, dit-il en montrant le magazine.

— C'est toi qui l'as mis dans le skiff, Vadim ?

— Oui, je l'avoue.

— Alors, où est mon cognac ?

— Minski l'a bu.

Les deux hommes éclatèrent de rire. Reprenant les avirons, Zenko s'apprêta à repartir.

— Je suppose que c'est ta façon de dire que tu aimerais revenir sur le *Taïfoun*, hein ?

— Avec Malakov, c'est jugulaire jugulaire. Je me fais pas autant d'argent qu'avant.

Zenko eut un gloussement.

— Sorokine, tu es le seul homme que je connaisse qui s'imagine pouvoir devenir riche dans la Marine.

— Oui, commandant. Je prends ça comme un compliment, sauf que je ne deviendrai jamais riche si on ne me laisse pas prendre mes paris en paix.

— J'ai besoin de toi sur le *Sovietski Soyouz*, dit Zenko, soudain sérieux. J'ai besoin d'hommes en qui je peux avoir confiance sur tous les bâtiments de la flottille.

— Je comprends, commandant.

— Ne t'en fais pas pour l'argent. Je m'occuperai de toi.

— Merci, commandant.

— Garde les yeux et les oreilles ouverts pendant l'essai de tir. Je te verrai au retour.

— Bien, commandant. Bonne nuit.

En regardant le skiff disparaître derrière la proue du *Sovietski Soyouz*, Sorokine décida de ranger sa tenue de sport et de trouver cette dernière bouteille de vodka.

2

Le « Sovietski Soyouz »

Le lendemain matin, dans son bureau du centre de communications, au cœur de la grotte, Zenko contemplait à travers un mur de verre armé les bâtiments amarrés aux quais. Deux remorqueurs se tenaient à l'écart du *Sovietski Soyouz*. A marée haute — dans quarante-cinq minutes — le sous-marin franchirait les portes et prendrait la mer. Le temps était couvert, avec une visibilité de cinq milles — une bonne journée pour plonger sous la glace.

La pièce, comme l'homme qui l'occupait, était simple, sans ornements. Une photographie de sa femme, Margarita, était posée sur un banal bureau de métal. Le vrai foyer de Zenko, c'était sa cabine de commandant, à bord du *Taïfoun*, mais son sous-marin, comme le reste de la flottille, ne passait que deux semaines en mer tous les trois mois.

Protégé par trois cents pieds de granite, le centre de communications abritait les ordinateurs radio et cryptographiques les plus perfectionnés d'Union Soviétique. De cet endroit, Zenko était en liaison instantanée avec ses submersibles, l'Amirauté, le Kremlin et Margarita, à Leningrad. Toutes les communications avec les Typhons avaient pour origine les pièces insonorisées, climatisées, creusées dans la roche. Des signaux de fréquence extrêmement basse (ELF) pouvant traverser trois cents mètres d'eau de mer étaient transmis par une énorme antenne installée en surface. Des messages de très basse fréquence (VLF) pouvant être captés à vingt mètres sous l'eau étaient envoyés sur des canaux brouillés à des avions qui les retransmettaient aux bateaux en mer.

Les signaux radio pouvaient être repris par d'autres transmetteurs d'Union Soviétique mais le décryptage du code secret nécessaire à chaque phase des opérations stratégiques d'un sous-marin ne pouvait s'effectuer qu'à Gremikha. Une équipe de trente chiffreurs mettait au point les codes de communication ainsi que ceux, tout aussi importants, nécessaires pour la manipulation des armes atomiques.

Zenko décrocha le téléphone, fit venir l'officier de service du centre, le major Boris Riziov, du GRU, services secrets de l'armée. Un homme blond âgé de trente ans frappa à la porte, entra, attendit avec déférence.

— Bonjour, Boris. Comment va la famille ?

— Très bien, amiral, merci.

— Le camarade ordinateur est prêt à produire les codes pour le *Sovietski Soyouz* ?

— Oui, amiral.

Accompagné de Riziov, Zenko passa deux contrôles de sécurité, montrant sa carte d'identité comme n'importe quel membre du personnel, et pénétra dans la salle de cryptographie. Il s'assit, déverrouilla un terminal d'ordinateur, tapa son code d'accès, produisit des algorithmes uniques qui, à leur tour, engendrèrent un ensemble spécifique de codes destinés à un seul bateau pour une seule patrouille.

L'ordinateur transmettait automatiquement les codes de communication à la salle radio où un autre système informatique vérifiait les séquences. Zenko imprima ensuite deux jeux de codes de communication et d'armes sur un papier spécial, retourna dans son bureau, toujours en compagnie de Riziov, enferma un des jeux dans son coffre, plaça le deuxième dans une mallette et, escorté de l'officier du GRU, le porta lui-même jusqu'au quai du *Sovietski Soyouz*. Accueillis par plusieurs coups de sifflet, conduits à bord par des soldats en armes de l'infanterie de marine, les deux hommes descendirent directement par un panneau au poste central du sous-marin.

Comparé à la plupart des navires de la Marine soviétique, le *Sovietski Soyouz* était un paquebot de luxe. Une moquette rouge vif couvrait le sol du poste central, des tubes fluorescents éclairaient les consoles. Trônant contre la cloison avant, un moniteur de navigation Mitsubishi de soixante pouces montrait une carte électronique de la mer de Barents et de la rade de Gremikha, sur laquelle un point rouge clignotant indiquait la position du sous-marin. Le maître principal Sorokine se tenait près de la table de navigation, prêt au départ.

Pour le meilleur ou pour le pire, l'Amirauté avait décidé que les machines étaient plus sûres que les hommes, et les six Typhons étaient équipés de systèmes automatisés réduisant à cent cinquante hommes les équipages des monstrueux sous-marins. Pendant que des hommes surveillaient des écrans, des ordinateurs et des robots se chargeaient du vrai travail, ouvrant les valves, réglant le flux de vapeur produit par les deux réacteurs pour les systèmes de propulsion, maintenant l'assiette du bateau.

On n'avait pas lésiné pour les Typhons : deux coques résistantes, deux réacteurs, deux hélices — reflet des structures parallèles prévalant dans toute l'Union Soviétique. Le Parti doublait le gouvernement comme le réacteur bâbord doublait le réacteur tribord. De même, tous les vaisseaux de guerre soviétiques avaient deux commandants, et le capitaine de vaisseau Vladimir Malakov, officier de marine, partageait le commandement du *Sovietski Soyouz* avec un *zampolit*, officier politique, le capitaine de vaisseau Alexis Sergov.

Les deux hommes attendaient Zenko et Riziov dans la cabine du commandant. L'amiral sentit, pour la première fois à bord d'une unité de sa flottille, qu'il n'était pas tout à fait le bienvenu, mais il cacha son antipathie pour Malakov et Sergov derrière un sourire jovial. Puis, s'acquittant des formalités, il remit un jeu de codes à Malakov, obtint les signatures requises.

— Vous savez que je suis opposé à cet essai, déclara-t-il. A quoi servira-t-il ? Je m'élève en particulier contre la proposition de l'amiral Deminov de passer le film de l'essai à la télévision.

— Permettez-moi de ne pas être de votre avis, répondit Malakov avec raideur. Il faut rappeler au monde la puissance de la Marine soviétique.

Doté d'un physique de star — chevelure blonde tournant au gris argenté, menton volontaire et yeux bleus ardents —, Vladimir Malakov mesurait plus d'un mètre quatre-vingts et était l'image même du commandant de sous-marin stratégique à l'autorité indiscutée. Il était issu d'une illustre famille de sous-mariniers. En 1917, son grand-père Andreï, commandant le sous-marin *Bieloïe Morie*, de la marine impériale russe, avait rejoint le camp de la Révolution et torpillé un croiseur tsariste. A la génération suivante, en 1945, pendant la Grande Guerre patriotique, Igor, le père de Vladimir, était mort sous la glace dans son S-99 en tentant d'échapper à une attaque aérienne allemande dans la mer de Barents.

Cette vaillante tradition et son mariage avec la fille de l'amiral Deminov faisaient de Malakov un véritable aristocrate soviétique, imbu de son rang et irrité par un homme du commun comme Stefan Zenko.

Le *zampolit* Alexis Sergov était le produit d'une tradition tout à fait différente. Les officiers politiques, qui représentaient le Parti, descendaient directement des cadres rouges de Léon Trotski. Au fond, Sergov était un terroriste, un homme taciturne et sans humour dont l'existence se résumait à un catalogue de haines. Il méprisait Zenko parce que celui-ci avait refusé de signer la lettre de soutien à l'Union Soviétique et au Parti ; il détestait les étrangers, les membres de minorités ethniques, et les mots *perestroïka* ou *glasnost* le plongeaient dans des accès de fureur.

Sergov n'était pas homme à tenir sa langue.

— Nous vivons une époque nouvelle, amiral, dit-il à Zenko. Le peuple soviétique veut voir où va son argent, et nous avons l'intention de lui en faire une démonstration. Il verra un Typhon, un missile, la trajectoire, les ogives frappant une cible avec une précision millimétrique. Cela ne fera qu'ajouter à la gloire de la Marine.

Zenko abandonna son ton cordial.

— Si c'était vrai, je ferais tirer un missile par jour, répliqua-t-il. Si ce film est diffusé, en cinq minutes les rues de Moscou seront pleines de protestataires.

Sergov haussa les épaules.

— Il y en aura tout autant pour acclamer nos invincibles Typhons.

— Vous pouvez partir, messieurs, soupira Zenko. Vous me ferez un rapport complet sur l'essai de tir à votre arrivée à Arkhangelsk.

L'amiral pivota brusquement sur ses talons et quitta le bateau, Riziov trottinant derrière lui. De retour dans son bureau, Zenko décrocha un téléphone.

— Passez-moi ma femme à Leningrad, je vous prie.

Un instant plus tard, il entendit la voix claire de Margarita parlant de l'hôpital de l'Amirauté, où elle était chirurgien.

— Stefan ?

— Salut, camarade épouse.

— J'ai vu ton nom dans un magazine sous la photo d'un inconnu, le taquina-t-elle.

— Dis, tu peux prendre la navette et venir ici aujourd'hui ? demanda Zenko à brûle-pourpoint.

— Quelque chose qui ne va pas ? s'inquiéta-t-elle.

— Non, non, mais j'apprécierais ta compagnie.

— J'ai déjà réservé ma place, camarade matelot.

Zenko raccrocha, se retourna pour regarder le *Sovietski Soyouz* à travers la paroi de verre de son bureau.

Les sous-marins soviétiques partent comme des tramways. Pas de fanfare, pas de parents alignés sur la jetée pour souhaiter bon voyage. Dans la caverne, les grues roulantes allaient et venaient. Une équipe de marins du *Lénine* faisait l'exercice sur le quai sans se retourner pour regarder. Seul l'amiral suivit des yeux le gigantesque bâtiment franchissant les lourdes portes et sortant de la Caverne de Zenko.

Dans un silence impressionnant, le *Sovietski Soyouz* émergea sous le dôme gris d'un ciel arctique. Le sous-marin brisa sans effort la mince croûte de glace fraîche recouvrant le bassin et doubla le môle. Au-dessus du kiosque, une antenne radar tournait sur son axe. Des glaçons flottant à la surface de l'eau rappelaient la calotte glaciaire en recul, à vingt milles au nord et à l'est. Le printemps tôt venu avait entraîné une fonte précoce, et le long de la côte de Kola, seul le détroit de Gorlo, étroit passage reliant la mer de Barents à la mer Blanche, demeurait gelé.

Une escadrille d'hélicoptères anti-sous-marins volait dans le ciel, précédant le *Sovietski Soyouz* qui fendait les vagues. A dix milles de la base, les appareils lâchèrent les premières bouées acoustiques, explorant les eaux en quête de submersibles en maraude, de navires espions de l'OTAN stationnés au large de la côte pour observer les mouvements des bateaux sortant de Gremikha. Les bouées entrèrent en action, envoyant leurs impulsions sonores et écoutant les échos.

Malakov ordonna de naviguer au tiers de la vitesse maximale ; le sous-marin montait et descendait doucement avec la houle.

— Radio à passerelle...

— Ici passerelle. Allez-y, radio.

— Les hélicos ne signalent aucun contact submergé.

— Parfait. Paré à plonger. Officier de radio, rentrer les mâts.

Les mâts radio et radar se rétractèrent dans le kiosque. Malakov fit descendre les veilleurs, ferma l'écoutille, descendit à son tour.

Sur le moniteur de navigation apparut une carte électronique de l'entrée du détroit de Gorlo, sur laquelle le point rouge clignotant représentant le *Sovietski Soyouz* progressait régulièrement vers l'est.

Malakov s'assit dans le confortable fauteuil en cuir du commandant, régla la luminosité des écrans vidéo.

— Officier de plongée, au rapport.

L'officier Nordov répondit immédiatement :

— Tous les lumineux sont au vert.

— Très bien. Remplissez les ballasts avant, ordonna Malakov.

— Remplir les ballasts avant, compris, commandant.

— Angle de descente de trois degrés.

— Trois degrés.
— En avant toute.
— En avant toute.
Sentant le pont s'incliner vers l'avant, Malakov surveilla le bathymètre cependant que la mer de Barents engloutissait le *Sovietski Soyouz.*

3
Sorokine

Avançant à un modeste quatre nœuds, le haut de son kiosque à dix pieds seulement sous la surface, le *Sovietski Soyouz* suivit un brise-glace pour franchir le détroit de Gorlo et passa devant la station sonar de Poulonga. Les techniciens virent le mastodonte, simple point sur leurs écrans, traverser un champ de mines — désactivé — destiné à interdire l'accès de la mer Blanche aux sous-marins de l'OTAN.

Dans le poste central, Malakov laissa à ses officiers et *mitchmani* le soin de diriger le bateau. Maître principal responsable des opérations quotidiennes, Sorokine tenait les livres de bord, organisait les quarts, s'occupait de l'instruction et dirigeait l'équipage du central. Quand l'officier de pont donnait un ordre, Sorokine veillait à ce qu'il soit convenablement exécuté. Au fond, c'était lui qui conduisait le *Soyouz*, mais diriger un sous-marin de la Marine Rouge, ces temps-ci, c'était comme se faufiler dans un champ de mines politique.

Sorokine pouvait lire sur ses bras la litanie des infortunes de la Marine. Jeune marin, il avait sacrifié à la tradition russe consistant à inscrire sur sa peau les noms de tous les ports visités. Sur son avant-bras gauche, un artiste estonien avait tracé à l'encre une carte de la mer Baltique, et les escales de Klaipeda, Liepaia et Tallin. Avec la sécession probable des républiques baltes, elles seraient perdues à jamais. La Flotte de la Baltique, naguère imposante, avait été refoulée jusqu'à Leningrad.

L'épaule droite du *mitchman* rappelait un voyage à Vladivostok à bord du *Rodina*. Le submersible avait relâché une semaine dans la rade, devant le port, tandis que l'infanterie de marine réprimait une mutinerie de soldats non russes.

La rébellion était soudain partout. L'épaule gauche de Sorokine portait la trace d'une escale à Odessa, sur la mer Noire : les lignes majestueuses du cuirassé *Potemkine* en flammes, symbole de la participation de la Marine à la révolution d'octobre 1917. Aujourd'hui, pourtant, la Flotte de la mer Noire subissait des désertions en masse, et les malheureux marins qui en restaient membres passaient leur temps à pourchasser des contrebandiers d'armes islamiques.

Seule la Flotte du Nord russe demeurait épargnée mais des jusqu'au-boutistes comme Malakov et Sergov poussaient de plus en plus de marins vers la cause de l'indépendance des républiques.

Sorokine se moquait de la politique comme de tout ce en quoi croyaient les autres. Pour lui, seul l'homme comptait. Malakov était un crétin prétentieux, Sergov un porc plein de zèle. Seul Zenko inspirait loyauté et respect au *mitchman*, qui ouvrirait ses yeux et ses oreilles pendant l'essai de tir, comme l'amiral le lui avait demandé. Cela mis à part, il ne voulait que faire son travail, organiser ses paris et ramener à bon port bateau et équipage.

Quand le sous-marin sortit du champ de mines, l'officier politique Sergov ordonna aux hommes de se répartir en groupes. Sorokine réunit l'équipage du central dans la bibliothèque du sous-marin, la salle Lénine, nom donné à la bibliothèque de tous les bâtiments soviétiques. Un buste en bronze de Vladimir Ilitch Oulianov était vissé à la cloison ; des exemplaires au cuir luisant, jamais ouverts, de ses œuvres choisies tapissaient les rayonnages à côté d'ouvrages techniques, de livres aux pages cornées de Tchekhov, Tolstoï, Dostoïevski.

Deux *mitchmani*, sept matelots ayant une formation de sous-marinier et deux appelés de l'Ecole de Sous-Marins de Mourmansk se tenaient au garde-à-vous sous le regard de Sorokine.

— *Mitchman* Plecharski, aboya-t-il, qui est le patron de ce bateau ?

— Vous, camarade chef !

— Appelés Tipov et Boulgakov, un pas en avant.

Les deux jeunes hommes s'avancèrent. A un examen écrit, ils s'étaient classés en tête des quinze nouvelles recrues du *Soyouz*. Le maître principal se campa devant un grand garçon brun de dix-neuf ans et demanda :

— Marin Tipov, quel est le premier devoir d'un sous-marinier soviétique ?

— Défendre notre glorieuse patrie, répondit habilement le matelot.

— C'est ce qu'on t'a appris dans cette lamentable école de Mourmansk ?

Une trace d'hésitation se glissa dans la voix du matelot quand il répondit :

— Oui, *mitchman*.

— Qu'est-ce que la salinité ?

— La salinité, c'est, euh... la quantité de sel dans l'eau.

— Quelle est la salinité moyenne de la mer de Barents ?

— Je, je ne sais pas, *mitchman*.

— Si tu veux aller jouer à cache-saucisse à Arkhangelsk, tu ferais bien de l'apprendre.

— Oui, *mitchman*.

Sorokine passa à l'autre appelé, un blondinet de vingt ans au sourire insolent.

— Marin Boulgakov, quel est le premier devoir d'un sous-marinier soviétique ?

— Obéir sur-le-champ et sans question à tous les ordres. Assurer la sécurité et l'intégrité du bâtiment.

— C'est mieux. Quelle est la vitesse du son dans l'eau salée ?

— La vitesse du son dans l'eau salée dépend de la température et de la salinité mais elle est approximativement de quinze cents mètres par seconde.

— Excellent, excellent, marin Boulgakov. Je t'affecte à la timonerie. Tu dépendras directement de moi.

— Oui, *mitchman.*

— Recrue Tipov, je t'affecte aux chiottes jusqu'à ce que tu aies de meilleures connaissances en physique. Tu seras sous les ordres du *mitchman* Plecharski.

— Oui, *mitchman.*

— Regagnez les rangs.

Les mains derrière le dos, Sorokine se mit à marcher de long en large devant les marins.

— Comprenez-moi bien, vous tous. Il y a des choses qu'on ne répète jamais assez. Nous sommes en guerre contre le plus impitoyable des ennemis qu'on puisse imaginer : la mer. L'eau salée ne fait pas de préférences et ne pardonne aucune erreur. Y a pas vos mères pour vous aider, ici. « Notre glorieuse patrie », comme dit si tendrement le marin Tipov, ne peut pas changer la vitesse du son. Ce ne sont ni les Komsomols[1], ni le Parti, ni le Haut Commandement des Missiles Stratégiques de l'Union Soviétique, ni même le camarade Lénine qui dirigent ce bateau. C'est moi !

« Mon boulot, c'est d'anticiper les ordres du camarade commandant Malakov. Le vôtre, c'est de veiller à ce que ces ordres soient exécutés. Au poste central, nous ne formons qu'un. Nous sommes l'âme du *Sovietski Soyouz.* Nous le menons sous la glace, au fond des mers les plus profondes, et nous le ramenons. On surnomme les sous-mariniers les Fils de Neptune. Au poste central, homme de barre, timonier, transmetteur, nous pensons tous en seigneurs des abîmes, car nous dirigeons le submersible le plus puissant au monde, mon bateau, mon *Sovietski Soyouz.* A part Tipov, vous connaissez tous votre devoir. Accomplissez-le bien. Soyez à l'heure pour prendre votre quart et n'hésitez pas à poser des questions. On apprend en demandant. Une erreur due à l'ignorance peut nous tuer tous en un instant. Alors, des questions ?

— Moi, j'en ai une, *mitchman*, dit Tipov d'un ton décidé.

1. Jeunesses communistes. (*N.d.T.*)

— Vas-y.

— Quel est notre ordre du jour politique ?

— Pardon ?

— Ben, nous sommes censés discuter de certains textes, élever notre conscience politique pour contribuer à l'élaboration du communisme.

— Ah, ouais ?

Des ricanements montèrent autour du buste de Lénine. D'un regard, Sorokine fit taire son équipe.

— Tu viens d'une ferme collective des environs de Minsk, n'est-ce pas, camarade Tipov ?

— C'est exact, *mitchman.*

— Tu étais le chef de la brigade locale des Komsomols, si je ne m'abuse ?

— Toujours exact, *mitchman.*

— Tu t'es porté volontaire pour les sous-marins. Maintenant, tu veux qu'on te donne un texte pour que nous puissions utiliser correctement les outils analytiques de la pensée marxiste-léniniste afin de résoudre nos problèmes, de construire le communisme et d'aider la Marine Rouge à jouer son rôle d'avant-garde du peuple et du Parti. C'est ça ?

— Oui, *mitchman*. Exactement.

— D'accord.

Sorokine inspecta les rayonnages, prit un livre et le fourra dans la poitrine du marin.

— Tiens, le voilà ton texte. Donne le titre à tes camarades.

Tipov regarda l'ouvrage puis le *mitchman* ; sa voix monta d'une octave quand il lut d'une voix aiguë :

— *Les propriétés de la vapeur saturée sous pression.*

— Tu dirigeras notre discussion à la prochaine réunion, Tipov. C'est tout, vous pouvez disposer. Boulgakov, encore un mot, s'il te plaît.

Le marin resta dans la bibliothèque, contempla les volumes tandis que Sorokine rangeait de la paperasse. Levant finalement les yeux, le maître principal demanda :

— C'est quoi, ton prénom ?

— Petia.

— Tu as l'accent de Leningrad, Petia.

— Oui, *mitchman.*

— Tu parles comme quelqu'un d'instruit.

— On dirait que vous me le reprochez, *mitchman.*

— Ce n'est pas un crime mais c'est rare, simplement. Dans les sous-marins stratégiques, nous avons toutes sortes de recrues, un tas d'imbéciles qui ont des relations dans le Parti, des paysans ignares et obtus, des types qui croient que la guerre atomique, ça doit être marrant, mais jamais d'étudiants de l'université de Leningrad. C'est ce que tu es, n'est-ce pas ?

— J'ai commencé des études...

— Mais ?

— C'est dans mon dossier, *mitchman*.

— Je veux que tu me le dises toi-même.

— J'ai été renvoyé pour marché noir, et puis j'ai reçu ma feuille.

— C'est ce qu'il y a dans ton dossier ?

— Oui.

— Mais si tu me disais la vérité ?

Le jeune marin regarda l'officier dans les yeux.

— J'ai refusé de vendre des cassettes à prix réduit à l'une des dirigeantes des Komsomols. Elle m'a dénoncé.

— Quoi d'autre ?

— Je n'ai pas voulu lui faire l'amour.

— Intéressant. Pourquoi ?

— Faire l'amour, ça doit être érotique, pas politique, *mitchman*.

Sorokine éclata de rire, tapota l'épaule de Boulgakov.

— Là, je peux pas te répondre, mon gars, mais maintenant, tu es marin. Qui tu baises et qui tu baises pas, je m'en fous. Ce qui m'intéresse, c'est que tu fasses ton boulot, et ton boulot, c'est ce que je te dis de faire.

— Oui, *mitchman*.

— Comment tu t'es retrouvé dans les sous-marins ?

— Je ne sais pas. J'avais demandé les contre-torpilleurs.

Avec une pointe de sarcasme, le maître demanda :

— Pour visiter les ports étrangers et faire du marché noir ?

— Oh ! non, *mitchman*. Pour être près de Leningrad.

— T'as l'intention d'être un casse-couilles ?

— Non, *mitchman*. Je ferai mon temps tranquillement.

— Laisse-moi t'expliquer une ou deux choses que tu dois savoir, Petia. Dans le compartiment de missiles, les gars restent à côté des gros pétards du jour du départ de Gremikha au retour. Même chose pour le sonar, les torpilles, les machines et les réacteurs. Dans mon unité, on va partout. On regarde, on écoute, on est gentil avec tout le monde et on parle peu.

Sorokine alluma un cigare, tira deux ou trois bouffées avant de poursuivre :

— Je passerai les quinze prochaines années dans ce bateau. Quand je prendrai ma retraite, je m'installerai au sous-sol d'un bordel de Mourmansk, le *Rouble d'or*, peut-être. Toi, tu es ici pour deux ans et demi, Petia. Je peux rendre ton séjour intéressant et profitable, ou en faire un véritable enfer.

— Je comprends, *mitchman*.

— Bien. Une lueur d'intelligence, c'est très utile dans notre secteur. A partir de maintenant, tu es le maître adjoint en herbe de ce bateau. Viens que je te montre comment lire un tableau de service. Au changement de quart, tu ramasseras les feuilles dans chaque unité et tu vérifieras avec le tableau. Et puis, quand on te connaîtra, tu pourras me rendre quelques services, te faire un peu d'argent.

— De l'argent ?

— Les matafs de ce bateau parient sur tout et n'importe quoi. La distance parcourue par le sous-marin, le temps qu'il restera sous la glace. Certains parient même à celui qui a la plus grosse queue, mais tous les paris passent par moi. Compris ?

— Compris, camarade chef.

— Et on passe aussi par moi pour vendre ou acheter n'importe quoi.

— Vous prenez combien ?

— Ça te regarde pas, mais j'ai pas l'intention de quitter la Marine fauché avec une retraite merdique. Soyons clairs. On a une bonne combine mais elle ne marche que si on joue d'abord le jeu de la Marine, et si on le joue correctement.

Sorokine conduisit Boulgakov au poste central, entreprit de l'initier aux cartes marines et aux cartes à jouer. Peut-être y avait-il quelques roubles à gagner dans ce voyage, finalement.

4

Malakov

Vingt-quatre heures après avoir quitté Gremikha, le *Sovietski Soyouz* glissait sous six pieds de glace dans la mer Blanche. Immense baie intérieure, la mer Blanche tient son nom d'un brouillard permanent, de côtes couvertes de neige et, de septembre à mai, d'une surface complètement gelée. Selon la légende, le littoral de la mer Blanche aurait été la terre des Varègues, Vikings dont sont issus les Russes.

En été, la mer Blanche grouille de bateaux de pêche et de plaisance partis de la célèbre Arkhangelsk, le plus vieux port de la Russie. En septembre, quand la glace se forme, on tire à terre les bateaux de plaisance ; les pêcheurs remontent au nord vers la mer de Barents, plus chaude, et une autre flottille navigue sous la glace opaque. En hiver, la mer Blanche devient le refuge des Typhons. Invisible du ciel, impossible à détecter par les rayons infrarouges des satellites, ou par les sonars, un Typhon en mission de dissuasion stratégique représente une menace mortelle. A la différence des missiles d'un site terrestre, l'ennemi ne peut découvrir, encore moins détruire, l'armement transporté par les sous-marins géants de Gremikha.

Pour cette brève sortie, l'un des missiles SS-N-20 du *Sovietski Soyouz* était équipé de systèmes télémétriques et de huit ogives d'exercice pour l'essai de tir. Au poste central, le capitaine Malakov, près du logement du périscope, dirigeait la procédure de prélancement. Pour lui, commander un Typhon n'avait aucun sens si ses armes demeuraient inutilisées. Il regrettait la guerre froide, qui lui avait valu honneur et prestige. Il estimait toutefois maintenant que la *nomenklatura*, classe dirigeante de l'Union Soviétique, était confrontée à un danger plus grand encore, provenant non de l'étranger mais de son propre territoire. Comme une maladie infectieuse, le séparatisme antisoviétique, anticommuniste, avait contaminé le pays et menaçait d'abattre les institutions politiques et militaires auxquelles il devait son statut privilégié. Malakov vouait une haine de prince tsariste aux séparatistes qui voulaient le spolier de son droit de naissance. Laissant son esprit vagabonder un instant, il imagina les dégâts que son bâtiment pouvait infliger aux républiques séparatistes.

Wouf, un missile anéantit les Baltes. Wouf, un deuxième missile liquide les incorrigibles Transcaucasiens — Géorgiens, Azéris et Arméniens. Un troisième règle le compte de ces fichus musulmans du sud-est. Wouf, wouf, boum, boum, bye bye. Etait-il fou ou patriote ? Si Malakov en avait fait à sa guise, un autre missile se serait chargé de Zenko. Wouf. Le seul fait de penser au vice-amiral le mettait en fureur. Non seulement ce nabot grassouillet avait une jeune et jolie femme mais il portait l'étoile d'argent de Héros de l'Union Soviétique, colifichet que Malakov désirait plus que tout au monde. Si les séparatistes triomphaient et faisaient éclater l'Union, Malakov marchanderait sa médaille au marché aux puces. Zenko, qui commandait la force la plus puissante de l'URSS, avait proclamé que la politique n'avait pas place dans son secteur. Ce salaud avait refusé de signer la lettre de loyauté de Deminov et s'était opposé à l'essai de tir en prétendant qu'il mécontenterait l'Occident et stimulerait l'antimilitarisme. Et alors ? La peur, l'intimidation pouvaient réussir là où les pourparlers avaient échoué. La politique, c'est de la foutaise, pensait Malakov. Laissez l'armée diriger le pays, il n'y aura plus de politique. Un Parti, une Union, un cœur, comme au temps de son père et de son grand-père.

Les *mitchmani* et les marins — chefs et calmars dans l'argot sous-marinier russe — du *Sovietski Soyouz* n'étaient ni pour la sécession ni pour l'Union, ni patriotes ni rebelles. C'étaient des jeunes gens qui aimaient avant tout le sexe et le rock and roll, la bonne chère et le jeu — surtout le jeu. On avait promis à l'équipage, si l'essai se déroulait bien, une semaine de permission à Arkhangelsk, magnifique récompense. La plupart des appelés de la base de Gremikha n'avaient jamais visité de port de permissionnaires. Pour une semaine à Arkhangelsk, les calmars auraient égorgé père et mère.

Le maître principal Sorokine consulta son chronomètre, se pencha vers le maître timonier adjoint, le *mitchman* Plecharski.

— Tir au canard dans moins de dix minutes, murmura-t-il. Si on est à l'heure, tu rafles le pot, veinard.

Sorte de bouledogue courtaud et gras, Plecharski répondit à voix basse :

— Putain, Vadim, si on respecte l'horaire, ce sera bien la première fois.

— Ça vaut mille roubles, mon gars. Tu pourras t'en payer, de la chatte, à Arkhangelsk, si tu gagnes.

— Dix contre un qu'il touchera la cible, dit Plecharski avec confiance.

— Disons vingt contre un pour cinq roubles.

— Ça roule, chef.

Malakov interrompit cet échange à mi-voix.

— Sorokine, constituez une équipe de passerelle.

— Bien, capitaine.

Le maître principal donna un coup de coude dans les côtes de Plecharski.

— Enfile tes bottes, matelot, dit-il. Hé, Petia, tu sais enfiler une tenue arctique ?

— Oui, camarade chef.

— Alors, mets-en une.

Le *zampolit* Sergov retourna à son poste de lancement, dans le compartiment de missiles bâbord, à cinquante mètres du poste central. Pour lancer un missile, Malakov et lui devaient tourner en même temps des clefs qui armaient les ogives et mettaient en marche les ordinateurs.

Au centre de la salle cylindrique de soixante-cinq mètres de long s'alignaient dix boîtes métalliques jaunes festonnées de fils électriques et de tuyaux. Les parois étaient recouvertes de caoutchouc synthétique noir ignifugé ; des centaines de câbles, des conduits et deux coursives couraient de la proue à la cloison arrière où se trouvaient les dispositifs anti-incendie totalement automatisés.

Le lieutenant de vaisseau Mikhaïl Minski, officier de missiles, était assis à la console de commande de lancement. Agé de vingt-trois ans, né et élevé à Arkhangelsk, il avait choisi la balistique comme spécialité parce que l'avancement y était rapide. Les barrières psychologiques étaient redoutables pour l'homme dont le doigt pressait le dernier bouton. Ce n'était ni le président, ni l'amiral de la Flotte, ni même le commandant du bateau qui lancerait l'arme atomique. C'était un lieutenant de vaisseau aux cheveux roux et aux yeux bleus d'Arkhangelsk qui regrettait son chien et que les blagues sur la masturbation mettaient mal à l'aise, au carré des officiers.

— Unité missiles bâbord à son poste, annonça Minski.

— Tapez vos chiffres, ordonna Sergov.

Chacun des quatre *mitchmani* installés devant les tableaux de commande composa son matricule.

— Contrôle diagnostic.

Chaque homme vérifia son ordinateur, s'assura qu'il fonctionnait correctement et lança d'une voix forte :

— Poste un, paré

— Poste deux, paré.

Quand tous se furent déclarés prêts, Sergov appuya sur le bouton de son interphone.

— Missiles bâbord à central : paré à lancer.

Les opérateurs fixèrent les chiffres du compte à rebours sur les écrans. Tous avaient parié pour un lancement retardé. Ils haussèrent les épaules comme un seul homme : l'horaire serait respecté. Un sale veinard gagnerait les mille roubles.

Dans le poste central, Malakov demanda :

— Sorokine, votre équipe de passerelle est prête ?

— Oui, capitaine.

— Donnez trois coups de sifflet, je vais m'adresser à l'équipage.

Des sifflements enregistrés retentirent dans le sous-marin. Malakov se redressa et dit dans un micro :

— Marins du *Sovietski Soyouz*, c'est votre commandant qui vous parle. Comme vous le savez tous, les Typhons constituent l'ultime défense de notre pays. Aujourd'hui, nous allons montrer à tous nos ennemis, où qu'ils se trouvent, que l'Union survivra à l'adversité. Notre devoir est clair. Cet essai de tir est aussi un test pour notre détermination. Préparez-vous à faire surface. Terminé.

En proie à une excitation quasi érotique, Malakov regarda autour de lui. Sorokine, Boulgakov et Plecharski, en uniforme arctique, se tenaient près du fauteuil du commandant. Les officiers radio et radar étaient penchés sur leurs écrans.

Le chronomètre égrenait les secondes.

— Equipe de passerelle, dans la baignoire, ordonna Malakov.

Les trois hommes montèrent l'échelle, se préparèrent à ouvrir l'écoutille sur la nuit arctique.

— Chassez partout. Surface immédiate.

— Chassez partout, répéta Nordov, l'officier de plongée. Surface immédiate.

Il appuya rapidement sur une série de boutons ; de l'air sous pression expulsa l'eau des réservoirs, doublant soudain la flottabilité du bateau. Un long craquement se fit entendre quand l'énorme submersible entra en lutte avec la banquise. Malakov se surprit à lever les yeux, comme s'il s'attendait à ce qu'un glaçon pointu déchire la double coque et lui perce le cœur. Avec un fracas de tonnerre, la glace céda. Le *Sovietski Soyouz* jaillit dans une poussée à révulser l'estomac et oscilla à la surface.

— Equipe de passerelle, ouvrez le panneau du kiosque.

— Panneau ouvert, répondit Sorokine. Nous montons.

Un courant d'air froid s'insinua dans le poste central. Parvenus en haut du kiosque, les trois marins scrutèrent l'horizon, découvrirent de la glace miroitante dans toutes les directions. A deux cents mètres du sous-marin, une grosse caméra reposait sur un trépied planté sur la mer gelée ; un hélicoptère était suspendu dans le ciel, à un mille et demi à l'est.

— Central à passerelle, je vous écoute, dit Malakov dans son micro.

— Le kiosque est dégagé, répondit calmement Sorokine. Le tube un est recouvert d'un gros bloc de glace.

— Hissez le mât de radar, ordonna Malakov.

— Hisser le mât, dit l'officier de radar.

— Bien, que voyez-vous ?

— J'ai un écho fixe, un hélicoptère, distance trois kilomètres, relèvement deux sept un, altitude cinq cents mètres.

— C'est l'hélico d'observation de l'amiral Deminov.

— J'ai un deuxième écho, distance cinquante kilomètres, relèvement un sept huit, vitesse trois cents kilomètres. Il tourne en rond.

— Parfait, apprécia Malakov. L'avion de mesure est en position lui aussi. Officier radio, hissez le mât télémétrique.

— Mât en train de monter.

L'officier appuya sur divers boutons de sa console et le *Sovietski Soyouz* commença à émettre des signaux radio et radar à l'appareil décrivant un cercle.

— Officier d'armement, sortez le canon à glace.

— Bien, commandant.

A l'avant du kiosque, juste derrière les silos de missiles, un panneau coulissa, un moteur électrique fit monter un petit canon d'un large diamètre.

— Passerelle à central, dit Sorokine, canon à glace paré.

— Feu, ordonna Malakov.

L'officier d'armes pressa un bouton noir.

Un obus à basse vitesse jaillit dans un sifflement, fracassa le bloc de glace obstruant le silo numéro un.

L'interphone grésilla :

— Passerelle à central, tube de lancement numéro un dégagé.

— Excellent. Officier d'armement, abaissez le canon à glace.

— Oui, commandant.

— Ouvrez le tube numéro un.

— Ouverture du tube numéro un...

— Equipe de passerelle, au rapport.

— Passerelle à central, panneau ouvert et dégagé.

— Officier radio ?

— Contact établi avec l'avion de mesure. Systèmes télémétriques en marche.

— Capitaine Sergov, prêt à armer le missile.

Dans le compartiment de missiles bâbord, l'officier politique introduisit une clef rouge dans une console de commande.

— Paré à armer, annonça-t-il dans l'interphone.

Malakov inséra sa propre clef et dit :

— Armez.

Les deux hommes tournèrent leur clef au même moment.

— Missile armé dans commande arrière, annonça Malakov.

— Missile armé dans commande avant, fit Sergov en écho.

— Central à équipe de passerelle, descendez. Fermez le panneau.

Dans le kiosque, Sorokine dit à ses compagnons :

— Allez, on rentre.

Plecharski commença à descendre mais Boulgakov regarda autour de lui.

— Je veux un souvenir, déclara-t-il.

— Un quoi ?

Avant que Sorokine ait pu le retenir, le jeune marin se hissa pardessus le rebord de la passerelle, s'apprêta à sauter sur le pont, trois mètres plus bas. Le *mitchman* se pencha, saisit Boulgakov par la veste, le tira en arrière.

— Y a pas d'échelle pour remonter !

— Houlà, fit le marin. N'empêche, un morceau de glace d'ici, ça doit valoir la peau des fesses.

— Idiot, lui lança le maître principal avec un sourire. Descends, maintenant.

Un instant plus tard, les trois hommes grelottants réintégraient le poste central.

— Officier de missiles, déverrouillez la commande de lancement.

Minski tâtonna un moment en lisant les chiffres sur la carte, tapa un code. Un panneau coulissa sur sa console, révélant un petit bouton bleu.

— Commande de lancement déverrouillée.

Malakov prit sa respiration, ordonna d'une voix calme :

— Lancez le missile.

Minski appuya sur le bouton. Le sous-marin trembla quand un gaz sous pression projeta le missile hors du tube.

— Missile lancé !

Le réacteur à carburant solide du missile s'alluma instantanément ; un grondement terrible secoua tout le submersible. Dans les compartiments, tous les regards étaient braqués vers le ciel. Plus d'une fois, un missile lancé depuis la mer avait explosé et était retombé sur le bateau. Certains priaient ; d'autres, en sueur, s'efforçaient de ne pas rejeter leur petit déjeuner sur les consoles d'ordinateur.

Dans le poste central, un écran montrait le pont avant du *Sovietski Soyouz* baigné d'une lumière dorée tandis que la bombe volante montait vers le ciel en rugissant. Moins de dix secondes plus tard, le missile avait traversé la couverture nuageuse et disparu au sud.

Malakov éprouvait un sentiment d'immense soulagement et d'exaltation. Les grands discours, l'idéologie, le patriotisme se réduisaient finalement à quelques fils correctement soudés et à des sas bien fermés. Pour un lancement réussi, il fallait que des millions de petites choses fonctionnent bien en même temps. L'équipage poussa un cri de guerre retentissant. Partant du poste central, les acclamations se répercutèrent à l'avant et à l'arrière cependant que les marins hurlaient leur joie.

Sorokine gardait les yeux sur le commandant, dont le visage avait l'expression béate de celui qui vient de contempler le paradis. A la table de navigation, Plecharski souriait comme un doux dingue. Le maître principal lui assena une tape dans le dos, l'embrassa sur les joues.

Voyant ses hommes réagir avec une telle exubérance, Malakov débordait de fierté, ignorant que l'équipage se fichait du lancement réussi. On allait à Arkhangelsk.

Arkhangelsk ! Les femmes ! la vodka ! la vie ! Une semaine à terre. Plus de Marine, plus de gradés, plus de Typhons.

5

Deminov

De son hélicoptère, l'amiral Ivan Deminov vit dans le sous-marin faisant surface et le lancement du missile un spectacle profondément satisfaisant. A l'arrière de l'appareil, une équipe vidéo avait filmé l'événement, et le chef opérateur montrait son pouce tourné vers le ciel.

L'exercice était une idée du commandant de la Flotte du Nord, qui entendait retourner la *glasnost* à son profit. Les gens voulaient de la transparence, ils en avaient. Les sous-marins sont habituellement entourés du secret, et ceux de l'Union Soviétique étaient protégés par un système de sécurité si strict que la plupart des citoyens n'en avaient jamais vu, même en photo. Deminov avait persuadé le Conseil de Défense d'abandonner ce point de vue. Après tout, avait-il dit, les Américains observent tous nos essais grâce à leurs satellites. « Que les gens voient où vont leurs roubles, avait-il conclu. Qu'ils soient fiers de la puissance de leur pays. »

Sanglé sur le siège voisin, le chef des services de sécurité de la Flotte du Nord, le colonel Anatoli Loudinov, retira les boules de coton de ses oreilles, plissa le nez en sentant l'odeur âcre dégagée par la tuyère d'échappement du missile et remit son casque pour écouter les rapports télémétriques.

— La trajectoire est bonne, dit-il à Deminov. Les ogives se séparent.

N'attendant rien de moins, l'amiral approuva d'un hochement de tête. Si le tir ratait, le colonel du GRU au visage de malfrat monterait avec plaisir à bord du sous-marin pour abattre l'officier de missiles.

— Impact sur la cible dans trente secondes, annonça Loudinov. Caméras au sol en place.

A un millier de milles au sud, les caméras de la Marine braquaient leurs objectifs vers le ciel. A la vitesse de cinq mille kilomètres à l'heure, les huit ogives filant dans le ciel tracèrent sur la pellicule sensible aux infrarouges une image étonnante quand elles percutèrent le permafrost sibérien, creusant des cratères profonds de dix mètres.

— Impact ! s'exclama Loudinov.

Un sourire fugace passa sur le visage de Deminov.

— Ordre aux équipes de tournage de Sibérie de sceller les boîtes de pellicule et de les envoyer à Leningrad par avion sans retard.

Loudinov transmit les instructions par radio ; Deminov demanda au pilote de se poser sur la glace. Le chef opérateur sauta sur la surface gelée, courut vers la caméra télécommandée qui avait filmé le lancement depuis le sol.

— J'en ai pour cinq minutes, dit Deminov. Informez Leningrad que j'arriverai à Mourmansk dans deux heures.

— Bien, amiral.

Deminov descendit de l'hélicoptère, se dirigea vers le *Sovietski Soyouz*. C'était un homme robuste de soixante ans aux yeux gris, aux cheveux couleur de neige fraîche, mais dont l'aspect sain cachait un être miné. Son monde s'écroulait. L'Union Soviétique, la plus grande puissance que le monde ait jamais connue, connaissait les affres de l'autodestruction. Hier, la domination de Moscou s'étendait de l'Elbe au Pacifique, de l'océan Arctique à la mer Noire. Aujourd'hui, l'Union se désagrégeait en tribus ennemies.

Ancien commandant de sous-marin stratégique, Deminov avait passé sa vie à défendre l'Union. Idéologue fervent, il croyait au Parti communiste, ciment qui avait maintenu la cohésion du pays depuis la Révolution, mais le Parti avait perdu la boussole. Il croyait en la Marine, qui avait protégé l'URSS d'une attaque par mer depuis la fin de la Grande Guerre patriotique, mais la guerre froide s'effilochant, la Marine avait perdu sa mission. Il ne lui restait que sa foi en l'Histoire, force tangible, mystique que peu d'hommes comprenaient

aveugles chassaient au son, guidés dans le noir par des échos et l'odeur du sang. A deux milles de là s'étiraient le bord de la plate-forme continentale de l'Europe et la mer de Barents, des eaux où la Flotte du Nord de la Marine soviétique était chez elle, et où le *Reno* passerait les deux prochains mois sous la glace à espionner les sous-marins rouges.

Au poste central du *Reno*, le capitaine de vaisseau Jack Gunner, dit Plutonium, coula un regard furtif au moniteur de navigation en feignant d'être indifférent à la position de son sous-marin. Il alluma une Lucky Strike, regarda sa montre. Dans quelques minutes, l'équipage procéderait à la cérémonie des « Nez-Bleus », rite de passage des marins de l'Arctique. Le commandant n'était pas censé être au courant, et Gunner se prêtait volontiers au jeu.

Agé de trente-neuf ans, mesurant un peu moins d'un mètre quatre-vingts, le cheveu noir, les yeux sombres et brillants dans un long visage étroit, Gunner avait la confiance en soi d'un homme qui connaît sa place dans le monde. Il avait le meilleur poste possible dans la Marine, ne souffrait ni d'ambition frustrée ni d'incertitude morale. Comme pour la plupart des commandants de sous-marin, le *Reno* était son premier et son dernier commandement, et il avait apprécié chaque minute des trois ans qu'il avait passés à bord. Pour cette sixième et dernière patrouille, il avait l'impression de faire corps avec le bâtiment comme si les dalles recouvrant la coque étaient sa propre peau, les sonars ses oreilles, les missiles et les torpilles les cailloux qu'il avait jetés aux ennemis de son enfance.

Doté de ponts renforcés par un blindage supplémentaire, équipé de torpilles calibrées pour les eaux peu profondes des côtes de l'océan Arctique, le *Reno* avait été conçu et construit spécifiquement pour se battre sous la glace. Des barres de plongée avant montées à la proue permettaient à son massif d'étrave renforcé de percer le rideau de glace sans être obstrué. Bâtiment de la guerre froide, il était armé de seize missiles de croisière Tomahawk, de six missiles antinavires Harpoon et de vingt-quatre torpilles, dont plusieurs à ogive nucléaire, capables de décimer la Flotte du Nord soviétique.

Le commandement du *Reno* était le point culminant de la carrière de Gunner. Il avait toujours rêvé d'être à la tête d'un sous-marin nucléaire. A la fin de cette patrouille, la Marine voulait le nommer chef d'escadre mais Gunner ne désirait commander ni une escadre ni même une flotte. Il avait l'intention de prendre sa retraite, de vivre à Hawaii et d'apprendre à parler aux dauphins.

Gunner était né et avait grandi à Vallejo, en Californie, où étaient installés les chantiers navals de Mare Island. Fils d'un soudeur de la Marine qui avait passé trente ans à découper de l'acier pour les sous-marins nucléaires, il avait été élevé dans le culte de ces bâtiments, de leur rôle dans le combat contre le communisme. Dans les années cinquante et soixante, la guerre froide était une réalité omniprésente, et Gunner avait appris à haïr et à craindre les Soviétiques. Elève de l'Ecole Navale, officier grimpant les échelons de l'arme sous-marine, il avait toujours montré la même ardeur pour les submersibles mais son désir d'en découdre avec les Rouges s'était refroidi. Cette guerre qui n'en était pas une l'avait profondément miné. Il aimait son sous-marin et son équipage mais être le maître de la puissance de feu terrifiante du *Reno* constituait un poids écrasant. S'il devait en faire usage un jour, cela signifierait que l'humanité avait échoué dans son rôle de gardienne de la planète.

Dans les années quatre-vingt-dix, les polarités de la guerre froide avaient été modifiées par les bouleversements en Europe centrale, la guerre du Golfe et l'instabilité en Union Soviétique. Les pontes de la politique, ceux qui prenaient leurs désirs pour des réalités, croyaient la guerre froide finie, mais Gunner savait qu'elle se poursuivait sous les mers. Vingt-quatre heures par jour, trois cent soixante-cinq jours par an, des Typhons soviétiques et des Tridents américains rôdaient dans les océans, prêts à user d'armes de destruction massive. Pour contrer la menace de missiles stratégiques lancés de la mer, les deux marines maintenaient en service des sous-marins d'attaque rapides comme le *Reno*, chasseurs qui traquaient les énormes lance-missiles dans leur repaire. Dans le Grand Nord, la partie de cache-cache se poursuivait sans relâche. En secret, loin des caméras de télévision fouineuses, la guerre froide avait pris ses quartiers les plus froids.

La mission du *Reno* — espionner les manœuvres des sous-marins soviétiques en mer de Barents — ne provoquait chez Gunner aucun état d'âme. Les affrontements ethniques et idéologiques en Union Soviétique avaient créé une situation explosive dans un pays possédant trente mille ogives nucléaires. A tout moment, l'URSS pouvait éclater en quinze républiques séparées, et ce demantèlement pouvait dégénérer en guerre civile à coups d'armes nucléaires. Si la Flotte du Nord était impliquée dans un conflit interne, le *Reno* se porterait rapidement et en silence dans les eaux soviétiques pour parer à toute menace débordant les frontières soviétiques.

Pour l'instant, toutefois, l'esprit de Gunner vagabondait loin des Russes. A quatre cents milles des bases navales soviétiques de la péninsule de Kola, le capitaine estimait que les conditions permettaient une petite fête.

Le poste central vibrait de plaisir anticipé. Eclairé par la lumière vive de tubes fluorescents, c'était un capharnaüm d'hommes, d'instruments et d'écrans qui ne ressemblait guère à une pièce de travail. Du linoléum de cuisine recouvrait le sol ; des câbles et des tuyaux masquaient le plafond ; des rangées de moniteurs s'alignaient le long des cloisons. Au centre, un double périscope pendait la tête en bas. A droite de Gunner, l'homme de barre — qui ressemblait davantage à un pilote d'avion qu'à un marin — agrippait une sorte de manche à balai. Près de lui, le technicien chargé des barres de plongée serrait ses manettes, et tous deux gardaient les yeux fixés sur le moniteur de navigation. Formant un demi-cercle autour d'eux, des sous-officiers s'occupaient du centre d'informations de combat, du tableau de plongée, de la console de communications internes et de la table de navigation.

— Sonar à central. Le fond monte. Plateau continental à mille mètres.

— Très bien, sonar, répondit Gunner. Branchez les scanners à glace.

Dans le local sonar à la lumière bleutée, près de l'avant, le chef sonar, Mike Morrison, transmit l'ordre à l'opérateur. Un son à haute fréquence et faible puissance, émis par des transducteurs montés sur les surfaces supérieures du bateau, donna une image de la glace améliorée par l'ordinateur. Gunner regarda le fond du champ de glace se dessiner sur l'écran vidéo du répétiteur sonar. La glace ressemblait à une succession chaotique de spots alors que la tempête secouait la couche gelée et en détachait d'énormes floes.

Pour Gunner, la banquise formait un parapluie au-dessus de son monde. « Quand l'enfer gèlera, se dit-il, ça ressemblera à ça. »

— Sonar à central. Profondeur trois cents mètres.

Dans un silence presque total, le *Reno* se glissa dans la mer de Barents. Sur le répétiteur sonar, l'image des turbulences de la surface évoquait des pics pointus et des vallées représentant les soubresauts de la glace en mouvement. Aucune cloche ne sonna, aucun cristal de glace n'apparut sur les cloisons, rien ne changea. Bâtiment militaire parfaitement autonome et d'une arrogance suprême, le sous-marin était indifférent à ce qui l'entourait. Seul Gunner sentit la subtile différence : le *Reno* avait pénétré en zone russe.

Il remarqua que le lieutenant de vaisseau Miles Sharpe, un rouquin, debout dans la coursive, réprimait un bâillement. Fatigue ou ennui ? « Sûrement l'ennui », pensa Gunner. Sharpe s'était porté volontaire pour le quart, ce qui lui ferait manquer la cérémonie des « Nez-Bleus ». Gunner savait que son jeune officier de combat n'avait pas encore digéré d'avoir manqué aussi la guerre du Golfe. Le *Reno* croisait en mer de Norvège tandis que les camarades de promotion de Sharpe lançaient des missiles Tomahawk sur Bagdad et obtenaient de l'avancement. Avant que le sous-marin ne quitte Norfolk pour cette patrouille, Sharpe avait demandé son transfert sur un bâtiment de surface et en voulait à Gunner d'avoir donné un avis défavorable.

Croisant le regard du lieutenant, Gunner lui fit signe d'approcher.

— Je vais vous confier un secret, Miles, murmura-t-il en se penchant vers le rouquin.

— Lequel, commandant ?

— J'ai cette putain de banquise en horreur. C'est froid, et les Typhons se cachent dessous.

— Je crois que c'est justement pour ça que nous sommes ici : la joyeuse partie de chasse. Je vous relève maintenant, commandant ?

— Oui, répondit Gunner.

Il quitta le confortable fauteuil de cuir noir, dans lequel Sharpe s'installa.

— A vous la manœuvre, Sharpe. Il paraît qu'il y a une partie de poker au carré des officiers ?

— C'est exact, commandant. Méfiez-vous d'O'Connell. Il est en veine.

Accordant un bref regard au poste central, Gunner prit le chemin du territoire des officiers.

En sa qualité de second, le capitaine de corvette Augustus Trout était submergé de paperasse. Un jour que le *Reno* reposait au fond de la mer du Japon, au large de Vladivostok, il avait calculé qu'il avait passé huit de ses seize ans sous l'uniforme à remplir des formulaires, à lire des formulaires noircis par d'autres, à réclamer de nouveaux formulaires. Il jubilait par anticipation en songeant à la revanche qu'il prendrait quand il obtiendrait ses galons d'amiral : il inventerait toutes sortes de nouveaux formulaires pour torturer ses subordonnés.

Son minuscule bureau disparaissait sous les piles de bulletins de quart, de commandes d'approvisionnement, de listes de travaux d'entretien et de réparation — tous les documents requis par la Marine pour prouver la sortie en mer d'un bâtiment. Trout se leva et s'étira, remplissant de sa carcasse imposante le placard qu'il appelait son antre. Décrochant le téléphone, il enfonça la touche « Manœuvre, chef de quart ».

Une voix sonore répondit :

— Machines, Adams.

— Willie, dit Trout, je n'ai pas les documents pour le nouveau brasage à l'argent du circuit auxiliaire du condenseur.

— On s'en occupe, monsieur Trout. Vous l'aurez à la fin du quart.

— D'accord.

Trout raccrocha, contempla pensivement son image dans le petit miroir fixé derrière son bureau. Comme toujours, son visage rond le fit penser à un gâteau au chocolat. La Marine lui avait profité. Trop, peut-être, songea-t-il, pinçant une grosse joue brune. Enfin, quoi, sa femme l'avait plaqué mais la Marine ne l'avait jamais laissé tomber. La Marine, c'était son pays, et Trout jouait le jeu à la perfection. Aussi à l'aise en mer que dans les couloirs du Pentagone, il voulait les galons d'amiral et ne doutait pas qu'il les obtiendrait.

Entendant des coups doucement frappés à la porte, il ouvrit, découvrit Gunner dans la coursive, une cigarette pendant au coin des lèvres. A la différence de Trout, le commandant du *Reno* affichait pour la politique un dédain notoire. C'était un pur marin qui n'avait que faire des bureaucrates, de l'avancement et des subtilités du beau monde. Au fond, c'était un pirate, un homme rusé et indépendant qui conjuguait la prudence, l'audace et la ressource nécessaires au pacha d'un sous-marin d'attaque, mais il n'entendait rien à la politicaillerie. Trout était convaincu que son commandant travaillait plus dur à ce poste que n'importe quel autre officier qu'il eût connu. S'il avait un défaut, c'était d'être si exigeant envers l'équipage qu'il y avait plus de demandes de mutation en provenance du *Reno* que de tout le reste de l'escadre.

— C'est presque l'heure des réjouissances, annonça Gunner. Allons-y.

Le carré exigu du *Reno* servait en même temps de mess des officiers, de salle de réunion, de chambre des cartes et de salon. C'était le commandant du sous-marin qui déterminait l'ambiance du carré, et Gunner avait défini ses préférences en y faisant accrocher un portrait du grand amiral anglais Sir Francis Drake, corsaire personnel de la reine Elisabeth Ire. Quand les deux hommes firent leur entrée, le bruit retomba un moment autour de la table de jeu.

— Commandant, monsieur Trout, dit l'enseigne de vaisseau Eddy O'Connell en battant les cartes.

Un gros tas de jetons s'élevait devant le jeune officier, le seul qui n'était pas encore formé aux sous-marins. Il essayait en vain de cacher son excitation au sujet de l'imminente cérémonie.

— Comment joue-t-on, messieurs ? demanda Gunner tandis que Trout et lui prenaient place à la table.

— On tire jusqu'à cinq cartes, ouverture aux valets, répondit un joueur.

Les mains tremblantes, O'Connell servit. Un épais nuage de fumée était suspendu au-dessus de la table. Gunner sourit à ses officiers. Chacun d'eux était un produit de l'Ecole Navale en même temps qu'un « nuc », diplômé de l'Ecole d'Energie Nucléaire de la Marine.

Parcourant la table des yeux, le commandant vit des visages à la fois graves et passionnés, des jeunes gens à l'esprit romanesque impatients de mettre leur courage à l'épreuve dans des eaux dangereuses. Le *Reno* montait vers le nord, se risquait dans l'arrière-cour des Russes, et Gunner et ses hommes s'apprêtaient à célébrer ce passage par un rite solennel.

— J'ouvre avec deux jetons bleus, annonça Trout d'une voix bougonne.

Les petits ronds de plastique plurent en cliquetant au centre de la table.

— Deux cartes, réclama Trout. J'ai entendu dire que les Russes organisent une cérémonie de « Nez-Rouges » quand ils arrivent au pôle Nord.

— Ah ! oui ? fit Gunner. Comment ça se passe ?

— Ils prennent tous les marins non russes, vous voyez, les Lettons, les Géorgiens et je ne sais quoi encore, et ils leur coupent le nez, clac ! comme ça ! Et ils le donnent à manger aux ours blancs.

Plissant le front, O'Connell regarda ses cartes puis le capitaine de corvette.

— Je croyais qu'il n'y avait que des Russes pur sang à bord des sous-marins soviétiques.

Un rire énorme jaillit de la gorge de Trout.

— Eh bien, maintenant, vous savez pourquoi, jeune homme. Vous savez pourquoi !

7

Les « Nez-Bleus »

Les marins du local radio avaient tiré avec un jeu de cartes pour savoir qui serait de quart pendant la cérémonie des Nez-Bleus. Le premier maître Frederick Wu avait tiré le trois de trèfle et maudit sa malchance.

Seul avec une demi-douzaine de télex et des rangées de matériel de communication perfectionné — en grande partie inutile en immersion profonde —, Wu sirotait un café en bûchant un manuel d'électronique. A cent trente mètres de profondeur, le *Reno* ne pouvait capter de communications que sur ELF, mais le taux infiniment long de transmission d'un caractère par minute en limitait l'usage à des messages courts et codés. A quinze mètres de profondeur, le submersible pouvait recevoir des messages plus élaborés sur VLF, sans montrer un mât de radio à un radar adverse.

Selon Wu, la surveillance de l'Arctique avait hissé l'ennui à de nouveaux sommets. Une croisière en mer de Barents n'offrait aucune escale, juste quelques messages, rien que de l'eau salée et de la glace, mouvante, craquante, incroyablement abrutissante — de la glace à n'en plus finir. Originaire de San Diego, Wu frissonna à la seule pensée de la glace, phénomène purement psychologique puisque la température ne variait jamais à l'intérieur du sous-marin. Laissant le bol de café réchauffer ses paumes, il rêvait de la plage de La Jolla. L'Arctique désolé le faisait penser à un désert — ce que sont en fait les régions gelées de cette partie du monde.

Dans le local sonar, Mike Morrison, maître principal, et l'opérateur Billy Stewart se tenaient face à des écrans et des claviers d'ordinateur.

Les signaux envoyés par la banquise, la tempête et la riche biosphère de la mer de Barents défilaient sur les écrans, mais les appareils d'écoute ultrasensibles installés à l'avant et le long d'une antenne filaire traînée à l'arrière ne signalaient la présence d'aucun moteur dans les profondeurs.

Morrison se leva pour examiner les écrans. Des sourcils broussailleux, des lunettes à monture d'acier et une barbe poivre et sel démodée lui donnaient l'air d'un sous-marinier de la Première Guerre mondiale. Doyen de l'équipage avec ses quarante-cinq ans, il se sentait aussi vieux, aussi las que le sanglant XXe siècle, dont il avait passé un bon quart dans les locaux de sonar de la Flotte sous-marine de l'Atlantique.

D'ordinaire, quatre hommes de quart tenaient le poste de sonar mais on avait fait une exception pour la cérémonie des Nez-Bleus. Ses bras épais croisés sur sa poitrine, un gros havane non allumé planté dans la bouche, Morrison occupait un poste ancien et unique dans les sous-marins : « patron ». Un peu aumônier, un peu psy, le patron avait pour tâche d'arranger les choses avant la casse, d'assurer la paix entre les divers groupes ethniques, de botter les fesses qui avaient besoin de l'être, enfin de diriger la cérémonie des Nez-Bleus quand c'était de rigueur.

Il se tourna vers Stewart :

— Pour l'heure qui vient, tu seras nos oreilles, Billy. T'endors pas.

Plus jeune de vingt ans, bâti comme un catcheur, Stewart sourit, agita la main.

— Va faire le gugusse, j'm'en balance. J'ai déjà le nez bleu.

— De toute façon, l'ordinateur entendra avant toi s'il y a quelque chose, dit le patron, non pour déprécier les capacités de Stewart mais pour énoncer un fait.

Stewart le regarda partir en se demandant vaguement s'il lui rapporterait un bol de crème glacée.

Morrison se rendit à l'arrière, aux machines. Dans le compartiment où des nucs s'occupaient du réacteur, il trouva le chef nuc Willie Adams, l'œil sur les cadrans et les jauges couvrant chaque centimètre carré de cloison du compartiment.

— T'es pas Nez-Bleu, aujourd'hui ? demanda Morrison.

— Je garde la boutique, merci. Passe derrière, Garrett organise une petite fête avant la fête.

Le patron franchit un sas pour pénétrer dans le compartiment des machines. Une turbine tournant sur des paliers silencieux transmettait une puissance de trente-cinq mille chevaux par l'intermédiaire d'engrenages démultiplicateurs, poussant le *Reno* plus avant dans la mer de Barents. Morrison passa discrètement dans un petit cagibi où le chef torpilleur Darrell Garrett l'accueillit avec un gobelet de carton rempli d'un liquide rouge vif. Garrett avait apporté à bord plusieurs grandes boîtes de cerises au marasquin, avait remplacé le sirop par de l'alcool éthylique utilisé pour nettoyer les tubes lance-torpilles, et avait laissé vieillir une semaine.

Morrison but une gorgée, claqua des lèvres pour exprimer sa satisfaction.

— Fameux, dit-il. Ça vaut pas une bière fraîche mais c'est bon quand même.

— Deux dollars, réclama Garrett.

Le patron tira de la poche de son pantalon deux billets chiffonnés et Garrett remit une tournée.

— A la guerre froide, dit-il. Qu'elle dure toujours pour me donner du boulot !

— Amen, mon frère, psalmodia Morrison. Paix sur la terre aux hommes de bonne volonté.

Garrett reboucha sa boîte, la rangea dans un casier et dit :

— Allons-y.

Un coup sourd résonna à la porte du carré des officiers.

— J'y vais, dit Gunner.

Morrison se tenait dans la coursive. Le chewing-gum qu'il avait fourré dans sa bouche ne parvenait pas à masquer l'odeur de la gnôle, que le commandant eut la courtoisie de ne pas remarquer.

— Oui, patron ?

— Commandant, je demande la permission de réunir les Nez-Bleus dans le réfectoire de l'équipage.

— Comment ça, patron ?

— Sauf votre respect, commandant, puisqu'on est sous la glace, j'ai pensé que le moment serait bien choisi. Nous sommes largement au nord du cercle arctique.

— Sans blague ?

Un concert d'exclamations de surprise s'éleva de la table de jeu.

— C'est pas une blague, assura Morrison.

— Ça alors, fit Gunner. Permission accordée. Vous pouvez réunir l'équipage. Nous vous rejoignons dans quelques minutes.

Au poste central, Morrison appuya sur le bouton de l'interphone du sous-marin et dit dans le micro :

— A l'équipage, ici le patron du bateau. Tous les membres de la noble confrérie des Nez-Bleus sont priés de se rassembler au réfectoire de l'équipage pour une cérémonie d'initiation.

Le lieutenant de vaisseau Sharpe ordonna de réduire l'allure à « très lente ». Dans la salle des machines, Adams coupa la vapeur en faisant tourner les turbines et le sous-marin commença à courir sur son erre.

— Assurez l'assiette, dit Sharpe. Restez à cent trente mètres de profondeur.

Dix minutes plus tard, les chefs se retrouvaient au réfectoire. Aucun ne portait d'insigne de son grade, tous avaient le nez barbouillé de bleu.

Une longue file de marins s'étirait dans les coursives à l'avant du réfectoire. Dans un silence solennel, la queue passa devant les Maîtres de l'Ordre et Morrison peignit en bleu le nez de chaque sous-marinier, Gunner compris. Tous ces Nez-Bleus avaient franchi le cercle arctique lors d'une précédente patrouille. Quand ils furent tous dans la salle, formant une ligne courbe, Morrison proclama :

— La noble confrérie des Nez-Bleus, chapitre du *Reno*, est à présent en séance.

— Fort bien ! Fort bien ! approuvèrent en chœur quatre-vingts sous-mariniers.

— Apportez le seau à glace.

Trout et Gunner passèrent dans la cuisine, revinrent avec une grande bassine de fer-blanc remplie de crème fouettée bleue, de pommes vertes et de glaçons faits avec de l'eau colorée en bleu.

Les marins déjà oints se mirent à battre des mains et à frapper du pied en cadence en scandant :

— Nez-Bleus, Nez-Bleus, Nez-Bleus...

— Que les Cerises s'approchent ! beugla Morrison par-dessus le vacarme.

Torse nu, sans distinction de grade, vingt-quatre jeunes hommes formaient une autre file qui, partant du compartiment des torpilles, empruntait les coursives, l'échelle menant aux cuisines, et aboutissait au réfectoire.

— Cerise numéro un, avance.

O'Connell s'approcha de Morrison.

— Qu'est-ce que tu es, Cerise ?

— Rien, moins que rien, grand maître.

— D'où viens-tu ?

— Du pays absurde et dégoûtant du soleil.

— Où es-tu, maintenant ?

— Au royaume de la glace et des ténèbres.

— Es-tu puceau, Cerise ?

— Oui, grand maître.

— Baiserais-tu une ourse blanche, mangerais-tu ses petits ?

— Si on me l'ordonnait, grand maître.

— Plonge, Cerise, et sois oint ou coule.

O'Connell tomba à genoux, plongea le visage dans le mélange glacé, attrapa une pomme avec les dents et releva la tête en crachotant, de la crème bleue coulant sur sa poitrine.

— Lève-toi pour recevoir l'onction.

O'Connell se mit debout, et Morrison enduisit son nez de peinture bleue.

— Qu'est-ce que tu es, maintenant ?

— Un noble Nez-Bleu, ô maître des profondeurs glacées.

— Prends place parmi tes frères, Nez-Bleu, et sache que tu es passé dans le désert gelé où peu sont allés avant toi.

Etourdi par son nouveau statut, O'Connell regagna la file, souriant comme un idiot.

— Cerise numéro deux, avance.

Le rite se poursuivit jusqu'à ce que les vingt-quatre néophytes franchissant pour la première fois le cercle arctique aient été admis dans l'Ordre. A la fin de la cérémonie, le sol du réfectoire baignait dans l'eau et la crème fouettée bleues.

— Qui sommes-nous ? demanda Morrison à tue-tête.

— Des Nez-Bleus, des Nez-Bleus, des Nez-Bleus ! entonnèrent les sous-mariniers, cependant que les cuisiniers déposaient sur les tables gâteaux et crème glacée de la couleur idoine.

Dans le local de radio, Frederick Wu, assis devant une machine à écrire, tapait une lettre à ses parents. « Avec la fin de la guerre froide, je crois que j'aurai plus de chances d'apprendre les technologies nouvelles à Silicon Valley. En gagnant plus d'argent, aussi ! Mon engagement se termine dans... »

Soudain le signal de message ELF émit ses bips retentissants. Wu sursauta, renversa son café et jura. Un voyant rouge clignotait avec insistance sur le principal télex, qui cliqueta trois fois.

B2D.

Wu prit une profonde inspiration, alla au décodeur, vérifia que la date était correctement inscrite et tapa le code.

MONTEZ À PROFONDEUR RADIO VLF POUR TRANSMISSION IMMÉDIATE

— L'équipage se bourre de crème glacée et de gâteaux comme une bande de mômes, grommela Wu pour lui-même, et c'est le moment que la Marine choisit pour dire un petit bonjour.

Assis au poste de commandement, rêvant de missiles Tomahawk lancés de la mer Rouge, Miles entendit dans ses écouteurs la voix tendue de Wu :

— Radio à central. Nous avons une transmission ELF de Norfolk.

Stupéfait, Sharpe demanda :

— Répétez, radio ?

Wu répéta, lut l'ordre de remonter pour recevoir un message.

Avec un frisson d'excitation, Sharpe se dit que la guerre avait peut-être repris dans le Golfe. Que les Russes, devenus marteaux, avaient déclenché quelque chose. Finalement, ce ne serait peut-être pas une patrouille arctique barbante de plus.

Il composa le numéro du réfectoire ; un cuisinier décrocha.

— Passez-moi le commandant, vite, cria Sharpe dans l'appareil.

Au réfectoire, l'hilarité allait crescendo. Dégouttant de peinture et d'eau bleue, de nouveaux Nez-Bleus s'étaient lancés dans un cancan endiablé, cependant qu'à la table centrale, le concours de mangeur de crème glacée dégénérait en bataille rangée de réfectoire.

Gunner prit le téléphone que lui tendait un cuisinier, écouta puis dit à Sharpe :

— Faites monter le bateau, Miles. Sonnez le branle-bas de combat.

Des lumières d'alerte s'allumèrent, la voix du lieutenant annonça dans les haut-parleurs :

— A tout l'équipage, branle-bas de combat, branle-bas de combat !

Il y eut un bref moment de confusion avant que les Nez-Bleus chahuteurs ne se transforment en marins disciplinés. Le sous-marin commença à s'incliner vers le haut ; plusieurs sous-mariniers glissèrent sur de la glace fondue et tombèrent en gagnant leur poste de combat. Des jurons étouffés se répercutèrent sur les cloisons.

Essuyant la peinture de son visage, Gunner courut vers le poste central. Sur l'échelle menant au pont, il entendit derrière lui les pas lourds de Trout.

— Qu'est-ce qui se passe, Jack ? demanda le capitaine de corvette, haletant.

— Un message VLF.

— Ils ont choisi leur moment, tiens.

Parvenu au poste central, Gunner releva Sharpe, commença à se détendre un peu. Les Nez-Bleus arrivant l'un après l'autre laissaient des traces humides sur le sol, faisaient tomber des gouttes de peinture sur les consoles. Pour Gunner, ils avaient l'air de Celtes sauvages venant de découvrir qu'une légion romaine traversait la lande. Seul Miles Sharpe, qui se tenait devant la console d'informations de combat dans son uniforme impeccable, semblait à sa place au milieu de l'équipement électronique d'un sous-marin nucléaire.

Quand Gunner éclata de rire, Trout marmonna, irrité :

— Qu'est-ce qu'il y a de si drôle ?

D'un geste large, le commandant désigna ses hommes.

— Regardez ces gaillards peinturlurés comme pour Halloween. Si vous étiez à la place des Russes, qu'est-ce que vous en penseriez ?

Trout ne voyait là rien d'amusant.

8

Lumières bleues

Avec un léger angle de montée, le *Reno* retrouva les turbulences glacées. La tempête s'engouffrant dans les fractures de la couche de glace agitait les eaux froides. Pour la première fois depuis la plongée, au large de Norfolk, le bâtiment roula. Avec une lenteur infinie, telle une baleine jouant dans les profondeurs, le sous-marin tourna de trois degrés à tribord.

Au poste central, Gunner sourit, amusé par l'expression terrifiée qui passa sur le visage barbouillé de bleu d'O'Connell.

— Qu'est-ce qui se passe, bon sang ? murmura le jeune officier.

Assis dans le confortable fauteuil de cuir, la cheville gauche sur le genou droit, le livre de bord dans son giron, une Lucky allumée aux doigts, Gunner fit semblant de parler dans son micro :

— Sonar, avons-nous heurté une baleine ? s'enquit-il avec le plus grand sérieux.

— Quoi ? s'étrangla O'Connell.

— Merci, sonar, dit Gunner, l'air grave. Ce n'était pas une baleine, O'Connell. Les gars du sonar pensent que c'était un sous-marin russe. Ça arrive, vous savez, sans que personne s'en rende compte.

O'Connell blêmit.

— Pourquoi il n'y a pas eu d'alerte à la collision ? Et comment les Russes ont-ils fait rouler ce sous-marin ?

Après dix-huit ans de navigation sous les océans, Gunner avait connu des dizaines d'incidents effrayants. En comparaison, une tempête, ce n'était rien. Il secoua la tête en feignant le désespoir.

— Vous n'êtes pas au courant ? Les Popov ont un nouvel électro-aimant secret pour faire rouler les bateaux. A cinq mille mètres, ils peuvent électrocuter le *Reno* et toutes les personnes à bord.

— Les salauds, lâcha O'Connell entre ses dents serrées.

Gunner se rappelait l'époque où les sous-mariniers nucléaires étaient des marins endurcis capables de flairer un grain à trois cents mètres de profondeur. A présent, les jeunes étaient de brillants techniciens sans expérience. O'Connell pouvait probablement concevoir le meilleur radeau jamais construit mais il ne lui aurait jamais fait traverser le Mississippi. Si on allait par là, tout l'équipage du *Reno* était du même tonneau. Chaque fois que le submersible faisait surface par forte houle, la moitié des hommes avaient le mal de mer.

Le commandant regarda l'enseigne dans les yeux.

— Personne ne vous a appris que la guerre froide est finie ?

demanda-t-il d'un ton sec. S'il y avait des Russes dans ces eaux, ils nous inviteraient à leur bord pour nous offrir de la vodka et du caviar.

Se radoucissant, Gunner ajouta :

— Ce n'est qu'une tempête.

— Une tempête ? fit O'Connell, perplexe.

— Il y a une forte tempête en surface, expliqua patiemment Gunner. Bon, laissez tomber. Pensez plutôt aux merveilles technologiques nécessaires pour nous envoyer un message. Aux milliers d'hommes de science de centaines de laboratoires où l'on dépense des milliards de dollars pour maîtriser la magie noire de la cryptologie, de la balistique, de l'électronique, des stations satellites et des transmissions radio à basse fréquence. Waoh ! Cette infusion massive de hardware pour permettre à un officier météo de Norfolk de me dire ce que je sais déjà : il y a une grosse tempête là-haut, et l'Amirauté veut être sûre que nous le savons.

— Immersion de réception VLF, annonça Trout du tableau de plongée.

— Bien, dit Gunner. Maintenez à cette immersion.

A trente-six mille kilomètres au-dessus de l'Atlantique Nord, un satellite en orbite géostationnaire envoya une série dense de données chiffrées à un avion de la Marine tournant lentement en rond au-dessus de la Norvège. A bord de l'appareil, des ordinateurs convertirent ces données en VLF et transmirent un flot continu de messages à la force sous-marine de la Flotte de l'Atlantique.

— Radio à central. Recevons VLF.

— Compris, radio.

Dans le local de radio, des ordinateurs traitèrent le message, dont une partie demeura codée. Gunner l'emporta au poste de cryptographie, tapa son code personnel sur le décrypteur. Quelques minutes plus tard, les groupes de chiffres étaient traduits en mots :

AU CT DU *RENO* : SM SOVIET CLASSE TYPHON A PROCÉDÉ EN MER BLANCHE À ESSAI TIR SS-N-20 NON ANNONCÉ CE JOUR À 09 H 00 GMT. TÉLÉ SOVIET A DIFFUSÉ FILM DU LANCEMENT. MANIFESTATIONS ANTI-MARINE SOVIET DANS TOUTE L'URSS. IMPLICATIONS POLITIQUES PEU CLAIRES. FAITES ROUTE IMMÉDIATEMENT VERS GREMIKHA POUR SURVEILLER ACTIVITÉS TYPHONS.

Les Typhons ! Le mot fit naître dans l'esprit de Gunner l'image d'un monstre nucléaire qui lui glaça le sang. Avec ses cent vingt mètres de long, le *Reno* était un gros bâtiment, aussi long qu'un terrain de football. Le Typhon, lui, c'était le stade tout entier. Le *Reno* avait été construit spécialement pour traquer les sous-marins géants sous la glace mais les Typhons, proies difficiles, opéraient presque exclusivement dans les eaux protégées de la mer Blanche. Au cours des cinq patrouilles arctiques précédentes, le *Reno* n'avait pas aperçu un seul mastodonte soviétique.

Gunner imaginait sans peine ce qui s'était passé au Pentagone quand un missile avait jailli inopinément de la mer Blanche. Alarmes, sirènes, dix secondes de panique jusqu'à ce que la trajectoire ait été déterminée ; coups de fil furieux à Moscou par le téléphone rouge ; discussion rapide sur la réponse à apporter ; quel est le SM le plus proche de Gremikha ? L'USS *Reno*, SSN 777. Envoyez Gunner. Si les Russes veulent jouer à ce petit jeu, il saura quoi faire.

Gunner sentit sa gorge se serrer. La télé russe ? Des manifestations ? Des implications politiques peu claires ? Qu'est-ce que cela voulait dire ? S'agissait-il d'un lancement sans ordre venu d'en haut ? Un cinglé de commandant russe avait-il décidé de tirer un missile juste pour voir la traînée ? La guerre froide se réchauffait-elle ? Dans quoi le Pentagone allait-il le fourrer ?

Gunner retourna au poste central.

— Monsieur Trout, vous voulez bien me retrouver dans ma cabine ?

Exigus, les quartiers du commandant avaient peine à accueillir les deux hommes. Assis à son bureau, Gunner lut le bref message à voix haute cependant que Trout allait et venait dans la minuscule cabine.

— Ces foutus Ruskoff ne savent même pas quand il faut laisser tomber, explosa l'officier lorsque le commandant eut terminé. Je vous le jure, Jack, ils ne veulent pas la fin de la guerre froide. Ils ont fait ça pour nous provoquer.

Habitué aux tirades de Trout, Gunner attendit que son second ait déchargé sa bile.

— Vous avez un peu étudié la stratégie soviétique à vos heures de loisir, Gus ?

— Certainement.

— Bon, nous procédons à des essais, eux aussi, dit le commandant du *Reno* avec une pointe d'ennui. Et alors ?

— Mais nous, nous les annonçons, comme nous sommes censés le faire, pour que personne ne s'excite, répliqua Trout, furieux.

— Comme vous ? glissa doucement Gunner.

Piqué, l'officier fit un effort visible pour se calmer.

— On dirait que les Russes ont droit à une dose d'années soixante avec trente ans de retard. Le lancement diffusé à la télé, les manifestants dans la rue...

— Le monde a changé, Gus. La vérité, c'est que l'empire russe est fini et que l'Amirauté soviétique ne le sait pas encore. Un essai de missile n'y changera rien. Détendez-vous. Au moins, nous ne patrouillerons pas dans une mer de Barents déserte. Nous croiserons au large de Gremikha, et vous aurez votre content de grands méchants Russes.

Trout s'assit sur la couchette de son supérieur, se massa un moment le cuir chevelu.

— La guerre froide n'est pas terminée, Jack, vous le savez aussi bien que moi.

— Et alors ? On peut bien avoir éternellement la guerre froide, tant que ça ne dégénère pas en vraie guerre. Bon Dieu, Gus, nous avons eu cette discussion plus de cent fois. Les Russes n'attaqueront jamais parce qu'ils n'ont rien à gagner et tout à perdre. Même si leurs hommes politiques commettent une erreur d'appréciation catastrophique, leurs militaires, eux, ont conscience qu'ils ne sont pas à la hauteur. Ils ne peuvent pas se battre contre nous, ils le savent. S'ils nous menaçaient réellement, nous les anéantirions en une brûlante minute.

— Peut-être, dit Trout, mais l'URSS tombe en morceaux, et certains de leurs pontes n'aiment pas ça. Ecoutez l'axiome de Trout : personne ne renonce au pouvoir de gaieté de cœur. Le meilleur moyen de détourner l'attention des problèmes intérieurs, c'est de se trouver un ennemi étranger.

D'une chiquenaude, Gunner fit sortir une Lucky de son paquet, l'alluma.

— Sans blague, petit génie ? C'est exactement ce qu'a fait Bush avec Noriega et Saddam Hussein. Le Panama et l'Irak sont des pays du Tiers Monde de troisième classe, alors que les Russes, c'est le Tiers Monde de première classe. Ils ne s'amuseront pas à faire les imbéciles hors de leurs frontières. Pas maintenant. Plus maintenant. C'est fini, ce temps-là.

Indéfectible partisan de la guerre froide, Trout avait des opinions antisoviétiques qu'il partageait avec des centaines d'officiers.

— Ah ! oui ? fit-il. Ils se sont par magie transformés en bons du jour au lendemain ?

— Gus, je ne fais pas de politique. Je suis le pacha d'un SM que je conduis là où on m'en donne l'ordre. Personne ne vous oblige à aimer les Russes mais je pense que ça ne sert rien à rien de les haïr.

Trout resta un moment silencieux, comme s'il méditait une vérité profonde.

— Je ne les hais pas, dit-il enfin. Je n'ai pas confiance en eux, c'est tout.

— Ça se comprend, commenta Gunner, conciliant.

Trout coula un regard avide à la cigarette de son commandant, résista à l'envie de le taper et d'en griller une lui aussi.

— Bah, fit Gunner, après cette patrouille, ils vous donneront un Trident, vous pouvez y compter. Vous commanderez un gros lance-missiles, et si vous n'aimez toujours pas les Russes, vous pourrez les expédier en enfer.

Gunner était pour Trout une sorte d'énigme : il tenait un discours pacifiste mais Trout savait que « Plutonium Jack » n'aurait pas hésité à appuyer sur le bouton de l'arme atomique en cas de besoin. Gunner ne s'intéressait apparemment à rien d'autre qu'à son métier. A terre, la plupart des officiers sous-mariniers se comportaient comme d'autres individus intelligents et complexes, avec leurs défauts et leur petit voilier à moitié pourri. Trout s'était marié et avait divorcé ; il avait élevé des enfants, pratiqué la pêche, l'alpinisme et avait fait naviguer son vieux Triton autour de la baie de Chesapeake. Pas Gunner. Le commandant ne s'était jamais marié. A Norfolk, il n'était pas membre du club des officiers, ne participait jamais aux soirées et réceptions de la Marine, ne faisait que se préparer à patrouiller dans les eaux arctiques. Il avait même appris le russe à l'Ecole de Langues des Forces Armées, à Monterey, lisait la presse et les revues militaires soviétiques. Pour un homme qui ne voulait pas se battre contre les Rouges, il avait suivi assidûment la première règle du combattant : connais ton ennemi.

Gunner ouvrit son coffre, sortit un dossier à couverture rouge portant la mention « Ultra-secret », en tira une série de photos prises par satellite et une analyse détaillée d'opérations navales soviétiques récentes. Eparpillant les documents çà et là dans la cabine, il dit à Trout :

— Jetez donc un coup d'œil, Gus.

Les mouvements de la Marine Rouge montraient depuis quelque temps un schéma inhabituel. Les Soviétiques faisaient rarement sortir plus de quinze pour cent de leurs bâtiments en même temps. Ce pourcentage était tombé à dix et continuait à décroître. Des navires rentrant au port après une patrouille n'étaient pas remplacés en mer. Dans la Baltique, la Caspienne et la mer Noire, il n'y avait quasiment plus de patrouilles soviétiques.

— Voyons, ce sont des secteurs non russes, pour la plupart, fit observer Trout. Le principal port de la mer Noire, Odessa, est en Ukraine.

— Exact, dit Gunner, mais la Flotte du Nord et celle du Pacifique font de même. La Marine Rouge est la plus indépendante des armes soviétiques et, franchement, on ne peut pas dire que c'est le grand amour entre le gouvernement de Moscou et l'Amirauté de Leningrad. Quand les bâtiments sont au port, la question de savoir qui les commande ne se pose pas. Lorsqu'ils sont en mer — en particulier pour les sous-marins, et plus spécialement pour les sous-marins lance-missiles stratégiques —, la réponse devient floue.

— Voudriez-vous dire que Moscou a peur de sa Marine ?

— C'est une interprétation, qui peut être fondée ou non. En ce moment, Moscou a peur de tout. L'URSS peut cesser d'exister d'une minute à l'autre. Les Russes s'affrontent peut-être actuellement pour savoir qui est le patron des forces armées. Tout ce que nous pouvons faire, c'est observer l'évolution de la situation et déterminer si elle présente une menace pour nous. Simple prudence.

— Je considère qu'un SS-N-20 est une menace à prendre au sérieux, déclara Trout.

— D'accord, soupira Gunner. L'oiseau s'est envolé d'un Typhon. Un seul homme a pu procéder à cet essai.

— Zenko !

— Oui, Zenko. Les Typhons sont sa vie. En cas de guerre civile, son escadre pourrait dévaster tout ce qui s'étend de l'Ukraine à la Chine. Nous devons savoir ce qu'il fait de ses sous-marins et comment il va les déployer. C'était peut-être le sens de cet essai, Gus : un message à Moscou.

— Que disons-nous à l'équipage ?

— La vérité. Nous allons à Gremikha et nous resterons peut-être par le fond avec silence complet à bord pendant des semaines. Dure tâche pour tout le monde. Mais ce sont tous des Nez-Bleus, maintenant ; ils en sont capables.

Ouvrant la porte à Trout, Gunner ajouta :

— Faisons route vers un point situé à cent cinquante milles au-dessus de Gremikha. Nous nous approcherons ensuite par le nord, le plus près possible.

— Bien, commandant.

Gunner referma doucement la porte et s'étendit sur sa couchette en sachant qu'il ne parviendrait pas à trouver le sommeil. Chaque fois qu'il fermait les yeux, il voyait des lumières bleues, de petits points brillants au-dessus d'une vaste mer blanche. L'un après l'autre, ils filaient vers le ciel et disparaissaient. Depuis que le *Reno* avait quitté Norfolk, ces lumières étaient devenues plus vives chaque soir, et maintenant, après dix jours en mer, elles palpitaient derrière ses paupières comme des novas.

Parfois, en les voyant monter, Gunner imaginait que c'étaient des âmes faisant leur ascension vers le ciel, mais leur trajectoire retombait vers la terre et les âmes sombraient dans le brasier infernal d'une explosion nucléaire. Seize mises à feu, seize lumières bleues, seize missiles de croisière Tomahawk filant à travers l'univers, signifiant la fin de la civilisation. Les lumières palpitaient, grossissaient puis s'estompaient au loin. Dans cette dernière patrouille, le commandant du *Reno* avait renoncé à tout espoir d'exorciser ses démons personnels avant de quitter le sous-marin pour toujours.

Il sentit l'obscurité des profondeurs glacées l'envelopper comme une cape rendant invisible. Il sentit le sous-marin accélérer, fendant les eaux hostiles comme la dague d'un assassin. Devant lui s'étendait une mer de Typhons et d'Akoulas, de tempêtes et de requins, les plus anciens ennemis du marin, et Plutonium Jack Gunner avait peur.

9
La mer de Barents

Si l'on comparait la mer de Barents à une baignoire remplie d'eau, la banquise n'était que la mousse du savon flottant à la surface. La quille de glace la plus profonde entaillait à peine la masse d'eau, d'une profondeur moyenne de deux cent cinquante mètres. En évoluant à cent trente mètres de la surface, le *Reno* supprimait le facteur glace de l'équation arctique. Avant les sous-marins nucléaires, les croisières sous la banquise étaient limitées à quelques heures. Un submersible Diesel électrique a besoin d'oxygène et doit remonter pour renouveler son air. Un sous-marin nucléaire fabrique de l'oxygène en désalinisant l'eau de mer et en soumettant l'eau douce ainsi obtenue à une électrolyse. Il peut ainsi rester sous la glace jusqu'à ce qu'il soit à cours de vivres ou que ses marins deviennent fous. Pour le *Reno*, traverser une mer gelée ne posait pas plus de problème que franchir l'Atlantique.

Outre la glace, le principal obstacle à une navigation précise sous les latitudes septentrionales, c'est l'effet du pôle Nord magnétique sur un compas. Les premiers explorateurs de l'Arctique ne tardèrent pas à découvrir que l'aiguille de leur boussole tournait comme une folle, engendrant ce que les marins appellent la roulette des longitudes. Dans la longue nuit polaire, la navigation au sextant et aux étoiles est impossible puisqu'il n'y a pas d'horizon discernable et que cela tourne autour d'une étoile polaire située à la verticale. Pendant le jour polaire, tout aussi long, le soleil se traîne interminablement au-dessus d'un horizon indistinct. Les premiers hardis aventuriers qui tentèrent de conquérir le pôle Nord tournèrent en rond, se perdirent et moururent de froid sur la glace.

L'océan Arctique demeura la dernière zone maritime inviolée jusqu'à ce que le premier sous-marin nucléaire, le *Nautilus*, réussît à atteindre le pôle par la mer, en 1958. Equipé d'un système de navigation à centrales inertielles, de trois gyroscopes mesurant les mouvements avec précision dans trois directions à partir d'un point de départ connu, le *Nautilus* n'était pas affecté par le pôle magnétique.

Aujourd'hui des points faits grâce au Loran ou au satellite permettent de vérifier l'exactitude des gyroscopes de navigation inertielle. On peut procéder à une seconde vérification en mesurant des distances à partir de caractéristiques géologiques connues du fond marin. Plus de trente ans de navigation sous-marine ont permis de dresser une

ou la profondeur. Le monde réel était loin, remplacé par un tube d'acier de dix mètres de section.

Au poste de sonar, Morrison autorisa Billie Stewart à ouvrir sa boutique de livres pornos.

Chaque homme avait le droit d'emporter à bord deux sacs marins d'affaires personnelles. Au lieu de vêtements, Stewart avait bourré les siens de centaines de romans pornographiques bon marché et d'une impressionnante collection de photos plastifiées d'anatomies féminines dans des poses provocantes.

Le chef torpilleur Garrett fut parmi les premiers à montrer de l'intérêt pour la bibliothèque de Stewart. Il se présenta au poste de sonar et lança à Stewart :

— Paraît que t'as des bouquins.

— Ouais.

— Et des photos plastifiées.

— J'en ai aussi.

— Fais voir un livre.

Stewart ouvrit l'un de ses sacs, tendit à Garrett un livre de poche intitulé *Une nuit à Hambourg*. La couverture racoleuse montrait une rue sombre, un alignement de vitrines où des femmes à peine vêtues attendaient sous une lumière rouge.

Garrett feuilleta le livre, lut une page au hasard, plissa le nez.

— Fais voir une photo.

Stewart lui remit une photographie en couleur de dix centimètres sur quinze d'une jeune femme nue étendue sur un lit, les cuisses écartées.

— Je t'achète un bouquin et quelques photos. Ça fait combien ?

— Ils sont pas à vendre, expliqua Stewart. Ils sont à louer. Si tu veux rigoler un peu, faut devenir membre du club.

— C'est quoi, c'club ?

Stewart laissa le chef torpilleur contempler la photo tandis qu'il lui exposait les conditions :

— J'ai trois cents bouquins et six cents photos. Tu peux emprunter un livre et deux photos, les garder aussi longtemps que tu veux. Quand tu me les rapportes, je t'en donne un autre jeu. Tu peux changer deux fois de jeu par jour sans jamais retomber sur le même pendant toute une patrouille. De la variété, mon pote. De la lecture pour tout le voyage, et des photos que tu peux emmener sous la douche.

— Combien ?

— Pour toi, deux biftons.

— Ça fait combien, ça ?

— D'où tu débarques, Garrett ? Deux cents dollars.

— C'est du vol !

— Ah ouais ? Ben, essaie de trouver des bouquins de cul ailleurs, mon vieux.

— J'vais y songer.

— C'est ça. Et si t'aimes pas les photos de nana, j'ai des minets, aussi, avec des grosses torpilles.

— J'suis pas pédé.

— Tu parles si je m'en branle.

Garrett revint cinq minutes plus tard, une liasse de billets de vingt fatigués à la main. Dans une bonne patrouille, Stewart pouvait se faire cinq mille dollars, dont il claquait la majeure partie au poker. Morrison l'obligeait à verser dix pour cent de ses gains à la Caisse du Sonar, argent avec lequel les techniciens s'offraient une nouba à la fin de chaque patrouille.

Quelques heures plus tard, au changement de quart, Morrison entra en trombe au mess des chefs coiffé d'une casquette noire de sous-marinier russe et agitant un pavillon soviétique miniature. Son rire tonitruant se répercuta sur les cloisons et remplit d'allégresse le local bondé.

— Ivan ! rugit-il, prenant l'accent russe et décochant un coup de poing à l'épaule de Garrett. Vipère lubrique ! Je te manque ? Je vais te manquer. *Da*, je rentre maison, maintenant.

Se passant l'index en travers de la gorge, il déclara :

— Guerre froide finie. *Kapout*. Qu'est-ce qu'on va faire maintenant pour rigoler ?

— Y a pas de quoi rigoler, Morrison, fit le chef torpilleur, la bouche prenant un pli amer.

— Bon Dieu, Garrett, paix sur la terre.

— Va te faire foutre.

— Allez, mec. Détends-toi. Toute ta vie, on t'a raconté que les Russes, c'est les mauvais, l'empire du mal et tout ce qui s'ensuit. Maintenant, y a plus de rideau de fer, c'est la paix. Mon Dieu, qu'est-ce que les partisans de la guerre froide vont bien pouvoir faire ?

Garrett réfléchit un moment, en donnant à sa nourriture de petits coups de fourchette.

— Si la guerre froide est finie, qu'est-ce qu'on fout ici ? Réponds à ça, gros malin.

Morrison prit un plateau, se servit de viande et de purée de pommes de terre.

— Bonne question. Qu'est-ce qu'on fout à bord du *Reno* avec tout un arsenal braqué sur le cœur de l'Union Soviétique ? T'as déjà vu *En attendant Godot* ?

— Ecoute, grosse tête, moi, je sais pourquoi je suis ici.

— Ah ouais ? Pourquoi ?

— Parce que pendant la guerre froide, je me suis vachement marré.

Le communisme ou les Russes, je m'en tape. Jouer aux SM avec les Popov, c'est le plus beau jeu du monde.

— Ça l'était peut-être, mais le match est presque terminé, répliqua Morrison. Attention, coup de sifflet final. (Il planta sa fourchette dans sa tranche de viande, la tint en l'air.) La menace soviétique, c'est comme un morceau de bidoche au bout de ta fourchette. Tu la vois... (Il s'interrompit pour fourrer la viande graisseuse dans sa bouche.) Tu la vois plus.

— T'es vraiment un con, soupira Garrett, secouant la tête.

— Pas plus que toi, s'esclaffa Morrison. (Il tourna la tête en tous sens d'un air agacé.) Mais où est passée cette serveuse ? J'attends ma vodka-citron. Ah ! le service baisse dans la Marine.

— Ferme-la, Morrison, geignit Garrett. Laisse-nous bouffer tranquilles.

Morrison avala plusieurs bouchées de viande en silence et songea à la mer de Barents. Les monstrueux Typhons vivaient ici, sous la glace, gardés par des escadres de sous-marins d'attaque rapides et silencieux de la classe Akoula. Ouais, qu'est-ce qu'ils foutaient ici ? Tandis que le *Reno* progressait lentement vers Gremikha, Morrison soupçonnait l'Amirauté de rallumer et de réchauffer la guerre froide. Garrett aurait l'occasion de faire une partie avec les Russes, mais ceux-ci ne verraient sûrement pas comme un jeu la présence d'un sous-marin américain dans leurs eaux.

10
Arkhangelsk

A bord du *Sovietski Soyouz*, le *mitchman* Sorokine descendit au poste d'équipage pour appeler les hommes du premier quart et découvrit Tipov, le bleu venu des Komsomols, assis dans le couloir, bûchant son texte sur la vapeur saturée.

— Ça rentre ? demanda le maître, content que le jeune calmar prît son travail au sérieux.

— C'est difficile, répondit Tipov avec une franchise naïve, mais intéressant.

— On t'a pas appris aux Komsomols que le socialisme, c'est une science ?

— Si, *mitchman*, mais à Babaïevo, on n'a pas de réacteur. Personne n'a jamais entendu parler de vapeur saturée. Ce n'est pas comme à Leningrad.

— Tu veux vraiment être marin ?

— Je sais pas, mais je ne veux pas mourir idiot.

Sorokine fit un pas vers le poste, se retourna.

— Qu'est-ce que tu fabriques dans la coursive ? Tu serais mieux sur ta couchette.

— Entrez, vous comprendrez, marmonna Tipov, revenant à sa page d'équations.

Le maître principal pénétra dans le poste d'équipage, découvrit une vingtaine de marins qui s'offraient une petite fête. Un magnétophone beuglait un air de rock cependant que les jeunes recrues se balançaient au rythme de *Dancin' in the Street*, par Martha et les Vandellas. Petia Boulgakov s'approcha en dansant de Sorokine.

— Allez, camarade chef, un petit rock.

— C'est à toi, cet appareil ? répliqua le *mitchman*.

— Ouais. Il est super, hein ?

— Je te croyais plus intelligent que ça, espèce de taré. Arrête-le. Si un officier rapplique, vous êtes tous dans la merde.

— Pourquoi ? On l'a lancé, leur missile ridicule. Qu'est-ce qui peut nous arriver de pire qu'être ici, camarade ?

— Tu peux te faire sucrer ta permission, abruti ! cria Sorokine par-dessus la musique. Nous faisons surface dans un quart d'heure, tu ne comprends pas ? Si tu veux danser et draguer les filles à Arkhangelsk, arrête ce truc.

Il secoua la tête, fit demi-tour et retourna au poste central. Derrière lui, la musique cessa.

A midi juste, le *Sovietski Soyouz* fit surface dans un long passage dégagé par un brise-glace à cinq milles au large d'Arkhangelsk. Découvrant la vieille ville, au-dessus de laquelle flottait un linceul d'air brun, les veilleurs dressèrent le pouce avec un grand sourire. Arkhangelsk ! Ce seul nom excitait l'équipage.

Du massif, le commandant Malakov ne vit que deux petits brise-glace et un ferry blanc traversant le bassin d'ordinaire grouillant d'activité. Même quand il gelait à pierre fendre, de nombreux remorqueurs tiraient des péniches dans le port, mais pas ce jour-là. L'officier missilier, le lieutenant de vaisseau Minski, natif d'Arkhangelsk, convié dans la baignoire par le commandant, fit un commentaire sur le silence et le calme inhabituels de la ville.

Quand les grandes cheminées des chantiers navals de Severodvinsk apparurent, Minski remarqua qu'elles ne fumaient pas, autre signe inquiétant.

— Radio à passerelle, dit l'officier de radio dans l'interphone. Le commandant des chantiers navals veut vous parler, commandant.

— Branchez-le sur l'interphone.

— Commandant Malakov ? fit une voix nerveuse. Colonel Volostov, du ministère de l'Industrie militaire. Nous avons un problème à Severodvinsk. Les ouvriers civils ont déclenché une grève sauvage ce matin et quitté le travail.

Malakov sentit une rage meurtrière le parcourir mais demanda d'une voix calme :

— Pouvez-vous nous assurer un mouillage ?

— Oui, mais...

— Mais quoi ?

— Il vaudrait mieux que vous retourniez à Gremikha.

— Impossible ! Vous avez du personnel militaire aux chantiers, n'est-ce pas ?

— Oui.

— Alors, à moins qu'il n'ait déserté en masse, mettez-le au travail. Terminé !

Deux remorqueurs de la Marine vinrent se coller contre le sous-marin, le poussèrent doucement vers Severodvinsk. Comme le *Sovietski Soyouz* approchait du port, Malakov vit des trolleybus verts rouler le long du quai mais peu d'autres véhicules : quelques camions, une voiture de la milice, solitaire, descendaient le boulevard de la mer Blanche. Arkhangelsk s'était assoupie.

Les remorqueurs amenèrent le sous-marin à l'un des postes d'amarrage couverts construits pour protéger les bâtiments des violentes intempéries du Nord. Quand le sous-marin s'engagea sous l'abri, les hommes se tenant dans la baignoire furent enveloppés d'un silence étrange qui avait remplacé l'habituel vacarme des grues roulantes, des chalumeaux, des marteaux pneumatiques.

Une équipe de fortune constituée de soldats de l'infanterie de Marine aida l'équipage à amarrer le sous-marin. Au bout du quai, le colonel Volostov, silhouette solitaire, se tordait les mains.

Lorsque le *Sovietski Soyouz* fut à quai, Malakov descendit du kiosque en fulminant :

— Qu'est-ce qui se passe ici ?

— Commandant, je vous en prie, plaida Volostov, les métallurgistes ont réclamé une augmentation et lancé une grève ce matin. Les autres ouvriers ont débrayé aussi en signe de solidarité. Il y a eu une manifestation contre la Marine à l'entrée principale, aujourd'hui. Les ouvriers veulent plus d'argent, les manifestants disent qu'ils sont déjà trop payés. Une bagarre a éclaté et quand la milice est intervenue, les deux camps se sont unis et retournés contre elle.

— Ce sont des chantiers navals militaires ! Vous pouvez être fusillé pour ça.

— Ce n'est pas ma faute, commandant. Les civils reprendront le travail dans quelques jours, peut-être même demain. Je vous assure...

— Vos assurances ne valent rien, coupa Malakov. Avez-vous informé l'Amirauté ?

— Bien sûr.

— Et le quartier général de la Flotte du Nord ?

— Oui. Pendant que vous étiez en mer, nous n'avons eu que des problèmes.

Malakov se rendit compte qu'il ne servait à rien de s'acharner sur un pauvre bureaucrate prisonnier de forces qui le dépassaient. C'était la Russie : impuissante, désespérante, paralysée.

— Quelle façon de gouverner ! soupira-t-il. Camarade colonel, nous avons besoin de votre équipement et de pièces de vos stocks. Nous nous occuperons nous-mêmes de notre bâtiment.

— Nos stocks sont épuisés, gémit le malheureux Volostov. Les cheminots se sont mis en grève pour soutenir les travailleurs des chantiers navals. Ça ne pourrait pas aller plus mal, commandant.

— Est-ce qu'il y a quelque chose qui marche, dans cette ville ?

Le visage de Volostov s'éclaira quand il répondit :

— Les bars, commandant. La vodka coule à flots.

— Merveilleux, fit Malakov avec un grognement de mépris. On fait grève, on se soûle, on rentre et on regarde la télé. C'est la Russie moderne. J'utiliserai la troupe pour décharger les wagons, s'il le faut.

— Je ne comprends pas ce qui arrive à ce pays, pleurnicha Volostov. Ma parole, je ne comprends pas.

— Moi si, répliqua Malakov. Des imbéciles comme vous dirigent des chantiers navals, voilà ce qui se passe.

Le colonel s'éclipsa en songeant à la bouteille de vodka cachée dans son bureau. Entre les syndicats et la Marine, il y avait de quoi se jeter à l'eau. Mais il fallait attendre un mois ou deux que la glace fonde.

Malakov fit venir Sorokine, le chargea de faire brancher le sous-marin sur le secteur. Une heure plus tard, des câbles électriques reliaient le submersible au quai. Sergov affecta des soldats de l'infanterie de Marine à la garde du bâtiment, envoya des mécaniciens ratisser les chantiers à la recherche de ce dont ils avaient besoin. Malakov donna l'ordre de maintenir le réacteur à dix pour cent de sa puissance et de rester sous pression.

Une fois le *Soyouz* en sécurité, Sorokine rassembla l'équipage et fit descendre les cent cinq sous-mariniers. Le sac à l'épaule, les calmars traversèrent les chantiers pour se rendre dans un bâtiment bas et long, délabré et sans isolation, faisant office de caserne. Chaque marin prit possession d'une couchette, y installa les draps et couvertures apportés du sous-marin. Les cuisiniers pénétrèrent dans une cuisine inutilisée depuis longtemps ; n'y trouvant aucune provision, ils retournèrent piller la coquerie.

Sorokine fit mettre les hommes en rangs, leur annonça qu'ils étaient en permission.

— On va passer combien de temps ici, chef ? demanda Petia Boulgakov.

— Trois jours, répondit Sorokine.

— Les gradés avaient promis une semaine.

— Sois pas emmerdant comme ça. Tu as une perm', profites-en. Fais gueuler ta musique autant que tu veux.

— On doit porter l'uniforme, en ville ? demanda un autre marin.

— Non. Rester en groupe, et éviter les ennuis. Pas de bagarres, pas d'histoires.

— On peut téléphoner à la maison ? s'enquit Tipov.

— Si tu as de quoi payer et si tu trouves un bigophone qui marche.

— Qu'est-ce qui se passera quand on n'aura plus rien à bouffer ?

Questions et récriminations plurent de tous côtés sur le maître principal, qui finit par lever la main et dit :

— Vous êtes des marins, bon Dieu. Arrêtez de gémir comme des mômes. Et toi, ajouta-t-il, montrant Petia Boulgakov, ne fais pas le con.

— Oui, camarade chef.

Sorokine remonta à bord en espérant que les *mitchmani* obtiendraient un jour à terre. Il avait à Arkhangelsk un ou deux copains à qui il pourrait rendre visite, d'anciens calmars avec qui siffler une bouteille de vodka. D'un autre côté, s'il ne pouvait pas aller en ville, il ne pleurerait pas. Il avait largement de quoi s'occuper à bord.

Le sous-marin était silencieux. Encore flambant neuf, le *Sovietski Soyouz* avait été construit à Severodvinsk sur les cales du chantier voisin. Sorokine se rappelait avoir procédé avec Zenko et un équipage de vingt hommes aux premiers essais en mer du submersible, et l'avoir livré à Gremikha quelques mois plus tard. Il se souvenait du jour où, dans la Caverne de Zenko, Malakov avait pris le commandement, montant à bord avec sept officiers de la célèbre VIIe Escadre des Fantômes Gris de Mourmansk, des fanatiques de l'Union. Sorokine supportait en général plutôt bien les gradés, mais Malakov et ses camarades étaient des hommes rébarbatifs, des « politiques » dans une flottille jusque-là nettement apolitique.

Minski, l'officier missilier, faisait exception et avait montré des signes d'humanité. Sorokine pourrait peut-être le sonder, s'en faire un ami, et peut-être découvrir la liste secrète d'achat au marché noir des autres galonards. Il se ferait ainsi un peu d'argent et glanerait peut-être même des informations importantes pour Zenko.

Le maître principal trouva Minski en compagnie de Plecharski, penchés au-dessus de la table de navigation et discutant de l'essai. Au moment où Sorokine allait engager la conversation, Malakov convoqua une réunion dans la salle Lénine. Quarante-cinq hommes s'y entassèrent et Sergov, l'officier politique, fit passer des verres de thé.

— On a une permission comme les calmars ? murmura Plecharski à Sorokine.

— Ferme-la, crétin. Garde tes mille roubles pour tes vieux jours.

— Je suis déjà vieux.

— Messieurs, entama Malakov, je suis au regret de vous annoncer qu'il n'y aura pas de permission pour les officiers. Nous devons nous tenir prêts.

Autour de la table, les visages stoïques ne trahirent aucune réaction. « Prêts à quoi ? se demanda Minski. A la Troisième Guerre mondiale ? »

Malakov poursuivit par un long discours sur le patriotisme et la grandeur de la Marine pendant lequel Sorokine dut lutter pour rester éveillé. Quand le commandant eut terminé, ce fut au tour de Sergov de haranguer officiers et *mitchmani* sur la responsabilité politique des chefs.

— Réveille-toi, chuchota Plecharski, donnant un coup de pied à Sorokine sous la table.

Le maître principal promena son regard sur les visages des officiers comme si c'étaient des espaces blancs dépourvus de traits. Les corrompre avec des bouteilles de cognac importé, des lames de rasoir et des jeans Levi Strauss ne devait pas être si drôle, finalement.

Sergov était lancé dans une interminable série de citations des idéologues du Parti visant à démontrer sa connaissance approfondie de la théorie marxiste-léniniste. Quand il se tut enfin, Malakov annonça :

— Je vais à Arkhangelsk ce soir rencontrer l'amiral Deminov. J'espère que nous obtiendrons une citation pour notre lancement réussi. Ce sera tout, messieurs.

Officiers et *mitchmani* regagnèrent leurs quartiers. Sorokine monta sur le pont, alla faire un tour dans la caserne : tous les calmars étaient partis. Il se demanda combien reviendraient.

11

Etoile Blanche

A vingt heures, une heure avant son rendez-vous avec Deminov, Malakov renvoya voiture et chauffeur pour se promener à pied dans les rues pavées d'Arkhangelsk. Heureux, comme tout marin, de goûter une bouffée de vie à terre, il espérait trouver un signe annonçant le printemps. Au bout de quelques minutes, il regretta sa décision. Comme de la crasse sur des carreaux, un terrible malaise recouvrait la vieille cité.

Dans le centre de la ville, il vit des groupes d'ouvriers en colère, plusieurs femmes fatiguées portant des filets peu garnis, des bandes d'étranges jeunes hirsutes au visage blême. Le long des quais, le sol était couvert de neige sale et une odeur de charbon en train de brûler empuantissait l'air. Il passa devant des hangars à bateaux et des cales de ferry à l'abandon, des vieillards regardant la glace, assis sur un banc de la digue. Après avoir dépassé quelques pâtés de maisons, il s'enfonça à nouveau vers l'intérieur, s'arrêta pour lire des affiches placardées sur le flanc d'un immeuble. Parmi les titres de pièces de théâtre, les offres de vente de meubles d'occasion, il vit un appel à la grève générale pour soutenir les travailleurs des chantiers navals, un autre pour un meeting en faveur d'une République russe indépendante, un troisième exigeant la gratuité du pain et la dissolution du Parti communiste. Une quatrième affiche exhortant les citoyens à soutenir l'Union était salie par une croix gammée. Malakov eut envie de l'arracher mais il en aperçut une autre sur l'immeuble d'en face, une autre encore un peu plus loin.

Au coin de la rue, il avisa une queue s'étirant le long de trois pâtés de maisons. Un mime joufflu provoquait des vagues de rires et une pluie de piécettes en caricaturant Gorbatchev, Eltsine, un commissaire et, quand il découvrit Malakov, un officier de marine. L'homme gonfla la poitrine, creusa le dos et avança au pas de l'oie. Devant la foule hilare, Malakov avait le visage brûlant de rage. Il aurait voulu rosser le mime et les rieurs, mais ils étaient si nombreux, si nombreux.

— Prends notre argent, cria un vieux en lançant une pièce à l'artiste. Il n'y a plus rien à acheter.

Tournant vers Malakov un sourire malicieux, il ajouta :

— La Marine a tout pris pour lancer des missiles inutiles sur la Sibérie.

La foule applaudit, plusieurs citoyens se gaussèrent ouvertement de Malakov. Le mime ramassa la pièce de cinquante kopecks, tenta de la mordre, fit la grimace et la jeta par-dessus son épaule. La foule battit des mains et siffla. L'instant d'après, il ramassa la pièce, la laissa tomber dans une de ses bottes.

Malakov s'éloigna, poursuivi par des huées. Partout, il découvrait des volets et des portes closes, comme si Arkhangelsk affrontait une tempête de neige. Ce n'était pas du long hiver que la ville se protégeait mais des menaces tangibles de violence et d'anarchie qui flottaient dans l'air. « Quand le peuple n'a plus de pain, il pille les boulangeries, songea Malakov. Quand il n'a plus d'espoir, il les brûle. »

A neuf heures, il en avait vu assez. Un vent froid soufflait du port lorsqu'il traversa le boulevard de la mer Blanche en direction du Club des Officiers de Marine, brillamment éclairé. De la musique s'échappait de l'entrée. Des voitures s'arrêtaient pour laisser descendre des officiers en uniforme impeccable puis tournaient le coin et se garaient dans la rue, où les chauffeurs attendraient dans le froid. Avant 1917, le bâtiment en front de mer à la façade surchargée abritait le quartier général de la Flotte Impériale de la mer Blanche. « Les temps changent, pensa Malakov, et ils changeront encore. »

Il monta les marches de bois, tendit la main vers la poignée en cuivre de la porte. Un garde lui barra le passage.

— Réservé aux membres, camarade officier.

Malakov tira de son portefeuille sa carte d'identité militaire, la montra brièvement.

— Pardon, commandant, s'excusa le garde avec une soudaine déférence. Dimitri, ouvre ! C'est le commandant Malakov.

— Malakov ? Du *Sovietski Soyouz* ? Bienvenue, commandant. Bienvenue ! Nous avons vu votre sous-marin à la télévision. Quel spectacle !

Les marins saluèrent, ouvrirent grandes les portes. A l'intérieur, des lustres étincelaient dans le hall et au-dessus d'un majestueux escalier. Un trio à cordes passait d'une pièce à l'autre en jouant du Mozart. Peu de navires étant en mer, le club était bondé et l'ambiance fort chaude. La scène évoquait, pour Malakov, la Russie de 1917, juste avant la Révolution. Pendant que des officiers privilégiés mangeaient, buvaient et dansaient, l'ancien régime s'écroulait sur eux.

Dans le bar principal, noir de monde, Malakov découvrit Deminov présidant une table de coin à laquelle étaient assis une demi-douzaine d'officiers. A côté de l'amiral, le chef des services de sécurité de la Flotte, le colonel Loudinov, à la figure de granite, parcourait la tablée des yeux comme un requin épiant une bande de thons.

Deminov se leva d'un bond, mit un verre dans la main de son gendre.

— Messieurs, un toast, beugla-t-il. Au commandant du *Sovietski Soyouz*, qui a montré hier la puissance de notre Marine moderne.

— A Malakov ! crièrent les officiers, avant d'avaler leur vodka comme de l'eau.

Déjà ivres, ils auraient volontiers porté un toast à la reine d'Angleterre tant que l'alcool continuait à couler.

— J'ai un toast à vous proposer, moi aussi, dit Malakov, levant son verre. Aux loyaux ouvriers des chantiers de Severodvinsk ! s'exclama-t-il, d'un ton empreint de sarcasme. Puissent-ils être récompensés comme ils le méritent.

— Aux ouvriers ! rugirent les officiers.

Deminov n'aimait pas son beau-fils mais sa colère pouvait être utile. Lui passant un bras autour des épaules, il lui dit :

— Vladimir, j'ai réservé un salon en haut. Colonel Loudinov, voulez-vous me remplacer pour porter les toasts ?

— Volontiers, amiral.

— Avec votre permission, messieurs...

Deminov salua la compagnie d'ivrognes, conduisit son gendre vers le grand escalier.

Dans le salon particulier, la table avait été mise pour deux avec de l'argenterie, du cristal et de la porcelaine dorée d'avant la Révolution. De la vodka était mise à rafraîchir dans un seau à glace en argent ; des montagnes de caviar et de beurre doux occupaient le centre de la table. Un maître d'hôtel en veste blanche et galons dorés se tenait au garde-à-vous dans un coin. Deminov lui fit signe de servir la vodka puis le congédia d'un geste.

Devant la table resplendissante, Malakov se rappela la queue de la boulangerie et le mime. Il ramena soudain son bras en arrière, jeta son verre contre le mur. Amusé, Deminov lui lança :

— Qu'est-ce qui te prend ?

Le commandant se pencha par-dessus la table et s'écria :

— Avez-vous été en ville ? Avez-vous vu les gens, les affiches sur les murs ? Ils ont regardé mon uniforme avec des yeux pleins de haine, ils m'auraient jeté des pierres s'ils avaient été sûrs de pouvoir le faire sans risque.

Alerté par le bruit de verre cassé, le maître d'hôtel frappa et entra. Deminov le renvoya d'un geste violent.

— Regardez ça ! reprit Malakov, la voix tremblante d'indignation. Du caviar et du pain blanc ! Une nichée de rats complètement soûls en bas !

— Contrôle-toi, Vladimir. Ou alors fais bien les choses : casse tout.

— Vous êtes un homme décadent, Ivan Ivanovitch.

— Je l'espère. Depuis qu'on a déclaré la fin de la guerre froide, j'ai une flotte sans mission. Et comme les galons d'amiral doivent servir à quelque chose, je m'amuse. Je n'ai pas besoin d'aller voir les malheureux habitants d'Arkhangelsk pour savoir ce qui se passe dans ce pays. Je ne suis ni aveugle ni ignorant.

Deminov étala une cuillerée d'œufs d'esturgeon noirs sur une tranche de pain.

— Tu devrais goûter le caviar, Vladimir. Il est excellent. Il ne sert à rien de gaspiller du bon caviar, comme il ne sert à rien de passer ta colère sur moi parce que personne dans la rue ne t'a accueilli en héros.

— C'est le chaos, dans la rue ! Quelqu'un doit rétablir l'ordre.

— En effet, approuva l'amiral. L'ordre, c'est notre vieux croquemitaine, n'est-ce pas ? Lénine a établi l'ordre, Staline l'a imposé, et même Brejnev a maintenu un ordre corrompu. La vérité était connue et toutes les questions résolues par l'application rigoureuse de la théorie marxiste-léniniste. Même la décadence a sa place dans l'ordre des choses.

Malakov se versa un autre verre de vodka, le but d'un trait.

— C'est la décadence et la faiblesse qui nous ont menés à cette situation déplorable.

— Ah ! parce qu'en plus d'être décadent, je suis faible ?

— Votre idée de célébrer la gloire de la Marine le prouve, répliqua le commandant avec mépris. Votre battage télévisé s'est retourné contre nous. Les gens s'en sont pris à la Marine, exactement comme Zenko l'avait prédit.

Deminov sourit.

— Oui, n'est-ce pas merveilleux ?

Le commandant secoua la tête, incrédule.

— Vous voulez dire que c'est ce que vous désiriez ?

— Bien entendu. J'ai même encouragé les manifestations, ici et là.

— Mais pourquoi ?

— L'amiral Valotine a donné le feu vert à l'opération Etoile Blanche.

Tous les officiers de la Flotte connaissaient Etoile Blanche, l'un des dizaines de plans mis au point par le Conseil de Défense. Malakov partageait l'opinion générale selon laquelle Etoile Blanche n'était qu'une stratégie de guerre civile à peine déguisée. Les militaires estimaient qu'une telle guerre en URSS opposerait le Nord et le Sud, et Etoile Blanche était le plan de guerre pour le Nord, variante d'un vieux schéma d'invasion de la Norvège et de la Finlande depuis la presqu'île de Kola, modifié pour porter l'attaque au sud plutôt qu'à l'ouest. Etoile Blanche utilisait la Flotte du Nord pour attaquer la Russie d'Europe, la Biélorussie, l'Ukraine et les républiques baltes.

La phase un prévoyait le déploiement de deux Typhons, l'un en mer Blanche, l'autre en mer de Barents. Au cas où des indépendantistes s'empareraient d'armes atomiques, les Typhons porteraient une riposte rapide et dévastatrice où que ce soit en Union Soviétique.

La phase deux mettrait progressivement et secrètement en jeu trente sous-marins d'attaque et soixante navires de surface déployés contre des forces terrestres.

La phase trois concernerait le théâtre d'opérations nord-ouest, où les forces combattantes seraient placées sous les ordres du commandant de la Flotte du Nord. L'amiral Deminov prendrait ainsi la tête de deux divisions de parachutistes, de six bataillons d'infanterie motorisés, de huit escadres aériennes tactiques, de deux escadres de bombardiers stratégiques et de douze régiments de *spetsnaz* [1], forces spéciales.

— La phase un de l'opération est d'ores et déjà commencée, déclara Deminov, observant attentivement la réaction de son beau-fils. Tu commanderas le *Sovietski Soyouz*, bien entendu.

Pour la première fois, Malakov sourit.

— Et qui commandera l'autre Typhon ?

— Zenko, répondit Deminov. Il est fidèle au Parti, chef d'un groupe qui s'est opposé à la dissolution de l'administration politique. Il a approuvé ma décision de faire appel à l'infanterie de Marine de

1. Unités spéciales de l'armée sous l'autorité des services de renseignement. (*N.d.T*)

la Flotte du Pacifique pour réprimer les émeutes de Vladivostok. Il ne montre aucune sympathie pour les indépendantistes. Son refus d'adopter notre position sur l'Union est absurde, totalement absurde, mais il suivra les ordres. Sinon, je le relèverai de son commandement.

— Même si vous le relevez de son commandement, il sera contre l'opération Etoile Blanche, et il a de nombreux amis influents à Moscou.

Malakov s'interrompit pour boire un autre petit verre de vodka. Une idée germa dans son esprit.

— Lorsque je suivais des cours de tactique à Frounze, sous le commandement de Zenko, il nous rappelait toujours que la surprise est l'essence même du combat sous-marin. La surprise et le silence assurent la victoire. Pourquoi ne pas lui faire une surprise ?

C'était ce que Deminov attendait. Fronçant les sourcils, il demanda :

— Quel genre de surprise, Vladimir ?

— Si je prends la mer ce soir avec le *Sovietski Soyouz*, Zenko sera devant le fait accompli.

— Suggestion hardie, mon garçon. Tu ferais courir au bâtiment et à toi-même des risques considérables. Le *Soyouz* est sous le commandement de Zenko.

— Et Zenko sous le vôtre. Il n'y a aucun risque. Personne ne peut trouver un Typhon sous la glace. Personne.

— Ton équipage n'est pas en permission ?

— Je n'ai pas besoin d'équipage. Avec quarante officiers et *mitchmani*, je peux manœuvrer le sous-marin. Donnez-m'en l'ordre et j'appareille cette nuit.

L'amiral feignit de réfléchir.

— Oui, dit-il enfin, cela correspondrait au cadre et à l'objectif d'Etoile Blanche. (Il tira de sa poche un ordre officiel de mission contenu dans une enveloppe fermée par un sceau rouge.) Un brise-glace t'attend au large de Severodvinsk.

Malakov éclata de rire.

— Vous n'êtes qu'un sale vieux roublard !

— J'espère bien. Un peu de caviar, maintenant ?

Avec un sourire radieux, Malakov déposa une cuillerée d'œufs noirs sur un morceau de pain, en dégusta la riche saveur salée. Son beau-père l'observa un moment puis dit, mesurant soigneusement ses mots :

— Une occasion s'offre à nous, Vladimir.

— De nous débarrasser de Zenko ?

— D'aller beaucoup plus loin que cela.

— Que voulez-vous dire ?

— Le Conseil de Défense a autorisé l'opération Etoile Blanche mais je doute que Valotine soit prêt à convaincre ses membres de la poursuivre jusqu'à sa conclusion logique.

— A savoir ?

— L'élimination de toute opposition à l'Union, et l'instauration d'un gouvernement militaire.

— Un coup d'Etat ?

— Pas moins.

— Qui est hardi, maintenant ? demanda Malakov d'un ton enjoué.

— Avec un Typhon, nous pouvons l'être. L'Histoire nous appartient ! Une fois le *Sovietski Soyouz* en mer, je peux poser un ultimatum au président.

— Pour exiger quoi ?

— Qu'il donne sa démission et remette le pouvoir à Valotine. Celui-ci ordonnera alors de passer aux phases deux et trois d'Etoile Blanche, et je contrôlerai complètement la situation.

— Et si Valotine refuse ?

— Il sera trop grisé par la perspective du pouvoir suprême. S'il hésite, nous tirerons un coup de semonce.

— Une autre ogive d'exercice ?

L'amiral secoua lentement la tête.

— Non. Une véritable ogive atomique.

L'air satisfait, Malakov demanda :

— Sur quel objectif ?

— Tbilissi, en Géorgie. Tu raconteras à tes officiers que les Géorgiens ont déclenché une rébellion armée — exactement le type d'événement en vue duquel Etoile Blanche a été conçue.

— Un chantage atomique, fit Malakov à mi-voix.

— Le salut de l'Union.

Le commandant fixa longuement son beau-père en tentant de déchiffrer son regard sans expression.

— Tu as des réserves, Vladimir ?

Sans hésiter, Malakov répondit :

— Certes, mais il me suffit de considérer ce qui arrivera si nous n'agissons pas. En lançant un missile, je ferai des centaines de milliers de morts, mais si je ne soumets pas le gouvernement à une menace crédible, il y aura une guerre civile qui fera des millions de victimes.

— Nous aurons peut-être quand même la guerre civile, prévint Deminov.

— Qu'il en soit ainsi. L'Histoire nous jugera.

— Non. Nous sommes l'Histoire. Nous sommes les juges : nous deux, ici, dans cette pièce, et naturellement tes officiers. Tu penses que Sergov coopérera ?

— Cela ne fait aucun doute. Alexis hait les indépendantistes peut-être plus encore que nous. Reste une question : que faisons-nous de Zenko ?

— Je vais à Gremikha demain matin, répondit Deminov. Il n'aura pas d'autre choix qu'approuver Etoile Blanche. Sommes-nous bien d'accord ?

A nouveau, Malakov eut un sourire épanoui. On l'autorisait à faire usage d'armes atomiques ; le sentier de la gloire était clairement tracé devant lui. Saisissant la main de son beau-père, il la serra avec chaleur.

— Nous sommes d'accord.

12

Petia

A moins d'un kilomètre au sud du Club des Officiers, le matelot Petia Boulgakov marchait seul dans les rues d'Arkhangelsk — blouson de cuir clouté, T-shirt noir, lunettes italiennes aux verres roses, jeans Levis et, surtout, allure Leningrad. « Je suis dans le coup, se disait Petia. Je suis cool, j'ai le look de Leningrad. »

Les rares citoyens qui s'aventuraient dans les rues désertes accordaient pourtant à peine un regard au jeune marin de vingt-deux ans. Arkhangelsk, comme toutes les autres grandes villes russes, vivait en tremblant le crépuscule de la Révolution. Le long voyage de 1917 à la *perestroïka* se terminait dans le cul-de-sac des grèves, de l'inflation, de la famine et du spectre de la guerre civile.

Indifférent à l'Histoire et à la politique, plus préoccupé de style que de substance, Petia désirait seulement fumer un joint de hasch afghan et se taper une petite Ekaterina en mini-jupe. Parcourant d'un pas vif le boulevard de la mer Blanche, il cherchait la boîte de rock *Placebo* où, d'après ce qu'il avait entendu dire, les verres étaient bon marché, la musique assourdissante et les filles accueillantes.

La boîte changeait de local et de nom chaque semaine, et ouvrait à des heures insolites. Battant la semelle sur le front de mer, prêt à abandonner ses recherches, Petia, sous son arrogance de Leningradois, avait les frissons d'un jeune matelot gelé et seul. A sa gauche, la mer Blanche et son suaire de glace brillaient d'un éclat violet. La température s'était élevée un peu au-dessus de zéro et la glace se brisait, remplissant la nuit de craquements sinistres. A dix milles à l'ouest, au-delà des îles du bassin, on découvrait les lumières des chantiers navals de Severodvinsk. Petia avait encore deux ans et demi à tirer pour parvenir à la fin de son service et pouvoir se laisser pousser les cheveux. La Marine, ce n'était pas si mal — bonne bouffe, copains réglos — mais les officiers, en particulier les officiers politiques, lui donnaient envie de vomir. Nous devons édifier le communisme ! Nous devons préserver l'Union ! Quel ramassis de conneries ! L'Union tombait en ruine, et il n'en avait rien à cirer.

D'un pont enjambant l'embouchure de la Dvina, Petia vit à une centaine de mètres une queue désordonnée de punks et autres jeunes gens aux cheveux longs : l'objet de ses recherches, semblait-il. Il remonta ses lunettes, passa une main sur son crâne rasé et maudit la Marine. A Leningrad, il avait porté les cheveux aux épaules jusqu'au jour de son incorporation. Il espérait que les nanas ne remarqueraient pas trop ce que les bouchers militaires avaient fait de ses cheveux.

— C'est la queue pour le *Placebo* ?

— Oui, frère, mais ça s'appelle plus le *Placebo*. Maintenant, c'est le *Pas d'nom*.

Petia prit place au bout de la file qui courait sur une douzaine de mètres jusqu'au coin puis tournait dans une ruelle latérale. La frangine aux cheveux roux qui se trouvait devant lui paraissait âgée de dix-huit ans — jolies fringues en cuir, quatre anneaux ornés d'une pierre à l'oreille gauche.

— Ça fait longtemps que t'attends ? lui demanda Petia.

— Cinq minutes, répondit-elle en le détaillant. Hé, frère, t'es de la Marine ?

— Ça se voit, non ? fit-il en rougissant.

Il prit la cigarette qu'elle lui offrait, l'alluma.

— Moi, c'est Petia, reprit-il. Et toi ?

— Melissa.

— C'est pas russe, ça.

— C'est grec.

— T'es grecque ?

— Y a pas beaucoup de Grecs à Arkhangelsk, dit-elle avec un sourire. Un jour, j'irai en Grèce et je vivrai nue sur une île.

— C'est ce qu'ils font, les Grecs ?

— Oui.

— Doit faire chaud, là-bas. Pas comme ici.

— Il s'appelle comment ton bateau, matelot ?

— Le *Sovietski Soyouz*.

— Oh ! un sous-marinier. Un calmar.

— Comment ça se fait que tu connaisses les bateaux ? Une fille comme toi...

— Quoi, une fille comme moi ? Je travaille aux chantiers de Severodvinsk, si tu veux savoir. Du moins, j'y travaillais jusqu'à ce qu'on fasse grève.

— T'es en grève ?

— Bien sûr. Tout le monde fait grève. Le pouvoir aux ouvriers.

— On dirait que tu fais de la politique, Melissa. T'es pour la Restructuration ?

— Oui. Tout le monde l'est, au *Pas d'nom*.

— Moi, j'aime mieux la musique que la politique, déclara Petia.

— Ça va ensemble. Même les marins du Vieux Petersbourg devraient le savoir. J'aime bien ton accent.

La queue avança, d'abord lentement, puis l'allure s'accéléra au coin de la rue. La boîte avait ouvert, les clients disparaissaient un par un dans un trou du trottoir.

— Comme dans *Alice au pays des merveilles* ! s'extasia Melissa. Viens, mon petit marin, paie-moi un rhum-Pepsi.

Petia se dit qu'il avait décroché la timbale quand la fille le prit par la main et le tira vers l'entrée souterraine, d'où s'échappait une lumière bleue voilée de fumée. Petia entendit le rythme prenant d'une bande grinçante de James Brown.

Un velours bleu bon marché tapissait les murs de l'entrée. A chaque client qui arrivait, une femme énorme au visage blanc en boubou rouge remettait un tract imprimé. Distrait par l'épais maquillage de scène de l'obèse, Petia prit la feuille sans même y jeter un coup d'œil. Une clochette sonna alors dans sa tête : visage blanc, visage blanc — cela voulait dire quelque chose mais il ne se rappelait pas quoi. Derrière la femme, un homme au visage plâtré lui aussi et en pantalon rayé chantonnait :

— Deux roubles, deux roubles, deux roubles.

Petia paya pour la rousse et pour lui-même, se fit presser l'avant-bras pour sa générosité. Ils suivirent la queue de l'autre côté d'un rideau, dans une salle humide et sombre bondée de silhouettes fantomatiques, dont un grand nombre au visage de pierrot. Des volutes de fumée d'encens s'élevaient dans un coin. James Brown continuait à battre la cadence à mort tandis qu'en coulisse, des guitares s'accordaient. Dans la pénombre, Petia heurta une table, trouva une chaise et s'assit en se massant le tibia.

— File-moi un peu de fric, je vais nous dégoter à boire, dit Melissa.

Petia fouilla ses poches, en sortit un billet chiffonné, le tendit à la fille qui disparut dans la foule. Quand ses yeux se furent accoutumés à la faible lumière, le sous-marinier lut le tract qu'on lui avait remis à l'entrée.

« L'Etat est l'Ennemi du Peuple. Le Parti est l'Ennemi du Peuple. L'Armée est l'Ennemie du Peuple. Soutenez la Grève de Severodvinsk. Pouvoir au Peuple. Soutenez les Anciens Combattants d'Afghanistan contre le Fascisme Communiste. Soldats ! Marins ! Désertez ! Mutinez-vous ! Refusez d'Obéir aux Ordres ! Tuez vos Officiers ! Vive le Rock and Roll ! Liberté pour Toujours ! »

Secouant la tête, Petia froissa la feuille et la laissa tomber par terre. « Des dingues extrémistes à Arkhangelsk — on aura tout vu », se dit-il. Soudain, le maquillage blanc des visages prit un sens : c'était le symbole de la Commune Anarchiste, le plus dingue des mouvements dingues.

« Les visages blancs attirent les flics comme la flamme les papillons de nuit », pensa-t-il. Il eut envie de se précipiter vers la porte mais sa détermination s'évanouit lorsque Melissa revint avec deux verres tintant l'un contre l'autre.

— Rhum cubain et Pepsi, annonça-t-elle, s'asseyant avec un sourire. La boisson de toute l'Union.

— Tu fais partie de la Commune Anarchiste ?

Melissa continua à sourire mais son regard devint soupçonneux.

— Pourquoi tu demandes ça ?

Comme tout Russe, Petia savait déceler la peur et la méfiance d'un regard.

— Je suis pas un indicateur, assura-t-il. J'ai le sang rouge mais mon cœur est blanc.

— T'es un militaire, mon petit marin.

— Bien sûr. Et c'est la brigade de travail pour moi si on me trouve ici.

— Tu as la pétoche ?

— Un peu.

— Au moins, tu es franc, c'est bien. Qu'est-ce que tu penses de la Commune Anarchiste ?

— Je la connais pas bien. Tous ces nouveaux trucs, c'est arrivé après mon départ à l'armée. Je suis un peu largué.

— Moi, je suis pas membre, mais deux des filles avec qui je partage un appartement le sont. J'ai envie de le devenir. J'en ai marre de ce pays. Marre de me battre pour un bol de soupe. T'as entendu parler de la mutinerie des visages blancs à Poliarnï ?

— Non.

— Six marins du porte-avions *Kiev* ont refusé d'assister à une réunion obligatoire d'endoctrinement. Ils ont été inculpés de mutinerie et se sont présentés devant la cour martiale le visage maquillé de blanc.

— Oh ! merde. Qu'est-ce qui leur est arrivé ?

— Personne le sait. Ça n'a pas d'importance, je crois. Des types comme eux, y en aura de plus en plus. Vous tous, dans l'armée, vous devrez prendre une décision. Vous êtes dans quel camp ? Vous êtes soviétiques ? Vous êtes russes ? Ou juste des êtres humains qui ne se sentent engagés qu'envers l'humanité et la planète ? Les gars du *Kiev* ont fait leur choix, et y en aura d'autres.

— J'aimerais rencontrer les gens avec qui tu partages ton appart', dit-il.

— Je lis dans tes pensées, matelot, fit Melissa avec un sourire de coquetterie. Bois ton verre.

Dans un roulement de batterie, le rideau de scène s'ouvrit, le groupe de musiciens se lança dans un tourbillon de rock. Un des guitaristes s'approcha du micro et brailla :

— Frappe-les, frappe-les, frappe-les là où ça fait mal !

Des corps se ruèrent sur la piste, renversant tables et chaises, se cognant comme des autos tamponneuses.

— Qu'est-ce que c'est que ça ? demanda Petia.

— Je t'entends pas ! cria Melissa, les yeux brillants. (Elle se pencha vers son oreille.) Elle s'appelle la Nouvelle Révolution, cette danse. C'est super. Viens, on y va.

Elle se leva d'un bond, se mit à tournoyer follement, une main en l'air, et à lancer les jambes vers le plafond. Petia se lança dans un « Leningrad shuffle », remuant les pieds et faisant tourner ses bras tel un moulin à vent. Melissa percuta une jeune femme à la figure plâtrée et toutes deux s'écroulèrent par terre, prises d'un rire hystérique. Les musiciens sautaient comme des déments autour de l'estrade basse en se télescopant. Une gerbe d'étincelles jaillit d'un des amplis, une guitare expira dans des flammes bleu électrique, le joueur abattit son instrument sur l'ampli grillé. Se sentant comme un gosse dans un bac à sable, Petia se laissa aller, plus étourdi à chaque choc avec les autres danseurs. Il perdit Melissa de vue, eut ensuite l'impression de se perdre lui-même.

— Frappe-les, frappe-les, frappe-les là où...

Soudain, la sono s'arrêta. Le chanteur continua à beugler un moment. Le batteur, debout sur son siège, jouant des cymbales à coups de pied, regarda autour de lui, l'air égaré, une jambe en l'air, et bascula. Il y eut des cris, des sifflements puis le silence se fit.

Petia, qui avait aperçu Melissa à l'autre bout de la piste, se retourna vers l'entrée et vit des uniformes. Un capitaine de la milice chaussé de bottes de cuir noir leva les yeux du tract et inspecta la salle.

— Séparez les visages blancs et emmenez-les au Central, ordonna-t-il. Les autres, au poste 14. Allez, vermine, en rangs. Vos papiers.

L'officier parcourut la rangée en examinant les cartes d'identité. Parvenu à Petia, il marmonna :

— Tiens, tiens, qu'est-ce que nous avons là ?

— Un marin, bredouilla le jeune homme.

— D'après ta carte de la Marine tu fais partie de l'équipage du *Sovietski Soyouz*. Il est à Severodvinsk, c'est ça ?

— Oui, mon capitaine.

— Il paraît que Vadim Sorokine a été affecté à ce bâtiment.

— Le *mitchman* Sorokine ? Oui, mon capitaine. C'est mon chef.

— Tu n'irais pas me mentir, mon garçon ?

— Non, mon capitaine.

Le milicien entoura de son bras les épaules du marin, l'entraîna à l'écart.

— Qu'est-ce que tu fabriques dans une boîte anarchiste ?

— J'essaie juste de trouver une fille, répondit Petia. Je savais pas ce que c'était, ce club.

— Me raconte pas de conneries. T'es pas un péquenot, pas avec cet accent.

— Je fais pas de politique, mon capitaine, je vous le jure.

— Assieds-toi et ferme-la. Il y a d'autres marins de ton bâtiment, ici ?

— J'en ai pas vu.

— Bon, je téléphone à Sorokine. S'il se porte garant pour toi, on trouvera peut-être une solution. Tu as de l'argent ?

— Pas beaucoup. Cinquante roubles, environ.

— C'est beaucoup pour un marin. Tu travailles peut-être pour Sorokine. Bouge pas de là.

Le capitaine se tourna vers la salle.

— Sergent, appelez le fourgon, faites sortir cette racaille. Et trouvez-moi un téléphone qui marche.

A bord du *Sovietski Soyouz*, Sorokine monta sur le pont pour son jogging du soir. Le bref trajet sous la glace avait laissé des balafres blanches sur la coque grise, qui ne portait ni nom ni numéro, rien qui permît d'identifier le sous-marin.

Une paire de grues géantes se dressaient au-dessus du submersible. Au-delà, le toit remplaçait le ciel. Les étoiles ne manquaient pas à Sorokine. A la différence des marins de bâtiment de surface, il contemplait rarement les constellations. Ce qui lui manquait, c'était les bruits de l'équipe de nuit du chantier, le claquement du métal, le grondement des chalumeaux des soudeurs, les cris des hommes au travail. Les masses laborieuses de Severodvinsk avaient délaissé la tâche sacrée de construction du communisme et fermé les chantiers. Sorokine ne le leur reprochait pas. Contraints à travailler deux fois plus à cause de l'inflation, des milliers d'ouvriers avaient refusé de prendre le travail. Le silence faisait penser à un cimetière — le cimetière du communisme, songea le sous-marinier. Sorokine ne se jugeait ni communiste ni anticommuniste, plutôt non communiste. Il était un marin de l'Arctique, avec la glace pour patrie.

— Sorokine !

L'officier politique Sergov, de garde au poste central, l'appelait par le panneau ouvert.

— Ouais !

— Vous connaissez un milicien d'Arkhangelsk du nom de Jarjarskiev ?

— Oui, je le connais.

— Il vous demande au téléphone.

Sorokine descendit au poste central, prit la communication.

— *Mitchman* Sorokine à l'appareil.

— Salut, Vadim ! Ici Roman Jarjarskiev. Tu peux venir ici tout de suite ?

— Il est deux heures du matin.

— J'ai un de tes hommes avec moi. Boulgakov. Je crois qu'il vaut mieux que tu viennes le chercher avant que la police militaire ne découvre qu'il est ici.

— T'es un pote, Roman. Je serai là dans une heure. Donne-moi l'adresse, je vais essayer de trouver une voiture.

Le maître principal raccrocha.

— Il faut que j'aille à Arkhangelsk récupérer un calmar qui a des ennuis, annonça-t-il à Sergov.

L'officier politique jeta un coup d'œil à sa montre et répondit :

— Soyez de retour dans deux heures, pas plus tard.

13

Minski

Une pluie légère mouillait Malakov, qui attendait sa voiture devant le Club des Officiers. Il en recueillit quelques gouttes dans sa main, lécha sa paume pour la goûter. La voiture arriva, il monta à l'arrière.

Vingt kilomètres de mauvaise route séparaient Arkhangelsk des chantiers. Avril avait été inhabituellement chaud, et la chaussée, gelée depuis octobre, s'était transformée en une rivière de boue. A deux reprises le véhicule s'embourba mais Malakov ignora les jurons du chauffeur.

L'énormité de ce qu'il avait accepté de faire avait été noyée sous une myriade de détails opérationnels. Devant un borchtch, dans le salon particulier du club, Malakov, Deminov et le colonel Loudinov avaient mis la dernière main à leur plan. Pour assurer la sécurité de l'opération, Loudinov devait intervenir dans l'heure avec un peloton de forces spéciales *spetsnaz* afin de boucler les chantiers et de placer sous bonne garde les membres de l'équipage qui resteraient à terre quand le *Sovietski Soyouz* appareillerait. Trente-six heures plus tard, Deminov enverrait son ultimatum au Kremlin en donnant douze heures au gouvernement pour répondre. Dans l'idéal, il en résulterait un coup d'Etat sans effusion de sang. Après la démission du gouvernement, si les indépendantistes se rebellaient, l'opération Etoile Blanche serait déclenchée. Si les rebelles s'emparaient d'armes atomiques, Malakov pourrait frapper n'importe quelle cible appropriée.

Mais qu'adviendrait-il si, malgré ses ordres, les officiers de Malakov refusaient de procéder au lancement, ou même se mutinaient ? S'il arrivait quelque chose à Deminov ? Aucun plan n'était à toute épreuve mais une grande cause méritait de grands risques. Si le complot échouait, Malakov serait fusillé. S'il réussissait, il prendrait la place qui lui reviendrait au Panthéon des héros soviétiques.

Comme la voiture approchait des chantiers navals, un vieux camion cabossé franchit la grille et prit dans un grondement la route d'Arkhangelsk. Croyant avoir vu Sorokine au volant, Malakov demanda à la sentinelle :

— Ce n'est pas un de mes hommes qui vient de sortir ?

— Je crois que si, commandant.

— Combien de marins sont descendus en ville ?

— Soixante-dix, quatre-vingts. Une douzaine sont rentrés.

— Soûls ?

— Complètement pétés, commandant.

— Très bien. Rassemblez toute l'unité d'infanterie de Marine ici à la grille et attendez l'arrivée du colonel Loudinov, du GRU. Il se présentera et vous donnera d'autres instructions.

— Oui, commandant.

Le fantassin souffla dans son sifflet, cria en direction de la guérite où ses camarades s'étaient mis à l'abri de la pluie.

La voiture déposa Malakov au bord du quai. Des vaguelettes léchaient les piliers de béton ; une mince pellicule d'huile brillait sur l'eau. Le *Sovietski Soyouz* ressemblait à un géant endormi allongé contre la jetée.

Le maître timonier adjoint Plecharski se tenait au pied de l'échelle de coupée, un fusil d'assaut à l'épaule.

— 'soir, commandant.

— La nuit est tranquille, *mitchman* ?

— Un vrai tombeau.

— Où est allé Sorokine ?

— Tirer un calmar des mains de la milice.

— Je vois. En ce cas, Plecharski, je vous nomme maître timonier du *Sovietski Soyouz.*

Stupéfait, Plecharski se mit au garde-à-vous et salua.

— Merci, commandant.

— Préparez-vous à appareiller dans une heure.

— Une heure, commandant ?

Malakov lança à Plecharski un regard qui eût arrêté des requins à la curée.

— Bien, commandant.

Malakov monta à bord, trouva Sergov au poste central, devant des dossiers éparpillés sur la table de navigation.

— Alexis ?

— Bonsoir, Vladimir. Comment était ce dîner ?

— Le club a un excellent chef. Venez dans ma cabine, la nuit sera longue.

Dans sa cabine, le commandant ôta manteau et casquette, ouvrit un secrétaire ancien, cadeau d'Ekaterina, en tira une bouteille de vodka au poivre.

— Un verre, Alexis ?

— Un grand, alors.

— Tout à fait.

Malakov versa le liquide rose pâle.

— A qui boirons-nous ? demanda-t-il. A l'honorable Stefan Zenko ?

Sergov eut un reniflement de mépris.

— Plutôt manger de la merde de cochon.

Le commandant leva son verre.

— A l'Union.

— A l'Union, répéta Sergov, solennel.

— Nous devrions nous soûler, Alexis. Rien que vous et moi, comme de bons matelots, dans la cabine du commandant du *Sovietski Soyouz*.

— Je suis pour, dit l'officier politique, tendant la main vers la bouteille.

— Mais au lieu de cela, nous appareillons.

— Quoi ? Maintenant ?

— Oui, maintenant. Nous partons.

Malakov remit à Sergov les ordres signés par Deminov et Valotine. Appuyé sur les coudes, le *zampolit* les étudia attentivement.

— Le Conseil de Défense a donc fini par entendre raison, dit-il. C'est une décision qu'il aurait dû prendre des années plus tôt.

— Vous reconnaissez la validité de ces ordres ?

— Comme ils ne sont pas signés par Zenko, on ne peut parler de validité absolue, mais ce sont des ordres en règle, auxquels j'obéirai, répondit Sergov, faisant un subtil distinguo. Une décision aussi radicale est absolument nécessaire pour empêcher que la Révolution soit à jamais perdue, que le communisme meure, que l'Union meure, que notre vie perde sens et valeur. De cette façon, nous faisons dérailler le train indépendantiste avant même qu'il ne s'ébranle.

— Alors, buvons. Au *Sovietski Soyouz*, à l'Union Soviétique.

Ils vidèrent leurs verres puis Malakov enferma à nouveau la bouteille dans le secrétaire.

— Tous les officiers et *mitchmani* sont à bord ? demanda-t-il.

— Tous, excepté Sorokine.

— Bien. Tant pis pour Sorokine, nous nous passerons de lui.

— Et les hommes d'équipage ? fit Sergov.

Le commandant regarda sa montre.

— La milice locale a l'ordre de les arrêter et de les garder au secret jusqu'à la fin de l'opération.

Le *Sovietski Soyouz*, qui n'avait passé que quatorze heures au port, était prêt à reprendre la mer. D'un bout à l'autre du submersible, quarante-trois hommes — plus qu'il n'en fallait pour assurer les quarts et gouverner un bâtiment automatisé — faisaient tourner des cadrans et observaient des jauges.

Malakov ordonna à Plecharski, promu maître timonier, de faire route vers le golfe de Kandalakcha, la partie la plus profonde de la mer Blanche. Au moment où le *mitchman* s'installait devant l'ordinateur, le marin Tipov pénétra dans le poste central et s'approcha de la table de navigation en se frottant les yeux.

— Qu'est-ce que tu fous ici ? Tu ne devrais pas être à bord.

— J'avais pas envie d'aller en ville, alors je suis revenu manger un morceau. J'ai dû m'endormir. Où est le camarade chef ?

— J'ai l'impression qu'il a pris sa soirée le jour où il fallait pas, répondit Plecharski.

— Pourquoi on part si précipitamment ? Où est l'équipage ?

— Ferme-la, Tipov. T'es ici, bon, mais tiens-toi peinard.

— Pourquoi le commandant n'a pas affiché nos ordres ?

— Des fois il le fait, des fois il le fait pas.

— Il se passe quelque chose ? C'est la guerre ?

— Ferme-la, ferme-la, ferme-la.

Le sous-marin fut débranché du secteur, les amarres avant et arrière larguées, les panneaux fermés. Le colonel Loudinov se tenait sur le quai, entouré d'hommes en uniforme noir. Les *spetsnaz*, qui avaient pris position à la grille, arrêtaient tous les marins qui rentraient.

Le capitaine d'un petit brise-glace annonça par radio qu'il était en position. Sur la passerelle, Malakov rajusta sa chapka.

— Donnez la vapeur, ordonna-t-il. Machines avant lentes.

Les hélices jumelles battirent l'eau, le grand sous-marin bougea. L'espace entre la coque et la jetée s'élargit et le *Sovietski Soyouz* s'éloigna du dock couvert. Sous la pluie légère, le halo de lumière d'Arkhangelsk adoucissait l'arête dure de la côte russe.

— Radar à passerelle. Brise-glace droit devant, commandant. A cinq cents mètres.

Malakov regarda avec des jumelles la glace épaisse d'un demi-mètre que le petit navire cassait en énormes bancs.

— Remplissez les ballasts arrière.

— Remplir les ballasts arrière, compris !

L'eau inonda les ballasts à la poupe, l'avant du *Sovietski Soyouz* se souleva, juste assez pour que l'étrave glisse sur le bord de la première glace flottante. Puis trente mille tonnes d'acier firent exploser le floe. Un tremblement secoua la coque d'un bout à l'autre. Le mouvement descendant s'arrêta, la flottabilité contraignit à nouveau l'avant à se soulever et à faire éclater le floe suivant par dessous : le *Soyouz* sortait d'Arkhangelsk en force tel un brise-glace atomique submersible.

Si la coque était solide, les hydrophones encastrés dans l'acier autour de l'étrave présentaient une certaine fragilité. Malakov savait que chaque collision avec la glace menaçait la capacité du submersible à entendre sous l'eau mais ce n'était pas le moment d'être timoré. Il avait l'impression de chevaucher une baleine qui essayait de le désarçonner. Les veilleurs s'accrochèrent au kiosque par des chaînes de sécurité.

A trois kilomètres de la côte, le fond s'abaissa, donnant à Malakov assez de profondeur pour plonger sous la glace. Il fit descendre les veilleurs, ferma le panneau et descendit lui-même au poste central.

— Central à sonar, quels dégâts ?

— Ici, sonar. Deux hydrophones latéraux sont fichus mais le dôme principal est intact.

— Officier de plongée, rendez compte des dégâts.

— Quelques bosses sur la coque extérieure, commandant.

— Profondeur sous la quille ?

— Vingt-sept mètres.

— Immersion.

Heurtant la glace une dernière fois de son kiosque, le *Sovietski Soyouz* plongea.

Il régnait un silence tendu au poste central, où Malakov appuya sur le bouton de l'interphone.

— Hommes du *Sovietski Soyouz*, nous avons été chargés d'une mission secrète par ordre direct de l'amiral Deminov, commandant de la Flotte du Nord et du théâtre d'opérations nord-ouest. Une rébellion fomentée par des forces antisoviétiques est sur le point d'éclater. Des nationalistes de la République de Géorgie se sont emparés de Tbilissi, donnant l'ordre aux citoyens russes loyaux d'évacuer la ville. L'Union ne tolérera pas plus longtemps les tendances indépendantistes, destructrices, qui ont secoué notre pays. Dans quarante-huit heures, nous saurons si nous serons appelés à accomplir notre tâche pour préserver l'Union. Terminé.

— Je ne comprends pas, murmura Tipov à Plecharski. Quelle tâche ?

Sorokine manquait désespérément à son remplaçant. Le camarade chef aurait su quoi dire, quoi faire.

— Le *Soyouz* est un Typhon, répondit-il. Notre tâche, c'est de lancer des missiles atomiques.

Une heure après avoir quitté Arkhangelsk, Malakov réunit les officiers dans la salle Lénine. Quand le lieutenant de vaisseau Minski se glissa dans la bibliothèque, Sergov distribuait déjà les verres de thé.

Malakov s'éclaircit la voix.

— Comme vous le savez, messieurs, l'Union est en grand danger. Officiers loyaux, nous avons le devoir de prévenir toute attaque contre l'Union Soviétique, d'où qu'elle vienne. A cette fin, l'intransigeant commandant de la Flotte du Nord, l'amiral Deminov, a préparé un plan de riposte à un éventuel soulèvement. Commandant Sergov, distribuez les documents, je vous prie.

L'officier politique remit à chacun des copies d'un unique feuillet portant la mention « Secret » et intitulé « Opération Etoile Blanche ».

— Lisez-le, dit le commandant, signez la déclaration de secret défense, au bas de la page, et rendez la feuille au commandant Sergov.

Minski parcourut rapidement le texte, dans lequel il reconnut une version abrégée d'un ensemble d'ordres opérationnels beaucoup plus longs. Il se sentit abattu mais non surpris. D'après ce résumé, le *Sovietski Soyouz* appareillait dans le cadre de la phase un de l'opération Etoile Blanche. Mais le jeune officier de missiles avait le sentiment que l'opération, avec son déploiement massif de forces, constituait bien davantage qu'un simple plan de répression d'une rébellion dans une lointaine république. Le missile à une seule ogive du silo six devait prendre désormais pour cible la ville de Tbilissi. Pour Minski, menacer la capitale de la Géorgie avec un SS-N-20, c'était écraser une mouche avec un marteau-pilon.

Il signa son exemplaire, le remit à l'officier politique avec ce commentaire :

— Il manque à ce document, me semble-t-il, une analyse des forces adverses.

— Exact, dit Sergov. Etoile Blanche est un plan contingent. Il suppose que des unités mutinées de l'armée et de la milice passent aux mains des partisans des républiques. Les rebelles pourraient s'emparer de centres stratégiques, voire d'armes atomiques. Ce qui nous préoccupe, ce ne sont pas de simples émeutes dans les rues mais une véritable rébellion de forces armées. Pour parler franc, toutes nos forces ne sont pas aussi loyales que la Flotte du Nord.

— Je vois, dit Minski. Merci, camarade officier politique.

La discussion du plan se poursuivit jusqu'au matin. Les officiers de l'escadre des Fantômes Gris étaient respectueux de la hiérarchie, habitués à obéir aux ordres. Aucun d'eux ne paraissait alarmé ou étonné. Minski, toutefois, demeura silencieux, gardant pour lui ses doutes. Des questions sans réponse lui taraudaient l'esprit. Et si les Géorgiens refusaient de déposer les armes ? Si le *Sovietski Soyouz* recevait vraiment l'ordre de lancer des missiles atomiques sur la république rebelle ? Qui donnerait l'ordre de tirer ? Pas Zenko, il en était certain. Il n'y avait aucune sympathie entre le patron des Typhons et l'amiral Deminov. S'agissait-il d'une lutte pour le pouvoir entre les deux hommes ? Deminov avait-il envoyé le *Sovietski Soyouz* en mer dans le cadre d'un plan secret pour arracher à Zenko le commandement des Typhons ? Minski n'avait pas de réponse à ces interrogations mais il était sûr d'une chose : si l'ordre était transmis, Malakov raserait Tbilissi sans broncher. Mais pourquoi ? Quel serait l'objectif d'un acte aussi monstrueux ?

Atterré par la nature de la mission du sous-marin faisant route vers le golfe de Kandalakcha, Minski se demandait comment l'arrêter.

14
Jarjarskiev

Sur la route boueuse d'Arkhangelsk, Sorokine enfonça le casque en cuir de commandant de char sur ses oreilles et continua à rouler. Aux abords de la ville, il fit passer le camion entre des ornières et des blocs de béton, l'engagea sur un pont étroit. A sa gauche, la glace de la mer Blanche grondait en fondant, tel un canon lointain. A sa droite, une forêt de pins filait vers le cœur de la Russie. Devant, la ville avait des lueurs d'un blanc bleuté, comme un réacteur géant dont la chaleur aurait déclenché le dégel printanier.

Habituellement calme, le maître principal faisait grincer les vitesses et maudissait la route, le vieux camion, la Marine, cette fichue ville d'Arkhangelsk, et surtout Petia Boulgakov, qui s'était fait arrêter par la milice. Jarjarskiev ne lui avait pas révélé ce que le calmar avait fait. Le gosse n'avait que vingt ans mais semblait avoir ce qui, dans la Marine, passait pour de la cervelle, et Sorokine pensait qu'il avait l'étoffe d'un sous-marinier s'il apprenait à éviter les ennuis.

Il traversa un deuxième pont au-dessus du bras principal de la Dvina, pénétra dans la ville même. « Les immeubles de douze étages bordant les rues ressemblent à des blockhaus, songeait-il, à des icebergs préfabriqués pour les masses. » Il avait horreur d'Arkhangelsk et de toutes les villes. Leurs habitants passaient vingt heures par semaine à faire la queue pour du pain ou des chaussures. La seule solution, c'était la mer.

Il trouva l'adresse qu'il cherchait, descendit dans la boîte de nuit souterraine. Les miliciens étaient passés ; il ne restait du *Pas d'nom* qu'une odeur d'encens et de haschich. Dans une petite pièce du fond, un Petia Boulgakov abattu et effrayé buvait du thé brûlant avec Jarjarskiev.

— Qu'est-ce qu'il a fait ? demanda Sorokine au capitaine.

— C'est une de ces boîtes de visages blancs. Il prétend qu'il n'en savait rien en y entrant. Il fait de la politique ?

— Non, c'est juste un petit malin, répondit Sorokine, sortant de sa poche cinquante roubles.

— Merci, Vadim. Comment ça va, dans la Marine ?

— Même chose qu'ici, je suppose. Et toi ?

— Comme d'habitude, en pire, soupira le milicien avec un grand sourire. La grève a semé la pagaille, mais grève ou pas, les gens volent, filoutent et tiennent des clandés. Rien de nouveau.

— Je vois, dit le maître principal, se tournant vers son calmar. Et toi, tu as quelque chose à dire pour te défendre, petit con ?

— Désolé, chef.

— Désolé-chef, désolé-chef... Tu aurais pu avoir de vrais ennuis, ici. T'as de la chance. Allez, viens.

— Attends une minute, fit Jarjarskiev.

Il entraîna Sorokine à l'écart, lui dit à voix basse :

— Nous venons de recevoir l'ordre de placer en détention tous les marins du *Sovietski Soyouz*.

— Pourquoi ? Qu'est-ce qui se passe ?

— Je ne sais pas. D'après mon dispatcher, les ordres viennent du GRU de l'escadrille aérienne d'Arkhangelsk.

— Oh ! merde. Alors, tu nous boucles ?

Roman Jarjarskiev avait passé dix ans dans la Marine, les deux derniers à bord du *Taïfoun*, avec Sorokine. Compagnons de bord, ils avaient bu, joué, été aux putes ensemble comme des millionnaires.

— Calmar un jour, calmar toujours, dit le maître principal.

— Bon, je ne vous ai pas vus, décida le milicien. Filez d'ici et soyez prudents. Vous avez des papiers civils ?

— Non. Et même si j'en avais, j'ai l'air d'une affiche de recrutement.

— C'est juste, convint Jarjarskiev. Ecoute, il vaut mieux que je te conduise en voiture à ton rafiot. Sinon, tu n'y arriveras jamais.

— T'es sûr ?

— Ouais, allons-y.

Le milicien poussa les deux sous-mariniers dehors, vers une Lada de la police.

— Qu'est-ce qui se passe, camarade chef ? demanda Boulgakov.

— On nous reconduit au *Soyouz* à l'œil, répondit le *mitchman* en se tournant vers le calmar, assis à l'arrière. En attendant, tu m'as coûté cinquante roubles. Tu me les dois.

La pluie avait enfin cessé. Pendant le trajet, Jarjarskiev et Sorokine parlèrent du bon vieux temps et de la nouvelle époque. Le milicien s'était rangé, il avait fondé une famille.

— Pas moi, dit le sous-marinier. Je suis un trimardeur de l'eau bleue.

— Toi et Zenko, ce vieux couillon, dit Jarjarskiev dans un éclat de rire.

— Il s'est marié.

— Tu rigoles ?

— Avec une femme plus jeune que lui de vingt ans. Elle est médecin.

— Y a des types qui sont vernis de naissance, commenta le milicien. Et le nouveau, Malakov, comment il est ? C'est ton commandant, maintenant ?

Sorokine acquiesça de la tête.

— C'est peut-être un excellent marin mais aussi un beau salaud. Je crois que ce qu'il aime dans les SM lance-missiles, c'est les missiles.

— Toujours le doigt sur la détente, hein ? Comment il a fait pour passer par-dessus Zenko ?

— Il a épousé la fille de Deminov. Les relations, mon vieux, c'est le secret pour obtenir le commandement d'un Typhon.

A l'approche des chantiers navals, ils croisèrent deux camions chargés de soldats.

— Des *spetsnaz* ! s'écria Jarjarskiev. Bon Dieu !

— Ça me plaît pas, grommela Sorokine, se retournant pour regarder les véhicules s'éloigner. Il se passe quelque chose. Il y a une autre entrée ?

— Ouais. Je vais te montrer.

Sur la banquette arrière, Boulgakov geignit :

— Mais enfin, vous voulez m'expliquer ce qui se passe ?

— On le sait pas encore, répliqua Sorokine.

La route s'incurvait en direction des ateliers des chantiers. A huit cents mètres de la grille principale, hors de vue des sentinelles, Jarjarskiev arrêta la voiture.

— Tu veux entrer jeter un coup d'œil ?

— Donne-moi dix minutes, répondit Sorokine. Petia, viens avec moi et fais pas de bruit.

Les deux marins se glissèrent par une brèche dans la clôture, traversèrent les chantiers obscurs, passèrent devant des ateliers déserts, des piles d'énormes hélices en cuivre. Quand ils furent à proximité du bâtiment des marins, ils s'étonnèrent de l'étrange silence : les calmars en permission auraient dû faire un raffut d'enfer. Accroupi derrière un hangar, Sorokine murmura à Boulgakov :

— Reste planqué ici.

Il se coula derrière le bâtiment et, arrivé à l'angle, avança la tête avec précaution. Il découvrit l'endroit du quai où le *Sovietski Soyouz* avait été amarré. Une grosse aussière pendait dans l'eau. Le sous-marin n'était plus là. Parmi les *spetsnaz* traînant sur le quai, Sorokine reconnut le colonel Loudinov, des services de sécurité de la Flotte.

Une minute plus tard, il récupéra Boulgakov, retourna près de la brèche. A travers la clôture, ils aperçurent Jarjarskiev conversant avec un officier des forces spéciales. Quand ce dernier monta dans son camion et démarra, Sorokine poussa Boulgakov hors des chantiers puis dans la voiture de Jarjarskiev.

— Qu'est-ce qu'il te racontait ? voulut savoir le maître principal.

— Pas grand-chose. Juste que tous les calmars qui se présentent sont emmenés à la base aérienne. Il n'a pas dit pourquoi.

— Je vais te le dire, moi. Le sous-marin a disparu, il est parti. Je pense qu'on boucle l'équipage pour que personne ne soit au courant.

— La Marine fait ce genre de trucs tout le temps, fit remarquer le milicien avec un haussement d'épaules.

— Conduis-moi à un endroit où il y a l'interurbain. Ton service dispose d'un avion ?

— Un avion ! Pour quoi faire ?

— Combien, un billet pour Gremikha ?

— Je peux pas faire ça. Tu es fou. C'est un espace aérien interdit, là-bas. Ils tirent sur tout ce qui s'approche.

— Si j'arrange le coup avec les contrôleurs de la base, tu peux m'aider ?

— Mon gars, tu me demandes beaucoup.

— Ecoute, le commandant Malakov vient d'appareiller dans un Typhon bourré de missiles balistiques. Tu comprends ? Les chantiers grouillent de *spetsnaz*. Je ne sais pas qui est derrière ça ni ce que ça signifie mais je sais une chose : il faut que je rentre en vitesse à Gremikha prévenir Zenko.

Jarjarskiev prit une profonde inspiration, soupira.

— D'accord. Tu peux utiliser le téléphone de mon poste.

Jarjarskiev s'arrêta derrière le petit bâtiment du poste de police. A l'intérieur, trois miliciens aux uniformes mouillés et aux bottes boueuses buvaient du thé et fumaient.

— Qu'est-ce que tu nous ramènes, Jarja ?

— Du calmar. C'est pas beau de faire le sale boulot de la Marine. J'emmène ces deux-là dans mon bureau pour les interroger.

Jarjarskiev referma la porte sur les éclats de rire vulgaires, le crépitement des télex, et montra la rangée de téléphones de sa table de travail.

— Le vert est une ligne directe avec le standard interurbain d'Arkhangelsk, dit-il. Fais gaffe, la ligne n'est pas protégée.

Sorokine tira de sa poche un morceau de papier. Quand il décrocha, une opératrice répondit aussitôt et il lui lut le long numéro. Miracle, après deux sonneries seulement, il entendit :

— Communications protégées.

— Donnez-moi le 75-43-22. Autorisation 2BC.

— Ne quittez pas.

Pendant un moment, il n'y eut que de la friture puis une série de déclics et une voix :

— Riziov.

— Ici, Sorokine.

— Salut, Vadim. Tu es où ?

— A Arkhangelsk.

— Veinard !

— Ecoute, Boris, je voudrais rentrer. J'ai un homme malade.

— Fais-le hospitaliser là-bas, bon sang.

— Boris, je veux rentrer.

Après un long silence, Riziov finit par dire :

— Je vois.

— Bon. J'ai ce qu'il me faut de mon côté si tu peux arranger les choses avec la tour de contrôle de Gremikha.

— Ouais, bien sûr.

— Je te filerai les numéros.

Quand le sous-marinier raccrocha, Jarjarskiev annonça :

— Moi aussi, il faut que je donne un coup de fil.

Trois quarts d'heure plus tard, Sorokine et Boulgakov traversaient la piste de l'aéroport municipal d'Arkhangelsk en direction d'un bimoteur appartenant à la milice locale mais peint aux couleurs des garde-côtes.

Le pilote était lui aussi un ancien de la Marine. Sans dire un mot, Sorokine détacha deux cents roubles de sa liasse et fourra les billets dans la poche de poitrine de l'homme.

— Vous êtes sûr d'avoir les codes ?

— Ouais, je les ai.

— Pourvu que ça marche. Vous devez être quelqu'un à part pour avoir l'autorisation d'atterrir à Gremikha.

— Juste un marin qui regagne sa base.

Dans un vrombissement de turbopropulseurs, l'appareil roula vers la piste d'envol. Sorokine regarda derrière lui mais Jarjarskiev était déjà parti.

— Tu n'as pas le mal de l'air, j'espère, Petia ?

— Je sais pas. J'ai jamais pris l'avion.

Le pilote décolla. Au loin, à l'est, apparut la mince ligne de l'aube, mais à l'ouest la mer Blanche demeurait aussi noire que la nuit. Fixant la glace, le maître principal songeait à la force mauvaise qui se cachait sous la surface. « Malakov, fumier, tu m'as volé mon sous-marin. »

Moins d'une heure plus tard, l'avion pénétra dans l'espace aérien de la base de Gremikha. Le pilote prit son micro, récita les codes et obtint l'autorisation de se poser.

Le nez collé au hublot, Boulgakov annonça d'une voix excitée qu'il voyait les lumières du port. Cernée par la sombre mer de Barents, d'une part, et la presqu'île de Kola, plus sombre encore, de l'autre, la base navale se détachait dans le noir.

— Estime-toi heureux de ne pas être accueilli par la DCA, Petia, dit Sorokine en riant.

Le pilote poussa le manche à balai et le bimoteur descendit vers les falaises de Gremikha.

15
Un trou dans l'eau

A quarante milles au nord-est de Gremikha, le *Reno* glissait juste en dessous de la couche de glace, cherchant un endroit où se cacher. Il régnait une telle tension dans le poste central que Gunner s'attendait à ce que les cloisons elles-mêmes se mettent à transpirer. Il marmonna :

— Est-ce qu'on va finir par trouver un éperon de glace ou est-ce que les Russes nous repéreront avant ?

— J'aime mieux ne pas y penser, dit Trout. Nous avons pénétré aussi profondément que possible dans les eaux soviétiques.

Dans la cabine radio, le télex de VLF se mit à cliqueter.

— Radio à central. Recevons transmission VLF.

— Très bien, radio, j'arrive, répondit le commandant. (Il se tourna vers Trout.) Prévenez-moi si vous dénichez un éperon de glace.

Gunner s'enferma dans le local de décryptage, décoda le message.

AU CT DU *RENO* : MARINE SOVIET A ENVOYÉ UN TYPHON EN MER BLANCHE. ACTIVITÉS INTENSIFIÉES À POLIARNÏ ET MOURMANSK. DEUX AKOULAS ONT APPAREILLÉ 09 H 00 GMT CE JOUR. AUTRES DÉPLOIEMENTS ATTENDUS. AUTORISATION DE PÉNÉTRER EN MER BLANCHE ACCORDÉE ET LAISSÉE À VOTRE APPRÉCIATION.

A votre appréciation. Autrement dit, commandant du *Reno*, si un autre Typhon sort de Gremikha et file vers la mer Blanche, collez-lui au train comme de la glu.

La mer Blanche. Engager le *Reno* sur une voie maritime menant à Arkhangelsk constituait une provocation aussi grave que la présence d'un submersible soviétique dans Puget Sound. Exercice tactique dangereux, la traque d'un Typhon jusque dans la mer Blanche posait d'intéressants problèmes. Les communications VLF et ELF de la Marine américaine ne parvenaient pas en mer Blanche. Si Gunner y menait le *Reno*, il serait privé de contact radio à moins de faire surface en brisant la glace. Et même s'il parlait russe, il ne pourrait prétendre être un bateau de pêche au milieu d'une mer gelée. Que se passerait-il si le *Reno* était découvert ? En ces jours où la tension montait en URSS, une incursion dans les eaux soviétiques pouvait déboucher sur une catastrophe. Ce serait le désastre du *Pueblo* et l'affaire du vol 007 des Korean Air Lines en même temps.

Gunner retourna au poste central, tendit le message à Trout, qui le parcourut rapidement.

— Dieu tout-puissant ! On dirait que nous pouvons pénétrer plus avant, finalement.

— On dirait, oui.

Gunner coiffa un casque à écouteurs, entendit au bout d'un moment :

— Sonar à central. Double éperon de glace droit devant, à mille mètres.

— Stoppez les machines, ordonna le commandant.

Sur le répétiteur de sonar, l'image de la double quille de glace ressemblait à deux dents de fourchette distantes d'une douzaine de mètres, enfoncées de trente mètres dans l'eau.

— Qu'en pensez-vous, Gus ?

— Nous pouvons rester cachés là pendant des jours, répondit Trout. Nous avons deux mètres de glace au-dessus, un courant sud d'un quart de nœud. Ça me paraît bon.

Gunner exprima son accord d'un hochement de tête.

— Machines avant très lentes pendant cinq secondes, ordonna-t-il.

Le *Reno* avança jusqu'à ce que son étrave s'engage entre les deux éperons de glace immergés, s'immobilisa.

— Réduisez le réacteur de vingt pour cent.

Dans le compartiment des machines, le chef Adams enfonça plus profondément les barres de contrôle dans le cœur du réacteur, réduisant la puissance et le bruit de la centrale nucléaire miniature.

— Purgez les caisses d'assiette, dit Gunner. Doucement.

Trout enfonça deux boutons du tableau de plongée ; de l'air comprimé chassa l'eau lentement de toutes les caisses d'assiette. Le sous-marin monta jusqu'à ce que le kiosque heurte le dessous de la glace.

— Faites passer le mot, dit Gunner à Trout. Il se peut que nous restions plusieurs jours ici. Pas de bruit. Nous sommes un trou dans l'eau. Relevez-moi, je vais au pieu.

Gunner avait peu dormi depuis le départ. De temps à autre, il parvenait à trouver brièvement le sommeil mais ses rêves continuaient à être troublés par les lumières bleues. Au lieu de s'allonger, il s'assit à son tout petit bureau, étudia les cartes marines. Convaincu qu'aucun sonar au monde ne pouvait détecter le *Reno* immobile et silencieux entre deux quilles de glace, il était cependant baigné de sueur. Il était un espion, et en temps de guerre, froide ou chaude, on fusille les espions.

Le *Reno* était tapi à quarante milles de la côte de la presqu'île de Kola, pouce de la main scandinave. Paysage accidenté de montagnes basses, de lacs gelés, de rivières à saumons et de permafrost, la péninsule de Kola s'étend sur cinq cents kilomètres au sud-est des frontières de l'URSS avec la Finlande et la Norvège.

Pendant la guerre froide, la Flotte du Nord, dont le quartier général se trouve à Poliarnï, près de Mourmansk, était devenue une force de trois cents bâtiments, dont plus de cent sous-marins nucléaires. Pour protéger cette flotte, la presqu'île de Kola était devenue à la fin des années quatre-vingt la région la plus militarisée de toute l'Union Soviétique. La population originelle de Lapons éleveurs nomades de rennes avait été impitoyablement déplacée et remplacée par des centaines de milliers de soldats russes, dont un grand nombre transférés d'anciennes bases du Pacte de Varsovie. S'étendant vers le sud et vers l'est depuis Mourmansk, un vaste réseau de bases navales, de ports, de postes militaires, de batteries de missiles, de stations de radar et de centres de communication gardait le flanc nord vulnérable de l'URSS.

Les bases de sous-marins lance-missiles constituaient le cœur de la stratégie de défense soviétique. A trois cents kilomètres au sud-est de Mourmansk se trouvait le joyau de ce réseau, la base de Typhons de Gremikha. Des milliards de roubles, des millions d'heures de travail avaient été consacrés à un unique objectif : empêcher les sous-marins américains de faire ce que Gunner venait de réussir. Le *Reno* se trouvait maintenant en pleine zone interdite. Toute erreur de calcul ou de jugement pouvait causer la perte du submersible et la mort de cent dix hommes, sans qu'aucune question ne soit posée.

Penché au-dessus de son bureau, Gunner étudia des photos satellite de la base navale de Gremikha — bâtiments bas, antennes radar, batteries de missiles antiaériens, aérodrome avec hangars blindés pour hélicoptères anti-sous-marins, vaste centre de transmission radio, mais pas de sous-marin. Les Typhons et leur terrifiant matériel étaient sous terre, cachés dans une cavité creusée dans les parois de granite.

Sans quitter le petit port de Gremikha, un Typhon pouvait lancer des missiles à longue portée capables d'anéantir l'Amérique du Nord. Sans avoir besoin de s'aventurer loin de leur repaire, les submersibles longeaient la côte sous la glace, invisibles des satellites, loin des sonars fouineurs des avions anti-sous-marins de l'OTAN décollant de Norvège. En règle générale, deux sous-marins d'attaque de classe Akoula escortaient un Typhon en patrouille, ce qui constituait une force immergée d'une terrible puissance de feu. Les Typhons utilisaient la glace de la mer Blanche, la sécurité qu'elle offrait, de la même manière que les Tridents américains mettaient à profit l'immensité de l'Atlantique et du Pacifique pour cacher leurs mouvements. Sous la glace, au cœur d'une mer facilement protégée, les Typhons étaient quasiment invulnérables ; seuls pouvaient les atteindre une attaque nucléaire massive ou un « chasseur-tueur » silencieux et furtif commandé par un hardi pirate.

Californien au sang chaud, Gunner devait faire un effort d'imagination afin de saisir ce que signifiait l'Arctique pour les Russes. Pour eux, le Grand Nord n'était ni lointain ni sombre. C'était leur arrière-cour, source de richesses infinies ainsi que de frustrations séculaires. Ironie de l'Histoire, c'était la Marine américaine qui avait causé le déclic catapultant l'URSS vers la conquête de l'océan glacial Arctique. Quand le *Nautilus* était pour la première fois passé sous les glaces du pôle Nord, l'Amirauté soviétique avait vite compris que les sous-marins nucléaires étaient la clef de la navigation arctique, mais il avait fallu la détermination visionnaire d'un homme pour créer une escadre de géants des glaces. Les Typhons étaient l'œuvre du légendaire commandant de la base navale de Gremikha, le vice-amiral Stefan Zenko.

Gunner avait lu tant de fois le dossier du Soviétique qu'il en gardait tous les détails en mémoire. Après de brillantes études à l'Ecole Navale Frounze, Zenko était entré dans l'arme sous-marine de la Marine Rouge à l'âge de vingt ans, en 1962. Vingt ans plus tard, le *Taïfoun* glissait des cales de Severodvinsk. Au cours des cinq années qui suivirent, les Russes construisirent cinq autres colosses sous-marins et la base de Gremikha fut achevée en 1989.

Passant mentalement en revue la carrière de Zenko, Gunner cherchait la clef du personnage sous son extraordinaire réussite. Quel genre d'homme était Stefan Zenko ? Le commandant du *Reno* savait que c'était un type plutôt petit et rondouillard, aux dents gâtées, qui abusait du cognac. En 1978, alors qu'il commandait un lance-missiles, il avait dû faire surface, à cause d'un problème de machines, à trente milles de la base sous-marine américaine de Charleston, en Caroline du Sud. Jamais l'US Navy n'aurait soupçonné sa présence s'il n'avait surgi ainsi, tel un monstre marin. Pendant qu'on remorquait son bâtiment à travers l'Atlantique, Zenko avait diffusé à bord un programme continu de musique pop américaine qu'il avait enregistrée alors qu'il était tapi au large de la côte de Caroline. L'homme était un mélange exceptionnel d'humour et d'audace qui forçait l'admiration de Gunner. Si la guerre froide prenait réellement fin, si l'URSS ne se disloquait pas et ne sombrait pas dans une agonie meurtrière, si le monde gardait un soupçon de santé mentale et de justice, Gunner aurait volontiers offert un verre à son rival — un verre ou plusieurs — et parlé avec lui toute une nuit de sous-marins, de glace et de rêves.

Mais aujourd'hui, comme toujours, la réalité prenait le pas sur le rêve. La dernière photo satellite de Gremikha montrait vingt milles d'eau libre entre la côte et la zone marginale de glace. Si un Typhon sortait de Gremikha et remontait vers la mer de Barents, Gunner aurait une chance de rester dans son sillage. Mais si le bâtiment soviétique faisait route au sud et pénétrait dans la mer Blanche par le détroit de Gorlo, comment le *Reno* pourrait-il suivre ? Pour les patrouilles ordinaires, des brise-glace précédaient les Typhons dans le détroit. Derrière, Gunner risquait de heurter de dangereux floes. En outre, dans les eaux étroites et peu profondes, les barrages de sonar soviétiques seraient à coup sûr efficaces. Dans l'eau, le *Reno* était le sous-marin le plus silencieux, mais l'était-il assez ? L'habileté ne suffirait pas, il faudrait aussi compter sur la chance.

Gunner pensait qu'une fois dans le détroit, il parviendrait à suivre un Typhon en mer Blanche, mais au cours des trente prochains jours, une grande partie de la glace fondrait et les frégates anti-sous-marines reprendraient leurs patrouilles. Que se passerait-il si les Russes détectaient le *Reno* dans leurs eaux ? Gunner ne pourrait s'en sortir par les armes. Il serait contraint de faire surface et de déclarer : « Bien joué », triste façon de terminer sa carrière. Etait-ce ce que la Navy voulait ? Etait-il un espion ou l'avait-on envoyé en mission suicide pour provoquer les Russes et prolonger la guerre froide ? Bien que bon officier, maître compétent de son bâtiment, il n'était qu'un pion, au même titre que la plus jeune des recrues, dans la grande partie qui se jouait.

Rien ne portait Gunner à croire que les Typhons et leurs missiles menaçaient les Etats-Unis. Ils étaient simplement là, comme l'Everest, comme les Tridents américains, et il était convaincu que les Russes n'avaient plus la volonté d'en faire usage contre l'Ouest. Le dernier acte de la guerre froide prenait exactement la tournure du précédent : un match nul nucléaire entre deux géants prenant des poses.

Il s'allongea sur sa couchette, se tourna et se retourna, ferma les yeux, essaya de s'endormir, mais les lumières bleues vinrent à nouveau le tourmenter. Comme une machine qu'on ne peut plus arrêter, son esprit jouait l'un après l'autre chacun des scénarios possibles.

Soudain, le voyant du téléphone se mit à clignoter dans un silence oppressant. Le commandant secoua la tête pour chasser ses idées confuses, décrocha.

— Gunner.

— Ici, Trout. Le sonar signale un contact immergé.

— A quelle distance ?

— Environ trente milles, relèvement deux six neuf, vitesse six nœuds, profondeur soixante mètres, route un deux six.

— Identification ?

— Pas encore, mais ce n'est pas un Typhon.

Gunner ficha une cigarette dans sa bouche.

— Prévenez le sonar que je descends. Dites à Morrison de me rejoindre là-bas, et ordonnez le silence complet. On ne respire plus.

Moins de trois minutes plus tard, au poste de sonar, Gunner se penchait au-dessus des opérateurs et de leurs écrans. Derrière lui, Morrison chassait le sommeil de ses yeux en les frottant.

— Qu'en pensez-vous, patron ?

— Je viens juste d'arriver, commandant. Il faut que j'écoute.

Les yeux fixés sur l'écran, Morrison mit des écouteurs.

— Bon, dit-il, on a un brise-glace qui fait route vers le sud par le détroit de Gorlo avec un convoi de trois navires.

Il pressa plusieurs boutons de sa console, filtra les bruits de surface.

— Plus un SM qui avance en douce mais je l'entends, ajouta-t-il. Il est presque silencieux mais pas tout à fait. Vous le voyez, là, sur l'écran, la ligne régulière.

— L'ordinateur travaille sur sa signature, dit Stewart. Classe Akoula, commandant. Peut-être le *Gorki*, ou l'*Odessa*.

L'écran de Stewart se couvrit d'informations sur les deux sous-marins d'attaque soviétiques, le *Gorki* et l'*Odessa* : particularités techniques, contacts antérieurs, position dans l'ordre de bataille, officiers commandants.

— Akoula, ça veut dire requin, traduisit Morrison. Et c'est exactement ce que c'est, un vrai « chasseur-tueur », comme nous.

— Qu'est-ce qu'il chasse, patron ?

— Sais pas.

— Sais pas, mais nous, on est juste un trou dans l'eau. Je crois pas que c'est après nous qu'il en a.

— Restez sur lui.

Gunner regagna rapidement le poste central, releva Trout et, ensemble, les deux hommes observèrent le répétiteur de sonar. Immergé, l'Akoula demeurait dans le couloir tracé dans la glace depuis Mourmansk pour se diriger vers Gremikha.

— Il fait partie d'une escorte de Typhon ou il nous cherche ? demanda Trout.

Gunner secoua la tête.

— Il ne sait pas que nous sommes là.

— Vous êtes certain qu'il ne nous a pas repérés ?

— Oui. Sinon, il viendrait droit sur nous. Je crois qu'il fait exactement la même chose que nous : il attend au large de Gremikha la sortie d'un Typhon. Nous sommes sans doute tombés sur un déploiement de Typhons.

— Sonar à central. Nous avons un deuxième contact.

— Alors, c'est une certitude, s'exclama Gunner. Morrison, vous avez identifié le premier contact ?

— Oui, commandant. C'est l'Akoula *Gorki*.

— Les Fantômes Gris de Mourmansk, murmura le patron du *Reno*. VIIe Escadre en mission régulière : escorte de Typhon.

Pendant deux heures, les techniciens du sonar et les hommes du poste central regardèrent manœuvrer les deux sous-marins soviétiques. Le *Gorki* se rapprocha lentement de Gremikha, s'arrêta à douze milles du port. Le deuxième sous-marin, autre Akoula identifié comme le *Minsk*, appartenant aussi à la VIIe Escadre, passa entre le *Reno* et Gremikha, poursuivit sa route vers l'est et les abords de la mer Blanche. A trente milles du *Reno*, il stoppa ses machines, devint silencieux.

— Sonar à central. Nous avons perdu le *Minsk*.

— Vous le retrouverez, assura Gunner. Maintenant, attendons. Gus, prévenez l'équipage que nous avons deux petits Popov autour de nous qui en attendent un grand. Pas un bruit.

16
Margarita

Enveloppé dans une vieille robe de chambre en flanelle, Stefan Zenko était assis dans la cuisine de son modeste appartement de Gremikha, incapable de dormir, craignant de rêver. Il était quatre heures et demie du matin et il avait passé la nuit à calculer des trajectoires de missile, notant des courants et des salinités, tuant le temps par le travail. Dans quelques heures il emmènerait son sous-marin, le *Taïfoun*, en patrouille régulière dans la mer Blanche. Malgré les essais et l'absurde diffusion télévisée, la mission essentielle de la flottille — la dissuasion stratégique — devait être assurée. Il prévoyait une patrouille sans incident. Aucun sous-marin de l'OTAN n'avait été signalé en mer de Barents depuis plus d'un mois mais Zenko savait que les sous-marins américains silencieux de classe Los Angeles franchissaient impunément les barrières de sonar. Toute sa carrière il avait pris plaisir à jouer au chat et à la souris avec l'US Navy, rivalisant de ruse avec des commandants intelligents. Pourtant, ce matin-là, il n'avait aucune envie de partir pour une patrouille de trois semaines. L'instabilité politique s'aggravait d'heure en heure à Moscou ; dans trois semaines, l'URSS serait peut-être complètement sens dessus dessous.

Il écouta la plainte grave d'une corne de brume s'élevant au-dessus de la base pour tenir les navires au large. C'était pour lui la voix de la *rodina*, de la patrie, pleurant ses enfants perdus. Par-dessus lui parvenait le staccato des craquements irréguliers de glaces flottantes lointaines se heurtant dans le faible courant. Beaucoup plus près, un camion passa sur la chaussée pavée avec un bruit de ferraille. Dans la pièce voisine, sa femme Margarita roucoulait doucement dans son sommeil, rêvant peut-être de Leningrad au printemps. Zenko résista à l'envie de la réveiller pour lui parler de ses peurs, de ses cauchemars.

Une frayeur sans nom l'étreignait. Les yeux clos, il laissa son esprit partir à la dérive, vit soudain un éclair orange et fut un instant saisi de terreur. Mais aucune onde de choc ne réduisit son appartement en ruine. Seule la douce lumière des réverbères à vapeur de mercure pénétrait dans la pièce par la fenêtre.

Se renversant dans son fauteuil, il rit de lui-même et massa son ventre rebondi. Depuis dix ans, il se rendait malade d'inquiétude en imaginant une attaque américaine contre Gremikha. En cas de conflit, la base navale serait l'objectif numéro un. Un éclair, une explosion, Gremikha volatilisée. Cette angoisse ne s'était pas concrétisée, et Zenko était sûr qu'elle ne le serait jamais. Pourquoi, alors, cette sensation de creux dans les entrailles ? Qu'avait-il à craindre ?

Il s'étira, alla à la porte de la chambre et s'attarda sur le seuil, contemplant sa femme endormie. Margarita était une sorte de personnification de la vieille Petrograd. Elle marchait vite, parlait vite, avait une opinion sur tout et déversait des idées comme une fontaine. Elle était venue de Leningrad avec un bouquet d'odeurs délicieuses, une bouteille de bon cognac et des intentions érotiques. Sa beauté étonnait Zenko. A trente-quatre ans, elle avait encore un corps aux seins hauts, des boucles blondes à la mode, un sourire plein de vie et des yeux bridés brillants comme des glaçons. Chirurgien à l'hôpital de l'Amirauté, à Leningrad, elle venait à Gremikha le week-end, apportant des bonnes choses et une bouffée de bonne humeur bienvenue dans ce lieu maussade. Zenko se demandait souvent comment il avait réussi à faire la conquête d'une femme aussi ravissante, de vingt ans sa cadette. Elle n'était sûrement pas tombée amoureuse de son physique.

Il passa dans le salon, regarda par la fenêtre à double vitrage. Dans la cour, en bas, un projecteur éclairait le pavillon de la Marine qui flottait nuit et jour à l'entrée du bâtiment. Par ce matin sombre, le faisceau lumineux frappait un drapeau enroulé autour du mât, si bien que Zenko ne voyait que l'étoile rouge sur fond blanc par-dessus une large bande bleue. Le marteau et la faucille demeuraient cachés dans les plis. Comme il l'avait fait pendant quarante ans, il porta la main à sa tempe en un long salut solennel.

Au-delà du mât s'étendaient la mer de Barents et la glace noires. Des images gelées tourbillonnaient dans sa tête. Tel un Eskimo, il avait pour la glace plus de noms qu'il ne pouvait en compter : frasil, shouga, nilas clair, nilas sombre, glace jeune, glace grise, glace de graisse, nouvelles crêtes, crêtes résiduelles, hummocks et quilles. Elève officier, il avait imaginé les célèbres sous-marins américains *Nautilus, Skate* et *Seadragon*, ainsi que le *Leninski Komsomol* de la Marine Rouge se fracassant sur la glace dans la lumière bleutée du soleil de minuit. Depuis l'enfance, il avait peur de mourir de froid, les poumons emplis d'un air coupant comme un rasoir, mais il avait vaincu sa terreur de la glace en construisant les Typhons. A présent, il découvrait des peurs plus terribles encore, des spectres qu'il ne pouvait même pas nommer.

— Bonjour, camarade marin.

Il sentit des bras chauds enlacer son ventre, mettant fin à sa sombre rêverie.

— Bonjour, camarade femme.

— Tu as dormi, Stefan ?

— Guère.

Il se retourna, l'embrassa sur la joue. Sortant de la douche, elle était nue et mouillée sous un peignoir de bain. Perdu dans ses pensées, il n'avait pas entendu le bruit de l'eau.

— Tu dois partir maintenant ? demanda Margarita.

— Bientôt, oui.

Elle alla dans la petite cuisine, fit bouillir l'eau du thé dans le vieux samovar. Zenko s'assit à la table, le menton dans les mains.

— Nous avons passé un bon week-end, Stefan. A boire, à manger, à faire l'amour... mais nous n'avons pas beaucoup parlé.

Prenant dans ses mains le visage de sa femme, il proposa :

— Alors, parle.

— Deminov va te retirer ton commandement ?

La figure ronde et douce du sous-marinier prit une expression agacée.

— Pourquoi ce genre de question, Margarita ?

— C'est le genre de question qu'on pose en ce moment à l'Amirauté, Stefan. J'aimerais savoir ce que je dois faire.

— Tu dois faire ce que ta conscience te dicte, ma chère épouse.

— Stefan, je suis sérieuse. Il y a des rumeurs qui circulent.

Appuyé sur les coudes, il répondit :

— La Russie vit de rumeurs depuis des siècles. Sans rumeurs, nous étoufferions.

— Mais à Leningrad, les rumeurs disent que Deminov veut te remplacer, insista Margarita en s'asseyant en face de son mari.

— Vraiment ?

— Oui. Depuis que tu as refusé de signer sa sale petite lettre, on te prend pour un partisan des indépendantistes, ce qui rend Deminov furieux.

— Ce n'est pas Ivan Ivanovitch Deminov qui m'empêche de dormir.

— Ne dis pas de bêtises. Après avoir vu le *Sovietski Soyouz* au journal télévisé, tu as passé la nuit à te ronger. Deminov est un nazi qui porte une étoile rouge. Il s'est prononcé publiquement en faveur d'un gouvernement militaire. Et il commande une force armée de milliers d'ogives atomiques.

— Tu penses qu'il les lâchera sur Moscou ? fit Zenko avec un petit rire. Cela réglerait le problème de la bureaucratie.

Exaspérée, elle lui lança :

— Stefan, je t'aime mais tu es un incurable nigaud. Deminov est un homme puissant, il attend le bon moment pour s'emparer de ta flottille. C'est une réelle menace pour toi, et je veux savoir ce que tu comptes faire à son sujet.

— Dois-je lui loger une balle dans le crâne comme dans ces films américains que tu aimes tant ? Bon Dieu, la vie, ce n'est pas noir ou blanc, bien ou mal. Epargne-moi tes sermons, Margarita. C'est le Conseil de Défense qui doit se charger de Deminov.

— Et s'il t'ordonne de signer sa fichue lettre ou d'abandonner ton commandement ? Tu le laisseras faire ?

— Tu devrais savoir mieux que tout autre que j'obéis aux ordres. Quoi qu'il arrive, les problèmes sont complexes, confidentiels, et je ne peux pas en discuter. Alors, s'il te plaît, ferme ton bec, ordonna-t-il en lui tapant doucement les fesses. Je n'aime pas causer politique avec une femme nue. Retournons au lit.

— Pas si vite, camarade amiral. Ne te cache pas derrière des histoires de confidentiel par-ci ou secret par-là, pas après que la télé a montré en long et en large un essai de tir auquel tu étais opposé.

— Margarita, je t'en prie. Je ne peux pas en discuter.

— Stefan, je ne peux pas croire que tu vas laisser Deminov te passer dessus.

Zenko regarda la lumière orange pénétrant par la fenêtre. La réalité était là, de l'autre côté du double vitrage. C'était peut-être ce qu'il craignait, une réalité l'oppressant comme la mer fait pression sur un sous-marin, l'oppressant et finissant par l'écraser s'il descendait trop profond. Il prit Margarita par la main, la mena vers la chambre.

— Qu'est-ce que les pontes de l'Amirauté disent sur mes chances de conserver mon commandement ?

— Que Deminov veut briser ton image de héros et te contraindre à prêter allégeance.

— Allégeance ? La Marine est donc une sorte de royaume médiéval ?

— Bien sûr.

— Et ils donnent une cote ?

— Trois contre un, en ta faveur, répondit-elle comme ils s'allongeaient côte à côte.

— Seulement ? s'étonna-t-il, caressant distraitement un mamelon de son pouce. L'année dernière, c'était cinq contre un.

— Deminov veut ta peau, cher amiral Zenko, tout le monde le sait.

— Et toi, camarade chérie, tu as parié ?

— Le jeu est une pratique capitaliste décadente, le gronda-t-elle.

Il enfouit son visage entre les seins de Margarita, lui caressa les cuisses. Avec un rire aigu, elle roula sur le dos et ils se mirent à faire joyeusement l'amour.

Le téléphone sonna.

En jurant, le sous-marinier s'arracha au lit, alla dans le salon, décrocha.

— Zenko !

— Major Riziov à l'appareil, amiral. Le *mitchman* Sorokine est ici, il...

— Sorokine ? Il devrait être à Arkhangelsk.

— Il raccompagne un marin malade.

— Mais envoyez-les à l'infirmerie, nom de Dieu !

— Il désire vous parler. Il affirme que c'est urgent.

L'esprit de Zenko s'emballa. Sorokine n'aurait pas fait un tel voyage — comment s'était-il débrouillé, d'ailleurs ? — pour l'importuner avec un problème secondaire. Il avait dû se passer quelque chose à bord du *Sovietski Soyouz*.

— Bon, dit-il, je le verrai dans mon bureau dans une demi-heure.

— Très bien, amiral.

— Envoyez une voiture et réservez une place pour ma femme dans l'avion pour Leningrad.

— Bien, amiral.

Zenko raccrocha, retourna dans la chambre.

— Qu'y a-t-il ? l'interrogea Margarita.

— Je dois partir.

— Cela commençait juste à devenir intéressant, camarade amant.

— Je sais. Désolé, mais il faut que j'y aille.

Il prit une douche rapide, se rasa et mit l'uniforme qu'il portait en mer. Son étoile d'argent était un peu de travers sur sa poitrine, au-dessus d'une douzaine d'autres décorations moins importantes.

Margarita enfila un peignoir à fleurs, fit à nouveau du thé et regarda son mari. C'était un homme qui s'efforçait de remplir chaque journée comme si c'était la dernière. Il aimait faire l'amour, boire, passer la nuit à raconter des histoires, marcher dans la neige et cultiver des légumes dans son petit jardin. Elle savait cependant que rien ne pouvait rivaliser avec sa passion pour les sous-marins. Son équipage était sa vraie famille. Un jour, songeait-elle, quand la Marine finirait par lui prendre ses Typhons, elle se retrouverait avec un misérable vieillard.

— Tu seras parti combien de temps, cette fois, Stefan ?

— Patrouille normale. Trois semaines.

— Je veux que tu viennes me voir à Leningrad dès ton retour. Je ferai rôtir une oie, je jouerai de la musique.

— Merveilleux programme.

— Il y a quelque chose qui ne va pas, je le sens.

— Margarita, s'il te plaît.

Il mit ses bottes, fourragea dans la penderie pour trouver sa capote. Margarita s'affairait autour de lui, lissant ses revers, ajustant ses médailles. Prenant un air sévère, elle réclama :

— Maintenant, un baiser, camarade héros, et je te laisse partir faire la guerre sur la glace arctique.

— Les héros n'embrassent pas, ma chérie. Ils violent, ils pillent. Ils transforment la mer gelée en petits glaçons pour l'apéritif des commissaires politiques.

— Alors, viens me mettre à sac à Leningrad, Stefan. Je t'attendrai.

Parvenu à la porte, Zenko s'arrêta et, contrairement à son habitude, revint en arrière, prit Margarita dans les bras de son gros manteau et l'embrassa avec passion.

17

Centre de transmissions protégées

Malgré son grade et son poste, Zenko dut subir un contrôle et montrer ses papiers avant de pénétrer dans l'ascenseur pour descendre aux abris de sous-marins de Gremikha. Impatient, irrité, il parcourut le quai d'un pas vif, entra au centre de transmissions protégées. A l'arrivée de son chef, l'officier de service, le major Riziov, se leva précipitamment et annonça :

— Nous venons de recevoir un message radio de l'amiral Deminov. Son avion a quitté Arkhangelsk, il devrait être ici dans une demi-heure.

Zenko s'arrêta, se tourna lentement vers le jeune officier blond du GRU.

— A-t-il envoyé des instructions ?

— Il demande seulement que vous n'appareilliez pas avant qu'il soit là.

— Tiens.

Pas de protocole, pas d'avertissement et, pensa Zenko, pas de pitié.

— Tout le monde vient à Gremikha, ce matin, fit-il remarquer. Où est Sorokine ?

— Il vous attend devant votre bureau.

Zenko trouva les deux marins assis sur un banc dans le couloir. Petia Boulgakov s'était endormi, Vadim Sorokine avait saupoudré le sol de cendre de cigare. Les yeux rougis, l'air furieux, le *mitchman* se mit lentement debout et salua.

— Qu'est-ce que c'est que ça ? grogna Zenko en lorgnant le calmar endormi.

— Marin Boulgakov, commandant.

— Il est malade ?

— Non, commandant.

— Je vois. Laisse-le dormir et entre, Vadim.

Zenko ouvrit la porte de son bureau, la poussa et indiqua un siège à Sorokine. Le maître principal resta debout.

— Alors, qu'est-ce que tu fiches ici ?

— Commandant, ce n'est peut-être pas à moi de poser la question, mais je veux savoir pourquoi on arrête l'équipage du *Soyouz*.

— Qu'est-ce que tu racontes ?

— Après l'appareillage du sous-marin, les chantiers ont été...

— L'appareillage ? L'appareillage de quel sous-marin ?

— Ben, le *Soyouz*, commandant.

Abasourdi, Zenko s'exclama :

— Le *Sovietski Soyouz* a quitté Severodvinsk ?

— Oui, commandant.

— Quand ? Sous quel commandement ?

— Ce matin à deux heures, environ, sous le commandement du capitaine de vaisseau Malakov. Vous... vous n'en aviez pas donné l'ordre ?

Le vice-amiral sentit des picotements parcourir sa peau. Margarita avait raison. Il sentait Deminov manœuvrer autour de lui tel un sous-marin invisible. Son esprit entra en ébullition. Le *Sovietski Soyouz* ne pouvait appareiller sans ordres directs du commandant de la flottille ou d'un de ses supérieurs hiérarchiques. Avec l'arrivée imminente de Deminov, Zenko se demanda s'il n'allait pas être relevé de son commandement dans les minutes à venir.

— Non, je n'ai pas donné cet ordre. Assieds-toi.

Sorokine s'assit avec raideur au bord d'un fauteuil, remarqua le léger tremblement des mains du vice-amiral quand celui-ci lui offrit une cigarette.

— Dis-moi exactement ce qui s'est passé, fit Zenko, la voix basse mais ferme.

Le *mitchman* relata l'arrestation de Boulgakov par la milice, l'expédition à Arkhangelsk pour le faire libérer, et la coopération de Jarjarskiev.

— Quand on est revenus à Severodvinsk, le SM n'y était plus, des *spetsnaz* occupaient les chantiers et la milice arrêtait les hommes d'équipage restés à terre.

— As-tu reconnu quelqu'un ?

— Le colonel Loudinov, des services de sécurité de la Flotte.

— L'homme de main de Deminov, murmura Zenko. Quand as-tu vu Malakov pour la dernière fois ?

— Juste avant qu'il descende à terre pour rencontrer Deminov. Il a fait un laïus plein de slogans patriotiques, le glorieux ceci, le glorieux cela. Je l'ai regardé lancer le SS-N-20, commandant. Son visage avait une expression que je n'oublierai jamais.

— Tu as fait ce qu'il fallait en venant ici, Vadim. Merci.

— Qu'est-ce qui se passe, commandant ? Je peux faire quelque chose ?

— Oui. Je te nomme à nouveau maître timonier du *Taïfoun*.

— Merci, commandant. C'est comme un retour au pays, pour moi. Qu'est-ce que je dois faire de Boulgakov ?

— C'est un bon marin ?

— Il apprend.

— Fais-le monter à bord et dis-lui de se taire. Prépare-toi, nous appareillerons avec la marée.

Sorokine sortit du bureau, récupéra Petia au passage. Par la grande fenêtre, le vice-amiral les regarda s'éloigner, Sorokine marchant à grandes enjambées, le jeune marin hâtant le pas derrière.

Un pavillon rouge pendait à l'arrière du *Taïfoun* mais Zenko se demandait s'il parviendrait à prendre la mer aujourd'hui — et même si il y réussirait jamais. Son instinct lui soufflait que sa loyauté allait être mise à l'épreuve. Mais loyauté envers qui ? envers quoi ? Pendant dix ans, sa loyauté était d'abord allée à ses bâtiments, à ses hommes. Au-delà, il était resté fidèle à la Marine, au Parti, à la *rodina*. A présent, il devait plonger plus profondément en lui-même. Il n'était pas trop vieux pour changer. La Marine Rouge avait été construite en vue d'une guerre qui n'aurait jamais lieu. Le Parti avait trahi la Révolution et l'Union n'avait été que le masque de l'empire russe. Que restait-il au bout du compte ? La patrie, le peuple russe.

Valotine et Deminov l'avaient mis hors circuit puis avaient envoyé Malakov en mer Blanche. Quelles que pussent être les intentions de ses supérieurs, Zenko avait de sérieux doutes au sujet de Malakov, qui ne voyait dans son bâtiment qu'une extension de lui-même, une arme pour son propre avancement. Prenez une poignée d'uranium enrichi, assez d'acier pour construire un pont au-dessus du détroit de Gorlo, deux cent mille soudures testées aux rayons X, cent kilomètres de câbles, des années d'entraînement pour un millier d'hommes, toute une vie d'idéologie corrosive, un homme avide de gloire, et vous obtenez quoi ? Le capitaine Nemo devenu fou, un tourbillon nucléaire, un monstre de l'âge glaciaire avec des défenses atomiques.

Zenko décrocha le téléphone.

— Riziov ? Donnez-moi l'amiral Valotine, à Leningrad.

— Bien, amiral.

La tête entre les mains, le patron des Typhons sentait la pression s'amonceler derrière ses yeux comme des crêtes de glace sur la banquise. Le téléphone bourdonna.

— L'amiral Valotine est au bout du fil, amiral. Je vous le passe.

— Zenko ?

— Oui, amiral. Je crois savoir que le *Sovietski Soyouz* a pris la mer avec un équipage réduit sans que j'en sois informé.

— C'est exact. Deminov est déjà auprès de vous ?

— Il ne va pas tarder.

— Alors, autant que vous l'appreniez par moi, Stefan Grigorievitch. J'ai déclenché l'opération Etoile Blanche. Deminov vous transmettra vos instructions.

Au ton froid, officiel et distant de l'amiral de la Flotte, Zenko comprit qu'il serait vain de protester.

— Je vois, murmura-t-il. Très bien, amiral.

Après un déclic, la ligne devint silencieuse.

Etoile Blanche. Il aurait dû deviner. Parmi les commandants de Typhon, Malakov était le seul sur qui on pût compter pour lancer un missile. Avec l'armement dont disposait le *Sovietski Soyouz*, il pouvait raser les capitales de toutes les républiques, et Moscou elle-même. Etait-ce ce que Deminov et Valotine manigançaient ? Utilisaient-ils Etoile Blanche comme paravent ? Avec le doigt de Malakov sur le bouton atomique, ils avaient la force de frappe nécessaire pour réussir un coup d'Etat. Margarita lui avait dit qu'ils attendaient le bon moment. En fait, ils étaient en train de le créer.

Zenko se sentait embourbé dans la tromperie et la trahison. Il n'était pas nécessaire pour Valotine et Deminov de le relever de son commandement. Il leur suffisait de lui donner l'ordre d'appareiller et de le maintenir sous la glace sans communication extérieure pendant qu'ils soumettaient le gouvernement au chantage avec le *Sovietski Soyouz*. Ou plus simplement, ils pouvaient le faire enfermer à la prison de Gremikha. Zenko devait absolument arrêter ces salauds mais il lui fallait de l'aide. Il décrocha le téléphone.

— Riziov, venez dans mon bureau, je vous prie.

L'officier frappa, entra. Zenko était obligé de faire confiance à quelqu'un ayant accès aux systèmes de transmission radio et il n'avait pas le temps de sonder les cinquante personnes travaillant au centre. Il considéra le jeune officier, prit une décision.

— Asseyez-vous, Boris.

— Merci, amiral.

— Vous êtes ici depuis quatre ans, si ma mémoire est bonne. L'année dernière, vous avez eu la possibilité d'être muté au quartier général de la Flotte, à Poliarnï, mais vous avez préféré rester ici.

— C'est exact, amiral.

— Est-ce le colonel Loudinov, des services de sécurité de la Flotte, qui vous a demandé de rester ?

— Non, amiral. Il voulait me faire venir à Poliarnï.

— Pourquoi êtes-vous resté ? Gremikha est isolée ; il n'y a rien, ici. Votre petit garçon grandit dans un désert glacé.

— Notre niveau de vie est le meilleur de toute la Marine, amiral. Nos boutiques sont pleines, nous n'avons pas à faire la queue, nous ne manquons de rien.

— Ce n'est pas une raison suffisante pour la plupart des hommes. Ils partent.

— Nous faisons un travail important, ici, dit Riziov. Qu'y a-t-il de plus important qu'empêcher une guerre atomique par la dissuasion ?

— Je suis tout à fait de votre avis, approuva Zenko. Mais vous appartenez au GRU, pas à la Marine proprement dite. Vous êtes un spécialiste du renseignement, bref un espion. Il m'est arrivé de me demander si vous n'êtes pas resté ici pour m'espionner.

Riziov s'empourpra ; sa lèvre inférieure se mit à trembler. Après une longue inspiration, il reconnut :

— Cela fait partie de mes fonctions.

— Et à qui faites-vous votre rapport ?

— Au colonel Loudinov.

— Je vois. L'avez-vous déjà prévenu que le *mitchman* Sorokine est arrivé d'Arkhangelsk ?

— Non, amiral.

— Pourquoi ?

— Je transmets aussi peu d'informations que possible. Parfois, je reste des mois sans envoyer de rapport à Poliarnï.

— A quand remonte le dernier ?

— A trois semaines. Loudinov désirait savoir pourquoi vous n'avez pas signé la lettre de soutien à l'Union et au Parti. Il voulait également savoir si vous aviez exprimé des opinions indépendantistes. J'ai répondu que vous êtes le commandant le plus patriote sous lequel j'aie eu le privilège de servir. Selon moi, vous pensez que la politique n'a pas sa place dans un commandement militaire.

— Je pense que le patriotisme est plus important que la politique. Etes-vous de cet avis, Boris ?

— Oui, amiral, répondit Riziov, en se demandant où cet interrogatoire les menait.

— Quand votre service se termine-t-il ?

— Après l'appareillage du *Taïfoun*.

— Le *Taïfoun* doit partir dans deux heures. Après mon départ, c'est l'amiral Deminov qui assurera le commandement de la base. L'amiral Valotine a déclenché l'opération Etoile Blanche. Vous savez ce que c'est ?

— Dans les grandes lignes seulement. C'est un plan pour faire face à une éventuelle rébellion armée.

— Oui, mais cela peut être aussi *l'organisation* d'une rébellion armée.

Après une pause, Zenko reprit :

— Sachez qu'il est possible que l'amiral Deminov envoie de cette base au *Sovietski Soyouz* le signal de lancement d'un missile — cette fois un tir réel, pas un essai.

Le jeune visage de Riziov s'assombrit.

— Sur quelle cible, amiral ?

— Je l'ignore, mais probablement sur l'une des républiques.

La mâchoire inférieure du major tomba.

— La guerre civile, alors.

— Oui. Deminov et Valotine utilisent le *Sovietski Soyouz* pour leurs propres objectifs. Je crois qu'il est de notre devoir de les arrêter.

Voyant le jeune officier effrayé et perdu, Zenko lui demanda :

— Ça va ?

— Oui, amiral, dit Riziov, mais c'est beaucoup à digérer d'un coup.

— J'ai besoin de votre aide, Riziov.

— Que puis-je faire, amiral ?

— Je crains qu'après mon départ, Deminov n'envoie un autre Typhon en mer pour frapper la patrie. Vous et moi pouvons établir une série de codes simples grâce auxquels vous me tiendriez au courant pendant que je serais sous la glace.

Riziov hésita.

— Je ne sais pas, amiral. Les systèmes de sécurité sont très efficaces.

— Je ne le sais que trop, soupira Zenko. Si vous êtes découvert, Deminov vous fera fusiller, vous pouvez en être sûr.

L'officier du GRU hésitait encore. Il comprenait que Zenko faisait appel à sa loyauté personnelle.

— Riziov, je suis contraint de vous faire confiance. Vous pouvez feindre de m'approuver maintenant et me dénoncer à Deminov quand il arrivera, dans quelques minutes. Mon objectif est d'empêcher mes sous-marins d'attaquer mon pays. Vous devez choisir votre camp, major. Tout de suite.

— Qu'avez-vous l'intention de faire, amiral ?

— Je pense qu'il vaut mieux que vous ne le sachiez pas exactement, répondit le vice-amiral, qui ne le savait pas en fait lui-même.

Le téléphone bourdonna, le patron des Typhons décrocha.

— Contrôle aérien, amiral. L'avion de l'amiral Deminov vient de se poser.

— Merci. Veillez à ce qu'il soit accueilli comme il se doit et conduit ici.

— Bien, amiral.

Zenko replaça l'appareil sur son socle, se tourna vers Riziov.

— Alors, vous avez pris une décision ?

— Je vous aiderai, amiral. Je ferai de mon mieux.

— Bon. Si Deminov envoie un ordre de lancement au *Sovietski Soyouz*, signalez-le au *Taïfoun* par un double B. S'il fait appareiller un autre Typhon, double K.

Le major hocha la tête.

— Double K. Oui, amiral.

Zenko emmena Riziov dans la salle de cryptographie, s'assit devant un terminal et composa des codes pour la patrouille du *Taïfoun*. Les ordinateurs de la salle radio vérifièrent les séquences, puis le vice-amiral en imprima deux jeux. Suivant la procédure habituelle, les deux hommes revinrent dans le bureau du vice-amiral, enfermèrent un jeu dans le coffre.

— Y a-t-il autre chose que je dois savoir ? demanda Riziov, une expression anxieuse sur le visage.

— Vous en savez probablement déjà trop, répondit Zenko. Mais gardez le moral, Boris. Après tout, Deminov ne m'enverra peut-être pas en mer. Je passerai peut-être les prochains jours à la prison de la base. Si c'est le cas...

Laissant la phrase en suspens, il haussa les épaules et mit l'autre jeu de codes dans sa serviette.

18
Commandement et contrôle

Ivan Deminov fit son entrée dans la Caverne de Zenko, tel un prince régnant. Avec sa suite de vingt officiers d'état-major, il parcourut le quai en se pavanant devant les sous-marins, les grues et les calmars éberlués. Sa carte d'identité militaire à bout de bras, il passa d'un pas rapide devant la garde d'infanterie de Marine, pénétra dans le centre de transmissions.

Debout derrière son bureau, le major Riziov regardait avec appréhension l'amiral approcher, tourbillon de bandes écarlates sur pantalon blanc. Un pas derrière, en uniforme noir inquiétant, venait le colonel Loudinov, l'impassible chef du GRU à qui Riziov adressait ses rapports.

Deminov se présenta au bureau et annonça :

— Ce centre est désormais sous le commandement direct de la Flotte du Nord.

Riziov se mit au garde-à-vous, salua.

— Oui, amiral. Major Riziov, à votre service.

Deminov lui rendit son salut.

— Où est l'amiral Zenko ?

— Dans son bureau. Dois-je l'appeler ?

— Non. Je sais où trouver Stefan Grigorievitch.

Tandis que l'amiral traversait le hall, Loudinov s'approcha du bureau et se pencha vers le jeune officier.

— Bonjour, Boris. Cela fait longtemps que je n'ai pas eu de vos nouvelles.

L'amiral Deminov portait un dauphin doré, insigne des officiers sous-mariniers. Au cours de sa longue carrière, il avait passé quinze ans dans les sous-marins et avait commandé une flottille de lance-missiles de classe Delta II. Mais les années passées sous l'eau n'avaient fait que le rendre nerveux et envieux. A la différence de Zenko, il n'aimait ni la mer ni les bateaux. Pour lui, les Typhons signifiaient essentiellement le pouvoir à l'état pur — un pouvoir grisant qu'il avait fini par arracher des mains de Zenko et qu'il contrôlait à présent. Depuis trente ans il jalousait le génie de Zenko, il était agacé par sa rude franchise. Dans de nombreux affrontements antérieurs, Zenko était sorti vainqueur. Cette fois, ce serait différent.

La porte était ouverte. Debout derrière son bureau, Zenko attendait, son uniforme froissé mais sa dignité intacte. Si Riziov rapportait à Loudinov leur conversation, sa carrière prendrait fin sur l'heure, il le savait. Pariant que le major était plus qu'une fouine du GRU, Zenko espérait obtenir de Deminov le maximum d'informations sans susciter sa colère ou sa méfiance. Il avait besoin de connaître la position exacte du *Sovietski Soyouz*, les plans et les intentions de l'amiral.

Quand Deminov s'avança, l'air suffisant, Zenko lui lança :

— Bienvenue à Gremikha, Ivan Ivanovitch. Entrez.

Avant que l'amiral eût pu répondre, il ajouta :

— Asseyez-vous. Otez votre casquette. Vous restez un moment, je présume.

Zenko fit le tour de son bureau pour aller faire bouillir l'eau du thé dans un vieux samovar. Désarçonné par l'accueil sans cérémonie du patron de Gremikha, Deminov le regarda s'affairer avec les verres et les petites cuillères. Zenko sourit, desserra son col de chemise : il n'avait pas du tout l'air d'un homme qui sait sa carrière menacée. Des années plus tôt, jeunes officiers effectuant ensemble une longue patrouille, ils étaient presque devenus amis mais, de retour au port, Zenko s'était aperçu que Deminov n'était qu'un homme creux et dépourvu d'idéal, animé seulement d'un appétit effréné de pouvoir.

— Je ne mâcherai pas mes mots avec vous, prévint Deminov. Vice-amiral Stefan Grigorievitch Zenko, je vous relève du commandement de la VIe flottille de sous-marins lance-missiles stratégiques.

Au lieu d'exploser en cris et en jurons, comme s'y attendait Deminov, Zenko retourna tranquillement à son bureau avec un verre de thé.

— Vous acceptez ?

— Bien sûr, Ivan. Je n'ai pas le choix, et je n'ai jamais désobéi à un ordre.

— Vous me remettrez tous les codes d'armes et de communications des bâtiments de votre flottille.

Zenko se pencha au-dessus de son bureau, écrivit sur un bloc-notes la combinaison de son coffre.

— Le major Riziov a accès à tous les dossiers concernant cette question. Je suis entouré d'hommes remarquables. Ils vous serviront bien. Voulez-vous que je les réunisse pour vous présenter ?

— Plus tard.

Zenko ouvrit sa serviette, en sortit les codes d'armes et de communications du *Taïfoun*.

— Je suppose que vous nommerez un autre commandant pour mon bâtiment. Voici les codes pour la prochaine patrouille, que nous avons établis ce matin, le major Riziov et moi.

Il regarda sa montre, tendit le bras vers sa casquette.

— J'ai passé dix ans ici. D'un seul coup, c'est fini, voilà. En me pressant, je réussirai à prendre l'avion pour Leningrad avec ma femme. Je préfère ne pas rester ici plus longtemps que nécessaire.

Deminov s'était attendu à une réaction indignée. Il avait déjà vu Zenko furieux — un spectacle impressionnant. Prévoyant que celui-ci refuserait d'accepter ses ordres, il avait pris la précaution de prévenir Loudinov qu'il faudrait peut-être l'enfermer à la prison de la base. Mais au lieu de protester avec véhémence, le vice-amiral se comportait comme une recrue docile.

— Pas si vite, Stefan Grigorievitch. Vous resterez à votre poste d'officier commandant le *Taïfoun* et vous participerez pleinement à l'opération Etoile Blanche.

— Vous me relevez de mon commandement et vous voudriez que je prenne part à une opération que je condamne ? Allez vous faire mettre, Ivan !

C'était le Zenko que Deminov connaissait, l'homme qu'il voulait mettre à genoux.

— Si vous refusez, je vous fais arrêter !

— Vous n'oseriez pas.

— Si. Vous et tout votre équipage, au besoin, ainsi que tous les saligauds de cette base qui refuseraient d'obéir aux ordres du commandant de la Flotte du Nord !

Zenko parut s'effondrer sous ses yeux, soudain dompté, et Deminov posa un dossier scellé sur le bureau.

— Voici vos instructions. Vous vous porterez directement au carreau 61-22, en mer de Barents, et vous y resterez jusqu'à nouvel ordre. Le *Taïfoun* sera escorté par le *Gorki*, de la VIIe Escadre de sous-marins d'attaque. Vous connaissez son commandant, Viktor Lorinski ?

— Bien sûr. Je connais tous les Fantômes Gris. Je leur ai donné des cours de tactique à Frounze.

— Comprenez bien, Zenko, que vous devez rejoindre immédiatement le secteur qui vous est affecté. Si vous déviez d'une mètre de votre route, Lorinski a l'ordre de vous torpiller.

— Et vous avez envoyé le *Minsk* en mer Blanche pour escorter Malakov ?

— Le *Minsk* garde l'entrée du détroit de Gorlo.

— Je vois.

— Je n'en doute pas.

Zenko brisa le sceau, ouvrit le dossier rouge et prit connaissance des ordres.

— Il n'est pas fait mention du *Sovietski Soyouz*. Si j'avais encore le commandement, j'enverrais Malakov dans le golfe de Kandalakcha.

Zenko avait prononcé ce nom au hasard mais Deminov répondit :

— Vous paraissez exceptionnellement bien informé.

— J'ai parlé à Valotine il y a quelques minutes.

— Alors vous n'ignorez pas que l'Union est en crise.

— Il semblerait. Etoile Blanche est censée répondre à une rébellion armée. Voulez-vous me dire où est cette rébellion ?

Deminov lui jeta un regard de mépris.

— Vous êtes resté trop longtemps isolé à Gremikha, Stefan. C'est tout le pays qui est en rébellion. Nous avons même la grève dans les chantiers militaires.

— Et vous ripostez par des essais de missiles, qui provoquent des manifestations, qui fournissent à leur tour un prétexte pour une intervention militaire.

— Qu'insinuez-vous ?

— Simplement que votre réaction à la situation politique actuelle est peut-être disproportionnée.

— Etes-vous devenu partisan de l'éclatement de l'Union ?

— Mettez-vous en doute ma loyauté ? Ce n'est un secret pour personne que j'ai toujours tenu la politique à l'écart de mon commandement, quelles que soient mes opinions personnelles.

— Il ne s'agit pas de politique mais de survie !

— La survie de qui ? répliqua Zenko. La vôtre ? La mienne ?

— Celle de l'Union Soviétique. Les choses sont allées trop loin. Les prétendus réformateurs ne nous ont apporté que l'anarchie et le désordre. Les Etats baltes et la Géorgie sombrent dans le chaos. Nous pourrions perdre ensuite l'Ukraine, la Biélorussie, et pourquoi pas la Russie elle-même ! Le pays est ravagé par ces Rapoustine équipés d'ordinateurs et par leur satanée *perestroïka* ! Avant Gorbatchev, la paix régnait entre les républiques. Nous connaissions la stabilité, nous n'avions aucun doute quant à notre mission dans le monde. Mais nous sommes en train de tout perdre, et je ne resterai pas les bras croisés.

— Inutile de continuer à discuter, donc ? La question est réglée ?

— Elle l'est.

— Vous risquez de faire éclater une guerre civile, prédit Zenko d'un air sombre.

— J'assume ce risque. Mon but est de préserver l'Union. Considérez l'autre terme de l'alternative : si l'URSS est détruite, la Russie sera encerclée par des républiques indépendantes possédant l'arme atomique et résolues à se venger. C'est une perspective dont personne ne veut. Nous devons écraser nos ennemis avant qu'ils ne se retournent contre nous. Avec de la volonté, la voie est facile à suivre. Il en a toujours été ainsi, Zenko. Nous ne laisserons pas l'Histoire nous renverser. Nous ferons l'Histoire. Nous devons rétablir l'ordre !

« Oui, pensa Zenko, l'histoire de la Russie a été écrite dans le sang par des sauveurs qui voulaient rétablir l'ordre. »

— Et pendant que vous sauverez l'Union, moi, je me tournerai les pouces sous la glace. Quel sera mon rôle ?

— Rester dans votre secteur et attendre les ordres, ni plus ni moins.

— Et Malakov ?

— Même chose.

— Et les Américains ? Si vous déployez tout à coup des dizaines de bâtiments, ils le remarqueront. Si une guerre civile éclate, ils s'inquiéteront.

Deminov eut un grognement dédaigneux.

— Les Américains ne comptent pas. Ils font du bruit, ils publient des déclarations, ils rappellent leur ambassadeur, et finalement ils ne font rien. Ils ne partiront pas en guerre juste parce que nous changeons de gouvernement.

— Vous avez l'intention de changer le gouvernement ?

— C'est inévitable.

« Alors, vous êtes vraiment décidés à aller jusqu'au bout, bande de salopards », pensa Zenko.

— Je dois reconnaître que ça ne peut pas continuer comme ça, dit-il.

Tout à fait sûr de lui à présent, Deminov sortit de sa poche deux documents et les tendit à Zenko.

— Voici l'ordre vous relevant de votre commandement, ainsi qu'un engagement à vous plier à toutes les directives de l'opération Etoile Blanche. Signez-les, s'il vous plaît.

Le vice-amiral parcourut rapidement les deux textes, les signa avec une résignation affectée.

— Mon commandement est à vous. Attendez ici un moment, je vais vous présenter au personnel du centre.

En sortant du bureau, il découvrit Riziov, et un simple coup d'œil du major lui apprit que son allié ne s'était pas effondré devant le colonel Loudinov. Riziov avait rassemblé plus de cinquante techniciens, opérateurs radio, chiffreurs et secrétaires dans une salle de réunion. Zenko y pénétra flanqué de Deminov, qu'il présenta d'un ton déférent.

— L'Amirauté a déclenché l'opération Etoile Blanche, enchaîna-t-il. Vous êtes désormais placés sous le contrôle direct de la Flotte du Nord et de l'amiral Deminov. Jusqu'au terme de cette opération, la base de Gremikha restera coupée du monde extérieur. Vous êtes en état d'alerte permanent. C'est l'amiral Deminov qui commandera la flotte depuis cette base. Jusqu'à nouvel ordre, toutes les communications seront assurées par notre centre, ce qui signifie que vous serez très occupés ces prochains jours. Je vous rappelle que toutes les entrées de terminal, tous les signaux radio sont enregistrés pour des raisons de sécurité. Votre travail sera soumis à examen. Le major Riziov sera chargé des problèmes de sécurité. C'est tout. Continuez et bonne chance.

De retour dans le bureau de Zenko, Deminov regarda le maître déposé de Gremikha endosser sa capote et coiffer sa casquette. Quand il tendit la main, le vice-amiral la serra sans manifester d'émotion puis quitta le centre. Par la fenêtre de verre blindé, Deminov le vit remonter le quai en direction de son sous-marin, les épaules voûtées, avec la démarche d'un homme brisé. L'amiral de la Flotte du Nord poussa un grognement satisfait. Le premier obstacle à ses plans avait été surmonté avec une facilité surprenante.

Il retourna au centre de communications et donna son premier ordre au major Riziov : « Envoyez un message au *Sovietski Soyouz*. »

A deux cents milles au sud-ouest de Gremikha, le *Sovietski Soyouz* demeurait immobile sous trois cents mètres d'eau dans le golfe de Kandalakcha, la partie la plus profonde de la mer Blanche. Malakov avait pris la précaution supplémentaire de se tapir au fond de l'eau plutôt que de suivre la procédure normale pour un Typhon, qui consistait à se cacher juste en dessous de la glace. Il ne s'attendait certes pas à tomber sur un bâtiment en patrouille, mais tout sous-marin cherchant le *Sovietski Soyouz* aurait une surprise.

Dans le poste central silencieux, Malakov allait et venait des répétiteurs sonar au local radio, attendant nerveusement un signal de Gremikha par ELF.

Le voyant lumineux s'alluma enfin et le message ELF fut lentement capté, à raison d'un caractère par minute. Une demi-heure plus tard, une fois le texte décodé, Malakov put lire :

ZENKO EN MER DEMINOV ENVOIE

La soumission du vice-amiral suscita chez son subordonné une vive satisfaction. Il ne lui restait plus qu'à attendre. Le prochain signal serait une déclaration de victoire totale ou un ordre de lancement.

19
Le « Taïfoun »

En descendant le quai, Zenko sentit les yeux de Deminov lui brûler le dos. « Ivan Ivanovitch est un imbécile, pensa-t-il. Il m'a offert sur un plateau la seule arme qui puisse empêcher cette trahison : mon sous-marin. »

En approchant du *Taïfoun*, il remarqua une certaine agitation sur le pont devant le kiosque. Les hommes sortaient par les panneaux et formaient les rangs. Sorokine marchait de long en large en braillant des ordres. Quand Zenko parvint au sous-marin, le *mitchman* s'immobilisa devant l'équipage rassemblé et se tourna vers son commandant.

— Garde-à-vous !

Derrière lui, cent cinquante paires de talons claquèrent.

— Saluez !

Cent cinquante mains saluèrent d'un même mouvement.

— Proclamez !

— Vice-amiral Stefan Grigorievitch Zenko, maître du *Taïfoun*, nous vous saluons !

Zenko rendit le salut en songeant : « Mon Dieu, comment dire à ces hommes que nous devrons combattre nos propres bâtiments ? » Son regard passa d'un marin à l'autre, jeunes visages résolus — des visages d'ange, presque, tant ils étaient jeunes —, des matelots dont on se souviendrait encore dans mille ans s'il réussissait, qu'on oublierait aussitôt s'il échouait. Ses yeux s'attardèrent sur les compartiments de missiles chargés de plutonium. Qui était fou ? Valotine, Deminov, Malakov, ou celui qui avait construit ces engins de destruction ?

Avançant d'un pas, il s'écria :

— Marins du *Taïfoun*, êtes-vous prêts à prendre la mer ?

— Nous le sommes !

— Alors, Fils de Neptune, rugit Zenko à pleins poumons, dites au revoir au ciel !

— Au revoir le ciel ! clama l'équipage.

Le bateau de Zenko, sa signature. Il gravit l'échelle de coupée, laissa tomber sa capote sur le pont et disparut par le panneau.

Le *Taïfoun* était un vieil ami. Le poste central était d'un bleu foncé que Zenko préférait au rouge des bâtiments plus récents. Il regarda les hommes du central pénétrer un à un dans le compartiment. Sorokine prit son poste de maître timonier à la table de navigation, promena les yeux sur une rangée d'écrans. Tout était en ordre. Le sous-marin était prêt.

Dans le local radio, Zenko trouva l'officier politique du *Taïfoun* : le capitaine de vaisseau Sacha Kougarine préparait les feuilles de cryptographie. Ayant servi ensemble pendant quinze ans, les deux hommes étaient unis plus étroitement que l'un ou l'autre ne l'était avec sa femme. Zenko n'avait que faire de *zampolit* comme Sergov, incapables d'ouvrir une valve ou de régler la vapeur. La mer se moquait bien qu'un homme ait lu Lénine, et un réacteur n'avait pas besoin de citations de Karl Marx. Ancien élève de l'Ecole des Sous-Mariniers de Mourmansk, Kougarine portait fièrement un dauphin doré à côté de l'insigne du Parti.

Expansif, prompt à s'énerver, grosses lunettes sous une tignasse bouclée, Kougarine serra avec effusion la main de Zenko.

— Bonjour, camarade Stefan. Comment va Margarita ?

— Elle pétille comme une coupe de champagne. Non, comme trois coupes, plutôt. J'aurais dû épouser une femme de mon âge.

— Tu veux changer ? Margarita contre Vadia ?

— Non, merci, camarade Père Héroïque.

Sur chaque bâtiment soviétique, l'homme qui avait le plus d'enfants portait le titre de Père Héroïque.

— Garde ta grosse vieille, continua Zenko. Elle est encore enceinte ? Et comment vont tes sept petits communistes ?

— Tu veux que je te parle de mes gosses ? Ivan se maquille le visage en blanc et se défonce au hasch toutes les nuits. Alexis veut faire partie d'un groupe de rock. Ekaterina a adhéré aux Verts et me traite d'ennemi du peuple. Elle exige l'interdiction de l'énergie nucléaire sous toutes ses formes et la suppression de la Marine. Ah ! c'est très amusant les dîners en famille ! Gueorgui passe sa journée devant la télé ou pendu au téléphone. Maïa est chef de son groupe de Pionniers et rentre en pleurant tous les soirs parce que les autres enfants disent que le communisme est un énorme mensonge et Lénine un crétin. Elle et Katia se chamaillent avec des cris de Géorgiens. Les jumeaux sont à la crèche, encore trop petits pour nous causer beaucoup d'ennuis. Je te le dis, Stefan, le monde est fou.

Après avoir patiemment attendu la fin des lamentations du *zampolit*, Zenko lui demanda :

— Paré à appareiller ?

— Je n'ai qu'une hâte : foutre le camp. Trois semaines de silence et de tranquillité sous la glace, c'est exactement ce qu'il me faut.

Les bras croisés sur la poitrine, Zenko s'enquit :

— Tu as passé toute la matinée à bord ?

— Oui. La nuit aussi.

— Tu es monté sur le pont ?

— Non.

— Tu as vu Sorokine ?

— Ce vieux Vadim ? Il est arrivé il y a une heure et a pris l'équipage en main comme s'il n'était jamais parti.

— Il t'a dit pourquoi il est ici ?

— Je ne le lui ai pas demandé.

— Nous ne partons pas en patrouille ordinaire. J'ai eu la visite de ton ami Ivan Deminov, ce matin.

— Il t'a bassiné avec ses conneries habituelles, je suppose. Qu'est-ce qu'il veut ? Un autre essai de missile ?

Zenko s'adossa à la cloison.

— Il m'a retiré le commandement de la flottille.

— Il a fait quoi ? s'écria Kougarine, clignant des yeux de surprise.

— Tu as bien compris. Et Valotine a déclenché l'opération Etoile Blanche.

— Je... je ne sais pas quoi dire, bredouilla l'officier politique. Je ne suis même pas sûr de vouloir savoir pourquoi.

— Et hier, Malakov a appareillé avec le *Sovietski Soyouz* sur l'ordre de Deminov sans me consulter au préalable.

— Malakov ? fit Kougarine, soudain blême. C'est le genre de type qui fait un écart pour écraser les coccinelles.

Zenko montra ses instructions au *zampolit*.

— C'est épouvantable ! Nous sommes censés recibler dix missiles sur des objectifs intérieurs ?

Les yeux mi-clos, le vice-amiral acquiesça de la tête.

— Je vais dénoncer ces salauds au Parti ! dit Kougarine.

— Le Parti ! tonna Zenko, de la colère plein la voix. Tu crois que nous pouvons arrêter Deminov avec un coup de téléphone au Parti ? Je te jure, parfois, tu penses plus comme un apparatchik que comme un officier de marine. On arrête une flotte avec des torpilles. On réprime une mutinerie en exécutant les meneurs.

La vérité éclata comme une bombe dans la tête de Kougarine.

— Qu'est-ce que tu as l'intention de faire, Stefan ?

— Je vais traquer Malakov et couler le *Sovietski Soyouz*.

Frappé de stupeur, le *zampolit* vit l'avenir exploser en un violent tourbillon.

— Alors, nous en sommes là, murmura-t-il. C'est la guerre.

— Exact, dit Zenko, redevenu calme. Et nous tirons les premiers.

— Un sous-marin contre toute une flotte ?

— Oui. Nos chances sont plutôt minces, n'est-ce pas ? J'ai besoin de toi, Sacha, mais tu peux encore quitter le *Taïfoun*. Tu es libre de rejoindre Deminov et sa bande de fous. Pense à tes enfants, à leur avenir. Tu veux qu'ils passent le reste de leur vie sous une dictature militaire ? Si nous laissons faire Deminov, ce sera à nouveau la guerre froide, ou pire. Nous aurons un autre Staline.

— Sorokine est au courant ?

— Pas encore. J'ai tenu à t'en parler d'abord. Sans toi, je n'ai pas une chance. Es-tu avec moi ?

Sans hésiter, Kougarine franchit le pas.

— Bien sûr, dit-il, mais grand Dieu, comment comptes-tu passer le détroit de Gorlo ?

— Je trouverai un moyen, répondit Zenko avec un sourire rusé. Maintenant, planquons ce rafiot sous la glace avant que Deminov ne change d'avis.

Quelques minutes plus tard, emmitouflé dans une tenue arctique, équipé de grosses lunettes, d'un casque à écouteurs et de jumelles, Zenko se tenait sur le kiosque du *Taïfoun* en compagnie de Sorokine. Les jambes écartées, un grand sourire découvrant ses dents en or, il criait et jurait comme un matelot :

— Bon Dieu, qu'il est moche, ce putain de sous-marin ! Si moche, que j'ai presque l'air beau, à côté !

Sorokine repoussa sa casquette sur son crâne.

— L'océan est aveugle, commandant. Il s'en fiche.

— Aveugle mais pas sourd, camarade *mitchman*. Deux Akoulas nous attendent juste au bord de la glace.

— Pour nous escorter ?

— Ou nous couler. Nous partons en guerre, Vadim.

— Malakov, lâcha le maître principal, imperturbable.

— Oui, si je réussis à le trouver. Il me faudra ton aide, et celle de l'équipage.

— Entendu, commandant. Dites-leur la vérité, ils se battront pour vous. Moi, vous n'avez même pas à me le demander.

— Alors, allons-y. Passerelle à central, machines avant lentes.

— Avant lentes, compris.

Une eau blanche bouillonna sous l'arrière du submersible. Avec un tremblement, le *Taïfoun* s'écarta du quai.

— A gauche, dix.

— A gauche, dix.

— La barre est dix à gauche.

— Bien. Ouvrez l'accès à la mer.

Les lourdes portes d'acier s'écartèrent, laissant l'air froid s'engouffrer dans la caverne.

Quand le *Taïfoun* passa près du *Premier Mai*, Zenko remarqua un groupe de jeunes officiers sur le pont avant. Il leur fit un signe de la main mais aucun des lieutenants ne le lui rendit. Zenko en éprouva un coup au cœur puis se rendit compte qu'ils venaient d'être informés que l'opération Etoile Blanche avait commencé, et que Zenko avait accepté d'y prendre part.

Ils se sentaient trahis. Il était leur héros, non parce qu'il portait une étoile d'argent mais parce qu'il avait toujours suivi sa propre voie, refusant de se prêter aux manigances politiciennes de l'Amirauté. Maintenant, pour sauver son commandement ou pour quelque raison qu'ils ne parvenaient pas à imaginer, Zenko se montrait aussi malhonnête et cynique que le reste de la bande de salauds qui dirigeaient la Marine.

Il ne pouvait rien faire d'autre que regarder droit devant lui en dissimulant sa peine. La guerre civile avait fait ses premières victimes, avant même qu'il ne soit dans la rade.

Le *Taïfoun* sortit de la Caverne de Zenko tel un monstre marin qui s'éveille. Ses cent quatre-vingt-dix mètres mirent un temps infini, sembla-t-il, pour franchir les portes, comme s'ils répugnaient à retrouver la lumière. De la passerelle, Zenko vit la première vague d'hélicoptères anti-sous-marins apparaître au-dessus des falaises, filer vers le large et commencer à larguer des bouées acoustiques dans l'eau. Il emplit ses poumons d'air marin, cria aux veilleurs :

— Attention aux glaces flottantes !

— Oui, commandant.

Sorokine se retourna pour regarder les portes de la caverne se refermer derrière le sous-marin. Gremikha, son foyer depuis dix ans, lui parut soudain étranger et hostile.

Ils passèrent le brise-lames. Détaché, le skiff de Zenko dérivait dans le bassin. Une feuille de magazine arrachée par le vent tomba dans l'eau et coula aussitôt.

Au-dessus d'eux, les mâts de radio et de radar tournaient sur leurs roulements ; au-delà, des oiseaux de mer planaient, piquaient vers l'eau. De petits floes encombraient le chenal. Zenko sentit la glace, la mer, le sel et, inspirant à fond, sa propre peur.

Le *Taïfoun* plongea, plus réticent que ne le fut jamais un bâtiment de guerre, plus puissant, pourtant, qu'un millier de vaisseaux. « Voici la Russie dans sa fureur, pensa Zenko. Voyez ce que nous avons forgé. »

20

Le Gros Popov

A bord du *Reno*, les climatiseurs étaient réglés au minimum et les douches interdites. L'intérieur commençait à sentir comme un sous-marin de la Seconde Guerre mondiale.

Un tournoi de Nintendo organisé dans le compartiment des torpilles en était aux quarts de finale. Dans le compartiment des manœuvres, les « nucs », parvenus au stade suprême de l'ennui, s'étaient attelés à la conception d'un propulseur nucléaire électrique magnétohydrodynamique. Dans tout le submersible, les marins saturés de silence et de livres pornos, las de la compagnie des autres, demeuraient perchés sur leurs couchettes moites de sueur à rêver de chez eux.

Dans le poste central, Gunner regardait l'écran du système de navigation par centrales inertielles. Le *Reno* dérivait vers le sud, entraîné par un courant d'un quart de nœud ; dans douze heures, Gremikha serait hors de portée de sonar. Si aucun Typhon ne se montrait, Gunner serait contraint de remettre les machines en route pour repartir vers le nord en quête d'une autre quille de glace, manœuvre risquée, voire carrément suicidaire, avec deux sous-marins d'attaque soviétiques à proximité.

Dans le local du sonar, Morrison somnolait et rêvait qu'il allait à Arkhangelsk en marchant sur la glace. Sur le front de mer, une troupe de beautés russes faisait des cabrioles en bikini. La guerre froide, beurk. L'amour dans la froidure, à la bonne heure, sur la glace, dans la neige. Amenez les ourses polaires et les Nez-Bleus.

Billie Stewart assena une claque sur le genou de Morrison.

— Réveille-toi, patron.

— Je dors pas.

— Ben, tu ronfles sacrément quand tu dors pas.

— Oh, ça va. Toujours pas trace du Gros Popov ?

— Non.

— Qu'ils aillent se faire foutre, les Russes.

Soudain les écrans s'illuminèrent comme Times Square pour le réveillon du Nouvel An. La léthargie qui avait envahi le local disparut ; Morrison se sentit parcouru par un flot d'adrénaline.

— Bon Dieu, des bouées acoustiques.

La peur se peignit sur le visage de Stewart.

— On est repérés ? demanda-t-il d'une voix étranglée.

— Non, c'est la procédure normale chez les Soviets quand un Gros Popov fait une sortie, répondit Morrison, branchant le micro de son casque. Sonar à central. Sonars actifs immergés.

Au poste central, Gunner gardait les yeux fixés sur le répétiteur de sonar. Une série de pics et de vallées traversait l'écran, indiquant les bouées lâchées par les hélicoptères. C'était le moment critique. Guerre froide ou non, un Typhon allait sortir du bassin de Gremikha, et le *Reno* le suivrait partout où il irait.

— Je vous reçois, sonar. Quelle distance, patron ?

— Trente à trente-cinq milles, commandant. On dirait une procédure normale. Nous sommes sûrement trop loin pour qu'ils nous repèrent. Et même s'ils nous captent, ils croiront que nous faisons partie de la quille de glace.

— Restez en alerte, sonar. Le Gros Popov apparaîtra sur vos écrans dans quelques minutes.

Morrison débrancha son micro.

— Et nous apparaîtrons peut-être sur les siens, rappela-t-il aux techniciens. La partie de rigolade commence.

Dans tout le bâtiment, les haut-parleurs murmurèrent :

— Branle-bas de combat, branle-bas de combat.

Toujours en surface, le *Taïfoun* fendait la houle, éclaboussant la baignoire d'embruns froids.

— Passerelle à central. Augmentez la vitesse aux deux tiers, ordonna Zenko.

— Vitesse aux deux tiers.

— Radio à passerelle.

— J'écoute, radio.

— Les hélicos signalent un contact submergé, relèvement zéro un un, distance vingt-cinq kilomètres. Identification classe Akoula, probablement le *Gorki*.

— Vous êtes sûr de sa position ?

— Oui, commandant.

— Passerelle à timonier, gouvernez au zéro zéro zéro.

— Zéro zéro zéro.

Une deuxième vague d'hélicoptères passa dans un grondement, essaim de sinistres guêpes mécaniques portant sous leur ventre des grenades sous-marines sphériques.

A bord du *Reno*, Gunner demanda :

— Central à sonar. Où est passé le deuxième Akoula, le *Minsk* ?

— Il n'a pas bougé, commandant, répondit Morrison. Je sais pas où il est mais sûrement pas très loin de sa position antérieure s'il dérive à la même vitesse que nous. Il doit se trouver à vingt-cinq milles au sud-est, quelque chose comme ça. Si le Gros Popov fait route vers la mer Blanche, il lui passera juste devant.

— Morrison, comment ça va, au sonar ?

— Ça pue, commandant. Et on boirait bien un jus.

— Restez à vos postes. Le Gros Popov va sortir d'un instant à l'autre.

— Nous l'entendrons, commandant.

Gunner tambourina des doigts sur le périscope. A un mètre de lui, Trout se frotta les yeux en bâillant.

— Bon sang, fit le patron du *Reno*, je donnerais n'importe quoi pour hisser un mât et écouter leurs radios.

Juché sur le kiosque du *Taïfoun*, Zenko ordonna à Sorokine et aux veilleurs de descendre.

— Passerelle à officier de plongée, rentrez les mâts.

Les mâts de radio et de radar descendirent dans le kiosque. Zenko resta un moment encore dans la baignoire à regarder la mer rouler par-dessus l'étrave. Une glace flottante faisant la moitié de la longueur du sous-marin passa à proximité, poussée par le vent et le courant. Zenko ferma le panneau, descendit à son tour.

Le grand moniteur de navigation montrait une carte électronique de la rade de Gremikha. Un clignotant rouge indiquait la position du *Taïfoun* ; des points lumineux bleus marquaient celles du *Gorki* et du *Minsk*.

Zenko s'installa dans le confortable fauteuil de cuir du commandant, régla le contraste de ses écrans vidéo.

— Officier de plongée, rendez compte.

— Tous les lumineux sont au vert.

— Très bien. Remplissez les ballasts avant.

— Remplir les ballasts avant.

— Angle de descente trois degrés.

— Descente trois degrés.

— En avant, demi.

— En avant, demi.

Sentant le pont s'incliner vers l'avant, Zenko observa le bathymètre. Le *Taïfoun* s'enfonça sous la surface. Vingt, trente, quarante mètres d'eau au-dessus de la coque.

— Immersion cinquante mètres.

— Cinquante mètres.

— Sonar, surveillez la glace.

— Surveillance de glace.

Des écrans s'allumèrent en clignotant quand les techniciens branchèrent les scanners à glace à haute fréquence.

— Maintenez la vitesse moyenne.

—Vitesse moyenne.

— Gouvernez au trois quatre zéro.

En route vers le nord-est, Zenko suivait la route établie par Deminov et faisait exactement ce que le commandant Lorinski, à bord du *Gorki*, attendait de lui.

Dans le compartiment du sonar, Morrison se pencha en avant, les coudes sur les genoux, le regard balayant une demi-douzaine d'écrans. Le *Reno* continuait à dériver lentement, ce qui obligeait ses techniciens à apporter des ajustements minutieux au système.

— Orientez sur le relèvement, dit Morrison. Voilà, voilà. Attendez. Restez comme ça. Branchez l'audio.

L'ordinateur filtra les bruits de la glace et de la vie marine, ne laissant qu'une sorte de murmure grave, mécanique.

— C'est lui, il est immergé, dit Morrison, branchant l'interphone.

— Sonar à central. J'ai de la cavitation dans l'eau. Gros Popov est sorti de son trou.

Au poste central, les marins se regroupèrent autour du répétiteur de sonar pour regarder un point lumineux glisser en travers du tube à rayons cathodiques. Bien que la haute technologie eût rendu les machines soviétiques silencieuses, un Typhon déplaçait trente mille tonnes d'eau, et une telle masse d'eau salée en mouvement fait du bruit. A des profondeurs inférieures à quatre cents pieds, ses hélices provoquaient un phénomène de cavitation, et les hydrophones du *Reno*, bien plus sensibles que n'importe quel sonar soviétique, captaient toutes les nuances de son émises par le Typhon.

Une vague de lignes verticales avançait sur l'écran devant le point lumineux.

— Scanners à glace à haute fréquence, expliqua Gunner. En prenant une image de la glace, les Russes nous en donnent une autre. Sharpe, déclenchez le programme d'attaque simulée. On n'a pas souvent une occasion pareille.

— Bien, commandant.

— Il vire au nord-ouest, dit Trout, au trois quatre zéro.

— Central à sonar. Identification, s'il vous plaît.

— *Taïfoun*, commandant.

— Le SM de Zenko, fit Gunner. Le petit gros en personne. Et il *s'éloigne* de la mer Blanche.

A une demi-heure de Gremikha, l'officier de sonar du *Taïfoun* annonça :

— Nous approchons de la glace, commandant. Distance deux mille mètres.

Sur le moniteur de navigation, le curseur rouge en mouvement clignota le long d'une ligne représentant la limite de la glace. L'image se transforma en un graphique en trois dimensions de la couche gelée. Près du bord, la glace nouvelle n'avait qu'une trentaine de centimètres d'épaisseur. Des morceaux se détachaient dans un craquement sourd, partaient à la dérive comme des îles flottantes. Le vent et le courant ne cessaient de pousser la glace, engendrant d'énormes pressions qui créaient des crêtes en surface et des quilles en dessous.

Les glissements, les craquements de la glace fondant lentement couvraient les faibles bruits de machine, rendant difficile mais pas impossible la localisation du *Taïfoun*. A mesure que le submersible remontait vers le nord, la glace épaississait. Avec un mètre de glace au-dessus, les eaux peu profondes de la mer de Barents en dessous, le sous-marin filait droit devant lui telle la Horde d'or galopant à travers la steppe.

A bord du *Gorki*, l'officier de sonar signala :

— Le *Taïfoun* approche, commandant. Distance douze kilomètres, vitesse vingt nœuds.

— En avant demi, ordonna Lorinski.

Suivant une route parallèle, le *Gorki* accéléra lentement jusqu'à ce qu'il eût réglé son allure sur celle du *Taïfoun*.

A bord du *Reno*, Morrison cria presque :

— On l'a ! Sonar à central. Nous avons le *Gorki* sur l'écran. Le *Taïfoun* est presque hors de notre portée.

— Du calme, dit Gunner. Tant que nous avons l'un, nous avons l'autre, et de toute façon, nous ne pouvons pas bouger avant qu'ils soient tous les deux presque hors de portée de sonar.

Dans le *Taïfoun*, Zenko ordonna aux officiers et aux *mitchmani* de se rassembler dans la salle Lénine. Face à quarante-cinq marins dont le bâtiment filait droit devant sur pilote automatique, il décida de suivre le conseil de Sorokine et de dire la vérité.

— Messieurs, commença-t-il d'une voix empreinte de tristesse, je voudrais vous lire les ordres du *Taïfoun* tels qu'ils m'ont été donnés par l'amiral Deminov.

Il lut le texte long et complexe dans son entier, termina par :

— Paragraphe 17 : sur réception du signal codé 77M9, vous lancerez le missile 7, silo tribord, coordonnées de la cible quarante-quatre degrés cinquante minutes est, trente-sept degrés dix-neuf minutes nord.

Il releva les yeux du document, regarda ses hommes.

— Ce sont celles de la ville de Tbilissi.

Avant que les sous-mariniers soient remis du choc, il déclara :

— Je n'ai pas l'intention de suivre ces ordres.

Un brouhaha s'éleva ; au bout d'un moment, Zenko réclama le silence.

— Messieurs, comme vous le savez, l'opération Etoile Blanche a été élaborée par le Conseil de Défense pour faire face à une guerre civile. Il y a en URSS un profond mécontentement, de l'agitation, mais pas de guerre civile. Je pense que l'amiral de la Flotte, Valotine, et l'amiral Deminov ont déclenché cette opération pour perpétrer un coup d'Etat. Ils ont l'intention de menacer le gouvernement avec les missiles du *Taïfoun* et ceux du *Sovietski Soyouz*, qui a déjà pris position en mer Blanche. Leur objectif est de remplacer le gouvernement civil par une dictature militaire. Si les autorités ne se soumettent pas à leurs exigences, le commandant Malakov et moi-même recevrons l'ordre de lancer les missiles. Je vous l'ai dit, je n'obéirai pas, mais je suis convaincu que le commandant Malakov se servira d'armes atomiques contre notre patrie.

Zenko s'interrompit et parcourut la salle des yeux en s'efforçant de déchiffrer l'expression des visages de ses hommes. Ils le croyaient, c'était évident : ils connaissaient Malakov.

— Nul n'est plus attaché à l'Union que moi, reprit-il, mais utiliser l'arme atomique contre l'une de nos propres républiques, c'est de la démence, et nous ne pouvons le permettre. L'amiral de la Flotte Valotine, l'amiral Deminov et le commandant Malakov croient que leurs actes sauveront l'Union. Je pense pour ma part qu'ils sont fous, que leurs crimes n'apporteraient que la mort et la destruction à notre pays. Marins du *Taïfoun*, nous ne les laisserons pas faire. Nous allons nous battre.

Des voix s'élevèrent de tous côtés jusqu'à ce qu'il demande à nouveau le silence.

— Vous avez de nombreuses interrogations, de nombreux doutes et de nombreuses craintes, je le sais, mais nous n'avons pas le temps de discuter. Si quelqu'un parmi vous choisit de ne pas participer au combat, qu'il le dise maintenant. Nul ne jettera l'opprobre à un homme qui a le courage de parler. Je vous demande d'entreprendre un voyage périlleux. Nous devrons franchir le détroit de Gorlo, et affronter peut-être toute le Flotte du Nord avant d'en avoir terminé.

Zenko parcourut à nouveau la salle des yeux, croisant l'un après l'autre le regard de ses hommes : sous-chef mécanicien Borznov, officier des réacteurs Gandanov, officier de plongée Loudnov...

Soudain Sorokine fit un pas en avant, brandit le poing et s'exclama d'une voix forte :

— Au revoir le ciel !

Kougarine répéta les mots du maître principal ; un autre sous-marinier l'imita, puis un troisième, et bientôt le cri de guerre de Zenko fit trembler la salle.

Le cœur battant d'émotion, le vice-amiral leva les deux mains, obtint aussitôt le silence.

— Marins du *Taïfoun*, à vos postes de combat.

21
Ruses

— Paré à manœuvrer, ordonna Gunner. On dirait que la croisière en mer Blanche nous passe sous le nez. Tout le monde aux postes de manœuvre.

La nouvelle que le *Reno* allait quitter sa cachette sous la glace parcourut rapidement le sous-marin. Les hommes fourrèrent sous leur oreiller des photos plastifiées, gagnèrent leur poste.

— Encore cinq minutes, dit Gunner. Juste cinq minutes.

A bord du *Taïfoun*, Sorokine réunit les hommes du poste central autour de la table de navigation.

— Pour ceux d'entre vous qui ne me connaissent pas, j'ai servi cinq ans sur ce SM, et j'en ai passé cinq autres sur divers Typhons, dit-il. Ma dernière affectation, c'était le *Sovietski Soyouz*, avec le marin Boulgakov, ici présent. Hier soir, le commandant Malakov a pris la mer avec le *Soyouz* pour une mission secrète visant à renverser le gouvernement. L'équipage a été arrêté, jeté en prison par le GRU. Notre mission à nous, c'est de retrouver le *Sovietski Soyouz* et mettre fin à la sédition de Malakov. Je peux vous dire personnellement qu'il est complètement fou et qu'il faut l'arrêter. Nous sommes maintenant en guerre, et j'espère que vous vous conduirez en conséquence. A vos postes de combat.

Désorientés mais obéissants, les jeunes marins acceptèrent les ordres sans regimber. Comme ils prenaient leurs postes, l'un d'eux demanda à Boulgakov :

— C'est vrai qu'il est fêlé, Malakov ?

Petia hocha la tête.

— Ils le sont tous, répondit-il d'un ton docte.

De son fauteuil de commandant, Zenko ordonna :

— Compartiment de torpilles, chargez un leurre dans le tube un.

A l'aide d'un treuil hydraulique silencieux, les torpilleurs soulevèrent un leurre programmé pour simuler les bruits du *Taïfoun*.

— Torpilles à central, leurre chargé.

— Donnez-lui notre route et notre vitesse actuelles, dit Zenko.

— Route et vitesse actuelles, compris.

L'officiers d'armes introduisit les données de navigation dans l'ordinateur du leurre.

— Leurre programmé.

— Paré à stopper les machines, dit Kenzo.

— Paré à stopper.

— A mon top, stopper les machines et tirez le leurre. Trois, deux, un, top.

Les machines s'arrêtèrent, les hélices cessèrent de tourner et, au même moment, le leurre jaillit du tube.

— Sonar à central. Leurre à l'eau.

— Que fait le *Gorki* ?

— Il maintient sa route et sa vitesse.

Zenko jeta un coup d'œil à Kougarine, qui fixait les moniteurs du sonar.

— Qu'en penses-tu, Sacha ?

— Les commandants de la Marine Rouge sont formés à faire plus confiance à leur ordinateur qu'à leur propre jugement, répondit l'officier politique. Si l'ordinateur dit à Lorinski que c'est le *Taïfoun*, il le croira.

Sur l'écran, deux points lumineux avançaient régulièrement vers le nord-ouest selon des routes parallèles. Le *Gorki* avait gobé l'appât.

— La barre à droite toute, ordonna Zenko. En avant lente.

Le leurre trompa les sonars du *Gorki* mais pas les systèmes plus perfectionnés équipant le *Reno*. Sur le répétiteur du poste central, deux points en devinrent trois, et le troisième, tournant à cent quatre-vingts degrés, fit route vers le sud.

— Silence à bord, ordonna Guner. Qu'est-ce qui se passe ? Central à sonar. Morrison, qu'est-ce que vous en dites ?

— Il y a un leurre sur les trois, commandant.

— Lequel, bon Dieu ?

— Vous voulez que je tire à pile ou face ?

— Ne faites pas le malin. Trouvez.

— Ils sont terriblement loin, commandant, plaida le chef sonar, mais je crois que celui qui revient vers nous, c'est le SM. Je pense qu'il a lancé un leurre pour tromper l'Akoula.

— Pourquoi ferait-il une chose pareille ?

— C'est probablement un exercice, commandant. Zenko soumet peut-être ses commandants de sous-marins d'attaque à une sorte d'examen. Dommage qu'on ne puisse pas lui poser la question.

— Et le *Minsk* ?

— Il a pas bougé. Je n'ai pas entendu un bruit mais il est là, commandant. Je le sens.

Le *Gorki* suivit une route parallèle au simulacre pendant une heure. Quand les batteries alimentant le moteur électrique du leurre furent à plat, l'engin coula. L'officier de sonar avisa Lorinski que le *Taïfoun* avait disparu.

— Un sous-marin ne disparaît que si son commandant le fait disparaître, protesta Lorinski.

— Je ne veux pas vous contredire, commandant, mais le *Taïfoun* n'est plus sur nos écrans.

Lorinski n'hésita pas.

— Réduisez la vitesse à un tiers, lancez les recherches et trouvez-moi de la glace mince, ordonna-t-il. Nous allons faire surface pour envoyer un message à la base.

A Gremikha, l'amiral Deminov, installé dans le centre de communications protégées, présentait le major Riziov à un groupe d'officiers d'état-major de Poliarnï. Une épaisse liasse d'ordres de signal à la main, Riziov se sentait débordé par l'ampleur de l'opération Etoile Blanche. D'ordinaire, le centre ne restait en liaison radio qu'avec deux ou trois bâtiments à la fois, et la Flotte du Nord s'apprêtait à déployer plusieurs escadres de sous-marins et de navires de surface.

Un technicien sortit en courant de la salle de radio.

— Un message du *Gorki*, amiral, dit-il à Deminov. Codé et personnel.

Deminov emporta le mince feuillet dans la salle de cryptographie, ouvrit avec une clef la machine à décrypter. Une minute plus tard, il était dans un état de fureur extrême, injuriant les murs de la petite pièce insonorisée. Il se précipita dans le bureau de Zenko, appela Valotine à Leningrad sur une ligne protégée et brouillée.

— Amiral, fit-il en s'efforçant de cacher sa rage, Zenko nous a trahis. Il a échappé au *Gorki*. Dieu sait ce qu'il manigance mais il pourrait essayer de franchir le détroit de Gorlo et de se lancer à la recherche du *Sovietski Soyouz*. Nous devons prendre des précautions.

— Le salaud, siffla Valotine.

La ligne demeura un moment silencieuse puis l'amiral de la Flotte ordonna :

— Retrouvez-le et coulez-le. Rapidement, avec un minimum de forces. Un minimum, vous m'entendez ? Il faut que cette affaire reste secrète, Ivan. Le Conseil de Défense ne doit pas savoir qu'Etoile Blanche connaît des problèmes.

— Nous pouvons arrêter le *Taïfoun* à Poulonga, suggéra Deminov. Personne ne peut franchir la passe avec un Typhon, pas même Zenko.

— Un minimum de forces, rappela Valotine. Pas d'escadrilles d'hélicoptères. Nous ne pouvons pas nous permettre de faire clignoter tous les écrans radar de Gremikha à Moscou.

Deminov raccrocha d'un geste rageur. Il avait laissé filer Zenko. Si le coup d'Etat échouait, sa tête serait la première à tomber.

— Major Riziov ! Appelez le *Gorki*, dites à Lorinski de faire route vers le détroit de Gorlo. Prévenez ensuite Kouznetsov, du *Minsk*, que Zenko se dirige peut-être vers le détroit avec le *Taïfoun*. Cette ordure regrettera d'avoir jamais mis les pieds dans un sous-marin. Colonel Loudinov, formez une équipe avec des hommes de vos services. Vous allez à la station radar de Poulonga, sur le détroit. Je parlerai moi-même à l'équipage de l'hélicoptère.

Se tournant vers ses officiers d'état-major, il annonça :

— Messieurs, nous avons notre premier problème.

Le courant sud continuait à pousser le *Reno* et sa protection de glace vers la mer Blanche. Le moniteur de navigation par guidage inertiel s'alluma, indiqua soixante-huit degrés vingt minutes nord, quarante degrés dix minutes est.

— Nous avons franchi la ligne, dit Trout. Nous sommes dans les eaux territoriales soviétiques.

— Pas question de bouger maintenant, répondit Gunner. Gros Popov nous souffle dans le cou.

L'approche du *Taïfoun* électrisait les Américains. Le sous-marin soviétique avait effectué un large tournant pour se retrouver sur une route parallèle à la voie maritime menant au détroit de Gorlo. Le *Gorki* avait disparu des écrans, rejoignant le *Minsk* au nombre des bâtiments de position non connue. Le *Taïfoun* fonçait vers le détroit et le *Reno* dérivait au beau milieu d'un déploiement de sous-marins de la Flotte du Nord.

Au poste de sonar, les bandes magnétiques tournaient, les écrans clignotaient.

— Reniflez pas, respirez pas, murmura Morrison aux opérateurs. Gros Popov est à un jet de pierre. (Il brancha son micro.) Sonar à central. Le *Taïfoun* passe à trois milles, bâbord avant. Il est très silencieux, commandant.

Gunner sentit un creux dans sa poitrine. Le sous-marin russe était si près qu'il avait envie de tendre le bras et de le toucher pour se convaincre qu'il était vrai.

Le *Taïfoun* passa, ignorant apparemment la présence des Américains. Jusque-là, le *Reno* avait évité de se faire repérer en se cachant et en restant silencieux, mais pour combien de temps encore ? Les liaisons radio VLF soviétiques s'intensifiaient. Gunner présumait que Gremikha communiquait avec le *Gorki*, le *Minsk*, et le *Taïfoun* mais il ne pouvait pas décoder leurs signaux.

Fermant les yeux, il vit les lumières bleues, des monstres marins nucléaires, et la silhouette mystérieuse de Stefan Zenko.

Après avoir navigué deux heures à vitesse lente, le *Taïfoun* atteignit un point situé à quinze milles au large du cap Orlov-Terski Toslti, à un mille de la voie maritime traversant le détroit. Zenko donna l'ordre de stopper les machines et son sous-marin s'immobilisa près de la côte ouest du Gorlo, le « Goulet », passe gelée entre la mer de Barents et la mer Blanche. Large de vingt-sept milles à son point le plus étroit, le détroit de Gorlo est le premier à être pris par les glaces, le dernier à connaître le dégel. Pendant le bref été, les submersibles de la Marine Rouge le franchissent en plongée. L'hiver, quand deux mètres de glace embouteillent le détroit, les Typhons passent derrière des brise-glace nucléaires.

Zenko pénétra au poste sonar, examina brièvement l'« image » de la glace prise peu de temps après le départ de Gremikha, représentation en trois dimensions de la banquise dérivant vers le sud à la vitesse d'un quart de nœud.

— Officier de plongée, à monter.

L'officier de plongée Loudnov appuya sur une série de boutons de sa console et l'ordinateur se mit au travail. De l'air comprimé chassa lentement l'eau de mer des ballasts avant et arrière. Le système de sonar à haute fréquence envoya des informations à l'ordinateur, qui régla automatiquement les dizaines de caisses d'assiette installées entre les coques extérieure et intérieure. Le *Taïfoun* monta légèrement, vint se nicher juste sous la glace.

Après un coup d'œil au chronomètre, Zenko recommanda :

— Sonar, attention aux brise-glace. L'*Arktika* va arriver d'un moment à l'autre.

Dans le poste central du *Reno*, Gunner se surprit à penser à Custer à Little Big Horn. La mort de Custer avait magnifié le sacrifice américain, révélé un ennemi puissant et justifié la conquête de l'Ouest. La perte du *Reno* sous la glace arctique n'aurait rien de noble. Un combat violent et soudain entre sous-marins n'annonçait plus la Troisième Guerre mondiale. Pourtant ils étaient là à jouer les rôles fossilisés de la guerre froide, flirtant avec un désastre qui, au bout du compte, ne signifiait rien. Gunner se tourna vers Trout, qui n'avait pas quitté des yeux les écrans sonar depuis des heures.

— Vous les trouvez comment, les Red Sox, cette année ? demanda le commandant.

Trout n'était pas un passionné de base-ball, et Gunner le savait.

— Laissez tomber, Jack.

— Ce sont les Russes qui vous tracassent, fit le commandant du *Reno* avec une pointe de moquerie. Ils ne savent pas que nous sommes ici.

— Vous en êtes sûr ?

— Oui, mais si Zenko se tourne vers nous, cela voudra dire que la partie commence et que j'ai tort.

— Drôle de partie de cache-cache, grommela Trout. Si l'un de ces SM déclenche un sonar d'attaque, il aura une belle image du *Reno*.

— Ce sera un coup de pot pour eux. Nous, nous comptons sur le revêtement anéchoïque, sur la glace et les défauts des sonars russes. Je dirais que les chances sont égales.

A bord du *Minsk*, le capitaine Boris Kouznetsov lut le message de Gremikha et poussa un juron sonore. Zenko faisait route vers le centre de la mer de Barents quand il avait disparu : on pouvait présumer que le *Taïfoun* se dirigeait vers le secteur de Kouznetsov.

Premier commandant de la Flotte du Nord à signer la lettre de soutien à l'Union de Deminov, Kouznetsov s'était porté volontaire pour garder le détroit. La perspective de couler le *Taïfoun* et de briser la brillante carrière de Zenko ne lui procurait aucune joie, mais il justifiait cet acte en se rappelant qu'aucun officier ne pouvait se considérer au-dessus des lois de la Marine, et que la Marine défendait farouchement l'Union. Si Zenko essayait de franchir le détroit, il mourrait.

La doctrine de la Flotte du Nord voulait qu'un Typhon, avec sa masse énorme, ait besoin de se faire précéder d'un brise-glace pour traverser le détroit. Kouznetsov savait que, pour des raisons de sécurité, les bâtiments civils n'étaient jamais au courant de la présence de sous-marins dans le détroit et aux environs. Zenko devrait donc se glisser dans le sillage d'un des trois ou quatre gros brise-glace qui passaient chaque jour par l'étroite voie maritime.

— Central à sonar, surveillez les brise-glace, ordonna Kouznetsov.

Zenko ne perdra pas de temps. Il suivra le premier brise-glace s'engageant dans le détroit, et l'*Arktika* ne va pas tarder.

Kouznetsov étudia les écrans du sonar. Les ordres étaient clairs, le plan simple. Quand le *Taïfoun* passerait devant lui, probablement à moins de dix kilomètres de distance, il s'accrocherait à ses basques. Si tout se passait conformément au plan, les défenses sonar de Poulonga seraient prêtes, les hélicoptères anti-sous-marins tenteraient la mise à mort. Si l'armement des hélicos ne pénétrait pas la glace, Kouznetsov avait ordre de torpiller le *Taïfoun*.

A Gremikha, Deminov et le colonel Loudinov se hâtaient vers l'aérodrome de la base. Dans le principal hangar à hélicoptères, Loudinov fit monter un commando de *spetsnaz* à bord d'un des appareils, tandis que les mécaniciens fixaient des grenades anti-sous-marins et deux torpilles de type 533 sous un hélicoptère de combat plus petit.

Normalement, Deminov aurait déployé des dizaines d'appareils, hélicoptères et avions, pour repérer et détruire un sous-marin, mais Valotine avait insisté sur le recours à un minimum de forces. Etant donné les circonstances, il fit appel à l'équipage le plus expérimenté de l'escadrille d'hélicoptères anti-sous-marins. Trois jeunes hommes en tenue de vol écoutaient donc dans un hangar un amiral inconnu leur révéler que le monde était en feu.

Prenant un ton grave, Deminov déclara :

— Camarades, nous sommes confrontés à une crise qui menace la sécurité nationale de l'Union Soviétique. Depuis plus de trente ans, la flotte déploie des sous-marins stratégiques armés de missiles atomiques. Les commandants de ces bâtiments jouissent d'une entière confiance.

« J'ai cependant le regret de vous informer que l'un de nos commandants a trahi cette confiance. Il y a une brebis galeuse dans le troupeau. Pour parler franc, un des commandants de cette base a perdu la raison et menace l'Union avec des missiles balistiques.

Attentifs à présent, buvant du thé et fumant leurs cigarettes de mauvaise qualité, les trois hommes échangèrent des regards furtifs. Qui était-ce ? Zenko ? Malakov ? Les deux ?

— Pour la première fois, poursuivit Deminov, vous allez détruire un sous-marin. Quand vous aurez accompli votre tâche, vous recevrez des médailles que vous n'aurez jamais le droit de porter. Vous ne parlerez jamais de cette mission à vos parents ou à votre femme. Il n'y aura pas d'alerte générale. C'est vous seulement qui trouverez ce pirate et qui le coulerez. Vous serez sous le commandement du colonel Loudinov, qui dirigera les opérations depuis la station sonar de Poulonga. Bonne chance et bonne chasse.

L'amiral serra cérémonieusement la main de chaque jeune combattant ; les mécaniciens annoncèrent que l'hélicoptère était prêt, et la petite escadrille anti-sous-marin s'envola pour Poulonga, situé à soixante-dix milles au sud sur le détroit de Gorlo.

22

Le « Minsk »

Toutes les quinze secondes, la puissante coque du brise-glace *Arktika* à propulsion nucléaire se soulevait et, tel le marteau de Thor, fracassait la glace épaisse d'un mètre du détroit. Précédant un convoi de trois navires dans la dernière partie de la grande route maritime vers l'ouest partant de Vladivostok, l'*Arktika* se frayait un chemin vers Arkhangelsk à la vitesse de six nœuds.

Au poste central du *Taïfoun*, Zenko étudiait l'écran du sonar avec une attention admirative. Pour lui, tout bateau capable de s'attaquer impunément à la glace méritait le respect. Les eaux du nord appartenaient aux brise-glace.

— Sorokine, projetez le Gorlo sur le grand écran.

La carte électronique à petite échelle de la mer Blanche se transforma en carte à plus grande échelle du détroit. Le curseur rouge clignotant indiquait que le sous-marin et la glace, au-dessus, avaient dérivé d'un quart de mille vers le sud depuis que le *Taïfoun* s'y était niché.

— Opérateur sonar, donnez la position et la route de l'*Arktika* à l'ordinateur de navigation.

Les sonars passifs encastrés dans l'étrave du submersible transmettaient les bruits de machine du brise-glace et de son convoi à l'ordinateur de traitement des signaux, qui les isolait des craquements cacophoniques de la glace. Quatre points jaunes représentant l'*Arktika* et les trois autres bateaux apparurent sur l'écran.

— Maintenant, introduisez les mêmes données sur un leurre du compartiment des torpilles. Cela a marché une fois, ça marchera peut-être encore. Nous programmerons le leurre pour qu'il suive le dernier navire, le *Tamyr*, puis nous accélérerons lentement pour passer sous le convoi et nous retrouver en mer Blanche.

A bord du *Minsk*, Kouznetsov regardait sur son écran de sonar le brise-glace progresser à travers les floes du détroit.

— Si Zenko cherche à passer, c'est maintenant qu'il doit saisir sa chance. Restez vigilant, sonar. Vous pouvez entendre les machines du *Taïfoun* d'un moment à l'autre.

Dans le poste central du *Reno*, Gunner suivait les mouvements des Soviétiques comme un montagnard observe une avalanche. Si Zenko respectait les habitudes de la Marine Rouge, le *Taïfoun* se placerait derrière le dernier bateau du convoi. Gunner lancerait alors le *Reno* dans le sillage du *Taïfoun*, accrochant ainsi le wagon de queue au train sous-marin. « Il faudrait que je voie un psychiatre », se dit-il.

— Qu'est-ce qu'ils fabriquent ? marmonna-t-il.

— Ça me dépasse, avoua Trout, les yeux rivés à l'écran. Et où est passé le *Minsk* ?

— Lâchez le leurre, ordonna Zenko.

La pression hydraulique expulsa silencieusement le projectile long et mince du tube lance-torpille. Propulsé par des moteurs électriques silencieux, le leurre fila vers le détroit et, trois minutes après avoir quitté le *Taïfoun*, commença à émettre des sons reproduisant les bruits de machine du sous-marin.

— Contact, annonça l'officier de sonar du *Minsk*. C'est le *Taïfoun*.

— Vérifiez avec l'ordinateur, dit Kouznetsov.

— C'est l'ordinateur qui l'a identifié, commandant.

Kouznetsov ne discutait jamais avec les ordinateurs, la vie était plus tranquille comme ça.

— En avant lente, ordonna-t-il.

Le *Minsk* entama un lent virage qui le placerait juste derrière le contact identifié comme le *Taïfoun*.

— Sonar à central, appela le chef Morrison. Deux contacts. Le premier, c'est le *Minsk*, pas de doute, mais je suis pas sûr pour l'autre, commandant. L'ordinateur dit que c'est le *Taïfoun*, moi, je pense que c'est encore un leurre.

— Pourquoi, Morrison ?

— L'allure est trop régulière. Regardez la ligne sur l'écran, commandant. Parfait. Aucun sous-marin n'avance comme ça sous la glace par petit fond. Maintenant, comparez avec la ligne du SM qui suit : c'est moins régulier. Devant, c'est un leurre de petite taille ; derrière, un bâtiment beaucoup plus gros.

— Mais alors pourquoi le *Minsk* se comporte-t-il comme si le contact de tête était le *Taïfoun* ? Son commandant devrait faire la différence.

— Les goûts et les couleurs... fit Morrison. Ce sont peut-être des manœuvres, et il est censé pister un leurre.

— Qu'est-ce que vous en dites, Gus ? demanda Gunner à Trout.

— Je dis que si je pouvais m'empêcher de respirer, je le ferais.

Un vent violent soufflait sur le détroit. Soulevant la neige qui recouvrait la banquise, il donnait l'impression d'un blizzard. Un pâle soleil brillait sur l'*Arktika* et son convoi chargé de matériel de forage et de machines d'une scierie japonaise démantelée. L'*Arktika* broyait la glace et accomplissait sa pacifique mission marchande cependant que dessous, invisibles et silencieux, tel le côté obscur d'une personnalité double, des machines de guerre se dirigeaient vers l'affrontement et la tragédie.

Pilotant le dernier navire du convoi dans le détroit, le capitaine du *Tamyr* vit soudain un hélicoptère d'attaque apparaître au-dessus de sa poupe. Ancien de la Marine, il reconnut l'armement anti-sous-marin accroché sous l'appareil et en comprit le sens.

— Des Typhons, dit-il à son second. On joue encore à la guerre.

A dix milles à l'ouest de la position du *Taïfoun*, l'hélicoptère du colonel Loudinov se posa près du village de pêcheurs yakoutes de Poulonga, sur la côte nord du détroit de Gorlo. Dans une cuvette rocheuse voisine du village, la Marine avait construit un abri préfabriqué bourré de matériel électronique. Loudinov y pénétra à la tête d'un groupe de *spetsnaz*, découvrit l'enseigne de vaisseau Igor Tarinski. Le générateur alimentant les radiateurs électriques était tombé en panne, et la température à l'intérieur était à peine au-dessus de zéro. Le colonel enfonça un bonnet de fourrure sur ses oreilles, souffla sur ses mains gantées.

— Nous sommes devant une situation délicate. L'un de nos commandants de Typhon devenu fou furieux va tenter de franchir le détroit. Nous voulons l'arrêter ici même, en observant les règles de sécurité.

— Oui, mon colonel, répondit Tarinski, cachant sa stupeur. Nous avions reçu l'ordre du quartier général de la Flotte d'empêcher tout sous-marin de passer, mais on ne nous avait pas dit pourquoi.

Loudinov s'approcha des rangées de matériel radio.

— La première chose à faire, c'est d'établir une liaison protégée avec Gremikha.

— Oui, mon colonel.

Un moment plus tard, Loudinov avait Deminov en ligne.

— Un contact ? demanda l'amiral depuis le bureau de Zenko.

— Non, pas encore.

— Tenez-moi au courant.

Loudinov arpentait le sol de l'abri, exhortait les opérateurs radar, radio et sonar à faire leur travail malgré le froid. La présence inquiétante du chef des services de sécurité de la Flotte du Nord accélérait leurs pulsations cardiaques.

Le fond du détroit était semé de mines, désamorcées quand un brise-glace et son convoi traversaient. En plus des mines, il y avait une douzaine de sonars fixés au fond qui fonctionnaient de façon hasardeuse dans des eaux agitées. Sur la côte, on avait installé des batteries de mortier mais leurs obus ne feraient que trouer la glace sans faire grand mal à ce qui se trouvait en dessous. La défense du

Gorlo reposait uniquement — Loudinov le savait — sur le seul hélicoptère d'attaque de Gremikha et sur les torpilles du *Minsk*.

— Mon colonel, dit l'officier sonar de la station, le brise-glace *Arktika* a pénétré dans le détroit avec un convoi de trois navires. J'ai peut-être un contact immergé derrière le dernier bateau.

Loudinov décrocha le téléphone de la ligne protégée, informa Deminov à Gremikha.

— C'est lui, jubila l'amiral. C'est le *Taïfoun*. Il n'y a que Zenko pour se croire capable de franchir le Gorlo avec un Typhon sans se faire repérer. Passez-moi Tarinski.

En entendant la voix de Deminov, l'officier se mit machinalement au garde-à-vous.

— Amiral, nous n'avons pas d'identification certaine. Y a-t-il d'autres sous-marins dans ces eaux ?

— C'est le *Taïfoun*, affirma Deminov.

Tarinski jeta un coup d'œil à l'écran du sonar, croisa le regard menaçant de Loudinov et se demanda pourquoi il prenait la peine d'émettre un point de vue de spécialiste.

— Faut-il amorcer les mines ?

— Non. Elles couleraient l'*Arktika* et le convoi, bloquant le détroit pendant des mois. Repassez-moi Loudinov.

— Loudinov, amiral.

— Ordonnez à l'*Arktika* et aux autres navires de continuer à avancer quoi qu'il arrive et de n'envoyer aucun message radio. Brouillez toutes les fréquences excepté celles des lignes qui vous relient à l'hélicoptère et à moi.

— Oui, amiral.

Loudinov raccrocha, se tourna vers Tarinski.

— Dites à l'hélico de lâcher un sonar à immersion et vérifiez le contact.

— Bien, mon colonel.

Loudinov avait la nostalgie de l'époque où les hommes se faisaient la guerre en pointant un canon sur le drapeau de l'ennemi claquant au vent. Il avait horreur de devoir s'en remettre à des gadgets électroniques pour combattre un adversaire qu'il ne pouvait voir. Malgré le froid, il fit signe à l'un des *spetsnaz* de l'accompagner dehors. Des débris de glace jonchaient la côte enveloppée de brume. Loudinov marcha le long des rochers, décochant des coups de pied à la glace et marmonnant, à la stupeur du soldat qui l'escortait.

— Tu es pris au piège, Zenko. Pas d'issue ! cria-t-il dans le vent.

— Pardon, camarade colonel ? s'enquit poliment le *spetsnaz*.

— Ce salaud, cracha Loudinov, dont l'haleine sortait des poumons comme de l'échappement d'une machine à vapeur.

Le soldat garda la bouche close, demeura à distance respectueuse.

— Donne-moi ton arme, ordonna le colonel.

Le *spetsnaz* décrocha la Kalachnikov qu'il portait à l'épaule. Loudinov vérifia le chargeur, ôta le cran de sûreté et tira une rafale dans la neige. Les détonations se répercutèrent sur la mer gelée.

— Je hais la glace, dit le colonel, rendant le fusil mitrailleur au soldat interloqué. Pas toi ?

Les portes de l'abri s'ouvrirent, des hommes se précipitèrent au-dehors.

— Mon colonel ?

— Ce n'est rien ! répondit Loudinov. Rien du tout !

Les yeux fixés sur lui, le soldat calculait mentalement combien de jours il lui restait à faire dans l'armée. En Afghanistan, il avait servi sous les ordres de fichus dingues, et ce cinglé, il l'avait assez vu.

Loudinov retourna dans l'abri, où l'écran du radar montrait le brise-glace, le convoi et l'hélicoptère volant au-dessus du détroit.

— Brouilleurs en action, annonça l'officier de radio.

La tension montait dans le bâtiment froid. Les lumières rouges des chronomètres se reflétaient sur les visages d'hommes qui commençaient à montrer des signes de fatigue.

— L'hélico signale un contact ! cria l'officier de radio.

Loudinov se rua vers l'écran. Avec les données fournies par l'hélicoptère, les opérateurs du sonar détectèrent des bruits de moteur sous-marin dans le chenal nord-sud. Le vent, la glace agitée par l'eau et les quatre navires de surface créaient des interférences, ce qui contribuait à donner aux techniciens une image peu nette du submersible. En quelques secondes, il apparut devant ou derrière lui-même, puis comme une image dédoublée.

— Il y a peut-être deux contacts, suggéra l'officier de sonar. Je n'ai pas une bonne image, les conditions sont très mauvaises.

— Vous entendez une hélice ou deux ? demanda Tarinski.

Les Typhons avaient deux hélices jumelles, les Akoulas une seule.

— Peux pas vous dire.

Incapable d'identifier le contact, l'officier de sonar se tourna vers Tarinski, mais celui-ci haussa les épaules sans rien dire.

Loudinov empoigna le téléphone.

— Nous avons un contact, amiral.

A Gremikha, Deminov voyait en imagination les mâchoires du piège se refermer.

— L'hélicoptère est en position ?

— Oui, amiral.

Conscient des risques, Deminov eut un moment de doute. Kouznetsov n'aurait pas engagé le *Minsk* dans le détroit si le *Taïfoun* ne l'y avait précédé, et les sonars de Poulonga auraient dû avoir *deux* contacts submergés. Mais on ne pouvait se fier à ces engins. Restait la solution d'ordonner au *Minsk* de faire surface et d'attendre, mais si le *Taïfoun* était déjà sous le convoi, Zenko s'échapperait.

A bord du *Minsk*, l'officier sonar commençait à avoir ses propres doutes sur le bâtiment que l'ordinateur avait identifié comme le *Taïfoun*. Le contact s'était approché à moins de cent mètres du dernier bateau du convoi et s'apprêtait à passer sous sa poupe. Un Typhon, c'était trop gros pour ça, non ? L'officier garda le silence, le *Minsk* continua à avancer.

— Feu, ordonna Deminov.

— Feu ! commanda Loudinov.

— Feu, répéta l'opérateur radio à l'équipage de l'hélicoptère.

Dans l'hélicoptère, le pilote se tourna vers l'officier d'armes et de sonar assis derrière lui.

— On y va.

— Je n'arrive pas à croire qu'on essaie de couler Zenko, soupira l'homme. Si c'est bien lui.

— La ferme, Mikhaïl. Contente-toi de faire ton boulot.

Sur la passerelle du *Tamyr*, officiers et hommes d'équipage virent avec appréhension l'hélicoptère descendre vers la glace brisée flottant dans leur sillage et lâcher des grenades sphériques. Le capitaine alluma sa pipe.

— Ça doit être un Américain qui essaie de passer en mer Blanche, dit-il. C'est pour ça que la radio est brouillée.

— Je croyais la guerre froide finie, objecta le second.

— Ce sont des grenades sous-marines, répondit le capitaine entre deux bouffées de pipe. Je ne crois pas que la Marine s'est mise à tuer du poisson.

La première charge tomba sur le kiosque du *Minsk*, rebondit et explosa à un mètre de la coque, à tribord, détruisant trois hydrophones. Les tympans éclatés, l'officier sonar poussa un cri aigu, arracha son casque d'écoute et se tordit de douleur par terre.

L'équipage de jeunes appelés céda à l'affolement ; la discipline du poste central fit place à la pagaille ; des hommes terrifiés perdirent la tête. Dans la confusion, l'un d'eux s'effondra sur une console de sonar, arracha un fil, plongea le submersible dans l'obscurité. Pas loin de céder à la panique, lui aussi, Kouznetsov s'écria :

— Faites surface ! Rétablissez le courant au central !

La deuxième grenade explosa au-dessus de l'arrière, détruisant le gouvernail et l'hélice, trouant la coque résistante. L'eau s'engouffra dans le compartiment des machines. Des courts-circuits provoquèrent un début d'incendie, une fumée noire envahit le compartiment.

Au poste central, le circuit électrique de secours redonna la lumière.

— Système de secours. Videz tous les ballasts.

Gardant la tête froide, l'officier de plongée appuya sur les boutons de son tableau de commande. De l'air comprimé expulsa l'eau des ballasts avant mais les commandes arrière ne répondirent pas. L'étrave s'éleva, jaillit telle une baleine furieuse dans le couloir tracé par le brise-glace.

Marins et matériel furent entraînés vers l'arrière. S'agrippant à la cloison, Kouznetsov gagna le poste de sonar ; par-dessus la tête de l'officier de sonar inconscient, il regarda le seul cadran qui fonctionnait encore. Le contact qu'il suivait poursuivait sa route vers le sud derrière le convoi et avait presque franchi le détroit.

— Zenko ! brailla-t-il. Radio ! Prévenez-les que le *Taïfoun* s'échappe.

— Toutes les fréquences sont brouillées !

A cet endroit, la profondeur était de cinquante mètres, moins que la longueur du sous-marin. L'arrière toucherait le fond, et Kouznetsov espérait que le *Minsk* ferait les pointes assez longtemps pour sauver l'équipage. De l'eau s'infiltra dans le poste central ; une série d'explosions secouèrent la coque à l'arrière.

— Abandonnez le bâtiment ! ordonna le commandant, d'une voix inaudible dans le vacarme.

Il s'élança vers l'échelle menant en haut du kiosque, où des marins terrifiés s'étaient réfugiés.

— Ouvrez le panneau !

Personne ne bougea. Kouznetsov se fraya un chemin à coups de poing, entreprit de desserrer le volant. L'eau envahit le sous-marin, projetant les hommes en arrière. L'étrave commença à s'enfoncer tandis que Kouznetsov nageait vers la surface dans l'eau glacée.

A Poulonga, un détecteur radar s'exclama :

— Un SM en surface, colonel. Nous l'avons eu. (Il se tut, écouta son casque.) Le pilote de l'hélico dit que ce n'est pas un Typhon. C'est un Akoula, fit-il d'une voix tremblante. Il coule.

Cherchant vainement des yeux quelqu'un à blâmer, Loudinov décrocha le téléphone.

— Amiral, nous nous sommes trompés de sous-marin, annonça-t-il abruptement à Deminov. Le *Minsk* est en train de couler dans le détroit.

Deminov n'en avait cure. A la guerre, on commet des erreurs.

— Mais alors, où est le *Taïfoun* ?

L'arrière du *Minsk* s'enfonçait rapidement. Le feu, la fumée prenaient possession des compartiments avant, où des marins au visage noirci sortaient par les panneaux. Trois canots pneumatiques montèrent vers la surface de l'eau froide. Quand l'avant s'enfonça à son tour, trente hommes avaient réussi à gagner les canots, une dizaine d'autres mouraient de froid dans l'eau. Kouznetsov périt en essayant de dégager un jeune appelé coincé dans le kiosque. Les corps de quatre-vingt-dix sous-mariniers, noyés ou brûlés, dérivaient dans les eaux du détroit de Gorlo. Heurté par des glaces flottantes, un des canots se retourna, projetant les hommes dans la mer glacée.

Horrifiés, les marins du *Tamyr* assistaient impuissants à l'agonie du *Minsk*. Un deuxième canot coulait.

— Capitaine, dit le second, nous devrions mettre une chaloupe à la mer. Ces hommes portent des uniformes soviétiques.

Marin, le capitaine savait que son devoir était de secourir des hommes en péril. Il ne pouvait comprendre les raisons de ce dont il était témoin ni, la radio étant brouillée, en demander l'explication, mais il savait que le *Tamyr* serait coulé lui aussi s'il s'arrêtait. Tirant sur sa pipe, il secoua la tête.

A Poulonga, Loudinov était encore au téléphone quand l'opérateur du sonar signala :

— Contact submergé. J'ai à nouveau le *Taïfoun*. Il est devant le brise-glace, il gagne le large.

Frappé de stupeur, Loudinov transmit l'information à Deminov.

Dans le bureau de Zenko, à Gremikha, l'amiral Deminov tenait le téléphone à bout de bras et le fixait d'un air horrifié. Zenko était passé. Les tempes palpitant de rage, le commandant de la Flotte du Nord demeura un moment sans voix. Il aurait dû tirer une balle dans la tête de Zenko quand il le tenait dans son bureau ; il aurait dû se rendre lui-même à Poulonga ; il aurait dû choisir un officier plus compétent que Kouznetsov. Au bout d'une minute, il recouvra son emprise sur lui-même et ordonna sèchement à Loudinov :

— Envoyez l'hélico à vingt kilomètres au sud du détroit avec l'ordre de percer la glace. Si l'équipage entend quoi que ce soit, je dis bien, « quoi que ce soit », il devra lancer des torpilles par les trous faits dans la glace. Placez deux hommes à bord de l'*Arktika* et de chaque navire du convoi pour maintenir le silence radio. Les bateaux doivent avancer de cinquante kilomètres en mer Blanche et décrire un cercle dans la glace.

— Oui, amiral. Il semble qu'il y ait des rescapés du *Minsk*.

— Envoyez-les à Gremikha. Laissez une partie de vos hommes à Poulonga ; prévenez Tarinski que le *Gorki* franchira le détroit dans quelques heures.

— Bien, amiral.

Deminov raccrocha brutalement, fit irruption dans le centre de communications. A présent, les intentions de Zenko étaient claires : ce sale traître était à la recherche de Malakov.

— Major Riziov ! J'ai besoin d'entrer en contact avec le *Sovietski Soyouz*.

23
Le « Tamyr »

— Grenades sous-marines !

Après des heures de silence forcé, le cri de Morrison avait résonné comme un coup de tonnerre aux oreilles de Gunner. L'une après l'autre, les explosions avaient réduit le *Minsk* en débris électroniques sur les écrans du *Reno*.

Personne à bord du sous-marin américain n'avait jamais vu un bâtiment couler au combat. Le bruit hideux de la mort sous-marine — plainte aiguë du métal, grondement de l'eau faisant irruption dans les compartiments — parvenait clairement par les sonars. Longtemps après que les derniers échos moururent, il continua à se faire entendre dans la mémoire de ceux qui l'avaient entendu. La même pensée habitait chaque homme du poste central : cela aurait pu être nous.

— Maintenant, nous savons ce qui nous attend dans le détroit, dit Trout d'une voix calme.

Gunner s'efforçait de garder les idées claires.

— Qu'est-ce qui se passe, Gus, au nom du ciel ? Pourquoi les Russes couleraient-ils un de leurs propres SM ?

— En tout cas, ce n'est pas un exercice, c'est sûr et certain.

— Le *Minsk* croyait pister le *Taïfoun*. S'ils coulent le *Minsk*, c'est pour protéger le *Taïfoun*, raisonna Gunner. Ah ! j'ai bien du mal à reconnaître les bons des méchants. Et où est passé le *Taïfoun*, maintenant ? Central à sonar. Qu'est devenu le leurre ?

— Il a disparu, commandant, répondit Morrison d'une voix morne. Avec tout le bruit qu'il y a eu, je suis incapable de vous le dire. Ils l'ont peut-être fait sauter.

— Tout va bien, au sonar ?

— On s'amuse comme des petits fous, commandant. Nous...

— Gardez les plaisanteries pour plus tard, patron. Je ne les apprécie pas en ce moment.

Gunner débrancha l'interphone, se frotta les yeux et essaya d'imaginer ce qui se passait au-dessus d'eux. Des hélicoptères, des avions, la station de sonar de Poulonga, la moitié de la Flotte du Nord. Le *Minsk* avait-il été mis au ban de la Marine ? Le *Reno* subirait-il le même sort s'il bougeait ? S'il ne bougeait pas ? Où était le *Gorki* ? Le *Taïfoun* ? Il y avait de quoi devenir fou.

— Jack, il faut que nous parlions.

Levant les yeux, Gunner vit Trout penché vers lui tel un oncle soucieux.

— Bon Dieu, je ne sais pas dans quoi nous nous sommes fourrés, poursuivit Trout. Le *Taïfoun* est toujours planqué quelque part à attendre. Zenko n'a peut-être pas l'intention de franchir le détroit, après tout.

Il entraîna le commandant à l'écart dans un coin du poste central.

— Jack, nous devons informer Norfolk des événements. C'est pour ça qu'on nous a envoyés ici.

— Je ne peux sûrement pas hisser un mât en ce moment, répliqua Gunner. Si Zenko bouge, je le suis. Pas question de faire demi-tour.

— Ils sont en train de s'entretuer, insista Trout. Nous serons peut-être les prochains à y passer.

— Gus, j'ai peur, vous aussi — tout homme sain d'esprit aurait peur —, mais nos instructions, c'est de suivre les Typhons où qu'ils aillent.

— Instructions laissées à votre appréciation, rappela Trout. Vous êtes autorisé à pénétrer en mer Blanche, vous n'y êtes pas obligé.

— C'est la même chose, vous le savez parfaitement, rétorqua le commandant, s'efforçant de calmer la colère qui montait en lui. Ecoutez, Gus, ça ne me plaît pas d'être dans les eaux soviétiques avec les Russes qui coulent leurs propres bâtiments, mais nous sommes ici et nous y resterons. Si le *Taïfoun* va à Arkhangelsk, nous aussi. Telle est ma décision.

— Bien, commandant, fit Trout sèchement avant de retourner à la table de navigation.

A bord du *Taïfoun*, la réalité de la guerre civile avait fait le silence parmi les hommes du poste central, abasourdis. Après les discours et les menaces, des Russes tuaient des Russes. Le *Minsk* avait été coulé mais personne n'ignorait que la cible avait été en fait le *Taïfoun*.

Zenko se tenait devant la console du commandant, le visage à deux centimètres de l'écran.

— Ils nous attendaient, dit-il à Kougarine d'un ton calme. Je connaissais la plupart des officiers du *Minsk*. J'ai enseigné la tactique à Kouznetsov. Il aurait dû faire plus attention.

— Tu penses que le leurre est passé ?

— J'en doute. Sorokine !

— Oui, commandant.

— La carte des mines et des sonars du détroit.

La carte apparut sur le moniteur, points rouges pour les mines, bleus pour les sonars disposés le long des chenaux, dans les deux sens.

— Deminov n'a pas utilisé les mines de peur de couler le convoi, commenta Zenko, les yeux sur l'écran. Les grenades sous-marines et les explosions à bord du *Minsk* ont peut-être détruit quelques sonars, mais nous devons présumer qu'ils sont tous encore opérationnels. Sonar ! Que fait le convoi ?

— Les quatre bâtiments continuent à descendre vers le sud à la vitesse de cinq nœuds, répondit l'officier de sonar. Ils ne se sont même pas arrêtés.

— Qu'est-ce que tu vas faire, Stefan ? demanda Kougarine.

— Passer maintenant en profitant de la confusion. Si nous nous plaçons juste derrière le *Tamyr*, nous ne devrions pas avoir de problème avec la glace. De l'autre côté du détroit, il y a plus de fond, et nous pourrons abandonner le convoi. Ce n'est pas en restant ici que nous trouverons Malakov, non ?

Zenko appuya sur le bouton de l'interphone.

— Marins du *Taïfoun*, préparez-vous à franchir le détroit. Nous risquons d'être attaqués à la grenade sous-marine mais ce bâtiment peut survivre à l'explosion d'une douzaine de ces engins. Terminé.

Coupant l'interphone, il ordonna :

— Officier de plongée, immersion à douze mètres.

— Douze mètres, commandant.

Le sous-marin s'éloigna lentement de sa cachette sous la glace, atteignit une profondeur qui lui permettrait de passer sous la quille du *Tamyr* si celui-ci devait s'arrêter pour une raison quelconque.

— Immersion douze mètres, commandant.

— Très bien. Machines, vitesse lente.

— Vitesse lente, chantonna un mécanicien en écho.

Le *Taïfoun* s'ébranla.

A Poulonga, le colonel Loudinov prit possession du terminal de l'officier de radio et ordonna à l'hélicoptère d'attaque de se porter plus au sud, de percer un trou dans la glace et d'immerger un sonar.

— Je pars avec l'autre hélico pour déposer des hommes à bord des navires du convoi puis récupérer les survivants du *Minsk*, dit-il à Tarinski. Maintenez une surveillance sonar attentive. Le sous-marin d'attaque *Gorki* franchira le détroit dans quelques heures. Le commandant Lorinski vous enverra un signal avant d'effectuer la traversée.

Laissant un sergent et un homme des *spetsnaz* sur place avec ordre d'abattre quiconque tenterait de briser le silence radio, Loudinov embarqua le reste de son équipe dans l'hélicoptère et décolla. L'*Arktika* se trouvait maintenant à quatre milles de Poulonga, le convoi s'étirant derrière sur huit cents mètres.

Ayant récupéré le commandement de sa station, Tarinski offrit du thé à ses chiens de garde.

— Fait vachement froid, ici, remarqua le sergent.

— Le générateur est en panne, expliqua Tarinski. Nous allions le réparer quand le colonel est arrivé.

— Maintenant qu'il est parti, on pourrait p'têt' se chauffer un peu, suggéra le sergent.

— Excellente idée, approuva l'officier sonar. Je m'en occupe.

« A quoi bon ? » pensa Loudinov, qui répondit toutefois :
— Oui, j'en ai peur.

A bord du *Taïfoun*, l'officier de sonar signala :
— Le *Tamyr* ralentit.
— Stoppez les machines, ordonna Zenko. Il ne faut pas le percuter.
— Stopper les machines.
— Arrière demi.
— Arrière demi, compris.
Le submersible trembla de toute sa coque tandis que ses hélices s'efforçaient de casser son erre et de le lancer dans l'autre sens.
— Distance du *Tamyr* ?
— Quatre cents mètres, en rapprochement.
— Eau sous la quille ?
— Soixante mètres.
— Officier de plongée, faites descendre de dix mètres de plus. En avant lente.
— Distance deux cents mètres, en rapprochement.
— Il va faire machine arrière.
— Cent mètres, en rapprochement.
Au-dessus d'eux le *Tamyr* s'immobilisa dans la glace ; son hélice se mit à tourner à l'envers, entraînant la poupe vers l'étrave vulnérable du *Taïfoun*.
— Remplissez les ballasts avant, fit l'officier de plongée, dont la voix tremblante trahissait la peur.

Dans l'interphone du *Reno*, Morrison annonça avec un calme exagéré :
— Sonar à central ; Gros Popov a fait machine arrière.
— Stoppez les propulseurs, ordonna Gunner. Paré à faire machine arrière.
Le *Reno* courut sur son erre, si silencieux que Gunner pouvait entendre l'eau jaillir dans les caisses d'assiette. Il avait les mains tremblantes. Trout, lui, semblait sur le point de vomir.
— Vous avez payé votre prime d'assurance, cette année ? lui demanda Gunner.
— Vous vous décidez à faire machine arrière ou vous débitez des plaisanteries ? répliqua Trout.
— Si je mets l'hélice en prise maintenant, les Russes l'entendront.
— Ils l'entendront aussi si vous leur rentrez dedans.
— Central à sonar. Distance du *Taïfoun* ?
— Neuf cents mètres, en rapprochement.

L'étrave du *Taïfoun* s'enfonça soudain et l'énorme sous-marin passa sous la coque du *Tamyr*, à moins d'un mètre de l'hélice. Tous les hommes du poste central gardaient les yeux braqués vers le haut, comme s'ils s'attendaient à ce que le gouvernail du navire éventre leur coque. Les machines du *Tamyr*, grondant comme une division de chars traversant une forêt, envahirent le sous-marin de leur vacarme. A mesure que le *Taïfoun* progressait sous le bateau, un bruit de glace écrasée remplaçait celui des moteurs.

— Sonar à central. Nous l'avons doublé.

Des cris de victoire sans chaleur s'élevèrent dans le poste central : si le risque de collision avec le *Tamyr* était écarté, celui de heurter le fond du détroit peu profond s'était terriblement accru. Seul Zenko ne montrait aucune inquiétude. Il aurait pu se poser au fond et attendre que le navire passe au-dessus d'eux mais il préféra aller de l'avant. Avec un coup d'œil à la carte, il ordonna :

— Timonier, la barre à gauche dans le chenal sud-nord, et suivez la ligne des quarante mètres ouest-sud-ouest.

— Ligne quarante mètres ouest-sud-ouest, compris.

— Nous allons contourner le reste du convoi. S'ils avaient décidé d'amorcer le champ de mines, ce serait déjà fait. Donnez-moi dix nœuds.

— Dix nœuds, commandant.

— Il y a plus de fond devant, dit l'officier de plongée. Nous pouvons traîner une antenne, si vous voulez.

— Pas encore, répondit Zenko. Immersion cinquante mètres.

A Gremikha, Deminov préparait un message pour prévenir Malakov quand lui parvint l'appel de Tarinski.

— Vous avez quoi ? brailla l'amiral dans le téléphone.

— Deux contacts, amiral. Celui de tête est indubitablement un Typhon.

— Le *Gorki* a signalé sa présence ?

— Non, amiral.

— Alors, quel est le deuxième SM ?

— Nous ne pouvons l'identifier avec certitude juste après le passage du brise-glace. Nous pensons que c'est le *Gorki*.

Deminov déchargea sa colère en beuglant :

— Je me fiche de ce que vous pensez ! Dites-moi ce que vous voyez !

Tarinski avait abandonné tout espoir de comprendre exactement ce qui se passait et qui était impliqué. Les sonars indiquaient clairement la présence de deux sous-marins dans le détroit, dit-il à Deminov. Le Typhon avait doublé le convoi et était presque sorti du champ de mines.

— Amorcez les deux dernières mines dans chaque chenal, lui enjoignit Deminov.

— Mais, amiral, les mines risquent d'endommager les navires de surface.

— Obéissez aux ordres, ou je vous fais fusiller.

— Bien, amiral.

Tarinski déverrouilla la console de commande des mines. Trente points verts s'allumèrent çà et là sur le tableau. Tarinski releva deux manettes en s'attendant à voir deux points passer du vert au rouge mais rien ne se produisit. Il essaya une nouvelle fois, obtint le même résultat. Il releva une troisième manette, une quatrième. Rien. Ou l'eau salée avait rongé les câbles pendant le long hiver, ou le tableau lui-même présentait des connexions défectueuses. Une mine qui ne marche pas, cela n'existait pas dans la Marine Rouge. Tarinski frappa plusieurs fois le tableau du plat de la main, renonça, retourna au téléphone.

— Le champ de mines est mort, amiral. Je crois que c'est le tableau de commande qui ne fonctionne pas.

— Où est le Typhon, maintenant ?

— De l'autre côté du détroit. Presque au large.

— Alors, il est pris au piège dans la mer Blanche. Contactez l'hélicoptère d'attaque pour vous assurer qu'il est prêt. Il ne nous échappera pas une nouvelle fois.

— Sonar à central, fit Morrison à bord du *Reno*. Gros Popov prend de la vitesse.

— Merci, sonar. Timonier, la barre à gauche de dix degrés. Nous contournons le convoi. Manœuvre, appuyez sur le champignon. Donnez-moi dix nœuds.

Le submersible américain s'engagea dans le chenal sud-nord, accéléra et passa en mer Blanche. Aucune grenade sous-marine n'illumina les écrans du sonar, aucune torpille ne jaillit du *Taïfoun* dans un éclair. « Ce n'est peut-être qu'une question de temps », se dit Gunner.

24

La mer Blanche

A quatre-vingt-quinze milles au sud-ouest de Poulonga, le signal de ELF s'alluma dans le local radio du *Sovietski Soyouz*. Des messages de Gremikha parvenaient au sous-marin toutes les deux heures depuis le départ, mais pour la première fois Malakov reçut l'ordre de remonter à profondeur de VLF.

Bien que vingt heures seulement se fussent écoulées depuis que le *Sovietski Soyouz* avait quitté Severodvinsk, Malakov se sentait à des années-lumière des chantiers. Quelque part entre les lueurs d'Arkhangelsk et les profondeurs obscures, il s'était détaché de tout, parvenant du même coup au degré d'affranchissement que seuls connaissent les hors-la-loi et les révolutionnaires.

L'attente au fond du golfe de Kandalakcha avec des armes atomiques amorcées avait contraint l'officier russe à une introspection plus poussée, laquelle l'avait conduit à penser qu'il avait été choisi pour une mission unique. Il espérait que le gouvernement rejetterait les exigences de son beau-père. S'il recevait l'ordre de lancement, il connaîtrait l'exaltation d'accomplir ce que personne auparavant n'avait osé faire. Seul l'acte comptait, non la cause ni l'effet. Transcendant la morale, il était passé au-delà du bien et du mal ; il avait pénétré dans un nouveau royaume, une zone interdite où rien n'était interdit.

— Officier de plongée, remontez-nous à profondeur de VLF.

Le submersible monta, capta le message. S'attendant à un ordre de lancement, Malakov porta le feuillet au local de cryptographie dans un état d'intense excitation, mais il lut le texte suivant :

DU CDT OPÉRATION ÉTOILE BLANCHE À L'OFFICIER COMMANDANT LE *SOVIETSKI SOYOUZ :* VOUS INFORMONS QUE LE *TAÏFOUN* A PÉNÉTRÉ EN MER BLANCHE À 18 H 00. TOUS LES EFFORTS SONT FAITS POUR LE LOCALISER ET L'ARRÊTER. PROGRAMME RETARDÉ DE DOUZE HEURES. DEMINOV.

Quoique déçu, Malakov éprouvait une joie étrange. En mer Blanche, Zenko ne pouvait avoir qu'un seul objectif, et la perspective d'un duel avec un tel adversaire séduisait le commandant du *Sovietski Soyouz*. Il essaya d'imaginer la scène à Gremikha. Deminov avait commis une erreur monumentale en laissant Zenko prendre la mer. La panique s'était-elle ajoutée à la gaffe ? La situation était préoccupante mais pas catastrophique. Avant de pouvoir attaquer, Zenko devait trouver le *Sovietski Soyouz*. Tant que celui-ci demeurerait silencieux, Zenko serait impuissant. Pour se porter à distance de tir, le *Taïfoun* devrait se montrer et en subir les conséquences.

— Officier de plongée, redescendez au fond.

Tandis que le submersible s'enfonçait à nouveau, Malakov tendit le message à Sergov.

— Etre traqué par Stefan Zenko, je n'aime pas ça, fit l'officier politique, manifestement effrayé.

— Zenko croit peut-être qu'il nous traque, mais c'est nous qui aurons la possibilité de le détruire. Pour nous chercher, il doit faire du bruit. Il nous suffit d'attendre. Dans quelques heures, tout cela n'aura plus d'importance. Nous exécuterons l'ordre de lancement puis nous coulerons le *Taïfoun*.

— Nous informons l'équipage ?

— Non, répondit Malakov. Ils acceptent peut-être de nous aider à tuer un million de Géorgiens, mais je crois que Zenko leur ferait peur autant qu'à vous, mon courageux *zampolit*.

Le *Sovietski Soyouz* reprit sa veille silencieuse. Malakov parcourut les compartiments de missiles, vérifiant les ordinateurs, testant les circuits, comptant les minutes.

Le *Taïfoun* se trouvait à douze mille de Poulonga quand les ordinateurs de son local radio enregistrèrent automatiquement deux messages de Gremikha au *Sovietski Soyouz*.

Faute de codes, ils ne furent pas déchiffrés mais Zenko en devina le sens. Le premier, court message ELF, était à l'évidence un ordre de remontée ; le second, en VLF, un avertissement.

A l'avantage de Zenko, la nécessité pour Deminov de garder l'affaire secrète, de la maintenir sous l'eau, hors de vue, l'empêchait d'utiliser pleinement les forces anti-sous-marins de la Flotte du Nord. Autant que Zenko le sût, le *Sovietski Soyouz* n'avait pas d'escorte — ni hélicoptères ni sous-marins d'attaque pour le protéger. Un attaquant se fiant à ses sonars aurait en effet des difficultés pour distinguer le *Sovietski Soyouz* du *Taïfoun*. Les hommes de Deminov avaient déjà commis une erreur en coulant le *Minsk*. Malakov était seul dans un bâtiment voué au silence, avec un équipage à qui on avait sans doute raconté qu'il faisait son devoir envers la patrie. « Malakov est-il effrayé ? se demanda Zenko. Non, son arrogance le rend sans peur, et c'est sa faiblesse. »

— Sorokine, appela le vice-amiral, réunis l'équipage du central autour du fauteuil du commandant.

Quand les hommes furent rassemblés, il leur déclara :

— Nous n'avons pas le temps d'explorer toute la mer Blanche pour trouver le *Soyouz*. Nous chercherons d'abord dans le golfe de Kandalakcha. Avant que nous quittions Gremikha, Deminov a plus ou moins reconnu que Malakov s'y cachait. S'il n'y est pas, nous ne le trouverons peut-être jamais. S'il y est, avec de la chance, nous le ferons sortir de son trou. Préparez-vous à rejoindre vos postes de combat. Nous allons commencer l'exercice et transformer ce bâtiment en chasseur-tueur. Exercice de torpille dans cinq minutes !

Deux mille mètres derrière, le *Reno* se faufilait dans le sillage du sous-marin soviétique. Dans chaque compartiment, un panneau lumineux rouge rappelait « Navigation silencieuse ».

A la coquerie, les cuisiniers réchauffaient des centaines de plateaux-repas dans leurs fours à micro-ondes, effort qui leur valait des commentaires sur Air-Nez-Bleus et sa cuisine infecte.

Au mess des chefs, Morrison accepta un plateau en plastique et demanda d'un ton soupçonneux :

— C'est quoi, ça, cuistot ?

— Steak Salisbury.

— C'est un steak ?

— Vous voulez manger japonais, chef ? Algues et poisson cru ?

— Va te faire foutre. Ça, j'en ai à la maison. Je veux des hamburgers.

— Ouais, moi aussi, dit le cuisinier, mais on file le train aux Russes, et cuire des hamburgers, ça fait du bruit.

Assis en face d'Adams, de Garrett et de Deuterman, Morrison remuait la nourriture de son plateau sans la goûter. Des poches sous les yeux, le menton hérissé de poils de barbe non tondus, il entendait encore dans ses oreilles exploser des grenades sous-marines.

— Tu l'as garé où, ton corbillard ? lui demanda Garrett.

— C'est vrai, t'as l'air crevé, enchaîna Deuterman. Qu'est-ce que tu as ?

— Pas dormi.

— Tu crois toujours que la guerre froide est finie, Morrison ? Il y a un Typhon énorme qui rôde pas loin.

Morrison glissa une main sous sa chemise, sortit sa casquette russe et l'enfonça sur sa tête.

— Ho ! Amerikanski ! s'écria-t-il. Tu viens en mer Blanche, tu meurs !

— C'est pas vrai, il remet ça.

Au poste central, Trout déclarait avec une fierté sincère :

— Commandant, vous avez réussi à pénétrer en mer Blanche. Peu d'hommes peuvent en dire autant.

— Ce ne sera un exploit que si nous en ressortons, grogna Gunner.

Derrière eux, le détroit ; devant, le *Taïfoun*. Si Zenko branchait un sonar actif, le *Reno* serait visible comme le nez au milieu de la figure.

— Où va-t-il et que fait-il, Gus ?

Trout se pencha au-dessus de la table de navigation.

— C'est la question à soixante-quatre dollars. Il va se cacher sous la glace, attendre un message de Moscou et déclencher la Troisième Guerre mondiale.

— Vous êtes cinglé.

— Quelqu'un l'est, c'est sûr. Les Russes n'essaient pas d'arrêter Zenko. C'est pour ça qu'ils ont détruit le *Minsk*. Ils ont deux Typhons en mer Blanche, maintenant, et ils ne veulent personne à proximité, y compris nous. Non, ça me paraît grave. Les Typhons ont une seule fonction : faire exploser le monde. Je crois que Zenko et compagnie veulent déclencher la guerre, et que les autres essaient de les en empêcher.

Gunner alluma une cigarette.

— On dirait que vous avez distribué les rôles de bons et de méchants.

— Ça me paraît évident. Un Typhon ne peut pas être dans le camp des bons.

— Alors, je devrais peut-être lui envoyer une torpille dans les hélices, dit Gunner, un mince sourire recourbant ses lèvres. Une petite charge atomique. C'est pour ça qu'on me surnomme Plutonium Jack, non ?

— Je n'irais pas jusque-là. Ce serait un acte de guerre.

— Pénétrer en mer Blanche est déjà un acte de guerre, fit observer Gunner. Demandez à n'importe quel juge.

Vue du ciel, la partie sud du détroit de Gorlo ressemblait à une mine de sel gelée. A six milles au nord de la position du *Reno*, l'hélicoptère d'attaque soviétique suspendu à cent cinquante mètres au-dessus de la mer lâcha une petite charge explosive qui fit un trou de dix mètres dans la glace.

L'opérateur de sonar fit alors descendre un hydrophone dans l'eau au bout d'un câble et entendit aussitôt un bruit de moteur sous-marin.

— Contact, dit-il au pilote. Incroyable : au premier essai.

— Qu'est-ce que tu entends ? Une hélice, ou deux ?

— Difficile à dire. D'après l'ordinateur, distance onze kilomètres. Relèvement cent quatre-vingt-sept. J'ai un deuxième contact. Même relèvement, distance douze kilomètres. On est presque au-dessus de deux SM.

— C'est lequel, celui qu'on cherche ?

— Comment tu veux que je le sache ?

— On s'est déjà trompé une fois de sous-marin aujourd'hui.

— Et alors ? Nous, on ne choisit pas les cibles, on obéit aux ordres.

L'explosion faillit jeter trois opérateurs de sonar du *Reno* en bas de leur chaise.

— Qu'est-ce que c'était ? marmonna Billie Stewart. Sonar à central. Une explosion, dans l'eau ou à la surface.

— Quel genre d'explosion, Billie ?

— Je ne sais pas, commandant. Une détonation aiguë, distance six milles, relèvement zéro zéro huit.

Gunner leva les yeux vers son moniteur de sonar, dont l'écran montrait de la glace craquant à la surface, des échos rebondissant au fond, et le *Taïfoun* taillant sa route à une allure régulière de dix nœuds. Gunner savait que les ondes sonores de l'explosion, renvoyées par le *Reno*, avaient révélé leur présence aux Soviétiques.

— Le jeu est terminé, dit-il, branchant l'interphone. Paré à manœuvrer à grande vitesse. Branle-bas de combat.

Au mess des chefs, Morrison s'arrêta de mâcher.

— Bon Dieu, quoi encore ?

Trente secondes plus tard, il pénétra en trombe dans le local du sonar, s'installa dans le fauteuil du chef-opérateur. Le *Taïfoun* s'était immobilisé. Le *Reno* virait à droite pour éviter d'enfoncer l'arrière du sous-marin russe.

En entendant l'explosion, Zenko avait tout de suite compris ce que c'était.

— Ils font un trou dans la glace. Stoppez les machines.

Le flux de vapeur s'arrêta aussitôt mais le submersible continua sur sa lancée. L'officier de sonar profita du silence du compartiment des machines pour écouter l'antenne accrochée à l'arrière et fut stupéfait par ce qu'il entendit.

— Sonar à central ! Il y a un SM juste derrière nous !

Zenko laissa tomber sa tasse de thé en plastique sur la moquette bleue du poste central, regarda la tache s'agrandir, l'air incrédule.

— Qui est-ce ? Sonar, vous pouvez l'identifier ?

— Je n'ai fait que l'entrevoir, mais l'ordinateur dit que ce n'est pas un Akoula.

— Pas un Akoula !

— D'après l'ordinateur, ce serait un bâtiment américain de la classe Los Angeles, commandant.

Zenko agrandit l'image du moniteur, vit un spot se déplaçant lentement sur les traces du *Taïfoun*. Il tambourina des doigts sur la table des cartes.

Un Américain !

Un étron dans le pot de miel.

Il fallait détruire ce salaud. Tout de suite.

Muet de stupeur, Kougarine s'approcha de l'écran. Retrouvant sa voix au bout d'un moment, il murmura :

— Tu ne peux pas le couler, Stefan.

— Qu'est-ce qu'il fiche ici ?

— Ce qu'ils font toujours. Il nous espionne.

Zenko tendit le bras vers l'image.

— En mer Blanche ?

Kougarine sentit une haine ressurgie de la guerre froide envahir son vieil ami. L'ennemi principal. Les Etats-Unis.

— Oublie-les, Stefan, plaida-t-il avec véhémence. Il est peut-être ici depuis des mois. Tu sais à quel point leurs bâtiments sont silencieux. S'il avait de mauvaises intentions, il les aurait déjà manifestées. Tu ne peux pas le détruire !

— Je n'aurai pas à le faire, dit Zenko. Nos amis s'en chargeront pour nous.

Au-dessus, le pilote de l'hélicoptère ordonna :

— Armez la torpille.

Comme la plupart des forces navales soviétiques, les hélicoptères anti-sous-marins de la base de Gremikha étaient armés de torpilles de type 533 guidées par sonar actif. Rapides et sûres, les types 533 étaient spécialement conçues pour détruire les sous-marins américains. Personne n'avait jamais étudié leur efficacité contre des Typhons.

— Torpille armée, dit l'officier d'armes.

— Je n'ai plus qu'un seul contact, maintenant, annonça l'officier de sonar.

— Nous avons pour ordre de lancer ce poisson sur tout ce qui nage, fit observer le pilote. Larguez la torpille.

— Torpille larguée.

La type 533 longue de cinq mètres tomba dans l'eau, s'enfonça de cinq ou six mètres et déclencha son moteur électrique. Les sonars passifs de sa tête captèrent le déplacement du *Reno* dans l'eau ; en trente secondes, le poisson mortel prit une vitesse de quarante nœuds.

Le son provenait de nulle part, comme s'il était engendré par la mer elle-même. La torpille soviétique fonçait vers le *Reno* avec un bruit de train de marchandises. Pour la première fois de sa carrière, Morrison cria dans un micro :

— Torpille partie ! Distance six milles, diminuant rapidement. Relèvement zéro zéro sept.

Gunner jura entre ses dents. « Connard, se dit-il. Tu es allé trop loin, ils t'ont entendu. Tu as perdu la partie de cache-cache. »

— A gauche toute ! dit-il dans le micro de l'interphone. Donnez-moi toute la vitesse.

Dans une explosion de bulles, l'hélice griffa l'eau ; le *Reno* bondit en avant. Au poste central, Gunner sentait l'odeur âcre de la peur.

— Sonar à central, nous avons de la cavitation.

— Je le sais, Morrison. Fermez-la !

Virant à gauche comme un avion, le *Reno* prit lentement de la vitesse.

— Sonar à central. Torpille à quatre milles, se rapprochant.

— Je la vois sur l'écran, Morrison, répliqua Gunner. Mettez-la en veilleuse, c'est un ordre. Central à armes, chargez un leurre statique dans le tube un. Chargez des mines Captor dans les tubes quatre, cinq et six.

Dans le compartiment des torpilles, le chef Garrett et trois torpilleurs sortirent un leurre, branchèrent les modules de guidage électronique et introduisirent l'engin dans un tube.

— Torpilles à central. Leurre paré. Chargement des Captor.

— Noyez le tube un. Ouvrez les portes extérieures. Manœuvre, cent pour cent de vapeur.

Zenko promenait sur ses écrans un regard ahuri. Le sous-marin américain prenait de la vitesse mais ne pouvait manifestement pas lutter avec une type 533. Il pouvait entendre le submersible accélérant dans le vide.

— Depuis combien de temps crois-tu qu'ils nous filent, Sacha ?

— Depuis le départ de Gremikha.

— Et nous n'avons rien entendu. C'est effrayant. Ils auraient pu nous couler cent fois mais ils n'en ont rien fait.

— Ils ont dû assister à la destruction du *Minsk*, dit Kougarine.

— Aucun doute. Maintenant, ils sont pris entre deux feux et ils vont mourir sans même savoir pourquoi.

Conçu pour se déplacer en silence et se cacher, alourdi par son armement et son équipement électronique, le *Reno* n'avait rien d'un bolide. Avec une vitesse maximum de trente-sept nœuds, il ne pouvait battre la torpille à la course, et Gunner le savait. Quand la vitesse atteignit vingt nœuds, il ordonna :

— Sharpe, tirez le leurre.

Sharpe appuya sur plusieurs boutons du tableau de commande de mise à feu ; le leurre statique jaillit d'un tube. Emettant des sons similaires à ceux du *Reno*, l'engin demeura immobile, suspendu dans l'eau, cependant que le *Reno* poursuivait sa route.

La torpille délaissa le leurre, continua à poursuivre le submersible.

— Sonar à central. La torpille se rapproche toujours ! Distance deux milles.

— Compartiments torpilles, préparez des mines Captor pour déploiement séquentiel avec déclenchement retardé à vingt, trente et quarante secondes.

Il fallut une minute et demie à Garrett et à son équipe pour charger trois Captor dans des tubes. Contenant une torpille, ces mines étaient équipées de déclencheurs acoustiques. Quand les sonars encastrés captaient un bruit de machines, ils lâchaient les torpilles.

— Torpilles à central, Captor chargées et armées. Mise à feu retardée programmée à intervalles de dix secondes.

— Noyez les tubes.

Le lieutenant de vaisseau Sharpe ouvrit les portes extérieures des tubes, qui se remplirent d'eau de mer.

— Tubes quatre, cinq et six, tirez.

De l'air comprimé projeta les mines hors des tubes. Vingt secondes plus tard, le premier déclencheur entra en action. Le sonar de la mine capta les bruits du *Reno* mais un dispositif automatique élimina le sous-marin en tant que cible. Le sonar continua à chercher jusqu'à ce qu'il entende la torpille soviétique fonçant à quarante nœuds, et distante à présent de moins d'un mille. Le déclencheur lâcha sa torpille au moment où celui de la deuxième mine était activé. Le second déclencheur entendit la première torpille, décida que c'était une cible et lâcha sa torpille. Trois secondes plus tard, la torpille de la deuxième mine détruisit la première dans une énorme explosion sous-marine. Le troisième déclencheur se mit à fonctionner, capta le projectile soviétique, et lâcha son engin. Les deux torpilles se heurtèrent à la vitesse combinée de soixante-dix nœuds.

Les ondes de choc des deux explosions frappèrent le *Reno* qui, ballotté comme un jouet, poursuivit sa route, indemne.

— Sonar à contrôle. Les écrans sont clairs. Torpille détruite.

— Stoppez les machines, ordonna Gunner. Silence à bord.

Tandis que le sous-marin ralentissait peu à peu, les hommes du poste central donnaient l'impression de sortir du bain tant ils transpiraient. Le lieutenant de vaisseau Sharpe agrippait le bord de sa console d'armes, qu'il serrait comme un étau.

La terreur déformait le visage de chérubin de l'enseigne O'Connell qui se tenait près de la porte du local radio. Gus Trout était figé, telle une statue, devant les écrans de sonar.

Pour les tirer de leur stupeur, Gunner dit dans l'interphone :

— Messieurs, nous nous sommes sortis indemnes d'une attaque à la torpille parce que chacun de vous a fait son boulot. Depuis trente ans, nous nous demandions avec quoi les Ruskoff pouvaient nous canarder, maintenant nous le savons. Nous ne sommes pas tirés d'affaire mais nous savons que nous avons une chance de survivre. Ne nous relâchons pas. Les Russes pourraient recommencer.

Les écrans du sonar montraient des débris tombant vers le fond mais ni torpille ni *Taïfoun*.

25

La trêve

L'hélicoptère d'attaque demeurait immobile au-dessus de la glace.

— Deux explosions, dit l'officier de sonar, mais pas de bâtiment touché. Nous avons manqué la cible.

— Armez le deuxième poisson, fit le pilote.

L'officier d'armes appuya sur des boutons, attendit que le voyant rouge clignote. En vain.

— Armez, répéta le pilote, haussant le ton.

— Pas moyen d'armer, bon sang, Léonid, je regarde le coupe-circuit du voyant, bredouilla l'officier d'armes en fouillant frénétiquement dans une trousse à outils.

— Tu n'as pas vérifié tes circuits, Mikhaïl ? se plaignit le pilote.

— Si, bon Dieu, mais des torpilles armées, on en lâche tous les combien ?

— Largue-la quand même. On verra bien.

L'officier d'armes se tourna vers l'opérateur du sonar et roula des yeux.

— Tu l'entends, Nikita ? Il m'ordonne de lâcher une torpille non armée.

— Nous n'avons presque plus de carburant, rétorqua le pilote. Exécution. Je ne rentre pas à Poulonga avec la moitié de mon chargement d'armes.

L'officier d'armes pressa un bouton ; la type 533 se détacha, tomba dans le trou et fila sous la glace. Le pilote eut un grognement satisfait. Les systèmes de guidage de la torpille se déclenchèrent, le sonar ne détecta aucun bruit de bâtiment dans l'eau et l'engin entama une recherche en spirale.

— Sonar à central, j'ai une deuxième torpille dans l'eau, annonça Morrison. Même relèvement, distance neuf milles.

Au lieu d'essayer de battre de vitesse la 533, Gunner garda son sous-marin immobile et écouta, pris d'une terreur muette, les machines et l'hélice tournant dans le brouhaha de la glace en mouvement. Enfermé dans une machine, à la merci d'une machine, observant des machines sur des écrans de télévision, Gunner se demandait s'il existait un dieu de la machinerie qui entendrait ses prières. La torpille russe avait un bruit d'engin de mort.

Sans cible sur laquelle se braquer, les sonars du projectile furent trompés par les bruits de la glace se répercutant sur le fond. Après quatre minutes de recherche, la torpille attaqua un floe ; le spot explosa sur les écrans du *Reno*.

— Qu'est-ce que vous dites de ça, Gus ? s'exclama Gunner. Le poisson russe s'est perdu dans la glace.

— Combien il en reste ? grogna Trout.

A un mille de l'hélicoptère, une colonne de glace jaillit tel un geyser gelé.

— Encore raté, lâcha l'opérateur sonar.

— Au moins, on sait qu'elle était armée, dit l'officier d'armes. C'est le voyant du tableau qui doit déconner.

— Nous devons refaire le plein, rappela le pilote. On rentre.

L'appareil monta, s'éloigna du trou dans la glace.

— Quelque chose me dit que cette opération a été préparée par les mêmes types qui refilent du dentifrice dur comme de la pierre et des lames à raser rouillées à la Flotte, reprit le pilote.

L'opérateur sonar s'esclaffa.

— Elle n'a pas été préparée du tout. C'est juste arrivé comme ça. Tout arrive comme ça.

— Qu'est-ce que c'est que ces conneries, Nikita ?

— Ecoute, camarade, moi, je suis un néo-restructuraliste. Le monde est chaos, l'ordre illusion. Les bombes atomiques détruiront l'illusion finale et l'univers retrouvera son état naturel d'entropie.

— On est obligé d'écouter ça ? geignit l'officier d'armes.

— Jusqu'à Poulonga, soupira le pilote.

Zenko attendit un quart d'heure une troisième torpille. Dans une opération anti-sous-marins normale, une douzaine d'hélicoptères auraient lâché dans l'eau assez de torpilles pour qu'aucun submersible ne puisse en réchapper. Zenko avait entraîné ses équipages anti-sous-marins à détecter, pourchasser et détruire un intrus hostile, mais Deminov avait apparemment décidé de ne pas faire appel à l'escadrille d'hélicoptères.

Le vice-amiral soviétique n'avait jamais pensé qu'il rencontrerait un jour un sous-marin de l'OTAN en mer Blanche et trouvait l'ironie de la situation extrêmement déplaisante. Lancé à la poursuite du *Sovietski Soyouz*, il ne voyait pas d'un bon œil l'ingérence des Américains dans sa guerre personnelle.

— Qu'est-ce qu'on doit faire de cet intrus, Sacha ? demanda-t-il à son officier politique.

— Rien, dit Kougarine.

— Je craignais que tu me fasses cette réponse. C'est un mauvais rêve. Malakov et Deminov, je les comprends. Leur folie est russe, mais ça... Je ne sais pas. La guerre froide est finie. Un commandant américain n'a rien à faire en mer Blanche. C'est une provocation.

— Stefan, nous ne sommes pas en guerre avec les Américains. Nous sommes en guerre contre le *Sovietski Soyouz* et Vladimir Malakov.

— Arrête de débiter des évidences. Je ne peux quand même pas ignorer ce visiteur indésirable. Tu as remarqué comme il apprend vite ? Après la première torpille, il a compris qu'il devait rester immobile pour échapper à une 533.

— Nous savions que les Américains seraient des adversaires redoutables, souligna Kougarine.

— Oui, convint Zenko avec un sourire, mais est-ce un « adversaire » ? Il n'a pas tiré. Pourquoi ?

Le *zampolit* considéra la question.

— Il sait qu'il n'est pas l'ennemi principal.

L'ennemi principal. Pendant toute la guerre froide, c'était ainsi que l'Amirauté avait désigné les Etats-Unis.

— Il a été attaqué, argua Zenko.

— Mais pas par le *Taïfoun*. C'est un espion. Sa mission consiste à observer et à faire son rapport.

— Oui, et s'il voit le *Taïfoun* couler le *Sovietski Soyouz*, que mettra-t-il dans ce rapport ?

— Stefan, tu ne peux pas l'attaquer.

— Sacha, fit Zenko avec impatience, j'essaie de procéder à une analyse tactique, et tu m'empêches de réfléchir avec ton charabia politique. Si ce Los Angeles menace le *Taïfoun*, je le coule. Tu crois que je peux me permettre d'attendre que son commandant braque ses sonars d'attaque sur mes hélices ? Que ses torpilles foncent vers nous ? Est-il oui ou non une menace pour le *Taïfoun* ?

— Nous n'en sommes pas sûrs.

— Non, et c'est ce qui m'exaspère. Nous sommes dans nos eaux !

— S'il est une menace, il ne sera pas facile à couler, déclara Kougarine.

— Je crains que, sur ce point, tu n'aies raison, camarade officier politique. Et nous ne pouvons pas rester ici. En avant lente. Gouvernez au deux sept sept.

Les hélices du *Taïfoun* se mirent à tourner ; le sous-marin géant s'ébranla, prit une route ouest-nord-ouest qui l'éloignait du submersible américain.

— Il nous suivra, prédit Kougarine.

— Parfait. Comme cela, je saurai où il est. Tu te rends compte, Sacha, que ce Los Angeles a survécu à une attaque de 533 ? Un sacré bâtiment — et un sacré commandant.

— Peut-être. Mais notre SM est un Typhon. Nous sommes armés de types 65.

— Sonar à central. Gros Popov repart.

— A quelle distance est-il, maintenant ? demanda Gunner.

— Neuf milles, je pense, commandant.

Gunner roula un foulard rouge en une corde qu'il noua autour de son front. Guerre froide, guerre chaude, guerre civile, il était maintenant un guerrier luttant pour sa vie. Trout haussa un sourcil mais ne dit rien ; O'Connell posa sur son commandant un regard à la fois impressionné et perplexe.

— En avant un tiers, ordonna Gunner. Central à sonar. Morrison, nous lui collons au train en laissant deux mille mètres d'écart.

Le *Reno* se mit en mouvement. A neuf milles devant, le *Taïfoun* suivait un cap ouest-nord-ouest. Gunner se sentait lié à Stefan Zenko. Le commandant russe savait forcément qu'il était suivi. En ne cherchant pas à se détruire — du moins pour le moment — les deux hommes avaient comblé un fossé de l'histoire et établi une trêve sous la mer gelée.

— Il se dirige vers le golfe de Kandalakcha, lança Trout de la table de navigation.

— Typhonville, dit Gunner. Là où les sous-marins géants vont mourir.

A Poulonga, l'enseigne de vaisseau Tarinski et l'officier de radio démontèrent le tableau de commande défectueux, trouvèrent des connexions corrodées et remédièrent au problème. L'officier de sonar répara le générateur et les occupants de l'abri se sentirent à nouveau comme des créatures à sang chaud.

La radio craqueta.

— *Gorki* appelle station navale de Poulonga, demande autorisation de franchir le détroit.

— Ici Poulonga. Identifiez-vous par votre code, s'il vous plaît.

— 7Z99Z9.

— Autorisation accordée.

Abasourdi, Tarinski secoua la tête : si c'était le *Gorki*, si deux sous-marins étaient déjà passés après la destruction du *Minsk*, quel était le deuxième submersible ? Avant qu'il ait pu communiquer la troublante information à Deminov, l'équipage de l'hélicoptère entra, signala ses contacts avec deux sous-marins, sans avoir réussi à en couler un.

— Vous appelez Deminov, enjoignit Tarinski au pilote. Je préfère que ce soit vous qu'il engueule.

— Si Deminov veut couler un Typhon, il lui faut autre chose qu'un seul hélico d'attaque, c'est tout ce que j'ai à dire, déclara le pilote. Des opérations merdiques, j'en ai vu, mais ce bordel, ça dépasse tout.

D'un geste détaché, Tarinski désigna les gardes des *spetsnaz*.

— Faites attention à ce que vous dites.

— Eux, j'm'en fous. Passez-moi le téléphone.

A Gremikha, Deminov écouta le pilote décrire l'attaque à la torpille manquée puis entendit le rapport de Tarinski sur le message radio du *Gorki*. Le *Taïfoun* pourchassait le *Sovietski Soyouz*, le *Minsk* était coulé, et un mystérieux sous-marin avait pénétré en mer Blanche. C'était tout ? Deminov sentait les fils de son complot commencer à se dénouer. A chaque nouvelle catastrophe, on se rapprochait du point d'ébullition. Dans quelques heures, l'*Arktika* et son convoi n'arrivant pas à Arkhangelsk, les autorités civiles lanceraient des recherches. Jusqu'à présent, d'après le major Riziov, le silence radio avait été observé et il n'y avait eu aucune fuite électronique que les récepteurs du Conseil de Défense auraient pu capter. Que faire ? S'il envoyait sur-le-champ à Malakov l'ordre de lancement, il n'atteignait pas son objectif de coup d'Etat sans effusion de sang. Il ne pouvait compter sur le *Gorki* pour couler le *Taïfoun* avant que Zenko ne trouve le *Sovietski Soyouz*. Il n'avait pas le choix, il devait envoyer un autre Typhon en mer Blanche.

Pendant trois heures, le *Taïfoun* ne tenta pas une seule fois de semer le *Reno*, n'effectua aucun brusque virage et continua à faire route à l'ouest à une vitesse de vingt nœuds. Dans le sous-marin américain, les minutes s'écoulaient comme les gouttes d'un robinet mal fermé. Sur les écrans du sonar, les spots, les lignes, les graphiques et les cartes offraient leur image tremblotante, avec la mouche de la cible, le *Taïfoun*, toujours bien au milieu. Trout supervisait le travail des informaticiens dont les appareils collectaient des gigabits de données sur la mer Blanche et le *Taïfoun*, précieux secrets militaires, grain à moudre pour les mâchoires avides des services d'espionnage du gouvernement. Des informations sur les torpilles, les grenades sous-marines et les explosifs soviétiques étaient soumises à l'analyse des ordinateurs pour perfectionner les défenses du *Reno*. Le bon vieux mouvement de bascule d'attaque et de défense montait et descendait dans les cerveaux électroniques sous la glace arctique.

Dans l'esprit de Gunner, l'équation ne tenait pas debout. Pourquoi Zenko laissait-il le *Reno* le suivre ? Pourquoi le *Taïfoun* ne tirait-il pas ? Après deux rounds violents, les commandants américain et soviétique en étaient revenus aux règles de la guerre froide curieusement modifiées. Jamais le jeu n'avait été joué aussi loin à l'intérieur des eaux soviétiques.

L'équipage se préparait mentalement à soutenir un siège. Après de longues heures aux postes de combat, il régnait dans le sous-marin une odeur de vestiaires. Malgré les craquements occasionnels de la glace au-dessus d'eux, les hommes s'efforçaient d'oublier où ils se trouvaient, comme si les Russes étaient là sans y être, comme si le *Reno* lui-même était là sans y être, dissimulé par les profondeurs opaques de l'espace intérieur, minuscule fragment d'Amérique traversant une mer étrangère et hostile.

— Il est toujours derrière nous, camarade chef. Il n'a pas bougé.

Fasciné par l'image de l'écran du sonar, Petia Boulgakov essayait d'imaginer la vie à bord d'un sous-marin américain. Ce qu'il savait des Etats-Unis était un mélange de propagande, de souvenirs de vieux films, de paroles de chansons rock et de vagues notions d'anglais.

— *Bonne jour, monsieur, madame, j'aime des œufs plats ce matin pour manger. Oui, merci. Mince alors, Miss Molly, je suis un vaurien, oui ?*

— Qu'est-ce que tu baragouines, Petia ? demanda Sorokine.

— Vous connaissez rien, alors ? C'est de l'anglais.

— Très curieux, commenta le maître principal. Propulse-toi aux machines bâbord et rapporte le registre de service.

— Oui, chef.

Boulgakov partit nonchalamment vers l'arrière en sifflant le *Yellow Submarine* des Beatles.

— Ton petit copain a l'air d'aimer les Anglo-Saxons, Vadim, fit observer Zenko.

— Il n'a pas assez de jugeote pour avoir peur, commandant.

Zenko sourit.

— Je l'envie. Quand on a vingt ans, la vie est amusante, même en temps de guerre.

Sorokine s'approcha de Zenko.

— Camarade commandant, comment allons-nous trouver Malakov s'il reste caché sans faire de bruit ?

Le pacha du *Taïfoun* se frotta la joue en regardant l'écran.

— Je me suis posé la question, Vadim, dit-il. Nous utiliserons l'Américain comme appât.

A bord du *Sovietski Soyouz*, le commandant Malakov prit une douche, se rasa, mit un uniforme bien repassé. Deux autres messages envoyés de Gremikha à heure fixe avaient signalé que la situation demeurait inchangée. Le *Taïfoun* n'avait pas été coulé.

Dans dix-huit heures, l'amiral Deminov appellerait le Kremlin et lancerait son ultimatum. Malakov s'amusa à imaginer le président prenant la communication dans ses appartements. Il serait huit heures du soir, l'heure du dîner. Il y aurait des invités, des membres des services de sécurité — tout l'attirail du pouvoir. Dehors, il tomberait peut-être une neige légère, fondant en quelques minutes. Bousculant les usages, Deminov s'adresserait directement au grand réformateur en personne, qui se tiendrait peut-être seul dans une antichambre, le téléphone à l'oreille. Le message de Gremikha serait concis et clair. Remettez le pouvoir au Conseil de Défense ou Tbilissi ne sera plus qu'un tas de poussière radioactive. Il n'y aurait pas de négociations. Blême, complètement perdu, le président retournerait dans la salle à manger, aussitôt vidée de ses invités. Il appellerait le Politburo, le Soviet Suprême et l'Armée. L'alerte serait déclenchée, des sonneries retentiraient — en vain. Autour de lui, telles des guêpes affolées, les hommes au pouvoir échangeraient des invectives, se lanceraient des piques mortelles. Moscou serait pris de panique, Tbilissi aussi. Personne ne prendrait de décision, et le *Sovietski Soyouz* lancerait le premier missile.

Dans les minutes qui suivraient, CNN diffuserait des nouvelles en direct de Moscou. Deminov, qui s'était offert le luxe d'avoir CNN à Gremikha, regarderait les limousines franchir à toute allure les portes du Kremlin. Une voix américaine : « Selon des informations non confirmées, la ville de Tbilissi, capitale de la République de Géorgie, aurait été détruite dans une explosion nucléaire. » Les sous-titres russes courraient en bas de l'écran. « La suite de nos informations dans un instant. » Une publicité pour Pepsi-Cola. La nouvelle Russie... Retour à la place Rouge, hurlements de sirènes civiles... Malakov mit brusquement fin à sa rêverie. Coup de couteau dans la toile, la pensée de Stefan Zenko ruinait le tableau.

Là-bas, quelque part, Zenko menait sa traque dans l'obscurité. Mais Malakov ne céderait pas à la panique. Il avait envisagé de sortir le *Soyouz* de sa fosse dans le golfe de Kandalakcha, mais utiliser les machines ferait du bruit et attirerait l'attention du *Taïfoun* si Zenko se trouvait dans les parages. Il pouvait rester au fond, attendre que le *Taïfoun* passe au-dessus de lui, mais il supposait que Zenko commencerait par explorer le fond. La cruelle vérité de la guerre sous-marine n'avait jamais été aussi évidente : qui entend le premier survit.

Plus il retournait le problème dans sa tête, plus l'idée d'anéantir le *Taïfoun* et de tuer son commandant lui plaisait. Il résolut de lui tendre une embuscade.

Il retourna au poste central, magnifique dans son uniforme impeccable.

— Officier de plongée, nous remontons et nous nous postons juste sous la glace. Lentement et en silence. Prenez votre temps.

26

Le « Gorki »

A vingt milles à l'est du golfe de Kandalakcha, Zenko réduisit sa vitesse à six nœuds. A cette allure, il aurait fallu que le *Sovietski Soyouz* se trouve à moins de trois milles du *Taïfoun* pour le détecter. Derrière, l'Américain suivait, et les deux sous-marins naviguant de conserve s'approchèrent prudemment du golfe.

Après quelques minutes de petite vitesse, Zenko exécuta un large tournant à droite de quatre-vingt-dix degrés, remonta vers le nord sur un kilomètre puis tourna de nouveau à droite, en sens inverse de sa route originelle. Il avait l'intention de ratisser le secteur, dans un sens puis dans l'autre, poussant l'Américain un peu plus à chaque passage vers la fosse profonde où il soupçonnait Malakov de se cacher. Avec de la chance, il placerait le Los Angeles entre le *Taïfoun* et le *Soyouz*, et inciterait Malakov à tirer.

Zenko regarda l'image donnée par l'antenne arrière. Il s'attendait à ce que le premier signe de la présence du *Sovietski Soyouz* soit un sonar d'attaque illuminant ses écrans, suivi quelques secondes plus tard des moteurs d'une torpille de type 65. Bien plus perfectionnées que les 533, les 65 étaient équipées de systèmes de guidage complexes fonctionnant notamment aux infrarouges. Si le coup était tiré de l'ouest, Malakov révélerait sa position cependant que les capteurs d'infrarouges pointeraient les torpilles du *Sovietski Soyouz* sur le Los Angeles.

Zenko chassa de son esprit l'idée désespérante que Malakov ne se trouvait pas du tout dans le secteur du golfe de Kandalakcha. Dans six heures, il devrait prendre le risque d'inspecter la surface de la mer au radar. Malakov ne ferait surface que pour lancer son missile et ne resterait pas longtemps au-dessus de la glace. Zenko estimait possible de couler le *Sovietski Soyouz* avec une roquette mais seulement après que celui-ci aurait lancé son projectile atomique mortel. Tapi sous la banquise, Malakov bénéficiait de tous les avantages dont Zenko avait doté les Typhons. Le vice-amiral craignait à présent d'avoir trop bien fait son travail.

Gunner suivit le *Taïfoun* dans ses mouvements en laissant deux milles entre le Soviétique et lui. Il supposa d'abord que Zenko était parvenu à un secteur assigné où il attendrait en silence un ordre de lancement mais ne tarda pas à changer d'avis.

— Gus, regardez, on dirait un ratissage. Il cherche l'autre Typhon.

— Pourquoi il ferait ça ? Il cherche peut-être un trou dans la banquise pour pouvoir hisser un mât et envoyer un message. Un message sur *nous*, Jack. Gremikha prévient ensuite l'autre Typhon et nous sommes pris en tenaille.

— Pourquoi se donner tout ce mal ? objecta Gunner. Il peut nous tirer dessus quand il veut. Dieu sait que nous ne nous cachons pas de lui. De plus, il n'a pas branché ses scanners à glace.

La voix de Morrison dans l'interphone interrompit la discussion.

— Sonar à central.

— J'écoute.

— Contact immergé, relèvement zéro huit huit, distance vingt mille mètres, vitesse environ trente et un nœuds, immersion soixante mètres. Identification : SM soviétique de classe Akoula, probablement le *Gorki*.

Obnubilé par le *Sovietski Soyouz* et l'intrus américain, Zenko ne s'attendait pas à ce qu'il entendit :

— Sonar à central, contact droit devant, classe Akoula, relèvement zéro huit sept, distance vingt mille mètres, vitesse trente et un nœuds.

L'esprit du vice-amiral se mit à tourner à toute vitesse.

— Le *Gorki* ! s'écria-t-il. Stoppez les machines.

Les machines se turent, le *Taïfoun* courut sur son erre. Zenko passa sur l'antenne avant, écouta le *Gorki* foncer vers le golfe de Kandalakcha, assourdissant par son vacarme ses propres sonars.

« La guerre est un gâchis, pensa Zenko, un gâchis inutile. » Lorinski chargeait comme un cosaque, sabre au clair.

— Central à sonar, où est l'Américain ?

— Il a stoppé quand nous l'avons fait, commandant.

— Je croyais que Lorinski resterait en mer de Barents pour nous bloquer à la sortie du détroit de Gorlo, dit le pacha du *Taïfoun* à Kougarine. Je me trompais.

— Je ne crois pas qu'il nous ait entendus. Il va trop vite.

Zenko se tourna vers Sorokine. Avec une grimace, le maître timonier se passa un doigt en travers de la gorge. Zenko hocha la tête.

— Central à torpilles, chargez des types 65 pour petits fonds dans les tubes un, deux et trois.

L'officier torpilleur appuya sur divers boutons de sa console ; des treuils hydrauliques soulevèrent trois tueurs de SM de leurs berceaux, les glissèrent dans trois tubes tribord.

— Torpilles à central. Tubes chargés.

— Ouvrez les portes extérieures des tubes un, deux, trois.

Les portes s'ouvrirent, l'eau inonda les tubes.

— Armez les torpilles, réglez sur déploiement minimum à une distance de trois kilomètres.

Les ordinateurs du compartiment de torpilles introduisirent les données du sonar dans les systèmes de guidage des projectiles sous-marins. Le *Taïfoun* était paré pour une attaque éclair à courte distance.

— Torpilles armées, commandant.

Morrison entendit une combinaison de bruits qui ne laissait aucune place au doute : murmures hydrauliques suivis du bruit aisément reconnaissable d'un cylindre glissé dans un tube puis d'un jaillissement d'eau.

— Sonar à central. Le *Taïfoun* vient de noyer des tubes.

— Central à sonar, répétez, demanda Gunner en s'efforçant de chasser de sa voix toute trace d'inquiétude.

Le chef répéta, le commandant brancha l'interphone.

— Tout le monde aux postes de combat, ordonna-t-il. Paré pour une manœuvre de dérobement.

En silence, les sous-mariniers évacuèrent rapidement le réfectoire ou roulèrent en bas de leur couchette et coururent à leur poste, boutonnant une chemise, remontant un pantalon.

Sharpe et O'Connell pénétrèrent en trombe au central, à demi habillés.

— Que se passe-t-il ? demanda Sharpe.

— Je ne sais pas encore, répondit Gunner, mais le *Taïfoun* est paré à tirer.

— Sur nous ? Seigneur !

— Je n'en sais rien. Bon sang, je n'en sais rien mais je suis prêt à déguerpir. Attachez vos ceintures de sécurité. C'est nous ou l'Akoula.

Le *Reno* attendait, immobile. Gunner fit grimper la puissance du réacteur, augmentant du même coup le bruit que le sous-marin projetait dans l'eau.

Soudain, Morrison découvrit avec surprise une nouvelle configuration sur son écran. L'ordinateur indiquait maintenant que l'Akoula se trouvait beaucoup plus près que l'analyse précédente ne l'avait déterminé. Il était à six milles à l'est, à quatre milles du *Taïfoun*, et se rapprochait rapidement selon une ligne oblique qui le conduirait à quelques centaines de mètres du bâtiment de Zenko.

Le commandant Lorinski connaissait les risques que son gambit comportait : le *Gorki* faisait assez de bruit pour révéler sa position à n'importe quel sonar en mer Blanche. Son objectif était de détourner l'attention de Zenko du *Sovietski Soyouz*, manœuvre hardie mais périlleuse. Il savait que Malakov et Zenko entendaient tous deux son sous-marin foncer à toute allure vers le golfe de Kandalakcha et espérait que chacun d'eux aurait la réaction adéquate : Malakov comprendrait que Lorinski était là pour le protéger, et Zenko, portant son attention sur le *Gorki*, révélerait sa position au *Sovietski Soyouz*.

Sentant l'Akoula vibrer sous ses pieds, Lorinski jeta un coup d'œil au loch. Dans dix minutes, le *Gorki* parviendrait au-dessus de la profonde fosse du golfe, s'arrêterait et écouterait. Jusque-là, il était aveugle et sourd, lancé à toute allure dans le noir.

— Camarade ordinateur, vous avez une solution de tir ? grommela Zenko. (Il fit un geste en direction de Kougarine, assis devant le tableau de commande de tir.) Sacha, l'ordinateur ne peut pas répondre tout seul, tu dois le faire pour lui.

— Oui, com... commandant, bégaya l'officier politique. J'ai une solution.

Le *Gorki* se trouvait à cinq kilomètres de l'étrave tribord du *Taïfoun*. S'il ne tournait pas, il passerait assez près pour déclencher les systèmes de guidage de la torpille sans qu'il soit besoin de brancher le sonar actif du *Taïfoun*.

Dans le poste central, les visages étaient solennels. Personne à bord n'avait jamais tiré pour de bon mais l'équipage ne mettait pas en question la décision du commandant de torpiller un de ses propres bâtiments. Zenko ne remarqua aucune expression de colère, rien que de la peine et de la détermination.

Le *Gorki* se rapprochait. Quand il fut à trois kilomètres, la cavitation derrière son hélice devint audible à travers la coque du *Taïfoun*.

— Lorinski doit savoir que c'est un suicide, fit Zenko avec tristesse. Feu !

Kougarine enfonça trois boutons rouges. Trois torpilles de type 65 jaillirent des tubes tribord et filèrent vers le *Gorki*. Le système de guidage par infrarouges maintenait les « poissons » sous la glace, loin du fond, attirés par la cible émettant le plus de chaleur.

L'Akoula n'eut pas le temps de réagir. Quand ses opérateurs de sonar entendirent le bourdonnement aigu des moteurs électriques, les charges explosives mortelles n'étaient plus qu'à une centaine de mètres.

— Attention à l'impact ! hurla Lorinski.

La première torpille toucha le sous-marin en son milieu, près de sa source de chaleur la plus forte, le compartiment du réacteur. La charge troua la coque résistante. En quelques secondes, l'eau de mer envahit le compartiment, submergea les échangeurs de chaleur et se transforma en vapeur qui fit voler les cloisons en éclats, cassant le sous-marin en deux. Le second projectile perfora la coque à l'arrière, explosa dans la salle des machines, tuant les mécaniciens sur le coup. Le troisième percuta le kiosque, fracassant le poste central. Inondée, la partie avant coula aussitôt. Le *Gorki* et tous ceux qui se trouvaient à bord périrent en moins d'une minute et demie.

Les débris tombèrent lentement au fond. Dans le poste central du *Taïfoun*, il n'y eut pas de cris de joie. Les yeux rivés aux écrans du sonar, Sorokine guettait la réaction du sous-marin américain. Boulgakov se demandait s'il pouvait ouvrir un panneau, remonter en surface, faire un trou dans la banquise et rentrer à pied à Arkhangelsk. Il essaya de penser à la fille rousse de la boîte de visages blancs mais ne parvenait pas à se rappeler son nom. Kougarine priait en silence.

— Hommes du *Taïfoun*, dit Zenko dans l'interphone d'une voix étranglée, nous avons coulé l'Akoula *Gorki* de la VIIe Escadre de Mourmansk. Il y avait à bord cent de nos valeureux marins. Observons un instant de silence.

Les calmars ôtèrent leur casquette, courbèrent la tête.

— Maintenant, filons d'ici, dit Zenko au bout de quelques secondes. Gouvernez au deux sept zéro, vitesse six nœuds.

— Merde !

— Merde, alors !

— Ben, merde !

L'exclamation fut reprise par quinze hommes saisis de frayeur à bord du *Reno*. Aucun de ceux qui venaient d'assister au tir de barrage soviétique n'avait envie de renouveler l'expérience.

— On aurait dit une bordée tirée par un cuirassé, fit Trout. Et maintenant, comment reconnaît-on les bons des méchants, sacredieu ?

— Je n'en sais fichtre rien, répondit Gunner.

— Il a fini ou c'est notre tour, maintenant ?

— Sonar à central. Le *Taïfoun* prend de la vitesse, dit Morrison. Un beau spectacle, hein, commandant ?

— J'espère que vous l'avez enregistré.

— Oui, commandant. Un enregistrement historique.

Gunner se frotta les yeux avec ses poings.

— Zenko est devenu dingue ? grogna Trout. Nous voilà au beau milieu d'une guerre civile.

A trente milles à l'ouest, les ondes sonores des explosions résonnèrent dans les sonars du *Sovietski Soyouz*.

— Sonar à central. Trois explosions, commandant, impacts directs de types 65, et nombreuses explosions secondaires. Le *Gorki* est détruit mais nous captons des ombres bizarres.

Malakov se rendit au local du sonar pour écouter l'enregistrement de l'attaque. Le *Sovietski Soyouz* avait naturellement détecté le *Gorki* approchant à vive allure, et la soudaine apparition de trois torpilles avait révélé la position du *Taïfoun*, mais le bruit des explosions s'était répercuté sur deux coques immergées.

— L'un des deux est le *Taïfoun*, c'est certain, dit Malakov, mais qui est l'autre ?

Les opérateurs du sonar échangèrent un regard, secouèrent la tête.

— Aucune idée, commandant.

— Qu'est-ce que vous entendez, maintenant ?

— Plus rien.

Zenko était tout près, beaucoup trop près. De retour au poste central, Malakov ordonna :

— Torpilles, chargez tous les tubes avec des types 65, ogives classiques.

— Tous les tubes, types 65, compris.

— Compartiment de missiles bâbord.

— Bâbord, répondit l'officier de missiles Minski.

— Paré à lancer.

27

La danse

— Suivre le *Taïfoun* n'est pas une saine occupation, déclara Gunner à Trout. Comment le *Gorki* a-t-il franchi le détroit après que le *Minsk* a été coulé avec des grenades sous-marines ?

— De la même façon que nous. Il est passé en douce.

— Je ne le crois pas. Selon moi, le *Gorki* est le premier d'une série. Si Zenko est un renégat, la Flotte du Nord enverra toutes ses forces contre lui jusqu'à ce que le *Taïfoun* soit détruit. Nous avons déjà été pris pour cible, et cela continuera si nous restons entre deux feux.

— Zenko lancera son missile. Nous devons lui coller aux basques dans cette éventualité.

— Pour lancer un missile, il n'y avait pas besoin de se frayer un chemin vers la mer Blanche. Il aurait pu procéder au lancement de la mer de Barents. Donc, il est à la recherche de quelque chose. Supposons que ce soit l'autre Typhon. Mais si c'est l'autre Typhon le renégat, pourquoi les Akoulas et les hélicos ont-ils essayé de couler le *Taïfoun* ? Ça ne tient pas debout.

— Nous ne pouvons pas passer la journée à jouer aux devinettes, dit Trout.

— J'ai besoin d'informations. Washington a besoin d'informations, marmonna Gunner, frottant plusieurs fois une allumette refusant de s'enflammer.

Il était presque prêt à courir le risque de hisser un mât de radio, mais trois pieds d'eau de mer gelée séparaient le *Reno* des satellites tournant dans le ciel. A tout moment, l'hélicoptère pouvait lâcher une autre torpille, le *Taïfoun* tirer, d'autres Akoulas apparaître. Si le *Reno* coulait avant que Gunner puisse transmettre ce que ses sonars avaient enregistré, équipage, bâtiment et commandant auraient disparu pour rien.

— Sonar à central. Gros Popov fait de nouveau route vers l'est.

— Merci, sonar. Nous allons le suivre de plus loin. Laissons-le s'éloigner de cinq milles avant de régler notre route et notre allure sur les siennes.

— Bien, commandant.

— Gus, préparez un rapport sur ce que nous avons vu jusqu'ici, notre position et la situation actuelle.

— Hisser un mât maintenant, c'est un gros risque, fit Trout, étonné.

— Bien sûr, convint Gunner, mais je veux être prêt si une occasion se présente.

— D'accord, commandant.

— Central à sonar.

— Sonar écoute.

— Morrison, trouvez une brèche dans la banquise sans utiliser les scanners à glace.

Le chef se gratta la tête en mâchonnant son cigare.

— L'impossible prend un peu de temps, commandant.

— Je sais. Faites ce que vous pouvez.

— Oui, commandant.

A bord du *Taïfoun*, Zenko attendait que l'Américain se place dans son sillage. Les ordinateurs du sonar soviétique ne parvenaient pas à identifier le Los Angeles mais le père des Typhons avait passé toute la guerre froide à jouer à cache-cache avec des sous-marins stratégiques américains. Depuis le début de l'ère des submersibles atomiques, les Etats-Unis avaient bénéficié de bâtiments plus silencieux — jusqu'à ce que les Typhons atteignent le même niveau. Zenko se rendait parfaitement compte qu'il essayait en ce moment de réussir ce que les commandants de sous-marins d'attaque américains s'efforçaient de faire pendant toute leur carrière : trouver un Typhon se cachant sous la banquise. Il enviait au Los Angeles ses sonars ultrasensibles, ses propulseurs silencieux, mais pas la situation de son commandant, aventuré dans des eaux hostiles où ses anciens ennemis coulaient leurs propres bâtiments. Zenko se demandait comment le pacha américain interprétait ce qu'il observait.

— Sonar à central. L'intrus ne bouge pas, commandant.

— Il est déconcerté, dit Zenko. Déconcerté, frustré, effrayé et peut-être un tantinet furieux. Il finira par suivre, comme un chiot récalcitrant. Maintenez la route et l'allure.

Dans le poste central du *Sovietski Soyouz*, toutes les oreilles se tendaient vers les sonars pour entendre un lointain grondement de pompes réfrigérantes, un murmure d'hélices, un cliquetis d'engrenages. Deux sous-marins approchaient du golfe. L'analyse par ordinateur des bandes magnétiques du sonar indiquait que l'Akoula avait été détruit par des torpilles lancées d'un Typhon. Zenko vivait. Le *Taïfoun* se trouvait à trente milles de distance, escorté d'un mystérieux allié, sans doute un autre Akoula.

Lancer ou attendre ? Malakov devait prendre une décision. Il pouvait surgir de la glace, lancer son missile immédiatement puis engager le combat contre Zenko et son escorte. La situation à Gremikha était incertaine mais si Zenko recevait l'aide d'un autre sous-marin de la Flotte du Nord, cela signifiait que Deminov avait commis une autre gaffe et perdu le contrôle non seulement de la base navale mais de toute la flotte. Le *Sovietski Soyouz* était-il seul, abandonné ? Le coup d'Etat avait-il échoué ? Malakov regarda les écrans vides. Si le *Taïfoun* se déplaçait, c'était furtivement, avec une extrême prudence. Les sonars du *Sovietski Soyouz* ne pouvaient détecter un autre Typhon naviguant à six nœuds que si celui-ci se trouvait à moins de six milles. Pour une vitesse de trois nœuds, la portée du sonar se réduisait à un demi-mille.

— Rapproche-toi, Héros de l'Union Soviétique, murmura Malakov. Viens dans mon jus !

A soixante mètres du central, dans le compartiment de missiles bâbord, l'atmosphère était tendue. Le *zampolit* Sergov, l'officier missilier Minski et trois techniciens procédaient aux vérifications de prélancement. Circuit d'armement, vérifié. Système d'azote comprimé, vérifié. Alimentation en carburant du booster du missile, vérifié. Système de guidage inertiel, vérifié. Système de largage du booster, vérifié. Mécanisme de mise à feu de l'ogive, vérifié. Cent quarante-sept systèmes différents vérifiés une fois, deux fois, trois fois. Au bout du compartiment, dans le silo avant, le missile numéro onze était programmé pour franchir deux mille sept cent quarante-cinq kilomètres vers le sud et faire exploser une ogive nucléaire de deux cents kilotonnes cinq cents mètres au-dessus de la grand-place de Tbilissi, capitale de la République de Géorgie.

Quand l'écho du dernier ordre débité sur un rythme rapide retomba dans le compartiment caverneux, un silence gêné s'installa. Les techniciens regardaient leurs mains en respirant par petites goulées. Leur tâche consistait à lancer un missile pour défendre l'Union, pas à penser aux dévastations qu'il causerait.

— Quelle heure est-il à Tbilissi ? demanda Minsk.

— Qu'est-ce que cela change ? répliqua Sergov, jetant néanmoins un coup d'œil à sa montre. Neuf heures du soir. L'heure du *Vremia.*

Assis devant le tableau de commande de mise à feu, Sergov fit pivoter sa chaise et laissa son regard parcourir la rangée de dix cylindres jaune vif numérotés de onze à vingt. Des lumières rouges clignotaient sur le dernier missile. Le *zampolit* effleura du doigt la commande de lancement. Un tour de clé, un bouton enfoncé, et hop ! missile lancé. Hiroshima, Nagasaki, Tbilissi. Un million de gens mourraient, l'Union vivrait. Depuis la guerre civile de 1917-1922, le communisme avait survécu en exterminant impitoyablement ses ennemis. Sergov voyait dans l'incinération d'une ville rebelle la suite logique d'une honorable tradition de terrorisme politique. « Poursuivre la Révolution par *tous* les moyens », cela voulait dire par tous les moyens.

Suffisant, dévoré de fanatisme, excité par la perspective de commettre à distance un acte d'une extrême violence, Sergov présumait que les autres occupants du compartiment éprouvaient les mêmes sentiments. Pour lui, ils étaient des instruments idéologiques, pas des êtres humains.

A un mètre de lui, l'officier missilier se mit à trembler. « C'est mal, hurlait son esprit, impardonnablement, indiciblement mal. » La sueur ruisselait sur son corps, inondait son entrejambe. Il tira sur son slip, eut envie de vomir. Jusque-là, il avait exécuté les vérifications de prélancement tel un robot mais, à présent, il ne savait plus ce qu'il devait faire, ce qu'il pouvait faire. Sergov portait un pistolet et l'abattrait s'il faisait une fausse manœuvre. Effrayé, saisi de nausées, il se leva de son terminal et courut aux latrines.

Dans le compartiment de torpilles, juste sous le poste central, des panneaux rouges étaient éclairés au-dessus des six portes de tube : « Attention, torpille chargée ». Le *Taïfoun* faisant très peu de bruit à petite vitesse, Malakov savait que sa seule chance de le couler se présenterait à si faible distance qu'une ogive atomique détruirait le *Sovietski Soyouz* en même temps que sa cible. Les six tubes étaient donc chargés de types 65 armées d'ogives classiques, et les portes extérieures étaient ouvertes sur la mer.

Aucun des sept officiers et *mitchmani* de l'équipe torpilles n'avait jamais tiré sur une cible vivante. Peu après le départ d'Arkhangelsk, Malakov avait annoncé que des rebelles s'étaient emparés de la Géorgie soviétique, mais depuis, le commandant ne leur avait rien révélé sur leur mission ni sur la situation à terre. Le mystère était une seconde nature dans la Marine Rouge, mais pas dans la flottille de Zenko. Les commandants des Typhons avaient pour instructions d'expliquer leurs ordres, et personne n'avait expliqué comment des Géorgiens en rébellion à des centaines de kilomètres de la mer Blanche pouvaient menacer le *Soyouz*. Il régnait dans le compartiment un sentiment de malaise, mais aucun marin n'osait parler le premier. Les torpilleurs fumaient, buvaient du thé, livraient des batailles personnelles dans leur tête.

Sur le pont situé au-dessus du compartiment de torpilles, Malakov se tenait parfaitement immobile dans le fauteuil du commandant. L'explosion d'une ogive atomique au-dessus d'une ville de trois millions d'habitants l'aveuglait d'un éclair plus brillant que le soleil. La puissance de cette image le grisait. D'Einstein à Stefan Zenko, de nombreux hommes avaient œuvré pour le placer dans ce sous-marin, un doigt sur le bouton atomique, et il tenait à les en remercier. Il était le fruit de leurs nobles efforts. Il les aimait pour leurs recherches en physique théorique et en balistique, pour leurs réacteurs atomiques et leur commande de mise à feu informatisée. Il aimait les six kilos de plutonium du missile numéro onze. Il aimait sa femme, Ekaterina, ses enfants, Andreï et Natacha, et son beau-père, Ivan. Ses parents étaient morts depuis longtemps mais il les aimait aussi. Submergé d'amour, il se sentait sur le point de fondre en larmes.

Autour de Malakov, plusieurs officiers remarquèrent l'état curieux de leur commandant, raide et muet, comme en transe. Quelques minutes passèrent, Malakov cligna des yeux, remua dans son fauteuil.

— Sonar, au rapport.

— Ecrans vierges, commandant.

— Officier de plongée, faites-nous monter juste sous la couche de glace, paré à faire surface.

— Paré à faire surface, compris, commandant.

Dans le *Reno*, Gunner entendait le *Taïfoun* poursuivre régulièrement sa route vers l'est. Quand cinq milles séparèrent les deux submersibles, il ordonna :

— En avant lente.

Le sous-marin américain glissa dans l'eau avec à peine un bruissement.

Au poste de sonar, Morrison et les opérateurs écoutaient les bruits de la riche biosphère de la mer Blanche. Sentant arriver le printemps, des millions d'étoiles de mer rampaient vers les eaux peu profondes du cap Jijguinski, capitale mondiale de l'étoile de mer. Crabes, crevettes et harengs se régalant d'œufs d'étoiles agitaient l'eau et créaient un bruit de fond permanent. Dans ce brouhaha, les sonars du *Reno* captaient un trou de silence entourant l'énorme sous-marin russe qui avançait lentement à cinq milles de distance. Même lorsqu'il s'arrêtait, les animaux marins fuyaient un Typhon. Les esturgeons géants disparaissaient, les harengs filaient au loin, les crabes se cachaient sous les rochers. La mer devenait silencieuse comme une forêt où rôde un tigre, la nuit.

Après avoir suivi le Russe pendant deux heures, le *Reno* détecta une deuxième zone de silence à dix-sept milles devant, à douze milles à l'ouest du *Taïfoun*.

— Le voilà, dit Morrison. L'autre Typhon. Sonar à central, contact stationnaire possible à soixante-cinq degrés quarante-deux minutes nord, trente-cinq degrés douze minutes est.

— Qu'est-ce que vous avez, Morrison ?

— Un trou dans l'eau, commandant. D'après l'ordinateur, il y a soixante-dix chances sur cent pour que ce soit la coque d'un sous-marin qui fait fuir les poissons.

— Bingo ! s'exclama Gunner. Stoppez les machines.

Dans le *Taïfoun*, les opérateurs n'entendirent plus l'Américain, et leurs sonars ne détectèrent pas non plus la subtile différence de bruit de fond qui avait révélé la présence du *Sovietski Soyouz* au *Reno*. Aveugle et sourd, Zenko approchait des eaux les plus profondes de la mer Blanche, zone d'opération habituelle pour les Typhons, cachette logique pour Malakov.

Il présumait que le prochain message de Gremikha au *Sovietski Soyouz* serait un ordre de lancement.

— Nous n'avons pas le temps de chercher, expliqua-t-il aux hommes du central. Nous devons le forcer à se montrer en l'incitant à tirer.

— Tu veux dire en nous exposant au même sort que le *Gorki* ? demanda Kougarine d'un ton anxieux.

— J'espère que non. Nous lancerons quatre torpilles selon un angle de cent vingt degrés. L'une d'elles l'atteindra peut-être — s'il est bien là, soupira le pacha du *Taïfoun* avec un haussement d'épaules fataliste.

— Stefan, une type 65 à ogive conventionnelle ne coule pas un Typhon, lui rappela son ami. Le seul moyen d'éliminer Malakov avec un seul impact, c'est une charge atomique.

— Exact, lâcha Zenko.

Abasourdi, l'officier politique demanda :

— Tu vas lancer quatre ogives atomiques à l'aveuglette dans ces eaux ?

— Non. Des ogives classiques, mais en les entendant, Malakov ne pourra écarter la possibilité qu'elles soient atomiques. S'il fait usage de ses défenses, nous l'avons.

— Et il nous a aussi, enchaîna Kougarine.

— Armes, paré à tirer. Chargez des types 65 dans les tubes un, deux, trois, quatre. Je veux une dispersion de cent vingt degrés.

Les ordres se répercutèrent du central au compartiment des torpilles, où les marins chargèrent, armèrent et programmèrent les projectiles.

— Torpilles parées, commandant, annonça l'officier.

— Tube un, feu. Tube deux, feu. Tube trois, feu. Tube quatre, feu.

Les torpilles jaillirent en éventail. Zenko ordonna de recharger les tubes et, tournant sèchement à droite, éloigna son sous-marin du point de lancement.

— Seigneur, gémit Gunner dans l'interphone du poste central du *Reno*. Morrison, qu'est-ce que c'est ?

— Un nouveau type de torpille, commandant. Jamais vu ça. Je n'entends pas de système de guidage actif mais elle file à cinquante-cinq nœuds.

— Infrarouges, dit Gunner. Sale temps.

Trout procéda rapidement à une série de calculs.

— Il tire à l'aveuglette, mais avec un guidage par infrarouges, il peut faire mouche.

A bord du *Sovietski Soyouz*, Malakov décela de la terreur dans la voix de l'opérateur de sonar quand celui-ci lui communiqua par l'interphone la route, le relèvement, la distance, la vitesse et la profondeur de quatre torpilles de type 65 tirées de l'est.

— Commandant, la plus au nord passera à cinq mille mètres au sud. A cette distance, la pression créée par l'explosion d'une charge atomique standard brise une coque résistante.

— Vos commentaires relèvent de l'insubordination, aboya Malakov.

L'officier avait plus peur des torpilles à ogives atomiques que de Malakov.

— Commandant, qui nous tire dessus ? Je fais respectueusement remarquer que ce sont des torpilles soviétiques. Quelqu'un a commis une terrible erreur.

Malakov parcourut le poste central des yeux, arrêta son regard sur le maître timonier.

— Plecharski, descendez relever l'officier de sonar. Remplacez-le par le *mitchman* le plus ancien.

— Bien, commandant.

En pénétrant dans le local du sonar, Plecharski découvrit quatre hommes fixant leurs écrans avec une terreur complète.

— Je viens vous relever de votre poste, dit-il à l'officier de sonar.

— Regardez ces écrans, Plecharski. Qu'est-ce que vous voyez ?

Le maître timonier n'eut qu'à lire les incrustations courant au bas de chaque écran : type de torpille, vitesse, distance, route, relèvement — toutes les données pertinentes.

— Sainte Mère de Dieu, murmura-t-il.

— Vous pouvez me relever, mais vous ne ferez pas disparaître des types 65 à ogives atomiques ! s'écria l'officier, franchissant la limite entre conjecture et fait. Nous allons mourir si nous ne détruisons pas ces torpilles.

— D'où viennent-elles ?

— Nous n'en savons rien.

La panique brisa l'esprit du maître timonier en morceaux déconnectés. D'un seul coup, sa capacité à traiter des informations se désintégra.

— Qu'est-ce que je peux dire au commandant ? geignit-il. Qu'est-ce que je peux dire ?

— Nous vous soutiendrons, assura l'officier de sonar. Dites-lui que vous nous avez tous relevés. Conduisez-moi au compartiment des torpilles. Je peux persuader l'équipe armes de ne pas obéir aux ordres du central et de tirer des leurres. C'est notre seule chance. Malakov ment. Il va nous faire tuer.

— C'est... c'est de la mutinerie, bredouilla Plecharski. Vous êtes relevé !

La voix de Malakov résonna dans le haut-parleur.

— Sonar, je vous écoute.

Personne ne tendit le bras vers le bouton du micro.

— Répondez-lui, exigea Plecharski.

— Je suis relevé, dit l'officier.

— Toi ! fit le maître timonier, désignant le *mitchman* le plus ancien.

— Oui, chef, répondit l'homme.

Il se pencha, appuya sur le bouton d'alerte à la torpille.

Des sirènes retentirent dans tous les compartiments, transformant le *Sovietski Soyouz*, trou dans l'eau silencieux, en balise acoustique.

28
Bateaux brisés

Au poste central, le hurlement des sirènes fit sursauter Malakov.

— Nom de Dieu, arrêtez ce boucan !

Toutes les mains se tendirent vers l'interrupteur, le bruit cessa.

— Equipe de passerelle dans le massif !

Trois *mitchmani* portant manteaux et lunettes de protection grimpèrent hâtivement l'échelle.

— Surface ! cria Malakov.

Utilisant une télécommande, l'officier de plongée enfonça plusieurs boutons et le *Sovietski Soyouz* fit pression contre la couche de glace. Le kiosque perfora la banquise.

— Equipe de passerelle, au rapport.

— Mauvais temps, commandant. Pluie et neige fondue.

— Hissez le mât CME [1] !

— Mât CME.

— Rendez compte.

— Pas de radar, commandant.

La coque craqua la glace ; les portes de silo surgirent à l'air arctique.

— Passerelle à central. Pont avant dégagé.

— Compartement de missiles, paré à armer.

La position du *Sovietski Soyouz* — distant de dix-neuf milles — apparut soudain sur les écrans de sonar du *Taïfoun*. Zenko s'efforça de rester calme. Jamais il n'avait éprouvé un tel sentiment d'impuissance depuis le jour où, enfant, il était tombé à travers la glace. Par une chance miraculeuse, les quatre torpilles du *Taïfoun* filaient vers le *Soyouz* mais il savait qu'elles ne l'atteindraient pas à temps.

— Il est beaucoup trop loin, fit Kougarine d'un air abattu. Il faudrait pas loin de dix-huit minutes aux torpilles, et il peut procéder au lancement en six minutes, ou moins.

— Malakov peut lancer en quatre minutes, précisa Zenko. Il a toujours été bon en balistique. Nous allons nous rapprocher et tirer à nouveau. Il réussira peut-être à lancer un missile mais pas deux. La barre à gauche, en avant toute.

— Sonar à central, contact avec l'intrus.

Le sous-marin américain avait fait sa réapparition sur les écrans.

— Qu'il aille au diable, bougonna Zenko.

A bord du *Reno*, le pire cauchemar de Gunner défilait sur les écrans. Il avait pénétré en mer Blanche résolu à ne pas combattre. Sa mission était d'espionner, pas d'impliquer les Etats-Unis dans une guerre civile étrangère. Pourtant il se retrouvait soudain confronté à un scénario resurgi du plus profond de la guerre froide : un sous-marin soviétique s'apprêtait à lancer un missile atomique.

— Ce salaud va lancer. Zenko essaie de l'en empêcher mais ses torpilles n'arriveront pas à temps. Paré à faire surface. Armes, paré à lancer un Tomahawk, ogive nucléaire. Tout de suite. Nous allons éliminer ce mastodonte. Sonar, état de la banquise ?

Morrison brancha les scanners à glace.

— Epaisse, commandant. Deux mètres.

---

1. Contre-mesures électroniques. (*N.d.T.*)

— Jack, nous ne savons pas ce que se passe là-haut, intervint Trout.

— Nous savons ce qui se passera, rétorqua Gunner. Dans cinq minutes, un SS-N-20 va jaillir dans le ciel. Nous ne pouvons pas laisser faire.

Le foulard rouge noué autour du front, les yeux brillants, le pacha du *Reno* ne tolérerait aucune discussion. Il avait donné l'ordre ultime — paré à lancer un Tomahawk à ogive nucléaire —, il n'y avait rien à ajouter. L'entraînement, la discipline prirent le pas sur l'émotion de l'équipage, qui entreprit d'armer le Tomahawk.

Le kiosque du *Reno* maintenait sa pression sur la glace ; la banquise pliait mais refusait de rompre.

Dans le compartiment des torpilles du *Sovietski Soyouz*, la sirène d'alarme se tut brusquement. L'officier commandant les torpilleurs composa le numéro du sonar et cria :

— Donnez-moi les cibles directement.

Les écrans de tir s'animèrent. La première torpille était passée au loin mais les trois autres avaient détecté le *Soyouz* et fonçaient droit sur lui. Tout à coup, le *Taïfoun* apparut sur l'écran.

L'officier entama fébrilement le déchargement de trois torpilles pour recharger avec des leurres.

— Nous n'avons pas le temps de décharger. C'est de la démence. Programmez le tube un pour prendre le *Taïfoun* comme cible.

— La charge n'est pas atomique, fit observer le *mitchman*.

— C'est tout ce qu'on peut faire, répondit l'officier.

Au compartiment de missiles bâbord, le lieutenant Minski était revenu des latrines, une tache fraîche sur le devant de son uniforme. Comme il reprenait place à sa console, Sergov tourna sa clef pour armer l'ogive.

— Missile armé pour commande avant, dit-il dans l'interphone.

— Missile armé pour commande arrière, fit Malakov en écho, au poste central.

Sergov alla au terminal d'armes déverrouiller le bouton bleu de lancement et tirer le missile lui-même. Il appuya sur trois chiffres, le panneau coulissa, révélant le bouton.

Dans le compartiment des torpilles, le lieutenant avait renoncé à charger des leurres dans les tubes. Trois projectiles armés d'ogives classiques étaient pointés sur le *Taïfoun*, qui se dirigeait maintenant vers le *Sovietski Soyouz* à la vitesse de douze nœuds. Sans prendre la peine de passer par la procédure de commande, l'officier appuya lui-même sur les boutons et la première type 65, projetée du tube, fila droit sur le *Taïfoun*.

— Torpille dans l'eau ! s'exclama l'officier de sonar du *Taïfoun*.

— Chargez un leurre à infrarouges dans le tube six, ordonna Zenko d'une voix calme. Manœuvres d'évitement. La barre à droite toute. Vitesse maximum.

A dix-sept milles de là, le kiosque du *Reno* finit par trouer la glace mais la coque ne parvint pas à faire surface. Un mât CME surgit en haut du kiosque, se mit à tourner.

— Pas d'échanges radio, commandant. Pas de radar. Rien.

Gunner coiffa ses écouteurs, monta dans le kiosque, fit tourner le volant du panneau et passa la tête à l'air libre. La pluie et la neige fondue lui cinglèrent le visage. Bien que la visibilité ne fût que de vingt mètres, il vit au-dessus de l'étrave un énorme hummock de glace qui empêchait la coque de faire surface.

— Lancez le missile, ordonna Malakov.

Debout devant le panneau de Minski, Sergov appuya sur le bouton. A l'avant du *Sovietski Soyouz*, de l'air comprimé fit sortir le SS-N-20 du silo numéro onze. Le bâtiment trembla légèrement.

— Non ! s'écria Minski, se ruant vers le terminal.

Pris par surprise, Sergov chercha son pistolet à tâtons, parvint à le sortir de son étui de ceinture, releva le cran de sûreté et tira dans le bras de Minski. Malgré sa blessure, Minski expédia l'officier politique au sol d'une bourrade, prit sa respiration, tapa des commandes dans le terminal et pressa le bouton d'annulation.

Poussée par l'air comprimé, la queue du missile sortait du silo au moment où l'intervention de Minski coupa le circuit de mise à feu. Le booster crachota, ne s'alluma pas. Un moment, le SS-N-20 demeura suspendu dans l'air, ailettes de guidage sorties, mince flèche en équilibre prête à basculer dans la folie. Puis les quatre mille kilos de titane, de combustible, de connexions plaquées or et de plutonium vacillèrent et retombèrent sur le pont, cassant les deux coques. Un carillon grave semblable aux cloches de l'enfer retentit dans tout le sous-marin. L'étrave s'enfonça, les panneaux à l'arrière du compartiment de missiles se fermèrent automatiquement. Minski poussa un grognement. Sergov se releva, déchargea son arme dans la tête de Minski.

Un torrent d'eau de mer s'engouffra dans le compartiment, dont les mains de Sergov griffaient vainement le panneau. Entraînés violemment, les poumons emplis d'eau, les techniciens furent projetés contre les silos. Brisé en morceaux, le missile glissa dans la brèche de la banquise, coula. Les marins des deux compartiments de missiles moururent, engloutis par la mer.

Derrière les compartiments de missiles, des courts-circuits mirent le feu à un réservoir d'oxygène, qui explosa, projetant dans le poste central des débris de cloison qui transpercèrent les opérateurs comme des forets. Malakov sentit le pont s'incliner sous ses pieds quand le sous-marin commença à sombrer par l'avant. Une épaisse fumée noire sortait en tourbillonnant des panneaux des compartiments avant. Plecharski tenta de monter l'échelle conduisant à la passerelle, retomba en arrière, se fendit le crâne sur un panneau de commande. Malakov voyait des hommes ouvrir la bouche pour hurler mais n'entendait rien. Des circuits électriques crépitèrent, s'enflammèrent. Les lumières vacillèrent, d'autres explosions firent voler en éclats les cloisons avant. Un mur d'eau et de glace s'abattit sur le sous-marin, inondant le compartiment des torpilles et le poste central. Agrippé à l'échelle de la passerelle, Malakov aperçut par le panneau ouvert un petit coin de ciel sombre. L'équipe de passerelle avait disparu. Des débris volants le firent tomber, le bâtiment s'inclina un peu plus et Malakov, entraîné vers l'avant, se noya dans les eaux glacées de la mer Blanche.

Des batteries explosèrent, des réservoirs de fuel et de gaz inflammables s'embrasèrent. Le *Sovietski Soyouz* piqua de l'avant vers le fond du golfe de Kandalakcha, enfonça son étrave brisée dans la boue, se posa lentement sur le flanc tribord. Attirées par la chaleur des explosions, deux des torpilles du *Taïfoun*, guidées par infrarouges, prirent pour cible les ruines brûlantes du sous-marin géant. Elles percutèrent la coque sans vie, volatilisant les compartiments arrière.

Sur la passerelle du *Reno*, Gunner s'attendait à voir surgir la flamme d'un booster, lumière assez vive pour être perçue à dix-sept milles de distance par n'importe quel temps. Mais il entendit dans ses écouteurs la voix de Morrison annonçant :

— Sonar à passerelle, je capte des explosions sous l'eau, un bâtiment qui se brise.

— Le *Taïfoun* ?

— Non, commandant, l'autre.

— Ça alors !

Gunner claqua le panneau, redescendit au poste central, où les explosions grondaient dans les sonars comme des volcans lointains. Atterré, il vit sur l'écran le *Sovietski Soyouz* en train de s'autodétruire.

— Bon Dieu, il a explosé ! On ne fait plus surface, remplissez les ballasts. Immersion trente mètres.

Le *Reno* arrêta de faire pression sur la banquise, descendit.

Gunner avait l'impression que son cœur allait éclater. Il avait failli lancer un missile nucléaire sur un bâtiment soviétique. Son esprit n'était qu'une vaste et vive lumière bleue.

— Je n'ai pas vu d'explosion, dit-il à Trout. Je ne sais pas ce qui s'est passé, mais il n'a pas réussi à lancer. (Il soupira.) Il s'en est fallu de peu. (Nouveau soupir.) Central à sonar, où est le *Taïfoun* ?

Morrison répondit par une série de chiffres.

— Il va être touché par une torpille dans trente secondes.

— Il est temps de filer d'ici, décida Gunner. En avant, vitesse deux tiers. Route au zéro neuf zéro.

Le *Reno* tourna vers l'est, accéléra en direction du détroit de Gorlo.

Tel un aéroplane géant, le *Taïfoun* vira sèchement à droite pour éviter la torpille. Les explosions qui se succédaient dans le *Sovietski Soyouz* emplissaient les écrans de sonar d'un brouillage électronique. Les ordinateurs ne pouvaient dire exactement ce qui avait causé la première explosion — en tout cas pas les torpilles du *Taïfoun*. Zenko savait qu'il avait échoué mais que la chance ou un dieu miséricordieux l'avait sauvé, anéantissant Malakov.

Sur l'écran principal, il vit une torpille surgissant de la gauche à quarante nœuds.

— Si c'est une ogive atomique, nous sommes morts, souffla Kougarine.

— Ferme-la, Sacha, répliqua Zenko. Tu es casse-bonbons, par moments, tu sais.

— Sonar à central. Impact dans trente secondes.

— Tirez un leurre.

— Leurre tiré.

Le leurre à infrarouges, bombe à chaleur bourrée d'aiguilles de magnésium, jaillit du tube et demeura suspendu dans l'eau à deux cents mètres du sous-marin.

— Central à machine, augmentez la vitesse.

Luttant contre sa forte inertie, ses hélices tournant comme des soleils de feu d'artifice, le *Taïfoun* s'efforçait vainement de placer le leurre stationnaire derrière son gouvernail.

Dans le compartiment machines bâbord, six mécaniciens suaient comme un vieux morceau de fromage. La chaleur dégagée par les tuyaux de vapeur transformait l'endroit exigu en sauna. De l'eau de mer froide circulant à travers des condensateurs refroidissait une couche d'air chaud et créait sur le pont recouvert de dalles de caoutchouc un brouillard montant jusqu'aux chevilles.

Quand Zenko réclama plus de vitesse, le chef adjoint Borznov appuya sur la manette de commande du régulateur de la turbine bâbord. La vapeur surchauffée des échangeurs de chaleur poussa la turbine à ses limites, la faisant gémir comme une hyène. Aux machines tribord, en face, les mêmes conditions prévalaient mais le conditionnement d'air fonctionnait mieux et la température demeurait relativement fraîche. A bâbord, elle atteignait quarante-cinq degrés. Les six hommes en nage défirent leur chemise, se firent des serre-tête avec des chiffons et poussèrent encore les machines palpitantes. Le niveau sonore s'éleva à mesure que valves, engrenages, pompes et arbres augmentaient la cadence. De l'huile brûlante sous pression coulait dans les tuyaux. Torse nu, Borznov s'épongea le front et se pencha vers son terminal pour vérifier la température des systèmes de lubrification.

A deux cents mètres de la coque, le sonar du leurre à infrarouges détecta la torpille dans son approche rapide. Tandis que l'énorme sous-marin manœuvrait avec une lenteur exaspérante, le leurre explosa. Des aiguilles de magnésium chauffées à blanc créèrent une immense bulle de vapeur qui attira instantanément les capteurs à infrarouges du système de guidage de la torpille. Le gouvernail tourna légèrement, les ailettes de plongée s'ajustèrent, et la torpille se rua sur le nuage chaud. Quand le nez du projectile atteignit la bulle de vapeur, l'ogive explosa.

Dans le compartiment machines bâbord, toutes les têtes se tournèrent vers le vacarme assourdissant. L'explosion enfonça la coque résistante, qui se creusa puis reprit sa forme avec un grondement de tonnerre. Le temps s'arrêta pour les mécaniciens qui attendaient que la mer fasse irruption dans le compartiment en un jet mortel capable de couper un homme en deux.

Les soudures tinrent. L'acier ne céda pas mais un tuyau amenant de l'huile de lubrification à la turbine principale se détacha, crachant un geyser brun inflammable dans le compartiment.

Sans hésiter, Borznov tendit la main vers le coupe-circuit électrique. Privées d'énergie, les pompes à huile s'arrêtèrent, la pression tomba dans la tuyauterie, le conduit arraché cessa de couler, mais le compartiment était plongé dans l'obscurité. Borznov enfonça le bouton d'alarme, les sirènes firent entendre leur mugissement têtu dans tout le sous-marin. L'éclairage de secours s'alluma, projetant des ombres chaotiques sur les cloisons. Des cris, des jurons s'élevèrent dans le compartiment des machines.

La température grimpa dans la turbine. Borznov coupa la vapeur, la turbine cessa de tourner.

— Central à machines bâbord, au rapport ! ordonna Zenko.

Le mécanicien l'entendit mais le commandant devrait attendre.

— Mettez tous vos masques ! beugla Borznov. Equipe d'intervention, passez votre tenue et arrosez-moi tout ça de neige carbonique.

Trois sous-mariniers enfilèrent des combinaisons d'amiante, branchèrent leur masque à oxygène et aspergèrent l'huile bouillante. Borznov mit un masque lui aussi, fixa une bouteille d'oxygène sur son dos et ferma la porte étanche. Au fond du compartiment, deux autres mécaniciens se ruèrent vers les masques pendant à une cloison.

— Machines à central, dit Borznov dans le micro de son masque.

Nous n'avons plus du tout de lubrification aux machines bâbord. J'évacue l'air de ce compartiment. Oh ! mon Dieu !

— Que se passe-t-il ? s'écria Zenko, alarmé par la peur du mécanicien.

— Nous brûlons !

Rien n'est plus terrifiant qu'un incendie à bord d'un sous-marin. Sans lubrifiant, la température des roulements de la turbine avait monté au point de mettre le feu à l'huile répandue. Avec horreur, Borznov vit un marin enveloppé par les flammes. Poussant un juron, il appuya sur plusieurs touches de son terminal et, en quelques secondes, les puissants appareils de climatisation remplacèrent l'atmosphère riche en oxygène du compartiment par de l'azote. Le feu s'éteignit aussi soudainement qu'il avait pris mais la fumée avait envahi le compartiment. Un mécanicien sans masque avança en trébuchant, s'effondra aux pieds de Borznov. Les trois marins en combinaison d'amiante surgirent de la fumée, le regard égaré mais vivants. Une bruine noire huileuse sortait en tournoyant par les trous d'aération du système d'air climatisé. Des lumières de secours s'allumèrent, éclairèrent la suie couvrant les cloisons et les visages d'hommes désespérés.

Au poste central, Sorokine se précipita vers une armoire, y prit une combinaison blanche qu'il passa en courant vers l'avant. Les sirènes poussaient leurs lamentations de veuves éplorées. Les officiers luttaient contre leur frayeur tout en saisissant les extincteurs et en organisant des équipes d'intervention.

Le feu pouvait détruire le *Taïfoun* et tous les hommes à bord. Au prix de gros efforts, Zenko garda son calme et appela plusieurs fois le chef mécanicien par l'interphone. Sa voix grésilla dans les écouteurs du masque de Borznov.

— Central à machines. Vous m'entendez ?

Finalement, le mécanicien répondit :

— Je vous entends, commandant.

— Des blessés ?

— Deux morts. C'est de l'azote pur qu'on a ici. Nous sortons.

— Combien d'hommes avec vous ?

— Trois, en combinaison d'amiante avec masque à oxygène.

Parvenu à la porte étanche séparant le poste de commande du réacteur et le compartiment machines bâbord, Sorokine appela son commandant.

— Faites-les sortir, décida Zenko.

Sorokine fit tourner le volant, ouvrit. Quatre mécaniciens brûlés, à demi asphyxiés, s'avancèrent en titubant dans un tourbillon de fumée. Sorokine referma, s'adossa au volant et songea que faire la queue à Mourmansk pour acheter du pain, ce n'était pas si mal, finalement.

Lentement, l'erre du mastodonte mourut et le sous-marin s'immobilisa.

— Sacha ! cria Zenko. Arrête la sirène.

Le commandant du *Taïfoun* prit plusieurs inspirations profondes et s'aperçut que c'était sa respiration qui faisait le plus de bruit dans le poste central.

Le *Taïfoun* reposait silencieux au fond de l'eau, le haut de son kiosque à trente mètres sous la glace. Quand l'incendie s'était déclaré dans le compartiment des machines bâbord, la discipline parmi les appelés du reste du sous-marin avait faibli sans toutefois se dissoudre. Zenko savait que l'entraînement le plus complet jamais mis au point ne permettait pas de simuler la charge émotionnelle du combat sous-marin. Vous ne voyez pas l'ennemi qui tente de vous tuer ; vous ne voyez pas l'océan qui tente de vous tuer ; vous voyez rarement vos officiers, qui tentent probablement de vous tuer. En fait, vous ne voyez pas grand-chose en dehors de votre compartiment et des images terrifiantes engendrées par votre imagination. Le feu. Les grenades sous-marines. Les torpilles. La mer se ruant par une brèche dans la coque résistante. Prisonnier d'un monstre atomique ballotté comme un jouet, vous transpirez dans une combinaison en amiante surchauffée. Des visages d'hommes déformés par la peur apparaissent et disparaissent, puis c'est l'explosion, si forte, si proche que votre cœur s'arrête. Zenko lui-même maîtrisait à peine une telle terreur.

Ce ne fut que lorsque les derniers échos de l'explosion retombèrent que les cent cinquante cœurs se remirent à battre. La peur passa d'un crescendo à des proportions acceptables.

Au poste central, une rapide vérification des systèmes du submersible révéla que l'antenne sonar bâbord était détruite. Toutefois, sur le tableau de plongée, tous les lumineux étaient au vert, ce qui indiquait que la coque résistante était intacte.

Zenko brancha l'interphone.

— Hommes du *Taïfoun*, l'incendie aux machines bâbord est éteint. Le sous-marin est sauf.

La nausée provoquée par l'adrénaline faisait des ravages dans l'équipage ; des queues se formaient devant les latrines.

— Nous ne pouvons rester ici, poursuivit le commandant, les explosions ont dû attirer l'attention. En avant lente, route au zéro huit zéro.

Le sous-marin s'ébranla sous propulsion tribord. Apaisant sa propre frayeur, Zenko parcourut le bâtiment, parla d'un ton calme aux jeunes marins, calma les peurs et inspira la confiance par sa sollicitude. Il alla à l'infirmerie où le médecin du bord soignait les brûlures et l'état de choc de Borznov et des mécaniciens rescapés.

— Qu'est devenu le *Sovietski Soyouz*, commandant ? demanda le chef mécanicien.

— Il a coulé.
— Alors, mes gars sont morts pour quelque chose.
— Oui. J'ignore ce qui va nous arriver mais je sais ce que vous méritez.

Zenko ôta son étoile d'argent de Héros de l'Union Soviétique, l'épingla sur la chemise de Borznov et salua le chef mécanicien.

A bord du *Reno*, Morrison signala :

— Sonar à central, le *Taïfoun* bouge. J'arrive à peine à le capter. Distance vingt-huit milles. J'ai l'impression qu'il n'a plus qu'un moteur, commandant.

— Notez sa route et son relèvement, chef, dit Gunner. Espérons que Zenko fonce droit sur le détroit. Timonier, en avant un tiers.

Gunner songeait que trois téquilas auraient parfaitement fait son affaire, en ce moment. Le problème, pour le pacha d'un sous-marin espion naviguant dans des eaux hostiles, c'était qu'il fallait se comporter comme un commandant, défenseur à toute épreuve des intérêts nationaux, menton volontaire et tout ce qui s'ensuit, symbole de la tradition, modèle pour les officiers subalternes. Gunner était tout cela, et fier de l'être, mais c'était aussi un homme qui avait grand besoin de boire un coup. Jusqu'où fallait-il s'enfoncer dans la merde pour comprendre pourquoi vous y étiez ? A quelle profondeur de merde Zenko était-il enfoncé ?

Touché, le *Taïfoun* avait survécu, ce qui renvoyait les concepteurs d'armement à leurs tables à dessin. Dans une situation d'urgence, le *Reno* n'avait pas réussi à briser une glace épaisse. Encore une chose à revoir. Les torpilles russes de type 65 étaient apparemment équipées de systèmes de guidage à infrarouges. D'un côté, trop d'informations ; de l'autre, de graves lacunes. Sirotant une tasse de café tiède, Gunner avait l'impression que des anges examinaient son âme. Il avait failli lancer un « nuc ».

Au centre du poste, Trout jouait avec les manettes du périscope.

— Il n'y a rien à voir là-haut, marmonna Gunner.

— Vous auriez dû hisser un mât de radio et envoyer un message, Jack.

— Le GRU l'aurait intercepté et on nous tirerait dessus en ce moment. D'ailleurs, que serait-il arrivé si mon message avait été capté ? Nos crétins de Washington téléphoneraient à leurs crétins de Moscou pour leur demander : « Comment se fait-il que vos bonshommes s'entretuent ? » « Ça ne vous regarde pas, répondraient les autres. Et comment se fait-il que votre sous-marin se trouve dans nos eaux et s'ingère dans nos affaires ? » Non, je ne veux pas déclencher une guerre, froide ou chaude.

— Vous étiez prêt à atomiser ce SM, commandant ?

— Tout à fait. Pas question non plus de laisser les Russes déclencher une guerre de missiles, dit Gunner, avant d'allumer une Lucky Strike. On est venu à la petite fête — trop tard pour appeler un taxi et rentrer.

Trout se sentait si nerveux qu'il prit une cigarette dans le paquet de Gunner, l'alluma et tira une longue bouffée.

— Je croyais que vous aviez arrêté de fumer, fit Gunner, étonné.

29

Riziov

Deminov prenait conscience que remplacer Zenko à Gremikha, c'était plus difficile que se proclamer simplement commandant de la base. Farouchement fidèle à Zenko, le personnel n'appréciait guère l'occupation de la place par des troupes hostiles en treillis noir. Les boutiques avaient fermé, le téléphone ne fonctionnait plus, et il n'y avait plus d'essence pour les véhicules du garage. Gremikha sombrait lentement dans la paralysie sous une vague de résistance passive.

Dans le bureau de Zenko, Deminov, debout devant la fenêtre de verre armé, fixait d'un œil furieux quatre sous-marins géants dont aucun n'était prêt à appareiller. Le *Premier Mai* n'avait pas d'équipage ; le *Rodina* était en cale sèche ; une grande partie de la coque de la *Grande Guerre patriotique* avait été démontée au-dessus du compartiment du réacteur bâbord ; et le *Lénine* était en partie désarmé.

Pendant l'inspection des bâtiments, l'amiral avait rencontré une série de problèmes irritants. Les compartiments des machines étaient en parfait état mais ceux des missiles accumulaient les défauts : ordinateurs défectueux, systèmes électriques récalcitrants, problèmes de nature chimique pour le carburant des missiles — une interminable liste de réparations à effectuer. De plus, Zenko avait renchéri sur les directives de sécurité concernant l'armement de la Flotte du Nord. Dès qu'un bâtiment rentrait de patrouille, toutes les armes étaient démontées, remisées dans des bunkers au fond de la caverne. Les armes atomiques étaient désassemblées, les éléments rangés séparément. Résultat, la flottille n'était absolument pas prête à combattre à l'improviste. Deminov frissonna en imaginant ce qui se serait passé si on avait mis la base en état d'alerte rouge. Les armes stratégiques les plus puissantes de l'Union Soviétique étaient inutilisables.

L'héritage de Zenko pesait. Le maître de Gremikha s'était assuré que la Troisième Guerre mondiale ne pourrait être déclenchée sans délibérations approfondies. Les brusques changements de commandement étaient courants dans la Marine soviétique, et Zenko s'y était préparé. Avant de quitter son bureau, il avait remplacé les jeux de codes d'armement enfermés dans son coffre par des faux.

Deminov ne pouvait réarmer le *Lénine* sans ces codes. Il convoqua le major Riziov, qui fit son entrée en bâillant, les yeux rouges.

— Quel est notre état de préparation, Riziov ?

— Les ordres de la flotte ont été programmés, amiral. Nous pourrons les envoyer tous ensemble quand vous le déciderez.

— Votre efficacité est remarquable. Zenko vous a bien formé.

— Merci, amiral.

— Asseyez-vous.

— Merci, amiral.

— Riziov, je veux savoir ce que je dois faire pour envoyer le *Lénine* en patrouille.

Saisi de peur, Riziov bâilla à nouveau pour masquer son expression.

— D'abord, il faut les codes de sortie des armes pour obtenir les composants, ensuite un autre jeu de codes pour les assembler, un troisième pour les armer et tirer.

— Qui a accès aux codes ?

— L'officier commandant.

— Personne d'autre ?

— Le commandant de la base.

— L'amiral Zenko a négligé de laisser les bons codes dans son coffre.

Riziov endura un silence embarrassant avant que Deminov ne formule la question suivante :

— Pouvez-vous reconstituer ces codes, Riziov ?

— Oui, amiral, il existe un moyen, mais c'est long et fastidieux.

— Faites-le.

— Bien, amiral.

Riziov sortit du bureau, Deminov fit venir le commandant du *Lénine*, le capitaine Emile Roubikov. Furieux, d'humeur peu coopérative, celui-ci se comporta devant Deminov comme un bouledogue enragé.

— Pourquoi Zenko a-t-il été relevé de son commandement ? lança-t-il.

— Il l'a été dans le cadre de l'opération Etoile Blanche. D'ailleurs, cela ne vous concerne pas, commandant.

— Bien sûr que si. Par ordre d'ancienneté, je viens juste derrière lui.

— C'est moi qui exerce le commandement, à présent, Roubikov. Soyez raisonnable.

— Allez au diable. Des types du GRU envahissent mon bateau, interrogent mes officiers !

— Asseyez-vous, proposa l'amiral. Voulez-vous un verre de thé ? De la vodka ?

— Je préfère rester debout.

Deminov ne releva pas.

— Roubikov, vous avez toujours été fidèle à l'Union, mais il semble que tout le monde, dans cette base, sacrifie au culte de la personnalité de Zenko.

— Vous mettez en doute ma loyauté ?

— Oui. C'est de cela qu'il s'agit. J'ai l'intention de vous envoyer en mer avec le *Lénine*.

— De votre propre chef ?

— Oui.

— Sans l'accord de Zenko ?

— Oui.

— Allez au diable, répéta le commandant.

— Votre carrière est en jeu, votre vie, peut-être, menaça Deminov. Si vous n'appareillez pas, remettez-moi les codes d'armement.

— Vous outrepassez vos pouvoirs, amiral.

— Roubikov, vous êtes un homme courageux, vous avez droit à une explication. Zenko a trahi, il a désobéi aux ordres, il est allé en mer Blanche, où il essaie de couler le *Sovietski Soyouz*.

Roubikov émit un rire, sorte d'aboiement bref et laid.

— Je ne vous crois pas. Et même si c'était vrai, ce n'est pas une raison pour vous confier les codes. Vous n'avez pas besoin des Typhons. Si Zenko s'est rebellé, vous n'avez qu'à utiliser les hélicoptères anti-sous-marins.

— Donnez-moi les codes ou je vous fais fusiller.

— A quoi vous serviraient-ils ? répliqua le commandant d'un ton railleur. Vous voulez lancer une attaque atomique ?

— A moins que vous ne changiez d'avis, il vous reste une minute à vivre. (Deminov décrocha le téléphone.) Envoyez-moi Loudinov.

Le colonel entra, referma doucement la porte.

— Tirez-lui dans le genou, ordonna l'amiral.

Loudinov dégaina calmement un neuf millimètres, logea une balle dans le genou droit de Roubikov. Le commandant tomba en arrière, agrippa sa jambe mais garda une expression de défi.

— Donnez-moi la combinaison du coffre de votre sous-marin, exigea Deminov.

Roubikov commandait le *Lénine* depuis trois ans. Au cours des mois passés en mer, il avait eu le loisir de réfléchir aux terribles effets des armes atomiques et à ses responsabilités propres. Des nuits entières, il avait bu et discuté avec Zenko des Typhons, de la banquise, des étoiles de mer, des sirènes, des femmes de Moscou et des armes atomiques. Nuits merveilleuses, qui ne reviendraient plus. Si Zenko avait défié Deminov, lui aussi le braverait, quel que soit le prix.

— Jamais, dit-il. Allez au diable.

Loudinov tira deux fois dans la poitrine du sous-marinier, rengaina son arme.

— Ils sont tous comme lui, dans cette base, soupira-t-il. Ce serait contrariant de devoir tous les tuer.

Sans un regard pour le corps gisant à terre, Deminov ordonna :

— Prenez contact avec la VIIe Escadre, à Mourmansk, dites à l'officier commandant de réunir un équipage de Fantômes Gris ayant l'expérience des Typhons et de l'envoyer ici sur-le-champ. J'emmènerai le *Lénine* en mer moi-même.

— Bien, camarade amiral.

En entendant les détonations étouffées, Riziov avait compris que la tuerie avait commencé. Jusque-là, il n'était pas absolument certain que Zenko lui eût dit la vérité mais il savait maintenant que Deminov était un traître et un homme désespéré. Roubikov avait dû refuser de livrer les codes, ce qui signifiait que lui, Riziov, subirait le même sort s'il ne les donnait pas.

Il n'avait pas envie de mourir pour rien. Si Deminov continuait le massacre, l'un des techniciens finirait par accepter de retrouver les codes avec les ordinateurs. Rien ne pouvait empêcher Deminov d'armer le *Lénine*. La seule chose que le major pût faire, c'était gagner du temps et prévenir Zenko.

Personne d'autre n'avait entendu les coups de feu. Riziov vit Deminov et Loudinov sortir du bureau, fermer la porte à clef et se rendre sur le quai pour inspecter le *Lénine*.

Après le départ des deux officiers supérieurs, le rythme fébrile du centre de transmissions se ralentit quelque peu. Pendant trois heures, Riziov accomplit sa tâche avec diligence, mit ses meilleurs décrypteurs au travail sur les codes d'armement, expédia les messages de routine au *Sovietski Soyouz* et répondit à un flot de questions des officiers d'état-major de la Flotte du Nord.

Lors d'une accalmie, il pénétra dans la salle des transmissions où deux opérateurs manipulaient le matériel ELF et VLF. Dans un coin, un soldat d'infanterie de marine mort d'ennui tripotait son fusil.

— Un message pour le *Soyouz*, dit Riziov.

— Donnez-le-moi, répondit l'opérateur le plus élevé en grade.

— Je m'en charge. Faites donc une pause.

— N'oubliez pas de préciser que vous en êtes l'expéditeur, major.

— Pas de problème.

Riziov s'assit, tapa son code personnel, se brancha sur le système ELF, composa le code à trois chiffres du *Taïfoun*, appuya deux fois sur la touche K, signal informant Zenko qu'on armait un autre Typhon et qu'on le préparait à prendre la mer.

Le second opérateur, assis à côté de lui, ouvrit la bouche pour dire quelque chose et s'étrangla.

— « Au revoir le ciel », murmura Riziov.

A bord du *Taïfoun*, le haut-parleur du poste central annonça :

— Radio à central. Recevons sur ELF.

Surpris, Kougarine demanda :

— De Gremikha ? Impossible.

— C'est tout à fait possible, j'en ai peur, dit Zenko.

Dix minutes plus tard, le commandant sortait du local radio, message en main, avec une démarche de vieillard. Il fit signe à Kougarine de le suivre, se réfugia dans sa cabine.

Il avait tapissé la pièce de livres et de cartes anciennes, transformant un espace moderne de plastique en bastion de la tradition. Il jeta un coup d'œil à une carte du XVIIIe siècle de la mer Blanche, promena les doigts sur une étagère, prit une édition de poche des *Frères Karamazov*, la feuilleta, la remit en place.

— Ah ! l'âme humaine, dit-il presque pour lui-même, le Grand Inquisiteur, l'enchevêtrement du bien et du mal. Nous sommes peut-être au-delà du bien, mais le mal est décidément avec nous. Buvons un verre, Sacha. (Il déboucha une bouteille de vodka au poivre.) Je pense que nous pouvons transiger un peu avec le règlement de la Marine.

— Absolument. A quoi boirons-nous ?

Zenko leva son verre.

— A la mémoire des Typhons.

Kougarine sursauta.

— Qu'est-ce que tu veux dire ?

— Bois, Sacha. Levons notre verre à la VIe Flottille de sous-marins lance-missiles stratégiques, et pleurons sa disparition.

— Je ne comprends pas.

— Tu vas comprendre. Bois.

— Aux Typhons, dit Kougarine, avant de vider son verre.

Zenko l'imita.

— Tu sais, les calmars disent que l'océan est aveugle, mais moi, je ne le pense pas. Je vois mieux sous l'eau que lorsque je marche sur la terre ferme, au soleil.

— Tu répètes cela depuis tant d'années que tu as fini par y croire.

— J'y crois, et je vais te dire pourquoi. Quand j'étais enfant, je suis tombé à travers la glace dans le fjord de Kola, à Mourmansk. J'aurais dû mourir, je suppose, mais j'ai levé les yeux et j'ai vu le soleil en transparence, et j'ai su que je survivrais. Un homme m'a sorti de l'eau avec une corde, et pendant des semaines, ma seule pensée, c'était : « J'ai vu à travers la glace. J'ai vu le soleil. » Je n'étais pas resté sous l'eau plus de quelques secondes mais cela avait suffi.

Kougarine avait souvent entendu l'histoire de la noyade mais il posa cette fois une nouvelle question :

— Qui était cet homme ?

— Je ne sais pas. Un homme ordinaire. Après m'avoir séché,

quand il a vu que j'allais bien, il a disparu. C'est peut-être à cause de lui que j'ai foi dans les gens ordinaires. Ou peut-être l'ai-je appris de toi, mon ami politique.

— J'aimerais croire que je t'ai appris quelque chose mais je sais bien que non.

— Ne te sous-estime pas, Sacha. Tu m'as appris beaucoup de choses. Tu m'as protégé du Parti et de l'Amirauté pendant des années. Tu m'as permis de réaliser le rêve de ma vie, de construire ces bâtiments formidables qui peuvent naviguer sous la banquise. Tu as le droit d'exprimer ton jugement.

— Je ne suis pas juge.

— Mais si. C'est ton rôle de *zampolit* à bord d'un sous-marin lance-missiles. Les pachas de ces bâtiments sont les seuls commandants d'armes stratégiques qui échappent au contrôle de l'état-major. Sous l'eau, je suis livré à moi-même, et ta tâche consiste à m'empêcher de sortir de mes limites. C'est la première chose qu'on apprend à l'école des officiers politiques.

Kougarine ne répondit pas. Il savait que son ami finirait par en venir au message de Gremikha.

— Deminov va faire appareiller un autre Typhon, dit Zenko.

Le *zampolit* jura.

— Mais il ne peut pas tirer un missile sans les codes d'armement.

— Crois-moi, il saura les obtenir. Les ordinateurs peuvent reconstituer les algorithmes.

— Que vas-tu faire, Stefan ?

Zenko ferma les yeux, demeura un moment perdu dans ses pensées, puis s'esclaffa.

— La Russie n'a pas besoin de trente mille ogives nucléaires. Nous ne sommes menacés ni par Hitler ni par Napoléon. J'ai construit les Typhons pour vaincre la banquise. Je voulais les sous-marins, pas les armes, mais je n'avais pas le choix. Personne ne construit de sous-marins atomiques en dehors du ministère de l'Industrie militaire. J'ai passé un mauvais marché, je le crains. Je porte une étoile d'amiral, Sacha, mais je n'ai jamais été un homme de guerre.

— Nous sommes des hommes de guerre, maintenant, que cela nous plaise ou non. Tu n'as pas répondu à ma question, Stefan. Que vas-tu faire ?

Quelques minutes plus tard, Zenko réunit les officiers, les *mitchmani*, et autant de calmars que la salle Lénine put en accueillir. Les haut-parleurs transmirent les propos du commandant aux sous-mariniers de service dans tout le bâtiment.

— Marins du *Taïfoun*, le *Sovietski Soyouz* est coulé mais la menace que constitue pour la patrie l'amiral Ivan Deminov n'est pas écartée. Je viens de recevoir un message du centre de transmissions de

Gremikha envoyé par le major Boris Riziov, un officier très courageux. Deminov s'apprête à envoyer en mer un autre Typhon, probablement le *Lénine*, qui appareillera dans huit heures environ. D'autres suivront. C'est la raison pour laquelle, après avoir réfléchi et m'être longuement interrogé, j'ai résolu d'attaquer Gremikha.

Un chœur de protestations accueillit cette déclaration, et Zenko leva les bras pour réclamer le silence.

— Je sais que vos familles sont là-bas, vos amis et camarades aussi, mais nous devons les considérer comme des otages. Si Deminov parvient à envoyer le *Lénine* en mer de Barents, des millions de gens mourront peut-être. Je suis prêt à sacrifier ce que j'aime le plus pour empêcher un événement aussi monstrueux. J'ai construit la flottille des Typhons pour protéger la patrie, sans jamais imaginer qu'on retournerait un jour mes sous-marins contre elle. C'est le jour le plus sombre de toute l'histoire de la Marine Rouge. Nous sommes en guerre contre nos frères. Trois fiers bâtiments, trois cent soixante-dix valeureux marins — dont deux sur ce bateau — ont péri aujourd'hui, mais nous ne pourrons nous arrêter qu'une fois la menace détruite à sa source. Je vous fais une promesse : je n'utiliserai pas d'armes atomiques si je peux l'éviter. Je souhaite détruire seulement les bâtiments de la caverne, pas les constructions en surface. Vos familles seront sauves.

La peine dont était chargée la voix du commandant alla droit au cœur des sous-mariniers entassés dans la salle Lénine. Sentant l'émoi de l'équipage, Sorokine entonna d'une voix de baryton tremblante une complainte de marin au rythme lent. Par deux, par trois, puis par équipes entières, l'équipage reprit.

30

Le « Premier Mai »

Un gros camion militaire s'arrêta sur la piste de l'aérodrome de Gremikha pour faire descendre cent cinquante sous-mariniers de la VIIe Escadre, les Fantômes Gris de Mourmansk, et cinquante soldats des *spetsnaz* lourdement armés. Les marins montèrent immédiatement dans des camionnettes qui les conduisirent aux ascenseurs et descendirent dans la Caverne de Zenko. Portant paquetage, fusil d'assaut et béret noir, les *spetsnaz* se déployèrent dans la base au pas de gymnastique, effrayant délibérément les calmars restés à terre et leurs familles.

Au centre de communications protégées, le major Riziov regarda le colonel Loudinov mener les Fantômes Gris de l'ascenseur au poste d'amarrage du *Lénine*. Les décrypteurs avaient reconstitué les codes d'assemblage des armes et l'on préparait les ogives de trois missiles dans les bunkers. Deminov apparut sur le massif du sous-marin, se mit à crier et à faire des signes au grutier.

Derrière le *Lénine*, le *Premier Mai* était amarré au poste le plus éloigné du quai, le plus proche des portes de la mer. Concentrant leur attention sur le *Lénine*, Deminov et ses officiers se désintéressaient du *Premier Mai*. Sur le registre de service, Riziov vit que son compagnon de beuverie, le lieutenant de vaisseau Evgueni Jarinski, était affecté au *Premier Mai* comme officier de pont. Riziov retourna dans son bureau, ferma la porte, téléphona au carré des officiers.

Aucun officier supérieur n'était à bord, et les trois officiers subalternes présents sur le *Premier Mai* comptaient bien passer une journée tranquille. Les réacteurs donnaient cinq pour cent de leur puissance, assez pour un appareillage d'urgence, mais les trois hommes ne prévoyaient pas de prendre la mer avant un mois au moins. Tout ce qu'il y avait à faire — mettre à jour les listes de maintenance, se procurer des pièces de rechange, envoyer du matériel à l'atelier — pouvait être assuré par les quatre *mitchmani* mécaniciens de service à l'arrière. Le commandant et le *zampolit* étaient à Leningrad, les officiers mécaniciens à Mourmansk, et l'équipage à terre, savourant l'air libre.

La vodka coulait à flots dans le carré, remplissant sans cesse les petits verres des trois hommes. Evgueni Jarinski, officier d'armes adjoint, n'avait pas dessoûlé depuis qu'il avait vu Zenko franchir les portes de la base avec le *Taïfoun*. Les désillusions, l'alcool avaient fait naître en lui une forte dépression et des pensées révolutionnaires. Levant une mesure de vodka, il s'écria :

— A la République de Russie !

Ses frères d'armes partageaient ses sentiments mais étaient moins prompts à les exprimer à bord d'un bâtiment de guerre soviétique.

— Ferme ça, Evgueni.

Ils burent, Jarinski emplit à nouveau les verres. Le téléphone sonna.

— *Premier Mai*, lieutenant de vaisseau Jarinski.

— Ici, Riziov, fit le major dans un murmure de théâtre. Qui est à bord avec toi ?

— Nikolaï, Alexandre, et quatre ogives atomiques. Pourquoi ?

— Tu es soûl ?

— Juste un peu.

— Tu pourrais appareiller ?

— Je pourrais quoi ? Parle plus fort !

— Je ne peux pas. Je suis dans mon bureau, on m'écoute.

Jarinski éclata de rire.

— Qu'est-ce que tu veux ? Viens boire un verre avec nous.

— Tu peux appareiller ?

— Pourquoi ? Tu projettes une croisière en Norvège ?

— Evgueni, écoute-moi. C'est sérieux. As-tu vu Zenko partir avec le *Taïfoun* ?

— Comment j'aurais pu rater ça ? Ce petit salaud a léché le cul de Deminov avant de partir pour faire exploser le monde. Il nous a trahis, Boris. Je préfère ne plus entendre son nom.

— Tu as tout faux, Evgueni. C'est Deminov le traître, et Zenko essaie de l'arrêter. Deminov a fait venir Roubikov, le commandant du *Lénine*, et l'a abattu dans son bureau il y a quelques minutes.

— Quoi ? Tu es fou.

— Evgueni, je ne plaisante pas. Les communications avec l'extérieur sont surveillées ; nous ne pouvons entrer en contact par radio ni avec Zenko ni avec quiconque. Deminov utilise Etoile Blanche pour renverser le gouvernement. Il est en train de faire embarquer un nouvel équipage sur le *Lénine*. Ses hommes inspecteront probablement le *Premier Mai* d'ici peu.

Couvrant le téléphone de sa main, Jarinski lança aux autres officiers du carré :

— Planquez vos verres, vite. (Il revint à Riziov.) Merci de l'avertissement.

— Evgueni, reprit Riziov, désespéré, Deminov veut envoyer le *Lénine* en mer. Tu dois l'en empêcher ! Amène le *Premier Mai* dans le chenal et coule-le ! Bloque la sortie, pour l'amour de Dieu !

— Maintenant, je sais que... que t'es fou, bredouilla Jarinski.

— Ecoute-moi ! Malakov est en mer Blanche à bord du *Sovietski Soyouz* avec un missile braqué sur Tbilissi. Je te le jure. J'ai vu les codes. Deminov se sert des Typhons pour faire chanter le gouvernement. Il essaie de déclencher une guerre civile. En l'absence de Zenko, c'est nous qui devons l'arrêter — attends un peu, quelqu'un arrive.

Jarinski entendit une voix brailler « Lâchez ce téléphone ! » puis la ligne devint silencieuse. L'officier secoua la tête pour en chasser les vapeurs d'alcool. Il avait des cousins à Tbilissi.

— Vous ne croirez jamais ce que Riziov vient de me raconter, dit-il à ses camarades.

Loudinov se tenait sur le seuil du bureau de Riziov, un pistolet à la main.

— A qui parliez-vous ? demanda-t-il d'un ton hargneux.

— Mes communications sont secrètes, mon colonel.

Loudinov brandit une copie du message du major au *Taïfoun*.

— Comme celle-ci, par exemple ? Vous êtes aux arrêts.

— Par ordre de qui ? riposta Riziov. J'exige de téléphoner directement à l'Amirauté, à Leningrad.

Le chef des services de sécurité lui rit au nez.

— Mettez les mains sur la tête, nous allons avoir une conversation avec l'amiral Deminov.

Le major obéit, les deux hommes sortirent du bureau et descendirent le couloir. Comme ils approchaient du centre de communications, d'où une dizaine de personnes les observaient, Riziov enfonça de son coude le bouton de la sirène d'incendie. Une sonnerie assourdissante retentit dans tout le centre. Ceux qui avaient vu le geste du major plongèrent sous leur bureau. Partout ailleurs, secrétaires et techniciens, croyant que le feu avait éclaté, abandonnèrent leur terminal et se ruèrent vers les issues. Dessous, dans la Caverne de Zenko, les portes de sécurité se fermèrent automatiquement.

Surpris par le vacarme, Loudinov poussa un juron, tira quatre balles dans le dos de Riziov.

— Arrêtez-les ! cria le major aux techniciens tapis sous les tables. Ils veulent...

Le colonel le réduisit au silence d'une balle dans la tête.

Cent mètres au-dessus du centre de communications, la compagnie de *spetsnaz* parvint aux ascenseurs ultra rapides dans un concert de sirènes d'alarme. Le capitaine qui la commandait se dirigea vers le jeune soldat de faction et ordonna :

— Ouvre les portes des ascenseurs !

La sentinelle se mit au garde-à-vous.

— La fermeture est automatique. Je ne peux pas les ouvrir d'ici.

— Alors, on les enfonce !

— Je peux voir votre autorisation, mon capitaine ? Personne n'entre sans autorisation.

— Pousse-toi de là, matelot !

Un lieutenant d'infanterie de marine s'approcha au pas de course.

— Qu'est-ce qu'il se passe ici ?

— Ces hommes exigent d'accéder aux abris des sous-marins, mon lieutenant, répondit la sentinelle.

— Il y a le feu en bas. Personne ne descend.

— Je vous ordonne d'arrêter les sirènes et de débloquer les portes des ascenseurs, dit le capitaine.

— Je ne peux pas, mon capitaine.

— Si un incendie s'est déclaré, c'est qu'il y a eu sabotage. Mes hommes doivent descendre.

Tournant le dos au lieutenant et à la sentinelle, le capitaine fit signe à un sergent. Un fusil d'assaut crépita, les deux hommes s'effondrèrent.

— Passez par l'escalier, ordonna le capitaine. Abattez tous ceux qui résistent.

Dans la grotte, les sirènes hurlaient assez fort pour parvenir au carré du *Premier Mai*. Jarinski se précipita au poste central, ouvrit un panneau pour regarder dehors et découvrit une scène incroyable. Des explosions, des rafales de fusil mitrailleur retentissaient dans la cage d'escalier, par-dessus le mugissement des sirènes. Officiers et hommes d'équipage couraient en tous sens sur les quais. Soudain les sirènes se turent. Quelques secondes plus tard, les portes des ascenseurs s'ouvrirent brusquement, des *spetsnaz* se ruèrent vers les sous-marins. Deminov apparut sur la passerelle du *Lénine*.

Jarinski redescendit d'un bond au poste central, tourna la barre à gauche et la bloqua. Hébétés, les deux autres officiers de service le rejoignirent d'un pas mal assuré.

— On nous attaque ! s'exclama Jarinski.

— At... attaque ? bégaya le premier, ivre et désorienté.

— Les Américains ? fit l'autre.

— Des traîtres tentent de s'emparer du *Lénine*. Nous devons bloquer le chenal.

Jarinski courut à la manœuvre bâbord, télescopa le *mitchman* de quart et appuya sur le bouton Puissance d'Urgence du réacteur. Entendant du bruit dans les couloirs, deux mécaniciens sortirent du compartiment des machines bâbord et découvrirent avec stupeur un Jarinski livide aux yeux fous. Avant même qu'ils ne se rendent compte de ce qu'il faisait, il fit passer la chaleur résiduelle du réacteur dans les échangeurs et créa une « bulle » de vapeur surchauffée. Puis il martela le clavier du terminal de l'ordinateur et, en quelques secondes, la turbine principale bâbord se mit à tourner follement.

Avec une embardée, le sous-marin se mit en mouvement. L'hélice bâbord aspergea le quai d'eau salée, l'étrave se tourna vers le chenal. Une aussière se tendit, se raidit et, dans un craquement, arracha les bittes d'amarrage.

Au lieu d'essayer d'arrêter l'officier, les deux mécaniciens s'élancèrent vers les écoutilles. Les deux autres, beaucoup plus loin dans le compartiment, se mirent à crier ensemble dans l'interphone.

L'avant du *Premier Mai* s'engagea dans le chenal ; le gouvernail heurta le quai, brisant le béton et courbant l'acier. L'amarre arrière détacha un morceau de jetée d'une dizaine de mètres, précipitant plusieurs soldats dans l'eau. Une escouade de *spetsnaz* sauta du quai sur le pont du submersible ; un soldat trop nerveux abattit le premier mécanicien dont la tête émergeait par le panneau. Le *spetsnaz* écarta le cadavre, se laissa tomber dans le poste central. Deux officiers terrifiés et soûls se tenaient près du tableau de plongée ; un *mitchman* mécanicien était étalé par terre.

— Vite, à l'arrière ! cria le mécanicien. Un des officiers est devenu fou.

Quand le sous-marin se fut écarté du quai d'une quinzaine de mètres, les câbles le reliant au secteur se cassèrent dans un crépitement d'étincelles. Jarinski pénétra en trombe dans le compartiment des machines bâbord, s'approcha des leviers commandant les vannes d'eau de mer, les tira.

L'eau envahit le compartiment. Avec des cris de panique, les deux derniers mécaniciens sortirent par l'écoutille en se bousculant, se précipitèrent la tête la première dans les rafales tirées par les *spetsnaz*. Le submersible commença à s'incliner à l'arrière. Les soldats envahirent le compartiment où l'eau montait déjà aux genoux, trouvèrent Jarinski souriant comme un dément près du turbo générateur. Quand l'eau entra en contact avec le courant électrique, des étincelles jaillirent, des flammes s'élevèrent. Une fumée noire monta dans l'air en tournoyant.

D'une magnifique voix de baryton, le lieutenant de vaisseau entonna *L'Internationale*. Une rafale de Kalachnikov interrompit son récital.

Sur la passerelle du *Lénine*, Deminov, frappé de stupeur, regarda le *Premier Mai* sombrer par l'arrière jusqu'à ce que son gouvernail repose sur le fond de ciment. Une fumée noire s'échappait de ses écoutilles en tourbillonnant, montait vers le plafond de la grotte.

Les portes de la mer étaient bloquées. Le *Lénine* ne pourrait appareiller tant que le sous-marin coulé n'aurait pas été dégagé.

— Maudit Zenko, murmura l'amiral à part lui. Tu me le paieras.

31

La percée

Une petite bouée flottait à la surface d'une étroite faille de la banquise, dressant dans l'air une antenne.

— Nous ne captons aucun signal radio, commandant.

— Hissez le périscope.

Un mince périscope de recherche coulissa dans son logement, émergea. Zenko se pencha vers l'oculaire.

— Pluie et neige fondue, marmonna-t-il. Il n'y aura pas d'hélicos en l'air par un temps pareil. Rentrez le périscope. Vitesse vingt nœuds. Nous allons franchir le détroit de Gorlo !

La chaîne nucléaire gronda, des atomes d'uranium se suicidèrent par milliards pour propulser le *Taïfoun* sous la glace. Les arbres tournant dans leurs roulements luttaient contre la masse énorme de la coque et la résistance de la mer, poussant le géant de plus en plus vite pour parvenir à vingt nœuds, vitesse maximale avec un seul moteur. Le *Taïfoun* fendait l'eau, ses scanners à glace balayant un chemin sous le manteau gelé, dans le vrombissement de la turbine tribord, le ronflement des pompes à liquide réfrigérant, la cavitation de l'hélice.

— Nous faisons plus de boucan qu'un contre-torpilleur, commenta Kougarine, le visage ridé par l'inquiétude.

— Tu es un fin observateur des phénomènes acoustiques, le taquina Zenko.

— Ça te dérangerait beaucoup de m'expliquer ce que tu fabriques ?

Le commandant du *Taïfoun* ordonna à Sorokine de faire apparaître une carte du détroit sur le gros Mitsubishi.

— Même si nous avançons très lentement, les sonars fixes du détroit nous détecteront. C'est inévitable. Cette fois, il n'y aura pas de convoi, et les artilleurs pourront utiliser leurs mortiers. Si nous allons lentement, ils percent la glace et ils nous touchent. Mais comme ils n'ont jamais entendu parler d'un sous-marin passant le détroit à toute vitesse, ils ne s'entraînent pas à tirer sur des cibles mouvantes. Leurs obus exploseront sur la glace sans nous atteindre.

— Peut-être, fit l'officier politique, sceptique. Mais les mines ?

Zenko tapa sur le clavier de la console de navigation, faisant apparaître un déploiement de points lumineux rouges sur la carte électronique.

— Les voilà, tes mines. Nous savons où elles sont. Elles ont été installées pour arrêter un sous-marin américain, pas un Typhon dont le commandant connaît leur emplacement. Pendant des années, j'ai donné des cours de tactique sous-marine à la Flotte du Nord. J'ai recommandé le silence, le silence, le silence, et c'est à ça qu'ils s'attendent. En faisant l'inverse, je les prends par surprise... Vadim !

— Commandant ? répondit Sorokine.

— Tu nous donnes à combien, pour franchir le détroit ?

Le maître principal se gratta le visage, plissa des yeux en regardant le moniteur de navigation montrant un redoutable déploiement de sonars, de mines et de batteries de mortiers.

— C'est du six contre un, déclara-t-il.

Zenko plongea la main dans sa poche, en tira une poignée de billets.

— Voici cinq cents roubles qui disent que nous passerons. C'est une année de solde, pour un matelot.

— Commandant, si vous perdez, je serai pas là pour vous réclamer l'argent, fit remarquer le *mitchman*.

— Sonar à central, dit Morrison. Le *Taïfoun* augmente sa vitesse. Il n'a toujours qu'un moteur et une seule hélice. On dirait qu'il fait route vers Poulonga.

— Bon Dieu ! jura Gunner, s'il y a un Popov fêlé, c'est bien ce type. Central à manœuvre, augmentez la vitesse.

L'angoisse serrait l'estomac de Gunner. Ouvrant un paquet neuf de Lucky, il poursuivit :

— Le chenal fait quarante mètres de fond jusqu'à Poulonga,

l'endroit où Zenko les a bernés avec un leurre, à l'aller. A Poulonga, le fond n'est plus que de trente mètres, cela nous laisse onze mètres pour passer. Ce qui me préoccupe, ce n'est pas de toucher le fond ou de heurter la glace, mais supposons que Zenko les prenne par surprise et leur échappe. Nous, nous arrivons derrière, et les hélicos nous bombardent. Nous sommes pris entre deux feux, une fois encore. Très drôle.

— Et si nous réduisions la vitesse au minimum ? suggéra Trout.

— Nous le perdrions.

— Mieux vaut perdre le Russe que le *Reno*, dit Trout.

Gunner étudia la carte de navigation, regarda sa montre.

— A vingt nœuds, il faut quarante minutes à Zenko pour parvenir au détroit, et nous avons une demi-heure de retard sur lui. Nous ralentirons et procéderons à une bonne écoute dans vingt minutes.

— A ce moment-là, les techniciens de la station nous auront sur leurs écrans.

— Oui, mais ils ne sauront pas qui nous sommes.

Trente-cinq minutes plus tard, le *Taïfoun* se trouvait à onze milles du détroit.

— Chargez des leurres, ordonna Zenko.

Dans le compartiment des torpilles, le système automatisé introduisit cinq leurres dans des tubes, ouvrit les portes extérieures.

— Torpilles à central. Leurres parés.

Le premier fut programmé pour devancer le submersible dans le champ de mines, le deuxième pour prendre la route que Zenko avait l'intention de suivre, le troisième et le quatrième pour partir à droite et à gauche afin de troubler les hommes des batteries de mortier. Le cinquième restait en réserve.

Zenko prit sa respiration, dit d'un ton calme :

— Leurre numéro un, feu.

Sorokine appuya sur le bouton.

— Leurre lancé.

— Stoppez les machines.

Le sous-marin géant courut sur son erre. Au local du sonar, l'opérateur profita du silence des hélices pour brancher son antenne arrière et fut à nouveau surpris par ce qu'il entendit.

— Sonar à central ! L'Américain est de retour !

— Quelle est sa distance ?

— Trente-cinq kilomètres, et il se rapproche.

— Bon Dieu, fit Zenko, tambourinant des doigts sur la table des cartes. J'en ai assez de cet emmerdeur.

Kougarine reprit son antienne :

— Tu ne peux pas le couler, Stefan. Quand nous en aurons terminé avec Deminov, nous aurons besoin de tous les amis que nous pourrons nous faire, en particulier des Américains.

— Tu as raison, Sacha, mais je ne peux pas le laisser nous talonner plus longtemps. Central à armes, reprogrammez le leurre cinq pour simuler une type 65 et préparez-vous à le tirer derrière nous.

L'officier d'armes tapa fébrilement sur le clavier de son ordinateur, commit une erreur et dut recommencer. Une lumière verte apparut.

— Leurre paré.

— Feu.

— Leurre lancé.

— En avant toute !

— Torpille partie ! brailla Morrison dans le local du sonar. Type 65.

Les vitesses du leurre soviétique — cinquante-cinq nœuds — et du *Reno* — vingt nœuds — se conjuguaient pour donner une vitesse de rapprochement de quatre-vingt-cinq milles à l'heure. Le chef sonar fit une série de calculs mentaux rapides.

— Impact dans seize minutes, prédit-il. Je suggère que nous virions de bord.

Gunner jura à mi-voix. Zenko n'essayait pas de le couler : la distance était trop grande. Le Russe essayait de le dissuader de suivre le *Taïfoun* dans le détroit. « Bon Dieu, se dit le commandant américain, je ne vais pas me dégonfler devant une type 65 ! »

— La barre à gauche, décida-t-il. Maintenez la vitesse. Virez de cent quatre-vingts degrés.

— Nous ne pouvons pas aller plus vite qu'elle ! protesta Trout.

Tandis que le *Reno* effectuait son virage, la torpille continuait droit devant elle.

— Mince alors, fit Trout, le système de guidage est défectueux.

— Ça, nous n'en savons rien, dit Gunner. Central à armes, préparez une Captor.

Dans le compartiment des torpilles, le chef Garrett et trois torpilleurs prirent une mine Captor sur les berceaux, y fixèrent des modules électroniques et l'introduisirent dans un tube.

— Torpilles à central. Captor parée.

— Sonar à central. Les bruits de torpille ont cessé. Le poisson est mort dans l'eau.

— Vous êtes sûr, Morrison ?

— Je l'entends plus, commandant. Elle a disparu.

— J'espère que vous avez raison. Elle était peut-être défectueuse. Torpilles, fixez la Captor. Barreur, à droite dix, reprenez votre route.

— Bien, commandant.

— Exécution retardée, glissa Gunner à Trout.

Les opérateurs à terre de Poulonga se montrèrent plus vigilants que Zenko ne l'avait prévu. Cela faisait dix minutes que l'officier de sonar avait repéré l'approche d'un Typhon. Tarinski avait réparé le tableau de commande des mines mais les engins ancrés étaient si vieux que personne à la station ne s'attendait à ce qu'ils fonctionnent. Aussi, l'enseigne de vaisseau estimait que sa meilleure chance de couler un bateau dans le détroit lui était offerte par les mortiers. On avait fait venir de l'arsenal des obus supplémentaires, dont on avait chauffé l'acier avec précaution à l'aide de radiateurs électriques. Reliés à la batterie de mortiers par radio, les opérateurs sonar de l'abri préfabriqué s'apprêtaient à jouer le rôle d'observateurs avancés.

Tarinski appela Gremikha.

A la base, Deminov échafaudait fébrilement des plans pour renflouer le *Premier Mai*.

— Amiral, l'enseigne de vaisseau Tarinski au téléphone.

Deminov prit l'appareil.

— Quoi encore, Tarinski ?

— Un Typhon approche du détroit par le sud à grande vitesse, amiral.

— Un Typhon, vous êtes sûr ?

— Oui, amiral. Il avance avec un seul moteur.

Le commandant de la Flotte du Nord était sidéré. Malakov n'aurait jamais quitté son poste sans envoyer au préalable un message radio. Ce ne pouvait être que le *Taïfoun*, et Zenko ne tenterait pas de franchir le détroit s'il n'avait coulé le *Sovietski Soyouz*. Deminov maudit silencieusement son gendre. Qu'était-il arrivé ? Aucune importance, il fallait liquider Zenko, maintenant.

— Quel temps fait-il dans le détroit ? demanda-t-il.

— Toujours mauvais, amiral. Les hélicoptères sont cloués au sol. L'avion équipé de détecteur d'anomalies magnétiques (MAD) est en vol mais ce qu'il capte est très confus, probablement à cause de l'épave du *Minsk*.

— Tarinski, je vous ordonne d'amorcer le champ de mines. Utilisez tous les moyens dont vous disposez mais vous devez détruire le *Taïfoun*. Suis-je assez clair ?

— Tout à fait, amiral, répondit Tarinski, comprenant pour la première fois que sa cible était en fait Zenko.

— Tenez-moi au courant. Et signalez au *Sovietski Soyouz* de faire immédiatement surface et de prendre contact par radio, cria Deminov, sachant que son ordre serait transmis en vain.

— Captons une seconde cible, annonça l'officier de sonar de Poulonga. Au moins à trente kilomètres derrière la première.

— Qui cela peut-il bien être ? demanda Tarinski, qui répondit aussitôt à sa propre question. Sûrement un leurre. C'est tout à fait le genre de truc vicieux auquel Zenko aurait recours.

— La première cible s'est divisée en deux, reprit l'officier de sonar. L'une des parties va droit vers le champ de mines.

— Encore un leurre, déclara Tarinski. Zenko connaît l'emplacement des mines. Forcément, c'est lui qui en a mouillé plus de la moitié.

— Captons plusieurs cibles, maintenant.

Des points lumineux clignotants se déplaçaient sur les écrans sonar de la station. Agé de vingt-quatre ans, Tarinski avait vu la même chose sur des simulateurs au cours de centaines de séances d'entraînement, mais cette fois, l'un des spots représentait un vrai sous-marin — et pas n'importe lequel. Le *Taïfoun* était dans le détroit. Le *Taïfoun* ! Il ignorait pourquoi mais il avait reçu l'ordre de couler le plus célèbre submersible de la Flotte du Nord. Tarinski prit soudain conscience de l'importance de son rôle. Jeune Moscovite anonyme, il se retrouvait propulsé sur le devant de la scène de l'Histoire. Son cœur battait à tout rompre. Il s'apprêtait à tirer de vrais obus sur un sous-marin où se trouvaient des hommes en vie, des Russes, comme lui. Il allait couler le *Taïfoun*, tuer Stefan Zenko. Avancements et honneurs dansaient devant ses yeux.

L'un des points sur l'écran s'approcha des mines les plus au sud. Le premier leurre de Zenko passa entre deux mines, déclencha les systèmes magnétiques de mise à feu et fit exploser les deux charges simultanément. Au milieu du détroit, deux geysers percèrent la surface gelée. Des blocs de glace gros comme des voitures furent projetés en l'air, s'écrasèrent en retombant.

Les détonations étonnèrent les opérateurs de l'abri : les mines fonctionnaient ! Tarinski laissa échapper un cri de joie.

— Les leurres se détruiront d'eux-mêmes sur les mines, dit-il par radio aux hommes de la batterie. Celui qui restera sera votre cible !

Sous les acclamations, Tarinski reporta son attention sur les écrans, les fixa un moment d'un regard incrédule : ils étaient vides.

— Sainte Mère de Dieu, nous avons tout fait sauter nous-mêmes !

Les hydrophones du système de sonar gisaient au fond de l'eau, détruits par l'onde de choc des mines. Poulonga était devenue sourde.

— Leurres trois et quatre, feu, ordonna Zenko.

D'autres mines explosèrent puis les mortiers entrèrent en action. Privés du guidage du sonar, ils tirèrent à l'aveuglette le long des voies maritimes dans le chenal le plus profond, trouant la glace sans mettre le *Taïfoun* en danger. Le sous-marin traversait le détroit sans être vu ni entendu.

Des spots ratissaient les écrans sonar du *Taïfoun* quand des obus explosèrent au nord du bâtiment.

— Les mines ont détruit les hydrophones, expliqua Zenko. Ils ne nous entendent plus.

Le danger n'était cependant pas écarté. Méthodiquement, les mortiers arrosaient le détroit en descendant vers le sud. Sept minutes après le déclenchement du tir de barrage, un projectile explosa juste au-dessus du *Taïfoun*. L'énorme bâtiment trembla. Un deuxième obus atteignit la glace au-dessus du compartiment de missiles tribord.

— Coque extérieure perforée, commandant, dit l'officier de plongée avec un sang-froid remarquable. Les deux coques pressurisées sont intactes. Nous avons perdu une caisse d'assiette.

— Les compartiments de missiles sont touchés ?

— Non, commandant. Intacts.

— Vérification des systèmes de tous les missiles.

— Bien, commandant.

— Prépare-toi à sortir ton fric, Sorokine, sale maquereau de Mourmansk, dit Zenko. Le *Taïfoun* peut continuer à se battre avec vingt trous dans la coque extérieure.

— Camarade commandant, nous n'avons plus qu'un moteur, nos sonars bâbord sont morts et nous avons un trou dans la coque, fit le maître principal. Si vous nous sortez de là vivants, je vous offre une nuit dans le meilleur bordel de Mourmansk.

Un avion MAD de patrouille maritime tournait au-dessus du détroit. Les obus de mortier, les mines et la carcasse du *Minsk* gisant par le fond perturbaient le matériel de détection. Alors que le *Taïfoun* faisait route au nord, l'appareil prit la direction du sud, et le sous-marin lui échappa.

Après le cap Voronov, les eaux devinrent plus profondes et Zenko descendit hors de portée du MAD. Il avait à nouveau franchi le détroit. Avec des sonars avant endommagés, le *Taïfoun* était handicapé mais capable de naviguer. Zenko présumait cependant que toute la Flotte du Nord l'attendait dans la mer de Barents — et la présence d'un bâtiment américain compliquait encore l'équation. « Six contre un, tu parles, pensait-il, ce serait plutôt du trente contre un. »

— Navigation silencieuse, maintenant. Réduisez la vitesse à huit nœuds, commanda-t-il. Allez, crache tes roubles, Sorokine.

Tarinski s'arma de courage pour appeler à nouveau Deminov.

— Mauvaise nouvelle, amiral. Les mines ont détruit nos sonars, et j'ignore si le *Taïfoun* a réussi à passer. Il a peut-être fait machine arrière. Nous captons l'épave du *Minsk*, et rien d'autre.

Deminov raccrocha. L'impossible s'était produit. Les défenses du détroit de Gorlo avaient été par deux fois inopérantes et Zenko, toujours libre, était capable de causer d'immenses dégâts. Selon le plan originel de l'opération Etoile Blanche, la Flotte du Nord aurait dû appareiller dans moins d'une heure. Mais Deminov se voyait maintenant contraint d'appeler Valotine à Leningrad pour l'informer qu'il fallait à nouveau retarder la phase deux de vingt-quatre heures. Il écouta les cliquetis sur la ligne protégée cependant que la communication était établie. Valotine avait donné l'ordre de déclencher l'opération Etoile Blanche pour venir à bout des mouvements indépendantistes mais Deminov doutait qu'il eût le courage de franchir le dernier pas en renversant le gouvernement. Ce gros tas de graisse d'amiral de la Flotte était une couille molle. Au bout de quelques minutes, Valotine fut en ligne.

— J'espère que vous allez m'annoncer que Zenko est coulé et que vous êtes prêt à déployer la flotte, Ivan.

— J'ai peur que non, amiral, répondit Deminov. Je suis au regret de vous informer que le *Sovietski Soyouz* est probablement détruit. J'attends confirmation mais je suis certain que Zenko a eu le dessus sur Malakov. Il y a quelques minutes, le *Taïfoun* a tenté de regagner la mer de Barents par le détroit. Avec succès, je le crains.

— Vous n'en êtes pas sûr ?

— Non, amiral. Les sonars du détroit étaient hors d'état de fonctionner.

— Mais qu'est-ce qui a pu se passer ? demanda Valotine d'un ton furieux. J'ai bien envie d'annuler l'opération et de vous faire fusiller pour incompétence.

— Il n'y a aucune raison de s'affoler, amiral. Je peux faire appareiller le *Lénine* dans quelques heures et en prendre le commandement moi-même. Une fois que je serai en position, nous pourrons envoyer en mer les bâtiments de Poliarnï et de Mourmansk. La flotte déployée, le gouvernement n'aura d'autre choix que d'ordonner d'écraser les indépendantistes par les armes.

— Et Zenko ?

— J'enverrai contre lui l'escadre des Fantômes Gris.

— Je vous donne vingt-quatre heures, dit Valotine. Si vous n'avez pas éliminé Zenko d'ici là, nous annulons l'opération et nous lançons toute la flotte dans une mission de recherche et destruction.

— Je liquiderai Zenko moi-même, amiral, assura Deminov avant de raccrocher.

Il n'avait que mépris pour Valotine. Une fois que le *Lénine* serait en sécurité sous la banquise, ses missiles braqués sur Moscou, c'est de lui que Valotine et les autres pourceaux mollassons du Conseil de Défense recevraient leurs ordres.

La reconstitution des algorithmes des codes d'armes du *Lénine* se poursuivait lentement ; charger et programmer les missiles demanderait en outre une demi-journée au moins. Par ailleurs, codes ou pas codes, le *Lénine* ne pouvait appareiller avant qu'on ait dégagé du chenal le *Premier Mai* à demi submergé. Deux puissants remorqueurs avaient échoué à déplacer l'immense coque, et Deminov avait ordonné de pomper l'eau du compartiment inondé afin de renflouer le bâtiment.

Le pâle soleil arctique s'était couché derrière la presqu'île de Kola. Après son coup de téléphone à Leningrad, Deminov regarda par la grande fenêtre du bureau de Zenko et vit la proue du *Premier Mai* obstruant toujours le chenal. Submergé de rage, il se rua sur le quai en déversant un torrent de jurons.

Des ouvriers nerveux lui expliquèrent que le pompage de l'eau du compartiment machines inondé avait été interrompu quand on avait découvert que du liquide réfrigérant radioactif s'échappait des tuyaux rompus des échangeurs de chaleur.

— Je renflouerai ce foutu bateau moi-même ! tonna l'amiral.

Un remorqueur était amarré le long du sous-marin en partie recouvert d'eau ; une douzaine d'hommes en combinaison antiradiations étaient regroupés à l'arrière, sous la garde de soldats armés. Deminov se fit conduire au remorqueur dans une chaloupe, monta à bord, fusilla du regard les hommes apeurés et entreprit de mettre une tenue protectrice. Il passa une combinaison en tissu, des bottes de caoutchouc, un ample pantalon de plastique, une autre paire de bottes, des gants de tissu, deux paires de gants de caoutchouc. Avant de compléter son équipement avec une lourde cape de plastique, une cagoule et des lunettes, il se tourna vers les ouvriers et les abreuva d'invectives.

— Ce sous-marin a été coulé par des mutins. Le châtiment de la mutinerie, c'est la mort. En refusant d'accomplir la tâche qui vous est assignée, vous devenez complices de ce crime odieux. Il faut renflouer le *Premier Mai*. Je descends moi-même dans le compartiment des machines pour mettre en place les tuyaux. Suivez-moi, sinon vous subirez le châtiment des mutins.

Deminov se hissa sur le pont incliné du submersible, saisit un long tuyau, le traîna en direction du panneau avant. Les soldats armèrent leurs fusils mitrailleurs. Avec des jurons et des grognements, les ouvriers pénétrèrent dans le sous-marin à la suite de Deminov.

Un compteur Geiger bourdonnait sur le pont, abandonné là par un ouvrier pris de panique, près de l'écoutille du compartiment inondé. D'un coup de pied, Deminov expédia l'appareil vers une cloison, contre laquelle il se brisa, et tira le tuyau dans l'eau qui lui arrivait aux genoux. Il ne demeura pas dans le compartiment plus de trois minutes, temps suffisant pour mettre en place le premier tuyau. Un quart d'heure plus tard, l'eau contaminée s'écoulait du *Premier Mai*, polluant la Caverne de Zenko, mais l'arrière submergé commença à s'élever.

Deminov retourna sur le remorqueur, ôta ses vêtements contaminés et regagna le quai. Plus loin, sur la jetée, une grue abaissait le cylindre jaune vif d'une type 65 vers le panneau du compartiment de torpilles du *Lénine*. Le commandant de la Flotte du Nord monta à bord du bâtiment portant le nom du fondateur de l'Etat soviétique et rassembla les officiers.

Provenant de la VIIe Escadre de Mourmansk, où Deminov les rencontrait quotidiennement, les dix hommes réunis dans le carré des officiers avaient été sélectionnés parce qu'ils étaient politiquement sûrs et qu'ils avaient l'expérience des Typhons. L'acte de bravade accompli par l'amiral à bord du *Premier Mai* n'avait pas été perdu pour ces sous-mariniers aguerris.

— Messieurs, nous prenons la mer sur un pied de guerre, leur dit-il, et le *Lénine* sera le navire amiral de la Flotte du Nord.

32
MAD

— J'en ai marre de me faire tirer dessus, se plaignit Morrison à Gunner quand celui-ci entra dans le local du sonar.

— Ça n'a rien de drôle, approuva le commandant. Où est le *Taïfoun* ?

— Aucune idée. Autant que je sache, il a heurté une mine. On dirait la Troisième Guerre mondiale, là-haut, mais je n'ai pas entendu une coque craquer. Je crois qu'ils l'ont raté.

Inclinant sa casquette de la Marine Rouge sur son front, le chef ajouta :

— Je peux pas dire que ça me fasse sauter de joie. Les gars qui me torpillent, je les porte pas vraiment dans mon cœur.

— C'était un coup de semonce, rectifia Gunner. Il voulait juste nous semer, et il a réussi.

— On l'épingle, oui ou non, ce fumier, commandant ?

— Je m'étonne de vous entendre dire ça, Morrison.

— Ils nous tirent dessus, commandant. Ça me donne envie de riposter.

— Pas question de nous ingérer dans une guerre civile soviétique, chef.

Appuyé à la cloison, le pacha observa les techniciens en fumant une cigarette. L'air renfrogné sous sa casquette, Morrison mâchonnait un cigare éteint. Des chiffres défilaient sur les écrans. Dans des conditions normales, le local du sonar était l'illustration de la haute technicité de la guerre moderne, sorte de super-jeu électronique. Maintenant, la pièce puait la peur et la transpiration, comme les bunkers de Khe San.

Gunner sortit dans la coursive. Quand il se retrouva seul, le calme qu'il arborait devant ses hommes s'évanouit. Pris de nausée, il se comprima l'estomac et la bile redescendit de sa gorge. S'il restait en mer Blanche, il était piégé, et des mines l'attendaient dans le détroit de Gorlo. Jamais il ne s'était senti aussi seul.

Il ne pouvait envoyer de message sans révéler sa position mais il pouvait peut-être en recevoir un. Retournant dans le poste de sonar, il lança à Morrison :

— Faites un bref balayage avec le scanner à glace pour trouver une faille dans la banquise.

— Vous voulez savoir si vous avez du courrier ?

— Pigé, chef.

Quarante-deux mille kilomètres au-dessus de l'Islande, un satellite de communications de la Marine des Etats-Unis en orbite géostationnaire envoyait sans interruption des messages à des bâtiments dans les océans Atlantique et Arctique. Le cycle de messages codés, extrêmement denses, se répétait toutes les huit minutes.

En moins d'une heure, Morrison trouva un coin de mer qui n'était pas pris par la banquise. Gunner mit le *Reno* juste sous la faille, le fit monter jusqu'à ce que le haut du kiosque soit à un mètre de la surface.

— Hissez le mât CME.

Une antenne longue et mince surgit du sous-marin, traversa l'eau, sortit à l'air libre. Dans le local radio, les opérateurs guettaient sur leurs instruments un signe d'activité électronique dans l'atmosphère.

— Pas de radar, commandant.

— Bon. Hissez le mât de radio.

— Mât hissé.

— Cherchez les fréquences soviétiques.

— J'ai des voix brouillées sur les fréquences d'Air Gremikha.

— Des hélicos ou des avions MAD, dit Gunner. Passez sur NavCom One.

La pointe du mât tourna, s'inclina vers le satellite de la Navy. Pendant huit longues minutes, le *Reno* demeura dangereusement exposé tandis que les ordinateurs cherchaient dans les messages le code du sous-marin.

— Bingo ! finit par s'écrier un officier du chiffre. Quelqu'un veut nous parler.

Une imprimante babilla brièvement, l'officier détacha la feuille couverte de quarante groupes de cinq chiffres.

— Passez-la dans le décodeur, dit Gunner.

Pendant que la machine traduisait les chiffres en mots, le commandant ordonna de rentrer les mâts dans le kiosque et le *Reno* redescendit sous la banquise.

Gunner lut le message qui se déroulait sous ses yeux.

DE COMSUBLANT[1] AU *RENO*. FÉLICITATIONS AU CHEF TORPILLEUR WILLIAM GARRETT›. WILLIAM GARRETT JUNIOR NÉ LE 12 AVRIL, TROIS KILOS NEUF CENTS. TERMINÉ.

Il avait mis le *Reno* en danger pour rien. Secouant la tête de dégoût, Gunner retourna au poste central, où Trout lui lança un regard interrogateur.

— La Marine ne peut pas nous aider. Elle n'est au courant de rien.

— Et le message ?

— Garrett est papa.

— C'est tout ?

— Nous sommes seuls, Gus. Nous devons franchir le détroit. Le moment est venu de plonger la main dans le sac à malices.

— On pourrait rester au fond, attendre que les choses se calment un peu, proposa Trout. Ensuite, on passerait.

— Les choses ne se calmeront pas, dit Gunner. Les Russes sont en guerre, et le *Reno* est la seule source de renseignements dont nous disposions.

— Mais ce foutu détroit est miné !

— Il le sera toujours dans un mois. Qu'est-ce qui se passe sur ce bateau ? Morrison le pacifiste veut que j'écrabouille Zenko. Et vous, vieux tenant de la guerre froide, vous me demandez de reculer. On nous paie pour faire ce boulot, Gus.

— La Marine ne nous paie pas pour perdre un SM d'un milliard de dollars.

— Bah, fit le commandant avec un sourire, il lui en restera quatre-vingts.

De retour au local radio, Gunner ouvrit un placard, en sortit une bouée de détresse de sous-marin de la Marine Rouge, cylindre argent de deux mètres de long et de vingt centimètres de diamètre. Chaque sous-marin soviétique transportait deux bouées de ce genre, dont la Marine Rouge faisait un usage trop fréquent. Gunner et un électricien passèrent cinq minutes à installer un système qui déclencherait l'émetteur de la bouée trois heures plus tard. A l'aide d'une boîte noire électronique de l'ordinateur du chiffre, ils programmèrent la bouée pour qu'elle réponde au signal codé du *Taïfoun*. Puis Gunner la porta dans le kiosque, la glissa dans le tube des bouées et la lâcha. Elle flotta à la surface de la faille et sortit automatiquement une antenne longue de deux mètres.

— En avant toute, route au zéro six zéro. Attention à tous. Navigation silencieuse. Messieurs, nous allons traverser un champ de mines soviétiques. Vous allez gagner votre prime de risque.

Les sonars du *Reno* avaient traqué le *Taïfoun* jusque dans le détroit

1. Commandement de la force sous-marine dans l'Atlantique. (*N.d.T.*)

— Affirmatif, commandant. Le leurre file droit devant.

Quelques instants plus tard, le sous-marin américain fut hors de portée et les tirs de mortier cessèrent. Au bout d'une demi-heure, le deuxième leurre coula, batteries vidées. Gunner était convaincu d'avoir passé le champ de mines. La profondeur augmenta, le *Reno* descendit à vingt-cinq mètres.

— Central à manœuvre, réduisez la vitesse à lente.

L'avion MAD avait le sous-marin sur ses écrans mais ne transportait pas de charges capables de traverser la glace. Les hélicoptères les plus proches se trouvaient à une heure de vol, mais avant leur arrivée l'appareil serait contraint de retourner faire le plein à Gremikha. L'opérateur de MAD fixait ses écrans, impuissant, cependant que le *Reno* filait vers le nord. Il annonça la mauvaise nouvelle à Poulonga par radio : le sous-marin mystérieux avait franchi le détroit. Tarinski poussa un grognement consterné et maudit à nouveau sa malchance.

A bord du *Reno*, Gunner n'éprouvait aucune exaltation. Il avait traversé le détroit deux fois mais devait son succès aux déficiences de la technologie soviétique. Zenko, c'était autre chose. Le *Taïfoun* était là quelque part devant lui, caché sous la banquise, prêt à déclencher un tir de barrage. L'estomac du commandant américain n'était qu'un nœud de crampes. Confiant le sous-marin à Trout, il alla à sa cabine et vomit. Savoir qu'il avait accompli l'impossible ne le faisait pas se sentir mieux.

33

Les pêcheurs

Chargé de pluie et de neige fondue, un vent chaud en provenance du Gulf Stream apportait le dégel à la zone limite de la banquise, au large de la côte de Kola. Malgré les floes dérivant dangereusement dans les eaux libres, quelques hardis pêcheurs partaient chercher les premières morues du printemps.

A mi-chemin entre Poulonga et Gremikha, un vieil homme sur un vieux bateau maudissait la pluie et la glace en jetant son filet. La discussion qu'il avait eue, comme chaque année au printemps, avec sa femme résonnait dans sa tête comme un refrain usé. « Tu es fou de prendre la mer avec toutes ces glaces flottantes », avait-elle grommelé. Il avait répliqué d'un ton ferme : « Ça fait soixante ans que je pêche dans ces eaux. Au diable les floes. » « En plus, tu ne sais même pas nager », avait-elle gémi. « Pas la peine. Si je tombe à l'eau, la mer videra mon corps de sa vie en trois minutes. J'aurai beau battre des pieds et des mains, je mourrai. »

Il ressassait ce débat rituel quand tout à coup quelque chose de gros tira brusquement sur son filet et faillit le faire passer par-dessus bord. Le filet soigneusement plié se déroula en quelques secondes ; le bateau fut entraîné par l'arrière à la vitesse de quatre nœuds.

Le pêcheur connaissait bien ces eaux : il n'y avait dans les parages qu'une seule chose assez puissante pour éloigner son bateau de la côte de Kola.

— Foutue Marine ! grogna le vieillard. C'était un sacré bon filet. Pourquoi vous restez pas en dehors des eaux de pêche ? Moi, je vais pas pêcher à Gremikha, où vous garez vos saloperies de sous-marins.

Furieux, il mit son émetteur radio en marche, régla l'appareil sur le canal d'urgence des garde-côtes et beugla dans le micro rouillé :

— Ici XBR9T, Etoile de Poulonga, XBR9T appelle la base navale de Gremikha, terminé.

Pas de réponse. Le pêcheur s'était déjà plaint à trois reprises au sujet de filets perdus et n'avait eu pour toute réponse que des dénégations polies sur fond de friture. Il essaya à nouveau, débrancha son micro et entendit :

— Ici... ase nava... Gre...kha. Je ne vous ent... pas. Etoile... XB T, terminé.

Saleté de friture.

— Gremikha, un de vos foutus sous-marins vient de bousiller mon filet !

— XBR9T, je ne vous...

« La barbe », pensa le vieil homme. Reposant le micro sur son socle, il arrêta l'émetteur, mit son moteur en marche, déboucha une bouteille de vodka et prit le chemin du port.

A Gremikha, un opérateur du centre de communications nota dans son registre l'appel incomplet d'un pêcheur. En poste depuis trois ans à la base, le technicien avait mis au point une tactique avec les natifs. Quand ils se plaignaient que les sous-marins entraînaient leurs filets, il les écoutait poliment et ne tenait aucun compte de leurs protestations. Il connaissait XBR9T, un vieil ivrogne ronchon qui avait la capacité étonnante d'attraper plus de sous-marins que de morues dans ses filets. Cette fois, il avait fait une grosse prise, le *Taïfoun*, seul submersible qui pût se trouver dans ces eaux. Zenko était là, aux portes de Gremikha.

Le nouveau chef de service, un major du GRU venu de Poliarnï, entra et demanda :

— Qu'est-ce que c'était ?

L'opérateur jeta un coup d'œil au pistolet accroché à la ceinture de l'officier et son esprit engendra une profusion d'images. Zenko parti, Riziov mort, le *Premier Mai* saboté, les *spetsnaz* prenant possession de Gremikha et transformant une base plutôt agréable en camp de concentration. Des nervis du GRU chaussés de bottes noires s'étaient emparés du centre de communications et avaient pondu une série de nouvelles instructions. Interdiction de capter des radios civiles ou des émissions de télévision. Pas de message personnel. Pas de message pouvant laisser penser qu'il se passait quelque chose d'anormal à la base.

« Anormal, ça oui, pensa l'opérateur. Ces types essaient de tuer l'amiral Zenko, le seul officier correct que j'aie jamais vu. Je ne sais pas pourquoi et je m'en moque, mais pas question de les aider. »

— C'est le printemps, expliqua-t-il d'un ton patient à l'officier du GRU. La glace se brise, les pêcheurs font leurs premières sorties. Ils n'arrêtent pas d'appeler. Quoi qu'il arrive, ils nous rendent responsables.

— Qu'est-ce qu'il a dit, celui-là ?

— Je n'ai rien compris. Ils ont de vieux émetteurs, des tas de ferraille. Allez savoir !

— Rappelez-le. Il a peut-être vu quelque chose.

L'opérateur régla sur le canal des garde-côtes.

— Ici, base navale de Gremikha, j'appelle XBR9T, terminé.

Sa radio débranchée, une bouteille de vodka débouchée, le vieux pêcheur concoctait une histoire d'esturgeon monstrueux qui aurait emporté son filet. Il n'entendit jamais l'appel.

— Continuez à essayer de le joindre, ordonna l'homme du GRU à l'opérateur.

Personne à bord du *Taïfoun* ne sentit le poids du filet de pêcheur. A trois milles à peine de la côte, le kiosque à six petits mètres sous l'eau, le sous-marin rasait le fond à seize milles de Gremikha. Zenko se sentait comme un serrurier crochetant un verrou de sa fabrication. Les défenses de Gremikha étaient conçues pour repousser un sous-marin attaquant à des centaines de milles au large, pas un submersible se coulant le long de la côte.

— Stoppez, ordonna-t-il.

Les hélices cessèrent de tourner, le *Taïfoun* dériva, poussé par le courant.

— Central à sonar. Un contact avec l'Américain ?

— C'est le vide sur les écrans, commandant, mais les sonars avant sont morts.

— Tu penses qu'il est passé, Sacha ?

— Nous l'avons bien fait, répondit Kougarine avec un haussement d'épaules. Il n'a pas froid aux yeux. Je ne me risquerais pas à parier contre lui.

— Central à radio, des messages sur VLF ?

— Pas un seul, commandant.

— Tiens, fit Zenko. La flottille observe encore la loi du silence à Gremikha, dirait-on. Officier de radio, hissez le mât CME.

La réponse habituelle, accusant réception de l'ordre, ne se fit pas entendre.

Zenko décrocha son micro, s'apprêta à répéter sa demande avec plus de force puis hésita. Devant le tableau de plongée, Kougarine était blême de peur. Si le radar d'un hélicoptère détectait le mât au-dessus de l'eau, le *Taïfoun* serait une cible facile. Zenko regarda autour de lui. Tous les marins du poste central étaient muets de terreur, à l'exception de Petia Boulgakov, qui ne comprenait pas ce qui se passait. Appuyé à la table de navigation, le jeune homme souriait à son commandant.

Zenko brancha l'interphone.

— Hommes du *Taïfoun*, dit-il, dès le moment où nous avons quitté Gremikha nous avons mis nos vies en danger. J'ai peur, le capitaine Kougarine a peur, nous avons tous peur. Le *mitchman* Sorokine, je ne sais pas, mais moi, j'ai déjà pissé deux fois dans mon pantalon.

Personne ne rit à l'exception de Petia.

— Je vais hisser un mât de radio pour écouter les messages envoyés de la base, poursuivit le commandant. Je vous rappelle que c'est moi qui ai édifié les défenses de Gremikha. Je connais l'emplacement des sonars, celui de la station de radio, et les fréquences des radars. Théoriquement, il est impossible pour un sous-marin de s'approcher aussi près de la côte que nous en ce moment. Ils ne nous chercheront pas ici. Si par hasard un opérateur de radar vigilant repère un mât, il nous prendra pour un bateau de pêche. Officier de radio, hissez le mât CME, je vous prie.

Le mât s'éleva. Dans son local, l'officier de radio enregistra immédiatement le radar normal de Gremikha, installé à terre, et qui ne repérerait pas le mât, Zenko le savait. Le danger venait du ciel, mais le mât ne détecta aucun radar aéroporté.

— Hissez le mât de radio.

Une antenne de radio émergea de l'eau, se dressa dans l'air. Dans le compartiment radio, les récepteurs trièrent rapidement des communications vocales encombrant six fréquences, et que les ordinateurs cryptographiques identifièrent comme appartenant à Air Gremikha. A l'aide de décodeurs de voix de la Marine Rouge, les électroniciens rendirent claires les conversations entre les pilotes d'hélicoptères et la base. Le temps s'était levé, les hélicoptères patrouillaient au large à l'est et au nord, le plus proche à une centaine de milles.

— Rentrez le mât.

— Mât rentré, commandant.

— A tout l'équipage, dit Zenko. Nous serons en position d'attaquer dans quatre heures. Je le répète, je n'utiliserai pas d'armes atomiques. Des missiles à ogives classiques suffisent pour détruire la flottille. Vos familles seront sauves. Quiconque nourrit encore des doutes quant à notre mission doit prendre la parole maintenant.

Kougarine, partagé entre ses craintes pour sa famille et sa volonté d'anéantir Ivan Deminov, s'avança au centre du poste et s'exclama, de sa voix la plus forte :

— Au revoir le ciel !

Sorokine se leva, alla rejoindre l'officier politique. Petia Boulgakov fit de même, bientôt suivi par tous les hommes du poste central. En chœur, ils poussèrent le cri de bataille de leur commandant.

Les joues striées de larmes, Zenko prit une profonde inspiration et saisit son micro.

— Central à torpilles, chargez des missiles antinavires dans les tubes quatre, cinq et six. Commencez les vérifications préliminaires. Paré pour un lancement en immersion.

— Missiles antinavires dans les tubes quatre, cinq et six. Commencez les vérifications préliminaires. Paré à lancer en immersion.

— Missiles antinavires pour lancement en immersion, compris.

— Sorokine, trace une route qui nous conduira à cinq kilomètres au large du cap Sviatoï Nos. Nous y serons en bonne position pour tirer à bout pourtant sur les portes de la base. La première roquette détruira celles-ci, les suivantes frapperont les quais sans toucher les bâtiments construits sur les falaises, ni leurs occupants. Nous prendrons les défenses rapprochées par surprise et lancerons trois missiles dans la grotte. Ensuite, nous pénétrerons dans le bassin et reprendrons possession de Gremikha. En avant lente.

— En avant lente.

Tandis que le *Taïfoun* remontait vers le nord en longeant la côte, Zenko procéda à un exercice de lancement simulé, et tous les membres de l'équipage remplirent leur rôle à la perfection.

A Gremikha, le *Premier Mai* avait été renfloué, sorti du chenal. C'était le *Lénine* maintenant qui accrochait les regards des ouvriers dispersés sur les quais où patrouillaient des *spetsnaz*.

Du massif, Deminov regardait les techniciens fermer le dernier silo de missiles. Il entendait dans sa tête une horloge égrener son tic-tac comme une bombe à retardement. Le signal de détresse s'était effectivement révélé n'être qu'une ruse. Apparemment, Zenko n'avait pas réussi à passer à sa première tentative ; il avait fait machine arrière, mouillant la bouée pour créer une diversion, et avait franchi le détroit de Gorlo à son deuxième essai. Deminov était contraint de présumer que le *Taïfoun* se trouvait à présent en mer de Barents.

Zenko. Le commandant de la Flotte du Nord mesurait désormais à quel point il avait sous-estimé la volonté de résister de son ennemi. La résistance ne faisait pas partie de l'équation soviétique. Pendant soixante-dix ans, le régime communiste avait écrasé toute résistance par la violence, tradition que Deminov avait à cœur de poursuivre.

L'opération Etoile Blanche aurait dû en être à la phase trois. La menace nucléaire sur Tbilissi aurait renversé le gouvernement et la Flotte du Nord se serait déployée en ordre de bataille pour exterminer les partisans de l'éclatement de l'Union Soviétique. Au lieu de cela, Deminov était confronté à un désastre. Son seul espoir, c'était de faire appareiller le *Lénine* avant que Valotine n'annule toute l'opération.

Pour trouver Zenko et apaiser l'amiral de la Flotte, il avait dû finalement faire entrer en lice trois escadrilles d'hélicoptères et envoyer l'avion MAD en mer de Barents. Jusqu'à présent, le Conseil de Défense supposait que les mouvements aériens faisaient partie d'Etoile Blanche. Une fois que le *Lénine* aurait appareillé, il pourrait envoyer la flotte en mer sans plus se soucier des apparences.

Deminov descendit de la passerelle, se mit à arpenter nerveusement le poste central. La puissance énorme des armes du sous-marin, les implications historiques de sa mission lui rendirent confiance. Après tant d'années à terre, c'était une joie de retrouver le commandement d'un sous-marin lance-missiles. Son regard parcourut l'agencement luxueux du poste central. Comme celui du *Sovietski Soyouz*, l'intérieur du *Lénine* était rouge : sièges, peintures, tapis écarlates.

De l'une des consoles, l'officier de machines envoyait les derniers ordres au poste de commande du réacteur.

— Portez la puissance au point critique dans le réacteur bâbord.

— Point critique à bâbord, compris.

— Portez au point critique à tribord.

— Point critique à tribord.

— Dans combien de temps pourrons-nous appareiller ? demanda Deminov.

— Cinq minutes, amiral.

L'amiral appela Loudinov au centre de communications.

— Faites ouvrir les portes et débrancher le secteur.

— Amiral, je sollicite respectueusement l'autorisation de partir avec vous.

— J'ai besoin de vous à terre, répliqua sèchement Deminov. Vous êtes le seul officier dont je puisse être sûr qu'il maintiendra strictement les règles de sécurité. Vous enverrez les ordres à la flotte dès que nous serons en immersion.

— Avec plaisir, amiral. Nous boirons à votre succès quand vous serez de retour. Bonne chance !

Loudinov donna l'ordre d'ouvrir les portes de la mer, alla à la fenêtre regarder coulisser les panneaux massifs fermant la Caverne de Zenko. Dehors, le temps se levait. Des marins couraient sur le pont du *Lénine*, larguant les amarres. A l'arrière flottait un pavillon rouge.

L'eau se mit à bouillonner autour des hélices ; le *Lénine* s'écarta du quai.

34

Les missiles

A trente milles à l'est de Gremikha, le *Reno* remontait lentement en direction de la mer de Barents à la vitesse de huit nœuds. Gunner avançait prudemment, restant juste sous la glace, loin de la côte. Dans moins d'une minute, son sous-marin passerait des eaux intérieures soviétiques à la haute mer. Tel un corsaire muni de lettres de marque, il avait envahi le territoire d'une nation souveraine et dérobé des secrets militaires avant de s'enfuir. En dépit de la technologie, les gouvernements et leurs marines n'avaient guère changé depuis l'époque des corsaires et des pirates.

Du poste de navigation, Trout lança :

— Les eaux internationales dans dix secondes. Latitude soixante-huit degrés vingt minutes nord, longitude quarante et un degrés dix minutes est. Nous avons franchi la ligne, nous sommes à nouveau dans la légalité.

— Hip, hip, hip, hourra, fit Gunner d'un ton morne. Ça ne changera absolument rien pour les Russes s'ils nous trouvent ici.

A bord du bâtiment américain, les sous-mariniers avaient à présent le visage sévère d'hommes en guerre. Quand des obus éclatent au-dessus de votre tête, vous ne vous préoccupez pas de savoir qui a tort ou qui a raison. La seule question, c'est qui vit et qui meurt. Un sous-marin truffé de systèmes technologiques perfectionnés devient une pierre taillée mortelle dans la main de sauvages.

Pendant le passage du détroit, le *Reno* avait essuyé un bombardement plus intense que n'en avait subi n'importe quel sous-marin américain durant la Seconde Guerre mondiale. Gunner remarquait de l'orgueil mêlé à de la colère sur le visage des hommes du poste central. S'il parvenait à canaliser cette énergie, à la transformer en comportement discipliné, concerté, ils avaient une chance de survivre, mais il se demandait jusqu'où il pouvait pousser l'équipage. La haine du Russe héritée de la guerre froide était encore profonde. Ces hommes constituaient la troisième génération de combattants de la guerre froide, et la Marine Rouge leur tirait dessus. D'instinct, ils avaient envie de riposter.

Le commandant du *Reno* s'interrogeait sans fin, échafaudait des scénarios de bataille. La prudence lui dictait de présumer que la Flotte du Nord était déployée en force. Si les Soviétiques les découvraient, ils tireraient les premiers et ne poseraient pas de questions.

Gunner considéra les choix qui s'offraient à lui. L'un d'eux consistait à faire route au nord-est pour s'éloigner des bases navales soviétiques de la presqu'île de Kola avant de tourner vers l'ouest et d'effectuer un large virage en direction des eaux de la mer de Norvège contrôlées par l'OTAN. De là, il pourrait communiquer par radio en toute sécurité, faire son rapport et attendre de nouvelles instructions. Une manœuvre aussi large demanderait vingt-quatre heures — peut-être plus — durant lesquelles le *Reno* ferait du bruit et attirerait peut-être une attention indésirable.

Non. Il avait pour mission de recueillir des renseignements sur la capacité des Soviets à faire la guerre, et ces salopards faisaient la guerre, même si c'était une guerre civile. Un camp menaçait-il de déclencher un troisième conflit mondial, l'autre tentant d'empêcher l'holocauste ? Stefan Zenko et son foutu bateau détenaient les réponses, mais le *Taïfoun* avait disparu. Avait-il coulé ? Gisait-il par le fond, incapable de faire surface ? Plus Gunner essayait de se glisser dans la tête de Zenko, moins il comprenait les actes et les mobiles du Russe. Pourquoi avait-il coulé le *Gorki* et attaqué l'autre Typhon ? Le sous-marin géant était-il sur le point de lancer un missile atomique ? Sur quelle cible ? Zenko avait éliminé le *Gorki* sans la moindre pitié. Seul un homme animé d'une rage féroce était capable de massacrer ses compatriotes. Qu'est-ce qui le rendait aussi furieux, aussi résolu ? Pourtant il s'était borné à lancer des torpilles classiques sur l'autre Typhon, alors qu'un seul engin atomique aurait fait le travail. Puis il avait forcé une seconde fois le détroit de Gorlo alors qu'avec l'armement du *Taïfoun* il aurait pu, de la mer Blanche, atteindre quasiment n'importe quelle cible au monde. Pourquoi ? Rentrait-il à Gremikha ?

A moins de trente milles de la position du *Reno*, la base soviétique détenait les réponses à ses questions.

— La barre à gauche, ordonna Gunner. Route au deux huit zéro. Manœuvre, réduisez la vitesse à quatre nœuds. Paré à stopper les machines.

L'antenne sonar ultra-sensible de l'avant tourna en même temps que le bâtiment jusqu'à être braquée sur Gremikha. Sur son écran, Morrison vit apparaître un point lumineux se déplaçant lentement.

— Sonar à central, nous avons un contact. J'entends des hélices à la surface, sur la côte. Un Typhon est en train de sortir.

— De sortir ? s'exclama Gunner. Le nôtre n'aurait pas pu réparer aussi rapidement. C'est un autre bateau, et nous retournerons en mer Blanche avec lui s'il le faut. Le Typhon qui est sur nos écrans, c'est celui-là qui compte, quel que soit celui qui le commande.

Le *Lénine* sortit de la Caverne de Zenko tel un monstre nucléaire. De la passerelle située en haut du kiosque, Deminov dirigeait le submersible dans la traversée du bassin. Derrière lui, les portes d'acier de la grotte étaient béantes ; devant, le pont massif demeurait stable dans une mer houleuse. Le cap Sviatoï Nos s'étirait à sa droite, et près de la pointe un panache de vapeur montait d'une centrale électrique dans un ciel qui s'éclaircissait rapidement. Deminov goûta les embruns qui lui arrosaient le visage, ôta sa casquette pour laisser le vent balayer ses cheveux. Les silhouettes des veilleurs se découpaient nettement dans la lumière arctique. Au-dessus d'eux tournait une antenne de radar et au sommet du mât l'étoile rouge, le marteau et la faucille du pavillon soviétique claquaient au vent.

— Radio à passerelle, fit la voix de l'officier de radio dans les écouteurs de Deminov. L'escorte d'hélicoptères a décollé.

— Merci, radio. Ordre aux hélicos de déterminer un périmètre standard de lutte anti-sous-marins.

L'amiral et les veilleurs scrutaient le ciel quand quatre hélicoptères apparurent à l'horizon. Conçus pour la chasse au sous-marin, ces appareils étaient équipés d'un sonar à immersion et de deux torpilles de type 533 fixées sous la carlingue.

Une fois sorti du bassin, Deminov renvoya les veilleurs dans le sous-marin, inspecta une dernière fois l'horizon, descendit à son tour, ferma le panneau et donna l'ordre de plonger. Des vannes s'ouvrirent, de l'eau de mer inonda les ballasts avant et la proue du *Lénine* s'enfonça sous la surface.

A quatre milles de là, entre le *Lénine* et le *Reno*, le *Taïfoun* reposait par le fond sous soixante mètres d'eau. Trois missiles antinavires à ogive classique étaient chargés dans ses tubes à torpilles tribord. La procédure de prélancement était achevée, les portes extérieures ouvertes, les tubes inondés pour un tir antinavires. Il ne restait plus qu'à faire monter une balise radio pour détecter toute éventuelle activité électronique.

— Lâchez, dit Zenko.

Il fallut une minute à la bouée pour atteindre la surface. S'attendant à entendre la voix de l'officier de radio, Zenko fut surpris par la voix excitée de l'officier de sonar.

— Commandant, j'ai un SM dans l'eau ! Il se met en plongée.

Les sonars endommagés du *Taïfoun* n'avaient pas repéré le *Lénine* en surface. Quand celui-ci avait entamé son immersion, le remplissage des ballasts et la cavitation des hélices firent assez de bruit pour que l'antenne arrière du *Taïfoun* le capte.

— Nom de Dieu, grommela Zenko, j'aurais dû m'y attendre. Sonar, donnez-moi une distance et un relèvement.

— C'est flou, commandant. Distance, approximativement quatre milles, relèvement, à peu près dix degrés relatifs. Il navigue par le travers de notre étrave.

— Central à torpilles, chargez les tubes un, deux et trois avec des types 65.

Avant qu'on lui accuse réception de l'ordre, Zenko entendit :

— Radio à central. Bouée en surface. Gros brouillage sur la plupart des fréquences. En revanche, le canal d'Air Gremikha est tout à fait clair. Nous recevons des hélicos, commandant, à courte distance.

— Officier de plongée, faites-nous monter à profondeur de lancement.

— Profondeur de lancement, oui, commandant.

— Centre à armes. Armez les missiles.

— Armez les missiles.

— Sonar à central. Le SM est presque complètement immergé.

— Vous l'avez identifié ?

— Oui, commandant. C'est le *Lénine*.

Le *Taïfoun* décolla du fond, commença à monter.

Pendant sa plongée, le *Lénine* faisait assez de bruit pour rendre sourds ses propres sonars, ce qui empêchait Deminov d'être prévenu de la présence du *Taïfoun* à quatre milles de lui, maintenant. En revanche, à bord du *Reno*, les bruits de deux sous-marins, l'un montant, l'autre descendant, étaient clairement audibles dans les écouteurs de Morrison. Le chef sonar secoua la tête d'étonnement. D'où sortait ce deuxième SM ?

— Sonar à central, nous avons un second contact.

— Je le vois sur le répétiteur, dit Gunner. C'est Zenko. Il devait être caché au fond, ce vieux cachalot rusé.

— Je ne sais pas, commandant. En tout cas, je ne l'avais pas entendu.

— Ce n'est pas de votre faute, chef. Il y était probablement depuis des heures.

Le *Taïfoun* s'arrêta de monter à dix mètres de la surface. Le *Lénine* avançait par le travers de son étrave.

— Les types 65 ne parviendront jamais à percer ses systèmes défensifs, protesta Kougarine.

— Je sais, répondit Zenko.

— Tu vas... ?

— Pas de charges atomiques ! Je préférerais encore l'éperonner, s'il le fallait. Tirez les torpilles, nous l'aurons peut-être par surprise. Feu !

Trois types 65 jaillirent des tubes tribord et foncèrent vers le *Lénine*.

Ballasts remplis, pont submergé, le *Lénine* faisait moins de vacarme. Ses opérateurs de sonar s'attendaient à entendre le bruit de fond de la faune marine, pas le vrombissement aigu de moteurs de torpilles lancées vers leur bâtiment.

Une voix effrayée retentit aux oreilles de Deminov :

— Torpilles armées.

— Ici Loup-Blanc Un, à toutes les unités. Nous l'avons. Armez les torpilles. On y va.

Zenko savait que le danger venait du ciel à présent qu'il avait dévoilé sa position. Au moment où le troisième missile sortit du tube, il s'exclama :

— Immersion d'urgence ! Vitesse maximum. Il faut nous réfugier sous la banquise.

Le *Taïfoun* descendit de cinquante mètres, commença à avancer.

— Chargez des leurres dans tous les tubes.

Le système de chargement automatique introduisit des leurres dans six tubes.

— Sonar à central. Une, deux, trois, quatre torpilles dans l'eau !

— Des hélicos ! cria Zenko. Lancez les leurres des tubes un à quatre et rechargez !

Ejectés, les leurres partirent en direction des quatre points cardinaux et se transformèrent en boules de feu. Deux des torpilles obliquèrent vers eux, explosèrent. Déviée, la troisième passa sous le submersible et fila vers la côte. La quatrième percuta le *Taïfoun* au niveau du compartiment de missiles tribord.

L'explosion fit un trou de cinq mètres de diamètre dans la coque extérieure. Avec un claquement, la coque pressurisée se creusa, reprit sa forme, fissurée sur un mètre de long. Comme aspirée par une pompe diabolique, l'eau s'engouffra dans le compartiment. Le flot projeta un jeune officier de machines contre la cloison, l'assomma. Une sirène se mit à hurler. Quelques secondes plus tard, une équipe d'intervention tenta de colmater la brèche mais les hommes furent repoussés par le flot. L'eau inonda le pont, tournoya autour des silos.

A dix nœuds seulement, le *Taïfoun* se traînait lentement vers la glace. Après la destruction des sonars avant, c'était maintenant l'antenne tribord qui ne répondait plus. Celles de bâbord et de l'arrière ne pouvaient détecter le *Lénine*. Zenko attendait la seconde salve des hélicoptères.

Cette fois, les torpilles furent larguées juste au-dessus de lui. La première, moteur en panne, coula. Zenko lança quatre autres leurres. Deux fonctionnèrent mais un troisième se révéla défectueux, et le sous-marin fut à nouveau touché au même endroit.

Cette fois, l'explosion perça un trou de deux mètres dans la coque pressurisée, tuant trois hommes sur le coup et déclenchant un incendie. Les lumières vacillèrent, s'éteignirent, mais des flammes d'un bleu électrique illuminèrent les sous-mariniers luttant contre l'eau qui montait.

Au poste central, Zenko gardait son calme, bien qu'il sût le *Taïfoun* condamné. Pêle-mêle, l'eau, une âcre fumée noire et des marins blessés envahirent le compartiment. Un *mitchman* des machines horriblement brûlé s'effondra et mourut aux pieds de Zenko.

— Prenez une trousse de secours et aidez ces hommes ! cria Kougarine à Petia Boulgakov, paralysé de frayeur.

— Combien d'autres sont encore dans le compartiment de missiles tribord ? demanda Zenko à Sorokine.

— Je ne sais pas, commandant.

— Ferme les portes étanches.

— Bien, commandant.

Sorokine tapa sur le clavier de sa console de plongée ; les fermetures hydrauliques fonctionnèrent, isolant le compartiment touché. Les trois hommes qui s'y trouvaient encore regardaient le niveau monter avec horreur. L'espace entre l'eau et le plafond étant envahi de fumée, ils moururent asphyxiés avant que l'eau ne les recouvre.

Quoiqu'il n'eût jamais imaginé qu'il expérimenterait un jour son idée, Zenko avait conçu son sous-marin pour qu'il puisse survivre avec un compartiment inondé. Le bâtiment se révéla toutefois ingouvernable. Zenko avait échoué. Des hommes courageux qui avaient cru en lui étaient en train de mourir. Le *Lénine* s'était échappé. Zenko supposait que Deminov en personne en assurait le commandement, et il ne doutait pas que l'amiral lancerait ses missiles contre la patrie.

— Sacha, dit-il d'un ton calme à Kougarine, un message au Conseil de Défense, peut-être. Dis-lui exactement ce qui s'est passé. Si nous réussissons à nous cacher sous la glace et à échapper aux hélicoptères, nous l'enverrons.

— Oui, commandant.

D'autres points lumineux rouges se mirent soudain à clignoter sur la console de plongée.

— Commandant, dit Sorokine, le feu se propage au compartiment de missiles bâbord par les boîtes de raccordement électrique.

— Mon Dieu, fit Zenko, le carburant des missiles !

35

La banquise

La Caverne de Zenko était en ruine. Des flammes s'élevaient dans les cages d'ascenseur, des explosions secouaient des décombres qui brûlaient encore. Huit cents hommes au moins avaient péri. Des sirènes mugissaient en haut de chaque bâtiment ; des ambulances, des camions de pompiers convergeaient vers les ascenseurs.

Au niveau du sol, la base navale était intacte. Dans la tour de contrôle de l'aérodrome, les hommes du GRU en liaison avec les hélicoptères entendirent les explosions et se retrouvèrent coupés du centre de communications. Les lignes téléphoniques ne fonctionnaient plus. Un moment plus tard, un pilote annonça :

— C'était le *Taïfoun*. Nous avons lancé sur lui toutes nos torpilles.

— Il est coulé ? demanda le lieutenant commandant la tour.

— Il a été touché au moins deux fois mais je ne pense pas qu'il ait coulé. Il se dirige vers la banquise, et nous, nous devons recharger.

— Rentrez, ordonna le lieutenant.

Quelques minutes plus tard, le téléphone de la ligne protégée reliant la base à l'Amirauté se mit à sonner.

— Air Gremikha, dit le lieutenant.

— Nous n'arrivons plus à joindre votre centre de communications, fit la voix d'un officier de service, à Leningrad. Que se passe-t-il ? Où est le colonel Loudinov ?

— Il est probablement mort, cria le lieutenant dans l'appareil. Comme tous ceux qui se trouvaient dans la grotte. On nous attaque !

La bataille acharnée se déroulant sous l'eau avait des allures de jeu vidéo sur les écrans de sonar du *Reno*. Etourdis, effrayés, fascinés, Gunner et son équipage écoutaient le vacarme, regardaient exploser les spots représentant des missiles, des torpilles, et deux sous-marins longs de cent quatre-vingt-cinq mètres. Jusqu'à présent, personne n'avait utilisé d'arme nucléaire mais Gunner sentait au fond de lui que l'un ou l'autre camp était sur le point de sauter le pas.

Toujours à portée de sonar, le *Lénine* faisait route au nord à un bruyant trente nœuds et s'éloignait du *Reno*. Gunner fut tenté de le prendre en chasse mais le *Taïfoun*, beaucoup plus proche, suivait une route vers l'est qui l'amènerait à moins de cinq milles du sous-marin américain.

— Sonar à central, dit Morrison. Je crois que le *Taïfoun* est touché. Il n'accélère plus. Vitesse dix nœuds, profondeur dix mètres. Il approche de la limite de la banquise.

Gunner tenta d'interpréter rationnellement ces informations. Telle une baleine blessée, Zenko cherchait refuge sous la glace. Touché mais toujours redoutable, le *Taïfoun* se dirigeait droit sur eux.

— Sonar à central. L'hélice du Russe s'est arrêtée. Il ralentit. Distance sept milles.

— En avant lente, ordonna Gunner. Monsieur Trout, préparez une séquence de tir. Monsieur Sharpe, chargez des Mark 48 dans les tubes un et deux.

Le *Taïfoun* avait trouvé refuge sous la banquise mais l'incendie se propageait à bord sans qu'il fût désormais possible de le maîtriser.

— Surface d'urgence, décida Zenko. Nous ne pouvons pas continuer.

— Nous chassons dans les ballasts arrière, dit Sorokine. Ceux de l'avant ne répondent pas.

L'arrière du *Taïfoun* commença à s'élever lentement, le pont s'inclina. Le gouvernail heurta la glace, s'écrasa. Le haut du kiosque percuta la couche gelée, rebondit, monta à nouveau mais ne réussit pas à traverser la banquise.

— Sorokine, chasse dans toutes les caisses. Il nous faut une flottabilité plus grande.

— Bien, commandant.

— Sacha, prépare le canon à glace. Nous allons trouer la banquise.

Kougarine abattit son poing sur divers boutons de sa console — sans résultat.

— Pas moyen de bouger le canon à glace.

— Monte dans le kiosque et fais-le à la main !

Kougarine entraîna Petia Boulgakov vers l'échelle, le fit grimper. Ensemble, ils s'escrimèrent sur les lourdes commandes manuelles.

L'incendie faisait rage dans le compartiment de missiles bâbord, où une dizaine de mécaniciens accoururent pour lutter contre le feu. Equipés de bouteilles d'oxygène et de combinaisons d'amiante, ils tentèrent vainement d'éteindre les flammes.

— Evacuez le compartiment, décida Zenko. Aspirez l'air et remplacez-le par de l'azote.

Sorokine pressait fébrilement sur les boutons de sa console de plongée.

— Système en panne, commandant.

— Sainte Mère de Dieu ! cria Zenko. Il faut que je fasse sortir mes hommes d'ici. Donne-moi une combinaison d'amiante !

— Non, pas vous, commandant, répondit Sorokine. J'y vais, moi.

Une quinzaine de centimètres d'eau recouvrait le pont du poste central. Sorokine fit quelques pas en pataugeant, ouvrit un coffre, sortit une combinaison. Avant qu'il ait eu le temps d'attacher une bouteille d'oxygène sur son dos, un série d'explosions secouèrent le sous-marin.

Les flammes avaient atteint le carburant des missiles. Le premier booster explosa dans son silo. Les ogives non armées n'éclatèrent pas mais les gaz dégagés fracassèrent toute la partie avant du submersible et firent un trou de trente mètres de long dans la banquise.

Un rideau de feu traversa le poste central, tuant instantanément cinq sous-mariniers. Protégé par sa combinaison d'amiante, Sorokine se jeta devant Zenko pour lui faire un bouclier de son corps. Déséquilibré, l'amiral tomba lourdement, se cogna le menton à un coffre et sentit une douleur lui transpercer la jambe.

Autour d'eux, les composants électroniques crépitaient et éclataient. Le pont s'inclinait follement. L'avant inondé ayant volé en éclats, le kiosque monta à la surface par le trou que l'explosion avait fait dans la glace. Sorokine tira Zenko vers le haut de l'échelle.

— Ouvrez le panneau ! cria-t-il aux hommes qui se trouvaient au-dessus de lui. Nous n'avons que quelques secondes.

Craignant d'être emporté par un flot d'eau glacé, Boulgakov ouvrit l'écoutille. L'air froid pénétra dans le sous-marin. Le jeune marin s'extirpa du kiosque, sauta sur la banquise. Kougarine suivit au moment où le *Taïfoun* commençait à couler. Sorokine entendit des hommes hurler derrière lui. Il poussa Zenko — conscient mais gémissant — hors du kiosque, sortit derrière lui. A peine avaient-ils atteint la banquise que le sous-marin s'enfonçait dans l'eau et disparaissait.

— Eloignez-vous du trou ! cria Sorokine.

Zenko glissa, tomba dans l'eau glacée. Se jetant à plat ventre, Sorokine plongea un bras musclé dans le trou, ramena son commandant sur la banquise.

Les trois hommes soulevèrent Zenko, le transportèrent une vingtaine de mètres plus loin. Sous eux, d'autres explosions fracturèrent la glace. Sorokine scruta l'horizon à la recherche d'hélicoptères : la température du corps de Zenko commençait à baisser ; il ne survivrait pas plus d'une heure.

— Stefan, fit Kougarine en se penchant vers lui, tu m'entends ?

Le patron des Typhons eut un hochement de tête presque imperceptible, remua les lèvres. Kougarine approcha l'oreille de la bouche de son ami.

— Tu préviendras Margarita, murmura Zenko.

Tremblant, malade de peur, Boulgakov bredouilla :

— J'ai froid...

— Ferme-la, Petia, lui lança sèchement Sorokine. Au moins, tu es en vie.

— Bon Dieu, il a coulé ! dit Morrison.

Des explosions sous-marines continuaient à illuminer les écrans de sonar du *Reno*.

— En avant, vitesse un tiers, ordonna Gunner.

Le *Lénine* demeurait sur les écrans, à vingt-cinq milles de distance, se déplaçant à petite allure.

— Nous donnons la chasse à l'autre ? demanda Trout.

— Pas encore, répondit Gunner. Voyons d'abord s'il y a des survivants.

— Merde, Jack, nous ne savons pas ce qui se passe là-haut.

— Justement : si quelqu'un a réussi à s'en sortir, nous pourrons peut-être découvrir ce qui se passe. Central à sonar, mettez en marche les scanners à glace.

— Scanners à glace.

Morrison brancha les sonars de recherche.

— Il y a un gros trou dans la banquise juste au-dessus de l'endroit où il a coulé, commandant.

— Contournons-le. Je n'ai pas envie de passer au-dessus d'une épave explosive. A tout l'équipage, paré à faire surface. Gus, formez une équipe pour aller sur la banquise. Qu'ils prennent des lunettes protectrices.

Après une pause, Gunner ajouta :

— Et des armes.

Les Russes entendirent un craquement de glace qui se casse. A cinq cents mètres d'eux, la banquise s'ouvrit le long d'un hummock, un monolithe noir surgit tel un messager des profondeurs. Ce fut Sorokine qui le reconnut le premier.

— C'est un Américain !

— Dieu ait pitié de nous, fit Kougarine. C'est sûrement celui sur lequel nous avons tiré.

Sous les yeux des Soviétiques blottis l'un contre l'autre, des mâts apparurent en haut du kiosque du *Reno*.

— Radar à central. Captons des émissions de Gremikha mais pas d'avions.

Trout et quatre marins en combinaison arctique se tenaient sous le panneau du kiosque.

— Ouvrez, ordonna Gunner.

Trout fit tourner le volant, ouvrit le panneau, grimpa. A demi aveuglé par le soleil, il cligna des yeux, chercha à tâtons ses lunettes protectrices. Tandis que le reste de l'équipe le rejoignait, il mit ses lunettes, avisa quatre silhouettes à proximité.

— Passerelle à central, il y a des survivants sur la banquise, annonça-t-il.

— Faites-les monter, répondit Gunner. Immersion dans dix minutes.

Trout en tête, les Américains sautèrent sur la glace, coururent vers les Russes. Sorokine et Kougarine se levèrent, sans savoir s'ils devaient accueillir par des embrassades ou des coups les hommes qui se dirigeaient vers eux.

Hors d'haleine, les Américains s'arrêtèrent à une dizaine de mètres des Soviétiques.

— Quelqu'un parle anglais ? lança Trout.

— Un peu, répondit Kougarine. Noms, s'il vous plaît.

Trout salua.

— Capitaine de corvette Augustus Trout, de l'USS *Reno*. Et vous ?

— Commandant Kougarine, du sous-marin soviétique *Taïfoun*, et cet homme, il est amiral Stefan Zenko.

— Zenko !

— Oui, blessé. Jambe cassée, je crois. Et très froid.

— Commandant, dit Trout dans le micro de son casque, il nous faudrait une civière. Zenko en personne est ici avec une jambe cassée et trois hommes qui semblent indemnes.

— Zenko ? Vous êtes sûr ?

— Je crois bien. Ça lui ressemble.

— Vous pouvez communiquer avec eux ?

— Il y en a un qui se débrouille en anglais.

— Faites-les monter. Je préviens le médecin.

Deux hommes portant un brancard traversèrent la banquise en courant.

— Le radar signale un hélico à vingt milles. Embarquez ces hommes, vite, fit Gunner d'un ton pressant.

— Entendu, commandant, dit Trout. Terminé. (Il se tourna vers les Russes.) Nous vous emmenons à bord, dit-il en montrant le *Reno*.

Kougarine traduisit rapidement pour Sorokine puis dit à Trout :

— Nous devons parler avec Amirauté. Nous avons message très urgent.

— C'est au commandant de décider.

— Vous n'êtes pas le commandant ?

— Non.

Petia Boulgakov intervint :

— Je parle anglais aussi. Ces hommes ont peur monter dans sous-marin américain. Mais pas moi.

— Votre commandant mourra sur la banquise si vous restez ici, dit Trout. Nous pouvons le soigner mais nous n'avons pas le temps de discuter.

Les Russes s'entretinrent dans leur langue puis l'officier politique déclara :

— Nous venons.

Sorokine et deux Américains attachèrent Zenko sur la civière et le groupe retourna au sous-marin en courant. Au poste central, Gunner et le médecin du bord aidèrent à descendre Zenko par le panneau. Trois autres Russes à demi gelés suivirent, deux en uniforme noir de marin, le troisième en combinaison d'amiante. Trout, qui venait en dernier, referma le panneau.

— Immersion ! cria Gunner. Quinze mètres. Il est loin, cet hélico ?

— Trois milles.

Les ordres fusèrent à travers le poste central ; le *Reno* s'enfonça rapidement sous la surface.

— Vous avez vu l'hélicoptère ? demanda Gunner à Trout.

— Non.

— Bon. En avant toute.

Dès que Zenko fut à bord, le médecin lui fit une piqûre de morphine dans le bras.

— Il faut le réchauffer, dit-il. Il est en état de choc.

— Emmenez-le à l'infirmerie. Et café chaud pour tous les autres.

Des sous-mariniers soulevèrent la civière, portèrent le commandant du *Taïfoun* à l'arrière. Gunner se tourna vers les trois autres Soviétiques, salua et dit en russe :

— Bienvenue à bord, messieurs. Je suis Jack Gunner, commandant de l'USS *Reno*.

Le trio lui rendit son salut. Kougarine s'avança, se présenta et demanda :

— Vous parlez russe ?

— J'essaie.

— J'ai un message d'une extrême urgence pour notre amirauté. Je dois utiliser votre radio.

— Quel message ?

— C'est ultra-secret, j'en ai peur.

— Je n'en doute pas, mais avant d'envisager d'envoyer un message à votre amirauté de mon bâtiment, je dois savoir ce qu'il dit.

Kougarine comprit que l'Américain ne souffrirait aucune discussion.

— Permettez-moi de m'entretenir avec le commandant Zenko.

— Certainement, s'il est en état de le faire. Gus, nous avons l'autre sous-marin sur le sonar ?

— Non. Il est devenu silencieux.

— Faites route vers sa dernière position. Avec le moins de bruit possible.

— Bien, commandant.

Le *Reno* s'éloigna du trou de la banquise cependant que les Russes et l'équipage du poste central échangeaient des regards étonnés. Le lieutenant de vaisseau Sharpe ouvrit un paquet de Marlboro, offrit des cigarettes. Petia Boulgakov en prit une, la fit tourner entre ses doigts.

— Marlboro, lut-il sur le papier. Cow-boy Marlboro. Amérique. Trop merveilleux.

Les yeux de Sorokine étaient partout, découvrant un extraordinaire déploiement de technologie. Le poste central était plus encombré d'appareils qu'il ne l'aurait imaginé, et il ne pouvait lire les cadrans ni les jauges, cependant un sous-marin, c'était un sous-marin, avec des tas de tuyaux et de câbles, des périscopes, des tableaux de commande et des écrans vidéo.

— Monsieur Sharpe, dit Gunner, conduisez ces hommes au carré des officiers et trouvez-leur des vêtements secs.

— Oui, commandant.

— Commandant Kougarine, suivez-moi.

Ils se rendirent à l'infirmerie où Zenko était étendu sous de grosses couvertures. L'officier de santé avait découpé l'uniforme brûlé et mis des attelles à la jambe cassée.

— Fracture simple, dit-il à Gunner. Douloureux mais pas trop grave. Avec de la morphine, ça ira.

— Il est en état de choc ?

— Oui, mais pas très profondément. Nous l'avons secouru à temps. Sa température remonte.

Zenko leva les yeux vers Gunner, essaya de saluer mais parvint à peine à soulever son bras. Gunner se mit au garde-à-vous, salua avec respect le Soviétique.

— Bienvenue à bord, amiral Zenko, dit-il en russe.

— Merci, fit le pacha du *Taïfoun* d'une voix faible. Merci d'avoir sauvé mes hommes.

— Votre officier politique veut envoyer un message à l'Amirauté, à Leningrad.

— Inutile, Sacha, murmura Zenko au prix d'un grand effort. Le temps que ces imbéciles prennent une décision, il sera trop tard. Notre seul espoir, c'est ces Américains. Commandant, dit-il en se tournant vers Gunner, vous devez couler le *Lénine*. Rapprochez-vous et utilisez des torpilles filoguidées.

Gunner leva les yeux vers Kougarine, les reporta sur Zenko. Le petit homme rondouillard était blessé, en état de choc, mais son regard impressionnait par sa force et sa franchise. Pourtant, ce qu'il demandait était impossible. Couler un bâtiment soviétique ? Nom de Dieu ! Dans ses cauchemars les plus affreux, il n'avait pas même envisagé une telle situation.

— J'ai besoin de savoir pourquoi, fit-il valoir. Je ne puis attaquer un bâtiment de guerre soviétique sans avoir une raison impérieuse de le faire.

Zenko ouvrit la bouche pour répondre mais sombra dans l'inconscience. Le médecin posa un stéthoscope sur la poitrine du blessé.

— Il restera un moment comme ça, commandant, prévint-il.

36

Les règles du jeu

Des avions convoyèrent à Gremikha un régiment d'infanterie de marine envoyé de Leningrad. Privés de chef, les *spetsnaz* de Loudinov se rendirent sans combattre. Quand la base fut sous le contrôle des marsouins, l'amiral de la Flotte Valotine arriva de l'Amirauté. Inspectant les décombres de la Caverne de Zenko, il s'efforça de dissimuler sa stupeur sous des manières décidées, mais la destruction du bastion arctique de la Marine Rouge signifiait la fin de sa carrière — de sa vie, peut-être.

Le pachydermique commandant en chef devait son poste à la politique, non à ses qualités militaires. Il avait consacré toute sa carrière à préserver sa situation, collectionnant les maîtresses et léchant les bottes des occupants du Kremlin. Il n'avait aucun goût pour le combat, encore moins sous la forme d'une guerre civile. Pour lui, préserver l'Union voulait dire préserver son poste, avec tous ses droits et privilèges. L'Etoile Blanche avait été un pari audacieux qu'ils avaient perdu. Des têtes rouleraient, notamment la sienne s'il ne parvenait pas à dégager sa responsabilité de ce fiasco.

Valotine s'entretint avec les pilotes des hélicoptères, appela Poulonga, écouta longuement Tarinski puis prit contact avec le brise-glace *Arktika* et son convoi de navires abandonnés en mer Blanche. Les pièces du puzzle s'assemblèrent. Quatre sous-marins avaient coulé : le *Minsk*, le *Gorki*, le *Sovietski Soyouz* et le *Taïfoun* ; trois autres avaient été détruits à Gremikha. Plus de treize cents hommes avaient trouvé la mort. De la flottille de six Typhons il ne restait que le *Lénine*.

Une reconstitution plausible des événements se dégagea. Zenko avait pénétré en mer Blanche, il avait coulé le *Gorki* et le *Sovietski Soyouz*, il était repassé par le détroit de Gorlo et avait attaqué Gremikha. La meilleure solution consistait à rejeter toutes les responsabilités sur Zenko, qui avait eu la bonne idée de mourir et ne pouvait donc se défendre. Valotine décida de faire de Deminov un héros qui s'était courageusement échappé avec le *Lénine*, sauvant un bâtiment de la flottille.

La première décision du commandant en chef de la Marine fut d'aviser les navires qui attendaient ses ordres à Poliarnï et à Mourmansk qu'ils n'étaient plus en état d'alerte. L'opération Etoile Blanche était annulée.

Le *Lénine* glissait en silence sous la banquise à cinquante-sept milles de Gremikha, à huit cent soixante-quinze milles au nord de Moscou. Maintenant que les hélicoptères avaient coulé le *Taïfoun*, Zenko ne constituait plus une menace mais Deminov se sentait aussi seul qu'un cosmonaute dérivant dans l'espace.

La flotte aurait dû se déployer en force mais les sonars du *Lénine* ne détectaient ni sous-marins ni navires de surface sortant de Poliarnï et Mourmansk. C'était le silence sur les fréquences radio VLF et ELF. Où était la flotte ? Où était Valotine ?

« Tant pis, se dit Deminov, je n'ai pas besoin de lui. Ni de la flotte. Le *Lénine* est une flotte à lui seul. »

Tous les Typhons étaient équipés de liaisons prioritaires pour entrer en communication immédiate avec le Kremlin. Un commandant de Typhon pouvait joindre le président en trois minutes, où qu'il se trouve. Ce système était destiné à confirmer un ordre de lancement en cas de conflit atomique mais il fonctionnait aussi bien dans l'autre sens. Deminov résolut de hisser un mât de radio, de transmettre un bref message au président et de lui donner une heure pour démissionner. S'il ne répondait pas, le *Lénine* lancerait un SS-N-20 à huit ogives atomiques sur Moscou.

Deux officiers politiques travaillèrent l'équipage trié sur le volet du sous-marin, assurèrent aux hommes que leur mission avait l'assentiment du Parti, de l'Administration politique des Forces armées, du ministère de la Défense et de la Flotte du Nord. Farouches partisans de l'Union, officiers et *mitchmani* acceptèrent ce bourrage de crâne sans poser de question. Soldats du communisme, défenseurs de l'Union Soviétique, héritiers de la Révolution, ils feraient leur devoir.

— Hommes du *Lénine*, commencez l'exercice de prélancement, ordonna Deminov.

L'équipage se mit au travail en bon ordre, vérifia les circuits, inspecta les systèmes hydrauliques. Utilisant les codes obtenus à grand-peine, les ordinateurs du poste de commande de lancement établirent des programmes identiques à ceux des missiles, vérifièrent les systèmes de guidage, l'alimentation en combustible, les moteurs et les véhicules de rentrée dans l'atmosphère. Tous les systèmes fonctionnaient à la perfection.

Deminov prit le micro de l'interphone.

— Central à radio, paré à ouvrir la liaison directe par satellite avec le président, au Kremlin.

Le *Lénine* avait disparu des écrans du *Reno*, qui se dirigeait vers la dernière position connue du Soviétique. La présence à bord de marins russes constituait une nouveauté qui troublait l'équipage. Ayant soudain un nom, un visage, l'ennemi devenait humain. Tandis que Zenko reprenait des forces, Boulgakov et Sorokine eurent droit à des douches brûlantes, à des vêtements chauds et à un repas froid au réfectoire des hommes d'équipage. Les marins américains se pressaient autour d'eux pour les regarder manger du bout des lèvres des sandwiches au jambon et de la salade de chou blanc.

Morrison ne quittait pas Sorokine des yeux.

— Regardez les tatouages de ce type. Putain, c'est une œuvre d'art.

— Et les muscles sous les tatouages, fit le chef torpilleur Garrett, admiratif. Je te parie qu'il te bat.

— Allez, arrête tes conneries, protesta Morrison.

— Cinq dollars sur le Ruskoff, dit Garrett. Il a l'air d'un méchant morceau.

Sorokine écouta attentivement ce babil incompréhensible puis se tourna vers Boulgakov.

— Qu'est-ce qu'ils racontent, Petia ?

— Je sais pas, c'est de l'argot, mais ils montrent sans arrêt vos bras.

— Ça, je le vois.

Quand Morrison coiffa sa casquette de la Marine Rouge, Sorokine éclata de rire. Garrett offrit sa propre casquette au Soviétique, qui la mit sur sa tête. Un chapeau blanc de marin atterrit sur le crâne de Boulgakov. Morrison ôta ses lunettes, releva ses manches et planta un coude sur la table, dans la posture classique du bras de fer. Le sous-marin étant en navigation silencieuse, l'équipage manifesta sa joie sans cris ni applaudissements. De l'argent sortit des poches, des paris furent lancés, tenus. Avec un grand sourire, Sorokine tira de sa salopette de l'US Navy une grosse liasse de roubles qu'il fit claquer sur la table.

— Dis à ces types que je serai heureux de leur prendre leur fric, demanda-t-il à Boulgakov.

Il fléchit le poignet, gonfla le biceps, glissa ses doigts entre ceux de Morrison.

— Prêt ?

— *Da !*

Dans le carré des officiers, Gunner et Trout écoutaient, fascinés, Kougarine leur exposer le complot de Deminov. A mesure que le commandant américain traduisait, Trout se montrait de plus en plus sceptique, et il secoua la tête d'un air incrédule quand le Russe eut terminé. Incapable de cacher son mépris pour les fonctions du *zampolit*, il s'écria :

— Cet officier *politique* nous pousse à couler le dernier Typhon, Jack. Mais comment savoir si ce n'est pas Zenko qui, pris de folie, s'est mis à couler ses propres navires ?

— Pourquoi ferait-il une chose pareille ?

— Il y a dans cette affaire quelqu'un qui se conduit de manière tout à fait irrationnelle, répondit Trout. Peut-être que, converti au pacifisme, Zenko croit pouvoir mettre fin seul à la guerre froide. Peut-être veut-il faire peser sur nous toutes les responsabilités. Ils nous ont attirés en mer Blanche, ils savaient que nous étions là. C'était le piège parfait.

— Ce n'est pas la guerre froide, Gus. C'est une guerre civile soviétique.

— Si les bons gagnent, une guerre civile soviétique est le dernier acte de la guerre froide, répliqua Trout avec vivacité. Pourquoi devrions-nous croire un officier politique qui représente le Parti, l'Administration politique de la Marine Rouge, tout ce foutu appareil communiste ?

Kougarine saisit en gros le sens de la discussion.

— Commandant, dit-il en anglais, cet homme Deminov lancera

missiles balistiques. Chaque missile contient huit bombes atomiques. Qu'est-ce que je peux dire pour vous faire croire ?

Gunner approcha son visage de celui du Russe.

— Même si vous dites la vérité, pourquoi devrions-nous intervenir dans votre guerre civile ?

Kougarine sourit.

— Amérique est intervenue dans première guerre civile. Soldats américains à Arkhangelsk, en 1921.

— Ne me donnez pas de leçon d'histoire, rétorqua Gunner. Je n'ai pas le pouvoir d'agir au nom des Etats-Unis dans une affaire de ce genre. Il y a des règles d'ouverture du feu que je suis obligé de suivre. Vous le comprenez bien, j'en suis sûr. Si je coule un bateau soviétique, c'est un acte de guerre, commandant Kougarine.

— Vous avez déjà commis acte de guerre, commandant : vous avez envahi la mer Blanche.

— Ne me servez pas ces balivernes. J'ai eu droit aux torpilles, aux mines, aux obus de mortier, et je n'ai pas tiré une seule fois en riposte. J'ai espionné, d'accord, mais je n'ai tué personne. Ce n'était rien d'autre qu'un des petits jeux de la guerre froide, et les secrets que j'ai dérobés n'auront d'utilité que si l'URSS et les Etats-Unis entrent en guerre. Personne ne le souhaite.

— Ce n'est pas question légale, commandant, c'est question morale, je pense. Si Deminov tire missiles, des millions de gens sont morts. Tués par radiations...

Pris d'émotion, l'officier politique perdit son anglais et acheva en russe.

Gunner vit des lumières bleues, encore des lumières bleues, à l'infini. Depuis le début, il était torturé par le fait d'ignorer ce que faisaient les Soviétiques. Maintenant qu'il le savait, c'était encore pis. « C'est question morale », prétendait le Russe. Tu parles !

— Imaginez situation inverse, plaida Kougarine, retrouvant son anglais. Commandant américain fou dans sous-marin Trident et vous dans sous-marin soviétique. Qu'est-ce que vous dites à commandant soviétique ?

— Ce n'est pas une situation hypothétique, fit Gunner avec une pointe d'agacement. Cela se passe ici et maintenant. Je ne peux pas couler un bâtiment uniquement à cause de ce que son commandant pourrait faire. Si votre histoire est vraie, et si l'opération Etoile Blanche est déclenchée, plus de quatre-vingts bâtiments se déploient en ce moment même en mer de Barents. En couler un ne changera pas grand-chose si la Flotte du Nord soutient l'amiral Deminov.

Kougarine passa au russe.

— Les commandants des navires de Poliarnï et de Mourmansk ne connaissent pas les véritables intentions de Deminov. On leur a raconté qu'ils matent une rébellion. Deminov est un maître manipulateur, intelligent et violent. Son plan d'utilisation du *Sovietski Soyouz* comme force de frappe d'un coup d'Etat aurait réussi si Zenko n'avait pas attaqué le sous-marin. Nous pensons que son commandant a effectivement lancé un missile, mais que ce missile s'est détruit lui-même, coulant du même coup le *Sovietski Soyouz*. Deminov procédera au lancement. Si vous prenez contact avec le Conseil de Défense, ils rappelleront peut-être la flotte et attaqueront le *Lénine*.

— Ou le *Reno*.

— C'est possible mais peu probable. L'Union Soviétique ne souhaite pas plus que vous la guerre.

Gunner entraîna Trout à l'écart.

— Qu'en pensez-vous, Gus ?

— Je n'ai pas confiance en ce type. Supposons le pire. Supposons que le SM russe expédie quelques nucs. Qu'est-ce que cela peut nous faire ?

— Les bombes nucléaires sont une mauvaise chose pour tout le monde. Et si les gars de l'autre camp en envoient, eux aussi ? Ils en ont trente mille, de ces saloperies.

— Cela risque d'arriver, que nous coulions ce sous-marin ou non, dit Trout. Nous ne savons toujours pas ce qui se passe ailleurs.

Une douleur vrilla l'estomac de Gunner. Question morale. En coulant le *Lénine*, empêcherait-il ou déclencherait-il la guerre ? S'il fuyait la confrontation, ferait-elle des millions de victimes, comme le prétendait le Russe ? Il avait beau rendre responsable de son dilemme la guerre froide, la folie nucléaire, les machines de guerre, les complexes militaro-industriels, son propre désir de commander un sous-marin atomique — c'était à lui de prendre une décision.

— Je suis partisan de suivre les règles d'ouverture du feu, dit-il finalement à Trout. Si je tombe sur un sous-marin géant en procédure de lancement, je tire.

— Il n'y a rien à répondre à cela, estima Trout. Je suis pour.

— Commandant Kougarine, reprit Gunner, je prendrai tout ce que vous m'avez dit en considération. Gus, conduisez le commandant à ma cabine et faites venir ici les deux marins.

En entrant au réfectoire, Trout découvrit Sorokine torse nu aux prises avec son sixième adversaire, Billie Stewart.

— Désolé d'interrompre la fête mais le commandant réclame ces hommes. Retournez à vos postes ! On est toujours en alerte.

Quelques minutes plus tard, Boulgakov et Sorokine pénétraient dans le carré des officiers, s'asseyaient en face de Gunner.

— Comment tu t'appelles, fiston ? demanda le commandant au jeune appelé.

Petia dit à Gunner qui il était, d'où il venait, depuis combien de temps il était dans la Marine. L'Américain ne tarda pas à se rendre compte que Boulgakov ne pouvait rien lui dire d'utile et il se tourna alors vers Sorokine. Le maître principal avait l'air d'un vieux bourlingueur, bouche cousue, yeux fureteurs. Gunner lui offrit une Lucky.

— Vous êtes dans la Marine depuis longtemps, *mitchman* ? demanda Gunner dans son russe scolaire.

— Dix ans.

— Tout le temps dans des Typhons ?

Sorokine acquiesça de la tête, tira sur la cigarette américaine douceâtre.

— J'imagine que ça doit vous faire drôle d'être ici, dit Gunner pour le faire parler.

Sorokine le regarda dans les yeux.

— Ecoutez, commandant américain, aujourd'hui, mon bateau m'a explosé sous les pieds, chose que je n'aurais jamais cru possible, mais je suis au chaud et en vie. Je vous en remercie.

— Oui, mais cent cinquante de vos compagnons de bord sont morts, et j'essaie de comprendre pourquoi.

— La politique, commandant. La politique et le baratin.

— C'est ce que nous dit le *zampolit*.

D'un signe de tête, Sorokine indiqua Trout et demanda :

— Le Noir, c'est votre officier politique ?

— Il n'y a pas d'officier politique dans la Marine américaine. Monsieur Trout est mon second.

— Qu'est-ce que vous voulez de moi ?

— Pourquoi Zenko détruit-il sa propre escadre ?

— Posez-lui la question.

— Je ne peux pas. Il est inconscient. Je veux votre opinion.

— Je n'ai pas d'opinion, commandant. Je ne sais que ce qu'on me dit. On me dit que Deminov veut préserver l'Union et qu'il est prêt à déclencher une guerre pour empêcher l'éclatement du pays. Moi, je m'en fiche, je suis les ordres. Si Zenko m'ordonnait de mener le sous-marin à Moscou, je serais bien capable de le faire. S'il demandait à l'équipage de lancer vingt missiles sur New York, je flanquerais une volée au premier qui refuserait d'obéir.

Gunner se tourna vers Trout.

— C'est un vrai pro que nous avons là. Il ne nous dira rien à moins que Zenko ne lui en donne l'ordre.

— Vous allez quand même lui demander ?

Gunner acquiesça de la tête.

— *Mitchman*, je veux que vous m'aidiez à retrouver le *Lénine*.

Sorokine croisa les bras et dit d'un ton calme :

— Allez au diable.

Le téléphone émit une série de bips. Trout répondit, écouta.

— Zenko a repris conscience, commandant. Il désire vous parler.

Le commandant du *Taïfoun* avait réussi à s'asseoir et avait à la main un gobelet de plastique rempli de thé.

— Il n'est pas assez fort, se plaignit-il quand Gunner entra dans la petite cabine. Les Américains ne sont pas parfaits, en fin de compte.

Un sourire étira les lèvres de Gunner.

— Nous ne buvons pas beaucoup de thé, dit-il. Nous préférons le café — c'est pire.

Il appela le médecin.

— Comment est sa jambe ?

— J'ai vu pire. Ça ira.

— Bon. Disparaissez.

Restés seuls, les deux pachas se fixèrent un moment en silence, chacun prenant la mesure de l'autre. Finalement, Zenko demanda :

— C'est vous qui me suiviez ?

— C'est moi.

— Eh bien, vous êtes un fameux sous-marinier. Nous n'aurions jamais cru qu'un SM de l'OTAN pourrait pénétrer en mer Blanche, encore moins en ressortir. Félicitations.

— Au cours des dernières vingt-quatre heures, j'ai vu moi aussi plusieurs choses que je n'aurais jamais cru possibles, répondit Gunner. D'après votre *zampolit*, Deminov a pris le commandement du *Lénine* avec l'intention d'attaquer l'URSS.

— C'est exact. Nous donnons, j'en ai peur, l'impression d'avoir une méchante petite querelle, mais c'est la vérité.

— Quelle est sa cible ?

— Tbilissi, je pense.

— La capitale de la Géorgie ? Pourquoi ?

— Un coup de semonce, pour montrer qu'il parle sérieusement.

— Le conflit concerne-t-il uniquement votre Marine ou s'inscrit-il dans une guerre civile générale ?

— Vous l'ignorez ?

— Je vous pose la question.

— Deminov tente un coup d'Etat, expliqua Zenko. D'autres sont peut-être impliqués, notamment Valotine, l'amiral de la Flotte, mais je ne connais pas la situation à terre. Je serais surpris qu'il y ait des combats ailleurs. Quoi qu'il en soit, si Deminov parvient à faire céder le président, des militaires prendront le pouvoir, instaureront une dictature et ordonneront la mobilisation. Alors, nous aurons des morts dans les rues.

— Et vous vous opposez à lui, fit Gunner.

— J'ignore ce que Sacha Kougarine vous a dit, mais mon point de vue personnel est simple. Je ne me préoccupe pas de guerre civile ni de quoi que ce soit d'autre qui m'échappe. Je veux seulement empêcher Deminov de faire usage d'armes atomiques dans ma flottille contre notre pays. En fait, j'approuve certaines de ses fins, mais pas ses moyens. C'est pourquoi j'ai pourchassé le *Sovietski Soyouz.* Malakov aurait procédé au lancement mais je pense que son équipage l'en a empêché — nous ne le saurons jamais exactement. Et Deminov lancera son missile si on ne le coule pas.

— Je ne peux le couler que s'il se met en mode de lancement. J'étais prêt à couler le *Sovietski Soyouz.*

Zenko hocha la tête, but une gorgée de thé.

— Je comprends votre problème. Vos opérateurs sonar ont détecté le *Lénine* ?

— Pas encore.

— Je suis sûr que Deminov ne vous a pas repéré non plus. Votre SM est extraordinairement silencieux.

— Pourtant, vous m'avez détecté.

— Seulement parce que vous avez décidé de me prendre en chasse. A grande vitesse, en eau peu profonde, vous faites du bruit.

Voyant Zenko grimacer, Gunner lui proposa :

— Vous voulez encore de la morphine ?

Le Soviétique secoua la tête.

— Cela me donne la nausée, grommela-t-il. (Il se redressa péniblement, glissa jusqu'au bord du lit.) Commandant, dites à vos techniciens d'écouter sur les fréquences audibles les plus hautes. Si le *Lénine* se cache sous la glace, près de la surface, vous entendrez peut-être le mécanisme qui permet au sous-marin de maintenir sa position. Vous comprenez ? Les petites hélices de maintien de position créent de la cavitation et le bruit se répercute sur la glace.

Gunner décrocha un téléphone, transmit à Morrison la suggestion du Russe.

— Hautes fréquences, commandant ? fit le chef sonar.

— Faites un essai.

— Je suis sur les bandes supérieures en ce moment. Rien, *nada*, commandant.

— Continuez à chercher, dit Gunner avant de raccrocher.

— Quel est mon statut ? s'enquit Zenko. Je suis prisonnier ?

— Invité, disons. Vous et vos hommes êtes les rescapés d'un naufrage. J'ai obéi à la loi de la mer en vous portant secours.

— C'est de votre poste central que je pourrais le mieux vous aider, mais cela contreviendrait à vos règles de sécurité.

— Quelle est la portée maximum du sonar du *Lénine* ?

Le Soviétique répondit sans hésiter. Gunner poursuivit par une série de questions techniques, poussant Zenko jusqu'à ses limites. Au bout de quelques minutes, il sut que pour couler le *Lénine* avec des torpilles sans charge atomique, il devait s'approcher à moins d'un mille, assez près pour empêcher les systèmes défensifs de réagir aux torpilles et de les faire exploser avec des leurres.

— A nous deux, nous pouvons le détruire, conclut Zenko, mais comment le trouver ?

37

Le « Lénine »

A bord du *Lénine*, Deminov acheva de revoir le texte de son ultimatum au président de l'Union Soviétique et se rendit dans le local radio pour tester les circuits. Un opérateur lui annonça :

— Recevons un message VLF, commandant.

— De quelle provenance ?

— Poliarnï.

Après décodage, Deminov lut :

DE L'AMIRAL DE LA FLOTTE, V.J. VALOTINE, AU HÉROS DE LA MARINE SOVIÉTIQUE, L'AMIRAL I.I. DEMINOV, COMMANDANT LE SOUS-MARIN LANCE-MISSILES STRATÉGIQUES LE *LÉNINE*. LE REBELLE STEFAN ZENKO A ÉTÉ ÉLIMINÉ. LE *TAÏFOUN* A COULÉ. FAITES IMMÉDIATEMENT ROUTE VERS POLIARNÏ. UNE ÉTOILE D'ARGENT VOUS Y ATTEND.

Au fond du minuscule local de décodage insonorisé, Deminov partit d'un long rire. Les médailles ne l'intéressaient pas. Etre accueilli en héros à Poliarnï revenait à acquiescer au système qu'il avait juré de renverser. Son but était de préserver l'Union et le communisme soviétique, pas de collectionner des médailles qui ne serviraient à rien si l'URSS cessait d'exister.

A bord du *Reno*, Sorokine et Trout parlaient tous deux le langage des cartes marines et se penchaient ensemble sur la table de navigation. Zenko occupait le fauteuil de Gunner, sa jambe fracturée étendue devant lui ; à ses côtés, Kougarine faisait de son mieux pour traduire la succession rapide d'ordres et de réponses.

Le sous-marin américain était parvenu à la dernière position connue du *Lénine* et remontait lentement vers le nord, silencieux, sonars à l'écoute. Morrison explorait une large bande de fréquences pour y déceler un signe de présence d'un sous-marin : cavitation d'une hélice, trou dans le bruit ambiant, vrombissement à haute fréquence du système de maintien de position. Les sonars ne détectaient que le craquement de la glace au-dessus, le crépitement des crevettes en dessous.

— Comment avez-vous construit vos SM pour qu'ils soient si durs à trouver ? grogna Gunner pour taquiner Zenko.

— Nous avons copié les vôtres, répondit le Soviétique avec un grand sourire. J'ai eu connaissance des particularités techniques de tous les sous-marins de l'US Navy depuis le *Skipjack*. Ne me demandez pas comment le GRU les a obtenues, mais je les ai eues.

Gunner secoua la tête devant la rangée d'écrans vides. Aucune trace du *Lénine*, ni du déploiement attendu de la Flotte du Nord.

Zenko se demandait s'il reverrait un jour Margarita et se sentait abattu. Deminov s'était évanoui dans les vastes eaux de la mer de Barents. Les sous-marins de Zenco étaient détruits, sa carrière finie, sa vie en miettes. Si le *Reno* s'en tirait, Zenko irait aux Etats-Unis avec les Américains, il n'avait pas le choix. Il entendit la Russie gémir dans sa tête : d'autres Deminov attendaient leur tour au cœur du pays, hommes déments disposant de chars, de régiments et d'armes nucléaires tactiques par milliers. Tenaillé par les remords, par le sentiment de culpabilité du survivant, il se mit à pleurer en silence.

— Nous avons échoué, Sacha, murmura-t-il. Nous ne parviendrons pas à explorer à temps mille cinq cents kilomètres carrés d'océan. Pour Malakov, nous avons eu la chance de notre côté, mais la chance a tourné, maintenant.

— Nous n'avons pas totalement échoué, vieil ami, répondit Kougarine. Nous sommes en vie, nous pourrons révéler au monde ce qui s'est passé.

— Peut-être. Les Américains nous croiront, mais les Russes ?

Dans le local de radio, la réception d'un message fit crépiter le télétype.

— Radio à central, captons message soviétique VLF.

Une minute plus tard, un opérateur montra aux deux commandants la transcription d'un message codé rédigé en russe.

— Il est probablement destiné au *Lénine*, dit Zenko. Je ne peux pas le décrypter mais je présume que c'est un ordre de faire surface et de prendre contact par radio. Ou un ordre de lancement.

— De qui ?

— De l'Amirauté, ou de ceux qui sont arrivés les premiers à Gremikha.

— Si le *Lénine* fait surface et envoie un message radio, nous connaîtrons sa position.

Zenko approuva.

— Stoppez les machines, ordonna aussitôt Gunner. Central à sonar, branchez les scanners à glace.

— Scanners à glace, oui, commandant. La couche est mince.

— A tout l'équipage, paré pour faire surface d'urgence. Sharpe, armez le Tomahawk sept, configuration mer-mer, ogive nucléaire.

Après une légère hésitation, Sharpe répondit :

— Tomahawk sept, compris, commandant.

Gunner sentit peser sur lui les regards de Zenko et de Kougarine.

— Missile atomique ? demanda l'officier politique en anglais.

Une lueur dure dans l'œil, Gunner acquiesça de la tête.

— Vous voulez le détruire, oui ou non ? répliqua-t-il en russe.

— Oui, dit Zenko, mais si vous touchez le compartiment des

missiles avec une ogive classique, vous faites exploser le combustible des missiles et vous coulez le bateau tout aussi bien.

— Je préférerais ne pas tirer du tout, mais si je dois le faire, je ne veux pas manquer mon coup.

— Si vous avez repéré la cible, vous ne pouvez pas la manquer.

— Nos armes ne sont pas infaillibles, amiral. Avec une ogive classique, il y a un risque. Comprenez-moi bien : je n'ai aucune envie de lancer un nuc mais je n'ai pas le choix.

— Il a raison, Stefan, intervint Kougarine. Reconnais-le.

— Sharpe, armez le Tomahawk sept, répéta Gunner.

Tournant à l'envers, l'hélice du *Reno* immobilisa le sous-marin cinq cents mètres plus loin.

— Sonar à central, banquise toujours mince. Quarante centimètres.

— Nous faisons surface. Chassez dans tous les ballasts.

Avec un craquement sec, le kiosque du *Reno* fendit la glace et la partie supérieure de la coque émergea.

— Central à radio, hissez le mât CME.

— Radio, mât hissé. Ne captons aucune émission, commandant.

— Essayez toutes les fréquences soviétiques hautes et très hautes.

— Toutes les fréquences sont muettes, commandant.

— Hissez le mât de radar.

— Mât de radar...

A quarante-deux milles au nord-ouest, Deminov donna lui aussi l'ordre de faire surface. Le kiosque du *Lénine* percuta le dessous de la banquise, traversa.

— Equipe de passerelle, ouvrez le panneau et rendez compte.

Trois marins grimpèrent en haut du kiosque, ne découvrirent que la banquise. Le pont, au-dessus du compartiment de missiles, n'était recouvert par aucun bloc de glace.

— Hissez le mât CME.

L'équipe de passerelle regarda le mât en rotation s'élever au-dessus d'eux.

— Radar à central, annonça soudain un opérateur interloqué, je capte un radar américain, commandant. Je répète, je capte une fréquence de l'US Navy, distance soixante-dix kilomètres. Emise par un bâtiment. En surface.

Le sous-marin mystère de Poulonga. Deminov haussa les épaules : le submersible américain observerait de près ce que les satellites des Etats-Unis verraient du ciel, le lancement d'un seul missile, avec trajectoire vers le sud.

— Orientez-vous sur le satellite de communication dix-sept de la Marine, ordonna l'amiral. Fréquence vocale neuf.

— Orienté sur satellite dix-sept.

— Ouvrez le circuit.

— Circuit ouvert.

Une lumière rouge clignota sur la console radio. Du poste central, d'où tous ses officiers pouvaient l'entendre, Deminov annonça :

— Sous-marin soviétique *Lénine* appelle Fondation Code Un.

— Ici Fondation. Parlez, *Lénine*, fit la voix d'un officier supérieur de service au Kremlin.

Personne n'avait prévenu le personnel radio de la Salle des Opérations des Forces Balistiques Stratégiques à Moscou de l'éventualité d'un message en provenance d'un sous-marin. La chaîne de commandement Valotine-Gremikha-Poliarnï-Amirauté de Leningrad-Moscou ne permettait pas des réactions rapides.

— Nous avons un Orage de Feu, je répète, Orage de Feu. Mettez-moi en liaison avec Central.

Les mots de code retentirent dans la tête de l'officier. Fondation, Orage de Feu, Central. Le commandant d'un sous-marin lance-missiles faisait face à une alerte atomique et demandait à parler au président. Bon Dieu !

— *Lénine*, une minute, je vous passe Central.

A bord du *Reno*, l'officier de radio transmit au poste central l'information suivante :

— Captons communication vocale brouillée sur satellite SovNav dix-sept, canal neuf.

Quand Zenko entendit la traduction de ces numéros, il s'exclama :

— C'est le canal entre la force sous-marine stratégique et le président de l'Union Soviétique !

— Central à radio, brouillez la fréquence, dit Gunner.

— Avec plaisir, commandant.

— Essayez de joindre Deminov sur un canal vocal, intervint Zenko. Je voudrais lui parler.

— Donnez la fréquence à l'officier de communications.

Pour Deminov, qui attendait que son appel soit transmis au président de l'URSS, les secondes semblaient interminables. L'hôte du Kremlin pouvait être endormi, ou ivre, ou malade. Tout à coup, la ligne ne fut plus que friture.

— Radio à central. La fréquence est brouillée.

— Ouvrez une deuxième liaison. Vite.

— Recevons communication vocale claire sur un canal VHF ouvert, commandant.

— Quoi ? De qui ?

— Du sous-marin américain.

— Ignorez-le.

— L'homme se présente comme l'amiral Zenko.

Deminov hésita, fut parcouru d'un frisson.

— Passez-le-moi.

Quelques secondes plus tard, il entendit la voix de Zenko.

— Ivan ?

— Ainsi, vous êtes vivant, Stefan.

— Vous ne pouvez plus réussir, Ivan. Votre coup d'Etat a échoué.

— Absurde, répliqua Deminov. Je viens juste de commencer.

— Vos fréquences sont brouillées. Rendez-vous. Quittez votre bateau, allez sur la banquise.

— Fermez la fréquence, ordonna l'amiral. Ouvrez le panneau du silo trois.

« Radio à central, entendit Gunner. Le sous-marin soviétique a branché ses systèmes de télémétrie. Il se prépare à lancer. »

A bord du *Lénine*, les Fantômes Gris accomplissaient leur tâche avec une efficacité de professionnels. Au poste central, un officier politique tourna sa clef de lancement et Deminov, dans le compartiment de missiles même, tourna la clef avant. Puis il tapa le code de lancement sur la console de commande de tir et le panneau coulissa, révélant le bouton bleu.

Une lumière d'un bleu vif avait envahi l'esprit de Gunner. A quarante-deux milles de distance, un sous-marin s'apprêtait à lancer un missile balistique dans moins de cinq minutes, et il n'y avait qu'un seul moyen de l'arrêter.

— Lancez Tomahawk sept.

Trout appuya sur un bouton, annonça :

— Missile lancé.

Le mince missile de croisière fit irruption par le panneau, sortit ses ailettes et son gouvernail et fila en rugissant au-dessus de la banquise en direction du *Lénine*, à mille kilomètres à l'heure. Le système de guidage par télévision cherchait sur l'horizon la silhouette d'un Typhon émergeant de la glace.

— Un engin fonce sur nous ! s'écria l'officier de radar du *Lénine*.

— Branchez les brouilleurs de radar.

— C'est un missile de croisière ! Il n'a pas de radar.

Deminov appuya sur le bouton bleu. Un système à air comprimé éjecta le lourd SS-N-20 du silo ; le moteur du missile se mit en marche.

— Il a lancé, dit l'officier de radar du *Reno*. Impact du Tomahawk... maintenant !

Le missile de croisière frappa le *Lénine* en son milieu, au poste central. Deminov entendit l'impact, vit la coque pressurisée se bomber. « Trop tard, Zenko, pensa-t-il. Mon missile est lancé. » De puissants déclencheurs comprimèrent deux kilos de plutonium en une masse critique et l'ogive nucléaire éclata. Le *Lénine* explosa comme une étoile. La déflagration atteignit le SS-N-20 qui accélérait, pulvérisant instantanément le missile de quarante tonnes.

Un trou de cinq cents mètres béait dans la banquise. Une vapeur brûlante bouillonnait à la surface de la mer de Barents irradiée et s'élevait dans l'atmosphère en un nuage radioactif. Filant au-dessus de la glace à la vitesse du son, l'onde de choc submergea le *Reno* quarante secondes après l'explosion et secoua le sous-marin comme une rafale de vent fantôme.

— Central à radar. Rendez compte, demanda Gunner d'une voix calme.

— Missile détruit, commandant, répondit l'officier de radar. Le SM s'est volatilisé.

Le pacha alluma une cigarette.

— Monsieur Trout, envoyez un message à Norfolk. Sous-marin soviétique détruit alors qu'il procédait au lancement d'un missile balistique. Ensuite, immersion.

— Vous aviez raison, dit Zenko. Merci.

Le *Reno* plongea sous la banquise. Le visage ruisselant de sueur, le commandant américain regardait les Russes. Malgré sa jambe fracturée, douloureuse et lourde, Zenko parvint à se lever, salua Gunner.

— Au revoir le ciel ! s'exclama-t-il.

38

L'éclair

Dans un bref message radio, le *Reno* transmit un rapport au commandant de la Force sous-marine Atlantique, à Norfolk, Virginie. Au moment où le texte relatant l'incursion du *Reno* en mer Blanche et la destruction du *Lénine* parvint au commandant, les satellites avaient déjà révélé qu'une explosion nucléaire s'était produite en mer de Barents. L'analyse des images reçues indiquait clairement le lancement du SS-N-20.

Moins de dix minutes plus tard, le président des Etats-Unis s'entretenait avec celui de l'Union Soviétique. Ni l'un ni l'autre ne savait exactement ce qui s'était passé mais tous deux comprenaient qu'un terrible désastre avait été évité.

Les vents dominants poussèrent les retombées radioactives au-dessus de la banquise, droit sur Gremikha. A la base, les récepteurs radio et radar avaient capté l'événement dans son entier. L'amiral Valotine avait écouté la conversation entre Zenko et Deminov ; sur l'écran du radar, il avait vu le lancement du missile, l'éclair d'une explosion atomique loin au nord, au-dessus de l'horizon.

Il demanda qu'on prépare son avion, se rendit à l'aérodrome en silence et ordonna au pilote de le conduire à Moscou. Quelque part au-dessus du golfe de Kandalakchki, étendu sur le lit de sa luxueuse cabine, l'amiral de la Flotte V.J. Valotine se tira une balle dans la tempe droite.

Le *Reno* fit route au nord pendant cent milles, vira à l'est, pénétra en mer de Norvège. A cinq cents milles des côtes de Norvège, Gunner hissa un mât de radio, fit un rapport de routine sur sa position et annonça l'heure probable de son arrivée à Norfolk.

Le service fut court. Zenko prononça un bref éloge funèbre des marins morts du *Taïfoun*, que Gunner traduisit.

— « Accueille en Ton sein, Seigneur, nos compagnons de bord et amis. Amen. »

— Amen, répéta l'équipage.

— Le chef Morrison a une annonce à faire, reprit le commandant.

Le patron du bateau vint se camper devant les sous-mariniers, inclina la tête vers les Russes.

— Le noble ordre des Nez-Bleus va tenir session, clama-t-il.

— Bien dit, bien dit, brailla l'équipage.

Le chef sonar sortit de sa poche un tube de peinture, enduisit ses doigts, traça solennellement une bande bleue sur le nez de chaque Soviétique.

— Nous sommes tous Fils de Neptune, psalmodia-t-il, Enfants des profondeurs glacées.

— Bien dit, bien dit, beuglèrent les membres de l'ordre en ôtant leur chemise.

— Qu'on apporte le seau de glace. Ces types ne passeront pas à l'as juste parce qu'ils sont russes ! cria Morrison.

Approchant son visage à deux centimètres du nez bleu de Zenko, il demanda :

— Qu'est-ce que tu es, Cerise ?

Le vice-amiral louchait en regardant son nez. Il ne comprenait par les mots mais devinait le sens du rituel. Le *mitchman* américain voulait savoir s'il était digne de l'Arctique, s'il était un sous-marinier émérite. Zenko avait passé toute sa vie au-dessus du cercle polaire. S'il devait faire à nouveau ses preuves, il s'exécuterait. Levant les yeux vers Morrison, il déclara :

— Je vois à travers la glace.

Composé par Nord Compo, Villeneuve-d'Ascq, Nord
Imprimé par Normandie Roto Impression s.a.s., 61250 Lonrai, France
en avril 2006 - n° d'impression : 061089
pour Omnibus, 12, avenue d'Italie, 75013 Paris
Suite du premier tirage
http://www.omnibus.tm.fr